Psicologia e Religião

Valdemar Augusto Angerami | Org.

Psicologia e Religião

Nova Edição Revisada e Ampliada

Artesã

Psicologia e Religião

DIRETOR
Alcebino Santana

DIREÇÃO DE ARTE
Tiago Rabello

COORDENAÇÃO EDITORIAL
Michelle Guimarães El Aouar

REVISÃO
Maria Clara Régis

IMAGEM DE CAPA
Evandro Angerami

CAPA
Karol Oliveira

PROJETO GRÁFICO E DIAGRAMAÇÃO
Conrado Esteves

P974 Psicologia e religião / Valdemar Augusto Angerami, org.
– 2. ed. – Belo Horizonte : Artesã, 2022.

720 p. ; 24 cm.

ISBN: 978-85-7074-065-6

1. Psicologia. 2. Religião. I. Angerami-Camon, Valdemar Augusto, 1950-.

CDU 159.9:2

Catalogação: Aline M. Sima CRB-6/2645

IMPRESSO NO BRASIL
Printed in Brazil

(31)2511-2040 (31)99403-2227
www.artesaeditora.com.br
Rua Rio Pomba 455, Carlos Prates – Cep: 30720-290 | Belo Horizonte – MG
/artesaeditora

Para aqueles que creem
que a melhor oração é amar...

Agradecimentos

Valdemar Augusto Angerami

Mais um livro que não seria possível sem a participação de muita diferente gente. E mais uma vez se faz necessário pontuar essa participação. Inicialmente, os agradecimentos ao Mestre Alcebino, anteriormente, apenas um editor confiante em nosso projeto editorial, e hoje um grande amigo a partilhar nossos sonhos e conquistas; outro elogio rasgado, novamente, vai para a Karol, coordenadora editorial. Seu esmero no cuidado com os nossos livros faz a diferença nesse esmero que as nossas obras apresentam, um toque de classe e amor em um trabalho exemplar e admirável. Ainda, em termos editoriais, nossos agradecimentos a Pablo e Daniel por todo o carinho que nos são dedicados. E ao Conrado cuja dedicação na diagramação e aprumo final é detalhe precioso e sempre valioso. Agradecimento especial ao artista visual Evandro Angerami pela criação e cessão da imagem de capa.

Outro agradecimento especial é a você leitor, simplesmente a quem essa obra se destina, e cuja presença dá sentido a essa obra. Agradecimento sincero de coração.

Serra da Cantareira, numa noite de Verão...

Sumário

Apresentação

Valdemar Augusto Angerami

A nova edição deste livro não se apresenta apenas como uma obra revisada e ampliada, mas sim como um novo livro tal a envergadura com que ele se exibe. Novos coautores, novos temas, novas pesquisas e uma formatação que simplesmente fará deste livro um verdadeiro compêndio na área que estuda o imbricamento da psicologia com a religião.

Estão presentes, nesta obra, os nomes de mais relevância da pesquisa nessa área e os baluartes das principais universidades do país. A diversidade dos temas é detalhamento precioso da abrangência deste livro. As principais tendências de religiosidade e seu imbricamento com a psicologia estão exibidos de maneira única.

Novo livro, nova emoção e a certeza de que estaremos juntos em mais essa conquista de publicação e compreensão de temática tão importante na contemporaneidade.

E você leitor, ao desfolhar este livro, torna-se nosso parceiro nessa empreitada tão especial que efetivamos. Vamos juntos para mais uma conquista editorial que, certamente, será mais uma referência de vanguarda na área da psicologia, psiquiatria e religiosidade. Assim como o primeiro Luamento depois da Lua de março – a Páscoa com sua esperança de renovação e de um mundo melhor –, as letras, linhas e páginas deste livro serão uma vertente de renovação na rigidez e preconceito acadêmico diante da temática da religiosidade.

Serra da Cantareira, numa noite de Verão...

CAPÍTULO 1

Religiosidade e psicologia: a contemporaneidade da fé religiosa nas lides acadêmicas

Valdemar Augusto Angerami

Para Paulinha, a minha ciganinha flamenca...

O perfume exalado jamais volta ao frasco...
A flecha uma vez lançada perde a relação com o arco...
A rosa despetalada não tem vínculo com a rameira...
A vida não, tudo que vivemos é o que sentimos
em nossa evolução de vida e alma...
VALDEMAR AUGUSTO ANGERAMI

I – Introdução

A minha Santíssima Trindade Musical,
Mozart, Debussy e Rachmaninoff
VALDEMAR AUGUSTO ANGERAMI

Há muito observamos a total intolerância quando da evocação de temáticas religiosas no âmbito acadêmico. Isso é notório em todas as áreas acadêmicas, mas parece ganhar contornos ainda maiores, de tons irascíveis, principalmente na psicologia. Talvez se deva ao fato de a psicologia, ao menos no Brasil, ainda tartamudear suas primeiras palavras em busca do reconhecimento científico e acadêmico, e, ao se confrontar com questões de religiosidade, a primeira postura de seus doutores é de total rechaço a tais questões.

É fato que os principais eventos promovidos pelos conselhos de psicologia investem na questão de *ciência* e *profissão*, em clara tentativa em busca de posicionamento em sua busca de reconhecimento e identidade social. No entanto, psicologia literalmente significa *estudo da psique*, e como *psique* é a expressão grega que define alma, temos, então, que os psicólogos são os profissionais que estudam a alma e tentam compreendê-la das mais diferentes maneiras. E se somos profissionais que estudam e tentam compreender a alma, a questão é mais complexa na mera e vã tentativa de compreensão da irritabilidade quando da evocação de questões envolvendo religiosidade no meio acadêmico.

Ao definirmos a psicologia como uma área do saber que se enquadra em um constitutivo metafísico, em sua tentativa de compreensão da condição humana, há, então, questões que envolvem aspectos de uma epistemologia que não apenas vai além das questões meramente genéticas, como também de aspectos da nossa condição senso-perceptiva. A própria concepção do que é definível pela psicologia em seus aspectos de busca científica, sem cair em mero reducionismo teórico, é um desafio que os fatores envolvidos em tais questionamentos ainda não conseguiram balizar.

A psicologia em seu constitutivo metafisico, e isso independentemente das abordagens teóricas utilizadas, mostra que o alcance de sua abrangência, igualmente, depende uma fé inquebrantável em suas asserções, ao contrário, estaremos diante de aspectos meramente digressivos que não alcançam seu objeto de análise.

Este estudo tem a pretensão ousada e irreverente de abordar tais temáticas sem nenhuma preocupação de amarras teóricas, tampouco de incongruência com alguns ponteamentos buscados pela psicologia em sua tentativa de compreensão da condição humana.

Ao trazermos para o campo das discussões contemporâneas a temática da religiosidade e seu enfeixamento com a psicologia, estamos igualmente assumindo um posicionamento em que os aspectos de nossas buscas teóricas façam parte de significados de totalização do homem contemporâneo sem essa fragmentação presente em nossa realidade acadêmica.

A religiosidade está presente na quase totalidade das manifestações humanas e, no entanto, quando trazida para o universo acadêmico, sempre esbarra em dificuldades, que impedem sua implantação e devida valorização. Este trabalho tem a preocupação de resgatar algo tão presente na condição humano que é a busca pela religiosidade e que está ausente do universo acadêmico. É fato que inúmeras universidades, ao longo do país, implantam disciplinas e programas que contemplam aspectos da religiosidade, mas, igualmente, essas tentativas necessitam de esforços hercúleos para se perpetuarem no enfrentamento das diferentes adversidades, que se colocam de modo antagônico a esses princípios. E mais do que uma simples e mera publicação acadêmica, este trabalho certamente será mais um dos tentáculos a embasar tais conquistas e a mostrar as novas perspectivas do nosso desenvolvimento teórico-filosófico.

II – Da religiosidade: palavras iniciais

Onde existe amor, Deus aí está...

TOLSTOI

Em trabalho anterior (Angerami, 2004ª), mostramos que, embora apresentem significado semelhante principalmente ante o senso comum, religiosidade e espiritualidade apresentam conceitos diferentes em seus reais significados. Espiritualidade é a busca de elevação da condição humana e, necessariamente, não depende da busca de Deus ou de alguma instância de elevação e deificação. Assim, tudo o que for buscado na tentativa de elevação da condição humana pode ser considerado um ato de espiritualidade ou, se preferirmos, de elevação espiritual. E de outra parte, podemos definir como busca de elevação espiritual todas as atitudes humanas que procuram a elevação da própria condição humana. Evidentemente, que alguém ao almejar a espiritualidade igualmente está se elevando em níveis espirituais, mas o contrário não apresenta tal simetria, pois alguém que busca pela elevação de sua espiritualidade não está necessariamente em caminhos da religiosidade. Ao pesquisarmos, por exemplo, o estudo da música ou da literatura, estamos buscando alguma forma de elevação espiritual e sem nenhuma conotação necessariamente religiosa. Igualmente, o paciente, ao procurar pelo tratamento da psicoterapia, está buscando elevar-se em sua condição humana e, por assim dizer, em sua condição espiritual. Não existem casos de pacientes que procuram na psicoterapia, ou em qualquer outro tipo de tratamento curativo ou propedêutico, uma forma de fomentar o ódio e a desavença em seus corações. Não, ao contrário, em qualquer circunstância, quando procura algum tipo de tratamento, o paciente procura resgatar o que existe de melhor em sua condição humana e transcender seus próprios limites de vida.

A religiosidade, de outra parte, é o anseio pelo sagrado, pelo divino, por algo superior que pode ser definido como a energia que nos move em direção, até mesmo, dos diferentes conceitos existentes acerca de Deus. A busca pela religiosidade pode ser feita pelo direcionamento sistematizado de determinada religião ou, também, por si mesmo, pelos mais diferentes caminhos e buscas. E o que é mais incrível nesse aspecto das reflexões envolvendo a presença de Deus na vida humana é o fato de que o homem não é capaz de criar uma simples bactéria, mas inventou uma quantidade infinita de deuses para os mais diferentes níveis de exigência.

A necessidade humana de se explicar, de saber sua origem e de tentar desvendar qual será o seu destino após a morte faz com que tudo seja buscado e teorizado sem nenhum parâmetro de aceitação em contradições a tais princípios e buscas.

As filosofias, tanto no passado quanto no presente, com o auxílio da psicologia e da psiquiatria, mostram a necessidade humana de se explicar e de essa derivação sair dos caminhos definidos como religiosos para aqueles ditos científicos. Sim, pois a mesma fé dogmática necessária para que os princípios e dogmas religiosos sejam aceitos pelos fiéis de uma determinada religião, também norteia a crença nas teorias psicológicas e psiquiátricas.

Em texto anterior (idem), refletimos sobre a fé dogmática e mostramos que o dogma é o fundamento de qualquer sistema ou doutrina; é aquela fé estruturada em algo que não depende de fatos para se tornar realidade. Assim, alguém que acredita em Deus não precisa de nada além da sua própria fé para Nele acreditar. É importante ainda ressaltar que, quando falamos em fé dogmática, a impressão primeira é que estamos nos referindo a aspectos dogmáticos religiosos, que implicam a crença de determinadas doutrinas místicas/religiosas. Entretanto, a fé dogmática possui aspectos mais amplos em seu dimensionamento e abarca a fé inquebrantável tanto em algumas doutrinas filosóficas quanto em alguns corpos teóricos. Desse modo, para aceitar os princípios da psicanálise ou de qualquer outro modelo teórico, por exemplo, é necessário que tenhamos uma fé dogmática em suas asserções. Do contrário, nada se sustenta e se fundamenta. O mesmo princípio a nortear a fé dos seguidores de uma determinada religião também é necessário para que o enfeixamento teórico de uma determinada corrente teórico-filosófica seja aceito. Se não acreditarmos, como mera citação, na existência do inconsciente, toda a fundamentação teórica da psicanálise não fará sentido e nada se explicará. Trata-se de uma simples questão de fé dogmática, pois a mesma fé que o cristão possui nos ensinamentos de Cristo, os adeptos da psicanálise possuem nos ensinamentos de Freud. Estamos fazendo referência à psicanálise como mera citação explicativa, o que não significa dizer que os seguidores de outras correntes teórico-filosóficas não precisem também da fé dogmática para que seus princípios sejam verdadeiros.

Sem a fé dogmática, não existe nenhuma teoria que se sustente e se fundamente. Todas, absolutamente todas, necessitam de fé dogmática, tanto quanto as religiões para serem referência para seus seguidores. Isso significa simplesmente afirmar que o que muda é apenas a configuração do teor dessa fé dogmática, pois enquanto alguns apenas seguem princípios religiosos orando, estudando textos religiosos e frequentando cultos e cerimônias de oração, outros, os acadêmicos, estudam e provam por princípios científicos fatos que já estão embasados em princípios dogmáticos, mas igualmente estão todos fundamentados tão-somente pela fé dogmática. Cito a seguir um exemplo dessa confluência de fé dogmática e da arrogância de que nos revestimos, muitas vezes, por possuirmos o manto do saber acadêmico.

Alguns anos atrás, eu estava em Ouro Preto, em plena Semana Santa. E lá pude presenciar a procissão do Senhor Morto. Espetáculo indescritível de fé arrebatadora. As pessoas seguiam a procissão com uma vela em forma de lamparina acesa nas mãos e entoavam orações e cânticos direcionados pelo cerimonial do evento. Diante desse espetáculo, não há como não se comover e não sentir a presença de Deus banhando de energia e luz aqueles que, de alguma maneira, estavam presentes naquele evento. Nesses momentos, a existência de Deus não tem como ser questionada, tudo é luz, tudo respira vida e amor, emanados de uma aura divina que, indiscutivelmente, encobre a todos e acolhe a dor daqueles que sofrem e esperam pela ajuda e proteção divina.

No dia seguinte, assisti, no período da manhã, a um programa televisivo local em que um especialista da área do comportamento humano explicava aquela manifestação religiosa. Esse profissional, embasado em sua fé dogmática na psicanálise, portanto diferente da fé dogmática daquelas pessoas que participaram da procissão, mas revestido do manto de douto do saber acadêmico, simplesmente explicou que aquelas pessoas buscavam Deus de maneira infantil, assim como uma criança busca pela proteção paterna. E dizia ainda que acreditar na proteção divina era uma maneira de, inconscientemente, buscar pela proteção da infância, período em que se acreditava que o pai magicamente tudo resolveria. E mais do que parear conceitos diferentes de fé dogmática, esse profissional estava, com base em sua ótica acadêmica, simplesmente desprezando a fé daquelas pessoas nos princípios do cristianismo. A questão a ser balizada é a reflexão sobre o que nos faz acreditar que a fé dogmática originária das lides acadêmicas é mais *verdadeira* do que outras manifestações de fé dogmática, no caso, as religiosas.

A verdade é que não nos damos conta de que agimos como se fôssemos sumos sacerdotes de uma nova religião, o cientificismo, e simplesmente saímos a vociferar princípios de salvação e libertação a todos que se dignem a seguir os nossos ensinamentos.

Esse episódio mostra um pequeno detalhamento de nossa arrogância ao nos revestirmos do cientificismo para explicar manifestações populares que distam da nossa compreensão e conceituação de mundo. O mais agravante é o fato de que esse profissional apenas mostra uma faceta do nosso academicismo, a qual, antes de ser considerada algo isolado e, até mesmo, insólito, certamente, terá suas explicações acolhidas por um sem-número de outros teóricos, que igualmente professam tais questões dessa fé dogmática. E não se trata de negar os nossos avanços teóricos, tampouco a importância da própria ciência no desenvolvimento humano; ao contrário, estamos apenas questionando o desprezo destinado às pessoas que procuram por outros caminhos em busca de elevação espiritual, os quais são diferentes dos nossos,

O que está presente no comentário feito por esse especialista é fruto do desprezo que a lide acadêmica confere às questões que envolvem a temática da religiosidade. Enquanto as pessoas sem o saber acadêmico simplesmente procuram pelas explicações contidas nos ensinamentos religiosos para dar sentido às suas vidas, esse profissional utiliza argumentos igualmente dogmáticos para justificar e explicar a fé religiosa.

A questão ganha ares mais cruéis quando o nosso saber acadêmico se mostra soberano ante as crenças populares. E o que é pior, muitas vezes, ele é aceito por essa mesma população em detrimento de suas próprias vivências e experiências pessoais, afinal, diante de um sumo sacerdote do cientificismo, não se pode contrapor o que quer que seja.

O que falamos e explicamos com base em nosso saber acadêmico está simplesmente acima do bem e do mal, e qualquer dissonância será entendida por nós como mera manifestação de ignorância e atraso intelectual (!?).

Isso se agrava ainda mais quando constatamos que muitos desses profissionais, apesar de toda a sua repulsa quando a questão da religiosidade é trazida à tona em reflexão nas lides acadêmicas e científicas, em sua vida privada, frequentam caminhos da religiosidade com práticas ortodoxas em todos os rituais inerentes à busca dessas questões, envolvendo caminhos de deificação.

É fato, de outra parte, que, nos últimos tempos, assistimos a uma escalada prodigiosa do universo acadêmico em busca de uma nova tentativa de compreensão do universo acadêmico. Os fenômenos religiosos, assim, passaram a ser objetos de estudo e tiveram suas ocorrências contempladas e explicadas à luz do olhar científico. Ao se debruçarem sob as manifestações místicas e religiosas, os acadêmicos, de maneira geral, vão ao encontro daquilo que sempre existiu de maneira representativa no seio da sociedade, mas que era totalmente desprezado nas lides acadêmicas. Falta, contudo, uma aproximação que contemple tais ocorrências sob um olhar que faça o enfeixamento de questões de religiosidade com propostas de investigação científica e de respeito a essas manifestações religiosas.

O número de publicações que contempla em seu bojo questões de espiritualidade é cada vez maior, e, embora ainda não sejam totalmente aceitas na comunidade acadêmica, elas empunham uma temática que clama cada vez mais por espaço no seio da contemporaneidade. Nesse quesito, são notórias as publicações envolvendo temáticas de religiosidade em livros da área de psicologia hospitalar e psicologia da saúde (Angerami, 2007 e 2008). É como se o contato estreitado com as doenças terminais e, por assim dizer, com a própria morte levasse os profissionais dessas áreas a uma guinada para os caminhos da religiosidade, na tentativa de compreender os desígnios da condição humana.

Porém, não se trata simplesmente de buscar os caminhos da Psicologia Transpessoal, vertente teórica que tenta fazer uma sincronia de princípios religiosos com a psicologia, mas sim de buscar entendimento com questões envolvendo a morte e o sofrimento advindos das doenças degenerativas.

A dicotomia existente entre a vida pessoal dos acadêmicos e suas práticas religiosas é, sem dúvida, o principal ponto para ser trazido à tona das reflexões envolvendo religiosidade. O que ocorre para alguém que se desenvolve religiosamente negar essa condição no meio acadêmico e, até mesmo, execrar qualquer similar é algo digno de uma reflexão pormenorizada. Merleau-Ponty (2004) ensina que é preciso que com meu corpo despertem os corpos associados, os outros, que não são meus congêneres, como diz a zoologia, mas que me frequentam, que frequento e com os quais frequento um único Ser atual, presente, como animal nenhum frequentou os de sua espécie, seu território ou seu meio. Nessa historicidade primordial, o pensamento alegre e improvisador da ciência aprenderá a ponderar sobre as coisas e sobre si mesmo, voltará a ser filosofia. A questão principal é a de que a prática religiosa poderia conspurcar sua atividade acadêmica, uma vez que o meio científico não aceita afirmações e conclusões que não passem pelo crivo da experiência científica em todos os seus passos e modalidades.

A fé religiosa igualmente a fé dogmática das teorias acadêmicas não passam pelo crivo da razão, apenas se constituem de uma força que se torna inquebrantável, mas que é fé erigida e sustentada tão somente por essa fé dogmática. Talvez aí residam a importância dada à experimentação científica e o total rechaço às questões envolvendo práticas religiosas, pois essas não apresentam qualquer experimentação científica em suas asserções. A coisa torna-se ainda mais distante dos ditames oficiais quando existe a confrontação desses paradigmas. Nesse sentido, é importante ressaltar a vanguarda de nomes como Ronilda Iyakemi Ribeiro[1], na Universidade de São Paulo, e Marilia Ancona-Lopez, na Pontifícia Universidade Católica de São Paulo, que enfrentaram toda sorte de dificuldades e conseguiram implantar programas de pós-graduação trazendo a temática da religiosidade para dentro das lides acadêmicas e com o resguardo dos construtos teórico-científicos da psicologia.

Entretanto, não podemos perder de vista que a linha que separa práticas clínicas que envolvem questões de espiritualidade e que possuem embasamento teórico-filosófico a conferir-lhes seriedade em seus propósitos é bastante tênue em relação a práticas simplistas que são revestidas, até mesmo, por questões de charlatanismo. Buscamos acolher em nossos espaços aqueles que procuram resguardo de seriedade nesse binômio religiosidade-psicologia e jamais dar conivência a práticas que esbarram e se enquadram nos parâmetros de charlatanismo.

No Brasil, de outra parte, existe muita controvérsia em relação ao ensino fundamental quanto à questão de que este deve ser laico e sem nenhum revestimento religioso. Com exceção das chamadas escolas de religiosos, o ensino religioso é deixado para um plano secundário, uma vez que se torna alvo das mais diferentes e acirradas disputas. Embora o Brasil ainda seja considerado um país de predominância católica, é fato que, há muito tempo, o catolicismo vem perdendo espaço para outras religiões, principalmente para aquelas denominadas evangélicas, apesar de muitos dos diversos feriados nacionais serem de cunho religioso, dentro dos preceitos do catolicismo.

[1] Presente neste livro no Capítulo 2.

Aí reside uma das grandes contradições, pois embora façamos parte de uma sociedade valores judaico-cristãos em seu enfeixamento de preceitos morais e religiosos, o Estado brasileiro procura adotar uma postura laica e se define como Estado laico, não obstante ostente sinais exteriores fixos do catolicismo em todos os prédios de suas principais instituições. Assim, veremos crucifixos na sala de julgamento, nas sedes das assembleias legislativas, câmara municipais etc.

Dessa forma, a condição laica do Estado torna-se apenas retórica distante de sua real congruência, uma vez que a cruz é exibida em detrimento de outros valores religiosos, que não podem se fazer presentes, como a estrela de Davi, que sinaliza a presença de judeus em nossa sociedade. Há espaço apenas para a cruz, apesar de a condição ecumênica ser cada vez maior em nossa sociedade.

Contrariamente a outras sociedades, em que os valores religiosos fazem parte da maneira como o Estado determina seus postulados educacionais, o Brasil não possui construto filosófico para o enfrentamento dessas questões.

Sem precisarmos evocar os países do Oriente Médio, onde as religiões determinam, inclusive, o modelo sociopolítico de suas configurações, podemos citar os Estados Unidos, onde a tônica do cristianismo protestante é buscada de maneira a se enfeixar com os valores morais de interesse do Estado. Nesses casos, temos situações em que a presença da religiosidade é usada de maneira bastante delicada, visando a determinantes que, muitas vezes, estão distantes das reais necessidades da população em geral, em sua busca por elevação espiritual pela religiosidade. Desde a famosa citação marxista de que a religião é o ópio do povo até os preceitos trazidos pela Teologia da Libertação[2], tudo que envolve a evolução das religiões contemporâneas necessita de cuidados bastante especiais e bem delimitados para que não nos percamos em meras digressões que não consideram o aspecto libertário da religiosidade. Merleau-Ponty (2004) assevera que jamais alguma filosofia da história transferiu ao futuro toda a substância do presente, nem destruiu a si-mesmo para dar lugar ao outro. Essa neurose do futuro seria exatamente a não-filosofia, a recusa deliberada de saber em que se crê. Jamais alguma filosofia consistiu em escolher entre transcendências, por exemplo, a de Deus e a do futuro humano, pois elas são inteiramente ocupadas em mediatizá-las, em compreender, por exemplo, como Deus se faz homem ou como o homem se faz Deus, em elucidar esse estranho envolvimento que faz

[2] Muitos atribuem à Teologia da Libertação a grande debandada de católicos para outras religiões, principalmente da população mais simples, para aquelas denominadas evangélicas. A pecha que se atribui a esse movimento deriva do fato de que, segundo seus críticos, ela enfatizou em demasia questões sociais em detrimento de questões espirituais, o que fez com que a população, por assim dizer, procurasse por outros caminhos em busca de religiosidade.

com que a escolha dos meios já seja a escolha do fim, com que o si-mesmo se faça mundo, cultura, história, mas que a cultura decaia ao mesmo tempo que ele.

O aspecto libertário das religiões é o tema em sequência de nossas religiões. Os aspectos psíquicos que implicam a busca da religiosidade e suas diferentes confluências serão o nosso próximo item de reflexão.

III – A busca por religiosidade e sua confluência com a psicoterapia

Ontem eu ouvi Deus... Ouvi o Concerto 23
para piano e orquestra de Mozart
VALDEMAR AUGUSTO ANGERAMI

É frequente a definição de que se busca a religiosidade por causa de situações de sofrimentos extremados, isso, evidentemente, em se tratando de pessoas que estejam distantes de práticas religiosas e que, por motivos diversos, procuram-nas com o propósito de encontrar alívio para seus sofrimentos. São essas buscas que analisaremos e sobre as quais refletiremos com base em alguns pressupostos teórico-filosóficos que fundamentam a nossa prática dentro da psicoterapia. Como já apontado em publicações anteriores, nossa intenção não é traçar algo que seja absoluto em termos teóricos, mas abrir sendas para novas reflexões sobre a temática. Certamente, caminharemos por atalhos fascinantes cujos desdobramentos não são tangíveis à nossa própria percepção. O início de uma caminhada sempre é algo cujo trajeto se faz desconhecido por mais que se possam conhecer os passos do caminho. Merleau-Ponty (2004) ensina que o enigma consiste em meu corpo ser ao mesmo tempo vidente e visível. Ele que olha todas as coisas pode também se olhar e reconhecer no que vê o outro lado de seu poder vidente. Ele vê-se vidente, ele toca-se tocante, é visível e sensível para si mesmo. Assim, é uma reflexão que se mostra envolta em mistérios que tentaremos desvendar ao longo do nosso percurso. Dois casos serão exibidos para ilustrar nossas reflexões nesse binômino religiosidade-psicologia.

Denise: a busca por religiosidade e psicoterapia

Vamos detalhar nossa reflexão com base em dois casos escolhidos que poderão nos direcionar de forma mais detalhada para os pontos de nossa digressão teórica. Inicialmente, falaremos de uma pessoa, a quem chamaremos Denise, e que procurou um templo espiritualista depois de alguns percalços de sua vida.

Denise era uma mulher de 68 anos de idade, casada e aposentada. Os filhos já se encontravam casados quando começou a perceber uma série de manchas vermelhas em sua pele. Procurou por atendimento médico e, depois de várias consultas e exames, constatou que seus sintomas não tinham explicações no universo médico. Foi encaminhada para a psicoterapia por um dos médicos que consultou, ao mesmo tempo em que procurou por um templo espiritualista, indicado por uma vizinha.

Mal a psicoterapia começou a se desenvolver, Denise já mostrava algum conflito entre os caminhos psicoterápicos e o que ouvia no templo espiritualista. Era imprescindível esclarecer que os caminhos que a envolviam no templo espiritualista não eram excludentes aos desígnios da psicoterapia e que não havia necessidade de ter que decidir por um em detrimento do outro. Esse posicionamento da psicoterapia a deixava tranquila tanto para continuar o tratamento religioso no templo espiritualista quanto para seguir no processo psicoterápico. Desse modo, Denise tinha na psicoterapia um terreno fértil para, até mesmo, refletir sobre as determinantes de sua busca religiosa e de seus efeitos em sua vida.

Nesse sentido, é importante ressaltar que o acolhimento da psicoterapia às buscas efetivadas pelo paciente pelos caminhos da religiosidade não implica a necessidade de o psicoterapeuta comungar das mesmas crenças religiosas dele. Acolher é respeitar e aceitar as diferenças de maneira que estas não sejam impeditivas do pleno desenvolvimento do processo psicoterápico. Quando o paciente procura a psicoterapia com base na orientação religiosa do psicoterapeuta[3], a aceitação de tais diferenças é fator importante para que o processo possa fluir sem nenhum tipo de amarras em seu desenvolvimento. Esse aspecto de nossa reflexão ganha importância na medida em que a prática da psicoterapia, muitas vezes, também é vista como um aconselhamento religioso. Chessik (apud Angerami, 2004 a) afirma que o próprio psicoterapeuta é alguém que traz em sua linhagem resquícios do médico da família, e, em tempos primordiais, a linhagem dos xamãs e curandeiros. Isso significa que, muitas vezes, ante a natureza de nossa intervenção na vida do paciente, essa linha tênue entre o verdadeiro sentido de nossa atuação profissional e os aspectos de religiosidade se torna muito forte. Assim, é muito importante que se reflita sobre o verdadeiro sentido da psicoterapia e suas diferenças em relação ao tratamento religioso.

O que ficava cada vez mais evidente era que aquelas manchas na pele de Denise denotavam uma condição de estresse emocional muito forte, as quais, consequentemente, mostravam-se como uma manifestação corpórea de um sofrimento que englobava toda a sua totalidade existencial, incluindo psiquismo,

[3] Nesse sentido, podemos citar o número de religiosos que se formam em psicologia para atender aos fiéis de suas comunidades religiosas. Existe hoje uma gama muito grande e variada de religiosos – padres, freiras e diferentes tipos de pastores para ficarmos apenas nos de orientação cristã –, que se dedicam à prática da psicoterapia.

somatizações e, até mesmo, comportamentos de sofrimento, como insônia, enxaqueca e diferentes gástricas.

De outra, no templo espiritualista, ela havia sido diagnosticada como estando em um campo vibracional bastante comprometido, com entidades sem evolução que trabalhavam para prejudicá-la em diferentes níveis de sua espiritualidade. O tratamento prescrito por seus guias espirituais implicava banhos de ervas, orações, rituais de velas e um conjunto de atitudes que resultavam na adoção de uma séria de posturas, que, certamente, levariam-na a uma melhora de sua condição de vida.

Entre essas atitudes, podemos citar a necessidade diária de orações para si e para as pessoas que estivessem enfermas e em situações de muito sofrimento. Não é novidade o efeito catártico que a oração promove em quem ora, e certamente, ao orar, a pessoa se fortalece tanto em suas crenças religiosas quanto em sua condição emocional. A oração é benéfica tanto para a própria pessoa que ora quanto para aqueles a quem destinamos nossas preces. A própria condição imunológica de uma determinada pessoa se fortalece pelo hábito da oração. O poder curativo da oração, que começa a ser pesquisado pela ciência, vai acrescentando aos nossos cabedais teóricos algo bastante importante que nos direciona simplesmente a aceitar que o hábito da oração deve ser cultivado, inclusive pelo aspecto de fortalecimento imunológico que se conhece hoje pelo olhar científico. Isso significa que o poder da oração começa a ser descoberto pela ciência, embora já tenha seu efeito comprovado por milhares de fiéis ao longo de séculos e séculos. O aspecto desse enfeixamento científico é bastante peculiar, pois parece que, somente depois do crivo científico, determinados fenômenos cristalizados com o tempo ganham credibilidade em sua asserção e podem fazer parte de nosso universo de pesquisa e reflexão.

A questão que ganha contornos bastante hilários, porque quase sempre consagra a nossa condição, citada anteriormente, de sumos sacerdotes do cientificismo, de modo que somente os aspectos validados por essa *religião acadêmica* ganham veracidade e validade em nosso universo simbólico e o que é ainda mais agravante é que determinadas ocorrências antes da aprovação do crivo do cientificismo simplesmente naufragam à deriva de qualquer asserção racional. Exemplo grotesco dessas citações refere-se à condição homossexual no início do Século XX. Os homossexuais eram confinados aos muros manicomiais, pois não havia uma definição conceitual desse comportamento sexual e muitos homossexuais, quando eram confinados aos muros manicomiais, eram presos em masmorras penitenciárias ao serem condenados por essa condição sexual. Citação dessa condição de humilhação e perseguição é Oscar Wilde, seguramente um dos maiores romancistas que a humanidade conheceu. Ele foi preso e condenado por sua condição sexual, e uma de suas principais obras *De Profundis*[4] foi escrita quando cumpria

[4] De Profundis, Wilde, O., São Paulo: Clube do Livro, 1954.

pena carcerária. Isso tudo sem arrolar as perseguições que eram originadas apenas pelo fato de esses indivíduos apresentarem condutas sexuais diferentes das normas estabelecidas socialmente. No entanto, quando o crivo científico apresentar algo plausível sobre a conduta homossexual, a questão passará a ter a nossa complacência, já que a nossa condição de sumos sacerdotes da *religião ciência* terá elementos para explicar e abarcar, sob o seu manto, todas as diferentes manifestações de ocorrência desse fenômeno.

Voltemos à nossa paciente. Denise, ao mesmo tempo que se desenvolvia emocionalmente na psicoterapia e continuava seu tratamento no templo espiritualista, tentava harmonizar as duas formas de tratamento, uma vez que, em seu pensamento, tratava-se de tratamentos excludentes, como se preconiza comumente. Na verdade, as coisas tornam-se excludentes pela visão preconceituosa que se atribui aos fatos, pois na realidade a psicoterapia não pode deixar de abarcar em seu bojo de ação questões que implicam a religiosidade do paciente. Esse ponto de reflexão é muito importante, porque não podemos conceber que a psicoterapia não possa abarcar questões de religiosidade por não se tratar de tratamento religioso. E não se trata mesmo de tratamento religioso, mas tão-somente não pode deixar de fora sua abrangência questões inerentes à condição humana, e a religiosidade certamente é uma das principais pilastras das pessoas em sua busca por crescimento espiritual e emocional.

O paciente ao trazer para a sessão de psicoterapia questões que envolvem sua religiosidade, apresenta aspectos de entrega ao processo psicoterápico, uma vez que mostrará total confiança na rede de proteção apresentada pela psicoterapia.

A psicoterapia deve se desenvolver por caminhos que não sejam conflituosos com os valores do paciente. A questão que envolve religiosidade necessita de um aprumo constante das atitudes do psicoterapeuta, visto que, muitas vezes, este também professa alguma religião que pode ser diferente daquela apresentada pelo paciente e, inclusive, com aspectos conflituosos e de total discordância teológica.

A psicoterapia não é campo para discussões teológicas, tampouco cenário para embates dogmáticos; ao contrário, trata-se de espaço para o paciente desenvolver-se e crescer rumo a novos patamares de sua existência. A aceitação incondicional dos valores religiosos do paciente é questão fundamental para que o processo da psicoterapia possa se desenvolver e levá-lo, muitas vezes, até a reflexão do verdadeiro sentido da religiosidade em sua vida. Uma postura de aceitação do psicoterapeuta pode, até mesmo, fazer com que o paciente tenha o verdadeiro balizamento da religiosidade em sua vida.

O fato de termos religiosos na atualidade que igualmente desempenham o papel de psicoterapeuta é questão bastante delicada, porque certamente a linha divisória de atuação entre o seu papel de profissional de psicologia e o de religioso é algo que, além de tênue, funde-se em aspectos da congruência existente nesses dois aspectos.

A própria questão da remuneração da psicoterapia, algo que muitas vezes é visto como um verdadeiro tabu principalmente para o psicólogo, ganha contorno ainda mais drásticos com a presença desses religiosos na prática da psicoterapia, uma vez que, em diversas situações, o atendimento é realizado em templos e igrejas e sem qualquer ônus para o paciente. Como já apontado anteriormente, os pacientes que buscam os serviços desses profissionais estão, além da ajuda psicoterápica, procurando também uma identificação de valores, principalmente para aqueles em que o confronto moral laico muitas vezes é muito forte em relação aos valores religiosos. E, em alguns casos, determinante de sofrimento emocional de diferentes matizes.

Uma situação que ilustra tais citações é a valoração do catolicismo e demais religiões cristãs para padrões morais da sexualidade, o que, em princípio, não existe nos arcabouços da psicoterapia. Em outras palavras, o paciente que opta por um psicoterapeuta religiosos pode estar procurando um caminho em que seus valores morais não sejam confrontados. Todavia, não queremos afirmar que um psicoterapeuta que também seja religioso não tenha condições de fazer essa separação entre os valores morais de sua religiosidade e os preceitos da psicoterapia, apenas estamos enfatizando a busca do paciente por tais premissas. Na prática, muitas vezes, esse psicoterapeuta religioso não tem essa preocupação ou mesmo conhecimento cabal para fazer essa distinção.

Aspectos conceituais da psicoterapia precisam ser constantemente revistos para que tais fatores não acabem se tornando empecilho para o real desenvolvimento do paciente. A religiosidade, bem como outras buscas efetivadas pelo paciente, deve ser acolhida em seu processo de psicoterapia como sustentáculo de seu crescimento e desenvolvimento emocional. É imprescindível que tais questões não saiam do nosso foco de psicoterapeuta, pois se nos desviarmos, caminharemos em sentido contrário ao real objetivo da psicoterapia, ou seja, levar o paciente a uma condição libertária para que, sem amarras existenciais, possa galgar patamares ainda mais promissores em sua vida.

Quando refletimos sobre as razões que levaram muitos pacientes a abandonarem o processo psicoterápico, a questão da religiosidade certamente estará presente no bojo das discussões. O enfrentamento dessa discussão começa a ganhar espaço tanto nas lides acadêmicas como também nos ambientes em que a prática da psicoterapia é discutida.

Ao abordarmos questões referentes à religiosidade, ela ganha os contornos de sua especificidade[5]. Os aspectos de sua abrangência, no desenvolvimento da

[5] Não podemos perder de vista o fato de que as discussões relacionadas à religiosidade no meio acadêmico sempre dependeram de pessoas que enfrentaram isoladamente todo tipo de crítica para que essa confluência fosse possível. E isso precisa ser repetido inúmeras vezes para que não percamos tal dimensionamento.

psicoterapia ou na vida do paciente, tornam-se imprescindíveis em nossa tentativa de arrolar as variáveis presentes no desenvolvimento da psicoterapia.

Voltemos à Denise. No desenrolar do processo, nossa paciente começou a perceber que suas manchas na pele, o primeiro sintoma diagnosticado pelos médicos e que culminou em encaminhamento para a psicoterapia, não cessariam enquanto ela não mudasse alguns pontos de sua vida: era necessário harmonizá-los de maneira mais equilibrada com seus valores morais e religiosos.

A paciente trazia para a psicoterapia nuanças de sua perspectiva de vida e as mudanças que estavam ocorrendo a partir desse binômio de tratamento a que estava se submetendo. Ao trazer questões que envolviam sua prática religiosa no templo espiritualista, ela podia alcançar os desdobramentos que essas atividades estavam trazendo para sua vida e o quanto havia evoluído nessa busca por religiosidade.

De outra parte, o paciente não precisa fazer da psicoterapia um espaço em que não caibam questões de sua religiosidade, pois isso, na medida em que é algo que faz parte de sua vida de modo indissolúvel, não pode estar ausente de seu processo de autocrescimento e autoconhecimento, pilastras básicas da psicoterapia.

Após alguns meses de psicoterapia, Denise pôde então se dar conta de que o seu equilíbrio orgânico seria possível apenas quando direcionasse sua vida para novas perspectivas, em que os desdobramentos de seu crescimento e sua evolução contemplassem as diferentes buscas que empreitava. Ela podia, assim, perceber que não havia discrepâncias entre os dois tipos de tratamentos a que se submetia. Em uma consulta espiritual feita em seu templo sobre se deveria continuar no processo de psicoterapia, seu guia espiritual afirmou textualmente que esse processo também iria contribuir para o seu desenvolvimento espiritual, uma vez que tratava de questões de sua realidade de vida, as quais, em algumas ocasiões, necessitavam de bastante reflexão. Ele ainda argumentou que o tratamento espiritual por si não daria conta de resolver todas as questões que atormentavam a vida de Denise.

Essas observações trouxeram bastante serenidade para ela, pois se, de um lado, já sabia que na psicoterapia não havia restrições ao seu tratamento espiritual, de outro, foi igualmente importante ouvir de seu guia espiritual que o tratamento psicoterápico também era aceito e referendado de modo absoluto.

Os detalhamentos que Denise trazia de seu templo espiritualista sobre os rituais de limpeza espiritual, que envolviam velas, incensos, aromatização do lar etc., eram procedimentos díspares de meus valores religiosos. O que acontecia em suas sessões era o fato de que decididamente não havia nenhuma censura ou mesmo questionamento sobre sua experiência espiritual, a qual era resultado de sua busca nos caminhos da espiritualidade. O psicoterapeuta não precisaria te necessariamente os mesmos valores de sua religiosidade para que o processo psicoterápico pudesse se desenvolver. Sua espiritualidade era valor buscado e resgatado no âmago de seu ser, e não cabia ao psicoterapeuta esse tipo de questionamento; seu papel é apenas refletir sobre o impacto dessa busca e o seu significado para sua vida.

O caso de Denise certamente se configura com um caso de harmonização entre esses dois tipos de busca, e a maneira como as coisas haviam tangenciado-se mostrava, inclusive, que não seria necessária a exclusão teorizada e preconizada nas lides acadêmicas, em que as estruturas teóricas obrigam as pessoas a abandonarem suas convicções religiosas, com o propósito de que não sejam desprezadas e rechaçadas diante das normas do cientificismo.

De outra parte, se houvesse possíveis rejeições das partes envolvidas no tratamento de Denise, certamente, teríamos uma situação muito conflituosa e de consequências imprevisíveis. Imaginemos o líder espiritual falando que a psicoterapia era algo desnecessário ao seu desenvolvimento pessoal, e que sua interrupção não faria a menor diferença em sua vida. Ou então, ao contrário, a psicoterapia conceituando sua busca espiritualista como alienante e sem nenhuma importância para o seu processo de autocrescimento e de descobertas existenciais. A paciente seguramente seria tida como refém de conflitos de natureza distintas que, fatalmente, a levariam a uma situação de total desequilíbrio emocional. Na realidade, sempre iremos encontrar esse tipo de intolerância entre diferentes manifestações de tratamentos a que muitas pessoas estão sujeitas e, como agravante, sempre temos o fato de que a presunção científica sempre adquire contornos de verdades absolutas quando confrontados com outros matizes de saber e de desenvolvimento humano. Merleau-Ponty (2204) mostra que o meu movimento não é uma decisão do espírito, um fazer absoluto, que decretaria, do fundo do meu retiro subjetivo, uma mudança de lugar milagrosamente executada na extensão.

O caso de Denise ilustra como forças distintas podem se harmonizar para propiciar ao paciente diferentes maneiras de ajuda que, embora possam parecer contraditórias, enfeixam-se no princípio soberano de resgate da dignidade humana aviltada por condições de vida que provocam a sucumbência de suas estruturas emocionais. Certamente, a consequência maior será o bem-estar do paciente, seu crescimento como pessoa e dignidade humana. As religiões são erigidas com base em valores culturais e sociais, o que significa dizer que a subjetividade das pessoas inseridas nesses contextos terá necessariamente esses valores. Na sequência, vamos discorrer e refletir sobre outra paciente, Solange.

Solange: o ciúme enlouquecido em nome de Deus

Solange era mulher de 46 anos de idade que procurou pela psicoterapia, porque não estava suportando sua crise conjugal que derivava principalmente pelo ciúme doentio que apresentava. Ela trabalhava com eventos e era uma profissional muito bem-sucedida, o que lhe conferia, além de um grande status profissional, uma condição financeira invejável. Se, por um lado, Solange exibia situações que propiciavam todo o tipo de reconhecimento social, por outro, sua vida conjugal apresentava detalhes decididamente ensandecido. Era casada com um homem de 52 anos de idade, que igualmente era um empresário bem-sucedido e que frequentava uma igreja evangélica. Solange via com estranhamento o fato de seu marido, aqui denominado Carlos, ir à igreja diariamente e dedicar-se de maneira tão intensa às atividades religiosas. Não conseguia compreender essa conversão espiritual vivida por ele em prazo tão exíguo e que determinava uma mudança de vida tão radical.

Carlos, antes da conversão religiosa, era um homem dedicado apenas ao mundo dos negócios e de sua atividade empresarial, como jantares, almoços e todo tipo de afazeres que implicava seu desdobramento empresarial no tocante a relações públicas. Porém, depois de sua conversão religiosa, todo o seu universo simbólico havia se modificado de modo que tudo que fazia e vivia era direcionado à igreja. Solange até era convidada para participar das diversas cerimônias que Carlos frequentava e se mostrava cada vez mais entusiasmado. Solange não se identificava com os postulados religiosos buscados pelo marido e considerava que nada havia de interessante, que minimamente a despertasse para os caminhos efetivados pelo marido em sua convergência espiritual. A coisa começou a se tornar torturante para Solange quando se deu conta de que o marido em suas atividades religiosas partilhava diversas realizações em companhia de mulheres que frequentavam a igreja.

Ela, então, começou a ser torturada pela desconfiança de que seu marido era tão assíduo à igreja não por sua conversão religiosa, mas por estar interessado nas mulheres que frequentavam a igreja. E o seu ciúme, em processo de crescimento lento e contínuo, tornou-se algo que a deixava completamente desarvorada com a mera possibilidade de imaginar seu marido desenvolvendo diversas atividades com as mulheres da igreja.

Solange pode ser definida como uma dessas pessoas que não possuem religião definida. No entanto, tinha um senso de religiosidade, pois fazia orações diárias e buscava se desenvolver nos caminhos de Deus, ainda que distante das religiões formalmente estabelecidas. Entretanto, depois da guinada de Carlos, Solange passou a questionar o verdadeiro sentido da fé, uma vez que se sentia trocada pela igreja. Ao mesmo tempo que acreditava na intencionalidade inicial do marido em busca por religiosidade, duvidava de suas atitudes e de sua assiduidade à igreja, excessiva e sem nenhum critério de respeito à sua pessoa (sic). Todavia o seu desequilíbrio emocional se agravou quando passou a fazer um enfeixamento de que seu sofrimento e ciúme incontroláveis derivavam de uma provocação colocada em seu caminho por Deus. Da mesma forma que o marido havia se encontrado nos caminhos da religiosidade, ela, ao contrário, estava cada vez mais distante de qualquer ponto de tangência com a religiosidade e em total confronto com tudo que de alguma maneira fizesse parte de princípios religiosos.

O descontrole emocional de Solange atingiu níveis insuportáveis de sofrimento. Ela não aguentava saber da religiosidade do marido, seja por acreditar que suas idas à igreja derivavam do interesse pelas mulheres que lá frequentavam, seja ainda pelo fato de que a ideia de provação divina era algo cujos desígnios iam muito além de sua própria condição de aceitação e dor.

Inicialmente, o sofrimento de Solange provocou insônias e perda de apetite. Como já não dormia adequadamente nem se alimentava de modo condizente com sua realidade de vida, começou a demonstrar os primeiros indícios de perda de sua condição imunológica. Assim, passou a ter uma inflamação crônica na garganta que, na realidade, não era passível de tratamento, uma vez que os exames médicos nada constatavam. Começou também a ter uma purulência vaginal, e mais uma vez os exames clínicos apenas apontavam alterações em seu pH vaginal, mas sem a presença de bactérias que justificassem os sintomas apresentados.

Solange foi encaminhada para a psicoterapia como o recurso capaz de mostrar e, até mesmo, detectar a série de problemas apresentados em seu organismo.

Deus era para ela alguém tirano que a submetia a inúmeras provações e a todo tipo de sofrimento. O mais interessante é que ela argumentava para si própria que a causa principal desse sofrimento derivava do fato de o marido haver encontrado o caminho da religiosidade; por ela se afastar, foi punida pela ira divina com todo tipo de sofrimento.

Esse caso, de modo semelhante ao exibido anteriormente, mostra a necessidade de a psicoterapia caminhar em consonância com as questões religiosas trazidas pela paciente. Não se tratava de questionar se Deus era ou não capaz de lhe imputar tamanho nível de sofrimento, e sim de levá-la a reflexões pormenorizadas sobre o significado desses aspectos conceituais que incidem sobre a imagem que fazia de Deus.

Na realidade, estávamos diante de alguém cujo enredo de sofrimento era erigido em elucubrações criadas em seu imaginário, pois o marido, ao dedicar-se às atividades religiosas, não mostrava aspectos incisivo de estar procurando outras mulheres. É fato que essas atividades estavam provocando um distanciamento do casal, uma vez que, como já apontado, Solange não participava das atividades religiosas do marido. Pelo menos no início de suas buscas religiosas, o marido a chamava para participar dos cultos e das demais atividades, no entanto, diante das constantes recusas, deu-se que aos poucos Solange deixou de ser convidada e foi simplesmente deixada de lado na empreitada religiosa efetivada por Carlos. Esses aspectos eram, na realidade, seu principal questionamento, com dados conclusivos de que estava sendo paulatinamente abandonada pelo marido, uma vez que tudo que ele fazia naquele momento implicava ter consigo pessoas ligadas à sua igreja.

Solange aos poucos foi abandonando a vida social a passou a preocupar-se com a possibilidade de o marido ter outra mulher. Frequentemente, ela o questionava sobre isso. Mesmo diante das negativas de Carlos, Solange passou a ter sentimentos de rejeição e abandono que lhe corroíam a alma de modo dilacerante, com repercussões significativas em seu corpo. Sentia-se traída em seus sentimentos, percebia que o marido já não tinha prazer com sua presença e que os sinais de felicidade exibidos por ele estavam relacionados à sua nova busca de vida. Ao rememorar os momentos em que o marido começou a frequentar a igreja, quando inclusive a convidava para também participar, e que mesmo diante de suas negativas, ainda assim, não se desviou de seu rumo, a questão que a atormentava era de que as coisas certamente seriam diferentes se tivesse igualmente ido ao encontro desse caminho religioso. Contudo, como se diz sabiamente, a vida não possui ensaios e, uma vez que os fatos já tinham ocorrido, não havia como voltar ao tempo e mudar o curso dos acontecimentos.

O seu sofrimento fazia, inclusive, que o distanciamento entre os dois de mera possibilidade passasse a ser real, e um não se importava com o caminho escolhido pelo outro, estavam indiferentes. É fato que uma análise minuciosa do caso mostrava que o relacionamento conjugal de Solange passava por um grande processo de esgarçamento, mas seguramente era mais fácil e cômodo atribuir à busca religiosa do marido a responsabilidade para esse constitutivo. Podemos inferir, talvez com pequena margem de erro, que a busca do marido por atividades tão intensas, que praticamente o deixavam absorto e sem espaço para mais nada em sua vida, derivava do afrouxamento da própria relação conjugal, mas nada era dito, ao contrário, quando conversavam ambos negavam qualquer crise no relacionamento conjugal, embora fosse fato que de há muito tivessem perdido o prazer para qualquer tipo de investimento afetivo e amoroso no casamento.

Solange apenas falava de seu incômodo pela presença de outras mulheres nas atividades religiosas dele. Segundo Carlos, não havia interesse em relacionamentos amorosos, pois os preceitos religiosos que seguia com ardor impediam qualquer envolvimento extraconjugal.

A cada dia, o distanciamento tornava-se mais crônico e tudo leva a indícios da perda de qualquer sentimento de prazer nessa relação conjugal. Entretanto, não se falava abertamente em separação, seja por dificuldades de enfrentar um rompimento amoroso, seja pela acomodação vivida por ambos nesses anos de convívio.

Solange, no entanto, apenas conseguia perceber o pesadelo que havia se imputado de um castigo divino por seu distanciamento dos caminhos de religiosidade. O ciúme que sentia era, na realidade, uma manifestação do ostracismo a que havia sido deixada depois da busca religiosa do marido. Eram questões envolvendo sua autoestima que estavam vindo à tona em sua consciência após as reflexões enfeixadas em seu processo de psicoterapia. Afinal, tratava-se de uma mulher muito bonita e bem-sucedida financeiramente, o que, por si, já levava a um grande inconformismo pelos seus sentimentos de abandono e refeição.

Ficava cada vez mais evidenciado que tudo que atribuía aos seus sentimentos referia-se, na verdade, a questões que envolviam o dissabor do enfrentamento de uma separação conjugal e a fatores relacionados à dissolução de uma relação amorosa. Assim, desde a possível partilha financeira até a elaboração de novos projetos de vida, tudo esbarra em aspectos inerentes a uma separação conjugal, não religiosidade, e sim de sofrimentos muito intensos que implicavam sentimentos de abandono, rejeição e dificuldade de pensar em novos projetos de vida sem o marido, depois de tantos anos em que o caminho de um sempre era pensado a partir do outro. E por pior que seja o enfrentamento de uma situação de separação amorosa, certamente, é mais real e verdadeira do que o acirramento de questões envolvendo a falta de religiosidade e a possível punição divina.

Ao deparar-se com o novo patamar de reflexões e questionamentos, Solange começou a entender que seu sofrimento não estava apenas relacionado à sua falta de religiosidade ou ao abandono que sentia pelas atitudes do marido, mas à consciência dolorosa, mas verdadeira, de que o seu casamento não mais existia e que não havia determinação e a coragem de um enfrentamento real das verdadeiras condições do esgarçamento do relacionamento.

Esse caso foi escolhido por mostrar como muitas vezes questões envolvendo religiosidade e, até mesmo, Deus são lançadas para que não se confrontem os verdadeiros signos de sofrimento enfrentados por uma determinada pessoa. Seguramente, muito além do que podemos conceber, muitos conflitos e desavenças envolvendo questões de religiosidade camuflam outros níveis de indagações reflexivas que de maneira cômoda são alçados a problemas de inerência religiosa. É mais fácil atribuir a divergências religiosas confrontos e conflitos que são, na realidade, fundamentalmente fruto de embates emocionais e do próprio acirramento presente nas relações interpessoais e que distam completamente das buscas de religiosidade. De acordo com Merleau-Ponty (2004), o que se tem em vista é o momento em que o interior se faz exterior, a reviravolta ou a transferência pela qual passamos e que passamos para o outro e para o mundo, como o mundo e o outro para nós, em outras palavras, a ação. Pela ação, torno-me responsável por tudo, aceito tanto o socorro quanto a traição dos acasos exteriores. É dizer que se faz necessário que nos tornemos senhores não só das próprias intenções, mas também daquilo que as coisas farão delas, assumo o mundo, os outros como são, assumo-me a mim mesmo como sou e fortaleço-me com tudo isso e, na entrega da ação, ocorre a transformação que certamente nos conduzirá a patamares mais elevados na própria vida.

IV – Religiosidade: em busca de ilusão

Eu acredito em Deus e na música de Mozart

CHOPIN

No âmago das reflexões propiciadas, temos ainda que determinadas circunstâncias presentes na busca de religiosidade podem, muitas vezes, trazer em seu bojo questões de insatisfação muito latentes com a própria vida e as adversidades presentes nesse contexto. A busca por Deus não traz a poção mágica capaz de reverter a totalidade dos casos existências. Ao se buscar caminhos da religiosidade, não podemos nos esquecer de que os nossos desatinos necessitam de nossa ação e determinação para serem superados. A força da oração e da religiosidade certamente nos fortalece o espírito para o enfrentamento desses desatinos, apenas não podemos perder o foco de que é a nossa determinação que transformará os fatos e as circunstância que eventualmente estejam a turvar a nossa visão sobre a própria vida.

Muitas vezes, quando optamos por caminhos de religiosidade, estamos buscando uma ilusão, a de que a busca por Deus será suficiente para a resolução da totalidade dos nossos problemas. Em texto anterior (Angerami, 2017), mostramos que os religiosos eram as pessoas mais dilaceradas pelo sentimento de solidão. Embora afirmassem que o encontro com Deus tivesse o condão de aliviar essa mazela, que corrói a alma humana de maneira impiedosa, mostraram-se como os que mais sofriam com esses desatinos.

A busca por caminhos de religiosidade, quando estes apresentam essas configurações de ilusão, também traz resquícios de que, ao se colocar tudo nas mãos de Deus, estamos deixando de agir em nossa vida, relegando nossa ação a um quietismo que implica necessariamente um processo de alienação ante os desatinos que se nos apresentam. Não estamos, contudo, negando a eficácia da oração, como já apontado anteriormente, tampouco relegando a um plano secundário a questão libertária da religiosidade. Apenas queremos enfatizar que a nossa ação é imprescindível para o nosso desenvolvimento pessoal e que a religiosidade, por si, sem a nossa ação de nada servirá.

Essa questão de ilusão religiosa pode ser perfeitamente constatada, principalmente, entre aquelas pessoas que buscam por religiões em que médiuns incorporam entidades espirituais que já morreram e que, segundo dizem, rompem as barreiras de espiritualidade para efetivar ajuda aos fiéis que a eles recorrem. O que acontece, geralmente, nessas situações é a promessa da entidade espiritual de que as coisas na vida do fiel se ajeitarão e que ele será ajudado por esse plano espiritual. E, decididamente, se ocorre alguma forma de ajuda nesse contexto, é a ação do fiel que, sentindo-se amparado pela entidade espiritual, empreita mudanças significativas em sua vida. Quando as pessoas procuram esses médiuns, há o desejo de que as entidades espirituais caminhem ao encontro daquilo que elas desejam e precisam escutar para que, uma vez fortalecidas, possam alavancar as mudanças necessárias para a transformação de seus problemas e de sua própria vida. Na realidade, temos algo semelhante ao que ocorre com o organismo humano diante de um quadro infeccioso provocado por bactérias. O organismo não possui resistência ao ataque e, consequentemente, acontece o quadro infeccioso, provocado pelas bactérias. Então, ele necessita de medicação portentosa para aniquilá-la e estancar a infecção. No entanto, a recuperação do organismo se dará apenas por sua própria reação, já que não existe nenhuma anomalia que acometa o organismo humano cujo restabelecimento não é feito por ele mesmo. É necessário a medicação para atacar o agente bacteriano, mas a recuperação sempre é do organismo em qualquer circunstância.

Em obra anterior (Angerami, 2003), ao enfeixar a bibliografia que me serviria de base e atualização das pesquisas sobre drogas, consultei o *Manual diagnóstico e estatístico de transtornos mentais* (1995). Quando me debrucei sobre a atualização dos ditos transtornos mentais, encontrei referência a questões de espiritualidade e religiosidade, como fazendo parte do rol de transtornos que acometem as pessoas na atualidade. Lá é descrito que determinados sofrimentos se originam no conflito existente entre os valores de religiosidade abraçados por uma determinada pessoa e o confronto com normas sociais e/ou conquistas libertárias encontradas ao longo da vida. Isso certamente é parâmetro de como as questões de religiosidade fazem parte, inclusive, de catalogação de possíveis entidades nosológicas.

Da mesma maneira, por mais que alguém se sinta fortalecido com sua religiosidade, é a ação de sua vida que verdadeiramente irá enfeixar os determinantes para sua real e verdadeira condição libertária. Como esse processo ocorre no seio da condição humana, a psicologia precisa de superação para alcançar sua compreensão e para não enquadrar de maneira simplista suas ocorrências.

Fellini, seguramente um dos maiores diretores de cinemas de todos os tempos, no magistral *Noites de Cabíria* (Fellini, 2003), ilustra de maneira estupenda a fé em junção com a ilusão de cura. É mostrada em um dado momento uma grandiosa procissão em louvor à Virgem Maria, com milhares de fiéis, seguindo o ritual de orações em busca de cura e para alcançar alguma graça em suas vidas. Mestre Fellini, no enfoque precioso que o caracterizou, enquadra um jovem que acompanha seu tio, um deficiente físico que caminha com auxílio de muletas, que espera a cura pelo contato com o ritual da procissão. Depois da unção e das orações, o jovem pede ao tio que, em busca por um grande milagre, largue as muletas e ande. Resultado: o deficiente físico sem as muletas cai ao chão de maneira contundente.

Com base nesse exemplo, podemos questionar, com o nosso olhar de psicólogo, o que leva determinadas pessoas a encontrarem a cura para seus sofrimentos em suas buscas por religiosidade, já que outras, por mais que procurem por esses mesmos caminhos, não encontram sequer alívio para seus desatinos existenciais. A questão da fé religiosa certamente estará a exigir um novo desdobramento de compreensão dessas ocorrências, pois é notório que a ação de cada pessoa determina o aspecto sequencial dessas buscas. Nesse quesito, iremos encontrar pessoas que se dizem curadas de doenças consideradas muito graves e outras que, ao contrário, dizem nada obter de suas buscas pelos caminhos da religiosidade.

Por um lado, Fellini mostra esse aspecto da fé religiosa, sendo desmoronada diante da realidade, por outro, a centelha de esperança que ele criva na personagem principal desse filme, a própria Cabíria é algo admirável. Indubitavelmente, um bálsamo a nos mostrar que muitas adversidades da vida requerem enfrentamento e superação.

Desse modo, mesmo na condição de filme, *Noites de Cabíria* (idem) mostra igualmente uma condição ímpar de superação e arrebatamento na trajetória de Fellini. Nesse momento, ele, embora já fizesse obras geniais, tinha dificuldade para se impor como um grande diretor, principalmente diante da resistência estadunidense à sua obra e a dos cineastas italianos em geral. No entanto, *Noites de Cabíria* torna-se um sucesso irrebatível e ganha, inclusive, uma versão musical na Broadway, com recordes de apresentação. A partir dessa produção, estava formando-se o cenário ideal para que o grande gênio do cinema desenvolvesse-se, pois, se até aquele momento havia dificuldades financeiras para a execução de seus filmes, a realidade transformara-se drasticamente.

De outra parte, questões de religiosidade também são abordadas em outras obras de Fellini. Em *Julieta dos espíritos* (Fellini, 2004) e *La nave va* (Fellini, 2007) são mostradas situações de incorporações mediúnicas com reflexões aprofundadas sobre tais fenômenos e ocorrências.

Buscar Deus, em muitos casos, significa buscar um sentido para a própria vida. Bergman, igualmente um dos maiores cineastas de todos os tempos, em várias de suas obras, dedicou-se ao questionamento sistematizado da religiosidade e da procura pelas diferentes manifestações do Sagrado. Bergman mergulhou nos côncavos da alma humana como ninguém jamais conseguiu. Seus filmes retratam a condição humana em que a dor, o sofrimento e a êxtase são determinantes e sempre contundentes em suas reflexões.

Em seu magnífico *O sétimo selo* (Bergman, 2004), ele mostra em uma estonteante alegoria para a procura do homem pelo significado da vida. O filme narra a história de um cavaleiro, em total vazio existencial, que retorna para casa e se depara com a morte. Na tentativa de adiar seu momento final, ele propõe uma partida de xadrez com a morte, com o intuito de obter um tempo preciso em que pudesse adquirir conhecimento para finalmente morrer em paz. Esse conhecimento, para ele, traria o sentido da vida e, de alguma forma, culminaria com aspectos que justificassem a sua existência. Em um momento da narrativa, diante do confessionário e julgando estar diante de um padre, que se ocultava na penumbra desse imóvel, quando na verdade estava diante da própria morte, um diálogo que impressiona pela beleza e profundida é travado sobre a busca do sentido de vida.

Diz o cavaleiro:

– *Meu coração está vazio...*

E a voz responde:

– *Sim...*

– *O vazio é um espelho que reflete em meu rosto. Vejo minha própria e sinto repugnância e medo. Pela indiferença ao próximo, fui rejeitado por ele. Vivo em um mundo assombrado, fechado em minhas fantasias.*

E a voz novamente:

– *Sim...*

– *É tão inconcebível tentar compreender Deus!? Por que Ele se esconde em promessas e milagres que não vemos!? Como podemos ter fé em Deus se não temos fé em nós mesmos!? Por que não posso tirá-Lo de dentro de mim!? Por que Ele vive em mim de forma tão humilhante apesar de amaldiçoá-Lo e tentar tirá-Lo do meu coração!? Por que, apesar de Ele ser uma falsa realidade, não consigo ficar livre? Quero conhecimento, não fé ou presunções. Quero que Deus estenda as mãos para mim, que mostre Seu rosto, que fale comigo. Mas Ele fica em silêncio. Eu O chamo no escuro, mas parece que ninguém me ouve.*

E a voz:

– *Talvez não haja ninguém.*

– *A vida é um horror, ninguém consegue conviver com a morte, e na ignorância de tudo...*

– *As pessoas quase nunca pensam na morte...*

– *Mas um dia terão de olhar para a escuridão...*

E a voz:

– *Sim, um dia...*

Tento imaginar como é o medo e chamo essa imagem de Deus.

O determinante de religiosidade presente na condição humana não pode prescindir de uma visão cuja abrangência considere não apenas as condições específicas das pessoas analisadas, mas também, e principalmente, os determinantes culturais que resultam na forma de religiosidade presente nessas buscas. Assim, por exemplo, temos na população brasileira características e aspectos que, embora advindos de valores judaico-cristãos, ganham contorno bastante peculiares pelo nosso enfeixamento cultural.

Vamos encontrar, dessa maneira, e sem qualquer prejuízo de confrontos de valores, pessoas que, da mesma maneira que frequentam cultos cristãos, também fazem rituais negro-africanos constitutivos de suas vidas. Não existe prejuízo nem conflito de nenhuma natureza a colidir e a colocar como excludentes tais práticas. São próprios da população brasileira tais rituais pela natureza dessas confluências em sua cotidianidade. Ao contrário, assistimos, até mesmo, a uma tentativa de adaptação das entidades espirituais que fazem parte da cultura religiosa negro-africana para figuras do cristianismo. Assim, como mera citação ilustrativa, no dia dedicado a Nossa Senhora da Conceição, 8 de dezembro, inclusive considerado feriado local em muitos cidades, entidades das religiões negro-africanas também fundem às comemorações realizados pelo catolicismo seus rituais e promovem um evento ecumênico no verdadeiro sentido do termo. Não existe nenhuma natureza de conflito nessa fusão, porque, embora as pessoas, em sua maioria, estejam prestando homenagem a um ícone do catolicismo, os valores religiosos negro-africanos também fazem parte de suas realidades de vida.[6]

[6] Neste livro, encontraremos capítulos que discorrem com bastante propriedade sobre a religiosidade negro-africana.

Iyakemi Ribeiro (1996), de outra parte, ao discorrer sobre a religiosidade africana, em dado momento de seu trabalho, insere citações de Jung e mostra a congruência entre o posicionamento de um dos principais pensadores da psicologia e a sabedoria africana. Talvez a peculiaridade a que se atribuam diferenças existentes entre diversas correntes do pensamento contemporâneo nada mais é do que posicionamentos meramente preconceituosos.

De outra parte, é importante a ressalva de que a religiosidade da população brasileira, de maneira geral, segue princípios de sua tradição cultural, sendo pouco significativa sua adesão a religiões oriundas de culturas diferentes. Embora nos últimos anos tenhamos assistido a certa proliferação de religiões com bases filosóficas embasadas na cultura oriental, com predominância para o budismo, ainda assim não chega a ser significativa diante da tradição do cristianismo. Até mesmo as religiões evangélicas que surgem a cada dia, por mais que se mostrem divergentes entre si, trazem igualmente a marca do cristianismo em seus postulados. É como se o princípio a prevalecer fosse apenas a divergência doutrinária, visto que, desde que a tradição cristã da população esteja sendo respeitada, as diferentes variações da doutrina cristã apresentam apenas filigranas no rol de suas contradições. Evidentemente que não incluímos nesse quesito de reflexão o charlatanismo muitas vezes presente no surgimento tão grande de religiões, em que é cada vez mais notório o aspecto meramente mercantilista dessas empreitadas.[7]

Pasolini, igualmente um dos grandes cineastas mundiais, e autor de obra bastante controversa, dotado de um grande veio político e filosófico, produziu obras-primas que retratam a condição humana diante da espoliação mercantilista contemporânea. Foi excomungado pela Igreja Católica em razão de um de seus filmes criticar de maneira voraz a estrutura religiosa, o estupendo *Decameron* (Pasolini, 2007). Em um de seus momentos mais geniais, o maravilhoso *O Evangelho segundo São Matheus* (Pasolini, 2007), ele mostra a dimensão humana de Jesus, em que a narrativa é realçada a partir de seus ensinamentos e parábolas. Essa Evangelho, por muitos considerado o mais belo de todos, ganhou de Pasolini um olhar privilegiado e um trabalho que evidencia não apenas a religiosidade dos ensinamentos de Jesus como também, e principalmente, seus aspectos de humanidade. Em um dos momentos mais marcantes e emocionantes desse filme, Pasolini enquadra os olhos do ator que faz Cristo e mostra um olhar humano e meigo que simplesmente se pergunta sobre as razões de Sua passagem e do sentido de Sua vida. Sempre pelas narrativas do Evangelho, escutamos a seguinte parábola, com o vento tocando no

[7] Algumas religiões iniciam suas atividades em simples e reduzidos recintos. Depois, com o dízimo dos fiéis, elas crescem e se tornam impérios financeiros invejáveis. Toda sorte de contravenções penas se faz presente em muitas dessas religiões, desde a prisão de seus responsáveis até acusações de todo tipo.

rosto de Cristo: "*Bem-aventurados sereis quando vos caluniarem e perseguirem e disserem falsamente todo o mal contra vós por mim*", ou em outro momento em que Pasolini enquadra um olhar de desespero e aflição de Cristo quando ensina: *Não vos preocupeis com o dia de amanhã. Basta a cada dia o seu próprio mal.*

Em outra tomada de cena da mesma forma magnífica, vemos Cristo ensinando: *Alegrai-vos e exultai, pois será grande a recompensa nos céus, pois assim perseguiram os profetas que o precederam.*

Em outro grande momento do filme: *Vós sois o sal da Terra. Se o sal perde o que lhe constitui o sabor, para nada mais serve... senão para ser lançado fora e calcado pelos homens.*

Esse filme é indispensável a todos que desejam debruçar-se sobre questões de espiritualidade e religiosidade, dado que, ao mostrar a face humana de Cristo, temos a própria configuração de que Seus ensinamentos são balizamentos efetivados com base em Suas próprias reflexões e sofrimento.

De outra parte, ao se procurar um determinado caminho religioso, buscam-se níveis de superação da própria condição de vida. Na quase totalidade das vezes, tal qual ocorre no processo de psicoterapia, ao procurar por uma determinada religião, o que está presente no bojo dessa busca é algum teor de insatisfação, que determina o constitutivo do que deve ser alcançado. A elevação do fiel, após sua adesão a determinadas doutrinas, faz com que ele tenha de mudar sua conduta de vida, e, geralmente, depois dessa mudança, ocorrem transformações significativas em sua condição existencial. A condição libertária das religiões também pode esbarrar em conceitos de conflito moral, o que significa dizer que nessas situações o conflito será de natureza diversa da busca que se efetiva quando alguém se decide a recorrer ao processo de psicoterapia.

O conflito moral, apresentado pelos preceitos doutrinários de determinadas religiões, implica muitas vezes a necessidade de ascese espiritual, para que se possa segui-los a contento. Somos impelidos a buscar explicações conceituais, quando na verdade estamos à procura de significados para a própria vida. A religiosidade transpassa nossos questionamentos e prescinde qualquer tentativa de explicação que se queira fazer, por mais lúcido que esta possa ser. A psicologia, ao se aproximar de manifestações religiosas, está, na realidade, buscando também um aprumo para se fazer de fato uma ciência que compreenda as pessoas em sua verdadeira humanidade.

A dicotomia provocada pela psicologia diante da temática da religiosidade apenas afasta de si recursos que poderiam ser enfeixados para uma nova tentativa de compreensão do homem contemporâneo. A religiosidade faz parte do homem contemporâneo tanto quanto questões relacionadas ao desenvolvimento tecnológico. Negar tais questões é negar o próprio sentido que determina a busca por preceitos religiosos, sobretudo quando se torna cada vez mais surpreendente o avanço dos recursos tecnológicos desenvolvidos na atualidade. É como se todo o nosso desenvolvimento tecnológico não conseguisse abarcar a condição humana em toda a sua especificidade.

Não há como querer contemplar a realidade da alma humana sem considerarmos a religiosidade, por mais antiga que essa busca possa ser. Existe um grande movimento na contemporaneidade de negar valores e mitos do passado, como se simplesmente estes tivessem sido solapados pelos avanços da ciência e da tecnologia. É tal qual a rolha que fecha a garrafa de vinho, protegendo-lhe o sabor e a densidade. Por mais que surjam novas formas de fechar uma garrafa em uma grande variação que contempla desde tampas de lata, plástico etc., nada, absolutamente nada, consegue superar a milenar rolha na proteção e preservação da preciosidade do sabor de vinho.

O anseio pelo sagrado é uma necessidade humana na medida em que busca a compreensão do sentido de vida e, por assim dizer, da própria finitude. Buscar o sagrado é procurar pela essência da alma humana no sentido de sua abrangência de magnitude. Almejamos Deus e na verdade estamos delineando uma superação em nossa própria condição humana; buscamos Deus e nos deparamos com a imensidão de nossa alma, que se atira em voos rasgados na imensidão dessa busca.

Encaramos a presunção da ciência que tenta confinar a alma humana apenas à nossa condição corpórea. Assim, concluímos que a grande ilusão da vida humana não se faz pela religiosidade, e sim pelo afã de tudo explicar por meio de preceitos científicos.

Certa vez, Madre Tereza de Calcutá[8] declarou que via Cristo e que tocava em seu corpo diariamente. Os doutos do Vaticano procuraram por ela para averiguar, com base em seu crivo de cientificidade, o fenômeno por ela narrado e, assim, validar sua condição de milagre e fenômeno divino. Ela simplesmente confirmou dizendo que via Cristo em cada doente que cuidava e que este tocava em seu corpo e auxiliava-a nessa tarefa. E arrematou com o próprio ensinamento de Cristo dizendo sobre a presença Dele na figura dos doentes, mendigos, necessitados etc.

Isso é simples e surpreendente, pois, se por um lado, buscamos fenômenos grandiosos que possam sedimentar e sustentar nossa religiosidade, por outro, deixamos em plano secundário a observação desses detalhes que simplesmente fazem a grandiosidade de nossa alma.

A vida moderna se apresenta com uma série de exigências e compromissos que fazem de nossa cotidianidade algo decididamente estressante. Não temos tempos para quase nada que não seja a busca desvairada por realizações pessoais e profissionais. Vivemos um paradoxo de total situação de sandice em que esgotamos nossa saúde amealhando um patrimônio financeiro, para na sequência dispor desse mesmo patrimônio na tentativa de recuperação da própria saúde. Não temos mais

[8] Madre Tereza de Calcutá nasceu na Albânia e trabalhou na Índia a partir de 1928, incialmente como professora em um semi-internato e depois como missionária religiosa com os pobres da periferia de Calcutá

tempo nem para viver intensamente nossas relações interpessoais mais próximas – filhos, cônjuges, irmãos etc. –, tornando-se cada vez mais real a situação de crianças que crescem sem contatos significativos com os pais, uma vez que estes estão na luta estressante do desenvolvimento profissional, muitas vezes até para propiciar uma melhor condição de vida para os próprios filhos. Por mais hilário que isso posse se configurar, cada vez mais vamos encontrar em nossa cotidianidade essa situação tão disparatada.

A religiosidade surge sempre como um antídoto poderoso para tais situações de distanciamento, pois minimamente se uma determinada família cultiva hábitos religiosos, ao menos nas situações de oração, culto, cerimônias religiosas etc., seus membros estão juntos e poderão partilhar desses laços sanguíneos com bastante intensidade. Por mais que existam reflexões sobre o sentido de a família ser apenas uma célula que reproduz os valores e poderes do Estado em todas as suas atribuições e contradições de poder e desigualdade – muitos autores (Marx et al., 1979) irão colocá-la como uma instituição que meramente reproduz os valores burgueses e que serve também para que não se faça a partilha dos bens de capital acumulados, que são tão preciosos na estrutura do capitalismo –, é no seio familiar que iremos encontrar significados bastante precisos em nossa busca por identidade e significação pessoais e a religiosidade faz dessa vinculação um elo a nos unir a uma estrutura maior, em que a busca pelo sagrado é apenas um detalhe de elevação e superação espirituais.

Bergman, em outro grande momento de sua genialidade, no indescritível *Fanny e Alexander* (Bergman, 2007), mostra uma família que se desenvolve em harmonia e que tem sua estrutura totalmente modificada depois da morte do patriarca e do novo casamento da mãe. Fanny e Alexander são duas crianças que irão viver todo o destempero do conflito gerado pela nova estruturação do núcleo familiar. O novo marido é um pastor de severos valores morais, que irão conflitar de maneira drástica com o modo como as crianças viviam e se harmonizavam. A religiosidade passa a ser, então, ao contrário do que dissemos anteriormente, algo que gera conflitos de toda sorte e natureza, uma vez muitas das atrocidades cometidas por esse padrasto ocorrem em razão de seu rígido esquema de valores morais e religiosos.

Dissemos anteriormente, a questão da religiosidade e da busca por Deus sempre esteve presente nas obras de Bergman. Em *Fanny e Alexander* (idem), essa questão está presente nas atitudes do pastor, que se torna padrasto das crianças e impõe uma série de normas de condutas familiares com base em seus valores morais e religiosos. O que era uma família plena de harmonia torna-se uma realidade cáustica em razão de valores estranho a esse núcleo familiar, em sua nova estruturação.

Na realidade, a questão que envolve valores morais e religiosos é erigida com base no constitutivo familiar. Por mais que se possam evocar questões ideológicas, envolvendo a estrutura familiar contemporânea, é nesse contexto que se organizam os conceitos de caráter e probidade dos indivíduos, nesse ambiente ainda ocorre a expansão da religiosidade em suas buscas e manifestações.

De outra parte, vamos encontrar também no seio familiar situações de simonia, em que valores e objetos sagrados serão alvos de disputa, envolvendo, até mesmo, questões de partilha hereditária. A busca pelo sagrado é algo que, muitas vezes, fortalece-se e se funde nos modelos de comportamento familiar, situações em que os mais velhos, geralmente pais e avós, introduzem valores religiosos em sua descendência, de maneira, muitas vezes, subjacente e subliminar, a partir de atitudes e gestos do cotidiano. Isso significa que o membro de uma determinada família terá grande probabilidade de seguir as religiões de seus ascendentes, seja pelas razões já citadas, seja ainda pela maneira como as crianças são levadas aos cultos religiosos por seus responsáveis. Desse modo, até mesmo, em termos contestatórios, vamos encontrar muitas pessoas que abandonam as religiões dos pais muito mais por divergências familiares do que por discordâncias teológicas. Dessa maneira, as razões de busca por religiosidade e, até mesmo, a sua contestação na quase totalidade dos casos esbarram igualmente em questões de envolvimentos familiares. Então, pode acrescentar-se à celebre afirmação "*Família que reza unida permanece unida*" o seguinte: "*Além de união a religiosidade pode ainda ser fonte de discórdia e separação*".

V – Sobre o sagrado e o divino: buscas conceituais

De onde vem a música?! De onde vem a melodia que os compositores escrevem nas partituras para os instrumentos tocarem?!

HEITOR VILLA-LOBOS

Busca-se o sagrado sem uma definição precisa e clara do que isso significa, tampouco dos parâmetros que podem determinar o que de fato iremos encontrar quando se atingir tal objetivo. A simples superação de nossos limites humanos ou de nossas amarras existenciais pode ser definida como encontro com o sagrado ou apenas diante dos grandes mistérios indefiníveis seremos capazes de delinear suas configurações?! Tais questionamentos certamente só podem ser respondidos à luz de posicionamentos que não se mostram estanques ao nosso desenvolvimento espiritual. Se essas contradições permearem nossas buscas de determinados conceitos estáticos, estaremos igualmente nos tornando reféns delas. E jamais sairemos de nossas próprias limitações para, inclusive, podermos nos direcionar para algo que possa ser considerado sagrado em nossas vidas.

Definir, no entanto, o que seja sagrado ou divino é algo que, conceitualmente, não é possível por causa da gama variada de sensações e percepções a respeito. Alguns dirão que divino é algo que nos sopra alma e ilumina a totalidade de nosso ser. Outros dirão que divina é a experiência de transcendência com o que existe de superior em nossa realidade humana. Boff (2001) define como sentimento de magnitude a experiência diante da grandiosidade da imensidão da floresta amazônica com seu silencio e plenitude.

Na busca por definições do que possa conceitualmente ser considerado divino, vêm ao coração os ensinamentos do saudoso Profº. Benedito Moreira[9], com quem tive a dádiva de estudar virtuose violonística no início da década de 1970. Ele tinha em Bach sua grande referência musical e cada vez que executava uma peça desse autor, ao final, extasiado dizia: *Que Deus te conserve tocando e estudando Bach.* Tantas vezes tocava, tantas vezes ele fazia esse elogio.

Sua grande referência musical era Bach, dissemos acima, mas era diante da música de Mozart que ele falava da divindade presente em cada detalhe de sua criação. Muitas vezes, antes do início das aulas, ele colocava o adágio do Concerto Para Flauta, Harpa e Orquestra de Mozart para que os espíritos iluminados preenchessem o ambiente com luz e harmonia. Uma música que se inicia com os violinos e violas, fazendo uma estruturação simples com poucos ornamentos, para, na sequência, trazerem a flauta e a harpa para um diálogo melódico impossível de ser concebido pela condição humana. Ouvíamos a música em silêncio contemplativo de oração, algumas vezes, ele ainda me brindava com a explicação técnica do requinte da orquestração e enfeixamento dos temas feitos por Mozart, algo realmente admirável e inacreditável. Daí, sim, iniciávamos a aula de violão, embora esses momentos também fossem ensinamentos dos mais sublimes que se podia conceber. Ele ainda dizia: *"se Deus existe, Ele passou pelas partituras de Mozart"*.

Ao ouvir esse Concerto Para Flauta e Harpa e Orquestra de Mozart, impossível não lembrar do Profº Moreira e de sua emoção diante dessa peça e, verdadeiramente, tenho sempre que concordar com suas palavras, estamos diante de um dos momentos mais sublimes da condição humana, momentos em que Deus se mostra de modo magnífico.

Igualmente, ele tinha grande entusiasmo pelas peças de Villa-Lobos, que conhecia os segredos do violão erudito como poucos. Ao fim da execução de suas peças, afirmava: "*Tocar Villa-Lobos é sopro de prazer em nossa alma*"; e repetia essa frase sempre que tocava.

[9] Benedito Moreira foi um exímio violonista brasileiro, autor de inúmeras peças para o violão erudito, além de diversas transcrições para o mesmo instrumento. Foi ainda um dos principais mestres desse instrumento no Brasil.

Em dada ocasião, perguntei se ele não possuía a transcrição de alguma peça de Mozart, para que pudesse estudá-la e executá-la. Então, aprendi uma das mais belas definições conceituais do que é algo divino. Ouçamos os seus ensinamentos:

– Bach e Beethoven foram dois dos maiores gênios da humanidade. Suas obras representam o que de mais fantástico já foi efetivado em termos de criatividade pela condição humana. Suas músicas mostram a genialidade humana em todas as suas facetas de superação e arrebatamento. A música de Mozart é um sopro divino. Veja a ária da Quarta corda da suíte nº2 de Bach, é simplesmente maravilhosa. Ela é magnífica de qualquer maneira em que for executada, na versão criada por ele em cordas de violino, viola de gamba, cellos, ou em qualquer arranjo que se faça sobre ela, para órgão, piano, voz, violão etc. Na música de Beethoven, temos a mesma ocorrência, peguemos a Sonata ao Luar, que é igualmente maravilhosa, e qualquer arranjo que se faça em qualquer outro instrumento e ela se manterá indescritivelmente bela. A música de Mozart, ao contrário, não permite qualquer alteração, pois, se assim for feito, ela perde sua grandiosidade e divindade. Veja o Andante do Concerto 21 para piano e orquestra, que é muito executado em diversos arranjos principalmente quando utilizado em trilhas sonoras de alguns filmes. Ela perde sua magnitude, pois a música de Mozart é divina apenas em sua concepção, tire-se uma nota, ou mude-se um pequeno detalhe do andamento musical e sua estrutura estará drasticamente modificada.

De minha parte, sinto o sopro divino na música de Mozart em outros dois momentos em especial. O primeiro movimento do Concerto 23 para piano e orquestra, quando o entrelaçamento dos temas acirrados pelos violinos e violas emoldurados com a orquestração mais sublime dessa vida, simplesmente, envolvem-se e me deixam extasiados de modo tão pleno que as palavras não conseguem descrever. E na sequência do desenvolvimento melódico, entram os naipes de sopro e a coisa realmente transcende para aspectos de deificação plena e absoluta, e tudo conduz para a entrada majestosa do piano que resgata o tema inicial e o desenvolve de maneira indescritivelmente maravilhosa; o outro momento de sopro divino na música de Mozart é no adágio de seu Concerto para Clarinete e orquestra, e aqui nós temos, seguramente, um dos momentos mais sublimes de toda a história da música. Algo tão sensível e delicado que se trata simplesmente de um ditado melódico de Deus e que Mozart apenas copiou.

Ainda na seara da música, algo que sempre me fascinou por sua ousadia divina foi o esplendor sinfônico que Tchaikovsky imprimiu à música de ballet, simplesmente irreverente e trazendo a divindade de sua música para o universo da dança.

Na atualidade, em que os estudos acerca dos efeitos da música sob a condição humana são cada vez mais frequentes, a música de Mozart ganha um capítulo especial, na medida em que é estudada à parte de tudo que se efetiva nessa área. Estudos recentes mostram que sua música atinge o sistema nervoso central e nos leva a uma condição de sensações que não é possível pela ciência contemporânea. Igualmente, não se consegue compreender seu efeito calmante sobre seus ouvintes, tampouco o tanto que a sua complexidade melódica e tonal contribuem para o desenvolvimento cognitivo e emocional de seus apreciadores.

Da mesma maneira, diante da florada de um Ipê Roxo ou de uma Suinã em flor no Inverno, ou de um Ipê Amarelo e de um Ipê Verde e de uma Sibipiruna na Primavera, ou de uma Cássia Imperial ou de um Flamboyant no Verão, de uma Paineira e de uma Quaresmeira no Outono, presenciamos as mais esplendorosas manifestações divinas.

As diferentes manifestações que vivemos em nossa cotidianidade apresentam aspectos de divindade, desde que estejamos abertos para compreender e alcançar seus designíos. Do contrário, não iremos perceber que tais manifestações estão além da nossa percepção e, seguramente, não se configuram como meros acasos em nossa vida.

O mar derramando suas águas na praia ou provocando colisão nas pedras dò rochedo. O Luamento prateando o céu na madrugada com um punhado de estrelas, trazendo em si o encantamento da nostalgia da própria vida, espetáculo que se encerra quando surgem as primeiras gotículas do orvalho da manhã. Coisas tão marcantes a mostrarem a presença do sagrado, em nuanças perceptivas, apenas aos que sabem que a verdadeira religiosidade é aquela vivida nesses detalhes e não apenas as vivências nos templos de oração. Essa deificação pode ser encontrada ainda, nos versos de Drummond, Fernando Pessoa, de Neruda e em grandes momentos da literatura, sejam nos escritos de Dostoievski, nos escritos de George Sand, em Stendhal ou ainda nas páginas de Jorge Amado.

Leon Tolstoi, um dos maiores gênios da literatura mundial, autor consagrado em romances densos e profundos como *Ana Karenina* (Tolstoi, 1995), *Guerra e Paz* (Tolstoi, 1995), dentre outros, viveu em uma comunidade criada por ele nos moldes do cristianismo com uma vida singela e humilde. Inclusive Ghandi se inspirou nessa comunidade para estabelecer a sua, apenas diferente da referência religiosa.

Exemplo ímpar da religiosidade de Tolstoi vamos encontrar em um livro de contos estupendo. Onde existe amor, Deus aí está (Tolstoi, 2001). Nesse livro, há narrativas que mostram a presença de Deus nas situações mais simples do cotidiano.

O conto que dá título ao livro narra a rotina de um sapateiro que, depois de muito se perguntar sobre a presença de Deus, percebe sua manifestação em vários detalhes de sua cotidianidade. Assim, Avdeich (este é o nome do sapateiro) se pergunta onde estava Deus em sua vida, pois, por mais que ajudasse muitas pessoas, não conseguia perceber Sua presença. Ouçamos a descrição de Tolstoi (2001):

Avdeich sentiu a alma regozijar-se! Fez o sinal da cruz, colocou os óculos e começou a ler o Evangelho na parte onde este se abrira. No início da página, leu: Pois tive fome e me destes de comer. Tive sede e me deste de beber. Era forasteiro e me recolhestes. No fim da página, leu mais: Cada vez que o fizestes a um desses meus irmãos mais pequeninos, a mim o fizeste. Avdeich, então, compreendeu que, naquele dia, o Salvador realmente viera visita-lo, e ele, com certeza O recebera bem.

Talvez a busca por Deus em um templo de oração seja a mais facilmente consagrada, como se fosse apenas um simulacro da nossa cotidianidade em que tudo é fragmentado. Dessa maneira, encontramos Deus no templo de oração, questionamos sobre nossa vida na sessão de psicoterapia, apreciamos música apenas durante um recital e, simultaneamente, assim, procedemos em total fragmentação de nossos atos e pensamentos. Em uma missa, quando o padre celebrante solicita que os fiéis rezem o Pai Nosso de mãos dadas, em clara alusão à irmandade ali presente e consagrada pelos ensinamentos de Cristo, quantos desses fiéis continuam a considerar irmãos os outros participantes da cerimônia após o seu encerramento? Será que, minimamente, alguém merecerá algum tipo de atenção ou preocupação na calçada se tiver qualquer uma necessidade? Certamente a resposta, em margem reduzida de erro, será a asserção que nos mostra que esse posicionamento de irmandade existe apenas no templo de oração.

Os religiosos certamente irão definir como manifestações divinas situações em que o acolhimento ao desesperado e desesperançado se mostra como a própria especificidade de superação da condição humana. Entregar a própria vida em auxílio aos necessitados, renunciar a preceitos de vida em busca de elevação espiritual, seja por meio de ensinamentos religiosos, seja ainda na dedicação efetivada de ajuda aos que se encontram em busca de alimento espiritual, enfim, estamos diante de diferentes manifestações em que a presença do sagrado e da divindade se mostra de modo claro e transparente. Não importa saber qual é o signo religioso adotado, mas perceber como as diversas manifestações de espiritualidade precisam ser alcançadas com a nossa abertura perceptiva para essa ocorrência fenomenal.

A religiosidade está presente em qualquer constitutivo em que a superação humana é meta a ser atingida. Basta ver, por exemplo, a questão do perdão. O perdão não é sentimento humano, ao contrário, necessita de uma superação dos próprios instintos e de uma condição de total ascese espiritual. Humanos são o revide, a vingança e outros sentimentos que se queiram arrolar diante de algo que possa nos acometer. Nesse sentido, todas as religiões, sem nenhuma exceção, colocam o perdão no centro de suas ações e doutrinas. O modo como se reflete e se discute a possibilidade de perdoar os agressores é algo que as religiões procuram incessantemente e, com certeza, um dos fatores que mais podem contribuir na elevação de nossa humanidade. Muitos conflitos beligerantes de consequências imprevisíveis ocorrem por causa dos sentimentos de revide dos governantes e de muitos povos do planeta. Em conflitos internacionais, em que muitas vezes a intolerância religiosa se faz presente, percebe-se claramente que questões relacionadas a aspectos doutrinários dos mais diferentes matizes são lançadas ao ostracismo, pois não existem, sem nenhuma exceção, princípios religiosos que preguem o ódio e o revanchismo. Assiste-se, então, a um processo de destruição e ódio em nome de Deus e de determinadas religiões, o que representa desvios drásticos dos princípios de sagração a que todas as religiões estão submetidas.

Outra questão bastante controversa é a que envolve o hábito de comer carne animal. Religiões orientais enfatizam que a verdadeira evolução espiritual prescinde da carne animal em suas refeições, ao contrário das ocidentais. O próprio Cristo quando confrontado sobre o hábito de se comer determinadas carnes tidas como impuras no judaísmo ensinou: *"O que faz mal não é o que vem de fora, mas aquilo que vem do coração"*. Dessa forma, estava liberada a prática consagrada por milênios de sacrifício aos animais pela deliberação humana de prazer, e no caso de alimentação, pelo simples prazer da ilusão gustativa presente no saboreio de determinados alimentos.

Nos produtos que consumimos, alimentos, cosméticos, vestuários etc., nos entretenimentos que buscamos, circos, rodeios, caçadas, pesca etc., ou ainda no tipo de ciência dogmática que adotamos como oficial, a qual envolve, muitas vezes, prática insensíveis ou, até mesmo, inúteis, nossas escolhas cotidianas afetam dramaticamente a vida. Entretanto, esses animais são *sujeitos de uma vida* (Regan, 2006).

Gandhi[10] pregava: *"Amarás a mais insignificante das criaturas como a ti mesmo. Quem não fizer isto jamais verá a Deus face a face"*. E temos, então, a lógica simples e óbvia mostrada por Regan de que os animais também querem viver e se importam com suas vidas mesmo que nenhum outro ser, humano ou não, importe-se com elas.

A obra de Regan escancara as contradições humanas de religiosidade e espiritualidade diante da crueldade cometida contra os animais. Inclusive, em algumas ocasiões, para a consagração de cerimonias religiosas. Assim, vamos encontrar retiros espirituais que, em seu encerramento, tem-se a realização de comemorações com churrasco ou com feijoada. A origem desses alimentos não é questionada e sequer citada a violência cometida contra esses animais. No entanto, a destruição dessas vidas por mera ilusão gustativa é algo completamente irascível em níveis de compreensão daquilo que seja decididamente elevação espiritual.

Ao contrário do modismo que prega um tratamento mais *humanitário* aos animais em sua destinação aos desejos humanos, o não reconhecimento dos direitos dos animais tem consequência de longo alcance. As indústrias que usam animais os exploram impiedosamente. Esses são os animais cujas vidas são tiradas cujos corpos são feridos e cuja liberdade é negada pela indústria de peles e de carne, por exemplo. Tudo isso emerge como moralmente errado, uma vez que tomamos conhecimento de seus direitos morais. O que temos na realidade é algo que precisa ser estancado e não ficar mais *humanitário*.

[10] Gandhi nasceu na Índia e foi um dos maiores exemplos da pregação da paz ante qualquer forma de violência. Enfrentou o imperialismo inglês, derrotando-o por meio da pregação da não-violência. Era adepto dos ideais de Tolstoi, como vimos anteriormente, principalmente em sua recusa a todo tipo de violência, na veneração aos pobres e no compromisso com uma vida simples. Chegou a fundar, quando de sua estada na África do Sul, uma comunidade rural, a qual deu o nome de Tolstoi, onde tentou viver esses ideais e propaga-los.

O pior nesse quesito é que muitas das violências cometidas contra os animais são de natureza religiosa, o que é sustentado pela pregação de que eles não possuem alma. Se essa asserção for verdadeira, então não existe *vida além-túmulo* para eles. Ao morrerem, seus corpos morrem, tudo é aniquilado. É importante salientar que nem todas as religiões concordam com isso.

O hinduísmo, budismo e muitas religiões tradicionais estadunidenses se mostram como contraexemplos óbvios. O hinduísmo prega, inclusive, que em nosso nível de evolução espiritual fomos animais não humanos em outras vidas e ascendência. Ainda que seja discutível essa asseveração de que os animais não humanos evoluem por mais várias vidas até alcançar a condição humana, considerada o ápice da evolução espiritual. Não se pode perder de vista que muitos atos que definimos como *animalescos* pela perversidade e crueldade de seus constitutivos são inerentemente humanos. O animal humano é o único ser que estupra suas fêmeas; é o único ser que mata por razões obscurantistas e mesmo mercantilistas, em contraponto a outras espécies que matam por defesa ou sua condição predatória, a não ser que evoquemos a célebre citação de Platus de que o homem é o lobo do homem; o ser humano é a única espécie que mantém relações sexuais com outras espécies. E aqui não esgotamos o teor das perversidades presentes na condição humana, o que significa dizer que, para que consideremos a espécie humana como o ápice da evolução espiritual em sua escala evolutiva, alguns questionamentos precisariam ser respondidos.

A relação teológica do cristianismo, por outro lado, na maioria de suas configurações, para tal posicionamento, é a de que seria perverso ensinar esse tipo de encadeamento. Na ótica dessas religiões, prevalece a visão simplista de que, uma vez que os animais não têm vida depois da morte, estamos livres para fazer qualquer coisa que quisermos com eles, enquanto estiverem vivos. Uma teologia digna de credibilidade só poderia ensinar exatamente o oposto. Na realidade, já que os animais não têm uma vida depois da morte, ainda segundo essa teologia da maioria do cristianismo, deveríamos fazer tudo que estivesse ao nosso alcance para assegurar que esta vida, a única que eles têm, fosse tão longa e boa quanto possível.

São Francisco de Assis, voz dissonante no cristianismo em defesa dos animais, ensina que os animais também são seres do Senhor e chama-os de irmãos menores. É de sua autoria um dos ensinamentos que melhor sintetizam esse princípio: "*Tudo que tem vida quer viver*". Os biógrafos contemporâneos testemunham o impacto de sua afinidade com todos os detalhes da Natureza, não deixando de considerar qualquer um deles por menor que fosse. Chamava o Sol, a Lua, as Estrelas e todos os elementos da Natureza de irmãos. Tomás de Celano, um de seus principais biógrafos, dizia que ele havia resgatado a inocência humana original. São Boaventura, outro de seus biógrafos, escreveu que ele era o homem novo dado ao mundo pelos céus.

Hoje, por causa das questões de preservação ambiental do planeta e em razão do impacto sobre a flora e a fauna, provocados pela visão mercantilista do ser humano contemporâneo, que tudo destrói, a palavra de Francisco de Assis é atual, principalmente, por sua postura radical na preservação e defesa dos seres que fazem parte desse nosso planeta.

Zefirelli, de outra parte, um dos grandes cineastas contemporâneos em seu magnífico *Irmão Sol Irmã Lua* (Zefirelli, 2008), mostra a saga de Francisco de Assis, desde o abandono do seio familiar até a renúncia de bens materiais em busca de sua elevação espiritual. Em uma das cenas mais tocantes de toda a filmografia contemporânea, é mostrado Francisco de Assis e seus discípulos em uma audiência com o Papa. O contraste de seus pés descalços com o luxo e riqueza do ambiente papal é algo que dimensiona a real e verdadeira amplitude dos ensinamentos derivados de sua postura de renúncia aos bens materiais.

E do ponto de vista dos signos cristãos, um de seus principais e mais tocantes detalhamentos na consagração da fé cristão, a montagem de presépios por ocasião do Natal, remete-nos, igualmente, a Francisco de Assis. É dele a criação de presépios natalinos. Por ocasião de uma comemoração de Natal, reuniu seus discípulos e recriou a cena original do nascimento de Cristo, em uma tentativa de recuperar não apenas o ambiente de Seu nascimento, como também da aura mística que envolveu essa data. Inclusive, é a partir desse episódio que os monges franciscanos reproduzem em seus mosteiros, na ocasião do Natal, os mais diferentes tipos de presépios, consagrando a essa data a mesma aura mística de São Francisco de Assis.

De outra parte, temos, na atualidade, muitos estudiosos que refletem e escrevem sobre o sagrado e a religiosidade. Desse modo, vamos encontrar textos escritos sob as mais diferentes óticas religiosas e que cuidam de conceituar operacional e religiosamente os aspectos de busca religiosa e de espiritualidade. Talvez o que esteja faltando, de fato, em nossa realidade, é algo que nos leve a um desprendimento, no qual simplesmente possamos buscar religiosidade em detalhes de nossa cotidianidade e não apenas naqueles momentos consagrados como tal.

Não estamos com essas afirmações legando desprezo a tais publicações e às conquistas por elas efetivadas, apenas estamos dimensionando que o que se busca em termos de religiosidade é algo que não está apenas nos templos de oração e nos livros religiosos. As fagulhas de divindade se encontram nos mínimos detalhes de nossa cotidianidade.

Certamente, a isso devemos estar abertos em novo dimensionamento de vida. Caminhar ao sol, com o vento nos tocando a pele e sentir que a dádiva desse passeio é a configuração de que temos a deificação de nossos pequenos gestos em cada detalhe de nossos constitutivos existenciais.

O ensinamento de Gandhi, *"Se Deus tiver que aparecer para um faminto, Ele se configura em um prato de comida"*, é um dos aspectos muito bonitos e significativos de que Deus se manifesta de diferentes maneiras, e não apenas naquelas formas propagadas pela maioria das religiões formais.

Há vários exemplos de dedicação e amor ao próximo, contudo falta um despojamento que nos impulsione a buscar Deus em cada detalhe de nossa vida cotidiana. Se considerarmos que a vida traz em si um mistério que a ciência não alcança em sua totalidade, teremos, então, que as questões relacionadas à religiosidade e distantes dos arcabouços das religiões formalmente constituídas, dependem apenas de nos desprendermos desses parâmetros que nos são estabelecidos sem nenhum aspecto de razão em suas asserções.

VI – Considerações Complementares

Louvado seja, o meu Senhor, pela irmã Lua e as estrelas;
no céu as formastes, claras e preciosas e belas
SÃO FRANCISCO DE ASSIS

Chegamos, não ao final, mas a um ponto em que teremos de recomeçar continuamente em um processo sem fim. A vida sempre nos mostra que caminhamos em direção a um conhecimento que jamais obtemos, tampouco tangenciamos seus mínimos detalhamentos. Este trabalho é apenas o início de uma trilha que se mostra ao longo das planícies e das matas. Nada de descanso ou de tréguas em nossas buscas.

Certamente, a partir destas linhas, muitas outras virão, ora em consonância ora com críticas áridas ao que propomos em nossas reflexões.

O importante é que novos questionamentos foram lançados na seara das discussões, envolvendo a realidade religiosa no meio acadêmico e suas configurações em nossa cotidianidade. É preciso dizer que a nossa pretensão foi polemizar, indagar e provocar celeumas, mas sem nenhuma intenção de concluir o que quer que seja ou que tenha sido arrolado nestes escritos.

Seguramente, proposituras de modelos epistemológicos de análise de religiosidade distam da simplicidade em que tais manifestações se fazem presentes em nossa cotidianidade, e isso foi o que procuramos mostrar à exaustão. Ou seja, que atentemos às coisas simples da vida, a tudo aquilo que está em nosso entorno e que são manifestações divinas em nossa realidade cotidiana.

Percorremos sendas em que as adversidades são inúmeras, sobretudo, se considerarmos que estamos expostos de maneira indefesa ao afrontarmos as hostes do cientificismo com tais questionamentos. Porém, é necessário o enfrentamento para que possamos caminhar por conquistas mais promissoras e deixar ao ostracismo a dicotomia que nos impede assumir a nossa totalidade existencial. Talvez a pecha de que somos sonhadores cada vez mais se eternize diante dessa maneira de simplesmente não aceitarmos imposições, que colidam com nossos valores de preservação da dignidade humana.

Este trabalho é um pequeno detalhamento de nossas inquietações e, mais do que isso, uma amostra de que, ao buscarmos novos parâmetros de reflexão, estamos igualmente contribuindo para que outros estudiosos possam se juntar a tais posicionamentos e fazer um enfeixamento mais sólido para o enfrentamento de possíveis adversidade teóricas.

Posfácio

Isabella Leão

Pontos necessários e importantes para reflexão. Desperta a leitura que fazemos de nós, do outro, das relações, da vida e tudo aquilo que atravessa a nossa existência, seja a espiritualidade, seja a psicoterapia, sejam as nossas relações. Aproxima, acolhe e se faz tão presente e necessária ao nosso estar nesse mundo. Estimula um olhar sensível, a partir das nossas vivências, a verdadeira essência para nossa evolução e o nosso alcance com o que temos de mais sagrado em nossas particularidades e como nos conectamos a ela.

Essa busca incessante de explicações gerais para uma vivência única de cada Ser em seus mais diferentes locais e variadas sintonias para o que sentimos e buscamos. Esse movimento induz a todos esse olhar diferenciado e acolhedor para algo que, muitas vezes, não encaixa em simples denominações. Nessa busca de definições, engessam-nos sem percebermos a ponto de limitarmos nossas ações e reduzirmos a um único olhar a presença plena da espiritualidade em nossas vidas.

Referências

ANGERAMI, V. A., *Solidão. A ausência do outro,* Belo Horizonte: Artesã Editora, 2017.

ANGERAMI, V. A., *A psicoterapia diante da Drogadicção* São Paulo: Thomson, 2001.

ANGERAMI, V.A., O papel da espiritualidade na prática clínica in Espiritualidade e prática clínica, Angerami, V.A., (org.) São Paulo: Cengage Learning, 2006.

ANGERAMI, V. A., *Temas existenciais em psicoterapia*, São Paulo: Thomson, 2004ª.

ANGERAMI, V. A., *Espiritualidade e prática clínica,* São Paulo: Thomson, 2004b.

ANGERAMI, V. A., *E a psicologia entrou no hospital*, Belo Horizonte: Artesã Editora, 2017.

ANGERAMI, V. A., *A psicologia da saúde na prática*, Belo Horizonte: Artesã Editora, 2018.

BERGMAN, I. *O sétimo selo,* São Paulo: DVDVersátil, 2004.

BERGMAN, I., *Fanny e Alexander*, São Paulo: DVDVersátil, 2007.

BOFF, L., *Saber cuidar*, Petrópolis: Editora Vozes, 2001.

FELINI, F., *Noites de Cabíria*, São Paulo: DVDVersátil, 2003.

FELINI, F., *Julieta dos espíritos*, São Paulo: DVDVersátil, 2004.

FELINI, F., *E la nave va*, São Paulo: DVDVersátil, 2007.

MANUAL DIAGÓSTICO E ESTATÍSTICO DE TRANSTORNOS MENTAIS (DSM-IV), Porto Alegre, Artes Médicas, 1995.

MARK, K., ENGELS, F., LENIN, V., *Sobre a mulher*, São Paulo: Editora Globo, 1996.

MERLEAU-PONTY, M., *O olho e o espírito*, São Paulo: Cosac & Naify, 2004.

PASOLINI, P. P., Decameron, São Paulo DVDVersátil, 2007.

PASOLINI, P. P., O Evangelho segundo São Matheus, São Paulo: DVDVersátil, 2007.

RIBEIRO, R. I., *Alma africana no Brasil: os iorubas,* São Paulo: Oduduwa, 1996.

REGAN, T., *Jaulas vazias*, Porto Alegre: Editora Lugano, 2006.

TOLSTOI, I., *Onde existe amor, Deus aí está,* Campinas, Editora Verus, 2001.

TOLSTOI, I., *Ana Karenina*, São Paulo, Editora Nova Cultural, 1995.

ZEFIRELLI, F., *Irmão Sol Irmã Lua,* São Paulo: DVDVersátil, 2008.

WILDE, O., *De profundis,* São Paulo: Círculo do Livro, 1954.

CAPÍTULO 2

Sabedorias ciganas

Valdemar Augusto Angerami

Paula Linhares Angerami – fotografia

A vida intensamente vivida tem sempre o tempo ao seu lado

I – Introdução

O tempo está ao meu lado, caminhemos!

Noite quente de Luamento. Noite de meados dos anos 1960. No entorno da fogueira, vários pequenos grupos conversam animados sobre suas experiências de vida. Clãs ciganos de todas as partes estavam reunidos na troca intensa de energia e de harmonia com a própria vida. Os violões rasqueados com bailaoras fazendo da dança o encantamento maior da vida.

A criança que eu sou ainda hoje, era também criança na tenra idade e apenas se via fascinado com o ritmo frenético desses encontros. Não havia como se ter consciência da dimensão desses encontros e, tampouco, saber que aqueles momentos eram refúgio para a alma desses andarilhos. Andarilhos que tinham os pés descalços e feridos pelo sofrimento dos pedregulhos dos caminhos da vida. Naquele momento, o que se tinha era apenas o folguedo dos cantos, dos violões e da dança e das conversas no entorno da fogueira. Rostos iluminados pelo fogo e sombreados pelo clarão em contraponto com o negrume da noite.

Criança encantada com as cores, cantos, dança e, principalmente, pelo fascínio provocado pela música. Alma invadida pela magia cigana sem qualquer pareamento de razão e, tampouco, crivo, que não fosse a emoção emanada disso tudo, e da ilusão de que esses momentos prazerosos eram a tônica do povo cigano.

Ali estava o povo cigano, povo perseguido e humilhado em todos os cantos por onde perambula. Povo que havia sido massacrado em momentos recentes a esses encontros pela sandice impiedosa do nazismo. Era nesse contexto que unia a magia cigana com a dura realidade desse povo tão sofrido, as sabedorias ciganas eram partilhadas pela mais rica tradição oral. Sabedorias que eram inseridas entre os comentários, partilhados como determinantes a serem seguidos diante das intempéries da vida.

A criança de hoje se remete à infância em busca desses detalhes de encantamento da vida, e traz para si a dimensão de partilhar essas sabedorias e de tecer comentários a partir da etnia cigana. Trabalho pretensioso e deveras custoso, mas que, certamente, será algo de muita preciosidade a todos que de alguma forma se encantam com a vida cigana.

Este trabalho, em princípio, seria lançado em livro isoladamente, mas a constatação do preconceito que envolve a etnia cigana me fez decidir por inseri-lo em uma publicação acadêmica, espaço em que será apreciado por um número significativamente maior de pessoas. Porém, não julgue minha decisão pensada e refletida em meses a partir da simples leitura dessas linhas. Creia, a intenção foi expandir o raio de ação de abrangência dessas sabedorias, fazer com que um número maior e mais significativos de pessoas tomem conhecimento de sua magia. Afinal, esta é a primeira publicação dessas sabedorias em forma de livro, ou mesmo texto escrito, pois, até então, sua transmissão era feita pela tradição oral nas reuniões dos clãs ciganos em suas diferentes manifestações. Que a luz de Santa Sara Kali, padroeira e protetora do povo cigano, nos ilumine nessa empreitada.

II – Algumas sabedorias escolhidas para análise...

Não são as cãs dos teus cabelos brancos que te envelhecem,
e sim quando você deixa morrer os sonhos e ideais

Desnecessário dizer que este trabalho não contempla a totalidade das sabedorias ciganas transmitidas nas reuniões dos clãs ciganos. Ao contrário, escolhamos algumas delas pela profundidade e abrangência que apresentam. Principalmente, por considerarmos as mais significativas para essa determinação, a de mostrar uma das mais fascinantes facetas da etnia cigana, suas sabedorias milenares, que muitas vezes são citadas sem referência à sua origem cigana.

Escolha difícil e, certamente, crivada pelo que elas representam em minha vida, o que significa dizer que talvez algumas sabedorias ciganas, que ficaram de fora deste trabalho, fossem preferidas dos admiradores e seguidores das tradições ciganas.

Este trabalho é o início de algo que estava adormecido e que começa a ganhar contornos de realidade fora dos limites familiares da etnia cigana. Um longo caminho se inicia, uma centelha de esperança está sendo lançada para que possa reproduzir esses ensinamentos para que acalentem a alma de todos que delas necessitem. Eis as sabedorias ciganas escolhidas para este trabalho:

- O caminho é feito pelas rodas das carroças... As pessoas transitam na vida, umas nas outras;
- Pássaros de mesma plumagem voam juntos;
- Não se doma o cavalo sob a chibatada do açoite, e sim sob o afagar das mãos;
- A Lua te mostra a borboleta no casulo;
- Do açoite só esquece quem é açoitado;
- A maior dádiva do universo é sua vida. E o Luamento contemplativo no firmamento;
- Quem beija o meu filho adoça a minha boca;
- Quando acreditamos nos sonhos vamos ao encontro do Luamento;
- As almas que se foram são as novas estrelas a cintilar no firmamento;
- Quando você toma uma criança pela mão para ajudá-la na travessia da vida você a leva ao encontro do Luamento;
- Santa Sara Kali candeeiro de esperança da alma cigana;

O caminho é feito pelas rodas das carroças... As pessoas transitam na vida, umas nas outras...

No ardor do fogo, a chama da vida

Uma das mais antigas cantilenas que cerca o povo cigano é justamente a que diz que eles transitam de um lugar para outro, e que jamais se fixam em um determinado ponto.

Nada mais falso!

O grande trânsito dos clãs ciganos dá-se por ser o povo cigano perseguido, humilhado e rejeitado na maioria dos cantos dessa vida. Transitam de um canto ao outro em busca de paz, em busca de um chão em que possam enraizar suas vidas e tradições.

Desde os remotos tempos de suas andanças e movimentações desde a Hungria, Boêmia e Espanha, os principais pontos de seus deslocamentos, a humilhação e perseguição são marcas intrínsecas ao seu caminhar. O próprio termo boêmio é uma expressão jocosa, que se originou dos ciganos da Boêmia, por seus cantos e tradições. Desde então, boêmio passou a ser uma denominação depreciativa de quem não tem ocupação digna de trabalho e subsistência. Assim também, outras denominações associadas ao povo cigano sempre são depreciativas e procuram desqualificá-los em sua dignidade de vida.

Durante o domínio nazista, por ocasião dos momentos que antecederam a segunda guerra mundial, havia sobre o povo cigano um alvo de humilhação, que visava destroçá-los, assim como aos judeus e outras minorias. Os ciganos foram escorraçados de todos os países em que os nazistas dominaram. Perseguidos e vilmente assassinados sem qualquer comoção ou trégua.

A imagem onírica de carroças, rodando por campos e prados floridos sob Sol esplendoroso, não contempla as situações em que os clãs ciganos ficam isolados em regiões distantes em meio a grandes temporais e, muitas vezes, sem as condições básicas de sobrevivência, nem tampouco carroças encalhadas em caminhos enlameadas. Aliás, a própria associação do povo cigano com festas e cantorias faz com que suas dificuldades sejam deixadas em total obnubilação.

A roda da carroça é o símbolo maior do povo cigano devido a essas andanças em busca de um canto de paz. Essa sabedoria vai além da movimentação das carroças em busca de algum direcionamento e fala diretamente aos nossos corações ao mostrar que o verdadeiro trânsito que temos na vida é das pessoas em seus entrelaçamentos de alma. Essa sabedoria resgata a nossa interação com outras vidas e outras almas. Um toque de fragrância a exalar amor da vida tocando outras vidas e fazendo com que esse toque seja a diferença a iluminar almas e caminhos tortuosos.

Somos irmanados em uma luz maior de amor e transcendência e essa sabedoria mostra o detalhamento desse enfeixamento. Transitamos na vida, na própria vida e na vida de tanta diferente gente. Ou ainda na citação de Santo Agostinho, generosamente, ofertada pelo querido amigo Miguel Mahfoud em sua gentil decisão de contribuir com esse trabalho:

*A vida era a luz dos homens" (Jo. 1, 4): (...) como não tínhamos meios de nos unir a essa verdade, Ele, o Filho de Deus, que está eternamente com seu Pai, a verdade e a vida, tornou-se homem para se tornar o nosso caminho. Siga este caminho de sua humanidade e você chegará à divindade. É Ele quem o leva a si mesmo. (...) Portanto, não vou lhe dizer: encontre o caminho. Este caminho se apresentou diante de você: avante, caminhe! (*Santo *Agostinho, Sermão 104,4).*

A vida que pulsa no azul de uma manhã de Outono vibrará também em nossos corações e nas tantas vidas que se cruzam com a nossa. Fragrância de luz a emanar esperança e amor a tantos quantos possam circundar o entorno de nossas vidas e conquistas.

Sigamos! Transitando pelas tantas vidas que transitam em nossa vida.

Pássaros de mesma plumagem voam juntos

Vida pulsando vida é vida pulsando amor

Essa sabedoria por sua singeleza e natureza é um dos mais esplendidos parâmetros de humanidade e fraternidade. Essa sabedoria fala da união do povo cigano, da identificação com sua cultura, música, danças, cantos e tradições. Os clãs ciganos, desde sempre, transitam pelos caminhos da vida, em certos momentos, reúnem-se para além da troca de experiências partilharem da música, dança e magia cigana, que emana nesses encontros. O grande encontro dos clãs ciganos na atualidade ocorre em Saint Marie De La Mer, sul da França, para onde se dirigem por volta do dia 24 de maio, dia de Santa Sara Kali, padroeira e protetora do povo cigano, e lá participam da festividade da padroeira e realizam uma troca intensa de experiências sobre dificuldades e conquistas obtidas ao longo dos caminhos. A festividade tem seu auge na procissão marítima com a padroeira chegando pelas águas e sendo recebida calorosamente pelos ciganos em sua devoção e fidelidade à sua protetora. A igreja de Santa Sara Kali, em Saint Marie De La Mer, na atualidade, é a única mantida ao longo do mundo desde que ela foi cassada nos cânones do catolicismo. E para lá se dirigem os clãs ciganos, buscando um rumo para suas vidas e seus descendentes.

Em outras localidades, ao longo dos cantos do mundo, os clãs também se movimentam e se unem sempre em busca de proteção e solidariedade. Essa tradição se mantém ao longo dos séculos e, na realidade, é a maneira como a cultura cigana é transpassada ainda que esse povo tão sofrido não tenha um chão próprio. E muito da cultura cigana transpassada para outras realidades sempre foi efetivada a partir do convívio de alguns estudiosos e interessados nessa cultura com o povo cigano. Pablo Sarasate é exemplo significativo dessas citações.

Sarasate, de origem espanhola, era exímio violinista e um grande compositor de música clássica. Ele frequentava os clãs ciganos nos quais obtinha temas melódicos, que depois eram transpostas para o universo mítico da música clássica. Ele, ao lado de Franz Liszt, Johannes Brahms, fez com que a música cigana fosse respeitada e aclamada por sua beleza e complexidade. É de Sarasate um dos mais estupendos concertos para violino e orquestra de toda história da música, o maravilhoso Lamento Cigano, peça obrigatória no repertório de todos os grandes violinistas. Nessa peça, Sarasate reuniu temas ciganos e os enfeixou de modo indescritível, fazendo com que a beleza da música cigana fosse emoldurada com a complexidade técnica do domínio do violino. Liszt e Brahms, de outra parte, criaram peças maravilhosas ora para piano solo, ora em complexas peças orquestrais. Brahms criou uma série de peças orquestrais, denominadas de danças húngaras, todas enfeixadas a partir de temas obtidos junto aos clãs ciganos. Liszt criou uma série de rapsódias húngaras igualmente construídas com temas de origem cigana. Temos ainda Maurice Ravel, que compôs a estupenda "Cigane", peça de linda estruturação harmônica e melódica e igualmente composto a partir de temas ciganos recolhidos por ele. Esses autores, consagrados no universo sagrado da música clássica, fizeram com que a música cigana fosse respeitada, venerada e, acima de qualquer outra conceituação, ocupasse seu devido lugar no cenário mundial da música. Afinal a técnica cigana de acirramento das cordas do violino e dos acordes e rompantes rasqueados do violão, ensinadas nos clãs ciganos, foram devidamente validadas tanto por sua complexidade e beleza, quanto, principalmente, por sua configuração de relevo, até mesmo, diante dos parâmetros de exigência do virtuosismo clássico desses instrumentos. Pássaros de mesma plumagem voando juntos na divulgação dos maravilhosos temas da música cigana.

A dança cigana se transforma e ganha configuração na sensualidade dos movimentos das mulheres, que acoplam seus corpos aos corpos dos parceiros masculinos. Passo firme e sapateado sob o som rasqueado dos violões em harmônicos precisos ou sob o acirramento das cordas dos violinos. As bailarinas ciganas dançam descalças e batem seus pés em ritmo sincopado, que se contrapõe aos compassos da música cigana. Uma das configurações contemporâneas da dança cigana é a dança flamenca, seja por seus constitutivos de palmas e do sapateado em contraponto ao violão rasqueado, seja, ainda, pela sensualidade transposta da magia cigana. Pássaros de mesma plumagem voando juntos na divulgação da maravilhosa coreografia da dança cigana.

Povo sofrido e humilhado em muitos cantos dessa vida, o povo cigano une-se e faz dessa sabedoria um detalhe da necessidade de se identificar os caminhantes que os acompanharão em suas caminhadas sobre os pedregulhos da jornada. Caminhantes do próprio clã, mas que também comporta e assimila simpatizantes de suas lutas e anseios. E daqueles que se aproximam de sua cultura e as transpassam para outras realidades.

Novamente, vem do querido Miguel Mahfoud uma preciosa contribuição para essa sabedoria. Ele nos pontua que essa sabedoria também está presente na tradição árabe e nos mostra tal aspecto de maneira esplendida. Ouçamos o mestre Mahfoud:

Esse provérbio é muito popular no Oriente Médio. No sentido mais amplo e geral, aponta para o fato de que todo ser vivo acompanha e atrai seus semelhantes, daí extraindo lições de sabedoria para os seres humanos.

Da constatação de que pessoas do mesmo gosto ou índole compartilham opiniões semelhantes e concordam entre si, aquele provérbio é usado para sugerir que se busca a referência na própria comunidade, afirmando identidades grupais ao se contrastar com diferentes. E é usado também para críticas posturas de fechamento no próprio grupo ou de individualismo, por visarem somente os próprios interesses sem atentar aos outros e sem aprender deles.

Ainda no sentido de crítica, aquele ditado é usado para apontar grupos ou casais que unidos perseguem ou prejudiquem outros.

Também no sentido crítico, aquele ditado é utilizado como desdém quando alguém quis fazer-se melhor que os outros e circunstâncias adversas o colocam na condição de todos, apontando que no final das contas eles são semelhantes e têm o mesmo destino.

Aquele dito é popularmente utilizado também para solicitar que a pessoa seja atente ao que a vida vai revelando, sem medo das crises e dificuldades, pois essas acabam colocando à prova e evidenciando-se o casal, amigos ou sócios estão mesmo unidos, se são mesmo semelhantes: o tempo acabará por revelar a índole profunda de todos e as eventuais diferenças de valor em todas as proximidades humanas.

É utilizado também para solicitar alguma pessoa a assumir sua verdadeira condição, chamando-a a se identificar consigo mesma, não se deixando abater por alguma dificuldade circunstancial. Assim, aquele provérbio é lembrado para o ilustrado que não está bem nos estudos, o rico perdendo dinheiro, o alegre que está triste, para animá-lo, para que se veja elevado à sua condição própria, que não se deixe abater ao aceitar uma condição abaixo daquela que lhe é própria, para que alce voo com o que ele é.

No sentido mais interpessoal ou político, o ditado é lembrado para sugerir que uma pessoa não se associe com opressores, pois eles acabariam por leva-lo consigo para as injustiças. Ou ainda, o provérbio é utilizado para aconselhar alguém a só ter intimidade com pessoas que ele admire, de modo a elevar-se na honra de sua proximidade.

Aquele rico provérbio é ainda utilizado para lembrar que escolhemos por algum detalhe específico, mas aquela proximidade guarda compatibilidades muito mais ampla e complexas

Não se doma o cavalo sob a chibatada do açoite, e sim sob o afagar das mãos

Um toque de carícia na tua pele, suavemente...

Essa sabedoria é um ode ao toque de carícia nos ensinamentos feitos ao longo da vida. Aqui se fala na arte de domação do cavalo, mas certamente é algo que, ao ser transposto para a educação de crianças e outras tantas situações, que implicam transmissão de ensinamentos, a questão mostrada é a carícia sobrepondo-se a métodos violentos para que os ensinamentos sejam vincados.

A domação de cavalos é algo da tradição cigana milenar. A relação com os animais e com predominância sobre os cavalos sempre foram uma marca indelével do povo cigano, e essa sabedoria se contrapõe de modo drástico a muitas formas tradicionais de domação, que implicam em castigos físicos aos animais para que esses obedeçam às ordens do instrutor.

O toque de carícia e a suavidade na transmissão de ensinamentos certamente terão uma eficácia mais plena do que aquela obtida diante da imposição de castigos físicos.

A arte da domação do cavalo sem a violência do açoite do chicote é, seguramente, umas das mais bonitas sabedorias ciganas, pois implica em se abandonar métodos agressivos e crivados de violência para se obter resultados nesse quesito. E diante de uma sociedade cada vez mais agressiva e intolerante, a proposta de se abandonar métodos violentos na transmissão de conhecimentos surge como uma esperança de amor diante da agressividade contemporânea. O toque de carícia ao invés do açoite do chicote; o toque de carícia ao invés da palavra cortante; o toque de carícia ao invés do castigo físico; o toque de carícia diante da agressividade. É a vida que pede mais amor, mais fraternidade em suas configurações. É a rosa vermelha na mão do mestre a transmitir seus ensinamentos, a rosa vermelha símbolo da eloquência das paixões. A carícia a segurar a rosa vermelha em ardor na transmissão dos conhecimentos e da vida que brota mais vida, mais ardor.

O cavalo, assim como outros animais, são almas em evolução e que se configuram como seres de uma vida que merece dignidade e respeito. O processo evolutivo da alma dos animais, em alguns momentos, depende da própria complacência humana para se desenvolver. Se os animais merecem essa condição de respeito ao seu processo evolutivo, significa dizer que, quando isso se aplica ao ser humano, o cuidado na transmissão de ensinamentos é ainda mais delicado e sensível. E diante de situações em que os animais são expostos a situações de rinha, para prazer e obtenção de lucros alvissareiros por humanos inescrupulosos, a proposta de carícia aos animais é revolucionária e sinal de esperança de uma nova relação com esses seres em evolução.

A concepção humana de superioridade diante dos animais faz com que qualquer ato de violência seja justificado e balizado a partir dessa pseudossuperioridade. Então, desde experiências laboratoriais, até práticas de lazer que implicam em sacrificá-los, como caça e pesca, ou mesmo utilizá-los indevidamente como alimentos, tudo passa a ser permitido diante dessa condição de falsa superioridade humana. De modo antagônico a isso tudo, a proposta de afagar o cavalo em seu processo de domação é um resgate à dignidade da vida animal.

No caso dos cavalos, a tradição humana implica em utilizá-los como tração de força para transportes de carga, ou mesmo, para transporte humano. Na realidade, o descomedimento dá-se pelo abuso dessas situações, pela falta de compaixão na utilização desses animais, principalmente na situação de tração para transporte de carga. Nesse sentido, a proposta de afagar o animal na tentativa de domá-lo é algo contrário a essa tradição humana do açoite na tentativa de educar tanto os animais, quanto crianças em desenvolvimento.

A Lua te mostra a borboleta no casulo...

Eu já te amava antes de te conhecer...

Essa sabedoria vai ao encontro do fascínio e do mistério cigano. Mostra o que se é possível desvendar e descobrir diante da magia do Luamento. Simplesmente, estamos diante de algo em que a borboleta, com toda a sua graciosidade de voo e de esplendor, ainda se encontra na formatação de casulo. Saber que o casulo se tornará uma borboleta que, de sua forma totalmente disforme, brotará um dos seres mais magníficos da Natureza é mistério a ser desvendado nos recôncavos da alma. Nesse sentido, o que temos é o fato de termos diante de nós o próprio mistério da vida.

Em muitas ocasiões, temos diante de nós, do nosso campo perceptivo, uma pessoa que se mostra da maneira tal como ela é se apresenta diante de outras pessoas. No entanto, essa pessoa pode nos provocar sensações que vão além dos limites corpóreos e da própria explicação da fisiologia médica. São sensações captadas e apreendidas pela energia que emana dessa pessoa; sensação de seu campo vibratório; coisas de sua energia anímica, energia que brota de sua alma. Fragrância vibratória a nos emanar na alma dessa pessoa e nos envolver de modo irrebatível em situações em que, tal como a sabedoria que diz da borboleta ainda no casulo, estaremos diante de mistérios que apenas essa vibração energética sentida pela alma pode definir.

Ondas vibracionais a nos envolver com outras almas e nos levar a outras dimensões alcançadas apenas quando se possui abertura para essa apreensão energética. O fascínio cigano envolto em seu mistério, dentre outras coisas, consiste justamente nessa condição de se ver além do visível, além daquilo que é mostrado exteriormente. Não se trata coisa que não o desenvolvimento pleno das condições sensoriais; a maneira com que se enfatiza os aspectos anímicos em contraponto ao visível. É dizer que se desenvolve a condição de apreensão de fatos e fenômenos que transcendem aquilo que a exterioridade apresenta.

Vivemos a era da racionalidade, momento em que a tecnologia se fez presente de modo indissolúvel na contemporaneidade. As relações interpessoais, em sua grande maioria, são permeadas pela tecnologia e em seus determinantes constitutivos. Dessa maneira, com o advento e proeminência das redes sociais e tudo que é postado e mostrado nesse contexto, falar-se na apreensão do invisível, daquilo que está além do que é mostrado, torna-se ainda mais revolucionário.

A realidade humana transcende os limites corpóreos e, para se tangenciar sua totalidade, é necessário que possamos aceitar a expansão desses limites, para, sequencialmente, conseguirmos apreender o que está além do visível.

Esta sabedoria em sua singularidade sinaliza a necessidade de vermos para além da realidade visual, para aspectos que, muitas vezes, são desprezados pela maioria das pessoas. O fascínio do olhar cigano deriva do fato de se apreender para além do alcance do olhar; é a penetração na alma por meio dos olhos. Magia e mistério a envolver os detalhes da vida anímica e a mostrar que além da realidade corpórea existe uma alma vibrando em fortes frenesis de emoção.

A borboleta ainda no casulo, mistério a desafiar a ciência em seus tentáculos, sensível a mostrar a transmutação dos fenômenos que se apresentam diante dos nossos olhos e que implicam transformações simplesmente fantásticas. O olhar que desnuda a alma e a mostra em vibrações energéticas e de vida além dos limites corpóreos. Fascínio a mostrar que o sensível sempre estará além dos nossos limites perceptivos. Fagulhas de emoção a fazer com que os relacionamentos interpessoais sejam sempre além do que o visível insiste em mostrar como verdadeiro e absoluto.

Do açoite só esquece quem é açoitado

Eu vim para essa vida para enxugar tuas lágrimas

Esta sabedoria mostra, em seus detalhamentos, a necessidade de cuidados em nossas ações para com o semelhante. Significa dizer que muitos dos nossos atos podem ter consequências de muito sofrimento para o outro e mesmo atos que não possuem, em seu bojo, a intencionalidade de agredir o semelhante podem, muitas vezes, ferir sua alma de modo muito doloroso. Quando existe a intencionalidade da agressão, então, o açoite é por demais contundente. É dizer que a contundência desse açoite pode ser esquecida pelo agressor, mas jamais pela vítima dessa agressão.

O agressor pode experimentar alívio nesse ato de explosão, pode dar vazão aos sentimentos contidos de desafeto e desamor, muitas vezes, com parcela de responsabilidade da vítima agredida, mas o desfecho de dor e sofrimento não será esquecido pelo açoitado. Convém salientar que a agressão que desfere o açoite é sempre fruto de fúria incontida, pois não existe jamais alguém que agride ao semelhante em estado de complacência ou meditação. Não, ao contrário, a agressão sempre é algo sem controle e, por isso mesmo, em muitos casos, de consequências imprevisíveis, principalmente quando desferidas contra seres sabidamente vulneráveis como crianças, mulheres, idosos e pessoas portadoras de alguma deficiência, ou mesmo com comorbidade.

Nesse sentido, a agressão cometida contra uma criança, mulher, idoso etc. sempre é algo desprezível, pois além das diferenças de condições físicas, o ataque é desferido em estado de fúria contra um ser indefeso. Como dissemos acima, se por um lado a explosão e consequente agressão traz alívio ao agressor, por outro temos como real que a vítima terá sequelas, muitas vezes, irreversíveis desse ato, principalmente na criança, um ser que ainda está em desenvolvimento, tanto do ponto de vista emocional, quanto, inclusive, de danos físicos.

Esta sabedoria traz a reflexão sobre o modo como o açoite ficará vincado no psiquismo do agredido e, dessas lembranças, muitas vezes, teremos o surgimento, inclusive, de uma série de sofrimentos inatingíveis pela fisiologia médica.

Ao trazer para o primeiro plano a figura do açoite, instrumento de agressão utilizado, principalmente, contra animais não humanos, essa sabedoria foca em como a agressão se torna de contundência ainda mais significativa quando se traz o ser humano para a baila dessas discussões. Usar o açoite como instrumento de agressão é, acima de tudo, desumanizar a figura do agredido e, por assim dizer, do agressor.

O instrumento de agressão, seja o açoite ou o chicote, sempre mostra uma forma desumana da condição humana, algo que definimos indevidamente de animalesca como se fizesse parte de atitudes de outras espécies. Porém, ao contrário, esse tipo de violência desconcertante só é encontrada na condição humana. Outras espécies atacam apenas para se defender ou para preservação do espaço ou ainda na condição de predadores, usando a presa como alimento na maioria das vezes. Colocamos em trabalho anterior[1] que, jamais, outras espécies agridem com o intuito de educar, castigar ou tentar o enquadre de comportamento em seus semelhantes. Não se pode esquecer que a única espécie que mata por condições obscurantistas é a humana; igualmente somos a única espécie que estupra suas fêmeas e ainda a única espécie que pratica relações sexuais com outras espécies.

O açoite usado, em princípio, para castigar animais de outras espécies, por si, já é aviltante e quando utilizado para agredir semelhantes humanos ganha contornos indefiníveis. Esse tipo de violência sempre é marcante de traços de crueldade e de total impiedade para com o semelhante. Cenas que degradam a condição humana colocando-a em níveis indefiníveis na escala evolutiva da alma. Por pior que seja isso tudo, temos como práticas normalizadas a violência cometida com o intuito de educar ou de corrigir possíveis desvios de conduta ou de comportamento.

Estamos longe, enquanto condição humana, de sermos virtuoses no tratamento ao semelhante, mas, seguramente, se abandonássemos algumas práticas, como a do castigo corporal contra o semelhante, certamente teríamos alçado patamares significativos em nossa evolução espiritual.

A maior dádiva do universo é sua vida. E o Luamento contemplativo no firmamento

Invade meus olhos alcança minha alma...
Olhar apaixonado, encantado com os enlaces da vida.
Isabella Leão

Esta sabedoria em sua singeleza nos mostra a grandiosidade da vida humana e a coloca em patamar de uma grande dádiva do universo. Isso, por si, é maravilhoso, significa dizer que a vida humana precisa ser valorizada em toda a sua essência e especificidade. Se fizermos um simples contraponto de como a vida humana é depreciada em todas as suas formas diante da materialidade, da posse material, temos algo bastante profundo nesta sabedoria.

Vida humana tão aviltada pela ganância capitalista que ceifa vidas incontáveis em seu afã de desenvolvimento e crescimento a qualquer custo. Vidas jogadas nas

[1] Capítulo 1 deste livro.

calçadas pela excludência do lucro mercantilista; vidas que esmorecem diante da fome; vidas que padecem sem os cuidados mínimos necessários de saúde e dignidade; vidas que são consideradas apenas peças sem importância na engrenagem mercantilista; vidas que nada significam diante dos interesses espúrios da exploração humana a seus semelhantes.

Esta sabedoria traz a valorização da vida como dádiva maior do universo, isso é algo simplesmente fantástico, afinal é um resgate não apenas dessa valorização, mas, principalmente, da própria dignidade humana tão degradada e, na maioria das vezes, pela ação de semelhantes humanos. O respeito pela vida humana clamado nessa sabedoria é reflexão ímpar a nos impulsionar para novos patamares de vida. Afinal, se conseguíssemos conceber o alcance dessa sabedoria e vincá-las em nossas vidas, certamente, teríamos não apenas uma nova concepção para a nossa própria condição humana, mas igualmente de respeito ao semelhante. Seria alcançar em sua plenitude que vidas humanas são dádivas do universo e que precisam se partilhadas entre si com respeito e dignidade.

Cenas contemporâneas de refugiados de guerras; de pessoas tentando romper fronteiras de outros países em busca de condições mínimas de sobrevivência; pessoas lançadas às ruas das grandes metrópoles pela excludência capitalista; a violência das guerras dizimando milhares de vidas indistintamente e mais um sem número de situações de total desprezo pela dignidade humana fazem da singeleza dessa sabedoria uma das mais estupendas reflexões sobre a necessidade de mudança radical dos valores de preservação da vida humana.

A crueza da vida moderna com suas imposições de competições neoliberais faz com que esqueçamos a grandiosidade de nossa condição, a condição humana. E isso é o determinante da desvalorização de nossas realizações. Estabelecemos comparações com outras realizações humanas, consideradas grandiosas pelos mais diferentes parâmetros e desconsideramos que a nossa vida também é uma dádiva maior do universo. Não se trata de negar a genialidade de Mozart, Dostoievski, Picasso, como mera citação ilustrativa, mas de valorizar que as nossas realizações também são grandiosas por pequenas que sejam. De outra parte, nossas realizações incidem sobre a vida de muitas pessoas, transformam a vida das pessoas que estão em nosso entorno e isso igualmente é uma grande realização ainda que feita por pequenos gestos.

Talvez seja de difícil alcance e compreensão estabelecermos que a nossa vida seja a maior dádiva do universo, afinal, com tantas agressões que são cometidas contra nossa dignidade em nossa cotidianidade e com tantos semelhantes sendo atirados aos mais cruéis desatinos, realmente o questionamento que surge é o de que podemos ser tudo, menos dádiva do universo com toda a sua grandiosidade.

O contraponto do Luamento contemplativo no firmamento mostra a condição humana pareada com o esplendor dos raios argênteos do Luamento em suas noites prateadas. O Luamento presente em diversas sabedorias ciganas é indício da magia que cerca esse povo que, apesar de tanto sofrimento em suas vidas, não deixa de admirar os encantamentos que o universo propicia e de viver cada segundo os preceitos e detalhes de magnitude.

O Luamento presente nas canções dos apaixonados, nos versos dos grandes poetas, nos cânticos religiosos e em outras tantas manifestações humanas tem nas sabedorias ciganas um destaque ímpar na medida em que se mistura à própria condição mística a envolver o mistério e fascínio desse povo.

Nossa vida é a maior dádiva do universo e temos sempre o Luamento contemplativo no firmamento a nos mostrar a imensidão dos fenômenos que nos cercam e a mostrar que, apesar de os ciganos serem um povo conhecido por suas andanças mundo afora, andanças que sempre se dão em razão de perseguições e humilhações, sabem como nenhuma outra etnia que a grande magia a ser descoberta é sermos a maior dádiva do universo, e que a principal viagem a ser efetivada é aquela que nos leva ao encontro da nossa subjetivação, nos côncavos de nossa alma.

Quem beija o meu filho adoça a minha boca

Um cadinho de gente, uma fofura cadinha de tão lindinho...
Um tiquinho de afeto construído por amor...

Esta sabedoria é a síntese perfeita de como o amor dedicado aos nossos filhos nos é transferido automaticamente. É dizer que a carícia ofertada aos nossos filhos toca nossas almas de modo intenso e suave. De modo contrário a isso, qualquer ato de desamor e desafeto cometido a um filho nos enche o coração de mágoa e dor. A esperança que nos acalenta o coração diante dos desatinos do caminho encontra nos filhos a centelha de superação para tais enfrentamentos. A energia que brota do carinho ofertado a um filho certamente é dádiva a nos encher o coração e a alma de luz e amor.

De modo contrário, qualquer agressão cometida contra um filho tem o poder de nos transtornar de modo único e indescritível. Diante da agressão cometida contra um filho, tornamos-nos seres irracionais e sem qualquer controle da razão para impedir atitudes intempestivas.

Ao acenar para a nossa alma o carinho dedicado a um filho, temos também a razão pela qual nos agride de modo inefável quando uma mãe ou um pai comete uma atrocidade contra um filho. Não apenas não existe escopo racional para compreensão desses desatinos, como ainda surge sentimentos de

indignação e mesmo de perplexidade, pois a ordem natural da vida são os pais cuidando e protegendo os filhos diante das intempéries da vida. O determinante maior dessas questões sempre é a premissa básica de que o amor paterno ou materno, antes de qualquer outro balizamento, é cuidado para que esse filho se desenvolva e evolua em sua condição de vida.

Ainda nesse bojo de cuidados com o filho, temos também a variante de que o amor que transborda de um filho é algo igualmente único a acalentar o coração dos pais. O filho com suas conquistas e desenvoltura no mundo é algo que traz significado especial para os pais de modo inigualável. As principais conquistas e realizações dos pais, muitas vezes, são as conquistas e realizações do filho.

Esta sabedoria sacraliza o vínculo entre pais e filhos e mostra uma das facetas mais exuberantes da condição humana. Algo que transcende a racionalidade e só pode ser compreendido pelo pulsar do coração, pelo frenesi de uma intensa emoção.

O filho em sua busca de conquistas e espaços pela vida afora mostra em seu percurso a presença sempre premente dos pais, ainda que esses estejam ausentes ou não se façam determinantes no esboço dessas conquistas. Um filho sempre traz em si resquícios da presença dos pais, e não estamos citando questões envolvendo DNA ou outras formas de hereditariedade orgânica que exames clínicos eventualmente detectem, mas da subjetivação de um que foi transmitida para o outro. Concepções de valores éticos, morais, religiosos e, até mesmo, de dignidade humana são transmitidos pelos pais e fazem com que aquela asserção popular de que filho de peixe peixinho é, transforme-se em uma tônica a ser balizada nessa simetria. Verdadeiramente, uma criança que se desenvolve sem a presença de pais a mostrar-lhe os valores de vida a serem seguido tem nesse construto da subjetivação o prejuízo maior em sua estrutura de desenvolvimento.

Quando acreditamos nos sonhos vamos ao encontro do Luamento

Queijos ao azeite e essência de ervas...
Queijos na companhia do vinho e na partilha com você...

Esta sabedoria traz em si a magia cigana em seus detalhes de mistério e encantamento. Fascínio a envolver de modo indelével a todos que se debruçam sobre seus detalhamentos. Magia que se transborda pelo olhar que penetra a alma e faz a vida se transformar no arrebate maior da emoção transpassado nesse magnetismo.

Dos sonhos que se tornam a esperança de transformação de realidades sombrias. Da transformação da vida quedada em sofrimento e dor para algo de mais magnitude e, até mesmo, de esplendor. Dos sonhos que acalentam a perspectiva para novas realizações. Para novos horizontes de vida e luz.

Ao colocar que os sonhos nos conduzem ao Luamento, esta sabedoria em si mostra que a busca maior dessa vida precisa ser enfeixada com os mistérios dos raios argênteos do prateado da Lua. O sonho a ser partilhado em grupo se torna uma conquista a ser buscada e almejada.

O Luamento como momento maior de veneração cigana em sua ode à Natureza. A magia do Luamento presente em outras sabedorias mostra a importância que a vida cigana dedica às suas transformações e pulsões. E os sonhos, ao se tornarem nossas crenças a serem buscadas e alcançadas na realidade, também nos levam ao encontro do Luamento com toda a sua magia e poder místico.

O entrelaçamento dos sonhos com a magia do Luamento é algo presente na mística cigana e nos envolve em um dos encantamentos mais delicados de se buscar nos sonhos da vida o encontro com o Luamento. Ao determinar que os sonhos nos elevam em nossa condição humana, esta sabedoria também é determinante da nossa condição de superação nessa empreitada da vida sempre crivada das mais diferentes dificuldades, que estão a exigir superação contínua e sem esmorecimento.

Muitos sonhos sonhamos e buscamos, dessa maneira, a superação de momentos cáusticos em que a vida, muitas vezes, encontra-se. Momentos em que a vida se vê paralisada e quedada frente a tais desatinos, situações em que a aspereza do caminho pede atenuantes para que essa situação seja superada. Os sonhos surgem como contraponto a tais sofrimentos, como uma esperança que traz a leveza de volta aos horizontes do sonhador. Traz novamente a perspectiva de que a vida pode ser retomada em fragrância de suavidade e superação. Traz ainda a certeza de que, por pior que esteja a situação momentânea, a esperança trazida pelos sonhos é algo que traz alento ao momento de sofrimento. E ainda que os sonhos não se efetivem, acreditar na esperança de momentos prazerosos, em momentos diferentes da aridez vivida, é, por si, balsamo a cicatrizar nossas chagas existenciais.

Quem sonha ainda acalenta a esperança de novas perspectivas de vida, e isso em que pese a aridez do caminho. Sonhar pode ser considerado uma das maiores dádivas presentes na condição humana, algo que seguramente nos faz diferentes de outras espécies na medida em que acreditamos em mudanças de nossas perspectivas de vida, de que a aridez vivida momentaneamente pode ser superada no acalanto da esperança.

As almas que se foram são as novas estrelas a cintilar no firmamento

Meus sentimentos, entregue a dor...
Dor de um dia não ter mais jeito de te sentir...

ISABELLA LEÃO

Esta é uma das sabedorias mais fascinantes e mostra que as almas que se vão pela passagem da morte, ao desencarnarem se transformam em estrelas a brilharem no firmamento. O mais fascinante é que essa alma será uma estrela da principal Constelação presente no firmamento no momento em que essa alma desencarna, processo em que o espírito é desligado do corpo físico e retorna ao plano espiritual em busca de seu processo de elevação. Esse desligamento se dá quando ocorre a morte do corpo material,

Essa transformação em estrela a brilhar no firmamento é passagem necessária para que essa alma possa adquirir outra materialidade em seu processo de evolução. Assim, alguém que desencarna no Inverno fará parte da Constelação de Escorpião, na Primavera na Constelação de Pégaso, no Verão de Orion e no Outono na Constelação de Pégaso. A nostalgia que a observação das estrelas em seu brilho durante sua trajetória na noite é determinante a indicar que estamos indo ao encontro de almas presentes nessas estrelas a nos contemplar em sua magia e magnitude. Então, antes de adentrarmos em outro corpo nos transformamos inicialmente em estrela, e isso é uma forma de contemplação ao universo. Seguramente uma forma delicada de veneração ao firmamento e sua imantação com o Luamentos e a busca da superação humana nessa transformação.

Constelações a brilharem no firmamento, a presença da Via Láctea trazendo o esplendor do sistema solar e a transformação humana em estrela a cintilar e a se configurar como sua transformação humana antes de sua reencarnação em outra efetivação corpórea.

O mais fascinante é que essa sabedoria contempla a própria magia cigana em uma de suas mais bonitas configurações. Temos ainda sobre essa sabedoria, que ela é uma das mais rechaçadas quando de sua evocação. No entanto, diante de outras asserções como a do hinduísmo, por exemplo, que afirma que algumas pessoas involuem e voltam do mundo espiritual para o mundo material no corpo de outras espécies que não a humana, temos uma postura maior de compreensão e aceitação ainda que possamos discordar dessa concepção. Embora isso seja distante das crenças, até mesmo, do rencarnacionismo ocidental, ainda assim temos a configuração de um corpo, mesmo que de outra espécie. A simples transformação em uma estrela a brilhar no firmamento destoa de nossas tradicionais concepções rencaranacionistas. É algo trazido pela sabedoria cigana a nos mostrar, de outra parte, a total configuração de união cósmica entre os seres existentes. É a configuração real da célebre colocação hinduísta: *não se pode arrancar uma flor sem perturbar uma estrela.* Tudo ligado, irmanado como seres de luz irmanados na mesma fonte geradora da inesgotável luz do universo.

Quando você toma uma criança pela mão para ajudá-la na travessia da vida você a leva ao encontro do Luamento

Uma criança que engatinha pela chão...
E que se aninha entre os seus braços e os nossos cães...

Esta sabedoria mostra o cuidado necessário para que as crianças sejam amparadas em seu processo de desenvolvimento. É dizer que ao tomar uma criança pela mão na travessia da vida a levamos para caminhos alvissareiros, caminhos de luz e seguramente para novos horizontes de amor. É a proteção necessária para que a criança se sinta fortalecida para o enfrentamento das intempéries da vida. Somos responsáveis por nossas crianças tanto no plano social, em que nos constituímos enquanto sociedade e família, quanto principalmente no plano espiritual, em que temos sob nossos cuidados seres em que o pleno desenvolvimento espiritual, muitas vezes, pode depender exclusivamente de nossas orientações e ensinamentos.

Por mais que seja exaustivamente repetido que todas as pessoas têm o direito soberano e sagrado de buscarem por seus próprios caminhos e tendências, é fato que a orientação dada a uma criança em seu processo de desenvolvimento fará com que essa escolha tenha subsídios mais bem solidificados para a sua plena efetivação. Ainda que uma determinada escolha seja feita em total desarmonia com os valores dos pais e tutores, é significativo que haverá, inclusive, um parâmetro de contestação. Ou seja, busca-se caminhos diferentes dos pais e tutores, mas essa busca é realizada a partir do conhecimento daquilo que se deseja contestar. Nesse sentido, a orientação dada pelos pais e tutores estará presente, até mesmo, nos casos de contestação dos caminhos herdados e conhecidos por meio de ensinamentos e exemplos de conduta.

O mais bonito nessa sabedoria é justamente direcionar a condução da criança ao encontro do Luamento, algo sagrado de veneração cigana e, por assim dizer, de todas as pessoas sonhadoras e com a poética pulsando sob suas veias. Realmente o Luamento é algo que fascina as pessoas sonhadoras desde os tempos mais longínquos. O que temos nesse sentido, é a tradição cigana determinando uma condição de magia e fascínio que dá ao Luamento um mistério ainda mais encantador.

Associar o desenvolvimento de uma criança ao fascínio do Luamento é dar a essa vida requintes de delicadeza e suavidade que farão com que essa alma levite pela vida e se supere continuamente diante das intempéries que a vida possa apresentar.

Uma questão bastante interessante nessa fusão do desenvolvimento infantil com o Luamento é justamente a de sobrepor duas temáticas muito importantes em harmonia de encantamento. Uma criança a se desenvolver pela vida indo ao encontro do fascínio do Luamento é algo verdadeiramente fascinante, tanto pelo mistério em si do Luamento como da própria vida que se direciona em busca de caminhos que a conduzem ao fascínio dos mistérios da própria vida.

Podemos dizer quase que sem margem de erro que ao tomarmos a mão de uma criança na travessia da vida, estamos amparando não apenas a sua caminhada, mas acima de tudo resgatando a irmandade espiritual desses vínculos familiares.

Nunca é demais lembrar que um dos preconceitos mais descabido e escorchante que se lançou sobre o povo cigano era o de roubarem crianças quando montavam seus acampamentos em uma determinada localidade. Não bastasse toda a pecha de humilhação que pesa sobre esse povo, ainda tinham sobre si, essa ideia maldosa e sem qualquer fundamentação de que roubavam crianças para carregarem consigo para serem utilizadas como serviçais.

Isso era tema recorrente nas reuniões dos clãs ciganos, a maneira como tinha que enfrentar também esse preconceito de que roubavam crianças por onde passavam.

Na realidade, uma das coisas mais bonitas de ser nos clãs ciganos, é justamente a maneira carinhosa com que as crianças são tratadas. Existe quase que uma veneração sobre suas crianças, um cuidado tão especial sobre sua desenvoltura, e esta sabedoria que faz o imbricamento do desenvolvimento infantil é prova cabal e definitiva dessas citações.

Narrativas dos clãs ciganos citavam situações de que, com a chegada das caravanas em uma determinada localidade, as pessoas impediam que suas crianças

saíssem de dentro de suas casas com receio de que pudessem ser roubadas pelo povo cigano que estava de passagem. Apenas mais uma das tantas pechas de descalabro lançadas sobre esse povo tão perseguido e humilhado das mais diferentes formas.

Se considerarmos a maneira agressiva com que boa parte das pessoas trata questões envolvendo as tradições ciganas, além de uma ciganofobia, temos também uma falta de humanidade ao lançar pecha tão delicada e com implicações muito além da leviandade em si dessa acusação.

Crianças sendo tomadas pela mão para serem conduzidas na travessia da vida, algo tão doce e meigo que se contrapõe a todas as barbáries lançadas sobre a etnia cigana. E seguramente se pudessem alcançar a delicadeza com que as crianças ciganas são tratadas em seus clãs, certamente estaríamos caminhando para a construção de uma sociedade mais justa, digna e fraterna. Ou ainda na delicadeza das colocações de Isabella Leão:

> *A criança resgata esse olhar sensível em nós, mostra nossa fragilidade que aparentemente perdemos no nosso desenvolvimento, nas nossas relações. Ela mostra não podemos perder esse sensível em nós enquanto estivermos por aqui, enquanto estivermos nesse plano espiritual.*

Crianças e Luamento, algo que por si faz a determinação de uma nova vida em horizontes mais plenos de amor e luz. Vidas que se entrelaçam para caminharem rumo ao Luamento, rumo ao ponto maior de convergência do universo infinito com sua chama de determinação de um novo tempo de vida e superação de tantos desatinos.

Sara Kali, cadeeiro da esperança da alma cigana

E que mistérios carrega em tua santidade para ser venerada
apenas pelos perseguidos e humilhados?!

Santa Sara Kali, padroeira e protetora do povo cigano, não é considerada santa nos cânones do catolicismo. As igrejas católicas ao redor do mundo que ainda insistem em tê-la como padroeira, fazem à revelia dos princípios canônicos do catolicismo. Mas essas questões teológicas não impedem que o povo cigano a tenha como padroeira e protetora.

Não é crível para a alma cigana as tentativas de desqualifica-la em qualquer âmbito que se queira arvorar. Poucas igrejas insistem na perpetuação de sua santidade e veneração. A mais conhecido é a de Saintes Marie De La Mer, no sul da França, para onde acorre o povo cigano espalhado ao longo do mundo, e que para lá se dirigem no dia consagrado às suas homenagens para venerá-la e trocar experiências sobre a situação que paira sobre suas vidas. A procissão das águas é decantada em prosa e verso desde muito tempo, pois Santa Sara Kali chega em procissão de barcos para ser venerada na igreja em

procissão sensível e fascinante. E ao longo do mundo, no dia consagrado a Santa Sara Kali – 24 de maio –, o povo cigano espalhado por todos os cantos dessa vida comemora com danças, festas e atividades da realidade cigana.

A veneração do povo cigano a sua padroeira é revestida de toda uma magia que se torna mística em torno dos detalhes de sua trajetória por esse mundo. Revestido de ceticismo pelos cânones do catolicismo, por outro lado, tem no povo cigano a determinação de fé e proteção dentro de um esboço de religiosidade emocionante.

E impactante!

Sara Kali negra e escrava, protetora dos combalidos, e paradoxalmente protetora de um povo perseguido e humilhado por todos os cantos de suas andanças e buscas. O povo cigano faz todo tipo de pedido para sua padroeira, pois possuem uma fé indefinível em sua proteção e virtudes. E por isso ela é considerada a protetora dos desesperados, combalidos, humilhados e perseguidos.

Sobre a passagem de Sara Kali temos várias lendas, e uma delas diz que ela é identificada como a serva de uma das três mulheres de nome Maria e que estariam presentes no momento de crucificação de Jesus.

Outra lenda diz que ela seria serva e parteira auxiliar de Maria, e por isso também é considerada protetora das parturientes, e que teria, inclusive, ajudado a trazer Jesus ao mundo, e por isso teria muito estima por ela.

Temos ainda uma versão de que Sara Kali seria serva de Maria Madalena. A principal cidade de sua veneração, como citado acima, é a cidade de Saintes-Marie-de-La-Mer, no sul da França, aonde teria chegado junto Maria

Jacobina, irmã de Maria, mãe de Jesus, Maria Salomé, mãe os apóstolos Tiago e João, Maria Madalena, Marta, Lázaro e Maximinio. Segundo essa versão, eles teria sido jogados no mar em um barco à deriva sem remos e sem provisões, e Sara Kali teria rezado e prometido que se conseguissem se salvar, ela passaria o resto dos seus dias cuidando dos desvalidos e desamparados. Em seguida chegaram a Saintes-Marie-De-La-Mer onde foram acolhidos por um grupo de cigano, e com o qual Sara Kali realizou algumas obras consideradas milagrosas.

A principal imagem de Santa Sara Kali fica na cripta da Igreja de Saint Michel nessa cidade de sua chegada, e onde ficam seus restos ósseos.

A origem do nome Sara remete ao Antigo Testamento, podendo ser um nome hebraico que indica uma mulher evoluída, muitas vezes traduzido como princesa, ou ainda senhora. Já Kali significa negra na língua índia sânscrito, e temos ainda versões de que seu culto se liga aos rituais das Virgens Negras.

Por mais que as versões dessas lendas possam se contradizer entre si, é fato que o povo cigano segue em sua fé inquebrantável de que sua padroeira e protetora sempre estará ao seu lado em suas diversos momentos de desventura e sofrimento.

Santa Sara Kali com sua figura envolta em mistério estará ao longo dos séculos junto a esse povo tão sofrido, perseguido e humilhado. E mais do que uma simples proteção, a mítica que cerca sua origem é igualmente valor a ser agregado ao fascínio do mistério cigano. Não poderia ser de outra forma, não há como se esperar que a padroeira e protetora de um povo envolto em magia e mistério igualmente não fosse cercada de mistérios míticos e que fazem com a mística de sua presença seja venerada em seus detalhamentos mais fascinantes. E que muitas vezes, se tornam segredo partilhados apenas pelos clãs ciganos em suas reuniões à beira do fogo envoltos em danças e cantorias. Música cigana acirrando a alma em busca de superação e ascese espiritual.

E que a luz de Santa Sara Kali candeeiro de esperança da alma cigana possa sempre nos iluminar em busca de caminhos de elevação espiritual, e onde possamos acolher os desvalidos caídos ao longo do caminho, Por sua ventura e amor sempre a teremos como protetora em nossas intempéries que a vida se nos apresenta.

Por todos os séculos dos séculos.

Considerações Complementares

Traz para o presente o amor em algum momento vivido...
Intensamente vivido...
ISABELLA LEÃO

Chegamos! Aonde chegamos?! Nas montanhas e vales em que os clãs ciganos transitam, e pelo imaginário em que suas tradições e magias se fundamentam. Esse conjunto de sabedorias ciganas foi exibido como sendo uma pequena mostra do que existe oculto na sabedoria milenar da etnia cigana. E coisas fascinantes como a música e a dança foram pontuadas para que a origem de sua grandiosidade fosse conhecida por muitos apreciadores que desconheciam essa origem.

Transitamos pelos rituais sagrados do universo cigano. Mostramos em detalhamentos algumas de suas sabedorias, e que, certamente, e serão agora, sabedorias que farão parte da vida de tanta diferente gente.

Este capítulo traz em si o peso de uma responsabilidade muito grande e crivada de ansiedade por sua repercussão, afinal, estamos lançando ao conhecimento das pessoas em geral, sabedorias que eram transmitidas apenas nas reuniões dos clãs ciganos e sempre de forma oral.

Chegamos!

CAPÍTULO 3

Omoluwabi Alakoso, teu caráter proferirá sentença a teu favor! Valores pessoais e felicidade na sociedade Iorubá

Ronilda Iyakemi Ribeiro

Síkírù Sàlámì (King)

Dando início à nossa reflexão sobre valores pessoais na busca da felicidade esclarecemos que a abordagem de ética aqui adotada se baseia em princípios universais mais do que religiosos. Utilizamos como principais fontes de referência o *Corpus Literário de Ifá*, Livro da Sabedoria dos iorubás (África Ocidental), a obra de Dalai Lama, especialmente o conjunto de reflexões por ele desenvolvidas em *Uma ética para o novo milênio* (2000) e as reflexões de Comte-Sponville (1996) registradas no *Pequeno Tratado das Grandes Virtudes*.

Dalai Lama lembra que apesar de toda a diversidade própria do grupo humano, temos em comum o fato de compartilharmos o mesmo impulso de esquiva ou fuga dos sofrimentos e idêntica aspiração por uma vida feliz.

Reconhecemos nas sociedades ocidentais uma característica que Cristopher Lasch aborda brilhantemente em *A cultura do narcisismo: a vida americana numa era de esperanças em declínio* (Lasch, 1983). Segundo esse autor, nessas sociedades o individualismo é muito incentivado, o que determina o privilégio de tudo o que é de caráter individual sobre qualquer aspecto coletivo. Nas sociedades industriais modernas, nas quais se desenvolve a *cultura do narcisismo*, a vida é organizada de modo a possibilitar o máximo de autonomia individual e um mínimo de dependência mútua. Cada qual busca ser o mais independente possível e seus esforços e conquistas nesse sentido são aplaudidos pelos demais, por corresponderem às expectativas de grupo.

O desenvolvimento da tecnologia favoreceu a noção de que toda necessidade individual pode ser suprida por máquinas e o desenvolvimento da teleinformática fortaleceu a crença na possibilidade de superarmos a solidão e lidarmos com as angústias existenciais por meio de relações virtuais estabelecidas no ciberespaço. Esses progressos reforçaram a ilusão de não dependermos uns dos outros. Como diz Dalai Lama, cada um de nós é levado a supor o seguinte: bem, se os outros não são importantes para a minha felicidade, a felicidade deles também não é importante para mim. O enfraquecimento da noção de comunidade e de pertença grupal, próprio da cultura do narcisismo, conduz ao estremecimento ou mesmo à perda de laços afetivos e, nessa conjuntura, é reforçada a tendência à inveja e à competitividade.

O que sugere o Dalai Lama como caminho de cura dessa "moléstia" cuja etiologia é a impossibilidade de perceber a si mesmo como membro de um organismo coletivo? Propõe uma revolução espiritual. Vejam bem: revolução espiritual e não religiosa. Tal revolução demanda reorientação radical do modo de perceber. Cada um de nós deve responder ao desafio de desenvolver um novo olhar, olhar que possibilite perceber de modo novo a si próprio, aos demais e às relações estabelecidas. O olhar terá que ser redirecionado: o excesso de cuidados para consigo deverá ceder lugar à preocupação com a ampla comunidade de seres aos quais estamos conectados. Quando o olhar se volta para o bem-estar dos outros – e isso não se restringe à dimensão do humano – torna-se possível reconhecer os interesses e necessidades das outras pessoas e da natureza. Dalai Lama sugere que se utilize como recurso o cultivo de um estado de espírito sadio, caracterizado pela intenção de tornar-se útil, o mais possível, para os outros. A ética proposta por esse mestre se resume, praticamente, na tarefa de cultivar nova forma de perceber, realizando esforços contínuos para não retroceder, sempre atento e sempre disponível para as autoavaliações.

Estas recomendações de ordem geral, úteis a qualquer pessoa, mostram-se particularmente importantes para aqueles que exercem funções de liderança. Gestores, administradores, gerentes e demais lideranças são atores sociais responsáveis pelo desenvolvimento de outras pessoas, sendo por isso, confrontados diariamente com grandes desafios. Cada um de nós já teve inúmeras oportunidades de observar uma lacuna – e às vezes, mais que uma lacuna, um abismo – entre fatos objetivos e o modo como tais fatos são percebidos. Como *cada um vê o por de sol da janela de sua casa*, conforme diz o provérbio africano, em cada situação haverá tantas maneiras de perceber os fatos quantas forem as pessoas que estiverem compartilhando tempo e espaço.

Nossa compreensão dos fenômenos, ou seja, o modo como percebemos o entorno, é decisivo em nossas ações porque os comportamentos sempre decorrem do modo pelo qual lemos a realidade. Todos já tivemos oportunidade de observar isso em nossa convivência com outras pessoas: muitas discórdias, mal-entendidos e conflitos decorrem exatamente do fato de haver distintas leituras possíveis de uma única situação. Impasses são muitas vezes equacionados, e a seguir superados, se as partes envolvidas se dispõem a dialogar, o que nem sempre ocorre. O afastamento entre pessoas, produzido pelas distintas possibilidades de leitura de dada situação é, frequentemente, causa de infelicidade. Ou não?

Há pessoas que buscam alcançar o máximo de eficiência e satisfação no trabalho, que almejam melhorar a qualidade de suas relações nos diversos âmbitos da vida pessoal e profissional e pretendem explorar ao máximo o próprio potencial para conferir maior qualidade à sua ação em todos os setores da vida. Pois bem. É recomendável que ao estabelecermos tais metas para nós mesmos, permaneçamos atentos a nosso modo de perceber o entorno, ousemos questionar nossa percepção e ousemos, além disso, nos exercitarmos a olhar cada fenômeno sob distintas óticas.

Estamos nos propondo a refletir sobre os valores pessoais como chaves para o sucesso e para a conquista da felicidade. Perguntamos: é possível realizar uma correção de ótica que amplie nossas chances de alcançar um melhor estado de espírito e uma condição de vida mais feliz? O que se observa é que a leitura de realidade cultivada na cultura do narcisismo, própria da sociedade industrial moderna, dificulta o reconhecimento de pertença do humano à Natureza e à Humanidade, e conduz a atitudes e condutas individualistas. É desejável que se modele outra leitura da realidade para reconhecermos a interdependência decorrente do fato de integrarmos uma imensa rede de relações. Essa ótica favorece a adoção de atitudes e condutas solidárias. Não há quem possa questionar o fato de haver no Universo mútua dependência entre as partes, e destas em relação ao todo: os fenômenos são interdependentes.

Esse modo de perceber não é estranho à concepção negro-africana de universo e de pessoa. Pelo contrário. É exatamente assim que o universo é concebido nas sociedades tradicionais africanas. Como diz Erny (1968, p. 21), o universo africano é como uma imensa teia de aranha, da qual *não se pode tocar o menor elemento sem fazer vibrar o conjunto. Tudo ligado a tudo. Cada parte, solidária com o todo, contribui para formar uma unidade.* Uma vez adotado esse ponto de vista, torna-se impossível permanecer indiferente frente às questões ecológicas e ao bem-estar alheio. A árvore abatida desnecessariamente, como tantos outros atos de crueldade contra os mundos mineral, vegetal ou animal passam a ser reconhecidos como gestos de agressão contra si mesmo.

Na tradição oral africana encontramos um sem-número de poemas e provérbios que expressam essa concepção. Elegemos para apresentar aqui, uma das mais belas e sucintas expressões literárias da Tradição Oral Africana. Trata-se do mito cosmogônico da tradição bambara do Komo, uma das grandes escolas de iniciação do Mande, no Mali. Esse mito narra que o ser Supremo, denominado *Maa Ngala* nesse grupo étnico, tendo sentido falta de um interlocutor, tratou de criá-lo. Ouçamos a narração bambara da Gênese Primordial:

Não havia nada, senão um Ser.
Este Ser era um vazio vivo
a incubar potencialmente
todas as existências possíveis.
O Tempo Infinito era a morada do Ser-Um.
O Ser-Um chamou a si mesmo Maa-Ngala.
Então, ele criou 'Fan,
um ovo maravilhoso com nove divisões
no qual introduziu
os nove estados fundamentais da existência.
Quando o Ovo Primordial chocou
dele nasceram vinte seres fabulosos
que constituíram a totalidade do universo,
a soma total das formas existentes
de conhecimento possível.
Mas, ai!
Nenhuma dessas vinte primeiras criaturas se revelou apta a ser o interlocutor que Maa-Ngala havia desejado para si.
Então, tomando uma parcela de cada uma das vinte criaturas misturou-as.
E insuflando na mistura uma centelha de seu hálito ígneo, criou um novo ser – o Homem – a quem deu parte de seu próprio nome: Maa.
Assim, o novo ser, por seu nome, e pela centelha divina nele introduzida, continha algo do próprio Maa-Ngala.

Maa, simbiose de todas as coisas, recebeu algo que cada uma de suas partes, agora em interação, não havia recebido antes: o sopro divino. Essa origem estabelece um vínculo profundo do homem com cada ser, com cada coisa existente no plano material e ainda, com os seres do plano cósmico. A tudo e a cada coisa o homem se relaciona numa grande *rede de participação*, diz o tradicionalista africano Hampate Bâ (1982, p.184).

Ao constatarmos que tudo o que percebemos e experimentamos integra um único organismo, a perspectiva por nós adotada se modifica. A constatação de que o universo, esse organismo vivo, somente sobreviverá se houver cooperação equilibrada entre as partes que o compõem, conduz necessariamente a atitudes e condutas responsáveis e solidárias.

Essa narrativa mítica dos bambara mostra que o bem-estar pessoal de cada um de nós está profundamente relacionado ao bem-estar dos demais e ao equilíbrio do ambiente em que vivemos. Sendo o universo uma imensa teia de relações e mútuas correspondências, a ressonância que cada idéia, palavra ou ação produz nessa teia acarreta consequências para a pessoa que, por meio dessa ideia, palavra ou ação, dinamiza forças e desencadeia movimentos, cujas decorrências serão experimentadas por ela mesma e pelas demais pessoas. Tal concepção de realidade é proveitosa porque favorece a atrofia da tendência a supervalorizar aspectos das experiências cotidianas que, de fato, são de relativa importância.

Todo sofrimento tem suas causas e enquanto algumas ações conduzem ao sofrimento, outras levam à felicidade. Nas sociedades de consumo, cuja lógica é o lucro, busca-se a satisfação em fatores externos, como se toda condição de felicidade pudesse ser comprada em supermercados e *shopping centers*. Não vamos incorrer no erro de negar a importância dos fatores externos na promoção da felicidade. Isto seria uma estupidez, como seria estupidez acreditar que a felicidade possa advir exclusivamente de fatores externos. A felicidade só se torna possível por meio do cultivo de um sentimento fundamental de bem-estar em nossa interioridade, um sentimento de paz interior inabalável diante de dificuldades e de circunstâncias aparentemente desfavoráveis.

Se a paz interior é condição indispensável para a felicidade, como obtê-la? Uma coisa é certa: nenhum fator externo poderá produzi-la, pois, seu desenvolvimento demanda cultivo, exatamente como demanda cultivo um belo e perfumado jardim. O cultivo exige dedicação e disciplina e implica em dois movimentos – evitar fatores desfavoráveis e buscar fatores favoráveis. Essa tarefa deverá ser continuamente realizada. Porém, se o que se quer é um estado duradouro de felicidade, tratemos de arregaçar as mangas e por mãos à obra.

Ainda utilizando a metáfora do belo e perfumado jardim que desejamos possuir para nele passear e dele usufruir, lembremos que a tarefa de construção da paz interior depende, como qualquer outra tarefa, de um processo que inicia pelo diagnóstico – identificação de causas e condições – e prossegue com um planejamento estratégico para atingir metas estabelecidas com precisão. Porque, afinal de contas, podemos ser líderes de nosso caminho de vida! Sem perder de vista o fato de que nem sempre é possível alterar as condições situacionais, como desejaríamos, mas sempre é possível mudar nossa atitude.

Podemos realizar mudanças em nosso estado mental e emocional por meio de esforço deliberado. Podemos optar pela realização de atos éticos prioritariamente voltados para o bem coletivo do que para interesses individuais. Podemos optar pela recusa de agir de modo antiético, entendendo por antiético todo ato que negligencie as outras pessoas e a natureza.

Adotar uma postura ética implica em evitar pensamentos e emoções negativos e cultivar qualidades positivas, entendendo por qualidades positivas as qualidades humanas e espirituais básicas. Atingindo esse ponto, agora no domínio da Ética, abordemos a questão das virtudes fundamentados em conhecimentos próprios de distintas fontes de sabedoria, particularmente, do *Corpus Literário de Ifá*, livro da sabedoria iorubá, dos ensinamentos do Dalai Lama e das reflexões de Comte-Sponville (1996).

Dalai Lama distingue entre atos éticos e atos espirituais. Considera éticos os atos realizados com a intenção de não prejudicar a experiência nem a expectativa de felicidade dos demais e espirituais, os realizados para favorecer o bem-estar de outras pessoas e promover felicidade em suas vidas. Ou seja, se me preocupo com a felicidade de alguém, a ética me orienta a proceder de modo a não prejudicar essa pessoa e a espiritualidade me orienta a proceder de modo a lhe proporcionar felicidade.

Entretanto, temos que contar com um fator adverso: há funções psíquicas que interferem continuamente em nossas ações e a percepção é uma delas. Pode ocorrer que a capacidade perceptual de uma pessoa não lhe permita reconhecer com nitidez o que ocorre no entorno; pode ocorrer que alguém seja incapaz de estabelecer uma comunicação eficiente; pode haver dificuldade para avaliar o possível impacto das próprias ações sobre os demais; pode ocorrer, ainda, que alguém não tenha discernimento para distinguir o correto do incorreto, o que acarretará dificuldades, ou mesmo impossibilidade, de avaliar as consequências dos próprios atos. Considerando esses possíveis impedimentos de ordem psicológica, perguntamos: o que é preciso fazer, então? É preciso aperfeiçoar a própria capacidade de discernir, o que somente é possível por meio do desenvolvimento da empatia, ou seja, da sensibilidade para o sofrimento alheio.

A capacidade inata para a empatia, se bem trabalhada, pode transformar-se em capacidade de amar e de sentir compaixão. A conduta ética consiste em não fazer mal às pessoas e para isso é preciso levar em consideração os sentimentos alheios. Como no cultivo de um jardim, será preciso precaver-se das adversidades e zelar, atenta e amorosamente, para que as sementes entregues à terra, possam crescer até o desabrochar das flores. No cultivo da empatia, com vistas ao desenvolvimento da compaixão, a prática da ética se desenvolve, melhorando a qualidade de vida dos envolvidos no processo e buscando promover felicidade a todos.

Aprimorar a própria capacidade empática demanda coragem. Por quê? Porque experimentar compaixão implica em sentir a dor alheia. À compaixão todas as grandes tradições religiosas do mundo atribuem função primordial. Ela é fonte e produto de paciência, tolerância, capacidade de perdoar e todas as demais virtudes. Ainda que não consideremos qualquer perspectiva espiritual, a compaixão e o amor são fundamentais para todos.

Ao nos referirmos às virtudes e seu cultivo, estamos tratando de questões relativas ao temperamento, caráter e personalidade das pessoas, pois a prática das virtudes é intimamente relacionada ao caráter de quem as exercita. É interessante refletirmos sobre esse tema utilizando a ótica negro-africana uma vez que, conforme já assinalado, a concepção de universo e de pessoa adotada pelos povos africanos supõe a inter-relação e a interdependência das partes, e de cada parte com o todo.

Para esta reflexão recorremos a ensinamentos da Tradição Iorubá. Impossível tratar de qualquer tema a partir dessa ótica, sem recorrer ao *Odu Corpus*, ou *Corpus* Literário de Ifá, o grande livro vivo da sabedoria iorubá. Vivo por se tratar de um "compêndio" de informações transmitidas oralmente ao longo das gerações e por ser um sistema aberto, continuamente enriquecido pela adição de narrativas de eventos cotidianos. Nesse *corpus* da tradição iorubá estão contidos os princípios da educação e da saúde em seus aspectos preventivos e terapêuticos. Nele estão também, zelosamente guardados, ensinamentos relativos às normas de conduta, ou seja, os princípios ético-morais que regem atitudes e comportamentos.

No *Corpus Literário de Ifá* cada um dos 256 volumes distintos denominados Odus inclui numerosos capítulos chamados *ese* que, de forma predominantemente poética, guardam conhecimentos de história, geografia, religião, música e filosofia, entre outros, além de registrar as normas de conduta social. Breves ou longos, pois variam de tamanho – de três ou quatro linhas a conjuntos de até seiscentas linhas –, os Odus são compostos de narrativas de acontecimentos míticos e históricos denominadas *itan*. Parâmetros éticos e morais e normas relativas aos valores e virtudes encontram-se nos *ese* que, em sua maioria, são apresentados metaforicamente.

Os Odus, composições literárias de caráter divinatório, são também enunciados orais relativos a uma ou a diversas temáticas, todas passíveis de desdobramentos, de modo a abranger vasto campo de conhecimentos e de práticas sociais. Trata-se, pois, de uma instância sacralizada de extrema importância, por instituir-se como fonte, extremamente sintética, de um corpo vital e organizado de conhecimentos esotéricos e exotéricos.

O código ético-moral iorubá

Os iorubás entendem o bem como neutralização do mal e na dinâmica estabelecida entre ambos, cumprem papel fundamental a vontade e a responsabilidade pessoais. Ou seja, o exercício do livre-arbítrio é considerado indispensável para a consecução dos objetivos existenciais. O indivíduo escolhe abraçar a prática do mal ou trabalhar a favor de sua neutralização e realiza essa escolha a partir de determinações de seu Ori e de seu Iwá.

Para melhor compreensão da dinâmica Bem-Mal, convém tratar das relações entre Orunmilá, também chamado Ifá[1], Exu, Ori e Iwá. Para isso é preciso relembrar as noções iorubás de natureza e destino humanos, as principais características dos orixás Ifá-Orunmilá e Exu e retomar os conceitos de Ori e Iwá.

[1] A palavra Ifá designa simultaneamente o orixá Orunmilá e o recurso divinatório utilizado pelos babalaôs, sacerdotes dessa divindade.

Natureza e destino humanos: as relações entre Ifá-Orunmilá e Ori

A noção iorubá de pessoa supõe a associação de componentes materiais e visíveis a outros, imateriais, invisíveis: *ara*, corpo físico, casa ou templo dos demais componentes; *ojiji*, *fantasma* humano, sombra, representação visível da essência espiritual, que acompanha o homem durante toda sua vida e perece junto com *ara*; *okan*, literalmente *coração físico*, intimamente conectado ao sangue, que representa o *okan* imaterial, sede da inteligência, do pensamento e da ação; *emi*, princípio vital associado à respiração, *sopro divino*, que retorna à sua origem por ocasião da morte; *Ori*, essência real do ser, guia da pessoa desde antes de seu nascimento, durante toda a vida e após a morte. O sentido literal de *ori* é *cabeça física* e esta, simboliza a *cabeça interior – ori inu*. O *Ori*, entidade parcialmente independente, considerado uma divindade em si próprio, é cultuado entre outras divindades, recebendo oferendas e orações. Quando *Ori inu* está bem, todo o ser do homem se encontra em boas condições.

Segundo o mito, quando um homem atravessa o portal que conduz de *orun* a *aiye*, do mundo espiritual ao material, ali encontra *onibode orun*, o porteiro do céu[2], que lhe pede para declarar o próprio destino. Este é então selado e, embora a lembrança desse encontro se apague na memória humana, ela é retida integralmente por *Ori* que, baseado nessa memória, guia os passos da pessoa na terra. A única testemunha do encontro entre *Ori* e *Onibode orun* é Orunmilá, divindade da sabedoria, conhecedora de todos os destinos, que procura ajudar os homens a trilhar seus verdadeiros caminhos. Orunmilá é *eleri-ipin*, *testemunha* (ou *defensor*) *do destino humano*, conhecedor do *ipin ori – destino do Ori* e por isso pode sondar passado, presente e futuro para orientar a quem o procura. Nos momentos de crise, a consulta ao oráculo de Ifá possibilita a obtenção de instruções a respeito dos procedimentos desejáveis, sendo considerados bons procedimentos os que não entram em desacordo com os propósitos de Ori, nem com os interesses coletivos.

Ori

É preciso que Ori, divindade pessoal, a mais interessada de todas pelo bem-estar do homem, simpatize com suas intenções e ações para apoiá-lo. Caso não simpatize, nada poderá ser feito em benefício humano por outra divindade, nem mesmo por Eledunmare, o Ser Supremo. Um poema de Ifá, registrado por Abimbola (1976), diz:

[2] Os autores chamam a atenção do leitor ao fato da palavra *céu*, no contexto iorubá, possuir significado bastante distinto daquele adotado por essa palavra no contexto judaico-cristão.

Somente Ori
pode seguir seu devoto a qualquer parte
sem retornar.
Se tenho dinheiro,
renderei graças a meu Ori.
Se tenho crianças na terra,
é a meu Ori que devo render graças.
Por todas as boas coisas que tenho na terra
Devo render graças a meu Ori.
Ori, eu o saúdo!
Nenhuma divindade abençoa um homem
sem o consentimento de seu Ori.
Ori, eu o saúdo.
Verdadeiramente, revelarei a meu Ori
todos os desejos de meu coração.
O Ori de um homem é seu simpatizante.
Meu Ori, salva-me!
Você é meu simpatizante!

Um destino pode ser afetado de modo benfazejo ou adverso por forças exteriores, como por exemplo a ação de pessoas ou de seres naturais. Simultaneamente, todo destino é afetado por Iwá, temperamento, caráter e personalidade da própria pessoa, determinantes de atitudes e comportamentos. Um bom destino deve ser sustentado por um bom caráter e este também poderia ser entendido como uma divindade que, se bem cultuada, oferece proteção. Assim, um destino pode ser arruinado pelo temperamento, caráter e personalidade, manifestos em atitudes e comportamentos da pessoa. A dinâmica das relações entre Ori e Iwá sofre influência de outro dinamismo de forças, entre as quais as de Exu e Orunmilá. Para melhor compreensão dessa dinâmica complexa, recordemos algumas das principais características desses orixás e a relação estabelecida entre ambos.

Ifá-Orunmilá

'Narra o mito que Ifá-Orunmilá, em companhia de outras divindades primordiais, veio para a terra participar do processo de criação. Teria descido em Ifé, considerada ponto de origem da espécie humana. Tendo recebido de Eledunmare o privilégio de conhecer a origem de todos os orixás, de toda a humanidade e de todas as coisas, tornou-se responsável pela tarefa de guiar os destinos. Muitas narrativas do *Corpus* Literário de Ifá fazem referência ao fato de Orunmilá ter Exu como seu maior amigo.

Exu

Exu é personagem controversa, talvez a mais controversa de todas as divindades do panteão iorubá. As muitas faces de sua natureza acham-se apresentadas nos odus e em outras formas da narrativa oral iorubá: sua competência como estrategista, sua inclinação para o lúdico, sua fidelidade à palavra e à verdade, seu bom senso e ponderação, que propiciam sensatez e discernimento para julgar com justiça e sabedoria, sua disciplina e organização, sua extrema paciência. Tais qualidades o tornam interessante e atraente para algumas pessoas e indesejável para outras. Sendo disciplinador, exigente de ordem e organização, Exu, o inspetor dos rituais, julga e, ao manifestar a verdade, nem sempre agradável de ser ouvida, pode ser considerado um inimigo.

Abrimos parênteses para tecer breves considerações sobre o fato de Exu haver sido indevidamente sincretizado com o Demônio das tradições cristã e muçulmana em alguns países da diáspora africana, entre os quais o Brasil. Cabe enfatizar que tal sincretismo ocorreu ainda na África, ou seja, antes de seu culto ser transportado para as Américas e Caribe.

Exu, Orunmilá e o código ético-moral dos iorubás

Os iorubás incluem *suru*, a paciência, entre as virtudes cardeais e a consideram o princípio de todo bem-estar. Há expressões disso em muitos odus. O *Odu Ogbe-Ogunda*, apresentado a seguir, narrado pelo Babalawo Fabunmi Sowunmi e registrado por Sikiru Salami[3] evidencia a importância do cultivo da paciência e a forte amizade que une Exu a Orunmilá.

Odu Ogbe-Ogunda[4]

Gbengbeleku adivinhou onde quis foi quem realizou a consulta oracular para Igun, primogênito de Eledunmare, no dia em que ele adoeceu e a preocupação de seu pai era curá-lo. Igun, primogênito de Eledunmare, que é Agotun, *aquele*

3 SÀLÁMÌ, S., 1999a.

4 Observamos que no contexto divinatório as narrativas sempre trazem uma mensagem em resposta à necessidade do consulente, repetindo-se, em muitas delas, a seguinte estrutura: (1) nome do babalaô, geralmente sob forma de uma sentença; (2) nome do consulente; (3) descrição da situação vivida pelo consulente; (4) apresentação do conselho; (5) referência ao fato de haverem sido acatadas, ou não, as recomendações oraculares; (6) descrição das consequências decorrentes de haverem sido, ou não, acatadas as recomendações e

que faz da chuva uma fonte de riqueza. Eledunmare fez pelo filho tudo o que pôde, sem sucesso. Cansado, abriu-lhe a porta do *aiye* para que ele fosse morar lá.

Enquanto isso, *Toto Ibara* adivinhou para Orunmilá quando este lamentava sua falta de sorte na vida. Orunmilá fora consultar seu adivinho para saber se teria dinheiro para construir um lar e criar seus filhos. Por essa razão foi consultar Ifá. Seu adivinho o aconselhou a fazer um ebó com cinco galinhas. Se fizesse este ebó durante cinco dias, no quinto dia toda a riqueza desejada chegaria às suas mãos.

As galinhas deveriam ser sacrificadas a seu Eledá[5], uma a uma, diariamente, até completar cinco dias. As vísceras de cada galinha sacrificada seriam retiradas, colocadas numa cabaça, cobertas com azeite de dendê e levadas a uma encruzilhada. A carne da galinha poderia ser consumida por ele e sua família. A caminho da encruzilhada onde seria entregue a oferenda, Orunmilá deveria ir cantando em alto e bom tom: *Que a sorte venha a mim! Que a sorte venha a mim!* Esse ritual deveria ser repetido em cada um dos cinco dias.

Orunmilá procedeu de acordo com a orientação e, assim, começou a fazer o ebó. Sacrificava as galinhas e levava suas vísceras cobertas com azeite de dendê para a encruzilhada. Lá chegando, depositava a oferenda no chão e rezava pedindo que a sorte chegasse para ele.

Em frente à encruzilhada onde Orunmilá entregava as oferendas havia um mato e era ali que vivia Igun, filho de Eledunmare. Assim que Orunmilá deixava os ebós e saía dali Igun ia lá e comia a oferenda.

Igun, filho de Eledunmare, tinha cinco doenças: na cabeça, nos braços, no peito, uma corcunda nas costas e aleijão nos pés. No primeiro dia em que comeu a oferenda de Orunmilá, Igun ficou curado do problema que tinha na cabeça e surpreendeu-se. No dia seguinte, Orunmilá levou novamente seu ebó à encruzilhada, repetindo os mesmos rituais, sem saber que alguém comia sua oferenda. Assim que Orunmilá saiu da encruzilhada Igun foi lá e comeu de novo a oferenda e seus dois braços, que antes não se estendiam, estenderam-se. No terceiro dia Orunmilá continuou o seu processo, levando nova oferenda à encruzilhada. Mal terminara de colocar o ebó Igun foi lá e comeu e seu peito, que era inchado, desinchou assim que ele acabou de comer. No quarto dia Orunmilá levou seu ebó à encruzilhada, cantando: *Que a sorte venha a mim! Que a sorte venha a mim!* Mal terminara de colocar o ebó na terra, Igun foi lá novamente e o comeu. Assim que acabou de comer, a corcunda que havia em suas costas desapareceu. No quinto dia Orunmilá levou sua oferenda à encruzilhada para completar os rituais. No caminho ia cantando o mesmo refrão dos dias anteriores. Mal terminara de colocar o ebó na terra, Igun

(7) apresentação de um último conselho, válido para todas as ocasiões em que esse Odu se manifeste.

[5] Eledá – Criador, Deus, Ser Supremo; Pré-Existente, essência vital do homem, Ori.

foi lá novamente e o comeu. Na manhã do sexto dia seus dois pés aleijados haviam adquirido vitalidade e ele passou a andar sem dificuldade alguma, caminhando agora por todo canto. E foi assim que Igun se curou de todas as suas moléstias.

Impressionado com esses fatos, Igun se levantou e foi ao *orun* para encontrar-se com Eledunmare, que logo percebeu que o filho estava sadio e lhe perguntou quem o curara. Igun relatou todo o ocorrido a Eledunmare. Disse-lhe que quem entregava as oferendas era Orunmilá e acrescentou que sempre realizava a oferenda entoando o refrão "*Que a sorte venha a mim! Que a sorte venha a mim!*"

Eledunmare disse a Igun que presentearia essa pessoa com riquezas. Pegou então os quatro *ado* (dons, graças) e os deu a Igun para que os levasse a Orunmilá, no *aiye*. Eram os *ado* da prosperidade (riqueza, dinheiro), da fertilidade, da longevidade e da paciência. Igun disse a Eledunmare que não sabia chegar à casa de Orunmilá, mas o pai lhe disse para perguntar às pessoas, que elas lhe indicariam o caminho. Antes de Igun sair do *orun* Eledunmare recomendou que Orunmilá poderia escolher apenas um dos quatro *ado e* Igun deveria trazer de volta os três restantes.

Igun voltou para o *aiye* trazendo os quatro *ado* e ao chegar foi diretamente à casa de Orunmilá para mostrá-los a ele. Orunmilá surpreendeu-se muito. Perplexo, em dúvida quanto à melhor escolha a ser feita, mandou chamar os filhos para lhes pedir conselho sobre qual dos quatro *ado* deveria escolher. Os filhos aconselharam-no a escolher o *ado* da longevidade, para que vivesse muito.

Orunmilá chamou então suas esposas a fim de ouvir o conselho delas e as esposas o aconselharam a escolher o *ado* da fertilidade, para que pudessem ter muitos filhos.

Orunmilá chamou seus irmãos a fim de lhes pedir conselho sobre qual dos quatro *ado* deveria escolher e eles o aconselharam a escolher o *ado* da prosperidade, para que pudessem ter muita riqueza e dinheiro.

Então, Orunmilá mandou chamar seu melhor amigo. Esse melhor amigo era Exu. Quando Exu chegou à sua casa, Orunmilá relatou o ocorrido e lhe pediu conselho quanto à escolha que deveria fazer. Exu, homem hábil, fez as seguintes perguntas a Orunmilá:

– Teus filhos te aconselharam a escolher qual ado?

Orunmilá respondeu:

– O da longevidade.

Exu lhe disse para não escolher esse *ado* porque não há uma única pessoa que tenha vencido a morte e lembrou que, por mais tempo que se viva, um dia se morre. Exu perguntou então:

– E tuas esposas te aconselharam a escolher qual ado?

Orunmilá respondeu:

– O da fertilidade.

Exu lhe disse para não escolher esse *ado* porque Orunmilá já tivera filhos. Perguntou-lhe de novo:

– E teus irmãos? Te aconselharam a escolher qual ado?

Orunmilá respondeu:

– O da prosperidade.

Exu lhe disse para não escolher esse *ado* porque se ficasse rico eliminaria a pobreza da família. E acrescentou que, se seus irmãos quisessem prosperar, deveriam ir trabalhar.

Orunmilá perguntou então a Exu qual dos *ado* deveria escolher. E Exu lhe disse para escolher o *ado* da paciência, porque sua paciência era insuficiente para que ele atingisse os seus objetivos. Caso Orunmilá seguisse de fato esse conselho e escolhesse o *ado* da paciência, todos os dons restantes seriam seus. Orunmilá aceitou a orientação de Exu. Escolheu o *ado* da paciência e devolveu a Igun os três restantes. Nem os filhos, nem as esposas, nem os irmãos de Orunmilá ficaram felizes com sua escolha.

Igun iniciou sua viagem de volta ao *orun*, levando consigo os três *ado* restantes para devolvê-los a Eledunmare. Porém, mal andara um pouco com eles, o *ado* da riqueza lhe perguntou:

– Onde está Paciência?

Igun respondeu que ela ficara na casa de Orunmilá. Riqueza disse a Igun que voltaria para ficar com Paciência porque só fica onde ela está. Igun lhe disse que isso era inaceitável e que Riqueza deveria retornar com ele ao *orun*. Riqueza insistiu que só fica onde há paciência e que, por isso, não tinha porque retornar ao *orun*. Em pouco tempo, desapareceu da mão de Igun e foi juntar-se à Paciência na casa de Orunmilá.

Fertilidade também perguntou a Igun por Paciência. Igun lhe respondeu que ela estava na casa de Orunmilá. Fertilidade lhe disse que só fica onde há paciência. Assim, Fertilidade levantou-se e procurou estar, em pouco tempo, junto com Paciência na casa de Orunmilá.

Longevidade também perguntou a Igun onde estava Paciência. Igun lhe respondeu que ela estava na casa de Orunmilá. Longevidade também foi se juntar a Paciência.

Quando Igun chegou ao *orun* Eledunmare lhe perguntou onde estavam os três *ado* restantes. Igun lhe respondeu que retornara para contar a Eledunmare que todos os *ado* haviam querido ficar junto com Paciência na casa de Orunmilá. E que pretendia retornar ao *aiye* para buscá-los e trazê-los de volta ao *orun*. Eledunmare lhe disse que ele não precisava ir buscar os três *ado*, pois, de fato, todos pertencem a quem escolher Paciência. Quem tiver paciência terá Longevidade e Fertilidade: procriará e viverá bem com o que procriar. E terá também Prosperidade.

Assim, tudo transcorreu bem com Orunmilá e, com essas graças, ele veio a ser rei de Ketu. Procriou e viveu bastante com esses *ado*. Teve tanta riqueza que construiu casas pelo mundo. Feliz por suas conquistas montou em seu cavalo e cantou: *– Recebi o ado da prosperidade, recebi o ado da fertilidade, recebi o ado da* *longevidade, oh, escolhi o ado da paciência.* Dançou e alegrou-se. Louvou seus adivinhos e louvou também a Exu, o seu amigo.

Vemos neste odu a participação fundamental de Exu como conselheiro desinteressado e amigo sensato, fiel, leal e solidário. O principal conselho contido neste odu diz respeito à paciência, a grande virtude dessa divindade. Outras de suas virtudes também se acham representadas: amizade, lealdade, solidariedade, bom senso, discernimento. Pode-se identificar, ainda, outras funções desse orixá: ele aproxima e une pessoas, cura, favorece o encontro (entre Orunmilá e Igun), torna possível o aparentemente impossível (a cura de Igun) e age nas encruzilhadas, apoiando, inclusive, na escolha de caminhos.

Nesta narrativa observa-se que, para quem busca prosperidade e progresso, Exu aconselha o exercício da paciência, pois todo o bem necessário ao homem depende de seu esforço por tornar-se paciente. A articulação entre as duas situações da trama narrativa – uma, referente à trajetória de Igun e outra referente à trajetória de Orunmilá – ocorre na encruzilhada, espaço privilegiado da ação de Exu, lugar de encontro do invisível (*orun*) com o visível (*aiye*), lugar de escolhas e decisões.

Ao ser convidado a escolher apenas um entre quatro dons, Orunmilá pode exercer seu livre-arbítrio e assumir responsabilidade pelo próprio bem-estar e, ao buscar conselho junto aos filhos, esposas, irmãos e amigo, expressa um dos valores principais dos iorubás: a necessidade e a importância do conselho. Os filhos de Orunmilá valorizam a longevidade, que lhes possibilitará usufruir a companhia paterna por mais tempo e, além disso, garantirá maiores chances de conservar o pai na condição de ancestral, após a morte; as esposas valorizam a fertilidade, que lhes proporcionará um número maior de filhos, expressão de seu axé e garantia de suporte familiar; os irmãos valorizam a prosperidade, que poderá tornar suas vidas mais fáceis. O amigo – Exu – o aconselha, desinteressadamente, a valorizar o exercício e o esforço na prática de uma virtude – a paciência – que termina por beneficiar a todos ao possibilitar grandes realizações. Sem esforço e empenho pessoal é impossível prosperar e alcançar sucesso.

Chegando ao *orun* Igun constata que Prosperidade, Fertilidade e Longevidade retornaram para associar-se à Paciência que, de exercício possível a partir de uma tomada de decisão e de uma disciplina autoimposta, traz muitos benefícios.

Tendo considerado alguns aspectos das relações entre Ori e Orunmilá e deste com Exu, vejamos o que significa *Iwá* e *Omoluwabi*.

Iwá e Omoluwabi

Conforme mencionado, *Iwá* é um conceito iorubá que sintetiza o que chamamos de temperamento, caráter e personalidade e que inclui, além disso, atitudes, posturas, condutas, comportamentos, padrões de reação, dado que as atitudes e comportamentos expressam a relação dinâmica das instâncias psíquicas. Tanto é assim que a educação iorubá tem por ideal formar *omoluwabi*, pessoas cujo *Iwá* esteja bem desenvolvido, o que implica, necessariamente, na formação de indivíduos solidários. Pessoas dotadas de *Iwá pele* têm atitudes reverentes, são serenas, responsáveis, pacientes, equilibradas e harmoniosas: demonstram possuir bom caráter e personalidade bem equacionada. Esse tipo de pessoa, chamada *alakoso*, onde quer que esteja, favorece a união, dificulta processos de ruptura e carrega em si múltiplas possibilidades para a realização de feitos relevantes. À sua volta há ocorrências favoráveis e felizes.

Iwa re ni o nse e! Teu caráter proferirá sentença contra ti! Teu comportamento é teu juiz e teu caráter profere sentença a teu favor ou sentença contrária a teus interesses. *Iwá* profere sentença a favor ou contra o praticante da ação. Isto é, cada qual tem poder de escolha e decisão nas encruzilhadas tão numerosas do caminho existencial.

Iwa pele/ iwa rere
Iwa rere ni eso eniyan

O bom comportamento (boa postura e boas atitudes)
é a beleza do ser (beleza interior)

Iwa
ni oba awure

O comportamento (postura, atitude)
é o rei de awure (magia para atrair a sorte).
Quem tem bom Iwá terá sorte

Ou seja, atitudes e comportamentos, expressões da personalidade e do caráter, constituem os principais fatores de atração da fortuna, trazendo a sorte, de maneira aparentemente mágica, para as pessoas dotadas de *iwa pele.*

Por outro lado, pessoas dotadas de *iwa buruku* manifestam atitudes irreverentes, são inquietas, irresponsáveis, impacientes, desequilibradas, pouco harmoniosas e são normalmente consideradas como indivíduos de mau caráter e personalidade perturbada. Esse tipo de pessoa, onde quer que esteja, favorece a ruptura, a desunião e a intriga e onde chega provoca, no mínimo, desconfortos.

Iwa re lo nse e
Bi o ba ya, wa ni won o feran e

Teu comportamento te joga pra lá e pra cá
Depois você reclama que não é amado

Esses ensinamentos enfatizam que, mesmo para ser amado e viver o amor, é preciso adotar atitudes e comportamentos apropriados. Sugerem a necessidade de revisão das próprias posturas e da própria participação nas diversas situações.

Uma boa avaliação das próprias atitudes e comportamentos favorece a percepção da própria responsabilidade pelos sucessos e fracassos, o que poderá contribuir para uma mudança importante, pois não somos meras vítimas de condições existenciais. Pelo contrário. Temos participação ativa em nossos sucessos e fracassos.

Relações entre Ori e *Iwá*

Como cada Ori pode ser *rere* ou *buruku*, sempre se estabelecem dinâmicas resultantes do fato de entrarem em jogo *Ori rere* ou *Ori buruku* com *Iwa pele* ou *Iwa buruku*, em todas as possibilidades combinatórias desses fatores.

Ori Rere designa o bom Ori e *Olori Rere* designa o "dono do bom Ori", "dono do bom comportamento", aquele que se comporta bem. E é desse modo que as pessoas se referem a quem procede corretamente. As pessoas de bom comportamento, boa postura e boas atitudes são pessoas afortunadas, a quem ocorrem fatos e fenômenos excepcionais.

Ori wo ibi rere gbe mi de
Ese wo ibi rere gba mi gba

> *Ori procure um bom lugar pra você me levar.*
> *Me conduza à sorte.*
> *Meus passos (meu comportamento, minha postura, minha atitude) me encaminhem em direção das coisas boas.*

Um *Olori*[6] *buruku* pode ter suas condições atenuadas pelo fato de possuir *Iwá pele*, isto é, uma pessoa "azarada" pode ter boas chances de progresso caso seja dotada de bom caráter e discipline a si mesma no sentido de proceder corretamente. Por outro lado, um *Olori rere*, ou seja, uma pessoa "sortuda" poderá ver-se prejudicada pelo próprio caráter, caso seja dotada de *Iwá buruku*, ou seja, pode estragar as próprias oportunidades de progresso em decorrência de ações incorretas. *Ori rere* é mantido e fortalecido por *Iwá pele*. Assim sendo, *Iwá buruku* compromete negativamente um Ori e afirmam os iorubás que para progredir na vida mais vale uma mudança de postura, de atitudes e de comportamentos do que um bom ritual de bori[7]. O bori pode dinamizar uma energia favorável às mudanças, porém, as mudanças terão efeito breve, caso não haja um compromisso de transformação pessoal e uma disciplina autoimposta, com vistas a promover as necessárias mudanças de atitude e de conduta.

[6] *Olori* é o mesmo que *Oni Ori*, que se traduz por *dono do ori* ou *senhor do ori*. Faz referência àquele que expressa as qualidades do próprio Ori.

[7] Ritual de oferenda propiciatória ao próprio Ori, a divindade pessoal.

Olori rere ti ko lese rere é expressão que se refere a pessoas afortunadas que não adotam postura adequada. Pessoas que são *Olori Rere*, mas não adotam um caminhar igualmente *rere*, terminam por perder a sorte original.

Uma vida sem sentido, sem diretriz nem rumo, carregada de sofrimentos, carente da prática de virtudes, sugere a ausência de *Ori rere*. A uma vida dessa natureza se dá o nome de *itaraka*. Não há como escapar. Mesmo que uma pessoa realize todos os rituais recomendados, se não opera mudanças em *Iwá,* nada nem ninguém poderá trazer prosperidade, fertilidade e longevidade à sua vida.

Do mesmo modo, não há ritual que isente de obedecer às regras do código ético moral estabelecido. Cada qual tem que identificar e reconhecer os erros que comete, buscar formas de não errar e, ainda, buscar recursos para sanar os efeitos de erros já cometidos. Isto porque, como diz o *Odu Idi Meji*, você pode se arrepender de atos cometidos no passado, mas o arrependimento não o isenta de assumir no presente as consequências desses atos.

Caso a pessoa não consiga aprender com os próprios erros, permanecerá estanque no nível que não conseguiu ultrapassar. E onde pode buscar apoio e esclarecimentos? Nas instruções oraculares, pois o oráculo possibilitará (re)conhecer *ipin Ori*, a sina de seu Ori, ou seja, o compromisso por ela assumido antes de chegar ao plano terrestre (aiye). A leitura oracular trará esclarecimentos sobre seu odu de nascimento e sobre os ewó (interdições), recomendando a realização de alguns rituais. A leitura oracular traz a energia de um Odu à terra e quando isso ocorre a pessoa tem oportunidade de rememorar as condições por ela escolhidas para viver, ou seja, seu plano de existência terrena (*ipin Ori*, a sina do Ori).

O conselho dado por Ifá poderá ser compreendido, acatado e seguido. Ou não. Mas isso também correrá por conta de quem busca a orientação, pois sabemos que "o ensinamento se dá de boca perfumada a ouvidos dóceis e limpos". Ou seja, a verdade de um bom conselho deverá ser acolhida em nome do progresso. Certamente, o conselho incluirá recomendações relativas a comportamentos e atitudes que devem ser modificados para favorecer a conquista da prosperidade, da fertilidade e da longevidade.

A eficácia de um conselho depende de alguns fatores. A *boca perfumada* do conselheiro só é perfumada se o seu Ori e o seu Iwá lhe conferem a condição de autoridade no melhor sentido do termo, ou seja, se ele é capaz de granjear a confiança, a crença e a fé de seu interlocutor. Por outro lado, ter "ouvidos dóceis e limpos" supõe que o ouvinte, aquele que escuta o conselho, também tenha Ori e Iwá que favoreçam os atos de ouvir, compreender, acatar e se dispor a realizar o recomendado. Vale considerar que há casos em que é justamente a fraqueza do Ori que leva a pessoa a não aceitar o conselho para poder continuar sofrendo ou para sofrer ainda mais.

Entre os valores iorubás, ocupam lugar da mais relevante importância o conselho e o respeito pela sabedoria daquele que aconselha. É fundamental buscar o conselho, compreender sua linguagem, por vezes cifrada, acatá-lo e seguir as recomendações.

Os iorubás buscam a felicidade no presente. Como a felicidade é ser forte e ser forte é estar dotado de axé, a infelicidade é a privação dessa força vital, que se manifesta como doença, flagelo, fracasso e outras formas de adversidade. Do axé, força vital que pode aumentar ou diminuir até o esgotamento total, dependem a fertilidade, a prosperidade e a longevidade, condições da felicidade.

No Orixá Exu é reconhecido o poder de melhorar o comportamento humano. Embora outros orixás também realizem essa tarefa, Exu é quem, por sua natureza e atributos, reúne melhores condições para trabalhar no sentido de favorecer mudanças pessoais, indispensáveis à prática dos valores e virtudes, visando a conquista do bem-estar humano. Fortalece as pessoas para que possam enfrentar as dificuldades da vida e tornem-se capazes de promover, em si e no entorno, as mudanças necessárias. Todo aquele que se proponha a definir nova rotina ou assumir novas atitudes e comportamentos sabe das dificuldades que enfrenta para dominar hábitos arraigados e para vencer a indolência. Exu apóia aquele que se dispõe a tornar-se mais disciplinado, mais organizado e melhor sob todos os pontos de vista. Apóia, sustenta e fortalece o empenho pessoal daquele que se propõe a adquirir ou desenvolver virtudes que o tornarão mais feliz e mais solidário. Como o ideal iorubá é o de viver forte e feliz no aqui-e-agora, busca-se junto a esse Orixá a necessária cumplicidade para a conquista de uma vida de qualidade.

Observando a questão sob essa ótica constatamos a necessidade imperiosa de ampliação das consciências individuais, de desenvolvimento pessoal, de busca de autoconhecimento e de educação das virtudes. A ampliação da consciência propicia serenidade, confiança, bem-estar, melhor qualidade de vida em todos os seus aspectos. A religião tradicional iorubá compartilha com outras religiões o objetivo de estimular nas pessoas o desejo de serem melhores a cada dia. Melhores em que sentido? Mais solidárias, mais bondosas, mais pacientes, mais tolerantes, mais amáveis, enfim, mais capazes de manifestar a nobreza de seus Oris e mais capazes de participar de um projeto coletivo de vida de boa qualidade.

Após essa apresentação podemos estender as reflexões para o tema da responsabilidade social, tema que vem conquistando a cada dia mais espaço no palco dos debates mais importantes da atualidade e que não pode ser deixado à margem ao tratarmos do tema "valores pessoais e felicidade". Antes, porém, de abordar essa temática, convém tecer considerações sobre algumas virtudes, recorrendo para isso, ao *Corpus* Literário de Ifá, a reflexões do Dalai Lama e a contribuições de Comte-Sponville.

Algumas palavras a respeito de Valores

Entre os principais valores dos iorubás incluem-se a responsabilidade e devoção ante o dever; a honestidade na vida pública e privada; a supremacia do mais velho sobre o mais novo e a importância do grupo de pertença. O respeito devido às pessoas em geral é particularmente dedicado aos mais velhos. Grande importância é atribuída à senioridade, à ancianidade e à ancestralidade. Quem chegou primeiro a este mundo tem maiores direitos. O respeito e a confiança depositados nos mais velhos fundamentam-se na convicção de que a experiência de vida possibilita a aquisição de sabedoria (*ogbon*) e os sábios (*ologbon*) podem orientar a caminhada dos mais novos. Assim, os mais velhos – mesmo que já-idos – são depositários da confiança e do respeito dos mais novos e, quanto a seus conselhos, é recomendável que sejam acolhidos e seguidos.

Relatos biográficos de mulheres iorubás denotam que a morte não destrói os laços familiares, pois, alcançada a condição de ancestral, permanecem os já-idos no seio familiar cuidando dos interesses de seus descendentes. Entre os iorubás a noção de *corrente da vida* torna a imortalidade quase visível e palpável. De modo análogo ao descrito por Lin-Yutang (1963, p.157):

> *Cada avô, ao ver o neto que parte para a escola, sente que está vivendo outra vez na vida do menino... Sua vida é apenas uma parte da vida familiar e da grande corrente da vida, que flui sempre e, portanto, ele é feliz ao morrer.*

Uma das funções do culto aos ancestrais é preservar as relações entre vivos e já idos. Assim sendo, além de estender-se horizontalmente, o sistema de parentesco estende-se também verticalmente, incluindo os falecidos (mortos-viventes) e aqueles que estão por nascer. É forte o senso de pertença histórica e de sagrada obrigação para com os antepassados, bem como o sentimento advindo da percepção contínua do fato de possuir, cada qual, profundas raízes. Vínculos genealógicos servem a propósitos sociais: citando-se a referência genealógica de alguém é possível saber como essa pessoa liga-se a outra(s) em determinado grupo. Baseando-se na convicção de que os já-idos permanecem interessados pelos acontecimentos familiares, aconselhando, admoestando, protegendo, punindo e reivindicando manifestações de carinho e amizade, a eles se oferece comida, bebida e retificação de ofensas.

Grande importância é atribuída ao grupo de pertença: *uma árvore sozinha não compõe uma floresta*. O indivíduo não existe sem grupo e um grupo não existe sem indivíduos. Fora do grupo o sujeito não pode se desenvolver, porém a pertença grupal demanda paciência e tolerância, entre outras virtudes. A necessidade de respeitar para ser acolhido é reconhecida, sendo o respeito, pois, considerado o componente fundamental das relações.

Mas não é apenas o grupo que compartilha o tempo presente que tem seu valor reconhecido. Também é reconhecida a importância do grupo constituído ao longo do suceder de gerações, organismo coletivo constituído dos corpos de muitos, que inclui os já-idos e os que ainda não nasceram. Cada unidade individual desse corpo coletivo é consciente de sua condição de elo de uma longa corrente geracional: o ocorrido a um indivíduo ocorre a seu grupo e o ocorrido ao grupo ocorre ao indivíduo.

Retomando a idéia de que os valores passam a ser virtudes quando manifestos em ações, consideremos, agora, algumas das principais virtudes.

Algumas palavras a respeito de Valores e Virtudes

No âmbito dos grupos familiares da sociedade iorubá a **polidez**, virtude puramente formal, de função disciplinar, é bastante desenvolvida. Por meio de seu cultivo as novas gerações se exercitam na prática do respeito e do reconhecimento do valor das outras pessoas. A polidez se associa à simpatia pessoal. *Oyaya*, que significa simpatia e sociabilidade, é considerada como condição indispensável para a conquista do sucesso. Sorrisos, atitudes polidas, gestos de solidariedade, amabilidade no trato e olhar atento e atraente são expressões próprias de uma pessoa *oloyaya* (dona da simpatia): simpática, envolvente, magnética, carismática, capaz de atrair para si o que há de melhor. Pelo contrário, *igberaga* significa prepotência e arrogância, manifestas em gestos de autopromoção, garantia de derrota individual. O filho nobre e gentil, nascido com bom comportamento, é denominado *omoluwabi* (*omo*, "filho"; *Iwá*, caráter, personalidade, atitude, comportamento; *bi*, "nascido").

A **sensatez** é a virtude que propicia condições para o agir justo, correto e adequado. Há pessoas sensatas, pessoas insensatas e pessoas que apesar de sensatas. nem sempre agem em conformidade com o recomendado pelo bom senso. Como se denomina *abosi* o agir que relega ao segundo plano as determinações do bom senso, o sensato que age insensatamente por lhe parecer conveniente, é chamado *alabosi*.

Da associação entre polidez e sensatez decorre *ohun rere*, a **boa fala**, por meio da qual uma pessoa se dirige a outras de modo coerente, sensato e verdadeiro. Diz a sabedoria popular:

Ohun rere ni nmu obi lapo
Com a palavra correta (palavra sensata)
Pode-se convencer alguém a entregar o próprio obi.

Ou seja, a pessoa oferecerá o que possui de melhor se for tratada com polidez e sensatez. Interessante observar que a sensatez está intimamente relacionada ao compromisso e à responsabilidade, dado que o bom senso necessariamente conduz à ação comprometida e responsável. E não pode haver exercício do compromisso e da responsabilidade na ausência de disciplina. Por essa razão, os julgamentos e os atos sensatos constituem expressões da sensatez que, por sua vez, se fundamenta no exercício disciplinado da vontade.

A **humildade** é relacionada à percepção de limites. *Imo iwa ara eni*, expressão que se refere ao reconhecimento dos próprios limites sugere que tudo o que é possível e desejável de ser atingido está sujeito a limites para além dos quais não se pode avançar. Para o devido reconhecimento dos próprios limites é preciso bom senso, coerência, moderação, temperança e, principalmente, humildade.

O humilde vive sabiamente, segundo o princípio de que a arrogância é sempre injustificável e constitui um bom passo para a derrota nos empreendimentos. Um exemplo disso é encontrado no *Odu Ogunda-Meji*:

O céu é imenso, mas nele não crescem plantas.
O sol não pode substituir a lua.

Essas metáforas ensinam que, por maiores e mais poderosos que sejam os seres, sempre há limites a serem reconhecidos. (Hernández, 2003, p. 21).

Quando se recomenda aos iniciados que se "auto-reiniciem", o que se está aconselhando, entre outras coisas, é que revejam a própria noção de limites. Mesmo porque pode ocorrer, e muitas vezes ocorre, que iniciados suponham que o fato de receberem cuidados dos orixás os torna superpoderosos e capazes de ultrapassar os limites do bom senso. A participação dos orixás na vida humana é absolutamente incompatível com imprudência e ausência de bom senso: "se não souber nadar não se jogue no rio e se não dispuser de proteção para subir no alto de uma palmeira, não suba, porque poderá cair e se machucar". Orixá só protege a quem protege a si mesmo.

A **prudência** integra a ética da responsabilidade, que considera as consequências previsíveis dos atos, pois é preciso responsabilizar-se por intenções e princípios, mas também pelas consequências dos atos. A prudência permite deliberar a respeito do que é bom ou mau para que a ação implique num compromisso de fidelidade para com o futuro.

Sora e!
Tome cuidado! Não se arrisque! Cuide de si mesmo!

A **coragem** é, basicamente, capacidade de superar o medo. Trata-se, pois, de uma característica psicológica transformada em virtude quando colocada a serviço de outros ou de uma causa. A ação corajosa decorre de determinação e disposição para enfrentar situações de risco, uma vez que sem riscos não se progride. Bons resultados quando se busca melhor qualidade de vida só são alcançados depois da ação, e não antes dela[8], e para agir é preciso coragem. Muitas pessoas falham por não arriscar, por não tentar. Algumas falham por não terem coragem de manter a ação já desencadeada, outras falham por não terem coragem de realizar do melhor modo possível tarefas que se propuseram realizar e outras, ainda, falham por não reconhecerem o momento certo de interromperem uma ação quando esta perde o sentido ou se torna inoportuna. Isto aponta para o fato de ser preciso ter coragem para entrar e para sair de certas dinâmicas de relações humanas. Ou seja, coragem

[8] Diz um provérbio brasileiro, sempre mencionado por Waldemar Augusto Angerami, Camón: *Dinheiro vem antes do trabalho somente no Dicionário.*

para romper a inércia que antecede toda ação e para romper o fluxo da ação caso ela se prolongue "por inércia", apesar de haver perdido seu sentido original.

O que faz com que a coragem seja tão respeitada é o fato de que, enquanto virtude, supõe sempre uma forma de desinteresse, de altruísmo ou de generosidade. Vemos em alguns odus que evitar perigos exige tanta coragem quanto o enfrentamento de desafios, pois a mesma tenacidade demandada para o combate pode ser exigida para o recuo ou a fuga. As ações indispensáveis à consecução de certos objetivos devem ser avaliadas em função dos riscos presentes nas situações, o que exige, além da coragem, discernimento e prudência, pois a coragem não deve ser confundida com temeridade, nem com imprudência.

No peito reside a autoconfiança, a confiança que inspiramos nos outros e a confiança que depositamos nos outros. *Aya* significa peito e, também, enfrentamento. *Ilaya* se refere à idéia de coragem e *laya* significa ter coragem, ser corajoso. *Alainiberu* é o destemido, o corajoso. É interessante lembrar que o respeito e o medo integram a dinâmica da coragem e da bravura e que a coragem, para além dos limites, se faz imprudência.

A bravura e a capacidade de enfrentamento promovem segurança. Os corajosos inspiram confiança e conquistam o respeito das outras pessoas. A coragem se contrapõe ao medo. Essa virtude, como todas as demais, é qualidade do Ori e sua morada é o peito, *okan*, local físico do conhecimento e da sabedoria, por caminhos da intuição.

A **justiça**, virtude cujo exercício demanda capacidade para discernir, liderar com sensatez, julgar e agir com imparcialidade, intimamente relacionada à responsabilidade e à honestidade, implica na obrigação de agirmos contra ações injustas. Implica também na necessidade de reconhecer limites de nossa ação. Em certo Odu de Ifá encontramos um verso que diz: *Se o filho do rei nasce dentuço, não pode tomar emprestados os lábios do escravo para cobrir seus dentes.*

A **generosidade**, no dizer de Comte-Sponville (1996), é *a virtude do dom*: não consiste apenas em atribuir a cada um o que lhe compete, mas, indo além, trata de oferecer a cada um mais do que lhe compete, algo que lhe falta. Uma das principais ações antagônicas da generosidade é a crueldade. O homem cruel – *eniyan buruku* – age para provocar o sofrimento dos outros. A generosidade é considerada pelos iorubás como "o grande ebó", pois o ato generoso atrai energias altamente favoráveis para quem o realiza. Aquele que pratica a generosidade de modo amplo, geral e irrestrito poderá ser considerado tolo. No entanto, aqui está um exemplo que sugere haver fundamentos para o dito popular que garante ser o comportamento do sábio idêntico, por vezes, ao do tolo.

A **hospitalidade** é propiciada pela associação entre bondade e generosidade. Seus efeitos beneficiam a quem as exerce e a quem as recebe. Por diversas razões, o maior prejudicado por atos mesquinhos é o próprio miserável. Se considerarmos um nível mais superficial, o mesquinho é prejudicado por seus atos egoístas pelo simples fato de a generosidade atrair simpatias. O generoso é benfeitor dos outros e de si mesmo, pois seus atos atraem o que há de melhor para a sua vida: boas oportunidades, sentimentos solidários e pessoas simpatizantes. Mesmo que uma pessoa não nasça com essas virtudes pode empenhar-se para desenvolvê-las.

Entendido de modo mais profundo, o ato generoso constitui um formidável recurso de bom viver porque atrai bem-estar para quem o pratica. O generoso satisfaz o próprio Ori e beneficia o Ori de outra pessoa. Observemos que a generosidade implica numa luta pessoal contra impulsos egoístas e incrementa a disciplina, dois fatores que contribuem para a conquista da serenidade e da tranquilidade. Competência para estragar e destruir todos nós temos. São poucos, infelizmente, os que têm competência para sanar estragos e restabelecer objetos e funções.

A **generosidade** e a **bondade** são denominadas *ore* e o bondoso, generoso e abundante recebe o nome de *olore* (dono da bondade). A atitude miserável não se manifesta apenas no plano dos bens materiais porque os atos miseráveis, ao provocarem antipatia, produzem um fluxo de energia contrário ao da Criação, pois a natureza anseia por servir. A generosidade, que se expressa através da solidariedade, atrai boas coisas e boas energias. Como diz o provérbio:

A cabaça do benevolente não quebra,
O prato do benevolente não trinca.
Crianças, dinheiro e saúde
Afluem para dentro da casa do benevolente.

A generosidade exige que se renuncie aos próprios privilégios em favor de alguém. As energias benéficas geradas por essa disposição para compartilhar e para servir trazem benesses à vida do generoso e à vida de seus descendentes, de acordo com leis que regem uma espécie de genética espiritual. A verdadeira generosidade não demanda agradecimentos nem anseia por retribuição. Mas é sempre bom agradecer.

A **gratidão** pode ser estimulada por algo recebido – uma *graça*, um *dom* ou um gesto de bondade, o que em iorubá se diz *ore*. O ingrato é chamado *alaimore*. A gratidão é bastante valorizada entre os iorubas, sendo recomendável retribuir porque as expressões de gratidão fortalecem o impulso para o dom – *é preciso restituir para restaurar a força*. Por exemplo, se uma pessoa é frequentemente convidada para compartilhar refeições na casa de um amigo e nunca o convida, essa atitude ofende o Ori dos envolvidos na situação.

O **perdão** é considerado um caminho para a liberdade, na medida em que o ato de perdoar liberta ofensor e ofendido. *Idariji* significa *libertar* e se refere ao ato de libertar o Ori de um mal ou de uma tristeza. Perdoar liberta tanto o Ori do ofensor como o do ofendido. Quando uma pessoa faz mal a outra pode ser castigada pelo Ori daquele que foi ofendido ou prejudicado. O perdão liberta o ofensor. Perdoar é mais do que esquecer uma ocorrência desagradável: é remover toda a culpa do ofensor. *Toro idariji* é o ato de pedir perdão. Pode ocorrer que a mágoa provocada seja tão grande que torne impossível a concessão do perdão. Nesse caso a maior penalidade para o ofensor, o seu grande castigo, são os efeitos do ódio do ofendido, sendo esses efeitos tão mais vigorosos quanto mais forte o Ori do prejudicado, como sugerem as expressões a seguir:

Ori mi a mu e
Meu Ori vai te pegar (te castigar)

Quando um bondoso feiticeiro fica descontente
não pode ser responsabilizado pelo mal que acontece
a quem o provoca
Porque em sua linhagem não é costume
Utilizar conhecimentos para prejudicar alguém.
Quando ele fica descontente sua magia briga por ele.

Independentemente das decisões que uma pessoa tome a nível consciente, seu Ori agirá penalizando ou beneficiando aqueles que lhe causaram prejuízos ou benefícios. A ação do Ori pode, inclusive, contrariar o desejo consciente de alguém, ou seja, a pessoa poderá se dispor a perdoar, enquanto seu Ori opta por castigar. É importante lembrar que o Ori de uma pessoa é onisciente e sabe quando alguém age em seu prejuízo, mesmo quando as ações são sorrateiras. Ori conhece o fato e age em defesa da pessoa.

A **compaixão**, virtude presente nos diversos contextos religiosos, decorre do sentimento que possibilita *sofrer com* e *experimentar simpatia por alguém*. Ou seja, possibilita sentir em sintonia com o outro e compartilhar seus sentimentos. A compaixão opera para além da justiça.

A **paciência**, *suru*, incluída pelos iorubás entre as virtudes cardeais, é considerada o principal fundamento de todo bem-estar. Ser paciente implica em exercer domínio sobre o tempo e controlar movimentos, sempre realizados num *continuum* temporal. Ser paciente exige, pois, um relacionamento pacífico e harmonioso com *Igba*, o tempo, e com *Olojo*, o Senhor do Dia, Senhor do Tempo. Certamente a paciência é intimamente relacionada à serenidade e à sensatez, à ordem, disciplina e organização e é por isso que Exu, Orixá regente dessas qualidades, recomenda treino constante da paciência e apoia seus devotos na conquista dessa virtude.

Consideremos agora o binômio *igbagbo* (confiança, fé, crença) e *iteriba* (respeito, humildade). *Igbagbo* significa crença, fé, convicção absoluta e inabalável. O ato de confiar, crer, acreditar, depende de qualidades individuais que algumas pessoas possuem e outras, não. *Agbara* significa força e poder físicos e *alagbara* designa o homem dotado dessa força; *ogbon* é a inteligência que se faz acompanhar de discernimento e sabedoria; *oye* é a percepção acurada; e *oran* é a capacidade para compreender. Esse conjunto de qualidades individuais favorece a possibilidade de confiar. Convém observar que não estamos nos referindo apenas ao ato de raciocinar, e sim à possibilidade de refletir, discernir e atentar ao sentido da existência. O senso comum nos leva a supor que, quanto mais tosca e precária seja a capacidade de refletir e discernir, mais razões reúne uma pessoa para recorrer e confiar-se à interferência divina em sua vida. Mas não é isso que afirmam os iorubás. Pelo contrário: afirmam que confiar, crer e ter fé são possibilidades humanas, verdadeiras capacidades construídas através do desenvolvimento da consciência individual, o que implica certamente em poder reconhecer limites e responsabilidades.

Assim sendo, para os iorubás *igbagbo*, a convicção absoluta, depende de um movimento em dupla mão, ou seja, é preciso haver, de um lado, alguém capaz de acreditar e confiar e, de outro lado, algo ou alguém confiável. A crença ou confiança é condicionada, pois, à ação confirmativa da outra parte, que deve demonstrar ser de fato confiável, e demonstrar isso por meio de efeitos claramente identificáveis no cotidiano da existência. A fé não é, pois, abstrata, e se espera que seja concretizada, confirmada pelas "graças" ou "dons" que possa propiciar.

Igbekele é depender, entregar-se confiantemente. Os bens materiais e não-materiais – casa, carro, poder – também são *igbekele*, coisas nas quais confio. *Igbekele* é todo e qualquer recurso material ou não-material que dá suporte à crença e possibilita atingir objetivos. Por exemplo, se uma pessoa que não dispõe de carro chega à escola conduzida por alguém, essa condução foi o seu *igbekele*, o elemento do qual dependeu para realizar a ação.

Igbojule (*igbe*, aquele; *oju*, olhos; *le*, por cima) significa aquilo ou aquele sobre o que se põe os olhos, aquilo que se imagina, se deposita fé e confiança: é aquilo ou aquele de que(m) se depende. Possui sentido análogo ao de *igbekele*. *Igbokanle* (*igbe*, aquele; *kan*, mente; *le*, por cima) é algo sobre o qual se deposita a mente, a imaginação. Em outras palavras, aquilo em que se deposita fé e confiança.

O que dizer sobre **fidelidade** e **lealdade**? *Ododo* é a fidelidade, *olododo* é o fiel, o leal (o dono da fidelidade) e *odale* é o traiçoeiro. Como assinala Comte-Sponville, a fidelidade não é um valor entre outros, uma virtude entre outras: *a fidelidade é aquilo porque e para que há valores e virtudes* (1996, p. 25). Só há justiça porque há justos fiéis e só há paz porque há pacíficos fiéis. Fidelidade e lealdade são ingredientes básicos da amizade.

Ser fiel é imprescindível. E nas sociedades de tradição oral se enfatiza a fidelidade à verdade, uma vez que o importante cultivo do passado e da ancestralidade demanda fidelidade ao que é pronunciado. A palavra é tão fortemente associada à identidade e ao caráter das pessoas que ser infiel ao que se enuncia pode comprometer a sobrevivência do indivíduo, do grupo e da história coletiva.

Oto é a palavra iorubá que significa "verdade". *Olooto* é todo aquele que fala a verdade, é sincero, age de modo verdadeiro. *Otito* significa fidelidade e *olotito* significa fiel, confiável por ser fiel, previsível nos tratos e nos contratos, digno de confiança. Vemos, pois, que a fidelidade está estreitamente relacionada à verdade, à confiança que se possa depositar em pessoas, cujas demonstrações de responsabilidade social e espiritual não deixam margem a dúvidas e incertezas. A sinceridade está relacionada à honestidade.

Mentira em iorubá é *iro* e *alaini otito* é pessoa falsa, desprovida de verdade, desleal, infiel, não confiável. *Opuro* é o mentiroso. O juramento, *ibura*, é realizado quando a pessoa se propõe até mesmo a perder a vida ou algo que lhe é vital para assegurar a veracidade do que verbaliza. O juramento é uma forma de dar peso à própria palavra, particularmente em momentos de tomada de decisão importante. Por exemplo, uma pessoa pode jurar estar falando a verdade em nome de Ogum e demonstrar sua disposição de morrer ou perder algo que lhe é vital, mordendo uma chave ou um pedaço de metal e pedindo a Ogum que a destrua (em acidente envolvendo metais) caso esteja mentindo.

Um mentiroso, ao perder o crédito dos demais perde também o respeito que lhe devotavam. Por isso se diz que a mentira mata. Mata socialmente pela perda da credibilidade e mata fisicamente porque acarreta perda de vitalidade. A mentira afasta uma pessoa de seu próprio Ori e isso a enfraquece.

Um indivíduo incapaz de guardar confidências e particularidades alheias é chamado de *olofofo*, fofoqueiro (*ofofo* é fofoca). Ser fofoqueiro não é o mesmo que ser mentiroso. O fofoqueiro conta o que não deveria contar, enquanto o mentiroso fabula, inventa, cria relatos sobre fatos não ocorridos. A fofoca e a mentira incluem-se num conjunto de lepras da palavra.

> *Olofofo yera. A fé soro awo.*
> *Fofoqueiro, tira teu corpo deste lugar.*
> *Queremos falar de awo*[9].

Conforme sugerido, a fofoca e a mentira não são as únicas lepras da palavra. A fala depreciativa e a maledicência (*isata*), também o são. A maledicência, ato de criticar pessoas ou situações, é intimamente relacionada à inveja (*ilara*). As críticas e referências depreciativas feitas a outras pessoas têm por motivo um sentimento de inferioridade ou de incômodo provocado pelo sucesso ou pelo brilho alheio.

Uma expressão dessa dinâmica da inveja encontramos no poema *O vagalume e o sapo*, do brasileiro João Ribeiro[10]:

> *Entre o gramado do campo, modesto, em paz se escondia*
> *Pequeno pirilampo que, sem o saber, luzia.*

[9] *Awo* é segredo, conhecimento esotérico. Refere-se também à boa utilização de informações, à seriedade e ética no uso das informações.

[10] Texto de João Ribeiro em CASCUDO, 2002, p.62.

Feio sapo repelente sai do córrego lodoso,
Cospe a baba de repente sobre o inseto luminoso.
Pergunta-lhe o vagalume: "Porque me vens maltratar?"
E o sapo com azedume: "Porque estás sempre a brilhar!"

Atitudes dessa natureza depreciam o Ori de quem as adota, pois acarretam perda da nobreza que lhe é própria.

Outras formas de uso impróprio da palavra são o falar excessivo e a prática da maldição (*epe*), que se opõe a *adura*, benção, reza, oração. *Oniworoworo*, o falante, é geralmente insensato, acrítico em relação ao que fala e para quem fala. *Ifi enu sata* é expressão que designa todo e qualquer ato de uso inadequado do poder da fala.

Estas considerações a respeito do uso apropriado – ou não – da fala remetem à questão básica das diferenças entre o homem comum e o homem que busca um caminho de desenvolvimento de sua consciência e de sua espiritualidade. Certamente as responsabilidades aumentam quando a pessoa se põe na senda do Conhecimento e, mais ainda, quando exerce alguma forma de liderança religiosa, social ou política, o que exige a adoção de um modelo irrepreensível de conduta. Liderança servidora (Hunter, 2004, 2006), caracterizada pela atitude básica de pensar coletivamente, implica em doar-se em favor do grupo e desenvolver, com os liderados, laços de confiança, incentivo e cooperação mútua, em pé de igualdade.

Observando a questão sob essa ótica constatamos a necessidade de ampliação das consciências individuais, de desenvolvimento pessoal, de busca de autoconhecimento, de educação das virtudes, como condições para uma prática social que, além de trazer serenidade, confiança, bem-estar, melhor qualidade de vida em todos os seus aspectos, seja suficiente para tornar melhores as pessoas que as adotam.

Melhores em que sentido? Mais solidárias, mais bondosas, mais pacientes, mais tolerantes, mais amáveis, enfim, mais capazes de manifestar a nobreza de seus Oris e mais capazes de participar de um projeto coletivo de vida de boa qualidade. Melhorar as condições de saúde, aumentar as chances de trabalho ou de felicidade no amor, entre tantas outras aspirações humanas, deverão decorrer naturalmente da aspiração autêntica e profunda de (re)conciliar-se com o universo.

Concluída a apresentação das principais virtudes, consideremos a responsabilidade social. Considerando que as questões relativas aos valores ético-morais e à prática de virtudes podem ser tomadas como restritas ao âmbito das reflexões morais ou religiosas, parece-nos interessante apoiar-nos no que foi considerado até agora na presente exposição para refletir sobre essas questões em outro âmbito: o dos debates sobre responsabilidade social, cuja prática é exercida por indivíduos e grupos, dos quais se demanda a adoção de atitudes e comportamentos socialmente responsáveis.

Responsabilidade Social

A responsabilidade social fundamenta-se no sentimento de solidariedade. Solidariedade, do latim *solidum* (em bloco), alude ao fato de que todos formamos uma realidade compacta, um bloco. Noção análoga a esta é formulada pelos negro-africanos que consideram que *de Deus a um grão de areia, o universo é sem costura*: uma rede de relações, uma imensa e delicada teia que vibra quando qualquer um de seus pontos é tocado.

Gonzalez-Carvajal (1997) lembra que a palavra solidariedade, nascida no âmbito do direito civil, designa um grupo de pessoas que compartilham responsabilidades. Por exemplo, um grupo de devedores no qual cada qual aceita, caso seja preciso, reintegrar a totalidade da dívida liberando assim a todos os demais das obrigações contraídas. Mais tarde o termo viria a adquirir um significado ético e passaria a designar a convicção de que todos os seres humanos formam uma comunidade, cujos encargos devem ser assumidos por todos, cabendo a cada membro do grupo contribuir e tendo, cada um, o direito de usufruir. Isto implica que a prática da solidariedade exige uma dupla atitude: a consciência do nós, ou seja, de uma ordem social compartilhada e que se deseja continuar compartilhando e a disposição para a renúncia ou o sacrifício pessoal em prol do bem coletivo.

O impulso solidário pode expressar-se por meio de atos de responsabilidade social. Compreendendo responsabilidade social como valor e sua prática como virtude, lembremos que a formação de valores e virtudes também se dá por meio de processos educacionais. O tema da educação das virtudes vem ocupando, de forma crescente, o palco atual das preocupações e debates a respeito do bom viver. Além do aprendizado formal necessário à subsistência e à conquista de novos patamares sociais e econômicos, enfatiza-se cada vez mais a importância de uma formação pessoal que priorize a busca da própria felicidade, sem perder de vista o bem-estar do outro e a preservação da natureza.

Considerando responsabilidade social como valor e sua prática como virtude e, sabendo que praticar virtudes também se aprende, lembremos que os processos educacionais demandam o estabelecimento de relações interpessoais significativas. A construção de um novo quadro ético e moral implica, do ponto de vista psicológico, em processos de reconstrução perceptual, o que envolve a dimensão da identidade e exige a presença de modelos identitários fortes.

A expressão "responsabilidade social", muito frequente e usual nas diversas instâncias da organização societária, conquistou grande ênfase no âmbito empresarial, marcado pela lógica do lucro, domínio em que se fez tradicional o valor da obtenção de lucro a qualquer custo e a obediência ao princípio segundo o qual *os fins justificam os meios*. O aparente paradoxo entre lucro nos empreendimentos empresariais e prática de virtudes poderá tornar instigante esta reflexão.

Responsabilidade social nas organizações

Novas táticas e estratégias vêm enriquecendo as possibilidades de ação no âmbito organizacional. Quando se trata de organizações do Segundo Setor, ou seja, no âmbito empresarial, domínio em que predomina a lógica do lucro, convém estimular a noção de que lucro e responsabilidade social podem constituir faces da mesma moeda, desde que sejam articulados interesses empresariais, compromissos éticos e sensibilidade diante de demandas comunitárias. Ou seja, desde que se busque obter retorno econômico para os acionistas e, simultaneamente, resultados de uma ação voltada à comunidade. Responsabilidade social empresarial[11] *é uma forma de conduzir os negócios que torna a empresa parceira e corresponsável pelo desenvolvimento social*[12]. Responsabilidade social empresarial também pode ser *definida pela relação que a empresa estabelece com todos os seus públicos – stakeholders* (todas as partes interessadas, afetadas ou que podem ter influência nas organizações: colaboradores, clientes, consumidores, fornecedores, acionistas, comunidade e meio ambiente), de modo a exercer uma gestão socialmente responsável[13].

Cada empresa é um universo com características e sistemas de gerenciamento que lhes são próprios. Mas em todas, seja qual for o segmento de atuação, a ética é a base da responsabilidade social, expressa nos princípios e valores adotados pela organização e vividos por seus integrantes. Estamos falando, pois, de cultura organizacional.

Lembremos que as práticas de responsabilidade social não devem ser confundidas com iniciativas de caráter filantrópico, pois enquanto a filantropia constitui uma ação assistencialista, pontual, de resultados imediatos, que beneficia tanto um único indivíduo quanto um grupo de pessoas ou uma instituição, a responsabilidade social dirige os esforços à cadeia de negócios da empresa e engloba preocupações e iniciativas com um público maior – acionistas, funcionários, prestadores de serviço, fornecedores, consumidores, comunidade, governo e meio ambiente. As demandas dos envolvidos em tão complexa trama são avaliadas e compreendidas e, então, alinhadas aos negócios e demais interesses empresariais. Responsabilidade social empresarial é, pois, ferramenta de gestão de negócios sustentáveis e competitivos.

[11] Fonte: Boletim *Comunica*. Publicação da ACCOR Services. sd.

[12] Definição do Instituto Ethos, organização não-governamental criada com a missão de mobilizar, sensibilizar e ajudar as empresas a gerir seus negócios de forma socialmente responsável.

[13] Definição do *Business of Social Responsibility* e do *International Finance Corporation*.

Responsabilidade social dentro e fora do âmbito empresarial. A importância do líder na construção de significados e formação do quadro ético e moral

Bons líderes sociais centralizam a sua atenção nos objetivos coletivos, em detrimento dos próprios interesses individuais, fato que, por si só, já denota uma importante característica de seu sistema de valores. Esse sistema de valores não admite que a escassez de recursos, presente na origem da análise econômica, legitime qualquer tipo de exclusão. Líderes eficazes nunca dizem "eu" porque pensam como "nós". Aceitam as oportunidades e conferem os créditos à equipe, pois se identificam com a tarefa e com o grupo. Compartilham conhecimentos e utilizam habilidades técnicas em favor do coletivo. Bons líderes motivam as pessoas para a ação.

O ideal de liderança é poder combinar, de modo equilibrado, a ação desenvolvida no âmbito da empresa enquanto organismo e enquanto órgão de um sistema social mais amplo. Entre as tarefas do líder se inclui o desenvolvimento de políticas públicas que contribuam para criar um meio favorável ao desenvolvimento sustentável da comunidade.

Estes são alguns pressupostos importantes para o fomento da responsabilidade social como valor e como virtude, num novo quadro ético-moral que toda organização, seja empresarial ou não, tem o desafio de construir para ser bem-sucedida.

Isto posto, enfatizamos o fato de que o foco incide sobre as relações interpessoais e sobre o quadro de valores das pessoas. Esses fatores estão sendo considerados como chaves de obtenção de sucesso, satisfação, reputação e prosperidade.

Parece-nos muito interessante o fato de estar havendo uma tomada de consciência a respeito da importância da educação de valores e virtudes para o sucesso das organizações, sejam elas do tipo e do tamanho que forem, e sejam quais forem as suas missões. Nesse novo panorama a ênfase recai sobre a instância humana que os iorubás denominam Iwa. O fato de uma pessoa ser dotada de *Iwa rere* ou de *Iwa buruku* fará toda a diferença, uma vez que as atitudes e condutas determinam o sucesso – ou fracasso – das iniciativas pessoais e profissionais, bem como do propósito coletivo.

Vemos que nesse cenário sócio-econômico passa a ser reconhecida a importância dos seguintes fatores: comportamento pessoal em grupo, talentos e limitações pessoais, visão e missão pessoais, auto-conhecimento, consciência a respeito daquilo que se quer, empenho e persistência nos esforços para atingir metas individuais, tolerância e paciência para consigo mesmo e para com os outros, reconhecimento de que os valores pessoais são chaves para o sucesso, congruência entre valores pessoais e missão, desenvolvimento do próprio conceito de vida, renovação contínua da própria energia pessoal, desenvolvimento de carisma e reconhecimento da importância de seguir uma direção própria na vida. Ou seja, é preciso que Ori permaneça presente e atuante, conduzindo as várias instâncias do ser, agindo em consonância com Iwá, atento à ação de fatores ambientais e sociais.

Tendo abordado a questão da responsabilidade social dentro e fora do âmbito empresarial, cabe abordar agora, para finalizar, a questão da responsabilidade universal.

Responsabilidade Universal

Dalai Lama refere-se a um ditado do Tibet segundo o qual *a prática da virtude é tão difícil quanto fazer um burro subir uma colina, enquanto o envolvimento em qualquer atividade destrutiva é tão fácil quanto fazer rolar grandes pedras colina abaixo.*

Apesar dos obstáculos e dificuldades é imprescindível o cultivo das virtudes e da responsabilidade universal. Baseados numa consciência universal (do termo tibetano *'chi sem'*, que significa literalmente *consciência, sem*; *universal, chi*), temos que desenvolver esse nível de responsabilidade considerando a dimensão universal dos atos de cada um de nós e considerando que todos temos direitos iguais à felicidade. A consciência universal se expressa por uma disposição de espírito segundo a qual preferimos aproveitar toda e qualquer oportunidade de beneficiar os outros, em vez de cuidarmos exclusivamente de nossos restritos interesses pessoais. Uma das grandes vantagens do desenvolvimento da noção de responsabilidade universal é a de nos tornarmos sensíveis a todos os seres, de reconhecermos a necessidade de não causar divergências entre nossos semelhantes e de nos tornamos mais conscientes da importância imensa de promover estados de satisfação.

Valores pessoais e a prática de virtudes deles decorrente, acham-se diretamente relacionados ao exercício da responsabilidade social em todos os âmbitos e ao exercício da responsabilidade universal. Tais exercícios, como outros, demandam disciplina.

Vimos que os iorubás descrevem um indivíduo que, sendo múltiplo, deve colocar em interação harmoniosa as diversas dimensões que o compõem, para aumentar a congruência e consistência interna. *Casa dividida não sobreviverá*: sem integrar seus diversos componentes, dificilmente uma pessoa poderá tornar-se líder do próprio caminho de vida e muito menos líder grupal. A percepção de si como ser múltiplo, cujas partes devem articular-se harmoniosamente, é complementada pela consciência de sermos, cada um de nós, parte de um organismo coletivo e elo de uma corrente geracional. A congruência e consistência entre as partes que compõem o indivíduo aumentam as suas chances de proceder em conformidade com os valores universais. Congruência e consistência individuais possibilitam a participação solidária e eficiente no projeto coletivo de construção de uma sociedade justa e favorece a inclusão dos indivíduos na preservação da casa planetária, em benefício de todos aqueles que compartilham o tempo presente, sem perda da perspectiva de ser preciso preservar e aprimorar o já conquistado, em favor das gerações vindouras.

O desejo – ou necessidade – de cultivar valores pessoais é o primeiro passo no caminho de ampliação da própria consciência. Essa ampliação é condição indispensável para uma compreensão mais acurada das relações estabelecidas nessa imensa teia que é o universo, do papel que compete a cada um, do compromisso e a responsabilidade de cada indivíduo para com o coletivo humano e para com a natureza. O aprimoramento de valores e virtudes e a conquista de sucesso e felicidade integram a aspiração autêntica e profunda de (re)conciliação com o universo.

Referências

ABIMBOLA, W. *Ifá. An exposition of Ifa Literary Corpus*. Ibadan: Oxford Univ. Press, 1976.

COMTE-SPONVILLE, A. *Pequeno Tratado das Grandes Virtudes*. São Paulo: Martins Fontes, 1996.

CASCUDO, L. C. *Dicionário do Folclore Brasileiro*. 11. ed. ilustrada. São Paulo: Global, 2002.

DALAI LAMA. *Uma Ética para o novo milênio*. Rio de Janeiro: Sextante, 2000.

ERNY, P. *L'enfant dans la pensée traditionnelle de l' Afrique noire*. Paris: Le Livre Africain, 1968.

GONZALEZ-CARVAJAL, L. *Rostros Alternativos de la Solidaridad*. Madrid: Nueva Utopía, 1997.

HAMPATE BÂ, A. A tradição viva. In: UNESCO. *História Geral da África: Metodologia e pré-história da África*. São Paulo: Atica; [Paris}: UNESCO, 1982, páginas 181-218.

HERNÁNDEZ, A S. *Ifá*. Santa Palabra. La ética del corazón. La Habana: Unión, 2003.

HUNTER, J. C. *Como se tornar um líder servidor*. Princípios de Liderança de O Monge e o Executivo. São Paulo: Sextante, 2006.

HUNTER, J. C. *O monge e o executivo*. São Paulo: Sextante, 2004.

LASCH, C. *A cultura do narcisismo*: a vida americana numa era de esperanças em declínio. Rio de Janeiro: Imago, 1983.

YUTANG, L. *A importância de viver:* a arte de ser feliz revelada pela profunda sabedoria chinesa. Rio de Janeiro: Globo, 1963.

CAPÍTULO 4

Pausa para o Sagrado

Isabella Leão

quando te sinto junto a mim a sensação
de eternidade de outras vidas é real
VALDEMAR AUGUSTO ANGERAMI

Introdução

O desenvolvimento da escrita deste capítulo corresponde a um microcosmo da minha jornada espiritual nos últimos anos. Destino para aqueles interessados nesse vibrante caminho. Se tiver repercussão no seu íntimo talvez seja este um caminho para você explorar.

Todas as nossas experiências de vida são ensinamentos precisos para nos ajudar a atingir esse caminho. Existe uma profunda vontade em todos nós por um estado mais satisfatório de consciência e uma capacidade maior de viver a vida, e isso nos leva, invariavelmente, a olharmos para nossa essência. Nesse olhar, surgem inúmeras questões. Tais questões incitam a fazer uma busca espiritual para descobrir as respostas sobre a natureza da realidade que nos envolve.

Nessa viagem pessoal, permitimos conhecer e integrar nossa vasta realidade subjetiva e percebermos que a nossa alma não está limitada pelo tempo nem pelo espaço. A partir desse momento, nosso olhar passa a abranger uma parte cada vez maior de quem somos e como estamos. Quando abrimos a esse nível, deixamos as fronteiras conhecidas da personalidade, como também as fortes crenças sobre a espiritualidade e percebemos como podem, inclusive, impedir a vivência de outros estados de transcendência espiritual.

Às vezes, somos conduzidos por caminhos difusos e buscamos ser especial e não essencial. Desconectamos da nossa essência, do nosso amparador, da nossa condição mental superior, e a vida que corre em nós não flui do jeito desejado. Nesse desconectar de si mesmo, do outro, e do todo universal, esquecemos nossa essência em detrimento de outros valores.

Sobre tais questões iremos transitar nesse capítulo.

Delimitando conceitos

No dispersar de vida, não partilhamos o melhor de nossa condição humana, sendo assim, é deixada de lado a nossa autenticidade, espontaneidade e naturalidade. Nesse fechamento para aquilo que somos e onde está a nossa vitalidade, surge uma tristeza profunda ao depararmos com o nosso automatismo e o nosso cumprimento de papéis e padrões a serem seguidos.

Isso nos agride e nos mutila pelo fato de não seguirmos a naturalidade do nosso Ser. A única verdade sobre a nossa existência é que somos seres espirituais, vivendo uma experiência humana e não ao contrário.

Quando vivemos a partir do nosso estado essencial, muitas das nossas crenças perdem o significado.

Esbarramos, muitas vezes, de modo aleatório, em coisas que não conhecemos sobre o campo espiritual. A espiritualidade baseia-se em algo mais profundo, um estado essencial, um estado de plenitude, de calma completa. Experiências espirituais profundas são partes de uma mesma essência, como se estivessem procurando por isso há muitas vidas passadas. A sensação que se tem é que não precisa fazer nada para se atingir a plenitude espiritual, basta ir ao seu encontro e deixar-se levar por essa força maior.

Ao procuramos a espiritualidade fora de nossa condição humana, somos conduzidos para esse local onde somos e que não está nem dentro nem fora de si, apenas existe. Assim sentimos a vida espiritual se integrar à vida cotidiana. Em vez de vivenciarmos a espiritualidade como algo separado, descobrimos estados espirituais no âmago de qualquer limitação, de qualquer hábito. Esse estado essencial foi definido por Carl Jung de unicidade. Em alguns momentos, sinto como se estivesse espalhado pela paisagem e dentro de cada coisa.

Vivo dentro de cada árvore, no movimento ondulante das ondas, nas nuvens, nos animais que vão e vêm, na mudança das estações. Sentir a vibração e tudo mais o que nela rege permite o encontro, reencontro e a certeza do lugar, e junto a ela surge o despertar dos nossos sentimentos mais profundos e a expansão do nosso senso de percepção e, mesmo se tratando muitas vezes de breves passagens, modificam-nos para sempre. A vida ilumina-se por meio das trocas geradoras deste presente.

Nessa pausa sagrada, o sentimento nos invade e nos permite observar e nos levar de volta ao centro gravitacional. Nesse espaço, nessa pausa, a vida é criada e reinventada. Nosso espírito volta para o compartilhamento, para o amor além de nós, apesar de tudo que vivenciamos, de todas as dores que sentimos.

Sentir essa energia e espiritualidade nos permite conectar com a consciência maior que nos leva ao amor, com a certeza de não estarmos sós.

Nessa profundidade da nossa espiritualidade, sentimos algo e sabemos que acessamos alguma coisa nesse campo unificado no qual o sentir é amplo. Quando entramos em conexão com a nossa subjetivação, acessamos a nossa parte espiritual, e a exterioridade só vai se conectar se a frequência já existir em si. Acessamos, então, alguns padrões geralmente emocionais e, assim, sintonizamos com a energia externa. Nós nos conectamos com aquilo que existe em nós. Tudo o que nos envolve é efetivado por sintonia.

Ao refletirmos sobre a própria vida, percebemos em sua cotidianidade sinais sutis do que está fluindo e o que está estagnado e, com a dor, sentimos o incomodo. Uma dor desconhecida e, em alguns momentos, insuportável. Essa dor não afeta apenas algumas pessoas, ela existe em toda a humanidade e em graus variáveis. Algumas pessoas estão mais conscientes da dor que sentem do que outras. Quando estamos conscientes dela, percebemos que ao não agir de acordo com quem realmente somos e ao não vivermos de acordo com isso, afastamo-nos do que esperamos da vida. Essa experiência lhes dá uma grande sensação de liberdade e uma perspectiva, inteiramente, diversa em relação à vida. A partir de então, a consciência traz lucidez para a nossa jornada e nos encaminha para o nosso verdadeiro destino, o de sentir nossa experiência ímpar interna de maneira mais plena: a essência, o amor.

Podemos encarar nossas ações como frutos da nossa vontade, das nossas preferências e dos nossos desejos ou podemos perceber que elas estão sujeitas a um propósito maior, do qual fazemos parte, sensação dinâmica que nos move em harmonia com o todo e nos permite caminhar naturalmente nesse espaço de unicidade. Isso é possível quando buscamos o nosso interior sem julgamento.

Tudo começa, primeiramente, no mundo energético para depois se manifestar na fisicalidade. O mundo energético compreende como um meio que conduz nossa energia e alcança a matéria. Conforme descrito no livro Mãos de Luz. Os fenômenos energéticos sempre precedem um acontecimento físico. Eles o precipitam. Temos a tendência de presumir que toda experiência de vida se dá no nível físico, não é verdade. Ao contrário, a vida existe em muitos níveis de vibração. O anseio por essa conexão é eterno na alma humana, mas só pode ser consumado com êxito quando a experiência é recíproca, quando ambos buscam e sustentam.

A vida é a busca incessante de relacionamento e, nesse sentido, podemos fazer dela proveitosa na qual a alma possa ser livre. Nessa busca de relacionamento mais amplo, tem-se um leque de possibilidades. No entanto, só conseguimos esse alcance de percepção de acordo com o nosso nível de consciência. A alma está sempre em busca de viver as experiências necessárias para a sua evolução. O nosso maior desafio está em ampliar a nossa percepção do que acontece em nossa vida e ao nosso redor para compreendermos nossos próprios processos espirituais.

Muitas pessoas nunca chegaram a conhecer esses níveis de experiências, pois, para elas, a própria existência desses níveis parece ser algo extremamente especulativo, obscuro. É preciso silenciar nossa inquietação para ouvir a nossa alma submersa em sensações, muitas vezes, incógnitas para nós. Sentimos esse expressar de maneira corporal e não sabemos o motivo e a origem, apenas o Divino de quem se é.

Nessa troca, ressurge a nossa melhor versão, a nossa essência, presente em variadas maneiras de como entregamos o nosso Divino para o mundo. Uma entrega que permite nossa percepção detectar até onde nos reconhecemos em um universo muito maior do que aquele alcançado pela nossa percepção e que nos envolve.

O racional é um meio para planejar, manifestar aquilo que a nossa alma pede a partir da nossa reflexão, do nosso pensar. Á medida que nos desembaraçamos do nosso controle racional, mesmo presente a resistência em não se soltar, percebemos o expandir da vida. O emocional é a direção que nos aponta os caminhos. Muitos ensinamentos colaboram, ativa e eficazmente, para a finalidade nessa busca do autoconhecimento e da espiritualidade. Ajudam a apurar nossa sensibilidade para percebermos o ritmo e suas alternâncias em nossa existência. A primeira coisa a se fazer é acreditar nessa energia que existe em nós, pois só assim poderemos destravar a expressão criativa do nosso ser natural. A busca do autoconhecimento e da espiritualidade devem ser aliadas à prática, porque é isso que viemos fazer; viver as experiências para evoluir. O tecer dessa percepção começa pelo amor a você mesmo e pelo compromisso de permanecer nesse estado de presença. Nesse momento, torna-se necessário olharmos sem demora com acolhimento para nós mesmos.

Eis o momento em que esbarramos na vibração do medo, muitas vezes, o impeditivo de todo processo mais profundo do nosso existir. Não é fácil sair da confortável zona de amortecimento de nossos sentidos. O racional tem a função de trabalhar para encontrar uma solução para manifestar a vontade que está em nosso coração e onde habita o Divino em nós e a partir de nós se manifesta na terra.

Diante do processo de materialização

O racional é a nossa conexão com a espiritualidade, que nos traz propósito, consciência e missão de vida, em que nós temos a inspiração. O emocional elabora as nossas sensações, sejam elas sentimentos ou emoções. O mental pensa, raciocina e buscas soluções, o qual começa a arquitetar o que necessitamos fazer e pensar nos recursos para tal, sendo, no mental, o meio da energia se apresentar em sua forma leve e delicada, a qual move com rapidez, alterando-se com facilidade.

O energético capta as vibrações e frequências de todas as dimensões acima para animar o nosso corpo físico, tudo o que pensamos e sentimos gera uma energia, um magnetismo, uma força própria.

Os pensamentos e os sentimentos possuem a sua própria energia e atrai energia semelhante. Podemos ver este princípio em uma ação, quando encontramos por acaso alguém em quem estivemos pensando ou quando nos acontece de pegarmos um livro que contém exatamente a informação de que precisávamos naquele momento.

O motivo é que o nosso magnetismo tem a função, o poder de materializar aquilo que sentimos, pensamos e desejamos. A magia nada mais é do que a manifestação daquilo que acontece nesse mundo invisível – energético e espiritual. O campo da energia é uma frequência de vibração suficientemente elevada para manter e estimular a vida. O espiritual definimos como uma propensão humana a buscar significado para a vida por meios de conceitos, que transcendem o tangível à procura de um sentido de conexão com algo maior que a si próprio, e que pode não estar ligada a uma vivência religiosa. Não é porque não estamos vendo que algo não está acontecendo, pois basta estarmos sentindo, pensando e com uma intenção para que algo seja criado, para que a magia aconteça.

Eles podem ocorrer de diferentes maneiras, sendo o consciente e inconsciente mais comuns e, por essa razão, é habitual dividi-lo nessas duas categorias, mas existem, ainda, outros tipos. O desdobramento espiritual consciente é quando conseguimos lembrar da experiência fora do corpo. O indivíduo também consegue ver seu corpo a partir do momento em que seu Espírito se desliga e, ainda, tem a sensação de flutuar. Existem as viagens astrais em que as pessoas têm por objetivo entender questões particulares sobre sua vida, suas respostas e isso pode ser positivo. Isso pode ocorrer de maneira segura e muito proveitosa se souber fazer ou se alguém puder guiá-lo, ajudando nessa experiência. Então, tudo se refere a nossa consciência, a nossa intenção, o que está por trás dos nossos atos. Já o desdobramento inconsciente é quando não recordamos do que aconteceu, a vivência é refletida em forma de intuição, sensação. É preciso estar muito atento e presente para isso, principalmente nessas duas situações: um desdobramento para trabalhos energéticos e espirituais ou viagem astral para autoconhecimento e contato com questões subconscientes.

Sendo assim, pressupomos mais de um corpo energético quando temos uma amostra de uma versão maior de nós mesmos, um estado expandido de consciência, uma essência que faz parte da energia espiritual. O corpo do ser humano é um campo energético multidimensional composto por vários níveis vibratórios. O corpo energético é o meio pelo qual a consciência se manifesta nos variados planos que estão interligados entre si.

Assim, estaremos aptos para elaborar qualquer coisa nessa caminhada energética-espiritual de forma livre, conscientes e não mais levados pelas cegueiras do idealismo, e sim pela simples essência da verdade. Ao silenciarmos a nossa inquietação, observando-se e permitindo ouvir a nossa essência nos mostrar o caminho a ser seguido, podemos compreender a vivência das cinco dimensões humanas, físico, mental, emocional, energético e o espiritual.

Sendo assim, pressupomos mais de um corpo energético quando temos uma amostra de uma versão maior de nós mesmos, um estado expandido de consciência, uma essência que faz parte da energia espiritual.

O corpo do ser humano é um campo energético multidimensional, composto por vários níveis vibratórios. O corpo energético é o meio pelo qual a consciência se manifesta nos variados planos que estão interligados entre si.

Dessa maneira, manifestamo-nos e, também, materializamos tudo na vida. Muitos não sabem, mas a todo tempo estamos fazendo magia. Magia como sendo uma reação a partir de uma ação, ou seja, quando colocamos magnetismo em algo ou alguém por meio de uma palavra ou simplesmente de uma intenção.

O motivo é que o nosso magnetismo tem a função, o poder de materializar aquilo que sentimos, pensamos e desejamos. A magia nada mais é do que a manifestação daquilo que acontece nesse mundo invisível –energético e espiritual. Não é porque não estamos vendo que algo não está acontecendo, pois basta estarmos sentindo, pensando e com uma intenção para que algo seja criado, para que a magia aconteça. Por isso a importância da vigilância do que acontece no nosso campo mental e emocional, do que está por trás das nossas intenções.

O mundo interior dos sentimentos quando se torna mais sensível do que os papéis exteriores, conseguimos nomear o que está acontecendo. Essa definição muito bem descrita por Allan Kardec, que dedicou o Capítulo VIII – Parte Segunda de *O Livro dos Espíritos*[1], explica os vários aspectos que envolvem o assunto, que ele denominou de *Emancipação da alma*.

O desdobramento astral, também conhecido como projeção astral, é uma faculdade anímica, isto é, uma manifestação produzida pela própria pessoa, utilizando apenas suas habilidades psíquicas. Nesse fenômeno, o espírito se desliga parcialmente do corpo físico como se estivesse fazendo uma viagem temporária.

Eles podem ocorrer de diferentes maneiras, sendo o consciente e o inconsciente os mais comuns e, por essa razão, é habitual dividi-los nessas duas categorias, mas existem outros tipos. O desdobramento espiritual consciente é quando conseguimos lembrar da experiência fora do corpo. Já o desdobramento inconsciente é quando não recordamos do que aconteceu, a vivência é refletida em forma de intuição e sensação.

Temos o desdobramento semiconsciente, natural, provocado, letargia, catalepsia. Esses sintomas de desdobramento variam entre as pessoas, e muitas não

[1] Kardec, A., O livro dos espíritos, São Paulo: IDE, 2004.

se atentam aos sinais. Esses estados, pontuados acima, levam-nos a pensarmos na composição dos nossos corpos. Durante o desdobramento, o corpo físico permanece estável e visível no momento que o espírito faz a viagem pelo mundo espiritual.

Sendo assim, pressupomos mais de um corpo energético. O corpo energético é o meio pelo qual a consciência se manifesta nos mais variados planos que estão interligados entre si.

Em alguns momentos, entramos em contato com essa realidade mais profunda, esse instante pode acontecer quando estamos na natureza, criando música, meditando ou, até mesmo, dentro de uma igreja.

O Eu superior é a nossa corporificação pessoal, a nossa ligação com o espírito, com a energia vital que nos preenche e circunda dentro de nós.

Nessa configuração, as emanações têm a forma de cores, de cheiros e tons de sentimentos no plano das vibrações e, normalmente, não são visíveis, a não ser para pessoas dotadas de sensibilidade psíquica. Entretanto, todos nós reagimos instintivamente a essas emoções e podemos aprender a nos sintonizar. As vibrações são sempre agradáveis, tranquilizadoras e reais. Na sua presença, sentimos uma aceleração das energias vitais, sentimos revigorados e renovados. Ao aprendermos mais sobre essa forma de expressão, também, desenvolvemos a sensibilidade em relação à verdadeira intenção. Somos eternos aprendizes e estamos encarnados para viver, aprender e evoluir com a espiritualidade. Nunca estamos prontos e a missão termina somente quando dermos o último suspiro.

A psicologia não pode ser excluída da espiritualidade. Não se trata de uma questão de fé, nem de dogma.

Compreendendo a materialização a partir da psicologia

Esta parte tem como objetivo refletir como os psicólogos percebem, em suas diferentes práticas, a relação entre saúde mental e a espiritualidade em suas definições desenvolvidas neste capítulo. Em sua grande maioria, as terapias tratam o corpo, a mente e o espírito, propondo-se harmonizar essas três dimensões do ser humano. A psicologia tem focalizado ao estudo da espiritualidade e sua relação com a saúde mental, o bem-estar psicológico e a integração biopsicossocial e espiritual do ser humano.

Muitas pessoas procuram primeiro o espaço de alguma religião ou seguem a via da espiritualidade para encontrar uma resposta para o seu sofrimento. Sendo esse sofrimento desencadeado a partir dos sentimentos e comportamentos espirituais. Todos esses movimentos de busca da pessoa mostram um desejo de sentido, de bem-estar espiritual e de saúde mental.

O psicólogo ocupa um importante lugar na fundamentação das diversas abordagens, que reconhecem e trabalham com a dimensão espiritual. A ciência materialista tem uma concepção que nega a existência de fenômenos psíquicos, sejam eles espíritas, sejam anímicos. Ela tem uma visão que admite apenas a existência de fenômenos físicos no universo. Segundo ela, o mundo é constituído apenas de matéria e energias físicas, e os fenômenos, que se passam com elas, têm causas exclusivamente físicas. Já a metapsíquica aponta interseção entre as outras concepções na psicologia e o espírito, em que percebemos uma graduação, que vai desde seus membros mais céticos até aqueles que se aproximam mais da concepção espiritualista. Esta concepção, a metapsíquica, direciona uma atenção para a existência de fenômenos psíquicos e tem uma variação em suas explicações de acordo com cada autor. Na concepção espiritualista, temos uma visão de mundo além da matéria e energias físicas e dos fenômenos físicos e não físicos que envolvem a materialização.

É importante que os psicólogos saibam lidar sensatamente na prática clínica, com sentimentos e comportamentos espirituais das pessoas atendidas. Sendo necessário pensar na clínica como espaço em que o psicólogo, enquanto facilitador do processo terapêutico, reconheça a dimensão da espiritualidade como parte inerente da relação estabelecida entre ele e o paciente, considerando um ser bio-psico-socio-espiritual.

A partir do momento em que passamos a ver a espiritualidade como constituinte do sujeito, sendo uma relação como outras estabelecidas pelas pessoas, por exemplo, as relações familiares, relações sociais, relação com o corpo, relação com o trabalho, passamos, assim, a penetrar nesse conjunto de pressuposições aceitas que explica o mundo para nós e nos ajuda a prever o modo como ele se apresenta sendo essa realidade fundamental. Dessa maneira, percebemos que alguns paradigmas determinam o modo como pensamos a respeito do nosso corpo e com eles aprendemos mais da ligação entre a espiritualidade e o corpo.

A clínica tem um papel essencial para possibilitar um encontro para além dos sintomas, proporcionando ao sujeito perceber o que causa sofrimento e desenvolvendo suas potencialidades. Como pensar nessa visão da clínica como produção de saúde mental em situação de debilitação advindos de sofrimentos.

A humanidade, em sua quase totalidade, convive com tais situações que levam aos mais diferenciados tipos de dor psíquica ou moral. Sendo determinado em alguns momentos por um estado de insatisfação íntima relacionado com seu próprio viver ou das pessoas com quem convive. A Organização Mundial de Saúde (OMS), em 1988, incluiu a dimensão espiritual no conceito multidimensional de saúde, referindo-se a questões como significado e sentido da vida e não se delimitando a qualquer tipo específico de crença ou prática religiosa. Existe um amplo movimento no campo das ciências ocupado em discutir os aspectos espirituais dos indivíduos. Ao tratar essa relação da espiritualidade com a psicologia, vemos que cada autor enfatiza a importância de características específicas. Por exemplo, a metapsíquica considera a possibilidade da existência dos fenômenos não explicados pela ciência comum, sem negá-los.

Essa visão do cuidar está cada vez mais esclarecida e integrada e, aos poucos, vem adentrando nesse cenário de cuidados para os interessados nesse âmbito de abordagem mente-corpo-espírito. Conforme a reportagem da folha de São Paulo na UOL[2], o Ministério da Saúde menciona um aumento crescente do uso de práticas integrativas. Somente na rede do Sistema Único de Saúde (SUS), em oito anos, o número de atendimentos em terapias alternativas cresceu 670%, passando de 271 mil, em 2008, para 2,1 milhões em 2016.

As práticas integrativas buscam o equilíbrio energético, a harmonia da mente e do espírito e do corpo,_tendo como estratégia as terapias manuais, de movimento e de vibração, massagens, respiração, meditação. Esse novo olhar no tratamento da saúde está comunicável com a espiritualidade que, por sua vez, relaciona-se à busca individual de respostas para questões sobre o significado e o propósito da vida, assim como sobre uma dimensão que vai além das realidades consideradas inerentes à vida humana. É importante que o profissional da saúde esteja aberto para esse tipo de diálogo, mas esperar sempre a disposição natural do seu paciente por ser um tema que algumas pessoas não se sentem a vontade para partilhar. As Práticas Integrativas e Complementares em Saúde são, nesse sentido, uma ação inovadora não só quanto a maneira de pensar e de agir, como também correlacionando-se em relação aos saberes e as práticas de cuidado e suas interconexões.

Este foi um convite para você olhar dentro de si e jamais abandonar essa perspectiva de olhar. É um caminho que não para por aqui. Todas as nossas experiências de vida sempre são ensinamentos preciosos para nos ajudar a atingir essa profundeza do nosso Ser. Sendo essas profundezas sentidas quando temos nossos sentidos expandidos para além das faixas normais a que estamos acostumados, coisa que, às vezes, é chamada de sexto sentido. Há outros termos usados para determinar essa capacidade: clarividência, clariaudiência e clarisciência. Essas percepções incluem todos os nossos sentidos, visão, audição, tato, olfato e paladar. Quando esses sentidos funcionam plenamente e em consonância com a plenitude de vida, conseguimos nos tornar plenamente conscientes do momento que estamos vivendo. Dessa forma, tudo isso foi um convite a identificar os comportamentos, as sensações, as reações e utilizá-las em sua caminhada, atentando a esse sentir no mundo por intermédio das palavras e dos gestos, enfim no seu existir.

[2] O SUS inclui dez novas terapias alternativas, com a de florais. Disponível em : https://www1.folha.uol.com.br›cotidiano›2018/03 .Acesso em : 07-01-2022.

Considerações finais

Nesta construção, foi possível percebermos a elevação do ser na grandeza das suas existências em direção a uma ideia sempre mais ampla e mais precisa dos princípios da harmonia e da beleza do nosso existir. Nessa concepção, desenvolvemos uma compreensão ampliada, que nos permite essa beleza que a alma executa em sua melodia pessoal. Ela se adentra da harmonia sublime, que resume a energia de viver segundo sua própria habilidade, desfruta cada vez mais as felicidades que o uso do verdadeiro e do belo proporcionam: a concepção elevada do ser.

No mínimo, podemos criar as condições para o florescimento humano nessa vida e vimos que tanto a mente quanto o corpo têm limitações, embora sejamos capazes de alterar nossos estados de espírito e de atenção a um grau limitado. A espiritualidade começa com um respeito pelo que é comum e nos leva a insights e experiências absolutamente fora do comum. Por maiores que sejam as nossas limitações, nesse momento, só podemos reconhecê-las e aceitar profundidade ao humilde propósito de notar como é ser no nosso momento presente.

Referências:

O Livro dos Espíritos] Allan Kardec; tradução de Salvador Gentile, revisão de Elias Barbosa. Araras, SP, IDE,152edição,2004.432p.

O SUS inclui dez novas terapias alternativas, com a de florais. Disponível em : *https://www1.folha.uol.com.br›cotidiano›2018/03 .Acesso em : 07-01-2022*

POESIA

E saboreio o sagrado...

Moisés Abdon Coppe

E saboreio o sagrado...
No canto do sabiá.
Na concha, na beira do mar.
Na brisa que insiste em roçar.

E saboreio o sagrado...
Na doce contemplação.
No céu de inverno ou verão.
No toque suave da mão.

E saboreio o sagrado...
Na viva sinfonia de Bach.
No samba que me faz vibrar.
No riso que ecoa no ar.

E saboreio o sagrado...
No doce de cupuaçu.
Nas águas de Foz do Iguaçu.
No canto selvagem do anu.

E saboreio o sagrado...
No beijo bem dado na flor.
No risco do lápis de cor.
Na sombra e seu dissabor.

E saboreio o sagrado...
Na prece do coração.
No poema da inspiração.
Na roda que gira no chão.

E saboreio o sagrado...
No doce amor da amizade.
Na rica cumplicidade.
No fino valor da verdade.

E saboreio o sagrado...
Sem o "seu" nome pronunciar.
No sexo e no paladar.
Na existência, no mundo, meu lar.

CAPÍTULO 5

Por uma psicologia da pessoa

Luiz José Veríssimo

Do herói ao sujeito

O termo *homem*, usual em várias disciplinas para referir-se ao ser humano, como a filosofia, a psicologia, a sociologia etc., é uma designação genérica e vaga. Quando nos debruçamos sobre o problema antropológico, ou seja, sobre nós mesmos, observamos várias formas de se designar e experimentar o fenômeno humano.

O fenômeno humano é algo que aparece a nós como familiar, evidente, pois convivemos conosco e com as pessoas em grande parte de nosso tempo. Porém, se pararmos por um minuto que seja para nos perguntar sobre quem somos nós, ou quem é o outro, o que significa "convivência", logo encontraremos embaraços, hesitações, e nos daremos conta de que tudo isso passa por uma questão fundamental proposta desde os gregos, *conhece-te a ti mesmo.* Tal questão para não pouca gente com curiosidade investigativa ressoa até hoje. Ela nos põe diante de uma interrogação: o que significa *ser humano*? Devemos admitir que essa interrogação não é apenas feita por nós, mas, na verdade, interpela-nos, acompanha-nos. Talvez porque nos amiguemos da filosofia, talvez porque trabalhemos com a compreensão do fenômeno humano também na área da psicologia, talvez ambas as coisas.

Em nossos estudos sobre o ser humano a cada passo de um determinado caminho trilhado, de uma certa orientação acerca do problema humano, deparamo-nos com uma penca de outras vias para explorar e perquirir. O trabalho hermenêutico acerca dos sentidos que adquire o que seja o ser humano nos dá a impressão de estarmos diante de um recuo da evidência a cada tentativa de aproximação.

Será que vale a pena tentarmos costurar uma pequenina história de certas concepções do humano prévias à constituição conceitual da pessoa? Será que conseguiríamos identificar, mesmo que de forma incipiente, algumas condições de interpretação de mundo e vivência históricas que abrem um espaço de discussão e reflexão para se compreender o sentido da proposta que projeta um ser humano enquanto *pessoa*? Uma complexidade inesgotável de concepções acerca do ser humano e da sua existência nos faz reconhecer as várias formas de o ser humano moldar uma imagem de si, traçar um mapa de seu corpo, conceber uma relação de si com os grupos sociais com os quais convive, com a natureza, com a totalidade do cosmo. Interessa-nos, neste momento, traçar em algumas poucas linhas alguns marcos históricos de determinações acerca do fenômeno humano que nos ajudem, por comparação e contraste, a desenhar uma noção da *pessoa*.

Por isso, antes de entrar nas considerações sobre a pessoa, queremos observar mais de perto outras perspectivas acerca do humano, tais como a do herói, a de Sócrates, a do sujeito e do indivíduo, do ser humano inserido na cultura mítica e arcaica, regulada por uma relação inescapável com o sagrado ao ser humano, enquanto ator de sua história, significa uma virada nos modos de compreensão e constituição do viver da cultura ocidental. A partir da emergência, no Renascimento, de uma visão de mundo que se centra no sujeito, o âmbito transcendente (divino) não sai completamente de cena, mas já não ocupa o lugar central. Na nova ordem do mundo, vale considerar, de forma paradigmática, a centralidade do humano na construção da cultura e do conhecimento.

Um primeiro marco antropológico histórico vislumbramos na Grécia pré-filosófica, a Grécia mítica, a Grécia arcaica. Lá imperam as Moiras. Elas trançam as tramas de nosso destino, o fio da vida. Imagem poética, fiel a um destino inapelável. Cloto é a tecedeira. Láquesis é a que mede o tamanho do fio. E Átropos, do privativo *a* mais o verbo *trépein*, voltar, é a que não volta atrás. As três representam o destino em seu conjunto. Nesse mundo, todos estamos atrelados a um destino predeterminado, rigorosamente fadado. E o melhor que podemos fazer, a excelência de nossa ação (a virtude), simbolizada pelo herói, consiste em fazermos da melhor maneira possível o cumprimento zeloso do nosso destino, e isso significa viver com coragem, confiança nos deuses, cumprirmos o nosso serviço, aquilo a que nos destinamos perante os deuses e a comunidade. O herói não existe em si mesmo, para ele mesmo. Sua ação tem um alcance coletivo. Por isso, há quem defenda, como o estudioso de mitos Jean Pierre Vernant (1999), a tese de que não existe subjetividade na Grécia Antiga. O indivíduo vive no coletivo e para o coletivo. Por vezes, passa por cima da sua própria vontade.

Ulisses tenta fugir de Palamedes, que foi buscá-lo para ingressar nas fileiras militares na guerra contra Tróia. Ulisses queria ficar em Ítaca com sua família, não por covardia, mas por um incomensurável amor à esposa. Para isso, fingiu-se de louco, mas acabou denunciando-se, após hábil estratagema de Palamedes, que lançou seu filho à frente das rodas de uma charrua, forçando o herói a mostrar-se como tal para salvar o pequeno. Ulisses se sentiu sem ter como recusar o "convite". Ele não esquecerá esse desenraizamento. Só retornará ao seu reino natal vinte anos depois, após uma longa *Odisséia*. Isso vai gerar um imenso ressentimento no herói, que prepara uma vingança terrível e fatal para Palamedes (Brandão, 1987, p. 292-93). Desse modo, Ulisses acaba indo à luta contra Troia. O herói não é necessariamente o que vence, mas o que luta. No mundo mítico-religioso e social grego, nada somos sem os deuses e sem a integração na vida da comunidade.

No ocaso desse mundo, surge Sócrates. Ele é um herói diferente, estranho. Dizem que, após uma batalha, ficou horas estático em posição tipicamente contemplativa, apoiando a cabeça com a mão em êxtase filosófico. Ele inaugura um modo de viver e de pensar insubmisso às normas sustentadas por uma apropriação pelo Estado da mitologia vigente, e pagou com a vida por isso. O sentido da vida humana passa a ser se preparar para a morte e estar morto (Platão, 1987). Isso quer dizer: enquanto todos se preocupam na fruição dos prazeres e na aquisição das riquezas e das honras, Sócrates propõe algo como o cultivo da alma. Essa missão prescreve um *conhece a ti mesmo* antes de conhecer qualquer coisa e antes de qualquer ação, vontade e julgamento. Inaugura, assim, de um só golpe, a Antropologia Filosófica e a Ética. Platão e Aristóteles, os grandes mestres do mundo Antigo, resguardadas as suas diferenças em relação a Sócrates e entre si, dão continuidade ao projeto metafísico, exaltando o ser como origem da verdade, do bem e do belo.

Permitindo-nos um salto para o mundo medieval, observamos que as ideias desse mundo tentam promover um casamento entre o ser da filosofia metafísica e o Ser da religião. Deus assume o significado primeiro e último da vida é uma essência que a tudo precede e funda. Nesse sentido, somos entendidos como as suas criaturas. Tudo que criamos é pela nossa filiação com Deus. Se temos livre arbítrio é porque somos uma cópia do ato criador original, atributo de Deus. Somos um reflexo, uma semelhança embaçada de toda pujança criativa presente e revelada por Deus. O pecado entra no mundo pelo nosso livre arbítrio, dado por Deus. Não somos pecadores por natureza, caso contrário teríamos que admitir que Deus legou algo mau para o ser humano. Pecamos pela nossa vontade livre. Assim, é nossa a responsabilidade pelo ato bom ou mau. No entanto, mesmo praticando atos virtuosos em nossa vida, a nossa salvação nesse mundo sempre dependerá de Deus.

Em contraste com o que relatamos até aqui, o *sujeito* tem a sua emergência justamente em uma cisma com formas religiosas, filosóficas e institucionais tradicionais. O filósofo Gerd Bornheim falava com insistência do prazer que Descartes (que, assim como Sócrates, participou de batalhas) sentia ao caminhar sozinho, livre, sem rumo certo, e, sobretudo, anônimo pelas ruas de Amsterdã, na Holanda. "A grande cidade moderna está precisamente nisto: nela o indivíduo, munido de toda carga da confortável solidão cartesiana, dobra uma esquina e entra, sem o constrangimento de nenhum tipo de amarra, todo inteiro num mundo totalmente outro" (Bornheim, 2001, p.18), distinto das vilas e da corte, onde se é olhado por todos. Esse retrato histórico ilustra a alvorada de um novo projeto de ser humano e, ao mesmo tempo, de um estilo de vida que o acompanha. Descortina-se, nesse novo cenário, as primícias do sujeito: a autonomia, a liberdade, a privacidade, a assinatura do artista, uma estética para a fruição individual. A moral e o conhecimento são, a partir de então, sobretudo atribuições do *sujeito*.

O que o Renascimento gerou não foi apenas um revigorado humanismo, nem se limitou a se configurar como uma releitura dos padrões e valores clássicos. O Renascimento foi além desse projeto. Abriu-se a via para a emergência de uma inédita experiência humana. Ao reler os antigos, o Renascimento repete uma experiência grega humanista: ele rompe com toda uma ordem e concepção de mundo que o antecede e cria o solo para o nascimento de um paradigma rigorosamente inédito. Enfim, o Renascimento abre caminho para a invenção de um protótipo humano: o *sujeito*.

O sujeito significou uma virada de 180° nos rumos da cultura. O fundamento da existência se transfere do transcendente para a imanência, assentando-se na razão humana. Continua-se atrelando o ser à razão, só que, dessa vez, é dispensada a centralidade do transcendente, o que vai cumular com a denúncia de Nietzsche: a *morte de Deus*. Não é mais o sagrado, leia-se Deus o centro da verdade, da ética, da estética. O cetro é passado para o sujeito. O sujeito é, agora, o lugar da verdade, ou, ainda, o lugar da procura pela verdade. E a via de acesso subjetiva à verdade e à racionalidade.

Acredita-se piamente na racionalidade, como se acreditava incondicionalmente em Deus. As regras do viver social e da moral são edificações racionais e não mais prioritariamente teologais. A orientação da vida, a produção do conhecimento, o bom ou mau uso do conhecimento, a relação com o corpo e com a natureza, a demarcação axiológica dos campos da imanência e da transcendência, tudo isso é inconcebível sem a mediação da razão, suprema bússola.

Devemos acrescentar a essa lista um sentido de excelência para a liberdade. Na modernidade, a liberdade passa a ser inteiramente da alçada humana. Com ela é possível reinventar a democracia, deliberar sobre a relação do ser humano com a natureza. É possível, inclusive, optar pela imagem de Deus a ser merecedora de crédito. Não se discute mais a primazia da fé, se ela é alcançada pelo coração ou pela razão, simplesmente se discute qual é o território epistemológico da fé, do coração, da razão, do corpo, do espírito, da moral, da ciência, do belo, e assim por diante. O mundo se torna um sistema ordenado, rigidamente ordenado, dividido em partes como proporções calculadas e, cada vez mais, submetido à classificação enciclopédica. A lógica que vige é sobretudo a da causa e efeito por ação natural e não divina. A natureza se torna matematizada. A luz é definida como fenômeno científico, a dor aparece como fenômeno psicofísico, uma árvore é decomposta em um conjunto de processos biológicos, físicos, químicos. O corpo é mapeado, a natureza vê-se subjugada à métrica da quantificação. Dispensando o mito e a magia como meras superstições e, por vezes, as imagens, até no culto religioso, o sujeito racional quer criar um cosmo transparente e abolir o mistério da criação, da geração e do ser tanto quanto possa alcançar o seu afã racional.

O espanto e o encantamento são gradualmente destruídos e substituídos por um novo tipo de admiração: "duas coisas enchem o ânimo de admiração e veneração [...]: *o céu estrelado sobre mim e a lei moral em mim*" (Kant, 1987, p. 183). Nas conclusões de uma das suas mais importantes obras, *Crítica da razão prática*, anota Kant:

> A consideração do mundo começou pelo mais magnífico espetáculo que apresentar se pode aos sentidos humanos e que nosso entendimento, no seu vasto âmbito, pode abraçar, e terminou – na astrologia. A moral começou com a propriedade mais nobre da natureza humana, cujo desenvolvimento e cultura visam uma utilidade infinita, e terminou – no misticismo ou na superstição (Kant, 1997, p. 184).

Estamos acompanhando o declínio dos mitos e da magia. O astrólogo-alquimista é substituído por um outro tipo de remédio: a cura pela ciência. A ciência tem acesso à certeza mediante a experimentação. A certificação do conhecimento é produto de um embate entre díades: sujeito-objeto, as ideias – o empírico. É concebido um "dentro" (uma natureza humana interior), e a esfera de um "fora". O corpo é um fora, pois não contém qualquer racionalidade, muito pelo contrário, é considerado o território do irracional. A razão é um dentro. Contudo, ela deve ser adestrada pelo caminho ortodoxo, o método para alcançar a equação mais exata possível na organização racional da relação do sujeito com o (agora) *seu* mundo. Na modernidade do século dezenove, pelo o corpo ser tomado como exterior, não causa estranheza vendê-lo como força de trabalho, o corpo como mercadoria, como uma coisa entre coisas. A natureza, da qual faz parte a esfera do corpo, é também uma exterioridade. Está aberto o caminho para a dominação e exploração da natureza, sob inúmeras formas. A natureza se torna o objeto de um sujeito. Na cisão sujeito-objeto, a natureza é despojada, definitivamente, de uma alma. Se a natureza não passa de mais uma coisa, se os animais não têm alma, permite-se que os animais sejam dissecados ainda vivos. Achava-se que os animais não possuíam alma, que eles eram autômatos, que reagiam exatamente como uma máquina. A natureza era considerada um mecanismo, semelhante ao de um relógio. Por isso mesmo,

> acreditava-se que os animais eram desprovidos de sentimentos. Como poderiam ter sentimentos se não tinham alma? Descartes dissecava animais vivos, antes de haver anestesia, e parecia "divertir-se com seus gritos e lamentos, já que estes não eram senão assobios hidráulicos e vibrações de máquinas" (J. Jaynes citado por Schultz e Schultz, 2002, p. 42).

O imperativo da racionalidade e o seu domínio em todas as esferas do sujeito e da cultura é alvo de uma progressiva desconfiança, desde autores como Montaigne, Pascal, Rousseau, Schopenhauer, mas ela recebe golpes decisivos por meio de pensadores que passearam pela angústia, pelo desespero, pelo trágico: Nietzsche, Kierkegaard, Freud. O trágico aqui significa, em uma primeira aproximação, experiência radical do absurdo. O trágico desafia as prescrições da razão. O Dioniso retratado em Nietzsche mostra-se como um arauto da condição passional pujante em nós. É proposta, tanto por Nietzsche quanto por Kierkegaard, uma filosofia que considera a paixão, que se bate contra o despotismo das normas impessoais. O movimento de suspeita contra a razão culmina na psicanálise inventada por Freud: o grande corte epistemológico (para usar uma expressão conhecida na obra de Bachelard) operado no "progresso" dos saberes instituídos pela ciência, pela objetividade e pela empiria. Até então, só vale o que posso demonstrar por argumentos dedutivos ou inferir rigorosamente a partir do controle de variáveis experimentais. Esse corte espistêmico acaba por cortar o próprio sujeito: ele agora é visto como um sujeito cindido. O *logos* idealizado e que acredita poder superar as suas contradições tem que se ver com uma outra *logia* (lógica), que corre ao largo desse, não raras vezes como sua própria negação, estruturada pelo desejo considerado inconsciente.

Aparece, no cenário do sujeito, um visitante não convidado para a produção das palavras e das ações bem arrumadas e encadeadas segundo a ordem das razões. O desejo aparece como um intruso indigesto às pretensões racionalizantes e atinge não só a teoria do conhecimento como a moral e a religião. O desencantamento com a autonomia e a autoridade da razão é anunciada por Freud de forma elegante, mas com um conteúdo devastador. A megalomania humana sofreu seu mais rude golpe quando se defrontou com a investigação psicológica, que procurou demonstrar que o eu (o ego) não é senhor nem mesmo em sua própria casa (FREUD, 1976, p. 336). Curiosamente, descobrimos que Kierkegaard, cerca de 70 anos antes, também alude ao mesmo ponto:

> O eu é senhor em sua casa, como é costume dizer-se, absolutamente senhor, e isso é o desespero, mas é-o ao mesmo tempo aquilo que toma como satisfação e prazer. Mas um segundo exame convence-nos sem dificuldade de que este príncipe absoluto é um rei sem reino, que, no fundo, sobre nada governa (KIERKEGAARD, 1979, p. 233).

Esse sujeito não é mais o sujeito racional, *malgré lui*. É um sujeito que dispensou Deus como fundamento, que tem a ciência como baluarte, que prefere a individualidade à comunidade, a religião individual à prece coletiva, mas que se sente desgovernado e desesperado quanto ao que fazer com a sua coleção de dados coletados, experimentos, parafernálias. Esquecido da questão fundamental, *conhece a ti mesmo*, que acreditava suficientemente explicada e resguardada pela razão, é surpreendido pelo trágico, pela angústia, pelo desespero que lhe traz o avesso do sentido: seu corpo se rebela aos seus comandos mentais, seu desejo é motivo de escândalo, seu estilo de viver parece uma fraude, o conhecimento, a moral e a fé se deparam com o problema da finitude.

Se a metafísica moderna instala uma dicotomia sujeito do conhecimento – mundo como objeto desse sujeito, no modelo de ser humano enquanto sujeito do desejo inconsciente, o sujeito é desmembrado em partes constituintes: o consciente, o inconsciente, o superego, o ego, o id. O sujeito da modernidade se desfaz e se despedaça em várias atribuições, cada uma delas com uma esfera de atuação muito particular, ainda que interagindo umas com as outras. Estamos, portanto, bem distantes do sujeito uno, que aparece na aurora da modernidade filosófica, que visa abolir o equívoco, que utiliza a dúvida apenas como um método para a certeza apodítica.

Consideração fenomenológico-existencial da pessoa

O modelo sujeito-objeto cria uma cisão entre essas duas instâncias. Um abismo se abre entre nós e o mundo e, afinal, entre nós e nós mesmos. É o sujeito cindido, constituído pelo recalque, interditado a si-mesmo. As psicologias hauridas da filosofia existencial procuram compreender o ser humano dentro de uma imagem de ser humano com algumas marcas distintas. Elas concordam que o ser humano não é o primado da racionalidade tal como apregoa o modelo da tradição racionalista moderna. Concordam que o ser humano, frequentemente, não entrosa as suas intenções (explícitas ou irrefletidas) com as suas ações. Concordam que o ser humano não prima pela autenticidade. Concordam que o ser humano nada em um mar de incongruências, que não é pouco comum apresentar dificuldades de expressar para si e para o outro o que está sentindo ou pensando, antes, de se permitir a expressão espontânea de seu afeto, de seu corpo, de seu desejo, de seu pensamento. Entretanto, interpretam esses modos de se lançar no mundo e de se relacionar como contingências perante a condições da existência que se revelam como seus fundamentos: as possibilidades finitas, próprias e impróprias, as escolhas, a angústia, a articulação entre liberdade e facticidade, a perspectiva de assumir a responsabilidade pelas escolhas, de apelar para o autoengano etc.

A psicologia, que imaginamos com fundamentação na pessoa e na filosofia existencial, baseia-se em uma ontologia da constituição de si. Em se tratando de uma constituição, o si não está definido previamente ao existir do indivíduo, nem concerne a um sujeito enredado num solipsismo. A pessoa se faz enquanto conjugação com o mundo. A alteridade, o âmbito relacional e a autorrelação compõem o universo da pessoa. Em nosso modo de compreensão, que procura entender a pessoa sob inspiração das filosofias da existência, da fenomenologia e da hermenêutica, é mister levar em consideração a inserção da pessoa na cultura em seu caráter histórico e social, assim como não descartar o campo psíquico nem o corpo. No entanto, não entendemos que sejam instâncias que definam por si mesmas a pessoa. O corpo e o psíquico não são instâncias que se possa etiquetá-las como materiais ou anímicas, e sim estruturas *significantes*. Por outro lado, a existência da pessoa como projeto de ser se articula com um sem-número de condições factuais (econômicas, sociais, interpessoais, ambientais, históricas, culturais etc.) que se apresentam a cada um ao longo de uma biografia.

Pessoa e indivíduo massificado

A nossa proposta de uma psicologia fundamentada na pessoa procura fazer certa distinção entre pessoa e indivíduo. Ninguém é totalmente pessoa, ninguém é totalmente indivíduo. No meio do que parece a mais completa alienação de um indivíduo em uma aderência passiva ao massificado, pode surgir um luzir de perplexidade que leva à reflexão, uma lágrima escorre, uma emoção diferente e profunda toma conta de si, alguém se toca com alguém. Alguém consegue, mesmo que por breves instantes, escutar alguém em meio à multidão, nem que seja a si mesmo.

O indivíduo é uma perspectiva de ser humano, que pode ser entendido em duas frentes, precisamente definidas por Pedrinho Guareschi: o indivíduo que se quer separado e o indivíduo-massificado. O indivíduo separado é cria de uma sociedade neoliberal, na qual "os indivíduos são os responsáveis últimos e únicos por seu sucesso ou por seu fracasso. O individualismo é o comportamento preponderante. Cada um cuide de si, deixando "Deus" cuidar de todos." (Guareschi, 1998, p. 152). O indivíduo inserido na massa perde-se nela, identifica-se com ela de tal modo que se torna despersonalizado, um fantasma de si, regido por todo tipo de apelos que lhe são dirigidos pelo sistema social padronizador. Atualmente, é presa fácil de uma cibercultura, digitalizada, robótica regida pelo capital e pelo mercado.

Guareschi assinala que o indivíduo massificado é típico dos Estados totalitários.

> As experiências de fascismo, nazismo, a Doutrina de Segurança Nacional tal como vigorou na América Latina nas décadas de 60 e 70, os diversos integrismos, etc. são exemplos dessa concepção de ser humano como categoria segunda na escala de valores. As doutrinas de massificação, de anonimato, a predominância da burocracia são conseqüências de tal visão de mundo e de ser humano (Guareschi, 1998, p. 152-53).

Enquanto Guareschi contrapõe o indivíduo neoliberal, que se deseja autossuficiente, ao indivíduo massificado dos Estados totalitários e burocráticos, nós admitimos uma identidade complementar entre o indivíduo atomizado e o massificado.

A pessoa é um contraponto para essas duas facetas históricas da condição humana. A pessoa é remetida à relação. Ela constitui, sim, uma identidade única, mas, ao mesmo tempo, não se justifica mantendo-se à parte da relação com o outro. Para *ser,* ela precisa se dar conta de que sua individuação não é indiferente ao nó de relações que compõe a sua existência.

O indivíduo segundo uma concepção de ipseidade

O indivíduo vai ser pensado, agora, em três modalidades. O indivíduo como um ser distinto e avesso a generalizações, o indivíduo como um existente e o indivíduo atomizado da cultura de massa globalizada.

Individuum é a tradução latina do grego *atomon* (átomo), a partícula indivisível, ou seja, concerne ao que não pode ser mais dividido. Deixando de lado outros sentidos para indivíduo, pertinentes ao campo da lógica, podemos ainda trazer para pensar essa noção o sentido de idiossincrasia, que são as características únicas, que distinguem um indivíduo das várias generalizações (Lalande, 1996).

Assim, a partir de uma primeira abordagem etimológica e conceitual acerca do indivíduo, permitimo-nos deduzir um sentido de indivíduo, que parece indicar que o indivíduo não se reduz à categoria de espécie, gênero, às tipologias psicológicas, às abstrações conceituais a respeito da natureza humana aplicáveis indistintamente a todo e qualquer exemplar humano.

Cada ser humano apresenta uma dimensão de *singularidade.* Ele não consegue se igualar completamente aos outros indivíduos. Por mais que vista o mesmo tipo de moda, comporte-se conforme regras e normas sociais, tenha um corpo biológico moldado por uma natureza impessoal, insira-se numa cultura e num grupo social, ele apresenta a possibilidade de singularização e diferenciação. A natureza dotou-nos de olhos, de cabelos, de órgãos, de uma estrutura cerebral, que permite a imaginação e linguagem, mas são incomensuráveis as maneiras com que os indivíduos tratam e estimam os seus corpos, comunicam-se, fantasiam, criam, pensam. E, o que não dizer da constituição de sua personalidade ao longo de toda uma vida? A noção de indivíduo nos permite considerar que nem indivíduos gêmeos se comportarão necessariamente como uma cópia perfeita um do outro. Entende-se aqui que os indivíduos apresentam uma variabilidade de possibilidades de ser e de expressar a si mesmos, que pode surpreender as mais rigorosas estatísticas e projeções.

O Indivíduo sob a vista de Kierkegaard

O caráter de singularidade do indivíduo é notadamente marcado pelo filósofo Kierkegaard (1813-1855), considerado por não poucos estudiosos o fundador de uma vertente da filosofia que toma como fio condutor a compreensão da existência. Kierkegaard chama a atenção para o *Indivíduo.* No salto da fé, o Indivíduo projeta-se para as possibilidades de tal modo que se encontra acima do geral. O geral pode ser referido às normas de conduta adotadas socialmente, à moral vigente.

A moral permanece envolvida pelo universo de valores instituídos. Nas situações-limite de nossa vida, não temos como nos apoiar mais no consenso geral. A experiência única de nosso ser assinala uma solidão, que Sartre (1986) menciona como *desamparo*, que Jung (1986) se refere como *isolamento* e que a tradição mística conhece como *recolhimento* ("A linguagem da mística do desnudamento se recolhe no silêncio sacrossanto. Tudo o que se disser é tagarelice. A experiência não se diz, vive-se". BOFF, 1994b, p. 16). A fé é uma vivência que se abre nessas condições. A condição existente nos coloca em um paradoxo acentuado: na interface do finito (os limites inerentes à facticidade da existência) com o infinito (abertura para as possibilidades). O Indivíduo com I maiúsculo, em atitude de fé, aceita o absurdo que tantas vezes aparece em nossa existência. A existência nem sempre se apresenta como transparente e submetida às regras e modelos já traçados, àquilo que conhecemos, que expectamos. Desse modo, ela revela a sua face absurda. Não há como encontrar respostas elucidativas para o que soa absurdo, observando o que se passa com os outros, muito menos, nos livros consagrados e dogmas, pois a experiência mais radical do outro é, igualmente, única.

A fé enunciada por Kierkegaard implica sustentar a possibilidade de amar na gratuidade do encontro, como diria Buber (1977). Essa atitude é ratificada por Johannes de Silentio, pseudônimo utilizado por Kierkegaard em *Temor e tremor* (1979), ao admirar a fé de Abraão, assim como ao desnudar um amor do "cavaleiro da fé" (KIERKEGAARD, 1979) à sua amada, assumido de forma incondicional, em uma entrega única e íntima. Entregar-se ao amor, sem esperar gratificações nem explicações. Entregar-se por amor.

Surpreendentemente, encontramos no próprio filósofo solitário alguém que prenuncia a "morte de Deus" anunciada por Nietzsche (1995), pois Kierkegaard denuncia que o homem burguês de seu tempo já se evidencia como um homem destituído de fé, um homem que calcula a todo o tempo suas ações, poses e emoções, mais preocupado em não se descolar das tendências do âmbito geral social.

O filósofo que nos toca nesse momento se aventura pelo desespero e pela angústia, afronta a serenidade iluminista da razão, concebe um Deus ao mesmo tempo terrível (suscita temor e tremor) e fascinante, imprevisível, que coloca o ser humano em fé diante do inusitado, esgotadas as chances de qualquer controle sobre o fluxo da existência. Diferente de Nietzsche, parece-nos pelo que estudamos, até hoje, que Kierkegaard acredita na tarefa de tornar-se cristão, porém, a nosso ver, ela não nos livra do trágico, ao contrário, a existência é um desespero, na justa medida de nossa resistência e de nossa recusa do trágico. A fé não recusa o trágico. E o trágico significa aqui a falta de sentido imediato, domesticado por significados familiares do cotidiano dado para o Indivíduo que prefere permanecer com o geral à seriedade da interioridade. O indivíduo deverá descobrir o sentido em sua existência sem a confirmação de nenhuma instância exterior. Deus não é entendido, pelo menos em primeiro lugar, como "externo", e sim tem a ver como uma íntima relação que o Indivíduo estabelece com Ele.

O indivíduo e a massa

Antes de iniciar as nossas considerações sobre a pessoa, gostaríamos de analisar o par complementar massa/indivíduo. O sentido de *indivíduo,* que nesse momento nos importa tratar, refere-se a uma análise de certas condições da existência do indivíduo na cultura contemporânea. Devemos notar que o indivíduo, que vamos abordar nesse instante, não deve ser associado ao Indivíduo concebido por Kierkegaard que acabamos de estudar.

No campo indivíduo/massa, a individualidade descamba para um isolamento, que acaba revelando sua face reversa: uma submersão dela em meio à multidão indiferente.

O indivíduo, que acata o modelo de sociedade neoliberal, volta-se sobre si mesmo, como a mítica serpente grega, a *uróboros*, a serpente que se dobra sobre si própria e engole o seu próprio rabo. O indivíduo encerra-se sobre si mesmo de tal modo que ele tem como projeto tornar-se o centro de tudo, e esse tudo quer dizer a *sua* vida. Ele quer se afirmar como um sujeito, com autonomia e ação livre, sem ninguém para dizer aquilo que deve fazer ou deixar de lado, quer ser o absoluto senhor de sua vida. Bem, para não parecer de todo arrogante, admite que "tem um subconsciente", o que lhe dá o direito de também se afirmar como sujeito do desejo. Trata-se de um desejo narcísico, no sentido leigo de narcisismo, ou seja, de um apreço unicamente voltado a si mesmo. A sua "interioridade" é cultivada como o que há de mais importante nesse mundo. Uma subjetividade estética, vale dizer, unicamente voltada para a sedução do outro, para a aprovação social, para ingressar no *mercado* de consumo, para supervalorizar a menor dificuldade, criando um ser avesso à frustração, regido pelo princípio utilitário que pede uma busca desesperada e desenfreada de gratificação e prazer.

Tudo isso o transforma cada vez mais em um ser de consumo. Ele consome e se consome ao se sentir carente. Ao mesmo tempo, justifica-se em função dessa condição e, por isso mesmo, lança-se num compulsivo consumo, visando preencher as suas demandas. Desse modo, ele confunde o ser com o ter. O ser transforma-se num eterno querer ter. Até mesmo a "espiritualidade" é reduzida a artigos de consumo: incensos, oráculos, wokshops, literatura "esotérica", amuletos, que visam preencher um grande vazio, gerado, sobretudo, pela recusa de uma experiência mais ampla de si e do outro, de uma existência capaz de romper os restritos domínios de uma egolatria.

Esse indivíduo, tão identificado consigo mesmo, custa a se dar conta de que não passa de um número – um ponto estatístico em meio à massa. A massa é formada por milhares de indivíduos, somados uns aos outros, mas sem entrar efetivamente em interação. Na massa, todos somos anônimos, ainda que a propaganda tente nos convencer de que o grande sentido da vida é destacar-se da multidão, consumindo produtos da mesma maneira como o fazem – ou devem fazer –, repetidas vezes, milhares e milhares de pessoas.

Eis que a relação massa/indivíduo revela o seu paradoxo: o indivíduo, tão cioso da sua individualidade, quer avidamente se integrar à massa. Ele assiste a grandes espetáculos esportivos, a megaeventos artísticos e litúrgicos, mergulha avidamente nas redes sociais e grita suas preferências e crenças como fosse ser ouvido, espalha as suas selfies como se devesse ser visto pelo mundo todo. Sua voz e imagem perdem-se em meio à multidão. Ele nem escuta ou enxerga a si mesmo. Houve quem desse seu testemunho de ter visto isso de dentro do processo. Em meados dos anos 60 do século XX, enquanto os Beatles estavam tocando para centenas de fãs, a plateia permanecia em uma gritaria e delírios alucinantes. A certa altura, eles encheram-se de tudo aquilo e resolveram apenas fingir que tocavam. Não fez a menor diferença: a plateia continuou sua histeria coletiva. Então, algum tempo depois, John Lennon anunciou que os Beatles não iam mais fazer shows ao vivo, porque ninguém estava ouvindo nada. Uma de suas letras atesta bem o fenômeno do homem-massa. "Ele é, realmente, um homem em lugar algum. Acomodado na sua terra de ninguém. Fazendo todos os seus planos sem destino algum para ninguém. Ele não tem um ponto de vista. Não sabe para onde está indo. Ele não é um pouco como eu e você?" (Lennon e McCartney, 1973)[1]

O indivíduo tão cioso de seu *estilo*, que inclui, para quem pode, um *personal trainer*, um "analista", um telefone celular, um computador exclusivo, uma TV em cada cômodo, um consultor esotérico, descamba para o justo oposto daquilo que quer: ele despersonaliza-se quando projetado na massa. Ele assume aquilo que já está de antemão projetado para ele: vestuário, bens, serviços, postos de trabalho, formas de se comportar, sonhos. Suas imagens são coloridas pela mídia, pela internet e pela propaganda. Antes de desejar qualquer coisa, ele deseja o que reza a sociedade de consumo. O que ele vê é moldado pelas lentes desse tipo de universo. Um mundo em que nada falta: na telinha do computador ou da televisão, tudo é possível, nada é negado... para quem pode pagar. Para quem não pode, fica o imperativo dessa civilização: consuma ou desapareça (os que sucumbem ou não conseguem se inserir são chamados "os zeros econômicos"). Na violenta negação da falta, até a morte torna-se objeto de consumo: inúmeros filmes apresentam a completa banalização da morte, na qual ela se torna unicamente um dos modos espetaculares da indústria da diversão.

[1] "He is real a nowhere man/ sitting in his nowhere land/ making all his nowhere plans for nobody. Doesn't have a point of view/ knows not where he's going to/ isn't he a bit like you and me?"

Como uma das estruturas básicas, não só do desejo, como da finitude e contingência da existência, a falta é encoberta por toda sorte de promessas de felicidade e de prazer imediato. Há uma super estimulação dos sentidos. Imagens passam numa altíssima velocidade, o apelo às sensações é incansável: odores, sons, palavras, ideias, formas, cores, formam um mosaico de informações, cuja captação de um sentido estrutural é simplesmente impossível, a única possibilidade é a apreensão automática: *faça isso, faça aquilo, não deixe para depois, e por que não? O que você está esperando? Tudo isso só para você, todo mundo provou e gostou, só falta você, você vai querer ficar de fora?...*

A construção desse mundo de felicidade cor de rosa é surpreendida com toda sorte de assimetria, desigualdade social, violência (contra as mulheres, a identidade de gênero e orientação sexual, as crianças e os adolescentes, os direitos humanos, a natureza, diversas etnias e povos indígenas), racismo, sequestro dos bens públicos como educação, habitação, saúde em favor dos interesses de pequenos grupos, ataques de vírus virtuais e reais, depreciação humana em prol do aparelhamento tecnocêntrico. Os locutores da TV aludem a esses fatos como se eles fossem novas notícias. O tom é solene, grave, dramático e quase convincente, para algo que se repete diariamente. Enquanto isso, extasiado, o indivíduo, condicionado pela sociedade dita da informação, contempla a si mesmo nos noticiários e ao navegar na internet como se estivesse vendo um filme, jogando videogame, participando de uma realidade imagética como um dos seus personagens. Nesse mundo, nunca foi tão efetivo constatar que *a vida imita a arte.* Os limites entre realidade e ficção, entre o público e o privado, entre representação e ação são pulverizados na explosão das informações e imagens. O indivíduo finge acreditar que tudo está passando-se como se fosse um curso natural, inexorável, como se ele não tivesse nada com isso. Ele se recusa a se reconhecer como um ator da história. A sua responsabilidade com o curso do mundo não vai muito além da poltrona da sua casa. Se ele sai com as pessoas amigas é para beber cerveja ou passear no shopping. Essa é a sua cidadania.

Nossas observações nos permitem definir que a noção de massa diz respeito ao coletivo indiferenciado, às convenções (ideológicas, morais, etc.), ao "impessoal". O impessoal (Heidegger, 2012) se dirige indistintamente a qualquer um, abarca todo mundo e, ao mesmo tempo, não se refere a ninguém em particular; refere-se à massa gregária de indivíduos anônimos, sem rosto, quase como uma multidão de autômatos.

A massa segue os caminhos já trilhados e conhecidos. Ela supõe que anseia por novidades, mas nada que possa ameaçar sua sustentação alucinada no mundo das imagens sedutoras e prazerosas. Nela, o indivíduo submerge em uma grande irresponsabilidade sobre si mesmo, em uma alienação de si, e entrega docilmente a sua consciência à mentalidade coletiva reinante. O indivíduo não se reconhece senão segundo os padrões que todo mundo segue, acata. Os padrões de comportamento são estabelecidos por diversos agenciamentos sociais: a mídia, a internet, o Estado, as empresas e organizações econômicas, a escola, as religiões, que agregam um enorme número de adeptos, e até o futebol. As instituições tornam-se reprodutoras de ideologias e normas de conduta massificada. O indivíduo não pensa, ele é modelado o tempo todo e, assim, quer se abandonar e permanecer.

A forma contemporânea do modo de ser massificado surge, com toda a sua força, na cultura de massa, fenômeno contemporâneo atrelado ao desenvolvimento dos meios de comunicação de massa impressos, rádio, televisão e, mais recentemente, assistimos ao advento da cultura digital, que é a implementação maciça de tecnologia informatizada e conectada em rede. A Internet reúne uma massa de pessoas megagigante. Nesse contexto, as massas aderem de imediato a cada novidade, que caduca e é descartada em uma velocidade em crescimento incessante e exponencial.

Na cultura regulada pela adesão massificada aos produtos e serviços do mercado, a ideia não expressa a imaginação do poeta, ao revés, ela serve a um único senhor: o capital financeiro. Na indústria cultural, a notícia, a imagem, a arte são tratadas, na maior parte das vezes, como mercadorias, as produções visam ao lucro, são amplamente dominadas pelo *marketing*. Não são apenas vendidos produtos diretamente, ou seja: não se vende somente o carro do ano, mas, sobretudo, o conceito de *consumo*, por meio de imagens produzidas em novelas, noticiários, filmes, séries etc., que alimentam e estimulem o consumo. Tudo gira em função do trio tecnologia – mercado – consumo. O que não passar por aí, não interessa, ou melhor, simplesmente é tratado como da ordem do que não existe.

O consumo deve ser estimulado e vigora o que se torna descartável, inclusive as pessoas ("o pior inimigo das crianças são os adultos" diz um anúncio de desenho animado destinado ao público infantil). Ao consumo, é acrescida a não saciedade. A satisfação dá-se somente com o ato e o desejo de consumir, mas jamais com aquilo que se adquiriu, pois a lógica econômica não pode prescindir de um constante consumo, ou seja, de induzir o indivíduo à insatisfação permanente e à fantasia de que pode se desfazer de qualquer coisa, uma vez que tudo pode – e deve – ser reposto, para depois ser descartado e, assim, sucessivamente.

Além da conversão ao instante fugaz e ao imediatismo, a massa adere a valores como a competição, a exclusão (competição seletiva), nos quais quem não tenha um projeto lucrativo ou uma utilidade a oferecer ao mercado é considerado um "zero econômico" e, portanto, tratado com desprezo. Aqui se inserem marginalizados pela lógica do capital, por exemplo, os aposentados, os artistas, que insistem em um amor à arte, pessoas em situação de rua, o próprio trabalho humano (implementação massiva de tecnologia, que prescinde de mão de obra). A sociedade se divide em vencedores e perdedores. O valor maior é ser um indivíduo competitivo, proativo, agressivo, comunicativo, que almeja inúmeras conquistas. As pessoas são valorizadas pelo que tem, pelo prestígio social, pelas primícias de seus corpos, pela sedução de suas personalidades. A massa adere a esses modelos de ideais e de comportamentos. Desenvolve-se, enfim, uma moral que tem seus pilares no prazer, no consumo e no sucesso.

Nesse cenário, o que deveria ser alcançado pelo interesse comunitário é invadido pelo modo privativo. Quanto à esfera privada, a cultura de massa atinge os indivíduos dissolvendo os seus contornos. Eles não têm mais fronteiras: o indivíduo se confunde, definitivamente, com todo mundo. Porém, tudo parece natural. Os indivíduos querem se ver inseridos nesse todo, sem rosto, sem lhes falar algo mais do que o mesmo, querem se perder numa grande teia e se deixar absorver por uma conjuntura que não promove o encontro genuinamente dialógico, apenas a diversão, a curiosidade, a dispersão e a ilusão do escape do tédio, a inflação da bolha ideológica e do mundo circundante de cada um.

O conflito entre o esforço para sustentar a familiaridade do se toma como natural e a angústia inerente ao existir finito, faltante, incontinente às promessas de progresso, conforto e felicidade podem ser experimentados como certos padecimentos: depressão, ideias autodestrutivas, transtornos obsessivos, fobias, ressentimentos, culpa, sentimento de impotência, de menos valia, agressividade, comunicação reativa, alta e constante ansiedade, solidão etc. Essas formas vivenciais de uma consciência cúmplice do corpo e do psíquico são entregues à tutela da área *psi* (psiquiatria, psicanálise, psicologia) ou de práticas com proposta religiosa ou esotérica. Assim, é oferecido de tudo ao indivíduo, mas, cada vez mais, menos ele encontra sentido e se encontra.

A pessoa

A pessoa é uma noção ampla do ser humano, pois o reconhece constituído por um complexo tecido de relações. Façamos um panorama acerca de algumas de suas formas estruturais.

A singularidade

A pessoa apresenta possibilidades únicas. Ninguém fala sempre exatamente da mesma maneira que todo mundo, sorri ou chora da mesma maneira que todo mundo, expressa-se igualzinho a todos os outros, sente e desnuda a sua afetividade de forma absolutamente igual aos demais, comporta-se cem por cento da mesma maneira que um outro. Ainda que queira fazê-lo, não conseguiria, pois, para começar, ela não é o outro. A noção de pessoa implica levarmos em consideração a singularidade, o ser relacional e a alteridade constituintes. A pessoa faz-se enquanto encontro, relação, comunicação, mas também como alteridade, diferença, conflito.

Assim, toda pessoa é cada pessoa. Tratando-se da pessoa, ninguém é, de forma absoluta, igual a ninguém. A condição de *cada* pessoa (ou hecceidade, singularidade da pessoa), a sua diferença, pode passar despercebida frente à sedução pela imersão no duo indivíduo/massa, que acabamos de descrever.

Como pessoa me reconheço com um *nome*, uma origem, uma história. Nenhuma categoria esgota a pessoa. Mesmo a sua identificação por um nome, apesar de sugerir uma particularidade, não é suficiente para configurar por completo a pessoa, longe disso. Afinal, existem várias Marias, Isabelas, Elizetes, Fernandos, Josés etc. O signo astrológico é, pelo senso comum, utilizado para identificar uma pessoa, mas logo cai no oposto, a pessoa acaba enquadrada em um padrão supostamente cósmico. Para particularizar uma pessoa, não raro fazemos um amálgama de várias generalizações e categorizações. João é legal, botafoguense, taurino, estudante de arquitetura, carioca, portelense, quando se frustra fica histérico, gosta de assistir vídeos do grupo tal. Contudo, ainda assim, a sua pessoa escapa a esse nominalismo, por assim dizer.

Na consideração da pessoa, eu não sou um anônimo, um objeto, um átomo no meio de uma multidão informe, uma categoria, um conceito. Ao contrário, eu me apresento perante a existência como uma narrativa original, como um livro inacabado, que não contém apenas memórias, mas meu projetar-me para o futuro. Reconheço uma filiação a uma história de encontros e desencontros, sou signatário dessa história. Sou um ente biográfico, histórico e temporal, ainda que as linhas da minha existência cruzem com outras tantas narrativas.

Com relação à minha situação no mundo, a condição de pessoa me faz reconhecer que sou alguém inscrito em uma cultura, que vivenciou uma infância e juventude na convivência com um núcleo familiar com determinadas características, que se submeteu a certos condicionantes psicológicos, morais, sociais, pedagógicos, midiáticos etc., que se viu exposto a inúmeras ideias e imagens, que percebe a pujança de sentimentos, desejos, energias, que, por vezes, consegue captar reflexivamente, outras vezes sente-se como se o corpo e o psíquico fossem entidades com vida própria "dentro" de si.

Sinto-me como se fosse uma bricolagem de todas essas condições, mas eu não posso me justificar unicamente por elas, a perspectiva da pessoa não me autoriza a colocá-las simplesmente como causas de meu ser e de minha história. A diferença é grande entre uma justificativa meramente causal e uma compreensão de mim a partir da articulação de minhas escolhas e projeto existencial com o contínuo encontrar-se lançado no mundo. Assim, costuro uma trama pessoal.

O constituir-se como pessoa implica um aventurar-se na senda do *tornar-se quem se é*. O "é", no âmbito da pessoa, em nosso modo de compreender a pessoa, configura um processo contínuo de constituição de si ao longo da existência no mundo.

O ser de relações

Cada pessoa é um ser que se constitui na medida em que estabelece relações, é uma trama de relações. As relações são tecidas com o outro, com o mundo, com os instrumentos, com o meio ambiente e, não raras vezes, com o que se intenciona como uma dimensão transpessoal, se a pessoa se projeta em uma experiência religiosa. Devemos incluir, igualmente, no campo do ser de relações a autorrelação, ou seja, a relação da pessoa consigo mesma, que pode ser vivenciada por pensamentos silenciosos, pela meditação, pela tensão entre a consciência em seu modo reflexivo e a consciência na sua cumplicidade com o corpo e o psíquico.

Nossa concepção de pessoa é muito inspirada pelas filosofias que se debruçam sobre o problema da existência, entre elas, encontramos o pensamento de Heidegger. Ao ler o filósofo, especialmente em *Ser e tempo* (Heidegger, 2012), esforçamo-nos por edificar um pensamento que não se submeta ao esquema problemático gerado pela dicotomia *S-O* (sujeito-objeto). O ser humano não é, em essência, um sujeito diante de objetos, um sujeito cindido do mundo, para o qual o mundo não passa de uma representação, ele é *precisamente* um ser que se constitui conjuntamente ao mundo, como ressalta Heidegger, um ser-no-mundo.

O sentido hermenêutico-existencial da pessoa não quer ignorar esse liame indissociável entre mim e o mundo. Nessa relação, o mundo não aparece como objeto de um eu. Como mundo, entendemos o contexto interpessoal, social, moral, cultural, histórico, ambiental etc., em que nos vemos lançados em nossa temporalidade.

A concepção de pessoa como um ser de relações promove uma síntese entre a singularidade e a alteridade. Constituímo-nos como pessoas na medida de nossas relações uns com os outros e, ao mesmo tempo, apresentamos características, sentimentos, desejos e fantasias próprias. A nossa singularidade encontra-se permanentemente articulada à trama de relações, que estabelecemos ao longo da vida. Relação e singularidade se copertencem, vale dizer, a constituição da pessoa não pode ser pensada sem levar essas duas estruturas em sua implicação mútua.

A proposição do ser de relações dá oportunidade para que a pessoa não se confunda com a proposta de um centramento no eu ou em um sujeito, cujo mundo não passa de uma projeção do seu psiquismo. Quando tematizamos a pessoa não visamos contemplar um ser humano atrelado a um psiquismo que o defina por antecipação, esquematização ou generalização. Nesse caso, o psíquico estruturaria as nossas relações como o maestro da orquestra e não como um integrante da facticidade da existência, assim como compõem a facticidade de nossa existência a nossa inscrição num contexto socio-histórico-cultural, familiar, ambiental etc.

A pessoa como uma totalidade

O ser humano é entendido como pessoa e deve ser admitido como uma totalidade, que articula razão, emoção, psique, corpo, relação com a sociedade, a natureza. Todo esse conjunto está interligado. Se retirarmos um elemento para colocá-lo em "análise", à parte da sua interação no conjunto, estaremos mutilando a pessoa.

Assim, não faz muito sentido, do ponto de vista da pessoa, analisarmos o fenômeno humano apenas sob a égide do biológico-genético, ou do econômico, ou do social, ou da sexualidade, ou da liberdade, ou das crenças e valores, ou da linguagem, ou do imaginário, ou da busca de prazer, ou da busca de felicidade, ou da ética, ou desta ou daquela técnica. O modo de tratar o ser humano segundo a pessoa opõe-se às epistemologias e práticas setoriais, que mostram um apreço à especialização, que tende a promover recortes a partir de uma avaliação de condutas isoladas e destacá-las de seu círculo complexo de relações. A técnica se torna apartada do ser humano, torna-se meramente instrumental, de acordo com os ditames de uma lógica cujo fim não é o ser humano, ao revés, o ser humano é um meio para vários procedimentos que se esquecem de colocar a pessoa como fundamento.

A abordagem da pessoa nos indica, por exemplo, que o nosso corpo não é uma coisa, cujo sentido está prescrito exclusivamente em livros de academias, em manuais de laboratório, em diretrizes institucionais, em interesses mercantilistas da capitalização do corpo. Pensando a desumanização do hospital, Camon alude a um modelo que ainda pode ser encontrado em muitos lugares. "O hospital é como uma oficina e o médico seu principal mecânico. Cumpre a ele fazer com que a máquina-homem retorne o mais depressa possível à circulação como mercadoria ambulante. Interessa concertá-la, mais, ainda, evitar que se quebre" (Angerami--Camon, 1996, p. 184).

A compreensão da pessoa requer uma abordagem holística, que estime um cuidado dirigido a cada um, qual seja requer colocar a pessoa no centro do saber, das técnicas e dos objetivos a serem traçados. Devemos a nossa apreciação da pessoa a Leonardo Boff, Martin Buber e Olinto Pegoraro. Em artigo que permanece atual, Pegoraro escreve:

> De fato, no mundo da globalização, a economia mundial se impõe como primeira referência; faz-se crer que, resolvidos os problemas mundiais da economia, tudo o mais será decorrência. Produtividade, concorrência, consumo e lucro são os corolários da economia globalizada. É um estreitamento de horizontes (Pegoraro, 2000, p.9).

Vejamos, de outra parte, a dinâmica do círculo de relações da pessoa. Por exemplo, na experiência da paternidade. O pai, enquanto fenômeno biológico, não esgota o sentido de pai que esta ou aquela *pessoa* experimenta, cada uma a sua maneira, com possíveis pontos em comum com outros pais. É possível, inclusive, assumir uma responsabilidade, amor e cuidado paternos mesmo não sendo pai biológico. Antes de se ver capturado em uma rede de esquemas sociais, que antecipam o que é e como deve ser o "pai", que criam, inclusive, uma série de expectativas acerca do que seja pai e do seu papel, não devemos esquecer de quem estamos falando, ou diante de quem estamos: ali se encontra, antes do mais, uma *pessoa*.

Essa pessoa adjetiva o ser-pai. Confere uma história toda própria ao ser pai, ao processo constante da experiência paterna. Assim, se o processo de ser pai começa, segundo alguns, na cultura, que nomeia para nós a moral e a imoralidade do ser pai, não se encerra nela, pois a pessoa pode desenvolver um modo próprio de ser junto a cultura: nem isolado dela, nem somente se submetendo as suas normas. O pai enquanto pessoa não se define apenas pelo dicionário, pelo código genético ou da ciência, ou mesmo da religião. Ele se define por parâmetros que integram o legado da natureza, aplicado indistintamente a indivíduos, aos parâmetros éticos, psicológicos, sociais, culturais, que revestem o exemplar da espécie de *humanidade*, de uma realidade social e pessoal, o que permite inúmeras formas de constituição do pai, inclusive aquelas que não se inscrevem no biológico. Sobretudo, para usar um termo familiar a Martin Buber, o pai na condição de pessoa se define pela sua atualização do modo de ser pai na existência.

E mais: o ser pai, ser mãe, ser avó, ser filha, ser filho, ser mulher, ser homem, ser religioso, ser artista... se atualiza, ou seja, torna-se efetivo nas relações que são estabelecidas. Em última análise, ninguém enquanto pessoa nasce pai, mulher, avó, homem por simples filiação biológica. A pessoa é um tornar-se pai, mãe, avó, mulher, criança, homem, velho, assim por diante. A definição de quem ela se torna passa por como se escolhe no mundo e pelo círculo de relações. Quem nos chama a atenção para isso é Pedrinho Guareschi. A mãe se concretiza em um circuito de relações. "Se eu digo "mãe", esse conceito vai expressar relação, pois ninguém consegue ser mãe só; para a Maria (...) ser mãe, ela necessita de ao menos mais duas pessoas: um companheiro e um filho" (Guareschi, 1998, p. 151).

O ser de possibilidades

A concepção da pessoa não ignora que no cardápio da nossa constituição constam o pensamento, o corpo, a passionalidade, o desejo, um modo de organização cognitivo-comportamental, a linguagem, o imaginário etc. Encontramo-nos envolvidos com algumas dessas discriminações, senão com todas. Porém, elas não explicam todo o enredo humano. Há um aspecto que nos aparece como um fundamento da pessoa que deve ser levado em conta: o ser humano como *possibilidade*.

A possibilidade parece escapar do que se possa experimentar como "destino", "fatalidade", "causa". Ela alberga um *poder ser*. Pensar a possibilidade nos instiga a certas indagações a partir da tentativa de compreensão de seu processo de tornar-se pessoa. Quais as possibilidades que alguém vislumbra ao lidar com o seu encontrar-se lançada nas situações concretas de sua vida? O que faz ou deixa de fazer a partir de seu projetar-se temporal? Como percebe a sua vida e a si próprio? O que nega, o que afirma, o que imagina, o que deseja, como se escolhe, enfim? Tudo isso pode ser explorado sob o horizonte da possibilidade.

Se insistirmos nesse caminhar, devemos observar que a possibilidade não é algo em potência, guardado em alguma prateleira, esperando o momento de ser atualizado. Ela não é, simplesmente, algo como um potencial ao meu dispor. Ela é da ordem do indeterminado, imprevisível, absurdo, afina-se com a angústia existencial

A possibilidade se articula com a liberdade. A possibilidade se abre diante de nós. A liberdade implica a escolha de se dispor a explorar as possibilidades próprias, assim como a escolha de permanecer na inércia, na má-fé. Se a elaboração da singularidade estivesse estabelecida previamente ao nosso existir, estaríamos não mais do que em um mecanismo automático de realização das possibilidades. Experimentamos nós mesmos as dificuldades da escolha de "ser ou não ser". Na verdade, nós *somos*, esse é o nosso *ter de ser* a que aludem os analistas da existência. Na esfera da pessoa, o problema de ser ou não ser, de se escolher de forma autêntica e em má-fé compõe, em última análise, o nosso tornar-se.

A pessoa não é o ente cuja liberdade a retira da condição humana, ao revés, a joga para bem dentro dela. A liberdade é sempre uma liberdade possível. Não é uma liberdade arbitrária. É uma liberdade que se inscreve no finito (a condição finita pode envolver a vivência de normas, perdas, limites, doenças, do corpo próprio, do corpo do outro, da alteridade etc.). Podemos nos ver diante de certas situações em que vivenciamos a nossa finitude, podemos nos submeter ao que nos soa como de ordem finita, mas a liberdade não se reduz ao finito. O finito não termina aonde começa a liberdade. Liberdade e finitude não são estruturas antitéticas. São faces indissociáveis de uma mesma realidade: a condição humana.

Se estamos falando da articulação entre liberdade e finitude, surge a indagação: até onde se estende o campo das possibilidades? A resposta pertence à própria existência, acha-se no jogo que articula a nossa inscrição em determinadas estruturas do existir, tais como a linguagem, a psique, o corpo, a sociedade, a cultura com a nossa condição de liberdade. Como diz Sartre (1986), estamos condenados a fazer escolhas, tenhamos ou não clareza acerca delas. A extensão do campo de possibilidades não se dá antecipadamente ao fluxo do existir. Muitas pessoas tentam antecipar as possibilidades, buscam avidamente uma explicação sobre si e um cálculo sobre os acontecimentos, algo que as diga tudo o que possam esperar. Assim, elas não se abrem para um salto na fé, abolem o mistério inerente ao próprio existir, fecham-se nas relações e, desse modo, perdem a perspectiva de assumir uma individuação (elaborar a sua singularidade e o seu relacionar-se) para se tornarem docilmente presas da "fatalidade", das "circunstâncias", sob as mais diferentes desculpas.

A pessoa como tornar-se pessoa

A pessoa nunca está pronta e acabada. Ninguém nasce pessoa, a não ser em uma consideração filosófica. Do ponto de vista da ética, se acatamos a concepção da pessoa, partimos do princípio de que o ser humano merece ser tratado como tal incondicionalmente. A ética não deve, nem pode, sobrepujar a condição humana, impondo-se a ela, mas, por outro lado, a ética pode se propor como reflexão sistemática do que se acata e legitima como norma, ou seja, a ética se propõe como uma reflexão sobre a moral, os valores, as práticas, a técnica etc. Cabe, portanto, o ideal ético de dignificar o ser humano como pessoa, pelo cuidado com a condição humana na sua feição de singularidade, relação e alteridade. Já diz Jung que se certos ideais, em sua forma absoluta, são inalcançáveis, "o fato de não ser atingível não é uma razão a se opor a um ideal, pois os ideais são apenas os indicadores do caminho e não as metas visadas (Jung, 1986, p. 178, par. 291)."

Se acatamos a ética da pessoa, então concordamos que, desde criança, devemos ser tratados como *pessoas*: como únicas, com respeito, com consideração e com atenção a nossa forma própria de ser e de expressão, e que isso deve se desenvolver na relação com os demais seres. Bem, se admitirmos que devemos nutrir um cuidado sistemático com a pessoa, isso ainda não basta para esgotar o problema da pessoa. Gostaríamos de fazer algumas considerações sobre o sentido do tornar-se pessoa.

Em uma interlocução um pouco mais próxima à psicologia, podemos associar o tornar-se pessoa à noção de individuação. Individuação tem a ver com a ideia de que cada pessoa apresenta algo de único. Em uma perspectiva fenomenológico-existencial, não se segue a orientação que desenha a pessoa como um ente portador de algo único, de já possuir isso em sua natureza, mas se trabalha com a tese que propõe que cada pessoa apresenta a possibilidade de se lançar nas possibilidades próprias e, nesse sentido, desenvolver uma singularidade articulada às suas relações no mundo.

É preciso considerar que tanto na perspectiva que se apoia na ideia de que somos portadores de potenciais inatos a serem desenvolvidos, quanto quando pensamos a pessoa sob inspiração fenomenológico-existencial é mister levar em consideração que a pessoa é um tornar-se contínuo que toma toda uma vida.

Com relação às concepções desenvolvidas a partir da noção de organismo tal como foi apresentada por Kurt Goldstein (1951) e acatada por psicólogos como Rogers (1961), Maslow (1968), Perls (1988) etc., que ratificaram a tese que defende sermos portadores de tendências, talentos e predisposições (ou necessidades organísmicas) como potenciais inatos, é o tornar-se pessoa em perspectiva o fator decisivo e não, simplesmente, uma programação da natureza. Ou seja, nessas abordagens, que chamamos de "psicologias humanistas clássicas", o tornar-se pessoa ou o embotamento da individuação tem a ver com as escolhas de assumir ou não os potenciais, o que, por sua vez, depende das vivências de cada ao longo do círculo de relações que se estabelece na vida. Desse modo, mesmo nessas orientações, é o tornar-se pessoa que atualiza o potencial e não o contrário, ou seja, não se trata de conceber o ser humano como um amontoado de potenciais apenas esperando o momento certo para eclodir.

Ao admitirmos a possibilidade de uma individuação da pessoa no campo fenomenológico-existencial, acreditamos que ela passa por escolhas que envolvam a descoberta e exploração de possibilidades próprias. Isso pode envolver uma desconstrução de valores, crenças, condutas, modos relacionais. Essa escolha de si pode ser entendida como um projeto de ser. Pode envolver a confrontação desse projeto com o projeto original da pessoa, ou seja, com a maneira como em sua história ela vem escolhendo-se, a forma em que ela se acostumou a se reconhecer.

A noção de um tornar-se pessoa numa abordagem fenomenológico-existencial se refere à própria existência da pessoa. Ela é o seu tornar-se no mundo, o tempo todo, a vida toda. Não se trata de encampar a ideia de um desenvolvimento da pessoa como se fosse um progresso em direção a um suposto si-mesmo estabelecido por uma natureza humana. O si-mesmo nada mais é do que um tornar-se si mesmo, a pessoa é o seu tornar-se.

Permanece a ideia de pessoa como relação, alteridade, singularidade, conjugalidade originária com o mundo. Alguém pode escolher perder-se no mundo, ou seja, projetar tornar-se igual ao mundo, a todo mundo, aderida ao que estima que deve ser o mundo. Esse é um mundo que escolhe, o tornar-se que escolhe. Ainda assim, permanece uma diferenciação originária entre ela e o outro, entre ela mesma e o mundo. Ela não é o mundo, ela *é no mundo*. Isso pode ser uma angústia insuportável para não pouca gente. Mais explicitamente, diríamos, por exemplo: ela não é a sua família, ela vivencia uma história com a sua família. Ela não é o seu casamento, ela está casada. Ela não é o seu emprego, ela está empregada. Ela não é quem ela ama, ela convive, material ou imaginariamente, com quem ama. Ela não é Deus, mas pode se sentir junto a Deus.

A pessoa na psicoterapia

Consideremos a questão: como podemos compreender a psicoterapia a partir das estruturas básicas da pessoa apontadas?

Singularidade

Comecemos por uma conversa remetida ao exercício das práticas que se dedicam à hermenêutica psíquica. A singularidade da pessoa significa, em termos metodológicos, não colocar a linha de abordagem e a técnica adotada como mais importantes do que a própria compreensão da pessoa; não sobrepor uma determinada orientação teórica ao frente a frente com o cliente, não colocar o sistema de fundamento adotado como um anteparo abstrato explicativo entre o profissional e o cliente.

O problema da adoção acrítica de uma linha de abordagem é que a interpretação da pessoa atendida se torna pensada de acordo e dentro de um sistema que não se dobra sobre si e repensa os seus próprios fundamentos. Sendo assim, fora dele "não há salvação". Quem não acata determinado conjunto de proposições interpretativas incorre em "erro", "distorção", "resistência". Todas as questões levantadas encontrarão respostas plausíveis e, até certo ponto, previsíveis, pois serão enquadradas na armação do sistema epistemológico proposto. A linha adotada tem a ver com o que eu acredito, com valores preciosos para mim. Ora, se eu me aferrar completamente a eles, posso ficar preso neles de tal forma que deixo de agir fenomenologicamente, ou seja, não mais permito que a pessoa se revele a mim e, com isso, engesso a minha interpretação.[2] A interpretação vira receita pronta e dispensa o verdadeiro trabalho do pensamento. O pensamento torna-se meramente instrumental, colocado para justificar determinados pontos de vista consensuais na comunidade de saber instituída.

Lembremos que, por mais satisfatório que nos pareça, nenhum sistema gnosiológico dá conta integralmente da totalidade humana que somos. Nenhuma abordagem psicológica poderá abolir o mistério da existência. O sistema explicativo desenvolvido fala do homem genérico. Ele se dirige a uma média de comportamento. Isso, por um lado, é importante, pois nos permite um olhar estrutural sobre os fenômenos, um arranjo de sentido, que nos ajuda a compreender, afinal, a nós próprios. Contudo, por outro, lado, estamos enredados em um problema, a saber, que, ao responder com coerência e consistência a algumas indagações acerca de quem somos nós, o sistema explicativo adotado empobrece a mesma resposta que tanto se esforça por compreender, pois nivela todo mundo a uma média, a um obscuro ponto, que marca um lugar-comum pertinente a todos, enquadrando todos indistintamente em determinados atributos.

Vale esclarecer aqui que o apreço pela pessoa não significa dispensar o escopo teórico e a experiência prévia. O partir do zero marca um niilismo

[2] Permaneço como os homens presos no fundo da caverna de Platão, somente contemplando sombras abúlicas, que não me levam além do campo da suposição.

improdutivo, que muitas vezes resulta em um regresso aos mesmos problemas que estão sendo objeto de ressalva. Acaba se falando das mesmas teses com outras palavras, de forma inconsistente e incoerente. Não partimos do zero, as nossas posições e reformulações são elaboradas, quando se pretende pensar seriamente e com rigor, partindo-se de um estudo prévio meticuloso. Por outro lado, devemos considerar que se tomarmos nossas opções sistêmicas de forma absoluta, estaremos compreendendo a pessoa unicamente à luz de determinado campo fechado de premissas. Tudo o que aparece, todas as possibilidades que surgem são tomadas como reveladoras e confirmadoras das proposições acatadas. Assim, um conjunto de ideias perde o seu vigor e se torna uma arquitetura lógica de conceitos vazios, abstraídos da vida concreta das pessoas.

O cuidado com a pessoa implica um abrir-se para o inusitado, para o inesperado, para a perplexidade, para aquilo que não estava no programa, para o que possa romper com as mais preciosas convicções. A pessoa está muito à frente de qualquer tematização, por mais genial e feliz que possa ser feita, a seu respeito. Isso é o sentido mais próprio de mistério. A pessoa é um mistério. Talvez seja, justamente essa, a definição mais exata da pessoa.

> Cada pessoa é um mistério. Podemos conhecê-la através de um longo convívio, pela intimidade do amor ou pelas abordagens das ciências e das várias tradições da humanidade. Mesmo assim ninguém poderá decifrar e definir quem é Maristela, Márcia, José Américo ou Fernando ou quem quer que seja. A pessoa emerge para si mesma e para os outros num mistério desafiador. Somente sabemos o que cada um revela de si mesmo ao largo da vida, e pode ser captado pelas várias formas de apreensão que temos desenvolvido. Mas, apesar de toda diligência, cada um permanece um mistério vivo e pessoal (Boff, 1994a, p. 14).

Com relação à pessoa atendida, como a perspectiva da pessoa a reconhece no processo psicoterápico?

Cada pessoa tem a possibilidade de encontrar um caminho próprio, uma elaboração de si no mundo que faça sentido para ela. Uma escolha não pouco comum no ser humano é a de um escape de si mesmo. Sartre (2006) considera esse escape ao mesmo tempo uma perseguição a um si-mesmo que nos desse um repouso definitivo no ser, como se pudéssemos ser portadores ou obter uma natureza no modo de uma objetivação e reificação, que nos justificasse e nos retirasse da angústia. Impossível, é um projeto fracassado, ao mesmo tempo, é o nosso projeto, o desejo de ser em-si.

Ao ler Kierkegaard, Heidegger, convencemo-nos de que essa atitude pode aparecer como o lançar-se no mundo em uma adesão ao impessoal, à multidão, à massa, às ocupações oferecidas pelo que se encontra à mão (em geral ligadas ao manejo da tecnologia), sedimentadas como necessárias, inevitáveis, úteis, saudáveis, divertidas, a um grupo social em que os valores, as ideias, as crenças, as condutas são acatadas passivamente e reproduzidos fielmente.

Kierkegaard descreve um modo típico de aderência ao consenso geral, que estimamos bastante atual em nossos dias e mostra uma face do desespero humano.

> A contemplar as multidões à sua volta, a encher-se com ocupações humanas, a tentar compreender os rumos do mundo, este desesperado esquece-se a si próprio, esquece o seu nome divino, não ousa crer em si próprio e acha demasiado ousado sê-lo e muito mais simples e seguro assemelhar-se aos outros, ser uma imitação servil, um número, confundido no rebanho (Kierkegaard, 1979, p. 210).

O aspecto de singularização da pessoa implica uma individuação. Uma singularização que não descambe para um atomismo, no sentido do indivíduo que se deseja destacado dos demais, como descrevemos supra, como estudamos, acaba abraçado à massa, achando-se original.

No processo de singularização ou individuação, em outros termos, no processo de projetar-se para possibilidades próprias, a alteridade não se dilui em uma objetivação, em que não reste mais do que uma projeção dos conteúdos de um eu sobre um mundo que ele toma como exterior. A isso, Buber chama relacionamento Eu – Isso (Buber, 1977).

A singularização da pessoa é um movimento dialógico, que vai descobrindo a si mesmo concomitantemente à descoberta do outro. Abertura ao outro implica em uma abertura a si mesmo.

Martin Buber (1977) trabalha com a noção de eu, mas jamais um eu solipsista, e sim um eu que só existe na medida da sua relação com o outro.

> Através do árduo processo de conscientizar e encarar a possibilidade de se perder na indiferenciação de um modo de ser de "todo mundo", do modo Eu – Isso, que nivela as diferenças numa superposição de monólogos, e, por outro lado, através do esforço para romper as defesas suscitadas pelo temor de se expor ao face a face com as pessoas e consigo mesmo, pela expressão das emoções, pensamentos, ideias no convívio e no cuidado consigo e com o outro é que constituímos um eu, um eu-com, um eu-pessoa, um eu-relacionado, enfim, um ser-com (Veríssimo, 2010, p. 176-177).

Ser de relações

Sem a perspectiva do ser de relações, a terapia corre o risco de estimular um solipsismo: o indivíduo permanece falando de si, tomando-se como referência para todas as suas interações. Ele não mais se aliena (tanto) de si, ele começa a decifrar o seu "oráculo", o seu "conhece a ti mesmo", mas esse movimento permanece fechado, não se abre à convivência, não se abre à alteridade. Nesse solipsismo, ele de fato se descobre, mas esquece o outro. Ele reconhece as suas necessidades, aquilo que deixou para trás e que é importante resgatar ou o que é preciso romper e reformular, descobre os desejos mais recônditos, acessa às fantasias mais reprimidas e se realiza, extasiado nesse saber voltado para o próprio umbigo. Essa aquisição pode dar uma sensação de potência jamais desconfiada. No entanto, em algum momento, ele vai deparar-se com a finitude no seu projeto de se afirmar como um indivíduo, pois ele se depara com o outro e com os seus próprios limites.

Na existência concebida como um nó de relações, o *eu sozinho* não faz o menor sentido. Isso cria o chamado vazio existencial, tanto quanto o anular-se diante do outro. Na verdade, mais do que implicações psicológicas de uma escolha de se isolar ou de se anular, a constituição da pessoa não prescinde da alteridade, ao revés, a alteridade e a relação são fundamentos de cada pessoa. No pensamento de Buber, o eu isolado dos outros também não faz sentido. "Não há eu em si, mas apenas o eu da palavra-princípio Eu-Tu e o eu da palavra-princípio Eu-Isso" (Buber, 1977, p. 4).

Sartre sabe o que é a pessoa e sua imbricação com a alteridade. Afinal, "o outro é o mediador indispensável entre mim e mim mesmo" (Sartre, 2006, p. 260). Para Sartre, todo o ser humano (em seus termos, o para-si ou a consciência) é também um ser-para-outro.

É assim que entendemos o ser-no-mundo. É, igualmente, antes do mais, um ser que se constitui junto ao nó de relações que desenvolve. Notamos, como quem estuda e trabalha com a psicologia, que o outro é frequentemente estimado como meu objeto. No entanto, o outro é mais do que isso, para começar, ele é, de fato e de direito, *outro*. Quem se dá conta disso tem a disponibilidade para reavaliar os seus próprios juízos sobre o outro (e sobre si mesmo) e, de alguma forma, efetivamente, encontrar-se com o outro.

Essa elaboração é extensiva ao cliente. Não raro, ele se dirige ao outro, projetando antecipadamente como apresentar-se perante o outro, repleto de expectativas sobre o outro e sobre a relação. Ora, o outro é uma terra, em parte ao menos, desconhecida. As suas escolhas não se submetem inteiramente às minhas, ainda que ele possa esforçar-se nessa intenção. Por isso, ele não tem como acolher, conforme a minha expectativa, todas as minhas demandas por reconhecimento.

A psicóloga Tereza Erthal (2013) descreve um atendimento em que sua cliente se vê como uma pessoa de "alto nível", bem-sucedida profissionalmente, uma "vencedora". Foi desenvolvendo sua personalidade no sentido de competir, antes do mais, consigo mesma, tentando se superar a todo custo, precisando provar para si o quanto é elevado o seu valor, o quanto é imprescindível e o quanto é importante. Com isso, foi tornando-se uma pessoa competitiva, vislumbrando constantemente, a cada encontro, um rival a se confrontar. A medida do de seu valor é obtida pela "aceitação" submissa, derrotada, inferiorizada do outro, o que só reforçava o seu desprezo por ele. Sobretudo, no que diz respeito às esferas familiar e afetiva, essa desvalorização do outro alimentava o seu "ego", como se diz, mas, e, ao mesmo tempo, a levava a ficar mais insatisfeita com o outro, pois não aparecia o herói capaz de superar as provas que ela lhe lançava todo o tempo. Esse ambiente pessoal de onipotência foi criando uma imensa solidão. Os outros não reconheciam o valor para ela tão estimado: ser competente, perfeita, uma máquina de operacionalidade, eficiente, responsável, correta, racional. O seu projeto existencial, cujo imperativo era competir com o outro, formava uma unidade com o competir consigo própria. Ela escolhia (irrefletidamente) o outro como um objeto de disputas e buscava desesperadamente o reconhecimento por meio de uma insistente *agonística*, do medir o seu valor por intermédio de uma incansável disputa. Assim ela escolhia igualmente a si própria, sempre se obrigando a ser perfeita e a se superar, a vencer a si e a todos.

Pois bem, o outro não se vê obrigado a reconhecer tal imagem de si que ela emoldurou. Para começar, ele não é um objeto, é uma pessoa. Ele nega o que ela lhe reserva quase todo o tempo. Até que, a certa altura, na terapia, ela se deixa derrotar: reconhece a insubmissão do outro ao seu desejo, às suas escolhas. Essa derrota pode ser entendida como uma vitória. Nessa vitória não há vencedores nem perdedores: sua consciência se perdeu, nisso ela se ganhou. Acompanhemos uma parte do momento em que se dá a fissura de suas convicções. Ela diz:

> Não dá para suportar isso. Sinto como se estivesse sozinha e sem paredes para me apoiar. Vejo que estou repetindo um comportamento desde há muito tempo, mas que agora não me satisfaz, porém não consigo evitar. Sinto que preciso frear meus sentimentos, minha boca maldita, mas não posso... Sinto que já não convenço o outro... (Ou será a mim mesma?) (Erthal, 2013, p. 333).

A psicoterapia fundamentada na pessoa envolve um convite para a percepção não somente de si, mas do outro. Isso vale tanto para o psicoterapeuta quanto para quem é atendido. Aprende-se em terapia o significado essencial de: *o outro existe*, tanto quanto eu.

Totalidade e ser de possibilidades

O caminho palmilhado pelo indivíduo ao longo do seu processo de tornar-se pessoa envolve várias formas e possibilidades de expressão de si: emocional, corporal, sexual, cognitiva etc. À medida em que a pessoa se abre para a percepção de si como uma *Gestalt*, ou seja, como uma totalidade em que cada aspecto se articula com os demais e com o conjunto o qual pertence, ela pode se surpreender. Uma cliente expressou isso com bom humor: "quanto mais eu rezo, mais assombração me aparece!".

Trabalhar com o ser humano à luz da pessoa aceita o paradigma da complexidade, que afirma: "tudo interage com tudo em todos os pontos e em todas as circunstâncias" (Boff, 1995, p. 49). Podemos, eventualmente, focar um determinado ponto da vida da pessoa atendida no decorrer do trabalho psicoterápico, pois, inclusive, temos que começar por algum ponto, mas, ao longo do processo, esse foco tenderá a se expandir e a revelar um campo extenso das suas vivências. Dessa forma, essa pessoa ao ampliar uma consciência, que se dobra sobre como percebe a si e suas relações em sua existência temporal, tem a possibilidade de começar a costurar um fio de sentido que envolve a sua totalidade: a afetividade, a cumplicidade entre corpo e consciência, entre linguagem, imagem e consciência, a interpretação de si em seu estar no mundo, as suas escolhas, as condições concretas de seu existir histórico e temporal.

A essas considerações, gostaríamos de acrescentar que na psicoterapia a pessoa atendida tem a oportunidade de elaborar o seu encontrar-se nas suas possibilidades. Elas se articulam com suas escolhas e as condições concretas do seu existir. Entender a maneira como ela se escolheu e como ela se escolhe ajuda a compreender, também, como a pessoa lida com as suas possibilidades, o que estima como possibilidades, como lida com o que experimenta como limite, como articula a sua liberdade (ou seja, as suas escolhas) com as normas e os limites a que se sente assujeitada, como vivencia o passado, presente e futuro, como se projetou e se lança em suas relações, o que espera delas, como se reconhece mediada por suas relações. Tudo isso encontra-se articulado, e o trabalho hermenêutico ajuda, enfim, a traçar um croqui do projeto existencial de cada um.

Passando pelo problema da compreensão da liberdade enquanto articulação entre escolhas, possibilidades e finitude, certa vez, escrevemos inspirados pela leitura de Sartre:

> Sou liberdade pela contingência de cada escolha: escolhi de uma forma, mas, poderia ter escolhido de outras. Não posso me lançar em todas as possibilidades (já que sou um ser situado em contextos concretos, sociais e psicológicos), mas isso não quer dizer que minhas escolhas sejam nulas, pois, nesse caso, estaria orbitando na esfera da causalidade, o que não passaria de má-fé para escamotear a liberdade (Veríssimo, 2017, p. 281).

Na sequência da nossa reflexão, evocamos o próprio Sartre, quando ele afirma: "É precisamente a consciência de ser seu próprio vir a ser no modo de não sê-lo que chamaremos de angústia" (Sartre, 2006, p. 67). Concluímos que aqui está uma indicação exata do significado de possibilidade em uma perspectiva fenomenológico-existencial, que vai ao encontro da nossa concepção acerca da pessoa. "Ser o seu devir ao modo de não sê-lo é não ter um futuro decretado por antecipação ao existir concreto" (Veríssimo, 2017, p. 281).

Referências

ANGERAMI – CALMON, Valdemar Augusto (Org). O imaginário e o adoecer. Um esboço de pequenas grandes dúvidas. In ANGERAMI – CALMON, Valdemar Augusto (org). *E a Psicologia entrou no Hospital...* São Paulo: Pioneira, Thomson Learning, 1996, p. 181-231.

BOFF, Leonardo. Sentido antropológico-existencial de mistério e mística. *In* BOFF, Leonardo e BETTO, Frei. *Mística e espiritualidade*. Rio de Janeiro, Rocco, 1994a.

BOFF, Leonardo. Mestre Eckhart: A mística da disponibilidade e da libertação. *In* ECKHART, Mestre. *O livro da divina consolação e outros textos seletos*. Trad. de Raimundo Vier, O.F.M. *et al.* 3.ed. Petrópolis: Vozes, 1994b.

BOFF, Leonardo. *Ecologia. Grito da Terra, grito dos pobres*. São Paulo: Ática, 1995.

BORNHEIM, Gerd. *Metafísica e finitude*. São Paulo: Perspectiva, 2001.

BRANDÃO, Junito de Souza. *Mitologia Grega Vol. III*. Petrópolis: Vozes, 1987.

BUBER, Martin. *Eu e Tu*. Trad. de Newton A. Von Zuben. 2. ed. São Paulo: Moraes [1977].

ERTHAL, Tereza Cristina Saldanha. *Trilogia da Existência*. Teoria e Prática na Psicoterapia Vivencial. Curitiba: Appris, 2013.

FREUD, Sigmund. *Conferências introdutórias sobre Psicanálise. Parte III. Teoria Geral das neuroses*. Rio de Janeiro: Imago, 1976 (Edição *Standard* Brasileira, vol. XVI, Conferência XVIII).

GOLDSTEIN, Kurt. *La structure de l'organisme*. Introduction à la biologie à partir de la pathologia humaine. Trad. par E. Burchkhardt e Jean Kuntz. Paris: Gallimard, 1951.

GUARESCHI, Pedrinho. Alteridade e relação: uma perspectiva crítica. *In* ARRUDA, Angela *(org.)*. *Representando a alteridade*. Petrópolis, Vozes, 1998.

HEIDEGGER, Martin. *Ser e Tempo*. Trad. rev. de Márcia Sá Cavalcante Schuback. 6.ed. Petrópolis: Vozes; Bragança Paulista: Editora Universitária São Francisco, 2012.

JUNG, Carl Gustav. *O desenvolvimento da personalidade*. Trad. do Frei Valdemar do Amaral, OFM. Petrópolis, Vozes, 1986.

KANT, Immanuel. *Crítica da Razão Prática*. Trad. de Artur Morão. Lisboa: Edições 70, 1997.

KIERKEGAARD, Soren A. *Temor e Tremor / O desespero humano*. Trad. de Maria J. Marinho. São Paulo: Abril Cultural, 1979 (Os pensadores, vol. XXXI).

MASLOW, Abraham H. *Toward a Psychology of Being*. 2.ed. New York: Van Nostrand Reinhold, 1968.

LALANDE, André. *Vocabulário Técnico e Crítico da Filosofia*. 2. ed. Trad. de Fátima S. Correia *et al.* São Paulo: Martins Fontes, 1996.

LENNON & MCCARTNEY. Nowhere Man. In *The Beatles/1962-1966*. São Bernardo do Campo: Odeon, 1973, 2 discos.

NIETZSCHE, Friedrich Wilhelm. *Assim falou Zaratustra: um livro para todos e para ninguém*. Trad. de Mario da Silva. Rio de Janeiro: Bertrand Brasil, 1995.

PEGORARO, Olinto Antônio. A utopia da justiça. *Jornal do Brasil*, Rio de Janeiro, 26 dez. 2000, Opinião, p. 9.

PERLS, Fritz. *Abordagem Gestáltica e testemunha ocular em psicoterapia*. Trad. de José Sanz. 2.ed. Rio de Janeiro: LTC, 1988.

PLATÃO. Fédon. In *Diálogos*. Trad. de Jorge Paleikat e João C. Costa. 4. ed. São Paulo, Nova Cultural, 1987.

ROGERS, Carl R. *On Becoming a Person*. A Therapist's View of Psychotherapy. Boston: Houghton Mifelin Company, 1961.

SARTRE, Jean-Paul. *L'existentialisme est un humanisme*. Paris: Gallimard, 1996.

SARTRE, Jean-Paul. *L'être et le néant. Essai d'ontologie phénomeénologique*. Paris: Gallimard, 2006.

SCHULTZ, Duane P. e SCHULTZ, Sydney Ellen. *História da Psicologia Moderna*. Trad. de Adail U. Sobral e Maria S. Gonçalves. 16. ed. São Paulo, Cultrix, 2002.

VERÍSSIMO, Luiz José. *Ética da reciprocidade: diálogo com Martin Buber*. Rio de Janeiro: Uapê, 2010.

VERÍSSIMO, Luiz José. Interlocução com o pensamento de Sartre: fundamentos e prática de uma psicoterapia. *In* ANGERAMI, Valdemar Augusto. *Psicoterapia fenomenológico-existencial*. Nova edição atualizada. Belo Horizonte: Artesã, 2017, p. 265-293.

VERNANT, Jean-Pierre e VIDAL-NAQUET, Pierre. *Mito e Tragédia na Grécia Antiga*. Trad. de Anna Lia A. de Almeida Prado et al. São Paulo, Perspectiva, 1999.

CAPÍTULO 6

A Evolução Dos Espíritos: Perspectivas Analíticas Umbandistas

José Francisco Miguel Henriques Bairrão

1. Introdução

Este estudo compreende uma síntese e interpretação de depoimentos de umbandistas praticantes e experientes, estimulados pela exibição de vídeos de performances de transe umbandista relativas a oito das principais categorias do panteão (exus, pombagiras, marinheiros, baianos, boiadeiros, preto-velhos crianças e caboclos). O objetivo foi levantar subsídios para desvendar os procedimentos analíticos que, pelo olhar, permitem a esses especialistas identificar e categorizar por meio da análise visual dos desempenhos cinésicos de sujeitos em transe a adequação religiosa de padrões de movimento corporais.

Faz parte de um esforço para subsidiar a constituição de uma etnopsicologia brasileira, que não poderá estabelecer-se sem a colaboração de tais especialistas, mais ainda no que diz respeito a um fenômeno como o transe de possessão, tão profundamente alheio aos meios habituais da psicologia acadêmica.

A intelecção do transe de possessão exige equacionar um nível comunicacional e expressivo gestual irredutível ao verbal. Porém, essa inefável dança mostra-se cinesicamente de maneira que requer o corpo e a sua movimentação como meio e fonte de produção de sensações e sentidos interpretáveis corporalmente. Não se poderá compreender o transe de possessão (no caso, umbandista), escamoteando a sua dependência de um corpo enunciador de sentidos.

Webb Keane (1997) elaborou uma útil revisão dos estudos sobre linguagem religiosa, apontando pontos nevrálgicos das discussões travadas. Para a presente finalidade, é crucial a análise que faz das dificuldades levantadas pela invisibilidade de um interlocutor e pelo fato da instância agente se apresentar complexamente, uma vez que nem sempre a autoria coincide com a animação da performance comunicativa. É o caso da possessão.

Bruce Kapferer (1983), ao propósito do estudo do transe, aponta-nos algumas peculiaridades dessas evoluções (refere-se especificamente à dança) heuristicamente férteis. A linguagem da dança propicia a fusão entre sujeito e objeto. Sublinha ainda que, na sua variação cômica, também comum no meio umbandista, como sátira, favorece um distanciamento crítico e o drible da censura social e pessoal.

2. Método

O procedimento consistiu em uma primeira etapa de coleta de imagens de movimentos rituais, sempre em circunstâncias naturais, mediante consentimento prévio de comunidades religiosas umbandistas do estado de São Paulo. Os vídeos resultantes foram, posteriormente, mostrados a cinco pais de santo, representativos de diversas facetas da umbanda. Preferiram-se representantes de vertentes da umbanda que a reconhecem como um fenômeno religioso e popular, que ultrapassa, em larga medida, qualquer hipótese de padronização, e que as tentativas para contrariar esta sua índole revelam uma inaptidão ou descompromisso para com o senso de sagrado que lhe é intrínseco, por serem incompatíveis com a transcendência do domínio do ego por uma alteridade que possui e metamorfoseia os fiéis (Augras, 1983).

Ao mesmo tempo em que as imagens eram exibidas, comentários e depoimentos foram gravados e são, principalmente, as análises destas vozes que, neste estudo, ecoam-se e refletem, sem a preocupação de encontrar unanimidade. Pontos de vista divergentes e os eixos dos seus embates, na medida em que revelam a pluralidade e a riqueza do idioma de possessão (Crapanzano, 1977) e porque o foco de interesse da pesquisa foi retratar os processos de análise visual do movimento ritual executados por experts umbandistas, foram igualmente considerados.

Exatamente, por isso, as referências bibliográficas resumem-se ao absolutamente imprescindível para dar o devido destaque à palavra dos colaboradores e daqueles outros membros das suas comunidades (pai e mãe pequenos, filhos de santo, filhos carnais ou esposos) que a seu alvitre foram convidados a assistir às avaliações.

Embora seja um pouco artificial estabelecer este tipo de distinções, apenas para dar uma ideia da diversidade dos pontos de vista incluídos, vale a pena dizer que foram colaboradores uma típica representante de uma tradicional vertente da umbanda que a define como cristã e brasileira; uma representante da vocação englobante da umbanda, conciliadora da tradição com o acolhimento simultâneo da investida do kardecismo e do candomblé; uma representante da vertente mais próxima da proclamação de uma filiação da umbanda à suposição de influências indígenas; uma representante da porosidade do culto umbandista aos ventos da Nova Era; e adeptos de um diálogo aberto e colaboração maior com a influência pretensamente mais africana do candomblé. Insiste-se, porém, que todas essas ênfases, em maior ou menor grau, encontram-se presentes nos diversos terreiros colaboradores.

Foram mostrados centenas de vídeos, com duração média entre três e cinco segundos, considerados suficientes para propiciar um reconhecimento visual. A segmentação das imagens foi feita tendo como critério selecionar um padrão de movimento com princípio, meio e fim, que poderia repetir-se (no caso de movimentos 'rápidos' ou 'curtos') até três vezes. As classes de espíritos selecionadas para exibição foram oito (exus, pombagiras, marinheiros, baianos, boiadeiros, preto-velhos, caboclos e crianças). Escolheram-se as mais comuns, e a tarefa proposta aos colaboradores foi comentar cada vídeo exibido pelo prisma da maior ou menor tipicidade do seu conteúdo relativamente à categoria em pauta, o que não quer dizer que a isso se tenham reduzido os seus comentários: 'Às vezes ele focaliza uma e eu vejo a outra, entendeu? Deixa ver...' (os trechos em itálico reproduzem excertos de depoimentos dos colaboradores, representativos das suas perspectivas). Os sujeitos foram deixados à vontade para dizerem o que lhes ocorresse, com total liberdade. A exibição foi feita diretamente na tela de um computador portátil (Apple Notebook Macintosh G4 17 pol.) e os arquivos audiovisuais foram apresentados em formato QuickTime.

3. Resultados

3.1 Critérios de Análise dos Colaboradores

Após a transcrição dos comentários e sua leitura repetida e minuciosa, foi possível identificar os seguintes principais componentes do processo de categorização das informações cinésicas por parte dos nossos colaboradores, os quais em conjunto subsidiam o que se poderia denominar de uma cinésica umbandista: direção e foco da análise (as diversas partes do corpo não recebem igual atenção); notável perspicácia cinésica (a capacidade para identificar nuances e sutilezas que a olhares leigos surgem como praticamente invisíveis); interligação e combinação regular da análise estritamente cinésica com narrativas que vinculam cada performance a integrantes do panteão, ancoradas em indícios imagético-gestuais; acentuado cunho da enunciabilidade gestual como recurso para dar forma sensível e comunicável ao inefável; dependência da análise das evoluções corporais de uma simbólica espacial do contexto ritual; inserção da análise em um âmbito de referências e horizonte de hipóteses fundamentalmente epifânico.

3.1.1 Direção e foco da análise cinésica

Observou-se que as informações cinésicas mais especificadoras não são obrigatoriamente as globais, o rodar, a grande evolução corporal. Pois '*A boa incorporação passa no pequeno gesto a presença da entidade*'.

Pelo pé, pela posição das mãos, a entidade às vezes carrega a posição'; 'A mão essencialmente dá o cheque mate para poder distinguir, em todas as linhas'. As informações cinésicas podem ater-se a movimentos de partes do corpo, principalmente das mãos, bem como a elementos além do cinésico, tais como o contexto ritual (saudações ao altar, por exemplo): '*Quando você fizer esses filmes, tenta filmar cada um que chega, porque na chegada todo o guia tem que chegar e cumprimentar o congá, aí é que ele se posiciona; aí alguns eu posso até te dizer quem é'*.

Entretanto, também, há elementos não codificados cinesicamente, como o olhar – '*O olhar diz tudo'; 'Só de olhar você sabe'* –, que talvez se refiram a uma identificação pelo tônus muscular ou pela sintonia com uma intencionalidade do movimento meramente sugerida, não executada, indiciadoras de uma comunicação imediata, não representacional: 'É difícil eu falar, eu sei que não é'.

Além do mover – '*Para ser uma entidade tem que ter algo mais do que uma dança; Você está filmando muito a roda, a roda e a dança, dançar todo o mundo sabe, rodar não significa nada'* –, é relevante o mostrar, o ser visto, e o modo como se vê. O outro, como olhar, vidente, parece fazer parte da estrutura do fenômeno comunicacional cinésico: 'É difícil a entidade estar reparando nos outros, estar olhando'; 'Quando você está incorporado dificilmente você fica com o olho perdido, passando o olho pela assistência, olhando para ver se outros estão te olhando. Normalmente quando você está incorporado, você está firme e sabe para o que veio. Não fica olhando pra fila, ver se tem muita gente, ver se a entidade do pai de santo está olhando, prestando atenção nele. Então, pelo olho você vê legal, então dá para *sacar... pela direção do olhar... aquele olhar perdido..., a entidade está lá parada'*.

3.1.2 Perspicácia cinésica

A forma do movimento, por si mesma, é insuficiente: '*Ela está dançando, simplesmente dançando'*. Há uma extrema atenção, ou distração, a detalhes aparentemente não estritamente adstritos à performance cinésica, como se certos ruídos, ou resíduos, realmente fossem determinantes: '*A médium não está sendo espontânea, deu uma olhadinha para a câmara. Guia, não faz isso, fica concentrado, sem curiosidade'; 'Ela não está sendo espontânea, ela sabe que está sendo filmada'*. De novo, talvez mais do que a evolução corporal, o olhar surge como determinante.

Nota-se uma atenção meticulosa ao gesto e avaliação rigorosa do desempenho: Não tem sequência de movimentos. 'A *pombagira* põe o braço para cima, e ela não sabe o que fazer. A médium está interferindo'.

Não obstante, sob pena de desqualificação – 'É dança africana de balé. Para mim lembra sempre a minha dança africana, não tem nada a ver com entidade' –, algo nesse quadro escapa de ser visto positivamente, ou melhor, há uma sutil, paradoxal, percepção visual do invisível – '*A leveza do pé da pombagira é diferente da bailarina; uma é ritual, a outra aprendeu a dançar'* –, cuja explicação mais plausível pode ser algum nível de empatia psicomotora, não reflexiva (conhecimento mimético).

3.1.3 Interligação da análise cinésica com narrativas imagético-gestuais

Cada símbolo pode ser nome e força da entidade e pode inscrever-se gestualmente e na indumentária e demais adereços rituais: '*Sete Saias? Deve ter lá sete babados alguma coisa. Você espera que ela dê uma segurada nas saias*'.

Defeitos ou deficiências corporais, que muito incomodam os críticos mais racionalistas da umbanda, inscrevem-se imediatamente como marcas significantes em narrativas que, ao proporem uma história do espírito – '*A Mudinha veio numa demanda, um trabalho para uma vizinha. Vingança, cortaram a língua dela'* –, definem traços da sua natureza ritual e utilidade mágica: 'Às vezes pode ser que o espírito tem um problema no pé. Isso acontece muito na linha de Ogum, às vezes por causa do cavalo'.

Logo, parece haver uma relação entre gesto e narrativa, como evocação de um traço do imaginário investido de poder simbólico específico – '*O nome é imagem plasmada, o nome tem muito a ver com a entidade'* – e como calcamento no presente contexto ritual desse significante: '*Se tem alguma coisa como Sete Espadas, (então tem) uma mão para trás e outra aqui (empunhando), o nome, o mistério das sete espadas*'.

'*O que o espírito tem, ele transfere para o médium*'. Valoriza-se a espontaneidade da manifestação espiritual – '*Na nossa casa o santo tem o seu pé, ninguém ensina uma coreografia para ninguém'* –, mas admite-se que 'Às vezes o terreiro puxa, e as entidades vêm puxando também'. Deve-se descontar o estilo próprio do terreiro – '*Agora precisa ver uma coisa interessante, aquela coisa... a entidade do chefe da casa manca, todas mancam, entidade do chefe da casa usa bengala, todas usam'* – e as particularidades do médium – 'Ás vezes a *pombagira vai pegando o traquejo do corpo da médium e vai se expressando mais à vontade*' –, mas tais interferências são inevitáveis, pois é requerida uma acomodação do padrão cinésico dos espíritos: '*O que acontece com o guia, conforme ele entra num terreiro, mesmo que ele tenha um outro trejeito numa casa que ele frequenta, automaticamente ele vai pegando a linhagem do terreiro, ele vai se acostumando*'.

Não obstante, a restrição à dança dos espíritos, quando se sobressai ou a imitação uniformizante impera, é fonte de preocupações e no limite de descrédito: '*Se o chefe faz, o resto todo imita*'.

3.1.4 Enunciabilidade gestual do inefável

A correção de caráter, um espírito reto, frequentemente, manifesta-se em uma postura corporal reta, e um espírito rastejante alude esteticamente a uma desqualificação pelo mesmo prisma.

As cinesias não se resumem a mímica. Claramente, supõe-se que se dizem algo que poderia ser significado verbalmente, fazem-se noutro nível e com outra eficácia. Às vezes, a tradução, mesmo que exterior e sem gosto, não é possível: '*Não sei te explicar, eu sinto...*'.

Ainda assim algo se transmite, experimenta-se e é cognoscível. Portanto, a precisão e delimitação dos gestos e movimentos são uma condição necessária, mas não esgotam a comunicabilidade não verbal umbandista: '*Essa dança bem. Para corporal, pode até ser... não estou falando que aí tem entidade...*'.

3.1.5 Natureza simbólica da contextualização espacial

As evoluções cinésicas, para além da sua forma intrínseca, dependem do contexto espacial, simbólico, em que se performam. Se o corpo é meio de comunicação e cognição no atinente ao processo de simbolização do vocabulário cinésico, no relativo a significações atidas ao gestual, o corpo não está isolado da totalidade do espaço, a totalidade do espaço é ela toda simbólica e significativa: '*Entidade de esquerda, independentemente do congá estar coberto ou não, não é uma cortina material que vai interferir, elas ficam de costas, baixam os olhos*'. Conhece-se com o corpo e pensa-se com o espaço.

A própria denominação do espaço ritual pode depender da sua localização espacial: '*Tenda é em cima, terreiro é em baixo. Quando mudar para o chão, o nome muda para terreiro*'.

3.1.6 Âmbito epifânico da análise

Os umbandistas preservam, na contemporaneidade, um modo de ser fundamentalmente arcaico. A realidade das coisas e o quotidiano aparentemente fortuito revelam o sagrado. As palavras, por exemplo, tal como os gestos, emanam da natureza das coisas e carregam o seu ser. O mundo está cheio de sinais, é uma divina linguagem, que requer atenção e interpretação: '*Não é muito bom repetir o nome das pessoas, porque você entra na mesma sintonia do nome. Nome é força, nome é energia*'.

Os espíritos não se manifestam apenas por movimentos, mas também por acontecimentos: aparelhos que pifam, imagens ruins para edição etc. Dessa maneira, mostram a sua força e a sua seletividade, a sua participação e decisões. Nunca se pensa que algo fique fora da sua alçada. A feliz coincidência do editor digital, que trabalhou no projeto, ter um nome raro e coincidente com o do exu chefe de um dos terreiros suscita o comentário 'ótimo assistente'. No prosaico quotidiano de um profissional inadvertido, reverbera o sagrado assentimento e o empenho colaborador de um guardião espiritual da comunidade.

3.2 Análise cinésica de oito classes de espíritos

3.2.1 Exus

'Ele é pesado e é horrível'

De um modo geral, os exus mostram-se 'amarrados', uma forma de sublinhar a liberdade sem peias que se lhes associa e de reiterar o controle ritual sobre eles. Os principais significantes cinesicamente depreensíveis que os caracterizam listam-se, em seguida, nos próprios termos propostos pelos nossos colaboradores (procedimento que será adotado para todas as categorias).

1) *'Os exus bem arqueadão, ou bem altivo'; 'Ele já começa a se arrastar'; 'O exu, ele é torto';'Está vendo, olha como ele se rasteja... É rastejante...'; 'Exu baixo... É exu, mas é exu baixo. Terreiro muito ralé. Você foi lá na boca do Lodo...';'Esse vem na linha do Sapo, filha da puta, mata e não vê quem... Esse é o exu quimbandeiro, mesmo'; 'Tudo Exu do Lodo, tudo exu de fazer maldade'; 'Todos os exus que eu conheço, da linha do cemitério e do lodo, quase com a cara no chão...';'Basicamente duas variantes na forma de postura: Lodo, todo alquebrado, nunca pensei num Exu do Lodo que fique ereto'; 'Ao passo que na linha de Seu Lúcifer, Mangueira, Garra de Aço, Veludo, Marabô, uma postura mais elegante, mais ereta'; Na linha de Lúcifer, todos têm uma postura mais ereta, mas sempre com garra'; 'É difícil eles ficarem em pé, para eles ficarem em pé tem de ter um tempo de trabalho bem forte já'; 'Até por causa da luz e da claridade, quanto mais próximo do altar, mais se encurvam'.*

2) *'Esse também é exu. Ele parece exu. Você vê pela mão'; 'O gesto da mão é que vai caracterizar mais'; 'Só pela batida da mão, você logo percebe que o bicho entrou. Pela saudação, você conhece'; 'No momento que está manifestado na irradiação de um exu, automaticamente os seus dedos vira como uma garra'; 'Se o médium estiver incorporado de verdade com exu a mão logo fecha, se o médium não estiver incorporado, ele não mantém a mão assim, porque a articulação não aguenta, você logo percebe quando ele fecha'; 'Uma das características para nós são as garras'; 'Chega a ficar petrificado, os dedos, não aquela coisa boba, mole, é uma coisa que entreva...'; 'Pode ver a mão do cara, ele não trava a mão. Então, mais ou menos...'; 'O exu, quando ele monta, já monta com a mão travada, ele não vai travar nas costa'.*

3) *'Vai de uma vez e incorpora, exu! ... Exu não incorpora em câmara lenta'; 'Precisa levantar, mas precisa levantar, saudou e já... É, eles são rápidos, não é entidade de ficar capengando'; 'Ele bate no chão pedindo e levanta rapidinho, este é confirmado e já levanta pra trabalhar, não levanta para ficar sambando'; Essa dança, passo aberto, é bem característica do exu. Passadas largas caracterizam bem o exu'; 'Exu não dança; exu quando dança, é mais ou menos'.*

4) *'Esse está de exu, puta que pariu, olha só, olha o pé. Esse é o exu tradicional'; 'Mãos, pés, postura, está completo'; 'Você vê pela mão, pelo pé'; 'Esse de costas está*

incorporado, oh, a mão atrás e o pisar do pé, você vê o pisar do pé, que ele entorta tudo, ele não anda decentemente, como o normal'.

5) *'Você percebe que quando o exu entra, ele derruba o médium. Quando ele derruba meio, então ele não está entrado'; 'Derrubou, mas não entrou inteiro'.*

O tipo cinésico do exu passa a ideia geral de fera pelo comportamento, palavreado e pela garra. São tortos, desengonçados, de certo modo disformes. A performance cinésica parece ter algo a ver com isto, com esta feiura estético-moral, uma desistência do jogo de conveniências. No limite, uma não performance cinésica dispensa a 'beleza' do ritual. Dispensa música e dança. O seu cunho meio informe talvez sirva para dar forma a uma radical informalidade, liberdade desmesurada, aquém dos controlados parâmetros da elegância e beleza.

3.2.2 Pombagiras

'Com mulher não adianta:
se não souber fazer direito, não faz nada'

O mais característico da movimentação das pombagiras é uma gestualidade sensual. Movem-se na carne como peixes na água. Celebram a liberdade de movimentos.

1) *'Existem dois tipos de pombagiras... O que diferencia é que uma é fina, outra é escrachada. A fina fica com a cigarrilha e a taça na mão, só observando'; 'As escrachadas ficam girando, dançando'; 'Essa é do baixo calão mesmo. Dá para separar umas de um nível mais alto e as outras que vêm lá da baixada mesmo'; 'Já escrachou mesmo, aí parece mais pombagira'; 'Olha, tem cara de puta. Essa parece'; 'Dama da Noite geralmente é bem sensual, as que conheço...'; 'Molambo, é molambo mesmo...' 'É esse movimento, já se percebe até o movimento da Molambo. Na falange de Padilha tem um gesto, um feminino, mais delicado. A Molambo é um feminino mais escrachado'.*

2) *'Ela é pombagira mesmo, espetaculosa, ah ah ah'; 'Tem aquele jeito prepotente, pombagira mesmo'; 'Ela é muito sedutora, tem a soberba'.*

3) *'Bem sensual. Com certeza!'; 'Elas têm muita sensualidade, muita sedução'; 'Elas têm uma sensualidade no movimento delas'; 'Percebe-se pelo jogo, pela sensualidade'; 'Pelo jeito do corpo, já fica insinuante. Essa é pombagira mesmo'; 'Pombagira é sensual'; 'Não é uma coisa requebrada, igual a baiana, é mais sensual, menos dura'; 'Pombagira é o estereótipo da "sensuosidade"'; 'O movimento é graciosidade misturada com "sensuosidade", cadenciada, uma certa lascívia'. 'Aquela moça, olha que pose sensual...'.*

4) *'Essa é tradicional, essa é aquela que ergue o peito e vai'; 'O tradicional de pombagira, ela joga o peito para cima'; 'É pombagira, esticou o peito pra frente, pombagira estica o peito pra frente'; 'Costas pra trás e ancas pra frente'; 'Corporal, o ventre sempre pra frente'; 'É a quimbadeira. Puxa o peito pra frente e solta uma gargalhada'.*

5) *'Pombagira, quando ri, não segura na cintura. Põe as mãos nas costas. Assim é baiano, dando risada'; 'Sorriso... bem'; 'Pela risada, sim; a postura também'; 'Insinuante, aquela gargalhada, que normalmente quando elas chegam ou vão se retirar, é o cartão delas... A gargalhada é o registro delas'; 'Gargalhada é algo que caracteriza. O gesto da gargalhada caracteriza bem'; 'Gargalhada, é do naipe das Molambos, aquela coisa despachadona'.*

6)*'Essa é gira, olha a gargalhada, olha a posição do quadril, a mão, o pé. Este é o movimento típico de uma pombagira... roda mesmo'; 'Normal, mão na cintura. Bem característica, rosto de lado, pescoço assim... continua em pose bem característica'; 'É pombagira mesmo. Ela quebra o corpo inteiro'; 'Geralmente mexem mais da cintura para baixo'.*

7)*'Dependendo do nível do exu e da pombagira, exu dança, pombagira dança, aqui na minha casa não'; 'Para mim isso é doutrina, não sabe lidar, então segura'; 'Estão tudo presa... pela casa, pela doutrina...'; 'Estão incorporando, mas não com a força da pombagira, é meio envergonhada, presa, estão moldadas.' 'Essa está boa, está menos presa'; 'Está estereotipada, vamos dizer, como prostituta...'; 'São entidades presas, doutrinadas, parecendo mais baiano que pombagira'.*

8) *'Você vê, aí ela parece uma baiana, e é o mesmo guia'; 'Mais para baiana, está cruzada'; 'Tem umas pombagiras que são baianas. Então, está dançando com a saia pra fazer vento. Está misturando com baiano. Sempre há essa coisa entre baiana e pombagira...'; 'A pessoa que conhece vai dizer que é baiana, aí é uma baiana completa'; 'Parece mais um samba, um sacolejo. Malandra, seria'; 'A gente logo percebe uma pombagira por causa do jogo do pé e do jogo de cintura que elas têm, que é diferente da baiana. São mais rápido que a dança da baiana'; 'Têm uma gingadinha a mais de ancas'.*

9)*'Baiana tem a mão na cintura mais colocada. Percebeu a mão, aquele jogo, a viradinha para trás?'; 'A mão fica em cima do quadril, tanto na baiana como na pombagira'; 'É no meio da cintura, na verdade'; 'Leva a mão na cintura, essa é menos escrachada, elas vêm devagarinho'; 'Veja a posição da mão, caída assim. É típico da pombagira'; Essa é bem característica, olha a mão atrás'; 'Característico segurar a taça assim. Mesmo cigano, que também usa taça, não seguraria a taça assim'; 'Eu não gosto de pombagira que levanta a mão, porque ela não é, não é...'; 'Volta a pôr a mão para cima, até me assusta, viu?'; 'Mãos para o alto? Dizem que não põe, por causa das coroas. Foi a nossa mãe de santo que nos ensinou... Para cima da coroa, só orixá, para cá, terra. Era uma pessoa mais antiga, eu aprendi assim'; 'Entidades de esquerda com mãos para cima, tem a ver com dança, conhecimento de dança, técnica'; 'Não existe mão para as alturas, a não ser com uma taça nas alturas, ou no ombro, com as costas da mão para baixo, ou na frente'; 'Geralmente taça na mão esquerda, cigarrilha na direita, geralmente...'; 'Pombagira que levanta a mão e fica gesticulando e fazendo não conheço... se uma vier aqui, terá de se enquadrar'; 'Leva as mãos às costas e continua gingando. É muito difícil a pombagira que sobe as mãos na frente. Ela sobe aqui atrás'.*

10) 'O gesto da mão confundiria com uma cigana, mas por este movimento da cintura para baixo deixou de ser uma cigana'; 'Muito cigano isto aqui. Porque cigano também é linha de esquerda, viu?'; 'A linha de pombagira e cigana se confundem muito, existe a leveza dos gestos, a dança é meio rebolado. Sem o som, difícil'; 'A cigana é mais batido, um dois, um dois. Esse rebolado sensual, não'; 'A mão debaixo do seio, a cigana jamais vai fazer isso'; 'Essa, dança bem... Para corporal, pode até ser, mas aqui olha, vou te falar uma coisa, ela levando a mão para o seio... Como corporal, vale. Não estou falando que aí tem entidade. Mas sem pôr a mão no seio'.

11) 'A perna aberta ajuda a identificar que não é baiana, nem cabocla'; 'Um barato todas elas com passão aberto... Você não vê mulher decente com as pernas abertas... Deve ser a postura da mãe de santo. Menos típica na nossa casa'; 'É engraçado essa posição das pernas tão abertas... Não, não é uma característica comum'; 'Pelo gesto das pernas, muito abertas, dá. Mas não das mais características. Dá para identificar por eliminatória'; 'Elas mexem a perna, jogam tudo a perna. Acho que também por causa de saia'; 'Elas mechem a perna, mechem muito a perna...'.

12) *'Elas usam salto e aí a médium fica na ponta do pé'; 'Esse negócio de pombagira aparecer de salto alto e não sei o quê, isso é coisa de médium, não é coisa de pombagira'; 'Pode ver que ela não abaixa o pé; 'Essa é bem comum. Oh o pé! Não é por causa do salto alto, é o passo de dança que pede. Mas quando andam com o pé assim, parece que estão de salto alto'; 'Parece que está de salto alto. Já tem aquelas que pedem a sandália'.*

Essa categoria vincula-se a um místico feminino, concretamente, associado à sensualidade e ao útero. Um poder gerador, explícito em metáforas, como rosas vermelhas e taças embriagantes, nas quais servem a 'sua' bebida, *'Isso quando ela não bebe na rosa e não na taça'.*

Observa-se, claramente, a presença de uma subdivisão cinésica entre um tipo 'fino' e outro 'vulgar', reflexivos de duas categorias comuns do erotismo, talvez, também correlacionáveis ao 'alto' e ao 'baixo' das classificações sociais. Apesar dessa divergência, ambos se caracterizam por movimentos sinuosos, contínuos, leves e sensuais, e a sua colocação no mesmo nicho ritual subverte essa hierarquia e estabelece equivalência entre/ 'damas' e 'putas'.

Há nuances quanto à adequação ritual do ângulo de abertura das pernas (cujo 'fechamento' pode ser tomado como equivalente e portador da mesma ambiguidade do 'travamento' da ação do exu das mãos em forma de garra) e, principalmente, dada a extrema significatividade, que se descortinou nas extremidades dos membros superiores, em divergências e precisões quanto ao lugar das mãos das pombas-giras no atinente a uma tópica simbólica corporal. Nas casas fiéis a uma tradição ritual e moral de 'reserva' do feminino, as mãos não devem ficar acima da cabeça, roçam o corpo e devem tocá-lo nas costas e evitar criteriosamente exibir e simular acariciar os seios.

3.2.3 Marinheiros

'Ele vem num barco. Ele não está num lugar plano, então ele vai sempre jogar o corpo'

De um modo geral, os marinheiros movem-se aparentando desequilíbrio, como se estivessem bêbados, na forma de um descontínuo articulado.

1) *'Marinheiro é a questão do equilíbrio emocional. Quanto mais o médium é desequilibrado emocional, mais o médium balança; quando é mais equilibrado, menos'.*

2) *'Ichh, esse aí tá de fogo. Pode ver, é assim mesmo [risos]'; 'Esse parece o João Canabrava'; 'Nunca vi um baiano, um cangaceiro, assim tão bêbado'; 'Marinheiro é o exu do mar, por isso que ele vem bêbado, vem capengando'; 'É assim mesmo, esse está bêbado mesmo'; 'Pelo trejeito do corpo, você percebe. Olha lá, ela não segura o corpo'; 'Ela não segura o corpo, você percebe pela jogada do corpo'.*

3) *'Se você pega um marinheiro reto, ele não é marinheiro. É uma tábua'; 'Geralmente ele vem no balanço, ele não vem reto assim. Quando marinheiro está em terra, ele não se equilibra'; 'Aí ela não parece que está incorporada... Esse já está no porto!'.*

4) *'Esse é marinheiro mesmo. Ele não para nunca'; Se você pegar uma linha de marinheiro que os caras estiver meio parado, você me avisa, porque não está muito marinheiro não, marinheiro não para'; 'O marinheiro, você não vê ele plantado... a não ser que ele vá trabalhar'; 'Você vê que ela não para, está vendo?'*

5) *'Cambalear é característico'; 'Só o cambaleante, podia ser um baiano'; 'Só por cambalear, não caracteriza'; 'Cambaleado vai e volta, é característico'; 'Na hora que cambaleia para trás e volta, mata a charada'; 'Andar para trás é uma característica deles'.*

6) *'Um jeito de andar de passos largos...'; 'Para ele planar sempre abre as pernas, essa é uma característica do marinheiro. Ele abre as pernas para poder se segurar'; 'Abre a perna e segura o corpo. Está ainda se firmando'; 'Eles procuram mesmo um apoio'.*

7) *'Oh, como segura a saia...'; 'Interessante, todas as mulheres, é uma coisa natural, está de saia, levanta a saia'; 'Aquela coisa de incomodar mesmo, marinheiros não gostam, uma coisa que talvez mexa com a masculinidade da entidade'.*

8) *'Esse cumprimento é característico, ninguém faz isso'; 'Uma identificação legal para mim é a continência com aquela ginga etílica...'; 'O que está identificando os anteriores é a continência...'.*

9)*'Faz continência... não tá'; 'A mão, oh, acabou de fazer a continência, fica com o bração esticado...'; 'Olha lá, outra continência... Este aqui não, não tem nada disso'; 'Ele está lá se incomodando em fazer continência para os outros! Por isso ele é exu do mar.'; 'O pescador, já vem na linha de São Pedro'.*

Os marinheiros, praticamente, sempre, apresentam um movimento típico de tocar a cabeça e esticar o braço, que no limite é ou arremeda uma continência. Também pode ser lido como o uso do braço para procurar equilíbrio ou o gesto de perscrutar um horizonte longínquo.

Segundo alguns juízes, a afinidade aquática os associa a limpeza. Nessa linha, propiciariam a eliminação dos vestígios dos vícios que temperam a vida humana.

Na umbanda, em vez de um reprimir, há um despoluir e a aceitação do ciclo de poluição e limpeza na autopercepção pessoal e nos rituais como parte da vida. Entretanto, essa oscilação, mostrada acentuadamente nos marinheiros, suscita contundentes disputas 'teológicas'. Poderia um ébrio servir adequadamente à Marinha? Quem confiaria a um bêbado a direção de um barco? Poderá um 'alcoólatra' ser um bom servidor de Deus, acatar disciplina e respeitar hierarquia? Por isso, alguns o interpretam como um 'exu do mar' e reservam o seu papel benfazejo para uma variante 'bíblica' de espíritos associados às águas (os pescadores, como São Pedro).

Na hábil arte umbandista de conciliar os contrários e reunir o antagônico, o tipo cinésico por excelência do desequilíbrio se vincula ao equilíbrio. Tipicamente associados a navegações e a naufrágios, muito vinculados a ondas, a balanços e a cambaleios polissêmicos, os marinheiros estabelecem uma ponte antropomórfica entre o humano e águas em movimento.

De um ponto de vista estritamente cinésico, talvez o essencial resida na presentificação dessa movimentação, e continências e embriaguez sejam para utilizar uma metáfora disponível em um conhecido ponto cantado, como 'as nuvens que passam'.

3.2.4 Baianos

'O tradicional da baianada é chegar já na dança; eles não chegam mansinho; eles já chegam mexendo o corpo'

O seu tipo geral cinésico reporta-se a danças populares nordestinas. Movimentam muito os pés (eles) e a cintura (elas).

1) *'Agora, baiano e baiana têm diferença sim, são bem diferentes'; 'Um guerreiro, a outra é cabrocha. Ele é mais de Lampião, do cangaço. Mas como linha genérica, dá'; 'Baiano anda na frente, tipo xaxado, a baiana vai rodar'; 'Você fica com o masculino e o feminino. Bem diferente, essa característica de levantar a saia'.*

2) *'Baianos normalmente são mais pé de dança. Mesmo se não estão trabalhando, têm uma certa desenvoltura'; 'Tem aquele requebro da entidade, todas elas, mesmo gorda, têm um certo requebro'.*

3) *'Pombagira? Aí é baiana mesmo. Ela junta as duas mãos na cintura, porque se pombagira gira, vai juntar uma mão na cintura e a outra ela quebra'; 'A baiana em particular tem sim uma queda para o trabalho com as pombagiras'; 'Tem certas baianas que têm um quêzinho de pombagira, também têm um lado sensual'; 'Você logo percebe pelo jogo da cintura, que é diferente do da pombagira'.*

4) *'Não, está bêbado. Está parecendo mais marinheiro... às vezes é o burro que bebe'; 'O com perna pra dentro, está mais para exu. Tem baiano que trabalha na esquerda com muita facilidade'; 'Está vendo, está com exu... porque tem muito baiano em linha de exu'; Humm... parece meio exu. Está cruzado'; 'Quem vê vai falar que é exu. Está tudo nota abaixo... [risos]'.*

5) *'Está com uma peixeira na mão? Eu acho que dá'; 'Ele está segurando um facão, o que pela lei da umbanda é proibido'; 'Com peixeira, na nossa casa, viria na linha de*

cangaceiro'; 'Um negócio interessante, quem não trabalha com a linha de boiadeiro ou a linha de cangaceiro, vem na linha de baiano'.

6) *'Esse pulo não caracteriza, mas o passo que dá depois, sim. Baiano saltador, vem pulando do coqueiro... ': 'O pular não é característico, não na minha escola... Sem o pulo, tudo bem'; 'Esse tem mais pinta de baiano, apesar de que baiano não pula. Não é macaco pra ficar pulando'; 'Quem disse que baiano não pula? Pula e joga até capoeira'; 'O baiano da Izabel era assim, ele dava um pulo e incorporava'.*

7) 'Não tem necessidade de abaixar desse jeito e dobrar. Baiano é altivo, eles são eretos'; 'Não tem que dobrar tanto, estão encurvando muito. O baiano é altivo'.

O baiano salienta-se pelo jogo dos pés (eles) e das ancas (elas). Há uma clara diferenciação de gênero e muitas intersecções possíveis com outras linhas. Aliás, é a partir dos baianos, uma categoria relativamente recente, que começaram a se diferenciar novas classes, como os cangaceiros e os malandros. Mesmo um tipo bem mais tradicional e antigo, como o boiadeiro, pode hospedar-se entre eles. Além disso, podem 'vir' virados, ou seja, configurarem-se efetivamente como exus e pombagiras.

Tanta maleabilidade pode atribuir-se a fatores como a origem recente do tipo, talvez menos bem estabelecido (há variações nítidas entre os diversos terreiros), mas talvez também à natureza acolhedora e tolerante atribuída a essa classe de espíritos, e quiçá ao fato de, mais do que noutros casos, as suas evoluções poderem ser rapidamente identificadas com danças populares.

Essa maior fluidez ou indeterminação de padrões cinésicos, mais estritamente definidos, talvez, também possa associar-se a uma maior participação de ingredientes verbais (eles são descritos como 'muito falantes'), narrativos e coreográficos, na composição do tipo. Não será casual que o termo 'dança' apareça mais frequentemente utilizado pelos nossos colaboradores a propósito deles.

3.2.5 Boiadeiros

> *'Característica forte de boiadeiro é essa passada larga, segurando a rédea, o gesto de laçar'*

Os boiadeiros apresentam-se praticamente sempre com as mãos em círculo ao alto, 'laçadores' e, muitas vezes, 'cavalgadores', o que eventualmente pode fazer--se acompanhar ou alternar com oscilações verticais do corpo inteiro, levemente tombado para a frente, que podem sugerir a imagem de um galope.

1) 'Ele laçou e sentou. Dá impressão de que ele está no cavalo, ele lançou o laço e segurou a rédea'; 'O que eu chamo de característico é isso. Segurou a sela, a rédea, esse passo pesado, como de quem está cavalgando'; Parece que está num galope'; 'É aquela coisa, parece um galope...'; 'Essa cavalgada é característica'; 'Oh, a sela, a rédea'; 'Parece uma cavalgada'; 'Ele não tem outra identificação, você tá vendo, ele vem no galope'.

2) 'Normalmente, o que vai dar a ideia de um boiadeiro, mesmo que ele não está girando a mão ao alto, fica girando a mão por trás. É uma coisa mecânica, está sempre constantemente mexendo alguma coisa'; 'Você logo vê, boiadeiro, ele lança a mão'; 'Essa também está de boiadeiro. Você logo sabe pelo jogo da mão'; 'Essa está. Ele joga o laço e segura'; 'Ele entra, joga o laço, e ele roda'.

3) 'Essa passada para a frente, esse gesto de pisada, é bem característica deles'.

4) 'Tranquilo, todo o mundo torto, tombado'.

5) 'Essa é outra linha que tem dois tipos. Aqui vêm os boiadeiros de Jurema, que são os boiadeiros que trabalham na linha de Oxalá, laçando as almas perdidas... E tem o boiadeiro que, como o baiano, é o representante do sul da nação'; 'Essa daqui tem, esse é da Jurema. Pode ser que depois ela fale, se for da Jurema, não fala, ele canta'.

6) 'Aí misturou com caboclo'; 'Uma outra linha que poderia estar também é Caboclo Boiadeiro, mas...'; 'Há quem diga que o boiadeiro é uma referência de Oxossi. Ele vem na irradiação do Caboclo Boiadeiro'.

Há um contínuo de fronteira com o caboclo, reproduzindo cinesicamente, com toda a probabilidade, a transformação do índio do interior do Nordeste em pastor de gado já brasileiro (Assunção, 1999).

Essa memória social guarda-se, por exemplo, na figura de intersecção que é o Caboclo Boiadeiro, bem como na referência à primitiva espiritualidade dessas populações aborígenes, a Jurema, que se comemora e canta numa língua agora para sempre desconhecida.

A partir dessa base histórica, essa classe do panteão parece ter-se recoberto de um simbolismo bastante geral, apenso à metáfora do pastor como guardador do rebanho de Deus (Oxalá) e vigilante do não desgarramento do animal.

Os movimentos são bastante estereotipados e dirigem-se quase sempre à frente e ao alto, sendo muito característico o movimento circular de um braço com a mão fechada, pontuado por oscilações corporais suportadas pela ponta dos pés e, às vezes, por passadas para a frente e para trás.

O atributo imagético-gestual do galope, que comumente lhes associa, foi repudiado por uma colaboradora: *'Que cavalo? Não tem nada disso. Acha que está em cima do cavalo? Que cavalo, sai fora...!'*

3.2.6 Preto-velhos

'Ninguém brinca com preto-velho'

O seu tipo geral cinésico é o do muito idoso, que mal carrega o corpo, cujas pernas não têm mais força e que enverga o tronco para a frente, como se a cabeça atingisse o próximo passo antes dos pés. Apresentam tremores e movimentam-se em linha reta, sem pressa.

1) 'Essa caminhada lenta...'; 'Isso é normal da linha do Congo, geralmente vem se arrastando, porque já são escravos muito antigos'; 'Pode ver que ela não segura a perna, porque é coisa de velho mesmo'.

2) 'Quando preto-velhos e preta-velhas vêm com a perna aberta, segurando o lombo, eles trabalham geralmente com as pernas abertas e é para segurar o corpo, porque eles não têm mais noção do corpo'; 'A maioria deles andam com a perna meio aberta para equilibrar o peso'. 'Está vendo, perna sempre aberta, está bom'.

3) 'Tá vendo, esse apoio, apoiar no joelho?'; 'Primeiro, com as duas mãos pra trás, você já ficaria confuso. Mas como ele está, uma mãozinha para a frente apoiada, já tira a possibilidade de ser um exu...Mas é assim, a linha de exu é muito presente em todas as incorporações, porque são as que mais se assemelham à matéria'; 'Pode reparar que normalmente preto-velho ou preta-velha sempre está apoiado num dos joelhos e o outro meio solto, fica sempre um alquebrado'; Ele segura o corpo de um lado e do outro. Como característica de preto-velho está bom'; 'A mão do preto-velho geralmente está no joelho, porque os velhos têm que firmar o joelho'.

5) 'É característica de preto-velho chegar batendo (estalando) o dedo'.

8) 'Incorporação sofrida, bastaria um bom assentamento para esse preto-velho, para ele não pegar tanto a matéria [o corpo]. Mas a matéria [o médium] deve ter algumas culpas. Mas é por conta do médium, isso você corrige no desenvolvimento, não há necessidade'; 'Se os preto-velhos sambam, rebentam com as costas do médium. Eles não fazem isso'.

Com os preto-velhos, ninguém brinca, referiu uma mãe de santo, impressionada com o fato de não haver dúvidas quanto à adequação das imagens que lhes foram mostradas. Certamente, esse fato se deve em parte ao profundo conhecimento e universal ocorrência dessa linha em todo o campo umbandista, mas, dessa forma, ela expressou o reverente temor e respeito que eles inspiram.

Presentificam as origens africanas da umbanda, a autoridade do ancestral africano, portanto são um dos pilares principais de uma religião afro-brasileira, centrada no culto aos antepassados, entendidos como mediadores com o divino, mas também como protetores e vigilantes das obrigações determinadas pela pertença à linhagem.

Os dedos estalam, pelas pernas abaixo treme-se, do tronco para cima enrijece-se. O corpo ora está sentado, ora em andamento, dobra-se para a frente e o tronco fica quase na horizontal. O conjunto da performance cinésica passa a ideia de dificuldade, se não de sofrimento.

Embora isso não lhe seja específico, foi a seu propósito que mais explicitamente foi possível observar, na 'gramática' do idioma de possessão umbandista, a identificação e subsunção de corpo e sujeito médium à categoria de 'matéria', estruturalmente oposta à de 'espírito', alteridade e movimento.

3.2.7 Crianças

'A gente fica num estado deplorável...'

Esta classe de espíritos não apresenta um padrão de movimentos muito definido, identificando-se pelas variegadas cinesias e alarido, que se associam a crianças comuns, estereotipadas.

1) *'Bonito, livre...'*.

2) *'Você logo vê, porque a criança já entra e ela está feliz, já bate palma e essa coisa toda'; 'Esse é, opa! Batendo palma, batendo pé'; 'Esse jeito de bater os pés é característico'*.

3) *'Essa é a característica de criança mesmo, dedo na boca, o médium perde completamente o controle'; 'Esse também está incorporado de criança. Oh! Você vê que por mais que o médium tente se impor, ele não consegue. Ele se arrasta e vai'; 'Você vê, o médium não tem controle de nada'; 'Um homem desse tamanho não ia ficar desse jeito'; 'Eles dobram o médium ao meio'*.

4) *'Essa menina, não vai ter outro jeito, que ela está incorporada, com tanta loucura...'; '[Risos]... Parece tudo uns doidos'; 'Esse é, esse é uma peste'; 'Olha que peste! Está legal, fazem isso mesmo. Eles aprontam mesmo...'*.

5) *'Essa também está, é criança que não para'; 'Essa deve ser aquela que rebenta o terreiro'; 'A criança, você não vai conseguir ela sentada (quieta)'*.

6) 'Se traçar um paralelo com outras linhas, nenhuma ficaria engatinhando, barriga para baixo [risos]'; 'Acho que dá sim... Está com verme. Cachorro com berne é que faz isso, fica se arrastando'.

7) *'Ah, o exu mirim, ele vai te morder, ele vai fazer arte com você, ele vai te beliscar, ele vai beliscar o outro erê, que está quieto, entendeu? E os olhos, pelos olhos eu noto. Os olhos, um tem o olho agressivo, o outro tem um olhinho doce'; 'Olha o olharzinho doce, só para você ter uma ideia... Olha o olharzinho dele. Então é o olhar... Olha o olhar doce!'*

Pureza e inconsequência motora parecem associar-se ao divino, na rota de marcações culturais disponíveis no contexto (cristão) circundante.

Em comum com a categoria anterior, as crianças apresentam um mau controle do corpo. Quase todas, literalmente, 'deitam e rolam'. A precariedade do autocontrole cinésico parece facultar a associação do infantil ao celestial, como se o efetivo exercício adulto do controle voluntário sobre a musculatura simbolizasse uma pertença ao terreno e a injunção corporal da condição humana.

3.2.8 Caboclos

> *'E está quietinha. Mas quietinha não quer dizer nada. Isso não quer dizer nada'*

Os caboclos apresentam-se ora absolutamente imóveis, ora com movimentos harmoniosos ordenados verticalmente, eretos, retos. Coxos firmes, evoluem com um pé cá e outro lá, geralmente, um bem apoiado e outro em meia ponta. Com os membros superiores, mostram-se flecheiros, certeiros e precisos.

1) *'Caboclo de Xangô: ele bate no chão, ele vem fechado; o caboclo da mata, geralmente ele pula; caboclo flecheiro, aí está certinho, ele entra desse jeito mesmo, dá puxada de perna e puxa o arco'.*

2)'Característica principal na minha escola, as duas mãos fechadas com o indicador apontado'; 'Caboclo, você vai ver que ele pega, cruza em xis. Quando dá estas cruzadas, pode ser Xangô, aquela machadinha. Outra característica, duas mãos fechadas, só os indicadores apontados, é de Oxossi puro. Quando a mão direita está apontada e a mão esquerda fechada, pode ser um Oxossi cruzado com Xangô, ou um Ogum, como se estivesse com uma espada e uma seta, arco, na outra mão'.

3) *'No incorporar do caboclo, é aonde marca quando é o caboclo mesmo, que aí ele já puxa a flecha e já grita. Porque se ele roda, roda, roda, aí não é muito caboclo não'; 'Girando, só, não. Pode confundir com a linha de baiano'; 'Essa tá, não deu nem chacoalho, nem nada...'.*

4) *'O caboclo tem uma pisada de pé diferente do normal. A batida dele, ele bate sempre com o pé'; 'Pé, depende do pé de dança...'; Estou olhando o pé de dança... Tudo bem...'; 'Ela é caboclo, ele também. Só que ele manca'; 'Depois, estando em terra, vão deixando de mancar, de dar mancada'.*

5) *'O caboclo entra pelas costas. Não adianta, ele leva um pontapé aqui, ele cai, de joelhos. O médium não merece, ele não deixa cair. Então, não está caracterizado o caboclo'; 'Cai, filha da puta, vamos, cai! Não caiu. Não é caboclo'; 'Um caboclo, quando ele chega, ele sente o chão e ele bate no peito. Aí sim, ele pode baixar e pedir a benção ao chão, e aí sim, saudar Deus'.*

6) *'Olha os pulos desse bicho! Com esse tomo passe'.*

7) *'Pode ser baiana, porque está mexendo muito a cintura, para cá e para lá. Não garante... '; 'Está misturando com baiano'.*

8) *'São mais sisudos... Por exemplo, Sete Estrelas desencarnou com vinte e poucos anos... Mas geralmente têm idade mais madura, são mais sisudos'.*

9) *'Caboclo estaca, muito lindo!...'; 'Caboclos de árvores, que são caboclos duros, eles não mexem, eles fincam. Têm de ser doutrinados'.*

Esta linha congrega não apenas os espíritos de caboclos propriamente ditos, como principal e majoritariamente os espíritos dos seus ascendentes ameríndios. Constitui-se numa das linhas de frente da umbanda, freqüente e publicamente presente nos rituais.

Talvez, por isso, ao seu propósito, foram tecidas abundantes considerações e estabelecidas refinadas discriminação e tipologias cinésicas. A tal ponto que, sem sombra de dúvida, seria possível repetir inteiramente uma pesquisa como esta, dedicada exclusivamente à caracterização dos subtipos de entidades caboclas.

Não obstante a minúcia e a variedade dos padrões de movimento assinaláveis aos múltiplos tipos de caboclos, que descem ao detalhe da sequência exata de movimentos, da posição exata dos dedos da mão e da observação do desenho traçado pelos passos, não se esgotam, nesse âmbito, a definição e a apreciação qualitativa dessas entidades. Às vezes, foi determinante o avesso do cinésico, a fixidez da posição corporal, associada à firmeza e inflexibilidade como qualidades espirituais.

Mais claramente do que nas outras linhas, o caboclo não está inteiramente no movimento. E tanto menos o está quanto mais se torna relevante o refinamento da análise do gestual na direção do detalhe.

Categoria associada à direção espiritual e a uma compreensão do sagrado nos termos da luminosidade, não será casual que às vezes a avaliação qualitativa da sua gestualidade tenha se desdobrado em expressões de encanto que sublinham o fascínio pelas suas performances e alegam a beleza como critério.

4. Conclusão

É fato que os espíritos, no contexto da religião umbandista, evoluem, na acepção de se expressarem gestual e cinesicamente.

Este estudo debruçou-se sobre essas evoluções. Filmaram-se e mostraram-se a cinco sacerdotes umbandistas performances de sujeitos em transe e registraram-se as suas interpretações, tanto do ponto de vista da tipicidade das oito categorias do panteão escolhidas, como pelo prisma da informação suscetível de estar em pauta. As suas análises foram contrastadas entre si, de maneira a mapear pontos de intersecção, bem como a desvendar processos cognitivos e analíticos subjacentes às suas avaliações.

Os resultados evidenciam uma apurada disciplina analítica do olhar. A par de uma contribuição para uma etnopsicologia brasileira também apontam para a admissão do corpo como instância cognitiva e enunciante de sentidos que não poderiam propriamente comunicar-se por outro meio.

Embora as abundantes citações das análises dos colaboradores falem por si mesmas e não seja intenção deste estudo sobrepor-se às vozes umbandistas, e exatamente na medida em que o objetivo proposto foi tentar identificar como se constitui e como recortam o seu corpus de análise, cabe uma breve síntese do que foi possível inferir como principais traços ou determinantes das suas perspectivas analíticas.

4.1 Etapas da análise visual das evoluções cinésicas

A partir dos comentários dos sacerdotes, notou-se uma clara demarcação de duas etapas analíticas: a observação fina do movimento e só depois a sua interpretação religiosa mesmo que, pela agilidade da sequência, possam parecer concomitantes.

Ou seja, não é imediata a análise religiosa, a decisão de confirmar ou não o significado umbandista do gesto. A habilidade e perspicácia cinésicas não apenas lhes são anteriores, como independentes disso.

Vários colaboradores, por exemplo, identificaram as marcas de pombagiras nas mesmas baianas e só depois tomaram a decisão de aprovar ou reprovar, do ponto de vista da tipicidade e correção religiosa, essas ambiguidades: *'O baiano tem uma linha. Aí vira uma água, cada um vai incorporar uma coisa de um jeito e vai dizer que está com aquilo'*. Ou: *'Parece pombagira. Aproveita essa imagem para pombagira'*. Ou ainda: *'Baiana?... Aproveita essa imagem para pombagira!'* Mais uma: *'Essa é mesmo daquelas pombagiras baianas, daquelas que precisam requebrar tudo para soltar. Não é muito característica'*. A última: *'Parece mais baiana, não parece pombagira'*.

Essa habilidade de discernimento anterior e independente do julgamento prolongou-se além do código corporal especificamente umbandista. Integrantes de terreiros diversos, por exemplo, identificaram uma forte influência de dança africana num conjunto específico de performances de pombagiras .

Diversos colaboradores também apontaram coincidentemente uma marca cigana nos desempenhos afetos à mesma linha noutro dos terreiros em que foram feitas gravações (assinale-se a repetição desta especificação meticulosa em situações de análise atinentes à classe das pombagiras.).

Mesmo as evoluções corporais não reconhecidas como pertinentes a nenhuma das oito classes em exame, receberam um mesmo significado alternativo, o que por si só comprova certa codificação. Foi o caso, por exemplo, do orixá Iansã 'atravessando' a performance de um boiadeiro, como tal reconhecido independentemente por vários colaboradores, inclusive pela mãe de santo do terreiro onde o fato ocorreu.

Porém, a etapa posterior, do julgamento da adequação de uma determinada performance a um tipo do panteão, pode logicamente retroagir sobre o primeiro nível de análise, para afiançar a ilegitimidade (por uma perspectiva umbandista) e necessidade de exclusão do corpus de análise de determinadas espécies de movimentos.

É o caso em que se põe em questão o eventual não reconhecimento de uma alteridade espiritual como agente da ação: pondera-se a adequação do movimento ao repertório gestual disponibilizado pelo idioma de possessão umbandista, o que ratifica que um dos critérios de validação da possessão é indubitavelmente a forma do movimento.

Contudo, esse julgamento sempre é temperado pela virtual impossibilidade de tomar qualquer padrão cinésico como absoluto e definitivo para qualquer classe de espíritos. Os juízes costumaram ser cautelosos nesses casos, o que sugere que se de um lado a pura e simples análise do movimento pode ratificar a 'realidade' da possessão espiritual, por outro, a inadequação das performances aos modelos esperados, por si só, não garante a sua desqualificação por esse mesmo prisma.

Um fator que aumentou a credibilidade das performances foi a suposta dificuldade de certos corpos adultos ou gordos desempenharem alguns movimentos com rapidez ou contorções: *'Uma mulher com esse tamanho, com essa gordura vai dobrar desse jeito, você acha que dobra? Não dobra! Vai pular que nem cabrito?'*

4.2 Vidência cinésica e cognição corporal

A análise cinésica decifra ou produz o imaginário? É possível vislumbrar um princípio de decifração da gramática ou código antropomórfico que se supõe informar a linguagem religiosa umbandista num patamar pré-reflexivo? Haverá algum simbolismo no corpo e suas partes (como mãos ou pés) ou o sentido residirá na pura sensação muscular? Se houver uma espécie de significação intrínseca à forma do movimento corporal, além do sensorial, seria ela pertinente à parte do corpo, ou à ação cinésica que se encarna no ato corporal acometível pelo órgão? Os adereços que se vestem, ou empunham, além dos gestos, fazem parte do contínuo da unidade significativa? Em suma, será possível segmentar as unidades mínimas significativas e onde passariam as suas fronteiras? Os, por assim dizer, morfemas cinésicos poderiam delimitar-se em gestos ou se desbordariam em outros níveis de construção de sentido?

Por enquanto, está-se longe de respostas conclusivas para perguntas como estas. O que é possível afirmar, de decisivo para o estabelecimento de um método que permita responder tais perguntas, é que às cinesias que consubstanciam os espíritos se associam a 'outros olhares'. Os espíritos são vistos videntes.

Olhar e cinesias parecem articular-se, tanto pelo ver, imaginar a cena pelo movimento, quanto pela condição de alteridade do espírito, esteticamente produzida como olhar produtor de classes de sentido, qual foco de iluminação de uma cena existencial pertinente aos participantes.

Ao olhar as cinesias, frequentemente, os sujeitos se dirigiram ao olhar do Outro do transe, quer examinando a sua direção e fixidez, quer atribuindo-lhe qualidades que roçam o indescritível ('opaco', 'doce', 'ausente'...).

Ocorreram, por exemplo, sinestesias metafóricas, como olhar doce, que muitas vezes receberam um retoque imaginal para comporem cenas suscetíveis de compor histórias: cavalgada, socar pilão, sedução etc.

Talvez isto se possa chamar de imaginação ativa e, enquanto empreendimento histórico coletivo e compartilhado, consubstancie-se em um imaginário. Um imaginário que se dá a ver como uma 'outra cena', supostamente metafísica, mas que concretamente se delineia mediante a evoluções corporais, lato senso danças.

Porém, fundamentalmente, um imaginário que se dá a ver em corpos e que pode ser visto com o corpo.

Os comentários dos colaboradores deixaram claro que puderam reconhecer o que se enunciava cinesicamente, em larga medida, graças à sua experiência de transe. Para verem os espíritos, recorreram não apenas aos olhos, mas a um olhar alargado ao corpo inteiro e especialmente às sensações musculares que os vídeos evocaram no seu próprio corpo. A sua experiência espiritual revelou-se profundamente corporal, e o corpo evidenciou-se sujeito cognoscente e anunciante de sentidos que, pelo menos em parte, não poderiam expressar-se nem se comunicar por outro meio (inefáveis).

Presumivelmente, nisto reside a grande afinidade entre transe umbandista e dança (os espíritos 'evoluem' quase o tempo inteiro). Tal como na dança, sujeito e objeto se fundem em um único processo expressivo, de alguns pontos de vista umbandistas para conhecer os espíritos, é necessário encarnar os gestos e movimentos que os consubstanciam.

Agradecimentos: Apoio FAPESP e CNPq. Agradeço aos sacerdotes e demais colaboradores membros de comunidades umbandistas, cujo anonimato se respeita e preserva. O competente trabalho de edição e preparação para exibição dos trechos de vídeo submetidos à análise dos pais e mães de santo foi feito por Glauco Madeira de Toledo e Wiliam de Andrade.

Referências

ASSUNÇÃO, L. C. de. *O Reino dos Encantados: caminhos, tradição e religiosidade no Sertão Nordestino.* São Paulo: PUC (Tese de Doutorado em Ciências Sociais – Antropologia), 1999.

AUGRAS, Monique. *O Duplo e a Metamorfose: a identidade mítica em comunidades nagô.* Petrópolis: Vozes, 1983.

CRAPANZANO, Vincent. Introduction. In: V. CRAPANZANO & V. GARRISON (Org.) *Case Studies in Spirit Possession* (pp. 1-40). New York: John Wiley & Sons, 1977.

KAPFERER, Bruce. *Celebration of Demons: exorcism and the aesthetics of Healing in Sri Lanka.* Washington: Smithsonian Institution Press, 1983.

KEANE, Webb. Religious Language. *Annu. Rev. Anthropol. 26*:47-71, 1997.

CAPÍTULO 7

Psicologia e espiritualidade Delimitando campos – construindo pontes

Marco Portela

"Por trás da relação entre psicologia, religião e espiritualidade, a psicologia encontra sempre o fantasma de Deus"

PONCIANO RIBEIRO

Introdução

Tradicionalmente, ao longo da história, existem quatro saberes considerados nobres: Arte, Filosofia, Ciência e Religião. Estes quatro campos do saber são palco de toda a produção humana, palco da busca pelo conhecimento, pelas respostas às perguntas mais profundas e arraigadas, que nunca se calam, motor e combustível de toda evolução: quem somos nós? De onde viemos? Como surgiu a vida e o ser humano? Para onde estamos indo? Qual o sentido de tudo isto?

Cada um à sua maneira, estes quatro saberes[1] buscam responder essas perguntas e, apesar de suas diferenças de crenças, de paradigmas, de constructos e de conceitos, expressam a amplidão, a beleza, a complexidade e a riqueza do Ser Humano, por enquanto, comprovadamente a única forma de vida inteligente no universo. Porém, esses saberes expressam também a fragilidade do Ser Humano, enquanto espécie e indivíduo, suas fragilidades, seus limites, falhas e perversidades.

Por mais que se avancem nas respostas, há sempre um vácuo, um vazio, uma região que não conhecemos, não controlamos, que nos escapa, escapa ao

[1] Neste contexto, estou despindo o termo saber do rigor semântico epistemológico dado por Bachelar, Japiassu e outros grandes epistemólogos de meados do século passado, que reservam o conceito à ciência denominando os demais saberes, principalmente a religião, como pré-saber.

sentido, que gera angústias e suscita questões. Há sempre uma zona de mistério, de desconhecido, de falta de sentido, e é lá que está nossa possibilidade de imaginar e criar. São nas fendas e falhas dos e entre os saberes que estão as possibilidades de crescimento, de surgimento de algo novo. Isto, tanto na dimensão teórica, epistemológica do campo dos saberes, quanto na dimensão existencial, do vivido, carregamos nossas fendas e falhas e lidamos todo dia com estas indagações, com o mistério, o desconhecido, a falta de sentido e seus corolários, como a solidão, a ansiedade, a depressão e o medo.

Espiritualidade é um conceito novo no campo da Psicologia, volátil, de alguma forma, veio oxigenar o campo e pode ter vários sentidos na sua relação com a Psicologia, este artigo visa contribuir para esta construção teórica de sentidos. Ora, a Psicologia se enquadra no campo da Ciência. E a Espiritualidade? Faz parte do campo da Psicologia? Podemos situá-la no saber da Religião? Sim e não, depende do significado atribuído à ambas, Religião e Espiritualidade.

Esse tema dentro do campo da Psicologia sempre foi visto com certa reserva. A relação entre Psicologia e Religião/Espiritualidade é complexa, ampla, depende do ângulo, do olhar, do contexto. É uma relação algo paradoxal, pois é distante e ao mesmo tempo, próxima, aberta e fechada, de encontros e desencontros, ora de ódio, ora de amor. Relação ainda vista pela academia com certo preconceito, apesar de todo o avanço e abertura desta para um estudo mais aprofundado do tema.

Psicologia é a ciência que estuda o indivíduo, o ser humano, em todos os seus aspectos e dimensões. Seu funcionamento mental, a personalidade e sua gênese, a dinâmica intrapsíquica, o comportamento, como também o indivíduo em interação com o ambiente, a relação, o interpsíquico, a cultura, a linguagem, o contexto histórico-social. Portanto, a religião enquanto fenômeno humano sempre foi tema de estudo da psicologia, inclusive, teve direito a um espaço próprio dentro do campo, denominada Psicologia da Religião.

Porém, a Psicologia da Religião, tradicionalmente, estuda o fenômeno de fora, do ponto de vista antropológico, sociológico, psicológico, com toda a neutralidade que requer a ciência. Adota o que Flournoy (1902, *apud* Paiva, 2005) denominou ateísmo metodológico, isto é, uma atitude deliberada de abster-se em afirmar ou negar a existência de Deus ou de uma dimensão transcendente nas pesquisas e estudos em psicologia.

Para Paiva (2005), ao longo de todo o século passado, o tema da religião e religiosidade foi tratado pela academia de duas formas básicas: a primeira, trata-se do ateísmo metodológico citado acima, ou seja, não diz respeito à ciência se Deus existe ou não, ou se existe uma dimensão transcendente ou não, diz respeito à ciência o estudo da religião e do fenômeno religioso enquanto produção humana, histórico-social, arraigada na cultura, organizadora e estruturante das relações sociais, da identidade e personalidade. A segunda atitude da academia de Psicologia é a recusa sistemática em encarar o tema, alegando ser este do campo das crenças e religiões e não do campo da ciência, o ateísmo ontológico (Paiva, 2005), trata-se de um comportamento de recusa do objeto religioso.

Creio haver a possibilidade de outra atitude frente ao tema da religião e espiritualidade. É o que vamos refletir neste texto. Podemos dizer que o conceito de Espiritualidade, de uso recente no campo da Psicologia, de uma certa forma, quebra o gelo entre religião e academia e ameniza as resistências e defesas que a última tem em relação à primeira.

Neste artigo, vou pensar o que é Espiritualidade e sua relação com a Psicologia. Porém, antes é preciso diferenciá-la de religião e religiosidade. Estes são termos que se confundem e se sobrepõem, com os quais há uma confusão conceitual. Na primeira parte, portanto, farei essa diferenciação entre religião, religiosidade e espiritualidade. Na segunda parte, vou pensar a relação da Espiritualidade com a Psicologia buscando, nesse contexto, organizar o campo ou os campos. Na terceira parte, vou pensar a Psicologia da Espiritualidade, que surge desse diálogo entre estes dois saberes.

1. Religião, Religiosidade e Espiritualidade

1.1 Religião

Do latim *re-ligatio*. Culto rendido à divindade. Fé; convicções religiosas; crença. Doutrina religiosa (Dic. Aurélio da língua Portuguesa, on-line). No campo das ciências humanas e sociais, a religião, ou fenômeno religioso, foi visto de formas diferentes ao longo da história, às vezes, de formas antagônicas, em geral, complementares. É um conceito cujo sentido evoluiu de acordo com o momento histórico-social. Não é intenção deste artigo fazer um histórico do conceito ao longo do tempo, para isto remeto o leitor ao livro de Dalgalarrondo (2008). Aqui trarei alguns significados e sentidos atribuídos ao conceito religião, longe, no entanto, de esgotar toda a riqueza conceitual construída em torno do tema no século passado.

As ciências sociais definem religião como sistema de crenças, práticas, símbolos, doutrinas e estruturas sociais por meio das quais as sociedades se organizam e vivem sua relação com o sagrado. Para Marx, a religião é um produto humano, "o homem que fez a religião, não foi a religião (Deus) que fez o homem. A religião é o suspiro da criatura oprimida...Ela é o ópio do povo" (Dalgalarrondo, 2008, p.33). Em Durkheim, considerado fundador da Sociologia da Religião, religião é eminentemente social, produto e produtora da sociedade. Religião como sistema de forças, como representação coletiva, processo simbólico que estrutura a sociedade. "...instituição pela qual a sociedade se pensa e se concebe como totalidade" (Ibdem, p.37).

Em Freud, a religião surge como "ilusão infantil, sistema socialmente construído, que permite ao homem lidar com sua condição fundamental de desamparo e com intensos sentimentos ambivalentes direcionados à figura paterna" (Dalgalarrondo, 2008, p. 55). Freud se interessou não só pela religião como instituição, como também com o sentimento religioso. Estudou o que denominou "sentimento oceânico", mas não o considera como vivência primária da religiosidade, que estaria no modo como os homens lidam com o pai, com a imago paterna.

Já Erik Erikson busca uma matriz materna para a religião e coloca como fenômeno fundante não a relação com o pai, como fez Freud, mas na relação do bebê com sua mãe. Fala da aquisição de um sentimento de "confiança básica" na relação com a mãe, fundamental para o desenvolvimento saudável do indivíduo (ibidem, p.37), o que Laing (1963) denomina sentimento de "segurança ontológica". Para Erikson, a religião relaciona-se a três nostalgias fundamentais: desejo saudosista de retorno à plenitude da unidade com a matriz materna; nostalgia de uma matriz paterna, de um guia e protetor; a existência de um núcleo interno, uma essência, um puro *self*, "um núcleo não-nascido de criação"; e a possibilidade de um encontro ou integração com este (ibidem, p.37). Ao trazer o conceito de puro self, Erikson esbarra e antecipa em um conceito também do campo da Espiritualidade.

Para C. G. Jung, a religiosidade faz parte da natureza humana. A função religiosa é tão importante quanto o instinto sexual ou de sobrevivência. Um dos pioneiros das abordagens transpessoais em psicologia, Jung não nega o aspecto cultural ou social da religião, mas, para ele, a religiosidade é uma dimensão da psique individual. Criou conceitos como o de inconsciente coletivo e arquétipos. No primeiro, estariam contidas todas as experiências humanas, toda a produção humana desde seus primórdios até os dias de hoje. Um de seus conteúdos são os arquétipos, conjunto de representações ou categorias universais, que tendem a se exprimir por meio da cultura, dos mitos e da religião de cada sociedade.

Percebeu que o processo terapêutico se constitui em duas etapas, que ele denominou analítico e sintético. Em um primeiro momento (processo analítico), trabalha-se o inconsciente pessoal, aos poucos, o sujeito vai entrando em contato com o material do inconsciente coletivo (processo sintético). Criou a técnica da imaginação ativa que usava para trabalhar traumas, complexos, sonhos etc.

Jung é um dos psiquiatras que mais influenciaram uma corrente mais psicológica do campo da espiritualidade. É comum encontrarmos astrólogos, tarólogos, terapeutas naturais, alternativos, esotéricos, dentre outros, que utilizam também da teoria Junguiana em sua visão ou construção de mundo e de ser humano.

W. James adota uma perspectiva mais pragmática, individualizante. Não se preocupa com as teorias ou conceitos filosóficos sobre a religião ou psicologia da religião, mas sim com a experiência concreta, a experiência religiosa. Distingui a religião como instituição coletiva e social, da religião pessoal. Define religião como "os sentimentos, os atos e as experiências dos indivíduos na solidão de sua alma, na medida em que se relacionam com qualquer coisa que possa considerar-se como divina ou sagrada" (Dalgalarrondo, 2008, p.72). O esforço de James é captar o *phatos* religioso, os estados alterados de consciência vividos por homens radicalmente religiosos.

"Nos seus voos (SIC) mais altos, a religião pode ser uma 'paixão infinita', uma experiência extrema, como o amor, o ódio, como todas as outras ânsias e impulsos instintivos" (Ibidem, p. 74). Para James, a religião acrescenta à vida encantamento, estudou a conversão religiosa, a experiência mística e a oração e percebeu que grande parte destes fenômenos representa "invasões de áreas inconscientes" (Ibdem, p. 75).

Porém, é, no ambiente da Psicologia Existencial-humanista e da transpessoal, que o tema religião e, principalmente, religiosidade e espiritualidade se encontram mais à vontade. A abordagem existencial humanista é uma teoria aberta e inclusiva, evoluindo juntamente com o saber. Por outro lado, é a única que adota conceitos da filosofia para construir sua visão de homem e de mundo. São muitos os filósofos existencialistas e fenomenólogos que influenciaram a psicologia, dentre os principais podemos citar Sartre, Heidegger, Husserl, Jaspers, Buber, Tillich, Ricoer, Merleau-Ponty, dentre muitos outros.

A psicologia Existencial-humanista tem grandes representantes em todos os continentes, surge em meados do século XX como a terceira onda em psicologia em contraposição à psicanálise e à comportamental, primeira e segunda onda respectivamente. É uma abordagem extremamente rica e profícua no que tange à visão de ser humano e de mundo. Muitos de seus representantes beberam não só da fonte da psicologia e da filosofia, como também do campo da Espiritualidade.

Romero (1998) associa a espiritualidade com a dimensão valorativa e o sentido da vida humana. May (1967) fala da experiência do "eu sou", uma vivência íntima de integração, plenitude, realização, ligada ao sentimento de segurança ontológica.

Vitor Frankl (1955) fala de um inconsciente espiritual, da existência como busca de sentido. "No fundo, o espiritual é necessariamente inconsciente por natureza... O centro do ser humano em sua profundidade (pessoa abismal) é inconsciente, o espírito em sua origem é espírito inconsciente" (Frankl, 1955, p.28). Frankl faz um paralelo entre liberdade e determinismo. Diz que no inconsciente de pulsões somos determinados, padronizados, inautênticos, estereotipados. Ao passo que, no inconsciente espiritual, há liberdade, autenticidade, espontaneidade, responsabilidade.

Para ele, a psicoterapia trabalha as questões psíquicas, enquanto a logoterapia as questões espirituais ou de sentido. Fala de um inconsciente instintual, ligado a um instinto vital e que é comum a todos, ou seja, compartilhado; e de um inconsciente espiritual, ligado a um instinto moral, de caráter singular. "O espírito não é inconsciente apenas onde ele se origina, nas suas profundezas, como também nas suas alturas... Existe, em verdade, um sentido religioso profundamente enraizado no inconsciente de todo homem" (Frankl, 1997, *apud* Maciel, 2004, p. 142).

Quanto à Psicologia Transpessoal, um de seus grandes representantes é A. Maslow. A Psicologia Transpessoal surgiu em fins da década de 50 e início de 60. Tem o objetivo de estudar os estados ampliados de consciência. É de Maslow o termo *pick experiences*, isto é, experiências culminantes, que levam à vivência de ampliação da consciência. Para o autor, a Transpessoal seria a quarta força em psicologia, a primeira é a Psicanálise, a segunda o Behaviorismo, a terceira a abordagem Humanista-Existencial.

Ouso afirmar que Maslow estava errado em suas expectativas, pois a Psicologia Transpessoal não teve a vitalidade, o empuxo, a consistência necessária para assumir a posição de quarta força da Psicologia. Isto por dois motivos, primeiro, na ocasião, o campo da Psicologia, representado pela academia, ainda estava muito fechado para este salto, segundo a Psicologia Transpessoal adentrou muito o campo da Espiritualidade, incorporando conceitos deste, ou seja, pecou pela incorporação exagerada de conceitos místicos e esotéricos, distanciando-se ainda mais de um caráter de cientificidade.

Neste rastro, surge o movimento holístico e a Psicologia Holística já na década de 80, trazendo uma visão mais espiritualista e mais integral do ser humano como bio-psico-sócio-espiritual. Isto em uma época que a Psicologia ainda estava imbuída de muito preconceito, e a academia não teve abertura e maturidade para incorporar estes novos conhecimentos. Creio que, no que tange às forças em Psicologia, a Psicologia Social é a quarta força. Está acontecendo no momento, inclusive na clínica, em que começamos a considerar e trabalhar com o conceito, assaz paradoxal, de sujeito social. Afinal, o social vem antes do individual, a heteronomia vem antes da autonomia, o indivíduo antes do sujeito.

Diria que a Transpessoal ou o movimento transpessoal na Psicologia será sua quinta força, mesmo que não leve a esta designação, já tão batida em nosso meio. Provavelmente, sua nova representante será a Psicologia da Espiritualidade, ainda nascente, nos alicerces, mas já com delineamentos para um diálogo mais consistente com a academia, afinal, está alicerçada em um século de construções como vimos anteriormente.

Portanto, o conceito religião evoluiu, transformou-se, desdobrou-se, de ópio do povo, ilusão infantil, ferramenta que nos permite reprimir os instintos ou pulsões e nos organizar enquanto sociedade, com sua cultura, valores, normas, hábitos, sistema simbólico de crenças, que estrutura e organiza a sociedade e o indivíduo. Até uma visão mais existencial, a religião não é uma coisa que se tem ou que não se tem, que é verdadeira ou não. Muito mais, "é o campo das indagações últimas, das indagações pelo sentido que estão implicitamente presentes em todas as demais indagações ou movimentos humanos" (Amatuzzi 1999 *apud*

Edenio Valle, 2005, p.88). Aos poucos, foi crescendo o interesse pela experiência religiosa levando ao conceito de religiosidade e de espiritualidade.

1.2 Espiritualidade e Religiosidade

Hoje, religião designa a instituição com seus valores, regras, normas, rituais e dogmas socialmente vividos e compartilhados. Significa tradição, ortodoxia, moralismo, rigidez. O termo religiosidade se destaca do termo religião, significando a vivência interna, subjetiva, singular; uma função ou dimensão intrínseca ao ser, enquanto religião se refere ao aspecto institucionalizado (Paiva, 2005). Surge, "em contraposição à religião, a noção de religiosidade como algo mais pessoal, menos atrelado a instituições religiosas, a comportamentos ritualizados ou a doutrinas religiosas específicas" (Dalgalarrondo, 2008, p. 23)

A religiosidade é "algo inerente à experiência subjetiva do transcendente... se refere para mim, à experiência individualizada do transcendente e deve ser distinguida da religião que é sua matriz instituída" (Valle, 2005, p 92). Para Vergote (apud Valle, 2001) a religião é um conjunto orientado e estruturado de sentimentos e pensamentos, que determinam comportamentos e atitudes, e religiosidade é uma atitude. Porém, apesar de a religiosidade designar a vivência espontânea e pessoal da religião, ainda está atrelado ao transcendente e ao sagrado.

Surge, então, o termo ou conceito de Espiritualidade, de recente introdução no vocabulário técnico da psicologia, que vai se tornando cada vez mais comum. "Palavra ou conceito popularizado no âmbito da cultura norte-americana a partir dos anos 60 e a relacionam explicitamente à 'geração dos buscadores' (seekers generation)" (Paiva, 2005, p. 34).

> O uso do termo espiritualidade destacado de religião e religiosidade é extremamente recente (...) o incremento da secularização, assim como a desilusão com as instituições religiosas no Ocidente, particularmente durante as décadas de 1960 e 1970, favoreceram que a noção de espiritualidade ganhasse sentido e conotação diferente de religião (Larson, Swyers e McCollough (1998) *apud* Dalgalarrondo, 2008, p. 24).

Porém, como observa Paiva (2005), o sentido atual do termo já estava dado na primeira metade do século passado pela Escola de Nijmegem (Holanda) uma das instituições representantes da Psicologia da Religião na Europa. Nijmegem

> definia o objeto da Psicologia da Religião como 'aquela parte do comportamento humano que diz respeito à busca de um sentido último, seja ele religioso ou secular' (van der Lans, 1986, p. 79; Paiva, 1990 p. 92). Desvinculando o objeto da Psicologia da Religião do objeto religioso... (Paiva, 1990, *apud* Paiva 2005).

Na ocasião, o termo espiritualidade não existia no contexto da Psicologia da Religião, porém, nessa definição, já está a base do que veio se transformar o conceito de Espiritualidade na atualidade.

Soroglou (apud Paiva, 2005) diferencia a espiritualidade moderna da religiosidade que ele denomina 'clássica'. Para o autor, a religiosidade clássica "comporta ritual, comunidade, regras éticas específicas, doutrinas/crenças e aspectos emocionais... Espiritualidade implica autonomia da pessoa em face da tradição e da instituição do religioso, busca pessoal de sentido" (Paiva, 2005, p. 38). Implica inclusive na possibilidade de um sentido secular para a existência, ou seja, no senso comum, uma visão ateísta. Vergote fala de um "ateísmo religioso", no interesse pela espiritualidade, pela dimensão espiritual da vida, na busca de sentido, pelo mistério, pelo sagrado "que a pessoa percebe intuitivamente na natureza, no nascimento de um ser humano, na arte e no amor" (Paiva, 2005, p. 42).

Espiritualidade é uma dimensão intrínseca ao ser, trata-se da busca de sentido (s), dimensão existencial, valorativa, está ligada à nossa necessidade intrínseca de atribuir sentido a tudo, desde as pequenas às grandes experiências. Espiritualidade, portanto, é a busca, principalmente, de um sentido maior para a "minha" existência. Mesmo que este sentido não inclua um transcendente. Sentido este que, seja como for, determina comportamentos e atitudes.

Apesar da religiosidade clássica também ter este significado, diferencia-se da Espiritualidade por estar atrelada à crença em um transcendente, podendo, inclusive, estar ligado a uma religião que comporta doutrinas, regras éticas, rituais, mas não necessariamente. Aqui podemos falar então de senso religioso (Amatuzzi, 2005).

Enquanto na religião a vivência é mais coletiva e compartilhada, na espiritualidade é mais íntima, singular, refere-se ao pessoal, ao afetivo, ao intuitivo e ao experiencial. Conota algo espontâneo, informal, criativo, livre de dogmas. A religião vem de fora, a espiritualidade brota de dentro. A religião tem um caráter ideológico, mais doutrinário, enrijecido, enquanto espiritualidade conota algo mais espontâneo, informal, criativo e universal. De forma que a espiritualidade, como dimensão intrínseca ao ser é a base e função mais central da religião (Paiva, 2005). Nova forma de lidar com a vida, com nossos semelhantes, com a natureza, com o transcendente e com o sagrado.

Existe uma sobreposição destes termos. O conceito Espiritualidade, na medida que se desatrela da tradição e permite visões seculares, alcança uma maior área semântica e inclui em si a religiosidade. Dessa forma, considerando esta equação "religião + espiritualidade = religiosidade", daqui para frente, o diálogo passa a ser da religião com a espiritualidade. Portanto, o termo espiritualidade aqui inclui o de religiosidade, apesar de terem diferenças, estão sempre ligados. Religião sem espiritualidade se torna rígida, seca, autoritária, sem afeto, até mesmo, corrupta. A espiritualidade não se opõe ao biológico ou ao psíquico,

É algo encarnado no contexto real da vida de cada pessoa, de cada cultura em cada época (...) É antes de tudo, uma necessidade psicológica constitutiva de todo ser humano (...) Consiste essencialmente em uma busca pessoal de sentido para o próprio existir e agir (...) Orienta-se para o porquê último da vida (VALLE, 2005, p. 102-104).

2. Psicologia e Espiritualidade

Portanto, um dos sentidos do conceito Espiritualidade está dado. Espiritualidade como dimensão existencial, que busca atribuir significados e sentidos às experiências da vida, responder aquelas perguntas que não querem calar. Que busca o sentido mais radical para a minha existência, mesmo que este seja secular. Foi este novo sentido atribuído ao termo que facilitou ou ajudou a baixar as defesas da academia em relação ao tema.

Hoje, o tema está em voga na Psicologia, um momento quente para que possamos pensar nesse diálogo com a Espiritualidade e refletir sobre a construção desse novo campo que está nascendo. Todavia, quando falo diálogo com a Espiritualidade, fica claro um outro sentido para o conceito, na introdução, fiz algumas perguntas, a saber: a psicologia se enquadra no campo da Ciência, e a Espiritualidade? Faz parte do campo da Psicologia? Podemos situá-la no saber da Religião? Sim e não, depende do significado atribuído à Espiritualidade.

De acordo com o exposto, considerar Espiritualidade como dimensão existencial e um fenômeno humano faz parte da Psicologia, sim. Porém, Espiritualidade pode ser definida de diversas formas e cada uma delas vai determinar uma relação com a Psicologia. Este é apenas um sentido para o conceito que, em seu bojo, contém todo vasto e complexo conhecimento produzido pela humanidade ao longo de toda a história e pré-história, conhecimento que extrapola em muito a esfera da religião e da religiosidade.

Portanto, apesar de não ser Ciência, Espiritualidade também se constitui em um Saber, e este é seu outro sentido. Diria que se encontra nas fronteiras entre a Ciência, a Filosofia e as Artes, que junto com a religião, são considerados os quatro nobre Saberes. Porém, considerando que o conhecimento produzido pelo campo da Espiritualidade extrapola em muito o produzido pela religião ele passa a ocupar o lugar desta última, figura 1.

OS 4 SABERES E A PSICOLOGIA

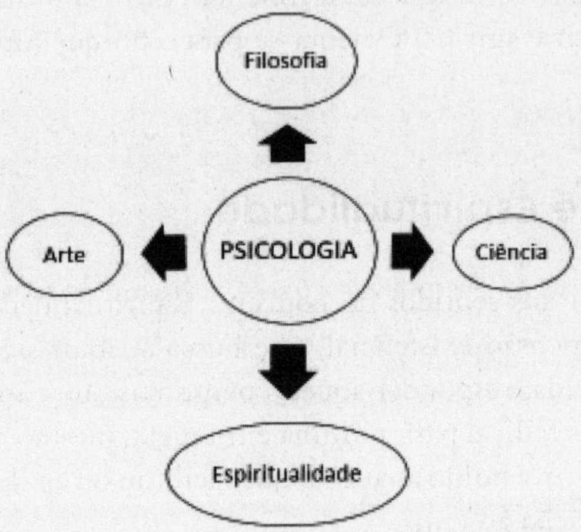

Assim como a Psicologia, o campo da Espiritualidade bebe da fonte de todos os outros saberes. Esse limite ou fronteira entre o espiritual e o científico é muito tênue, em vários pontos, as fronteiras se afrouxam e há encontros, em outros, enrijecem-se e surgem os conflitos e contradições. Esses limites vêm se afrouxando gradativamente, na medida que os cientistas começam a estudar e se abrir para esse campo de saber, ou melhor dizendo, para temas ou abordagens do campo da Espiritualidade, como a acupuntura e a meditação em função de seus benefícios para a saúde, apesar de seus fundamentos energéticos e espirituais.

2.1 Espiritualidade como campo de Saber

Como sugeri anteriormente, além do ateísmo ontológico e metodológico, existe ainda uma terceira forma como a Psicologia pode lidar com o tema, não se trata nem de uma recusa de abordar o tema da Espiritualidade (ateísmo metodológico), nem de negar a sua existência (ateísmo ontológico), mas sim de colocar estas questões em suspensão e estudar o campo da Espiritualidade sem pré-julgamentos e preconceitos, de forma que a Psicologia possa se enriquecer ainda mais enquanto Ciência. Somente percebendo a Espiritualidade como campo de Saber é que a Psicologia pode ter um diálogo amplo e profícuo com todo esse conhecimento produzido pela humanidade ao longo de milênios.

A Ciência, se considerarmos a física, a matemática e astronomia, tem em torno de 500 anos, porém, se considerarmos a entrada na modernidade efetivamente com sua grande mudança epistêmica e paradigmática, então, tem pouco mais de 220 anos. O marco de nascimento da Psicologia enquanto ciência é 1879 com Wundt, ou seja, pouco mais de 140 anos. A Psicologia é uma ciência muito nova perto da Espiritualidade, que nasceu junto com a humanidade, desde que saímos do natural e entramos na cultura e na linguagem o ser humano se questiona e busca compreender a si e ao universo que o rodeia.

O campo da Espiritualidade se alimenta das tradições e conhecimentos milenares, construindo um vasto campo de conhecimentos relacionados não a uma, mas a várias visões de ser humano e de mundo. Ligados não só à mística e ao sagrado, mas também a um conhecimento produzido sobre saúde e doença, sobre a criação, a história, o homem, sua personalidade e o universo em que habita.

Na busca de uma visão mais holística do Ser Humano e da construção de caminhos que o levem à plenitude e realização, desenvolveu-se um vasto conjunto de práticas que visam não só à cura ou à saúde, mas ao aprimoramento humano e a sua evolução, por exemplo, as técnicas de meditação, o Yoga e a acupuntura.

Entretanto, a Espiritualidade dialoga e incorpora também conhecimento dos demais saberes, principalmente dos conhecimentos científicos mais recentes, inclusive da Psicologia. A Psicologia enquanto ciência também, ao longo de sua história, dialogou com o campo da Espiritualidade, que, em seus primórdios, não tinha essa designação, como vimos anteriormente, mas sim religião. No início, esse diálogo foi muito tímido, distante, neutro, imbuído do rigor e rigidez do ateísmo ontológico e metodológico. O que denomino hoje campo da Espiritualidade foi reduzido à religião e ao fenômeno religioso e, pelo menos até meados do século passado, todo o restante do conhecimento produzido pelo campo da Espiritualidade foi simplesmente desconsiderado pela Psicologia.

A partir de fins da década de 50, com a invasão do pensamento oriental no ocidente e toda a quebra de paradigmas vividos nos anos 60, a ciência e a Psicologia começaram a se abrir para a espiritualidade, principalmente a área da saúde, que descobriu nas técnicas da Espiritualidade um campo rico de possibilidades. De lá para cá, esse diálogo tem se aprofundado, a Psicologia tem-se aberto, aos poucos, aproximando-se, incorporando e construindo este conceito. Vê-lo como campo de saber, muito além da religião e da religiosidade, determina uma nova relação com a Psicologia.

Surgem então muitas questões. Em que se constitui o campo da Espiritualidade? Quais saberes? Qual o lugar da religião e religiosidade no campo? Quais saberes e práticas podem e devem ser estudados e incorporados pela Psicologia como ciência? Em relação ao ser humano, qual o papel destes dois saberes? Em que consiste a Psicologia da Espiritualidade, que surge nas fronteiras e intervalos entre esses dois saberes? Qual sua fundamentação? Este texto não tem a intenção de responder a todas essas perguntas, cujas respostas devem ser construídas, mas sim contribuir com essa construção e instigar a discussão.

Porém, a Espiritualidade, enquanto campo de saber, é ampla, complexa, diversificada, dispersa. É tão antigo quanto a humanidade e em seu bojo estão os saberes tradicionais de todas culturas. Porém, é um campo de saber aberto, inclusivo, e incorpora o saber da ciência, não só da psicologia, como da medicina, da física e de muitas outras ciências. Dentro desse vemos uma busca e uma construção não só ligada ao processo vertical como também ao horizontal.

No campo da Espiritualidade, encontramos saberes como o das religiões, da astrologia, do Tarot, da magia, do esoterismo, do ocultismo, baseadas nas premissas espirituais e tradicionais e que, em boa parte, dependem das nossas crenças; e uma série de saberes que, apesar de embasado nas premissas ou postulados espirituais, também tem um aspecto prático ou pragmático voltados para a cura física, mental e espiritual como a fitoterapia, cromoterapia, aromaterapia, massoterapia, a acupuntura, shiatsu, reiki, a cura pelas mãos, homeopatia, florais. Inclusive as práticas do Yoga e da meditação.

Como se não bastasse, o saber da Psicologia está em todo o campo da Espiritualidade, complementando suas lacunas em relação às questões do processo horizontal, assim como a Psicologia faz em relação ao processo vertical. Autores como Jung dentre outros, influenciaram na criação de toda uma corrente ou abordagem psicológica da espiritualidade, haja vista as leituras de Tarot e a astrologia. Sem contar sua influência na área da saúde, na qual o campo da espiritualidade é riquíssimo e precisa ser explorado melhor. A Psicologia, como uma rede, tem uma capilaridade que influencia todo o campo da Espiritualidade de uma forma ou outra. Podemos até dizer que a psicologia é também hoje uma de suas fundamentações.

Surgem, então, saberes como a Programação Neurolinguística (PNL), Visualização Criativa, mindfulness e muitas outras escolas e abordagens (como a Constelação familiar), que diferem somente no quanto tem do campo da Espiritualidade e da Psicologia e dos ingredientes que elege e usa de cada campo para sua construção teórica.

A figura 2 ilustra esse encontro entre os campos. Elenco como solo epistemológico do campo da Psicologia as quatro fundamentações mais importantes e que ocupam a maior parte do campo. Porém, é bom lembrar que o campo da Psicologia é muito mais rico, complexo, amplo e não se resume a estas quatro bases. Podemos citar aqui, como exemplo, a Teoria Sistêmica e a Dialética como fundamentações importantes constituintes do campo. Quando coloco como solo epistemológico as abordagens transpessoais me refiro à Transpessoal propriamente dita, mas também à holística e à Psicologia da Espiritualidade, ainda nascentes. Hoje, podemos dizer, a Psicologia é uma das bases ou fundamentos do campo da Espiritualidade, assim como esta última também se constitui, hoje, em uma base para a primeira.

Não é objetivo deste trabalho pensar as bases filosóficas, teóricas e, por que não dizer, epistemológicas da Espiritualidade, que são também amplas e complexas, é um campo disperso de saberes, ainda a ser organizado pelo olhar técnico-científico da Psicologia. Como podemos ver na figura 2, procurei justapor a religião, religiosidade e psicologia da religião em relação à Espiritualidade e à Psicologia.

Quanto à religião, delimitei um espaço pequeno dentro da Espiritualidade, atualmente, no Ocidente, boa parte das pessoas tem a crença em um transcendente, mas não tem religião. Ou seja, tem uma religiosidade, mas sem uma religião específica. Por outro lado, a religiosidade não pode abarcar todo o campo da religião, pois têm religiões e religiosos com muito pouca religiosidade e espiritualidade. Nem coincidir com o campo da espiritualidade, pois a Espiritualidade, como vimos, pode e está presente até mesmo em pessoas ateístas. Existem religiosos com pouca ou nenhuma espiritualidade e ateus superespiritualizados.

O círculo da Psicologia da religião tem uma parte maior no campo da Psicologia, outra no campo da Espiritualidade e uma terceira fora, pois bebe também da fonte de outras ciências, como a antropologia, sociologia, dentre outras. Por fim, a Psicologia da Espiritualidade abarca a área de interseção entre Psicologia e Espiritualidade e compartilha, também, dos demais campos.

PSICOLOGIA E ESPIRITUALIDADE I

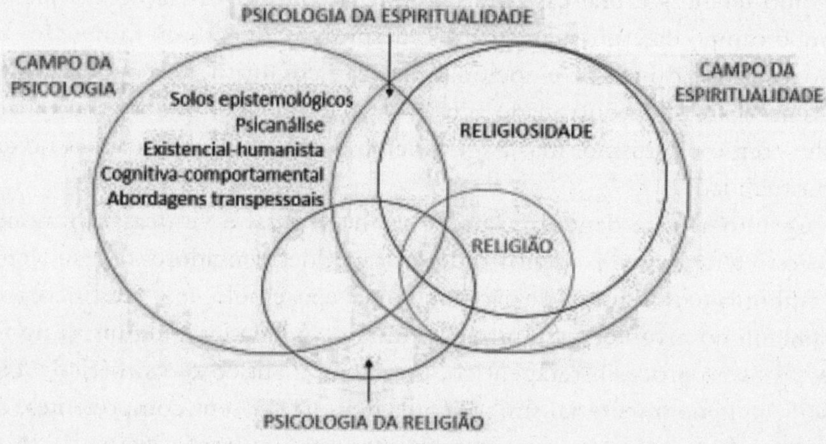

O campo de saber da Espiritualidade é riquíssimo em conhecimentos produzidos ao longo de milênios de observações e práticas, bem como conhecimentos mais recentes, que vão surgindo na medida em que os saberes avançam, pois bebe, principalmente, da fonte das ciências, que todo dia tem novidades e descobertas que arejam o campo. Cabe à Psicologia olhar para a Espiritualidade sem preconceitos, estudá-la mais à fundo a fim de encontrar novos caminhos para sua evolução.

2.2 Processo horizontal e vertical

Psicologia e Espiritualidade se articulam em todos os níveis: no nível epistemológico, filosófico, teórico/técnico e no nível prático. Podemos dizer que

Espiritualidade e Psicologia são campos que têm muitos pontos em comum. Espiritualidade, na medida em que fala de uma busca de sentidos, de uma essência e uma plenitude de vida, relaciona-se ao que denomino processo vertical, enquanto a psicologia é um processo horizontal, ou seja, eu comigo mesmo e o ambiente. "A religião e a psicologia têm em comum a intenção de religar o homem. A religião a Deus, a psicologia a si mesmo" (Maciel, 2004, p. 144).

Na verdade, esses campos já dialogam há muito tempo, por exemplo, os conceitos de inconsciente coletivo e arquétipo de Jung, as pesquisas sobre os estados alterados da consciência (*peak experiences*) da transpessoal; a acupuntura, aceita pelo órgãos oficiais da Psicologia, mas como sabemos suas bases teóricas estão no campo da Espiritualidade (energia ki, meridianos, os 5 elementos etc.); a meditação, aprendida das tradições hindu e budista, despida de seu aspecto filosófico e transformada em mindfulness, meditação laica usada para controle da ansiedade e do estresse. O Yoga cada vez sendo mais indicado por médicos, fisioterapeutas e psicólogos, para sintomas físicos e psíquicos.

O campo da espiritualidade desenvolveu todo um saber sobre o homem, bem como técnicas e práticas para que este alcance a realização e a plenitude. Embora o campo da espiritualidade não despreze o aspecto ou dimensão do psiquismo, ou seja, a dimensão emocional, afetiva e cognitiva, têm muitas limitações e falhas nessa área. Por outro lado, a psicologia é um saber que se especializou no trabalho com o psiquismo, mas negligenciou e tem muitas limitações no campo da espiritualidade.

Quanto ao que denomino processos horizontal e vertical, são momentos do processo terapêutico já identificados por grandes pensadores da Psicologia, de todas as abordagens (figura 3), e não só no nível epistemológico, filosófico, teórico, mas também no nível técnico, prático, clínico. Só para citar alguns, Jung fala de dois estágios no processo terapêutico, o estágio analítico e o sintético, "como a análise decompõe o material simbólico da fantasia em seus componentes, o processo sintético intergra-o numa expressão conjunta e coerente" (Jung, 1981, p. 73).

No processo analítico, o sujeito entra em contato com sua persona e sua sombra, com conteúdo do inconsciente pessoal, ou seja, consigo mesmo, é o primeiro momento do processo terapêutico. Aos poucos, o sujeito vai entrando em contato com materiais do inconsciente coletivo, iniciando o processo sintético. Jung diz que o estágio analítico é reducionista e exige uma interpretação causal-redutiva, em oposição à interpretação construtiva relacionada ao processo sintético (Jung, 1981). Fala também dos processos de individualização e individuação, o primeiro ligado ao estágio analítico o segundo ao sintético.

PROCESSOS HORIZONTAL E VERTICAL		
	Processo Horizontal	**Processo Vertical**
	Psicologia	Espiritualidade
Psicologia Analítica (Jung)	Estágio analítico	Estágio sintético
	Individualização	Individuação
Psicossíntese (Assagioli)	Psicossíntese pessoal	Psicossíntese espiritual
Logoterapia (Frankl)	Psicoterapia	Logoterapia
	Inconsciente instintual	Inconsciente espiritual
Transpessoal	Nível pessoal	Nível transpessoal

Para Assagioli,

> a psicossíntese utiliza muitas técnicas de ação psicológica, visando primeiro ao desenvolvimento e perfeição da personalidade e, depois, à sua coordenação harmoniosa e crescente unificação do Eu. A essas fases podem ser dados os nomes de, respectivamente, psicossíntese "pessoal" e psicossíntese "espiritual" (Assagioli, 1982, p. 43)

Frankl fala de duas dimensões humanas, podemos dizer também visões do ser humano, uma reducionista, que se constitui do que pode ser observado, medido e quantificado, comportamentos, instintos, condicionamentos, reações a estímulos, funções psíquicas, habilidades. Eixo explicativo das ciências empíricas e naturais e da psicoterapia. Outra dimensão, a espiritual, do não observável, do que escapa, que não pode ser medido, motivações, valores, intencionalidade, amor, vontade, liberdade. Eixo das ciências compreensivas, relegada pela ciência psicológica, campo da Logoterapia (Frankl, 1955).

Trabalhar a espiritualidade na psicoterapia é "despertar a consciência de liberdade e responsabilidade com respeito à efetividade (determinismo), a liberdade e responsabilidade que constituem o autêntico ser-homem" (Frankl, 1955, p. 22). Vê a "pessoa espiritual" como centro espiritual-existencial do Ser. Fator integrador do sistema psicofísico. Só com esta dimensão espiritual atinge-se a totalidade do Ser.

A esse aspecto Frankl se refere também como "pessoa abismal", pois inclui a profundidade do inconsciente. Fala de um inconsciente instintual e um espiritual e de uma religiosidade inconsciente, o Deus inconsciente (Ibidem, 1955), que habita o núcleo do ser. Religiosidade inconsciente como núcleo pessoal, centro espiritual-existencial em torno do qual gravitam o psíquico e o físico.

Essas escolas ou abordagens são apenas algumas dentre as mais importantes como formadoras de opinião e fundamentação dentro do campo da psicologia no que tange ao tema. Porém, muitos outros pensadores deveriam estar nessa lista, Maslow, Stanislav Grof, existencialistas como Binswanger e Boss, fenomenólogos como Jaspers, os representantes da Psicoterapia Dialógica, que tem como base Martin Buber e sua famosa concepção das relações eu-isso/eu-tú. Este artigo não tem a intenção de esgotar os autores ou escolas que fazem esse link com a Espiritualidade, hoje, já são incontáveis.

Porém, quando falo do diálogo entre esses dois saberes me refiro, neste artigo, à influência da espiritualidade na psicologia por meio dessas escolas e pensadores, que beberam da fonte da espiritualidade e, de uma certa forma, abriram as portas e construíram as bases para que chegássemos a estas reflexões atuais. De uma forma ou outra, todas as escolas estabeleceram um diálogo com a espiritualidade, seja contra ou a favor, mesmo não tendo o que dizer por se tratar de religião. Contudo, enfim, todas adotaram uma posição ante ao fenômeno religioso e a espiritualidade e assimilaram algum conteúdo desse campo.

A figura 4 mostra os dois eixos dos processos vertical e horizontal com a localização das principais escolas ou abordagens no campo da psicologia em relação ao campo da espiritualidade, de acordo com o quanto recebeu de influência ou incorporou conceitos e conteúdos do campo da espiritualidade. Quanto mais próximo do eixo horizontal, menor a influência da espiritualidade e maior o ateísmo metodológico, como na comportamental e na psicanálise.

Na medida em que vai se elevando no eixo vertical, essa atitude vai dando lugar a uma outra, mais aberta e investigativa em Jung, que traz conceitos importantes, como já ilustrado atrás. Com Jung, inicia-se um diálogo mais próximo e aberto com o campo da espiritualidade, porém, ele tenta manter-se dentro do campo mais estrito e restrito da academia. Jung é considerado um dos pioneiros das abordagens transpessoal em psicologia, já no início do século XX.

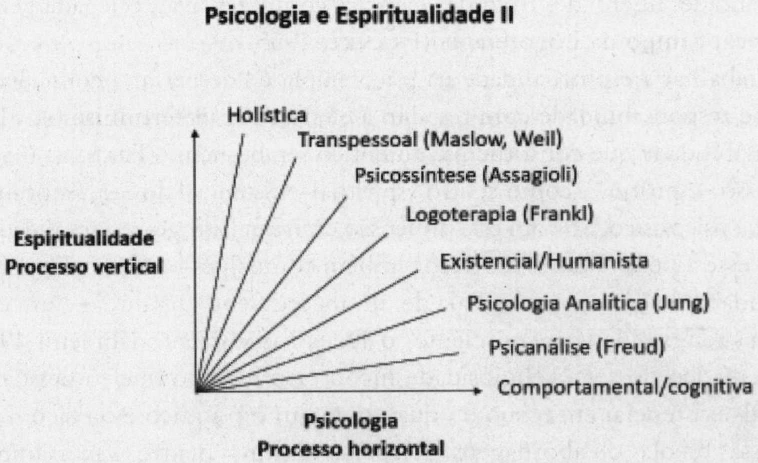

Não se trata a abordagem existencial humanista de uma escola, mas de um caleidoscópio de pontos de vista com as mais diversas fundamentações, tendo em comum somente a influência do humanismo e da filosofia existencial. A existencial humanista é inclusiva, aberta e incorpora conceitos de outras escolas, não só do campo da psicologia, mas também de outras como a filosofia, psiquiatria, sociologia bem como saberes do campo da espiritualidade.

A Logoterapia e a Psicossíntese também se fundamentam no existencialismo, a segunda, porém, tem em suas bases teóricas influência de outras disciplinas, inclusive de Jung e da Transpessoal; quanto a esta última,

> ... não é de surpreender que a Psicologia Transpessoal, desde sua criação por Abraham Maslow, Vitor Frankl, Stanislav Grof, Jim Fadimam e Anthony Sutich, tenha se tornado um vasto movimento internacional de encontro da Ciência, Arte, da Filosofia e da Mística (...) Ela desemboca fatalmente em uma visão holística e em uma metodologia holística (Weil 1987, p. 73).

Interessante que Weil fala dos quatro saberes, evita usar o termo religião substituindo-o por mística. Hoje, denomino este saber como Espiritualidade. Na fig. 4, vemos que as abordagens que mais têm influência da espiritualidade são a transpessoal e a holística, esta última sendo uma continuidade natural da primeira como mostra Weil. Nem a transpessoal nem a holística tiveram a consistência necessária para entrar na academia, mesmo por que, incorporaram muitos conceitos da espiritualidade, avançaram muito dentro desse campo e, sem muito filtro, em um momento em que a academia ainda estava muito fechada para o tema, tornando-se bambas suas fundamentações.

Importante dizer que os dois sentidos dados ao conceito espiritualidade estão representados na figura 4. Enquanto campo de saber nos eixos e como busca de sentido, está implícito nos conteúdos das abordagens elencadas. À medida que vai se aproximando do eixo vertical, a relação com o campo da espiritualidade muda para um diálogo aberto, sem preconceitos. É como se a psicologia fizesse uma *epoché* em relação à espiritualidade, ou seja, uma redução, um olhar neutro, colocando em suspensão qualquer pré-conceito, pré-juízo, investigando e estudando o campo da espiritualidade de forma aberta, filtrando e buscando pontos de interseção, de encontro e de construção.

3. Psicologia da Espiritualidade

De uma certa forma, já se foram cem anos entre a criação das primeiras instituições de Psicologia da Religião e o amadurecimento do conceito de Espiritualidade com seu corolário, a Psicologia da Espiritualidade. Agora creio haver um ambiente acadêmico mais favorável para se falar dessa articulação entre Psicologia e Espiritualidade e da construção de uma Psicologia da Espiritualidade.

Este trabalho não pretende conceituar e responder de forma definitiva o que é a Psicologia da Espiritualidade, esta é uma abordagem supernova, e seus princípios e postulados ainda devem ser construídos. Porém, essa construção não se faz em um solo virgem e selvagem, pois a Psicologia da Espiritualidade está nascendo, tendo como solo epistemológico todo o campo da psicologia à disposição. Como diz Maciel (2004, p. 144), "a religião e a psicologia têm em comum a intenção de religar o homem. A religião a Deus, a psicologia a si mesmo", nesse contexto apenas mudaria a palavra religião por espiritualidade.

Para Vergote, a psicologia da religião não tem como objetivo atingir uma liberdade e realização interior ou encontrar um sentido para vida, este seria, hoje, o objetivo de uma Psicologia da Espiritualidade, que "tem um longo caminho pela frente" (Vergote, apud Valle, 2010). Aqui, Vergote já deu um passo importante para esta construção ao propor estes objetivos.

Porém, além de pensar o que é a Psicologia da Espiritualidade, é importante também pensar o que ela não é. Ela não é religião e não é também uma psicologia espiritual. Ela não é a mistura aleatória dos campos. Não é uma continuidade natural da Psicologia da Religião ou mesmo das Psicologias Transpessoal e Holística.

Quanto à primeira afirmativa, ela é desnecessária, se é Psicologia então não é religião, pois a natureza do saber religioso é de outra ordem. Não é uma psicologia espiritual, pois isto implicaria uma imersão da psicologia no campo da espiritualidade. A psicologia espiritual faz parte do campo da espiritualidade. Já a Psicologia da Espiritualidade implica, por parte da Psicologia, em um distanciamento estratégico do campo e do saber da espiritualidade, com uma posição mais neutra (*epoché*) e crítica sobre ele.

Também não se trata de combinar aleatoriamente os conteúdos do campo da Espiritualidade com a Psicologia, mas sim estudar o campo, compreendê-lo e separar o joio do trigo, ou seja, filtrar aqueles conhecimentos e escolas cujos saberes preenchem os critérios para uma articulação consistente e fundamentada. Mas quais seriam estes critérios? Uma vez definido o que é espiritualidade e os objetivos da Psicologia da Espiritualidade, esta é uma das questões que se colocam. Muitos links ou pontes já têm sido construídos nas últimas décadas, alguns já citados aqui, como a meditação, a acupuntura e o yoga. Portanto, um dos critérios para um saber fazer parte da Psicologia da Espiritualidade é seu caráter empírico, ou seja, o efeito da prática no ser humano, seu impacto no cérebro, no psiquismo e no comportamento, enfim, na saúde integral do indivíduo.

A Psicologia da Espiritualidade não é uma continuidade natural e esperada da Psicologia da religião, mas também não faz uma ruptura com ela, pois seus postulados e toda a bagagem de conhecimentos produzidos se constituem em fundamentos para o solo epistemológico da Psicologia da Espiritualidade. Podemos dizer o mesmo das Psicologias Transpessoal e Holística, não se trata de uma ruptura total e nem de uma continuidade natural. Porém, no que tange às últimas, a Psicologia da Espiritualidade marca primeiro uma ruptura e descontinuidade, haja vista o sentido dado à Espiritualidade, como também a constatação de que esta, antes de tudo, é um campo de saber e a tentativa de entender e organizar esse campo.

Por outro lado, a Psicologia da Espiritualidade marca uma continuidade também natural e esperada da Psicologia Transpessoal e Holística, as últimas se constituem em base para a construção da primeira, porém, sem os seus excessos, ou seja, sem a incorporação de conceitos do campo da espiritualidade desarticulados de uma construção coerente e consistente com o campo da psicologia como ciência.

Falar em Psicologia da Espiritualidade só é possível em função da evolução do conceito do ponto de vista existencial e a concepção de Espiritualidade como um campo de saber. Somente vendo a Espiritualidade como campo de saber pode a Psicologia ter um diálogo construtivo com este. Esta última deve compreender melhor o campo da Espiritualidade, sem pré-conceitos, com um olhar organizativo, filtrando e buscando aqueles elementos e saberes que podem ser incorporados a seu campo e estudados como também compor a nascente Psicologia da Espiritualidade. A base já está dada, pelo próprio saber da psicologia em suas diversas correntes, escolas e abordagens, dentre muitas outras teorias e técnicas, bem como do campo da Espiritualidade, com toda sua riqueza, complexidade e dispersão.

De alguma forma um dos objetivos da Psicologia da Espiritualidade já foi dado acima ao citar Vergote, ou seja, 'atingir uma liberdade e realização interior, ou encontrar um sentido para vida'. Quem sou eu? De onde venho? Para onde vou? O que estou construindo? Em que, ou o que eu me tornei? Como ser mais sujeito da minha vida, de meu mundo? Como desenvolver meus potencias e minhas habilidades para ter uma vida, não só mais saudável, mas também mais autêntica e plena? Perguntas existenciais e também espirituais cujas respostas não estão prontas, temos que construir a cada gesto, ato, palavra.

Faço coro com Vergote (apud Valle, 2010), quando o autor coloca "uma liberdade e realização interior, ou encontrar um sentido para vida" como objetivo da Psicologia da Espiritualidade, o que implica na busca ou construção de respostas para as perguntas acima. Perguntas que não se calam, que nos acompanham em todas as fases da vida. Além do caráter terapêutico, a Psicologia da Espiritualidade tem também o objetivo de impulsionar o sujeito em sua evolução e desenvolver suas potencialidades.

Pode-se dizer que a Psicologia da Espiritualidade não termina com o fim da terapia, pois com a cura ou alívio dos sintomas, com o fortalecimento do eu, o resgate do equilíbrio e da estabilidade começa a etapa do desenvolvimento das potencialidades, da busca de uma plenitude e uma realização interior. Essas etapas do crescimento pessoal já foram identificadas por sábios como Jung, Frankl, e Assagioli, como ilustrado acima na figura 3. Autores que, sem dúvida, devem compor a fundamentação da Psicologia da Espiritualidade.

Portanto, a Psicologia da Espiritualidade deve em seu método contemplar o processo horizontal ou terapêutico e o vertical ou espiritual, a busca de sentido. A Psicologia como ciência focou principalmente no processo horizontal e criou métodos e técnicas terapêuticas eficazes, cabendo à Psicologia da Espiritualidade beber dessa fonte e filtrar aquelas técnicas e abordagens que podem compor seu campo. Interessante observar que hoje a técnica se desprendeu da teoria e temos todo um grande cabedal de técnicas para utilizar.

Porém, a Psicologia da Espiritualidade deve focar principalmente no processo vertical, pois está aí um dos pontos fracos da Psicologia. Em um mundo dominado pela ciência, é um grande desafio falar de uma Psicologia da Espiritualidade. Já passou da hora da ciência se voltar para o saber da espiritualidade e construir um diálogo mais maduro e profundo. Construindo pontes, sem preconceitos. Ciência e espiritualidade se complementam. O avanço científico e tecnológico deve vir acompanhado da evolução espiritual para que o saber científico seja usado com ética para o real benefício de todos.

Este trabalho não tem a intenção de definir e conceituar de forma definitiva a Psicologia da Espiritualidade, é uma construção coletiva. Porém, teve a intenção de pensar, refletir, abrir questões e perguntas, contribuindo para a construção dessa nova escola ou abordagem.

Conclusão

Diante de tudo que estamos vendo acontecer nesse mundo caótico, de guerras, de fome, de miséria, de pandemias, ante um planeta exaurido em seus recursos, ante uma humanidade doente se entupindo de calmantes, tranquilizantes e antidepressivos; onde o paradigma do individualismo já faliu, mas insiste em se impor, devemos repensar a espiritualidade, seu papel nesse momento, sua relação com a ciência e contextualizá-la, considerando todos os desafios da atualidade.

Ao ressignificar o termo espiritualidade, ampliando de um lado (campo de saber) e restringindo de outro (dimensão existencial, busca de sentido), abrimos uma porta para um diálogo mais maduro com o tema. Psicologia e Espiritualidade são saberes complementares, dois lados da mesma moeda. Onde um falha, o outro está ali para completar. A dimensão da "espiritualidade é intrínseca ao homem, embora nem todos façam dela um direcionador de suas vidas. É um modo de ser, uma atitude de base a ser vivida em cada momento e em cada circunstância" (Maciel, 2004 p. 139)

Quero terminar este trabalho fazendo algumas reflexões sobre Espiritualidade e Religiosidade. Estamos vivendo um momento no planeta único, conflitos de todas as ordens, desigualdades, guerras movidas por preconceitos raciais, religiosos, políticos, grande parte da humanidade excluída do processo civilizatório que, aliás, já se mostrou um engodo, a humanidade precisa hoje de um processo humanizatório.

A humanidade está doente e sofrida, quase metade toma remédios para ansiedade e depressão, a indústria médica/farmacêutica dopando a humanidade, trata-se da medicalização da sociedade e da mercantilização da saúde, tema que extrapola o contexto deste trabalho. Habitamos um planeta exaurido e também sofrido, que ficou pequeno, do qual já estamos extraindo mais recursos do que ele pode nos dar.

Por outro lado, está havendo grandes mudanças de paradigmas. Grandes quebras de conceitos e valores e uma busca por uma saída diante do impasse que o capital, o capitalismo com seu individualismo exacerbado nos colocou. Um sistema falido que sobrevive às custas da desigualdade e da exclusão de milhões, como também da destruição do planeta para extrair todas suas riquezas e recursos. Grande contradição.

Essa mudança de paradigmas não deixa de atingir o saber da espiritualidade e da religião, provocando reflexões importantes. O campo da espiritualidade deve ampliar sua visão, seu contexto, seu sentido, incluir o planeta, nossa casa, com toda sua flora e fauna, de forma que sustentabilidade, ecologia e bioética fazem parte do repertório da Espiritualidade. Bem como incluir nossos semelhantes, de todas as cores e etnias, somos uma só espécie. Preconceitos de qualquer espécie estão fora desse novo sentido e palavras como inclusão e igualdade fazem parte dessa nova espiritualidade, que se torna mais leve e inclusiva, mas também mais responsável.

A espiritualidade se desprega da religião, buscando sentidos mais profundos para a existência, a religião passa a ser uma parte do campo da espiritualidade e, atualmente, temos a liberdade de escolher e construir os sentidos maiores para nossa vida. E tão importante quanto acreditar em Deus, na nova espiritualidade, é acreditar também no ser humano.

Este trabalho tem um caráter epistemológico, busca entender e organizar essa relação entre Psicologia e Espiritualidade, contribuir para uma reflexão fundamental nos dias de hoje, dominados pelo saber científico, em que a dimensão espiritual está sendo esquecida pela ciência. Porém, é somente por meio dessa dimensão que iremos construir uma ciência mais ética, menos ideológica ou voltada para os interesses de poucos em detrimento do todo ou de todos.

Paz e saúde! Verão de 2022.

Referências

AMATUZZI M. M. (org) *Psicologia e Espiritualidade*. São Paulo: Paulus, 2005.

ANGERAMI-CAMON V. (org) *Espiritualidade e prática clínica*. São Paulo: Pioneira, 2004.

ASSAGIOLI R. *Psicossíntese manual de princípios e técnicas*. São Paulo: Cultrix, 1982.

DALGALARRONDO P. *Religião, psicopatologia e saúde mental*. Porto alegre: Artmed, 2008.

FRANKL V. *El Dios inconsciente*. Buenos Aires: Plantin, 1955.

HALL J. *A experiência Junguiana Análise e intervenção*. São Paulo: Cultrix 1988.

HOLANDA A. (org) *Psicologia, religiosidade e fenomenologia*. Campinas, SP: Alínea, 2004.

JUNG C. G. *Estudos de Psicologia Analítica*. Petrópolis: Vozes, 1981.

MACIEL C.M. O indisponível e a Psicologia: a dimensão espiritual no pensamento de Vitor Frankl *in* HOLANDA A. (org) *Psicologia, religiosidade e fenomenologia*. Campinas, SP: Alínea, 2004.

MAY R. Contribuciones de la psicoterapia existencial *in* MAY R., ANGEL E., ELLENBERGER H. F. (orgs.) *Existencia*. Madrid: Editorial Gredos, 1967.

PAIVA GERALDO J. Psicologia da religião, psicologia da espiritualidade: oscilações conceituais de uma (?) disciplina *in* AMATUZZI M. M. (org) *Psicologia e Espiritualidade*. São Paulo: Paulus, 2005.

VALLE E. (org.) *Entre necessidade e desejo: diálogos da psicologia com a religião*. São Paulo: Loyola, 2001.

__________. *Psicologia e experiência religiosa*. 3.ª Ed. São Paulo: 2010.

__________ Religião e Espiritualidade: um olhar psicológico *in* AMATUZZI M. M. (org) *Psicologia e Espiritualidade*. São Paulo: Paulus, 2005.

WEIL P. *Fronteiras da evolução e da morte*. Petrópolis: Vozes, 1983.

__________ *A neurose do paraíso perdido*. Rio de Janeiro: Espaço e Tempo, 1987.

CAPÍTULO 8

Infestações, Obsessões e Possessões: proposta de um estudo

Francisco B. Assumpção Jr.

1. Introdução

1.a. Infestação, Obsessão e Possessão: conceitos

Infestação, conforme Sayés[1],é uma moléstia que o Diabo desenvolve na natureza inanimada (ou no animal) para, com ela, prejudicar ao homem. Ela pode ser local, quando afeta lugares ou casas, e pessoal quando exerce na pessoa determinada moléstia, mal físico ou psíquico.

Obsessão, para Royo Marin[2], existe sempre quando o demônio atormenta o homem desde fora de maneira tão forte, sensível e inequívoca, que não deixa lugar ou dúvida sobre sua presença e ação. Pode ser interna quando afeta as potências interiores, principalmente a imaginação, e externa quando afeta sentidos externos.

Dentro de uma perspectiva católica, Rauski (2006) refere obsessão quando um demônio (ou outra entidade qualquer) se assenta sobre uma vítima específica e a atormenta. Diferencia-a da possessão na qual o próprio demônio, a partir de um pacto com sua vítima, possui-a por livre e espontânea vontade.[3]

Finalmente, Fortea[4] descreve possessão como um fenômeno pelo qual um espírito do mal reside em um corpo e em determinados momentos pode falar e se mover por meio desse corpo sem que a pessoa possa evitá-lo. Pode, assim, ser

[1] MAZZALI,A. *Demonologia e Psiquiatria.* Campinas; Ecclesiae; 2017

[2] MAZZALI,A. *Demonologia e Psiquiatria.* Campinas; Ecclesiae; 2017

[3] RAUSKI,F. Possession démoniaque et dissociation hypnotique:deux theories de la nature de la transe IN: MICHAUX,D.; *Hypnose et dissotiation psychique.* Paris; IMAGO; 2006.

[4] FORTEA, JÁ. *Summa Daemoníaca.* São Paulo; Palavra e Prece; 2010

conceituada como uma condição em que certas pessoas acreditam estarem sendo controladas por demônios, espíritos ou entidades dos mais variados tipos, sendo bastante comum a sua crença em diferentes religiões e seitas, independentemente de suas origens, quer sejam essas tribais de natureza mais primitiva, quer sejam de natureza bem mais moderna. Caracteriza, assim, que esse fenômeno, a possessão, realiza-se somente sobre o corpo, uma vez que a alma não é passível e ser possuída.[5]

A possessão consiste, assim, em um domínio que Satanás exerce diretamente sobre o corpo de uma pessoa e indiretamente sobre sua alma. Esse indivíduo não é responsável pelas suas ações, mesmo quando ultrajosas ou contrárias àquelas que habitualmente faria, embora, às vezes, possa estar consciente o suficiente para saber o que ocorre (possessão mitigada)[6].

Lara, citando Itioka, refere que possessão é "a invasão de espíritos, voluntária ou involuntária, induzida ou espontânea, violenta ou calma. Corresponde a uma invasão de um espírito com personalidade, que penetra na vida de uma pessoa, tentando expressar-se ou manifestar-se e, muitas vezes, controlá-la, suprimindo a primeira". O mesmo autor, citando Solimeo refere que corresponde a "um domínio que o demônio exerce diretamente sobre o corpo e indiretamente sobre a alma de uma pessoa"[7].

Dubreil refere que "todo homem é tentado pelo demônio e isso é o que chamamos influência ordinária, porém às vezes sob permissão divina, certas pessoas são por ele atormentadas de maneira extraordinária através de vexações, infestações, obsessões ou, num grau máximo, por possessões"[8]. Wilkinson[9] detalha melhor essa influência demoníaca estruturando algumas categorias de maneira evolutiva no que tange a sua gravidade. Cita então:

a) Infestação, ocorrendo em lugares, moradias, animais e/ou objetos;
b) Vexação, correspondendo ao assédio demoníaco a uma pessoa e que se manifesta sob a forma de má sorte por período prolongado;
c) Obsessão na qual o acometido tem pensamentos malignos que o atormentam impedindo sua capacidade de desfrutar da vida;
d) Possessão na qual Satanás se apodera da pessoa, fazendo com que ela fale e aja sem consciência ou capacidade de se controlar;
e) Submissão intencional ao demônio, realizada por meio de pactos explícitos.

[5] Paradiso, SR.; Possessão: o conflito identitário. Aspectos do transe e da possessão do colonizado, em "o outro pé da sereia" de Mia Couto. Anais do XXII Congresso Internacional da ABRALIP

[6] BALDUCCI,C. A possessão diabólica. Lisboa; Ulisseia; 1974

[7] LARA,A. Possessão e exorcismo. São Paulo, Biblioteca 24 horas, 2011

[8] DUBREIL, JÁ. *Possessions & exorcismes.* Paris; Gregorienes, 2010

[9] WILKINSON,T. *Os exorcistas do Vaticano.* Rio de Janeiro; Ediouro; 2008

Em uma perspectiva protestante, White[10] refere "que os homens tenham sido possuídos por demônios é claramente afirmado no Novo Testamento com as pessoas por eles atingidas não sofrendo somente de moléstias provenientes de causas naturais, porém com a presença direta e a operação de maus espíritos."

Finalmente, considerando-se as correntes espíritas de cunho kardecista, "a obsessão decorre sempre de uma imperfeição moral que dá acesso a um espírito mau"[11]. O próprio Kardec[12] refere que "a expressão possesso, não deve ser entendida senão como a dependência absoluta da alma em relação a espíritos imperfeitos que a subjugam". Isso porque "a obsessão é a ação quase permanente de um espírito estranho, que leva a pessoa a ser solicitada por uma necessidade incessante de agir desta ou daquela maneira e de fazer isto ou aquilo".[13] Dessa forma, a meu ver, a ideia de obsessão para o espiritismo pode se confundir parcialmente com as de obsessão e mesmo de possessão da Igreja Católica.

Com um grau mais intenso, "a estreita subjugação é uma ligação moral que paralisa a vontade de quem sofre, impelindo a pessoa às mais dezarrazoadas ações e, por vezes, às mais contrárias ao seu próprio interesse".[14]

Continua ainda referindo que "os espíritos que estipulam lugares e horas inconvenientes para encontros são espíritos que se divertem às custas dos que os escutam[15].

Finalmente, a fascinação é uma espécie de ilusão produzida ora pela ação direta de um espírito estranho, ora por seus raciocínios capciosos; e essa ilusão produz um logro sobre as coisas morais, falseia o julgamento e leva a tomar-se o mal pelo bem."[16]

Essas distinções nos parecem importantes, uma vez que se considerando essas afirmações, tanto dentro na visão católica quanto na espírita kardecista, estamos falando de fenômenos semelhantes, embora com intensidades diversas, principalmente, porque o próprio Kardec refere que "para nós, possessão seria sinônimo de subjugação"[17] com o demônio sendo considerado como um "espírito imperfeito".[18]

[10] WHITE,EG. *O Grande Conflito*; São Paulo, Casa Publicadora Brasileira; 2003

[11] BERTRAN,D. *O Plugue do milênio*. São Paulo, São Paulo, Lâchatre; 2002

[12] KARDEC,A. *O Livro dos Espíritos*, São Paulo, Lake; 2006

[13] KARDEC, A. *A obsessão.Origens, sintomas e curas*. Matão, Clarim, 2011

[14] KARDEC, A. *A obsessão.Origens, sintomas e curas* Matão, Clarim, 2011

[15] KARDEC, A. O Céu e o Inferno. Guarulhos, FEAL; 2021

[16] KARDEC, A. *A obsessão.Origens, sintomas e curas* Matão, Clarim, 2011

[17] KARDEC, A. *A obsessão.Origens, sintomas e curas* Matão, Clarim, 2011

[18] KARDEC, A. *A obsessão.Origens, sintomas e curas* Matão, Clarim, 2011

O fenômeno, entretanto, tem suas raízes no decorrer da própria história humana, uma vez que se confunde com o dualismo Bem – Mal, presente em todas as culturas de formas diversas.

1.b. Histórico

A questão do Mal é presente em todas as sociedades humanas e, por isso, todas elas tentam resolvê-la de alguma forma. Filosoficamente, estaria ligada às próprias questões referentes à Natureza Humana, considerando-se uma visão mais utópica ou distópica do pensador que a aborde e, assim, vinculando-a mais ao próprio indivíduo com suas características genotípicas e fenotípicas ou ao ambiente e, portanto, mais dependente de seu livre-arbítrio.

Em Psiquiatria, essa é uma dualidade que também persiste, quando pensamos a questão das alterações de personalidade, tão bem caracterizada por K. Schneider, enquanto variações da média e, hoje, ainda são considerados padrões crônicos de comportamento com início muito precoce, inflexibilidade e má adaptação, traduzindo-se por um problema comportamental grave embora na atualidade pense-se em uma combinação complexa de fatores de temperamento (genéticos e outros fatores biológicos) e psicológicos (ambientais e evolutivos)[19].

Entretanto, sob o ponto de vista da sociedade, na qual se insere, a maneira pela qual passa a ser vista essa dualidade, determina intervenções, visando à manutenção da própria homeostase do grupo, o que a faz ser encarada sob pontos de vista legais, religiosos, sociais, artísticos e penais.

Nas culturas cristãs, das quais fazemos parte, a questão do Mal é inicialmente ligada à imagem de Satã, ou Satanás, que, segundo Maggi (2003), aparece, pela primeira vez, como personagem da Bíblia, ao final do século VI a.C. no livro do profeta Zacarias, enquanto uma atividade exercida, a de acusador, sem, portanto, a maldade inerente à sua pessoa, maldade essa atribuída posteriormente, mas cumprindo, primariamente, somente o dever de acusar o culpado e fazer seu crime mais acentuado[20]. Diz então:

Ele me fez ver o sumo sacerdote Josué, que estava de pé diante do anjo do Senhor, e o satanás, que estava de pé à sua direita para acusá-lo (Zc 3,1).

Nessa perspectiva, sua imagem fica mais próxima da de um promotor público do que da de um torturador ou carrasco. Exatamente por isso é que ele é considerado como, também, um filho de Deus, literalmente o obedecendo. Assim, no livro de Jó encontramos que

[19] VALENÇA,A; NOVAIS,VB; MELEIRO,AMAS In: *Psiquiatria: estudos fundamentias.* Rio de Janeiro; Guanabara Koogan; 2018

[20] MAGGI,A. *Jesus e Belzebu, Satanás e Demônios.* São Paulo, Santuário, 2003

Chegou o dia de os filhos de Deus se apresentarem diante do Senhor. O satanás veio também com eles apresentar-se diante do Senhor. O Senhor disse ao satanás: "Donde vens? – "Estive percorrendo a terra e girando por toda ela", reponde. E o Senhor lhe perguntou: "Reparaste no meu servo Jó? Não há ninguém como ele na terra! É um homem integro e reto, que teme a Deus e se mantém longe do mal. Ele persevera na sua integridade e foi em vão que me incitaste a aniquilá-lo". Mas o satanás respondeu ao Senhor: "Pele por pele! Cada um daria tudo o que possui em troca de sua vida. Mas estende a tua mão; atinge-o na carne e nos ossos. Com certeza ele te lançará em rosto as suas maldições". Então o Senhor disse ao satanás:"pois bem! Ele está em teu poder, mas poupa-lhe a vida". (Jó 2, 1 a 6)

Cabe apontar que o termo satanás é apresentado em minúsculas e antecedido pelo artigo o, que parece indicar, conforme falamos anteriormente, mais uma atividade que um ser, propriamente dito. Além disso, ao lhe ser perguntado, ele responde que vem da própria terra e não de um teórico reino inferior.

Entretanto, Fortea[21] refere que um demônio é um ser espiritual de natureza angélica, condenado eternamente. É incorpóreo, sem nenhum tipo de matéria sutil, correspondendo a uma existência de caráter inteiramente espiritual.

Kardec, considerando os demônios, refere que existem espíritos em todos os graus de adiantamento moral e intelectual, de sabedoria e ignorância, de bondade e de maldade e, desse modo, alguns deles são profundamente inclinados ao mal, comprazendo-se nele, embora não os denomine demônios, pois não os considera seres distintos da humanidade[22]. Dessa forma, corresponderiam a espíritos ainda em estágios mais iniciais de evolução.

Com toda essa variabilidade de conceitos, temos que nos perguntar, inicialmente, como essa imagem demoníaca teria se transformado no conceito que encontraremos posteriormente?

A primeira questão que temos que considerar é que os termos satanás, diabo, demônio não podem ser (apesar de serem) considerados como sinônimos. O termo demônio, derivado do grego *daimon,* carrega consigo o significado de divino, intermediário entre um deus e os homens, com Hesíodo (apud Maggi)[23] referindo que a palavra *daimon* indica qualquer espírito cuja influência se faz sentir na sua inspiração correspondendo, portanto, à musa para o poeta ou ao gênio para o filósofo. Quanto ao nome Satã, talvez possamos considerá-lo derivado de *Shaitan*, rival de Deus, criado pela visão islamita e que, posteriormente, deu origem a palavra que ainda hoje utilizamos como sinônimo.

Entretanto, podemos dizer que é ao redor do século XII que o mundo inicia a dar espaço para que a ideia de Lúcifer ocupe o medo, a angústia e a insegurança

[21] FORTEA, JA. *Summa Daemoníaca*. Campinas; Palavra e Prece; 2010

[22] KARDEC,A. *O Céu e o Inferno*. Guarulhos; FEAL; 2021

[23] MAGGI,A. *Jesus e Belzebu, Satanás e Demônios*. São Paulo, Santuário, 2003.

do existir. A luta entre o Bem e o Mal se concretiza então e passa diretamente para o cotidiano humano, uma vez que as paixões humanas podem interferir na ordem divina. Assim, uma ofensiva religiosa vigorosa surge com a finalidade de auxiliar a Deus nessa leitura em "preto e branco" da realidade. O demônio passa, então, para o plano concreto, representado na arte, deixando de ser uma figura, talvez, metafórica para se tornar real e palpável e é, assim, que ele afeta o homem em seu existir. Essa situação se estabelece mais claramente a partir de 1270 com o primeiro texto de demonologia escolástica que Tomás de Aquino redige em seu tratado "Sobre o Mal", correspondendo a um grupo de questões agrupadas rubricas, uma sobre a natureza dos demônios, uma segunda sobre as circunstâncias referentes à queda do diabo e dos anjos maus, uma terceira sobre as capacidades demoníacas após a queda e, finalmente, os poderes que os demônios exercem sobre os homens[24].

Conforme cita Rops (1993), é o diabo que vem atormentar as almas fiéis, atacando, preferencialmente, as virtuosas, sob uma aparência terrível ou perturbadora, arrastando, por meio da tentação, pessoas consagradas ao Senhor.

A mulher aparece a ele associada em função da recordação do pecado de Eva[25], e essas ideias, associadas ao surgimento de diferentes heresias (que já vinham sendo combatidas de diferentes formas desde os primeiros anos da Igreja), fazem com que, a partir do segundo concílio de Latrão, em 1139, organizem-se modelos para investigar e reprimir (ou, se quisermos pensar diferente, para diagnosticar e tratar) a anarquia espiritual delas derivadas e que possibilitariam uma ação maior do demônio. Assim, a partir da cruzada albigense, surgem os tribunais da Inquisição, que abrirão a possibilidade para a obra de Jacob Sprenger e Heinrich Institoris, o *Malleus Maleficarum* (O Martelo do Mal), que se consistiria em um manual de instruções e regras para a perseguição e interrogatório de bruxas[26] ou, se quisermos ser modernos, um manual dedicado, principalmente, ao diagnóstico de feiticeiros, uma vez que o tratamento era escasso e de pouca valia.

Teologicamente, diria-se que as naturezas angélicas, embora distintas entre si, podem ser agrupadas em nove grandes grupos: Anjos, Arcanjos, Principados, Potestades, Virtudes, Dominações, Tronos, Querubins e Serafins. Considerando-se que os demônios corresponderiam a anjos caídos, eles poderiam ser provenientes dessas nove hierarquias, o que constituiria também uma hierarquia demoníaca com poderes diferentes entre si[27].

[24] BOUREAU,A. *Satã Herético*. Campinas, UNICAMP; 2016

[25] ROPS,D. *A Igreja das catedrais e das cruzadas*. São Paulo, Quadrante;1993

[26] HUIZINGA,J. *O outono da Idade Média*; São Paulo; Cosacnaif,2010

[27] FORTEA, J A. *Summa Daemoníaca*. Campinas; Palavra e Prece; 2010

Ribas, referindo-se a concepção medieval, fala que os demônios seguiam a tradição hierárquica celeste e, conforme era de se esperar, monárquica, com a principal autoridade sendo Belzebu abaixo do qual contavam-se 72 chefes (príncipes, duques, marqueses, condes) que comandavam 6.666 legiões, cada uma das quais com 6.666 demônios, o que totalizava 44.435.556 demônios combatentes, cada qual podendo contar ainda com diferentes subalternos e seguidores[28], fato esse sobre o qual Fortea[29] tece ressalvas dizendo que muitas dessas questões remontam somente à imaginação dos autores que as citam.

Os principais príncipes seriam[30]

Abaddon ou **Apolion** – significa destruidor ou também perdição e destruição. É o "anjo do abismo" chefia exército de terríveis e monstruosos gafanhotos descritos como

"os gafanhotos pareciam cavalos preparados para a guerra. Tinham na cabeça algo semelhante a coroas de ouro, e sua cara era como um rosto humano. Os cabelos eram como cabelos de mulher e os dentes, como dentes de leão. As couraças eram couraças de ferro, e o barulho das asas parecia o barulho de carros com muitos cavalos que correm para a batalha. Tinham caudas como ferrão como os escorpiões. Era na cauda que estava o poder de causar dano Às pessoas por cinco meses. Tinham por rei o anjo o abismo, cujo nome em hebraico é Abadon e em grego Apolion." (Ap 9, 7-11)

Asmodeu – o demônio enamorado descrito no livro de Tobias ao matar os prometidos à Sara,

"É que ela fora dada em casamento a sete homens, mas o perverso demônio Asmodeu os havia matado antes de se unirem a ela como esposa, conforme a obrigação". (To 3,8)

citado também no Malleus Malleficarum[31] como

"o verdadeiro diabo da fornicação e chefe dessa abominação leva o nome e Asmodeu, o que quer dizer Criatura do Juizo; pois devido a esta espécie de pecado, foi executado um juízo terrível sobre Sodoma e as quatro outras cidades."

Seu nome procede do persa com o significado de *aesma daeva*, o espírito da cólera[32].

Azazel – citado no livro apócrifo de Enoque como um dos anjos que se rebelaram contra Deus

"Então eu perguntei ao anjo da paz que ia comigo:Para quem são essas correntes?

Ele disse-me: Para as legiões de Azazel, a fim de aprisioná-las e lançá-las no abismo da condenação definitiva. De pedras ásperas serão cobertos os seus queixos, da forma como ordenou o Senhor dos Espíritos.

[28] RIBAS,JC. *As fronteiras da demonologia e da Psiquiatria.* São Paulo, Edigraf, 1964

[29] FORTEA, JA. *Summa Daemoníaca. Campinas;* Palavra e Prece; 2010

[30] MAGGI,A. *Jesus e Belzebu, Satanás e demônios.* SP; Santuário, 2003

[31] KONING,F. *Incubos y súcubos.* Barcelona, Guada, 1977

[32] FORTEA, JA. *Summa Daemoníaca.* Campinas; Palavra e Prece; 2010

Miguel, Gabriel, Raphael e Phanuel os agarrarão, naquele grande dia, e os lançarão na fornalha de fogo ardente, para que o Senjor dos Espíritos promova sua vingança contra a iniquidade, por terem eles se submetido a Satã e pervertido os habitantes da terra. (Enoc LIV, 2-4)

Fortea[33] ainda cita

Belzebu – proveniente de Baal zebul com o significado de "o senhor das moscas" e que aparece em Reis, 2: 1-2;

Lilith – proveniente da mitologia mesopotâmica e que aparece em Isaías 34:14;

Seirim – aparece em Isaías 13:21, Levítico 17:7 e Baruc 4:35, derivado do hebraico *sa'ir* que significa peludo ou bode;

Belial ou Beliar – da raiz *baal* com o significado de senhor aparece em Cor 2:6-15;

Satã – o mais poderoso, inteligente e belo, com o significado de inimigo, adversário, opositor;

Diabo – como o Novo Testamento chama à Satã, palavra derivada do grego *diaballo* significando acusar.

Lúcifer é um nome extra bíblico com o significado de "estrela da manhã" e é usado em muitos textos como sinônimo de demônio, porém Amorth (apud Fortea) considera-o um nome próprio do demônio, segundo em importância na hierarquia demoníaca[34].

Temos que pensar que alguns dos demônios foram deuses, "tomados por empréstimo" das religiões dos povos vizinhos aos hebreus tal como Astaroth (também chamada Astarte) deusa dos sidônios; Dagón deus dos filisteus; Moloc dos moabitas; Nergal e Pazuzu dos sumérios e outros que enriquecerão a demonologia, principalmente medieval.

Na raiz de toda a ideia, podemos identificar a questão da desobediência à Deus e às suas determinações, conforme podemos identificar no livro apócrifo de Enoque (6,1-4; 7,1):

"Quando outrora aumentou o número dos filhos dos homens, nasceram-lhes filhas bonitas e amoráveis. Os Anjos, filhos dos céu, ao verem-nas, desejaram-nas e disseram entre si: Vamos tomar mulheres dentre as filhas dos homens e gerar filhos!

Disse-lhes então seu chefe Semjaza: Eu receio não quereis realizar isso, deixando-me no dever de pagar sozinho o castigo de um grande pecado. Eles responderam-lhe em coro:Nós todos estamos dispostos a fazer um juramento, comprometendo-nos a uma maldição comum mas não abrir mão do plano, se sim executá-lo.

Então eles juraram conjuntamente, obrigando-se a maldições que a todos atingiriam. Eram ao todo duzentos os que, nos dias de Jared, haviam descido do cume do monte Hermon. Chamaram-no Hermon porque sobre ele juraram e se comprometeram a maldições comuns.

[33] FORTEA, JA. *Summa Daemoníaca.* Campinas; Palavra e Prece; 2010

[34] FORTEA, JÁ. *Summa Daemoníaca.* Campinas; Palavra e Prece; 2010

Assim se chamavam os seus chefes:Semjaza, o superior de todos eles, Arakiba, Rameel, Kobakiel, Tamiel, Ramiel, Danel, Ezekeel, Narakijal, Azael, Armaros, Batael, Ananel, Turel, Jomjael e Sariel. Eram esses os chefes de cada grupo de dez. Todos os demais que estavam com eles tomaram mulheres, e cada um escolheu uma para si. Então começaram a frequentá-las e a profanar-se com elas. E eles ensinavam-lhes bruxarias, exorcismos e feitiços, e familiarizavam-nas com ervas e raízes.

Temos, então, em primeiro lugar, a origem dos demônios enquanto entidades angélicas específicas que se afastaram de Deus e também que vieram a ensinar aos próprios homens, por meio de suas filhas, os feitiços e as possibilidades de facilitarem as possessões e os malfeitos.

Com o passar do tempo, as ideias demoníacas perdem sua força e têm seu crepúsculo com o Romantismo e o advento do século das Luzes.

"Descarta-te do siso e da ciência, máximas forças do homem! Crê somente nas ficções dos espíritos falazes, e és meu por redenção! Deu-te o destino alma que, desdenhando os bens do mundo, só aspira vaidosa a bens sem termo[35]*."*

A ideia do inferno perde sua força e surge a ideia de um demônio interior, que persistirá no decorrer dos séculos XIX e XX, embora, em 1879, Leão XIII escreva sua encíclica *Aeterni patris,* na qual a realidade objetiva da existência do demônio se faz sem distinção. O papa Paulo VI reafirma a ideia em 1972 e o Catecismo da Igreja Católica de 1992 faz a proposta que "é um anjo, um anjo decaído, chamado Satan ou Diabo". Em 1985, o próprio João Paulo II denuncia a tática diabólica que consiste em não se revelar para que o Mal que ele inculca possa se manifestar no desenvolvimento humano, das cismas e das próprias relações inter-humanas entre classes e nações, ou seja, a ideia de Cerbelaud de 1997 seria que "ele existe, porém deseja que não se creia nele".[36] O próprio Papa Francisco, já em pleno século XXI refere[37]:

"É verdade que antigamente se podia confundir epilepsia com se estar possuído pelo Demônio mas é igualmente verdade que o demônio existe! A presença do Demônio está na primeira página da Bíblia e também no final com a vitória de deus sobre ele (...) Jesus luta contra o Diabo; e este é o primeiro critério. O segundo é que "quem não está com Jesus está contra Jesus". Não existe outro comportamento. E o terceiro critério é a vigilância do nosso coração, porque o Demônio é astuto, nunca é expulso para sempre(...)"

Chegamos, então, ao século XXI com uma ideia sobre o diabo de que ele corresponde a uma entidade específica e, como tal, porque não possuir ou obsediar determinadas pessoas, ideia essa presente na ideologia católica e

[35] GOETHE. *Fausto.* Rio de Janeiro; Jackson; 1960

[36] MUCHEMBLED,R. *Une histoire du diable.* Paris; Seuil; 2002

[37] MAZZALI,A. *Demoonologia e Psiquiatria.* Campinas, Eclesiae; 2017

protestante[38][39]. Paralelamente, encontramos a ideia de que determinadas manifestações relativas aos quadros de possessão e obsessão corresponderiam a manifestações de determinadas entidades espirituais sem qualquer relação com a questão demoníaca. Isso é observado no espiritismo kardecista[40], oriundo da tradição francesa do século XIX, com base positivista, propondo-se a ser, mais que uma religião, uma filosofia e uma ciência conforme a metapsíquica desse século.

"o espírito não entra num corpo como entra numa casa; ele se assimila a um espírito encarnado que tem os seus mesmos defeitos e as suas mesmas qualidades, para agir conjuntamente; mas é sempre o espírito encarnado que age como quer sobre a matéria de que está revestido. Um espírito não pode substituir-se ao que se acha encarnado, porque o espírito e o corpo estão ligados até o tempo marcado para o termo da existência material".

Assim, é o Eu do espírito estranho que neutraliza, momentaneamente, o eu pessoal, havendo, em decorrência, uma subjugação obsessional em lugar de uma real possessão[41].

Finalmente, temos, ainda, a questão da sintomatologia demoníaca, como participando de todo o cortejo psicopatológico descrito, na atualidade, de forma bastante simplista nos critérios diagnósticos de diferentes fontes.

Como, então, encarar esse fenômeno, por um lado atraente e por outro assustador, com raízes no mais primitivo de nossa existência?

2. Sintomatologia

O fenômeno possessão se caracteriza pelo aparecimento de uma nova personalidade no organismo do afetado, podendo se identificar três elementos principais que indicam essa presença[42]:

I Fisionomia modificada: indivíduos usualmente tranquilos, ao momento da possessão, conforme relatos apresentam semblante grotesco;

II. Mudanças de voz: simultânea as mudanças fisionômicas, consistem na modificação da entonação da voz conforme o caráter da nova personalidade que aflora, principalmente na altura, embora em alguns casos também se altere o timbre, o que faz com que soe de maneira estranha;

[38] AMORTH,G. *Um exorcista conta-nos*; São Paulo; Paulinas; 2012

[39] WHITE,EG. *O Grande Conflito*; São Paulo; Casa Publicadora Brasileira; 2003

[40] KARDEC,A. *O livro dos espíritos*. São Paulo; Lake; 2006

[41] KARDEC,A. *A obsessão. Origens, sintomas e curas*. Matão, Clarim, 2011

[42] RABUSKE,IJ. *Jesus exorcista*. São Paulo; Paulinas; 2001

III. Essa nova voz não fala em nome do indivíduo, sendo expressão de nova individualidade que se apossa desse organismo, sendo, por alguns, considerado como o aspecto mais importante do fenômeno.

Além desses elementos, observam-se elementos motores como excitação motora, alterações de tipo convulsivo e de força (que se torna maior – sansonismo).

Para Fortea[43], os critérios diagnósticos que um indivíduo deve apresentar para que se suspeite de possessão são:

I. Ante o sagrado ou o religioso dá-se uma gama de sensações que vão, segundo o sujeito, desde o incômodo até o horror, desde a leve expressão da moléstia, até a manifestação de ira e fúria;

II. Nesses casos mais extremos, o horror leva a acessos de fúria, acompanhados normalmente de blasfêmias ou insultos dirigidos para o objeto religioso que se encontra próximo;

III. O possesso, nos episódios agudos de manifestação de ira furiosa, perde a consciência. Quando volta a si não se recorda de nada. A amnésia é total e absoluta. Enquanto tem lugar a crise de fúria, a pessoa sofre uma mudança de personalidade, é como se dela emergisse uma segunda personalidade;

IV. Essa segunda personalidade sempre tem um caráter maligno. É comum nesses momentos que as pupilas se voltem para cima, ou para abaixo, deixando os olhos brancos. Os músculos faciais põem-se frequentemente em tensão. Também as mãos mostram rigidez. Nesses momentos de crise, a pessoa articula a voz cheia de ódio e raiva.

V. Acabada a crise furiosa, a pessoa volta lentamente à normalidade, o trânsito de volta à normalidade é praticamente similar quanto ao tempo e ao modo que se observa da volta do estado de hipnose ao estado normal de consciência;

VI. Fora das crises furiosas em que emerge a segunda personalidade, a pessoa leva uma vida completamente normal, sem que essa patologia afete nada, nem seu trabalho nem suas relações sociais. O sujeito aparece como uma pessoa perfeitamente sensata. A todo momento distingue perfeitamente entre a realidade e o mundo intrapsíquico, não se observa uma conduta delirante;

VII. Em alguns casos, expõem coisas que parecem alucinações sensoriais (expõem que, esporadicamente veem sombras, sentem uma sensação estranha em alguma parte do corpo ou ouvem grunhidos). Pelo contrário, não ouvem vozes internas, nem sentem algo que lhes corre abaixo da pele. "O doutor D. psiquiatra cristão, habitante da cidade vizinha e que auxilia por cinco anos o padre R em seu ministério e que assiste a maior parte dos exorcismos, aponta algumas questões

[43] FORTEA,JÁ. *Svma Daemoniaca*. São Paulo; Palavra e prece;2010

sobre a vida psíquica e espiritual da paciente: Não é fácil em um caso como este de discernir o que é, inegavelmente, da ordem de uma infestação do Maligno e aquilo que se caracteriza como uma neurose histérica. Mas não é porque existem elementos de uma perturbação psíquica que não existe uma infestação[44]*."*

Falamos, desse modo, de casos psiquiátricos ou espirituais? Qual a fronteira que temos que considerar entre os dois sem que se considere o fato de forma superficial, somente como fruto da superstição?

Isso porque a Psiquiatria quando refere "transtornos dissociativos", refere-se a uma perturbação e/ou descontinuidade da integração normal da consciência, memória, identidade, emoção, percepção, representação corporal, controle motor e do comportamento," perturbação essa que pode envolver fenômenos de despersonalização e amnésia dissociativa, citando-se, inclusive, experiências de possessão[45].

Conforme anteriormente descrito[46], antes de ser descoberto, o demônio ocasiona alterações físicas e psíquicas, não diagnosticadas medicamente e que são resistentes aos tratamentos propostos. Durante os exorcismos, tenta, inicialmente, ocultar-se até que se manifesta com toda a sua força. Algumas pessoas ficam imóveis e silenciosas sem reagir às provocações senão com os olhos, outros lutam e raros mostram-se furiosos.

Quando próximos a deixar a pessoa afetada, mostra desespero por meio de expressões verbais como "eu morro", "não posso mais", "chega vocês me matam".

Finalmente, após a libertação, observa-se o risco de recaídas caso se altere o processo, até então, utilizado.

Ao falarmos de Infestação, falamos de um fenômeno inicial, que ocorre em lugares, moradias, animais e/ou objetos e que corresponde a maior parte dos fenômenos considerados, a princípio, como possessões.

A Vexação corresponde ao assédio demoníaco a uma pessoa e se manifesta sob a forma de má sorte por período prolongado, "se um indivíduo, durante os exorcismos, apresenta certas reações que revelam um ataque demoníaco, não perde completamente o conhecimento e no fim se lembra, mesmo que seja vagamente, do que fez ou ouviu, trata-se então de uma vexação diabólica".[47]

Na Obsessão, o acometido tem pensamentos malignos que o atormentam e impedem sua capacidade de desfrutar da vida. "A obsessão diabólica se manifesta

[44] LESEGRETAIN,C. Profession exorciste. *L'actualité religieuse dans le monde.* 87:10-11; mars,1991

[45] APA. Manual Diagnóstico e Estatístico de Transtornos Mentais , DSM-5; Porto Alegre; Artmed; 2014

[46] AMORTH,G. *Um exorcista conta-nos.* São Paulo; Paulinas; 2012

[47] AMORTH,G. *Um exorcista conta-nos.* São Paulo; Paulinas; 2012

por pensamentos, obsessivos invencíveis, que atormentam sobretudo durante a noite, mas muitas vezes, atormentam também e forma permanente"[48]. Importante se pensar que esta sintomatologia se sobrepõe muitas vezes ao que denominamos Transtorno Obsessivo-Compulsivo, sobejamente conhecido pela Psiquiatria.

Entretanto, é na Possessão que Satanás se apodera da pessoa fazendo com que ela fale e aja sem consciência ou capacidade de se controlar; "se no decorrer dos exorcismos (nota-se que é este o momento em que o demônio é mais forçado a manifestar-se, constrangido pela força do exorcismo; embora possa também atacar a pessoa noutras ocasiões, geralmente o faz de modo menos grave), a pessoa entra completamente em transe, de modo que, quando fala, é o demônio que se exprime através da sua boca, e se, quando ela se debate, é o demônio que se serve de seus membros e, no fim do exorcismo, ela não se lembra de nada do que aconteceu, então trata-se de uma possessão diabólica, isto é, a pessoa alberga um demônio que age, por vezes, com os membros dela[49]".

Todos esses fenômenos demandam, habitualmente, uma submissão intencional ao demônio que, segundo Fortea[50], pode ser visualizada enquanto uma fenomenologia demoníaca, a partir do seguinte:

As tentações são a base do fenômeno e, embora não se possa dizer que todas as tentações derivem do demônio, pode-se dizer que ele se aproveita de todas elas. Assim, elas podem ser normais, intensas ou constituir aquilo que os místicos denominam noite do espírito e que consistem em uma série de tentações obsessivas, com origem demoníaca, descritas por diferentes santos como Inácio de Loyola, Teresa de Lisieux ou São João de La Cruz[51].

Posteriormente às tentações, temos as influências nas quais o demônio está vez ou outra ao lado da vítima. Nas influências internas, embora ele esteja dentro da vítima, não se constitui em uma verdadeira possessão mesmo exercendo certa influência sobre o corpo, mente ou espírito da pessoa atingida. A influência externa, menos poderosa, manifesta-se mais frequentemente por meio de calafrios, sensação de algo colado ao corpo.

Nas influências sobre a mente, quando internas, podem se manifestar por meio de lembranças, imaginações e pensamentos com um assédio contínuo por dias ou meses, provocando visões ou sensações que só o afetado percebe. Podem ainda haver manifestações corporais como movimentos leves (rigidez, movimentos de mãos, braços, caretas). Nas influências mentais externas, observa-se desespero e fenômenos físicos movendo-se coisas, percebendo-se ruídos ou odores.

[48] AMORTH,G. *Um exorcista conta-nos*. São Paulo; Paulinas; 2012

[49] AMORTH,G. *Um exorcista conta-nos*. São Paulo; Paulinas; 2012

[50] FORTEA,JÁ. *Svma Daemoniaca*. São Paulo; Palavra & prece; 2010

[51] FORTEA,JÁ. *Svma Daemoniaca*. São Paulo; Palavra & prece; 2010

Finalmente, nos fenômenos de possessão, o demônio, em determinados momentos, possui o corpo da pessoa podendo movê-lo ou falar por meio dele. É a influência interna em seu grau máximo, que domina o afetado com o demônio, podendo não falar (demônio fechado) ou falar (demônio aberto) ou, até mesmo, não dar nenhum sinal de que ali está (demônio *abditus*).

Quando falamos de infestações, conforme já dissemos, o demônio possui um lugar e move coisas ou provoca ruídos ou cheiros.

Na visão protestante, vários sintomas caracterizam os estados de possessão e se constituem em explosões de raiva descontrolada e violenta; cefaleias constantes e resistentes a tratamento; insônia grave; doenças incuráveis; medo intenso, que pode se disfarçar sob a forma de senso de responsabilidade ou preocupação com problemas que, realmente, podem acontecer; epilepsia; pensamentos suicidas; depressão; vícios pelo abandono do autocontrole; vida sentimental instável; audição de vozes e visão de vultos; envolvimento com feitiçaria e ocultismo[52].

Na concepção espírita, descrevendo a epidemia de Morzine, Kardec[53] refere que "durante as crises o pulso fica calmo e, no maior furor o personagem tem um ar de domínio... notamos um exagero de movimentos fisiológicos; a pupila se dilata e se contrai...entram num estado de furor, que vai sempre crescendo, como se a ideia que as domina produzisse dois efeitos quase que simultâneos: depressão e excitação logo depois...notamos uma insolência incrível que ultrapassa qualquer limite...há em todas as meninas um caráter de impiedade permanente, levando além de todo o limite, dirigido contra tudo que lembra Deus, os mistérios da religião...revelam coisas que chegam de longe, bem como fatos passados de que não tinham conhecimento; também revelaram pensamentos de várias pessoas... deram respostas a perguntas feitas em línguas desconhecidas...tem uma força sem proporção com a idade...não se maltratam...fora das crises não tem qualquer lembrança do que disseram ou fizeram...não perdem toda a consciência e ao menos subsiste o instinto de conservação."

Assim, a obsessão seria o domínio que certos espíritos exerceriam sobre determinados indivíduos, podendo acontecer de três maneiras:

a) simples, na qual o indivíduo percebe que não está conseguindo nenhum sucesso em nenhuma atividade da própria vida, é considerada somente um envolvimento leve e de fácil controle;
b) fascinação, mais grave, o espírito inicia a dominar o médium durante algum tempo, obtém sua confiança e o impede de avaliar as próprias comunicações;

[52] HIGGINBOTHAM,D. *Crentes possessos*. Rio de Janeiro, Unipro,2011

[53] KARDEC,A. *A obsessão.Origens, sintomas e curas*. Matão, Clarim, 2011

c) subjugação, bem mais grave, corresponde a uma coação, constrangimento feito por espíritos ignorantes que se comprazem no mal e chegam a anular o livre arbítrio provocando, ocasionalmente, movimentos sem razão, atos insensatos, gritos, palavras incoerentes ou até insultuosas[54].

Deve-se levar em consideração que se cita a questão da mediunidade, inclusive, ao se falar da obsessão, uma vez que "todo indivíduo que, desta ou daquela maneira, sofre a influência dos espíritos é, por isto mesmo, médium". Assim, nos casos de obsessão, "se um espírito quiser agir sobre uma pessoa, dela se aproxima, envolve-a com o seu períspirito, como um manto; os fluídos se penetram, os dois pensamentos e as duas vontades se confundem e, então, o espírito pode servir-se daquele corpo[55]."

Diferentes óticas, portanto, podem ser consideradas ao pensarmos o fenômeno em questão.

Exatamente por isso, escolheremos uma somente, não porque a consideremos expressão fundamental da verdade, mas sim porque é aquela que mais se coaduna com o espírito da modernidade e com as visões de vida em questão.

3. Obsessão, possessão e psiquiatria

A ligação entre os fenômenos característicos da obsessão e da possessão tem uma ligação indiscutível com a Psiquiatria e a Psicologia, a ponto de Mazzali (2017)[56] considerar a importância do diagnóstico psiquiátrico prévio, falando, enquanto diagnósticos diferenciais, de Transtornos de Personalidade (múltipla, esquizoide, esquizotípica, borderline), Esquizofrenia, Epilepsia, Transtornos Dissociativos, Psicose Delirante Crônica, Psicose Reativa Breve e Amorth(2010)[57] apresentar conferências para grupos de psiquiatras, visando esclarecer essas diferenças dizendo que "a Igreja sempre alertou aos exorcistas para que não confundissem os malefícios com os males psíquicos e, na sequência do progresso científico nesse campo, sempre recomendou aos exorcistas que recorressem à ajuda dos médicos. Por isso, de fato, esta colaboração entre exorcistas e psiquiatras já se realiza há algum tempo."

Em 1889, em sua tese de filosofia intitulada *L'Automatisme psychologique. Essai de psychologie expérimentale sur* lês formes *inferieures de láctivité humaine*, Pierre Janet descreve diferentes formas de desagregação cujo caráter essencial seria a formação, no espírito, de dois grupos de fenômenos: um constituindo a personalidade habitual

[54] ANSELMO,MC. *Estudo e prática de assistência espiritual.* São Paulo; FEESP; 2012

[55] KARDEC,A. *A obsessão.Origens, sintomas e curas.* Matão, Clarim, 2011

[56] MAZZALI,A. *Demonologia e Psiquiatria.* Campinas, Ecclesiae; 2017

[57] AMORTH,G. *Exorcistas e Psiquiatras.* São Paulo; Palavra e Prece; 2010

e outro suscetível a se dividir, formando uma personalidade diferente da primeira e completamente ignorada por ela[58].

Em conferência consagrada ao fenômeno de possessão, proferida em 28 de janeiro de 1929, ele identifica três tipos de descrição sobe o fenômeno: a possessão demoníaca, o delírio de possessão e a possessão exótica. Para descrever o primeiro tipo se vale de um texto de Eginhard, exorcista da Idade Média, frisando a ingenuidade do religioso ao não perceber que aquilo que pensa ser uma segunda voz, de um demônio específico, era somente uma dissociação psíquica.

Falando sobre o segundo tipo, o delírio de possessão, mostra-se mais à vontade, embasando-se nos trabalhos de Esquirol e Archambault, concluindo da aproximação do fenômeno com os delírios de possessão e perseguição, manifestações imaginárias e desprovidas de sentido[59].

Também Séglas[60], no Congresso de Blois de 1892, refere que a ideia de possessão corresponde a um quadro mental, que pode se apresentar em melancólicos, não sendo mais que a expressão de um desdobramento da personalidade que existe previamente, e que é, mais ou menos, acentuado pela melancolia e que, citando Griesinger, toma um corpo e se traduz por um discurso que não pertence ao Eu (habitual) do indivíduo, com ideias que veem de uma região obscura da alma e que permanece obscura para o Eu.

Em nosso meio, tais fenômenos foram estudados por Carvalhal Ribas[61], que caracterizou os fenômenos encontrados como sendo derivados de extrema tensão emocional, esgotamento, embriaguez e sonolência (fenômenos de tentação); manifestações de tipo neurastênico, obsessivo-compulsivo e histérico (estados de obsessão); esquizofrenia, psicoses tóxicas, epilepsia, melancolia, excitação maníaca e paralisia geral (estados de possessão). Conclui referindo que todos os pacientes afetados apresentavam a convicção da existência de forças sobrenaturais e que a aproximação de um método religioso foram os primeiros passos para a exploração e a terapêutica do fenômeno.

Conforme Koenig[62], no Brasil, poucos estudos tem examinado delírios religiosos em pacientes psiquiátricos, embora tenham sido narradas enucleações oculares em seis casos de pacientes psiquiátricos, sendo cinco unilaterais e uma

[58] GARABÉ,J. La notion de dissociation selon Pierre Janet IN MICHAUX,D. *Hypnose et dissociation psychique*. Paris; Imago; 2006

[59] MULHERN,S. La transe de possession:trouble dissociative ou stratagème sociopolitique IN Michaux,D. *Hypnose et dissociation psychique*. Paris; Imago; 2006

[60] COTARD,J; CAMUSET,M; SÉGLAS,J. *Du délire des négations aux idées d'énormité*. Paris; Harmatan; 1997

[61] CARVALHAL RIBAS,J. *As fronteiras da demonologia e da psiquiatria*. São Paulo; Edigraf,1964

[62] KOENIG,HG. Religião, espiritualidade e transtornos psicóticos. *Psiquiatria Clínica*; 34,supl 1, 95-104;2007

bilateral com os delírios religiosos, tendo importância significativa em muitos desses casos, consistindo de exacerbação aguda de esquizofrenia, com o sintoma ocorrendo muitos anos após o início da doença.

Em estudo sistemático de pacientes psiquiátricos, ao serem estudadas 200 admissões foi observado que 15,7% de todos os pacientes apresentaram sintomas de moderado a grave e delírios de conteúdo religioso[63].

Existe, então, um consenso de que critérios específicos e gerais podem auxiliar a distinção entre pessoas mentalmente doentes (psicóticas) de pessoas religiosas e devotas com experiências místicas, uma vez que essas apresentam insight da natureza extraordinária de seus relatos, sendo parte de grupo específico de crentes (experiências culturalmente aprovadas), sem quaisquer outros sintomas de doença mental, sendo adaptadas social e laboralmente sem prejuízo próprio ou de outrem e com resultados positivos (de crescimento) observados com o passar do tempo[64].

Entretanto, é a respeito do terceiro tipo de possessão que Janet parece ficar menos à vontade[65], referindo que aquela possessão exótica seria uma vasta categoria, descrita vagamente por diferentes autores não médicos e que seria desconcertante, uma vez que era socialmente aprovada e ativamente solicitada, muitas vezes, sendo vista, inclusive, como uma experiência positiva. Assim, engloba na mesma descrição, as práticas africanas do século XIX, as possessões descritas pelos gregos em seus textos clássicos, as descrições realizadas na China e a prática dos médiuns parisienses da época concluindo que, "em geral os possuídos são pessoas que creem em algo".

Charcot (1886)[66] no prefácio a autobiografia da Irmã Joana dos Anjos, refere seu quadro de possessão enquanto uma "paixão histérica" que se desenvolve com todo um cortejo sintomatológico, caracterizado por fenômenos somáticos, tais como grandes ataques, anestesia sensitiva e sensorial, alterações vaso-motoras sob a forma de vômitos de sangue e estigmas associados todos a fenômenos psíquicos, tais como alucinações visuais e auditivas, sugestibilidade a ponto de se observar sinais de falsa gravidez.

Legue e Gilles de La Tourrete (1866)[67] no mesmo trabalho, comentam as grandes crises que a irmã Joana dos Anjos sofreu e que impressionam àqueles que

[63] DANTAS,CR; PAVARIN,LB; DALGALARRONDO,P. Symptons of religious content in psychiatric patients. *Rev Bras Psiquiatr* 21(3):158-164; 1999

[64] KOENIG,HG. Religião, espiritualidade e transtornos psicóticos. *Psiquiatria Clínica*; 34,supl 1, 95-104;2007

[65] MULHERN,S. La transe de possession:trouble dissociative ou stratagème sociopolitique IN MICHAUX,D. *Hypnose et dissociation psychique*. Paris; Imago; 2006

[66] CHARCOT,JM. Préface IN Soeur Jeanne dês Anges. *Autobiographie d'une hystérique possédée*. Paris; A.Delahaye & Lecrosnier; 1886

[67] LEGUE,G; de La Tourette,G. Comentários IN Soeur Jeanne dês Anges. *Autobiographie d'une hystérique possédée*. Paris; A.Delahaye & Lecrosnier; 1886

se interessam por esses fenômenos, como um "ataque histero-epiléptico" que referem como composto por três períodos, a saber: um primeiro dito epileptoide, um segundo de contorções e grandes movimentos, um terceiro de atitudes passionais ao qual pode se seguir um quarto período delirante no qual não há recordação dos dois primeiros períodos.

Essas práticas se caracterizam pelo transe, enquanto um estado modificado de consciência, no qual se manifestam vivências habitualmente reprimidas pela vigília. Essas vivências tem uma função reguladora no grupo social que se reúne ao redor da crença, não parecendo haver relações com transtornos de personalidade, especialmente de tipo histriônica[68].

Esse transe se manifesta por meio de inibição da consciência com vivências de bem-estar ou de conteúdos intrapsíquicos ou, ainda, pode vir acompanhado de manifestações de personalidade estereotipadas (os antigos estados segundo), caracterizando o transe e a possessão sob o qual se organizam diferentes seitas espiritualistas, que treinam e controlam, por intermédio da prática disciplinada e regular, o transe. Assim, alguns *médiuns*, privados de seus transes regulares, podem apresentar sintomas que serão tratados em ambiente religioso até que aprendam a controlar e adequar esses sintomas. Dentro dessa concepção, a chamada "Síndrome da Personalidade Múltipla" ou "Transtorno Dissociativo de Identidade" corresponderia a um desvio dessa função[69].

Parece-nos, entretanto, muito simplista, afirmarmos que todas as manifestações dos quadros ditos possessão ou obsessão podem ser enquadrados dentro de um aspecto patológico como os Transtornos Dissociativos, uma vez que naqueles não encontramos prejuízo adaptativo nem dificuldades no exercício de suas vidas pessoal, social e laboral.

Por essa razão, acreditamos que tenhamos que procurar pensar o fenômeno dentro de uma variante da normalidade enquanto alteração de consciência. Isso porque devemos pensar o fenômeno proposto dentro de uma visão científica sem nos deixarmos levar pelas mesmas questões do início do século XX, quando "o espiritualismo levantava questões epistemológicas que poderiam influenciar profundamente as identidades profissionais"[70].

Cremos, ao contrário, que os fatos "não falam por si", são as teorias que os colocam em sistemas de referência apropriados e sua análise deve ser realizada de

[68] CÂMARA,FP. A função reguladora do transe e possessão ritual nos cultos espiritistas brasileiros. *Revista Latinoamericana de Psicopatologia Fundamental*, VIII(4):617-628; 2005

[69] CÂMARA,FP. A função reguladora do transe e possessão ritual nos cultos espiritistas brasileiros. *Revista Latinoamericana de Psicopatologia Fundamental*, VIII(4):617-628; 2005

[70] ALMEIDA,AAS. *Uma fábrica de loucos: Psiquiatria e Espiritismo no Brasil (1900-1950).* Belo Horizonte; Dialética; 2021

forma que sejam, *a posteriori*, verificáveis ou falseáveis, mas possibilitando inspirar um julgamento *a priori*.

4. A questão da consciência e os estados de dissociação

A sintomatologia descrita e observada até aqui estaria além da consciência, com manifestações pré-conscientes, na concepção de Janet, porém ainda submetida aos controles cognitivos e práxicos superiores, derivados das funções executivas. Produzir-se-ia uma dissociação completa entre uma parte do sujeito, sob o domínio de mecanismos pré-conscientes, que não compreende nem escuta o que lhe dizem os indivíduos que se encontram ao seu redor, e outra parte que resta consciente de tudo isso, porém sem consciência do próprio Eu. Assim diferentes sistemas operariam fora da consciência, influenciando e sendo influenciados pela cognição, afetividade e conduta. Nesse estado segundo, conservar-se-iam todas as lembranças do vivido no estado primeiro, porém nada se manteria do vivido no estado segundo. Entretanto, convém ressaltar que não se perderia a unidade de Eu durante esse estado primeiro. A percepção das ações se efetuaria de maneira automática, necessitando-se mecanismos atencionais determinados, o que nos faria perguntar se existem alterações nessa função e nas funções mnésticas associadas, isso porque a recordação de eventos é melhor em normotimia, bem como se haveriam dificuldades na codificação de engramas e de processamento dessas informações de maneira a que se possam estabelecer processos de previsibilidade, construção de estratégias, característicos das funções executivas.

Finalmente, parece-nos que esse estado, segundo surgido, deveria apresentar, enquanto personalidade, características similares aos do estado primeiro, uma vez que ambos derivam do mesmo indivíduo que não tem sua unidade quebrada.

Dentro dessa ótica, a isso que poderíamos denominar de comunicação indireta pode ter uma função protetiva para a dignidade daquele indivíduo que a ela recorre e que, por meio dela, mantém a ilusão de independência em um contexto social que, habitualmente, não considera os problemas existenciais presentes no indivíduo e do qual esse busca defender-se de alguma forma. Assim, diante de seus conflitos íntimos, esse estado pode representar a única saída desse conflito entre o ser-aí e o ser-com-os-outros, diante dos quais a verdade, dificilmente, pode ser explicitada, ficando, enquanto único caminho, uma presença simulada ou dissociada[71]. Dessa forma, ele se afasta do mundo comum, rompendo-se os espaços físico e moral, corpóreo e espiritual, material e intencional, com alterações em

[71] GALIMBERTI,U. *Psichiatria e fenomenologia*. Milano; Universale Economica Feltrineli; 2017

suas vivências de espaço e de tempo, com o indivíduo não mais aberto diante dos outros, bem como não mais identificado com seu próprio corpo e sua consciência, com intencionalidade e transcendência, não mais coincide com o conteúdo real, escapando da corrente do vivido, e a intencionalidade se torna um fundamento básico da própria imaginação.

5. Vinhetas clínicas

Após todo o exposto, parece-nos interessante que, nesse momento, o fenômeno ainda continue a despertar interesse e a mobilizar um grande número de pessoas, com crenças diversas, e que apresentam sintomatologia que pode ser citada com as características que descrevemos até agora.

Algumas são, facilmente, inclusas em categorias psiquiátricas, outras, entretanto, não parecem ser assim tão simplesmente analisadas.

Caso I

A, 25 anos, masculino, branco, ensino superior em vias de conclusão de curso de Mestrado em área específica de História, diagnóstico anterior de Síndrome de Asperger, chega encaminhado pela família que o refere em quadro ansioso caracterizado por medo intenso e culpa, principalmente no horário de dormir, devido ao que considera intervenções do diabo.

No exame, apresenta-se em bom estado geral, vestes compostas, vígil, atento, estabelece bom contacto com o examinador, embora com pouca ressonância afetiva. Memória conservada, narra adequadamente seu projeto de mestrado e as razões de seu interesse. Pensamento com curso normal, ideias nas quais narra sua crença de que está sendo tentado por demônios, que acredita serem súccubus ou inccubus (não sabe precisar), que surgem à noite, após deitar, e que lhe acariciam da cintura para baixo. Conta ainda que resiste ao fato e ora para que Deus o afaste dessas tentações, pois tem medo de ir para o inferno caso não o faça. Ao ser questionado sobre se isso seria verdadeiro ou fruto de sua imaginação, argumenta com base em aspectos religiosos, de maneira coerente e adequada à sua fé, sem qualquer manifestação delirante. Inteligência conservada. Não apresenta alterações sensoperceptivas no exame. Linguagem verbal expressiva, algo pedante, com algumas alterações de prosódia. Orientado temporo-espacialmente, tem consciência da realidade para todo o restante da sua vida, narrando que esses eventos não são constantes e sim pontuais. Humor estável, afetividade pouco ressonante. Pragmatismo conservado.

Após anamnese e avaliação, pode-se confirmar o quadro de Síndrome de Asperger, enquanto diagnóstico sindrômico pelas dificuldades sociais (prefere ficar só), alterações de linguagem (pedante, com alterações de prosódia) e interesses específicos (preocupação e busca constante por estudar as interferências do que considera demônio). Suas características sociais e cognitivas impedem relacionamentos de cunho erótico, embora, corporalmente, apresente as características de desenvolvimento e impulsos normais e típicos para a idade que, dentro de uma perspectiva psicodinâmica, possamos dizer que há uma revivescência de complexos infantis reprimidos e um conflito no julgamento sobre o que é, ou não, real, uma vez que existe uma necessidade de incorporação saudável ou internalização de imagens de desejo que devem ser transportas de maneira mais satisfatória. Da mesma maneira, pode-se pensar, teoricamente, na divisão do self em vários estados com rebaixamento de níveis mentais. Assim, o sofrimento mental seria causado por ideias tirânicas, que se impõe à consciência de maneira infantil. Essa possibilidade é citada por Stephenson (2017), quando analisa as possuídas de Loudun[72].

Assim, embora os aspectos fenomênicos possam lembrar as obsessões por íncubus e súccubus, a possibilidade de explicação fica a nível bem naturalístico e psicológico.

Caso II

B, 50 anos, feminino, branca, médica, ensino superior em vias de conclusão de curso de Mestrado em área específica de Psicologia, sem nenhuma queixa clínica, procura para orientação quanto ao fenômeno que presencia, com ocorrência específica em local de trabalho, de maneira repetida.

No exame, apresenta-se em bom estado geral, vestes compostas, vígil, atenta, estabelece bom contacto com o examinador. Memória conservada, narra adequadamente seu projeto de mestrado e as razões de seu interesse. Pensamento com curso normal, narra que, há alguns meses, em um dos plantões médicos que faz (conta local e dias específicos), no momento de ir deitar, tendo terminado seu turno de trabalho, percebe uma presença, a qual não consegue identificar, não vendo rosto, mas sim uma "espécie de sombra", que se aproxima e tenta agredi-la, em uma das vezes, tentando sufocá-la, em outra ocasião tentando estrangulá-la, assustando-se e tendo que se esforçar para se libertar da agressão. Narra que dos dois outros plantonistas presentes no mesmo ambiente e no mesmo momento, um percebe uma presença sem, no entanto, sentir-se afetado por ela (confirmado posteriormente pelo indivíduo citado) e outro não tem a menor percepção do fato, atribuindo-o à imaginação dos outros dois colegas. Conta ainda que se assusta e ora para que Deus afaste essa presença. Ao ser questionada sobre se isso seria verdadeiro ou fruto de sua imaginação, argumenta com base em aspectos religiosos, de maneira coerente e adequada à sua fé, sem qualquer manifestação delirante.

[72] STEPHENSON,CE. The possessions at Loudun:tracking the discourse of dissociation. *Journal Analytical Psychology* 62(4); https://doi.org/10.1111/1468-5922.123336; 2017

Inteligência conservada. Não apresenta alterações sensoperceptivas no exame. Linguagem verbal expressiva. Orientada temporo-espacialmente, tem consciência da realidade para todo o restante da sua vida, narrando que esses eventos não são constantes e sim pontuais. Humor estável, afetividade ressonante, vida social, sexual e afetiva presente e satisfatória. Pragmatismo conservado.

Após anamnese e avaliação, pode-se confirmar que a pessoa em questão não apresenta qualquer quadro psicopatológico passível de diagnóstico, e suas características sociais e cognitivas não impedem relacionamentos de cunho social ou erótico, relacionamentos estes que se desenrolam de maneira satisfatória e sem queixas. Não podemos considerar as mesmas hipóteses aventadas no caso anterior, com o quadro se aproximando daquilo que os teóricos descrevem como "infestação", uma vez que é específico a um lugar, não se estendendo aos outros ambientes (independentemente de serem agradáveis ou não à pessoa que narra o evento). Podemos considerar somente uma questão de alteração de consciência em função de eventuais estados de fadiga, que favoreceriam alterações sensoperceptivas similares a alucinações hipnagógicas, embora possamos também refletir que outras situações de fadiga similar, em outros ambientes (mesmo de trabalho), não provocam na pessoa o surgimento de fenômeno similar que é restrito àquele ambiente específico.

Os aspectos fenomênicos lembram as descrições de infestação e de opressão externa[73], embora não tenhamos tido a possibilidade de estruturar metodologias de avaliação (que ficaram restritas a confirmação dos dois outros companheiros de plantão), para verificar possibilidades de explicação a nível naturalístico ou psicológico.

6. Conclusões

Diante de fenômenos, como os que acabamos de apresentar, podemos, enquanto profissionais, assumir posicionamentos diferentes como:

- Postura de desconhecimento: ignora-se a existência desses fenômenos com nada merecendo a atenção, uma vez que, *a priori*, não os consideramos verdadeiros;
- Postura rígida e crítica: cientistas que conhecem parte desses trabalhos com as experimentações, **não correspondendo aos critérios clássicos de reconhecimento científico. Tais fatos demandam repetição e avaliação do fenômeno** por meio de metodologias mais rígidas;

[73] GALLAGHER,R. *Demonic Foes: my twwenty-five years as a psychiatrist investigating possessions, diabolic attacks, and the paranormal.* New York; Harper; 2020

- Postura crítica: aberta, reconhece que algumas experiências são perturbadoras e merecem atenção, buscando-se metodologias adequadas para seu estudo;
- Postura de admiração maciça: considerando qualquer experiência como boa, criticando-se os princípios da experimentação clássica em nome de uma crença absoluta em crenças, provas ou pseudoprovas.

Podemos dizer que tanto as posturas 1 quanto as posturas 4 têm pouco interesse epistemológico, uma vez que não levam a avanços teóricos, posto que partem de um sistema absoluto de crenças *a priori*.

As posturas 2 e 3 são intelectualmente satisfatórias, pois levam ao conhecimento, e é esse que, a meu ver, devemos buscar no estudo desses fenômenos.

Considerando-se esses aspectos, podemos dizer que *abusus non tollit usum*[74], uma vez que, a meu ver, cabe-nos tentar conhecer o que, em realidade, existe por de traz desses fenômenos. Como temos que fazer para compreendê-los melhor.

Para isso, temos que manter uma atitude como refere Pascal (apud Gallagher; 2020)[75] de que algo existe nos fenômenos que não devem ser somente mistificações "pois não seria possível que houvesse tantos falsos milagres, se não houvesse nenhum verdadeiro".

[74] O abuso não impede o uso

[75] GALLAGHER,R. *Demonic Foes: my twwenty-five years as a psychiatrist investigating possessions, diabolic attacks, and the paranormal.* New York; Harper; 2020

POESIA

Mãe

Valdemar Augusto Angerami

Mãe, Mainha, minha – mãe
Eram essas as maneiras como
eu te chamava... e você nos momentos em
que a minha peraltice exigia simplesmente dizia:
...diacho de menino...
Depois de muito sofrimento
Você se foi...
Restou um grande vazio e uma dor
Inconsolável... tampouco era possível saber
a dimensão desse vazio....

Mãe,
Hoje senti tua presença junto a mim...
Não estou mais só... meu coração ficou banhado
de luz e tranquilidade como nos tempos de
meninice... o coração pulou de alegria como
naqueles dias em que pegávamos, na estação de trem,
a charrete que nos levava ao hospital para visitar a
Vó Elvira... a tua energia de vida, teus valores de
probidade e dignidade estão incrustrados em meu ser...
você continuará comigo e eu não caminharei mais sozinho...

Mainha,
Hoje o principal ensinamento que você me deu e
que torna minha alma muito rica novamente resplandeceu:
o respeito pelos humildes e o amor caritativo aos
humilhados e combalidos pela vida...
Você me ensinou
na prática um dos maiores ensinamentos universais
dados por Gandhi: "se Deus tiver que aparecer a
um faminto ele se configura em um prato de comida".
A tua generosidade com que pedia um prato de
comida sempre foi comovente... inefável... inesquecível...
E assim é: tua morte nos separou, a minha nos unirá...

Mainha,
Esta noite me coração exultará de alegria como nos
tempos da primeira infância quando adormecia nos
teus braços ouvindo as historinhas que você nos contava...
Hoje eu quero que você novamente me conte a história
da Festa da Dona Onça, que sempre foi a minha favorita...
A benção, Minha Mãe...

Serra da Cantareira, numa noite de Outono.

CAPÍTULO 9

Psicologia Transpessoal e a Espiritualidade Participativa Decolonial

Aurino Lima Ferreira
Sidney Carlos Rocha da Silva
Silas Carlos Rocha da Silva
Adriano Albino dos Santos

Introdução

Surgida no final da década de 1960, a Psicologia Transpessoal tornou-se uma perspectiva que nos atraiu pela proposta, pela inovação, pela originalidade e, sobretudo, pela coragem de pensar o que, no terreno das ciências, era da ordem do impensável: a superação do "momento cartesiano"[1] por meio da espiritualidade. Atraídos pelo brilho e pelas ideias de uma sociedade em revolução, essa perspectiva emerge no *zeitgeist* da contracultura americana, influenciada pela mescla de diásporas espirituais, psicodelia, movimentos sociais, ecológicos e busca pela paz.

Com estudiosos e pesquisadores interessados em uma compreensão mais complexa, mais aberta e mais desafiadora em torno do humano e suas relações, a Psicologia Transpessoal ficou sendo reconhecida, especialmente, pela introdução sistemática da espiritualidade enquanto dimensão da experiência humana no campo psicológico (Anderson; Lancaster, 2017; Boainain Jr., 1998; Ferreira et al., 2021a; Grof, 1988; Hartelius, Krippner; Thouin-Savard, 2017; Maslow, 1968; Saldanha, 2008; Sutich, 1968, Tabone, 1986). Não casualmente, em uma das primeiras análises temáticas em torno da definição do termo Transpessoal, Shapiro, Lee e Gross (2002, p. 32), ao investigarem 80 significados na língua inglesa,

[1] O termo "momento cartesiano" é utilizado aqui no sentido dado por Foucault (2004) e enriquecido pelas contribuições decoloniais (DUSSEL, 2005; GROSFOGUEL, 2016a) situando o nascimento da modernidade e a exclusão do cuidado de si através da priorização do Discurso do Método como base para o ser, o saber e o poder.

chegam à conclusão que as "[...] visões contemporâneas da essência da psicologia transpessoal na última década favorecem o tema de ir além do pessoal e o tema da espiritualidade". Nesse caso, tanto "ir além do ego, do pessoal, da personalidade, da identidade" quanto "espiritualidade e desenvolvimento espiritual" se tornaram marcas centrais dessa abordagem em todo o mundo.

Apesar de suas conquistas e da inegável relevância para o estudo da espiritualidade, o movimento Transpessoal não foi capaz, todavia, de superar a histórica e grave "[...] falácia psicológica solidificada na convicção de que 'o homem é um animal racional' não se referia aos africanos, aos ameríndios, aos australasianos e, muito menos, às mulheres" (Ramose, 2011, p. 3), partilhada por discursos do campo *psi*. Mesmo com a afirmação de Fukuyama, Murphy e Siahpoush (2003, p. 187) de que "[...] não há psicologia transpessoal sem as perspectivas multicultural e espiritual" e as declarações feitas por Hartelius, Caplan e Rardin (2007, p. 153) dizendo que a abordagem "[...] combate justificativas capiciosas à opressão de qualquer pessoa ou grupo", [é notável como] [...] essa visão permanece não preenchida, visto que diversas perspectivas permanecem escassas na literatura [...]. (Gregory; Kellaway, 2016, p. 1). Desse modo, o compromisso social e a proposta crítica-decolonial são mais teóricas do que reais no movimento espiritual presente na perspectiva transpessoal.

Nesse sentido, o presente texto busca contribuir com a ampliação de recentes discussões que têm situado a espiritualidade em uma perspectiva participativa e decolonial no campo da Psicologia Transpessoal. Nossa tese, e também aposta, é que essa noção de espiritualidade, com seus princípios de equiprimacia da multidimensionalidade intrapessoal e da equipotencialidade das relações interpessoais, além da equipluralidade de possibilidades de cocriação transpessoal, pode trazer contribuições sui generis para repensarmos o lugar e o papel da Psicologia Transpessoal no processo de transformação humana, tornando a proposta crítico-decolonial menos teórica e mais comprometida com a realidade social.

Iniciamos este texto propondo três cenas, as quais se interligam entre si na tentativa de justificar, assim como de cocriar a necessidade de pensarmos em um pluriperspectivismo da espiritualidade. Dizendo de outra forma e mediado pelo ponto de vista Transpessoal Participativa Decolonial, as três cenas a seguir são nosso modo de introduzir um sentirpensar[2] as relações entre espiritualidade e

[2] Tomamos o termo sentirpensar, invocando a sua mescla entre política e sensibilidade, coração e razão que se conecta com a luta pela terra dos povos tradicionais e indígenas da América Latina, em especial, na sua "arte de viver", assim como as contribuições africanas, quilombolas e orientais não lineares que movem a transcendência na imanência num gingado participativo com vistas à superação das separatividades entre humano/mundo, espírito/corpo e etc., no intuito de cocriação de uma espiritualidade política, ou seja, engajada no mundo.

psicologia, não mais indiferentes ao que nos acontece. Partir dessas três passagens é nossa forma de dizer que sentirpensar a espiritualidade, de uma perspectiva transpessoal participativa decolonial, é estar sensivelmente ciente com o mundo que nos habita para que, assim, possamos abrir pequenas fissuras na lógica da colonialidade moderna e instaurar novos modos de vida ancorados no bem viver coletivo.

A primeira cena é marcada pelo encontro das naus de Cristovão Colombo, em 1492, e de Pedro Alvares Cabral, em 1500, com os povos e as terras que hoje denominamos de Américas.

> *À primeira que encontrei, nomeei San Salvador (ilha Watling) em comemoração a Vossa Alta Majestade, ao qual maravilhosamente tudo isto se deve; os índios a chamam de Guanahaní [...]. E eles não conheciam nenhuma seita nem idolatria, excetuando que todos acreditam que o poder e o bem estão no céu, e tinham a firme crença que eu, com estes navios e pessoas, vinha do céu, e nesta suposição me recebiam em todos os cantos, depois de terem perdido o medo. [...]. Venham, venham ver a gente do céu; assim, todos, tanto homens quanto mulheres, depois de perderem o medo da gente, vinham, adultos e crianças, e todos traziam algo de comer e beber, que davam com um amor maravilhoso. [...]. Assim, pois, Nosso Redentor deu esta Vitória a nossos ilustríssimos rei e rainha e a vossos reinos famosos, da qual toda a cristandade deve se alegrar e celebrar grandes festas, e dar graças solenes à Santíssima Trindade com muitas orações solenes, ao converter tantos povos à nossa santa fé, e depois pelos bens temporais; que não apenas a Espanha, mas todos os cristãos terão aqui refrigério e lucro.* (Cristovão Colombo, 1493)[3]

> *Ali por então não houve mais fala ou entendimento com eles, por a barbaria deles ser tamanha, que se não entendia nem ouvia ninguém. [...]. Ao domingo de Pascoela pela manhã, determinou o Capitão de ir ouvir missa e pregação naquele ilhéu. Mandou a todos os capitães que se aprestassem nos batéis e fossem com ele. E assim foi feito. Mandou naquele ilhéu armar um esperavel, e dentro dele um altar mui bem corregido. E ali com todos nós outros fez dizer missa, a qual foi dita pelo padre frei Henrique, em voz entoada, e oficiada com aquela mesma voz pelos outros padres e sacerdotes, que todos eram ali. A qual missa, segundo meu parecer, foi ouvida por todos com muito prazer e devoção. Ali era com o Capitão a bandeira de Cristo, com que saiu de Belém, a qual esteve sempre levantada, da parte do Evangelho. [...]. Neste dia, enquanto ali*

Assim, esse diálogo com outras ontologias e epistemologias nos permite "Sentipensar com o território [o que] implica pensar a partir do coração e a partir da mente, a co-razonar [...]" (ESCOBAR, 2014, p. 16, tradução livre).

[3] http://www.revistasamizdat.com/2009/10/carta-de-cristovao-colombo-anunciando-o.html

andaram, dançaram e bailaram sempre com os nossos, ao som dum tamboril dos nossos, em maneira que são muito mais nossos amigos que nós seus. [...] Águas são muitas; infindas. E em tal maneira é graciosa que, querendo-a aproveitar, dar-se-á nela tudo, por bem das águas que tem. Porém o melhor fruto, que nela se pode fazer, me parece que será salvar esta gente. E esta deve ser a principal semente que Vossa Alteza em ela deve lançar. (Caminha apud Carvalho, 2019)

Essa cena tão glorificada, como "os grandes descobrimentos" pelo "Ego Coquiro" do imaginário eurocêntrico colonial, na realidade, aponta o "encobrimento" de povos originários por meio de genocídios e epistemicídios (Grsofoguel, 2016b; Dussel, 2005), e esse modo de invasão, desapropriação e subalternização seladas e chanceladas com o poder da cruz/bíblia e da espada/bala inaugura os modos de colonialidade do poder, do saber, do ser e do viver, que se desdobrarão ao longo dos séculos seguintes, mesmo após encerradas as grandes ondas de colonização. De modo que não podemos pensar a espiritualidade sem problematizar seu papel fundante na construção da modernidade/colonialidade, que nos atravessa.

A segunda cena surge com a intrusão do coronavírus sars-cov-2 em nosso cotidiano e com a declaração, pela OMS, do estado pandêmico, em 11 de março de 2020. Naquele momento, a crise civilizatória da falência dos modos de governo dos outros, implementada pela racionalidade moderna colonial, tem sua face perversa exposta sem precedentes. O aumento assustador do número de mortos, em especial, dos tornados descartáveis pela necropolítica neoliberal, negacionismos, isolamentos, restrições e crises econômicas, climáticas e humanitárias de todas as ordens sinalizavam o esgotamento de um modo predatório e extrativista de se relacionar com a Terra (Boff, 2020; Kopenawa; Albert, 2015; Krenak, 2019, 2020, 2020a; Santos, 2020).

Essas cenas expõem a marca da devastação do antropoceno e desvelam uma complexa rede de relações e de explorações neoliberais que, no afã de progresso e desenvolvimento, saqueiam a vida da Terra. De maneira que não temos como pensar a espiritualidade sem realizarmos uma crítica à noção de universalismo e questionarmos a racionalidade instrumental moderna, que toma a vida ao modo extrativista inaugurado pelas grandes navegações.

A terceira cena emerge de experiências vividas nos Rituais da Lua Cheia na aldeia Lagoa do Mato, Baia da Traição, PB, com o povo originário Potiguara. Desde o início da pandemia, mudamos para a Aldeia Acajutibiró e passamos a acompanhar a formação do Projeto Guardiões/ãs da Ancestralidade e as práticas de espiritualidade do Ritual da Lua Cheia, conduzidas pelo jovem Pajé Isaias Potiguara. Nessa cena, destacamos dois momentos:

No primeiro, estávamos no ápice da publicização das queimadas da Amazônia e do Pantanal, assim como do projeto ecoetnocida de "passagem da boiada" nas terras dos povos originários, implementado pelas políticas neoliberais de extrema direita do Ministério da Agricultura do Governo Bolsonaro.

> *As imagens dos animais e árvores consumidas pelo fogo criminoso ocupava nossos afetos e no ponto máximo do Ritual da Lua Cheia, o Pajé Isaias Potiguara, em transe, pediu para que o grupo presente ajudasse a limpar a fumaça do céu, pois os seres encantados, espíritos guardiões da Terra, iriam trazer os espíritos dos animais para que ajudássemos a cuidar deles. Em gestos corporais intensos, típicos dos transes xamânicos, o Pajé ia encarnando os diversos animais mortos pelas queimadas. Reproduzia seus sons, gestos, assumindo a forma do animal, enquanto pedia que quem se sentisse chamado por algum daqueles animais, os acolhessem, que adotassem um destes filhos/as da Terra em seu corpocoração. Ao som de tambores, gaita e ao ritmo da força da Jurema, tivemos um desfile de pássaros diversos, onças, capivaras, cobras, macacos, jacarés, veados e insetos, todos encarnados e vividos através do corpo do Pajé. Os participantes iam acolhendo os animais, enquanto o pajé soprava água com a boca num movimento de quem estava enfrentando labaredas e apagando fogo no mundo sutil dos espíritos. Um bailado em torno de uma grande fogueira que queimava e iluminava todo o ambiente que contagiava e levava a criação de um sentimento de pertencimento coletivo e responsabilização pelo que estava ocorrendo no mundo. Aprendíamos a sair da passividade do choque emocional e a encontrarmos formas de resistir ao massacre. Transformávamos a indignação e raiva em forças de vida para resistir e insistir no bem viver. A lua ocupava o centro do céu quando o trabalho foi encerrado. Havia um encantamento no ar, diferente do aspecto tensionado quando do início do ritual.* (Diário de itinerância, Aurino)

O segundo momento ocorreu no ritual da Lua Cheia, que coincidiu com as manifestações em oposição ao PL 490, ocorridas em todo Brasil. Anciões/ãs, pajés, caciques, crianças e jovens originários reunidos na Matinha Pau Ferro da Lagoa do Mato falavam da indignação pela violação da terra.

> *O clima emocional estava inflamado e sensível, os cantos e o ritual do Toré ganharam um tom de luta e enfrentamento. O pajé Isaias Potiguara e demais médiuns incorporados pelos antepassados e encantados moviam-se com flechas, lanças, tacapes e maracás nas mãos. Eram guerreiros/as que se encarnavam na convocação pela vida, as fronteiras entre mundos diluíram-se e passado, presente e futuro mesclavam-se naquele instante. A voz ancestral do Caboclo das Matas ressoava através Pajé Isaias Potiguara de modo firme, amorosa, entrecortada por assovios, gritava que estavam em guerra, lutando nos mundos invisíveis e materiais contra estas forças que querem ver a destruição da mãe Terra. "Eles acham que são donos da terra, que podem entrar e fazer o que quiser, mas nós já estávamos aqui muito antes deles chegarem. Eles não tratam a Terra como mãe, se acham donos e não filhos. Maltratam a mãe de todas as formas, mas nós estamos aqui para lembrar, nem que seja com o nosso sangue, pois o nosso sangue sempre regou esta Terra. Os guerreiros e as guerreiras que nos antecederam alimentaram esta*

terra com suas vidas e nós faremos o mesmo pelos nossos filhos e filhas e pelos que virão". O Caboclo das Matas incorporado no Pajé Isaias pediu a guerreira curadora Amanaci Sanderline que pintasse o seu rosto com o pigmento vermelho do urucum e começou movimentos rítmicos que culminou com a colocação de lanças e flechas fincadas no chão. Havia nos movimentos toda uma convocação das forças da vida para enfrentar os desmandos, havia uma luta astral se desenrolando naquele momento, uma guerra entre mundos. Uma espiritualidade cosmopolítica estava em andamento. Derramou-se jurema no chão, baforou-se muita fumaça de ervas diversas sobre aquele círculo de cura no intuito de preservar a Terra. (Diário de itinerância, Aurino)

Essa terceira cena sintetiza os quatro elementos centrais das contribuições de uma espiritualidade atravessada pela ética presente na perspectiva transpessoal participativa decolonial: a) A crítica às perspectivas de um pensamento hegemônico e sua "recolonialidade" por meio de visões hierárquicas, interpretações e ações dicotômicas e separativistas. b) A revisão das formas de "centrocentrismo" e suas visões centralistas, verticalistas e elitistas, articuladas com formas de racismos, machismos, xenofobia e trans/homofobia e a necessidade de cultivo da "desobediência epistêmica". c) A revisão da noção de sujeito moderno, desprovida da cocriação do humano com a comunidade, a história, a natureza e o cosmos e o reencantamento da vida e do mundo e d) Ampliação do projeto de problematização das identidades fixas, promovidas pelos estudos transpessoais em sua origem.

O cruzo dessas três cenas sinalizam o caminho pelo qual seguirá nosso texto: em um primeiro momento, abordaremos o quanto a espiritualidade foi e vem sendo ela mesma, elemento constituinte da modernidade/colonialidade que nos afeta. O que significa dizer que falar de espiritualidade ou levantar a bandeira do espiritual não é suficiente para propor uma ética da transformação humana e social, uma vez que a espiritualidade, ela mesma, é (ou pode ser) sequestrada pela lógica da colonialidade. Em um segundo momento, apontaremos uma das principais consequências danosas da lógica da colonialidade no território da espiritualidade: o antropoceno – Paisagens sombrias dessa *necropolítica* que não mais problematiza esse "nós", humanos, que nos tornamos, pois agora gozamos perversamente com a eliminação dos outros todos. Por fim, em um terceiro momento, abriremos margens para a necessidade de decolonizar o movimento transpessoal, iniciando pela ética espiritual participativa decolonial, que nos incite a pensar coletivo e nos ensine que viver bem é viver junto, pois, sem essa compreensão, será cada vez mais difícil viver! Esses, enfim, são os caminhos de insistência, persistência e resistência mobilizados pela Associação Brasileira de Pesquisa e Ensino em Psicologia Transpessoal (Abrapet) que, ao longo dos últimos anos, vem operando um exercício de propor uma espiritualidade participativa decolonial nos estudos transpessoais.

A espiritualidade como elemento de constituição da modernidade/colonialidade

> *No Brasil, desde o ano zero, a instituição que englobava todas as outras era a escravidão, que não existia em Portugal, a não ser de modo muito tópico e passageiro. Nossa forma de família, de economia, de política e de justiça foi toda baseada na escravidão. Mas nossa autointerpretação dominante nos vê como continuidade perfeita de uma sociedade que jamais conheceu a escravidão, a não ser de modo muito datado e localizado.* (Souza, 2019, p. 32-33)

As naus de Colombo e Cabral não apenas singraram os mares, elas ajudaram a instituir um modo de se relacionar com o mundo a partir do colonialismo. E, como indica Jessé de Souza, a chegada dos portugueses nestas terras ancorou-se, desde o início, pela escravidão e seu racismo multidimensional que se "[...] constitui ao mesmo tempo como prática e como discurso de modo a negar a certos indivíduos e grupos sociais as possibilidades de autoestima, autoconfiança e autovalor ou mérito". (Souza, 2021, p. 119).

Em vista disso, um dos trabalhos fundamentais no campo transpessoal é a ruptura fundante com o colonialismo e a colonialidade, marcados pelos processos de opressão, de racismos e todo tipo de atrocidades e brutalismos com povos considerados inferiores, tais como os asiáticos, os negros, os indígenas etc. Concordamos com Ballestrin (2013, p. 90) que diz:

> *[...] nem todas as situações de opressão são consequências do colonialismo, ainda que possam ser reforçadas ou indiretamente reproduzidas por ele. Em suma, ainda que não haja colonialismo sem exploração ou opressão, o inverso nem sempre é verdadeiro.*

A colonialidade é o resultado do colonialismo moderno, o qual já existia antes da colonialidade, que, por sua vez, está mais intimamente relacionada ao controle de ser, de poder, de saber e do viver. Enquanto o colonialismo é a concretização de projetos políticos e econômicos e está implicado na exploração e na escravização dos povos considerados subalternizados, inferiorizados, como nos esclarece Maldonado-Torres (2007, p. 131) "[...] o colonialismo denota uma relação política e econômica, na qual a soberania de um povo reside no poder de outro povo ou nação, que constitui essa nação em um império".

O colonialismo também traz essa ideia de raça, essa hierarquização dos povos. "O colonialismo, então, serve como um prelúdio ao liberalismo, mesmo antes do nazismo aparecer. É o ego conquistador, e não, Hitler, que primeiro ameaça a ordem humana da perspectiva destrutiva da ideia ou noção de raça" (Maldonado-Torres, 2007, p. 153-154). Para Walsh (2007, p. 29, tradução livre)

> *A colonialidade do ser refere-se, portanto, à não existência e à desumanização, uma negação do status de ser humano que se iniciou nos sistemas de cumplicidade do colonialismo e da escravidão, com o tratamento dos "negros", não como gente, mas como "coisas" do mercado (o que Cesaire chama de "reificação", algo que não acontecia da mesma forma com os povos indígenas) e que em certa medida ainda perdura. De fato, faz parte dessa colonialidade a necessidade de embranquecer-se para ser aceito: "transformar-se e modificar-se deixando-se de ser um não-ser que será aceito".* (Walsh, 2019. p.29. Tradução Livre)

A modernidade foi sendo constituída na força do saque promovido pelas "descobertas", tendo, em sua origem, a Europa como "escola" de construção de um modelo a ser seguido por toda a civilização ocidental e as que fossem contatadas. Repleta de conquistas e avanços, contudo, há um preço alto para aqueles que são considerados povos existentes para a escravização, para a exploração e, logo, mão de obra para as realizações modernas. Nesse contexto, destaca Mignolo (2017, p. 2) "[...] não há modernidade sem colonialidade".

Como duas faces de uma mesma moeda, a modernidade e a colonialidade estiveram cruelmente presentes na constituição da América. Assim na visão de Mignolo (2017, p. 4) "[...] a América não era uma entidade para ser descoberta. Foi inventada, mapeada, apropriada e explorada sob bandeira da missão cristã" e às custas do massacre de diversos povos e saberes.

A lógica dos colonizadores era de que crenças, maneiras de viver a vida, costumes, enfim, o que os nativos dessas tantas terras invadidas acreditavam e praticavam, estavam absolutamente equivocados, demonizados e precisavam, portanto, passar "[...] por etapas sucessivas e cumulativas que foram apresentadas positivamente na retórica da modernidade: especificamente, nos termos de salvação, do progresso, do desenvolvimento, da modernização e da democracia" (Mignolo, 2017, p. 8).

Essas etapas consistiam em, primeiramente, converter as pessoas ao cristianismo, se quisessem ser salvas. Em seguida, exercer o controle de não europeus, fora da Europa, por meio de um processo "desenhado" de civilização, que implicava uma sanha missionária salvacionista e um minucioso controle dos corpos pela biopolítica, a qual migra da teopolítica para egopolítica. Por fim,

> *A terceira etapa – a etapa que continua hoje – começou no momento em que as corporações e o mercado se tornaram dominantes, a biotecnologia substituiu a eugênica, e a publicidade (bombardeando a TV, as ruas, os jornais e a internet) deslocou o rádio. Consequentemente, o cidadão europeu saudável e a minoria saudável das colônias, que eram administradas e controladas pela eugênica no século XIX e na primeira metade do século XX, agora foram convertidos em "consumidores-empresários" da sua própria saúde, pelos usos da biotecnologia conivente com a farmacologia.* (Mignolo, 2017, p. 8).

Assim, a constituição da modernidade e a invenção do seu sujeito estão diretamente imbrincadas no modo pelo qual as formas de religiosidade ocidentais hegemônicas, judaísmo, cristianismo e protestantismo ajudaram na construção do mundo secular, no qual vivemos hoje. De modo que, aponta Jessé Souza o

> *[...] pensador alemão Max Weber tenha percebido a importância da evolução das formas de religiosidade para a construção do mundo secular no qual vivemos hoje. Em vez de definir a religião como neurose ou ópio do povo, Weber a percebe como a parteira de todas as formas simbólicas que desenvolvemos penosamente, ao longo de milênios, para compreender o mundo e agir nele. Uma dessas dimensões fundamentais construídas religiosamente é o que chamamos hoje em dia de moralidade.* (Souza, 2021, p. 60)

Esse partejamento dos modos de poder, saber e ser, conduzidos pelas grandes tradições espirituais, também ajudaram a instituir crenças, valores e ações, que naturalizam a visão de que alguns povos são constitutivamente inferiores, portanto, dispensáveis, escravizáveis e matáveis. A crença do domínio de conhecimento formava a base para decidir quem poderia viver e quem deveria morrer. Essa política de distribuição e de inscrições de morte para os corpos racializados configura um dos instrumentos coloniais de controle, hierarquização e subalternização dos corpos e das vidas entendidas como subumanas. Mbembe (2016) chama de necropolítica. Ela atua de forma a estruturar as relações sociais e as cosmologias sociais, culturais e políticas. Assim, há um poder – o necropoder – que cria mundos de morte. Metaforicamente, como também de modo real, os mundos de morte são formas de dissipar e negar as condições de humanidade dos povos e dos grupos postos como inferiores. O controle exercido pelos povos soberanos sobre os povos subalternizados, em um exercício de poder político, de um necropoder:

> *A cidade do povo colonizado [...] é um lugar de má fama, povoado por homens de má reputação. Lá eles nascem, pouco importa onde ou como; morrem lá, não importa onde ou como. É um mundo sem espaço; os homens vivem uns sobre os outros. A cidade do colonizado é uma cidade com fome, fome de pão, de carne, de sapatos, de carvão, de luz. A cidade do colonizado é uma vida agachada, com uma cidade sobre os seus joelhos* (Fanon, 1991, p. 39 apud Mbembe, 2016, p. 135).

Dussel (2005) discute a modernidade apresentando dois conceitos contraditórios em essência. O primeiro deles, historicamente sedimentado, é o modelo de modernidade eurocêntrica, pois está calcado em referenciais intraeuropeus, iniciado no século XVIII "A modernidade é uma emancipação, uma saída da imaturidade por um esforço da razão como processo crítico, que proporciona à humanidade um novo desenvolvimento do ser humano" (Dussel, 2005, p.

28). O autor considera que a subjetividade moderna tem seu início a partir da Reforma, da Ilustração Alemã e da Revolução Francesa e, em um outro momento, da Revolução Industrial. Seu texto propõe um segundo modelo de modernidade, que aponta para um sentido mundial, naquilo que consiste a ideia de que a história só aconteceu a partir do momento em que pararam de coexistir impérios e culturas nas quais existem determinações fundamentais pautadas em ser (Estados, exércitos, economia, filosofia, etc.) o "centro" da história mundial, que se deu após 1492.

A modernidade se desdobra alimentada pelo Renascimento e Iluminismo, e como afirma Habermas (2002, p. 26) sobre

> *[...] os acontecimentos-chave históricos para o estabelecimento do princípio da subjetividade são a Reforma, o Iluminismo e a Revolução Francesa. Com Lutero, a fé religiosa tornou-se reflexiva; na solidão da subjetividade, o mundo divino se transformou em algo posto por nós contra a fé na autoridade da predição e da tradição, o protestantismo afirma a soberania do sujeito que faz valer seu discernimento [...].* (Habermas, 2002, P.26)

Além das reformas religiosas, o Capitalismo também aparece como evento significativo nesse processo, configurando a Modernidade em um cenário que vai se expandindo em termos de massificação, consumo, pressão pelo bem-estar, implantação da lógica de que tempo é dinheiro, racionalização, mecanização, instrumentalização, industrialização, produção tecnológica de um mundo líquido e outras tantas consequências e alterações constantes até os dias atuais

Nesse processo, é fundamental reconhecer que as bases dos modos de ser, saber e poder da civilização ocidental foram assentadas no racismo e no patriarcalismo regado pela lógica teológica, sendo:

> *[...] a teologia cristã é responsável por marcar no "sangue" a distinção entre cristãos, mouros e judeus. Apesar da disputa entre as três religiões ter uma longa história, esta foi reconfigurada desde 1492, quando os cristãos conseguiram expulsar os mouros e os judeus da península ibérica e forçar a conversão daqueles que queriam permanecer. Simultaneamente, a configuração racial entre o espanhol, o índio e o africano começou a tomar forma no Novo Mundo. No século XVIII, o "sangue" como marcador de raça/racismo foi transferido para a pele, e a teologia foi deslocada pela filosofia secular e pelas ciências.* (Souza, 2021, p. 64)

Por isso, Santos (2021), no texto "A urgência das espiritualidades não cristãs", defende a importância de pensar modalidades de espiritualidades, que confrontem os binarismos eurocêntricos modernos – humanidade/natureza, imanente/transcendência e indivíduo/comunidade –, que sustentam as agendas colonizadoras e de colonialidade neoliberais.

Espiritualidade e a pegada antropocena: crítica à noção de universalismo e à racionalidade instrumental moderna

A emergência da pandemia do COVID-19 só exacerbou a guerra em curso vivida no mundo, em especial, no Brasil, pois, como bem já diagnosticava o filósofo Peter Pal Pelbart:

> ***Estamos em guerra.*** *Guerra contra os pobres, contra os negros, contra as mulheres, contra os indígenas, contra os craqueiros, contra a esquerda, contra a cultura, contra a informação, contra o* ***Brasil****. A guerra é econômica, política, jurídica, militar, midiática. É uma guerra aberta, embora denegada; é uma guerra total, embora camuflada; é uma guerra sem trégua e sem regra, ilimitada, embora queiram nos fazer acreditar que tudo está sob a mais estrita e pacífica normalidade institucional, social, jurídica, econômica. [...] Essa suposta normalização em curso, essa denegação, essa pacificação pela violência – eis o modo pelo qual um novo regime esquizofrênico parece querer instaurar sua lógica, em que guerra e paz se tornam sinônimos, assim como exceção e normalidade, golpe e governabilidade, neoliberalismo e guerra civil.* (Pelbart, 2017, s/p, negritos do autor)

De modo que não podemos pensar uma espiritualidade comprometida com a vida sem incluir reflexões críticas sobre como nos movemos nos escombros da guerra e da banalização da vida e da morte. A questão que nos pomos é: como a espiritualidade, enquanto um dispositivo cosmopolítico, pode auxiliar-nos a vislumbrar proposições outras de enfrentamento às lógicas de colonialidade neoliberais extrativistas e suas consequências necropolíticas?

Assim, a tarefa e os desafios postos para Psicologia Transpessoal não são mais apenas mapear e legitimar a espiritualidade como um aspecto fundamental para pensarmos a multidimensionalidade e o cuidado do ser humano, mas como cultivá-la para o bem viver da vida humana e "extra-humana" (Castro, 1996) e o florescimento ecológico diante da pegada antropocena, a qual nos atropela (Kopenawa; Albert, 2015; Hocoy, 2016; Rothberg; Coder, 2013; Stengers, 2015, 2018). Em outras palavras, o foco desloca-se da busca de estabelecer a importância psicológica e a validade geral da espiritualidade para promovê-la, cultivá-la ou desenvolvê-la, no intuito de oferecer respostas ao enfrentamento das adversidades sociais e ambientais atuais.

O Antropoceno é a época em que a ação humana toma proporção de força geológica, devido a todo progresso técnico-científico desregulado e que tem como resposta a intrusão de forças de mesma proporção, a intrusão de Gaia (Stengers, 2015). De modo que as formas de compreensão da própria humanidade estabelecidas até então, tudo que há de pensável pelo humano, ou seja, seu mundo (Valentim, 2018), encontra-se em ruínas. O vazamento do cultural sobre a natureza e a comunicação do geopolítico com o geofísico fazem desmoronar a distinção fundamental da episteme moderna.

Krenak (2019) aponta o Antropoceno como conclusão ou compreensão de estarmos vivendo em uma era que soa como um alarme nas nossas cabeças. O termo em destaque foi lançado, nos anos 1980, pelo biólogo Eugene F. Stoermer e popularizado, nos anos 2000, pelo químico holandês Paul J. Crutzen, ao escreverem um artigo que foi traduzido por Mendes (2020), afirmando que estamos de passagem do Holoceno para o Antropoceno.

Danowski e Viveiros de Castro (2014) explicam que o termo compõe uma proposta que aponta para uma época no sentido geológico, mas também para o fim de uma "epocalidade", no que concerne à espécie humana. Assim, alguns pesquisadores veem a humanidade como uma força da mesma amplitude de outras forças geofísicas modificadoras dos sistemas da Terra.

Krenak (2019, p. 46-47) corrobora esse pensamento, ao afirmar que

> *[...] se nós imprimimos no planeta Terra uma marca tão pesada que até caracteriza uma era, que pode permanecer mesmo depois de já não estarmos aqui, pois estamos exaurindo as fontes da vida que nos possibilitam prosperar e sentir que estávamos em casa, sentir até, em alguns períodos, que tínhamos uma casa comum que podia ser cuidada por todos, é por estarmos mais uma vez diante do dilema a que já aludi: excluímos da vida, localmente, as formas de organização que não estão integradas ao mundo da mercadoria, pondo em risco todas as outras formas de viver.*(KRENAK, 2019, p. 46-47)

Assim, quando pensamos em espiritualidade, precisamos repensar essa ideia de humanidade,

> *[...] que exclui todas as outras e todos os outros seres e que não reconhece que o rio que está em coma é também nosso avô, que a montanha explorada em algum lugar da África ou da América do Sul e transformada em mercadoria em algum outro lugar é também o avô, a avó, a mãe, o irmão de alguma constelação de seres que querem continuar compartilhando a vida nesta casa comum que chamamos Terra.* (KRENAK, 2019, p. 47-48)

Quanto a essa situação, alerta-nos a filósofa Alyne de Castro Costa, que

> *[...] se a crise ecológica desencadeou uma crise epistemológica e civilizacional, denunciando que a ontologia moderna, longe de constituir uma universalidade organizativa, apresenta(va) apenas um mundo (ainda que muito poderoso) entre muitos, o Antropoceno invoca a necessidade de abrirmos espaço para novas concepções e teorias de conhecimento em que vida e não vida não sejam os operadores-padrão de distinção ontológica (e nem que tal distinção continue acarretando a desqualificação de outros povos e de outros conhecimentos como "primitivos" ou "irracionais."* (COSTA, 2016, p. 143)

O Antropoceno tem um sentido incisivo sobre nossa existência, a nossa experiência comum, a ideia do que é humano e do que seja a espiritualidade. O nosso apego a uma ideia fixa de paisagem da Terra e da humanidade é a maneira mais profunda do Antropoceno. "O fim do mundo talvez seja uma breve interrupção de um estado de prazer extasiante que a gente não quer perder", assim como uma espiritualidade, que não encarne a Terra, é Antropoceno. Ao explicar que todas as histórias antigas chamam a Terra de mãe, Pachamama ou Gaia, Krenak (2019, p. 60-61) nos chama a atenção para o fato de que não podemos ficar apáticos, insensíveis diante de um problema tão grave. Não podemos ofender a Terra sem nos ofender! Quando falamos Terra, estamos falando na possibilidade de vê-la de forma objetiva como planeta, como Pachamama (mãe-Terra) dos povos ameríndios dos Andes centrais, com sua fertilidade a nos dar tudo de que precisamos, mas também como Gaia.

O modo de operar moderno busca estabelecer parâmetros universais, tomando a racionalidade cientificista positivista como estruturadora e medidora da realidade, assim a busca de neutralidade e isenção, propostas como modelo, na realidade, mascara os vieses de controle e relações de poder pautados, de maneira geral, pelo sexismo, pelo machismo, pela heteronormatividade, pela pele mais para branca e aderência aos interesses econômicos capitalistas. Nesse sentido, a espiritualidade precisa romper com tendências universalizadoras imperialistas, buscando decolonizar e alargar fronteiras

> *[...] a partir das margens ou das periferias, [pois] as estruturas de poder e de saber são mais visíveis. Daí, o interesse desta perspectiva pela geopolítica do conhecimento, ou seja, por problematizar quem produz o conhecimento, em que contexto o produz e para quem o produz* (Santos, 2010b, p. 28-29, acréscimos nossos).

Assim, precisamos romper com o "[...] imperialismo cultural, em direção ao que [Edward] Said (1995) chamou de 'Orientalismo' no qual assimilamos o 'outro' (o pré-moderno, formas de conhecimento não ocidentais, aparentemente não racionais, etc.) para nossas categorias e projetos, embora geralmente de maneiras muito mais sutis do que no passado" (Rothberg, 1994, p. 8). Nesse sentido, buscamos no campo transpessoal superar o "imperialismo intelectual" (Turner, 1992, p. 4), ou seja, a tendência de imposição das teorias ocidentais dominantes sobre as compreensões espirituais indígenas e africanas, por exemplo. Assim como desafiar o "imperialismo espiritual" (Corbin, 1969, p. 210) que consiste em impor um estilo religioso sobre os outros.

Conforme destaca Lahood (2007a), a hibridização do sagrado e da ciência é uma marca do movimento transpessoal participativo, que vem ampliando a análise crítica da supremacia restritiva da racionalidade formal técnico-científica, incluindo perspectivas mais coletivas e participativas de subjetividade, nas quais o corpo e o mundo são amplamente retomados por meio da inclusão de uma ecologia de saberes, que valorizam o mundo vivido e reconhecem outros modos de produção de conhecimento, pois: "Graças à colonialidade, a Europa pode produzir as ciências humanas como modelo único, universal e objetivo na produção de conhecimentos, além de deserdar todas as epistemologias da periferia do ocidente" (Candau; Oliveira, 2010, p. 17).

No diálogo dos estudos da espiritualidade com o campo psicológico transpessoal, precisamos considerar e incluir cada vez mais as epistemologias feministas, afro-indígenas, quilombolas, orientais não lineares e uma ampla ecologia de saberes, que realcem as dimensões concretas da vida. Além disso, como já visto, precisamos continuar problematizando a supremacia dos discursos cientificistas modernos e suas lógicas, mais para masculina e branca, e que se arvoram numa falsa neutralidade e universalidade, quando, na maioria das vezes, dissimulam a particularidade excludente que possuem.

A Psicologia Transpessoal no Brasil e a cocriação de uma espiritualidade participativa

A psicologia transpessoal desponta no Brasil no final dos anos 70, e como indicam Ferreira, Silva e Silva (2016, p. 19):

> *O marco de introdução da Psicologia Transpessoal no Brasil foi o IV Congresso Internacional de Psicologia Transpessoal, que ocorreu em Belo Horizonte em 1978. Sob a chancela de Léo Matos e Pierre Weil, este encontro congregou os principais representantes nacionais e internacionais desta abordagem, e foi de onde surgiu a ideia da criação da Associação Internacional de Transpessoal (ITA).* (Silva e Silva, 2016, p.19.)

Nesse período, o Brasil encontrava-se sob regime da Ditadura Militar, que havia iniciado em Juiz de Fora a partir de um golpe realizado em 1964, contra o então presidente João Goulart. As consequências desse regime autoritário resultaram em inúmeros mortos e desaparecidos, além de genocídio e epistemicídios de povos originários e intensificação da pauta de exclusões, por intermédio da precarização de políticas públicas e ampliação da ferida colonial decorrentes das desigualdades perpetradas.

Assim, a Psicologia Transpessoal entra no Brasil em um contexto de exacerbação do racismo multidimensional, já que a Ditadura Militar foi imposta para barrar os projetos de desenvolvimento da economia e da promoção de bem-estar social, em especial, da reforma agrária, que buscavam beneficiar a população mais pobre (Souza, 2021). A sincronicidade de termos a cidade mineira de Belo Horizonte como porta de entrada do movimento transpessoal, ou seja, no mesmo estado onde a ferida colonial se expandiu pela ditadura, parece-nos um convite ao movimento transpessoal brasileiro em aprofundar as consequências dos dualismos mente/corpo, espírito/matéria, humano/mundo, sobretudo, em como eles ajudam a sustentar

> *[...] toda forma de amesquinhar, humilhar e desprezar o oprimido convencendo-o de sua própria inferioridade. Nos termos definidos pela hierarquia moral do Ocidente, esse convencimento se fundamenta na suposta essência animal e corporal do oprimido, negando-lhe, portanto, o reconhecimento social de sua humanidade.* (Souza, 2021, p. 131)

Nesse contraponto, como indicam Ferreira et al. (2021a), a psicologia transpessoal no Brasil propõe-se pluriperspectivista em seu modo de operar. Perspectivista, no sentido proposto por Durazzo (2016), à medida que acolhe e intercruza diversos pontos de vista, que buscam problematizar a supremacia do pensamento ocidental-moderno, em especial, do cartesianismo/positivismo encarnado em *"mechanos"* (Torbert; Reason, 2001) enquanto metáfora de um horizonte histórico, o qual toma o relógio como simulacro da realidade, fazendo-o experimentar outras ontologias, outras epistemologias e outros modos de operar sobre si, sobre o outro e sobre o mundo.

Agregamos o termo pluri para indicar as diversas formas de perspectivismos mobilizados pela Abrapet, que vão do perspectivismo ameríndio de Castro (2015, 2008, 2002, 1996), dos perspectivismos participativos do campo transpessoal (Ferrer, 2017; Tarnas, 2016; Lahood, 2007; Heron, 1992, 1996, 1998; Heron; Lahood, 2008; Heron; Reason, 2008), dos estudos orientais não lineares (SILVA, 2020; Silva, 2019; Durazzo, 2016), dos afroperspectivismos e amefricaperspectivismos (Noguera, 2015; Asante, 2002; González, 1988) às Klínicas[4] transpessoais (Grof, 2020; Matos, 1994; Ferreira et al., 2021).

O pluri também nos remete ao "pluriverso", postulado por Latour (2004a, p. 246), para indicar a busca incessante de participação dos seres em uma sociedade. O pluri nos lança no "cosmos" da noção de "cosmopolítica" (STANGERS, 2018) e apresenta estreita relação com o conceito de "multiverso" de William James no que diz respeito à abertura para novas possibilidades de cocriação de si e do mundo. Nas palavras de Latour:

> *Mas se cosmos significa alguma coisa, ele precisa abranger, literalmente, tudo – incluindo todo o vasto número de entidades não humanas que permitem aos humanos agir. O sinônimo de William James para cosmos era pluriverso, construção conceitual que deixa essa multiplicidade fabulosa em evidência* (Latour, 2004b, p. 454).

[4] Grafamos a Klínica com K a partir da hibridização da palavra grega *klinamen*, no sentido de desvio, de expansão e de potência gerativa de vida e de mundos e da palavra africana *Kuumba*, enquanto um imenso fluxo de criatividade a serviço da melhoria da comunidade.

A psicologia transpessoal no Brasil, aqui proposta, repousa na améfrica como marcador cultural e político (González, 1988) de nossas experiências e não pretende importar as cosmopercepções africanas, tibetanas, indianas, ameríndias etc., mas dialogar com elas, sem pretensão de perpetuá-las e enunciá-las como estruturas fixas e nem caminhos únicos ou salvacionistas. A presença, como condição ontológica da experiência de mundo, leva-nos a metabolizar o que aqui herdamos e a transmutar modos outros de ser, propondo desalojamentos. É um intenso exercício de perspectivar e pluralizar os modos de compreender a si e ao mundo, por isso trata-se de algo que está em constante movimento e que não quer a representação dos valores africanos ou de outros povos fora do eixo ocidental colonizador, mas quer a consciência do que herdamos e do que fizemos com nossa herança epistêmica.

Nesse sentido, a noção de améfrica, agregada à Psicologia Transpessoal no Brasil, propõe um processo de libertação que, como afirma Asante (2002), deve ser encontrado em nossas experiências, em nós mesmos. Não deriva de uma localização histórica, política e cultural para além de nossa realidade.

Quando mobiliza os perspectivismos amefricanos e não lineares orientais, a Psicologia Transpessoal no Brasil busca superar aquilo que Walsh (2009) denominou de "colonialidade cosmogônico-espiritual", ou seja, a negação e interdição das cosmopercepões das populações originárias, nas quais a espiritualidade está conectada e enraizada em todas as dimensões humanas, seja por meio das produções artísticas-culturais, corporalidade, economia, organização social, modos de cuidado e de lidar com a saúde, a educação, o meio ambiente etc. Esse aspecto é fundamental para criticar o apoio que as espiritualidades pautadas na cisão corpo/espírito deram/dão ao racismo, como indica Souza (2019, p. 16-18)

> *[...] aspecto principal de todo racismo, que é a separação ontológica entre seres humanos de primeira classe e seres humanos de segunda classe. Iremos, no decorrer deste livro, usar o termo "racismo" não apenas no seu sentido mais restrito de preconceito fenotípico ou racial. Iremos utilizá-lo também para outras formas de hierarquizar indivíduos, classes e países sempre que o mesmo procedimento e a mesma função de legitimação de uma distinção ontológica entre seres humanos sejam aplicados. Afinal, essas hierarquias existem para servir de equivalente funcional do racismo fenotípico, realizando o mesmo trabalho de legitimar pré-reflexivamente a suposta superioridade inata de uns e a suposta inferioridade inata de outros. [...] O pressuposto nunca refletido, no caso, é a separação, dentro da raça humana, entre aqueles que possuem espírito e aqueles que não o possuem, sendo, portanto, animalizados e percebidos como apenas corpo. A distinção entre espírito e corpo é tão fundamental porque a instituição mais importante da história do Ocidente, a Igreja Cristã, escolheu, como caminho para o bem e para a salvação do cristão, a noção de virtude como definida por Platão. Este, por sua vez, definia a virtude nos termos da necessidade de o espírito disciplinar o corpo,*

percebido como o território de paixões incontroláveis – o sexo e a agressividade à frente de todas – que levariam o indivíduo à escravidão do desejo e à loucura. (Souza. 2019, p. 16-18)

O pluriperspectivismo mobilizado na psicologia transpessoal participativa, aqui apresentada, é tomado como prática epistêmica decolonial, ou seja, como culturas estruturantes de um determinado modo de compreender a realidade, práticas nas quais se desenvolvem o que Arias (2010) chama de "sabedorias insurgentes", que brotam do permanente diálogo com a natureza e o cosmo, não somente partindo da razão, do conhecimento e da epistemologia, mas também do coração, da afetividade e da ternura, em um processo de "corazonar"[5].

A isso achamos apropriado agregar o termo amefricaperspectivismo, a psicologia transpessoal, em solo brasileiro, movimentando e movendo-se entre as contribuições teóricas comprometidas com uma justiça cultural, política e epistêmica, a qual seja pautada em uma noção democrática do local. A começar do que é localizado, podemos expandir noções complexas da realidade que dialoguem entre si e que não tropecem no mito da universalidade eurocêntrica moderna. Portanto, reconhecer o lugar de enunciação e estruturar anunciação outra a partir dos marcadores êmicos e éticos, os quais fazem parte do pressuposto amefricaperspectivista da participação em nossa realidade colonizada. E, se a linguagem é epistêmica, posiciona-nos no entre-lugar amefricaperspectivista, o lugar onde não ansiamos o paraíso colonial da planura da universalização moderna.

Ao invés de questionarmos: em que medida as perspectivas de espiritualidade amefricanas e orientais não lineares aproximam-se dessa concepção de Psicologia Transpessoal? Posta dessa forma, poderíamos cair na ilusão de criar um tipo ideal de psicologia transpessoal, ao qual se subordinariam às práticas amefricanas das populações originárias, das culturas populares e dos movimentos sociais periféricos. Invertemos a questão e perguntamos: que concepções e estratégias transpessoais nascem a partir das perspectivas amefricanas, entendidas como práticas epistêmicas decoloniais? O desafio é aprender com e desde as fronteiras.

As práticas de cuidado amefricanas e orientais não lineares decoloniais desses povos têm uma autonomia, complexidade e extensão própria, que extrapolam o domínio da psicologia e continuarão resistindo à "violência epistêmica" (Spivak, 2010) sustentada pelo neoliberalismo com as suas diferentes faces de colonialidade, por meio da instauração da subalternização, do indiferentismo, do aniquilamento, da invisibilidade e da desqualificação de um povo no limite do rechaço a outro

[5] Termo oriundo dos povos indígenas que situa que como humanos somos "estrelas com coração e com consciência" (ARIAS, 2011, p. 83, tradução livre) e trazido pelo antropólogo mexicano Patricio Guerrero para indicar a superação das dualidades razão/coração. Relaciona-se com o conceito de sentipensar de Borda (2009) e Escobar (2014).

especialmente contra o capitalismo, racismo e o patriarcado, pois indica Mbembe (2017, p. 13):

> *O neoliberalismo baseia-se na visão segunda a qual "todos os acontecimentos e todas as situações do mundo vivo (podem) deter um valor no mercado". Esse movimento caracteriza-se também pela produção da indiferença, a codificação paranóica da vida social em normas, categorias e números, assim como por diversas operações de abstracção que pretendem racionalizar o mundo a partir de lógicas empresariais.*

O campo brasileiro de estudos transpessoais movido pela Associação Brasileira de Pesquisa e Ensino em Psicologia Transpessoal (Abrapet) contrapõe-se à redução dos sujeitos à dimensão meramente econômica neoliberal. Sujeitos regidos pelo mercado e assolados pela dívida, capturados, segundo Mbembe (2017, p. 15), "[...] pela dupla inquietação exclusiva da sua animalidade (a reprodução biológica da vida) e da sua coisificação (usufruir dos bens deste mundo)". Acossados e oprimidos pelas normas do mercado, "[...] sem hesitar em se auto-instrumentalizar e instrumentalizar outros para optimizar a sua quota-parte de felicidade" são relegados "[...] a sua condição de sujeito solúvio e descartável para responder à injução que lhe é constantemente feita – tornar-se outro"

Propomos, então, para avançar no ato de sentirpensar a transpessoal, ampliar noções outras de nossas experiências, não apenas em uma lógica de deslocamento, mas de cocriação enativa (Ferrer, 2017), na qual o conhecimento não é mais considerado apenas reflexo de uma realidade pré-determinada, todavia o ambiente, como o vivenciamos, é trazido à existência em um processo ativo que pode ser considerado fundamentalmente transformador. Propomos alargar a realidade que presenciamos, testemunhamos e herdamos. Em sentido ontológico, é o movimento de sair dos múltiplos centros e permitir a interação, a participação e as trocas. Saímos de uma abordagem multicêntrica e pensamos na realidade marginal. Estamos todos na margem, e nisso reside a potência de não se fixar em categorias, porém de se orientar por marcadores epistêmicos, os quais dialogam sem o interesse de universalizar nem particularizar restritivamente.

Desse modo, iniciamos refletindo com Ferrer (2002, 2017) e Heron (2006) a necessidade de uma perspectiva participativa no campo dos estudos transpessoais. A perspectiva participativa vai do individual/subjetivo para o intersubjetivo e coletivo das relações humanas, com reverberações nas comunidades, nas formas culturais e estruturas sócio-políticas. Segundo Ferrer (2002, p. 27), esta perspectiva: "[...] introduziu a abordagem participativa como uma "Virada participativa" nos estudos transpessoais e espirituais – uma mudança paradigmática rompendo com as estratégias epistemológicas predominantes na teoria transpessoal (empirismo interior) e pressupostos ontológicos (perenismo)."

Assim, ao invés de conceber os fenômenos transpessoais dentro de uma ótica meramente intrapessoal, Ferrer (2002, 2017) propõe uma virada participativa, uma proposta de reformulação do campo teórico e das práticas transpessoais, visando incluir os aspectos interpessoais e transpessoais que possam promover transformações estáveis nos processos de subjetivação e nos relacionamentos com outros humanos, extra-humanos e com o mundo.

O entendimento acerca da espiritualidade e dos demais fenômenos de estudo transpessoais, no bojo da perspectiva participativa, toma um caminho diferente das visões subjetivistas, essencialistas e individualistas que os têm como uma dimensão sutil, transcendente e dissociada da imanência. Para Ferrer (2017), a espiritualidade não é algo meramente individual, subjetiva e intrapessoal e que pode ser compreendida unicamente com início em uma visão micro. Ela é cocriada ao começar de uma complexa relação de aspectos intrapessoais, interpessoais e transpessoais. Assim, os fenômenos espirituais e transpessoais são frutos de uma relação dialógica e compreendem não apenas uma dimensão, mas toda a gama de faculdades epistêmicas – racional, imaginal, somático, vital e estética. Em suma, não há cisão entre aspectos imanentes e transcendentes. Todas essas faculdades são geradoras, em potencial, de eventos espirituais e transpessoais.

Dada a tradição ocidental voltada ao cognocentrismo, é um desafio a mais reconhecer a equivalência de todas as dimensões humanas, porém, este é um ponto nodal na perspectiva participativa transpessoal. Ferrer (2017) desenvolve críticas a respeito do nosso profundo enraizamento à educação ocidental moderna, a qual prioriza sobremaneira uma racionalidade instrumental, sob forte influência da rígida ótica cartesiana, que nega a existência de epistemologias que apresentem uma perspectiva de ser humano integral e multidimensional.

De acordo com Ferrer (2015), a cocriação da fenomenologia participativa transpessoal envolve três dimensões, que estão inter-relacionadas, são elas: intrapessoal, interpessoal e transpessoal, e ancoram-se respectivamente em três princípios basilares: equiprimacia, equipotencialidade e equipluralidade. Como cocriação intrapessoal, o autor defende que há uma participação colaborativa de todos os atributos humanos (corpo, energia vital, afeto, mente e consciência), que operam na enação dos fenômenos transpessoais. Essa dimensão opera pelo princípio da equiprimacia, indicando que não há hierarquia entre os atributos, todos possuem a mesma importância na construção complexa do fenômeno humano. Esta é a relação do humano consigo próprio, na qual é percebida os seus aspectos intrapessoais de forma integral. A espiritualidade intrapessoal é aquela corporificada, que reconhece a participação de todos os atributos humanos na geração de fenômenos espirituais. O resgate do corpo é uma mudança importante nessa perspectiva, pois reconhece a necessidade de propor a (re)descoberta do próprio corpo, integrado no processo de cocriação.

Destacamos que as práticas espirituais tradicionais no Ocidente vislumbram o acesso à espiritualidade por meio da normatização dos corpos, de um controle da materialidade corporal por intermédio dos ritos e preceitos institucionalizados, e essa compreensão pode nos apresentar a espiritualidade como um caminho certo, prescrito, fixo. Na transpessoal participativa, no Brasil, temos uma influência da corporalidade das espiritualidades amefricanas, as quais produzem um deslocamento nas tentativas de dissociar o espiritual do corpo, tornando-o "incorporado" (Varela; Thompson; Rosch, 1991).

No tocante à cocriação interpessoal, ela emerge das relações cooperativas ente os seres humanos, bem como abre essa relação para entidades sutis, poderes naturais e "forças arquetípicas", as quais podem ser incorporadas na *psique*, na natureza ou no cosmos, como podemos perceber nos estudos do perspectivismo ameríndio de Castro (1996)[6] e na clínica transpessoal de Grof (2020). O crescimento da cocriação interpessoal acontece na relação com o outro, no espírito de solidariedade, respeito mútuo e confronto construtivo. Rege-se pelo princípio da equipotencialidade, o qual aponta que "[...] somos todos professores e alunos" (Ferrer, 2017, p. 40, tradução livre) na medida em que temos sempre o que aprender e o que ensinar. Esse princípio provoca rupturas das colonialidades, com suas hierarquizações e racismos. Assim, os processos de classificação, entre superiores e inferiores, a partir da cisão corpo e espírito, são fundamentais para composição dos modos de pensar da atualidade, como indica Souza (2019, p. 18)

> *Foi por conta dessa ação institucional, primeiro da religião, e depois, hoje em dia, da mídia e da indústria dos bens de consumo cultural, como o cinema e livros populares, que essa hierarquia moral, que separa os homens e as mulheres entre seres de primeira e de segunda classe, ganhou nossos corações e nossas mentes. Ela manda em nossas ações e em nossos pensamentos, ainda mais pelo fato de nunca sequer termos refletido acerca de sua influência no nosso comportamento diário e na nossa vida como um todo. Sem a consciência crítica da ação dessas ideias sobre nosso comportamento, somos todos vítimas indefesas de uma concepção que nos domina sem que possamos sequer esboçar reação.*(Souza. 2019,p.18)

[6] "O estímulo inicial para esta reflexão são as numerosas referências, na etnografia amazônica, a uma teoria indígena segundo a qual o modo como os humanos vêem os animais e outras subjetividades que povoam o universo — deuses, espíritos, mortos, habitantes de outros níveis cósmicos fenômenos meteorológicos, vegetais, às vezes mesmo objetos e artefatos —, é profundamente diferente do modo como esses seres os vêem e se vêem [sic] (Castro, 1996, p. 116-117)". A aproximação da cocriação interpessoal está na abertura a interagir com as percepções da relação com som seres "não humanos", na perspectiva ocidental de pensamento, mas que podem incorporar um tipo de personificação. Apesar de a terminologia tratar de cocriação interpessoal, Ferrer (2017) abre a perspectiva para a relação com outras subjetividades "não humanas" ou extra-humanas.

A cocriação transpessoal, a qual "[...] refere-se à interação dinâmica entre seres humanos encarnados e o mistério[7] no surgimento de insights espirituais, práticas, estados e mundos" (Ferrer, 2017, p. 5, tradução livre), é estruturada a partir do princípio da equipluralidade, que reconhece a diversidade das experiências de enações espirituais, sendo todas elas igualmente importantes e emancipatórias. Significa dizer que não há uma forma única de desenvolvimento espiritual, tampouco conceber que é necessário seguir um processo já trilhado por um líder espiritual, na perspectiva de obter equivalente ápice na experiência espiritual. Assim, "[...] este princípio libera a espiritualidade participativa da fidelidade a qualquer sistema espiritual único e abre o caminho para um pluralismo espiritual genuíno, ontologicamente e pragmaticamente fundamentado" (Ferrer, 2017, p. 5, tradução livre).

Em outras palavras, o princípio da equipluralidade aponta que a espiritualidade humana não precisa estar associada a uma religião professada, contudo a forma com que essa relação se desenvolve reverbera e permite modos de subjetivação. Importante ressaltar que não necessariamente tal relação envolve uma religião explicitamente conceituada, mas a experiência pessoal com o mistério gerativo da vida.

A perspectiva participativa transpessoal dá especial relevo à individuação espiritual, em que o humano constrói gradual, criativa e pessoalmente sua singularidade espiritual. Esse processo certamente será capaz de proporcionar "[...] uma integração de maturação espiritual e individuação psicológica que provavelmente levará a uma diversidade mais rica de expressões espirituais" (Ferrer, 2017, p. 6, tradução livre). Do ponto de vista coletivo, a abordagem participativa vislumbra a emergência de uma coletividade composta por indivíduos espiritualmente diferenciados, permitindo uma comunhão profunda com os outros, a natureza e o cosmos.

Decolonizar o campo de estudos transpessoais

O trabalho de decolonização se constrói sobre e com os "condenados da terra" (Fanon, 1968), povos africanos e afrodescendentes, indígenas, quilombolas

[7] O uso do termo mistério segue a perspectiva de Ferrer e Sherman (2008, p. 64, tradução livre) e "[...] não implica qualquer tipo de reificação essencialista de uma base ontologicamente dada de ser, como expressões como "o sagrado", "o divino" ou "o eterno", muitas vezes transmitidas na erudição clássica em religião. [...] Por outro lado, deliberadamente usamos esse termo conceitualmente vago, aberto e ambíguo para nos referir à energia criativa não determinada ou fonte de realidade, ao cosmos, à vida e à consciência. Assim entendido, o termo *mistério* obstrui reivindicações ou insinuações de certeza dogmática e exclusivismos religiosos associados; mais positivamente, convida uma atitude de humildade intelectual e receptividade ao Grande Desconhecido, que é a fonte do nosso ser", numa perspectiva filosófica e eminentemente laica.

e periféricos de todo ordem, que durante a colonização foram apagados, invisibilizados e classificados como inferiores e que continuam sendo na colonialidade, que nos atravessa.

Os negros e as negras traficados/as da África, pelo colonialismo, assim como os ameríndios e demais periféricos foram/são colocados no espaço do não-ser, como coisas, não-humanos, não tendo o direito de existirem enquanto humanos e, por consequência, foram/são invisibilizados. Por colocarem-nos na zona do não ser, os impossibilitaram de viver a zona do não ser existencialista. Diz Fanon (2008, p. 26) "[...] o negro não é um homem".

> *Se, no passado, estes grupos eram entendidos como incapazes de produzir conhecimento e eram vistos como meros objetos, ora coisificados, ora exotizados, o que percebemos no presente é um risco cada vez mais crescente de que se tome aquilo que esses povos produzem em termos de valores, saberes e práticas como importantes e valiosos, mas mantendo com essa produção uma relação expropriatória, por meio da qual um saqueio desses conhecimentos é realizado na construção da mesma e conservadora ciência moderna* (Flor do Nascimento, 2020, p. 200).

Grosfoguel (2016) já fizera uma crítica ao falar da violação de direitos contra seres humanos e extra-humanos, quando se extrai recursos naturais por meio da violência e da quebra dos direitos humanos e da natureza. Embora reconheça o risco do uso do termo "extrativismo" para se referir a apropriações epistêmicas e ontológicas, ele conclui que há uma forte relação entre "extrativismo econômico", "extrativismo epistemológico" e "extrativismo ontológico".

> *O que todos eles têm em comum é uma atitude de 'coisificação' e destruição produzida em nossa subjetividade e nas relações de poder pela civilização 'capitalista / patriarcal moderna centrada no Ocidente / centrada no Cristianismo colonial' frente ao mundo de vida humana e não humana. A coisificação é o processo de transformação do conhecimento, formas de existência humana, formas de vida não humanas e o que existe em nosso ambiente ecológico em 'objetos' a serem instrumentalizados, com a finalidade de extraí-los e explorá-los em benefício própria, independentemente das consequências destrutivas que tal atividade possa ter sobre outros seres humanos e não humanos* (Grosfoguel, 2016b, p. 126, tradução livre).

No exercício de decolonizar o campo transpessoal, é fundamental não cair nas mesmas armadilhas coloniais de valorizar para expropriar conhecimentos oriundos das matrizes africanas, indígenas e afro-brasileiras, reproduzindo a ideia de "[...] que o Ocidente inventou a ciência e que somente o Ocidente sabe pensar; que nos limites do mundo ocidental começa o tenebroso reino do pensamento primitivo" (Césaire, 2020, p. 67).

O sentirpensar a transpessoal participativa decolonial se constrói a partir das "fronteiras" (Mignolo, 2006, 2014), assumindo-se que estamos em processo de reontologização, aprendendo a decolonizar enquanto caminhamos entre mundos, entre saberes, vidas e percepções. "A desvinculação e a mudança descolonial exigem pensamento de fronteira: pensar a partir dos espaços que foram silenciosamente colocados ausentes pela hegemonia das categorias ocidentais de pensamento" (Mignolo, 2006, p. 26, tradução livre). Ou seja, é

> *[...] um campo teórico-prático que, por estar entre, questione as distribuições e divisões, as hierarquias, que questione as valorações e que se coloque entre o que está prescrito e o que está excluído; um campo teórico-prático que entre no meio do jogo, primando pela (re)configuração dos campos de saber, na medida em que olha para perspectivas subalternizadas, saberes marginalizados, vidas fronteiriças, primando fundamentalmente pela construção de outros conhecimentos e outras relações em termos igualitários, sempre evidenciando as assimetrias de poder* (Tonial; MAhei-Rie; Garcia Junior, 2017, p. 24).

Assim, a introdução do termo decolonial ao transpessoal é um exercício de um "posicionamento crítico de fronteira" (Walsh, 2012), isto é, o desejo não está em apenas mudar nomes e os conteúdos da conversa, pois a inscrição do decolonial objetiva criar novas noções, pensando com isso de outra maneira e movendo-se em "outra lógica" (Mignolo, 2013). O decolonial expande o sentirpensar a partir da fronteira de Mignolo, tornando-o uma ação na fronteira. Seria, de acordo com Walsh (2005), um fazer, um ato, um posicionamento-outro, que lhe permite contribuir com os termos da conversa, implodir do próprio lugar, configurar alternativas ao eurocentrismo, interculturalizar, reconfigurar, decolonizar e, acima de tudo, autodecolonizar-se[8].

Na mesma linha, partindo de Santos (2010), podemos indicar a importância de a transpessoal compreender que a injustiça social global está intimamente relacionada à injustiça cognitiva global, propondo um pensamento pós-abismal, o qual considera que a diversidade do mundo é inesgotável. Portanto, há muito o que se expandir no campo da transpessoalidade no Brasil, de modo que precisamos de uma epistemologia adequada que atenda à diversidade de mundos nos quais se movimentam nossos povos.

Dessa maneira, a Associação Brasileira de Pesquisa e Ensino em Psicologia Transpessoal (Abrapet) tem realizado nos últimos anos um processo de decolonização das matrizes do "poder", do "saber" e do "ser" (Maldonado-Torres, 2007), embutidos nos estudos transpessoais, no intuito de ampliar os diálogos com os saberes locais, favorecendo condições de promoção de bem viver (Acosta, 2016). Assim, ao agregar o termo decolonial ao participativo, têm buscado-se enfrentar desafios teórico-práticos nos estudos transpessoais, tais como:

[8] A autodecolonização é posta como um exercício espiritual de descentramento das tendências egocentradas presentes no processo de desconstrução da colonialidade do ser, saber e poder.

a) A crítica às perspectivas de um pensamento hegemônico, seja em termos globais por meio da dominação Norte-Sul (Santos, 2010a; Mignolo, 2011) ou no campo das relações institucionais, socioculturais, coletivas, de governo, entre outras, as quais regem a vida social. A perspectiva "[...] decolonial luta por fomentar a divulgação de outra interpretação que põe em evidência uma visão silenciada dos acontecimentos" e, ao mesmo tempo, revela "[...] os limites de uma ideologia imperial que se apresenta como a verdadeira e única interpretação" (Mignolo, 2007, p. 485), que reatualiza a lógica da "recolonialidade" com suas visões hierárquicas, interpretações e ações dicotômicas e separativistas. Ela aponta o contexto de multiplicidade, de reposicionamento das ecologias dos saberes e de relacionalidade das concepções de humanos, extra-humanos e espiritualidades que pode oferecer novas perspectivas conceituais marcadamente plurais para os estudos da transpessoalidade.

Dentro dessa lógica, a perspectiva participativa decolonial realça o cultivo da alteridade, que engloba de forma interdependente as relações intrapessoais, interpessoais e transpessoais, o respeito, a afirmação da diferença, o diálogo e a cooperação prática e ética em torno da busca da justiça em relação a grupos invisibilizados e subjugados pelas mais diferentes formas de dominação.

São muitos os desafios os quais emergem da crítica ao pensamento único no campo dos estudos transpessoais. Um deles é que precisamos identificar, com maior profundidade, como a lógica de "recolonialidade" está presente nas experiências tidas como transpessoais e como esta lógica determina, em certo sentido, os focos das teorias e pesquisas desenvolvidas. Entre diferentes possibilidades de superação desses limites, apontamos a noção da "virada participativa" (Ferrer, 2017). Ela possui importância, uma vez que inibe perspectivas hierárquicas, interpretações e ações dicotômicas e separatistas. A introdução dos estudos decolonias no movimento participativo amplia a crítica e o desmascaramento do pensamento único, pois introduz um contexto de multiplicidades e de reposicionamento de saberes e de relacionalidade das concepções de espiritualidades, de humanos e extra-humanos, situando novas perspectivas conceituais marcadamente pluricêntricas para os estudos da transpessoalidade.

A perspectiva participativa decolonial, em função de seu caráter perspectivador, portanto, crítico ao pensamento único, contribui para os processos de reatualização do sentido da liberdade e da dádiva, que leva à indicação da presença – e, ao mesmo tempo, a necessidade – de espiritualidades que possam corresponder aos processos sociopolíticos decoloniais de aprofundamento democrático, de consolidação de direitos, de crítica às formas mais variadas de subordinação e racismos e a busca de alternativas à lógica imperial econômica neoliberal e a sua pegada ecoetnocida.

As espiritualidades, nessa perspectiva, expressam-se em um comprometimento direto na vida social e política, como os processos de defesa da justiça social e econômica, dos direitos humanos e da terra, da cidadania e da dignidade de toda sorte de periféricos. Elas abrem-se à autocritica, expondo suas limitações e ambiguidades, enquanto cocriam condições para implementação de agenda de uma "ética da Mãe Terra pós-coronavírus" que, segundo Boff (2020, p. 123-129), deveria incluir: o cuidado essencial, o sentimento de pertença, a solidariedade, a responsabilidade coletiva, a hospitalidade, a convivência de todos com todos, o respeito incondicional, a justiça social e a igualdade fundamental, a busca incansável da paz e o cultivo do sentido espiritual da vida. Além de espaços de consciência social, coexistencialidade, alteridade, humanização, multiplicidade, cordialidade e integração cósmica.

b) A tarefa decolonial de revisão das formas de "centrocentrismo" (Santos, 2010a) é fundamental nos estudos transpessoais. Trata-se de problematizar as visões centralistas, verticalistas e elitistas articuladas com formas de racismos, "imperialismo espiritual", machismos, xenofobia e trans/homofobia, que favorecem modos egocentrados de operar e que estabelecem um centro hegemônico regulador de todos os modos de vida. Assim, as visões patriarcais, racistas, heteronormativas e sexistas, tomadas como naturalizadas, por exemplo, são intensamente problematizadas.

Desidentificar-se dessas perspectivas restritivas implica a necessidade de ampliação da "desobediência epistêmica" (Mignolo, 2008) dos cânones tomados como naturalizados, o que conduz a necessidade de reconhecer a nossa própria vulnerabilidade, estando abertos para posicionamentos críticos, que venham ou estejam baseados nas experiências dos segmentos e povos que se confrontaram diretamente com o racismo em suas diferentes formas.

O exercício da "desobediência epistêmica" sem o qual "[...] não será possível o desencadeamento epistêmico e, portanto, permaneceremos no domínio da oposição interna aos conceitos modernos e eurocentrados, enraizados nas categorias de conceitos gregos e latinos e nas experiências e subjetividades formadas dessas bases" (Mignolo, 2008, p. 288). A visão centrada e reduzida ao racionalismo moderno ocidental redundou na desvalorização dos universos simbólicos das culturas, que, especialmente no campo popular, não comportam essa rigidez e reducionismo. Tal visão redundou também em eurocentrismos, norte-americanos e ocidentalismos diversos e, na visão da espiritualidade, somente como o resultado de escolhas individuais e racionais, de certo recorte institucionalizado e com uma organização sistematizada e formal, desvalorizando formas orgânicas e holísticas, constituintes de diversas expressões de espiritualidades amefricanas.

Importante seria se pudéssemos mapear e analisar, de forma honesta, nossas próprias formas de microagressões internas: aquelas comunicações, tendências, vieses sutis – ainda que não intencionais e/ou inconscientes – que transmitem mensagens negativas dirigidas a grupos minoritários ou indivíduos desses grupos (Sue, 2010).

Comprometer-se com processos de desconstrução dos centrocentrismos implica incluir as questões sociais nos debates acerca das espiritualidades, de modo a, também, aprendermos a não reproduzir "microagressões transpessoais" (Hoffman, 2016, p. 4). Nesse caso, estamos nos referindo àquelas "[...] formas de microagressões únicas à Psicologia Transpessoal. Por exemplo, privilegiar certas suposições metafísicas de acordo somente com certas tradições religiosas ou espirituais é uma microagressão transpessoal" (Hoffman, 2016, p. 4), ou seja, tomar uma tradição como foco único e privilegiado acabará criando hierarquizações, que reatualizam o racismo multidimensional, pois indica Souza (2019, p. 19): "O grande problema dessas hierarquias que se tornam invisíveis e pré-reflexivas é sua enorme eficácia para colonizar a mente e o coração também de quem é inferiorizado e oprimido."

c) A revisão da noção de sujeito moderno desprovida da cocriação do humano com a comunidade, a história, a natureza e o Kosmos. A tarefa decolonial de se revisar as noções reducionistas de indivíduo refém da lógica ocidental colonial é uma tarefa intensificada na agenda transpessoal brasileira. Tal perspectiva desafia as análises cientificistas em variados campos. Walsh (2007, p. 3, tradução livre), por exemplo, mostra que uma dimensão de colonialidade é a

> *[...] cosmogônica ou mãe natureza que tem a ver com a força vital-mágica-espiritual da existência das comunidades afrodescendentes e indígenas, cada uma com suas particularidades históricas. É a que focaliza a distinção binária cartesiana entre homem/natureza, categorizando como não-modernas, 'primitivas' e 'pagãs' as relações espirituais e sagradas que conectam os mundos acima e abaixo com a terra e com os ancestrais como seres vivo. Assim, [a lógica colonial] visa minar visões de mundo, filosofias, religiosidades, princípios e sistemas de vida, ou seja, a continuidade civilizacional das comunidades indígenas e da diáspora africana.* (Walsh, 2007, p. 3, tradução livre)

Simas e Rufino (2020, p. 9-10) propõem que se realce a noção de encantamento, pois ela traz:

> *[...] o princípio da integração entre todos as formas que habitam a biosfera, a integração entre o visível e o invisível (materialidade e espiritualidade) e a conexão e relação responsiva/responsável entre diferentes espaços-tempos (ancestralidade). Dessa maneira, o encantado e a prática do encantamento nada mais são que uma inscrição que comunga desses princípios.* (Simas, Rufino,2020,0.9-10)

Ampliar a noção de pessoa, embutida no conceito transpessoal, de modo a incluir o aspecto relacional e não substancial, ajuda na compreensão de que a minha felicidade pessoal implica em uma busca do bem viver coletivo, retomando uma ecoespiritualidade que aponta a interdependência e a cooperação vital entre sujeito e mundo e a inclusão mais ativa da corporeidade e da natureza enquanto Gaia (Boff, 1999, 2020; Lovelock, 1995, 2006).

d) Ampliando o projeto de problematização das identidades fixas promovidas pelos estudos transpessoais em sua origem, a decolonização propõe analisá-las como processos híbridos, algumas vezes fluidas, e permanentemente criadas e recriadas nos mais diferentes processos de fronteirização das experiências da vida e nos entre-lugares das culturas. Dentro do quadro das perspectivas decoloniais, Boaventura de Souza Santos afirma que elas:

> *[...] não são rígidas nem, muito menos, imutáveis. São resultados sempre transitórios e fugazes de processos de identificação. Mesmo as identidades mais sólidas, como a de mulher, homem, país africano, país latino-americano ou país europeu, escondem negociações de sentido, jogos de polissemia, choques de temporalidades em constante processo de transformação, responsáveis em última instância pela sucessão de configurações hermenêuticas que de época para época dão corpo e vida a tais identidades. Identidade são, pois, identificações em curso* (Santos, 2010a, p. 135).

A agenda de decolonização do campo transpessoal brasileiro ocupa-se em visibilizar espiritualidades não hegemônicas e que estejam preocupadas com as situações de opressão e de violência, as quais marcam a vida de parcelas consideráveis da população, especialmente mulheres, indígenas, negros e grupos LGBTQIA+ e periféricos de toda ordem. Espiritualidades que problematizem o patriarcalismo, sexismo e heteronormatividade e que também cuidem do corpo, da sexualidade e da natureza, promovendo um comprometimento cosmopolítico pelo bem viver. Tal perspectiva possui lugar de destaque nas espiritualidades indígenas, africanas e orientais não lineares, uma vez que elas possuem experiências espirituais, as quais habitam ou se revelam no meio da comunidade, baseiam-se em uma inter-relacionalidade, solidariedade, interculturalidade e maior respeito aos humanos, extra-humanos e à natureza.

Considerações finais

As três cenas apresentadas, no início do texto e desdobradas ao longo do trabalho, apontam a importância de sentirpensarmos um pluriperspectivismo participativo decolonial quando do cruzo entre espiritualidade e psicologia. Os estudos transpessoais oferecem perspectivas epistêmicas e de cuidado, que apoiam uma decolonialidade cosmogônica, ou seja, oportunizam as transformações de si, do outro e do mundo em uma perspectiva de interconexão, não dualismos e dicotomias, retomando a dimensão de transcendência na imanência, em uma re-configuração vital com Gaia. Sustenta um "corazonar" fluido e aberto às múltiplas possibilidades de cocriação, de modo que a vida é tomada em seu fluxo espontâneo ou como uma configuração integral em uma rede complexa de interdependências, que toma a Terra como um grande organismo vivo.

A espiritualidade participativa decolonial surge como um caminho de resistência e insurgência aos modos de vida colonizados, problematizando as relações de poder, controle e hierarquização das mais variadas religiões. Amplia sentidos, transitando para além do sagrado convencional, e pode ser encontrada em expressões artísticas diversas, tais como, o hip hop. Defende a possibilidade dos colonizados viverem a vida além do capitalismo, da hierarquização dos povos ocidentais pelos colonizadores, frutos da modernidade, além de exercerem sua autonomia em relação aos conhecimentos que lhes são legítimos e que fazem parte de suas experiências de vida e de mundo.

A espiritualidade participativa decolonial pode ajudar-nos a superar as forças limitantes da colonialidade, assim como introduz a autodecolonialidade como um exercício espiritual, ou seja, mobiliza processos de transformação das tendências egóicas de nos colocarmos como superiores ou inferiores aos demais. Nesse sentido, é uma espiritualidade que desponta a partir de e para outras configurações políticas (poder), epistêmicas (saber), éticas (ser), praxiológicas (fazer) e cosmogônicas (visão da vida e de mundo), que sustentam um bem viver.

Nessa perspectiva, a espiritualidade é potência de enfrentamento a lógica da modernidade/colonialidade, porquanto é capaz de criar realidades mais solidárias, pedagogicamente insubmissas e questionadoras de si, do outro e do mundo. Pela espiritualidade decolonial abdicamos do estigma de *damné* ou "condenados da terra" (Fanon, 1968), ou seja, aqueles que são anunciados e falados por outros e passamos a "construir o mundo do Ti" (Msldonado-Torres, 2018, p. 58), no qual nos movemos coletivamente na construção de um bem viver.

Referências

ACOSTA A. **O Bem Viver**: uma oportunidade para imaginar outros mundos. Tradução de Tadeu Breda. São Paulo: Autonomia Literária/Elefante, 2016.

ANDERSON, R.; LANCASTER, L. Foreword. In: MCMULLIN, L.; HESS, R.; BOUCOUVALAS, M. (Orgs.), **Metamorphosis and conscious living**: A transpersonal psychology perspective. Newcastle upon Tyne, England: Cambridge Scholars Publishing, p. x-xiii, 2017.

ARIAS, P. G. Corazonar el sentido de las epistemologias dominantes desde las sabidurías insurgentes, para construir sentidos otros de la existência (primera parte). **CALLE14: Revista de Investigación en el Campo del Arte**, v. 4, n. 5, p. 80-95, jul./dic. 2010.

ARIAS, P. G. Corazonar la dimensión política de la espiritualidad y la dimensión espiritual de la política. ALTERIDAD: **Revista de Ciencias Humanas, Sociales y Educación**: Universidad Politécnica Salesiana del Ecuador, v. 6, n. 1, p. 21-39, enero/jun. 2011.

ASANTE, M. K. **Afrocentricity.** Trenton: African World Press, 2002.

BALLESTRIN, L. América Latina e o giro decolonial. **Revista brasileira de ciência política**, n. 11, p. 89-117, 2013.

BAYMA, E. S. do N. **Educação para aposentadoria e espiritualidade: um estudo misto com pessoas servidoras públicas da UFPE e do INSS**. 2020. Dissertação (Mestrado em Programa De Pós-graduação em Educação) – Universidade Federal de Pernambuco, Orientador: Aurino Lima Ferreira. Recife, 2020.

BOFF, L. **Covid-19**: a Mãe Terra contra-ataca a Humanidade: advertências da pandemia. Petrópolis: Vozes, 2020.

BOFF, L. **Saber cuidar**: ética do humano compaixão pela terra. Petrópolis (RJ): Vozes; 1999.

BOAINAIN JR, E. Tornar-se transpessoal: transcendência e espiritualidade na obra de Carl Rogers. São Paulo: Ed. Summus, 1998.

BORDA, O. F. **Una sociología sentipensante para América Latina.** Bogotá: Siglo del Hombre Editores y CLACSO, 2009.

CANDAU, V.; OLIVEIRA, L. F. de. Pedagogia decolonial e educação antirracista e intercultural no Brasil. **Educação em Revista**, v. 26, n. 1, Belo Horizonte, abril 2010, p. 15-40.

CARVALHO, B. L. P. de. Confira a carta de Pero Vaz de Caminha digitalizada (notícia). In: **Café História** – História feita com cliques. Disponível em: https://www.cafehistoria.com.br/carta-de-pero-vaz-de-caminha.

CASTRO, E. V. de. **A Inconstância da alma selvagem** – e outros ensaios de antropologia. São Paulo: Cosac & Naify, 2002.

CASTRO, E. V. de. **Metafísicas Canibais**: elementos para uma antropologia pós-estrutural. São Paulo: Cosac & Naify, 2015.

CASTRO, E. V. de. **Os pronomes cosmológicos e o perspectivismo ameríndio.** Mana, vol. 2, n. 2, p. 115-144, 1996.

CASTRO, E. V. de. Xamanismo transversal: Lévi-Strauss e a cosmopolítica amazônica. In R. C. Queiroz, & R. F. Nobre (Orgs.), **Lévi-Strauss: leituras brasileiras** (pp. 79-124). Belo Horizonte: Editora UFMG, 2008.

CÉSAIRE, A. **Discurso sobre o colonialismo**. Tradução de Claudio Willer. São Paulo: Veneta, 2020.

COLOMBO, C. http://www.revistasamizdat.com/2009/10/carta-de-cristovao-colombo-anunciando-o.html.

CORBIN, H. **Creative Imagination in the Sufism of Ibn 'Arabi**. Ralph Manheim, trans. Princeton, NJ: Princeton University Press, 1969.

COSTA, A. de C. Virada geo(nto)lógica: reflexões sobre vida e não vida no Antropoceno. **AnaLógos**, Rio de Janeiro, v. 1, p. 140-150, 2016.

DANOWSKI, D.; CASTRO, E. V. de. **Há mundo por vir**? Ensaios sobre os medos e os fins. Florianópolis: Cultura e Barbárie; Instituto Socioambiental, 2014.

DURAZZO, L. A Montanha oriental se move: Mestre Dogen e o perspectivismo Zen no Sermão das Montanhas e Águas. **Religare**: Revista do Programa de Pós-Graduação em Ciências das Religiões da *UFPB, 13*(2), 480-505, 2016. Recuperado de https://periodicos.ufpb.br/ojs/index.php/religare/article/view/32050.

DUSSEL, E. Europa, modernidade e eurocentrismo. In: LANDER, Edgardo. **A Colonialidade do Saber**: eurocentrismo e ciências sociais, perspectivas latino-americanas. Buenos Ayres: Clacso, 2005.

ESCOBAR, A. **Sentipensar com la Tierra**: Nuevas Lecturas sobre desarrollo, território y diferencia. Medellín: Universidad Autónoma Latinoamericana/ Ediciones UNAULA, 2014.

FANON, F. **Os Condenados da Terra**. Rio de Janeiro, RJ: Editora Civilização Brasileira, 1968.

FANON, F. **Peles negras, máscaras brancas**. Salvador: EDUFBA, 2008.

FANON, F. The wretched of the Earth, traduzido por C. Farrington. New York: Grove Weidenfeld, 1991. In: MBEMBE, A. Necropolítica. **Arte e Ensaios**. N. 32, dezembro de 2016.

FERREIRA, A. L. et al. As noções de espiritualidade do campo de estudos da psicologia transpessoal brasileira. **Health and Society Portal Journal**. 6 (único): e02106003, 2021b.

FERREIRA, A. L.; DIÓGENES, C.; BEZERRA, M. A. **A psicologia transpessoal no Brasil** [recurso eletrônico]: 40 anos de produção acadêmica, intervenções clínicas e resiliência. Recife: Ed. UFPE: Educat UFPE Publicações, 2021a.

FERREIRA, A.L.; SILVA, S.C.R; SILVA, S.C.R. **Psicologia Transpessoal**: histórias conquistas e desafios. Recife: Editora UFPE, 2016.

FERRER, J. N. **Participation and the Mystery**: Transpersonal Essays in Psychology, Education, and Religion. Albany: State University of New York Press, 2017.

FERRER, J. **Revisioning Transpersonal Theory**: A Participatory Vision of Human Spirituality. 2002, Albany, NY: SUNY Press.

FERRER, N. J. Participation, metaphysics, and enlightenment Reflections on Ken Wilber's recent work. **Approaching Religion**, 5(2), 42-66, 2015.

FLOR DO NASCIMENTO, W. **Contornos africanos e afro-brasileiros na educação e no ensino de filosofia no Brasil**. 1. Ed. Rio de Janeiro: NEFI, 2020.

FOUCAULT, M. **A Hermenêutica do sujeito**. Tradução de Márcio Alves da Fonseca e Salma Tannus Muchail. São Paulo: Martins Fontes, 2004.

FUKUYAMA, M., MURPHY, M.; SIAHPOUSH, F. Bridging the gaps: Weaving multicultural and humanistic perspectives into transpersonal education. **The Humanistic Psychologist**, 31(2), 182– 200, 2003.

GONZÁLEZ, L. **A categoria político-cultural de amefricanidade**. Tempo Brasileiro, Rio de Janeiro, Nº. 92/93 (jan./jun.), 1988.

GREGORY, K.; KELLAWAY, J. E. Reconciling Identity Oppression, and the Transpersonal. In: KAKLAUSKAS, F. J; CLEMENTS, C. J; HOCOY, D; Louis HOFFMAN, L. (2016). **Shadows & Light**: Theory, Research, and Practice in Transpersonal Psychology. Talks & Reflections. Colorado Springs, Colorado: University Professors Press, 2016.

GROF, S. **Além do cérebro**: nascimento, morte e transcendência em psicoterapia. São Paulo: Ed. McGraw-Hill, 1988.

GROF, S. **O caminho do psiconauta**: enciclopédia para jornadas internas (vol. 1). Rio de Janeiro: Capivara, 2020.

GROSFOGUEL, R. A estrutura do conhecimento nas universidades ocidentalizadas: racismo/sexismo epistêmico e os quatro genocídios/epistemicidios do longo século XVI. **Revista Sociedade e Estado**, v. 31, n.º 1, Brasília, jan./abr., 2016a. Disponível em: https://www.scielo.br/scielo.php?script=sci_arttext&pid=S0102-69922016000100025. Acesso em: 05 mar. 2021.

GROSFOGUEL, R. "**Del 'extractivismo económico' al 'extractivismo epistémico' y 'extractivismo ontológico'**: una forma destructiva de conocer, ser y estar en el mundo". Tábula Rasa, n. 24, p. 123-143, 2016b.

HABERMAS, J. A consciência de tempo da modernidade e sua necessidade de autocertificação. In: ________. **O discurso filosófico da modernidade**: Doze lições. São Paulo: Martins Fontes, 2002.

HARTELIUS, G; CAPLIN, M; RARDIN, M. A. Transpersonal psychology: Defining the past, divining the future. **The Humanistic Psychologist**, 35 (2), 136 – 160, 2007.

HARTELIUS, G.; KRIPPNER, S.; THOUIN-SAVARD, M. I. Transpersonal and psychology: an experiment in inclusivity and rigor. **International Journal of Transpersonal Studies**, 36(1), 3-6, 2017.

HERON, J. **Co-operative inquiry**: Research into the human condition. Thousand Oaks, CA: Sage, 1996.

HERON, J. *Feeling and personhood: Psychology in another key.* Thousand Oaks, CA: Sage, 1992.

HERON, J. **Participatory spirituality**: A farewell to authoritarian religion. Morrisville, NC: Lulu, 2006.

HERON, J. **Sacred science:** Person-centered inquiry into the spiritual and the subtle. Ross-onWye, United Kingdom: PCCS Books, 1998.

HERON, J.; LAHOOD, G. Charismatic inquiry in concert: Action research in the realm of the between. In P. Reason, & H. Bradbury (Eds.). **The Sage handbook of action research: Participative inquiry and practice** (2a ed., pp. 439-449). Thousand Oaks, CA: Sage, 2008.

HERON, J.; REASON, P. Extending epistemology within a co-operative inquiry. In: P. Reason, & H. Bradbury (Eds.). **The Sage handbook of action research: Participative inquiry and practice** (2a. ed., pp. 366-380). Thousand Oaks, CA: SAGE, 2008.

HOCOY, D. Transpersonal psychology in the age of ISIS: the role of culture, social action, and personal transformation. In F. J. Kaklauskas, C. J. Clements, D. Hocoy, & L.

HOFFMAN, L. Transpersonal psychology, multiculturalism, and social justice activism. In F. J. Kaklauskas, C. J. Clements, D. Hocoy, & L. Hoffman (Eds.*), Shadows and light: Theory, research, and practice in transpersonal psychology: Talks and reflections* (pp. 223–231). University Professors Press, 2016.

KOPENAWA, D.; ALBERT, B. **A queda do céu: palavras de um xamã yanomami**. São Paulo: Companhia das Letras, 2015.

KRENAK, A. **Ideias para adiar o fim do mundo**. 1.ed. São Paulo: Companhia das Letras, 2019.

KRENAK, A. **O amanhã não está à venda**. São Paulo: Companhia das Letras, 2020.

KRENAK, A. **A vida não é útil**. São Paulo: Companhia das Letras, 2020a.

KRENAK, A. **Caminhos para a cultura do Bem Viver**. Bruno Maia (org.). culturadobemviver.org, 2020b. Disponível em: http://www.culturadobemviver.org/ Acesso em 02 dez. 2020.

LAHOOD, G. One Hundred Years of Sacred Science: Participation and Hybridity in Anthropology. ReVision 29(3): 37–48, 2007a.

LAHOOD, G. The participatory turn, Part 1 and 2. (Monograph). **ReVision: A Journal of Consciousness and Transformation**, *29*(3), 3-4, 2007.

LATOUR, B. **Politics of nature**: How to Bring the Sciences into Democracy. Cambridge, London: Harvard University Press, 2004a.

LATOUR, B. **Whose cosmos, which cosmopolitiques**? Comments on the Peace Terms of Ulrich Beck. In: Common Knowledge. V. 10, n. 3, p. 450-462, 2004b. Disponível em: Último acesso em: 30 jun. 2018.

LOVELOCK, J. E. **Gaia**: Um novo olhar sobre a vida na Terra. Lisboa: Edições 70, 1995.

LOVELOCK, J. E. **Gaia**: cura para um planeta doente. São Paulo: Cultrix, 2006.

MALDONADO-TORRES, N. Analítica da colonialidade e da decolonialidade: algumas dimensões básicas. In: Joaze Bernardino-Costa, Nelson Maldonado-Torres, Ramón Grosfoguel. **Decolonialidade e pensamento afrodiaspórico.** 1. ed. Belo Horizonte: Autêntica Editora, 2018.

MALDONADO-TORRES, N. Sobre la colonialidad del ser: contribuciones al desarrollo de um concepto. In: CASTRO-GÓMEZ, S.; GROSFOGUEL, R. (Org). **El giro decolonial**. Reflexiones para uma diversidade epistémica más allá del capitalismo global. Bogotá: Iesco-Pensar-Siglo del Hombre Editores, 2007.

MASLOW, A. **Farther Reaches of Human Nature**. Toronto, ON: McGraw-Hill, 1971.

MASLOW, A. **Introdução à Psicologia do Ser**. Rio de Janeiro: Eldorado, 1968.

MASLOW, A. **La personalidad creadora**. Madrid: Kairós, 1994.

MATOS, L. **Healing:** beyond suffering or death. Publication MNH: Montreal, 1994.

MBEMBE, A. **Crítica da Razão Negra**. Tradução de Marta Lança. 2ª ed. Lisboa: Editora Antígona, 2017.

MBEMBE, A. Necropolítica. **Arte e Ensaios**. N. 32, dezembro de 2016.

MENDES, J. O "Antropoceno" por Paul Crutzen & Eugene Stoermer. Anthropocenica. **Revista de Estudos do Antropoceno e Ecocrítica**, [s.l.], v. 1, 2020. DOI: 10.21814/anthropocenica.3095. Disponível em: https://revistas.uminho.pt/ index.php/anthropocenica/article/view/3095. Acesso em: 12 dez. 2020.

MIGNOLO, W. D. The rethoric of modernity, the logic of coloniality and the grammar of de-coloniality. *Cultural Studies,* 21(2-3), 449-514, 2007.

MIGNOLO, W. D. Colonialidade: o lado mais escuro da modernidade. Revista Brasileira de Ciências Sociais, São Paulo, v. 32, n. 94, p. 1-18, jun. 2017. Disponível em https://www.scielo.br/scielo.php?pid=S0102-69092017000200507&script=sci_abstract&tlng=pt. >. Acesso em 09 de maio de 2020.

MIGNOLO, W. D. De-Linking: Don Quixote, Globalization and the Colonies," Macalester International: Vol. 17, p.3-35, 2006. Disponível em https://core.ac.uk/download/pdf/46721797.pdf . Acesso em 20 de janeiro de 2021.

MIGNOLO, W. D. Desobediência epistêmica: a opção descolonial e o significado de identidade em política. Cadernos de Letras da UFF – Dossiê: literatura, língua e identidade, Niterói, nº 34, 2008, p. 287-324.

MIGNOLO, W. D. **Historias locales/diseños globales**. Colonialidad, conocimientos subalternos y pensamiento fronterizo. Madrid: Akal, 2013.

MIGNOLO, Walter...[et.al.]; In: **El color de La razón**: racismo epistemológico y razón imperial. 2. Ed. Buenos Aires: Del Signo, 2014.

MIGNOLO, W. D. The darker side of western modernity: global futures, decolonial options. Durham: Duke University Press, 2011.

NOGUERA, R. **Afroperspectividade**: por uma filosofia que descoloniza. Disponível em http://www.geledes.org.br/afroperspectividade-por-uma-filosofia-que-descoloniza/. 2015.

ORTIZ, A. Decolonizar la investigación en educación. **Revista Praxis**, Universidad del Magdalena, Santa Marta, Colombia. Vol. 13, No. 1. Enero-Junio, 2017.

PELBART, P. P. **Estamos em guerra**. N-1, 2017. Disponível em 10 de dezembro de 2020 em https://www.n-1edicoes.org/cordeis/ESTAMOS%20EM%20GUERRA-32.

RAMOSE, M. Sobre a legitimidade e o estudo da filosofia africana. In: **Ensaios Filosóficos**, Volume IV, Outubro de 2011.

ROTHBERG, D. Spiritual Inquiry. **ReVision** 17(2): 2–12, 1994.

ROTHBERG, D.; CODER, K. E. Widening circles: The emergence of transpersonal social engagement. In H. L. Friedman, & G. Hartelius (Eds.), *The Wiley-Blackwell handbook of transpersonal psychology* (pp. 626-639). John Wiley & Sons, 2013.

SALDANHA, V. **Psicologia transpessoal**: abordagem integrativa: um conhecimento emergente em psicologia da consciência. Ijuí: Unijuí, 2008.

SANTANA, J. D. L; FERREIRA, A. L. Nos rastros da esquizoespiritualidade: racionalidades em deriva. In: **II Colóquio Latino-Americano sobre Insurgências Decoloniais, Psicologia e os Povos Tradicionais**. Sobral-CE, 2021.

SANTANA, J. D. L; FERREIRA, A. L.; SILVA, S. C. R. da. Da espiritualidade denegativa em uma branquitude acrítica. **Revista África e Africanidades**, v. 38, p. 155-165, 2021.

SANTOS, B. de S. **A gramática do tempo**: para uma nova cultura política. São Paulo: Cortez, 2010b. SANTOS, B. de S. **A cruel pedagogia do vírus**. Coimbra: Almedina, 2020.

SANTOS, B. de S. **Para descolonizar Occidente**. Más allá del pensamiento abismal. Buenos Aires: CLACSO, 2010.

SANTOS, B. de S. **Pela mão de Alice**: o social e o político na pós-modernidade. São Paulo: Cortez, 2010a.

FERRER, J. N.; SHERMAN, J. H. **The participatory turn**: spirituality, mysticism, religious studies. New York: State University of New York Press, 2008.

SILVA, S. C. R. **Educação e Espiritualidade em Chogyam Trungpa Rinpoche**: nos rastros de uma pedagogia fantástica (Tese de Doutorado). Universidade Federal de Pernambuco, Recife, Brasil, 2020.

SILVA, S. C. R. **O ponto de vista da vacuidade como experiência de pensamento**: notas para uma ética da Não-dualidade na Educação (Tese de Doutorado). Universidade Federal de Pernambuco, Recife, Brasil, 2019.

SIMAS, L. A.; RUFINO, L. **Encantamento**: sobre política de vida. Rio de Janeiro: Mórula Editorial, 2020.

SOUZA, J. **A elite do atraso**: da escravidão à Bolsonaro. revista e ampliada. Rio de Janeiro: Estação Brasil, 2019.

SOUZA, J. **Como o racismo criou o Brasil**. Rio de Janeiro: Estação do Brasil, 2021.

SPIVAK, G. C. **Pode o subalterno falar?**. Belo Horizonte: Editora UFMG, 2010.

STENGERS, I. **A proposição cosmopolítica**. Revista do Instituto de Estudos Brasileiros, Brasil, n. 69, p. 442-464, abr. 2018.

STENGERS. I. **No tempo das catástrofes.** São Paulo: Cosac Naify, 2015.

SUE, D. W. **Microaggressions in everyday life**: Race, gender, and sexual orientation. Hoboken, NJ: John Wiley & Sons, 2010.

SUTICH, A. Transpersonal psychology: an emerging force. **Journal of Humanistic Psychology**, 8(1), 77-78, 1968.

TABONE, M. **A Psicologia Transpessoal**: introdução à nova visão da Consciência em Psicologia. São Paulo: Cultrix, 1986.

TARNAS, B. Iridescent infinity: Participatory theory and archetypal cosmology. **Archai: The Journal of Archetypal Cosmology**, *5*, 87-104, 2016.

TONIAL, F. A. L.; MAHEIRIE, K.; GARCIA JUNIOR, C. A. S. **A resistência à colonialidade**: definições e fronteiras. Revista de Psicologia da UNESP, São Paulo, v. 16, n. 1, p. 18-26, mai. 2017. ISSN 1984-9044. Disponível em: < http://seer.assis.unesp.br/index.php/psicologia/article/view/842 >. Acesso em: 20 jan. 2021.

TORBERT, W. R.; REASON, P. Toward a participatory worldview Part 1. **ReVision**, 24(1), 1-48, 2001.

TURNER, E. The Reality of Spirits: A Tabooed or Permitted Field of Study? **Anthropology of Consciousness** 3(3): 9–12, 1992.

VALENTIM, M. A. A. **Extramundanidade e Sobrenatureza***:* Ensaios de ontologia infundamental. Florianópolis: Cultura e Barbárie, 2018.

VARELA, J. F.; THOMPSON, E.; ROSCH, E. **The embodied mind**: cognitive science and human experience. Massachusett: Massachusetts Institute of technology, 1991.

WALSH, C. **Interculturalidad crítica y decolonialidad**. Ensayos desde Abya Yala. Quito: Abya Yala, 2012.

WALSH, C. Interculturalidad y colonialidad del poder. Un pensamiento y posicionamiento otro desde la diferencia colonial. En Santiago Castro-Gómez y Ramón Grosfoguel (eds.) El giro decolonial. **Reflexiones para una diversidad epistémica más allá del capitalismo global**. Bogotá. Siglo del Hombre Editores, 2007.

WALSH, C. **Interculturalidad, estado, sociedad**: luchas (de)coloniales de nuestra época. Quito: Universidad Andina Simón Bolívar, 2009.

WALSH, C. **Pedagogías decoloniales**: prácticas insurgentes de resistir, (re)existir y (re)vivir. Tomo I. Quito, Ecuador: Ediciones Abya-Yala, 2013.

WALSH, C. **Pensamiento crítico y matriz (de)colonial**. Quito: Abya-Yala, 2005.

CAPÍTULO 10

A influência da religião e da espiritualidade na teoria e prática da Psicossíntese

Marina Pereira Rojas Boccalandro

O sentimento de reverência, de espanto, admiração e veneração, acompanhado pelo ímpeto de unir-se à Realidade Suprema, é inato no homem. Presente em todas as épocas e lugares, ele deu origem a uma grande variedade de tradições espirituais e religiosas, bem como a formas de culto, segundo as condições culturais e psicológicas reinantes. Seu florescimento máximo ocorreu com os místicos que atingiram uma viva experiência de união pelo Amor.

(Assagioli, 1985, p.78)

Introdução

No século XX, vimos o surgimento de uma grande gama de pensamentos em várias partes do ocidente, que propõem uma nova compreensão da realidade e buscam unir a visão científica à visão espiritual.

Essas ideias surgiram de teóricos de várias áreas do conhecimento, buscando reverter os processos de dessacralização da vida, da fragmentação da percepção e, principalmente, procurando acabar com a oposição entre ciência e espiritualidade.

No início do século passado, com a divulgação das pesquisas da física atômica, começou a reformulação da visão mecanicista da ciência. A partir dessa época, a tendência tem sido abandonar o dualismo mente-corpo, matéria-espírito, e se aceitar o conceito de Totalidade e de interconexão de todas as coisas. Dessa forma, a ciência ocidental foi aproximando-se das filosofias, das religiões, das crenças espirituais do oriente e integrando saberes esotéricos do ocidente.

As pesquisas, na área da física, sobre a natureza da consciência, fizeram com que essa área se aproximasse cada vez mais da psicologia e da visão dos místicos do oriente, que são os que mais têm a dizer sobre a origem da consciência.

A influência desses estudos ajudou os psicólogos humanistas superarem a visão mecanicista dominante e adotarem uma concepção holística, que leva em consideração tanto os aspectos físicos, quanto os emocionais, mentais e espirituais do ser humano. Dentre esses psicólogos, podemos citar Carl Gustav Jung, com a Psicologia Analítica, Abraham Maslow, Stanislav Grof e Ken Wilber com a Psicologia Transpessoal, e Roberto Assagioli, com a Psicossíntese.

Muito se tem escrito sobre a Psicologia Analítica de Jung e religião. Vários autores tem se debruçado sobre o hinduísmo, o budismo e a influência que essas religiões exerceram na obra de Jung. O mesmo podemos dizer sobre Maslow e a Psicologia Transpessoal.

É importante colocarmos a diferença entre religião e espiritualidade. A religião segue normas, ritos e pode ser um caminho para alcançarmos a espiritualidade e a ligação com o divino. Porém, nem sempre isso é verdadeiro. Muitas pessoas estão ligadas a uma religião por outros motivos, por exemplo: poder, dinheiro, relacionamento e outras possibilidades. Já a espiritualidade se refere a nossa busca em relação ao sagrado. Todos nós temos essa possibilidade dentro de nós, e ela é diferente de religião por não ter normas, ritos, é um caminho determinado para alcançarmos a aproximação com o nosso Self transpessoal, nosso Eu sagrado, nosso Espírito e outros nomes que se pode dar ao crescimento espiritual.

Outros termos que precisamos dar a diferença é entre alma e espírito. A alma é aquilo que evolui na nossa personalidade ou não. Nós temos o livre arbítrio, podemos evoluir caminhando para melhorar a nossa alma e sairmos dessa vida melhor do que aqui chegamos. Na minha posse na Academia Paulista de Psicologia, encerrei meu discurso com a seguinte frase: "Acreditando na evolução da alma espero sair dessa vida melhor do que aqui cheguei". Já o espírito é imutável, não tem sexo e é a imagem e semelhança do nosso Criador. É a centelha divina que existe em nós que permanece eternamente até a evolução total da alma

Voltando a falar de Jung, enquanto ele formulava sua teoria na Suíça, outro psicólogo, na Itália, contemporâneo de Jung, porém um pouco mais jovem, criava a sua abordagem psicológica, a Psicossíntese, na qual a influência dos conhecimentos esotéricos está presente em todo o seu corpo teórico e prático.

Acreditamos ser importante fazer um paralelo entre Psicossíntese, espiritualidade e religião, trazer isso para que os interessados em conhecer um pouco mais sobre essa abordagem possam aprofundar mais o tema e, assim, como está sendo feito com a Psicologia Analítica, também, poder vislumbrar melhor os caminhos trilhados por Assagioli para criar sua obra.

A Psicossíntese tem em suas raízes uma forte influência da espiritualidade e de religiões e filosofias orientais e ocidentais.

Roberto Assagioli nasceu em Veneza, na Itália, em 1888, filho de mãe filiada à Sociedade Teosófica europeia e de padrasto judeu, grande conhecedor e estudioso da Cabala. Nesse ambiente, ele cresceu e, desde cedo, foi introduzido nos mistérios desses dois conhecimentos.

Formou-se em medicina, com especializações em psiquiatria e neurologia e, depois de formado, foi fazer seu doutorado em Zurich, na Sociedade de Psicanálise, que naquela época ainda tinha Jung como seu membro, ao lado de Freud.

Após o doutorado, foi estudar com Bleuler em um hospital de Zurich e, terminando seus estudos, voltou à Itália para trabalhar como psicanalista, sendo o primeiro médico italiano com essa formação.

Em uma de suas cartas, Freud disse estar interessado apenas no subsolo do ser humano e Assagioli estava interessado em todas as dimensões do homem, inclusive na dimensão espiritual. Segundo suas palavras,

> *A Psicossíntese está interessada na construção toda. Nós tentamos construir um elevador que permitirá a pessoa a acessar cada nível da sua personalidade, afinal, uma construção com apenas um porão é muito limitada. Nós queremos abrir um terraço, onde você pode tomar sol ou olhar para as estrelas, nosso interesse é a síntese de todas as áreas da personalidade.* (In: Keen, 1974, s/p.)

Para a Psicossíntese, a necessidade de significado, de valores elevados, de uma vida espiritual é tão real como as necessidades biológicas ou sociais.

A estrutura assagioliana da personalidade humana tem certa semelhança com a de Jung, já que ele reconhece de forma explícita a espiritualidade, inclui os conceitos de Self, Inconsciente Coletivo, vê um homem como um ser fundamentalmente saudável, no qual pode haver um mau funcionamento temporário e concebe o indivíduo como uma totalidade, que tem como tarefa, para toda a sua vida, organizar-se em torno de um Self.

Na cartografia assagioliana encontramos vários aspectos principais, todos conectados de forma dinâmica. Para isso, ele criou o gráfico do ovo para que se pudesse melhor visualizar como ele entendia a estrutura da personalidade. Segundo ele, essa figura era apenas um quadro estático de uma construção interna e que deixa de lado o seu aspecto dinâmico que é o mais importante e essencial. Nesse gráfico, já podemos vislumbrar alguma influência dos conhecimentos esotéricos, que fizeram parte da sua educação familiar, estudos e prática na área da sua profissão.

O gráfico é o seguinte:

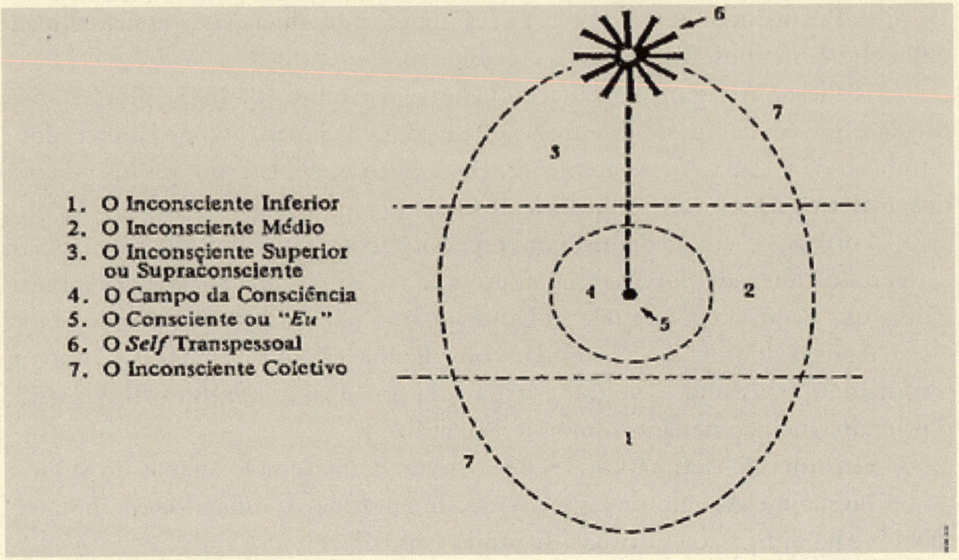

Fonte: Assagioli, 1982, p.30

Nesse gráfico, já podemos observar três conceitos que fogem à Psicologia mais antiga e que já estão sendo assinalados mais frequentemente nas Psicologia Analítica e Transpessoal, e termos usados nas doutrinas espirituais como Inconsciente Superior ou Superconsciente, Eu Superior ou Self Transpessoal e Inconsciente Coletivo.

Fazendo uma breve síntese das partes componentes do gráfico, podemos dizer o seguinte:

1. Inconsciente Inferior: (também chamado de profundo ou interior). Aqui encontramos todos os impulsos básicos ou desejos primitivos, as atividades fisiológicas fundamentais. Os complexos carregados de emoção, os sonhos e imaginações de espécie inferior. As manifestações patológicas, como as fobias, as obsessões, as compulsões, as crenças e as paranoides. Esse inconsciente é muito parecido com o inconsciente de Freud. Não temos como acessá-lo, mas podemos criar condições para que ele emerja mais facilmente, por meio de exercício de relaxamento, estados alterados de consciência. Podemos contatá-lo por meio do material que aparece nos sonhos e a partir dos atos falhos.

2. Inconsciente Médio: aqui está todo o material que facilmente podemos ter acesso. Aqui estão as nossas experiências elaboradas, desenvolvidas, as nossas lembranças, a nossa história. Tudo aquilo que não está no campo de nossa consciência no momento, mas que podemos lembrar assim que quisermos.

3. Campo da Consciência: designa a parte da personalidade da qual possuímos uma percepção direta: o fluxo incessante de sensações, imagens, pensamentos, sentimentos, desejos, impulsos, que podemos analisar e julgar.

4. "Eu Consciente" ou "Ego": o "eu" é o centro do campo da consciência. É como se fosse uma tela branca, na qual se projetam as mais diferentes imagens (pensamentos, emoções, sentimentos). A tela branca permanece sempre a mesma, o que muda são as projeções que nela acontecem. O "eu", para Assagioli, é um reflexo do "Eu Superior", só cognoscível por intermédio de "vivências transpessoais" de muito difícil comunicação.

5. Inconsciente Superior: é a região de onde emana todo o esclarecimento, nossas intuições, nossas inspirações superiores – artísticas, filosóficas, científicas, "imperativas" éticas, impulsos para a ação humanitária e heroica. É a fonte de sentimentos superiores, como o amor altruísta, os estados de contemplação, iluminação e êxtase. Aqui estão latentes todas as funções psíquicas superiores e as energias espirituais.

6. O Eu Superior ou *Self* Transpessoal: também chamado Eu Espiritual, a Centelha Divina, o Espírito etc. É o centro ordenador, um centro de energia de pura consciência. É o si mesmo, aquele aspecto nosso que permanece sempre inalterado. Quando dormimos, desmaiamos, estamos anestesiados ou hipnotizados, o "eu pessoal" desaparece, mas quando acordamos ele reaparece. Isso nos leva a supor que o reaparecimento do eu consciente ou ego se deve à existência de um centro permanente de um Eu verdadeiro, situado "além" ou "acima" daquele.

Assagioli (1982) dizia que no estágio atual da investigação psicológica pouco se sabe em definitivo a respeito do *Self*, mas a importância desse centro sintetizador justifica plenamente o prosseguimento das pesquisas. É a consciência de sermos nós mesmos, independentes do nosso corpo físico (criança, adolescente, adulto ou velho); independente das nossas emoções (ira, felicidade, amor, angústia, por exemplo); independente dos nossos pensamentos e valores, que podem mudar constantemente.

7. Inconsciente Coletivo: nós não estamos isolados no mundo. A linha divisória do diagrama do ovo deve ser vista como delimitadora e não como «divisora», da mesma forma que a nossa pele recebe e envia energia física (calor) para o exterior, também recebemos e enviamos energia emocional e mental. É nesse Inconsciente Coletivo que se supõe estarem as memórias da raça, o conhecimento dos mitos. Com o diagrama do ovo, Assagioli diz que pretende mostrar que só na aparência existem dois eus. O «eu pessoal» não toma geralmente conhecimento do outro, e o «Eu Superior» é latente e não se revela diretamente à nossa consciência. Diz ainda que não existem dois eus, duas entidades separadas e independentes. Para ele, o «Eu» é uno, manifesta-se em diferentes graus de consciência e autorrealização, e que o "eu pessoal" é uma projeção de sua fonte luminosa, o "Eu Superior".

Na estrutura da personalidade, com o ovo já colorido, podemos visualizar, no sentido ascendente, a gama das sete cores: do vermelho ao violeta.

Como podemos constatar, além dos termos Inconsciente Superior, Self e Inconsciente Coletivo, temos as sete cores que lembram os "sete raios" da Teosofia e as sete cores dos chacras do Hinduísmo.

Outro dado importante, que encontramos na Psicossíntese, e que tem sua provável origem na Teosofia, é a descrição dos sete tipos humanos. Essa visão é menos que uma tipologia no sentido tradicional do termo e mais uma visão sintética do longo processo de evolução da consciência humana.

Fonte: website do Centro de Psicossíntese.

Vários exercícios de meditação, criados ou usados por Assagioli, têm como tema central a Mandala, essa antiquíssima representação simbólica, cuja origem provoca bastante polêmica entre os autores, e que também é um símbolo do Self.

Todo processo de psicossíntese é o caminho da evolução do homem na sua viagem pela vida, é o caminho das trevas e da ignorância para a luz, a sabedoria e o autoconhecimento.

A seguir, vamos discorrer mais detalhadamente sobre os conceitos que aqui na introdução foram abordados, para elucidar melhor a influência dos conhecimentos religiosos e espirituais na abordagem psicossintética.

Influência da Cabala

A origem da Cabala é bastante polêmica, para alguns autores, ela tem início no primeiro século a.C., para outros remonta à época de Moisés, para outros à época de Abraão e, ainda, há uma corrente dentre os estudiosos desse saber esotérico que liga seu início a Adão; quando da criação do homem, os anjos, instruídos por Deus, passaram esse conhecimento ao primeiro homem criado.

> *Cabala é uma palavra hebraica derivada do verbo Lecabel, que significa receber (...) Trata-se de uma tradição antiga, que passa de mestre à discípulo, desde os primórdios da história do povo judeu, de geração em geração (...) Ela é a tradição mística do judaísmo, o conjunto de concepções que se referem aos debates e especulações a respeito da compreensão de Deus, do Universo, da Natureza, da Alma Humana, do Homem e de sua tarefa no mundo criado.* (SENDER, 2004, p.15).

Para a Cabala, o mundo espiritual não é um refúgio do mundo da física, mas seu complemento.

Ela pode ser considerada como a construção conceitual do entendimento do Universo.

Segundo Sender (2004), ao longo dos séculos, a Cabala passou por, pelo menos, sete grandes transformações ou versões. Portanto, ela não é rígida, mas está em constante metamorfose. Isto nos leva a perceber que sua inspiração é fundamentalmente humana, isto é, transitória. Esse conhecimento assumiu em suas várias fases, ao longo dos séculos, características diversificadas, de acordo com as necessidades psicológicas e espirituais do povo judeu em cada época em seu envolvimento histórico.

Essas diferenças de enfoque não implicam a negação das tendências anteriores, mas a aceitação de novas construções teóricas que se acrescentam, ou de novas práticas.

Segundo Assagioli (1982), a Psicossíntese não era uma abordagem psicológica plenamente desenvolvida ou satisfatoriamente completada. Ele a considerava uma criança ou, na melhor das hipóteses, um adolescente com muitos aspectos incompletos, mas com grande e promissor potencial de crescimento. Para ele, a Psicossíntese devia ir adequando-se com o passar do tempo, de acordo com a sua expansão para novos povos e culturas.

Essa possibilidade de um saber aberto, que encontramos nesses dois conhecimentos, reporta-nos à impermanência de todo o saber que é condição básica para o desenvolvimento do ser humano.

Na nossa condição humana, temos uma visão muito limitada da verdade total. Apreendemos um pequeno aspecto dessa totalidade e precisamos aceitar que outros virão, muitas vezes, alicerçados em saberes anteriormente conquistados e que poderão vislumbrar horizontes mais amplos dessa unidade maior.

Talvez, essa abertura da Psicossíntese à transformação e à anexação de novos conceitos e práticas venha da constatação dessa evolução, porque tem passado a Cabala e também o Hinduísmo.

Segundo a Cabala, a criação se manifesta em quatro densidades diferentes da matéria, da mais sutil para a mais densa, no sentido descendente, da luz da fonte original para a percepção por meio dos cinco sentidos, até a ausência de luz ou conhecimento.

Para a Cabala, os mundos superiores são sutis e os mundos inferiores densos e materiais. Os mundos sutis estão mais próximos da fonte e os mais densos mais distanciados.

Assim eles são nomeados:

1 Mundo da Emanação

2 Mundo da Criação

3 Mundo da Formação

4 Mundo da Ação ou Produção (Sender, 2004, p.42)

O primeiro mundo, o da Emanação, refere-se ao reflexo da luz do Criador, que, por sua vez, é a emanação da fonte e não a própria fonte. Para os cabalistas, a compreensão humana poderá, na melhor das hipóteses, quando muito evoluída e abstrata, vislumbrar uma centelha do reflexo da emanação da luz divina, de uma pequena parcela do poder criador de Deus. No primeiro mundo, não há bipolaridade e sim a unidade. É a partir do segundo mundo, o da Criação, quando Deus cria o homem e a mulher, é que começa a divisão no Mundo.

Na Cabala, os quatro planos são visualizados graficamente sobrepostos uns aos outros, verticalmente, e se interpenetram, mas isso não significa uma posição geográfica, pois os planos são simultâneos e ocupam o mesmo espaço, sendo que o que se desloca é o foco da consciência.

Na Psicossíntese, se olharmos o gráfico do Ovo, também podemos constatar a existência de quatro níveis, no sentido ascendente, no qual partimos do inconsciente inferior (corpo físico), vamos para o inconsciente médio (corpo emocional), daí para o inconsciente superior (corpo mental) até finalmente chegarmos ao Self Transpessoal (corpo espiritual). Também, podemos verificar que as linhas pontilhadas do Ovo mostram que tudo está em interação, não havendo em cima ou em baixo e também não existindo o homem isolado no Universo.

Para a Cabala, a criação se deu de forma descendente a partir de mundos superiores até chegar à matéria mais densa (corpo físico). O processo de psicossíntese vai no sentido ascendente, do corpo mais denso (inconsciente inferior) até o mais sutil (Self Transpessoal).

O processo psicoterapêutico, na Psicossíntese, implica em um primeiro estágio, a "psicanálise" do cliente, isto é, em um trabalho com "porão da personalidade". Como já foi dito, para Assagioli, esse trabalho que é feito na Psicanálise é insuficiente, mas é a base de todo o processo de crescimento.

Na Cabala, o indivíduo, para fazer o trabalho de unificação e restauração dos mundos, necessita de um preparo para empreender a grande jornada mística no sentido de que o mundo superior não seja apenas um refúgio do mundo físico, mas sim o seu ponto mais iluminado e elevado.

Na Psicossíntese, começa-se com o trabalho de conscientização do inconsciente inferior, no qual estão os conteúdos mais sombrios e recalcados do ser, e a medida em que o ego vai integrando esse material, vamos tendo condições de trabalhar os níveis mais elevados também.

Não se pretende, com o processo psicoterapêutico, chegar em definitivo ao Self Transpessoal, esse é um processo lento que requer muitas vezes o trabalho de toda uma vida e muita sabedoria. Porém, na medida em que vamos avançando no processo, podemos ter momentos de contato com o Self Transpessoal, por meio dos exercícios de respiração, relaxamento, meditação ou imaginação, nos quais podemos entrar em estados alterados de consciência e podemos vislumbrar níveis mais elevados do nosso ser.

Na medida em que vamos evoluindo, vamos saindo de um nível dos problemas individuais para níveis transpessoais, nos quais outros seres vão sendo incluídos amorosamente, aceitando-se a diversidade que está contida na totalidade maior. Aprendemos a amar a nós e ao nosso próximo, o espírito ecológico se manifesta e nos ligamos cada vez mais a um círculo maior de interesses em direção à humanidade e ao Universo, e este é o caminho para se contatar o Self Transpessoal.

Na Cabala, temos a representação da "viagem interna" no gráfico da Árvore da Vida. O gráfico é o seguinte:

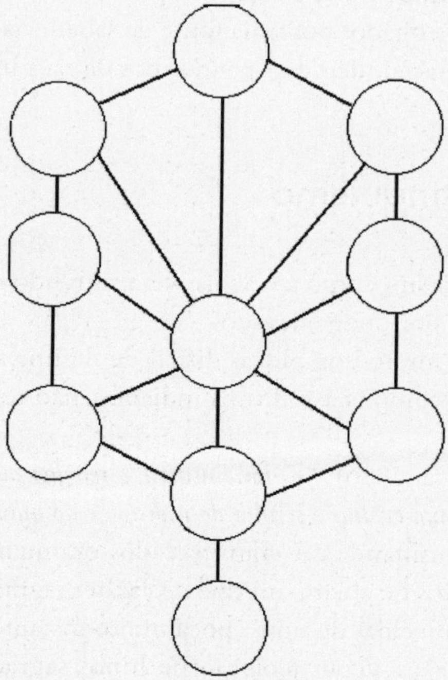

Fonte: http://www.espada.eti.br

> *Etimologicamente, se reconhece o parentesco da palavra Cabala com o termo "Cavalaria", e sua semelhança com a palavra "Cavalheiro". Mas esta provém de "Chevalier", que significa "Cavaleiro". Assim, originariamente, o "cabalista", deve ter sido, antes de tudo, um "cavaleiro andante".* (DAHLKE, 1993, p.238)

Entendemos que "cavaleiro andante" significa aquele que viaja não só para o mundo externo a procura do Santo Graal, mas também aquele que viaja para um mundo interno a procura do seu Eu Superior.

No sentindo ascendente, a árvore da vida constitui o caminho evolutivo que conduz a criatura ao Criador.

Se observarmos o gráfico acima, podemos perceber que se traçarmos uma linha circundando-o vamos encontrar a forma do Ovo. Também no Ovo, temos os quatro níveis ascendendo dos mais densos para os mais sutis. O primeiro nível está ligado ao elemento terra (corpo físico). O segundo está ligado ao elemento água (corpo emocional). O terceiro está ligado ao elemento ar (corpo mental). E o quarto ao elemento fogo (corpo espiritual).

Na Árvore da Vida da Cabala, o nível mais alto (ketter) está acima da bipolaridade; no Ovo da Psicossíntese, o Eu Superior tem uma parte dentro do ovo e outra fora, irradiando luz de um ponto luminoso que também estaria acima da multiplicidade.

Essa parte de cima dos dois gráficos representam a nossa Centelha Divina, reflexo do Criador em nós.

Os dados discutidos nesse item do capítulo, com certeza, não são mera coincidência, mas estão ligados por uma fonte de sabedoria que vem sendo transmitida, geração em geração, desde os primórdios da raça humana.

Influência do Hinduísmo

O Hinduísmo, assim como a Cabala, vem sofrendo modificações ao longo dos séculos e também por onde é levado.

É uma religião muito complexa, difícil de definir, pois ela não apresenta crenças e instituições comuns a todos os indianos, não tendo um dogma claramente definido.

Segundo Ferreira (1986), "*O hinduísmo é a religião atual da maioria dos povos indianos, resultante de uma evolução secular do vedismo e do bramanismo...*" (p.896).

No início, os ensinamentos eram passados oralmente de pai para filho e, logo, esses ensinamentos recebiam um tipo de caráter sagrado. Eles eram oriundos de uma fonte não conhecida, de uma época muito distante.

Acredita-se que os Vedas (coleção de hinos sagrados) foram compostos pelos povos indo-europeus, que chegaram à Índia provenientes do Irã. A palavra veda significa "conhecimento" e é derivada da raiz "vid" que significa perceber, nomear, descobrir, garantir. Os hinos védicos passados por transmissão oral eram recebidos como revelação dos grandes sábios do passado mítico. Acredita-se que, só depois de vários séculos de transmissão oral, os Vedas foram finalmente escritos em sânscrito arcaico.

Com o passar do tempo, a adoração do culto dos Vedas foi dando lugar à severa especulação filosófica dos Upanishads. Se os Vedas têm uma visão litúrgica mais dirigida para o mundo exterior, os Upanishads têm uma visão mais psicológica e centrada no interior do indivíduo. A mensagem dos Upanishads é essencialmente direcionada para o mundo interior, um sistema psicológico de pensamento, magia e experiência, no qual, muito do que é hoje conhecido do inconsciente, já era antecipado e, até mesmo, ultrapassado (Campbell, 1962, pp 204-207).

Os Upanishads significam a evolução da religião Védica ao Hinduísmo. Nos seus textos, encontramos os conceitos básicos do Hinduísmo: castas, carma, a roda de renascimentos, a associação da lua com o ciclo da morte e o nascimento, entre outros. É a partir desses tratados que se estabelece a Trindade Hindu (Trimurt). Brahman é o criador do Universo e a fonte de toda a manifestação. Os atributos de Brahman são representados por três poderes:

1) O poder da criação (Brahman)
2) O poder da preservação (Vishinu)
3) O poder da destruição (Shiva)

No Hinduísmo é feito uma divisão da vida em quatro fases para se atingir a autorrealização (Fadman, 1979):

1) Estudante
2) Chefe de Família
3) Habitante da Floresta
4) Renunciante

O primeiro estágio dedica-se a formar o caráter do indivíduo, por meio da disciplina espiritual e emocional, assessorado pela família e mestre. Ao término desse primeiro estágio, o indivíduo está maduro para casar, constituir família e conduzir seus negócios. Nesse segundo estágio, ele deverá estar pronto para desfrutar os prazeres e deveres de chefe de família de forma moderada. No terceiro estágio, ao se aproximar da velhice, a pessoa deve ir se afastando do mundo, isto é, ou ir para uma cabana na floresta ou ficar na família e se distanciar dos negócios e deveres, passando a dar conselhos, quando for necessário. Finalmente, no quarto estágio, ele deve devotar sua vida aos deuses, passando a estar morto para as obrigações sociais, ficando livre para buscar a autorrealização, sem estar sujeito às exigências externas (Fadiman, 1979, p.329).

No processo de Psicossíntese, depois de se conseguir a psicossíntese pessoal (trabalhar as problemáticas básicas da vida, como relações amorosas, família, profissão etc.) se o cliente necessitar, e assim desejar, passamos para a Psicossíntese Transpessoal, na qual a volta para o interior do ser, para um contato maior com a espiritualidade, passa a ser a tônica do processo.

Vamos, agora, examinar o conceito de Self. Nos Upanishads o conceito de Self é apresentado de várias maneiras, recebendo vários nomes: Brahman, Sat, Atman, o Verdadeiro Self, Om, entre outros.

Brahman pode assumir diversas formas, mas ele permanece em essência, sempre o mesmo. Ele é a nossa verdadeira casa, ou a sutil essência que permeia tudo que existe. (Campbel, 1962, p.209).

Brahman tem dois aspectos:

1) O aspecto transcendente

- A condição passiva, quando todas as formas se encontram integradas no "Único", acontecendo, assim, a "Dissolução Universal".
- A condição ativa, que é o suporte de toda a existência

2) O aspecto imanente

- Uma condição que não possui qualidade alguma, que existe como puro espírito.
- Uma condição que apresenta qualidades, existindo como pura matéria.

Vamos ver o que Assagioli nos diz sobre Self.

> "No coração do Self há tanto um elemento ativo quanto um passivo, um agente e um espectador. Auto-consciência envolve sermos uma testemunha – uma testemunha pura, objetiva, amorosa – do que está acontecendo dentro e fora. Neste sentido, o Self não é uma dinâmica em si mesmo, mas é um ponto de testemunho, um espectador, que assiste o fluxo ... no centro do Self há uma unidade de masculino e feminino, vontade e amor, ação e observação". (In Keen, 1974, s/p).

Podemos observar pelas duas colocações (Hinduísmo e Psicossíntese), a concordância entre elas em falar sobre os aspectos do Self.

Nos Upanishads, encontramos a referência de dois Selfs, o Supremo Self, que seria o próprio Brahman, e o Self Individual, que seria uma porção do Supremo Self em cada um de nós.

Na Psicossíntese, também, encontramos referência a dos selfs. O self pessoal, ou ego, e o Self Transpessoal, ou Eu Superior. Explicando mais o que é o Self, podemos dizer que ele é como ponto pivô ou o gonzo de uma porta; a porta oscila, mas o gonzo permanece firme. Ele não é apenas o ponto focal em torno do qual diversos processos supraconscientes ocorrem; é também a causa desses processos, a fonte de energia que os torna possíveis. Ele é a realidade imutável, duradoura, um centro estável de vida em próprio nível, que tem função, mas não é uma função. O Self é imutável em essência, ele é como se fosse o Sol, que está no centro do Sistema Solar, e lá permanece, mas permeia todo esse sistema, possui radiação e sustenta-o, mantendo-o unido por meio da sua força atrativa. Ele é um centro de pura energia. A experiência do Self tem uma qualidade de paz perfeita, serenidade, calma, imobilidade, pureza e nele há a paradoxal combinação de individualidade e universalidade.

Segundo a Psicossíntese, o self pessoal, ou ego, está intimamente ligado ao Self Transpessoal. O ego é na realidade uma projeção ou reflexo do Self, um posto avançado no mundo da personalidade. Tentar alcançar o Self Transpessoal, saltando sobre o ego, ou tentar destruí-lo, é um grande engano. A autoidentificação pessoal é preciosa e é o resultado de um longo período de evolução e não pode ser jogada fora. O que precisamos é eliminar o nosso apego ao ego, pois ele é cego e precisa ser trazido de volta à sua fonte. O ego é o centro da personalidade, enquanto o Self Transpessoal é o centro do ser, partícula divina em nós. Existe uma conexão permanente entre ambos, por meio da qual a energia pode fluir. Quando se atinge um alto nível de autoconsciência pessoal genuína correntes de energia fluem do Self Transpessoal para o self pessoal ou ego.

Nos Upanishads encontramos o conceito de Self como sendo:

> *...A verdadeira morada ou a sutil essência que permeia tudo que existe. O ser humano não somente está presente no Self, mas também é parte do próprio Self. Quando o indivíduo consegue atingir o Self este aprende que nós não somos meras criaturas do mundo, mas que somos e fazemos parte do "verdadeiro Brahman", ou seja, o Self. Dessa forma nos livramos da cegueira e da ignorância que nos cercam e finalmente alcançamos a verdadeira morada do ser humano, o Self. Só então poderemos ser realmente felizes e abençoados... Além disso, o Self é livre de pecados, livre de idade avançada, livre de morte e pesar, livre da fome e da sede, deseja apenas aquilo que deve ser desejado e imagina somente aquilo que deve ser imaginado. Para aqueles que não encontram o Self não há liberdade no mundo, mas para os que encontram, há liberdade em todos os mundos.* (UPANISHADS, 1962, p.107).

Ainda para o Hinduísmo, o Self permeia tudo, ele é puro brilho, incorpóreo, sábio, intocável pelo mal, onipresente e autoexistente. Ele dispõe de todas as coisas sabiamente por todo sempre. Ele é imortal e destemido. De acordo com os pressupostos do Hinduísmo, o corpo é resultado do Self, pois os elementos (fogo, água e terra) são nada mais do que criações do Supremo Self (UPANISHADS, 1962, p.141).

No Hinduísmo, assim como no Budismo e na Psicossíntese, encontramos que a individualidade é o oposto necessário e complementar da universalidade. É também o ponto focal unicamente por meio do qual a universalidade pode ser vivenciada. A supressão da individualidade e a negação filosófica do seu valor e importância podem levar a um estado de completa indiferença e dissolução, que pode ser a libertação de um sofrimento, mas de modo puramente negativo, pois nos priva da mais elevada experiência que o processo de iluminação da alma (para o Hinduísmo) ou psicossíntese (para Assagioli) ou individuação (para Jung) tem como meta.

Mergulhar na integralidade como a gota no mar, sem ter realizado a totalidade, é apenas um modo poético de aceitar a aniquilação e fugir do problema que o fato da nossa individualidade coloca. Por qual razão o Universo desenvolveria formas individualizadas de vida e consciência, se isto não fosse consistente ou inerente ao verdadeiro espírito ou natureza do Universo?

Como vimos, no exposto acima, no Hinduísmo e na Psicossíntese, é necessário, primeiramente, vivermos a vida como seres individuais, familiares, profissionais, para podermos ir atingindo níveis mais evoluídos e nos aproximarmos cada vez mais do Verdadeiro Ser, o Self Transpessoal.

Entre os estágios que passamos em direção ao Self, existe uma continuidade progressiva de desenvolvimento, que Assagioli chamava de processo de psicossíntese. Para ele, este é um processo universal, no qual toda a personalidade é integrada em um todo maior. Esse processo acontece com a participação do ego, integrando não só o conteúdo do inconsciente inferior, como também os conteúdos do Inconsciente Superior. A integração pelo ego de todos os conteúdos inconscientes é que vai permitir a renovação e a transformação da personalidade. Esse processo é uma árdua tarefa, e nessa caminhada não se pode excluir nada que lhe pertença, nenhum aspecto pode ser destruído, e sim transformado. No trabalho com as subpersonalidades, na Psicossíntese, por exemplo, vemos que é necessário buscar a raiz positiva que existe em cada uma delas e integrá-las em um todo mais harmonioso.

Como vimos, o conceito de Self de Assagioli é muito semelhante ao desenvolvido pelo Hinduísmo há milhares de anos atrás, tendo as mesmas características. Assagioli, assim como Jung, teve contato com a cultura da Índia por meio de estudos das religiões e das filosofias antigas e por meio das viagens a esse país. Ele sempre foi uma pessoa interessada nas experiências religiosas e espirituais e depois de adulto fazia parte de um grupo de estudos, que se reunia em sua casa, juntamente com Alice Bailey (da Teosofia), Susuki (do Budismo), Tagore Ouspenski, entre outros nomes importantes da espiritualidade europeia daquela época.

Mandala

Fonte disponível em: google.com/search?q=mandalas+faceis

O sentido literal da palavra Mandala é círculo ou centro. O desenho mais frequentemente usado para representá-la é um círculo, símbolo do cosmos na sua totalidade, e também pode ser representada por um quadrado, símbolo da terra ou do mundo construído pelo homem.

Para a tradição oriental, seu centro é a morada da divindade, e ela é um veículo para concentrar a mente de modo a permitir que ela vá além dos limites habituais. É difícil falar sobre sua origem, pois sua história deveria começar sobre seu surgimento. Porém, ela não se deixa ordenar no tempo. No seu centro, o tempo e o espaço cessam de existir.

Segundo Dahlke (1993)

> *Podemos, naturalmente, tentar fixar temporalmente o primeiro aparecimento de mandalas, mas, mesmo isso, fica entre o difícil e o impossível – uma das mandalas mais antigas talvez tenha sido o impacto da queda de algum meteorito num mar primordial* (p.36)

Os nossos cientistas modernos dizem que tudo começou com uma grande explosão, e a imagem de uma explosão é também uma mandala.

A palavra mandala vem do sânscrito, portanto de origem oriental. O seu símbolo está na raiz de todas as culturas e de todo o ser humano. Se pedirmos a uma criança pequena que desenhe a si mesma, ela desenha um círculo para se representar. Esse símbolo é uma herança psíquica comum a todos os homens.

Na Psicologia Humanista Transpessoal de Jung e Assagioli, esse símbolo é usado no processo psicoterapêutico para o desenvolvimento da consciência.

No Hinduísmo, a meditação sobre a mandala é uma forma de se alcançar a iluminação.

Mandala representada por uma rosa vermelha aberta (simbolo do espiríto)

Fonte disponível em <http://www.fractarte.com.br>

Para De Luca et al. (1993 pg.36)

> *"A mandala é simultaneamente uma forma eficaz de interiorização gradual e da harmonização das estruturas conscientes e inconscientes, favorecendo – através da visualização espontânea e a exteriorização em forma de desenhos e cores – o aflorar de vivências profundas, cuja elaboração pode permitir uma mais ampla sabedoria da própria vivência individual"* (p.36).

Jung, talvez, tenha sido o psicólogo ocidental que mais usou o símbolo da mandala, tanto na teoria da sua abordagem psicológica quanto na sua prática como psicoterapeuta.

Segundo Assagioli (1982), a visualização de uma mandala representada por uma rosa aberta (símbolo do espírito), apesar de ser uma imagem estática, pode ser muito estimulante e evocativa, mas acredita que a visualização dinâmica de uma flor, ou seja, a sua transição e desenvolvimento, desde o botão fechado, até a sua plena florescência, é muito mais eficiente. Para ele, esse símbolo dinâmico transmite a ideia de desenvolvimento que corresponde a uma lei fundamental da vida. Partindo desse seu pensamento, criou um exercício sobre a "Floração da Rosa" que é o seguinte:

> *"Imaginemos estar olhando para uma roseira. Visualizemos uma haste com folhas e botões de rosa. O botão apresenta-se verde, porque as sépalas estão fechadas, mas no topo, um ponto cor-de-rosa pode ser visto. Visualizemos isso nitidamente, mantendo a imagem no centro da nossa consciência.*
>
> *Começa agora um movimento lento: as sépalas iniciam sua separação, pouco a pouco, dobrando suas pontas para fora, e revelando as pétalas matizadas de rosa, as quais ainda estão fechadas. As sépalas continuam se abrindo, até que podemos ver a totalidade do tenro botão.*
>
> *As pétalas acompanham esse movimento e separam-se lentamente até podermos admirar uma rosa perfeita e completamente desabrochada.*
>
> *Nesta fase, tentamos cheirar o perfume dessa rosa, inalando o seu característico e inconfundível aroma. Cheiremo-la com deleite. (recorda-se que a linguagem religiosa tem freqüentemente pregado o perfume como um símbolo, por exemplo "o odor de santidade"; e o incenso também é usado em muitas cerimônias religiosas).*
>
> *Ampliemos agora a nossa visualização para incluir a roseira toda e imaginar a força vital que sobe das raízes para a flor e origina o processo de floração.*
>
> *Finalmente, identifiquemo-nos com a própria rosa, mais precisamente "introjetemo-la". Nós somos, simbolicamente, essa flor, essa rosa. A mesma vida que anima o Universo que criou o milagre da rosa, está produzindo em nós um milagre idêntico, até maior – o despertar e o desenvolvimento do nosso ser espiritual e aquilo que irradia dele.*
>
> *Mediante este exercício podemos promover eficazmente o "florescimento" interno".* (Assagioli, 1982, pp. 223-224).

Para Assagioli (1982), quando se medita sobre esse símbolo, o significado inerente a ele pode se tornar óbvio. O objetivo dessa meditação não é a produção de extensas fantasias, mas uma meditação estimulante em todo do significado central do diagrama. O meditador é dirigido a se identificar psiquicamente com o símbolo e de integrar o significado deste com a sua vida psíquica. A meditação com a mandala é usada para promover o desenvolvimento supremo da personalidade.[1]

Como podemos constatar, Assagioli também "bebeu" na fonte da sabedoria milenar oriental e trouxe para a sua prática como psicoterapeuta, dando novos "ares" e acrescentando transformações que enriqueceram a meditação com o símbolo original.

Outros exercícios podem ser realizados com a Mandala. Um desses exercícios é utilizar-se de uma Mandala em preto e branco, colorindo-a e, depois de pronta, com um incenso acesso, começar a queimá-la a partir do seu centro e, com uma vela, destrui-la completamente. Esse exercício ajuda a aceitar a impermanência inevitável existente na vida humana.

Os exercícios de imaginação e meditação são usados frequentemente no processo psicoterapêutico na linha da Psicossíntese, mas é necessário levar em consideração que nenhum exercício deve ser aplicado de forma indiscriminada. É necessário estar atento ao nível de desenvolvimento do cliente, o momento que ele vive, o seu processo psicoterapêutico e quais as suas crenças filosóficas e religiosas. Um símbolo que serve para um cristão pode não servir para um judeu. Assagioli costumava propor meditação com a figura do Cristo, como um símbolo do Self. Para um judeu, por exemplo, esse símbolo não é o mais indicado. Neste caso, podemos usar outras imagens que simbolizam o Self, por exemplo, a rosa aberta ou se abrindo, um ponto de luz, uma estrela etc.

Um dos seguidores de Assagioli, por exemplo, De Luca (1993) criou uma técnica de meditação bastante interessante com a mandala para ser usada no processo psicoterapêutico.

Como podemos constatar, a mandala está presente na Psicologia Humanista Transpessoal e pode estar sendo modernizada, como fez Assagioli com a meditação da rosa. Ele usou o símbolo estático da rosa aberta como uma mandala de uma forma dinâmica, do botão fechado, evoluindo até a flor na sua plenitude. O exercício criado por ele pertence a uma sabedoria milenar, que vem dos primórdios da existência, mas que foi transformado pela dinâmica do desenvolvimento.

Influência da Teosofia

A Sociedade Teosófica foi fundada em Nova Iorque, Estados Unidos, em 17 de novembro de 1875, por um pequeno grupo de pessoas, entre as quais se

[1] No livro *El secreto de la flor de oro* (Jung e Wilhelm, 1976) encontramos mandalas feitas por clientes de Jung durante o processo psicoterapêutico, que vale a pena serem vistas pelas suas belezas e riquezas de significado.

destacavam Helena Petróvna Blavatsky, uma russa que se mudou para os Estados Unidos, e o Coronel Henry Steel Olcott, que foi o seu primeiro presidente.

Em 1878, os dois partiram para a Índia e, em 1905, a sede internacional da Sociedade Teosófica foi estabelecida em Chennai (antiga Madras), no sul da Índia, onde permanece até hoje.

Atualmente, existem grupos teosóficos em cerca de 60 países espalhados por todos os continentes.

O lema da Sociedade Teosófica é: "*não há doutrina superior a Verdade*", o qual foi traduzido do sânscrito "*Satiam nasti para Dharmah*".

Ela tem três objetivos básicos:

1) Formar um núcleo da Fraternidade Universal da Humanidade, sem distinção de raça, credo, casta ou cor.
2) Encorajar o estudo de religião comparada, filosofia e ciência.
3) Investigar as leis não explicadas da natureza e os poderes latentes no homem. (O que é a Sociedade Teosófica, www.stb.org.br/lojafenix/oqst.htm)

O significado da palavra teosofia é literalmente Sabedoria Divina e vem do grego Theosophia. Ela foi usada inicialmente em Alexandria, no Egito, no Séc. III d.C, por Amônio Saccas e seu discípulo Plotino, que eram filósofos neo-platônicos. Fundaram a Escola Teosófica Eclética e eram chamados de Philaletheus (amantes da verdade) e analogistas, porque buscavam a sabedoria além dos livros, com o propósito de estabelecer analogias da alma humana com o mundo externo e os fenômenos da natureza. Buscavam a sabedoria pela investigação direta da Verdade, manifesta na natureza e no homem.

> *O verdadeiro ocultismo ou Teosofia é a Grande Renúncia do eu, incondicional e absolutamente, tanto em pensamento, como em ação – é altruísmo... Teosofia é sinônimo de verdade eterna* (Blavatsky, In: O que é a Sociedade Teosófica, www.stb.org.br/lojafenix/oqst.htm)

A teosofia "bebeu" da fonte da sabedoria oriental da qual trouxe o conceito dos sete raios. Na conceituação oriental, existe apenas uma fonte de Energia, na origem de toda manifestação. Esta fonte permanece oculta e desconhecida, mas ela se manifesta em sete caminhos, que são chamados de Sete Raios. Os Sete Raios seriam sete canais pelos quais a energia do Criador, flui até nós. O raio se expressa no ser humano como uma pré-disposição a determinadas condutas. Por exemplo: uns são mais voluntariosos, outros mais afetivos, outros têm forte característica de liderança, outros de organização e assim por diante. Poderíamos imaginá-los como raios de um sol central, em que nenhum é mais importante que o outro. Cada um possui características específicas, possibilidades de desenvolvimento e também tem seus limites. Correspondem às sete cores do arco-íris e aos sete chacras que, aos se fundirem, formam a luz branca.

Na teosofia, quem cuidou de estudar em profundidade e escrever sobre eles foi principalmente a Alice Bailey, sucessora de Blavatsky, na Sociedade Teosófica. Alice Bailey era amiga e colega de grupo de estudos de Assagioli. Sua obra "*Tratado de los siete rayos*" (1989) é extensa (seis volumes) e muito respeitada nos meios espiritualistas. Nessa obra, ela trata da divisão da Divindade Suprema (Logus) em Sete Raios Cósmicos. Cada raio é comandado por um mestre, um Elohim e um Arcanjo, que trabalham no serviço da irradiação da luz em cada raio. Cada um desses raios influencia um período evolucionário da humanidade. Em relação aos seres humanos, esses raios atraem os egos (corpo causal) para si, a fim de que possam, por meio dos seus atributos, desenvolver a sua missão na Terra. Para a teosofia, cada um de nós pertence a um desses raios (Bourbon, 2005).

Isso não quer dizer que não possuímos as características, mesmo que latentes, dos outros seis raios, mas sim que um é predominante, e temos que, ao longo da vida, irmos desenvolvendo as características dos outros raios em nós e aprendendo a conciliar as oposições. Esse seria o caminho para o autocrescimento e a iluminação.

No início, sentimos a energia dos raios separadamente, e a medida em que evoluímos, sentimos a necessidade de irmos integrando-os, compreendendo a importância da fusão e da síntese de todos os raios.

Cada raio pode expressar qualidades positivas e negativas. A energia é pura, mas o veículo pode ser impuro. A energia é sempre a mesma, mas pode mudar de frequência, de vibração, conforme o nível em que se manifesta.

No mundo, existem todas as expressões dos Sete Raios. Todos são caminhos que conduzem a uma meta idêntica: a Unidade de qual viemos e para a qual retornaremos enriquecidos pela nossa experiência e cientes de que somos parte da Realidade Divina (Oficina sobre os Sete Raios, 1989).

Os seguintes gráficos podem dar uma visão mais clara do que estamos falando:

Os Sete Raios

Fonte: Patra, 1992, p. 20

Fonte: elaborada pela autora.

Quando se compararam as características de cada raio descrito pela teosofia com os sete tipos psicológicos da Psicossíntese, vamos ver que possuem as mesmas características.

Assagioli (1995) coloca que a maior importância prática das ciências dos tipos humanos, reside na sua aplicação a nós mesmos. Ele acredita que a tentativa de classificarmos a nós e aos outros pode ser um exercício valioso para refinar a nossa percepção psicológica. Entretanto, alerta que alguns indivíduos são difíceis de serem classificados: alguns por serem pessoas menos integradas, ou por serem apáticas na expressão das suas qualidades latentes ou, ainda, podem ser indivíduos altamente desenvolvidos, de muitas facetas, que já alcançaram um estágio adiantado nos vários aspectos das suas personalidades e, dificilmente, podemos enquadrá-los em um único tipo. Coloca ainda que depois que descobrimos o tipo ao qual pertencemos, precisamos enfrentar o problema, prático e espiritual, de como utilizar o conhecimento que adquirimos para a nossa autorrealização (pp.11-13).

A divisão de Assagioli para os sete tipos humanos pareando-os com os sete raios é a seguinte.

	Teosofia	Psicossíntese
1º Raio	Vontade – Poder	Tipo Volitivo
2º Raio	Amor – Sabedoria	Tipo Amoroso
3º Raio	Inteligência Abstrata	Tipo Ativo-Prático
4º Raio	Harmonia por Oposição	Tipo Criativo-Artístico
5º Raio	Inteligência Concreta	Tipo Científico
6º Raio	Devoção – Idealismo	Tipo Devoto-Idealista
7º Raio	Magia – Cerimonial	Tipo Organizador

Já pelos nomes dos raios e dos tipos humanos podemos ver as semelhanças entre eles.

Não cabe aqui descrever cada raio e cada tipo humano da Psicossíntese, as relações e interações entre eles. Esse é um assunto bastante rico e complexo, que sintetizado poderá parecer supérfluo e inconsistente, o que não é o caso. Para tratar desse assunto, Alice Bailey escreveu seis volumes do seu Tratado dos Sete Raios (1989) e Assagioli escreveu um livro só sobre esse assunto, "Os 7 Tipos Humanos" (1995).

Quando se comparam as duas divisões, constata-se que elas coincidem na grande maioria dos seus dados. A linguagem dos sete raios da teosofia é mais esotérica e espiritual enquanto a linguagem dos sete tipos humanos da Psicossíntese apresenta-se mais psicológica voltada, principalmente, para o processo psicoterapêutico, para o autoconhecimento, a compreensão e a aceitação da diversidade no mundo.

Psicossíntese, espiritualidade e religião na prática psicoterapêutica

Segundo Assagioli (1982), para muitos pacientes, a Psicossíntese pessoal é satisfatória, trazendo para eles harmonia nas suas vidas. Porém, sempre houve um certo número de indivíduos que necessitam algo mais do que isso. Para estes, existe um outro tipo de Psicossíntese: a Psicossíntese Espiritual ou Transpessoal.

Deve ficar claro que a Psicossíntese não tenta impor à Psicologia uma posição filosófica, teológica ou metafísica, mas tão somente incluir no estudo dos fatos psicológicos todos aqueles que podem relacionar-se com os anseios superiores, que, dentro do homem, tendem a fazê-lo crescer em busca da realização da sua essência espiritual.

Para a Psicossíntese, os anseios espirituais são tão reais, básicos e fundamentais, quanto os impulsos sexuais.

A posição que a Psicossíntese toma em relação à filosofia e à religião é neutra, porém não indiferente. Neutra em relação às religiões estáticas e institucionalizadas, com seus dogmas e crenças fechadas. Entretanto, afirma, definitivamente, a realidade da experiência espiritual, de valores superiores e da dimensão noética.

No processo psicoterapêutico psicossintético, é possível também dar assistência àqueles que não acreditam em religião, nem possuem qualquer crença filosófica clara. Para esses, existem métodos e técnicas para a realização espiritual. Na medida em que se trabalha a integração do inconsciente inferior e do Inconsciente Superior, estamos ajudando a abrir o canal para o ego receber o fluxo energético do Self Transpessoal.

Aqueles que tem uma fé viva em uma determinada religião não precisam temer o processo e este ainda pode ajudá-los a compreender que as mesmas experiências são suscetíveis de encontrar expressão por meio de enunciações e símbolos diferentes. Assagioli (1982) dizia que por intermédio da "Psicossíntese das Religiões" é possível desenvolver-se a compreensão e a apreciação das diferenças entre os credos religiosos e que também é possível estabelecer-se alguns campos de cooperação entre elas.

Uma das posições importantes da Psicossíntese é que os chamados estados superiores da consciência e as experiências parapsicológicas são fatos reais, porque influenciam a realidade interna e o comportamento externo do ser humano.

Um espírito verdadeiramente científico não pode aceitar que a ciência se restrinja apenas ao quantitativo.

Na fase da Psicossíntese Transpessoal, costuma-se usar símbolos com o objetivo de alcançar o Eu Espiritual, que é a maior realidade e a essência do nosso ser. Assagioli (1982) dividiu os símbolos que podem ser usados para evocar o Eu Espiritual em dois grandes grupos:

> *1) Símbolos abstratos, geométricos ou naturais, como por exemplo: o sol, uma estrela, uma esfera de fogo, a rosa, a flor de lótus, o triângulo etc.*
>
> *2) Símbolos personificados, como por exemplo: o anjo guardião, o Cristo interior, o velho sábio, o mestre ou guia interior.* (p.213)

Como já foi apontado anteriormente, o uso do símbolo tem que ser governado pela formação filosófica ou religiosa ou não religiosa do cliente. Assagioli usava alguns exercícios específicos para desenvolver a Psicossíntese Espiritual e, entre eles, podemos citar o exercício sobre a lenda do Santo Graal, o exercício baseado na Divina Comédia de Dante e o exercício sobre a Floração da Rosa, já citado anteriormente.

Na minha prática profissional, além desses exercícios, costumo usar, no processo psicoterapêutico, com meus clientes, exercícios de meditação com as qualidades superiores, tais como: Amor, Vontade, Desapego, Coragem e Alegria. Os exercícios de diálogo interno com o velho sábio também ajudam a receber mensagens do Eu Superior, que podem ir se incorporando a prática diária de viver.

O propósito fundamental da Psicossíntese Espiritual é aumentar a criatividade, desenvolver a capacidade de entrega da pessoa a uma meta escolhida, ajudar a pessoa a sentir-se parte integrante do Universo e também clarear a missão de vida do indivíduo e fazê-lo encontrar meios para atingi-la. *"...A realização do Eu Espiritual não é para fins de recolhimento, mas para que se possa ficar mais eficazmente a serviço do mundo dos homens"* (Assagioli, 1982, p.220).

Para se fazer esses exercícios com os clientes, os terapeutas também devem praticá-los no seu processo psicoterapêutico ou na sua prática diária meditativa. É preciso também saber usar de forma criteriosa a sua intuição na escolha dos exercícios para guiar de forma adequada o processo de seus clientes. É importante que o terapeuta seja capaz de verificar a validade de uma intuição e de saber como isso pode ser feito. Os terapeutas muito intelectualizados podem temer, quando uma intuição interfere nos seus processos de pensamento, podendo consciente ou inconscientemente reprimi-la. Existem exercícios dentro da Psicossíntese que podem ajudar o terapeuta a conseguir tranquilidade e sabedoria para avaliar o valor de uma intuição que surge durante a sessão terapêutica. (Boccalandro, 2004, p.96).

É importante ressaltar que o psicoterapeuta que queira trabalhar com a Psicossíntese Espiritual tenha passado pelo processo psicoterápico na sua formação didática e no seu processo de vida e já tenha contato com a sua espiritualidade.

Os psicoterapeutas psicossintéticos ocupam-se com a dimensão espiritual no trabalho psicoterapêutico. Essa preocupação não descaracteriza a prática psicoterapêutica, mas, principalmente, reafirma a concepção de homem como uma Totalidade, da qual a Espiritualidade é parte integrante.

Considerações Finais

Como já foi apontado no início e ao longo de toda a explanação, Assagioli foi, com certeza, fortemente influenciado pelas religiões orientais e grupos espirituais ocidentais.

Há uma grande semelhança entre os conceitos usados pela Psicossíntese, por exemplo: o Self, a estrutura da personalidade, o uso de símbolos, a tipologia humana, exercícios de meditação e os originalmente usados pela sabedoria espiritual e religiosa mais antiga.

É importante ressaltar a semelhança que, tanto para a Psicossíntese quanto para esses saberes, tem em relação ao lado transpessoal do homem. Assagioli, Jung, Maslow e outros trouxeram novamente essas antigas ideias a respeito da transpessoalidade para a psicologia contemporânea.

As experiências religiosas ou espirituais têm sido aspectos importantes da vida durante toda a história da humanidade.

A grande maioria das antigas civilizações foram profundamente religiosas. A sociedade científica ocidental, até bem pouco tempo, mostrava-se pouco aberta aos fenômenos transpessoais. A partir da segunda metade do século passado, o desenvolvimento da ciência e da tecnologia abriram campo para se aprofundar mais no estudo da espiritualidade. A partir dessa época, começou haver uma mudança de atitude da comunidade científica, tanto em relação ao modo como via o desenvolvimento da cultura humana, quanto em relação aos fundamentos da física, desde as descobertas de Albert Einstein. Foi a partir dessa época que o homem deixou de ser considerado isolado e comprometido apenas com a sua cultura e passou a ser um indivíduo ativo e socializado.

As ideias que Assagioli desenvolveu em relação ao Self, por exemplo, têm uma contraparte na física moderna e, principalmente, na concepção sistêmica de vida. Com a mudança de rumo da física moderna, a maneira de encarar as heranças culturais da humanidade e, principalmente, na concepção sistêmica, o conceito de Self, que veio do Hinduísmo, e o proposto por Assagioli parece ser muito atual e compatível.

A concepção sistêmica da Capra (1982) entende o Universo de uma forma muito parecida com o conceito de Self da Psicossíntese e do Hinduísmo.

Atualmente, os fenômenos religiosos e espirituais, assim como as tradições filosóficas orientais, estão sendo estudadas seriamente e estão se descobrindo relações muito próximas com as novas descobertas da física.

Assagioli não plagiou ou copiou simplesmente a herança espiritual e religiosa e suas aplicações, mas reformulou-as, adaptou-as à sua respectiva sociedade. Ele estudou essas heranças de acordo com os parâmetros da sociedade moderna ocidental, dentro do modelo científico. O método desenvolvido por ele é muito próprio e tem a ver com suas características, crenças e valores pessoais. Os resultados obtidos pela Psicossíntese têm se mostrado muito bons na prática clínica e educacional.

Assagioli, como já foi dito, teve uma educação familiar por meio da qual lhe foi passado muito do conhecimento espiritual e religioso. Ele era conhecido por ser uma pessoa profundamente alegre, feliz e sábia. Seu bom humor e disposição para a vida é comentado por todos os seus discípulos, que tiveram o privilégio de estudar pessoalmente com ele. Ele era um indivíduo de bem com a vida, que sabia aproveitar tanto as situações boas quanto as ruins para seu crescimento pessoal, profissional e espiritual. Quando ficou confinado pelos fascistas em uma prisão italiana, na época da Segunda Guerra Mundial, ele comenta, tranquilamente, mais tarde, que tinha sido uma experiência positiva e que havia sido uma época bastante proveitosa, pois pôde fazer seus exercícios psicoespirituais, já que tinha bastante tempo disponível.

Ele sempre deu mostras de viver de acordo com o que dizia acreditar. Certa vez, quando uma discípula perguntou-lhe se ele estava muito cansado, depois de mudar-se de casa, quando ficou viúvo e já bastante idoso, ele diz: *"Eu não estou cansado, quem está cansado é o meu corpo físico"* mostrando bem como estava desidentificado do seu corpo físico e identificado com seu Eu Superior.

Quando entrevistado, meses antes de sua morte, aos 86 anos de idade, por Keen (1974), e este lhe pergunta: *"Como você lida com a morte? Aos 85 anos, como ela parece a você?"* ao que Assagioli responde

> *"Há muitas hipóteses a respeito da morte e a idéia de reencarnação parece a mais sensata para mim. Eu não tenho conhecimento direto a respeito da reencarnação, mas minha crença deixa-me em boa companhia com centenas de milhões de pessoas orientais, com o Buda, e muitos outros do oeste. A morte é parte normal no ciclo biológico. É o meu corpo que morre e não tudo em mim. Por isso eu não me importo muito. Eu posso morrer esta noite, mas aceitaria de bom grado alguns poucos anos a mais para fazer o trabalho em que estou interessado, que acho útil para outras pessoas... o humor também ajuda, bem como o senso de proporção. Sou um indivíduo, em um pequeno planeta, em um sistema solar, em uma das galáxia".* (s/p). (Keen,1974).

Keen, ao escrever a entrevista, coloca no final dela, que Assagioli, falando a respeito da morte, não mostrou nenhuma mudança no tom ou intensidade da voz e a luz continuou a brincar em seus olhos escuros e na sua boca, que nunca ficou muito longe de um sorriso.

Assagioli criou sua concepção psicológica de homem de acordo com estudos rigorosos e suas crenças espirituais e embasou-as nos conhecimentos ao alcance da comunidade científica daquela época.

O que Assagioli deixou continua evoluindo e seus seguidores continuam reformulando suas ideias e, principalmente, reavaliando-as, de acordo com os conhecimentos que a evolução da física vem trazendo para as ciências modernas.

O Pobrezinho de Deus

Valdemar Augusto Angerami

Para Roni, a nossa Roninha, uma dádiva
de luz em nossos caminhos...

Saber do teu respeito pelos animais e pelas
árvores é antes de tudo aceitar que o dom
da vida depende de sua preservação...
Caminhar pelo ribeirinho e chutar as águas com os pés...
Não é apenas uma diversão infantil,
é um profundo ato de louvação a Deus...

Dar comida aos pássaros livres não é apenas
um gesto de bondade...
É venerar a vida em um de seus mais bonitos detalhamentos:
a preservação da vida de nossos irmãos menores...
Dar migalha de pão aos peixes é louvar
a vida em uma de suas facetas mais misteriosas...

E quando oramos pedindo para sermos
Instrumentos da paz do Senhor, estamos
comungando com um dos momentos mais
sublimes de toda a história da humanidade...
o momento em que o Pobrezinho de Deus foi consagrado
como o maior de todos os seguidores de Cristo...

Homenagear o Natal com um presépio é renovar
a grande festa em que o Pobrezinho de Deus consagrou
o evento mairo da cristandade...viver cada momento
na entrega da caridade e do amor...
É viver um dos seus maiores ensinamentos:
a melhor oração é amar...

O Pobrezinho de Deus nasceu em Assis e
se consagrou ao mundo como aquele
que nos mostrou que a verdadeira espiritualidade se
atinge através do desprendimento e da

verdadeira entrega e solidariedade...
Ao pregar aos pássaros e aos lobos,
ele nos mostrou que todos são absolutamente
iguais na concepção divina...

O Pobrezinho de Deus no ensinou,
que tudo que tem vida quer viver...
São Francisco de Assis não nos deixai cair na simples frivolidade
de nos considerarmos os mais elevados na cadeia evolutiva
simplesmente por sermos humanos...
Fazei com que aceitemos a nossa humanidade
apenas como humanidade e não superioridade
frente a outros seres...
Fazei com que possamos proteger os irmãos menores...
da violência cometida a eles pelos humanos...

Irmão Pobrezinho, não nos deixai desviar do
caminho de auxílio a tantos pobrezinhos
que se encontram atirados ao longo
do caminho em nossas ruas...
Fazei com que possamos olhar cada irmão
que dorme nas ruas não como trapos humanos...
Mas alguém que precisa da nossa proteção
para voltar a ter uma condição de humanidade...

Irmão Pobrezinho, fazei com que eu possa mostrar
a imagem de Cristo em minhas ações e que a
cada dificuldade possa lembrar-me de seus
ensinamentos de amor e louvação às dificuldades
e asperezas do caminho...

Fazei com que eu possa mostrar ao mundo que
o seu grande ensinamento de humildade deve ser
o principal arauto de todos que se propõem ao nobre
ofício, condição de mestres nos mais diferentes
campos do saber...
Fazei com que possamos pautar nossas ações
com a mais singela humildade em todos os nossos atos...

Fazei com que eu possa ser representante
do Irmão Sol e da Irmã Lua entre meus semelhantes
e que possa anunciar todas as manifestações

que a Natureza nos presenteia...
E que a cotidianidade afasta de nossos
horizontes perceptivos...
Eu quero dar bom dias aos pássaros...
E proteger meus irmãos menores...
E também estender minha mão a todos
semelhantes que se encontram atirados
ao longo do caminho...

Fazei com que eu seja instrumento
de um novo tempo de justeza e fraternidade...
E que possa anunciar que um novo tempo
está sendo construído e que juntos
seremos artífices de uma nova realidade universal...
Que as suas palavras sejam dádiva de amor e luz...

Serra da Cantareira, numa manhã azul de Outono.

Referências

ASSAGIOLI, R. (1982), *Psicossíntese – Manual de Princípios e Técnicas*, Editora Cultrix, São Paulo.

ASSAGIOLI, R. (1985) *O Ato da Vontade*, Editora Cultrix, São Paulo.

ASSAGIOLI, R. (1995) *Os 7 Tipos Humanos – o poder das motivações profundas*, Editora Totalidade, São Paulo.

BAILEY, A. (1989) *Tratado de los siete rayos* , Editora Sirio, Espanha.

BOCCALANDRO, M. P. R. (2004) Las relaciones entre psicoterapia e dessarrollo espiritual a través de la Psicossíntesis, *Alternativas en Psicología, año IX, nº9,* Febrero-Marzo, 2004, pp. 89-98.

BOURBON, M. (2005) *A Doutrina Secreta e os Mestres,* website: www.universus.com.br/art178.htm, acessado em 01 de fevereiro de 2005.

CAMPBELL, J. (1962), *The Masks of God*, Penguin Books, USA.

CAPRA, F. (1982), *O Ponto de Mutação*, Editora Cultrix, São Paulo.

Centro de Psicossíntese, website: http://www.psicossintese.org.br, acessado em 26 de Janeiro de 2005.

DAHLKE, R. (1993), *Mandalas – formas que representam a harmonia do cosmos e a energia divina*, Editora Pensamento, São Paulo.

DE LUCA, A., ABRAMS, B. e LLEWELYN, R. (1973) *Psicologia Transpessoal – uma introdução*, Editora Totalidade, São Paulo.

A Espada do Espírito (figura da árvore da vida), website: http://www.espada.eti.br , acessado em 26 de Janeiro de 2005.

FADIMAN, J. e FRAGER, R. (1979), *Teorias da Personalidade*, Ed. J.P. Tarcher, Inc., Los Angeles.

FERREIRA, A. B. H. (1986) *Novo Dicionário Aurélio da Língua Portuguesa*, Editora Nova Fronteira, Rio de Janeiro.

KEEN, S. (1974), A media áurea de Roberto Assagioli, *Psychological Today,* dezembro de 1974, traduzido por Beatriz Galvez.

O que é a Sociedade Teosófica, website: www.stb.org.br/lokafenix/oqst.htm, acessado em 01 de Fevereiro de 2005.

Oficina sobre os sete raios (1989), curso promovido pela Editora Totalidade, na Fazenda Maristela, Tremembé, São Paulo.

PATRA, P. (1992), *Psicologia Oriental – Sete Raios*, IBRASA – Livros que Constroem, São Paulo.

SENDER, T. (2004), *O que é a Cabala Judaica*, Editora Nova Era, Rio de Janeiro.

THE UPANISHADS (1962), traduzido por Max Müller, Dover Edition, New York.

CAPÍTULO 11

Elaboração da experiência religiosa em Oráculos de Maio de Adélia Prado

Miguel Mahfoud

Oráculos de Maio, livro de poemas da escritora brasileira Adélia Prado (1999b), é tomado aqui como objeto cultural, que conserva um conjunto de reações, perplexidades, posicionamentos, desejos, crises, interrogações e respostas, todos elaborados pela autora, sujeito da experiência (Lukas, 1992). Nele podemos acompanhar sua elaboração da experiência diante do mundo-da-vida e, ao mesmo tempo, em um sentido mais geral, temos oportunidade de apreender um dinamismo de elaboração da experiência, que chega a constituí-la como experiência religiosa. (Van der Leeuw, 2017; Mahfoud, 2020; Mahfoud & Massimi, 2007).

Não raras vezes, a experiência religiosa tem sido abordada de modo reducionista: diante desse fenômeno tão complexo, frequentemente, cada área da ciência (e cada abordagem interna a ela) define seu objeto "experiência religiosa" unicamente pelos parâmetros da própria disciplina, correndo o grave risco de destituir as peculiaridades do objeto que busca conhecer. Em acréscimo, no Ocidente, temos dificuldade cultural de abordar o tema da experiência religiosa – por herança do racionalismo do século XVIII, que concebeu a religião primitiva e qualquer forma de fé religiosa como ilusão que levaria pessoas supersticiosas a serem exploradas pelo poder –, de modo que, frequentemente, as pesquisas acabaram por se reduzir à busca de explicações para essa obtusidade (Evans-Pritchard, 1978; Luczinski, 2005).

A fenomenologia da religião pretende evitar o reducionismo, clarificando as estruturas internas dos fenômenos religiosos, evitando teorizações que explicassem a experiência religiosa por algo extrínseco a elas. Examinando experiências vivenciais em diversas culturas e em muitos períodos históricos, Gerardus van der Leeuw identificou que a característica da experiência religiosa é a de ser resposta do ser humano ao mistério, a alguma potência misteriosa com a qual ele se depara (Van der Leeuw, 2017; Ries, 1988, 1990, 2008, 2019). À fenomenologia cabe descrever, compreender e interpretar essas ações e relacionamentos entre o ser humano e a potência por ele reconhecida. (Van der Leeuw, 2017; Mahfoud, 2001, 2003, 2012a, 2020).

Assim, queremos aqui apreender o dinamismo próprio da experiência religiosa em sua constituição contínua. Tomamos uma experiência singular – a de Adélia Prado – não para chegar a formular um juízo sobre a pessoa dela (Stein, 1999), mas para nos aproximarmos compreensivamente de sua experiência no nível da estrutura das vivências, aquele nível da experiência em que todos nos reconhecemos sem perder a singularidade das vivências de cada um (Stein, 2001). Tal apreensão não é estranha ao mundo da cultura (Ales Bello, 1998, 2004, 2018, 2020). A repercussão dos poemas dessa autora em Minas Gerais, no Brasil e no exterior testemunham a eficácia de comunicação de um sentido elaborado nesse nível tão humano que nos caracteriza a cada um e a todos. E mesmo no âmbito acadêmico, diversos estudos vêm apontando a significativa contribuição da obra literária de Adélia Prado quanto a integração entre religiosidade, filosofia e formação da pessoa (Moretto, 2020, Villas Boas, 2011; Fornazieri, 1995, 2000, 2005; Ribeiro-Lin, 2020). Ela mesma não tem se furtado a contribuir diretamente em debates acadêmicos a partir de sua experiência literário-religiosa (Prado, 1999ª, 2008).[1]

Busquemos, então, um acesso a ele de modo sistemático, de modo a explicitar a estrutura daquela experiência religiosa e sua dinâmica de constituição característica.

O eterno no horizonte humano

> Não quero morrer nunca,
> porque temo perder o que desta janela
> se desdobra em tesouros. (Prado, 1999b, p. 97).[2]

Mundo e pessoa são inseparáveis: a apreensão da própria vida se dá na percepção do mundo que se nos apresenta, surpreendente. Daí emerge, imediatamente, valor: não quero morrer, não quero que se interrompa o desdobrar-se revelador do mundo, de mim e de seus valores. Para tanto, basta pouco:

[1] Sobre o fecundo e atual campo de investigações acadêmicas sobre a relação entre literatura e religiosidade, remeto aos trabalhos de Alex Villas Boas (2011, 2021; VILLAS BOAS & BINGEMER, 2021).

[2] Todas páginas indicadas nos poemas citados abaixo se referem a essa mesma edição do livro Oráculos de Maio.

Uma hora e meia de viagem
e a vida é boa que dói. (p. 97).

Essa experiência é tão fundamental a ponto de abarcar toda dor que minha pessoa e o mundo contém:

O céu estrelado
vale a dor do mundo. (p. 119).

Não que compreendamos tudo, ou que tenhamos tudo claro:

O mundo é ininteligível,
mas é bom. (p. 69).

Tal experiência de simples reconhecimento da existência e de seu valor tem a força de abarcar toda aspereza que a realidade mesma apresenta. A experiência de dor, por contraste, aponta experiências de realização pessoal: tomadas como referência, permanecem acalentadas, na memória e na esperança:

Este puxa-puxa ta com gosto de coco.
A senhora pôs coco, mãe?
– Que coco nada.
– Teve festa quando a senhora casou?
– Teve. Demais.
– O que que teve então?
– Nada não menina, casou e pronto.
– Só isso?
– Só e chega.
Uma vez fizemos piquenique,
ela fez bolas de carne
pra gente comer com pão.
Lembro a volta do rio
e nós na areia.
Era domingo, ela estava sem fadiga
e me respondia com doçura.
Se for só isso o céu,
está perfeito. (p. 47).

Experiências de realização na relação com o mundo e com pessoas fixam-se no horizonte, de modo que as desejamos e esperamos como sentido totalizante. Perfeição e eternidade podem, então, entrar no horizonte humano.

Tenho um vestido, um sapato
e uma visão que não reconheço poética:
um mamoeiro com frutas sob muito sol e pardais.
Não a perderia porque era o bom sem-fim. (p. 41).

A experiência do "bom sem-fim" marca de modo todo original o mundo da vida: há um nível de experiência em que ela não passa, algo pode não se perder, permanecer meu.

A necessidade da eternidade pode transparecer em cada gesto. Embora aconteça que quanto mais a afirmamos, mais descobrimo-nos no cativeiro – condição insuperável –, o fato de desejarmos a eternidade torna um gesto grandioso, permitindo uma experiência de repouso existencial fundamental: tudo está em seu lugar.

Benditos todos que no cativeiro,
por ânsia de eternidade multiplicam-se,
bendito o modo como tudo é feito.
(...)
Bendita a hora da tarde
em que uma serva repousa
descansada de dor e de consolo. (p. 63).

Onde encontrar tal repouso existencial? Onde tal estabilidade? No quotidiano, na sua rotina. De onde pode emergir uma clareza de posição pessoal tão límpida e estável a ponto de o sol parecer indeciso?

Não vem do sol indeciso
a claridade expandindo-se,
é dela que nasce a luz
de natureza velada,
é seu próprio gosto
em ter uma família,
amar a aprazível rotina. (p. 39).

"Amar a aprazível rotina", a ponto de surpreender o pedido: "Que nada mude" (p. 39). O eterno entra no horizonte humano.

Experiência do limite da potência restauradora

Porém, a mudança é também evidente. Na própria rotina, insinuam-se tristeza, desânimo, cansaço, resistência...

Parece que vou entristecer-me
desanimada de lavar hortaliças,
tentada ao jejum mais duro,
não como, não falo, não rio,
nem que o Papa se vista de baiana. (p. 41-42).

Por vezes, aquela imagem já advertida de cativeiro redimido ou de repouso possível na ânsia pela eternidade vem a se turvar, quase negando-a; a estabilidade bem-aventura da rotina parece impossível frente à fragilidade do que podemos construir:

Não há descanso aqui,
estamos no exílio,
edificando móbiles na areia. (p. 35).

Nem mesmo os maiores sinais de vida escapam da ambiguidade:

Gritam os recém-nascidos
e as adálias
com seu cheiro de morte e virgindade. (p. 36).

Chorando seus casamentos
vejo mulheres que conheci na infância
como crianças felizes.
A vida é assim, Senhor?
Desabam mesmo
pele do rosto e sonhos? (p. 17).

No quotidiano, a sua rotina é onde se insinua o eterno; mas é também onde se apresenta a alteridade, sua concreta existência de não-eu, sua irredutibilidade a meus planos e desejos, sua quase amarga permanência. A rotina é também feita de aceitação do amargo pão nosso de cada dia, pão de sofrimento:

Come na paciência
esta amargura (...)
Toma o pequeno cálice,
massa de cinza e fel
não transmutados.
É pão de mirra,
come. (p. 15).

O próprio ritmo da natureza impõe limite a nossos planos: há momentos certos, é preciso esperar por eles e por seus frutos...

Podei a roseira no momento certo
e viajei muitos dias,
aprendendo de vez
que se deve esperar biblicamente
pela hora das coisas. (p. 37).

A surpresa contida na experiência de nos depararmos com a natureza, que se nos oferece em belezas, contém uma potência restauradora dentro do limite necessariamente afirmado no quotidiano e sua rotina:

Quando abri a janela, vi-a,
como nunca a vira,
constelada,
os botões,
alguns já com o rosa-pálido
espiando entre sépalas,
jóias vivas em pencas.
Minha dor nas costas,
meu desaponto com os limites do tempo,
o grande esforço para que me entendam
pulverizaram-se
diante do recorrente milagre.
Maravilhosas faziam-se
as cíclicas perecíveis rosas. (p. 37).

Eis a experiência de restauração: diante de mim, dá-se algo de maravilhoso do qual participo; nos limites que se impõem, participo do florescer de algo que não pode ser tomado como resultante de meu gesto: o "recorrente milagre" da vida, que se nos oferece – nos surpreendendo com sua alteridade maravilhosa –, tem a potência de redimir nossos frágeis esforços, nossas dores aos sermos podados pelos limites de tempo, pelos limites pessoais (nossos e de quem nos rodeia). Algo de maravilhoso se introduz naquelas evidentemente perecíveis realidades: a das rosas e a de nossa própria existência.

Tal restauração das realidades perecíveis traz consigo outra experiência daquele nível que não passa:

Ninguém me demoverá
do que de repente soube
à margem dos edifícios da razão:
a misericórdia está intacta,
vagalhões de cobiça,
punhos fechados,

> altissonantes iras,
> nada impede ouro de corolas
> e acreditai: perfumes.
> Só porque é setembro. (p. 37-38).

Os tantos limites que se impõem a mim e por mim no quotidiano, aqueles que parecem negar que o eterno tenha lugar em nossa realidade-rotina, aqueles que continuamente reaparecem como resistência, ira, autoafirmação, mal... não têm força de impedir a beleza surpreendente que continua a nos oferecer em realidades perecíveis. Só porque é setembro tudo isso nos é dado: posso então ter repouso em meio a meus males e limites? Não são eles os condutores da vida? "A misericórdia está intacta"! Diante desse "recorrente milagre", o repouso fundamental não mais é abalado pelo limite: nada "me demoverá do que de repente soube".

Interrogantes diante da alteridade

Entre a eternidade que se insinua e os limites que se impõem, a atenção maravilhada se volta à "trama miraculosa dos teares" (p. 13). E uma dinâmica peculiar tem lugar: cada coisa remete continuamente a outras, de modo que seu limite, também assim, não é a última palavra:

> Os pastos estão bem secos,
> mas continuam imbatíveis
> no seu poder de me remeterem...
> A Vós? À infância?
> À Pátria, ao Reino do Céu. (p. 97-98).

O quotidiano e sua rotina, com a aridez-limite que os caracteriza, são também experiências de horizontes infinitos e eternos. Novamente, mais radicalmente, a eternidade entra no horizonte humano.

Tudo tem esse poder de nos remeter a uma alteridade. Toda a existência chama o olhar à sua "trama miraculosa dos teares". E no maravilhamento pela existência de cada coisa, nos tornamos interrogantes:

> Um dente, uma vulva,
> um molho de nabos comparecem,
> gerados como eu, do nada.
> De onde vêm os nabos, Maria?
> Onde está o Pai?
> De onde vim? (p. 123).

Na dinâmica de continuamente remeter à alteridade, englobando horizontes sempre amplos – interrogando sobre a origem de cada coisa, até sobre o ponto originante de tudo – coincide com um interesse central por nossa própria pessoa. "Onde está o Pai? De onde vim?". Ou então:

> Meu pai dizia: ó Pai!
> E levantava os braços respeitoso.
> Também meu avô: Deus é Pai!
> E tirava o chapéu.
> Assim, um pai remetendo a outro
> e mais outro e outro mais,
> enfim, a milhões de pais até Adão,
> que sou eu acordando de um sonho. (p. 123-124).

A atenção voltada – como busca – para a origem se dá em cada acontecimento. E introduz novamente o tema do eterno se contrapondo a tudo o que não tem consistência:

> Move-se na parede um cavalo de sol.
> É o Pai?
> Não,
> é só uma sombra e já se desfaz. (p. 123)

No maravilhamento, nomeação do inominável

Na experiência de uma ininteligibilidade do mundo e a concomitante percepção de que ele é bom, na experiência da fragilidade nossa e do mundo e na introdução de um horizonte de eternidade, apreende-se na "teia miraculosa dos teares" algo de essencial, que resulta em um repouso existencial fundamental. No maravilhamento que compõe essas experiências, uma vez que os reconhece na existência concreta, buscamos também nomear esse algo de essencial. Porém, com a nomeação não o tomamos para nós: permanece transcendente:

> Fica meio inventado
> pegar com um nome a medula das coisas. (p. 97).

Nossos parâmetros são os limites, mas ansiamos o eterno: precisamos colher o ilimitado que se insinua.

Trata-se, então, de permanecer na relação com aquilo que se insinua, afirmando o ser, mais do que propriamente nomeá-lo. É só então que a experiência de admiração, de maravilhamento deixa marcas em nós, permanecendo:

Entendes
é quando o corpo da luz te escapa
e resta na memória
uma claridade aquecida,
é quando dizes:
é inacreditável
tramas tão delicadas nos teares. (p. 33).

Até experiência de redigir um poema é apresentada como maravilhamento pelo que ali se manifesta a autora mesma:

O que de pronto se mostra
palpitante e acabado
vazando precioso entre cacófatos. (p. 67).

Só o maravilhamento pelo ser – afirmado no relacionamento – permite que as palavras não coloquem limite ao ilimitado que ansiamos e que nos apresenta. É o que podemos fazer; é o que nos caracteriza como humanos:

Só eu posso dizer à pedra:
és bela até a aflição;
o mesmo que dizer a Ele:
sois belo, belo, sois belo! (p. 83).

A própria dinâmica humana depende disso. Tudo, Deus e o mundo parecem estar à espera de minha palavra de maravilhamento:

Me imploram amor Deus e o mundo. (p. 83)

Se não lhe disser Vos amo,
sua dor nos congela. (p. 21).

É nesse maravilhamento afirmado também por palavras que chegamos a nomeá-lo ao mesmo tempo em que conseguimos apreender "a medula das coisas":

Porque a vida sois Vós, Inominável. (p. 97).

A despeito de meu desejo...

Vivenciamos o eterno no limite, temos repouso em meio à lida, encontramos misericórdia, até mesmo, estabelecemos relacionamentos firmados na admiração e maravilhamento, mas parece-nos ainda não bastar. Não somos o que gostaríamos de ser, não definimos nossas reações, expectativas, sentimentos: uma alteridade se insinua até em nós próprios:

A despeito do meu desejo
de contrição e alegria,
amanheci rancorosa,
regirando a cabeça
à cata de um facão. (p. 89).

Quando o cansaço domina, ânsia e desamparo próprios da experiência de limite não mais são elaborados na dinâmica de remeter a outro: só conseguimos figurar o limite mesmo. Assim, o desejo do pai já não nos vincula ao eterno nem nos coloca diante de nós próprios, mas apenas ao cansaço, à tarefa, ao limite, eventualmente chegando ao desejo de sermos contidos:

Cansada agora
como feirante ao meio-dia:
ai, meu pai,
me ajuda a torrar o resto
deste lote de abóboras,
me tira da cabeça
a ideia de ver Deus-Pai,
me dá um pito e um café. (p. 124)

Ter estado diante de uma rosa como surpresa pela existência, ter estado diante do pé de mamão sob um raio de sol não impedem que a vida nos conduza ao jardim da escuridão. Mesmo diante de experiências fundamentais, inquietações emergem:

A rosa miúda em pencas
destila inquietações,
peleja por abortar teu passeio noturno.
Há mais que um cheiro de rosas,
o movimento das palmas não será o réptil? (p. 125).

Sim, podemos rejeitar. Podemos não aceitar, negar, a experiência feita:

Por que então limpei os olhos
quando avistei roseiras? (p. 82).

Podemos nos autoafirmar, impondo limite à experiência de algo além de nós, que a nós se apresentara. Podemos rejeitá-la por não ser nós mesmos. Porém, assim, acabamos por afastar nossa própria experiência – nossa experiência de maravilhamento. Afastando a beleza, rejeitamos nossa posição própria no mundo e o que de são há em nós:

[Por que] de jeito nenhum queria àquela hora,
o poema,

meu ex-voto,
não a forma do que é doente,
mas do que é são em mim
e rejeito e rejeito,
premida pela mesma força
do que trabalha contra a beleza das rochas? (p. 82-83).

Cada um de nós pode rejeitar o que de mais surpreendente se apresenta em si próprio para se autoafirmar, para afirmar não mais a já vivenciada quietude do repouso existencial no quotidiano, mas o "direito" de não precisar tomar posição diante do que fora vivenciado, o "direito" de ser outro. Assim, o poeta, em sua atividade quotidiana, advertira que brotava de suas mãos algo quase independente dele:

Já vejo o fim destas linhas,
isto é um poema – tem ritmo,
obedece à ordem mais alta
e parece me ignorar. (p. 17).

E, em seguida, pôde afirmar:

Pois não quero mais ser Teu arauto.
Já que todos têm voz,
Por que só eu devo tomar navios
De rota que não escolhi? (p. 13).

Mesmo tendo vivenciado que

o encardido da alma
um grão de esperança lava (p. 29),

logo em seguida, ao rejeitar a experiência da beleza e com seu maravilhamento – abandonando o "são em mim" – o ceticismo se impõe ao sujeito:

Que ex-voto à Aparecida,
se não tenho doença e só lhe peço a cura? (p. 81).

Contrariamente à experiência integral (e dramática) de reconhecimento de si – diante de valor e limite, simultaneamente –, a autoafirmação leva à autoimagem parcial e artificialmente construída, não fundamentada nas próprias exigências fundamentais, mas nas reações:

Meu coração é bom
mas não aceita o que seja. (...)
Palavras não, eu disse, só aceito chorar. (p. 82).

Contudo, o que arquitetamos na autoafirmação contrasta a alteridade que somos para nós próprios: abandonada a abertura a maior complexidade e seu característico maravilhamento pelo mundo e pelo mistério da existência, dá-se vivência de despersonalização, estranhamento e ruptura na vivência do mundo com seu também característico desgosto:

> Saudade e desgosto pelo mundo.
> A relva estremecia
> mas não era pra mim,
> nem os pássaros da tarde.
> Cães, crianças, ladridos,
> despossuíam-me. (p. 127).

Na autoafirmação – ao negar a própria experiência de abertura diante do mundo, interrompendo a dinâmica que remete cada ser a outro, chegando à integração entre percepção de si e maravilhamento pela alteridade – a vivência é marcada por vazio, aridez, ceticismo. Na falta de sentido e sua decorrente experiência de fragmentação, vive-se uma angústia toda particular pela inconsistência da sua própria pessoa, dos outros, de tudo:[3]

> Nada tem sentido,
> quero uma bacia grande
> para catar as partes e montá-las
> quando as visitas se forem.
> Ninguém me logra, pois não há ninguém,
> é uma fita antiga de um cinema mudo,
> os lábios movem-se e é só.
> Senhor, Senhor Jesus, ouvi-me. Existo?
> Faz tempo que não sonho, existo? (p. 54).

Desde o âmago de nosso ser, um pedido autêntico

Na vivência de tal inconsistência de si, dos outros e do mundo, quando acabamos por rejeitar nossas próprias experiências, como esperar amparo na vivência de angústia e *non sense*? Mesmo da experiência de dor, anomia e vazio,

[3] Sobre a fragmentação da experiência de si e do mundo mesmo em experiências estéticas e afetivas intensas e sobre a possibilidade de superá-las remeto ao texto "Vida e morte no filme Todas as Manhãs do Mundo: entre sensações, interioridade pessoal e intersubjetividade" (MAHFOUD, 2021).

mesmo da inautenticidade da autoafirmação, brota um pedido autêntico, real, vivo, desde o âmago de nosso ser: Que algo efetivamente se dê como acontecimento[4], que a potência origem de tudo intervenha – configurando autenticamente uma experiência religiosa:

> Responde-me, tem piedade de mim,
> Me dá a antiga alegria, os medos confortadores,
> não este, este não, pois sou fraca demais.
> Ouvi-me, pobre de mim,
> Nossa Senhora da Conceição, valei-me. (p. 54)
>
> Ó Mãe da Divina Graça,
> vem com tua mão poderosa,
> mata este medo pra mim. (p. 125).

Na dor autenticamente vivida (que vislumbra unidade entre alegrias e medos), os *vocativos* surgem nos lábios do adolorado. Aqueles vocativos com os quais voltamos a afirmar o outro como possibilidade de verdade de si próprio; aqueles vocativos por meio dos quais voltamos a dizer "vos amo", sendo reconstituídos já nesse gesto de acolhida de uma presença.[5] Vocativos dos quais passamos, até mesmo, a ter necessidade no relacionamento com a Presença: "Quero vocativos para chamar-te, ó maio"[6]. Assim, reconstitui-se a experiência de totalidade de nossa pessoa: em meio ao concreto quotidiano, o nosso amor; em meio ao medo e angústia do nada, a afirmação do ser; em meio ao mundo, o olhar se volta à fonte da existência – escondida, diminuta, à espera de nosso reconhecimento. No nosso chamado radical e amoroso pelo Outro, a reconstituição e realização de nossa pessoa:

> A salvação vem de dizer: adoro-Vos,
> com os joelhos em terra, adoro-Vos,
> ó grão de mostarda aurífera,
> coração diminuto na entranha dos minerais.
> Em lama, excremento e secreção suspeitosa,
> Adoro-Vos, amo-Vos sobre todas as coisas. (p. 19).

Assim, a iniciativa humana tem seu lugar na reconstituição que vem da fonte do ser:

[4] Sobre a radical importância do "acontecimento" para a subjetividade, remeto às contribuições de Claude Romano (2008, 2012; cf. MAHFOUD, 2019a)

[5] Sobre a constituição da pessoa na relação com uma presença, remeto ao texto *Autoconsciência no relacionamento com uma presença: "teu nome nascia do que fitavas"* (MAHFOUD, 2017a).

[6] Epígrafe do livro Oráculos de Maio (Prado, 1999b, s.p.).

Gasto minhas horas em pedir socorro,
esgotando-me, monja extramuros,
em produzir espaços de silêncio
para encontrar Tua voz. (p. 18).[7]

Do pedido desse modo efetivado, na reconstituição de nossa pessoa, voltamos a olhar o mundo como nosso, como a receber um grande presente:

Então rezei: salva-me, Mão de Deus,
antes do tentador com seus enganos.
A senhora está perdida?
Disse o menino,
é por aqui.
Voltei-me
E reconheci as pedras da manhã. (p. 127).

E ao olhar o mundo, agora não há mais hiato entre o concreto finito-frágil e o eterno:

Agora é definitivo:
uma rosa é mais que uma rosa.
Não há como deserdá-la
de seu destino arquetípico.
Poetas que vão nascer
Passarão noites em claro
Rendidos à forma prima:
a rosa é mística. (p. 133).

Sendo que "a salvação opera nos abismos" (p. 127), minha radical limitação, meu mal e limite, meu abandono da própria experiência podem não ser a última palavra. Há algo de inquebrantável na nossa experiência[7], pelo qual podemos, na dor, viver a autenticidade do grito e do pedido:

Ó Virgem,
volte à minha alma a alegria,
também eu estendo a mão a esta esmola. (p. 18)

Há algo de inquebrantável no real assim reconstituído:

[7] Sobre esse nível da experiência pessoal, remeto ao conceito de "núcleo da pessoa" de Edith Stein (2001, 2003, 2013; cf. MAHFOUD, 2019b) e de "experiência elementar" de Luigi Giussani (2017; cf. MAHFOUD, 2012a, 2012b, 2014).

Aí está a rosa,
defendida de lógica e batismo,
a inquebrantável,
a Virgem. (p. 135).

E mais: há a possibilidade de, finalmente, ver o Outro na admiração de uma potência acolhida. Agora, mesmo em meio a falta de palavras, um pedido autêntico; vivência de dor e gratidão. Em um instante, uma experiência inesquecível. Admiração da Potência e o descanso em ser pequeno. Tremor e atração congelam o tempo. A Fonte de todos os seres apreendida em um deles... A pessoa já não rejeita sua própria experiência, que lhe confere lugar no mundo-da-vida, como a poeta já não rejeita ser arauto:

Um dia,
como vira um navio
pra nunca mais esquecê-lo,
vi um leão de perto.
Repousava,
a anima bruta individua.
O cheiro forte, não doce,
Cheiro de sangue a vinagre.
Exultava, pois não tinha palavras
e não tê-las prolongava-me o gozo:
é um leão!
Só um deus é assim, pensei.
Sobrepunha-se a ele
um outro e novo animal
radiando na aura
de sua cor maturada.
Tem piedade de mim, rezei-lhe
Premida de gratidão
Por ser de novo pequena.
Durou um minuto a sobre-humana fé.
Falo com tremor:
eu não vi o leão,
eu vi o Senhor! (p. 139).

Referências

ALES BELLO, A. **Culturas e religiões**: uma leitura fenomenológica. Tradução de A. Angonese. Bauru: Edusc, 1998.

ALES BELLO, A. **Fenomenologia e ciências humanas**: psicologia, história e religião. Edição e tradução de Miguel Mahfoud e Marina Massimi. Bauru: Edusc, 2004.

ALES BELLO, A. **O sentido do sagrado**: da arcaicidade à dessacralização. Tradução de Paulo Sérgio Lopes Gonçalves e Dilson Daldoce Júnior. São Paulo: Paulus, 2018.

ALES BELLO, A. Sobre o fenômeno religioso: para uma fenomenologia da religião. *In*: ALES BELLO, A.; PERETTI, C. *et al.* (Org.s). **Fenomenologia e experiência religiosa**. Curitiba: Juruá, 2020. p. 21-40.

EVANS-PRITCHARD, E. E. **Antropologia social da religião**. Tradução de Jorge Wanderley. Rio de Janeiro: Campus, 1978.

FORNAZIERI, C. C. Fundamentos filosóficos da poética de Adélia Prado: subsídios antropológicos para uma filosofia da educação. Dissertação de mestrado. Faculdade de Educação. Universidade de São Paulo. 1995.

FORNAZIERI, C. C. Inspiração divina e inteligência humana na obra de Adélia Prado. **Videtur**, v.11, p. 61-72. 2000.

FORNAZIERI, C. C. Cotidiano e transcendência na obra de Adélia Prado. **Presente!**, v.49, p. 54-57. 2005.

GIUSSANI, Luigi. **O senso religioso**. Tradução de Paulo Afonso E. Oliveira. Jundiaí: Paco, 2017.

LUCZINSKI, G. F. O psicólogo clínico e a religiosidade do cliente: impactos na relação terapêutica. Dissertação de mestrado. Programa de Pós-Graduação em Psicologia Clínica, Pontifícia Universidade Católica de São Paulo, 2005.

LUKAS, E. **Assistência logoterapêutica**: transição para uma psicologia humanizada. Tradução de H. H. Reinhold. Petrópolis: Vozes; São Leopoldo: Sinodal, 1992.

MAHFOUD, M. Necessidade, desejo e exigências: cultura como âmbito da experiência. *In*: PAIVA, G. J. (Org.) **Entre necessidade e desejo**: diálogos da psicologia com a religião. São Paulo: Loyola, 2001. p. 79-89.

MAHFOUD, M. **Folia de reis: festa raiz**: psicologia e experiência religiosa na Estação Ecológica Juréia-Itatins. São Paulo: Companhia ilimitada. Campinas: Centro de Memória da Unicamp, 2003.

MAHFOUD, M. Experiência elementar e psicologia da religião: interdisciplinaridade para revisão crítica de nossa disciplina. *In*: FREITAS, M. H.; PAIVA, G. J.; MORAES, C. C. (Org.s). **Psicologia da religião no mundo ocidental contemporâneo**: desafios da interdisciplinaridade. v. II. Brasília: Universa, 2012a. p. 107-122.

MAHFOUD, Miguel. **Experiência elementar em psicologia**: aprendendo a reconhecer. Brasília: Universa. Belo Horizonte: Artesã, 2012b.

MAHFOUD, Miguel. Coração como núcleo pessoal: contribuições de Luigi Giussani. *In*: HOFFMANN, A.; OLIVEIRA, L. M.; MASSIMI, M. (Org.s). **Polifonias do coração**. Ribeirão Preto: Fumpec, 2014. p. 117-138.

MAHFOUD, M. Autoconsciência no relacionamento com uma presença: "teu nome nascia do que fitavas". *In*: MAHFOUD, M. (Org.). **Quem sou eu?**: um tema para a psicologia. Belo Horizonte: Artesã, 2017a. p. 69-109.

MAHFOUD, Miguel. Silêncio e interioridade pessoal em Edith Stein. **Revista de Filosofia Aurora**, v.29, n.48, p. 840-864. Setembro – dezembro 2017b. DOI: http://dx.doi.org/10.7213/1980-5934.29.048.DS08.

MAHFOUD, Miguel. Gesto fenomenológico diante do acontecimento da subjetividade. *In*: FEIJOO, A. M. L. C.; LESSA, M. B. M. F. (Org.s). **O gesto fenomenológico**: corpo, afeto e discurso na clínica. Rio de Janeiro: IFEN, 2019a. p. 53-76.

MAHFOUD, Miguel. Núcleo da pessoa como centro pessoal da alma humana: com Edith Stein para uma psicologia com alma. *In*: MAHFOUD, M. (Org.). **Psicologia com alma**: a fenomenologia de Edith Stein. Belo Horizonte: Artesã, 2019b.p. 139-162.

MAHFOUD, M. Senso religioso: horizonte totalizante para a psicología. *In*: ALES BELLO, A.; PERETTI, C. *et al.* (Org.s). **Fenomenologia e experiência religiosa.** Curitiba: Juruá, 2020. p. 53-62.

MAHFOUD, M. Vida e morte no filme Todas as Manhãs do Mundo: entre sensações, interioridade pessoal e intersubjetividade. *In*: ANGERAMI, V. A. (Org.). **O suicídio no cinema**. Belo Horizonte: Artesã, 2021. p. 321-349.

MAHFOUD, M.; MASSIMI, M. O cientista Miguel Rolando Covian: uma experiência totalizante. *In*: ARCURI, I. G.; ANCONA-LOPEZ, M. (Org.s). **Temas em Psicologia da Religião**. São Paulo: Vetor, 2007. p. 219-242.

MORETTO, M. A. P. **A expressão da religiosidade nos poemas de Adélia Prado**: um estudo literário e teológico. Jundiaí: Paco, 2020.

PRADO, A. Arte como experiência religiosa. *In*: MASSIMI, M. & MAHFOUD, M. **Diante do Mistério**: psicologia e senso religioso. São Paulo: Loyola, 1999a. p. 17-32.

PRADO, A. **Oráculos de Maio**. 4 ed. São Paulo: Siciliano, 1999b.

PRADO, A. Fé e conhecimento: a perspectiva da poeta. Debate Fé e conhecimento: a perspectiva do cientista, do poeta e do monge. Laboratório de Análise de Processos em Subjetividade da UFMG. 2008. Disponível em https://youtu.be/6XW31wLPc-g

RIBEIRO-LIN, D. C. Love's crossing through self-emptying language: Augustine of Hippo's confessio and Adélia Prado's mystical poetry. **Teoliterária**, v. 10, n. 21, p. 445-469. 2020.DOI: https://doi.org/10.23925/2236-9937.2020v21p445-469

RIES, J. L'esperienza religiosa. *In*: MONTI, C. (Org.). **Cercatori di infinito, costruttori di storia**: il libro del Meeting '88. Rimini: Meeting per l'amicizia tra i popoli, 1988. p.156-159.

RIES, J. **Il sacro nella storia religiosa dell'umanità**. 2 ed. (atualizada). Tradução de Franco Marano e Luigi Saibene. Milano: Jaca Book, 1990.

RIES, J. **O sentido do sagrado nas culturas e nas religiões**. Tradução de Silvana Cobucci Leite. Aparecida: Ideias & Letras, 2008.

RIES, J. **A ciência das religiões**: história, historiografia, problemas e método. Tradução de Leonardo A. R. T. dos Santos. Petrópolis: Vozes, 2019.

ROMANO, Claude. **Lo posible y el acontecimiento**. Tradução de A. Fornari, P. Mena e E. Muñoz. Santiago de Chile: Universidad Alberto Hurtado, 2008.

ROMANO, Claude. **El acontecimiento y el mundo**. Tradução de Fernando Rampérez. Salamanca: Sígueme, 2012.

STEIN, Edith. Natura e sopranatura nel "Faust" di Goethe. *In*: STEIN, Edith. **Natura, persona, mistica**: per una ricerca cristiana della verità. 2 ed. Tradução de T. Franzosi. Roma: Città Nuova, 1999. p. 29-47.

STEIN, Edith. **Introduzione alla filosofia**. Tradução de A. M. Pezzella. Roma: Città Nuova, 2001.

STEIN, Edith. **Potenza e atto**: studi per una filosofia dell'essere. Tradução de A. Caputo. Roma: Città Nuova, 2003.

STEIN, Edith. **La struttura della persona umana**: corso di antropologia filosofica. Tradução de Michele D'Ambra, revisão de A. M. Pezzella e M. Paolinelli. Roma: Città Nuova, 2013.

VAN DER LEEUW, G. **Fenomenologia della religione**. Tradução de V. Vacca. Torino: Boringhieri, 2017.

VILLAS BOAS, A. Poesia e mística: um dedinho de prosa com Adélia Prado. **Teoliterária**, v.1, n.1, p. 213-217. 2011. DOI:10.19143/2236-9937.2011v1n1p213-217

VILLAS BOAS, A.; BINGEMER, M. C. L. (Org.s). **Teopoética**: mística e poesia. Rio de Janeiro: PUC Rio. São Paulo: Paulinas, 2020.

VILLAS BOAS, A. **Teologia e Poesia em Carlos Drummond de Andrade**: busca de sentido e razão de recusa de Deus. Lisboa: Imprensa Nacional – Casa da Moeda, 2021.

POESIA

Do sensível diante dos animais...

Isabella Leão

Para Rin Tin
Tão pequenino... tão lindinho...

A arte de sentir...
Dessa maneira que descrevo esse vínculo...
Prazeroso que se estabelece entre o nós e os animais...
Uma sensibilidade única nessa troca de cuidado...
E de amor incondicional...
Ensina detalhes tão preciosos de amor e do cuidar...
A nossa percepção se dilata em nova concepção...
De que pode existir um sofrer, sutil em cada pequenino... Escondido detrás desses olhinhos...
Saber dessa dor, diminui qualquer distância...
Criada nessa relação ao longo da vida...
Isentando da dor, do sofrimento essas pequenas criaturas...
Ah ilusão... Ou será a nossa própria impotência?!
Diante do nosso medo a partir dos detalhes frágeis...
Eles escondem a própria dor...
Eles desenvolvem a nossa sensibilidade...
Perdida na amplitude de outros momentos...
A cada pequenino encontro, muitos ensinamentos...
Diante da dor e do sofrimento nesses pequeninos...
Os corações se aproximam...
E mostram que apesar de diferentes maneiras de existir... Somos semelhantes em nossa essência divina...
A nossa sensibilidade se expande...
O amor ressurgi da forma mais pura...
Nesses seres especiais. Amor da maneira de cada um...
Discretos... Intensos... Atrapalhados...
Conduzindo em nós a nossa sensibilidade...
Aprendizado que não se encerra...

CAPÍTULO 12

Senso religioso e acontecimento: um relato da experiência religiosa de Irmão Henrique, Peregrino da Trindade

Franciele Engelmann

Giancarlo Petrini

1) Introdução

Refletir sobre a experiência religiosa que se dá na vida da pessoa é um desafio que se coloca ao pesquisador. Estudos realizados no Brasil, nas áreas da psicologia e das ciências sociais, identificam a importância da dimensão religiosa na constituição da subjetividade (Araujo, 2013) e na formação de comunidades (Petrini, 1984), ressaltando as ressonâncias das apreensões realizadas no relacionamento com o sagrado, com o Outro, em tomadas de posição individuais e coletivas em diferentes espaços do viver social.

No contexto de nossa reflexão, moveremos o olhar tomando a experiência religiosa como elemento importante na constituição da pessoa. Para tanto, apoiaremo-nos nos conceitos de *senso religioso* e de *acontecimento,* que se mostram significativos para a compreensão da experiência religiosa do sujeito inserido na concretude cotidiana, tendo como foco a elaboração de sentido realizada a partir de seu próprio dinamismo.

O objetivo do presente capítulo é apresentar a experiência religiosa do Irmão Henrique, peregrino da Trindade, buscando identificar como em sua experiência, elabora a relação com o sagrado, com o Outro. Para alcançar esse fim, julgamos pertinente apresentar ao leitor, durante o capítulo, a comunidade da Trindade, a qual pertence o peregrino, a maneira como colhemos e analisamos sua experiência e os aspectos que emergiram na análise realizada.

2) O Senso Religioso e a busca de sentido

A experiência religiosa está relacionada com a busca de sentido de cada pessoa (Coelho Júnior e Mahfoud, 2001; Mahfoud, 2020). Luigi Giussani (2000, 2012a, 2012b) e Gerardus van der Leeuw (1964) nos apresentam o conceito de senso religioso, que articula a possibilidade de oferecermos respostas satisfatórias às nossas buscas de sentido.

Van der Leeuw (1964), em seus estudos sobre a fenomenologia da religião, analisa a experiência religiosa de diferentes períodos históricos e de diversos grupos culturais, reconhecendo os elementos constitutivos do fenômeno religioso. Conforme ele, a peculiaridade da experiência humana, incluída a religiosa, é a busca de uma potência, apreendida além de si, no contato com o real que vem ao encontro da pessoa, reconhecendo-se na experiência religiosa, a presença do sagrado[1]. Nas palavras do autor:

> A pessoa religiosa não aceita para si a vida que lhe é dada. Busca *potência* na vida. Se não a encontra ou a encontra numa medida que não a satisfaz, busca introduzir em sua vida, a potência em que crê. Busca elevar sua vida, engrandecê-la, busca conferir-lhe um sentido mais amplo e profundo. Nesta linha horizontal, a religião é a ampliação da vida até o extremo limite. A pessoa religiosa deseja para si uma vida mais rica, mais profunda, mais ampla, deseja potência... A pessoa que não somente aceita a vida, mas deseja algo – a potência – busca encontrar um sentido na vida. Organiza a vida em vista de um todo significativo: assim nasce a cultura... (Van der Leeuw, 1964, p. 650, tradução nossa).

Para Van der Leeuw, o encontro com a potência advertida na concretude em que o sujeito, individual ou coletivo, encontra-se inserido, gera nele uma resposta, com base na qual configura de forma significativa suas vivências. O autor identifica a experiência religiosa como a resposta do sujeito à potência encontrada no munda-da-vida (Van der Leeuw, 1964; Mahfoud, 2020).

Van der Leeuw (1964) apresenta a natureza peculiar do sentido, cuja dinâmica impele o sujeito a continuar buscando, "sempre mais além, um sentido mais profundo e mais vasto... Ele [o ser humano religioso] percebe que nunca atingirá a superioridade última, mas que ela o alcança de modo incompreensível, misterioso" (p. 650-651, tradução nossa). O sentido religioso:

> É o senso do todo, é a última palavra. Esse sentido nunca é apreendido, essa palavra nunca é pronunciada; um e outro sempre se superam. O

[1] Na esteira do pensamento de Gerardus van der Leeuw, Mahfoud (2020) nos esclarece que o sagrado não é o divino, é uma realidade marcada pela potência e nesse caso, pelo divino.

> sentido último é um mistério, que se revela sempre de novo e ainda permanece oculto. Significa um avanço até o limite extremo, onde se entende apenas uma coisa: que toda compreensão está além (p. 650-651, tradução nossa).

O sentido quando advertido no contato com a realidade a um tempo, confere satisfação e sempre de novo reacende a busca.

Luigi Giussani (2000, 2012a, 2012b) sintoniza com a perspectiva de Van der Leeuw ao abordar o conceito de senso religioso – correlato à experiência elementar – como busca de sentido, advertido pelo sujeito na elaboração de sua experiência no contato com a realidade.

Segundo o referido autor, a experiência elementar constitui-se como elemento primeiro, singular e o núcleo mais profundo de toda pessoa humana, que lhe possibilita apreender o fio de significado que confere unidade à experiência pessoal vivenciada. Indica "o ímpeto original com o qual o ser humano se lança na realidade procurando identificar-se com ela por meio da realização de um projeto que imprima à própria realidade a imagem ideal que o estimula interiormente" (Giussani, 2000, p. 26). Assim se expressa sobre a experiência elementar:

> Trata-se de um conjunto de exigências e evidências com as quais o homem é lançado no confronto com tudo o que existe... A elas podem ser dadas muitos nomes, através de diversas expressões, como: exigência de felicidade, exigência de verdade, exigência de justiça, etc. Seja como for, são como uma centelha que põe em ação o motor humano; antes dela não ocorre nenhum movimento, nenhuma dinâmica humana. Qualquer afirmação de uma pessoa, desde a mais banal e quotidiana até a mais ponderada e plena de consequências, só pode ser feita tendo por base esse núcleo de evidências e exigências originais (Giussani, 2000, p. 24).

A experiência elementar emerge na consciência da pessoa como desejo de encontrar respostas satisfatórias às exigências que a constituem. Para nossa exigência de amar e ser amado bastaria um simples encontro?

Para que uma casa se torne morada que abrigue o benquerer e o cuidado entre os seus, seria suficiente pensar apenas na sua edificação material? Certamente, não. Tais questões têm sua importância, porque nos movem a buscar e esperar algo mais, abrem a outros sentidos, abrem à procura de respostas capazes de conferir realização pessoal (Mahfoud, 2020).

Na perspectiva giussaniana, o olhar não se move com a finalidade de deduzir aspectos da realidade humana com base em algum princípio metafísico, mas pela observação realista e apaixonada da experiência humana que, ao se orientar pelo método fenomenológico, procura retornar às coisas mesmas, identificando o dinamismo próprio do sujeito que se potencializa na elaboração da experiência (Ales Bello, 2004; Petrini, 2012; Mahfoud, 2018, 2020).

A experiência elementar recebe influências de cada contexto histórico cultural, mas resulta ser mais do que o produto de uma determinada cultura, pois suas expressões podem ser encontradas com traços muito semelhantes, em todas as culturas humanas. Na literatura universal, desde Homero e os clássicos da tragédia grega até os autores contemporâneos, podem ser encontradas manifestações dessa experiência. "Essa é a razão pela qual a leitura de obras filosóficas ou de obras de arte de tempos passados despertam interesse. Elas são capazes de comover o observador, pois algo presente nelas tem a capacidade de falar ao coração do homem e da mulher de hoje, assim como falou aos de seu tempo" (Petrini, 2012, p. 17).

A experiência elementar e as exigências originárias que a descrevem configuram "aspectos objetivos da subjetividade humana" (Petrini, 2012, p. 19). Emergem aos olhos do observador como fenômenos da realidade, identificáveis na experiência. Cada pessoa de alguma forma responde às exigências, podendo reconhecê-las, abafá-las ou ignorá-las, todavia, "não pode evitar que elas, ao surgir como desejos, produzam inquietação" (Ibidem).

A experiência elementar constitui-se como "abertura com critério intrínseco, uma espera" (Mahfoud, 2018, p. 56), e como o crivo crítico com o qual cada pessoa tende a avaliar na vivência, se o que nela encontra, satisfaz a exigência que a constitui, se corresponde à espera que a acompanha. Quando encontrado o correspondente, há um preenchimento à busca, há uma vivência de realização pessoal, que não extingue a exigência, pelo contrário, a exalta ainda mais, promovendo novamente o movimento de busca:

> o encontro com o objeto de desejo não desfaz o desejo mesmo; pelo contrário, as exigências constitutivas são exaltadas quando em contato com algo identificado como correspondente: a exigência de beleza se exalta no encontro com algo belo, por exemplo. A busca a que nos referimos aqui em termos de senso religioso ou de experiência elementar é uma modalidade de desejo radical, constitutivo, uma exigência, cuja fonte não é a falta. Trata-se de uma busca com critério próprio; trata-se de conhecimento, ainda que do mistério. Tal dinamismo pessoal constitutivo nos dá condições – sempre renovadas – de elaborar criticamente nossa própria experiência (Mahfoud, 2020, p. 60).

O desejo, nessa ótica, não é tomado como consequência de um vazio, cuja resposta à busca relaciona-se à ilusão, como tradicionalmente enfocado pela psicologia (Mahfoud, 2020). Na perspectiva giussaniana, o desejo assume o significado tal como expresso na língua latina, da qual a palavra vem: *de-siderium*. "Sidera são as estrelas, de onde vem a expressão: 'espaço sideral'. A palavra desejo indica algo grande, que tem a ver com as estrelas, que tende ao infinito" (Petrini, 2017, p. 03). Nas diferentes circunstâncias vivenciadas, busca-se uma correspondência ao próprio desejo, a essa irresistível inquietação que sempre, de novo, desperta o movimento de buscar respostas, hoje, mais plenas do que as que foram encontradas ontem.

Estando à base da experiência humana, a experiência elementar possibilita à pessoa na relação com a concretude em que se encontra inserida, colher significados e responder às solicitações que o real lhe faz nas mais variadas formas de manifestação. Nesse movimento, ao advertir correspondências às suas buscas, vivencia realização pessoal, continua constituindo-se como pessoa e contribui com sua singularidade na construção do mundo.

A perspectiva do senso religioso como algo que vem em direção à pessoa, que se manifesta e é apreendido no contato com o real, como sentido que confere significado ao gesto cotidiano e à existência humana, dialoga com o que Romano (2007) e o próprio Giussani (1994) têm proposto sobre a constituição da subjetividade como acontecimento.

O acontecimento, segundo Giussani (1994), é "uma irrupção do novo" (p. 14), algo que vem de fora e nos afeta, que não podemos supor nem reconduzir a uma construção nossa, que se dá, que eclode na vida. Para Romano (apud Martins, 2007), ele abre um sentido não passível de ser antecipado por projetos pessoais, "consiste na reconfiguração impessoal das minhas possibilidades e do mundo, que sobrevém com um facto e que institui uma fractura na minha aventura. Uma transformação de mim mesmo e do mundo, indissociável da experiência que faço dela" (p. 177 – 178). O acontecimento não se reduz ao fato, transborda-o, o seu advir introduz um conjunto de possibilidades, com base nas quais, procura-se compreender a si mesmo, o outro e o mundo de forma nova.

Para Giussani (1994) e para Romano (apud Martins, 2007), o acontecimento diz respeito a um fato não previsível, não previsto, que irrompe na vida da pessoa e abre um sentido, de modo a fazê-la experienciar algo que ainda não se colocava em sua existência. O acontecimento é aquilo que se dá no aqui e agora, possibilita à pessoa dar-se conta de si na vivência e desperta ainda um empenho pela vida.

A seguir, apresentamos a comunidade da Trindade de Salvador – BA, espaço ao qual pertence Irmão Henrique Peregrino.

3) A comunidade da Trindade

A Igreja da Trindade localiza-se no bairro Água de Meninos, em Salvador – BA. A antiga igreja, edificada no ano de 1733, e dedicada à Santíssima Trindade e Redenção dos Cativos (IPAC, 1975), acolhe, desde o ano 2000, uma comunidade composta por pessoas que vivenciaram a situação de rua e por pessoas que não a vivenciaram. O início da comunidade está relacionado ao pedido que o então bispo da Arquidiocese de Salvador, dom Geraldo Magela, fez a Irmão Henrique, peregrino da Trindade, para acolher pessoas em situação de rua[2].

O espaço constitui-se por flores, árvores, uma horta em que são cultivadas verduras e chás medicinais, por 21 casas distribuídas no entorno da Igreja e ainda pelo caminho do peregrino feito em grama e pedras. Quando realizamos a pesquisa, a comunidade possuía 41 membros: 28 homens e 13 mulheres, sendo que a maior parte tinha entre 30 e 60 anos. O membro mais velho contava com 89 anos e o mais novo 9 meses. Dentre o grupo, 2 padres, 2 religiosas consagradas (freiras), 1 irmão peregrino, 1 viúva, 3 casais em 2ª união, 3 casais (1ª união) sem filhos e 22 pessoas solteiras. Dos 41 membros, 30 haviam vivenciado a situação de rua, sendo que o tempo de vivência nas ruas compreendia desde algumas noites até 43 anos.

Há dois modos de morar na comunidade: há quem fez a opção de morar na igreja e há quem fez opção de morar em uma das casas dispostas ao redor dela. Nas casas, moram as famílias e algumas pessoas solteiras. Os que moram na igreja guardam seus poucos pertences nos armários ali dispostos e realizam sua higiene nos banheiros que ficam nos fundos dela. Com exceção de uma senhora idosa e daqueles que estão doentes, que dormem em camas, as demais pessoas dormem sobre papelões na igreja, as mulheres de um lado e os homens de outro.

Há duas maneiras de participação na Trindade: a Aliança e a Transição. A Aliança compreende os que estão há mais tempo na comunidade e assumiram o compromisso de dela serem membros, reúnem-se uma vez por mês na Trindade do Mar. Os da Transição são os recém-chegados, assim como os da Aliança, participam das atividades e da dinâmica da comunidade e, na medida em que vão vivendo na comunidade, manifestam o desejo de integrar a Aliança ou são convidados pelos membros desta a dela participarem.

O dormir em papelões na igreja, o cozinhar em fogão à lenha e o viver a partir dos recursos característicos da situação de rua, como a reciclagem e o artesanato, são opções feitas pela comunidade com o intuito de a aproximar das pessoas em situação de rua e possibilitar que, quando ali chegarem, identifiquem-se com esse espaço. As formas de se chegar à comunidade são as mais variadas possíveis e, desde que a pessoa aceite viver a sobriedade – não fazer uso de drogas, sendo o cigarro permitido – e se dispor a viver a dinâmica da comunidade, nela pode conviver o tempo que julgar oportuno para si.

O silêncio e a valorização dos sentidos visuais são linguagens peculiares da comunidade. O silêncio se faz presente naturalmente e acompanha muitos dos momentos comunitários: o convívio, as diferentes atividades realizadas e as orações, as quais são acompanhadas da repetição de inúmeros mantras – melodias

2 Discorreremos sobre a formação da comunidade da Trindade quando, nas páginas seguintes, apresentarmos a experiência religiosa de Irmão Henrique.

repetidas várias vezes – facilitando a participação daqueles que não sabem ler. A valorização dos sentidos visuais se faz presente também na arte, que nasce dos materiais reciclados e que ornamentam a igreja, o jardim, as casas, bem como se presentifica nas orações, acompanhadas de muitas velas acesas em meio à escuridão, contribuindo para o recolhimento pessoal.

A comunidade se mantém, em grande parte, de doações recebidas e por um caixa comum, alimentado pelas contribuições mensais dos membros que têm condições de as fazer. Acredita-se que o trabalho confira dignidade à pessoa, por isso se incentiva aqueles que o podem fazer terem alguma atividade remunerada mediante a qual angariem os recursos necessários para manterem suas necessidades básicas. Há quem tem carteira assinada, quem realiza trabalhos informais, quem tem aposentadoria e quem, devido às fragilidades físicas ou mentais, recebe benefícios assistenciais, como o Bolsa Família e o BPC (Benefício de Prestação Continuada). Cada qual tem a liberdade para administrar seus ganhos mensais.

A comunidade vive uma espiritualidade Trinitária e Peregrina. Constitui--se de e em três lugares de vida: o *caminho* – a Trindade Peregrina; *as ruas e seu povo* – a Trindade Rua; o *eremitério* – a Trindade do Mar. O *caminho* é o primeiro lugar de vida da comunidade, assumi-lo como lugar de vida é muito mais do que andar nele: é aprender a viver nele. Caminha-se nele, come-se daquilo que nele se encontra, nele se medita, dorme e se revigoram as forças. Caminha-se para orar, na ânsia do Infinito, que se presentifica no caminho, sendo esse também um lugar de encontro com as diferentes pessoas, paisagens, culturas (PEREGRINO, 2018). A comunidade realiza peregrinações, que duram em torno de uma semana ou quinze dias, realizadas em diferentes lugares do Brasil, abertas a quem delas deseja participar. As *ruas e seu povo* constituem o segundo lugar de vida da comunidade. Trata-se da Igreja da Trindade, a Trindade Rua, que descrevemos nos parágrafos anteriores. Semelhante ao peregrino, que ao chegar na grande cidade, sem ter onde dormir, sem ter o que comer e sem ter dinheiro, é acolhido pelas pessoas que vivem nas ruas, na Igreja da Trindade, acolhe-se e se compartilha a vida com aqueles que vêm ou vieram da vivência em situação de rua.

O *eremitério*, a Trindade do Mar, compreende uma pequena e antiga capela, localizada às margens do mar, na Ilha de Mar Grande – BA, encontrada em 2008, em uma das peregrinações da comunidade. Nela, vivia, há 40 anos, o eremita Gabriel, cego, na companhia de seus gatos. Do encontro com o eremita, nasceu uma amizade e pessoas da comunidade passaram a ali morar e a dele cuidar até seu falecimento em 2012. A presença do eremita, ali, de frente ao mar, constituía-se em oração: "Aqui oro por toda a Humanidade sofrida"[3], prática que se mantém viva até hoje. Nesse espaço, cozinha-se em fogão à lenha, dorme-se no chão,

[3] Fonte: www.igrejadatrindade.blogspot.com

camas ou redes e, na ausência de água encanada, obtém-se esta de um poço. O *eremitério*, a Trindade do Mar, é o terceiro lugar de vida da comunidade e expressa que, embora o eremita se retire do convívio dos outros, compartilha da mesma ânsia que habita o peregrino: é um sedento do Infinito. Com vivências diferentes, ambos bebem da mesma fonte:

> Um eremitério não é apenas passagem para o peregrino: é pouso e repouso, é a árvore frondosa onde se aninha antes de realçar voo. O eremita guia o peregrino nos caminhos da vida interior, o convida a caminhar ainda mais para dentro, a fazer do peregrinar exterior sempre mais um caminhar interior. O peregrino traz ao coração do eremita o perfume de outras solidões, a sinfonia de outros silêncios, a plenitude de outros vazios [...] Cada um acolhe no segredo de sua tenda o outro, e quando a distância física os separa, um arco-íris os aproxima na oração do coração (Peregrino, 2018, p. 01).

A comunidade da Trindade se constitui nesses três espaços significativos, em que um se integra ao outro, possibilitando a vida se mover de um espaço a outro: o caminho leva às ruas e seu povo, que a devolvem ao caminho, que a fará encontrar eremitérios para retornar novamente ao caminho.

Nas linhas que seguem, apresentamos a maneira como colhemos a experiência de Irmão Henrique, um dos membros da comunidade da Trindade, ou conforme palavras dele mesmo: *"um dos primeiros acolhidos na comunidade da Trindade"*, é assim que ele se reconhece nesse espaço.

4) Como colhemos a experiência religiosa de Irmão Henrique

A experiência de Irmão Henrique foi por nós colhida por meio da entrevista do tipo história de vida. O colher de sua experiência insere-se em uma das etapas percorridas na construção da tese *Processos de constituição dos vínculos familiares de pessoas adultas que vivenciaram a situação de rua, membros da comunidade da Trindade,* defendida no Programa Família na Sociedade Contemporânea da UCSAL em 2019. Na tese, buscou-se compreender como se dão os processos de constituição dos vínculos familiares em pessoas adultas, que vivenciaram a situação de rua, membros da comunidade, em três momentos existenciais: na família de origem, na vivência em situação de rua e na Trindade. Irmão Henrique, juntamente com mais três pessoas, foi um dos nossos entrevistados.

Cumpre informar ao leitor que, antes de realizarmos a entrevista com Irmão Henrique, realizamos seis meses de observação participante na Trindade, inserindo-nos e participando das vivências cotidianas da comunidade, o que nos possibilitou conhecer a dinâmica constitutiva desse espaço, estabelecer vínculos de confiança com os seus membros e identificar as pessoas a serem entrevistadas em momento posterior (Brandão, 2017; Haguette, 1992).

Na entrevista, solicitamos que o participante nos relatasse sua história de vida, com base na seguinte pergunta disparadora: *Gostaria que você me contasse sua história de vida.* Buscamos abordar a pessoa da forma mais ampla possível e não seguimos um roteiro com outras questões elaboradas previamente, pois nosso interesse era deixá-la livre para nos apresentar sua experiência (Souza, 2007; Silva, Barros, Nogueira, Andrade de Barros, 2007; Bosi, 1995/1979). Quando se julgou necessário, pedimos que nos esclarecesse melhor algo que não havíamos compreendido ou introduzimos alguma pergunta para ampliar algo que nos estava sendo contado.

As entrevistas foram realizadas na Trindade em locais escolhidos pelos próprios entrevistados, após a apresentação, leitura e assinatura do Termo de Consentimento Livre e Esclarecido, que juntamente com o projeto de pesquisa foi anteriormente submetido e aprovado pelo Comitê de Pesquisa da UCSAL. As entrevistas foram gravadas e transcritas integralmente, preservando o estilo de linguagem de cada participante. Nas transcrições, incluímos expressões faciais, silêncios e alguns impactos que dadas falas causaram em nós. Registramos ainda dados referentes a forma como encontramos os sujeitos quando os fomos entrevistar e informações dadas após a entrevista, enquanto ainda interagíamos com os participantes, todos registrados em diário de campo.

É importante esclarecer que o nome de Irmão Henrique é apresentado tal como ele nele se reconhece e com sua autorização. Quando antes da entrevista, expomos-lhe nossa preocupação em preservar sua identidade e lhe atribuir um nome fictício, olhou-nos surpreso: *"Por que isso? Minha vida é um livro aberto. Vou falar na entrevista porque quero, pode me chamar de Irmão Henrique".*

5) Como analisamos a experiência religiosa de Irmão Henrique

Analisamos a experiência religiosa de Irmão Henrique, orientando-nos pelo método fenomenológico, que toma o relato como via de acesso à experiência. Conforme Van der Leeuw (1933/2009), a experiência é uma unidade constituída por uma vida presente e seu significado. A experiência não pode ser apreendida imediatamente, porque ela é um fluxo que está sempre acontecendo e toda apreensão implica um recorte. Trata-se, assim, de uma reconstrução do vivido, pois podemos tomá-la e reconstruí-la enquanto experiência. Para nossa análise, esta postura torna-se significativa, na medida em que nos possibilita apreender no relato, a maneira como a pessoa, em sua experiência, articula sua relação com o sagrado, com o Outro, que pela realidade vem ao seu encontro, por meio de uma reconstrução que manifesta a experiência vivida.

É pela experiência que elaboramos o contato que temos com a realidade. Essa elaboração acontece pela via do significado, cuja estrutura é um todo, que não se deixa decompor, mas se faz compreender pelos fragmentos que a compõem. A estrutura da experiência "é a realidade significativamente organizada" (Van der Leeuw, 1933/2009, p. 180). É possível identificar mediante a análise do relato, a estrutura pela qual a pessoa elabora suas experiências nos diferentes momentos da vida. A estrutura se mantém como eixo comum que perpassa a elaboração realizada e pode ser compreendida não pela via causal, mas pelas conexões de sentido articuladas pela pessoa. Essa compreensão pertence, por um lado, à realidade que se apresenta para ser compreendida e, por outro, à pessoa que deseja compreendê-la. Dessa forma, a realidade se abre a quem deseja compreendê-la e a pessoa, estando aberta, pode compreendê-la. Com base na compreensão das conexões de sentido, é possível identificar e descrever os elementos constitutivos dessa experiência, ou seja, os elementos mediante os quais a experiência se estrutura. Embora não seja uma fotografia idêntica à realidade, a estrutura possui uma vida e um significado único e revela a experiência em sua dinâmica própria.

Para identificar a estrutura da experiência, orientamos nosso olhar tendo como base os passos propostos por Van der Leeuw (1933/2009). O autor nos esclarece que, embora os apresente sucessivamente, na prática, eles se interpenetram:

1) *Nomeação:* realizamos a leitura da entrevista várias vezes, agrupamos e nomeamos as experiências que emergiram no relato, de modo que fosse possível separar para depois reunir. Agrupamos inicialmente as experiências em blocos: vivências na família de origem, vivências em situação de rua, vivências na comunidade da Trindade. Ao realizarmos este agrupamento, pudemos identificar a maneira como a relação com o Sagrado, com o Outro foi se dando na vida de Irmão Henrique. Esse passo abriu caminho para compreender, posteriormente, as conexões entre as experiências agrupadas;
2) *Inserção da experiência na própria vida*: realizado o agrupamento das experiências, buscamos retomar a leitura do relato, deixando vibrar e ressoar em nós a experiência do outro. Retomando as palavras de Usener sobre uma aproximação àquilo que desejamos conhecer, em que "cordas aparentadas podem pouco a pouco vibrar em nós e ressoar ao uníssono com ele, e descobrimos em nossa própria consciência, os fios que juntam o antigo ao novo" (p. 181), Van der Leeuw (1933/2009) ressalta que essa ressonância, ao mesmo tempo em que acontece em nós, alude à vibração do outro e nos possibilita uma aproximação do

significado presente no relato. Algumas dessas vibrações colhidas no relato foram abertas em perguntas na apresentação da experiência de Irmão Henrique;

3) Époché: suspensão das concepções prévias que tínhamos sobre os elementos que julgávamos pertinentes estar ou que deveriam estar presentes na maneira como a pessoa, em sua experiência, articula sua relação com o sagrado, com o Outro. Colocamos entre parênteses, assim, aquilo que dificulta a abertura de nossa própria pessoa, para colher o que se manifesta no relato enquanto elaboração da experiência;

4) *Elucidação:* após suspendidas as concepções prévias, teve-se condições de elucidar, clarificar as conexões de sentido presentes nas manifestações do relato. Retomamos os agrupamentos das experiências anteriormente realizados, buscando reunir os elementos em que se manifestavam essas conexões, o que possibilitou que os elementos mediante os quais a experiência se estrutura, ganhassem aos nossos olhos maior clareza e precisão;

5) *Compreensão* das conexões de sentido que forjam a estrutura da experiência da pessoa: uma vez clarificadas as conexões de sentido, procuramos compreendê-las no todo da experiência, bem como na forma como Irmão Henrique a elabora;

6) *Retificação:* para manter a análise fidedigna à experiência, após já termos organizado e redigido a reconstrução da experiência de Irmão Henrique, voltamos a campo e retificamos com ele algumas expressões que não estavam suficientemente claras para nós;

7) *Reconstrução e Testemunho:* buscamos reconstruir a experiência vivida por Irmão Henrique e testemunhar aquilo que encontramos, expressando a estrutura / o eixo estruturador de sua experiência e os elementos mediante os quais essa experiência se estrutura.

Vale ressaltar que, antes de apresentar a reconstrução da experiência de Irmão Henrique, nomeamos sua experiência em itálico, com expressões dele mesmo, de modo que essa nomeação explicite a dinâmica característica de sua experiência. A seguir, apresentamos brevemente a forma como o encontramos quando o fomos entrevistar e, logo depois, destacamos o eixo estruturador da experiência por meio do qual ele elabora o contato com a realidade e os elementos principais pelos quais sua experiência se estrutura. Apresentamos a reconstrução de sua experiência, tendo como foco a relação que estabelece com o sagrado, com o Outro, e, em itálico, destacamos a narrativa que compreende seu relato, constituída por falas dele mesmo.

6) A experiência de Irmão Henrique: *Sou Peregrino da Trindade*

Quando entrevistamos Irmão Henrique em 2018, ele contava com 54 anos. O encontramos como comumente ele está na Trindade: cabelos molhados amarrados, camiseta de algodão clara, calça branca de algodão cru, chinelos havaianas brancos nos pés. Estava sentado e brincando com Henrique Júnior, o afilhado de 9 meses, que tinha em seu colo, que também mora na comunidade. Após uns 25 minutos de interação com a pequena criança, entregou-a à Vânia, sua madrinha, que também mora ali, para a realização da entrevista. O sotaque francês simpático, o tom tranquilo, a postura compenetrada, risos e silêncios, foram os elementos que acompanharam nosso diálogo.

O eixo estruturador mediante o qual Irmão Henrique elabora sua experiência com o sagrado, com o Outro, é: abertura ao acontecimento, vivenciar a consciência das coisas acontecendo, o que possibilita ficar no instante, sem se fixar em algo, dinâmica que tem a força de, por si mesma, restaurar a pessoa[4]. Os elementos mediante os quais sua experiência com o sagrado, com o Outro, estrutura-se são: a experiência do vínculo familiar, o caminho e a Aliança.

Irmão Henrique nasceu na França. Conforme ele:

> num ambiente privilegiado no nível material, mas, sobretudo, no relacional. Meus pais tiveram cinco filhos e somos até hoje uma família muito e muito unida, os cinco juntos. Cada vez que eu volto pra lá, a gente se reencontra, antes com meus pais [já falecidos], todos juntos na casa da família e agora com minhas irmãs, cunhados, sobrinhos. Creio que, na pequena infância, eu vivi muito essa qualidade relacional de ser amado, simplesmente. Na verdade, nada mais do que isso, tanto por meu pai, por minha mãe. Como meus pais deixaram as suas famílias, tive pouca convivência com tios e tias, avós, porque meus pais mudaram por causa do trabalho.

Irmão Henrique cresce num ambiente de *qualidade relacional*, marcado pela presença de vínculos familiares que lhe possibilitaram a experiência *de ser amado*. Na medida em que foi crescendo e ampliando suas vivências, ao dar-se conta da vivência do outro, abre-se nele um desejo:

> Aí, crescendo, pouco a pouco, nasceu o desejo, quando dei-me conta que muitos outros não tinham vivido isso na pequena infância ou na meia infância, cresceu em mim, nos anos de estudos, o desejo de poder

[4] Tomaremos o *acontecimento,* tal como proposto por Romano (apud MARTINS, 2007) e Giussani (1994), cujo significado já foi por nós apresentado em páginas anteriores deste capítulo.

> partilhar o que eu tinha, o que eu era, com pessoas que não tinham vivido isso. Naquele tempo, chamavam pobres, o que podemos chamar feridos, necessitados, seja lá o que for.

Ao lado do desejo de compartilhar a experiência de ser amado com quem não a vivera, habitava nele uma outra solicitação, a qual também se abre: *"Paralelo a isso, sempre teve em mim, um apelo muito para a vida contemplativa. Por natureza, eu sou bastante silencioso, eu amo mesmo o silêncio naturalmente e sou muito voltado para a vida interior"*.

Uma terceira solicitação se colocou em sua vida: o Evangelho:

> E a terceira coisa que dirigiu muito a minha vida foi a dimensão do Evangelho: sempre fascinado pela pessoa que era Jesus, algumas frases que Ele falou, mas, sobretudo, pelo que Ele era e como Ele viveu e se comportava. Sobretudo, sempre fiquei fascinado com a capacidade de Jesus de encontrar as outras pessoas, quaisquer que sejam: um leproso, uma prostituta, mas também um chefe de sinagoga, um centurião romano; essa capacidade de encontrar verdadeiramente as outras pessoas.

As solicitações advindas nessas três dimensões: compartilhar a experiência do vínculo familiar com quem não a teve, o apelo à vida contemplativa, o fascínio com a capacidade de Jesus de encontrar verdadeiramente as pessoas, despertam em Irmão Henrique, um chamado:

> Aí, juntando tudo isso, nos estudos superiores já comecei a me sentir chamado para algo diferente. Eu não sabia o que era. Comecei, paralelo aos estudos acadêmicos, fazer filosofia e teologia, discernimento. Nisso, pouco a pouco, percebi que havia dentro de mim uma sede que eu não sabia como preencher, mas que havia uma coisa diferente e eu procurei.

Vive a dinâmica do acontecimento: dá-se conta que há *uma sede que não sabia como preencher* e no desejo de encontrar o que a pudesse preencher, Irmão Henrique inicia uma procura que o faz deslocar-se por diferentes espaços, que comportam longas distâncias percorridas, inserção e vivências em novas culturas, em realidades socioeconômicas muito diferentes das que viveu na Europa:

> Isso me levou primeiro na África, mas como profissional, para trabalhar numa aldeia muito pobre. Lá realmente encontrei a pobreza que eu nunca encontrei no Brasil, mesmo no fundo do sertão. Poder estar naquela aldeia (silêncio), como eu fui como profissional engenheiro, eu fui recebido como engenheiro, fui tratado como engenheiro. Éramos dois, e como descobrimos a água que eles não sabiam onde estava, fomos tratados como aqueles que chegaram com o saber e com o poder e que encontraram a água. Então, a nossa casa era a casa do chefe, e eu percebi o quanto isso me impossibilitou de viver o que eu mais queria

> viver, que era estar com as pessoas na aldeia. Na verdade, fomos muito bem acolhidos logo no início como a autoridade suprema e depois nunca saímos disso. Dessa experiência, cresceu em mim a convicção de que o meu desejo mais profundo era de ser irmão: um irmão sem saber e sem poder, simplesmente aquele que está junto.

Embora não encontrasse na África, o que pudesse preencher sua sede é no contato com essa experiência que cresce, em Irmão Henrique, a convicção acerca do desejo de ser *um irmão sem saber e sem poder, simplesmente aquele que está junto.*

Continuou, então, sua busca:

> Deixei a vida profissional e fui morar na ARCA de Jean Vanier [na França], viver com pessoas portadoras de deficiência mental. E aí de fato, numa pequena vida comunitária, na casa, vivendo com as pessoas, tudo igual: a mesma mesa, usando os mesmos espaços, aí preencheu muito essa sede minha de fraternidade, de igualdade, de estar junto. Só que era ainda na Europa, naquele tempo, então, eu desejava uma pobreza material muito maior.

Na ARCA[5], por um tempo, sua sede *de fraternidade, de igualdade, de estar junto* foi preenchida. Todavia, tornou a se manifestar, pois *desejava uma pobreza material muito maior.* E na ânsia de encontrar o que preenchesse sua sede, continuou sua procura e seus deslocamentos por outros espaços:

> Não foi possível ir para a Índia, e finalmente vim para o Brasil, em São Paulo, numa favela, que corresponde a tudo aquilo que eu desejava e fiquei lá dois anos. No início, totalmente preenchido de novo. Mas, pouco a pouco começou a fazer falta de novo duas coisas: eu queria uma vida ainda mais pobre materialmente, apesar de que lá eu já morava na favela. Aí eu comecei a ficar com os hippies na praça da República, comecei a dormir na rua com eles, e aí tinha um mundo que ainda não tinha o que eu tinha, que era simplesmente uma casa, porque era uma casa de madeira dentro da favela, era tudo o que havia de mais simples. Mas, ainda haviam pessoas que não tinham nem isso. E a segunda inquietação, a segunda sede foi a dimensão orante: eu desejava uma vida muito mais orante. A primeira comunidade [ARCA] em que morei havia muito mais oração, essa segunda, é que cada comunidade é diferente, rezava muito pouco de maneira comunitária; individual, como cada qual queria, mas de maneira comunitária, havia uma certa pobreza. Eu desejava outra coisa.

5 Rede internacional, fundada por Jean Vanier, composta de mais de cem comunidades, em trinta países, para portadores de deficiências mentais.

Embora experimentasse a pobreza nos dois anos vivenciados em uma favela em São Paulo, Irmão Henrique deu-se conta que havia outros que ainda não tinham o pouco que ele tinha: *uma casa de madeira dentro da favela.* Passa, então, a dormir com os hippies na Praça da República. Embora, não nos conte em que comunidade morou, essa experiência fê-lo sentir-se, inicialmente, *preenchido totalmente,* mas a sede que o habitava tornou a se manifestar mais uma vez: *queria uma vida ainda mais pobre materialmente e desejava uma vida muito mais orante.* No desejo de encontrar o que pudesse preencher sua inquietação, desloca-se mais uma vez:

> A partir disso, resolvi, depois de um longo discernimento já, morar em Taizé, Alagoinhas [BA], num eremitério, acompanhado por um dos irmãos de Taizé, para tentar encontrar melhor essa vocação. Foi lá, juntando tudo isso que, graças ao acompanhamento do irmão que me acompanhou, sem o qual, acho que nunca teria encontrado, que percebi claramente que era chamado a ser peregrino, porque juntava tudo aquilo que eu mais ansiava: um despojamento completo, a vida contemplativa, o ser irmão, o ser totalmente despojado de todo o poder, a gente falava agora há pouco dessa questão do poder, não ter justamente poder nenhum e poder caminhar e estar junto com as pessoas que a gente encontra, absolutamente igual, sem colocar saber, conhecimento, autoridade, nada disso adiante. Foi assim que me tornei peregrino, um peregrino da Trindade, por causa dessa mística trinitária que sempre me habitou e continua sendo o fogo que queima dentro de mim, isso é a paixão da minha vida. Então comecei em 1989, a caminhar. Eu não sabia na verdade, o que era ser peregrino naquele momento, nem tinha ideia, mas Michel sempre me tinha dito: "O caminho te confirmará". E de fato, o caminho me ensinou, me confirmou, me fez entender o que era essa vocação, pouco a pouco. Passei a viver nas ruas com o pessoal da rua lá na Bolívia, no início, depois no Peru, depois no Brasil. Caminhei muito, muito, muito, naquele tempo (risos, silêncio). Mas, enfim, eu diria que essa sede que tinha dentro de mim de uma vida orante, contemplativa e despojada junto com os últimos era enfim preenchida. E até hoje ela é. Próximo ano, faço 30 anos [de peregrino], a gente vai peregrinar para celebrar isso. E, então, de fato, esse foi o caminho que eu encontrei para mim (silêncio).

Por meio do vínculo e acompanhamento de Irmão Michel, Irmão Henrique encontra o que preenche sua sede: ser peregrino e, então, *começa a caminhar.* Mas, não teria ele caminhado antes? Qual o sentido deste caminhar? Os deslocamentos, até então, realizados, não são por ele chamados de caminho, naqueles, embora ele vivesse a dinâmica do acontecimento, procurava por algo que não sabia o que era. A partir do momento em que encontra a resposta para sua busca, o deslocar, o caminhar, que já o acompanhavam, tornam-se efetivamente um caminho, ou seja, passam a ter um sentido, e esse sentido é justamente o preenchimento daquilo que buscava. De ora em diante, ele pode dizer que tem um caminho a fazer: ser peregrino, que implica andar sem se fixar, desprender-se constantemente, o que não deixa de ser a própria imagem do caminhar, o que lhe possibilita ficar na pobreza do instante, que é o acontecimento por excelência: o puro acontecimento, do qual se tem consciência e que tem a força de, por si mesmo, restaurar a pessoa. E foi, assim, como peregrino, que ele caminhou por diferentes geografias: Bolívia, Peru, Brasil, e ainda hoje caminha, aberto ao acontecimento.

Irmão Henrique nos contou que, nos 30 anos de vivência peregrina, houve duas fases distintas:

> num primeiro momento em que eu estava absolutamente sozinho, 11 anos, – às vezes eu penso: 'Nem sei como eu consegui viver tudo isso, de tão exigente que foi' (risos). Mas eu vivia tudo numa leveza, nunca me pareceu pesado, nunca me pareceu difícil. Teve desertos, que é normal, mas nunca tive a tentação de deixar, nunca, nunca. Fluiu, era leve mesmo. Era muito e muito leve. Às vezes, algumas pessoas vieram peregrinar comigo. Começou em 1993, a primeira; em 1996, durante a quaresma toda, aí começou a nascer a ideia dos retiros peregrinos, como hoje a gente anima. A partir de 1997, 1998, algumas pessoas quiseram também ficar na rua um tempo. Isso foi aqui em Salvador, no advento, e eu nunca mais fiquei sozinho no advento...E a partir daí, começou a surgir uma dimensão muito mais eclesial do meu chamado, porque se no início era totalmente sozinho, desconhecido, aí pouco a pouco a dimensão eclesial se firmou. E quando Dom Geraldo me pediu para encontrar um espaço para acolher as pessoas da rua, o que eu no início não queria muito, eu reconheço, aí foi até encontrar a Igreja da Trindade. E como era o ano da Trindade [2000] e eu sou peregrino da Trindade, alguma coisa tinha que acontecer, não tinha como! (risos). Aí no ano da Trindade, em agosto daquele ano, começamos a morar aqui. Mas de novo de uma maneira muito despretensiosa, sem nunca nem pensar coisa grande, apenas, comecei, eu estava na rua e comecei a dormir na igreja, simplesmente. Então, aquelas pessoas com as quais eu dormia na rua vieram e alguns amigos que fizeram essa experiência, vieram também. E assim que nasceu a comunidade da Trindade. Não foi nada planejado, não. Até hoje não tem regra, não tem estatuto, até hoje a gente deseja viver muito nessa dimensão do provisório, da liberdade, do Espírito, do perfume e deixar as coisas serem guiadas mesmo pelo sopro do Espírito, da Divina Ruah. Então, muita pouca formalidade na comunidade, mas muita espontaneidade e um desejo de uma grande, grande leveza e que a comunidade seja esse livro aberto onde o Evangelho está sendo escrito. E é só isso: um grande desejo que seja essa porta aberta, que eu dizia hoje pela manhã na oração, onde qualquer pessoa que deseja possa chegar e sempre encontrará o seu lugar. Falamos muito das portas

abertas aqui. A gente celebra todo o ano o aniversário da reabertura das portas da Igreja, porque a comunidade deseja ser essa porta sempre aberta e isso significa que devemos cada um de nós que moramos aqui, sermos sempre essa imensa abertura para acolher o outro tal como ele é e tal como ele chega.

Nas duas fases de sua vivência peregrina: nos 11 primeiros anos, em que estava absolutamente sozinho, e na posterior que se estende até hoje, na qual a dimensão eclesial – o caráter comunitário – firmou-se, Irmão Henrique vivencia a dinâmica do caminho, não se fixa, vive o momento, dorme na rua, peregrina, seja quando está sozinho, seja quando outros manifestam o desejo de estar e ficar com ele um tempo. Quando o, então, bispo de Salvador, Dom Geraldo, solicita-lhe para encontrar um lugar para acolher as pessoas da rua, embora no começo não o queria muito, ele abre-se a essa solicitação e começa a procurar um lugar. Quando encontra a Igreja da Trindade – que há algum tempo se encontrava com as portas fechadas, isto é, sem a realização de atividades paroquiais –, e ali passa a morar com algumas pessoas que dormiam com ele na rua e com alguns amigos que também haviam feito essa experiência, é como se não tivesse deixado a rua: esse movimento se dá *de uma maneira muito despretensiosa, sem nunca nem pensar coisa grande, apenas, comecei, eu estava na rua e comecei a dormir na igreja, simplesmente....* Embora se fixe na Igreja, a dinâmica que acompanha esse movimento continua sendo a do caminho: nada planejado, abertura ao acontecimento. Foi nessa dinâmica que nasceu a comunidade e é essa dinâmica que ainda hoje a perpassa: *não tem regra, não tem estatuto, até hoje a gente deseja viver muito nessa dimensão do provisório, da liberdade, do Espírito, do perfume e deixar as coisas serem guiadas mesmo pelo sopro do Espírito, da Divina Ruah.* Embora se fixe geograficamente, o significado desse fixar-se é que ele é algo dinâmico, característico do caminho. O espaço da Trindade é nesse sentido, ele mesmo o caminho.

Irmão Henrique relatou-nos que o espaço da comunidade foi sendo organizado pouco a pouco. Quando ali chegou com algumas pessoas que com ele dormiam e viviam nas ruas, as portas da Igreja foram reabertas, a limpeza do templo e do terreno foram feitas – havia muito lixo ali –, flores e árvores frutíferas foram plantadas, a horta foi organizada, as casas foram reformadas e o caminho do peregrino construído.

À medida que os anos foram passando, nasceu o desejo de, em 2007, criar a Aliança. Sobre a Aliança, nos contou:

> Vem muito dessa intuição de quando eu vivia nas ruas e eu era acolhido nos albergues da vida, nas instituições, nos espaços de acolhimento, sempre eu sofri dessa divisão: havia os acolhidos e os voluntários e/ou funcionários. E era claro que eram dois mundos totalmente separados.... Um desejo é de que aqui estejamos todos juntos, todos iguais, independente do

nosso passado, independente da nossa origem social, econômica, cultural, de estudo, de saúde, independente de ter passado pela rua, pelo presídio. Quando a gente quis que as pessoas que mais se comprometiam na comunidade reconhecessem o seu compromisso, a gente pensou em criar essa Aliança, que é uma coisa excessivamente simples, é só dizer: "A Trindade fez Aliança comigo, Ela me permitiu encontrar esse lugar onde hoje eu me sinto bem e eu quero fazer uma Aliança com Ela e dizer: 'Durante esse ano eu quero morar nesta comunidade, para que outros possam viver aquilo que eu mesmo vivi aqui'". Uma coisa muito e muito simples, todo mundo lendo o mesmo texto e dizendo apenas isso: "Eu estou aqui, me sinto bem aqui e quero continuar aqui para que outros possam viver aquilo que eu vivi" .... Nunca desligamos ninguém da Aliança, simplesmente a gente renova todo o ano. Se uma pessoa não renova é porque nesse ano ela não se compromete, simplesmente. Assim, nunca precisa desligar ninguém, para não ferir. Essas pessoas já carregam tantas e tantas feridas que acrescentar qualquer ferida, seria aumentar o sofrimento delas e não precisa fazer isso. Simplesmente não renova. E aqueles que renovam todo o ano tem essa responsabilidade de assumir a própria comunidade. Hoje temos 22.

Porque criar a Aliança? Quais as motivações de base a partir das quais ela foi pensada e proposta? Já não viviam eles desde 2000, *todos juntos, todos iguais, independente do passado?* Não irá a Aliança em direção contrária ao viver *na dimensão do provisório, da liberdade, do Espírito, do perfume, de deixar as coisas serem guiadas pelo sopro do Espírito, da Divina Ruah?* Quando nos reportamos à vida de Irmão Henrique em suas fases iniciais, às experiências vivenciadas no âmbito familiar: *todos juntos na casa da família*, permeados por uma *qualidade relacional* que lhe possibilitou *ser amado, simplesmente*, e que é essa experiência que deseja compartilhar com *aqueles que não tinham vivido isso*, damo-nos conta que a Aliança retoma o sentido daquela vivência familiar, ou seja, reafirma a origem: a experiência do vínculo que ele viveu, deseja que outros também a vivam, essa é sua forma de colaborar com o mundo, essa é a missão que deseja que outros tenham. A Aliança, então, não vai em direção contrária ao que já vinham vivendo, antes, reafirma a origem: onde e como tudo começou, e o que ele quer ao longo do caminho. Há um desejo de que os outros também vivam o que ele viveu e isso não se coloca como uma meta a ser alcançada, mas algo que já estava acontecendo e que poderia uni-los ainda mais, por isso, o desejo de que reconhecessem isso, tomassem consciência e reafirmassem o propósito de continuar essa vivência.

Ainda sobre a Aliança, Irmão Henrique nos disse:

Nos encontramos uma vez por mês na Trindade do Mar, numa situação que não é de reunião, não é formal, sempre o mais importante é quando a gente vai tomar banho no mar, quando fazemos a fogueira de noite.

O fato de dormir todos lá, porque é um pouco um acampar, porque na Trindade do Mar não cabe um grupo de 22 pessoas, então é tudo meio acampar mesmo, dormir nas barracas à noite. E isso que é o gostoso, porque esses vínculos entre nós que na verdade curam as feridas profundas; é todo esse sonho que eu falei no início de ser irmão mesmo, por isso eu gosto tanto de ser chamado de irmão, porque acredito muito que é essa relação que pode curar as feridas profundas. É essa relação que pode curar, a meu ver. É muito viver simplesmente a alegria de estar juntos. Eu nunca pessoalmente digo que somos família, porque eu acho que família é outra dimensão, um laço de sangue é um laço muito diferente de um laço comunitário, mas muitas pessoas aqui experimentam isso. Elas dizem: 'É a família que eu não tive'. Muitas dessas pessoas, que nunca tiveram família, acabam vivendo uma relação tão intensa dentro da comunidade, que assimilam aquela família que nunca tiveram. Eu mesmo nunca digo, porque eu acho que comunidade não é família, nesse sentido, é um outro laço, é uma outra coisa que nos une. Mas eu entendo muito bem que a pessoa possa experimentar isso, e isso ser para ela uma reconciliação com o passado. Eu entendo isso, sim. Então, esse encontro da Aliança é muito pra isso, pra esse convívio gratuito entre nós. A gente vai e volta com uma energia muito e muito boa, porque durante o fim de semana aquilo que se viveu nos sustenta depois e cria dentro desse grupo da Aliança um vínculo muito forte. Os jesuítas que vieram lá preparar a peregrinação e que agora estão peregrinando lá no Ceará, um me perguntou, que diferença tinha entre peregrinar sozinho e peregrinar em dois ou três. E eu falei que, na verdade foi respondendo que eu me dei conta disso, que esses laços tão fortes entre nós, entre João, Juce, Vânia, Marcinha, Cláudio, Cosme e outras pessoas que conosco caminharam, vem muito dessas peregrinações. Viver 15 dias caminhando juntos dá uma cumplicidade, uma intimidade muito e muito grande. Tem algo que a gente experimenta de uma fraternidade, de uma irmandade muito e muito intensa. Você ouve muitas vezes no nosso chazinho: 'Ah, naquela peregrinação, a gente viu isso'. A gente partilhou tantas experiências tão fortes assim, de ter dormido na rua, de um adoecer e ir pro hospital, de ter sido rejeitado num lugar, de viver um acolhimento extraordinário num outro, de ter parado à beira de um rio e ter ficado lá o dia todo. Então esses momentos tão gratuitos que nunca são planejados, que acontecem no caminho, criam vínculos entre nós muito e muito fortes e nos permitem de superar todas as tensões da vida comunitária, porque é normal que haja, vida comunitária é feita pra isso mesmo, pra superar tudo isso. Mas o que nos permite superar as tensões, é, talvez, esse vínculo tão forte, então, isso na Aliança é muito importante.

A dinâmica das vivências que constituem a Aliança é a abertura ao acontecimento: viver profundamente o estar juntos naquele momento, mergulhar no instante. Esse viver o puro momento juntos gera e intensifica vínculos entre o grupo. Se a Aliança é a forma pela qual Irmão Henrique e a comunidade contribuem com o mundo, aqui ele nos descreve vivências concretas mediante as quais a Aliança se constitui: *tomar banho de mar, fazer a fogueira de noite, dormir em barracas; caminhar 15 dias juntos*, nos quais se compartilham experiências inesperadas e não planejadas: *dormir na rua, adoecer e ir pro hospital, ser rejeitado num lugar, viver um acolhimento extraordinário em outro, parar à beira de um rio e lá ficar o dia todo.* Mesmo que em muitas dessas vivências se pare concretamente no espaço, a dinâmica que as acompanha é a do caminho, a da provisoriedade e da instabilidade, e é nessa dinâmica que a energia é restaurada e que laços de cumplicidade, intimidade, fraternidade e irmandade são gerados e fortalecidos. E são esses vínculos gerados na dinâmica do caminho que curam feridas e, em alguns casos, reconstituem o tecido familiar, bem como sustentam e possibilitam enfrentar as tensões cotidianas próprias da vida comunitária.

A Aliança expressa, em termos pessoais, uma adesão da pessoa à comunidade e, em termos comunitários, estrutura uma forma, um jeito da comunidade ser. Por ser uma das personalidades sustentadoras e marcantes na comunidade, ao intuir e iniciar a Aliança, Irmão Henrique contribui significativamente para conferir à comunidade da Trindade um modo de ser, que tem na dinâmica do acontecimento o eixo central a partir do qual se estruturam as atividades e as relações nela vivenciadas. E é no contexto da reconstituição dos vínculos, que Irmão Henrique insere a missão da comunidade da Trindade:

> Cada pessoa de rua que chega aqui vem dessa longa história de perdas e eu entendo que a missão da comunidade é de permitir que lentamente, muito lentamente, reconstruir esses vínculos. E o primeiro vínculo é o da confiança. A pessoa precisa sentir quando ela chega que a gente confia nela. Isso vai ser a primeira coisa. Se teve esse longo processo que levou para as ruas, o processo de saída das ruas vai ser ainda mais demorado na verdade, porque demora muito mais tempo para construir do que para destruir. O fato, por exemplo, isso para mim é fundamental, viver sem chave na igreja, as portas estarem abertas noite e dia, a gente não tem nada que fecha com chave dentro da igreja, isso é fundamental, a gente não se dá conta do que isso representa para quem chega. Em todo o lugar que um morador de rua chega, a suspeita é que você vai roubar, que você vai aprontar, por isso tem um vigia, está tudo debaixo de chaves, o espaço que você pode andar é limitado, os quartos ficam trancados de noite, um monte de coisas assim. E se justifica, porque tantos já aprontaram e agora vai ser sempre assim. Então, o fato da comunidade dizer 'A gente acolhe dentro da igreja, a gente dorme junto no papelão, todos juntos um ao lado do outro, isso é traduzir em ato, uma confiança'. 'A gente não lhe conhece, mas a gente confia em você'.

> É um risco, é evidente que é um grande risco, mas 18 anos mostram que vale a pena. Se aconteceram algumas perdas materiais, foi apenas material: se desaparece um quilo de açúcar, um celular, é nada diante da possibilidade de reconstruir uma confiança... A gente às vezes nem sabe quais são as perdas, mas algo acontece aqui na comunidade que faz com que alguma coisa se reconcilie e a gente não entende e não tem nem consciência e não precisa nem saber às vezes, mas acontece. Uma mulher que não é cristã e passou 15 dias aqui, disse que toda a noite quando deitava e acordava no meio da madrugada, no meio da igreja, ela via uma coluna de luz e uns raios de luz iam para os corpos deitados na igreja. Ela nunca disse para nós, mas ela contou em outros espaços, porque ela era supostamente uma vidente, então, o que ela via era realidade, as pessoas acreditavam. Bom, eu não acredito que aqui tenha coluna de luz (risos), mas, no fundo, ela teve uma intuição fundamental: é quando todos estão deitados de noite na igreja, dormindo, que o mais importante acontece: as curas profundas acontecem, porque é o momento em que se confia de fato, simplesmente; que se confia, que se ama, que se entrega, que se abandona e é nesse momento que acontece. Você não sabe qual foi a ferida que foi curada, a pessoa pode ser que um dia verbalize, pode ser que nunca vai conseguir verbalizar, mas algo acontece no coração de cada um (silêncio). No budismo fala muito da ação e não ação. Dormir juntos na igreja é uma não ação: a gente não faz nada, por excelência, é uma não ação, no entanto, talvez, seja a coisa mais importante que a gente faz. Todo o resto depois é preciso: precisa da psicóloga para a terapia, é preciso do médico para cuidar da saúde, é preciso do NA [Narcóticos Anônimos], inclusive nesse horário está tendo a sala, precisa da horta, dos trabalhos, das reuniões, tudo vai ser necessário, mas no fundo, o mais importante acontece durante a noite quando todo mundo está dormindo no papelão no meio da igreja.

A Aliança estrutura a missão da comunidade: possibilitar que os vínculos lentamente sejam reconstituídos. A dinâmica que possibilita essa reconstituição é a da abertura ao acontecimento: acolhe-se quem chega e, sem conhecê-lo, com ele se divide o mesmo espaço para transitar, conviver, comer, dormir. Confiar em quem chega é sempre um risco, mas este risco é a possibilidade concreta para quem chega poder se mover com liberdade nesse espaço e poder se sentir acreditado. Embora muitos meios sejam necessários para o processo de reconstituição da pessoa se dar: cuidado da saúde física, emocional, mental, trabalhos comunitários, participação da sala do NA, o fundamental desse processo acontece à noite, quando todos dormem: o ato de dormir é por excelência a abertura total ao acontecimento, coloca-nos em contato direto com uma das realidades mais dramáticas da existência humana: nunca se sabe o que pode acontecer, o sono para ser restaurador requer um ambiente, uma companhia, que favoreçam a entrega, a confiança. Para Irmão

Henrique, é na vivência do imprevisível, na disponibilidade ao acontecimento, na Igreja sem chaves, que se insere a reconstituição dos vínculos: é na vivência do risco, própria do caminho, que a confiança pode ser reconstituída e feridas podem ser curadas.

7) O que encontramos na experiência de Irmão Henrique: a relação com o sagrado, com o Outro, na abertura ao acontecimento.

A relação com o sagrado, com o Outro, na experiência de Irmão Henrique, nasce e se estrutura a partir da dinâmica do acontecimento: a vivência do vínculo familiar, o voltar-se naturalmente para o silêncio, o fascínio com a capacidade de Jesus de encontrar-se verdadeiramente com as pessoas abrem nele uma sede e ele se abre a ela, empreende um movimento de busca para encontrar a resposta satisfatória a ela. As vivências que despertam a sede estão inseridas na materialidade e, assim como nos lembram Giussani (2000, 2012a, 2012b) e Van der Leeuw (1964), vem ao encontro da pessoa, afetam-na, provocam-na, sendo possível na abertura a esse encontro, apreender um sentido que está para além da concretude. Na busca empreendida por Irmão Henrique, ele adverte uma potência: ser peregrino. Quando adverte essa potência, assim como nos lembra Van der Leeuw (1964), configura suas vivências em um todo perpassado por esse fio de sentido e gera-se nele uma resposta de compromisso com a vida.

O que faz sentido para Irmão Henrique, o que confere preenchimento à sua busca, não é qualquer coisa. Em sintonia com Giussani (2000) e Mahfoud (2018, 2020), reconhecemos que, no processo de procura de Irmão Henrique, nos deslocamentos que realiza, o crivo crítico, o critério dinâmico de elaboração de significado pessoal, que permite ao sujeito identificar se o que é encontrado no contato com o real corresponde ou não àquilo que busca, está ativo. O sentido, aquilo que preenche sua busca, ao mesmo tempo que é encontrado, vai, conforme nos afirma Mahfoud (2018, 2020), estruturando-se nas experiências de correspondência pessoal, quando o dinamismo próprio da pessoa se potencializa, quando ela experiencia realização. A exigência de sentido, que faz Irmão Henrique empreender sua busca, não se extingue quando encontra no ser peregrino a resposta para sua sede, pelo contrário, exalta a exigência mais ainda, impele-o a prosseguir sendo peregrino mesmo quando passa a morar na Igreja da Trindade.

É significativo destacar que, pelo fato de a comunidade em que desenvolvemos nossa investigação ser uma comunidade religiosa de experiência cristã, a presença do sagrado, do Outro, advertido como potência no contato com o real e que desencadeia uma resposta de cuidado com a vida de cada membro e daqueles que a ela chegam, é a Trindade. Julgamos pertinente apresentar ao leitor uma vivência que registramos enquanto estávamos imersos em campo, referente ao sentido conferido pela comunidade à Trindade: em uma das noites de acolhimento às pessoas em situação de rua, Irmão Henrique perguntou a quem ali estava, quais as respostas comumente dadas à costumeira pergunta feita na oração da manhã da sexta-feira para quem pela primeira vez participa do acolhimento na comunidade: *Do que você mais gostou desde que aqui chegou ontem?* As respostas compreenderam: "O carinho, o amor, a convivência, a paz, a tranquilidade no dormir, o acolhimento, a hospitalidade" (Diário de Campo, 23/11/2017). Com base nessas respostas, assim se expressou sobre a Trindade:

> A hospitalidade é o sinal que acompanha a Trindade manifestada no ícone dos três peregrinos que temos ali (aponta), em nossa frente, na Igreja[6]. Os três peregrinos, mensageiros de Deus, são recebidos por Abraão e Sara[7]. Aqui entre nós, à frente do ícone da Trindade, temos três velas acesas, que assim permanecem a noite toda, enquanto dormimos. Acima do ícone, uma luz que significa que as três pessoas da Trindade, Pai, Filho, Espírito Santo são uma só. Todo o espírito que move nossa comunidade e que vocês manifestaram aqui sentir nas quintas-feiras, vem da Trindade. Não é a comunidade que o possui, somos apenas instrumentos que manifestamos o espírito da doce Trindade. O que acontece durante a noite em que aqui dormimos? A Trindade vela por nosso sono, cuida de nós, nos protege e nos acolhe em seu colo. Isso não vem de nós, mas sim da ternura da Trindade (Diário de Campo, 23/11/2017).

O sentido atribuído ao Outro, à Trindade é algo vivo e concreto, relacionado ao ato de dormir, no qual se apreende o Outro como Aquele que vela pelo sono, cuida, protege e em si acolhe. Ao mesmo tempo em que se está imerso na materialidade, tem-se consciência que há ali uma presença que é mais do que a realidade imediata. A confiança vivenciada na relação com o Outro, com essa presença sagrada, possibilita a comunidade estruturar a prática do acolhimento na abertura ao acontecimento, permite-lhe arriscar e vivenciar a imprevisibilidade, como dormir no papelão ao lado de alguém desconhecido, pois nessa experiência se está ancorado no divino apreendido como presença viva que ampara. A confiança vivenciada na relação com a Trindade se estrutura na materialidade do dormir concreto e se move na dinâmica do acontecimento: a confiança e a hospitalidade experienciadas não são produzidas por si mesmo, são sinais deste feito pelo Outro (Giussani, 1994), são reflexo da hospitalidade e da ternura da Trindade.

Por fim, cumpre ressaltar que o sagrado, o Outro, também é apreendido na relação com o outro. Como bem nos lembra Giussani (1994), o conhecimento

[6] O ícone refere-se aquele pintado pelo russo Andrei Rublev, em 1410.

[7] Conforme narrativa bíblica de Gn 18, 1-5.

do divino passa por feições humanas. É no encontro com o outro que é possível advertir uma correspondência àquilo que se busca, àquilo que se é. Nesse sentido, a convivência comunitária religiosa que se funda na relação com o sagrado, com o Outro, que tem Nele a razão de seu ser e existir no mundo, possibilita que ao se vivenciar no relacionamento com o outro, a acolhida, o afeto, o benquerer, o cuidado, encontre-se nessas vivências correspondências àquilo que se aspira, fazendo-se uma experiência de realização e tendo despertado em si um empenho de também cuidar do destino do outro, sendo ele manifestação viva e concreta do divino, do Outro.

8) Considerações Finais

Na perspectiva do senso religioso e do acontecimento, a experiência religiosa de Irmão Henrique nos aponta a possibilidade de cada pessoa, inserida em sua concretude, na abertura à realidade que vem ao seu encontro, ter condições de advertir correspondências às exigências de sentido que a constituem. Quando se potencializa o dinamismo próprio de elaboração da experiência, o crivo crítico é fortalecido, contribui-se para o sujeito colocar-se de modo único no mundo e ter melhores condições de cuidar de si, dos outros e do universo. Uma possibilidade para cada um de nós, em um movimento que sempre de novo reacende as buscas que nos constituem, ao mesmo tempo que nos possibilitam vivenciar realização pessoal. Uma possiblidade para a psicologia que, ao mover sua prática pela busca de sentido do sujeito e pela abertura característica da experiência, tem condições de considerar, acolher e reconhecer, na experiência religiosa, respostas pessoais a potências advertidas.

Cumpre destacar que o senso religioso que toma o sentido como busca movente de toda experiência humana, orienta-se por uma perspectiva e uma postura diferente daquela proposta pela sociedade moderna e contemporânea, que usa dos desejos humanos para que operações de marketing tenham sucesso e ganhem adesão dos consumidores. Tais estratégias movem-se pela lógica de satisfação das necessidades básicas, que podem ser preenchidas por meio da produção, venda ou compra de algo que a elas responda. Não que a satisfação de necessidades básicas não seja importante à condição humana, o que pontuamos é que as respostas às exigências de sentido, que constituem cada um de nós e que emergem como um desejo radical de a elas encontrar correspondências satisfatórias, não são suficientes a oferta e o consumo de mercadorias. Como humanos, tendemos e desejamos algo além daquilo que a sociedade e o mercado nos oferecem, tendemos e aspiramos encontrar correspondências que, verdadeiramente, satisfaçam nossas buscas, mesmo sabendo que tais buscas jamais se extinguirão completamente, todavia, a vivência de realização pessoal experimentada continua nos movendo a seguir de forma apaixonada o caminho da existência.

Nesse contexto, instrumentalizar vias na área da psicologia para a pessoa, a partir de seu próprio dinamismo, identificar e encontrar as correspondências que preencham suas buscas de sentido, orientando-se por critérios que são dela mesma, contribui para que possa se tornar si mesma e tenha condições para conferir significado às suas vivências cotidianas, na abertura ao que lhe acontece nas mais diversas situações em que está inserida.

Referências

ALES BELLO, A. *Fenomenologia e ciências humanas.* Bauru: EDUSC, 2004.

ARAUJO, R, A. Uma tradição viva, raízes para a alma: análise fenomenológica de experiências de pertencer em uma comunidade rural de Minas Gerais. In: MAHFOUD, M, MASSIMI, M. *Edith Stein e a Psicologia: teoria e pesquisa.* Belo Horizonte: Artesã, 2013.

BOSI, E. *Memória e Sociedade:* lembranças de velhos. 13a ed. São Paulo: Companhia das Letras, 1995 (Publicação original de 1979).

BRANDÃO, C. R. *Reflexões sobre como fazer trabalho de campo.* Sociedade e Cultura: Revista de Ciências Sociais, 10(1), 11-27, 2007.

COELHO JUNIOR, A. G, MAHFOUD, M. A relação pessoa – comunidade na obra de Edith Stein. *Memorandum,* n.11, out/2006, Disponível em: www.fafich.ufmg.br. Acesso em 03. Mar. 2018.

GIUSSANI, L. É, se opera. São Paulo: 30 dias, 2007.

GIUSSANI, L. *Na origem da pretensão cristã:* segundo volume do PerCurso (Trad: OLIVEIRA, P.A.E.). São Paulo: Companhia das Letras, 2012.

GIUSSANI, L. *O Senso Religioso:* primeiro volume do PerCurso (Trad: OLIVEIRA, P.A.E.). São Paulo: Nova Fronteira, 2000.

HAGUETTE, T. M. F. *Metodologias Qualitativas na Sociologia.* Petrópolis: Vozes, 1992.

IPAC – Inventário de Proteção do Acervo Cultural. *Monumentos do município do Salvador – BA.* Vol. 01. Secretaria da Indústria e Comércio – Coordenação de fomento ao turismo – Projeto Patrimônio Histórico, Salvador, 1975.

MAHFOUD, M. Experiência Elementar e psicologia da religião: interdisciplinaridade para revisão crítica de nossa disciplina. In: FREITAS, M.H.F; PAIVA, G. J.; MORAES, C. C. (Orgs). *Psicologia da religião no mundo ocidental contemporâneo:* desafios da interdisciplinaridade. Vol. 2. Brasília: Universa, 2012, p. 107-122.

MAHFOUD, M. Subjetividade como acontecimento, centro pessoal e plantão psicológico: horizontes reabertos. In: GIOVANETTI, J.P. (Org): *Fenomenologia e Psicologia Clínica.* Belo Horizonte: Artesã, 2018, p. 53-71.

MAHFOUD, M. Senso Religioso: Horizonte Totalizante para a Psicologia.

HOLANDA, A. F. (Coord). *Fenomenologia e Experiência Religiosa*. Curitiba: Juruá, 2020, p. 53-62.

MARTINS, J.G. Experiência e subjectividade em Claude Romano, In: CANTISTA, M.J (Org). *Desenvolvimento da Fenomenologia na contemporaneidade*. Porto: Campo das letras, 2007.

PEREGRINO, I.H. *A comunidade da Trindade*. Mimeo, 2018, 02 p.

PETRINI, G. C. *CEBs:* um novo sujeito popular. São Paulo: Paz e Terra, 1984.

PETRINI, G. C. *Apresentação*: Necessidades movem o mercado, exigências originais movem a pessoa e a história. In: MAHFOUD, M. *Experiência Elementar em psicologia:* aprendendo a reconhecer. Brasília: Universa, Belo Horizonte: Artesã, 2012, p. 15-27.

PETRINI, G. C. Racionalidade acadêmica e desafios contemporâneos. Mimeo, 2007, 11 p.

SILVA, A.P, BARROS, C. R, NOGUEIRA, M. L. M., ANDRADE DE BARROS, V. "Conte-me sua história": reflexões sobre o método de História de Vida. *Mosaico*: estudos em Psicologia, v. 1, n. 1, pp.25-35. Disponível em www.fafich.ufmg.br/mosaico. Acesso em 20. Out. 2016.

SOUZA, E. C. (Auto)biografia, histórias de vida e práticas de formação. In: NASCIMENTO, AD, HETKOWSHI, TM (orgs). *Memória e formação de professores* (online). Salvador: EDUFBA, 2007, pp. 59 -74. Disponível em: www.scielo.com.br. Acesso em 10. Mar. 2017.

VAN DER LEEUW, G. *Fenomenologia de la Religion*. México-Buenos Aires: Fondo de Cultura Econômica, 1964. (Publicação original de 1933).

VAN DER LEEUW, G. *La religion dans essence et ses manifestations* (Trad. HOLANDA, A). Revista da Abordagem Gestáltica – XV (2): 179-183, ju-dez, 2009.

CAPÍTULO 13

Religião: a Ontologia Pessoal

André Roberto Ribeiro Torres

Aos mestres que não nos deixam parar de pensar.

Introdução

Assim como a Filosofia vem, historicamente, buscando, por milênios, uma explicação do mundo, no âmbito da subjetividade, ocorre algo semelhante. Obviamente, sem o rigor técnico dos profissionais dos livros: a própria pele das pessoas é colocada à prova. Elas vivem e estruturam toda sua vida em consequência da crença que julgarem mais pertinente, mesmo que deparem com regras excessivamente rígidas e, até mesmo, contraditórias dentro dos ditames religiosos.

A Filosofia acadêmica profissionaliza a questão tão pessoal, que é a de olhar para todo esse gigantismo mundano e se perguntar: "Mas o que será isso?!? O que faço agora? Pra onde vou? Com quem?"

Como um fenômeno antropológico, histórico e mundial, a religião torna-se o principal guia a ser assumido pelo pequeno ser humano a andarilhar pela vastidão assustadora. É preciso acreditar que haja uma trilha para poder segui-la. A meu ver, essa trilha é uma crença que possa fortalecer o ser humano. No nosso mundo atual, essa trilha, geralmente, caracteriza-se pela própria religião, e os sacerdotes são os guias.

Buscamos, com o presente texto, compreender a necessidade de uma crença religiosa no nível pessoal, quando há o encontro, ao mesmo tempo, maravilhoso e assustador com o mundo.

Vastidão do mundo

"Mundo mundo vasto mundo, se eu me chamasse Raimundo seria uma rima, não seria uma solução. Mundo mundo vasto mundo, Mais vasto é meu coração"[1]

Diz-se, amiúde, que "Quem não tem religião está perdido no mundo!" De uso corrente pelas pessoas religiosas, mesmo sem muita explicação, essa frase expõe uma situação muito presente na vida de todos e costuma fazer um sentido imediato aos ouvidos que a recebem. Mesmo aqueles que não se declaram religiosos, quando abertos ao diálogo, parecem refletir sobre ela.

Pensemos a respeito dessa afirmação popular: se devemos acreditar que "quem não tem religião está perdido no mundo", existe o pressuposto de que o mundo é um lugar em que seja possível perder-se. Não podemos, porém, entender este "perder-se" no sentido literal, ou melhor, geográfico. A religião não se dispõe ao serviço de localização espacial. Que "perder-se" seria este então?

A frase parece referir-se a uma compreensão de mundo semelhante à que propõe os grandes pensadores da Filosofia, ou seja, um mundo cheio de escolhas onde é possível ser completamente livre, conforme poderia nos afirmar Jean-Paul Sartre[2]; um mundo a ser explorado mesmo nas práticas mais simples da vida cotidiana, como sugere Martin Heidegger[3]; enfim, um mundo que é "inesgotável" na concepção de Maurice Merleau-Ponty[4].

Em princípio, tal compreensão parece muito bonita e otimista. No entanto – e sobre tal questão já alertava o pensamento existencial – ao mesmo tempo em que surgem toda essa riqueza e liberdade, surge também uma inevitável angústia frente a tantas possibilidades, além de um grande "susto" diante da grandiosidade do mundo, possibilidades e grandeza estas que se misturam e confundem os humanos, principalmente, por buscarmos tudo sempre muito explicado e determinado. Quando atentamos à complexidade dos fenômenos da vida, estranhamos a nós mesmos, constatando a impossibilidade de entender essa "magia" a partir do pensamento tradicional. Creio que este sentimento possa ser mais bem compreendido se expresso por meio de um grande gênio na compreensão deste "algo mais" mundano. Não me canso de utilizar textos

1 ANDRADE, C. D. de. *Poema de sete faces* em *Alguma poesia*. Belo Horizonte: Edições Pindorama, 1930.

2 SARTRE, J. P. *O ser e o nada*. Petrópolis: Vozes, 1997.

3 HEIDEGGER, M. *Ser e tempo*. Petrópolis: Vozes, 2002. Volume II.

4 MERLEAU-PONTY, M. *Fenomenologia da percepção*. São Paulo: Martins Fontes, 1999.

da prodigiosa contribuição que fez à literatura brasileira e universal o escritor João Guimarães Rosa, que consegue expressar com o devido refinamento a percepção de todas essas questões. No trecho que segue, presenciamos a mais elaborada descrição do sentimento de confusão diante do mundo e a necessidade de compreendê-lo:

> *"Que isso foi o que sempre me invocou, o senhor sabe: eu careço de que o bom, seja bom e o rúim ruim, que dum lado esteja o preto e do outro o branco, que o feio fique bem apartado do bonito e a alegria longe da tristeza! Quero-os todos pastos demarcados... Como é que posso com este mundo? A vida é ingrata no macio de si; mas transtraz a esperança mesmo do meio do fel do desespero. Ao que, este mundo é muito misturado..."*[5]

Diante dos comentários da personagem Riobaldo, como fazer as pazes com um mundo natural, se a natureza mostra-se traiçoeira e prejudica às pessoas, trazendo ondas gigantes, terremotos e estiagens? Como caminhar livremente se não temos como saber o que é "bom" e o que é "ruim"?

Podemos ver, na "mistura" apontada por Guimarães Rosa, o mesmo paradoxo mostrado pelos autores anteriormente citados, ao mostrar que a esperança vem "do meio do fel do desespero". Com esta bem colocada observação, podemos imaginar que os adeptos da afirmação "quem não tem religião está perdido no mundo", antes de optarem pela sua religião, passaram pelo mesmo sentimento de confusão e de "perder-se" diante da vastidão do mundo até escolherem um caminho que, de uma forma ou de outra, foi-lhes mostrado como o melhor a ser seguido.

Crenças prontas

"Homem? É coisa que treme"[6]

Acompanhamos, frequentemente, casos de artistas que se tornam religiosos ao testemunharem as "sujeiras" do mundo por trás do palco: objetificação humana, desconsideração, priorização do lucro acima da ética... Quando cai a máscara do *show business*, surge a exploração e a degradação humanas.

Não é novidade nenhuma o sucesso de igrejas que adentram as grades das prisões e exercem forte influência sobre criminosos de todos os tipos e que se encontram expostos às péssimas condições do sistema carcerário brasileiro.

[5] ROSA, J. G. *Grande sertão: veredas*. Rio de Janeiro: José Olympio, 1968, p. 220.

[6] Ibid., op. cit., p. 118.

Por quase uma década, acompanhei, semanalmente, o relato de moradores das favelas onde trabalhei, que vivendo em condições de miséria e violência, aderem com facilidade às mais variadas igrejas presentes nas regiões em que vivem.

As pessoas que vivem situações precárias ou presenciam episódios de degradação como as situações citadas e, por causa disso, procuram por uma religião, afirmam buscar por um caminho que chamam de "reto e justo". Se entendermos "reto" como, literalmente, não fazendo curvas, vemos que este caminho não demonstra ter tantas possibilidades quanto as presentes no "vasto mundo" anteriormente analisado. Diminuem-se as possibilidades, mas, com isso, aparentemente diminui também o sofrimento e a angústia diante da vastidão e do sentimento de confusão. Quanto ao "justo", compreendemos que a importância dada à justiça surge exatamente pela constatação da falta dela nas condições que levaram as pessoas a procurar pela religião. É preciso, portanto, que essas religiões buscadas mostrem a vinda da "justiça divina", que um dia virá e "consertará" esse mundo confuso, organizando em pastos demarcados, segundo o desejo de Riobaldo, o bom do mau, o preto do branco, o feio do bonito e o alegre do triste para que se possa compreender, finalmente, o mundo sem nenhuma confusão, possibilitando que os "bons" sejam exaltados e os "maus" punidos.

Diante desse panorama, compreendemos que a religião, ao propor um caminho "reto e justo", não busca estreitar os horizontes da existência. A proposta religiosa é evitar os "perigos" do mundo, sejam eles concretos ou imaginários. No entanto, evitar os "perigos" é evitar também as maravilhas, pois ambos se mostram sempre "misturados".

Temos de convir, no entanto, que há uma diferença crucial na vivência da classe média e a da favela com relação às tragédias da existência, nas quais os desprovidos de recursos materiais estão bem mais expostos e inseguros. A tragédia da pessoa que habita um lugar desassistido pelo Estado e pela iniciativa privada é bem mais concreta e assustadora que os impactos sofridos pela imaginação entre os habitantes da classe média.

Detalhemos um pouco mais a questão dos perigos. É fato que o mundo está repleto de acontecimentos fatídicos e agressivos, que atentam contra a própria existência. Chamemos de perigo concreto os acontecimentos aos quais estamos sujeitos e que vêm a nos prejudicar, às vezes, até de maneira fatal. Dentre os perigos concretos, estariam a violência generalizada, os vícios que degeneram o próprio corpo, as catástrofes naturais, os acidentes e outros congêneres, que, visivelmente, afetam a própria vida. Para compreender a ligação entre os perigos concretos e a busca religiosa, basta observarmos a proliferação de orações, rezas e procuras por líderes religiosos diante de situações de violência. Em certa época acompanhei o desenrolar de um rapto que, infelizmente, terminou com a morte da vítima. Enquanto se desenvolviam as investigações, paralelamente criavam-se grupos de oração, organizavam-se terços com a intenção de orar pela vítima, o padre da região tornou-se um dos únicos autorizados pela família a visitá-los, mesmo não sendo católicos. A demanda por uma crença esperançosa é inegável diante de uma situação de perigo. No caso de um mau resultado, como ocorreu, a busca pela crença é em relação à possibilidade de conforto diante dos dilacerantes estragos provocados por essas situações. Nesse momento, surgem as ideias de "Deus quis assim", "Era o destino", "Faz parte do *karma*" etc.

Por outro lado, podemos identificar um outro tipo de perigo, o perigo imaginário, tendo este duas vertentes: a pessoal e a social. Um perigo imaginário pessoal englobaria as situações que uma pessoa considera perigosa, mas que não trazem nenhuma relação de perigo concreto, estando este ligado exclusivamente ao seu imaginário, o que não significa ser irrelevante, pois faz parte da noção de realidade do sujeito. A mídia mostrou, há algum tempo, o caso de uma mulher com histórico psiquiátrico, que tinha o hábito de juntar, no quintal de sua casa, sacos de lixo recolhidos nas ruas. No decorrer dos anos, ela havia acumulado nada menos que 13 toneladas de puro lixo!!! A vigilância sanitária e a defesa civil, comunicadas, entraram em ação, transportando o material da casa para o aterro sanitário adequado. No entanto, a moradora responsável pela coleção, ao saber do ocorrido, entrou em colapso e precisou ser internada. Outros exemplos desse tipo ocorreram e ocorrem com certa frequência. Vejo, nessa situação, um exemplo de perigo imaginário pessoal, pois certamente havia a crença de que "algo terrível aconteceria" se aquele lixo fosse recolhido. Não se trata de divagação do nosso texto, pois ela comprovadamente necessitou de cuidados médicos e psiquiátricos, quando notificada da retirada do lixo. Para essa mulher, o perigo imaginário estava, inclusive, acima do perigo concreto, que era o fato de o quintal haver se tornado um criadouro de animais nocivos à saúde pública, como ratos, baratas e escorpiões, sem contar o insuportável odor impregnado por toda a vizinhança. Conforme explanação realizada por Angerami[7] a respeito do imaginário, não podemos diminuir sua importância, tomando o perigo inofensivo por ser imaginário.

O que podemos chamar de perigo imaginário social são os acontecimentos que costumam ser vistos como "errados", mas que, na verdade, não trazem nenhum prejuízo que não seja o de contrariar a moral tradicional. Em tais situações, podemos citar as práticas sexuais não heteronormativas ou o contato com pessoas de outros níveis socioeconômicos. Cria-se uma atmosfera social que ameaça com o "algo terrível acontecerá" caso uma pessoa mantenha relações homossexuais ou com prostitutas e garotos de programa. O mesmo percebo quando presencio um certo mal-estar nas pessoas que conversam pela primeira vez com moradores de favela. É como se pairasse o pensamento de que "algo terrível acontecerá" se alguém se dispuser a dialogar com uma pessoa de classe social distinta.

7 ANGERAMI, V. A. *Psicoterapia e subjetivação*. São Paulo: Pioneira Thomson Learning, 2003.

Nesse último tipo de perigo, podemos incluir uma característica religiosa, que, ao se propor a abrigar as pessoas dos perigos concretos, acaba por determinar grandes limites sociais, impondo, por um motivo ou outro, por meio da sua moral, alguns perigos imaginários sociais. Ao proteger o ser humano dos perigos concretos, há um preço a ser pago: a adoção do modelo moral. Torna-se, com tantos perigos existentes no mundo, um preço "justo", pois as pessoas que se tornam "corretas" não facilitam a chegada dos perigos. A ideia que acaba se tornando vigente é a de que não há nada mais natural que os mandamentos religiosos, nada mais necessário que a moral para nos afastar dos perigos, mesmo que imaginários.

A perda do sentido tradicional

Em sua obra *Os Irmãos Karamázovi*, Fiódor Dostoiévski[8] esmiúça a questão da necessidade moral da existência de Deus, tomando-a, por meio de seu personagem religioso, como necessária para que o mundo não se torne uma catástrofe recheada de homicídios, saques, estupros e demais atrocidades. Críticos do cenário social costumam apontar a oportunidade de uso político por parte dos representantes das religiões e autoridades em geral em tais situações. No mesmo livro, lemos:

> "Os povos forjaram deuses e desconfiaram uns dos outros:
> 'Abandonai vossos deuses, adorai os nossos, senão, ai de vós e de vossos deuses!'"[9]

E damo-nos conta do quanto ainda se faz presente o uso político das religiões por toda a história da humanidade, inclusive, nos supostamente tão avançados tempos atuais, envolvendo disputas políticas, ideologias e até guerras.

Com o desenvolvimento desse raciocínio, imediatamente, remeto-me a um amigo que, tendo decidido ingressar no seminário para seguir a vida religiosa, confessou estar temeroso quanto ao aprendizado da Filosofia, pois conhecia essa disciplina como questionadora e ateísta, não podendo conceber a união das duas coisas: entrar para a vida religiosa e estudar Filosofia. É fácil constatar a visão de religião que se mostra nesse momento: a de um sistema que não deve ser contestado, de uma ordem que não deve ser questionada, apenas obedecida. Está presente a ideia moralista de que deve haver uma resignação diante da crença religiosa e não uma conversão verdadeira. Ainda se prega este tipo de crença, que ignora as particularidades humanas e busca realmente transformar pessoas em pequenas ovelhas obedientes.

[8] DOSTOIÉVSKI, F. M. *Os irmãos Karamázovi*. São Paulo: Abril Cultural, 1970.

[9] Ibid., op. cit., p.190.

Tal concepção contrasta com a própria vida, que mostra o pensamento como uma característica inerente à condição humana. É inevitável que a religião que propaga essa ideia seja opressora. O Brasil, porém, historicamente, destaca líderes religiosos altamente engajados em questões políticas, que chegam a sofrer sérias consequências por causa disso, seja por incompreensão da Igreja, como é o caso do então frei Leonardo Boff, desautorizado pelo próprio papa por supostamente contrariar os ditames do catolicismo conservador em contraste à Teologia da Libertação e outras linhas progressistas, ou como no caso da freira Dorothy Stang, morta por defender os mais necessitados na polêmica e rentável questão da terra.[10] Na época ditatorial, havia os conhecidos "padres comunistas", que protegiam os rebeldes do governo militar, justamente por não concordarem com o regime. Há inúmeros casos de figuras religiosas e, simultaneamente, políticas. Mesmo que esses religiosos também estejam se utilizando da compreensão religiosa para atuar politicamente, eles demonstram estreitas ligações com a vida concreta, demonstrando um tipo de religião viva, diferente do que estão acostumados os religiosos tradicionalistas. Religiosos que conseguem ver claramente a ligação de sua crença espiritual com o mundo concreto e a natureza remetem à ilustre figura de São Francisco de Assis, o santo conhecido pela sua ligação com os animais e (o que mais incomoda a tradição) o resgate do sentido da vida religiosa, levando a sério questões como o voto de pobreza, sem tentar mascará-lo com artimanhas para se ter uma vida aparentemente sacrificante, mas de extremo conforto.

Com os pés no chão, é possível um tipo de religião muito mais próxima da vida. Enquanto ocidentais, temos que admitir que as religiões orientais são muito mais coerentes nesse ponto. Mohandas "Mahatma" Gandhi (um espírito bastante político) chegou a afirmar que jamais poderia ser cristão, pois tomava como característica dessa doutrina o fato de os ocidentais nunca viverem verdadeiramente a crença que pregam. No *VII Congresso Brasileiro de Psicologia Hospitalar,* ocorrido em São Paulo de 9 a 12 de outubro de 2004, tomei contato com o trabalho de Ronilda Iyakemi Ribeiro por meio de sua vivência *Finitude, mutação e gozo: o sentido da morte na tradição de Orixás (Iorubas).* Naquele momento, pude admirar a proximidade das religiões africanas e de raízes africanas com a natureza diante de diversos exemplos colocados pela palestrante.

[10] Onze anos após o assassinato de Stang ocorrido em 2005, no ano de 2016, o psicólogo Marcus Vinícius de Oliveira foi assassinado em situação semelhante, na defesa de populações pobres em região em que há conflito com o interesse de exploradores da floresta, como o agronegócio, mineradores e madeireiros. Tragicamente mostrou-se o ponto aqui defendido: a relação entre religião, Psicologia e concretude, esta última no sentido da administração e manejo de recursos materiais. Em 2022 foram assassinados o indigenista Bruno Pereira e o jornalista Dom Phillips, provocando repercussão mundial à necessidade de proteção aos povos indígenas e à floresta amazônica.

A respeito desse assunto, chego a pensar que, em termos históricos, um dos maiores embates na invasão da América pelos europeus a partir dos séculos XV e XVI tenha sido a evangelização dos indígenas. Na luta entre pajés e jesuítas, no caso do Brasil, a ligação natural entre Homem e Terra era desfeita com a destruição da cultura nativa e com a promessa de um mundo imaginário, que pode ser perfeito e maravilhoso justamente por ser imaginário. Pessoas mais ligadas à terra que a população indígena não conhecemos. Veem na própria água manifestações divinas, e ela, portanto, é sagrada. As árvores são espíritos de seus antepassados: como se destruiria uma floresta seguindo tal pensamento? Impossível. Apenas quando exaltamos um mundo superior, rebaixando automaticamente esse que vivemos, é que passa a existir essa possibilidade, permitindo que o capitalismo se encarregue de localizar o dinheiro no espaço vazio entre céu e terra.

No auge da crítica a essa dessacralização do mundo por parte da cultura ocidental, está o famoso e polêmico anúncio da morte de Deus pela personagem de Nietzsche: "Deus está morto!"[11], afirma o "louco", demonstrando que, na época em que foi escrito o texto, e ainda nos dias atuais, a moral já havia desgastado todo o sentido sagrado de uma possível divindade. Dedicando-se ao estudo específico desse aforisma nietzschiano, Christoph Türcke[12] demonstra a especialidade do citado pensador em criticar o excesso de racionalismo no Ocidente, fator este que contribui imensamente para a perda do sentimento sacro em relação ao mundo, pois as categorias de julgamento passam a ser a lógica e a razão, colocando a emoção e os sentimentos como coisas inferiores e indignas de serem levadas a sério. O poder econômico certamente se apodera desse pensamento e muda o critério para o que dá lucro e o que não dá lucro, sendo a primeira categoria seu valor maior. A dessacralização do mundo possibilita sua mercantilização, ou seja, a natureza se transforma em moeda. Aquilo que os indígenas tinham como um deus, hoje é uma cifra a mais ou a menos nas planilhas financeiras dos *laptops* dos executivos.

Frente a essa situação, vemos que um religioso que pretenda encontrar o sagrado nas coisas do mundo sem se transformar em um mantenedor do *status quo* precisará "redescobrir" ou "reinventar" as crenças da religião que escolheu, atentando-se ao fenômeno da vida e encontrando ali sua religião. A devoção deve ser clara, inclusive em relação às consequências e obrigações que assumirá ao fazer sua escolha. Caso contrário, caso mire apenas um paraíso maravilhoso, futuro e distante, sem considerar a situação presente e terrena, só seguirá e repetirá ideias prontas, mantendo tudo como sempre foi.

[11] NIETZSCHE, F. W. *A gaia ciência*. São Paulo: Companhia das Letras, 2001. Af. 125, pp. 147-148.

[12] TÜRCKE, C. *O louco*. Petrópolis: Vozes, 1993.

Ser-no-mundo

Seguindo ainda as críticas de Nietzsche, outra de suas obras[13] nos dá a possibilidade de pensar sobre a "salvação", que traz a consequência de não se misturar com o mundo. Quando o li pela primeira vez e tive o impacto comum aos leitores iniciais de Nietzsche, desenvolvi várias questões: é preciso ser "salvo"? "Salvo" de quê? Por que só as religiões podem "salvar"? Não seria mais rico o "não-salvo" que mergulha no mundo? Não é mais forte aquele que não é "salvo"? O "salvo" é protegido e poupado dos perigos. O forte não enfrentaria os perigos sem precisar ser "salvo"?

Enfim, quando trabalhamos com a ótica fenomenológico-existencial, temos uma noção básica de Homem a ser compreendida: a de **ser-no-mundo**. O termo coroado por Heidegger, em sua mais conhecida obra *Ser e tempo*[14], demonstra a inseparável ligação entre Homem e Mundo, sendo necessário que sejam pensados sempre de maneira conjunta, evitando que se separe, conforme sugeriu Descartes, *res cogitans* (coisa que pensa) e *res extensa* (coisa que se estende, ocupa espaço, corpo).

Em seu minucioso estudo sobre as obras de Heidegger, José Carlos Michelazzo nos oferece uma definição muito pertinente com o desenvolvimento lógico desse trabalho:

> "Ele (homem) somente 'existe', enquanto 'é' esse vínculo com aquilo que lhe é significativo (mundo), de tal forma que fora dessa unidade não existiria nem homem, nem mundo. Um e outro estão entregues reciprocamente na diferença de sua pertinência e distinção"[15].

A partir do momento em que aderimos a uma crença pronta, que subestima o valor do mundo e, portanto, sua ligação com o Homem, rompemos o contato direto com o mundo, transformando-a em uma relação indireta, passamos da relação imediata a uma relação mediada. Mediada por intermédio de símbolos concebidos antes da experiência do mundo, experiência esta bastante exaltada por Merleau-Ponty como base de todo o conhecimento que se pode formar, partindo este da própria percepção como primeiro requisito[16]. Quando a experiência consegue falar mais alto, porém, os símbolos já não são tão necessários, pois o mundo todo, os entes, os outros seres estão já ali presentes e dispostos a trocar, a jogar, a brincar, a brigar, a questionar, a divertir... enfim: a se relacionar!

[13] NIETZSCHE, F. W. *O anticristo*. São Paulo: Centauro, 2000.

[14] HEIDEGGER, M. *Ser e tempo*. Petrópolis: Vozes, 2002. Volume I.

[15] MICHELAZZO, J. C. *Do* um *como princípio ao* dois *como unidade*. São Paulo: FAPESP, Annablume, 1999. p. 129.

[16] MERLEAU-PONTY, M. *Fenomenologia da percepção*. São Paulo: Martins Fontes, 1999.

É como se não pudéssemos conceber o fenômeno sem nos reportar a uma crença pré-estabelecida para poder explicá-lo. Por qual motivo não poderíamos ter a própria crença direta e concreta no fenômeno? Por que devemos dividi-lo e substitui-lo? Porque, crendo nisso, temos que aceitar nossa imensa fragilidade e impotência diante da vastidão do mundo. Dessa forma, envolve-nos a sensação de que somos muito pequenos, frágeis e limitados. Nada mais que seres estranhos em um ambiente estranho. As consequências de aderirmos à proposta do ser-no-mundo amplia assustadoramente os horizontes da existência e, justamente por isso, diminui o predomínio do indivíduo como um ser extremamente poderoso que determina o mundo de modo a não necessitar do grande mistério, que origina os questionamentos místicos a respeito de um "algo mais" além de um simples ente vazio de significado e sentido.

Mas por qual motivo achamos pouco e, até mesmo, ruim um fenômeno sem simbologia imposta? Também não compreendo. Sei, contudo, que não consigo manter meus próprios pensamentos quando me prostro diante de coisas tão miseráveis quanto às já citadas. Parece realmente não ser possível lidar com o mundo sem um mínimo de sentido pessoal que permeie a relação entre mim e o mundo. Afinal de contas, há todo um processo sócio-histórico envolvido nessa relação. O mundo está aí muito antes do meu tardio nascimento. Vivo consequências de fatos históricos dos quais não tenho como ter consciência, mas que, de qualquer forma, estão presentes no mais íntimo da minha vida. O dar-se conta da responsabilidade sobre a própria existência e da vastidão do mundo é realmente amedrontador! Não podemos julgar os suicidas sem, ao menos, admirar-lhes a sinceridade ao parecerem dizer: "Ei! Eu não dou conta disso tudo, não!" Nietzsche afirmava que ninguém aguenta tanta verdade. Os grandes mártires possivelmente acreditavam ser responsáveis pelo mundo todo e sofreram imensamente com isso, tendendo a se desgastar e morrer diante de tão pesado fardo sobre os ombros.

Atingir a dimensão do mundo implica englobar todos os perigos concretos e imaginários. Anos de trabalho em favelas e comunidades foram suficientes para que, ao escrever o presente texto, sinta os ombros rígidos e latejantes por ouvir as piores histórias de vida, incluindo estupros, assassinatos, suicídios, violência. Sou conduzido a um sofrimento pessoal que me levou a me afastar diretamente de tais serviços graças a um imenso desgaste, oriundo do contato direto com a intimidade desses relatos. De qualquer forma, os sinais da "mistura" são evidentes.

O ser humano está lançado ao mundo sem proteção, sem explicações, sem garantias e cheio de medos. O cenário parece terrível. É esse medo, este terror, que reivindica a busca por uma crença que ofereça um mínimo de segurança. Mesmo que não se atinja uma segurança concreta, ela existe na compreensão do mundo, que, de caótico e absurdo, passa a ser entendido dentro de parâmetros estabelecidos pela crença. Tudo tem uma explicação. Desde a origem do mundo e da vida até o seu final, a possibilidade da vida após a morte, as regras morais a serem exercidas etc.

Como já dissemos, para que ocorra esse reencontro com um possível sentido religioso, independente da imposição cultural, é preciso que haja uma quebra da "crença pronta" da mesma maneira que a fenomenologia e o existencialismo se propuseram a repensar o paradigma tradicional. Como estamos analisando a crença religiosa pessoal de acordo com o desenrolar da existência frente à grandiosidade do mundo, ouso afirmar que seria a partir de uma condição específica o surgimento de uma fé mais próxima da autenticidade existencial do sujeito: a sensação de vazio existencial, ainda que exteriormente imperceptível.

Fé e vazio existencial

"O senhor sabe o que o silêncio é? É a gente mesmo, demais."[17]

Toda a vida se desenrola a partir de uma fé primordial. Merleau-Ponty aponta-nos a fé perceptiva, mostrando que até a própria ciência apoia-se nessa ideia de que é preciso que se acredite que aquilo que é percebido é real[18]. Se necessitamos de fé para a nossa própria percepção, não há dúvida de que tudo o mais que se mistura com ela, ou seja, nossa própria identidade e localização no mundo, também precisam de uma fé, neste caso, ontológica e moral, tratando o mundo percebido por bom ou mau, verdadeiro ou ilusório. Tudo passa pelo crivo da atmosfera da crença em questão.

Conforme desenvolvemos anteriormente, porém, sugeri que há uma necessidade de reencontro com uma fé legítima, livre de imposições culturais e morais. Uma possibilidade de compreensão desse fenômeno de substituição de valores é proposta por Nietzsche[19] no que ele costumava chamar de niilismo, ou seja, a destruição de valores antigos para a criação de novos. A figura utilizada para exemplificar esse constante movimento é a das três transformações do espírito: torna-se primeiro um camelo, podendo carregar, assim, todo o peso da cultura imposta; no entanto, quando se encontra em meio a um deserto frente ao dragão do "Tu Deves" (este é o nome do dragão), é preciso que o espírito se transforme em um leão para que possa enfrentar a fera, destruindo simbolicamente as obrigações da tradição cultural; depois de mortas essas obrigações, o espírito transforma-se

[17] ROSA, J. G. *Grande sertão: veredas*. Rio de Janeiro: José Olympio, 1968, p. 319.

[18] MERLEAU-PONTY, M. *O visível e o invisível*. São Paulo: Perspectiva, 2000.

[19] NIETZSCHE, F. W. *Assim falou Zaratustra*. São Paulo: Martin Claret, 2005, pp. 35-36.

pela última vez: vira uma criança livre de todo o peso e das obrigações, para que possa, enfim, criar novos valores como se nunca tivesse visto nada desse mundo anteriormente.

Também Merleau-Ponty nos faz refletir:

> "(...) enquanto vivemos permanecemos engajados, se não em um ambiente humano, pelo menos em um ambiente físico (...)"[20]

É preciso construir uma nova compreensão se estamos dispostos a abandonar as antigas. Em *O Visível e o Invisível*[21], o autor também parece apontar para esse caminho.

Buscando o sentido da palavra "ontologia", tomamos a definição de José Ferrater Mora:

> "(...) toda investigação (...) relativa aos modos mais gerais de entender o mundo, isto é, às realidades deste mundo"[22].

O que estamos compreendendo por religião até o presente momento no texto senão exatamente uma "investigação relativa aos modos mais gerais de entender o mundo" e "às realidades deste mundo"? Cada crença fundamental, cada religião, misturada à fé perceptiva, torna-se um tipo de "ontologia pessoal", que traz explicações completas sobre o mundo, desde a sua criação até o futuro, determinando como devem ser todas as minúcias das relações interpessoais: a família, a amizade, o namoro, o sexo, o casamento, os rituais, a vida toda e, finalmente, a morte. Não há erro, não há dúvidas. Basta que tenha fé na religião, mesmo que envolva sofrimento, pois há uma renúncia por não ser permitido viver as relações com as coisas e com as pessoas sem grandes mediações simbólicas.

Essa posição nos permite procurar compreender envolvimentos da crença com os menores detalhes existenciais, como por qual motivo o fato de estar só pode ser tão pesaroso a alguém, enquanto para outro não; por que uma separação pode levar ao suicídio; por que perder o emprego ou aposentar-se pode ser o início do cronômetro da morte; por que a preferência em se manter em um relacionamento violento e fugir dos mais tranquilos. Sendo a religião uma ontologia pessoal, mistura-se intimamente com os temas existenciais indispensáveis da condição de ser-no-mundo (solidão, angústia, amor, liberdade, morte, sentido de vida, transcendência...)[23].

20 MERLEAU-PONTY, M. *Fenomenologia da percepção*. São Paulo: Martins Fontes, 1999, p. 376.

21 MERLEAU-PONTY, M. *O visível e o invisível*. São Paulo: Perspectiva, 2000.

22 MORA, J. F. *Dicionário de Filosofia*. São Paulo: Martins Fontes, 2001, p. 530-531.

23 ANGERAMI, V. A. *Psicoterapia existencial*. São Paulo: Pioneira Thomson Learning, 2002.

É a partir dessas reflexões expostas que compreendo a reconstrução de uma fé autêntica. Do mesmo modo, vejo o trabalho clínico do psicólogo, tendo como característica a destruição das pré-conceituações e obrigações aplicadas pelos outros na pessoa que nos procura. Retirados esses fatores – lembremos que o camelo estava em um deserto – surge um imenso vazio, pois eles é que preenchiam a vida dessa pessoa. Por esse simples motivo, não se pode deixar de aguçar o lado "criança", possibilitando que, ao deparar com o vazio, o cliente possa desenvolver, em nome próprio, uma verdadeira relação pessoal com o mundo, baseando-se nas próprias experiências. O religioso também precisa aprender a "esvaziar-se" dos vícios que lhe são impostos, para que possa construir sua fé diante de sua própria existência frente ao mundo. Amatuzzi[24] destaca o mesmo processo de esvaziamento da "tagarelice" para o encontro com a fala autêntica, baseando-se na afirmação de Merleau-Ponty de que é necessário encontrar o silêncio para que possa brotar a fala.

Admira-me a força dessa realidade, pois, em todo o panorama trágico traçado (mortes, desesperanças, assassinatos, violência em geral...), as pessoas, incrivelmente, ainda estão vivas! Não chegaram a se matar, embora várias já o tenham efetivamente tentado de forma direta ou indireta. Para que permaneçam em pé e continuem vivendo, é preciso que elas tenham uma crença muito forte. Para os que mais sofrem, é mais que fundamental a crença em uma outra vida melhor. Muito melhor, por sinal, pois há a sensação de que esta vida realmente não seja para eles, pois está completamente recheada de sofrimento; mesmo os prazeres e belezas mais simples parecem desaparecer frequentemente. A crença religiosa se torna uma ferramenta, muitas vezes, tão importante quanto a própria comida na luta diária pela sobrevivência.

Conversões prejudiciais

Traçada a existência de uma relação entre subjetividade e religião, analisemos uma das consequências desse fenômeno. Podemos verificá-lo ao testemunhar o caso de uma mulher que muda de religião pelos motivos pessoais mais legítimos possíveis. Não há nenhum problema nisso. Trata-se, no entanto, de uma religião de moral extremamente rígida. Também podemos considerar que se trata de uma escolha dela e não encarar o fato com maiores questões. Porém, descobrimos que essa mulher tem uma filha de nove anos. Só aí é que veremos o efeito devastador da conversão. A mãe espera criar sua filha dentro da moral recentemente escolhida para a sua própria vida. Notando a série de restrições que começam a surgir em sua vida, a menina esconde suas bonecas para poder continuar brincando com elas escondida da mãe, sem saber exatamente o tamanho da consequência caso seja pega ao executar

[24] AMATUZZI, M. M. *O resgate da fala autêntica*. Campinas: Alínea, 2016.

o, agora, tão terrível ato. Suas roupas não podem mais acompanhar as das colegas. De repente, não se pode mais assistir televisão. Lembremos que a criança não acompanha o mesmo processo de desenvolvimento da mãe. Se a criança não acompanhar a conversão da mãe, a possibilidade que vemos nessa situação é que seu mundo se torne cinza, e a religião vire uma cadeia. Pude presenciar a inacreditável ingenuidade de um garoto de 13 anos, cuja mãe aderiu a uma religião de tamanha rigidez. Ele, durante as sessões, perguntava-me sobre coisas que assistira na televisão da casa da tia sem o conhecimento da mãe. Sua primeira dúvida foi se o Super-Homem do filme realmente voava e como ele podia fazer isso. Expliquei-lhe que, na verdade, ninguém podia voar sem nenhuma máquina, que se tratava de um efeito especial e que o Super-Homem, na verdade, era apenas um ator. Pasmo com minha resposta, ele perguntou o que era um ator. Tive que esclarecer-lhe, novamente, dizendo que toda aquela história era um fingimento, uma "mentirinha" para a diversão dos espectadores. Inquieto com as grandes descobertas ali feitas, sua última pergunta foi se o ator morre de verdade quando aparece alguém matando-o na televisão. Novamente, expliquei sobre a "mentirinha" e os efeitos especiais.

Fiquei realmente impressionado com questões de tamanha obviedade vindas de um garoto já adolescente. A maioria dos meninos dessa idade já assistiram a milhares de efeitos especiais e tiveram acesso à Internet, tornando-se alguns, inclusive, praticamente especialistas em novidades do mercado tecnológico digital.

É visível a apartação do mundo, realizada pela mãe desse menino, a respeito de sua socialização. Não estou querendo elogiar aqueles que criam seus filhos frente à mídia. No entanto, um mínimo de conexão com a cultura vigente se faz necessário. No caso desse garoto, pelo que presenciei em outras sessões, havia o sério risco de ele se atirar pela janela de um prédio caso tivesse acesso a uma, pensando que poderia voar como o Super-Homem.

É preciso muito cuidado ao constatarmos conversões trágicas como essas, pois, ainda, que consideremos a importância da religião escolhida para a segurança, formação e embasamento da subjetividade, não podemos apoiar que o que é válido para uma pessoa seja regra para todas, principalmente, quando se trata de crianças, que nada compreendem a respeito de tais atitudes, mas sofrem as severas consequências.

Einstein já anunciava que as religiões do futuro tenderiam a uma certa individualidade. Giovanetti, com a ajuda da citação de Antoniazzi, esclarece-nos que:

> *"Essa religiosidade pós-moderna pode ser resumida dizendo que 'não é a busca de Deus ou da verdade que anima essas experiências religiosas; é a satisfação de necessidades pessoais'. O centramento sobre o eu, propagado e desenvolvido pela sociedade atual, é o motor primeiro de toda justificativa da religiosidade contemporânea"*[25].

[25] GIOVANETTI, J. P. *A consciência religiosa do homem (pós) moderno*. Belo Horizonte: inédito, s/d, p. 8.

Religião tomada apenas no âmbito pessoal, sem noção da vastidão do mundo, acarreta este "centramento sobre o eu" citado pelo estudioso, e as atitudes tomadas podem levar a desdobramentos prejudiciais, por exemplo, em relação aos filhos. O grande problema passa a ser a tentativa de convencer a todos de que a moral escolhida por determinada pessoa é a única possível e deve ser adotada por todos. Há o perigo de uma "falsa conversão", que não foi reconstituída pelo religioso, servindo apenas de socorro. O novo religioso, crente que seu remédio serve para todos, quer aplicá-lo de qualquer modo.

Essa visão distancia-se de uma busca pela harmonia e aproxima-se da possibilidade de uma disputa religiosa. É exatamente esse o ponto em que as religiões se mostram frágeis e abertas à manipulação política, convencendo com pouquíssimas palavras os seus fiéis seguidores daquilo que os dirigentes acharem por bem, por mais absurdas que sejam suas ideias. Para sabermos da força de persuasão das religiões, basta atentarmos aos já históricos suicídios coletivos e vermos que até a existência pessoal sofre perigo e pode ser controlada quando não é ela a base de sua própria conversão.

Ópio?

Gostaria de refletir a respeito da famosa frase de Karl Marx ao tratar das questões políticas e econômicas, o que veio a revolucionar historicamente o pensamento político mundial. Marx afirmou que a religião é o ópio do oprimido. Concordamos com essa afirmação, sem necessidade de grandes elocubrações, se tivermos nossa atenção voltada para o uso político das religiões. Fica clara e certa a comparação com uma droga que aliena o povo, mas que também proporciona um alívio momentâneo nas situações de desgaste.

No entanto, vamos retomar o significado da própria palavra "religião" em sua origem latina. Acompanhemos a definição a partir dos estudos de Silveira Bueno:

> *"Religião – (...) Lat.* Religio, religionis, *do tema de* religare, *ligar outra vez, ou melhor: ligar fortemente (...)"*[26].

Como vimos trabalhando até o momento, um encontro verdadeiramente religioso é aquele que promove uma ligação, uma conexão. Segundo alguns, trata-se da ligação entre o Homem e o mítico Reino dos Céus. Segundo nossa compreensão existencial de mundo, esse suposto céu não estaria apartado do próprio mundo, assim como o homem não pode se desvencilhar do mundo. A necessidade que identificamos no decorrer dessa análise, portanto, implica religar Homem e

[26] BUENO, F. S. *Grande dicionário etimológico-prosódico da língua portuguesa.* São Paulo: Saraiva, 1968, p. 3452.

Mundo, prática que deve estar sempre presente no consultório existencial, em que os clientes buscam ontologias para poderem viver sua existência com alguma segurança. O mesmo ocorre quando buscam pela autoajuda, por conhecimentos mágicos alternativos ou por algo em que acreditar. Não que sejam exatamente a mesma coisa, mas mostram-se, nesse sentido, fenômenos semelhantes.

Quando uma cliente apontou uma grande similaridade entre nossas seções psicoterápicas e as de um guia espiritual, que passara a visitar recentemente, senti uma particular satisfação. As colocações que ela citava eram riquíssimas e dotadas de grande sensibilidade por parte do guia, mostrando que, mais do que alguns profissionais, ele estava aberto a perceber aquela pessoa como ela se mostrava e analisar sua existência a partir da crença religiosa com grande perspicácia, o que as tornavam muito próxima aos temas abordados no consultório. Ela chegou a confundir algumas frases, julgando tê-las ouvido na sessão, mas que, na verdade, havia escutado do seu guia religioso e vice-versa.

Todas as questões desenvolvidas neste trabalho demonstram tratar-se, sempre, de uma forma ou de outra, de fruto de uma relação, seja com o mundo, com as coisas do mundo ou com as outras pessoas presentes nesse mundo. Conseguiremos retomar o sagrado no dia a dia como faziam os indígenas e outros povos antigos, que respeitavam profundamente uma árvore por ela ter visto seu avô nascer, por pensarem na sétima geração antes de tomar qualquer atitude, por tomarem a floresta como a morada dos espíritos dos seus antepassados? Parece que esse será o nosso próximo (e já antigo) grande desafio, pois, conforme nos aponta Michelazzo[27], a perda do sagrado no dia a dia poderá levar à devastação da Terra, pois se não temos respeito pelo mundo, não há razão que possa impedir que ele se acabe para servir aos nossos luxos e vontades. Finalmente e infelizmente, esse perigo é concreto! Nietzsche também advertiu:

> *"(...) o homem também não soube divertir-se com os animais, reinou sobre eles (...)"*[28].

A religião (assim como a mídia ou a ideologia), portanto, pode até ser o ópio do povo, mas também pode ser prejudicial a falta da percepção de sacralidade, pois essa falta permite o esvaziamento de um mínimo de respeito, que poderia haver pela natureza e pela concretude em geral.

Conclusão

A conclusão a que podemos chegar após tão dramática análise talvez seja a tomada de consciência da responsabilidade que temos diante da nossa própria

[27] MICHELAZZO, J. C. *Do* um *como princípio ao* dois *como unidade*. São Paulo: FAPESP, Annablume, 1999.

[28] NIETZSCHE, F. W. *O anticristo*. São Paulo: Centauro, 2000, p. 72.

existência e de todo o mundo vivido por nós. Creio que, dentro dos nossos limites, podemos viver aquilo que temos de mais singelo, cuidar de coisas pequenas, tendo a noção de não prejudicar a nós mesmos, aos outros e ao mundo em geral. O poeta português Fernando Pessoa, em uma de suas pessoas, afirma que pensar é estar doente dos olhos, dando a entender que basta prestarmos atenção nas maravilhas do mundo e, logo, teremos uma compreensão imediata de toda a harmonia do universo com a nossa existência. Digo isso porque a tendência, ao nos darmos conta de tantas tragédias, misérias e o perigo concreto de uma devastação do planeta, pode ser a revolta seguida de radicalização, pondo a própria vida em risco ao nos engajarmos em questões políticas extremas para defendermos nosso ponto de vista. Paradoxalmente, referimo-nos à vida como algo que deve ser exaltado.

Um espírito rebelde, que tenha em vista a vastidão do mundo, tende a crer e assumir a total responsabilidade em mudar aquela também vasta realidade. Tal responsabilidade atinge níveis inalcançáveis a um único ser humano. É claro que defendo a ação política e conjunta para a transformação dessa realidade, mas, ao deparar com meus próprios limites em muitas situações, compreendi que, para atingir o "vasto mundo", devo ter como base o "mundo próximo", ou seja, meu mundo, envolvendo aqueles que me são próximos. Este é o passo inicial demonstrado por Plínio Marcos em debate realizado após a apresentação de uma de suas polêmicas peças teatrais. Ao ser questionado sobre o amor ao povo, Plínio acusou aqueles que afirmam "amar o povo" de amar uma coisa abstrata que, realmente, não existe. Ele devolve a questão, inquirindo quem havia dado a procuração para que se pudesse falar em nome do povo, pois povo, na verdade, são os nossos próximos. Devemos tratá-los com respeito se defendemos o respeito ao mundo[29]. Eis uma grande lição de um grande dramaturgo.

Está envolta nesse pensamento uma profunda noção de religião, no sentido de *religare* ao mundo. O mais simples dos mundos torna-se, ao mesmo tempo, misterioso e grandioso, adquirindo o necessário para que sintamos por ele um grande e verdadeiro respeito. Uma religiosidade, que deixa de ser aquela cobrança pesada imposta pela tradição, pode fazer as pazes com os questionadores cheios de vida, o que pode ser expresso por uma outra famosa frase de Nietzsche:

> "Eu só poderia crer num Deus que soubesse dançar"[30].

Ou seja, só há um *religare* existencialmente significativo quando é aceita uma grande leveza demonstrada na própria crença, na própria fé que embasa tal sentido religioso. Dançar simboliza não só a leveza, mas também a diversão, a alegria, o

[29] MARCOS, P. *Jesus homem*. São Paulo: Grêmio Politécnico, 1981.

[30] NIETZSCHE, F. W. *Assim falou Zaratustra*. São Paulo: Martin Claret, 2005, p. 46.

aproveitar o momento de estar ligado a este planeta cheio de possibilidades e que, para que a vida se mantenha, deve ser, simultaneamente, desfrutado e respeitado.

Referências

AMATUZZI, M. M. *O resgate da fala autêntica*. Campinas: Alínea, 2016.

ANDRADE, C. D. de. *Poema de sete faces* em *Alguma poesia*. Belo Horizonte: Edições Pindorama, 1930.

ANGERAMI, V. A. *Psicoterapia e subjetivação*. São Paulo: Pioneira Thomson Learning, 2003.

__________. *Psicoterapia existencial*. Belo Horizonte: Artesã Editora, 2017.

BUENO, F. S. *Grande dicionário etimológico-prosódico da língua portuguesa*. São Paulo: Saraiva, 1968.

DOSTOIÉVSKI, F. M. *Os irmãos Karamázovi*. São Paulo: Abril Cultural, 1970.

GIOVANETTI, J. P. *A consciência religiosa do homem (pós) moderno*. Belo Horizonte: inédito, s/d, p. 8.

HEIDEGGER, M. *Ser e tempo*. Petrópolis: Vozes, 2002. Volumes I e II.

MARCOS, P. *Jesus homem*. São Paulo: Grêmio Politécnico, 1981.

MERLEAU-PONTY, M. *Fenomenologia da percepção*. São Paulo: Martins Fontes, 1999.

__________. *O visível e o invisível*. São Paulo: Perspectiva, 2000.

MICHELAZZO, J. C. *Do* um *como princípio ao* dois *como unidade*. São Paulo: FAPESP, Annablume, 1999.

MORA, J. F. *Dicionário de Filosofia*. São Paulo: Martins Fontes, 2001.

NIETZSCHE, F. W. *O anticristo*. São Paulo: Centauro, 2000.

__________. *A gaia ciência*. São Paulo: Companhia das Letras, 2001.

__________. *Assim falou Zaratustra*. São Paulo: Martin Claret, 2005.

ROSA, J. G. *Grande sertão: veredas*. Rio de Janeiro: José Olympio, 1968.

SARTRE, J. P. *O ser e o nada*. Petrópolis: Vozes, 1997.

TÜRCKE, C. *O louco*. Petrópolis: Vozes, 1993.

CAPÍTULO 14

Psicologia e religião: o que é isso? Uma proposta curricular

Adriana Patrícia Egg-Serra
Adriano Furtado Holanda

Paradoxos da Psicologia da Religião no Brasil

O Brasil ocupa há alguns anos o quinto lugar no ranking mundial de publicações acadêmicas em espiritualidade/religiosidade (E/R) e saúde (Moreira-Almeida & Lucchetti, 2016); a maioria relacionada à saúde mental (Koenig et al., 2012; Moreira-Almeida & Lucchetti, 2016), o que toca especialmente à psicologia. Esperandio et al. (2019) afirmam que a Psicologia da Religião no Brasil alcançou sua maturidade com pleno vigor, à revelia da obscuridade que o tema enfrenta na formação profissional. Este paradoxo, observam, revela uma óbvia dissociação entre o interesse manifesto por estudantes e profissionais da psicologia e os currículos dos cursos de graduação (Ancona-López, 2005; Assis & Medeiro, 2018; Beneduzzi, 2012; Freitas & Silva Neto, 2003; Holanda, 2017; Pereira & Holanda, 2016). Pode revelar, também, uma dissociação entre o interesse da população utente de serviços de saúde, que gostaria de ter sua vivência espiritual/religiosa considerada em seus processos terapêuticos (Borges, 2015; Freitas, 2014; Marques, 2017), e a falta de capacitação dos profissionais para tanto.

Estudos empíricos realizados no campo da interface da E/R com a formação em psicologia no Brasil nos apontam uma série de dificuldades e questões a serem superadas, tais como: índices menores de bem-estar espiritual de estudantes de psicologia, quando comparados a outros estudantes universitários; dificuldade e insegurança quando o assunto da E/R se apresenta na clínica, mencionados por formandos de diferentes regiões do país; questionamentos não resolvidos sobre a postura ética adequada; medo de influenciar o paciente, de revelar a religião pessoal e de não saber lidar com suas próprias crenças; falta de conhecimento e de capacidade de manejo teórico-clínico; e a dificuldade ou impossibilidade de abordar tais questões com professores e supervisores de estágio (Pereira & Holanda, 2019).

Essa dificuldade para trabalhar com o tema produz implicações negativas na qualificação dos estudantes para o diálogo com temas concernentes à religião e crenças de seus futuros consulentes – o que traz implicações para o campo da ética profissional e para o próprio trabalho, bem como tem significativos impactos na representação da profissão junto à sociedade (Freitas & Silva Neto, 2003; Neubern, 2013; Pereira & Holanda, 2016). Diante desse quadro, destaca-se a importância de refletir com cuidado sobre a formulação do processo de ensino durante a formação dos futuros profissionais da Psicologia.

A ampliação da oferta de disciplinas de Psicologia e Religião na graduação é importante (Paiva, 2017, 2015), assim como o cuidado na elaboração de seus conteúdos. Afinal, uma disciplina optativa no campo da Psicologia da Religião será, via de regra, a única oportunidade de confronto com o tema da E/R para os estudantes durante sua formação (Egg-Serra et al., 2022). Assim, este trabalho procurou descobrir o conteúdo apropriado para uma disciplina de Psicologia e Religião, para que ela se tornasse relevante para a realidade concreta dos futuros psicólogos. Espera-se que as proposições aqui discutidas possam servir como ponto de partida para um debate mais amplo acerca de estratégias de formação profissional para a integração da E/R nos cuidados em saúde.

O caminho percorrido

A palavra "heurística", em sua origem grega, significa "encontrar", "descobrir". Ela é geralmente usada para se referir a uma forma de resolver problemas por meio de tentativa e erro. Segundo Japiassu e Marcondes (1990), um método é heurístico quando leva a pessoa a descobrir aquilo que se pretende. Ao longo de sua realização, este trabalho foi se delineando como uma investigação fenomenológica de base heurística, modelo de pesquisa qualitativa apresentado por Moustakas (1994).

Tal método exige engajamento pessoal do pesquisador, com autoconsciência, autoconhecimento e processos de criação e descoberta próprios, que iniciam por uma questão ou problema a ser resolvido (Moustakas, 1994). O método heurístico de Moustakas (1990) engloba seis fases: (1) engajamento inicial, (2) imersão na questão, (3) incubação, (4) iluminação e (5) explicação, culminando em uma (6) síntese criativa. "A grande contribuição do modelo heurístico está na intrínseca participação do sujeito do pesquisador no próprio ato da pesquisa, isto é, na efetiva colocação da subjetividade do pesquisador no ato de pesquisar" (Holanda, 2006, p. 368).

Este trabalho foi realizado como parte de um projeto mais amplo, que busca avaliar a influência de uma disciplina de Psicologia e Religião sobre a percepção de estudantes de Psicologia acerca da E/R. Com o projeto em mãos, devidamente aprovado pelo Comitê de Ética em Pesquisas com Seres Humanos, apresentou-se um desafio inesperado, que provocou o engajamento inicial proposto por Moustakas (1990).

Diante da pretensão de avaliar em que medida uma disciplina de Psicologia e Religião poderia afetar a percepção dos estudantes acerca das representações e sentidos atribuídos por eles à relação entre esses dois campos – a psicologia e a religião – tornou-se imprescindível, primeira e necessariamente, definir o que, afinal de contas, seria essa tal "disciplina de Psicologia e Religião". Porque abordagens diversas afetariam, de formas igualmente diferentes, a percepção dos alunos e, para que os resultados do estudo pudessem ser relevantes para o campo da pesquisa científica, era preciso encontrar um denominador comum capaz de delimitar tal disciplina enquanto objeto de estudo.

Como ex-aluna de Psicologia, que, ao longo do curso, vivenciou questionamentos constantes acerca da alienação do tema, tendo cursado a referida disciplina na graduação, a imersão na questão já vinha ocorrendo. Esta foi se intensificando com o ingresso concomitante no mestrado e em uma pós-graduação com inserções nesse campo, com a colaboração em um grupo de pesquisa e com participações em palestras e congressos na área, além do aprofundamento na literatura científica abundante sobre E/R.

A primeira ideia que surgiu foi realizar um apanhado de tais disciplinas nas Instituições de Ensino Superior (IES) em que são ministradas, com o intuito de comparar suas ementas e traçar um perfil do que seria uma disciplina nessa esfera. Para fins de análise, os conteúdos das ementas foram separados segundo tópicos específicos e, em seguida, agrupados por categorias mais gerais, de acordo com a recorrência de temas similares (Egg-Serra, 2021). Esta proposta, no entanto, que a princípio parecia bastante pertinente e um tanto óbvia, mostrou-se insatisfatória.

Ao realizar o levantamento, as características das disciplinas ofertadas atualmente em torno desse eixo revelaram-se muito distintas. Acontece que não existe nenhum acordo sobre diretrizes de ensino nessa área (Vieten et al., 2016) e os temas apresentados nas ementas analisadas foram bastante díspares e variados, tornando infrutífera qualquer intenção de qualificar um repertório comum que pudesse embasar uma descrição razoável. A diversidade de abordagens tornou inviável a proposição de um currículo a partir do conteúdo das disciplinas já existentes. Essa constatação se apresentou como um impasse, levando à busca por uma nova estratégia.

Diante de uma primeira tentativa frustrada, iniciou-se o processo de incubação, no qual as ideias precisaram ser ruminadas por um bom tempo, em articulação com os estudos que vinham sendo desenvolvidos. Durante a leitura de uma revisão sistemática de estudos empíricos sobre E/R no curso de psicologia, realizada por Pereira e Holanda (2019), deu-se um momento de iluminação. A revisão, que resultou em 11 estudos, apresentando um panorama da literatura nacional acerca da vivência espiritual/religiosa de graduandos no contexto da formação acadêmica, forneceu um eixo norteador para o planejamento da disciplina. Este eixo foi determinado com base na relevância dos conteúdos propostos para a realidade concreta dos futuros psicólogos. Os trabalhos apresentados na revisão de Pereira e Holanda (2019), publicados no período de 2002 a 2017, foram: Freitas (2002)[1]; Gastaud et al. (2006); Costa et al. (2008); Ferreti (2010); Cavalheiro (2010); Pinho (2012); Gandelman (2013); Vieira, et al. (2013); Souza (2014); Silva (2016) e Nascimento (2017). Todos os trabalhos indicados foram analisados – à exceção do trabalho de Nascimento (2017), que não foi encontrado – com foco na identificação de dados sobre as maiores carências percebidas.

A partir do momento em que a ideia inicial foi abandonada, permanecendo apenas os dados da realidade concreta revelados pelas pesquisas empíricas, iniciou-se a etapa que Moustakas (1990) chama de explicação. Diante daquilo que se mostrou, enquanto perspectiva revelada do fenômeno, foi possível definir um ponto central para desenvolver uma proposta de conteúdo significativa. Refletir sobre o que foi desvelado, proporcionou uma compreensão mais clara do essencial, em detrimento do que se mostrou periférico, e uma representação dos principais componentes do fenômeno investigado. A seguir, como síntese criativa, foi elaborado um plano de ensino para a disciplina, definindo os objetivos a serem alcançados.

Pontes no lugar de muros

Pesquisando os currículos das IES públicas de Psicologia no Brasil, foram encontrados 16 cursos que ofertavam 20 disciplinas abordando temas ligados à Psicologia da Religião (PR), todas elas optativas. Explorando os dados obtidos, apenas 14 delas (70% do total) apresentavam as ementas disponíveis, distribuídas em 12 cursos. Para análise, os conteúdos das ementas encontradas foram transformados em tópicos e classificados em categorias mais gerais, de acordo com os temas abordados, com o intuito de identificar similaridades entre as temáticas. No total, os conteúdos foram agrupados em 16 categorias, conforme segue (Tabela 1):

1 O trabalho de Freitas (2002), por se tratar de tese não publicada, foi substituído pelo artigo de Freitas e Silva Neto (2003), que se refere à mesma pesquisa.

Tabela 1 – Categorias de temas abordados nas ementas de disciplinas na área de PR

1. Interface entre psicologia e E/R	17 menções em 10 ementas
2. E/R e sociedade	6 menções em 5 ementas
3. Conceitos de religião, religiosidade e espiritualidade	5 menções em 5 ementas
4. Apontamentos sobre E/R	5 menções em 4 ementas
5. A experiência religiosa	3 menções em 3 ementas
6. História da Psicologia da Religião	3 menções em 3 ementas
7. E/R e cultura	2 menções em 2 ementas
8. *Coping*	2 menções em 2 ementas
9. Pesquisa em psicologia e E/R	2 menções em 2 ementas
10. Religião e psicopatologia	2 menções em 2 ementas
11. Estudo de casos	1 menção em 1 ementa
12. E/R e políticas públicas	1 menção em 1 ementa
13. Indivíduo e sociedade	1 menção em 1 ementa
14. Fenomenologia	1 menção em 1 ementa
15. Pesquisa fenomenológica	1 menção em 1 ementa
16. Pesquisa em E/R	1 menção em 1 ementa

Fonte: elaborado pelos autores.

Como resultado da análise, observou-se que, à exceção de temas ligados à interface entre psicologia e E/R, encontrados em 10 (71,4%) das 14 ementas analisadas, todos os outros não chegaram a se repetir em metade das disciplinas (temas sobre E/R e sociedade em 42,9%; conceitos de religião, religiosidade e espiritualidade e apontamentos sobre E/R em 35,7%; história da Psicologia da Religião e experiência religiosa e em 21,4% – entre outros com menores prevalências ou apresentação isolada) (Gráfico 1).

Gráfico 1 – Aparição dos temas nas ementas, por categoria (acima de duas repetições)

LEGENDA:

1 Interface entre psicologia e E/R
2 E/R e sociedade
3 Conceitos de Religião, Religiosidade e Espiritualidade
4 Apontamentos sobre religião
5 A experiência religiosa
6 História da Psicologia da Religião
7 E/R e cultura
8 Pesquisa em psicologia e religião
9 Religião e psicopatologia
10 *Coping*

Fonte: elaborado pelos autores.

Em relação aos estudos empíricos sobre E/R no curso de psicologia, foi realizada uma leitura dos textos relacionados por Pereira e Holanda (2019), buscando identificar conteúdos acerca das principais demandas apontadas. Esses apontamentos foram também resumidos em tópicos e classificados em categorias, para identificação de similaridades temáticas. No total, os conteúdos foram agrupados em 19 categorias (Tabela 2):

Tabela 2 – Principais demandas apontadas nos estudos empíricos sobre a formação em Psicologia

1. Distanciamento entre Psicologia e E/R	15 menções em 6 pesquisas
2. Importância de inserção da E/R no campo do debate científico	13 menções em 6 pesquisas
3. Conflitos acerca da E/R	8 menções em 3 pesquisas
4. Despreparo para o manejo da E/R	7 menções em 4 pesquisas
5. Influência negativa de professores	6 menções em 3 pesquisas
6. Reconhecimento da E/R pelos alunos	5 menções em 4 pesquisas
7. Princípio da "neutralidade" como evitação do tema da E/R	5 menções em 4 pesquisas
8. Ética na relação entre as crenças terapeuta/paciente	5 menções em 4 pesquisas
9. Declínio da E/R no curso de Psicologia	5 menções em 1 pesquisa
10. Patologização e/ou silenciamento acerca do tema da E/R	4 menções em 3 pesquisas
11. Confronto com demanda de cunho E/R	4 menções em 2 pesquisas
12. Afirmação de pertença religiosa	3 menções em 3 pesquisas
13. Supressão das próprias crenças e/ou substituição por teorias psicológicas	3 menções em 2 pesquisas
14. Menor bem-estar espiritual em alunos de Psicologia	2 menções em 2 pesquisas
15. Interesse dos alunos no tema da E/R	2 menções em 2 pesquisas
16. Correlação positiva entre E/R e índices de bem-estar	2 menções em 2 pesquisas
17. Diferença entre E/R de alunos em IES públicas e privadas	1 menção em 1 pesquisa
18. Formação em Psicologia como possível fator de risco ao bem-estar do aluno	1 menção em 1 pesquisa
19. E/R como possível fator de proteção ao bem-estar do aluno	1 menção em 1 pesquisa

Fonte: elaborado pelos autores.

Diante da leitura dos estudos empíricos propostos sobre E/R no curso de Psicologia ficaram claros os seguintes pontos: (1) o distanciamento entre os dois campos e (2) a importância da inserção da E/R no campo da discussão científica. Destacam-se também a (3) presença de conflitos acerca da E/R e o (4) despreparo para o seu manejo, que despontam como consequência desses problemas e de outros, dentre os quais destaca-se ainda, (5) a influência negativa de professores durante a formação (Gráfico 2).

Gráfico 2 – Aparição dos temas nas pesquisas, por categoria (acima de três repetições)

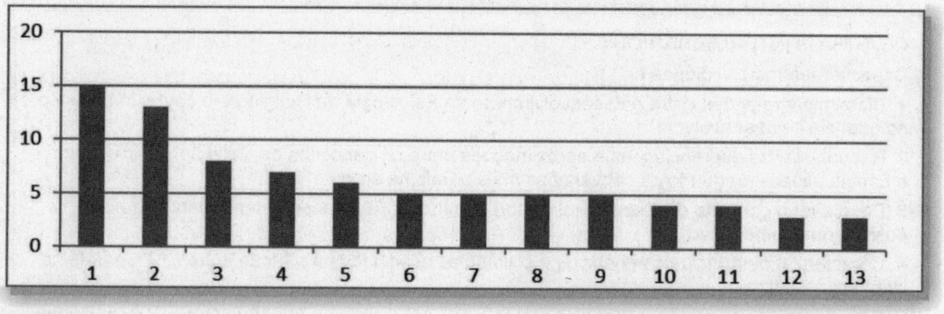

LEGENDA:
1 Distanciamento entre Psicologia e E/R
2 Importância de inserção da E/R no campo da discussão científica
3 Conflitos acerca da E/R
4 Despreparo para o manejo da E/R
5 Influência negativa de professores
6 Reconhecimento da E/R pelos alunos
7 Princípio da "neutralidade" como evitação da E/R
8 Ética na relação entre crenças terapeuta/paciente
9 Declínio da E/R no curso de Psicologia
10 Patologização e/ou silenciamento acerca da E/R
11 Confronto com demanda de cunho E/R
12 Afirmação de pertença religiosa
13 Supressão das próprias crenças e/ou substituição por teorias psicológicas

Fonte: elaborado pelos autores.

Dessa forma, o que se mostrou como proposta mais estratégica para formulação da disciplina foi provocar os estudantes a refletirem sobre as fronteiras de atuação em Psicologia no que diz respeito à sua interface com a E/R. O programa foi planejado como uma abordagem introdutória para promover sensibilização ao tema e reflexões sobre seus possíveis desdobramentos, levando os alunos a reconhecer possibilidades e limitações presentes nessa intersecção, com base na literatura científica na área.

Obviamente não existe, neste trabalho, nenhuma pretensão de esgotar o assunto. Trata-se de explorar um caminho possível, dentre outros tantos, explicitando, da melhor forma, as variáveis que guiaram essa escolha, para posterior avaliação da influência dessa disciplina sobre a percepção dos estudantes. Com essa configuração, esperamos abrir um espaço de debate na disciplina, uma ponte para as questões mais relevantes que têm sido identificadas na literatura como fonte de questionamentos, dúvidas, silenciamento e, até mesmo, sofrimento para os alunos de Psicologia em geral. Assim, definimos como objetivo: capacitar futuros psicólogos a reconhecer possibilidades e limitações da Psicologia no que diz respeito a uma atuação profissional que contemple a espiritualidade/religiosidade da população à qual presta seus serviços.

Para nos eximir de tal tarefa, mostrou-se útil uma subdivisão do objetivo geral em unidades de menor complexidade, ordenadas em uma escala crescente. Dessa forma, seria possível partir dos conceitos mais fundamentais aos mais elaborados para alcançar o nível de aprendizagem desejado. Chegamos, assim, ao seguinte resultado (Quadro 1):

Quadro 1 – Objetivos intermediários delimitados para a disciplina

OBJETIVOS INTERMEDIÁRIOS
Capacitar futuros psicólogos a:
1. Discriminar relações entre o desenvolvimento da Psicologia da Religião e o contexto histórico no qual ela se desenvolveu;
2. Reconhecer as diferenciações e aproximações entre os conceitos de Religião, Religiosidade e Espiritualidade, segundo as convenções mais atuais na área;
3. Descrever o conceito de *Coping* Religioso/Espiritual (CRE), reconhecendo tanto seu lado positivo quanto negativo;
4. Caracterizar os principais benefícios e problemas associados à relação entre E/R e saúde na literatura científica;
5. Caracterizar os principais benefícios e problemas associados à relação entre E/R e qualidade de vida, com base na literatura científica;
6. Relacionar as demandas apontadas nos estudos científicos sobre a formação em Psicologia, no que se refere à abordagem da E/R, com suas próprias experiências no meio acadêmico;
7. Examinar os tópicos apontados no Código de Ética Profissional do Psicólogo e na Nota Técnica de Posicionamento do Sistema Conselhos de Psicologia para a questão da Psicologia, Religião e Espiritualidade e relacioná-los à atuação em Psicologia no que diz respeito à E/R;
8. Diferenciar as diversas representações do conceito de laicidade, incluindo as particularidades do contexto brasileiro;
9. Reconhecer procedimentos metodológicos, abordagens e instrumentos de pesquisa próprios para atuação e pesquisa em Psicologia e E/R;
10. Caracterizar possibilidades e limitações de atuação do psicólogo em questões ligadas à E/R, em diferentes contextos, baseadas na regulamentação e na ética da profissão e demais conteúdos estudados na disciplina;
11. Caracterizar possibilidades e limitações de atuação profissional em questões ligadas à E/R na clínica, baseadas na literatura científica e conceitos discutidos na disciplina.

Fonte: elaborado pelos autores.

Refletindo sobre as possibilidades de um ensino mais relevante

O "esquecimento" – ou descaso – da Psicologia com o tema da E/R é assunto amplamente tratado na literatura da área, repetidamente destacado como um problema a ser enfrentado[2] e efetivamente perceptível para quem quer que frequente os corredores de seus cursos. Para além de uma "posição enganosa e enganadora, superficial, alienada e alienante da própria história da Psicologia, suas origens e seu legado – tão intrincado com as lutas políticas, econômicas e religiosas do mundo ocidental" – esse descaso embota o entendimento (fundamental para a Psicologia) do que é ser humano (FREITAS, 2018, p. 274).

[2] Ancona-López, 2005; Beneduzzi, 2012; Freitas, 2018; Freitas & Silva Neto, 2003; Holanda, 2017; Machado et al., 2019; Pereira & Holanda, 2016.

De forma absolutamente contraditória, embora a maioria dos 4.300 respondentes da pesquisa de Paulino (2019) com psicólogos brasileiros acredite que a religião é benéfica para a saúde mental (62%), o número de profissionais que não considera as questões de E/R relevantes para o tratamento é ainda maior (65%). Uma explicação possível para esse paradoxo é a falta de treinamento específico sobre o manejo clínico da E/R, afirmado por apenas 24,2% dos participantes, uma vez que esse treinamento foi preditor de maior frequência com que o profissional pergunta sobre o tema em seus atendimentos (184%) ou considera relevantes essas questões (229%).

A E/R vem sendo incorporada às noções de saúde e integralidade e incluída na maioria das definições de multiculturalismo (Cunha & Scorsolini-Comin, 2019; Vieten et al., 2016). No entanto, apesar desse reconhecimento, o treinamento que deveria acompanhá-lo, continua sendo negligenciado (Vieten et al., 2016). Como já apontamos, disciplinas que abordem o tema são parte importante da solução (Paiva, 2015, 2017) e podem ser, por hora, a única interface de contato com a questão da E/R para a maioria esmagadora dos estudantes de Psicologia (Egg-Serra et al., 2022).

Das IES de Psicologia no Brasil, aquelas que apresentam em seus currículos disciplinas que abordam a questão da E/R representam 13,3% do total, de acordo com o levantamento mais recente publicado (Michel, 2018). Nas IES públicas, essas disciplinas se apresentaram em 13% dos currículos, segundo Costa et al. (2009) e Piasson (2017). Em nosso levantamento (Egg-Serra et al., 2022) este número parece ter aumentado para 22%, porém sempre disponibilizadas como disciplinas optativas, sobre as quais não se pode precisar a regularidade da oferta. No caso das IES privadas, elas só aparecem em algo entre 0% (Piasson, 2017) a 3,4% (Costa et al., 2009) das instituições brasileiras, excetuando as confessionais[3], que apresentam uma oferta maior (71,4%; Costa et al., 2009; Piasson, 2017). De acordo com Lucchetti et al. (2012), porém, as IES confessionais tendem a se voltar mais para questões teológicas relacionadas à cultura e à religião.

A maior parte dos psicólogos segue recebendo pouco ou nenhum treinamento em questões religiosas e espirituais, e isso se deve, em parte, ao fato de não existir nenhum conjunto acordado de competências a serem desenvolvidas ou diretrizes de treinamento em E/R (Vieten et al., 2016). Pouco tem sido escrito, pragmaticamente, acerca das disciplinas nesse campo, seus conteúdos e sua influência sobre a atuação profissional. Se, de maneira geral, "o que o docente faz e o

[3] Embora a apresentação do tema seja bem maior nessas instituições, as IES confessionais representam somente algo em torno de 14% (Piasson, 2017) a 16% (Costa et al., 2009) do total de IES no Brasil.

que deveria fazer é uma ampla – muito ampla – gama de comportamentos sobre os quais não há ainda conhecimento suficiente e acessível" (Kubo & Botomé, 2001, §40), essa realidade torna-se ainda mais contundente nas disciplinas ligadas à Psicologia da Religião.

Por um lado, sabemos que o tema da E/R é realmente vasto e complexo (Paiva, 2021), por outro, ao analisar a articulação dos tópicos apresentados nas disciplinas analisadas com as demandas detectadas nos estudos empíricos, percebemos uma grande diversidade e disparidade de conteúdos, que nem sempre tem relação com essas demandas. Podemos supor que, especialmente por se tratarem de disciplinas invariavelmente alocadas no rol de optativas, possivelmente essa disparidade relacione-se à heterogeneidade de interesses de seus ministrantes, sem que haja, necessariamente, um olhar voltado para as questões que se apresentam na realidade empírica.

Devidamente, uma inserção séria e crítica no contexto das disciplinas que tangenciam o tema tem o potencial de ampliar o conhecimento e a reflexão, caso estejam submetidas à literatura atualizada e não apenas ao interesse e posicionamento teórico e pessoal daqueles que as lecionam. De forma ampla, tem-se identificado como principais barreiras a ausência de programas ou diretrizes de ensino que viabilizem uma formação teórica e prática no campo da E/R (Espinha et al., 2013; Vieten et al., 2013). Desta forma, os contornos deste estudo, em particular, foram delimitados de forma a oferecer a contribuição julgada mais estratégica para a promoção de um maior reconhecimento e inserção da Psicologia da Religião na formação em Psicologia. Buscou-se construir um programa voltado para as demandas concretas apresentadas em pesquisas empíricas. Esta proposição pode ser justificada a partir de um olhar sobre uma educação que busca superar o sistema tradicional e puramente transmissivo de ensino para conectar-se à realidade tangível dos aprendizes.

Tomando os textos de Paulo Freire, como exemplo, e por suas contribuições para o campo da Educação serem bastante conhecidas, temos uma ideia de pedagogia e de educação que se apoia na mediação da relação entre conhecimento e realidade de inserção concreta do indivíduo, para além das circunstâncias de tempo e espaço que delimitam as condições desse ensino (Freire, 1971, 1976). Essa concepção coloca a chamada "realidade de inserção" do aprendiz como parte central da matéria-prima da qual deriva o que deveria ser ensinado e como, embora os processos dessa mediação nem sempre fiquem claros em sua obra (Kubo & Botomé, 2001).

As definições tradicionais de ensinar, segundo Skinner (1972), são ficções verbais que representam convenções vazias sem descrever o verdadeiro processo que se opera, apenas seus efeitos sobre os ouvintes. Para Freire (1971), o uso de tais expressões obstrui o desenvolvimento de uma prática adequada. No que diz respeito a ensinar, essa atividade não se constitui em um ato isolado, mas como binômio intimamente ligado, uma vez que a ocorrência da aprendizagem é o núcleo definidor do conceito de ensinar – e o que evidencia essa aprendizagem é a mudança das relações do aprendiz com o seu meio. Para possibilitar, portanto, intervenções efetivas na educação ou por meio dela torna-se necessário obter informações e dados que apontem o caminho a seguir, de acordo com as características desse meio (Kubo & Botomé, 2001).

Ribes (1976) denuncia a carência de utilização do conhecimento científico disponível, tanto na formação dos profissionais quanto em sua atuação na sociedade. Evidência recente dessa afirmação encontra-se no robusto levantamento de Paulino (2019) com psicólogos brasileiros, cujos índices apontam para menores chances de crer nos benefícios da E/R sobre a saúde e maiores chances de crer em seus efeitos negativos, na medida em que o grau de escolaridade destes aumenta. Essa crença contraria a maioria esmagadora das pesquisas na área. Ou seja – para espanto geral, e de modo paradoxal – no que se refere à E/R, quanto mais o psicólogo avança em seus estudos, menos chances ele tem de levar em consideração o conhecimento científico produzido.

Qual seria o ponto de partida para a elaboração, planejamento e execução do ensino, questionam Kubo & Botomé (2001). "Quanto de concordância existe em relação a ele? Como descobrir qual o melhor e mais significativo? Que tecnologia é necessária para que os professores o tenham claro e possam trabalhar a partir dele?" (p.14). Essas não são questões que encontram respostas claras, nem óbvias. Nesse sentido, o ponto de partida escolhido aqui foram os estudos empíricos sobre a formação em Psicologia e a abordagem da E/R na tentativa de manter uma conexão com a realidade de inserção dos estudantes/futuros profissionais. Partiu-se da perspectiva de que o objetivo central dos cursos de graduação é habilitar os discentes a desenvolverem ações capazes de produzir resultados definidos e significativos em seu contexto de atuação – o que definitivamente não vem ocorrendo no que se refere à integração da E/R dos utentes de serviços de Psicologia em seus processos terapêuticos.

Kaufman (1977) alerta sobre a tendência encontrada no sistema educacional de levar em consideração somente aquilo que chama de necessidades internas, ou seja, o conteúdo dos conhecimentos produzidos em suas mais variadas formas de apresentação, esquecendo-se muitas vezes de voltar-se às necessidades externas. Analisando as relações entre realidade e educação, Paviani (1991) sublinha a capacitação do aluno para lidar com sua realidade como papel fundamental do processo de ensino, em oposição a uma atividade limitada à apreensão de noções sem conexão com o mundo concreto, embora ressalte que essa concretude esteja sempre mergulhada em uma complexa rede conceitual. Não se trata, assim, de privilegiar um aspecto em detrimento de outro, mas de buscar estabelecer pontes que articulem um caminho possível de ser trilhado pelo futuro profissional em sua jornada singular e única.

Considerações e reflexões

O objetivo inicial deste trabalho foi delimitar uma *proposta* de currículo para uma disciplina que tivesse como tema, diretamente, a relação entre Psicologia e Religião, com o intuito de esclarecer o que seria essa disciplina no âmbito de um estudo maior, sobre a percepção dos estudantes acerca da interface entre Psicologia e E/R, a ser concretizado futuramente. Ao longo de seu desenvolvimento, procuramos guiar nossas ações a partir dos aspectos palpáveis da realidade que espera pelos futuros profissionais, compreendendo-a por meio de pesquisas empíricas sobre a formação, uma vez que o delineamento das disciplinas existentes não foi suficiente para sustentar uma proposta de ensino. No decorrer do tempo, com a possibilidade de *feedback* dos alunos, espera-se, ainda, que estes se tornem coparticipantes deste processo, enriquecendo seu desenvolvimento.

Embora tenha-se chegado a uma proposta concreta, as carências da formação em Psicologia, no que se refere à abordagem da E/R, representam um desafio que não se pode vencer no curto período de duração de uma disciplina semestral de 30 horas. Assim, decidir quais as temáticas a serem incluídas (e, por conseguinte, as excluídas) não foi tarefa simples; nem pôde deixar de ser, em alguma medida, arbitrária. Conteúdos importantes terão sido, inevitavelmente, deixados de lado. Diante desse contexto, destacamos a importância de uma formação continuada e da possibilidade de desenvolver esse tipo de competência por meio de disciplinas encadeadas durante a própria graduação, além de uma transversalidade efetiva, que realmente amplie o olhar sobre a temática, ao invés de escamotear sua alienação (Egg-Serra et al., 2022).

Ao realizar um estudo comparativo das pesquisas, também não foi possível, no escopo deste projeto, mensurar o peso dos resultados de cada trabalho utilizado como referencial para o levantamento dos dados. Note-se que foram consultadas pesquisas quantitativas e qualitativas, com abrangências e metodologias diversas, com maior ou menor aprofundamento, sem atribuir diferentes graus de relevância para cada uma delas, apenas compilando de forma concisa os resultados apresentados, de acordo com os critérios de cada autor. Contudo, elas dão indícios para o início de um debate e para identificar demandas dos alunos, levando-nos a refletir sobre como promover uma aprendizagem significativa e devidamente embasada nesse campo.

Outra limitação encontrada refere-se a um dos dados considerados relevantes no decorrer deste estudo: a influência negativa de professores sobre questões relativas à E/R durante a formação. Como trabalhar esse impasse? Que tipo de contribuição poderia ser disponibilizada para incitar mudanças nesse quadro? Estas são reflexões que permanecem em aberto. A temática da espiritualidade/religiosidade tem ainda um longo caminho a percorrer para ser reconhecida e conquistar o devido espaço na formação de profissionais de Psicologia no Brasil. Para isso, torna-se necessário formular estratégias mais eficazes de estruturação e divulgação do vasto conhecimento científico produzido na área. Este conhecimento precisa ser traduzido em respostas às carências da realidade concreta de inserção dos futuros psicólogos em seu campo de atuação.

Esperamos que, apesar das limitações levantadas, as considerações propostas neste trabalho sirvam para influenciar os debates e as políticas educacionais acerca da capacitação dos profissionais da Psicologia para atender questões relativas às demandas de ordem espiritual/religiosa enquanto parte da cultura e constituição da subjetividade dos cidadãos utentes de seus serviços. Esperamos, também, abrir um caminho para que outros profissionais possam discutir a inclusão do tema da E/R nos cursos de Psicologia. Ou ainda para motivar novos estudos que ampliem a inserção e abrangência da Psicologia da Religião na realidade concreta dos futuros profissionais em sua práxis, para que esta se aproxime cada vez mais das demandas da sociedade na qual se insere.

Em meio a um cenário ainda avesso à aproximação do tema da E/R, em que o silenciamento tem sido o padrão de conduta para sua abordagem, essas demandas representam uma janela de oportunidade entreaberta. Não podemos nos dar ao luxo de esperar um convite para entrar pela porta da frente. Se nós, como pesquisadores da área, não formos capazes de entrar por essa pequena fresta, com certeza outros o farão. Resulta deste trabalho, portanto, a consciência de um grande desafio e a aposta na capacidade coletiva de vencê-lo, um passo de cada vez.

Referências

ANCONA-LÓPEZ, M. (2005). A espiritualidade e os psicólogos. In M. M. Amatuzzi (Ed.), *Psicologia e Espiritualidade* (pp. 147–159). Paulus.

ASSIS, C. L., & MEDEIRO, E. D. de. (2018). Religião e psicoterapia: Um estudo a partir de psicólogos de Cacoal – RO, Brasil. *Integración Académica En Psicología, 6*(16). http://www.integracion-academica.org/25-volumen-5-numero-15-2017/178-religiao-e-psicoterapia-um-estudo-a-partir-de-psicologos-de-cacoal-ro-brasil.

BENEDUZZI, T. M. (2012). *Experiências de integração da espiritualidade na clínica psicológica* [Dissertação de Mestrado em Psicologia, Pontifícia Universidade Católica de São Paulo]. São Paulo. Disponível em: https://tede2.pucsp.br/handle/handle/15220.

BORGES, R. S. P. C. (2015). *A Religião em Psicoterapia: Esperiências de Terapeutas com Clientes Religiosos* [Dissertação de Mestrado em Psicologia Clínica]. ISPA – Instituto Universitário, Lisboa. Disponível em: https://repositorio.ispa.pt/bitstream/10400.12/4447/1/13926-RA.pdf .

CAVALHEIRO, C. M. F. (2010). *Espiritualidade na clínica psicológica: Um olhar sobre aformação acadêmica no Rio Grande do Sul* [Dissertação de Mestrado em Psicologia,

Universidade do Vale do Rio do Sinos], São Leopoldo, RS. Disponível em: http://www.repositorio.jesuita.org.br/handle/UNISINOS/2909 .

COSTA, C. C. da, BASTIANI, M. de, GEYER, J. G., CALVETTI, P. Ü., MULLER, M. C., & MORAES, M. L. A. de. (2008). Qualidade de vida e bem-estar espiritual em universitários de psicologia. *Psicologia Em Estudo, 13*(2), 249–255. http://www.scielo.br/pdf/pe/v13n2/a07v13n2.pdf.

COSTA, W., Nogueira, C., & Freire, T. (2009). The lack of teaching/study of religiosity/spirituality in psychology degree courses in Brazil: The need of reflection. *Journal of Religion and Health, 49*(3), 322–332. https://doi.org/10.1007/s10943-009-9255-9.

CUNHA, V. F. da, & SCORSOLINI-COMIN, F. (2019). A dimensão Religiosidade/Espiritualidade na prática clínica: Revisão integrativa da literatura científica. *Psicologia: Teoria e Pesquisa, 35*. https://doi.org/10.1590/0102.3772e35419.

EGG-SERRA, A. P. (2021). *Inserção da espiritualidade/religiosidade na formação de profissionais de psicologia no Brasil*. Dissertação de Mestrado em Psicologia, Universidade Federal do Paraná.

EGG-SERRA, A. P., HOLANDA, A. F., PEREIRA, K. C. L., & SUDARO, F. K. D. (2022). Silêncio que fala: Espiritualidade/religiosidade nos currículos de Psicologia em Universidades Públicas brasileiras. *In*: Adriano F. Holanda (Org.). *Religiosidade, Espiritualidade e Pesquisas em Psicologia* (pp.15-45). Porto Alegre: Editora Fi. Ebook disponível em: https://www.editorafi.org/ebook/496espiritualidade.

ESPERANDIO, M. R. G., ZANGARI, W., FREITAS, M. H. de, & LADD, K. L. (2019). Psicologia da Religião no Brasil: Maturidade com vigor de juventude aberta aos desafios. In M. R. G. Esperandio, W. Zangari, M. H. de Freitas, & K. L. Ladd (Eds.), *Psicologia Cognitiva da Religião no Brasil: Estado atual e oportunidades futuras* (pp. 11-15). Editora CRV.

ESPINHA, D. C. M., CAMARGO, S. M. de, SILVA, S. P. Z., Pavelqueires, S., & Lucchetti, G. (2013). Opinião dos estudantes de enfermagem sobre saúde, espiritualidade e religiosidade. *Revista Gaúcha de Enfermagem, 34*(4), 98–106. https://doi.org/10.1590/S1983-14472013000400013.

FERRETI, M. L. C. (2010). *Crenças religiosas entre estudantes de graduação em psicologia* [Dissertação de Mestrado em Educação em Ciências e Saúde, Universidade Federal do rio de Janeiro], Rio de Janeiro. Disponível em: http://www.nutes.ufrj.br/mestrado/arquivos/dis.MaraFerretti.pdf

FREIRE, P. (1971). *Extensão ou comunicação*. Paz e Terra.

FREIRE, P. (1976). *Uma educação para a liberdade*. Paz e Terra.

FREITAS, M. H. de. (2002). *Crença religiosa e personalidade em estudantes de Psicologia: um estudo por meio do Questionário Pratt e do Método de Rorschach* [Tese de doutorado, Universidade de Brasília]. Disponível em: https://pt.scribd.com/document/409562638/Crenca-religiosa-e-personalidade-em-estudantes-de-psicologia-Um-estudo-por--meio-do-Questionario-Pratt-e-do-Metodo-de-Rorschach.

FREITAS, M. H. de. (2012). Religiosidade na experiência Psi: Sintoma ou saúde? In G. J. de Paiva & M. H. de Freitas (Eds.), *Religiosidade e cultura contemporânea: desafios para a Psicologia* (pp. 191–222). Editora Universa.

FREITAS, M. H. de. (2014). Religiosidade e saúde: Experiências dos pacientes e percepções dos profissionais. *Revista Pistis Praxis*, *6*(1), 89–105. https://doi.org/10.7213/PP.V6I1.13046.

FREITAS, M. H. de. (2018). Relevância do estudo da religião para o estudante de Psicologia. In A. E. A. Antúnez & G. Safra (Eds.), *Psicologia clínica: Da graduação à pós-graduação* (pp. 273–280). Atheneu.

FREITAS, M. H. de, & Silva Neto, N. A. e. (2003). Crença religiosa e personalidade em estudantes de Psicologia: Um estudo por meio do Questionário Pratt e do Método de Rorschach. *Boletim Da Academia Paulista de Psicologia*, *23*(2/3), 19–24. http:/http://pesquisa.bvs.br/brasil/resource/pt/psi-18170.

GANDELMAN, T. C. (2013). *A religiosidade e a espiritualidade dos alunos no curso de formação de psicólogo* [Dissertação de Mestrado em Psicologia, Pontifícia Universidade Católica de São Paulo]. https://tede2.pucsp.br/handle/handle/15267.

GASTAUD, M. B., SOUZA, L. D. de M., BRAGA, L., HORTA, C. L., OLIVEIRA, F. M. de, SOUSA, P. L. R., & SILVA, R. A. da. (2006). Bem-estar espiritual e transtornos psiquiátricos menores em estudantes de psicologia: Estudo transversal. *Revista de Psiquiatria Do Rio Grande Do Sul*, *28*(1), 12–18. https://doi.org/10.1590/S0101-81082006000100003.

HOLANDA, A. F. (2006). Questões sobre pesquisa qualitativa e pesquisa fenomenológica. *Análises Psicológicas*, *3*(XXIV), 363–372. http://publicacoes.ispa.pt/publicacoes/index.php/ap/article/view/176/pdf.

HOLANDA, A. F. (2017). Fenomenologia e Psicologia da Religião no Brasil: Fundamentos, desafios e perspectivas. *Revista Pistis Praxis*, *9*(1), 131–151. https://doi.org/10.7213/2175-1838.09.001.DS06

JAPIASSU, H., & MARCONDES, D. (1990). *Dicionário básico de Filosofia*. Zahar.

KAUFMAN, R. (1977). Evaluaciones de necesidades: Internas y externas. *Revista de Tecnologia Educativa*, *1*(3), 84–91.

KOENIG, H. G., KING, D. E., & Carson, V. B. (2012). *Handbook of religion and health (2nd ed).* Oxford University Press.

KUBO, O. M., & BOTOMÉ, S. P. (2001). Ensino-aprendizagem: uma interação entre dois processos comportamentais. *Interação Em Psicologia*, *5*(1). https://doi.org/10.5380/psi.v5i1.3321.

LUCCHETTI, G., LUCCHETTI, A. L. G., ESPINHA, D. C. M., de OLIVEIRA, L. R., LEITE, J. R., & KOENIG, H. G. (2012). Spirituality and health in the curricula of medical schools in Brazil. *BMC Medical Education*, *12*(1), 78. https://doi.org/10.1186/1472-6920-12-78.

MACHADO, F. R., PIASSON, D. L., & MICHEL, R. B. (2019). Mapeamento da Psicologia da Religião no Brasil. In M. R. G. ESPERANDIO, W. ZANGARI, M. H. de FREITAS, & K. L. LADD (Eds.), *Psicologia Cognitiva da Religião no Brasil* (pp. 41–71). Editora CRV.

MARQUES, L. F. (2017). Religiosidade/espiritualidade na educação e na saúde: Ensino e extensão. *Revista Pistis Praxis*, *9*(1), 189–203. https://periodicos.pucpr.br/index.php/pistispraxis/article/view/7265/7139.

MICHEL, R. B. (2018). *Espiritualidade, religiosidade e Psicologia da Saúde/Hospitalar: Análise dos recursos de formação acadêmica do/da psicólogo/a*. Pontifícia Universidade Católica do Paraná.

MOREIRA-ALMEIDA, A., & LUCCHETTI, G. (2016). Panorama das pesquisas em ciência, saúde e espiritualidade. *Ciência e Cultura*, *68*(1), 54–57. https://doi.org/10.21800/2317-66602016000100016.

MOUSTAKAS, C. E. (1990). *Heuristc research: Design, methods and applications*. SAGE Publications.

MOUSTAKAS, C. E. (1994). *Phenomenological Research Methods*. SAGE Publications.

NEUBERN, M. D. S. (2013). O que significa acolher a espiritualidade do outro? Considerações de uma clínica Ethnopsy. In C. C. de FREITAS, Marte Helena de; PAIVA, Geraldo José de: Moraes (Ed.), *Psicologia da religião no mundo ocidental contemporâneo: desafios da interdisciplinaridade* (pp. 145–183). EdUCB.

PAIVA, G. J. de. (2017). Psicologia Acadêmica da Religião no Brasil: história, resultados e perspectivas. *Revista Pistis Praxis*, *9*(1), 31–48. https://periodicos.pucpr.br/index.php/pistispraxis/article/view/7187/7067.

PAIVA, G. J. de. (2021). Pricípios de Psicologia da Religião. In F. M. T. PEREIRA, C. C. BRAGHETTA, P. A. da S. ANDRADE, & T. P. BRANCO (Eds.), *Tratado de espiritualidade e saúde: Teoria e prática do cuidado em espiritualidade na área da saúde* (pp. 57–71). Atheneu.

PAIVA, G. J. de. (2015). A psicologia da religião no Brasil: História, resultados e perspectivas. In M. R. G. Esperandio (Ed.), *Anais do X Seminário de Psicologia & Senso Religioso*. Pontifícia Universidade Católica do Paraná – PUCPR. http://www2.pucpr.br/reol/pb/index.php/spsr

PAULINO, P. R. V. (2019). *Religiosidade/Espiritualidade em uma amostra nacional de psicólogos brasileiros: Perfil e implicações na prática profissional* [Tese de Doutorado em Psicologia (ainda não publicada)]. Universidade Federal de Juiz de Fora.

PAVIANI, J. (1991). *Problemas de filosofia da educação* (Editora Vozes (ed.)).

PEREIRA, K. C. L., & HOLANDa, A. F. (2016). Espiritualidade e religiosidade para estudantes de psicologia: Ambivalências e expressões do vivido. *Revista Pistis Praxis*, *8*(2), 385–413. https://doi.org/10.7213/PP.V8I2.1405.

PEREIRA, K. C. L., & HOLANDA, A. F. (2019). Religião e espiritualidade no curso de psicologia: Revisão sistemática de estudos empíricos. *Interação Em Psicologia*, *23*(2), 222–235. https://doi.org/10.5380/psi.v23i02.65373.

PIASSON, D. L. (2017). *O senso religioso na formação em psicologia no Brasil: uma análise dos currículos universitários* [Dissertação de Mestrado em Psicologia, Universidade Católica de Brasília]. https://bdtd.ucb.br:8443/jspui/handle/tede/2330.

PINHO, R. B. de S. (2012). *Crenças religiosas e conhecimento psicológico na perspectiva do aluno do curso de psicologia* [Dissertação de Mestrado em Psicologia, Pontifícia Universidade Católica de São Paulo]. https://tede2.pucsp.br/handle/handle/15114.

RIBES, E. (1976). La formación de profesionales e investigadores en psicología con base en objetivos definidos conductualmente. *Enseñanza e Investigación En Psicologia.*, *1*(2), 18–23.

SILVA, L. A. C. da. (2016). *Espiritualidades e bem-estar espiritual no processo formativo de estudantes de psicologia do Recife-PE à luz da abordagem Integral/Trasnpessoal* [Dissertação de Mestrado em Educação]. Universidade Fede3ral de Pernambuco.

SKINNER, B. F. (1972). *Tecnologia do ensino.* Editora Herder e Editora da USP.

SOUZA, F. F. de. (2014). *Psicologia e espiritualidade: Grupo temático com alunos adventistas de graduação em Psicologia* [Dissertação de Mestrado em Psicologia]. Pontifícia Universidade Católica de São Paulo.

VIEIRA, T. M., ZANINI, D. S., & AMORIM, A. D. P. (2013). Religiosidade e Bem-Estar Psicológico de Acadêmicos de Psicologia. *Interação Em Psicologia*, *17*(2). https://doi.org/10.5380/psi.v17i2.26678.

VIETEN, C., SCAMMELL, S., PIERCE, A., PILATO, R., AMMONDSON, I., PARGAMENT, K. I., & LUKOFF, D. (2016). Competencies for psychologists in the domains of religion and spirituality. *Spirituality in Clinical Practice*, *3*(2), 92–114. https://doi.org/10.1037/scp0000078.

VIETEN, C., SCAMMELL, S., PILATO, R., AMMONDSON, I., PARGAMENT, K. I., & LUKOFF, D. (2013). Spiritual and religious competencies for psychologists. *Psychology of Religion and Spirituality*, *5*(3), 129–144. https://doi.org/10.1037/a0032699

[illegible], S. (2012). [illegible] Dissertação de Mestrado em Psicologia, Pontifícia [illegible]

LIBES, S. (2006). [illegible]

SILVA, A. C. de. (2006). [illegible] Universidade Federal de Pernambuco.

[illegible] (2003). [illegible] Editora da [illegible]

SOUZA, F. L. (2015). [illegible] Mestrado em Psicologia. [illegible] Universidade Católica [illegible]

[illegible] (2015). [illegible]

[illegible] R. [illegible] AMBROSINI [illegible] (2010). [illegible] in [illegible] psychology, [illegible]

[illegible] (2012). [illegible] spiritual and religious [illegible] [illegible] 2009.

CAPÍTULO 15

Psicologia do Esoterismo: a psicologia transpessoal da AMORC

Luiz Eduardo V. Berni

Apresentação

O presente trabalho é uma atualização do texto "A Psicologia do Rosacrucianismo da AMORC" (Berni, 2010) um dos trabalhos elaborados pelo autor, durante o período (2008-2018) em que ocupou, respectivamente, as funções de coordenador geral e conselheiro da Universidade Rose-Croix Internacional (URCI), Jurisdição de Língua Portuguesa. Nesse período, esteve empenhado em buscar aproximações entre os Ensinamentos Rosacruzes (AMORC) e os Conhecimentos Científicos, realizando inúmeros eventos acadêmicos que resultaram em várias publicações, dentre elas o referido texto.

O Conhecimento Científico, dominante nas sociedades ocidentais, tem por base o método lógico (objetivo) e enfoca objetos específicos que são observados (estudados) de forma sistemática (especializada) e em profundidade. Tais métodos, que possuem alcance global, costumam ter um prazo de validade e, não raro, são superados por outras propostas cuja eficácia seja demonstrativamente melhor para a sociedade, são, portanto, muitas vezes, efêmeros.

Os Saberes Tradicionais, ao contrário, são desenvolvidos em longos períodos históricos, pelo método inspiracional e/ou por tentativa e erro (acerto). Possuem caráter regional (cultural) e normalmente são de base generalista. Nesse sentido, a eficiência e/ou eficácia não se reduz à objetividade, mas transita num campo integral (holístico) contemplando, também, uma eficácia simbólica, além da objetiva.

Na presente proposta, a perspectiva epistemológica transdisciplinar é adotada como fundamento para o diálogo entre saberes que possuem natureza tão distinta.

Assim, evocou-se uma Mediação Ativa Transdisciplinar (MAT)[1], que direcionou o olhar na busca das aproximações aqui proporcionadas.

O trabalho é apresentado em quatro tópicos. Primeiramente apresenta-se, de forma breve, a Psicologia e a Psicoterapia em seu contexto epistêmico ocidental (histórico e prático); depois apresenta-se a Antiga e Mística Ordem Rosacruz (AMORC) e sua proposta tradicional (educacional), que foi a fonte principal de análise; apresenta-se, então, o fundamento transcultural, integrante da metodologia, que possibilitou o diálogo para, por fim, realizar-se a leitura das Psicologias Transpessoais encontradas nos Ensinamentos da AMORC.

Como parte da abordagem metodológica, ao enfocar a dimensão psicológica do esoterismo, dialogou-se, também, com outras fontes, que guardam afinidade com a perspectiva da AMORC, como o Esoterismo New Age e o Teosófico/Antroposófico.

1. Breves considerações históricas sobre a psicologia e a psicoterapia

Do século XVII a meados do século XX, a cultura ocidental esteve obcecada com as questões do conhecimento com o foco na *produção e validação* das crenças. Nesse período, o conhecimento religioso e tradicional, que havia dominado o cenário até então, sucumbiu ao cientificismo. O triunfo da consciência reflexiva clamava por uma nova organização das crenças.

> Nesse contexto, o recurso às experiências subjetivas individualizadas e de caráter privativo (em oposição às experiências coletivas promovidas pela religião) passou a ser tanto uma possibilidade como uma exigência na tarefa de reconstruir crenças e regras de ação, valores e critérios de decisão seguros e confiáveis. (FIGUEIREDO, 1996, p. 15)

A Psicologia científica, ensinada ainda hoje nos cursos de graduação, é pautada por esse viés, fato que pode dificultar amplamente seu diálogo com o pensamento veiculado pelas grandes tradições esotéricas e religiosas. Foi, por exemplo, ao narrar sua *História da Psicologia,* que Mueller (1968, p. XVIII) afirmou categoricamente que "foi considerando a psicologia como uma criação da mentalidade ocidental que tomou a liberdade de excluir de sua história não

[1] Os fundamentos da proposta metodológica adotada podem ser encontrados em BERNI, LEV "Meditação Ativa Transdisciplinar (MAT) para o diálogo entre ciência e saberes tradicionais", In ECCO, C; SILVA, R.F.N.; QUADROS, E.G./ SINATES, L. (ORG.) Religião, Saúde e Terapias Integrativas. Goiânia, Editora Espaço Acadêmico, 2016.

só as concepções animistas dos povos ditos primitivos, mas também as grandes tradições orientais."

Apesar desse enfoque, o status científico da Psicologia é amplamente questionado por diversos epistemólogos, não apenas do campo da Psicologia, mas no que diz respeito a todo o campo das Ciências Humanas, visto que essas ciências não apresentam unicidade de campo e, não raro, suas proposições podem ser conflitantes entre si (Japiassu, 1982). A pluralidade da Psicologia é tão grande que chega a ser aparentemente caótica e antagônica, dada a diversidade de posturas metodológicas e teorias nela existente.

O que vem a ser, então, a Psicologia? O estudo da alma? É isso que sugere o termo grego que lhe dá origem ao nome. Mas, não seria a alma o objeto de estudo da Religião? Então, talvez fosse melhor dizer que o objeto de estudo da Psicologia é o Ser Humano? Mas, esse não seria o objeto de todas as "ciências humanas"? O comportamento? A Antropologia ou a Sociologia também não o estudam? Talvez a definição mais adequada para a Psicologia para esta reflexão seja a proposta por Wilber (2002, p. 15) "a ciência que estuda a consciência humana, suas estruturas, estados e modos, assim como seus aspectos relacionais e comportamentais".

Infelizmente, não há resposta certa. A Psicologia pode ser tudo isso e muito mais. Essa é a grande angústia que acompanha essa ciência desde sua formulação, como já se afirmou. Todavia, apesar dessas incertezas no campo de estudo dos fenômenos psicológicos, é possível reconhecer grandes linhas de pensamento.

Abraham Maslow, o renomado psicólogo estadunidense, estabeleceu uma classificação para a Psicologia que denominou de "forças", com isso querendo agrupar grandes matrizes (escolas) que partilham de um mesmo enfoque epistemológico. Dessa forma, identificou quatro forças no campo da Psicologia: a primeira delas foi Behaviorismo; a segunda a Psicanálise; a terceira a Psicologia Humanista e a quarta a Psicologia Transpessoal (Maslow, 1968).

O Behaviorismo está intimamente vinculado à constituição da objetividade da Psicologia, a partir da qual esta se fundamentou como ciência. Seu foco está no clássico esquema estímulo-resposta em que os fatores externos (ambientais) assumem papel preponderante na determinação dos comportamentos. Um de seus maiores representantes foi Burrhus Frederic Skinner (1904-1990).

Sigmund Freud (1856-1939) é, sem sombra de dúvida, o representante mais expressivo da Psicanálise, a segunda força, que enfatiza, ao contrário do behaviorismo, a preponderância dos fatores internos na determinação dos comportamentos, em que as pulsões de vida e de morte (sexualidade e agressividade), que jazem no inconsciente, assumem uma função dominante na determinação das ações humanas.

Abraham Harold Maslow (1908-1970) e Carl Ransom Rogers (1902-1987) dentre outros são considerados os pais da Psicologia Humanista, que não negou os fatores internos e externos abordados pelas psicologias de primeira e segunda forças, mas acrescentou àqueles os elementos propriamente humanos na determinação dos comportamentos, como a capacidade de escolha, a liberdade e uma tendência inata à realização.

Maslow é também considerado o pai da Psicologia Transpessoal, pois ele via a terceira força apenas como um trampolim para uma força mais abrangente, mais elevada, transpessoal, transhumana (quarta força), centrada mais no cosmos do que nas necessidades e interesses humanos, indo além do humanismo, da identidade, da individuação e quejandos (Maslow, 1968 p. 12). Essa psicologia tem vários representantes na contemporaneidade dentre os quais se destacam Pierre Weil (1924-2008), Stanislav Grof (1931), Ken Wilber (1949), entre outros.

O início do século XX marcou um dos momentos mais importantes para a jovem ciência Psicológica que, completava 21 anos, considerando como marco histórico o ano de 1879 com a instalação do Laboratório de Psicologia de Leipzig, por Wilhelm Wundt (Schutz e Schutz, 2002). Nesse mesmo período, Freud, aos 44 anos, publicava *A Interpretação dos Sonhos,* dando início formal à Psicanálise, e Willian James, aos 60, publicava *A Variedade da Experiência Religiosa* um marco, da Psicologia Pragmática estadunidense.

Se a definição de Psicologia é algo complexa, definir psicoterapia constitui uma missão carregada de muitos desafios. No *Dicionário Michaelis,* por exemplo, encontramos um significado referente a uma aplicação no campo médico: "um tratamento por métodos psicológicos" por meio de um conjunto de técnicas que visam tratar "moléstias mentais por persuasão, sugestão, psicanálise, atividades lúdicas ou de trabalho". No Dicionário Técnico de Psicologia (Cabral e Nick, 1974) encontramos um significado referente à "aplicação de técnicas especializadas ao tratamento de distúrbios mentais ou aos problemas de ajustamento cotidiano". No Glossário da obra de Davidoff (2000, p. 732) encontramos a seguinte definição "vários procedimentos de tratamento psicológico (em oposição a biológicos) destinados a ajudar as pessoas perturbadas a resolver seus problemas pessoais".

Davidoff agrega a esses significados várias definições próprias de diferentes abordagens. Por exemplo, para a Abordagem Centrada na Pessoa (ACP) de Carl Rogers, psicoterapia é um processo que visa a restauração do autoconceito renovando os processos de crescimento. Para a Abordagem Gestáltica, psicoterapia visa restaurar os processos inerentes de crescimento. Para a Abordagem Psicanalítica, visa a um ajustamento mais construtivo por meio da *introvisão* dos conflitos inconscientes.

Nye (2002) também apresenta algumas definições fundamentadas nas diversas abordagens. Por exemplo, para a Abordagem Cognitiva a psicoterapia possibilita "mudar os processos de pensamento irracional"; enquanto para a Abordagem Comportamental a "análise do comportamento" tem por foco "achar e manipular as condições que produzem e mantém um comportamento problemático e alterá-las." (p. 295)

A psicoterapia é uma intervenção psicológica grupal ou individual, que visa (a) o desenvolvimento humano pela ampliação da consciência pessoal por meio da atualização de potenciais; (b) o ajustamento comportamental a situações irreversíveis e/ou a alteração de comportamentos considerados inadequados. Trata-se de "uma prática do psicólogo, por se constituir, técnica e conceitualmente, um processo científico de compreensão, análise e intervenção que se realiza através da aplicação sistematizada e controlada de métodos e técnicas psicológicas reconhecidas pela ciência, pela prática e pela ética profissional, promovendo a saúde mental e condições para o enfrentamento de conflitos e/ou transtornos psíquicos" (Resolução CFP 10/00)

Enquanto prática psicológica situa-se no campo da Psicologia Clínica, sendo que seu exercício não é exclusivo do psicólogo, uma vez que outros profissionais, por exemplo, médicos e assistentes sociais, também são autorizados a exercê-la.

Como se vê, a Psicologia é um campo de estudo dos fenômenos psicológicos (seu objeto), que apresenta inúmeros desafios para enquadrar-se perfeitamente à objetividade evocada pelo método científico. A psicoterapia, por sua vez, é uma prática, um campo de atuação (aplicação), de técnicas psicológicas que decorrem, normalmente, de um olhar teórico.

2. O Esoterismo, a Antiga e Mística Ordem Rosacruz, e seus ensinamentos

No início do século XX, enquanto a Psicologia buscava seu status científico, o jovem Harvey Spencer Lewis, então com apenas 20 anos, assumia a presidência da Liga de Pesquisa Psíquica de Nova York, uma instituição dedicada ao estudo e difusão do "Novo Pensamento que propunha uma senda de evolução individual orientada para a realização do eu através das aplicações concretas destinadas a resolver os problemas cotidianos" (Lewis, 2009, P. 17).

Os estudos de Lewis o levaram a encontrar na meditação respostas para as questões dos mistérios do ser e, a partir desses estudos, chegou ao rosacrucianismo. A tradição rosacruz afirma que Lewis tenha sido iniciado em Toulouse em 1909 e, desde então, dedicou-se à estruturação dos ensinamentos veiculados por meio da Antiga e Mística Ordem Rosacruz (AMORC) oficializada em 1915.

A Ordem Rosacruz, AMORC, é uma organização tradicional, internacional, que se situa dentro do pensamento do Esoterismo Ocidental.

O termo esotérico tem origem grega (*esôterikos*), que significa conhecimento interior ou daquilo que pertence ao místico. E o que é ser místico? Ser místico é ser esotérico, ou seja, ir ao fundo de seu pensamento e encontrar o ponto central e de lá lançar-se para as extremidades, porque esse centro abriga todo o conjunto (Riffard, 1990, p. 9).

Do ponto de vista tradicional, a AMORC remete-se às Escolas de Mistério do Egito antigo e, mais recentemente, ao surgimento do Rosacrucianismo na Europa do século XVII, a partir da publicação dos "Manifestos" que tornaram pública a existência da Ordem. Historicamente, entretanto, está vinculada ao pensamento de

Harvey Spencer Lewis, seu primeiro *imperator*[2] e responsável pela estruturação de seus ensinamentos e pelo surgimento da organização nos EUA no início do século XX.

A AMORC hoje se define como uma organização "de caráter místico-filosófico, que tem por missão despertar o potencial interior do ser humano, auxiliando-o em seu desenvolvimento, em espírito de fraternidade, respeitando a liberdade individual, dentro da Tradição e da Cultura Rosacruz".[3]

Como já se afirmou, o conhecimento rosacruz situa-se no campo da Tradição Esotérica Ocidental. Tratando-se de um "grande movimento – espiritual, religioso, intelectual – que poderia ser definido, como a busca do sentido arcano, transcendente e da experiência iniciática, individual e plena, na era do mundo exaurido dos mistérios doutrinais e da caução sagrada do mundo; isto é, no caso do esoterismo moderno, busca a experiência iniciática na era do descrédito e da crítica à religião oficial e da ascensão definitiva da ciência racionalista como fonte primordial de saber e gnose (Carvalho, 2010)."

Na busca humana pelo sagrado, pode-se afirmar, em um sentido amplo, que as tradições esotéricas sempre existiram e se constituem em "um contrapeso ao lado oficial, público, ou exotérico das religiões" (Carvalho, 1998). Por outro lado, do ponto vista moderno, o esoterismo que surge no século XVII na Europa com o aparecimento do Rosacrucianismo, além da crítica à religião faz uma crítica ao cientificismo que decorreu da visão científica, portanto, parece razoável afirmar que o esoterismo ocidental procura ser um elo (*religare*) entre a razão e a espiritualidade, ou entre a ciência e a religião.

A identidade do movimento pode ser analisada sob três perspectivas. Do ponto de vista da tradição, em que se encontra o imaginário e a mitologia; do ponto de vista histórico, no qual se encontra os fundamentos ideológicos e teóricos, e do ponto de vista cronológico, que registra sua trajetória de vida.

A Antiga e Mística Ordem Rosacruz, AMORC, como movimento esotérico, afirma sua gnose como pertencente às Escolas de Mistério do antigo Egito. Sem dúvida nenhuma, uma das primeiras escolas esotéricas do mundo antigo. Seu fundamento mítico usa, como muitos outros movimentos esotéricos, uma roupagem egípcia sendo atribuído a Akenaton o título de primeiro mestre da tradição. Ao fazer isso, a organização parece querer honrar o esforço desse importante e controverso personagem histórico na tentativa de unir o esoterismo ao religioso.

Do ponto de vista histórico, a AMORC é uma das escolas esotéricas que se propõe à veiculação do conhecimento Rosacruz. O Rosacrucianismo surgiu (historicamente) na

[2] Do latim "imperador", título tradicional outorgado àquele que é o líder supremo da organização no mundo.

[3] Ordem Rosacruz, AMORC "Missão" disponível em www.amorc.org.br acessado em 30 de março de 2010.

Europa no início do Século XVII, com a publicação dos *Manifestos Fama Fraternitatis, Confessio Fraternitatis e O Casamento Alquímico de Christian Rosenkreutz*.

Entretanto, as origens cronológicas contemporâneas da AMORC remetem-se aos EUA com Harvey Spencer Lewis (1883 – 1939). Sua inclinação para a espiritualidade se manifestou bem cedo e durante a adolescência era comum que ele se retirasse para meditar no "Templo Metropolitano", uma igreja metodista em Nova York, na qual teve suas primeiras experiências místicas. Entre 1909 e 1915, após um surpreendente processo iniciático realizado na França, foi instituído como *Imperator* da organização, trazendo para a América muitos dos conhecimentos esotéricos e arcanos desenvolvidos no "velho mundo", que se preparava para entrar em um longo período de conflitos bélicos com as I e II Grandes Guerras.

Lewis morreu jovem aos 56 anos e durante um período, de aproximadamente 25 anos, desenvolveu as bases materiais, filosóficas e espirituais do rosacrucianismo da AMORC. A principal inovação para a tradição rosacruz, naquela época, parece ter ocorrido em 1917 quando na Convenção Nacional realizada em Pittsburgh, EUA, decidiu-se que os ensinamentos tradicionais, que até então só eram acessíveis de forma presencial e oral, seriam também disponibilizados por correio. Assim, desenvolveu-se um intrincado processo de educação iniciática a distância (Ead), enviado regularmente aos membros por correio em um processo que persiste até os dias atuais.

Os ensinamentos da AMORC são apresentados em 12 graus de estudo, contendo números distintos de monografias e contemplam os seguintes temas: Matéria e Energia; A Natureza Ilusória de Tempo e Espaço; Consciência Humana e Consciência Cósmica; Meditação; Desenvolvimento da Intuição; Aura Humana; Cura Espiritual; Sons Místicos; Telepatia; Telecinesia; Vibroturgia; Radiestesia; Alquimia Espiritual; Visualização; Projeção Psíquica; Consciência; Reencarnação e Carma; Intuição; Iluminação; Subconsciente; Alma; Morte; Cura à Distância; Centros Psíquicos; Simbolismo; Sonhos; Harmonização.

3. Dimensões (Trans)Culturais do Diálogo[4]

Para o estabelecimento de um diálogo entre a Psicologia e um Saber Tradicional, no caso o Rosacrucianismo da AMORC, é fundamental situar uma *zona de não resistência* na qual tal diálogo possa acontecer. Assim, recorremos ao

[4] Este tópico apresenta dos fundamentos da metodologia adotada para este estudo, ou seja, a Mediação Ativa Transdisciplinar, cujo ponto central está no pensamento de Augusti Coll. A este fundamento somam-se os diálogos que se farão ao apresentar as quatro áreas da Psicologia da AMORC lastreados por outras áreas do conhecimento científico.

pensamento do antropólogo Augusti Coll para configurar esse campo de mediação a partir de um olhar transcultural.

Coll (2000) ao buscar uma definição de cultura afirma a dificuldade em fazê-lo, pois,

> cultura é o conjunto de valores, crenças, instituições e práticas que uma sociedade ou grupo humano desenvolve num certo momento do tempo e do espaço, em diferentes campos da realidade, a fim de assegurar sua sobrevivência material e a plenitude espiritual, tanto individual como coletivamente (Coll, 2000, p. 76).

Baseado no teólogo Ramon Panikar afirma, também, que "toda cultura apresenta três ordens ontonômicas, diferenciadas, mas articuladas, que a modelam em seu caráter global. Trata-se da ordem mítico-simbólica, da ordem lógico-epistêmica, e da ordem mistérica" (Coll,2000, p. 77). Essas ordens são:

A Dimensão lógico-epistêmica é aquela que domina nossa sociedade moderna contemporânea. Em poucas palavras, podemos dizer que esta dimensão compreende tudo o que pode ser pensado e, em última análise, a verdade correspondente a uma realidade conceitual. Trata-se do "*verbum mentis,* o *logos* do pensamento. (...) [assim] é possível identificar quatro níveis subsequentes: (a) O *logos* em si mesmo (pensamento) (b) O *conceito\signo\termo* que é o instrumento do *logos* (c) A *razão,* que é um veículo do logos (d) A *ciência,* como expressão do logos. (...) A dimensão lógico-epistêmica é a interpretação da experiência a partir do logos, sendo seu produto o intelecto." (Coll, 2000, p. 79-80).

A Dimensão Mítico-Simbólica: trata-se de um nível mais profundo do que aquele que nos é oferecido no campo da razão reflexiva, conceitual e lógica, pois este último poder ser definido como *verbum mentis,* a ordem mítico-simbólica pode ser definida com o *verbum entis.* Trata-se de uma forma particular da consciência que nos permite, ela também, tornar a realidade inteligível. A dificuldade com esta dimensão encontra-se no fato de que ela não pode ser definida nem explicada, em última instância pela razão, pois trata-se precisamente daquilo que não é definido, nem pensado, nem dito, mas que é tão real quanto o que percebemos com a razão (Coll, 2000, p. 78).

> A natureza do mito e da consciência mítica provém de uma camada muito profunda da realidade e da própria consciência humana. (...) O mito é aquilo em que acreditamos, sem saber que nele acreditamos. (...) A linguagem do mito articula-se sobre o relato mítico, mas também sobre o símbolo (instrumento do mito), a fé (veículo do mito), as crenças (articulação da fé), o rito/culto (o mito em ação, expressão do mito). (...) Cada cultura cada civilização, repousa e fundamenta-se em mitos próprios que não são redutíveis uns aos outros, o que não impede que possam existir semelhanças" (Coll, 2000, p. 78-79)

A Dimensão Mistérica, "corresponde ao que não é definível, nem mesmo pensável; ao indizível e, em última análise, à liberdade da Realidade. Não pode, principalmente, ser reduzida a um enigma que deve ser resolvido, mas, como seu nome indica, a um mistério que deve descoberto e ao qual todas as culturas dirigem seu olhar." (Coll, 2000, p. 80).

Assim, em um primeiro nível, seria possível afirmar, a partir desse campo conceitual, que o pensamento clássico da Psicologia como ciência encontra lastro na dimensão "lógica-epistêmica", enquanto que um Saber Tradicional, o rosacrucianismo, encontraria seu lastro na "dimensão mito-simbólica".

4. A Psicologia Transpessoal da AMORC

"O termo "transpessoal" foi, na verdade, referendado pela primeira vez na área da psicologia por Carl Gustav Jung, utilizando a palavra überperson em 1916 e *uberpersönlich* em 1917, que significam supra pessoa e supra pessoal respectivamente. Hoje, podemos definir a Psicologia Transpessoal como o estudo e a aplicação dos diferentes níveis de consciência em direção à unidade fundamental do Ser". (Simões apud Saldanha, 2008, p. 43).

A Psicologia Transpessoal

> utiliza o conhecimento de várias disciplinas e converge para uma síntese progressiva de dados sobre a consciência humana. Empenha-se em desenvolver métodos psicoterápicos mais abrangentes, que facilitem ao ser humano desenvolver, concomitantemente, todas as suas funções psicológicas. Com o objetivo de preencher lacunas deixadas por funções não desenvolvidas por nosso sistema educacional/cultural, a abordagem transpessoal da Psicologia combina, sem preconceitos científicos ou culturais, as várias tendências do pensamento psicológico ocidental com as metodologias desenvolvidas por sistemas esotéricos como o Budismo, o Yoga, o Tibetanismo, o Sufismo e outros (Tabone, 2003, pág.28-31).

Esse enfoque torna possível uma zona de não resistência (diálogo), na qual conhecimentos de diferentes dimensões podem interagir de forma equânime.

Também, distingue claramente o contexto da psicologia profunda de práticas religiosas, dogmas ou crenças pessoais. Maslow, desde o início de sua proposta, sinaliza enfaticamente que a "experiência transcendental ou espiritual antecede à dogmas ou crenças religiosas." (Maslow apud Saldanha, idem).

Tais questões permitem descortinar a Psicologia Transpessoal Rosacruz. Pode-se perceber os nuances dessa psicologia a partir dos fundamentos da AMORC, conforme estabelecido por seu Harvey Spencer Lewis. Tal perspectiva tem base no Novo Pensamento "que propunha uma senda de evolução individual orientada para a realização do eu através das aplicações concretas destinadas a resolver os problemas cotidianos". (Lewis, 2009, pág. 10).

Analisando-se a missão da AMORC, o despertar e desenvolvimento do potencial humano, pode-se afirmar com segurança tratar-se de um objetivo de desenvolvimento psicológico que apresenta aderência direta com os fundamentos da Psicologia Transpessoal, cujo foco está no estudo da consciência humana e suas manifestações no comportamento.

Em uma definição mais específica para a AMORC, a Psicologia

> é ciência que trata da alma, seus atributos, mente, consciência e sua finalidade, localização e funcionamento, assim como de sua influência em nossa vida com respeito aos hábitos, sua formação, adoção, rejeição ou transmutação, da ação e interação das duas fases da mente, a objetiva incluindo sua fase subjetiva, e subconsciente, e muitos outros aspectos da existência psíquica e mental (AMORC, s.d. p. 252).[5]

Alma é, portanto, o termo chave nessa abordagem psicológica. Para os rosacruzes alma é sinônimo de consciência.

> Existe apenas uma alma por todo o universo que é a consciência suprema de Deus. As almas dos homens não são separadas, independentes, mas partes inseparáveis da Alma universal, nunca perdendo sua associação ou seu contato com essa consciência de Deus, Divina essência que constitui a energia essencial da vida (Lewis, 1980, 141, 146-147).

Analisando-se essa definição é possível destacar pelo menos quatro subáreas de estudo (objetos) da Psicologia Rosacruz, são elas: (1) Psicologia do Desenvolvimento – cujo estudo está ligado à *finalidade* da consciência e sua evolução. Nos ensinamentos rosacruzes, os temas ligados a essa área são: Ciclos da Vida e sua influência no comportamento, Destino (Carma), Livre Arbítrio, entre outros; (2) Psicologia da Personalidade – cujo estudo está ligado à estrutura ou *atributos e localização* da psique humana. Nos ensinamentos rosacruzes, os temas ligados a essa área são: Eu Interior (Self) e Eu Exterior (Ego), Personalidade, Caráter, Faculdades Psíquicas e Modos de Consciência (estético, moral etc.), Centros Psíquicos, entre outros; (3) Psicologia Funcional – cujo estudo está ligado à dinâmica da mente ou da consciência, sua *influência* na formação dos hábitos. Nos ensinamentos rosacruzes, os temas ligados a essa área são: Mente Objetiva, Subjetiva e Subconsciente, Percepção, Estados de Consciência (normal, alterado etc.), Visualização (Criação Mental), entre outros; (4) Psicologia da Educação

[5] Pode-se observar uma aproximação na definição de Psicologia da AMORC e a de Ken Wilber, apresentada no início dessa exposição.

– cujo foco situa-se na metodologia de ensino utilizado pela AMORC. Nos ensinamentos rosacruzes, os temas ligados a essa área são: Rituais, Iniciação, Simbologia, entre outros.

É importante que se diga que essa é uma divisão meramente didática requerida para o estudo e a pesquisa, pois a proposta Rosacruz é uma proposta holística, ou seja, integral e integrada como, aliás, é comum nos Saberes Tradicionais.

A seguir apresentaremos cada uma dessas subáreas.

4.1 – A Psicologia Rosacruz do Desenvolvimento

Como se afirmou, a Psicologia Rosacruz do Desenvolvimento tem por objeto de estudo a *finalidade* da consciência e sua evolução. Nos ensinamentos rosacruzes, os temas ligados a essa área são: Ciclos da Vida e sua influência no comportamento, Destino (Carma), Livre Arbítrio, entre outros.

Na concepção holística da Psicologia Rosacruz, desenvolvimento e evolução são sinônimos, pois se trata do

> desenvolvimento progressivo e aperfeiçoamento de tudo que se manifesta ou está na concepção da Mente Cósmica. Mesmo a chamada degeneração ou desintegração faz parte da evolução, representando uma de suas fases. Evolução significa evolução progressiva. É a lei fundamental da Natureza e todo elemento da Natureza tende à perfeição e está se tornando cada vez mais elevado em sua frequência vibratória e mais perfeito em sua manifestação (Lewis, 1980, 230).

Nessa perspectiva, o desenvolvimento humano não está desconectado do desenvolvimento do universo, pois há uma interpenetração do todo na parte, formulado no antigo axioma "assim como é em cima é embaixo". Essa formulação evoca a compreensão da realidade conforme a compreende a Transdisciplinaridade. Trata-se de uma realidade complexa, multidimensional, constituída por diferentes níveis, os níveis de realidade, e compreensível por diferentes abordagens lógicas ou dialógicas.

Essa visão de realidade encontra ressonância no corpo de conhecimento de muitas culturas tradicionais e se contrapõe à visão apresentada pela Física Clássica, de uma realidade explicável por uma lógica causal e determinista.

> A Realidade não é somente um construto social, um senso coletivo. É também uma dimensão trans-subjetiva composta por Níveis de Realidade. Um Nível de Realidade é um conjunto estruturado de sistemas que têm permanência. São invariantes, agindo sob a ação de determinados princípios ou leis, compreensíveis por lógicas específicas. Fato que confere ao nível a "solidez" necessária para que este se configure (Nicolescu, 2000, p. 21-22).

Esses níveis podem ser infinitos e são orientados por um aspecto fixo, ontológico ou imutável – o Sagrado. O Sagrado penetra todos os Níveis de Realidade e lhes confere coerência. Trata-se de um *bootstrap*[6] cósmico, uma imensa autoconsciência, Consciência Cósmica, que a tudo penetra.

Assim, para o rosacruz, a Realidade, ou o universo, pode ser compreendido a partir da Teoria do Big-Bang, que encontra ressonância em seu pensamento Tradicional. Trata-se de um universo fundamentado em uma concepção trina: Deus, o Cósmico e o Ser humano. Cada um desses elementos é de natureza dual: estático e dinâmico, sagrado e profano. Embora esse universo seja concebido de forma trina e cada um de seus elementos se manifeste de maneira dual, ele é unificado em um grande *holos*[7], uma teia cósmica, um corpo vivo e único, sustentado por relações qualitativas (sistêmicas) e quantitativas (mecânicas).

Trata-se de uma manifestação da sagrada[8] energia de Deus, cujo núcleo incognoscível jamais poderá ser desvelado, encontram-se, portanto, na Dimensão Mistérica, conforme afirmou Coll (2002). Parte-se do pressuposto de que, ao emanar de Si mesmo, Deus promove a Criação ou o Cósmico, cujas leis, embora sagradas, podem agora ser compreendidas. O ser humano, entendido como parte desse universo, corresponde ao terceiro elemento dessa emanação e é dotado de livre arbítrio podendo, portanto, escolher (evoluir). Ele é dotado também da capacidade de criação que o assemelha ao Criador.

Na narrativa cosmogônica dos rosacruzes, pode-se distinguir três ocorrências fundamentais: A *Luz* concretamente materializada no Big-Bang, com o surgimento do Cósmico propriamente; A *Vida* por meio da manifestação dos sistemas dinâmicos como as galáxias, os grupos locais e os sistemas planetários, especificamente de Gaia, a Terra com capacidade para conter ou manifestar a vida. A terceira ocorrência é o surgimento do *Amor* que se manifesta no coração do Homem, revelando todo o seu potencial, sua capacidade para o desenvolvimento de si mesmo.

Ao emanar de Deus, esse universo – trino – expressa Sua própria Inteligência ou Consciência Cósmica. A história da emanação desse universo se mantém eternamente registrada nos chamados "Arquivos Acásicos[9] que contém os registros indeléveis de todos os eventos e conhecimentos integrantes da Consciência Cósmica, registros tanto de acontecimentos passados como futuros" (Lewis, 1980, p. 270). Os acontecimentos futuros acham-se registrados nos Arquivos Acásicos em termos probabilísticos como acontece no nível quântico e são alimentados por

[6] Do inglês "tira de bota" semelhante a um cadarço de calçado.

[7] Holos do grego todo.

[8] Do latim sacer aquilo que não pode ser tocado.

[9] Do sânscrito Akasha caixa que tudo contém.

concretizações advindas do "Campo da Potencialidade Pura que é o campo criativo do Eu, inerente à consciência mais elevada do ser humano em sua comunhão com Deus" (Chopra, 1994, p. 16). Para ilustrar essa concepção de universo vejamos esse excerto da ontologia da AMORC, representado, também na figura 1:

> Para o Ser nunca houve começo, pois o nada não pode dar origem a alguma coisa. Tudo era trevas antes de surgir a luz. A luz, porém, não veio das trevas, pois as trevas são a ausência da luz. A luz é um atributo do Ser, uma vez que o Ser é sempre luminoso na irradiação de sua energia, causada por seus ininterruptos esforços para existir. A luz não tinha calor, e assim o ser era insensível. A luz não tinha reflexo, e assim o ser não tinha forma. O Ser, em seu eterno movimento e progresso, expandiu-se. Inúmeras tornaram-se suas formas e complexa sua natureza. A complexidade da evolução do Ser deu origem à densidade. E a densidade produziu o calor da luz. Então, surgiram os seres viventes. Com a vida, veio a sensibilidade do Ser, transformando-se na magnificência da percepção do Eu. Na consciência humana foram refletidas as glórias do universo. Em sua profundeza o ser tomou forma sensível e a mente lhe conferiu amplitude. Então a luz brilhou, pois ela refletia pela primeira vez a sua própria natureza (Arduino, 1987, p. 41-59).

Figura 01 – A Manifestação na Concepção Rosacruz

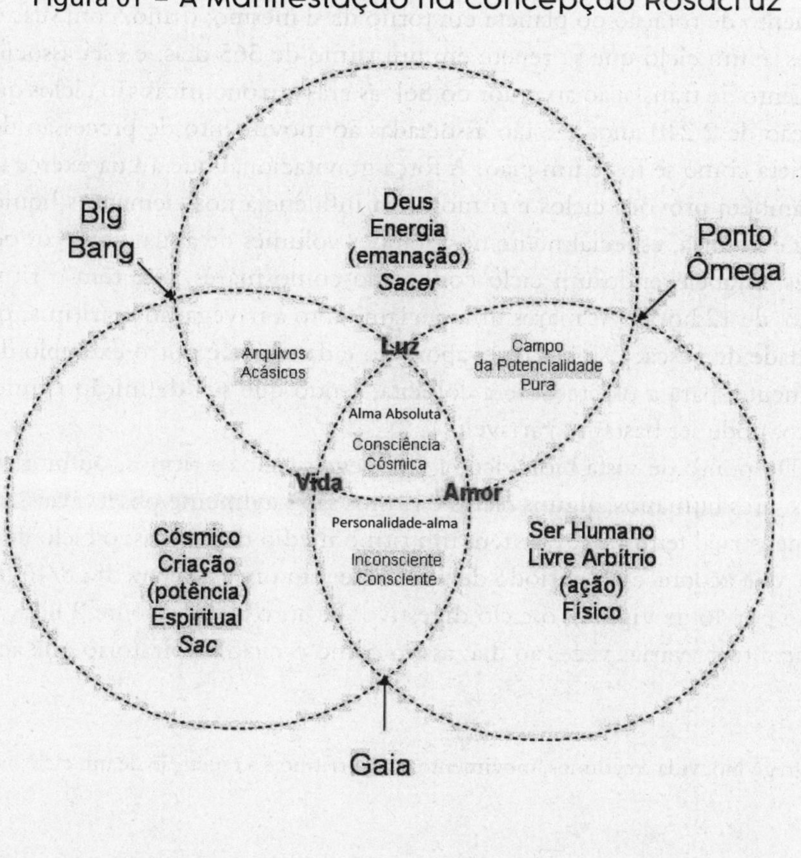

Esse universo é fundado a partir de um princípio de conservação da matéria e da energia, ou seja, matéria e energia são indestrutíveis.

Trata-se de um universo dinâmico que se manifesta em ritmos e ciclos. O ciclo pode ser entendido como a repetição de um mesmo tipo de evento no tempo, enquanto o ritmo é o tempo que um evento demora para se repetir ou o tempo de duração de um evento. Podemos dizer que um ciclo tem um ritmo acelerado quando há uma grande frequência de repetições do evento em um curto espaço de tempo. Alguns eventos, todavia, acontecem apenas uma vez, portanto tem apenas um ciclo, enquanto outros demoram tanto a se repetir que se tem a impressão que são únicos, outros ainda são claramente frequentes e perceptíveis.

A biografia de uma estrela, por exemplo, pode levá-la a ter uma morte luminosa, em uma explosão, conhecida como Supernova, ou sombria como um Buraco-negro (Sagan, 1984). A Hipótese Gaia (Lovelock, 2006) afirma que o planeta, no caso Gaia, a Terra, são seres vivos. A Terra nasceu e morrerá, seguindo um determinado caminho evolutivo, marcado por ciclos e ritmos. A existência biológica da Terra está vinculada ao Sol e, ao que tudo indica, será encerrada por este, porque um dia o Sol se transformará numa estrela gigante vermelha, expandindo-se em tamanho para além da órbita da Terra.

Na Terra, os ciclos são definidos por seus movimentos de rotação, translação e precessão. O dia é um ciclo cujo ritmo é de 24 horas e está associado ao movimento de rotação do planeta em torno de si mesmo; o ano, com suas quatro estações, é um ciclo que se repete em um ritmo de 365 dias, e está associado ao movimento de translação ao redor do Sol; as eras astronômicas são ciclos que tem a duração de 2.240 anos e estão associadas ao movimento de precessão do eixo do planeta como se fosse um pião. A força gravitacional que a Lua exerce sobre a terra também provoca ciclos e ritmos. Sua influência nos elementos líquidos do planeta é notória, especialmente nos grandes volumes de água, como os oceanos e mares, estabelecendo um ciclo conhecido como marés, que têm o ritmo, ou duração, de 12 horas. As marés influenciam tanto a navegação marítima, quando a atividade de pesca. O ciclo da evaporação e da chuva é outro exemplo de ciclo fundamental para a plantação e a colheita, sendo que sua definição rítmica, entretanto, pode ser bastante variável.

Do ponto de vista biológico, a vida segue ciclos e ritmos, ou biorritmos.[10] Para os seres humanos, alguns ciclos e ritmos são facilmente observáveis, como o ciclo menstrual feminino, que tem um ritmo médio de 28 dias; o ciclo de vigília e sono, que acontece no período de um dia, e tem um ritmo médio 8/16 (8 horas de sono por 16 de vigília); o ciclo digestivo, de aproximadamente 2 horas, e que pode acontecer várias vezes ao dia; assim como o ciclo respiratório que acontece

[10] Do grego bio, vida e rythmos, movimento. O biorritmo é a repetição de um ciclo biológico.

imperceptivelmente a todo instante no organismo; bem como o batimento cardíaco, cujo ritmo ou frequência média é de 60/100 batimentos por minuto.

Assim como as estrelas, que têm sua evolução seguindo um caminho pré-determinado como seres únicos que são no grande todo galáctico; e o planeta, Gaia, cuja biografia é impressa em seus ciclos e ritmos próprios; também o Ser Humano tem uma história marcada por ciclos e ritmos comuns a toda a espécie. No desenvolvimento humano, todavia, as pessoas são capazes de registros individuais e indeléveis em suas biografias, a partir das escolhas que são capazes de fazer. Tais escolhas podem alterar de maneira significativa sua trajetória, conferindo diferentes sentidos às suas vidas.

A compreensão da vida humana como passível de ser dividida em fases ou ciclos de desenvolvimento tem sido, há bastante tempo, um ponto de controvérsia para muitos estudiosos. Os gregos compreenderam o curso de vida organizado em períodos de sete anos. Os romanos dividiram-na em cinco ciclos de aproximadamente 10 anos (Lievegoed, 1997). A AMORC além de trazer uma visão da vida como organizada em ciclos de sete anos, aos quais denomina de *Períodos Simples da Vida Humana* (Lewis, 1981), divide o ano em sete períodos de 52 dias, o dia em 7 períodos de 3 horas e 25 minutos, atribuindo-lhes características fundamentais para o desenvolvimento de projetos pessoais e profissionais. Apresenta, também, o que denominou de *Ciclos da Alma,* a partir de uma perspectiva reencarnacionista, e apresenta 7 períodos de nascimento com duas polaridades cada um, ao longo dos 365 dias do ano. Esses períodos poderiam ser vistos em perspectiva semelhante à do zodíaco, que é, no entanto, apresentado em 12 ciclos, ou signos, com duração de mais ou menos 30 dias. Assim, tanto ritmos e ciclos físicos quanto períodos e fases de desenvolvimento podem ser observados como marcos na biografia humana.

A vida humana é, portanto, regida por ritmos e ciclos que lhe são impostos ou destinados pela dimensão física tanto do corpo do universo, quanto do corpo físico do ser humano. Esse destino biológico é amplamente influenciado pelas escolhas em um reflexo do livre arbítrio.

> A alma é livre para escolher, livre para decidir, livre para aceitar ou rejeitar os impulsos que provêm de sua memória de experiências passadas, ou as sugestões do mundo exterior. O homem tem o poder de escolher, sendo esse livre arbítrio um fator fundamental de sua consciência. Sua motivação estabelece-se por dois fatores: o impulso (animal) e a escolha (humana) (Lewis, 1980, p. 83,98).

O desenvolvimento humano, porém, acontece em um grande ciclo de vida-morte ou processo de (re)encarnação. Esse processo não deve ser compreendido como um credo religioso

> trata-se de uma lei natural, que diz respeito à evolução da natureza e à manifestação dos seus princípios. Baseia-se no fato do homem estar

encarnado num corpo físico no presente vivendo experiências terrenas. Existem três razões para a encarnação: primeiro a alma deve passar por experiências na terra; o corpo humano deve contar com a experiência da iluminação, e terceiro a personalidade ou o caráter pode ser aperfeiçoado. Esse processo também está subordinado ao movimento cíclico, pois a alma reencarna aproximadamente a cada 144 anos. Passando por um período de intervalo entre uma encarnação e outra. A finalidade desse período de repouso é a purificação do Ego e a iluminação pela Mente Divina e equivalem ao período do sono que a alma encarnada vivencia (LEWIS, 1980, p. 23, 24, 26, 85).

Figura 02 – Dinâmica do Desenvolvimento Humano

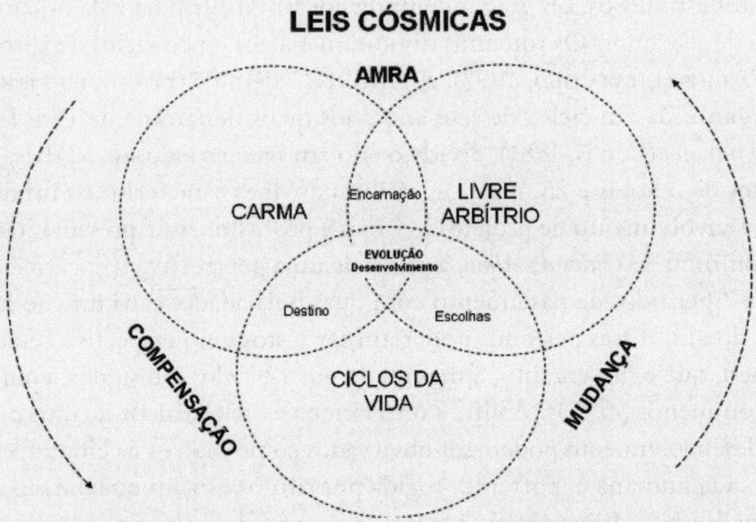

Portanto, a Psicologia do Desenvolvimento na AMORC procura levar o estudante à compreensão desses grandes e pequenos ritmos e ciclos de modo que, ao situar-se nesse contexto, ele seja capaz de harmonizar-se com essa perspectiva e, com isso, possa evoluir.

4.2 – A Psicologia Rosacruz da Personalidade

A Psicologia Rosacruz da Personalidade tem por objeto de estudo a estrutura ou atributos e localização da psique humana. Trata-se, portanto, de uma cartografia da consciência, que guarda grande proximidade com a proposta junguiana.

Nos ensinamentos rosacruzes, os temas ligados a essa área são: Eu Interior (Self) e Eu Exterior (Ego), Personalidade, Caráter, Faculdades Psíquicas e Modos de Consciência (estético, moral, etc.), Centros Psíquicos;

Do ponto de vista rosacruz, a psique ou personalidade-alma é

> a manifestação objetiva da reação do indivíduo ao segmento inseparável da alma universal com que o homem está infundindo. Revela tudo que foi acumulado através de incontáveis experiências, e absorvido como parte de sua própria essência de expressão. Trata-se da Identidade psíquica de cada membro da raça humana. Forma-se a partir da encarnação da Alma no Corpo Físico (LEWIS, 1981, p. 64)

É concebida, portanto, como uma emanação do mistério, que se diferencia desse campo da realidade, contendo dois núcleos plasmados por uma energia psíquica ou por uma tendência à perfeição de modo a tornar-se cada vez mais elevada em sua frequência vibratória.[11] O núcleo interior é denominado Eu Interior ou Self e o outro núcleo é o Eu Exterior ou Ego.

Figura 03 – Estrutura da Personalidade-Alma[12]

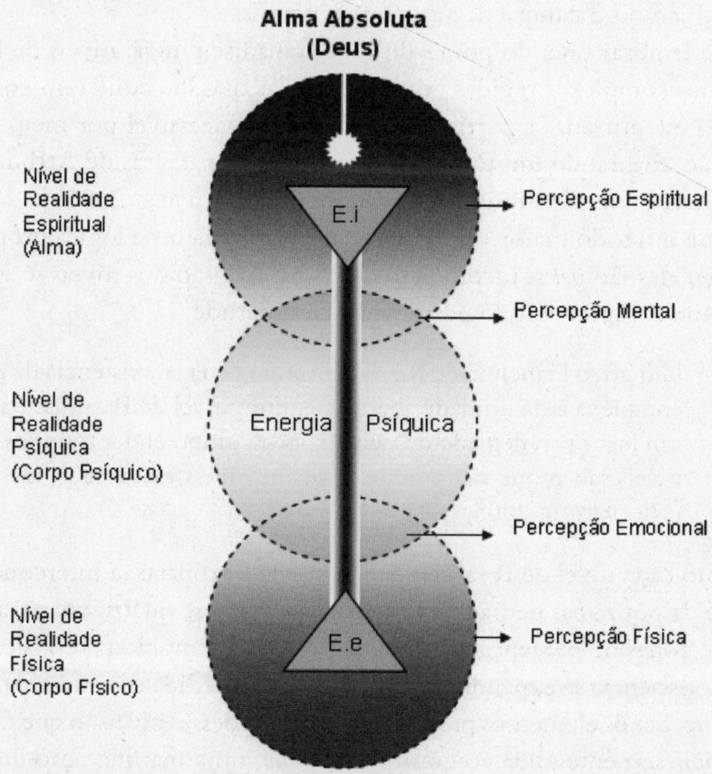

[11] No âmbito da Psicologia Humanista Transpessoal, conforme formulada por Maslow, trata-se da tendência à auto-atualização e à transcendência.

[12] Onde: E.i – Eu Interior; e E.e. – Eu Exterior

O Eu Interior ou Self é, portanto, o núcleo da Personalidade-alma e permanece mais centrado no Nível Espiritual, concentra todas as potencialidades da pessoa. Essas potencialidades referem-se a tudo aquilo que a pessoa pode vir a ser biológica, social e espiritualmente. O Eu Interior é o receptáculo da alma ou centelha divina, que emana diretamente de Deus ou da Alma Absoluta. A alma é a geradora da energia psíquica que orienta as ações humanas para a criatividade e para atualização das potencialidades de modo a contribuir para a construção do si mesmo.

O Eu Exterior ou Ego, por seu turno, é o núcleo da psique mais conectado ao Plano Físico, acha-se susceptível à estimulação ambiental, o que lhe confere um caráter altamente modelável pelo ambiente. Nesse núcleo, concentra-se a consciência simples que direciona as ações e as percepções.

A partir da tensão gerada pela circulação da energia psíquica de consciência entre os núcleos da Personalidade-alma centrados simultaneamente nos Níveis Espiritual, em que se situa a Alma, e físico, no qual se situa o Corpo Físico, cria-se um terceiro Nível o da Realidade Psíquica, ou psicológica, na qual se situa o Corpo Psíquico ou o campo da autoconsciência.

Cabe lembrar que, do ponto de vista transdisciplinar, níveis de Realidade são estruturas complexas regidas por leis próprias que lhe conferem consistência. Tais leis são estruturadas a partir de lógica própria acessível por meio dos níveis de percepção, formando um todo complexo, ou nas palavras de Arthur Koestler, "hólons inteiros que são simultaneamente partes" (Wilber, 2000, p. 21), pois fazem parte de um todo maior. Embora cada nível tenha uma lógica própria e uma consistência, eles são *per se* incompletos. A compreensão dos níveis só é possível a partir de uma compreensão lógica dessa incompletude.

> Um novo Princípio de Realidade emerge da coexistência da pluralidade complexa e da unidade aberta: nenhum nível de Realidade se constitui um lugar privilegiado do qual se pode compreender todos os outros. Os níveis são o que são porque todos os níveis existem ao mesmo tempo (Nicolescu, 2005, p. 7).

Como cada nível de Realidade tem suas leis próprias, a interconexão entre os níveis se dá por zonas de não resistência. Definem-se quatro zonas, aqui denominadas de zonas de percepção: Espiritual, Mental, Emocional e Física.

A Consciência se expande ou se desenvolve à medida em que o ser humano é capaz de perceber os elementos próprios de cada um desses níveis, o que faz com que a Consciência seja entendida como um *continuum*, uma manifestação de diferentes graus de autopercepção, de percepção da realidade, sendo seu maior grau de consciência o da Consciência Cósmica, caracterizada pela percepção de transcendência e não-separatividade, ou seja, pela consciência de unicidade do universo e da pessoa.

A Consciência é reconhecida como dotada de diversos atributos ou faculdades: Ela é *criativa* quando capaz de semear ideias no Campo da Potencialidade

Pura; é *lógica*, quando capaz de compreender processos e de criar raciocínios; é *emocional*, quando capaz de experimentar emoções; é *transpessoal* quando capaz de transcender e perceber de maneira inclusiva e abrangente todos os atributos citados anteriormente e dimensionar a grandeza do Cósmico.

O Corpo Físico é, portanto, compreendido como a máxima densificação da energia Espiritual (mistérica) e, em última instância, de Deus (Alma Absoluta). Esse corpo forma um todo integrado e tem, nos sistemas nervoso e endócrino, importantes chaves para o desenvolvimento de seu potencial inerente.

A *Energia Psíquica* é a consciência em movimento entre os núcleos mais denso da Personalidade-alma. No Corpo Físico, determinados pontos, denominados vórtex ou *Centros Psíquicos* permanecem sensíveis a essa circulação energética, gerando a dinâmica psicológica. Embora tais pontos encontrem materialidade física, não se restringem ao corpo físico, pois contêm essa energia de Consciência. Esses pontos tornam-se ativos (despertos) à medida que a Consciência vai se expandindo do nível Físico ao Espiritual.

Do ponto de vista físico, os centros psíquicos estão situados em determinados órgãos e, principalmente, em glândulas do sistema endócrino. Quando a Consciência é despertada, o Centro Psíquico torna-se ativo e seus atributos conscientes. O processo do despertar da consciência na AMORC, denominado *despertar psíquico*, dá-se do nível Físico para o Espiritual, podendo ser estimulado, também, por ressonância sonora e cromática. No Corpo Físico, "cada centro psíquico está associado a uma glândula, um centro nervoso, e um princípio ou força organizadora de consciência". (AMORC, 1984, p. 89).

A meta fundamental da Personalidade-alma é a evolução, retorno ao Criador, ou espiritualização da matéria, como diria Teilhard de Chardin, ou ainda a Consciência Cósmica na perspectiva de Richard Bucke. Portanto, não se trata de um simples retorno, mas de um retorno consciente. Ao retornar, a entidade humana deverá acrescentar algo ao todo Cósmico e, esse algo, é a própria consciência. Dessa forma, os seres humanos têm um papel de grande importância no esquema Cósmico, que é o de ampliar a Consciência do Todo, e essa ampliação, essa evolução, faz-se pela capacidade de transcendência.

Ao inventar ferramentas para colher e produzir alimento, o homem transcendeu. Ao domesticar animais e construir meios de transporte, o homem transcendeu. Ao criar sinais de fumaça, comunicação por tambores, telégrafo, telefone, rádio, o homem transcendeu. Ao olhar para os planetas, para as estrelas, para as galáxias, e para as células, os átomos, e o quantum, o homem transcendeu. Portanto, pode-se afirmar que o homem é um ser de transcendência.

> Fomos obrigados a transcender os limites impostos pelo meio para podermos viver. Então, transcendência fundamentalmente é essa capacidade de romper todos os limites, superar e violar os interditos, projetar-se sempre num mais além (Boff, 2000, p. 31).

> Transcendência refere-se ao mais elevado, inclusivo e holístico nível de Consciência, comportamento e relacionamento, como um propósito a ser atingindo para a unidade do eu, para significação do outro, para os seres humanos em geral, para outras espécies, para a natureza, para o cosmos (Maslow, 1976, 269).

A transcendência é, portanto, uma função superior da consciência e reflete a capacidade de deslocamento de um nível para outro. A *Energia Psíquica* é o elemento propulsor da transcendência. Manifesta-se no organismo humano como uma tendência natural, tendência à autoatualização e transcendência, hierarquizada em necessidades básicas que buscam constantemente serem transcendidas. Ao atualizar seu potencial físico, social e espiritual, que estão concentrados no Eu Interior, a pessoa está transcendendo, portanto, evoluindo.

Essa evolução se manifesta no fortalecimento do caráter

> compreendido com os princípios morais e éticos que constituem o código de vida de uma pessoa e orientam seu comportamento. Formado pelos pensamentos e pela conduta dos seres humanos. Trata-se do aspecto mais exterior da personalidade, Eu exterior. Seu desenvolvimento permite ao homem descobrir a si mesmo e aprimorar suas capacidades latentes aparando as arestas grosseiras de sua natureza (animal) (Lewis, 1980, p. 55, 56, 61, 63, 64, 97).

4.3 – A Psicologia Rosacruz Funcional

A Psicologia Rosacruz Funcional é uma psicologia aplicada, cujo estudo está ligado à dinâmica da mente ou da consciência (seu funcionamento) e sua *influência* na formação dos hábitos. Nos ensinamentos rosacruzes, os temas ligados a essa área são: Mente Objetiva, Subjetiva e Subconsciente, Percepção, Estados de Consciência (normal, alterado, etc.), Visualização, Intuição, Imaginação, entre outros.

Na tradição rosacruz, mente e consciência são sinônimas, assim como consciência é sinônimo de alma. Isso se justifica dependendo do nível de realidade em que essa energia for "observada", ou seja, se estiver no nível Espiritual, consciência e mente são normalmente denominadas alma. Se for ao nível Psíquico, o termo mais utilizado é consciência, principalmente em função da "autoconsciência", enquanto no nível Físico pode-se usar tanto a mente, normalmente mente objetiva, quanto a consciência simples.

Por isso se afirmar que

> a mente do homem é imortal porque é parte da alma. Em misticismo pode-se afirmar que a mente é dual, pode ser compreendida num matiz entre dois polos ou campos: o subconsciente e o objetivo. A mente continua a existir após a transição do corpo físico (morte) detendo o completo armazém da memória (AMORC, s.d. p. 237).

A função da mente conforme é estudada na AMORC foi amplamente influenciada pelo *Movimento do Novo Pensamento* que, como vimos, influenciou o jovem Harvey S. Lewis no começo de sua busca espiritual. Um dos autores mais proeminentes dessa corrente foi Joseph Murphy (1898 -1981), cujo trabalho maior, *O Poder do Subconsciente* (Murphy, 1963), conteúdo ainda bastante usado nos círculos de prática de hipnose. Aliás, os processos de hipnose, auto-hipnose, são muito focados nesta linha de pensamento e amplamente difundidos na prática rosacruz.

Reconhecem-se três fases da mente: mente objetiva, mente subjetiva e mente subconsciente.

A mente objetiva ou

> mente mundana que funciona no mundo material, através do corpo físico e de maneira egoística, com o objetivo principal de preservar o corpo físico. Atua com os cinco sentidos físicos e suas funções sobre os atos voluntários, sobre a memória, sobre o raciocínio. É subserviente à Mente Subconsciente (Murphy, 1963, 238).

A *mente objetiva*, ou fase objetiva da mente, está diretamente ligada ao Eu Exterior, portanto conectada ao campo da consciência simples ou à percepção e Corpo Físico, portanto refere-se ao Nível de Realidade físico. É a mente objetiva que recebe a carga de estimulação que provém do mundo exterior. Essa dimensão da mente funciona no período de vigília, ou seja, as percepções só são registradas pela mente objetiva enquanto a pessoa está acordada.

A psicofisiologia do cérebro humano e o processo de captação e transmissão de estímulo por meio do Sistema Nervoso estão totalmente conectados com essa dimensão objetiva da mente. Portanto, um estímulo do mundo exterior é captado por um dos cinco sentidos (visão, audição, paladar, tato e olfato), transformado em estímulo que, por meio do Sistema Nervoso Periférico, é transmitido pelos neurônios (célula nervosa) para o Sistema Nervoso Central no qual é registrado e interpretado. Esse processo de transmissão neuronal se dá por uma série de mediadores químicos e impulsos elétricos. Qualquer dano no sistema nervoso poderá comprometer o processo de percepção de estímulos. O processo de decodificação perceptual é dual, bifásico ou binário, muito associado à lógica clássica, portanto, remete a esquemas simples do tipo: sim/não; claro/escuro; todo/parte; em cima/embaixo, figura/fundo, etc. ligados ao objeto (exterior) de percepção.

Figura 04 – Processo de Funcionamento da Mente Objetiva

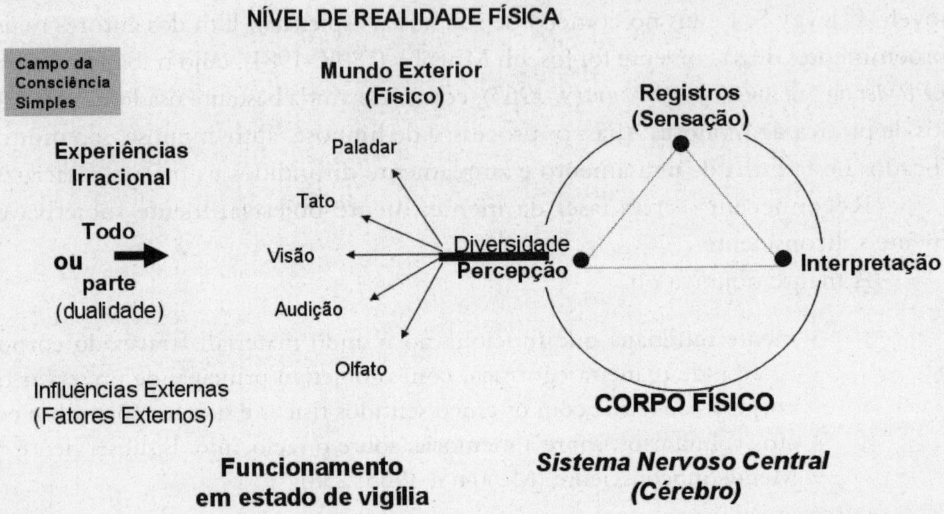

A *mente subjetiva*, ou a fase subjetiva da mente, como o próprio nome indica, está relacionada estritamente ao sujeito. Trata-se de um processo intermediário que é amplamente sugerido nos ensinamentos rosacruzes, mas poucas vezes explicitado de forma independente, como faremos aqui. Nessa fase da mente, nível de realidade psicológica, é que se dá o processo de interpretação que se realiza tanto em função das percepções emocionais quanto das percepções racionais. Esse é o campo da autoconsciência que diferencia o ser humano dos animais, em que o homem é capaz de perceber que "é capaz". O processo de interpretação é complexo e envolve tanto as percepções emocionais quanto as mentais.

Partindo-se do mundo exterior, as sensações recebidas provocam emoções, que é um processo que desencadeia uma série de reações fisiológicas no Corpo Físico. Estas podem ser classificadas em duas formas básicas agradáveis ou desagradáveis, ou as que proporcionam prazer e as que proporcionam desprazer. Evidentemente, as emoções agradáveis têm uma tendência a serem mais bem aceitas do que as emoções desagradáveis. Entretanto, essa classificação não deve ser entendida como um padrão universal, pois o conceito de agradável e desagradável pode variar amplamente em função das interferências da cultura e/ou do meio ambiente de maneira geral.

Há uma profunda interação entre as percepções emocionais e mentais. Percepções mentais estão vinculadas ao processo de pensamento que é um processo trino marcado por três tipos de raciocínio, os raciocínios indutivos (de alguns para todos) e dedutivos (de todos para alguns) e silogísticos (um jogo entre todos, alguns e nenhum).

A dinâmica entre as emoções e os raciocínios forma os julgamentos e, consequentemente, os padrões de verdade aceitos pelos indivíduos e pelos grupos (cultura).

O *insight*[13] é mola propulsora do processo de raciocínio, essa operação da consciência se dá a partir das associações que o ser humano é capaz de fazer a partir do desenvolvimento de noções, juízos e inferências (LIARD, 1971).

Figura 05 – Processo de Funcionamento da Mente Subjetiva

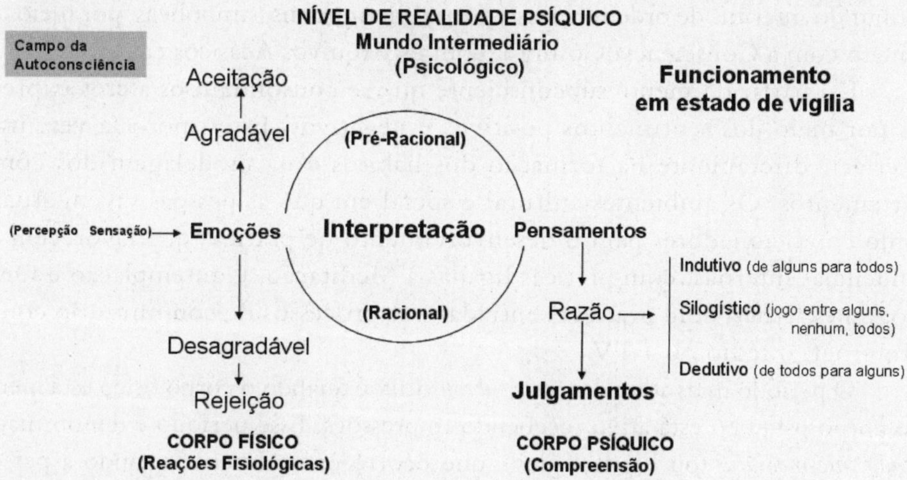

Por fim, temos a Realidade Espiritual ou o mundo interior que se situa no campo da Consciência Cósmica. Nesse nível, encontram-se os potenciais acumulados ao longo das encarnações que podem ser atualizados.

A *mente subconsciente* é a "consciência do Eu Interior, diretamente relacionada com a Consciência Cósmica ou Universal" (LEWIS, 1980, p. 238)". Seu funcionamento é ininterrupto, ou seja, atua na pessoa durante o estado de vigília ou de sono, e recebe estímulos tanto do exterior (de fora) por via da mente subjetiva, quanto do interior (de dentro), diretamente, da Consciência Cósmica.

A característica mais marcante do funcionamento da mente subconsciente é que ela não realiza julgamentos, embora funcione pelo processo silogístico, porque toda informação consistente que chega à mente subconsciente é tomada como premissa maior. Por estarem conectados diretamente com a *Mente Cósmica*, que

[13] Termo em inglês que significa iluminação, intuição. No caso da mente subconsciente uma forte percepção de algo é verdadeiro, correto. Em termos filosóficos os lógicos denominam esse elemento como intuição, porém como a intuição para o rosacruz tem um caráter específico, optou-se pela denominação inglesa insight que é amplamente utilizada na Psicologia também.

constitui o *Campo da Potencialidade Pura,* os elementos, ao serem tomados como verdadeiros ao nível da mente subconsciente, direcionarão toda a vida da pessoa, seu sucesso ou fracasso. Trata-se, portanto, de uma mente executiva.

A sugestão é uma proposição imperativa, uma ordem é o elemento chave do funcionamento da mente subconsciente. Embora a mente subconsciente esteja em contato direto com a *Consciência Cósmica*, ela também recebe estimulação da mente subjetiva, portanto as sugestões que tanto podem ser oriundas do mundo exterior, de ordem sensorial elaboradas pelo raciocínio, quanto podem ser oriundas do mundo interior, de ordem extrassensorial, atemporais, simbólicas, por meio do contato com a Consciência Cósmica, com os Arquivos Acásicos etc.

É a partir da mente subconsciente que se consolidam os afetos expressos por meio dos sentimentos positivos e negativos. Estes, por sua vez, irão interferir diretamente na formação dos hábitos e na modelagem dos comportamentos. Os ambientes cultural e social em que as pessoas vivem atuam como condicionadores para o desenvolvimento de práticas que favorecem as influências internas, com práticas ligadas à Meditação, Contemplação e Oração; ou externas, com práticas centradas nos processos de comunicação como a Internet, o rádio ou a TV.

O período mais ativo da *mente subconsciente* é quando o corpo físico está inerte e o corpo psíquico está ativo recebendo impressões. Esse período é denominado *estado intermediário* (ou hipnagógico), que ocorre naturalmente quando a pessoa está ligeiramente assonada nos momentos em que está despertando do sono ou indo dormir. Este é um período crítico, pois todas as informações que chegam à mente subconsciente são tomadas como verdadeiras.

Tanto as práticas mundanas, como as veiculadas pelos meios de comunicação, como TV, rádio, internet, quanto as práticas sagradas, como a meditação, oração, contemplação etc. irão exercer grande influência na formação dos padrões de hábito e comportamentos das pessoas.

Os ensinamentos rosacruzes, praticados no *Sanctum do Lar* ou nos Templos dos Organismos Afiliados, favorecem o desenvolvimento das faculdades interiores e o contato com a Consciência Cósmica.

Figura 06 – Processo de Funcionamento da Mente Subconsciente

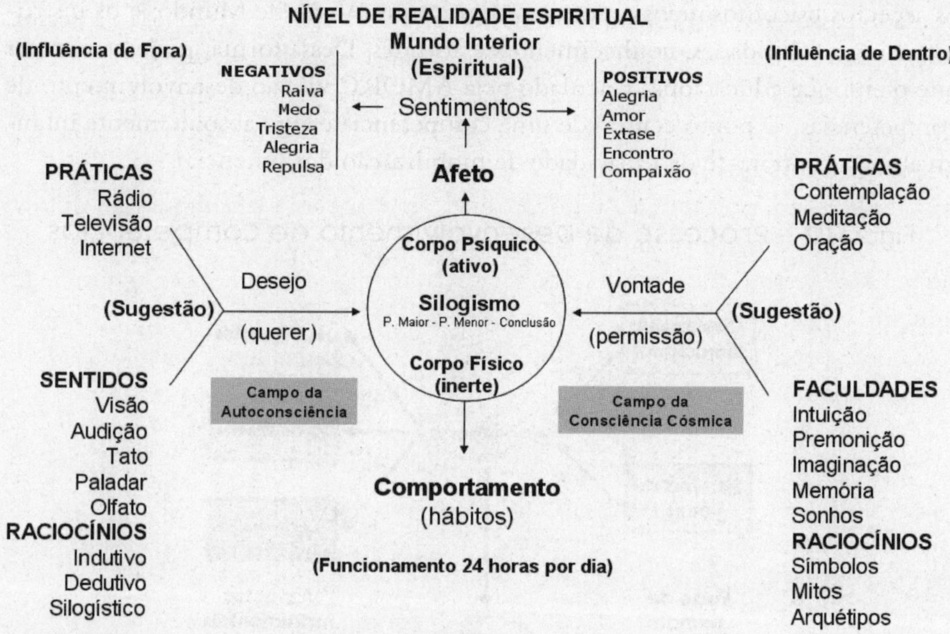

4.4 – A Psicologia Rosacruz da Educação

O último elemento da Psicologia Rosacruz Aplicada é a Psicologia da Educação – cujo foco situa-se na metodologia de ensino utilizado pela AMORC.

Nos ensinamentos rosacruzes, os temas ligados a essa área são: Rituais, Iniciação, Simbologia, entre outros.

Desta forma, o *Processo Iniciático* é o cerne da injunção educacional da AMORC. Tal processo é normalmente desenvolvido por meio de um drama ritualístico, no qual se apresenta uma história exemplar, por meio da qual os ensinamentos são revelados aos participantes – os iniciados. Espera-se que esse processo seja altamente estimulante, impactando profundamente o participante de modo a levá-lo ao autoconhecimento por meio da autotranscedência, de modo que este possa acessar e atualizar seus potenciais pessoais superiores (AMORC, s.d. "b"). Assim, acredita-se que os participantes serão beneficiados pelo crescimento autoconsciente ampliando-se as percepções: (a) Física, com a otimização da saúde corporal; (b) Mental, por meio da paz e felicidade, e da clareza proporcionada pelas técnicas de meditação; (c) Emocional, pela manutenção de um estado de serenidade; (d) Espiritual, por meio do despertar das faculdades superiores que levem à transcendência; (e) Sagrado, por meio da integração com o Todo (AMORC, 2006).

Tomando a definição de competência como aquela capacidade de agir a partir da mobilização dos conhecimentos, habilidades e atitudes adequadas para realização de uma determinada ação, vemos que essa mobilização se articula entre os aspectos psicofilosóficos, que se configuram na Visão de Mundo; e os instrumentais: as habilidades, conhecimentos e atitudes. Dessa forma, pode-se afirmar que o enfoque educacional veiculado pela AMORC visa ao desenvolvimento de competências. O ponto central de uma competência é algo absolutamente intangível, ou seja, trata-se da capacidade de mobilização dos potenciais.

Figura 07 – Processo de Desenvolvimento de Competências

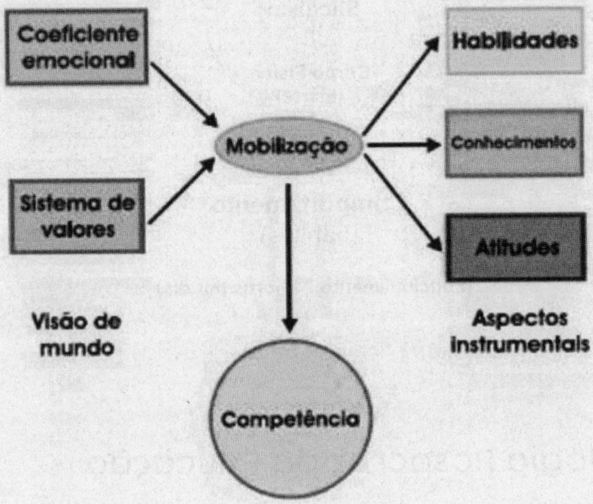

O processo educacional-iniciático da AMORC visa, portanto, ao desenvolvimento de competências.[14] A metodologia iniciática da AMORC se dá por meio de seis estimulações básicas: (1) Estimulação pelo Conhecimento; (2) Estimulação pelo Desenvolvimento de Habilidades; (3) Estimulação Emocional; (4) Estimulação Metafísica; (5) Estimulação Social; (6) Estimulação Simbólica (AMORC, 1988).

A *estimulação pelo conhecimento* se dá fundamentalmente por meio da leitura e estudo dos ensinamentos. As monografias, que veiculam esses conteúdos e constituem-se no elemento central dessa estimulação, são enviadas pelo correio para a residência dos membros. Esse processo foi planejado no início da AMORC por Harvey Spencer Lewis e constitui um diferencial da organização. São cuidadosamente desenvolvidas, veiculando conhecimentos teóricos e práticos. Além das

[14] Esse processo foi objeto de estudo de um grupo de educadores rosacruzes nos anos 1980 na Loja Rosacruz São Paulo AMORC a partir desse trabalho se estabeleceu as bases da Educação Rosa-Cruz Integrada que foi materializada nos anos 1990 na Escola Rosacruz Integrada com sede em Curitiba.

monografias, os membros recebem as várias revistas da organização, que veiculam conteúdos informativos e instrutivos. Os membros podem, também, optar pela aquisição dos inúmeros livros, CD e outros materiais disponíveis como elementos complementares do estudo. Nos Organismos Afiliados denominados tradicionalmente *Lojas, Capítulos e Pronaoi*[15], os membros têm acesso a instrutores capacitados para realizar a revisão dos ensinamentos em classes de estudo e atendimentos individualizados. Além de palestras e cursos sobre as temáticas dos ensinamentos, os membros normalmente dispõem de uma biblioteca especializada com temas rosacruzes e esotéricos.

A *estimulação pelo desenvolvimento de habilidades* se dá a partir das práticas veiculadas nas monografias, exercícios que os membros devem praticar no dia a dia para o desenvolvimento de habilidades. Além das práticas individuais, propostas nas monografias, o ambiente dos Organismos Afiliados constitui-se verdadeiros laboratórios de convivência no qual o membro é estimulado a aplicação desses ensinamentos. Seja na administração dos conflitos próprios do convívio humano, seja o ambiente sagrado do templo em que experimentos são cuidadosamente propostos, visando ao desenvolvimento da coletividade dos membros.

A *estimulação emocional* de caráter eminentemente vivencial se dá por meio da prática do ritual. Os ensinamentos e rituais na AMORC têm caráter privativo, ou seja, apenas os membros podem participar. Essa estratégia educacional proporciona que se crie um ambiente reservado e seguro (sem interrupções) para que o membro possa se desenvolver com maior agilidade.

> O ritual é um recurso para meditação, concentração e harmonização. Basicamente, o ritual faz com que o homem se integre, pelo sentimento, naquilo que está realizando. O ritual confere ao indivíduo um sentimento de associação com outros indivíduos, bem como com forças que o transcendem. O ritual, em si mesmo, não é uma chave mágica. Não constitui, por si mesmo, harmonização; porém, é um recurso motivador que ajuda o indivíduo a se aperceber de sua própria natureza interior e se tornar com ela mais familiarizado (AMORC, 1972, p. 181).

Os rituais podem ser realizados na casa do membro, em seu *Sanctum* (santuário particular), ou nos Templos dos Organismos Afiliados. São quatro os tipos de rituais praticados pela AMORC: (1) Iniciações de Grau; (2) Convocações Ritualísticas Regulares; (3) Rituais Especiais; (4) Cerimônias Abertas ao Público. A estimulação emocional é a base para outras estimulações mais profundas.

A *estimulação social* se dá fundamentalmente pelo desenvolvimento do espírito de fraternidade no convívio em que os membros, como fratres e sorores da AMORC,

[15] A diferenciação se dá em função do número de membros.

desenvolvem em um Organismo Afiliado na prestação do Serviço voluntário em prol do desenvolvimento da humanidade e de seu próprio desenvolvimento.

A *estimulação simbólica,* como se viu, é própria da Mente Subconsciente. O processo ritualístico desenvolvido na AMORC é altamente simbólico. A estimulação simbólica se dá pela realização do drama ritualístico, pela contemplação simbólica e mítica que acontece pautada no esoterismo ocidental veiculado pela Ordem.

Por fim, mas não menos importante, a *estimulação metafísica,* que revela o caráter místico da organização, pois, por meio de todos esses processos de estimulação, a AMORC objetiva levar seus membros a vivenciarem o contato direto com a divindade, a comunhão com o Sagrado.

Figura 08 – Metodologia Iniciática ou Didática da Iniciação**

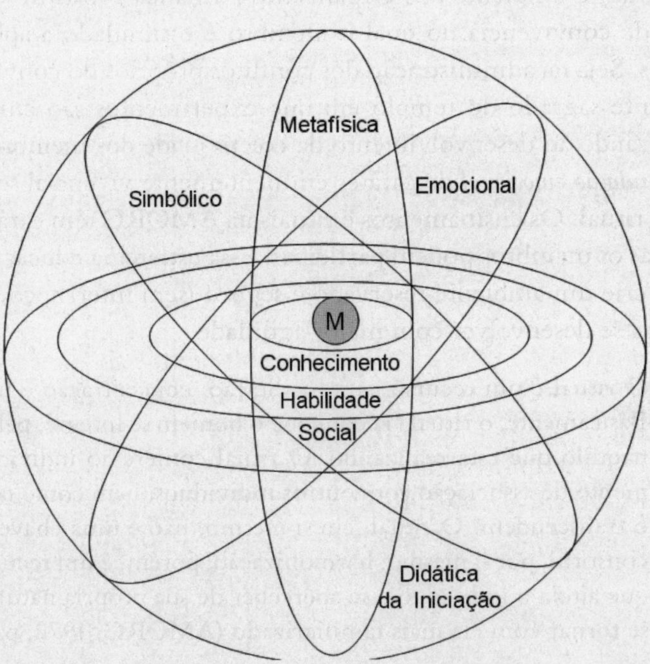

Considerações Finais

Este trabalho procurou examinar a dimensão psicológica existente nos ensinamentos rosacruzes, veiculados pela Antiga e Mística Ordem Rosacruz – AMORC. Tais ensinamentos são eivados de um tipo de pensamento psicológico

[16] Na figura 8 o círculo com a letra "m" no centro quer significar o membro da AMORC cercado pelas estimulações promovidas pela Metodologia Iniciática.

Transpessoal como se procurou demonstrar, por meio do diálogo proporcionado pela metodologia adotada, Meditação Ativa Transdisciplinar.

Dessa forma, espera-se que tenha sido possível depreender diferentes dimensões psicológicas de matriz Transpessoal no pensamento da AMORC. Uma *Psicologia do Desenvolvimento,* cujo enfoque está na transcendência, buscando o desenvolvimento da consciência; Uma *Psicologia da Personalidade* apresentada em uma cartografia do espaço psíquico que se assemelha muito ao modelo junguiano; Uma *Psicologia Funcional* que apresenta complexa estrutura e possibilita a integração dos elementos imateriais da personalidade (alma) à materialidade corpórea dos indivíduos; e, por fim, uma *Psicologia da Educação,* cuja perspectiva iniciática é bastante aderente à dimensão Mito-Simbólica, que integra o Rosacrucianismo em sua metodologia complexa de educação para a individuação.

Para finalizar esta apresentação, é importante situar a análise em seus limites transdisciplinares, conforme propõe o método adotado, ainda que de forma abrangente. Assim, vale destacar que o conhecimento religioso é distinto do conhecimento científico. A lógica transdisciplinar, lógica do terceiro incluído, torna possível afirmar que a Religião é centrada na dimensão mito-simbólica, assim como a Ciência, na lógico-epistêmica, sendo ambas desenvolvidas (criadas) na Cultura Ocidental. Usando a mesma abordagem, os Saberes Tradicionais, diferentes destes, são holísticos e abarcam tanto o religioso quanto o científico, portanto não são nem puramente religiosos, muito menos puramente científicos.

A Psicologia, nesse cenário, como a disciplina científica, que possui um campo variado e não unificado, pode possibilitar um diálogo com outras matrizes de conhecimento, como a que se procurou aqui demonstrar. Todavia, nesse campo aberto, há propostas que podem restringi-lo, como seria o caso da proposta Behaviorismo, por exemplo, e outras que, paradoxalmente, encontram maior aderência apenas com a dimensão mito-simbólica, como é o caso da proposta de Jung[17].

No Ocidente, pode-se observar uma disputa de campo na produção de subjetividades entre a Psicologia e a Religião. A Religião, em linhas gerais, pode aprisionar a subjetividade desenvolvendo uma *subjetividade heterônoma,* pautada em seus dogmas; enquanto a Psicologia se empenha em libertar subjetividades, portanto trata-se de uma *subjetividade autônoma.*

A Psicologia Transpessoal, cuja base epistêmica é transdisciplinar, dialoga tanto com o pensamento tradicional quanto com o pensamento religioso. Apesar de possibilitar um diálogo, continua sendo uma Psicologia. Sim, ela possibilita uma zona de diálogo (zona de não resistência) com os conhecimentos científicos e com aqueles de origem religiosa e/ou tradicional, mas apresenta limites.

[17] Ver Berni (2020) Carl Gustav Jung's Active Imagination and H. S. Lewis's Mental Creation: A Brief Comparative Study.

Portanto, por mais que uma mediação transdisciplinar atue no diálogo entre os conhecimentos, como aqui se procurou apresentar, há sempre reduções, pois o Saber Tradicional é, em si, irredutível, portanto, sempre mais abrangente que o pensamento científico, e não precisa da Ciência e/ou da transdisciplinaridade para legitimá-lo.

Reconhecer ou depreender neste *corpus de conhecimento* uma Psicologia, uma dimensão psicológica, como se procurou fazer aqui, não legitima essa perspectiva como área prática para atuação profissional. Para isso, muitos estudos acadêmicos são necessários. Tal movimento se situa, antes, no campo de estudo da Psicologia da Religião. Portanto, trata-se de oferecer um olhar da Psicologia, no caso a Psicologia Transpessoal, para um fenômeno, no caso o Saber Tradicional Rosacruz da AMORC, por isso o título desse trabalho foi diligentemente "Psicologia do Esoterismo" e não "Psicologia Esotérica".

Essa diferenciação pode parecer um preciosismo, mas, de fato, não é. Ela guarda um olhar atento para a Ética da Psicologia, que procura preservar os fundamentos da laicidade do Estado, que estão em constante ameaça na sociedade brasileira.

Há que se destacar, por fim, na contemporaneidade, importantes movimentos epistêmico, por exemplo, as propostas "decoloniais", como o pensamento *Transpessoal,* que está para além da *Psicologia Transpessoal.* Tais movimentos, absolutamente relevantes, guardam, na perspectiva deste autor, semelhança com o movimento realizado por Ken Wilber, o qual transcendeu a Psicologia Transpessoal e, hoje, ocupa-se de uma proposta Integral (Teoria Integral). Tratam-se de propostas inovadoras e, certamente, possibilitarão importantes avanços para os conhecimentos da humanidade.

Referências

AMORC, *A Trilogia dos Rosacruzes: Fama Fraternitatis, Confessio, Fraternitatis, Bodas Alquimicas.* Curitiba: AMORC, 2008.

_______. *O Domínio da Vida.* Curitiba: AMORC, 2006.

_______. *Positio Fraternitatis Rosae Crucis*, Curitiba: AMORC, 2001.

_______. *Educação Rosacruz Integrada.* Curitiba: AMORC, 1988.

_______. *O Homem Alfa e Ômega da Criação, Volume 2.* Curitiba: AMORC, 1984.

_______. *Revista Fórum Rosacruz*, vol. III, nº 5, janeiro, 1972;

_______. *Manual Rosacruz.* RJ: Renes, s.d.

_______. *O Processo de Iniciação.* Curitiba: s.d. "b".

ARDUÍNO, A. M. *A Era de Aquarius.* Curitiba: AMORC, 1987.

CARVALHO, J.J. Uma Visão Antropológica do Esoterismo e uma Visão Esotérica da Antropologia. *Série Antropologia* (Brasília. Online), v. 406, p. 1-22, 2007. Disponível em http://vsites.unb.br/ics/dan/Serie406empdf.pdf acessado em 31.08.2010

_______. "Antropologia e Esoterismos: Dois Contradiscursos da Modernidade". *Revista Horizontes Antropológicos,* Porto Alegre, ano 4, n.8, p.53-71, junho de 1998.

BERNI, LEV. Carl Gustav Jung's Active Imagination and H. S. Lewis's Mental Creation: A Brief Comparative Study. Rose+Croix Journal – Vol. 15 (19-36) 2020.

_______. A Psicologia do Esoterismo Rosacruz da AMORC. In BERNI, LEV (org.) A *Visão Rosacruz do Conhecimento, Rumo à Transdisciplinaridade*. Coleção O Homem Alfa e Ômega da Criação, vol. 5. Curitiba: AMORC, 2010.

BOFF, L., *Tempo de Transcendência.* RJ: Sextante. 2. ed, 2000.

BRASIL. Senado Federal, Comissão de Relações Internacionais, 2012.

COLL, A.N. "As Culturas não são Disciplinas" In SOMMERMAN, A., BARROS, V.M. MELO, M.A.F. (org) *Educação e Transdisciplinaridade II.* SP: Triom. 2002. 216p.

CHOPRA, D. *As Sete Leis Espirituais do Sucesso. SP:* Best-Seller, 1994.

DAVIDOFF, Linda L. *Introdução à Psicologia,* 3ª ed. SP: Makron, 2000.

FIGUEIREDO, L. C. *Revisitando as Psicologias: Da epistemologia à Ética das Práticas e Discursos Psicológicos.* 2ª ed. SP: EDUC, 1996.

JAPIASSU, H. *Introdução à Epistemologia da Psicologia.* 3ª ed. RJ: Imago, 1982.

LEWIS, H.S. *Harvey Spencer Lewis: Um Mestre da Rosa-Cruz.* Curitiba: AMORC, 2009.

_______. *Autodomínio e o Destino com os Ciclos da Vida.* 8. ed. RJ: Renes, 1981.

_______. *Mansões da Alma.* Curitiba: 1980.

LEWIS, R.M. Credo da Paz. Curitiba: AMORC, s.d.

LIARD, L. *Lógica.* SP: Companhia das Letras, 1971.

LIEVEGOED, B. *Fases da Vida.* 4. ed. SP: Antroposófica, 1997.

LOVELOCK, J. *The Revange of Gaia Earth's Climate Crisis and the Fate of Humanity.* NY: Basic Books, 2006.

MASLOW, A. H. *The Further Reaches of Human Nature.* 7th Printing. NY: Esalen Books, 1976.

_______. *Introdução à Psicologia do Ser.* RJ: Eldorado, 1968.

MICHAELIS 2000, *Moderno Dicionário da Língua Portuguesa* (vol. I, vol. II). SP: Melhoramentos, 2000.

MURPH, J. *O Poder do Subconsciente.* RJ: Record, 1963.

NICOLESCU, B. **"Transdisciplinarity – Past, Present and Future" II Congresso Mundial da Transdisciplinaridade, SC, Vila Velha, 2005. disponível em** www. cetrans.com.br **acessado em 03.03.2009**

________. Um Novo Tipo de Conhecimento" In Nicolescu, B. Pineau et al. *Educação e Transdisciplinaridade*. São Paulo: Triom, 2000.

REBISSE, C. *Rosa Cruz: História e Mistérios*. Curitiba: AMORC, 2004, pág. 88-89.

RIFFARD, P. A. *O Esoterismo* (São Paulo: Mandarim, 1990).

SALDANHA, V. *Psicologia Transpessoal*. RS: Ijuí, 2008.

SCHULTZ, D. P. e SCHULTZ, S. *História da Psicologia Moderna*. SP: Cultrix, 2002.

SAGAN, C. *Cosmos*. 5.ed., RJ: Francisco Alves, 1984.

TABONE, Márcia. *A Psicologia Transpessoal*. São Paulo: Cultrix, 2003.

WILBER, K. *Psicologia Integral*. SP: Cultrix, 2000.

POESIA

O dedo na boca

Francisco B. Assumpção Jr

Ela sorria com o dedo na boca
E louca,
Comigo deitava na noite tão fria.
Fremia
Ao me ouvir falar que eu a amava,
E cismava
Quando eu tateava a sua geografia.
Mentia
Ao falar que me desejava
E ficava
Ao meu lado deitada, calada,
Perdida na vida
Escorrendo entre o meio dos dedos,
Que ledos,
Tentavam agarrar ao menos o instante
Que sempre inconstante,
Tirava esperança, deixando-me pouca,
Quando ela sorria com o dedo na boca.

CAPÍTULO 16

A influência da ancestralidade na formação da subjetividade

Reinaldo da Silva Júnior

Introdução

"A voz da minha bisavó ecoou
criança nos porões do navio.
Ecoou lamentos
de uma infância perdida.

A voz de minha avó
ecoou obediência
aos brancos-donos de tudo.

A voz de minha mãe
ecoou baixinho revolta
no fundo das cozinhas alheias
debaixo das trouxas
roupagens sujas dos brancos
pelo caminho empoeirado
rumo à favela.

A minha voz ainda
ecoa versos perplexos
com rimas de sangue
e fome.

A voz de minha filha
recolhe todas as nossas vozes
recolhe em si
as vozes mudas caladas
engasgadas nas gargantas.
A voz de minha filha
recolhe em si
a fala e o ato."

(Vozes-mulheres, de Conceição Evaristo)

Um dos pilares da religião dentro das culturas é a tradição; a religião se apresenta como espaço de defesa e preservação das tradições, a instituição religiosa é, em sua essência, conservadora. A relação com a ancestralidade se encaixa bem nesse modelo e sempre foi muito explorado pelas tradições religiosas.

Porém, temos também a religiosidade ou melhor ainda a espiritualidade como uma condição humana de liberdade, que nos permite uma experiência de transcendência, na qual tempo e espaço deixam de ser referência, e aí a ancestralidade também tem seu lugar, aqui como expressão do mistério.

De uma forma ou de outra, o que observamos é que essas referências e experiências que nos remetem a um outro tempo de existência e às nossas origens existenciais são marcas fortes que moldam de alguma forma nossa presença e o nosso presente. Isto que chamamos personalidade, subjetividade, caráter ou outros termos que nos remete a características que definem nossa individualidade, tudo isso está intimamente ligado a uma história, o que somos é a presentificação dessa história. É como se fôssemos, na manifestação de nossa subjetividade, a superação do tempo, resgatando em nós toda a história da humanidade, vive em nós os nossos ancestrais. Isto já nos dizia Belchior ao cantar "ainda somos os mesmos e vivemos como nossos pais".

Este texto se propõe um exercício hermenêutico: primeiro, refletimos na intenção de entender a ancestralidade ou pelo menos como vamos utilizar esse termo, afinal os conceitos são sempre pontos de vista, eles em si não substituem as coisas mesmas e, por isso, ao definirmos ancestralidade, não devemos cair na ilusão de termos um contato com ela, esta é uma possibilidade restrita à experiência.

Por isso, precisamos também estender nossa disposição hermenêutica ao conceito de subjetividade, visto que quando falamos de experiência estamos falando da experiência de um sujeito, de uma pessoa única que tem uma existência única em um mundo singular.

Podemos, então, procurar entender como esse sujeito se relaciona com a ancestralidade e como essa relação se mostra na presença desse ser no mundo. Nosso comportamento, nossas reações emocionais, nossos sentimentos, todo esse conjunto de manifestações que nos dá uma identidade e nos distingue enquanto indivíduos se organizam nessa teia interativa do tempo, na qual passado, presente e futuro se encontram.

A psicologia atua nesse campo, por isso, precisamos saber tecer essa teia, precisamos ter consciência dessa relação e de suas tramas, só assim poderemos transitar pela vida das pessoas para fazermos nosso trabalho. Podemos dizer que o psicólogo é como a aranha que, nas teias da vida, procura encontrar os pontos de intercessão que fazem o tempo ser superado para que o sujeito possa se mostrar em sua essência.

Este texto traz em sua concepção um pouco deste processo de tecitura, uma teia que liga tempos distintos e experiências. Comecei a escrevê-lo para um evento em que participei, o Fórum Social Mundial em Salvador no ano de 2018; comecei e não terminei, ele ficou guardado até agora, quando recebi do professor Miguel o honroso convite para participar deste projeto, conduzido por uma pessoa que faz parte da minha formação, leio e cito os livros de Valdemar Augusto Angerami-Camom desde minha graduação e poder participar de uma de suas obras é algo impensado, seria como cantar com o Caetano ou jogar no Cruzeiro. A segunda já não tem mais jeito pela idade, mas cantar com o Caetano passa agora a ser uma possibilidade.

Estes dois momentos – do fórum social aos dias de hoje – acabam se ligando neste texto, que se transforma, assim, em uma evidência dessa unidade existencial que permite a presença do passado e do futuro em um conjunto harmônico de sentido. Espero que possam experienciar esse encontro a partir da leitura, reviverem seus ancestrais e perceberem a unidade de suas vidas.

Compreendendo a ancestralidade

Ancestralidade é uma palavra que está, em sua etimologia, ligada ao passado, os ancestrais são aqueles que nos antecederam, os que ficaram no passado, ou melhor, os que existiram no passado, porque eles permanecem na memória. Por isso, ao evocar esse termo, trazemos com ele ideias de tradição, de costumes de origens.[1] Os ancestrais e a ancestralidade nos remete à nossa origem, à nossa formação, à nossa história e, por isso, ao nosso percurso. Quando olhamos para essa história, buscamos nela os traços de hereditariedade, que justifiquem nossa condição, uma maneira de encontrar sentido para o que somos; a herança não é apenas biológica, é também cultural, afetiva, ética. A premissa que orienta o olhar

[1] Mircea Eliade trabalha muito bem esta questão do tempo e das origens em seu livro: ELIADE, M. O mito do eterno retorno. São Paulo: Mercuryo, 1992.

para a ancestralidade é a noção de que, no tempo e no espaço, a experiência do momento presente é marcada por um percurso que é articulado e, como afirma Oliveira: "tem no mito, no rito e no corpo seus componentes singulares".[2]

Podemos olhar para a ancestralidade por diversos óculos epistemológicos e matizes[3] teóricas, isso mesmo quando pensamos dentro do universo psicológico. Neste texto, procuro destacar o aspecto simbólico-afetivo do fenômeno, ou seja, procuro observar como estes elementos históricos do passado são representados pelos que estão presentes e como esta representação marca a maneira de sentirmos a realidade, a percepção que temos do mundo e de nós. Esse movimento Oliveira nos descreve como sendo o transbordamento do si-mesmo que leva ao encontro da alteridade[4].

Do mesmo jeito, a perda dessa referência ancestral pode desfigurar a pessoa a ponto de leva-la à morte, à morte física ou à morte de sua subjetividade em uma despersonalização, como nos mostra de forma magistral Ciampa[5] em seu clássico livro de nossa Psicologia Social brasileira ao contar a história de Severina fazendo uma bela analogia à estória de Severino do poema de João Cabral de Melo Neto.

Essas perspectivas nos leva à compreensão de que é no contato com essa ancestralidade que conseguimos vislumbrar a liberdade: "O conceito de liberdade como vem sendo definido na história do pensamento ocidental apresenta um eterno retorno da concepção de liberdade para si-mesmo, sem um transbordar-se para a alteridade."[6] Observem que na afirmação de Santos está embutido a ideia de liberdade como algo que não se restringe ao direito privado, mas se estende para a condição holística que nos forma; a liberdade não é a liberdade do indivíduo e sim a liberdade do espírito que nos une com o todo.

A ancestralidade se mostra como um fenômeno que coloca a existência em uma perspectiva de transcendência com relação ao tempo e ao espaço, uma existência que é compreendida na filosofia de Heidegger como o ser presentificado pelo ente,

[2] OLIVEIRA, Eduardo David de. Filosofia da ancestralidade como filosofia africana: educação e cultura afro-brasileira. Revista sul americana de filosofia e educação. nº 18, 2012. p. 30.

[3] Uma amiga que carrego dentro do peito, Lauren Manuela, utilizou esta expressão em uma atividade que fizemos, as epistemologias são matizes e não matrizes. E qual não foi minha surpresa ao perceber que havia utilizado a mesma metáfora que ela neste texto que ficou guardado por algum tempo como esboço.

[4] OLIVEIRA, Eduardo David de. Cosmovisão Africana no Brasil: elementos para uma filosofia afrodescendente. Curitiba: Editora Gráfica Popular, 2006.

[5] CIAMPA, Antonio da Costa. A estória do Severino e a História da Severina. São Paulo: Brasiliense, 1987.

[6] SANTOS, Luiz Carlos. Ancestralidade e liberdade: em torno de uma filosofia africana no Brasil. Revista sul americana de filosofia e educação. nº 18, 2012. p. 50.

o ser no tempo[7]. A presença dos ancestrais no mundo presente é a experiência de superação da morte, que tanto incomoda o ser humano, e essa experiência ganha forma e vida nos ritos, nos mitos e nos símbolos, que são os elementos mobilizadores das emoções, dos sentimentos e das percepções que construímos do mundo que habitamos.

Quando pensamos na ancestralidade a partir desse referencial, temos que necessariamente chegar a uma pergunta: como essa expressão fenomenológica vai contribuir na construção da subjetividade? Para poder responder a esta precisamos definir o que entendemos por subjetividade, este é nosso próximo desafio.

Compreendendo a subjetividade

A subjetividade enquanto conceito psicossocial aparece na modernidade com a afirmação do sujeito enquanto indivíduo singular, na psicologia, a psicanálise pode ser vista como um marco na consolidação do conceito de sujeito. Uma boa definição do conceito é dada por Mayos:

> Subjetividade é entendida como o espaço íntimo do *indivíduo*, ou seja, como ele "instala" a sua opinião ao que é dito (mundo interno) com o qual ele se relaciona com o mundo social (mundo externo), resultando tanto em marcas singulares na formação do indivíduo quanto na construção de crenças e valores compartilhados na dimensão cultural que vão constituir a experiência histórica e coletiva dos grupos e populações.[8]

Um novo termo que se conjuga ao conceito é intersubjetividade, que traz a visão de que essa percepção pessoal e íntima não se dá descolada de nossas experiências no mundo e, por isso, estão sempre em interação com nosso tempo, nossa cultura e nosso ambiente, somos seres de desejo, mas somos também seres abertos à relação, seres de falta e, por isso, seres que se descobrem no encontro com o outro. Essa falta, imperfeição ou abertura radical não é um limite, uma fraqueza, mas sim uma potencialidade.

É com essa compreensão que vamos, então, formando o conceito de sujeito humano em uma visão dinâmica e holística, na qual o interno e o externo se compõem como faces de um mesmo ser. Aita e Facci destacam uma afirmação de Saviani:

Saviani (2004, p. 46) destaca que os sujeitos se constituem por meio das relações que estabelecem entre si, ou seja, um indivíduo "só pode tornar-se

[7] HEIDEGGER, Martin. Ser e tempo. Petrópolis: Vozes, 2005.

[8] MAYOS, G. O ILUMINISMO FRENTE AO ROMANTISMO NO MARCO DA SUBJETIVIDADE MODERNA. Disponível em http://www.ub.edu/histofilosofia/gmayos_old/PDF/IluminismoFrenteRomantPort.pdf acessado em 05/02/2018.

homem se incorporar, em sua própria subjetividade, formas de comportamento e ideias criadas pelas gerações anteriores e retrabalhadas por ele e por aqueles que com ele convive".[9]

A noção de subjetividade, no entanto, trouxe também alguns problemas, o realce na perspectiva individual da realidade acabou por ameaçar noções universais, o que complica quando vamos pensar, por exemplo, a dimensão ética. Com o sujeito, inauguramos também a possibilidade do subjetivismo ou do relativismo, a ideia de que a opinião individual pode e deve ser assumida como medida da verdade. Quando essa perspectiva individualista se impõe, o ser humano acaba por atacar sua própria essência, criando, assim, um grande problema para si mesmo.

Essa condição, própria da modernidade, parece ganhar dimensões ainda maiores na contemporaneidade, produzindo o que Bauman definiu como liquidez[10]. Essa situação acaba por produzir uma ruptura histórica, dando à vida uma dimensão de imediatez existencial, que leva o sujeito a uma experiência de ruptura com suas tradições. Nesse cenário, a ancestralidade perde sua função e seu lugar.

É preciso resgatar essa ligação, pois não podemos nos encontrar no mundo e produzir um sentido verdadeiro para nossa existência se não cultivamos nossas raízes, afinal o que somos foi se construindo na trajetória de uma história que nos ultrapassa. Por isso, procuramos pensar essa relação entre os tempos que nos permite dizer de nossa pertença nesse mundo.

A íntima relação entre a pessoa e seus ancestrais

Freud nos deu algumas pistas ao apontar a influência dos pais na construção da personalidade dos filhos a partir da experiência edipiana, Jung avançou ao nos apresentar o inconsciente coletivo, a partir daí, a Psicologia se viu obrigada a investigar essa íntima relação entre as pessoas e seus ancestrais.

Os ancestrais, como espíritos do tempo, que nos apresentam nossa história, desvelando o caminho que estamos percorrendo na existência, são mais do que memórias de pessoas que viveram em outras épocas; eles representam, em sua significação simbólica e afetiva, nossas origens, ou seja, carregam a nossa essência, mostrando-se como uma manifestação fenomenológica da ontologia de nosso ser. Quando Hegel apresenta a possibilidade de uma fenomenologia do espírito, é

[9] AITA, Elis Bertozzi; FACCI, Marilda Gonçalves Dias. Subjetividade: uma análise pautada na Psicologia histórico-cultural. **Psicol. rev. (Belo Horizonte)**, Belo Horizonte , v. 17, n. 1, p. 32-47, abr. 2011. Disponível em <http://pepsic.bvsalud.org/scielo.php?script=sci_arttext&pid=S1677-11682011000100005&lng=pt&nrm=iso>. acessos em 09 mar. 2018.

[10] BAUMAN, Zygmunt. Modernidade Líquida. Rio de Janeiro: Zahar, 2001.

exatamente desse resgate ontológico que ele está falando, possível pela ampliação da consciência que atravessa o tempo[11]. Massimi e Mahfuld também nos mostram a importância dessa articulação entre sujeito e mundo possível pela consciência:

> O retorno à origem do mundo-da-vida significa voltar ao fator subjetivo por cuja ação intencional o mundo assumiu sua forma atual. Tratas-e portanto de uma volta à subjetividade, mas "no sentido mais radical do que a subjetividade da psicologia" (p. 44): a subjetividade transcendental. Por transcendental devese entender a volta às fontes últimas das formações cognitivas pelas quais o sujeito do conhecimento reflete acerca de si mesmo e da própria vida cognitiva.[12]

De formas diversas, o debate não deixa de prescindir dos nexos profundos entre a subjetividade com seus dinamismos característicos e o universo cultural. Para tanto, esse debate sempre solicita a dimensão do tempo. É dentro de nossa história que vamos buscando os elementos de sentido, que nos permite construir uma identidade, e é nesse processo que nossa identidade se organiza ou se desorganiza, quando as pessoas se perdem de si e não conseguem mais se localizar na existência.

Esse jogo dialético entre o interno e o externo, o passado e o presente, é um jogo dinâmico que não nos oferece garantias e, por isso, precisa ser vivido com cautela e perícia, e a Psicologia como profissão precisa contribuir para que essas condições existam, o mergulho na existência é uma atitude necessária, mas arriscada quando feita sem acompanhamento.

Para além dessa construção identitária e formação da personalidade, nossos antepassados deixam marcas comportamentais, de valores morais e de emoções. A presença deles em nós é muito mais forte do que podemos imaginar. Inclusive, o ser humano muito se engana ao se agarrar a falsa impressão de uma pretensa autonomia de seu ego. Não somos, enquanto indivíduos, serem originários, frutos de uma pureza existência única, mas sim o resultado de um processo contínuo que nos ultrapassa.

Possibilitar às pessoas a experiência de encontro com sua história, a partir do encontro com sua ancestralidade, é promover a ampliação da consciência necessária para que o sujeito se perceba em sua essência. Existem muitas maneiras de produzir essa experiência de encontro, desde técnicas projetivas a meditações,

[11] Para uma reflexão mais precisa sobre o conceito de tempo na fenomenologia do espírito veja: SILVA, Philipe Pimentel de Resende. O tempo na fenomenologia do espírito de Hegel. Florianópolis: UFSC/PPGFIL, 2016

[12] Mahfoud, M. & Massimi, M. A pessoa como sujeito da experiência: contribuições da fenomenologia. Memorandum: memória e história em psicologia, vol.14, p. 55, 2008. Retirado em 04 /09 /2021 , da World Wide Web http://www.fafich.ufmg.br/~memorandum/a14/mahfoudmassimi02.pdf

o mais importante é entendermos que esse caminho precisa estar fundamentado por uma intenção ética.

Sabemos que precisamos uns dos outros e precisamos de nossa história e nossas raízes, essa ética que nos conduz, portanto, é a ética da inclusão, do respeito pela diversidade, da garantia de direitos, são estes os princípios que devem fundamentar nossa prática e nossa reflexão.

Conclusão

Severino retirante,
deixe agora que lhe diga:
eu não sei bem a resposta
da pergunta que fazia,
se não vale mais saltar
fora da ponte e da vida;
nem conheço essa resposta,
se quer mesmo que lhe diga;
é difícil defender,
só com palavras, a vida,
ainda mais quando ela é
esta que vê, severina;
mas se responder não pude
à pergunta que fazia,
ela, a vida, a respondeu
com sua presença viva.
E não há melhor resposta
que o espetáculo da vida:
vê-la desfiar seu fio,
que também se chama vida,
ver a fábrica que ela mesma,
teimosamente, se fabrica,
vê-la brotar como há pouco
em nova vida explodida;
mesmo quando é assim pequena
a explosão, como a ocorrida;
mesmo quando é uma explosão
como a de há pouco, franzina;
mesmo quando é a explosão
de uma vida severina.

João Cabral de Melo Neto

Como afirmamos no final do último tópico, as formas de se produzir o encontro de sentido com nossa ancestralidade são variadas e é exatamente nessa variedade que enxergamos a aproximação da Psicologia com a religião, pois essas técnicas perpassam esses dois campos epistemológicos, algumas são da psicologia, outras da religião.

Essa proximidade é perigosa, porque pode produzir confusões sobre o lugar de cada pensamento – o religioso e o psicológico – e de como eles podem e devem se relacionar, é este um dos desafios do exercício ético que citamos anteriormente, sem essa reflexão rigorosa, acabamos fazendo mal uso de nossas potencialidades.

Miguel de Molinos, um místico medieval escreveu uma obra intitulada "O guia espiritual[13]", na qual alerta que para se adentrar na floresta é preciso um guia, esse encontro consigo mesmo que propomos por meio do encontro com nossos ancestrais precisa desse cuidado que Molinos busca ter. Assim como no viés religioso, no trabalho psicológico, também precisamos estar atentos em como conduzimos as pessoas em seus processos de busca; temos uma responsabilidade quando conduzimos o outro.

Essa ampliação da consciência, que nos permite encontrar nossas origens e, a partir daí, produzir sentido para nossa existência, é uma experiência fascinante, mas também assustadora. Otto define bem quando cunha o termo que explica a experiência com o Sagrado, o mysterium tremendum[14], um sentimento que ao mesmo tempo nos faz tremer e nos fascina diante de um totalmente outro, completamente misterioso. Por isso, nosso compromisso aumenta e o cuidado precisa ser redobrado, afinal o mesmo caminho que liberta pode também deixar a pessoa perdida.

Para que a busca de encontro não se torne uma jornada sem destino, precisamos entender que técnicas não são o principal e sim os propósitos, os referenciais éticos, pois são eles que nos servem de horizonte, apontando o rumo de nossa caminhada. Que possamos acompanhar as pessoas em suas jornadas com essa consciência ética.

O ser humano em sua jornada no mundo vem se complexificando, vai aumentando sua capacidade de interação, produzindo tecnologias que dão vida a um novo mundo, mas essas possibilidades inovadoras não eliminam a necessidade das raízes históricas, e é nossa obrigação trabalhar para que esses dois movimentos não tencionem a corda da existência a ponto de arrebentá-la.

Os ancestrais estão aí para nos garantir a eternidade e é com eles que devemos caminhar para o futuro, garantindo sempre a presença daqueles que nos permitiram estar aqui hoje.

[13] MOLINOS, M. O guia espiritual. Rio de Janeiro: Safira Estrela, 1998.

[14] OTTO, Rudolf. O Sagrado. Lisboa: Edições 70, 1992.

Referências

ELIADE, M. O mito do eterno retorno. São Paulo: Mercuryo, 1992.

OLIVEIRA, Eduardo David de. Filosofia da ancestralidade como filosofia africana: educação e cultura afro-brasileira. Revista sul americana de filosofia e educação. nº 18, 2012.

OLIVEIRA, Eduardo David de. Cosmovisão Africana no Brasil: elementos para uma filosofia afrodescendente. Curitiba: Editora Gráfica Popular, 2006.

CIAMPA, Antonio da Costa. A estória do Severino e a História da Severina. São Paulo: Brasiliense, 1987.

SANTOS, Luiz Carlos. Ancestralidade e liberdade: em torno de uma filosofia africana no Brasil. Revista sul americana de filosofia e educação. nº 18, 2012.

HEIDEGGER, Martin. Ser e tempo. Petrópolis: Vozes, 2005.

AITA, Elis Bertozzi; FACCI, Marilda Gonçalves Dias. Subjetividade: uma análise pautada na Psicologia histórico-cultural. **Psicol. rev. (Belo Horizonte)**, Belo Horizonte , v. 17, n. 1, p. 32-47, abr. 2011.

BAUMAN, Zygmunt. Modernidade Líquida. Rio de Janeiro: Zahar, 2001.

SILVA, Philipe Pimentel de Resende. O tempo na fenomenologia do espírito de Hegel. Florianópolis: UFSC/PPGFIL, 2016.

MAHFOUD, M. e MASSIMI, M. A pessoa como sujeito da experiência: contribuições da fenomenologia. Memorandum: memória e história em psicologia, vol.14, p. 55, 2008.

MOLINOS, M. O guia espiritual. Rio de Janeiro: Safira Estrela, 1998.

OTTO, Rudolf. O Sagrado. Lisboa: Edições 70, 1992.

CAPÍTULO 17

Reencontro com o sagrado interior: história, identidade e alma em uma experiência clínica

José Jorge de Morais Zacharias

"Concluímos igualmente que toda religião que se enraíza na história de um povo é uma manifestação de sua psicologia".

CARL JUNG (OC XI, § 137)

Quando um(a) cliente de psicoterapia ou análise apresenta vivência e importância da experiência religiosa em seu histórico de vida, estes fatos devem ser observados cuidadosamente. As vivências religiosas, quando as há, não devem ser negadas ou desconsideradas, uma vez que fazem parte da vida sociocultural e simbólica das pessoas em processo terapêutico.

Por um lado, alguns procedimentos psicoterápicos insistem em não ouvir ou acolher a vivência religiosa dos clientes e, por outro lado, há o caso em que a abordagem religiosa do(a) terapeuta seja supervalorizada, a ponto de o(a) profissional direcionar seus preconceitos dogmáticos à vivência do(a) cliente; ou mesmo tentar doutriná-lo(a) em sua perspectiva religiosa.

Em ambos os casos, a postura terapêutica está equivocada. Como foi dito a vivência religiosa do(a) cliente deve ser acolhida e elaborada juntamente com ele(ela) no decorrer da terapia, no entanto, o foco deve ser a perspectiva do(a) cliente e não a do(a) analista. As crenças, valores e experiências do(a) cliente serão importantes na medida em que se entrelaçam com sua vida simbólica e social, mantendo-se em mente que a vivência com o sagrado tem uma expressão social em grupos religiosos e interna na relação profunda com aspectos do *Self*.

Quando a narrativa religiosa se apresenta como história, sempre devemos observar qual o papel desse aspecto na vida pessoal do(a) cliente; o quanto que essas vivências têm de importância para sustentação emocional, psicológica e física dos indivíduos e, talvez, por essa disposição de olhar e de acolhimento das questões religiosas, ocasionalmente, chegam para psicoterapia pessoas com estas questões, sejam elas conscientes ou inconscientes disso. Vale lembrar que situações vividas externamente tem sempre uma relação de reciprocidade com os aspectos intrapsíquicos, símbolos culturais são expressão de elementos arquetípicos coletivos, o que aponta para um existir holístico em que não há separação entre dentro e fora, individual e coletivo, espiritual e material; todas estas aparentes oposições se encontram no campo fenomenológico do existir, também chamado de *Unus Mundus,* também compreendido como *Anima Mundi.*

Para ilustrar o que afirmamos até agora, vamos apresentar um caso clínico de uma cliente que chamaremos Vitória. Este breve atendimento exemplifica bem a questão da importância da religiosidade para o equilíbrio psíquico e a saúde mental e física.

Vitória, assim vamos denominar a cliente para não haver exposição, chegou na clínica escola de uma universidade para fazer aconselhamento psicológico no final de 2010 e continuou em psicoterapia em 2011. Em ambos, o processo foi conduzido pela estagiária de formação em psicologia sob nossa supervisão didática.

As características da cliente podem ser, assim, descritas: Vitória era uma senhora com mais de 70 anos de idade, que chegou, inicialmente, com queixas aparentemente pertinentes a sua faixa etária. Queixava-se de doença generalizada não específica, de abandono familiar, de mágoas, tristezas que foram se acumulando ao longo dos anos de sua vida. Percebeu-se, de início, que havia uma doença na alma, mais profunda que o estado físico e que, provavelmente, contribuíam para agravar processos somáticos. Vitória chegou à clínica-escola a partir do acompanhamento médico que a indicou para psicoterapia.

Sua história de vida foi, assim, narrada: mãe de seis filhos, sendo quatro mulheres e dois homens, avó de seis netos e bisavó. Morava na época do atendimento com sua filha mais velha e o genro. Vitória ficou órfã aos 12 anos, afirmando que "a mãe bebia muito" (sic), começou a trabalhar de faxineira em casa de família com nove anos pela situação precária em que vivia em São Paulo. Quando a mãe faleceu passou a morar com uma tia, que a maltratou psicologicamente e fisicamente. Conheceu seu falecido marido na adolescência e se casou, tiveram os filhos e ele morreu cedo, tendo que criar todos sozinha, e, por isso, acabou tomando a mesma atitude que sua mãe havia tomado quando Vitória era criança, deixou os filhos em casa de amigos para poder trabalhar.

Com o passar do tempo, recuperou sua família e todos voltaram a morar juntos. Hoje, um dos filhos é ex-morador de rua e deixou o uso de drogas, está refazendo a vida; o outro filho se casou e mora longe de todos, a filha do meio tem uma relação complicada com o marido, a filha com quem ela mora tem tendência a gastar mais do que possui, causando problemas financeiros dentro de casa. Outra de suas filhas se afastou de todos para criar seu filho único sozinha e tem uma doença grave, este filho é drogadicto, o que acarreta a necessidade de mudanças constantes da família.

Além desses problemas familiares, os quais acarretaram muitas perdas, aprimorou-se na atividade de cuidadora e trabalhou uma grande parte de sua vida como doméstica em casa de família. O primeiro período de atendimento, caracterizado por aconselhamento psicológico na abordagem humanista, foi o espaço para que Vitória pudesse descrever essas situações incômodas e lamentar-se por seu próprio existir, sem muita perspectiva de melhora em sua condição psicológica.

Porém, a partir do ano seguinte, quando se iniciou o processo de psicoterapia de base analítica junguiana, notamos que Vitória vinha para as sessões sempre com uma pasta vermelha repleta de exames clínicos e documentação médica de seu estado de saúde. Andava um tanto encurvada, com passos lentos e sem muito cuidado com a aparência pessoal. Ainda observamos que sempre trazia um colar de contas azuis escuras no pescoço, não era um adereço, mais parecia um amuleto.

Como todo terapeuta deve manter a percepção em detalhes do(a) cliente e mente aberta para conhecer, pelo menos um pouco, a diversidade cultural que nos cerca, esses aspectos foram notados. Sabíamos que ela estava usando um colar de religião de matriz africana, chamado de guia, este era de tonalidade azul escuro. Identificamos que Vitória estava usando uma guia do orixá Oxum, para os umbandistas, ou uma guia do orixá Ogum, para os candomblecistas. Oxum e Ogum são orixás ou divindades cultuadas nessas religiões, que apresentam mitologia própria e determinam características de personalidade a seus filhos, além de regerem a vida destes lhes dando qualidades físicas e psicológicas, tanto quanto suas fraquezas (Zacharias, 1998 e Prandi, 1991).

Em princípio, Vitória iniciou o atendimento terapêutico falando de suas possíveis doenças, do cansaço emocional que sente por causa das pessoas de sua família, e o quanto gostaria de ser amada, e, assim, seguiu falando de sua tristeza, com toques de depressão; a questão que se colocava para nós era: onde estava a energia psíquica de Vitória?

Passados dois atendimentos, a cliente foi questionada quanto a ter ou não uma identificação religiosa, Vitória confirmou nossa hipótese dizendo seguir o candomblé. Nesse instante, seus olhos brilharam como em nenhuma sessão haviam brilhado e começou a contar tudo sobre o que fazia, como eram os rituais que praticava e tudo o mais. Nesse momento, percebemos que conseguimos entrar em contato com sua alma, pode-se dizer que ela saltou aos olhos, neste ponto, deu-se o início da psicoterapia (Jung, 2000).

A história de sua vida, então, começou a ganhar outro significado e o foco em suas queixas iniciais começou a perder energia. As sessões seguintes foram dedicadas à narrativa de Vitória enquanto cultuava a religião e era impregnada de alegria e vitalidade. Ela realizava seus trabalhos espirituais em sua antiga casa, onde residia sozinha. Por causa de dificuldades econômica, teve que ir morar com a filha casada e teve que se desfazer de seus objetos sagrados, pois a filha e o genro não queriam qualquer referência da religião de matriz africana em sua casa. Com muita tristeza, Vitória se desfez dos objetos religiosos lançando-os ao mar, como dita a tradição religiosa.

Analisando simbolicamente esse ato, o mar leva, mas também traz de volta tudo que se foi, assim como o inconsciente. Na verdade, parece que foi e retornou na forma de sintomas, pois sua narrativa apontava para o processo de se desfazer dos objetos sagrados e do abandono da religião, porém, em sua alma, esses símbolos estavam mais vivos e presentes que nunca, tristemente recalcados em função da adaptação às exigências da filha e do genro.

Podemos perceber a dinâmica opressora dos aspectos mais sombrios da cultura patriarcal ocidentalizada, na medida em que não há respeito pela diversidade, pelo diferente, pelas religiões de expressão politeístas originais e ao materno, evidenciando no microcosmo o processo colonizador ocorrido no macrocosmo da história brasileira.

Contou também que antes da mudança de casa, fazia benzimento ajudando as pessoas; era a *Ekedi* que, na hierarquia do candomblé, de modo geral, tem a função zeladora ou auxiliar cuidadora do orixá. Era dela a função de zelar, acompanhar, dançar, cuidar das roupas e apetrechos do orixá da casa de santo chamada *Ilê*, além de cuidar dos demais orixás, dos filhos e, até mesmo, dos visitantes. O cargo de *Ekedi* é muito importante, pois será ela a condutora dos orixás incorporados no *Egbê* (barracão ou sala de festividades) e dela é a responsabilidade de recolhê-los e conduzir a desincorporação (ou o retorno do fiel ao estado de consciência desperta), observando as condições físicas daqueles que saíram do transe (Prandi, 2001).

O procedimento para se tornar *Ekedi*, um cargo exclusivamente feminino nas casas de candomblé, é complexo: primeiramente a escolhida pelo orixá é apresentada a todos publicamente e, logo depois, será confirmada, submetendo-se as obrigações de iniciação no *Roncó* (quarto sagrado para iniciações). Vitória explicou que já havia nascido raspada por ser filha de pai e mãe de santo e que viveu em função desse culto religioso desde sua infância. Segundo a tradição quando uma mulher está grávida e faz a iniciação no candomblé, a criança em seu ventre automaticamente é considerada iniciada também (Zacharias, 1998).

Seguiu nesse diálogo dizendo ser filha de Ogum, orixá guerreiro e lutador, assim como sentia ser sua personalidade, justificando esse arquétipo, diz-se que Ogum é tão guerreiro que "tendo água em casa lava-se com sangue" (Verger *apud* Zacharias, 1998, p. 148). Ogum tem proximidade mítica com Ares ou Marte do panteão greco-romano e no sincretismo cristão reporta-se a São Jorge no sul e sudeste e a Santo Antônio na Bahia (Zacharias, 1998).

Curiosamente, apesar de se identificar com Ogum, o guerreiro, apresentava-se deprimida, com postura encurvada, submissa e triste, características completamente diferentes de um guerreiro mítico. Se sua Alma comunga com essa figura simbólica, onde estará? Por analogia, podemos parear esse aspecto com elementos do complexo cultural brasileiro que, ancorado na história de nossa formação, nos diz que muitos homens guerreiros e mulheres corajosas foram conduzidos à subserviência da escravidão no período de 400 anos no Brasil desde a colônia até o segundo império (Bueno, 2012).

Após essa sessão, percebemos o pedido de sua alma, a necessidade de promover na terapia a possibilidade do *religare*, facilitando o resgate do sagrado na expressão de sua religiosidade, e integrar o elemento reprimido de sua experiência religiosa, em termos mais profundos, libertar sua Alma.

Analisando o caso de Vitória, notamos que existia uma problemática da religião e tradições espirituais, tanto do Ocidente quanto do Oriente, e que esse aspecto desempenhou um papel fundamental para o pensamento de C.G. Jung, exposto na obra *Psicologia e religião ocidental e oriental* (volume XI das Obras Completas). Foi justamente na abordagem analítica que embasamos e realizamos o trabalho terapêutico com essa senhora, pois a abordagem proposta por Jung nos permitiu olhar a questão da religiosidade com profundidade.

Voltando a Jung, vários de seus escritos, principalmente os últimos, tratam dessa questão. A análise de assuntos religiosos acabou influenciando o seu pensamento como um todo, exercendo, por vezes, um papel determinante na formulação dos conceitos de sua teoria. Justifica o fato o autor ter uma formação bastante ampla. Durante o seu percurso acadêmico, Jung não se dedicou somente à medicina, mas também ao estudo de diferentes sistemas filosóficos, às religiões, à literatura e à arte. No que tange ao seu interesse pela religião, não podemos ignorar que Jung procede de uma família de origem protestante, sendo seu pai e avô pastores. A confissão religiosa e as ideias que estes religiosos defendem, principalmente seu pai, instigaram-no desde cedo, acarretando por vezes intensos conflitos (Jung, 2016).

Jung sempre se preocupou com o crescente afastamento da humanidade do universo simbólico-religioso e mitológico em seu tempo. Esses símbolos, plenos de paradoxos e contradições, dariam forma ao sofrimento humano, canalizariam a energia psíquica em um nível individual e coletivo, viabilizariam o contato com a realidade psíquica, conferindo mais sentido à existência. Jung valoriza o universo religioso e mítico não no sentido de restaurar o mito arcaico ou de se filiar a um determinado credo religioso, a sua preocupação seria recuperar a dimensão mito–poética desse reservatório repleto de símbolos e alegorias que é o inconsciente.

Segundo Jung, a antropologia descreve uma condição que denomina de perda da alma. Trata-se de um fenômeno presente nas civilizações antigas: um estado estranho, que as culturas tradicionais descrevem como o desaparecimento de sua alma. Seria tarefa do curador ou xamã recuperar a alma fugidia. Sem a alma perde-se o acesso tanto ao mundo interior quanto à sociedade na qual se está inserido, à tradição e aos seus rituais. Desaparecem as vinculações com a família, com os símbolos sagrados e a natureza (Jung, 2016). Podemos transpor tal vivência para a atualidade. A perda da alma significa uma ausência da possibilidade imaginativa, perda da capacidade de conferir um sentido mais profundo e menos literal aos eventos cotidianos ou, segundo Hillman, "Viver psicologicamente significa imaginar coisas... estar na alma é experimentar a fantasia em todas as realidades" (Hillman *apud* Avéns 1993, p. 46). Na ausência de tal possibilidade, o mundo se torna inanimado, morto, a vida terrivelmente sem sentido e banal, isto é, perde-se o que Jung denomina de atitude religiosa.

No caso discutido, nota-se que Vitória estava passando por esse processo, o de perda da alma ou de recalque de seu aspecto religioso, tendo em vista, que sempre fez parte de uma cultura religiosa e ao ter que se desvencilhar de sua essência sentiu-se como se estivesse perdendo sua identidade, o que de fato é real se pensarmos no complexo ser humano, sendo um ser de múltiplas relações com os conteúdos conscientes e inconscientes, relações com o mundo interno bem como com o mundo externo. Aquele ser que não é composto por partes apenas, mas sim pela inter-relação real de todos seus corpos: físico, psíquico, social e espiritual, em que se produzem os sonhos e fantasias necessários para sustentação humana.

Na sessão seguinte, que ocorreu após as sessões desse levantamento das vivências anteriores, retornou-se ao assunto da religião perguntando a Vitória o que ela tem feito para recuperar o aspecto religioso, a resposta foi que não fazia nada para tal e se justificou dizendo que "hoje ninguém mais presta em relação ao candomblé, as pessoas que vibram nele só pensam em dinheiro e não em ajudar aos outros" (sic). Nessa justificativa, nota-se uma racionalização do que sente, buscando uma justificativa aceitável para a atitude de se desfazer dos elementos sagrados e da religião como um todo. Percebemos que seria difícil para ela, reconectar com seu orixá Ogum e lutar por aquilo que lhe faltava, sua identidade e liberdade; até porque ela nem percebia conscientemente o que estava errado realmente, racionalizando o distanciamento religioso e colocando uma possível culpa pelo fato de não ser feliz ao seu estado de saúde física vigente.

Sua linhagem foi seguida pela família, pois disse também que sua filha e seus netos "fizeram a cabeça pro santo" (foram iniciados na religião) com uma *Iyalorixá* conhecida dela, mas que não estava preparada para começar de novo e que talvez procurasse outra religião; talvez sessões espíritas kardecistas ou de cura, para não se distanciar da devoção religiosa. Nesse momento, ela voltou a se lamentar das doenças, das dores e da família que não a trata como deveria e sua conversa voltou a ser apenas de lamentações.

Percebemos como a falta do sagrado em sua vida estava destruindo sua autoimagem e autoestima, conduzindo o caso para uma possível depressão séria. As intervenções, a partir desse dia, começaram ser mais leves e com um toque de comédia com os problemas que ela estava expondo, de maneira educada e não pejorativa, e isto a fazia rir bastante. Eram nessas horas que a atenção dela era chamada para a reação que estava tendo diante de si e o poder de se manter de pé era apenas dela, além de ser mostrada a importância dela se sentir útil com aquilo que ela melhor sabe fazer, a religião.

Para Jung, a religião tem uma função natural inerente à psique, refere-se a uma psique *naturaliter* religiosa e a um *homo religiosus*, ou seja, um ser humano que assume uma atitude específica diante de seu inconsciente e o transcendente, que pode ser definida de acordo com o uso originário da palavra *religio,* uma observação e consideração cuidadosa de certos fatores dinâmicos, percebidos como potências, que incluem espíritos, demônios, deuses, leis, ideias e ideais, dentre outras coisas. Trata-se de fatores que o ser humano vivencia como suficientemente poderosos e portadores de sentido para considerá-los e que agem sobre ele e seu estado geral. Trata-se de entrega ou submissão em relação a um fator superior, um princípio convincente (Jung, 2011).

Jung faz uma análise comparativa entre as explicações clássica e judaico-cristã da etimologia de *religio.* Enquanto os antigos, entre eles Cícero, derivam *religio* de *religere* – que significa considerar cuidadosamente, examinar de novo e refletir bem. Outra possibilidade seria a etimologia *relegere*, também de origem clássica, que sugere a ideia de reler, reinterpretar. A tradição judaico-cristã passa a derivar *religio* de *religare* – que pode ser traduzido por amarrar, unir de novo ou religar. O autor se identifica com a concepção clássica, pois na antiguidade pagã os deuses são múltiplos, seres mais elevados, encarnando poderes sempre presentes. As suas vontades, os seus caprichos precisam ser considerados.

Analisando psicologicamente, a ideia de *religere* visa a uma postura sempre atenta, cuidadosa, precavida diante das imagens e vozes que provêm do inconsciente, que se apresentam nas roupagens mais diversas, escapam do domínio da consciência e se revelam como o totalmente outro (Jung, 2011).

Nesse aspecto, há preocupação de se unir a um princípio único, isto é, uma visão monoteísta, em outras palavras, da busca de um significado único. A concepção de religião no sentido de *religere*, por sua vez, transmite-nos mais a ideia de uma releitura. Ou seja, consideramos a experiência individual, que jamais estagna e nos fornece sempre novos aspectos. O rito, o mito ou o dogma religioso permanecem os mesmos em termos de estrutura, em função de sua base arquetípica; recebem, no entanto, uma interpretação nova e mais adequada visando à cultura social de cada um.

Outro papel importante da religião defendido por Jung é em relação ao funcionamento psíquico de seus pacientes. Por exemplo, a neurose seria, desse modo, a expressão de um distúrbio da função religiosa. Ele afirma que grande parte de seus clientes estava doente por ter perdido aquilo que uma religião viva sempre deu aos seus adeptos, sentido e significado. Recobrar a atitude religiosa tornaria isso imprescindível e não dependeria, no entanto, da adesão a um credo particular, mas viabilizaria uma relação mais criativa e produtiva com o inconsciente e naturalmente mais saudável (Jung, 2011).

Por isto que o caso Vitória nos mostra uma releitura de si mesma, pela visão que tem de suas divindades, uma imagem de respeito que ultrapassa sua consciência e se instala em seu corpo; ou seja, ela sempre viveu essa realidade diversa e a sente vibrar além de sua psique consciente, uma vez que o candomblé é uma religião de transe. A perda desses sentidos traz o não equilíbrio emocional e psicossomático (e que podem chegar até a falência, caso essa questão psicológica não seja resolvida) como as articulações que doem não a deixando caminhar e muito menos dançar, e nem estender os braços até onde não se alcança (percebe-se, nesse caso, a ocorrência de uma somatização das dores da alma para seu corpo físico).

Os pulmões que não estão aguentando essa falta de ar fresco de não poder voltar a sua vida religiosa; e seu coração, que está repleto de mágoas e não abriga mais um guerreiro. Esses desajustes corpóreos justificam a perda do sagrado que ocorreu ao longo destes anos, além de haver grande dificuldade em se resgatar a identidade perdida. Até três meses de sessões de terapia semanal, Vitória permaneceu a se lamentar de sua vida, porém a consciência começou a tomar conta de si e já sentia vontade de buscar o que havia perdido por tanto tempo.

Na primeira sessão do quarto mês de atendimento e após o período de férias da universidade, chegou nossa cliente com aspecto cansado, roupas mais escuras e fechadas até o pescoço. Também demonstrou dificuldades no andar, dizendo estar com fortes dores nas pernas. Começamos a sessão com ela falando de suas dores, dos médicos que frequentou durante o mês anterior em que não teve as sessões de terapia regulares por causa do período de férias, e disse que, durante esse mês, as dores pioraram. Perguntou-se a ela o que achava, porque isto teria acontecido e ela respondeu com outra pergunta: "por que eu não esvaziei minha cabeça aqui?" (sic); comentamos que se era isso que ela achava, já estava um passo além de quando a psicoterapia começou, ela, então, olhou pensativa para o alto e respondeu que sim com a cabeça.

Logo mudou de assunto e resolveu falar da família, queixando-se que ninguém mudava. Comentamos que não poderíamos querer que as pessoas mudassem e sim teríamos que nos responsabilizar por nossas próprias mudanças para que o mundo ao nosso redor pudesse se espelhar em nossas ações. Novamente, olhou para o alto e afirmou com a cabeça, dando um enorme sorriso. Nesse momento, ela começou a falar que não sabia o porquê estava com aquela roupa; conversamos sobre isto, e ela disse que ela não costumava se vestir assim, com cor tão escura e tão fechada. Disse que estava começando a entrar em depressão, que o geriatra falou para se cuidar. Foi aí que novamente se entrou no assunto da religião na tentativa de resgatar o sagrado dentro dela para que ela pudesse novamente se reconectar com sua alma, já que no caso dela isso é tão importante.

Ela disse que foi procurar várias vezes uma pessoa que pudesse indicar alguém que tenha um terreiro para frequentar e poder ajudá-la, mas que nunca dava certo. Um questionamento chave para tudo que ocorreu desta sessão em frente foi o dela perceber sua percepção de – não dar certo – era algo espiritual ou insegurança de buscar novamente aquela prática que a fazia responsável por si e, assim, sair do papel vitimizador em que se colocou. A resposta foi clara, sorrindo afirmou ser as duas hipóteses.

Foi, então, que a catarse aconteceu; foi proposto um exercício no qual foi oferecida a ela uma folha impressa com várias qualidades do orixá Ogum que, segundo Vitória, é seu pai de cabeça, mas somente estavam escritas as qualidades, sem referência ao orixá; e foi pedido para que dissesse se ela se identificava com aquelas qualidades. Logo que as leu disse que parecia muito com ela mesma, justificando que tanto as qualidades escritas (força, coragem, confiança, guerreiro, lutador), como os possíveis defeitos (teimosia, intolerância, força bruta, desconfiança) faziam parte de sua personalidade. Então, apresentamos outra folha com uma imagem impressa do orixá Ogum dizendo a ela que aquelas palavras pertenciam a ele e como ela mesma disse, qualidades que a descrevem. Nessa hora, seu sorriso foi enorme e a emoção a tomou deixando as lágrimas caírem. Ajoelhou-se frente à imagem impressa a saudou em *yorubá* (linguagem africana) a divindade. Disse que nós não imaginávamos a alegria que lhe havíamos dado naquele dia.

Começou, então, em meio às lágrimas e as risadas, a falar de seu Orixá e conversou sobre as características dos filhos dele e de como se encaixavam em sua personalidade. Conseguiu verbalizar a tristeza que teve em despachar no mar seus objetos ritualísticos e de como a falta dessa identidade vem trazendo a ela sofrimento ao longo dos anos. Vitória disse que tomaria a decisão de retomar sua religião.

Com base na catarse que aconteceu, transcrevemos uma passagem interessante de Jung (2011). Em 1939, ele escreve um pequeno ensaio sobre os exercícios espirituais de Santo Ignácio de Loyola. O texto diz que, no período que antecede a fundação da ordem dos Jesuítas em 1540, Ignácio se depara com as mais diversas visões durante as suas atividades religiosas. Estas certamente possuem, na maior parte das vezes, um caráter um tanto antidogmático, o que, aliás, seria a marca de uma visão autêntica. Visões são fenômenos espontâneos, que emergem do inconsciente, e, em função do caráter amoral deste, não podem ser classificadas como boas ou ruins. O ponto de vista moral é sempre introduzido pela consciência, uma consciência que precisa atribuir sentido, interpretar, pois deseja tornar a experiência suportável. Visões não são privilégios de pessoas declaradas santas. Neuróticos, também, deparam-se com tais vivências. Muitas vezes, as visões possuem um caráter redentor, como se estivessem sido enviadas por Deus, isto é, alguns momentos típicos da vida provocam e requerem tais manifestações espontâneas do inconsciente, a interpretação dada a esses fenômenos, no entanto, dependerá da visão de mundo com a qual nos encontramos vinculados, nossos filtros culturais e condições psicossociais.

Um dia durante a celebração da missa sagrada, Santo Ignácio visualiza, ao ser elevada a hóstia, uma forte luz branca que vem de cima. A visão tem tamanha intensidade que ele não se sente capaz de transpô-la para palavras e simplesmente a interpreta como a presença do Senhor Jesus, isto é, remodela uma visão em princípio espontânea para que se encaixe no dogma. Trata-se aqui de uma verdadeira experiência imediata, que, em função de uma elaboração dogmática, perde o seu caráter genuíno. O seu aspecto impressionante, carregado de afeto é eliminado. Santo Ignácio considerava que sua fé se tornara mais forte por meio das visões. Jung, todavia, ressalta que são as visões, o seu caráter forte e impressionante, que fortalecem a fé e não a interpretação dogmática dada a elas (Jung, 2011).

Por vezes, manipulamos as nossas experiências inconscientes, pois desejamos que esteja a serviço do eu, da consciência. Nesse sentido, Jung alega que Santo Ignácio inaugurou um estilo de meditação que rompe com a forma de meditar mais antiga dos devotos. O objetivo dos devotos era mergulhar em Deus, abandonar a ênfase no eu, o desenlace da vontade consciente. Santo Ignácio, o general dos Jesuítas, militarizou a meditação. Esta se tornou um exercício a ser realizado durante um tempo prescrito. Apenas aquele que medita fala, o discurso que parte de dentro é ignorado, principalmente por ser considerado de origem puramente humana e, nesse sentido, digno de desprezo

Em sua obra *Os arquétipos e o inconsciente coletivo* (Obras Completas, volume IX), Jung fala do outro dentro de nós, o amigo ou inimigo da Alma com o qual nos defrontamos, o outro diante da consciência. Em princípio, resistimos perante a sua presença, pois nos parece estranho, suspeito, a consciência não se acostuma com a ideia de não ser senhor em sua própria casa. Preferimos ser apenas eu e nada mais. O outro dentro de nós, porém, confronta-nos e dependerá de nós se sua condição será de amigo ou inimigo.

Jung se identifica com uma postura que encontramos mais no oriente – A ação da não ação – estar atento, mas não interferir no processo. Trata-se da arte de deixar as coisas acontecerem, não permitir que a consciência interfira com tamanha determinação corrigindo, negando e não permitindo que os processos psíquicos se desenvolvam de modo mais espontâneo. Em sua autobiografia, Jung formula essa atitude como um sim incondicional àquilo que é "sem protestos subjetivos– aceitação das condições da existência como as vemos e as entendemos, aceitação da minha própria natureza, tal qual eu sou." (Jung *apud* Avens 1993, p. 53). Por causa dessa explanação e pelo fato que se passou, podemos afirmar que nossa cliente iniciou seu processo da autoaceitação e está pronta para resgatar seu aspecto sagrado diante de si e da sociedade mais próxima e desta como um todo.

Jung ainda afirma, estar convencido da importância do dogma e do ritual pelo menos como métodos de higiene espiritual. Quando um paciente pertence a uma religião, seita ou exercício espiritual específico, que confere sentido a sua vida, Jung considera imprescindível apoiar tal decisão. Como terapeuta, não se pretende impor o próprio ponto de vista, nem julgar se uma forma de defesa constitui ou não uma verdade última e considera os símbolos específicos do processo do indivíduo em questão. Dessa forma, propõe-se a investigar cuidadosamente qual sistema confere o sentimento de vivacidade e totalidade ao paciente. Caso contrário, o terapeuta focará apenas aquilo que acredita ser real e excluirá a plenitude da vida, aquilo que o paciente sente como real, ou seja, real é aquilo que produz efeito, sendo que existe uma viva relação entre dogma e psique e isto é o que interessa de fato. (Jung, 2016).

Assim, a partir daquela sessão, a Alma de Vitória aflorou, possibilitando a transformação da consciência. Na sessão seguinte a catarse, ela não compareceu, o que causou certa preocupação na estagiária. Na supervisão, nós conversamos sobre essa preocupação e decidimos confiar nos caminhos do *Self* e aguardamos a sessão seguinte. Ao retornar, na sessão posterior, pediu desculpas pela falta e explicou que na noite anterior foi à Escola de Samba com umas amigas que reencontrou e perdeu a hora da sessão na manhã seguinte. Isto foi uma agradável surpresa para nós tamanho movimento da psique após a catarse.

Vitória deixou de se queixar de dores e da família, voltou a procurar amigos antigos que não via há anos e foi em busca de seu resgate principal. Encontrou uma roça de candomblé (*Ilé Asé* nomes dados ao templo de candomblé) que estava voltando a frequentar. Enfrentou a opressão da filha e do genro e afirmou a eles seu direito de ter, em seu quarto, os objetos sagrados de sua crença religiosa. Foi firme e decidida e eles cederam possibilitando que Vitória retomasse sua devoção junto aos objetos de culto arrumados em seu quarto. Vale notar que, nessa sessão, após a falta por causa da ida à Escola de Samba, chegou trajando roupas coloridas, com os cabelos trançados, sem a pasta de exames médicos e com o peito pra frente, ereta e muito sorridente. A Alma de Vitória havia retornado, ela estava viva!

Seguindo o conceito de *Self*, formulado por Jung, que é o centro de toda a personalidade, a qual emana todo o potencial energético de que a psique dispõe; sendo ele o ordenador dos processos psíquicos, tendo função de integração e equilíbrio de todos os aspectos do inconsciente, pode-se confirmar que nossa paciente não é mais passiva e sim ativa ao longo dos seus mais de 70 anos, onde mora a graça de todo esse processo, pois mostra que a autodescoberta independe da idade e depende sim da vontade de viver, e, isto, Vitória mostrou que tem de sobra.

Para melhor entender sobre o arquétipo em questão, vejamos como Jung o conceituou:

> O Si mesmo representa o objetivo do homem inteiro, a saber, a realização de sua totalidade e de sua individualidade, com ou contra sua vontade. A dinâmica desse processo é o instinto, que vigia para que tudo o que pertence a uma vida individual figure ali, exatamente, com ou sem a

> concordância do sujeito, quer tenha consciência do que acontece, quer não. (Jung, 2016, p. 142).

O arquétipo do *Self* ou *Imago Dei*, portanto, manifesta-se no ser humano principalmente pela via dos instintos. No entanto, certos eventos aparentemente não instintivos e externos ao ser, como alguns tipos de fenômenos psicocinéticos que foram registrados por Carl Jung, assim como as sincronicidades, são também associados à quantidade energética do arquétipo envolvido, que invariavelmente deriva de uma ou outra forma do arquétipo central. (Rocha Filho, 2007).

Os símbolos do *Self* geralmente se manifestam quando de alguma crise de vida, de um obstáculo com o qual o indivíduo não sabe lidar. Então, ele pode ocorrer nos sonhos ou em outros eventos simbólicos na forma de figuras transcendentais, ilustres personalidades, a voz de Deus, ou figuras geométricas, normalmente na forma de mandalas (Jung, 2016). No caso de Vitória, o *Self* se apresenta no contato com o sagrado de matriz africana, no caso, especificamente no reencontro com seu orixá pessoal, Ogum. Nesse aspecto, ela demonstrou que a estrutura de espaço e tempo, que a cercam, está voltando a se movimentar e preencher de energia psíquica, sua imagem real.

Outro conceito importante fundamentado por Jung e que cabe perfeitamente no caso discutido é o de todo indivíduo possuir uma tendência para a individuação ou autodesenvolvimento. Individuação significa tornar-se um ser único, homogêneo, na medida em que, por individualidade, entendemos nossa singularidade mais íntima, última e incomparável, significando também que nos tornamos o nosso próprio si mesmo.

Pode-se traduzir Individuação como tornar-se si mesmo, ou realização do si mesmo. Individuação é um processo de desenvolvimento da totalidade e, portanto, de movimento em direção a uma maior liberdade. Isto inclui o desenvolvimento do eixo Ego-*Self*, além da integração de várias partes da psique: Ego, Persona, Sombra, *Anima* ou *Animus* e outros Arquétipos inconsciente e vigentes no ser humano. Quanto mais conscientes nos tornamos de nós mesmos por meio do autoconhecimento, tanto mais se reduzirá a camada do inconsciente pessoal que recobre o inconsciente coletivo.

Dessa forma, emerge uma consciência livre do mundo e única do Eu, aberta para a livre participação de um mundo mais amplo de interesses objetivos. Essa consciência ampliada não é mais aquele novelo egoísta de desejos, temores, esperanças e ambições de caráter pessoal, que sempre deve ser compensado ou corrigido por contra tendências inconscientes; torna-se uma função de relação com o mundo de objetos, colocando o indivíduo em uma comunhão incondicional, obrigatória e indissolúvel com o mundo, deixando seu lado subjetivo se tornar objetivo diante seus desejos, sem medo de realizar e de expô-los a sociedade (Jung, 2016).

Já do ponto de vista do ego, crescimento e desenvolvimento consistem na integração de material novo na consciência, o que inclui a aquisição de conhecimento a respeito do mundo e da própria pessoa. Assim está acontecendo a cada dia com Vitória, o autoconhecimento real de si está proporcionando com que ela se torne consciente de sua persona.

Jung aponta que devemos ser aquilo que somos, e precisamos descobrir nossa própria individualidade, aquele centro da personalidade que é equidistante do consciente e do inconsciente. Dizia que precisamos visar esse ponto ideal em direção ao qual a natureza parece estar nos dirigindo. Só a partir desse ponto podemos satisfazer nossas necessidades. E esse seguimento está vindo de encontro com Vitória, que agora está mais viva do que, talvez, em sua primeira infância.

Finalizando, esse processo nos fez acreditar cada vez mais na importância do acolhimento total do(a) cliente no trabalho terapêutico, em busca de sentido e significado para a alma pessoal. A vivacidade de Vitória, sua tenacidade, seu desabrochar, seu renascimento real, a força que redescobriu em si mesma e que há muito vinha praticando inconscientemente, tudo isto nos fez perceber o quanto a Alma é capaz e como é importante acreditar nessa humanidade que já anseia uma idade madura a fim de demonstrar seus exemplos vívidos aos que agora chegam, a esta juventude que está vindo com outro aspecto de força.

Vitória é um exemplo de determinação e coragem e se resgata a cada dia, pois o processo é contínuo, não acabou e nem acabará, e isto ela já sabe. O processo só para quando morremos ou desistimos de nós mesmos. Fica também a importância de aceitarmos a diversidade com a mente aberta e saber que ela virá carregada de ensinamento para nós, que muito temos a aprender com cada caso que nos chega.

A ampliação do olhar, o acolhimento e o empenho em ouvir a alma em suas dimensões sagradas, posto que é a vida psíquica mais profunda em todos nós, demonstra-se e se reafirma, nesse caso estudado, como fundamental para a prática da psicoterapia; prática esta que é constante aprendizado e maravilhamento diante da grandiosidade do Ser.

Referências

AVÉNS, R. *imaginação é realidade.* Petrópolis: Vozes, 1993.

BASTIDE, R. *As religiões africanas no Brasil.* São Paulo: Pioneira, 1985.

CACCIATORE, O. G. *Dicionário de cultos afro-brasileiros.* Rio de Janeiro: Forense, 1977.

BUENO, E. *Brasil, uma história.* São Paulo: Leya, 2012.

ELIADE, M. *imagens e símbolos:* ensaio sobre o simbolismo mágico-religioso. São Paulo: Martins Fontes, 1996.

HUMERT, E. G. *Jung.* São Paulo: Summus, 1985.

HUMERT, E. G. *O sagrado e o profano:* a essência das religiões. São Paulo: Martins Fontes, 1996.

JUNG, C. G. *Os arquétipos e o inconsciente coletivo.* OC v. VII, Petrópolis: Vozes, 2000.

JUNG, C. G. *Psicologia e religião oriental e ocidental.* OC v. XI, Petrópolis: Vozes, 2011.

JUNG, C. G. *O desenvolvimento da personalidade.* OC v. XVII, Petrópolis: Vozes, 1994.

JUNG, C. G. *O homem e seus símbolos.* Rio de Janeiro: Nova Fronteira, 2016.

JUNG, C. G. *Memórias, sonhos, reflexões.* Rio de Janeiro: Nova Fronteira, 2021.

PIERI, P. F. *Dicionário junguiano.* São Paulo: Paulus e Vozes, 2002.

PRANDI, R. *Os candomblés de São Paulo.* São Paulo: Edusp, 1991.

ROCHA FILHO, J. B. *Física e psicologia.* São Paulo: Edipucs, 2007.

VERGER, P. e BASTIDE, R. *Dimensões de uma amizade.* São Paulo: Bertrand Brasil, 2002.

ZACHARIAS, J. J. M. *Ori axé:* a dimensão arquetípica dos Orixás. São Paulo: Vetor, 1998.

ZACHARIAS, J. J. M. *Exu, meu compadre,* São Paulo: Sattva, 2019.

ZACHARIAS, J. J. M. *Monoteísmo e politeísmo, um ensaio em psicologia analítica,* São Paulo: Sattva, 2021.

CAPÍTULO 18

Psicopatologia e religiosidade: considerações superficiais

Ênio Brito Pinto

No amplo e complexo campo da psicologia, há duas áreas cuja intersecção e cuja interação precisam ser mais discutidas, tal sua importância. Levando em consideração que há inúmeros trabalhos que focam esta inesgotável intersecção, neste texto pretendo contribuir, mirando aspectos pouco abordados nos encontros e desencontros entre a psicopatologia e a religião, estas compreendidas pelo prisma da Psicologia da Religião. Meu interesse principal, neste artigo, é ampliar a possibilidade de que troquemos o *ou-ou* por *e*, ou seja, em vez de compreendermos os sofrimentos e os sofrimentos agravados *ou* pela ciência (a psicopatologia) *ou* pela religião, que possamos promover frutíferos diálogos entre a ciência *e* a religião em prol de uma melhor qualidade de vida para as pessoas.

Inicio lembrando que é melhor que miremos as interrelações entre a psicopatologia e a religiosidade, dado que o interesse da psicologia centra-se muito mais na religiosidade que na religião, ainda que esta precise ser considerada, na medida em que é o principal componente do fundo do qual se destaca a figura da religiosidade. Vou aqui delimitar a psicopatologia enquanto ferramenta do psicoterapeuta e do psiquiatra, para depois abarcar algumas questões centrais sobre a religião, para, então, chegar à religiosidade e alguns aspectos sutis de seu encontro com a psicopatologia e a psicoterapia. Parte das considerações sobre a psicopatologia que seguem foi apresentada no Primeiro Simpósio Nacional de Psicopatologia na Abordagem Gestáltica, em dezembro de 2021. Na base da configuração deste texto, está a abordagem gestáltica, meu principal caminho profissional.

A psicopatologia

Quando falamos em psicopatologia, não podemos perder de vista que ela se baseia em uma compreensão diagnóstica, ao mesmo tempo em que orienta parte desta compreensão, em um processo de interdependência mútua. É também importante desde já apontar que temos, hoje, na psicopatologia, dois olhares mais relevantes, ambos com possibilidade de dialogar com as correntes mais importantes da área da saúde emocional, a corrente psicanalítica, a cognitivista, e a fenomenológico-existencial, da qual a Gestalt-terapia faz parte. Esses dois olhares atuais para a psicopatologia são a psicopatologia biomédica, infelizmente, e salvo as cada vez mais raras exceções, frequentemente, mais atenta ao diagnóstico que à pessoa, e a psicopatologia fenomenológica, que tem na compreensão diagnóstica um dos elementos para compreender a pessoa, o que possibilita que um sofrimento psicopatológico não seja compreendido como uma doença em si mesma, mas como um evento que guarda um sentido naquela existência particular, naquele momento específico.

Na abordagem gestáltica, como na maioria das abordagens na área da psicologia e da psiquiatria, temos dois grandes eixos para nossos processos terapêuticos, sejam eles a psicoterapia ou a atuação medicamentosa: a relação terapêutica e a compreensão diagnóstica. Esses dois eixos compõem o tronco do qual se ramificam todas as nossas técnicas, estratégias, presenças humanas ante o outro, tornando-nos elemento catalizador de transformações necessárias, muitas vezes também desejadas. Nas considerações que seguem, minha ênfase será na psicoterapia, o que não significa que as reflexões não possam ser utilizadas também para os processos medicamentosos.

Como já defendi em outras obras (notadamente em Pinto, 2009, 2015, 2017 e 2022), entendo que a compreensão diagnóstica dá significativo apoio para a relação terapêutica, ao mesmo tempo em que vem dela. Precisamos de uma boa relação para fazer uma boa compreensão diagnóstica, precisamos desta última para possibilitar uma boa relação com nossos clientes. São ambas partes fundantes de um processo terapêutico.

Entendo que a compreensão diagnóstica gestáltica tem algumas premissas orientadoras, das quais vou agora citar oito, algumas bem básicas e óbvias. 1) ela parte da visão de ser humano da abordagem gestáltica e é fundamentada no olhar fenomenológico e holístico típicos dessa corrente; 2) é um valioso instrumento terapêutico; 3) tem o intuito de possibilitar que se conheça o cliente de forma organizada, humana e profissional; 4) dá suporte para a postura humanizada do psicoterapeuta em sua prática clínica; 5) possibilita traçar prognósticos e estratégias terapêuticas; 6) é feita baseada em dois eixos, o intrínseco/estético e o extrínseco; 7) leva em conta todo o campo; 8) é uma compreensão do todo, não apenas do que eventualmente exista de patológico.

Aqui, dado o tema deste artigo, vou me ater ao oitavo ponto. Ao fazer uma compreensão diagnóstica, o terapeuta quer conhecer seu cliente para, a partir daí, compor a melhor forma de se colocar a serviço dele. Conhecer implica, dentre outros aspectos, compreender o que há de saudável e o que há de patológico na tecedura que o cliente faz de si e de seu mundo, sempre em meio ao seu campo. E é este ponto que me parece merecer uma atenção especial: é necessária uma boa visão de vida saudável para que possamos compreender o que poderia ser chamado de adoecimento. Para isso, penso que há uma premissa básica, que é a de não aceitar compreender o indivíduo dissociado de seu campo. Dizendo de outra forma: saúde ou sua ausência não são eventos apenas individuais, mas decorrentes da relação do indivíduo com seu campo existencial. A religião é parte significativa desse campo.

A abordagem gestáltica é uma abordagem fenomenológica e, como todas as outras, tem seu modo peculiar de ser fenomenológica, o que obriga, por coerência, a ter seu jeito especial para olhar para as relações entre saúde e adoecimento emocional/existencial/mental, seja lá que adjetivo prefiramos utilizar. Por exemplo, e só como um dos exemplos dessas peculiaridades, provavelmente nenhuma outra abordagem fenomenológica enfatiza tanto o papel do campo na saúde e no adoecimento quanto a abordagem gestáltica, e esta é uma de suas mais importantes virtudes.

Há algumas questões sobre o tema deste artigo que quero ampliar agora: por que deveríamos ter atenção a uma psicopatologia? Qual a função da psicopatologia na psicoterapia e em outras formas de trabalho na, assim, chamada área da saúde mental?

Antes de tudo, a psicopatologia vai nos possibilitar um apoio bem sistematizado para que possamos conhecer os sofrimentos humanos e os agrupar. Há os que são naturais, existenciais, da vida, e aqueles que podem ser chamados de sofrimentos agravados, ou seja, principiam como existenciais e, em função de questões ligadas ao autossuporte e ao suporte ambiental (ao campo, como um todo), tornam-se patológicos. Em outros termos, é a psicopatologia que nos possibilitará saber como diferenciar o sofrimento agravado ou patológico do sofrimento existencial, nem por isso menos sofrido e menos carente de apoio ambiental. Essa diferenciação é fundamental para o processo psicoterapêutico e conduz grande parte da conduta terapêutica.

Além disso, outra de suas funções é afirmar o caráter humano desses sofrimentos agravados, o que, de certa forma, confirma a condição humana de nosso cliente, ou, em outras palavras, a psicopatologia é importante suporte para podermos validar o vivido pelo cliente.

A psicopatologia fornece também um suporte para que psicoterapeutas e psiquiatras possam executar mais consistentemente o diagnóstico e seu trabalho, pois, mais do que uma classificação, ela é uma ferramenta muito útil para que profissionais da saúde possam organizar sua percepção de seus clientes e, assim, serem mais úteis para eles. Em parte, isso se dá quando a psicopatologia possibilita também compreender a criatividade humana e seus ajustamentos possíveis no contato com o campo, dado que sua função não é apenas apontar adoecimentos, mas também propiciar o reconhecimento da saúde e a ampliação de seus caminhos.

Porém, é preciso cuidado, pois há um percalço importante, há um cuidado primordial que devemos tomar no que diz respeito à psicopatologia. O mundo ocidental vive hoje uma certa moral psicopatológica, ou seja, uma excessiva psicopatologização da vida cotidiana, o que, no mínimo, gera uma redução do conhecimento e do contato com os sentimentos e os sofrimentos inerentes à vida, além de uma difusão popularesca e falseada da compreensão diagnóstica em psicopatologia. Precisamos, dentre outros aspectos, compreender e dar a compreender que se há sofrimentos patológicos, há, também, e são maioria, sofrimentos e vivências doloridas que são naturais, pertinentes ao viver.

A vida é sofrida, por mais que atualmente se tente defletir disso. Há, porém, sofrimentos que vão para além desses sofrimentos inerentes à vida, aqueles que podemos chamar de agravados ou psicopatológicos e que merecem nossa atenção teórica como profissionais da área da saúde. Sofrimentos que a pessoa vive em seu campo, sofrimentos que a pessoa gera em seu campo, sofrimentos que o campo gera na pessoa. Nunca é demais frisar! Não podemos compreender alguém isolado de seu campo – o campo é mais uma parte deste todo complexo que somos.

A psicopatologia gestáltica vai para além de falar de saúde mental, pois isso é uma divisão do humano que não faz sentido desde um ponto de vista fenomenológico-gestáltico. Não há uma mente que adoece, o adoecimento é do todo. Quando falamos em "saúde mental", na linguagem gestáltica, estamos tomando a parte pelo todo, e, especialmente no que diz respeito ao ser humano, se a mente é uma parte essencial, o todo é muito mais complexo que essa parte. Quando nós temos um adoecimento existencial emocional, não é um adoecimento somente mental.

Volto a algo que afirmei agora há pouco: para compreendermos o que poderia ser classificado como uma vivência patológica, devemos ter um bom conceito sobre que vivências podem ser chamadas de saudáveis. E friso aqui o termo vivência, pois, como profissionais embasados na psicologia fenomenológica, interessa-nos muito mais o vivido que o observado. Dessa forma, é preciso que tenhamos presente como a psicopatologia compreende movimentos, comportamentos, vivências saudáveis. Como já afirmei, é a partir do saudável que se pode compreender o que pode ser chamado de patológico.

Essa definição de saúde deve ser suficientemente vaga, como nos ensina a epistemologia. Como, então, delimitar a saúde a partir de um referencial fenomenológico? Gosto muito de alguns critérios que Sheila Anthony (2020) levanta em seu livro sobre o tema: liberdade, valorização de si e do que vive, confiança, coragem para viver o mais plenamente possível, capacidade de empatia, bom contato com o ambiente, além da possibilidade de desfrutar conscienciosamente dos suportes oferecidos por esse ambiente – a autoestima e o autossuporte sustentam a saúde em parceria com o ambiente. Penso que a saúde pode ser vivida em relações e atitudes consigo, com o outro, com o mundo, e ela tem outras três qualidades: depende da capacidade de aceitação (de si, do outro, do mundo), da capacidade de cuidado (de si, do outro, do mundo) e da possibilidade da serenidade despertada por essa aceitação e por esse cuidado. Uma aceitação e um cuidado ativos, desacomodados, flexíveis, atualizados, presentes, intersubjetivos, sempre em contato, em diálogo, com o campo. Faz parte também dessa boa vivência de si a aceitação da própria história, uma aceitação que é proporcionada pela confiança de que a cada momento se fez a melhor escolha ante aquela circunstância, aquele campo.

A religiosidade

Um dos aspectos existenciais humanos que é relevante para a compreensão de cada pessoa é sua religiosidade, a forma como vive sua religião ou a ausência dela. Melhor dizendo: a forma como se relaciona com o sagrado e com o mistério último. Aqui, parece-me muito importante que possamos compreender, desde um ponto de vista fenomenológico, a diferença entre dois termos comumente confundidos, a espiritualidade e a religiosidade, fenômenos diferentes, a primeira estrutural em nossa personalidade, a segunda processual.

A espiritualidade se caracteriza, essencialmente, por ser o meio da lida com os valores, dos aprofundamentos, da fundamentação das escolhas, dos projetos e, por via disso, da tecedura de sentidos e eventualmente do sentido para a vida. É também o caminho para a lida com a finitude. A espiritualidade é ainda o lugar da responsabilidade existencial, a capacidade de responder adequadamente às demandas da vida. A espiritualidade, estrutural no ser humano, pode ser cultivada, ou não, pode se desenvolver, ou não, pode amadurecer, ou não. (Giovanetti, 2005; Bello, 2006 e 2021; Pinto, 2009).

Quando se dá o encontro entre a espiritualidade e a religiosidade, o ser humano se vê diante de indagação sobre o ***sentido último da existência***, isto é, se a espiritualidade possibilita buscar o sentido para a vida, no encontro com a religiosidade, essa busca abarca também o último.

A religiosidade, originária do contato com a religião, é sempre pessoal, individual, única, mesmo quando se apoia em referenciais compartilhados, por exemplo, uma determinada religião. Em um culto, qualquer que seja a religião, temos um fenômeno grupal que é constituído de tantos fenômenos individuais, idiossincráticos, quantas são as pessoas. A mesma oração tem um significado diferente para cada pessoa e, em cada um, um significado específico a cada momento existencial, dado que nossa religiosidade é tão dinâmica como o todo de cada um de nós. Isso quer dizer que ela pode amadurecer ou não, que pode ser cultivada, que tem estreita relação com a cultura e com a época, que depende, a cada instante da vida, do vivido.

Podemos, ao menos teoricamente, conceber uma pessoa sem religião, mas não é possível uma pessoa sem religiosidade – cada pessoa se constrói a partir de uma miríade de aspectos, muitos dos quais derivados do contato com a cultura de origem e existência, e não há cultura que não tenha como um de seus alicerces uma determinada religião. Assim, por exemplo, se nascemos em uma cultura monoteísta, é praticamente obrigatória a construção de uma noção de um deus, quer se acredite nele, ou não; da mesma forma, pessoas que nascem em culturas politeístas têm uma probabilidade maior de construir sua religiosidade com base em um fundamento politeísta. Essa construção se dá independentemente da fé, de tal sorte que mesmo uma pessoa ateia tem uma representação de um deus ou de deuses, o qual ou os quais nega.

A religiosidade sustenta crenças e posturas diante do viver e do morrer, nutre valores e escolhas, influencia a mente, a espiritualidade e a corporeidade. Não há como ela se ausentar de nenhuma situação terapêutica e, mais do que isso, precisa ser levada em consideração em toda compreensão diagnóstica, pois ela pode ser um dos pilares mais relevantes da saúde e da doença emocionais, como discutirei mais adiante. Precisamos compreender como a religiosidade de clientes pode estar a serviço do adoecimento e, então, ajudá-los a tornar essa mesma religiosidade coadjuvante da saúde. Independentemente da religião.

Nossa religiosidade começa a se constituir muito cedo e a partir do contato com as religiosidades de cada uma das pessoas significativas de nosso ambiente. Outro fator relevante na configuração da religiosidade são as religiões, aquela de nossa família nuclear, aquela de nossa cultura e as outras com as quais vamos estabelecendo contato ao longo da vida.

Podemos entender a religião como uma criação humana, que surgiu com duas finalidades básicas: explicar o mundo e dar um sentido à vida e à morte de cada pessoa. Ela exerce também a função de organizar o mundo, concreta e simbolicamente. Todas as religiões são constituídas por: um sistema de crenças (a maneira de a fé se expressar); sistemas de ética (as leis que regulam e orientam o comportamento humano); e sistemas de organização (a maneira como a instituição religiosa vai se hierarquizar). *Grosso modo*, cabe ao sistema de organização interpretar e fazer cumprir o sistema de ética.

Uma das funções da religião é dar aos seres humanos normas sobre a vida, regras, leis sobre como deve ser o comportamento das pessoas (por exemplo, os dez mandamentos). Embora, hoje, existam também outras instâncias que regulamentem o comportamento das pessoas, a princípio esse papel era essencialmente da religião. Quase todos os nossos costumes têm uma origem em algum código moral estabelecido por alguma religião em algum momento da história da humanidade. Vem daí a necessidade da pergunta que tem enorme relação com a psicopatologia, e à qual retornarei mais adiante: a religião faz repressão ou delimitação das vivências humanas?

Assim, grande parte dos valores humanos terão respaldo em algum discurso religioso. Historicamente, uma das principais finalidades da instituição social religiosa é a preservação do respeito às normas, e aos valores morais pertinentes àquela dada sociedade. Esses valores, de maneira geral, são mesmo estabelecidos pela própria religião, mais comumente por meio de mandamentos ou leis outorgados pela divindade. Uma das características mais importantes das leis outorgadas por uma divindade é que elas obrigam ao cumprimento e à obediência sob pena de sanções sobrenaturais, portanto, sanções menos sujeitas à burla e que têm enorme repercussão em muitas das vivências psicopatológicas, sejam elas psicóticas, neuróticas ou borderlines.

Além disso, a religião tem também a função de explicar e de organizar o mundo, daí, por exemplo, o fato de que toda religião tem um mito de origem e um mito de fim, como é o caso do mito do paraíso e o mito do céu para os cristãos. Ao explicar e organizar o mundo, a religião estabelece também critérios morais e, via de regra, dá sustentação à vivência comunitária e ao poder político, porque estabelece uma visão de mundo que se torna válida para aquela sociedade, ainda que não seja válida integralmente para todos os membros daquela comunidade.

Em nossa cultura e devido ao processo de secularização pelo qual passa o ocidente há muito tempo, a religião hoje divide a explicação e a organização da realidade (e, portanto, o estabelecimento de valores) com outros referenciais, especialmente a filosofia e a ciência (notadamente a economia e as ciências da saúde), as quais introduzem o pensamento racional em competição com o raciocínio mítico. A ciência, por exemplo, ensina-nos que os valores morais que se encontram em uma cultura são, na verdade, soluções culturais (e não predisposições derivadas de uma possível criação divina) para problemas existenciais humanos, pois não nascemos geneticamente pré-programados, ou seja, nossos comportamentos são muito mais fruto de reflexões que de reflexos instintivos. Assim, ao se estabelecer uma moral, ela é sempre cultural e histórica, uma vez que não há uma ética universal: a ética cristã, por exemplo, não é para todo o mundo, mas tão só para os cristãos. Nascemos em comunidades que têm suas próprias histórias; é nessas comunidades que aprendemos nossos papéis e somos ensinados a nos tornarmos apropriados para viver entre essas pessoas. Nós nos criamos em meio a uma comunidade histórica e nos ajustamos, conscientemente ou não, por meio principalmente de nossa espiritualidade e de nossa religiosidade, a suas leis e a sua moral. (Sung e Silva, 1995)

A psicopatologia e a religiosidade

Hoje, em nossa cultura ocidental globalizada, a pouco e pouco, como uma continuação e uma decorrência do processo de secularização e com uma acentuação de ritmo desse processo a partir do fim do século XX, a moral do mundo ocidental foi sofrendo influência cada vez maior da medicina e de ciências próximas a ela, como a psicologia, a psicopatologia, além, é claro, da área da economia, com sua ênfase no consumo como finalidade última do viver. Essa regulação moral científica, médico-psicológica, vai tomando corpo na cultura ocidental especialmente a partir de Freud e a psicanálise, crescendo exponencialmente depois de finalizada a Segunda Guerra Mundial, principalmente por meio da ampliação dos conhecimentos psicoterapêuticos e de um maior desenvolvimento dos conhecimentos neurológicos e, por extensão, da psicofarmacologia.

O conceito de saúde mental se populariza, referenciais existenciais são tomados por ele de tal forma que a norma médica psicopatológica praticamente suprime outros referenciais, negando, principalmente, aqueles referenciais que diziam respeito à lida com o trágico da vida, com a vontade, com os ideais humanitários, com as diferenças de concepção de universo. Há hoje uma insalubre psicopatologização do cotidiano, como discuti em outro texto (Pinto, 2021). Esse é um dos pontos em que é possível e necessário que ampliemos o diálogo e a compreensão mútua entre a psicopatologia e a religião.

A psicopatologia e a religião tanto podem servir como fonte de força de enfrentamento para as pessoas, como podem também ser um refúgio saudável para os momentos de fraqueza. Há etapas e momentos na vida em que uma pessoa precisa mais de um apoio ambiental específico e tanto a psicopatologia quanto a religião podem ser fontes de fortalecimento e de suporte.

A possibilidade de serem agentes de promoção não é a única para a religião e para a psicopatologia. Assim como elas podem ter um efeito afirmativo e fortalecedor, também pode ter efeitos deletérios. Desse modo, ambas as instâncias, podem, a depender de como se posicionam, por um lado, intensificar a percepção pessoal de dignidade e pertinência, possibilitar a descoberta e a assunção de valores, além de cultivar o aprimoramento da consciência ética e da responsabilidade existencial, facilitando o amadurecimento e o crescimento da espiritualidade. Por outro lado, podem reduzir o senso pessoal de liberdade e de responsabilidade, alienar da necessidade do cuidado pessoal, fomentar a inautenticidade, estimulando a evitação da ousadia e do risco que sempre acompanham os atravessamentos verdadeiros das possibilidades existenciais.

Hoje, já temos, como afirmei antes, importantes contatos entre a psicopatologia e a religiosidade em nossa cultura, mas isso precisa ser ampliado. Um dos campos nos quais esses contatos se dão é na compreensão e valorização do manejo – ou enfrentamento – (*coping*) religioso como um dado importante na busca e na manutenção da saúde existencial (Sousa, 2001). Um apoio significativo a essa valorização do *coping* religioso se deu quando o DSM-IV-TR abriu espaço com a inclusão da categoria diagnóstica "problemas psicorreligiosos ou psicoespirituais", o que foi mantido no DSM5. Um outro campo, muito precioso, foi aberto com os estudos dos estados anômalos da consciência, especialmente, porque esses estudos desmistificam algumas antigas ideias sobre um possível caráter patológico de alguns estados alterados de consciência (Lotufo Neto, 1997; Zangari, 2007; Martins e Zangari, 2013; Valle, 2020). Quer seja no reconhecimento da importância do *coping* religioso, quer seja no melhor esclarecimento sobre as fronteiras entre a psicose e a religião, o que temos hoje é um crescimento consistente do conhecimento sobre o ser humano, em um movimento que, a pouco e pouco, vai contendo, com firmeza e de dentro para fora, os avanços vorazes da psicopatologia sobre a religiosidade. Esse movimento acaba por ampliar, ainda que não intencionalmente, o espaço para o diálogo que busco incrementar aqui neste texto.

Porém, isso não basta. Há muito mais a explorarmos nesses possíveis diálogos entre a psicopatologia e a religião. Há muitos aspectos ainda velados na intersecção entre a psicopatologia e a religião, especialmente no que diz respeito à vida cotidiana "normal". Precisamos desvelar mais aspectos desses encontros, pois há preciosidades a serem trazidas à luz. Parte significativa da riqueza desse encontro vem sendo revelada e estudada há muito tempo pela psicologia, notadamente pela psicologia transpessoal e por Jung e seus seguidores, abordagens que trazem consistentes reflexões sobre o contato profundo com o sagrado e a importância dos símbolos na constituição da religiosidade e da própria consciência de si e do mundo. Entendo, no entanto, que nos falta olhar ainda um pouco mais para o cotidiano, para o dia a dia vivido pela maioria das pessoas, a superfície de nossa existência, em que se dão os encontros mais sutis, mas não menos importantes, entre saúde e religião. Entendo que um olhar para o contato dessa superfície com o profundo é revelador. Igualmente revelador, no entanto, e concomitantemente, é o olhar para essa superfície como ela mesma, como parte significativa da existência e das vivências que trazem nossos clientes, e de nossas próprias vivências. Se a navegação por um lago depende de suas profundidades, é a superfície que nos informa primeiro sobre elas e é na superfície que navegamos. É valioso olhar para o que emerge, tanto quanto para o de onde emerge.

Vou discutir agora, mirando mais a superfície que o profundo, sem desconsiderá-lo, quatro pontos em que, parece-se, haveria enormes ganhos em prol dos seres humanos se essa interdisciplinaridade entre psicopatologia e Psicologia da Religião fosse incrementada. Comentarei, ainda que brevemente, sobre a liberdade, a autonomia, a solidão e a lida com o destino e com o desamparo inerente a nossa condição humana.

Psicopatologia, religiosidade, liberdade

Há uma estreita relação entre saúde emocional e liberdade, de maneira que se pode afirmar que esse adoecimento, chamado atualmente de mental, dá-se em função de determinados tipos de restrição à liberdade de responder às exigências da vida. Em toda vivência psicopatológica, há uma restrição à liberdade, mas nem toda restrição à liberdade causa ou se relaciona diretamente com vivências psicopatológicas. A saúde emocional tem estreita relação com a forma como lidamos com nossa inerente liberdade e com as restrições impostas a ela em nosso mundo cotidiano. A palavra-chave aqui é *como* – *como* aceitamos nossa liberdade e *como* lidamos com as restrições a ela. Somos seres livres, embora não plenamente livres, isto é, nossa liberdade tem uma série de restrições, desde a presença do outro até restrições biológicas e ambientais, dentre outras. Não é fácil viver a liberdade em direção à vida, de modo que toda pessoa acaba por abdicar dela ou, ao menos, de parte dela em prol de uma série de outras necessidades ou desejos, o que é feito por meio de ajustamentos criativos ou de adaptações. Na forma que entendo aqui e dentre outras diferenças menos relevantes, no ajustamento criativo, a pessoa, de acordo com suas possiblidades, toma para si a responsabilidade pelas escolhas feitas, sem desconsiderar os limites colocados pelo campo; na adaptação, a responsabilidade é atribuída a outrem.

Penso que é importante destacar aqui que a responsabilidade a que me refiro não desconsidera o fato de que, inúmeras vezes, somos vítimas de circunstâncias e de fenômenos sobre os quais não temos controle – a responsabilidade existencial diz respeito especialmente a como respondemos a essas situações. No momento em que escrevo este texto, o mundo está vivendo uma pandemia, a qual restringe a liberdade de todos nós de diversas maneiras, mas não afasta a liberdade de respondermos a essa restrição com responsabilidade pessoal e social, quer seja, por exemplo, limitando nossos contatos com outras pessoas, quer seja nos vacinando como forma de autopreservação e de preservação social.

A liberdade de que falo aqui tem especialmente relação com a consciência do direito à existência e a confiança de que se pode encontrar ou criar sentido para cada situação vivida, mesmo que, muitas vezes, posteriormente, ao sucedido. A liberdade de que trato aqui tem como fronteira a responsabilidade, a habilidade para responder às escolhas feitas. Principalmente, a liberdade a que me refiro aqui é a liberdade para escolher, de modo que mais do que ser livre, importa compreender como se é livre.

Uma das funções da religião é ajudar a lidar com restrições à liberdade, embora muitas religiões acabem mesmo é se especializando em criar restrições à liberdade como forma de controle e dominação sobre as pessoas. Nesses casos, a delimitação se torna repressão, matriz de adaptações que comumente provocam ou aprofundam doenças emocionais, especialmente os transtornos de humor e de ansiedade. Quando a religião provoca o que podemos chamar de religiosidade restauradora, aí sim, ela pode cumprir com seu papel de facilitadora da lida responsável com a liberdade. Tal conduta se dá, basicamente, por meio de apoio crítico ante as dificuldades e por meio de frustração das tentativas de não assunção da responsabilidade possível ante as escolhas feitas. Fundamentalmente, essa conduta suportiva das religiões e de seus representantes está alicerçada na compaixão e na empatia, as quais facilitam a compreensão das circunstâncias e do momento vivido pela pessoa que precisa do apoio religioso. Nesses casos, a religião tanto pode ser refúgio continente quanto trampolim encorajador, a depender das necessidades em jogo. Ainda nesses casos, temos a religião que possibilita bons diálogos com os sentimentos e com a ansiedade, além de boas atualizações de valores.

Tanto os transtornos de humor quanto a ansiedade patológica, sem desconsiderar fatores biológicos, têm profundas raízes em nossas fronteiras de valor, as quais, por sua vez, são construídas com enorme apoio em nossa religiosidade. A depressão é uma denúncia contundente de que há valores anacrônicos impedindo a atualização dos ajustamentos criativos; a ansiedade patológica é um grito agudo, denunciando aprisionamentos que podem ser desfeitos, ainda que com dores e perdas, como discuti longamente em meu livro sobre essa defesa humana, a ansiedade (PINTO, 2021). As vivências psicóticas podem ter na religiosidade expressão organizadora, e isso exige cuidadosa atenção de terapeutas. Em uma compreensão diagnóstica de uma pessoa em depressão, é preciso atenção e cuidado para se perceber a existência de valores fundados na religião, sua força, sua atualização, seu papel e seu sentido no atravessamento da condição depressiva. De igual modo, é preciso atenção a como o ideário religioso alimenta as vivências ansiosas, especialmente para verificar se essa interface se dá de maneira nutritiva ou tóxica. Nas vivências psicóticas, procuro perceber prioritariamente como vivências fundadas na religiosidade podem lançar âncoras à realidade e ao mundo compartilhado, e como se poderia ajudar essas âncoras a agarrarem o solo. Tudo isso só é possível se o clínico vence seus preconceitos e, assim, consegue ver a religiosidade do outro como ela é, do outro.

Um último aspecto que quero considerar aqui no que diz respeito à liberdade, refere-se às inevitáveis perdas que vivemos ao longo de nossa existência. Perdas trazem dores, as quais podem e precisam ser atravessadas para serem superadas. Somente caminhando por esse atravessamento é que podemos nos libertar dos anacronismos e, assim, atualizar nossa vivência da liberdade. O luto bem feito traz a possibilidade de transformar a dor em reverência e a perda em referência, fechando o espaço para nostalgias aprisionadoras, para acumulações empoeiradas, para culpas improdutivas.

Em nosso mundo ocidental atual, a liberdade se tornou um valor tão importante que vem se cristalizando, facilitando condutas radicais e dolorosas, vivências de solidão, como comentarei mais adiante. Contudo, antes, quero comentar sobre um fenômeno concernente à liberdade, a autonomia, um fruto da liberdade que pode ter na religiosidade um excelente adubo, assim como pode ter também um terrível veneno.

Psicopatologia, religiosidade, autonomia

Uma vivência que denota saúde emocional é a capacidade de autonomia. Autônoma é a pessoa que se governa a si própria, que confia em seus próprios valores. O sufixo "nomia" denota regra, o prefixo "auto" denota próprio, de forma que autônoma é a pessoa que segue suas próprias normas, ao contrário da pessoa heterônoma, que é aquela que se governa com base no raciocínio e no código de valores de outrem. Desde muito cedo, em nossa vida, instala-se o conflito entre autonomia e heteronomia, e ele só se finda quando a vida chega ao fim. Ninguém é plenamente autônomo, ninguém é plenamente heterônomo, todos nós vamos amadurecendo o diálogo entre autonomia e heteronomia ao longo da vida.

Para Rogers (1977), a pessoa autônoma confia na própria vivência ainda que ela não coincida com as normas sociais; percebe que é capaz de cooperar com outros e que também tem momentos em que prefere a solidão; pode abrir-se a provas exteriores, mas estas, ainda que consideráveis, são menos significativas que suas próprias reações; especialmente, a pessoa autônoma confia em sua própria sabedoria organísmica.

Do ponto de vista da saúde emocional, é imensa a importância do desenvolvimento dos próprios valores (vale dizer, da autonomia), pois nossos valores são o farol que ilumina nossos horizontes, ao mesmo tempo em que fundamentam nossa intencionalidade, o caminho pelo qual tecemos significados para o que nos sucede no correr da existência. O desenvolvimento dos próprios valores é tarefa a ser cumprida paulatinamente e, concomitantemente, com o desenvolvimento da personalidade, pois a autonomia é conquistada diariamente por toda a vida, é luta sem fim e tem diferentes desafios e limites diversos para as variadas etapas do amadurecimento humano. Desse modo, a autonomia de um adolescente é necessariamente diferente da autonomia de um adulto, mas ambas representam um dos mais delicados desafios colocados ante o ser humano em sua existência.

No que diz respeito à religiosidade, a autonomia se verifica quando a pessoa pode manter uma atitude crítica ante a moral da religião abraçada, abrindo-se tanto quanto necessário para a vivência da epiqueia, a capacidade de cumprir o sentido da lei sem necessariamente cumprir sua letra, como nos mostra de maneira provocadora o rabino Nilton Bonder em seu livro "A Alma Imoral" (2007), um elogio vivificador à transgressão criativa e criadora.

Na psicopatologia, podemos ter dois tipos de vivências problemáticas com relação à autonomia. O primeiro é a dificuldade ou a impossibilidade para alcançá-la em um nível suficientemente bom, o que gera uma preponderância exacerbada da heteronomia e uma obediência acrítica, usualmente apoiada em uma religiosidade pouco amadurecida. A outra questão desafiadora quanto à autonomia está na polaridade oposta a esta, a dificuldade de discernir que autonomia não é a ausência de regras compartilhadas ou de vivência comunitárias, um dos grandes problemas de nossa cultura hoje.

No mundo ocidental, vivemos, pelo menos já desde as últimas décadas do século 20, um interessante impasse diante da autonomia. Por muito tempo, ela foi considerada importante virtude e seu incremento uma das metas mais relevantes dos processos psicoterapêuticos, mas, aos poucos, seu sentido foi se transformando em nossa sociedade e acabou-se por gerar um mundo ofuscado pelo individualismo, por uma dolorosa solidão narcísica, matriz de uma ampliação significativa das vivências atuais de depressão e de ansiedade patológica. Confundiu-se ser autônomo e ser livre com ser independente, e isso corroeu – e ainda corrói – os laços entre os humanos e os destes com a natureza, bem como se empobreceu o contato com o mistério, especialmente o mistério último, desqualificando-se a concepção e a percepção do sagrado. Esses movimentos na área da saúde coexistem com movimentos assemelhados na área da religião: por exemplo, a busca narcísica pela independência alimenta a teologia da prosperidade e é por ela reforçada, da mesma maneira que acontece com movimentos sectaristas, apoiados sempre em religiosidades frágeis, mais próximas da idolatria que da fé.

Sob um ponto de vista gestáltico, somos seres polares, e a saúde não se encontra no equilíbrio ou na prevalência de uma ou outra polaridade, mas na possibilidade de um trânsito com bom ritmo entre uma polaridade e a outra, segundo as circunstâncias. Dessa forma, se antes a polaridade da autonomia era a heteronomia, agora quem ocupa esse lugar é a solidariedade derivada da comunalidade. O ritmo do trânsito entre as próprias leis e as leis de outrem, embora ainda significativo, começa a ceder importância à, cada vez mais necessária, busca de um bom ritmo entre a solidão e a comunhão. Aos poucos, vai-se percebendo que não nos é possível uma independência total, pois o máximo que podemos alcançar é uma independência relativa. Nossa solidão essencial nos remete à necessidade do outro, nossa existência e nosso valor dependem da confirmação do outro, somos parte da natureza e não exceção a ela. Somos modos do sagrado, e não objeto dele.

Nesse começo de resistência ao individualismo, como bem afirma Ehrenberg (2012, p. 19), há uma transformação em curso, ainda incipiente, mas acontecendo, por meio da qual "a saúde mental hoje destaca, ao contrário da psicopatologia tradicional ou da psiquiatria clássica, fenômenos gerais da vida coletiva, aqueles que se relacionam tanto com a coesão social quanto com o sentido do que está acontecendo, ou seja, de coerência social." Esse movimento confirma a afirmação de Perls (1977, p. 40), para quem, uma vez que o ser humano é parte do campo organismo/meio, é indivíduo e ser social, não se pode responsabilizar nem o indivíduo nem o meio por uma patologia, uma vez que "desde que indivíduo e o meio são meramente elementos de um único todo, o campo, nenhum deles pode ser considerado responsável pelas doenças do outro. Mas ambos estão doentes." Um movimento de retomada da importância da interdependência também pode ser verificado na área da religião, quer seja por meio de movimentos ecumênicos, quer seja por meio do incremento da importância da comunidade baseada em uma religiosidade intrínseca e da ecologia em movimentos religiosos.

A força do individualismo é ainda enorme, resiste a essas possibilidades de mudança, isso é facilmente perceptível, mas os caminhos vão se abrindo, e eu penso que um fator decisivo em prol da necessária mudança será a solidão dolorosa, oposta à solitude e cada vez mais visível entre as pessoas, especialmente aquelas mais sensíveis. É a dor auxiliando mudanças necessárias, como tantas vezes aconteceu e acontece na história humana.

Psicopatologia, religiosidade, solidão

Penso que podemos viver três formas mais significativas de solidão ao longo da vida, aquela que chamamos de essencial, a solidão por ausência do outro e a solitude. Todas as três vivências tocam a intersecção entre a psicopatologia e a religiosidade.

Dizendo de uma maneira simples, a solidão essencial pode ser sintetizada em uma frase: cada um de nós nasce sozinho, vive sozinho, morrerá sozinho. De fato, estamos todos nós fadados a essa solidão que determina que ninguém vai viver por mim aquilo que me compete viver, pois é impossível delegar ao outro a própria vida. A vivência, com ou sem consciência, dessa solidão nos leva a um dos mais belos paradoxos de nossa existência: porque sou só, preciso do outro e, mais do que isso, preciso da troca de amor. A solidão nos leva ao encontro do outro, companhia imprescindível a cada passo, a cada escolha, a cada inspiração. Esse outro tanto pode ser concreto, uma pessoa, quanto simbólico, uma divindade ou um amuleto. O que importa é que esse outro tem um papel de apoio ante a consciência e a vivência dessa solidão inefável que todos vivemos, uma solidão na qual não há somente dor ou angústia, mas também beleza, mistério (em todas as acepções dessa palavra, provenientes desde a ciência até a mística), sentido. Um sentido que nem sempre é fácil de se compor, antes pelo contrário – às vezes é reconfortador pensar na possibilidade de entregar para o outro o que é meu, ainda que isso seja impossível, um sinal de um desejo imaturo do qual se aproveitam muitos religiosos e muitas religiões de forma inescrupulosa, oferecendo certezas onde só a confiança é possível. Também, na área da psicopatologia, há quem proponha entregar às medicações a lida com essa solidão essencial, como tão bem ilustra o "Admirável Mundo Novo", de Huxley.

Há, por óbvio, tanto na religiosidade quanto na saúde emocional importantes apoios para a lida com essa solidão. Na saúde, a serenidade que possibilita conviver com o mistério dessa solidão, compondo um sentido para essa vivência, um sentido que amiúde se apoia na religiosidade, especialmente a religiosidade mais amadurecida, a qual favorece a compreensão e a aceitação de que esse é um mistério dentre tantos com os quais convivemos e que nos compõem de maneira enigmática.

Um outro paradoxo interessante quanto a essa solidão é o fato de que, embora individual, ela nada tem relação com o individualismo, sendo mesmo um antídoto para ele. Isso se dá porque esse tipo de solidão nos coloca diante da necessidade do outro e, melhor, ante o desejo pelo outro, fertilizante da riqueza de se saber só e único, potencialmente capaz de amar e de trocar afetos. Como todos os nossos potenciais, esse também precisa ser realizado, o que, como já vimos, só pode se dar em um clima de interdependência entre as pessoas. Como todo potencial, esse também só pode se realizar se houver coragem pessoal aliada a uma receptividade por parte do campo, e talvez este seja um dos maiores problemas que temos hoje, afetando fortemente nossa religiosidade e nossa saúde emocional: um crescimento marcante da solidão por ausência do outro, fenômeno típico de nosso campo tão apressado, competitivo e ansioso.

Essa solidão por ausência do outro é fruto do crescimento do individualismo em nossa cultura, ao mesmo tempo em que o amplia. Fenômeno complexo, em parte, como já vimos, deriva de uma ilusão de independência; em outra parte, tem relação com a tecnologia, como lembra Ribeiro (2020) ao comentar sobre um "sentimento de solidão tão comum hoje em que, muitas vezes, os aparelhos eletrônicos, físicos, químicos, sem vida, se tornaram a companhia substitutiva e fria de grande parte da humanidade"; ainda em outra parte se conecta à excessiva competitividade que vivemos ao mesmo tempo em que vamos obnubilando nossa capacidade de empatia. É uma vivência que mais e mais vem frequentando as preocupações de teóricos da psicologia e da psiquiatria, por exemplo, Francesetti (2021), que em recente webinar afirmou que "a psicopatologia (no sentido de adoecimento) é uma forma de ausência (do outro) na vida". Em suma, estamos criando e incentivando cada vez mais um mundo permeado por essa solidão, um mundo de trabalho e contato compulsivos, de cegueira para o rosto do outro, especialmente o outro em sofrimento e o outro amoroso.

E como fica a religiosidade de muitas pessoas diante dessa ausência? Terá isso relação com o número crescente de pessoas que não abraçam uma religião ou que vivem apenas formalmente sua religião? Que relação poderia ter isso com a aparente ampliação da religiosidade extrínseca (Allport, 1954)? Lembrando que pertencimento é esperança de presença, como a vivência desse tipo de solidão poderia motivar a busca da participação em religiões como forma de pertencimento e confirmação? Que relação poderia haver entre essa solidão e o trânsito religioso brasileiro, geralmente feito em busca de pertinência, de reconhecimento e de possibilidades de reconhecimento e de cooperação mútuos, em busca de convivialidade (Pinto, 2021b)? São muitas as perguntas que precisamos formular, ainda que não tenhamos respostas imediatas!

Uma terceira maneira significativa de vivermos a solidão é aquela que Bauman (2011) chama de solitude, a necessária solidão por escolha, uma solidão que, paradoxalmente, opõe-se à solidão por ausência do outro. Para Bauman, a solitude é "essa sublime condição na qual a pessoa pode 'juntar pensamentos', ponderar, refletir sobre eles, criar – e, assim, dar sentido e substância à comunicação. Mas quem nunca saboreou o gosto da solitude talvez nunca venha a saber o que deixou escapar, jogou fora e perdeu". A solitude é vivida também quando, por exemplo, em contato com o mar, ou com a serra, ou ainda com as estrelas, damos-nos conta do quão pequenos somos diante do universo.

A consciência de nossa pequenez pode ser importante ponto de força para a lida com as mais delicadas exigências existenciais, pois é remédio contra a onipotência tão reforçada por certos movimentos culturais e por certas teologias, que buscam negar a nossa fragilidade essencial e os limites de nossa lida com o destino.

Psicopatologia, religiosidade, desamparo e destino

A vida, a misteriosa vida, vem ao nosso encontro; nossa possibilidade de atividade não é a de criar a vida, mas de vivê-la o mais plenamente possível. Somos abertura ante a existência, e isto é fonte de nossas mais delicadas angústias, pois se estamos sujeitos à vida, também o estamos à morte, a ausência da vida. "A gente mal nasce e começa a morrer", disse Vinícius de Moraes, em sua poesia "Sei lá – a vida tem sempre razão". E o disse com razão! Trata-se, aqui, de nossa condição abissal, o fato de estarmos sempre envoltos em mistério, de não podermos ter certezas na vida. Ou, como afirma, em linguagem heideggeriana, Roberto Novaes de Sá no prefácio do livro de Azevedo (2019), "é em virtude desse parentesco estreito com a abissalidade, com a negatividade mais radical, que a existência se configura ontologicamente como ser-aí, como ser-no-mundo, como ser-com, como cuidado."

Historicamente, a religião e os deuses surgem para facilitar aos humanos a lida com essa consciência e com a vivência da abissalidade. Isso marca também a realização de nossa religiosidade, o que não quer dizer que temos apenas a religiosidade para lidar com essa condição humana – temos efetivamente outros recursos para darmos conta desse paradoxo existencial que nos diz que somos para deixar de ser. Recursos saudáveis, como a serenidade e o desprendimento, recursos patológicos como a negação e a onipotência, vividos religiosamente, ou não, ou seja, esses recursos podem se apoiar na religiosidade ou prescindir dela.

É, nesse sentido, que entendo a nossa necessidade de lidar com o destino, considerando, aqui destino como aquilo sobre o que não se tem controle, isto é, aquelas varáveis da vida que não podemos escolher e com as quais temos que lidar (May, 1987). A localidade, a época e a família nas quais nascemos, o sexo com o qual nascemos, o tom de pele com que nascemos, não são escolhas, são destino. Não há aqui relação alguma com o destino no sentido do "estava escrito", ou qualquer outra conotação mágica do termo. Basicamente, destino aqui se refere a viver o que a vida nos pede, da melhor forma que pudermos.

Guerras, pandemias, ditaduras, democracias, desastres naturais, acidentes rodoviários ou aeroviários são muitos dos exemplos de aspectos do destino a partir dos quais fazemos nossas escolhas. Enfim, considero aqui destino como tudo aquilo que não se pode escolher e com o que se tem de conviver. Não podemos escolher viver essas situações e esses fenômenos, embora possamos escolher como responder a eles. Aceitar essa situação é sabedoria a se desenvolver ao longo da vida, o que pode ser feito saudavelmente, ou não. Essa aceitação é talvez uma das mais difíceis, especialmente quando vivemos dores existenciais, principalmente aquelas dores mais lancinantes, como a perda de um ente querido em condições para as quais temos dificuldade em doar sentido. Quando, após um determinado tempo (sempre idiossincrático), não conseguimos doar esse sentido, entramos no terreno da psicopatologia. Todavia, apenas dar sentido não é suficiente para a saúde, uma vez que é necessário que essa doação seja feita não apenas racionalmente – o sentido há de ser composto organismicamente. A religiosidade é função fundamental para a maioria das pessoas ao fazerem esse preenchimento de sentido. Entretanto, tal qual a racionalidade, ela também tem seus limites, sendo que o principal deles é a certeza ou, em outro termo, a idolatria.

Para mim, essa é uma das questões mais significativas no encontro entre a psicopatologia e a religiosidade. A saúde implica em se viver sem certezas, com apoio apenas na confiança. A fé religiosa é uma das formas de vivência da confiança de que há sentido em minha presença aqui e agora, em meio a esse campo que me configura. A idolatria, ao contrário, é a certeza de que há um sentido. Lembro-me com compaixão de um fato que vivi há alguns anos: depois de finda uma palestra em que eu discutia essas questões ligadas à diferença entre fé e idolatria, um homem idoso me procurou e me disse, com a face angustiada: "professor, eu tinha certeza de que Nossa Senhora iria me esperar na hora da minha morte, mas agora o senhor diz que certeza é falta de fé. Como é que eu faço? Como é que eu fico?" Só pude responder olhando com compaixão e esperança para seus olhos e colocando a mão confiante em seu ombro. Para mim, mais uma vez me espantei diante da abertura da vida, que nos permite crescimento (ainda que doloroso) por todo o tempo no qual existimos.

Esse crescimento, essa autoatualização a que estamos destinados e da qual necessitamos, depende de algumas qualidades que podemos desenvolver ao longo da vida, especialmente o desprendimento, o desapego, um dos mais importantes alimentos da liberdade diante da vida. Um alimento, às vezes amargo e sempre nutritivo, que é temperado pela possibilidade da transgressão criadora e criativa, solidária e grupal, renovadora e confiante. Um bom diálogo entre a psicopatologia e a religião pode ser um fermento para esse crescimento, desde que cada área se desprenda, abdique do desejo de possuir a verdade e aceite *a* possibilidade de deter *uma* verdade.

Referências

ALLPORT G., *The Individual and His Religion: A Psychological Interpretation*. New York: The MacMillan Company, 1954.

ANTHONY, S. M. R. *Transtornos Clínicos da Infância e da Adolescência: Um olhar compreensivo da Gestalt-terapia*. Curitiba: Juruá, 2020.

AZEVEDO, Patrick Wagner de. *A Mística, a serenidade e a espiritualidade: A fenomenologia hermenêutica de Heidegger, as experiências espirituais e a dasensanálise*. Rio de Janeiro: Via Verita, 2019.

BAUMAN, Z. *44 Cartas do mundo líquido moderno*. Rio de Janeiro: Jorge Zahar Editora, 2011.

BELLO, A. A. *Introdução à Fenomenologia*. São Paulo: EDUSC, 2006.

__________. *O sentido do humano: Entre fenomenologia, psicologia e psicopatologia (Mundo da vida)*. São Paulo: Paulus, 2021.

BONDER, N. *A Alma Imoral*. Porto Alegre: Rocco, 2007.

FRANCESETTI, G. As Pegadas do Outro Ausente: Psicopatologia em Gestalt-Terapia. Webinar em 21/03/2021, com transcrição de Cláudia Lins.

GIOVANETTI, J.P. Psicologia e espiritualidade. In: AMATUZZI, Mauro Martins (Org.) **Psicologia e espiritualidade**. São Paulo: Paulus, 2005, p. 129 – 145.

EHRENBERG, A. *La Société du Malaise*. Paris: Odile Jacob, 2012.

LOTUFO NETO, F. Psiquiatria e Religião: A prevalência de Transtornos Mentais entre Ministros Religiosos. Tese de livre-docência em Psiquiatria. São Paulo: FMUSP, 1997.

MARTINS, L. e ZANGARI, W. . Fatores da personalidade e experiências anômalas contemporâneas. **Boletim – Academia Paulista de Psicologia**, v. 33, p. 162-178, 2013.

MAY, R. *Liberdade e Destino*. Porto Alegre: Rocco, 1987

PERLS, F. *A abordagem gestáltica e Testemunha ocular da terapia*. Rio de Janeiro: Zahar, 1977.

PINTO, Ê B. Espiritualidade e Religiosidade: Articulações. Disponível em www.pucsp.br/rever/rv4_2009/t_brito.pdf, acess. em 18/01/2022.

__________. *Os Padres em Psicoterapia: Esclarecendo singularidades*. Aparecida: Editora Ideias e Letras, 2012.

__________. Psicoterapia, psicopatologia e medicação. em *Psicopatologia e intervenções psicológicas: semana acadêmica do curso de psicologia da UniFil* Londrina: Universidade Filadélfia, 2013, p. 81-100.

__________. *Elementos para uma Compreensão Diagnóstica em Psicoterapia: O ciclo de contato e os modos de ser*. São Paulo: Summus, 2015.

__________. *Psicoterapia de Curta Duração na Abordagem Gestáltica: Elementos para a prática clínica*. São Paulo: Summus, 2016.

__________. *Dialogar com a Ansiedade: Uma vereda para o cuidado.* São Paulo: Summus, 2021.

__________. A ansiedade e o trânsito religioso. Revista Convergência, ano LVI.

__________. Um Elemento de Estados Depressivos em ALEGRIA, C. e MAGALHÃES D. (org,) *Psicopatologia na Clínica Gestáltica: O contato em sofrimento.* Curitiba: Juruá, 2022, p. 33 – 52.

RIBEIRO, J. P. Ambientalidade, Coexistência e Sustentabilidade: Uma Gestalt em Movimento. Disponível em 17/01/2022, no seguinte endereço: https://www.e-publicacoes.uerj.br/index.php/revispsi/article/view/49291/32968.

ROGERS, C. R. & STEVENS, B. *De Pessoa Para Pessoa.* São Paulo: Pioneira, 1977.

SOUSA, P. L. R, TILLMANN, I. A , HORTA, C. L e OLIVEIRA, F. M. A religiosidade e suas interfaces com a medicina, a psicologia e a educação. In: *Psiquiatria na Prática Médica*, volume 34, número 4. São Paulo: UNIFESP/EPM, 2001/2002. disponível em http://www2.unifesp.br/dpsiq/polbr/ppm/especial07.htm , acesso em 18/01/2022.

SUNG, J. M. e SILVA, J. C. *Conversando sobre Ética e Sociedade*, Petrópolis, RJ: Vozes, 1995.

VALLE, J. E. *O Espectro Temático da Psicologia Científica da Religião à Luz das Neurociências.* São Paulo: Paulinas, 2020.

ZANGARI, W. . Experiências Anômalas em Médiuns de Umbanda: uma avaliação fenomenológica e ontológica. **Boletim. Academia Paulista de Psicologia**, v. 2/07, p. 67-86, 2007.

CAPÍTULO 19

Psicologia, psicanálise e religião no jardim de Rubem Alves – percepções dos saberes em movimento

Moisés Abdon Coppe

Para início de conversa

> *Mas, e se os sons não bastarem para a construção? O mundo está cheio de outras coisas. Ao lado de sons musicais estão as cores, materiais sólidos como pedra e madeira, as palavras. E há jardins, poemas, danças, teorias científicas, mitos, ritos, monumentos, joias, túmulos... Claro que não podemos manipular tais coisas, como se fossem peças de xadrez. Mas podemos submetê-las à mágica transubstanciação da linguagem, que nos permite remover uma montanha inteira apenas pronunciando uma palavra. As coisas se transubstanciam em contas de vidro, tornando-se, assim, peças do nosso jogo.*
>
> RUBEM ALVES (1982, 25).

Em um princípio, os deuses criaram um jardim, onde seres diversos saborearam a intensa simbiose de corpos que se inter-relacionam continuamente no tempo e no espaço. Nesse jardim de possibilidades, mistérios outros ainda provocam assombros e deslindam as múltiplas variações entre a vida e a morte. Talvez, por um percurso literário bem próximo ao apresentado, parafraseando o texto da narrativa bíblica originante, o teólogo, professor, escritor, educador e psicanalista, Rubem Alves (1933 – 2008), escreveria a sua versão, usando e abusando da maestria de sua forma inusitada de perceber e interpretar o mundo de sentidos do ser humano, por meio de sua teopoética.[1]

Nosso apreço ao pensamento de Alves originou-se em 1987, quando tivemos acesso a algumas pequenas crônicas e histórias eivadas de um jeito próprio de se ver o mundo e o cotidiano. No decorrer dos anos, mais do que o apreço, o encantamento. Passamos a ler e a aprofundar todas as questões que nos eram apresentadas pelo mineiro de Boa Esperança – MG. Em 1996, tivemos a oportunidade de nos encontrarmos em sua casa, na cidade de Campinas – SP. Decorreu desse encontro uma entrevista que se transformou em um livro de nossa autoria, intitulado: *A Casa Eterna – Conversas com Rubem Alves* (2017). Nesse livro, procuramos dar aos leitores uma ideia dos fluxos e movimentos que permeiam o dinâmico pensamento de Alves. É, de fato, um livro introdutório ao pensamento do referido autor e que, portanto, conduz o leitor a diversos encontros com os muitos Alves que nos visitam em obras diversas.

Entretanto, em revisões ao livro, surgiu-nos algumas inquietações quanto à outras interpolações ao pensamento de Alves que pudessem contribuir para a fundamentação em outros campos do saber. Com essa premissa em voga e mediante o amistoso convite de Camon para a composição de um texto, vimo-nos impulsionados a escrever sobre as possíveis interfaces entre a psicologia, a psicanálise e a religião, presentes no pensamento de Alves. Buscamos, com isso, favorecer a abertura de janelas hermenêuticas que ajudassem a ampliar o olhar para esse debate cheio de nuanças. Assim, propomo-nos a realizar uma interlocução com o referido pensador e seu jardim interno e externo, visando à busca e ao encontro dos possíveis entrechoques tangenciais para a discussão que envolve a relação complexa entre psicologia, psicanálise e religião como sabores em movimento.

Partimos do pressuposto que são conhecidas por muitos leitores as obras e crônicas de Alves que abordam as temáticas sobre a existência humana, o brinquedo, a linguagem, a imaginação, o cotidiano, a religião, a alma, a psicologia e a psicanálise. De fato, um simples passeio em seus escritos e falas revela a dimensão poética de seus escritos e os consequentes saberes e sabores despertados em seus leitores. Alinha-se às possíveis janelas hermenêuticas abertas em seus escritos a sua pulsante trajetória, marcada pelos encontros, desvios e desencontros, bem como

[1] Para aprofundamentos sobre essa temática, sugerimos a leitura da Coleção Teopoética (2020) – obras teológicas de Rubem Alves, reeditadas pela Editora Siano, tais como: *Por Uma Teologia da Libertação, Religião e Repressão, A Gestação do Futuro, Pai Nosso Meditações* e *Lições de Feitiçaria.* Nestes livros e em outros, especialmente *O Quarto do Mistério* e *O Deus que conheço*, citados na bibliografia, nos deparamos com o complexo fenômeno da linguagem e da imaginação humana sendo revisitadas por Alves. O pensador em suas andanças reflexivas, busca desengaiolar as palavras presentes nos dogmas e nas doutrinas, para garantir a polissemia de possibilidades, num saboroso percurso teopoético.

as suas passagens da linguagem científica para o que ele mesmo apresentou ser a teopoética. Todavia, em nossa concepção, mais do que buscar os entroncamentos diversos das suas variações sobre a vida e a morte, almejamos, também, encontrar outras múltiplas inspirações que possam favorecer os indicativos para a ampliação do referido debate. Nessa perspectiva, debruçaremo-nos em algumas de suas obras para nos ocuparmos da sua sempre viva intencionalidade pelo bem-estar de ser no mundo.

O presente artigo, portanto, possui algumas pretensões bem pontuais, organizadas em quatro sessões complementares. Na primeira, consideraremos a sempre viva e aberta discussão existente entre a psicologia, a psicanálise e a religião. A ideia é a de procurar o real enfeixamento entre os três campos. Obviamente, a reflexão em torno desse possível enfeixamento é muito complexa. Por isso, vamos ilustrar essa complexidade com uma situação que envolveu a justiça federal e uma carta de um jovem religioso e seu manifesto contra a chamada "cura gay".

Na segunda sessão, entraremos mais detidamente na discussão que envolve duas temáticas fundamentais para os campos supracitados: a linguagem e a imaginação. Vamos considerar essas duas temáticas segundo o olhar de Alves, embora outros autores serão convidados para a nossa mesa de debates.

Na terceira sessão, refletiremos uma tonalidade mais poética: a metáfora do jardim e o "não-lugar", denominado alma, especialmente porque a referida metáfora é recorrente na obra escrita de Alves.

Ao final, apresentaremos um caso clinico do pequeno Gabriel, pontuando como as obras e crônicas de Alves, mais especificamente os livros infantis, podem contribuir na significativa construção de sentido da dinâmica vida de um cliente de 07 anos, com o qual os aspectos sobre a psicologia e a religião se tocaram de uma forma muito sensível.

A evocação da presença-ausente de Rubem Alves para a conjugação deste artigo consistiu-se em pertinente desafio para nós, especialmente por se trilhar uma rota não tão usual. Esperamos que cada um dos leitores tenha a possibilidade de abrir outras possíveis frestas que ampliem as percepções em movimento que envolvem o debate entre psicologia, psicanálise e religião.

Psicologia, Psicanálise e Religião: uma discussão sempre aberta

Seria-nos possível refletir sobre as interfaces entre a psicologia, a psicanálise e a religião? De antemão, precisamos nos deter ao fato de que qualquer resposta premeditada seria incipiente para se resolver essa questão eivada de complexidades e intercruzamentos. À priori, cabe-nos salientar a advertência feita por Angerami, quanto ao enfeixamento entre psicologia e religião:

> Ao definirmos a psicologia como uma área do saber que se enquadra em um constitutivo metafísico, em sua tentativa de compreensão da condição humana, há, então, questões que envolvem aspectos de uma epistemologia que não apenas vai além das questões meramente genéticas, como também de aspectos de nossa condição senso-perceptiva. A própria definição do que é definível pela psicologia em seus aspectos de busca-científica, sem cair em mero reducionismo teórico, é um desafio que os fatores envolvidos em tais questionamentos ainda não conseguiram balizar. [...]. Ao trazermos para o campo das discussões contemporâneas a temática da religião e seu enfeixamento com a psicologia, estamos igualmente assumindo um posicionamento em que os aspectos de nossas buscas teóricas façam parte de significados de totalização do homem contemporâneo sem essa fragmentação presente em nossa realidade acadêmica. (Angerami, 2008, 2).

O indicativo de Angerami revela o desafio implícito nas discussões que tendem a fragmentar os seres humanos em esferas específicas de conhecimento. Embora reconheçamos as riquezas de olhares mais específicos, entendemos que os intercruzamentos, mesmo de campos distintos do conhecimento, enriquecem e ampliam as discussões com vias a um maior entendimento da condição humana.

Essa mesma busca fez com que o médico austríaco Sigmund Freud (1856 – 1939) criasse o seu famoso edifício arquitetônico, conhecido como psicanálise. Nesse campo do saber, o fenômeno religioso sempre fora posto em suspeição. Suas críticas consideravam a religião como neurose, especialmente em duas de suas obras: *O futuro de uma ilusão* (1929) e *O mal-estar na civilização* (1930). Ambas amplificaram a discussão que considerava a religião e a espiritualidade como patologias. Infelizmente, essa ideia ainda percorre muitas interpretações presentes em nossa sociedade e, até, entre grupos profissionais coligados ao campo da psicologia e psicanálise.

Todavia, mantendo-nos frente ao desafio do enfeixamento da psicologia, da psicanálise e da religião, sentimo-nos muito à vontade para tratar dessa temática. Vivemos inúmeras experiências nos três campos. À priori, no campo da religião; posteriormente, no campo da psicologia e psicanálise. Trataremos, doravante, mais amiúde, a relação entre psicologia e religião. A fim de evitar qualquer mal-entendido inicial, queremos deixar claro que sempre nos esmeramos no fato de garantir o distanciamento entre uma área e outra. Inclusive, nos tempos em que acolhíamos as pessoas na dinâmica do aconselhamento, vivenciando o papel de pastor protestante, conversávamos e aprofundávamos as demandas até o limite da possibilidade, dentro da esfera religiosa. No exercer desse papel, diante das situações que não poderiam ser resolvidas mediante o aconselhamento, fazíamos questão de indicar ao aconselhando que ele, ou ela, deveria buscar o processo psicoterápico com a finalidade de enfrentar as suas demandas mais profundas em um *setting* terapêutico.

Infelizmente, muitas pessoas, no afã de resolverem as suas inquietações quanto aos desconhecidos que se manifestam em seus respectivos mundos de sentido, acabam por apelar somente ao horizonte religioso, na maioria das vezes, delegando a um ser superior ou ao universo as suas inquietações e ansiedades pessoais. Buscam gurus, líderes religiosos de diversas matrizes e charlatães, com a finalidade de encontrar certo amparo em tempos de crise. Obviamente, em um país cheio de desigualdades sociais, o apelo aos aspectos religiosos se torna mais efervescente. As necessidades basilares e o desamparo social levam as pessoas, em geral, a fazerem a sua "fezinha", seja em uma casa lotérica, seja em um movimento religioso. A ausência de saúde pública de qualidade, educação e recursos, que favoreçam a dignidade da pessoa em um contexto social, garantindo o que comer, o que beber, o que vestir e onde morar, ampliam as corridas pelas resoluções estruturais instantâneas, independentes da ação do Estado. Incorre, ainda, uma outra problemática que envolve a relação entre Estado e religião, autoritarismo e democracia, bem como as muitas tentativas por uma teocracia, na qual os sujeitos em suas vidas se veem confrontados por determinada religião oficial ou por tentativas setorizadas.

Um exemplo do que estamos apontando refere-se a uma polêmica que foi gerada em 2017, após uma decisão judicial. Em fins do ano citado, um juiz federal, da 14ª. Vara do Distrito Federal, autorizou os tratamentos alternativos – pseudoterapias de reversão sexual – para pessoas que se sentem desconfortáveis quanto à sua orientação ou organização da vida sexual, incidindo, diretamente, ao debate sempre aguerrido entre os parâmetros científicos defendidos pela psicologia e a religião.

De fato, ao avaliarmos as falas de ambos os lados – os que defendem e os que acusam a referida decisão – deparamo-nos, inevitavelmente, com os posicionamentos efetivos dos que adotam um lado ou o outro. Entendemos que os parâmetros científicos e a religião são duas esferas de linguagens que até podem dialogar entre si, mas não podem se confundir uma na outra. Por isso, a nosso ver, é estranho a utilização de meios religiosos em terapias, especialmente oriundos dos profissionais de psicologia. Com essa premissa em voga, parece-nos que a decisão do referido juiz é ainda passível de algumas observações.

Todavia, o que chegou a público à época não foi uma decisão aleatória. O juiz deliberou sobre uma ação judicial promulgada por uma psicóloga e missionária, que teve seu registro cassado pelo Conselho Federal de Psicologia, em 2009. A cassação se deu, porque a psicóloga oferecia práticas pseudoterapêuticas, que prometiam a cura da homossexualidade, tanto masculina quanto feminina. Na ação movida, a referida psicóloga, que também é evangélica, pleiteava a suspensão dessa regra e a retratação do CRP. No ano da cassação, a psicóloga chegou a dizer que as pessoas que têm atração pelo mesmo sexo agem assim "porque foram abusadas na infância e na adolescência e sentiram prazer nisso". Admitiu a sua experiência religiosa e afirmou que Deus a usa para ajudar pessoas que são homossexuais.

Todavia, foi em 2007, que uma ONG de defesa dos direitos dos homossexuais, sediada em Nova Iguaçu, entrou com uma representação no CRP do Rio de Janeiro, pedindo a cassação do registro profissional da psicóloga. O Conselho decidiu por uma censura pública. A psicóloga recorreu ao Conselho Federal de Psicologia, que manteve a punição. Todavia, em 31 de julho de 2009, o CFP decidiu aplicar uma censura pública como punição à psicóloga. Segundo essa autarquia: "Ela infringiu o Código de Ética da Psicologia e uma resolução do conselho, de 1999, que afirmou: "a homossexualidade não constitui doença, nem distúrbio e nem perversão". A censura foi divulgada nos órgãos de comunicação e no Diário Oficial da União.

Visto que a psicóloga perdeu suas possibilidades de recursos administrativos, resolveu recorrer à justiça. Embora a psicóloga e missionária tenha julgado o seu posicionamento e consequentes ações coerentes, considerando a homossexualidade como um distúrbio, seus princípios revelaram, tão somente, um posicionamento pessoal coligado à lógica da religião. É bom lembrar que a psicóloga trabalhava, desde 2016, no gabinete do deputado federal Sóstenes Cavalcante (DEM-RJ), que, por sua vez, era apadrinhado por um pastor midiático da Assembleia de Deus. Obviamente, sua vinculação religiosa, que ao que parece foi inicialmente de vertente presbiteriana, ganhou outros contornos em seu convívio com a bancada evangélica em Brasília.

Se as associações livres e as ONG's que defendem a causa LGBTQIAP+ comemoraram aquela decisão de 2009, em 2017, uma nova sombra se projetou sobre o cenário brasileiro. Não foram poucos os que, em protesto, acusaram o magistrado de ser homofóbico. Ora, o juiz federal não chegou a defender explicitamente a cura gay e nem derrubou a resolução do CFP, entretanto, foi contraditório ao determinar que o conselho altere a interpretação de suas normas de forma a não impedir os profissionais "de promoverem estudos ou atendimento profissional, de forma reservada, pertinente à (re)orientação sexual, garantindo-lhes, assim, a plena liberdade científica acerca da matéria, sem qualquer censura ou necessidade de licença prévia".

Entretanto, na Resolução 001/99 do CFP, assim, evidencia-se: "os psicólogos não exercerão qualquer ação que favoreça a patologização de comportamentos ou práticas homoeróticas, nem adotarão ação coercitiva tendente a orientar homossexuais para tratamentos não solicitados". Ademais, a mesma resolução requer que os profissionais de psicologia contribuam "para uma reflexão sobre o preconceito e o desaparecimento de discriminações e estigmatizações contra aqueles que apresentam comportamentos ou práticas homoeróticas".

Diante da decisão judicial, o CFP recorreu da decisão e argumentou que "o que está em jogo é o enfraquecimento da Resolução 001/99 pela disputa de sua interpretação, já que até agora outras tentativas de sustar a norma, inclusive por meio de lei federal, não obtiveram sucesso". Ademais, o órgão, ainda, expressa:

"O judiciário se equivoca ao desconsiderar a diretriz ética que embasa a resolução, que é reconhecer como legítimas as orientações sexuais não heteronormativas, sem as criminalizar ou patologizar".

Ora, o parecer do CFP visa estabelecer o limite das práticas terapêuticas, restringindo-as, tão somente, ao campo das práticas científicas e não da religião. O campo específico da religião oferece diversas possibilidades que, não necessariamente, precisam de outros respaldos. Assim, se alguém precisa de religião pode procurar uma igreja, um centro espírita, uma mesquita, um terreiro ou qualquer outro tipo de espaço alternativo onde a esfera de linguagem seja, tão somente, marcada pelos símbolos religiosos. Todavia, no terreno das práticas científicas, também abraçado pela psicologia, a conversa tem que se organizar em outro nível. A portinhola que se abriu com a decisão judicial deu margem à aplicação de uma série de técnicas duvidosas, eivadas de ritos, preces, orações, técnicas de ascese e sessões de exorcismos, que nada tem a ver com a psicologia.

Talvez, alguns poderão arguir que esse é um problema simples de ser resolvido, mas não é. Tratar a homossexualidade como doença ou como distúrbio é desrespeitar a pessoa humana em sua integridade. Aliás, se pensarmos bem, os conflitos decorrentes de um(a) homossexual são conflitos exógenos, ao invés de endógenos. Interiormente, a pessoa é bem resolvida com a sua sexualidade, mas para garantir aceitação em determinado nicho familiar ou social acaba vivenciando os conflitos.

A Organização Mundial de Saúde – OMS – deixou de classificar a homossexualidade como doença em 1973. Em 1990, retirou a homossexualidade do quadro de doenças mentais, declarando que: "A homossexualidade não constitui doença, nem distúrbio e nem perversão". Na mesma linha, seis anos antes, a Associação Brasileira de Psiquiatria aprovou a seguinte resolução: "Considerando que a homossexualidade não implica prejuízo do raciocínio, estabilidade e confiabilidade ou aptidões sociais e vocacionais, opõem-se a toda discriminação e preconceito contra os homossexuais de ambos os sexos".

Portanto, é cruel para qualquer pessoa julgar que a homossexualidade seja uma doença, patologia ou perversão. Ela precisa ser encarada como uma expressão do amor de um corpo para outro corpo, mesmo porque as declarações científicas ainda não possuem uma posição conclusiva sobre a homossexualidade. Os fatores podem ser hormonais, genéticos, congênitos ou resultados de vivências traumáticas durante a infância. Como se percebe, há um espectro de ampla complexidade que precisa de muita atenção, respeito e cuidado. Curiosamente, enquanto escrevia este texto, me chegou o relato de um amigo, o Tiago Varela – nome fictício –, que vivenciou uma experiência traumática, quando submetido a essas pseudoterapias. Transcrevo seu relato, que muito evidencia as já refletidas tensões:

> Pra quem ainda não entendeu os efeitos da decisão judicial que autoriza a 'cura gay', tá aí: Quando eu era mais novo, por volta dos meus 16/17

anos, eu me entendi como homossexual e, voluntariamente, procurei ajuda para a reorientaração da minha sexualidade ("cura gay"), pois eu queria muito me tornar heterossexual. Como eu fui criado em um lar cristão evangélico, eu e meus pais buscamos ajuda dentro da Igreja que frequentávamos, onde conseguiram uma psicóloga cristã disposta a me ajudar.

Fiz terapia por anos. As consultas ocorriam no interior de igrejas dentro e fora de BH, as vezes com mais de um profissional ao mesmo tempo, e podiam durar por horas, sempre semanalmente ou quinzenalmente.

Eu era orientado a vigiar constantemente meu comportamento, pensamento, e devia anotar minhas lutas e vitorias todos os dias em um diário que tenho até hoje. Me disseram que orações e jejuns eram essenciais para o meu fortalecimento espiritual, e que isso eventualmente traria a cura da minha condição pecaminosa, o que dependia do meu esforço e da vontade divina.

Sempre que eu falhava na minha vigilância um intenso sentimento de culpa tomava conta de mim, e as lágrimas eram frequentes e inevitáveis, sendo o meu único refúgio a promessa de que aquilo iria acabar um dia quando eu ficasse curado.

Após um bom tempo de terapia percebi que alguma coisa não estava certa, que apesar do meu esforço eu não estava melhorando da minha doença, e que eu estava reprimindo algo que parecia ser natural, me deixando muito infeliz.

Percebi que mesmo se eu conseguisse me tornar hétero, eu não seria feliz daquele jeito, e foi a partir desse ponto que eu comecei a pensar: Será que a minha condição de homossexual é tão ruim quanto viver essa vida de sacrifício e repressão para sempre?

Me dei conta de como aquele processo de terapia intensa estava me traumatizando além do que eu podia suportar, e assim decidi parar com a terapia e me aceitar, o que foi bem difícil e doloroso.

Hoje eu superei muitos dos meus traumas. Alguns persistem e ainda trazem consequências, mas sei de muitas pessoas que passaram pelo mesmo processo que eu e sofrem bastante com isso.

Foi na tentativa de reduzir histórias como a minha que desde 1999 o Conselho Federal de Psicologia (CRP), por meio da Resolução 001/1999, proibiu o estudo e a prática da terapia no sentido da reorientação homossexual. Tal decisão tomou diversos estudos como base, desde aqueles que apontam a origem genética da homoafetividade, até aqueles que demonstram a ineficácia quase absoluta de terapias nesse sentido, o que demonstra a ausência de benefícios diante de tal tratamento.

Porém, uma recente decisão da 14ª Vara do Distrito Federal suspendeu os efeitos da referida Resolução do CRP, na qual o magistrado afirma

> que a Resolução limita a liberdade científica brasileira ao impedir o estudo de tal forma de terapia.
>
> Tal decisão é extremamente preocupante, pois vai contra a maioria dos estudos sobre o tema e contra decisão fundamentada do CRP, órgão especializado e competente para decidir sobre a relevância ou não de estudo e aplicação de determinadas formas de terapia.
>
> Não há nenhum ponto positivo na referida decisão, há apenas um triste retrocesso histórico, que se volta à patologização da homoafetividade. Faça um exercício de empatia aí, e tenta entender o nosso lado. Não é necessário tratamento para aquilo que não precisa ser tratado".

O relato de Varela evidencia a complexidade em se tratar a questão da homossexualidade pelas vias religiosas com pano de fundo psicológico. Em qualquer situação, é preciso bom-senso e atitudes de respeito e responsabilidade. Decisões unilaterais da justiça não resolvem o pleito. Fundamental mesmo é tratar cada situação com o mínimo de responsabilidade e cuidado afetivo.

Entendemos, assim, que pessoa alguma tem o direito de julgar a outra por causa de suas vivências no campo da sexualidade. Em nossa concepção, pessoas religiosas precisam se ater às simbologias religiosas. Esferas científicas precisam ser preservadas como tais. Não há necessidade de se desprezar o religioso, mas não é compreensível a utilização da simbologia religiosa para resolver questões que precisam de tempo para serem entendidas, compreendidas, percepcionadas e cuidadas de forma psicoterapêutica. Por esse motivo, a decisão judicial provocou uma plêiade de agonias em quem a recebeu, dando margem a múltiplas aventuras religiosas, em sua grande maioria, sem sentido. Portanto, a sensatez é o melhor caminho, pois cada dimensão precisa estar em seu espectro de linguagem.[2]

Mesmo cientes de que existem conflitos presentes em todas as dimensões religiosas, especialmente as instituições, é fato que o fenômeno religioso não pode ficar restrito às críticas pontuais. A religião é entendida, também, como um "sentimento" que ocorre no ser humano. Ao considerar essa premissa, Alves afirma que "é necessário reconhecê-la como presença invisível, sutil, disfarçada, que se constitui num dos fios com que se tem o acontecer no cotidiano". (Alves, 1999, 13). Diferentemente dos outros seres vivos que coabitam neste planeta, os seres humanos se constituem para além da programação biológica, pois herdam a sabedoria dos antepassados. Nas palavras de Alves:

[2] No dia 17 de fevereiro de 2022, a psicóloga que prometia a "cura gay" teve o seu registro cassado. A decisão foi tomada pelo CRP-DF. A decisão foi publicada no portal da entidade. O pedido foi impetrado pelo Ministério Público Federal e pela Associação Brasileira de Gays, Lésbicas e Transgêneros (ABGLT),

> O fato é que os homens se recusaram a ser aquilo que, à semelhança dos animais, o passado lhes propunha. Tornaram-se inventores de mundos. E plantaram jardins, fizeram choupanas, casas e palácios, construíram tambores, flautas e harpas, fizeram poemas, transformaram seus corpos, cobrindo-os de tintas, metais, marcas e tecidos, inventaram bandeiras, construíram altares, enterraram seus mortos e os prepararam para viajar e, na sua ausência, entoaram lamentos pelos dias e pelas noites. (Alves, 1999, 19).

Os mundos inventados pelo ser humano não têm limites, pois se constituem e transformam a cultura continuamente. Ao mesmo tempo, a cultura como mundo inventado provoca suas diretivas interferências sobre os corpos humanos. Curiosamente, os seres humanos são dotados dessa potencialidade de criar mundos – religiosos e culturais – submetendo-se a eles. Dos mundos criados, surgem as crises existenciais, pois viver nesses mundos criados significa esbarrar-se com os seus paradoxos e complexidades. Vez por outra, é possível até uma certa harmonização, mas nem sempre. Na maioria das vezes, a impotência quanto à realização da mínima satisfação como sêr de sentido e a consequente criação de mundos desembocam na religião que, por sua vez, é uma "teia de símbolos, rede de desejos, confissão de espera, horizonte de horizontes, a mais fantástica e pretensiosa tentativa de transubstanciar a natureza. (Alves, 1999, 24). Todavia, como ocorre essa transubstanciação da natureza? Na indicação de Alves, ocorre pela linguagem que, por sua vez, orna-se de imaginação.

A linguagem e a imaginação no pensamento de Rubem Alves

Onde ocorre, de forma mais precisa, a discussão sobre a linguagem e a imaginação no pensamento de Alves? Ora, à priori, essa discussão se alinha aos aspectos polissêmicos da magia, da ludicidade e da utopia, capazes de transformar o mundo para além da lógica puramente cartesiana.

À princípio, constatamos a impossibilidade de se encontrar em Alves uma teoria, tanto da linguagem quanto da imaginação. Por esse motivo, buscamos ampliar a temática com os apontamentos de Ludwig Wittgenstein (1889 – 1951) e Gilbert Durand (1921 – 2012). Esses autores contribuem na aporética discussão sobre a linguagem e a imaginação e ajudam, a nosso ver, a constituir melhor os encontros e tangências existentes entre a psicologia, a psicanálise e a religião no pensamento de Alves que, por sua vez, adota em seu pensar religioso e teológico os horizontes da obra de Ludwig Feuerbach (1804 – 1872), especialmente os aspectos inerentes à antropologia e a perspectiva de um pensar sobre Deus como uma projeção espelhada que o ser humano faz de si mesmo, na terra. Essa projeção favorece aberturas mágicas, lúdicas e utópicas, visando um paradoxo: perceber o Deus das ideias na concretude da vida, sem permitir que o concreto tire a fascinação, o encantamento e a beleza do sagrado. Conjuntamente a essa observação, a forma de Alves pensar a religião é sempre convidativa à percepção do profundo e efêmero. Essa perspectiva é encontrada em uma pequena metáfora viva, recorrentemente contada por Alves:

> Quero contar uma estória que resume isso[...]. É uma estória zen – até já escrevi um livro sobre ela. Um homem andava numa floresta, estava anoitecendo e, de repente, ele ouviu um rugido. Era um leão e ele ficou com muito medo e começou a correr e correr. Estava escuro e o homem caiu em um precipício. Mas, ao cair, se agarrou em um galho de árvore e ficou lá, dependurado. O leão lá em cima, o precipício lá embaixo. Então, o homem olhou para a parede do abismo e viu uma plantinha e nela uma coisinha vermelha, um morango. Esticou o braço, colheu o morango e o comeu. Estava delicioso. Terminou a história. [...]. Normalmente, quando conto essa estória, as pessoas querem saber o final: o homem caiu ou não caiu? Você ainda não caiu. É você quem está dependurado e não percebe que inevitavelmente todos vamos cair. É melhor cair com a barriga cheia de morango do que com a barriga vazia. (Alves; Brandão, 2006, 92-93).

Nessa tela pintada sobre o abismo, diante do inevitável, a sensibilidade evocada nos desafia a transpor todo e qualquer pragmatismo. E é esse o caminho proposto pelo pensamento "alvesiano", favorecendo o surgimento da inevitável pergunta sobre a finitude na vida. Nesse processo interpretativo, todas as certezas e fundamentos lógicos dão lugar ao inusitado, que é experimentado pela liberdade possível e o assombro diante do mistério aguardado. Diante da iminência da morte, sentida e pressentida pelos seres humanos, é preciso colher o morango, metáfora da magia, da ludicidade e da utopia presentes, também, no arcabouço da linguagem e da imaginação. Nessa sucinta discussão, sinaliza-se a cada um de nós uma sensível aposta quanto à manifestação do efêmero, da beleza e do prazer, dimensões que favorecem, por sua vez, o desembocar da existência frente ao inevitável. E não são estes, também, os desafios encontrados nas proposições enfatizadas pela psicologia, a psicanálise e a religião? Uma efetiva mesa de debates entre esses campos, incluindo a linguagem e a imaginação, torna-se necessária.

Aspectos pontuais sobre uma possível teoria da linguagem e da imaginação

O que vem a ser a linguagem? O que vem a ser a imaginação? Como se pode compreender essas duas funções grandiosas na perspectiva humana? Empreender esta discussão sobre essas duas temáticas presentes nos horizontes da psicologia, psicanálise e religião, caracteriza-se por uma tarefa hercúlea, visto a carga polissêmica que as duas expressões abarcam.

Comecemos pela linguagem. Indubitavelmente, a linguagem é uma atividade humana e se constitui de elementos simbólicos capazes de gerar mundos. Ao longo dos anos, os sons gerados pela garganta humana foram se sofisticando paulatinamente, sendo aceitos pelos grupos sociais mais antiquíssimos, estabelecendo-se como signos de determinados objetos, estabelecendo o laço entre representação e coisa representada.

> A linguagem é, assim, um dos principais instrumentos na formação do mundo cultural, pois é ela que nos permite transcender a nossa experiência. No momento em que damos nome a qualquer objeto da natureza, nós o individuamos, o diferenciamos do resto que o cerca; ele passa a existir para a nossa consciência. Com esse simples ato de nomear, distanciamo-nos da inteligência concreta animal e entramos no mundo do simbólico. O nome é símbolo dos objetos que existem no mundo natural e das entidades abstratas que só têm existência no nosso pensamento (por exemplo, ações, estados ou qualidades como tristeza, beleza, liberdade). (Aranha e Martins, 1986, 11).

Essa capacidade de simbolizar o mundo a partir da linguagem garante ao ser humano a possibilidade de dizer o passado, ressignificar o presente e imaginar o futuro. Encontramos uma ampliação dessa perspectiva da linguagem no pensamento de Wittgenstein.

Em um conjunto de palestras realizadas em aposentos privados da Universidade de Cambridge, no verão de 1938, um pequeno grupo de jovens estudantes fez uma série de anotações sobre os apontamentos de Wittgenstein sobre a estética, a psicologia e a religião. Ao considerar a questão da linguagem nessa obra, o filósofo vienense frisa que, ao se abordar as espécies de palavras, entra-se em um grupo de confusões, pois a "linguagem nos prega partidas totalmente novas". (Wittgenstein, 1966, 11). E ainda:

> Repetidas vezes comparei a linguagem a uma caixa de ferramentas contendo martelo, formão, fósforos, pregos, parafusos, cola etc. Não foi por acaso que se reuniram todas essas coisas; existem, porém, diferenças importantes entre as diversas ferramentas, que são usadas de muitas e diferentes maneiras; nada mais diferente entre si que cola e formão. Surpreendem-nos constantemente as partidas que a linguagem nos prega quando ingressamos em um novo campo. (Wittgenstein, 1966, 11).

Poderíamos, por exemplo, citar a questão do sonho. Pessoa alguma nos dá um pedaço de um sonho para que tenhamos alguma noção substancial do que ele seja. O sonho, ou a sua ideia, somente é apreendida pela dinâmica partilha da linguagem. Ao mesmo tempo, ela se "constitui como parte característica de um vasto grupo de atividades: falar, escrever, viajar de ônibus, encontrar uma pessoa etc". (Wittgenstein, 1966, 12).

O que se evidencia na fala de Wittgenstein tem a ver com o contexto em que algo é dito. A linguagem é parte constituinte de ações e culturas, todas interligadas à dimensão da corporeidade. Isso fica muito evidente no único livro escrito por este autor: Tratado Lógico-Filosófico, de 1921. Uma incursão a essa obra se torna preponderante para um maior entendimento do pensamento desse autor e suas proposições no campo da filosofia da linguagem e da ética.

Alves sempre se remeteu ao pensamento de Wittgenstein, especialmente ao considerar uma assertiva presente nessa última obra: "Os limites de minha linguagem significam os limites de meu mundo". (Afirmação 5.6 do Tratado Lógico-Filosófico). Mas o que o autor vienense quis revelar com essa premissa? Uma interpretação desavisada pode sugerir uma espécie de subjetivismo privado ou um posicionamento egocêntrico, especialmente pelas expressões: "minha" e "meu". Entretanto, é bem mais provável que Wittgenstein se remeta a uma possibilidade de compreensão da linguagem que se apreende no mundo que se percepciona. Na compreensão de Cunha:

> Não se pode postular uma linguagem para falarmos sobre a relação entre a linguagem e o mundo, uma "metalinguagem", na qual meu mundo (o mundo dado pelos limites de minha linguagem) poderia ser algo particular sobre o qual eu poderia falar, paralelamente, às minhas falas sobre outros mundos que não o meu. Eu posso apenas dizer como as coisas são no mundo correspondente à minha linguagem. Assim, o argumento de Wittgenstein parece ser: os limites de minha linguagem são os limites de meu mundo; mas toda linguagem tem uma e mesma lógica, de modo que seus limites são os limites do mundo; assim, os limites de meu mundo e do mundo são um só; por conseguinte, sem incorrermos em solipsismo, o mundo é meu mundo. (Cunha, 2009, 4).

A assertiva de Cunha é um desdobramento da própria sinalização de Wittgenstein e foi respaldada pela abordagem de Alves. Um exemplo do que afirmamos se encontra em um artigo publicado pela Folha de São Paulo, em 2009, intitulado: *Sobre os jogos linguísticos e a camisinha.*

> Ludwig Wittgenstein foi um dos filósofos mais interessantes do século que passou. Ele era fascinado pela linguagem. Observando a forma como usamos as palavras, ele chegou à conclusão de que, ao falar, nós estamos jogando um jogo. Imagine, como exemplo, um jogo de cartas. Com as mesmas cartas, muitos jogos diferentes podem ser jogados: buraco, pôquer, mau-mau, rouba-montinho, bridge, boa-noite-meu-senhor, truco etc. As cartas são as mesmas. Mas em cada jogo – em cada situa-

ção do jogo – as cartas têm sentidos e usos completamente diferentes. Para que as cartas tenham um sentido preciso, necessário se faz que os jogadores estejam jogando o mesmo jogo. Substitua a palavra "carta do baralho" por "palavra" e você entenderá o que Wittgenstein tinha em mente ao falar de "jogos de linguagem". Um dos primeiros livros que li foi "As Viagens de Gulliver", de Jonathan Swift (1667-1745). Mas o meu livro com ilustrações e letras grandes só contava da viagem que Gulliver fez a Liliput. Não me entusiasmei. A obra só me entusiasmou quando, já adulto, li sobre outros países por ele visitados, em especial o de Lagado, país das universidades, sobre o qual vou escrever posteriormente. Chamou a minha atenção de forma especial as investigações e propostas que estavam sendo feitas pelos cientistas do Departamento de Linguística. O uso da linguagem tem por objetivo tornar possível a comunicação entre os seres humanos. Falamos para ser entendidos e para entender. Os linguistas objetaram: "Sim, é verdade que usamos as palavras para sermos entendidos e entender. Mas a verdade é o oposto. Todos os desentendimentos acontecem em virtude do uso que fazemos das palavras: eu falo uma coisa, meu interlocutor entende outra...". Então, o objetivo da comunicação exige a abolição das palavras, porque é nelas que se encontram as raízes do desentendimento. Para que haja comunicação sem desentendimentos, é preciso que as palavras sejam substituídas pelas coisas que elas representam. Gulliver relata então que os linguistas adeptos dessa teoria caminhavam arrastando enormes sacos onde punham os objetos sobre os quais eles poderiam falar. Ao se encontrar – e especialmente nas reuniões do departamento –, cada professor abria o seu saco, tirava de dentro dele os objetos relevantes e, em silêncio absoluto, mostrava um objeto ao seu interlocutor que, por sua vez, respondia mostrando outro... Escrevi esses pensamentos como prolegômenos a um projeto de comunicação com a Igreja Católica. Porque, lamentavelmente, a confusão e mesmo a ira que têm se seguido aos pronunciamentos de arcebispos ou do papa são evidências de que, falando palavras que todos entendemos, não estamos jogando o mesmo jogo. Os porta-vozes da sã e imutável doutrina da igreja (essa afirmação se constitui numa das primeiras regras do "jogo linguístico" que fala a igreja oficial) se entendem. Mas não os cientistas, filósofos e humanistas. Quanta confusão acontece quando a palavra "camisinha" (consultei o Houaiss: a palavra "camisinha" está lá, quietinha, sem provocar confusão) é pronunciada. Bastou o papa falar "camisinha" para que o berreiro acontecesse. É preciso não nos esquecermos de que por detrás da loucura existe uma razão. A igreja tem as suas razões.[3]

[3] Disponível em: https://www1.folha.uol.com.br/fsp/cotidian/ff3103200905.htm. Acessado em 11.01.2022.

Enfocado alguns aspectos sobre a linguagem e a pertinência dela na obra de Alves, mesmo que de forma incipiente, é preciso avançar com a finalidade de considerarmos a temática da imaginação, propriamente dita. Para esta consideração, acatamos, de antemão, a observação de Durand, que aponta a extrema desvalorização e confusão à qual a imaginação se reveste. (Durand, 1993, 7). Para esse sociólogo, a consciência possui duas maneiras de representar o mundo: uma *direta*, quando a coisa se revela tal como é, sendo recepcionada pela *percepção* ou pela *sensação*; e outra indireta, quando o objeto não pode apresentar-se à sensibilidade, dando lugar a uma representação na consciência por uma imagem, no sentido lato do termo. Segundo ele mesmo:

> A diferença entre pensamento directo e pensamento indirecto não é tão definitiva como acabamos de expor, por preocupação de clareza. Seria melhor escrever que a consciência dispõe de diferentes graus de imagem – consoante esta última é uma cópia fiel da sensação ou apenas assinala a coisa – cujos dois extremos seriam constituídos pela adequação total, a presença perceptiva, ou pela inadequação mais extrema, isto é, um signo eternamente viúvo de significado, e veríamos que este signo longínquo não é mais do que um símbolo. (Durand, 1993, 8).

Ocorre, na citação, a indicação do que o autor francês chama de imaginação simbólica. Diferentemente dos signos arbitrários – puramente indicativos, e os signos alegóricos – que remetem para uma realidade significada dificilmente apresentável, obrigados a figurar concretamente uma parte da realidade que significam, a imaginação simbólica se refere ao significado que não pode ser, em hipótese alguma, apresentável, cujo signo só pode se referir a um sentido e não a uma estrutura sensível. Dessa forma, podemos constatar que o domínio de predileção do simbolismo é "o não-sensível sob todas as suas formas: inconsciente, metafísico, sobrenatural e surreal". (Durand, 1993, 11).

Obviamente, essa observação de Durand evidencia sua discussão com a lógica binária oriunda do socratismo, assumido também por Platão e Aristóteles, que buscavam a verdade pela experiência dos fatos no processo dialético marcado pela "exclusão de um terceiro". Nesse processo, a imagem, que não pode ser reduzida aos argumentos "verdadeiro" ou "falso" formal, passa a ser desvalorizada, incerta e ambígua, "tornando-se impossível extrair pela sua percepção (sua visão) uma única proposta 'verdadeira' ou 'falsa' formal. A imaginação, portanto, [...] é suspeita de ser 'a amante do erro e da falsidade'". (Durand, 1993, 11). Durand, sem nenhuma pretensão por uma constatação triunfalista, define o imaginário como uma re-presentação incontornável ou mesmo "a faculdade da simbolização de onde todos os medos, todas as esperanças e seus frutos culturais jorram continuamente desde os cerca de um milhão e meio de anos que o homo erectus ficou em pé na face da Terra". (Durand, 2004, 117).

É, talvez, essa faculdade de simbolização aliada à busca pelo sentido em meio aos medos e esperanças, especialmente a presença do ausente, que aproxima Alves da imaginação em nossa abordagem. Essa ideia de presença ausente é sempre percebida no pensamento de Alves, como por exemplo:

> Esse Vazio sem fim, gamela infinita, que pelo universo vai colhendo e ajuntando toda a beleza que há, garantindo que nada se perderá, dizendo que tudo o que se amou e se perdeu haverá de voltar, se repetirá de novo. Deus existe para tranquilizar a saudade. [...]. É claro que acredito em Deus, do jeito como acredito nas cores do crepúsculo, do jeito como acredito no perfume da murta, do jeito que acredito na beleza da sonata, do jeito que acredito na alegria da criança que brinca, do jeito como acredito na beleza do olhar que contempla em silêncio. Tudo tão frágil, tão inexistente, mas me faz chorar. E, se me faz chorar, é sagrado. É um pedaço de Deus... (Alves, 2004, 21).

Decorre, portanto, nesse ponto que elide na discussão entre a presença ausente, uma atividade em um processo dialogal que não desconsidera as ciladas do imaginário, as formas alucinatórias, as representações complexas, a busca pela confiabilidade da memória e as suas evocações pelo anteriormente visto, ouvido, experimentado e aprendido. Nesse ponto, em específico, Alves, em sua teopoética e na sua percepção pontual nos campos da psicologia, psicanálise e religião, fomenta a nossa discussão, favorecendo diversos outros desdobramentos e incursões reflexivas. Por hora, vale indicar que no campo clínico, cotidianamente, o profissional de psicologia se vê posto e exposto frente aos desafios inerentes à linguagem e à imaginação. É extremamente desafiante ouvir o cliente e efetuar a tarefa da percepção com vias a favorecer a busca de sentido. O trabalho psicoterápico se encontra sempre em movimento.

Linguagem e imaginação no jardim de Rubem Alves

Em Alves, a perspectiva da linguagem e da imaginação está diretamente ligada à expressão da corporeidade. Sem excetuar a perspectiva da linguagem em Wittgenstein e da representação ressaltada por Durand, o teólogo e psicanalista brasileiro vê a linguagem e a imaginação como um processo de autocriação contínua, na qual o ser humano sempre está inserido. Somente por intermédio desse processo sempre aberto, o ser humano é capaz de dizer e imaginar outros mundos possíveis.

Em *A Gestação do Futuro*, Alves indica a magia, a ludicidade e a utopia como intencionalidades da imaginação que se abrem como possibilidades de extensão do corpo, o que em um universo cartesiano, aquele mesmo denunciado por Durand, seria uma loucura.

Para Alves, a imaginação surge, então, pelas maneiras diferentes de se pensar. Percebidos os limites do corpo e, consequentemente, do mundo e da linguagem, que dão origem ao realismo, o imaginário abre a ultrapassagem das linhas do lógico e do objetivo. O corpo não sucumbe ao fixado pelo cartesianismo, abandona as pressuposições e recomeça a partir de uma nova orientação.

> Isto chamado realidade é apenas uma criação humana. É o homem o seu criador. O sistema social é tão-somente a criatura. Portanto é o homem, e não o sistema, a medida de todas as coisas. Não é o homem que deve ser julgado tomando-se por base o sistema. O sistema é que está sob o julgamento humano. Por conseguinte, a imaginação não pode ser declarada desiquilibrada por não concordar com os fatos da "realidade". É a realidade quem deve ser declarada louca quando não concorda com as aspirações da imaginação. A moderna inversão daquela ordem que deveria ser a apropriada (inversão esta que constitui a essência do realismo) é exatamente uma espécie de amnésia quanto às origens do mundo humano. Ela ignora totalmente o fato de que o mundo humano é o resultado de atos criativos. E não há ato criativo sem imaginação. Como pode a criatura se rebelar contra o seu criador? Não é esta a essência da idolatria? (Alves, 2020, 82 e 83).

A perspectiva da criatividade decorrente da imaginação é, talvez, uma significativa chave para a ampliação dos encontros e desencontros que se desenvolvem no *setting* terapêutico. Orbitam, decerto, na dinâmica pontual de cada cliente essas presentificações intuitivas em meio a uma linguagem que cria e recria mundos de sentido. O ser humano é o criador dos seus mundos. Não é a realidade que determina o ser, mas o contrário.

Com os olhos nessa possibilidade de determinação, Alves usa e abusa da sua hermenêutica para caracterizar a sua teopoética e as suas abordagens nos campos da psicologia, da psicanálise e da religião. O entroncamento da teopoética com os campos citados favorece, em nossa compreensão, o sempre vivo diálogo que possibilita provocar reencantamentos na prática psicoterápica. Todavia, além dessas recepções dos sentidos, o acolhimento do possível é imaginado na dialética encarnação *versus* ressurreição, como na metáfora do jardim:

> Como o olho que só é olho se for transparente, Deus se dá, transparente e invisível, para que, através dele, possamos ver a vida com novos olhos... Coisa igual acontece com a luz do sol. Diante dos olhos ofusca e cega, mas às nossas costas é graciosa e sorridente, e dela se derrama o arco-íris. E nasce a beleza que se vê, dádiva da luz que não se vê... E assim também Deus, invisível, às nossas costas, escondido, absconditus, como diziam os teólogos de antigamente, vai-se dando a nós pelas coisas que nos faz ver. A questão não é ver Deus. A questão é ver com Deus. "E viu Deus que tudo era muito bom". Tudo? Sim. Universo, em torno do

> jardim. [...] Jardim: natureza graciosa, amiga. Amizade entre homens e as coisas, o homem e os bichos, o homem e as plantas. E se combinam as formas, as cores, os ruídos das aves, dos insetos, do vento, para que tudo seja belo e faça a alma feliz... Como surge um jardim? É preciso, antes de mais nada, que haja um jardineiro... Que haja um desejo... Que a imaginação levante voo... (ALVES, 1984, 45 e 46).

É na amplitude desse voo da imaginação que Nunes interpreta e amplia a teopoética de Alves, ao afirmar: "A imaginação é um componente fundamental da nossa vida e da nossa personalidade. Não se encontra de maneira acidental em nossa vida, mas é algo essencial e, portanto, não deve ser subestimada ou secundarizada". (NUNES, 2008, 75). Essa centralidade é tão pulsante no pensamento de Alves que, em uma crônica intitulada Estrelas ou Jardins, ele deslinda sobre as razões que o levam a escrever recorrentemente sobre a psicologia, a psicanálise e a religião na perspectiva da vida humana. Depois de apresentar os nexos estruturais que levam um tipo de religião a aprisionar as pessoas em suas teias, com suas garantias de sucesso e boas realizações dos desejos, quem sabe, o frio olhar para as estrelas, incita também a pensar no criativo contraponto.

> Os astrônomos olham para os céus e podem determinar com precisão a verdade do astro que estão examinando. Os jardineiros olham para o jardim e não podem determinar nada com precisão. Porque a vida não é uma estrela. O jardineiro não olha para as estrelas para decidir o que fazer com o seu jardim. Ele observa a paisagem, examina cada uma das plantas – o que foi verdade ontem pode não ser verdade hoje –, vê as transformações, imagina possibilidades não pensadas, cria novos cenários... (ALVES, 2004, 57).

Embora cientes das possibilidades não imaginadas e da criação de novos cenários, bem como da fragilidade de uma abordagem sobre o conceito de imaginação, destacamos a sua relevância e importância como componente capaz de favorecer a superação das situações degradantes presentes na vida, mediante um outro apelo, evidenciado pela linguagem.

A incapacidade que o ser humano tem para assimilar a contingência da vida e todas as suas contradições requer o apelo a outras manifestações do espírito, entre elas, a linguagem, a imaginação e a criatividade. Alves evidencia essas dimensões, dando-lhes destaque em suas obras. O voo possível ao ser humano decorre da imaginação. Obviamente, em um mundo marcado por linguagens cartesianas, a inserção de linguagens mais voláteis, ligadas à magia, à ludicidade e à utopia podem sugerir certa falta de seriedade ou mesmo asserções ilógicas revestidas de certa loucura. Todavia, em Alves, a crueza da vida requer uma boa dose de novas proposições imaginativas e criativas que possibilitem a transcendência e a ressignificação do habitual. Sem linguagens e imaginação, não há salvação! Sem ambas, não há jardins!

A metáfora do jardim e a alma humana

Toda a presente abordagem e discussão, envolvendo a relação entre a psicologia, a psicanálise e a religião, desenvolve-se mediante uma criteriosa acuidade capaz de revelar as diferenças inerentes a cada um dos campos em evidência, bem como os pontos de contato. De fato, tanto a psicologia e a psicanálise quanto a religião constituem os seus edifícios simbólicos em zonas de linguagens e imaginações próprias. Com essa premissa, podemos, inclusive, afirmar que, embora se perceba diversos profissionais de áreas se especializarem em uma como em outra, às vezes, ocorre uma certa confusão. Tal confusão origina-se na tendência comum a determinadas profissionais, quanto a provocarem certa mistura entre uma área e outra, como o exemplo da decisão judicial citada anteriormente.

Todavia, importa salientar que existe, de fato, alguns pontos tangenciais que são comuns aos três campos. Trata-se do símbolo reconhecido como alma, uma expressão que se encontra na psicologia, na psicanálise e na religião. O aspecto que envolve a questão da alma é o que se apresenta nessa tangência comum. Essa indicação como ponto tangencial é apresentado por James Hillman. Para esse autor, o lugar que a psicologia e a religião têm em comum é a alma, porém alma é um "não-lugar", pois não é considerada preocupação nem pela religião nem pela psicoterapia dinâmica. (Hillman, 1984, 39). De fato, quando se avalia a presença do termo alma no campo da psicologia e da psicanálise, percebe-se, nitidamente, um certo preconceito, mesmo porque a própria psicologia vê o termo em uma perspectiva pejorativa. Segundo Hillman:

> Por estranho que pareça, "alma" é uma experiência e imagem ainda mais difícil de esclarecer. Enquanto terminologia, aconteceu-lhe tudo, até quase desaparecer da psicologia contemporânea. Esse termo apresenta uma aura de coisa antiquada, traz ecos de camponeses das fronteiras célticas ou de teosofistas que se reencarnam. (Hillman, 1984, 40).

O indicativo de Hillman apresenta o tom pejorativo que permeia a reflexão pontual dos principais críticos do fenômeno religioso. Talvez, por este motivo, o próprio Hillman tente deixar claro o seu ponto de vista, como segue:

> "Alma", entretanto, não é um termo científico, sendo hoje em dia raramente utilizado em psicologia... Os termos "alma" e "psique" podem ser utilizados alternadamente, embora a tendência seja escapar à ambiguidade do termo "alma", recorrendo-se à "psique" por ser mais moderno e biológico. "Psique" é empregado como um fato natural concomitante à vida física, sendo talvez a ela redutível. "Alma", por outro lado, apresenta sobretons românticos e metafísicos, compartilhando as suas fronteiras com a religião... A exploração da palavra mostra não estarmos tratando

> de alguma coisa que se possa definir, e na verdade a alma não é um conceito, mas um símbolo. (Hillman, 1984, 41).

A perspectiva da alma como símbolo confere uma ampliação bem significativa ao termo psique. Embora Hillman indique que a alma esteja interligada ao inconsciente, especialmente, por causa da sua relativa aproximação à psicanálise analítica de Jung (1875 – 1951) e, sequencialmente, pelas representações que se estabelecem na mente humana, é na perspectiva simbólica que o termo alma deve ser qualificado.

É sempre recorrente na obra de Alves, a metáfora do jardim como simbologia da alma humana. Há em Alves um apreço à essa metáfora. Além do jardim que ele mesmo projetou, depois de ter comprado um terreno baldio ao lado da sua casa, não se furtava ao seu pensamento a ideia de que o seu sonho de jardim tinha a ver com uma declaração de amor a alma e a terra. Mais do que isso:

> Eu queria tomar as coisas do jardim para, com elas, reconstruir uma saudade. Usar as cores, os gostos, os perfumes, os sons, as sensações táteis como pontes para voltar a algum lugar do passado, que mora dentro de mim. As minhas memórias revelam o segredo daquilo que poderá me fazer feliz, no futuro. Felicidade é sempre um reencontro. Só posso sentir saudades daquilo que um dia tive, e depois perdi. (Alves, 1995, 18).

A metáfora do jardim ganha nos contornos da citação de Alves as perspectivas pontuais do que vem a ser a felicidade, elemento igualmente buscado na psicologia e na religião. Ele alinha o seu pensar ao princípio do prazer, tal como apontado por Freud. Por essa razão, Alves frisa que o jardim é o rosto de nossas entranhas, do secreto que revela sonhos. (Alves, 1995, 23).

De uma forma mais diretiva, Alves expressa sobre a alma: "No mundo cotidiano do trabalho, estamos em busca de coisas novas. Mas a alma, nas penumbras em que mora, vive à procura das coisas velhas. Alma é saudade. Saudade é a inclinação da alma na direção das coisas amadas que se perderam". (Alves, 2010, 113). E continua:

> A alma é como um queijo suíço, toda cheia de buracos que doem no seu vazio... Há um esquecer que é uma felicidade. É como o mar que limpa e alisa a areia que os humanos haviam pisado na véspera sem pedir desculpas. Já tive essa estranha sensação bem cedo na praia diante da areia lisa, um sentimento de culpa por machucá-la com os meus pés... O esquecimento alisa a areia, tudo fica puro, como se fosse a primeira vez. Isso, do lado de fora. Mas lá no fundo, onde mora a saudade, não há esquecimento. Porque lá moram as coisas que foram amadas. E o amor não suporta o esquecimento. "O que a memória ama fica eterno", escreveu Adélia Prado. (Alves, 2010, 114).

Porém, para além dessas considerações da alma como um não-lugar, um símbolo ou como a morada da memória e do esquecimento, há ainda outros aspectos relevantes, especialmente, quando ele apresenta uma discussão mais amplificada sobre a psicanálise e a beleza. Para Alves, a tradição clássica, que sempre percebeu os obscuros horrendos e repulsivos do inconsciente, deve ser substituída pela fala da mestra Diotima, que dizia a Sócrates e às demais pessoas que os seres humanos estavam grávidos da beleza, decorrendo o processo maiêutico evidenciado pelo filósofo. E acrescenta:

> É o inconsciente dos poetas românticos, Holderlin e Rilke, que viam nele o lugar onde a arte é gerada. É o inconsciente de Nietzsche, que dizia haver encontrado nele um monstro brincalhão e sorridente... É o inconsciente de Groddeck, lugar onde moram a criança e o poeta. É o inconsciente de Fernando Pessoa, de onde vem uma música misteriosa que nos faz chorar. (Alves, 1995, 79 e 80).

Embora não haja na religião e na psicologia, bem como em seus múltiplos campos de atuação a relevância ou um lugar de destaque para o inconsciente, como na psicanálise, a perspectiva de uma psicologia deve se ocupar do mistério que não cabe na relação entre o psicoterapeuta e o seu cliente. Nessa relação, marcada por idas e vindas, encontros e desencontros, além de muitos desafios e estudos, a busca pela perceptividade do não-lugar ou do que nos revela o símbolo "alma" é uma trilha fechada a ser percorrida. Talvez, por este motivo, Alves tenha feito uma crítica significativa que nos ajuda a pensar os lugares da psicologia para além dos aspectos que são fixados pelos ditames científicos. Em suas palavras:

> A psicologia tradicional pensava que sua lagoa só continha peixes que nadavam nas águas do consciente e do racional. Quaisquer fenômenos que se desviassem da consciência e da racionalidade eram simplesmente classificados como perturbações irrelevantes, que não deviam ser levadas em consideração. Ela se comportava diante dos fenômenos mentais da mesma forma como um ouvinte de música se comportava, com seu rádio de ondas curtas ligado. Junto com a música aparece uma série de bips curtos, que não são fala, nem música, nem coisa nenhuma. Ele ignora os ruídos e concentra a sua atenção na bela ópera que ouve... Outro ouvinte, que conheça código morse, pode perceber que aquilo que o amante da música escutou sem "dar ouvidos" é uma importante mensagem. (Alves, 2003, 101).

O que fica evidente na citação de Alves, a nosso ver, é a perspectiva de que não se pode restringir a significação dos elementos perceptíveis a um arcabouço puramente científico, embora não se possa prescindir dele. Alves faz questão de frisar a sua pertença à psicanálise, perspectiva que fica evidente no seu único livro escrito sob a égide da psicanálise, intitulado: *Sobre Demônios e Pecados – Das armadilhas da Mente, Desejos e Superstições* (2018), todavia percebe-se em sua abordagem a abertura para que outras percepções se deem na possível "pescaria" a ser evidenciada.

Não queremos retirar a relevância da ciência para os muitos processos sociais nos quais estamos inseridos, principalmente em um tempo em que as balizas das ciências em geral têm sido questionadas por grupos negacionistas em todo o mundo, mas afirmar que a ciência não pode se postar como o único arauto da vida e existência neste planeta, mesmo porque ela não dá conta de apresentar todas as respostas requisitadas. Dessa forma, é preciso retomar a metáfora do jardim. Ele não pode ser avaliado puramente por suas constituições biológicas, físicas e químicas, mas por outras dimensões alquímicas que se aninham aos campos da linguagem e da imaginação simbólica.

Por esse motivo, Alves faz questão de frisar que em meio às folhagens e flores do jardim – metáfora do humano – habitam as ideias, as memórias, as imagens e os poemas. Em suas palavras: "Não há como evitar. Jardim, cada um tem o seu. Se não está plantado por fora, está plantado por dentro". (Alves, 1995, 26). E, sequencialmente, afirma que o jardim é o lugar do desejado pelo vazio indefinível, corroborando a sua afirmação dizendo o poema de Mallarmé: "De meu pequeno espaço fechado musicalmente se eleva algo mais (e diferente) que os perfumes dali: uma coisa ausente, sem lugar, sonhada, falada, suave ideia, utopia...". (Alves, 1995, 29).

O pequeno Gabriel – Um caso clínico envolvendo psicologia e religião

Com base em todo o exposto anteriormente, vamos agora abordar o caso clínico do pequeno Gabriel, nome fictício para o meu pequeno cliente de 7 anos de idade. Este caso nos ajuda a pensar os elementos chaves que aliam a psicologia e a religião, bem como a aplicabilidade das fontes reflexivas de Rubem Alves. Por se tratar de um caso clínico pessoal, vou apresentá-lo em primeira pessoa, dando-lhe uma tonalidade mais intimista. Este se caracterizou como meu primeiro caso clínico, por isso, possui uma relevância toda especial para mim.

No centro clínico onde eu estava atendendo, fui procurado por uma mãe que buscava o atendimento para seu filho, o pequeno Gabriel. Fiz toda a triagem, abordagem, observações e o desenvolvimento do processo psicoterápico com ênfase fenomenológico-existencial.

Em um primeiro momento, acolhi a mãe do pequeno Gabriel com a finalidade de entender as principais demandas, averiguando suas queixas e preocupações, bem como estabelecendo algumas perguntas prévias sobre a vida social e o desenvolvimento biopsicossocial da criança junto à família. Apresentei-me como psicólogo em formação, sob a supervisão de psicóloga devidamente credenciada junto ao CRP – MG, trabalhando o processo psicoterápico com ênfase fenomenológica-existencial. Expliquei-a, previamente, que o processo enfatizado por mim seria aberto, pois eu precisaria, junto ao atendimento ao pequeno Gabriel, da presença e participação dos pais no desenvolvimento psicoeducativo dele.

Deixando o pequeno Gabriel na companhia da secretária, acolhi a mãe e me expus às perguntas dela, uma jovem de 24 anos, que havia perdido o seu segundo filho no parto. Ela me contou que o pequeno Gabriel perdera as suas potencialidades cognitivas, especialmente quanto às habilidades de escrita e leitura, logo após a perda do natimorto, seu irmãozinho. Longe da escola, não possuía mais apreço pela possibilidade de crescimento biopsicossocial. Ela me contou também que a família havia se mudado do município de Monte Verde – MG, para a cidade de Juiz de Fora – MG, vindo a sair da "roça" para a cidade, deixando uma casa com terreiro cheio de criações, para habitar um apartamento. Ela me informou que tal situação havia deixado o seu filho mais triste ainda, mas a vida necessitava de mobilidades.

Após a conversa com a mãe, voltei à sala de acolhimento para iniciar o meu vínculo terapêutico com o pequeno Gabriel. Em princípio, ele segurou firme a mão da sua mãe e perguntou a ela se ela iria à sala de atendimento também. Ela disse que não. No mesmo momento, eu fiquei de joelhos, na altura dele, e, percebendo que ele estava vestido com uma camisa do Capitão América, perguntei a ele sobre qual o personagem dos "Avengers" ele mais gostava. Ele me disse que era o próprio Capitão. Eu estabeleci um link com esse parco diálogo e disse que o meu preferido era o Hulk. Ele sorriu. Então, eu disse para ele ir comigo à sala de atendimento para que conversássemos, assegurando-o que a sua mãe iria ali permanecer. Ele olhou para a mãe e ela confirmou a ele a informação. Levei-o a uma sala que possuía alguns brinquedos próprios para o atendimento a crianças. Disse para ele que os brinquedos são muito importantes para todas as pessoas, inclusive os adultos. Lembrei-me de muitos posicionamentos de Alves sobre essa questão.

Pedi a ele que escolhesse dentre todos os brinquedos aqueles que ele mais achou interessante. Ele observou e pegou um boneco de pano, dizendo que era igual ao que ele teve quando era menor. Sentou-se em uma mesa comigo, eu ao seu lado. Comecei a fazer algumas perguntas sobre o que ele gostava de fazer, beber, comer etc. Conversamos amistosamente sobre temas fugidios, até o momento em que ele me perguntou o que ele iria fazer ali.

Tentando me aproximar do seu horizonte, disse a ele que o psicólogo é como um amigo que caminha com outro amigo numa trilha, para que os dois juntos descubram "coisas importantes e legais". Ele me perguntou: "Que coisas legais"? Informei-lhe que seriam as coisas que nós sentimos dentro da gente, mas muitas vezes a gente não entende e nem fala sobre. Disse, também, que aquilo seria muito bom para ele viver melhor com a sua mãe e família.

Com vias à pretendida vinculação, propus a ele que pensasse no reino animal e me dissesse qual o bicho que ele mais gostava. Ele me disse que era o jacaré. Então, aproveitando algumas das minhas habilidades com papel e tesoura, fiz um pequeno jacaré, colocando-o em pé sobre a mesa. Sempre que vou atender crianças, procuro colocar em minha maleta todo o tipo de recursos que possam favorecer a vinculação com as crianças, tais como: papéis coloridos, tesoura, cola, fita crepe, lápis de cor, fantoches, máscaras e livros de histórias – pelo menos três. Com o jacaré em mãos, iniciei uma outra conversa com o pequeno Gabriel sobre o porquê dele gostar tanto de jacaré. Ao que ele me respondeu, laconicamente: "Ele é bonito"! Conversamos um pouco mais e depois nos despedimos. O conduzi até o hall de acolhimento e me despedi dele e de sua mãe.

Na segunda sessão, o pequeno Gabriel se mostrou bem confiante e já foi logo se levantando do sofá quando me viu. Cumprimentei a sua mãe e o acolhi no consultório. Ele me perguntou, prontamente: "O que vamos fazer hoje"? Disse a ele que eu iria contar uma história de um amigo, intitulada: *O patinho que não aprendeu a voar* (2021), escrito por Rubem Alves. Aproveitei a apresentação do livro e convidei o pequeno Gabriel para ler algumas frases do livro comigo. Aproveitei para avaliar o seu nível cognitivo quanto à leitura e possíveis dificuldades com a norma culta padrão, apreendida dentro do seu marco categorial. Depois da leitura do livro, fiz diversas argumentações sobre o livro e ele demonstrou excelente memória e capacidade de raciocínio lógico. Percebi que o seu quadro de valores vinha carregado de algumas simbologias oriundas dos campos de linguagens do cristianismo, mas, especificamente, com os valores presentes no mundo evangélico. Gastei toda a sessão com a história, buscando um bom diálogo com o pequeno Gabriel. Despedimo-nos e eu percebi que ele estava contente com a maneira pela qual nós desenvolvemos a sessão.

Na terceira sessão, enfatizei que iríamos fazer algumas atividades conjuntamente, para ampliarmos as nossas percepções. Nessa hora, o pequeno Gabriel interpelou-me afirmando que "fazia muitas atividades na escola". Propus uma montagem de quebra-cabeças, avaliando a percepção de forma e cores, a associação das imagens, a sua inteligência e o comportamento diante do desafio. Enquanto eu o ajudava com a montagem do desenho, eu conversava com o pequeno Gabriel sobre suas percepções familiares. Perguntei-lhe sobre a mãe e sobre o pai, um senhor mais experiente. Ele afirmou gostar muito da mãe. Percepcionei uma certa dificuldade para ele falar do pai. Perguntei-lhe, na sequência, sobre quem brincava com ele. Ao que me respondeu: "Às vezes, a minha mãe brinca um pouco, mas os meus amigos ficaram em Monte Verde"! Terminamos a montagem e eu o elogiei pela presteza e inteligência em todo o processo. Despedimo-nos com bom contentamento.

Na quarta sessão, utilizei-me de vários papéis para constituir uma história com bichos. Queria averiguar a questão da família com ele, especialmente, visando à abordagem sobre o irmãozinho que ele esperou com grande expectativa, mas não conheceu. Fiz leões, elefantes, girafas, macacos e algumas aves. Depois, colocando aquelas dobraduras em suas mãos, pedi-lhe que contasse uma história. Ele relutou um pouco, mas começou a contar uma história. Para minha satisfação, ele tocou na história do Pedrinho, seu irmãozinho natimorto. Percepcionei naquele momento um misto de encantamento e tristeza em seus olhos. Contornei a situação, voltando a focar na história da sua família. Retomamos e fomos até ao fim, trocando informações. Despedimo-nos depois, e ele levou os bichos de papel consigo.

Na quinta sessão, tive a oportunidade de considerar outra história de Alves: *A história do Morango*, já sinalizada aqui neste artigo. Conversamos sobre a ideia do homem pendurado no abismo. Perguntei-lhe sobre o que ele achava daquela situação. Ele disse: "É estranha! Como ele vai sair dali"? Conversamos um pouco sobre essa situação, procurando configurar que existem questões na vida de todos nós que não possuem soluções aparentes. Ele ficou pensativo e deixou a sessão com a imagem daquele homem pendurado no abismo. Na despedida, pedi a ele que trouxesse para a próxima sessão o seu estojo de lápis de cor.

Na sexta sessão, propus, segundo a orientação de Cipullo e Azevedo (2018), a aplicação de um teste projetivo com ênfase fenomenológica. Pedi a ele que desenhasse a sua casa, o que ele fez, prontamente. De fato, ele desenhou um prédio de três andares com uma janela aberta no último. Findo o desenho, muito bonito e colorido, que recobria todo o papel A4, eu pedi a ele que me explicasse todo ele. Então, surpreendi-me com a sua narrativa. Ele me contou que morava no terceiro andar e que ele ficava muito tempo na janela, que não possuía grade ou tela de proteção, e que almejava pular de lá para encontrar o seu irmãozinho no céu. Ele me narrou, também, que ele tinha vontade de pular de lá todos os dias. Então, perguntei a ele por que ele tinha essa vontade todos os dias. Ele me disse: "Porque eu quero brincar com o meu irmão"! De fato, a gravidez da mãe fora marcada pela geração de uma grande expectativa, especialmente, por parte do pequeno Gabriel. Agravou-se, ainda, a sua mudança para uma nova cidade, uma nova casa com uma janela alta, a montagem do berço e dos detalhes do quarto, o imaginário quanto aos cuidados com o bebê e as possibilidades de muitas brincadeiras. Instiguei mais a narrativa do pequeno Gabriel e ele me disse que via os passarinhos voando. Queria fazer o mesmo para se encontrar com o irmão, remetendo-se à imagem simbólica dos anjos. Elogiei muito o seu desenho e a história que ele me contou. Conversei um pouco com ele sobre a natureza de cada um de nós. Lembrei a ele sobre os bichinhos que havíamos feito e a história do patinho que não aprendeu a voar. Disse, também, que cada um ser neste mundo tem uma natureza e que, nós, seres humanos, com exceção dos esportistas que voam de ultraleve ou de asa delta, não temos a capacidade natural para voar. Em outras palavras, disse a ele que nós éramos patinhos que não aprendemos a voar. Nos despedimos, mas antes, solicitei que ele aguardasse no hall de acolhimento, pois eu precisava falar cinco minutos com a sua mãe. Ele, já bem ambientado, ficou bem tranquilo. Então, acolhi a mãe e conversei com ela confirmando que a família estava morando no terceiro andar de um prédio e que não havia proteções na janela. Expliquei sucintamente o desenho para ela e a vontade expressa pela imaginação do pequeno Gabriel em pular para se encontrar com o irmão. Falei da minha abordagem com ele para, enfim, solicitar a ela a urgente providência de um gradil ou tela de proteção. Ao que ela concordou.

Infelizmente, depois desse atendimento, via telefone da clínica, a mãe, alegando diversos problemas de ordem pessoal e familiar, disse não mais poder levar o pequeno Gabriel aos atendimentos. Respondi que entendia a questão, mas frisei com ela a necessidade de, assim que possível, retomar os atendimentos psicoterápicos a fim de que o pequeno Gabriel pudesse se desenvolver mais efetivamente. Enfim, expressei que desejava o melhor para a família.

As sucintas observações, que agora registro mais precisamente, deram-se mediante a percepção fenomenológica daquilo que era importante para o momento do pequeno Gabriel que, apesar da timidez, demonstrou ampla habilidade relacional. A confiabilidade e a vinculação terapêutica se revelaram fundamentais para o processo. Ele demonstrou suas habilidades com a percepção das cores e das formas e do controle das faculdades psíquicas, tais como: boa consciência, atenção, memória, orientação, senso de percepção, atenção à voz de comando, constituição do pensamento, integração entre conteúdo e forma, juízo e raciocínio concreto e abstrato.

Confesso que se enfatizou a minha preocupação com a possível ideação suicida que se manifestava na vontade de pular da janela para se encontrar com o irmão. A ideia de morrer e ir se encontrar com o irmão, no céu com Jesus, era apresentada por ele como algo que precisava de maiores atenções. Termino essa narrativa com a frase do Gabriel que mais me marcou: "Quero me encontrar com o meu irmão no céu de Jesus"!

Considerações finais

Curiosamente, encontramos no pulsante pensamento de Rubem Alves, uma série de contributos significativos que nos ajudam a pensar para além dos fechamentos herméticos produzidos pelas ciências em geral. Uso sempre como metáfora, a imagem de Alves como um menino travesso, que entra em uma biblioteca onde se encontram diversos estudantes debruçados sobre os seus livros. Então, ele corre alvissareiro e começa a abrir as portas e as janelas, convidando todos os dados à busca por conhecimentos, a olharem o mundo para além daquele espaço. Por isso, em nossa compreensão – e aqui, de uma forma mais específica, encontramos em toda a sua obra escrita uma série de inspirações que favorecem um bom indicativo para a psicologia existencial. O humanismo e o existencialismo presentes em sua obra escrita, provocam múltiplas hermenêuticas possíveis para novas extensões do pensamento nos campos da psicologia, da psicanálise e da religião. Embora psicanalista, Alves versava sobre todas as correntes psicológicas e religiosas, discutindo amplamente sobre elas.

Portanto, há no pulsante pensamento de Alves um paradoxo interessante que serve de parâmetro para uma melhor ampliação dos saberes e sabores em movimento. Por um lado, é possível reconhecer o amplo domínio de cada uma das áreas em suas expressivas argumentações, histórias e crônicas do cotidiano. Por outro lado, uma consistência acadêmica que não é negada, mas sempre posta sob o olhar da crítica. Assim, quando Alves fala de psicologia, psicanálise e religião, ele fala com propriedade. Sem se fechar a um entendimento hermeticamente fechado, ele entende que existem amplas e boas conexões que favorecem a abertura de sentido. Por isso, a psicologia precisa se abrir para outros fenômenos, a psicanálise não pode se fixar aos obscuros do inconsciente, e a religião precisa ser entendida na tonalidade da teopoética. Os saberes precisam ter sabores e precisam estar em movimento. Qualquer fechamento interpretativo e metodológico enfraquece as polissemias que podem decorrer das variações linguísticas e da expansividade do imaginário. Embotamentos não são possíveis para a lógica do pensamento de Alves.

Ao mesmo tempo, entendemos que os livros de histórias, bem como as centenas de crônicas escritas por Alves, constituem-se como elementos fantásticos que podem favorecer novas construções de sentidos para a clínica psicoterápica ou psicanalítica. O nosso caso clínico demonstrou, sucintamente, a possibilidade de se utilizar histórias e crônicas para a ampliação do processo clínico.

Ademais, encontramos nas crônicas e vídeos de Alves a sempre repetida tendência de querer ver o mundo a partir de outras perspectivas não tão usuais. Um texto que muito me encanta por causa da sua vocação de "andar na direção contrária", refere-se à aceitação de Alves quanto a um convite feito por uma sociedade voltada aos estudos sobre saúde mental. Ele disse que aceitou e se arrependeu, porque começou a fazer uma lista das pessoas que, do ponto de vista dele, tiveram uma vida mental rica e excitante. Eram pessoas, que cuja vida e obras eram alimento para a alma. Em sua lista, figuravam: Nietzsche, Fernando Pessoa, Van Gogh, Wittgenstein, Cecília Meireles e Maiakovski. Todas elas sofreram transtornos e dificuldades, todavia eram lúcidas e profundas e que continuarão a ser "pães vivos" para todas as gerações. Alves, então, pergunta-se se as pessoas da sua lista tinham saúde mental. Segundo ele, a saúde mental é uma condição de ideias que são sempre iguais, previsíveis e sem surpresas. E a sua constatação é bem interessante. Ele afirma que as pessoas da lista dele, que, por sua vez, não sobreviveriam aos testes psicológicos voltados para empregos, não possuíam saúde mental, pois eram lúcidas demais para terem ideias sempre iguais. Assim, com a finalidade de manter a sua reflexão em ordem, utilizou-se da metáfora do computador – especificamente do hardware, constituído pelas partes sólidas e o software, constituído pelos símbolos – para ampliar o seu ponto de vista:

> Nós somos muito parecidos com computadores. O funcionamento dos computadores, como todo mundo sabe, requer a interação de duas partes. Uma delas se chama hardware, literalmente coisa dura e a outra se denomina software, coisa mole. A hardware é constituída por todas as coisas sólidas com que o aparelho é feito. A software é constituída por entidades espirituais – símbolos, que formam os programas e são gravados nos disquetes. Nós também temos um hardware e um software. O hardware são os nervos, o cérebro, os neurônios, tudo aquilo que compõe o sistema nervoso. O software é constituído por uma série de programas que ficam gravados na memória. Do mesmo jeito como nos computadores, o que fica na memória são símbolos, entidades levíssimas, dir-se-ia mesmo espirituais, sendo que o programa mais importante é linguagem. (Disponível em: http://www.psicologiahailtonyagiu.psc.br/materias/ponto-vista/197-reflexao-sobre-a-saude-mental. Acessado em 16.01.2022).

E com a perspectiva dessa metáfora pontual, diz que quando os defeitos no hardware humano ocorrem, psiquiatras e neurologistas podem resolver. Quando o problema é no software humano, somente os símbolos podem ser considerados e as ferramentas são somente as provocadas pela linguagem e pela imaginação. Acresce-se a isso, a perspectiva de que nesse universo dos símbolos, das linguagens, da imaginação e da beleza ocorrem diversas e genuínas emoções na corporeidade humana.

Enfim, esperamos ter contribuído com essa reflexão que envolve a temática entre psicologia, psicanálise e religião. Em nossa compreensão, em nada absoluta, estes saberes se encontram em amplo movimento nos jardins da alma que Alves teve a oportunidade de plantar, como seres oníricos, desejantes, abertos a novos entendimentos, novas linguagens e múltiplas imaginações. Tais saberes em encantamentos provocam para os campos e seus intercruzamentos, uma série de novas inspirações que podem servir de respaldo para a prática clínica no cotidiano vivencial de psicólogos, psicólogas e psicanalistas. Parafraseando o próprio Alves: Procure um psicólogo ou um psicanalista. Você tem avessos... (Alves, 2018, 05).

Referências

ALVES, Rubem. Creio na Ressurreição do Corpo. São Paulo: Paulus, 1984.

ALVES, Rubem. Variações sobre a vida e a morte. O feitiço erótico-herético da teologia. São Paulo: Edições Paulinas, 1985.

ALVES, Rubem. O quarto do mistério. Campinas/SP: Papirus/ Speculum, 1995.

ALVES, Rubem. O que é religião? São Paulo: Loyola, 1999.

ALVES, Rubem. Filosofia da Ciência. Introdução ao jogo e as suas regras. São Paulo: Loyola, 2000.

ALVES, Rubem. O Deus que eu conheço. Campinas/SP: Verus, 2004.

ALVES, Rubem. Sobre demônios e pecados. São Paulo: Companhia Editora Nacional, 2018.

ALVES, Rubem. A Gestação do Futuro. Juiz de Fora/MG: Siano, 2020.

ALVES, Rubem. O patinho que não aprendeu a voar. Juiz de Fora/MG: Siano Mirim, 2021.

ANGERAMI, Valdemar Augusto. Religiosidade e Psicologia: a contemporaneidade da fé religiosa nas lides acadêmicas. In.: ANGERAMI, Valdemar Augusto. (Org). Psicologia e Religião. São Paulo: Cengage Learning, 2008.

ARANHA, Maria Lúcia de Arruda e MARTINS, Maria Helena Pires. Filosofando. Introdução à filosofia. São Paulo: Moderna, 1986.

CIPULLO, Marcos Alberto Taddeo e AZEVEDO, Débora Cândido de. A perspectiva fenomenológico-existencial na compreensão das técnicas projetivas no psicodiagnóstico infantil. Psicologia em Revista, Belo Horizonte, v. 24, n. 1, p. 139-157, abr. 2018. Disponível em: http://pepsic.bvsalud.org/scielo.php?script=sci_arttext&pid=S1677-11682018000100009. Acessado em 16.01.2022.

COPPE, Moisés. A casa eterna. Conversas com Rubem Alves. São Paulo: Fonte Editorial, 2017.

CUNHA, João Geraldo Martins da. (2009). Revista Estudos Filosóficos nº 2 – versão eletrônica – ISSN 2177-2967 http://www.ufsj.edu.br/revistaestudosfilosoficos DFIME – UFSJ – São João Del-Rei-MG Pág. 1 – 27. Acesso em 16.01.2022.

DURAND, Gilbert. A Imaginação Simbólica. Lisboa/Portugal: Edições 70, 1993, p. 8.

DURAND, Gilbert. O imaginário. Rio de Janeiro: Difel, 2004, p. 117.

HILLMANN, James. Uma busca interior em psicologia e religião. São Paulo: Paulus, 1984.

NUNES, Antônio Vidal. Corpo, Linguagem e Educação dos Sentidos no Pensamento de Rubem Alves. São Paulo: Paulus, 2008, p. 75.

WITTGENSTEIN, Ludwig. Estética, psicologia e religião. São Paulo: Cultrix, 1966.

ALVES, Rubem. O que é religião. São Paulo: Loyola, 1999.

ALVES, Rubem. [illegible] da [illegible] [illegible] São Paulo: [illegible]

ALVES, Rubem. O Deus que eu conheço. Campinas, SP: Verus, 2004.

ALVES, Rubem. Sobre demônios e pecados. São Paulo: [illegible] Editora [illegible], 2006.

ALVES, Rubem. [illegible] do futuro [illegible] São Paulo: [illegible], 2020.

ALVES, Rubem. [illegible] não aprendi a [illegible] de [illegible] [illegible]

[illegible] Religiosidade e psicologia: [illegible] [illegible] In: ANCONA-LOPEZ, Marília (org.). [illegible] [illegible] São Paulo: Casa do Psicólogo, 2002.

[illegible] Maria Paula [illegible] [illegible] São Paulo: [illegible]

CARDELLA, [illegible] [illegible] [illegible]; FUKUMITSU, Karina Okajima (orgs.). [illegible] [illegible] [illegible] [illegible] In: [illegible] p. 139-157, 2018. Disponível em: http://[illegible]. Acesso em: [illegible] 2022.

[illegible] Conversas com Rubem Alves. São Paulo: [illegible]

[illegible] José [illegible] [illegible] [illegible] [illegible] Disponível em: https://[illegible] Acesso em: [illegible]

[illegible] 1994.

[illegible] Rio de Janeiro: [illegible] 2006.

HEMMING [illegible] [illegible] [illegible] São Paulo: [illegible]

[illegible] São Paulo: [illegible]

[illegible] São Paulo: [illegible]

POESIA

E a vida se reinventa...

Moisés Abdon Coppe

E não é que a vida se reinventa?
Nem essa coisa chamada morte,
que também faz parte da vida,
que abriga o revés e a sorte,
aparta a presença daqueles
a quem amamos, tão forte.
Aliás, na vida, onde os mortos parecem ausentes,
talvez, ausentes presentes, talvez, presenças ausentes,
o brilho de suas presenças se faz cada vez mais presente.
Há dispensas etéreas com doces imaginários.
sabores com gosto de infância, de adolescência e de maturidade.
Todavia, quem em sã consciência, tem maturidade para cercear a felicidade em carinhos de açucar?
Sempre é bom ser do bem; no deslindar da amizade que acolhe crianças que também sorriem e pronunciam nomes...
Que a fé seja viva, eivada de gargalhadas contagiantes!
Risadas gigantes que se conjugam às estrelas ridentes, que mesmo sem dentes, ecoam seus risos frouxos. Todo o planeta agradece.
E nesse instante silente,
onde a alma da gente não cabe em si, tão contente,
fechamos os olhos ardentes em lágrimas lisas, tão quentes,
para celebrarmos presenças ausentes
e acolhermos no peito, nossos amores para sempre.

CAPÍTULO 20

Deus não deve estar morto

Ramon Silva Silveira da Fonseca

Marcus Túlio Caldas

No me mueve, mi Dios, para quererte el cielo que me tienes prometido,ni me mueve el infierno tan temido para dejar por eso de ofenderte.

Tú me mueves, Señor, muéveme el verte clavado en una cruz y escarnecido, muéveme ver tu cuerpo tan herido, muévenme tus afrentas y tu muerte.

Muéveme, en fin, tu amor, y en tal manera, que aunque no hubiera cielo, yo te amara, y aunque no hubiera infierno, te temiera.

No me tienes que dar porque te quiera, pues aunque lo que espero no esperara, lo mismo que te quiero te quisiera.[1]

A inquietação que motivou a escrita desta reflexão consiste na observação de haver em algumas pessoas e grupos o entendimento de que a logoterapia é a abordagem indicada para os que professam alguma religião. Também, percebo uma tendência a insinuar que psicólogos que sejam engajados em suas comunidades religiosas adotem esse arcabouço teórico, reclamando coerência entre o profissional e o crente.

É muito importante reconhecermos as diferenças regionais e sociais, que caracterizam nosso país, e de forma especial nos nossos dias, a polarização política, que está eivada de ideologias e de valores que se apregoam religiosos. Esse panorama permitiu maior visibilidade da logoterapia, justamente por ter havido uma tentativa de aproximação entre um olhar religioso, uma ideologia política e esse saber psicológico.

Antes de encetarmos uma discussão sobre a ideia de Deus no pensamento frankliano, julgo importante fazer um arremate de sua teoria. Conforme a construção teórica de Viktor Frankl, faz-se mister compreender que a logoteoria

[1] Poema medieval de autoria anônima.

preconiza que a falta de sentido é fator de adoecimento psíquico, causando uma vivência inautêntica. Nesse prisma, o sentido é realizado por meio de valores que são categorizados em: criativos, vivenciais e atitudinais.

A logoteoria, afirma Frankl (2016), consiste na teoria dos valores criativos, vivenciais e de atitudinais e é forjada no contexto da Logoterapia. Portanto, verifica-se que Frankl adota os termos logoterapia e logoteoria de forma distinta, sendo a última mais relacionada com sua axiologia. Ademais, Etcheverry (1990) explana que comumente adota-se indiscriminadamente o termo logoterapia, tanto para o processo terapêutico, quanto para a elaboração teórica, contudo, há uma tendência na literatura a usar o termo logoteoria para o aspecto especulativo, enquanto o primeiro termo ao processo psicoterápico.

Esse conjunto teórico abarca também uma antropologia, que deve ser explicitada para a compreensão mais aprofundada do fenômeno da vivência dos valores no cenário humano. Este entendido como ser biológico, social e espiritual, destacando-se o aspecto noético, ou seja, o espaço do sentido e do valor, como qualidade tipicamente humana. É na dimensão noética que se verifica a reflexão dos valores.

Frankl (2011) identifica os meios básicos pelos quais o ser humano encontra sentido em sua vida e que ele chamou de valores. Para ele, existem três categorias de valores, a saber: a primeira, valores de criação, que se relacionam ao que o homem oferece ao mundo, ou seja, suas criações, sua contribuição; a segunda, valores de experiência, que dizem respeito ao que o homem recebe do mundo, especificamente, encontros e experiências; e, na terceira, os valores de atitude, ou seja, a postura que se toma diante da vida quando se é confrontado com um destino que não se pode mudar.

Frankl (2009) também identifica sentidos universais, que são aqueles próprios da condição humana, tais como a preservação da vida, o cuidado com os genitores, com a prole e com a comunidade. Ademais, esses sentidos e valores podem ser transmitidos pela tradição, donde se pode verificar um grande senso de dever e de responsabilidade em sociedades menores e com menos variação de ideologias. Isso implica conflitos de valores individuais e universais. Contudo, ele advoga que, na realidade, não são conflitos, pois os valores não se contradizem, mas estão em dimensões distintas, organizados de forma hierárquica. Cabe à consciência-*gewissen* a tarefa de identificação dos valores segundo a sua hierarquia, consoante à necessidade pessoal e situacional, por essa razão, Frankl destaca a importância da educação para aguçar a consciência-*gewissen*.

Considerando ser Frankl herdeiro do pensamento de Scheler, é importante retomar algumas ideias desse filósofo sobre os valores. Scheler (1948), quando trata dos valores, defende sua objetividade, sua existência apriorística, ainda que materializada na ação e nos bens. De toda forma, ele chama atenção que é preciso não confundir os valores com seus depositários, tampouco identificar os valores com categorias e com classes sociais. Se isso acontecesse, ocorreria um erro moral, pois os valores estariam sendo entendidos fora da dimensão que lhe é própria, assim, implicando um farisaísmo que separaria as pessoas em bons ou ruins, com características estáveis.

Ademais, Scheler (1948) entende que a identificação de um valor não pode ser oriunda de características e de propriedades que não estejam contidas nos fenômenos de valor. Para ele, o valor é dado intuitivamente. Isso implica a existência de verdadeiras e autênticas qualidades de valor, que se constituem em um conjunto próprio, assim, havendo suas próprias relações e conexões e, nessas relações, organizarem-se de forma hierárquica. Desse fato, depreende-se que sua existência não se confunde com um mundo de bens por meio dos quais se manifestam, tampouco são passíveis das mudanças sociais e históricas.

Contudo, Scheler (1948) faz a ressalva de não confundir os valores com potencialidades na natureza humana, como uma energia. Ele chama a atenção para não confundir a abertura e a necessidade humana para o valor, com o valor em si mesmo, como que uma emanação dos eflúvios do fenômeno humano. Isto é, não se pode confundir os valores com os seus depositários. Explica o autor:

> Todos los valores (incluso los valores "bueno" y "malo") son cualidades materiales que tienen una determinada ordenación mutua en el sentido de "alto" y "bajo"; y esto acaece con independencia de la forma de ser en que se presenten, sea, por ejemplo, como cualidades objetivas puras o como miembros de estados de valor (tal el ser agradable o el ser bello de algo), o como momentos parciales de los bienes, o como el valor que "una cosa tiene" (Scheler, p. 63, 1948).

Scheler (1948) reitera essa objetividade e materialidade dos valores quando explica que eles podem ser captados independentemente da relação clara com seus depositários, são intuídos em uma pessoa, ou em uma obra de arte, sem o indivíduo preceptor conseguir explicar logicamente a sua avaliação, ou mesmo quando se aprecia uma paisagem, sem se ser capaz de esmiuçar as notas referentes ao valor de gentileza e de prazer.

Outro destaque elaborado pelo autor é que as qualidades valiosas não variam com as coisas. Ainda que os depositários caduquem ou se deteriorem, os valores jamais acompanham essa desvalorização. Contudo, os bens, como depositários de valor, acompanham a sua materialidade, assim, podendo ser depositário de distintos aspectos de valor. Aí se expressam o valor enquanto objetividade e o julgamento de valor, enquanto capacidade de identificar valores, passível de variação entre os indivíduos e entre as épocas. Assim, os bens sendo depositários de valor, a estes nos materializam e fazem-nos reais (Scheler, 1948).

Consideram-se os bens como depositários de valor, como locais em que os valores se manifestam. Ainda que haja uma íntima relação entre os bens e os valores, tem-se claro que não se confundem. Ademais, Scheler (1948) afirma que a forjação do mundo dos bens segue guiada por uma hierarquia dos valores. Nessa trilha, o autor entende que essa hierarquia gera uma possibilidade de valores, ou seja, não determina quais são os valores a serem percebidos nos bens, mas ofertaria um conjunto de valores que estariam à disposição da sensibilidade dos indivíduos nas variações históricas. Esse pensamento reafirma o caráter apriorístico dos valores quanto aos bens e ao conhecimento humano. Além disso, considerando que a hierarquia dos valores apresenta uma qualidade de dominância, de prevalência, mas não de absolutismo, essa hierarquia se expressa nas preferências, assim, o autor afirma que no âmbito da estética essa preferência seria chamada de estilo, na esfera da prática, de moral.

Dessa relação hierárquica dos valores, de seu posicionamento mais alto ou mais baixo, da eleição e atuação de um valor mais alto, ou de sua postergação em relação a um valor mais baixo, Scheler (1948) reelabora as qualidades de bom e de mau. Para ele, o bom, entendido de forma absoluta, refere-se ao ato de realização de um valor que está posto na hierarquia em um patamar mais elevado. Enquanto o bom, no sentido relativo, é compreendido como o ato dirigido à realização de um valor mais alto; por conseguinte, o mau estaria no ato ou na disposição a agir ou a escolher valores mais baixos na hierarquia.

Ademais, Scheler (1948) entende que o valor bom está relacionado com a realização de um valor positivo dentro da graduação mais alta dos valores, enquanto o valor mau, seria a realização de um valor negativo. Entende-se que valores positivos são aqueles que devem ser, enquanto os negativos são aqueles que não devem ser. Isto é, há realizações que devem ser feitas e outras que devem ser evitadas. Isso parte da ideia de que todo dever está fundado em um valor.

Além disso, os valores também são classificados em superiores e inferiores. Para Scheler (1948), essa relação de superioridade e de inferioridade se expressa na preferência do sujeito. Ele chama a atenção para não identificar preferência com eleição, ou seja, o valor não seria superior por ter sido escolhido, pois é possível eleger um valor inferior. Porém, a altura do valor dar-se-ia no ato de preferir, o valor seria atrativo. O autor também destaca que esse preferir pode dar-se de forma intuitiva ou de forma reflexiva, por meio da análise e da avaliação. Contudo, é possível haver ilusões de preferência, assim, o indivíduo pode errar na preferência do valor. Nesse esteio, importa entender quais seriam os critérios para identificar um valor como superior ou inferior na hierarquia:

> Así, los valores parecen ser "más altos" cuanto más duraderos son; igualmente lo parecen cuanto menos participan de la "extensión" y divisibilidad igualmente, cuanto menos "fundamentados" se hallen en otros valores; también, cuanto "más profunda" es la satisfacción ligada con su percepción sentimental; y, finalmente, tanto más altos parecen cuanto menos relativa es su percepción sentimental a la posición de

> depositarios concretos esenciales para el "percibir sentimental" y el "preferir" (Scheler, p 155, 1948).

Além de identificar a relação e a organização dos valores em suas características, Scheler (1948) também forja uma compreensão das relações de modalidade. A modalidade mais delimitada na hierarquia seria a que se rege pelas qualidades de agradável e de desagradável, de prazer e de dor. A segunda modalidade seria a dos valores vitais, constelados pelas qualidades de nobre e vulgar, de bom e ruim. Os valores vitais não podem ser reduzidos às categorias de agradável e desagradável.

Soma-se às modalidades apresentadas o grupo dos valores espirituais. Fazem parte dele os valores de belo e feio, justo e injusto, retidão e transgressão, também, pelos valores de puro conhecimento da verdade, como a filosofia e a ciência, outrossim, os valores de cultura. Por fim, existem os valores de santo e profano; a estes se relacionam os valores de felicidade e desespero, de fé e incredulidade e de veneração e adoração. Nesse esteio, o autor afirma que os valores de nobre e vulgar estão em uma categoria mais elevada que a de agradável e desagradável. Por sua vez, os valores espirituais apresentam primazia hierárquica diante dos valores vitais, enquanto os valores do santo colocam-se em um patamar acima dos valores espirituais (Scheler, 1948).

Scheler já chamou a atenção para a ilusão do preferir, que implicaria na preferência de valores inferiores em detrimento daqueles superiores, ou seja, haveria um erro na percepção dos valores. O autor chama a atenção que estaria no sentimento de ódio, de inveja e de ressentimento, a origem dessa farsa valorativa, tal farsa ocasionaria uma desordem na hierarquia dos valores, uma reviravolta. Afirma Scheler (1994, p. 80):

> Não é legitima a eticidade – como imagina Nietzsche – que se fundamenta sobre o ressentimento. Esta se baseia na eterna hierarquia dos valores, e nas colocações preferenciais que evidentemente correspondem a ela, sendo que estas são tão objetiva e rigidamente "inteligíveis", quanto as verdades da matemática. Existe uma "logique du coeur" e uma "ordre du coeur" – como diz Pascal – que o gênio ético descobre aos poucos na história, sendo que não são elas mesmas que são "históricas", mas tão-somente sua compreensão e conquista. Contudo, o ressentimento é uma das fontes da reviravolta desta ordenação eterna na consciência humana: é uma fonte de engano no que diz respeito ao atingimento desta ordenação e de sua conformação no seio da vida.

Nessa trilha, diante da desordem causada pela exclusão da ordem do coração, Scheler também identificada a necessidade de ouvir a voz da consciência, evidentemente, de uma consciência intuitiva, espiritual. E a unidade dessa consciência está vinculada com a expressão dos sinais de Deus. Para Scheler (2010), só se preservaria a unidade da consciência com a conservação dessa união entre a voz da consciência e a de Deus. Donde, para ele, a importância do sentimento de humildade e de arrependimento para retomar a ordem do coração e a escuta da voz da consciência.

Ainda considerando a hierarquia dos valores, Pintos (2013) apresenta dois tipos de organização axiológica: piramidal e em paralelo. No primeiro caso, o indivíduo organiza sua escala de valores de forma a privilegiar um e excluir outros, de forma que haveria uma subordinação entre os valores. Nesse caso, haveria um valor predominante. Já na organização em paralelo existiria um grupo de valores com o mesmo estatuto de importância, os demais valores viriam subsequentes a esse grupo principal.

Nessa trilha, Pintos (2013) argumenta que a pessoa que vivencia os valores de forma piramidal está em um risco maior de sofrimento quando é exigido pela vida a reordenar-se a encontrar sentido, enquanto aquele que procede de forma paralela na apreciação axiológica teria mais recursos para encontrar sentido nas situações. Essa versatilidade de descoberta e valores é denominada de noodinamismo facultativo. Isto é, cabe ao indivíduo a liberdade de encontrar sentido ouvindo a sua consciência-gewissen.

Por sua vez, os valores de atitude podem ser destrinchados naquilo que Frankl (2011) denominou de tríade trágica, isto é, dor, culpa e morte. Ele salienta, assim, qual atitude devemos apresentar diante de um sofrimento irremediável, ou seja, encontrar nesse destino de dor um sentido, enquanto que a atitude referente à culpa indica a possibilidade de o homem definir a si mesmo e superá-la.

Já o terceiro elemento da tríade trágica diz respeito à atitude diante da transitoriedade da vida, a morte. Nesse caso, apresenta-se a história, o passado como lugar privilegiado da descoberta de sentido, pois, conforme Frankl (2011, p. 95):

> Neste, nada está irremediavelmente perdido. Pelo contrário, tudo está inalteravelmente preservado e salvo. Absolutamente, nada e ninguém podem privar-nos do que entregamos ao passado. [...] O homem é responsável pelo que fizer, por quem amar e por como sofrer.

Diante de todo o conjunto de valores e de atitudes, de sua unicidade e sociabilidade, poderia haver choques, mas Frankl (2011) defende que existe uma hierarquia de valores por meio da qual se priorizam uns, evitando, assim, o possível embate entre eles. Por isso, nessa perspectiva, Frankl (2011) afirma que os valores de atitude são os mais altos valores possíveis, pois o sentido do sofrimento, aquele que não se pode escapar ou arrefecer, é o mais profundo sentido possível.

Assim, para Frankl (1978), uma maneira de encontrar sentido nas coisas, no trabalho, no amor e no sofrimento é tornar-se atento às situações, ou seja, é assumir-se responsável, isto é, ser capaz de escolher e selecionar o que é essencial do acidental.

Essa responsabilidade, fruto da liberdade de escolha que permite que o ser humano eleja uma vida significativa ou não, exige um critério que o oriente em seu discernimento, função desempenhada, portanto, pela consciência, assim, ela se torna, segundo Lukas (1989), um órgão de sentido (Ver figura).

Nesse cenário, a consciência funciona como um revelador do sentido objetivo dos valores do mundo. Para Frankl (2011, p. 28): "ser consciente pressupõe a exclusiva capacidade humana de elevar-se sobre si mesmo, de julgar e avaliar as próprias ações e a própria realidade em termos morais e éticos".

Ademais, é importante frisar a necessidade de não confundir a característica subjetiva e relativa dos valores com uma visão subjetivista e relativista deles, consoante discutido nos capítulos anteriores. No âmbito da logoteoria, Frankl (2003) elabora o conceito de trans-subjetividade, isto é, os valores estão além do ser humano, estão no mundo e precisam ser descobertos, ou seja, não são inventados pelo arbítrio humano.

Esquema da Logoteoria

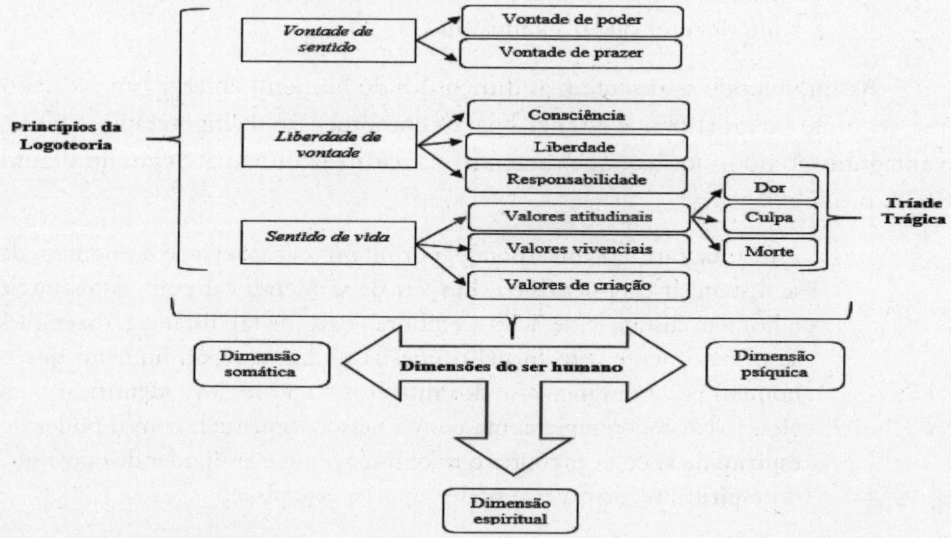

Fonte: Adaptação de Frankl, 2011

Contudo, Lukas (1989) afirma que a liberdade da dimensão noética espiritual do homem o permite ser livre também em relação à sua consciência, pois esta se distingue do conceito de superego freudiano e pode, diferente dele, contribuir para que o indivíduo escolha, segundo sua intuição, ou de acordo com as convenções morais.

Assim, o homem torna-se responsável pela realização de seu sentido, de seus valores, amparado por sua liberdade de escolha, entretanto, esse sentido é sempre único e situacional, referente ao próprio indivíduo. Conforme afirma Frankl (2011, p. 29): "a unicidade relativa à consciência refere-se a um caráter singular de necessidade, a uma demanda única que alguém venha a enfrentar".

Esse caráter de unicidade do sentido e da consciência, bem como sua situacionalidade, além da responsabilidade decorrente de sua liberdade, implica uma noção de missão que o homem deve cumprir e que consiste, primeiramente, em descobrir que missão é essa e, por conseguinte, encontrar o sentido de vida o qual é único e irrepetível. Desse modo, Frankl (2003, p. 97) afirma:

> Ora, o instinto que [...] conduz o homem às missões da vida que lhe são mais peculiares, guia-o também na resposta às perguntas da vida, na responsabilidade pela sua vida. Este instinto é a consciência. A consciência tem a sua "voz", "fala-nos", – eis um fato fenomenicamente indiscutível. Acontece, entretanto, que o falar da consciência é sempre e em cada caso um responder. E aqui, considerado psicologicamente, o homem religioso é aquele que, ao atender ao falado, experimenta a vivência de alguém que lhe fala, sendo, portanto, por assim dizer, homem de ouvido mais agudo do que o não religioso: no colóquio com a sua consciência – essa conversação mais íntima que se dá a sós consigo mesmo – o seu Deus é o interlocutor que o acompanha.

Assim, quando se discutem as dimensões do homem, emerge um conceito que, segundo Lukas (1989), é essencial para a compreensão da logoterapia, a saber: o antagonismo noopsíquico, que caracteriza a natureza humana. Segundo Frankl (1978, p. 165):

> Este antagonismo corresponde, por inteiro, à capacidade do homem de se distanciar do psicofísico. Em vez de se identificar com os instintos, o homem distancia-se deles – embora possa, de tal distância, dizer-lhes sim. Finalmente, isto forma o que há de humano no homem: que o homem pode distanciar-se dos instintos e não se deve identificar com eles. [...] A logoterapia conta com a pessoa espiritual, com o poder do espírito de se colocar contra o psicofísico, com esse "poder de oposição" do espírito; recorre a esse poder, apela a esse poder.

Assim, entre os sentidos que cada indivíduo descobre em sua vida e a missão a qual foi chamado a cumprir, surge a indagação do sentido do todo, do conjunto cósmico, da finalidade e do fim de algo que é superior ao ser particular. Nesse ponto, Frankl (2003) chamará a resposta a tais indagações de suprassentido, pois apresenta o sentido como algo além do apreensível. Além disso, Frankl (2003, p. 61) identifica duas possibilidades de resposta:

> Porque as possíveis respostas positivas a todos estes problemas pertencem propriamente ao domínio da fé. É por isso, aliás, que, para o homem religioso, que crê numa Providência, não há por via de regra, a este respeito, nenhuma problemática. Quanto aos restantes, a discussão de tais indagações teria que ser examinada, antes de mais, em termos de crítica gnoseológica.

Contudo, Frankl (2002) ainda sim postula a liberdade do homem diante desse mundo suprassensível e o coloca de maneira responsável e criteriosa frente aos direcionamentos e destinos conjecturados por essa Providência Superior. Além da caracterização da fé e de sua efetivação como condição de acesso ao suprassentido, Frankl (2002) afirma também ser o amor o fundamento do ingresso na dimensão supra-humana. Amor que conjecturamos estar eivado de confiança e ser o substrato da resiliência diante da dor e do sofrimento.

Ademais, importa destacar que quando Frankl defende a fé como meio para percepção do sentido último, ele não está identificando a fé com determinada instituição religiosa, ainda que ela seja albergada por tal sistema. Inclusive, Frankl (2009) questiona de forma bem humorada se sua compreensão de fé, de religiosidade e de Deus seria respaldada por algum teólogo.

Nesse esteio, percebe-se que Frankl acolhe em sua teoria, além do conceito de fé, o de religiosidade. Para ele, a espiritualidade releva a presença e a unidade do eu, na qual jaz a sua liberdade e responsabilidade, assim estando a espiritualidade vinculada à ideia do eu, enquanto o conceito de religiosidade expressaria a ideia do tu, a presença de alguém transcendente, chamado de Deus. Contudo, esse Deus não seria entendido de forma panteísta, nem ocultista, tampouco instintiva. Dessa forma, esclarece Frankl (p.113, 2009):

> Na prática, isso significa que sempre que estivermos totalmente a sós conosco, quando estivermos dialogando conosco na derradeira solidão e honestidade, é legítimo denominar o parceiro desses solilóquios de Deus, independentemente de no considerarmos ateístas ou crentes em Deus. (...) Se Deus realmente existe, estou convicto de que ele não levaria a mal se alguém o confundisse com o próprio eu e o chamasse por nome errado".

Daí, percebe-se que a fé capacita o homem a identificar a espiritualidade que lhe é inerente, essa habilidade que o unifica e o diferencia dos animais. Ademais, a fé permite vislumbrar o sentido que não é captado pela consciência lógica e materialista, outrossim, a fé permite a vivência da religiosidade e da relação com Deus, assim, alargando a percepção do homem que além de ser o centro da vivência espiritual, também está vinculado de forma transcendental àquele sentido que está adiante dessa realidade.

Dessarte, destaca-se novamente o termo consciência, havendo uma diferença na língua alemã que não existe na portuguesa. Aquilo que em alemão se diz Bewusstsein, traduz-se em vernáculo por consciência psicológica, ou seja, a capacidade reflexiva, de percepção e de conhecimento, já o termo Gewissen transcreve-se por consciência moral, a capacidade humana de avaliar, de julgar e de reconhecer valor. Já foi visto anteriormente que a consciência é considerada órgão de sentido, nesse caso, fala-se de Gewissen, pois não se confunde com a clareza reflexiva, mas aproxima-se de uma prática intuitiva pré– reflexiva (Frankl, 2009).

Nessa trilha, a consciência-gewissen, escapando do conceito tipicamente psicológico de vigilância, de reflexão e de lógica, é entendida como estando inserida no inconsciente frankliano, isto é, no inconsciente espiritual, donde que a consciência– gewissen é considerada irracional e pré-lógica, ou seja, é a atividade intuitiva, ou seja:

> A consciência moral revela-se como uma função essencialmente intuitiva. A fim de antecipar aquilo que terá de realizar, a consciência deverá primeiramente intuí-lo; neste sentido, portanto, a consciência ética (o Ethos) é, de fato, irracional e apenas posteriormente racionalizável (Frankl, p. 30, 2009).

Herdeiro de Scheler (2015), que defende o ato de amar como precedente ao ato intelectivo, Frankl destaca o amor como função intuitiva, ela aproxima os conceitos de consciência-gewissen e o de amor. Ambos os conceitos percebem as possibilidades de valor que são realizáveis e se dirigem ao indivíduo, ao caso particular, fugindo de generalizações ou algoritmos universais. Para Frankl (2009), o amor possui uma função cognitiva, uma decisão de amor seria a única capaz de perceber as possibilidades de valor e de realização do indivíduo, sem massificá-lo em padrões coletivos.

Dessa forma, Frankl (2009) repisa a compreensão que a consciência moral não constitui um instinto ético, se assim o fosse, não haveria liberdade e responsabilidade. A distinção entre o instinto e a consciência-gewissen repousa em que o primeiro é um esquema rígido presente em todos os indivíduos da mesma espécie e aplicado de forma geral, enquanto a consciência-gewissen se efetiva na individualidade e conforme as circunstâncias, há uma maior eficácia e adaptabilidade.

Nesse percurso de consideração sobre a consciência-gewissen, faz-se mister retomar o conceito basilar da Liberdade de Vontade. Esse construto reforça a compreensão de que o ser humano é livre na sua vontade, não é levado por instintos psicofísicos, nem inconscientes de forma analítica. Ainda quando Frankl conceitua o inconsciente espiritual, não o entende como uma instância determinadora de comportamento, mas como um atividade pré-reflexiva, intuitiva, mas não vinculante, assim, conservando a responsabilidade do ser humano.

Dessa forma, a consciência enquanto órgão de sentido é a sua voz, é a instância de transcendência do indivíduo. Daí, o costume de se dizer que se presta contas à consciência. Se a ela se presta contas, ela seria superior ao indivíduo, contudo, tendo em vista que o indivíduo é livre diante de sua consciência, logo, responsável por ouvi-la ou não. Outrossim, não se confunde a consciência com o próprio indivíduo, mas um degrau anterior ao pico, à ideia de Deus. (Frankl,

2009). Aqui, identifica-se mais uma influência da filosofia de Scheler, quando este afirma a necessidade do modelo moral a ser seguido:

> Uma vez que o ato de um conhecimento ético do mundo (de Deus como Bem) entra em todo e qualquer ato religioso, na medida que é imediato e determinado, um modelo ético concreto maximamente elevado também é estabelecido concomitantemente com toda e qualquer cunhagem determinante concreta desse bem supremo; e isso para o querer que antecede e determina até mesmo a tudo aquilo que se chama regra moral, lei etc. O querer e o agir moralmente bons segundo a imagem que paira a cada vez diante de nós do divino dispõe necessariamente e como conditio sine qua non mesmo todo e qualquer progresso do espírito na penetração, na profundeza e na plenitude da divindade – segundo o conhecimento de Deus (Scheler, 2015, p. 353).

Essa assunção do amor, como meio de percepção de valor e de possibilidade de sentido, não pode ser confundida com a legitimação de mero sentimentalismo ou de um radical subjetivismos, dois tópicos que já foram tratados ao longo dos capítulos anteriores. Além disso, não se está desdenhando a consciência cognitiva e lógica, pois esta é necessária para se evitar a arbitrariedade e o ensimesmamento. Ademais, a adoção da ideia de modelo moral e de Deus não torna sua teoria uma teologia ou o vincula a pacientes crentes em detrimento dos ateus. Tais conceitos alertam que o humano não se reduz ao lógico, ao instintivo, nem ao racional, assim, o cientista não pode se tornar míope diante do ser humano e de suas dimensões, ainda que não seja abarcada pelo método científico tradicional.

Ademais, quando se afirma a liberdade do ser humano diante das condicionalidades, considerando que a consciência-gewissen é pré-lógica, Frankl (2016) destaca o axioma da autocompreensão ontológica pré-reflexiva do homem comum. Este é concebido como aquele não intelectualizado pela academia, nem formado por escolas psicológicas ou filosóficas que o tenham doutrinado. Dessa forma, percebe-se o traço saudável da capacidade de percepção de valores situacionais e pessoais, bem como do sentido último da vida.

Também, deve-se considerar como a extrema exigência pela descoberta de sentido a condição mortal do ser humano. A morte não ameaça o sentido de vida, ao contrário, ela o torna urgente. Pode-se, assim, associar a ideia de passado com a morte, sendo o passado o bojo das realizações em que, de fato, o indivíduo está resguardado, não pode perder nada, tampouco mudar. Essa imutabilidade do passado não se deve tornar a condenação, mas o monumento da vida. Frankl argumenta que sempre é possível mudar a valoração dos fatos e, assim, vislumbrar valores no tempo passado (Frankl, 2005).

Dessa forma, pode-se perceber como Frankl (2016) advoga a liberdade do homem diante de seu passado. Ademais, ele considera a morte como a consumação de todos os sentidos, mormente, como a oportunidade para descobrir o suprassentido, o sentido último. A morte também chama a atenção para o sentido da vida enquanto valor e qualidade, não enquanto extensão. Uma vida com significado não carece ter sido longeva. Dessa forma, mais uma vez percebe-se a relevância da logoteoria para a saúde do indivíduo, pois mesmo a morte é vista de forma otimista, reconciliada. Nesse sentido, lapidar é a exposição:

> Na realidade, na vida cotidiana, o homem tende a entender mal o sentido da morte. Quando o despertador toca de manhã e desperta-nos de nossos sonhos, sentimos tal fato como se algo de terrível estivesse acontecendo no mundo de nossos sonhos. E ainda presos em nossos sonhos, às vezes, não percebemos (ou pelo menos não de imediato) que o despertador chama-nos para a existência real. Mas, nós mortais não agimos de maneira semelhante, quando nos aproximamos da morte? Não nos esquecemos igualmente que a morte desperta-nos para nossa realidade? Mesmo se for uma mão amorosa e acariciante que acorda-nos, por mais gentil, nós não percebemos logo sua gentileza. Mesmo então sentimos apenas uma intromissão no universo de nossos sonhos, uma tentativa de dar um fim. Assim, frequentemente a morte aparece como algo assustador, e dificilmente suspeitamos o quanto de bem ela significa... (Frankl, 2005, p. 117)

Nessa conjuntura, destaca-se a contribuição de Frankl para a compreensão de saúde noopsíquica. Esta não residiria na busca do prazer, em um enfrentamento dos impulsos reprimidos, mas na tomada de consciência dos deveres e na realização dos mesmos. Uma pessoa seria mais saudável, quanto mais responsabilidade ela perceber em seus atos, sendo livre para escutar sua consciência e contemporizar os valores universais com aqueles que podem ser realizados no cotidiano do indivíduo, realizando seu dever ser (Acevedo, Battafarano, 2008).

Contudo, quando se fala de saúde, não se pode soçobrar adotando os reducionismos já advertidos por Frankl (p.180, 2016): “cair no erro do noologismo é afirmar que toda neurose é noogênica”. Essa compreensão impede um reducionismo do ser humano, quando se negligenciam os aspectos psicofísicos do ser humanos, como se o homem deixasse de ser homem, com suas dimensões biopsicoespiritual, para ser angelical, desprovido das necessidades também tipicamente humanas. Repisa-se que o questionamento sobre o sentido de vida e mesmo sobre sua existência é sinal de saúde espiritual.

Outra faceta importante de atentar é a função de órgão de sentido da consciência– gewissen. Ainda que caiba a ela a função de percepção do sentido, ela não está impedida de errar e de sofrer ilusões de sentido. Sendo uma dimensão demasiadamente humana, sendo esta finita, também a consciência-gewissen é finita e passível de erro, é falível. Assim, é possível identificar uma crise da consciência-gewissen.

Donde Frankl (2003) destaca a necessidade da virtude da humildade. É preciso ter humilde e modéstia, para admitir que a consciência-gewissen de outrem pode ter percebido o sentido real e não ter sido enganado por um sentido ilusório. Destarte, além da humildade, é precípuo ter tolerância, esta permite o convívio com os diferentes, que percebem sentidos diferentes, pois a segurança da infalibilidade não existe, ainda que haja sinceridade na percepção dos valores.

Essa concepção de ilusão de sentido entendemos calhar com o título deste artigo: Deus não deve estar morto, isso porque não estamos falando de teologia ou de deidades, mas da consciência humana, frágil, parcial, passível de erros, contudo, considerada o órgão do sentido. Daí que Deus não deve estar morto, pois nossa consciência precisa captar os sentidos circunstanciais da vida e, quiçá, o sentido da vida.

Ademais, o poema escolhido como epígrafe também quer destacar essa concepção da espiritualidade não deísta, pois o valor do amor é o valor da realização do sentido da vida do eu lírico, não o é a expectativa do céu, tampouco o medo do inferno, mas simplesmente o amor expresso por uma pessoa, ser tocado por ele e responder a esse amor, amando.

Por último, destaco a importância da arte em suas diversas modalidades para expressar a dimensão espiritual do ser humano, assim, enquanto houver a arte, haverá escuta da consciência, Deus continuará a falar. Dessa forma, encerro essa reflexão recorrendo à pena de Eça de Queirós:

> – Então que lhe ensinava você, abade, se eu lhe entregasse o rapaz? Que se não deve roubar o dinheiro das algibeiras, nem mentir, nem maltratar os inferiores, porque isso é contra os mandamentos da lei de Deus, e leva ao Inferno, hem? É isso?...
>
> – Há mais alguma coisa...
>
> – Bem sei. Mas tudo isso que você lhe ensinaria que se não deve fazer, por ser um pecado que ofende a Deus, já ele sabe que se não deve praticar, porque é indigno de um cavalheiro e de um homem de bem...
>
> – Mas, meu senhor...
>
> – Ouça, abade. Toda a diferença é essa. Eu quero que o rapaz seja virtuoso por amor da virtude e honrado por amor da honra; mas não por medo às caldeiras de Pêro Botelho, nem com o engodo de ir para o Reino do Céu...[2]

Referências

ACEVEDO, G. BATTAFARANO, M. *Conciencia y Resiliencia.* Buenos Aires, Centro Viktor Frankl para la difusión de la Logoterapia: 2008.

[2] Eça de Queirós, Os Maias, p.39, Éditions eBooksFrance.

ETCHEVERRY, Juan Alberto. *Viktor Frankl y la Logoterapia:* psicologia de la esperanza para un mundo en crisis (donde el vivir es un riesgo). Buenos Aires: Almagesto, 1990.

FRANKL, Viktor E. *Fundamentos antropológicos da psicoterapia.* Rio de Janeiro: Zahar Editores: 1978.

________. *Psicoterapia e sentido de vida:* Fundamentos da Logoterapia e análise existencial. 4 ed. São Paulo: Quadrante, 2003.

________. *Um sentido para a vida:* psicoterapia e humanismo. São Paulo: Ed Ideias & Letras, 2005.

________. *A presença ignorada de Deus.* 11 Ed. São Leopoldo: Sinodal; Petrópolis: Vozes, 2009.

________. *A vontade de sentido:* fundamentos e aplicações da logoterapia. Tradução: Ivo Studart Pereira. São Paulo: Paulus, 2011.

________. *Teoria e terapia das neuroses:* introdução à logoterapia e à análise existencial. 1 ed. São Paulo: É Realizações, 2016

LUKAS, Elisabeth. *Logoterapia* "A força desafiadora do espírito" Métodos de logoterapia. São Paulo: Loyola, 1989.

PINTOS, Claudio Garcia. *Principios filosóficos de la psicoterapia centra en el sentido.* In: ORTIZ, Efrén Martínez (org). *Manual de psicoterapia com enfoque logoterapéutico.* 1 ed. Bogotá: Manual Moderno, 2013.

SCHELER, Max. Ética, *nuevo ensayo de fundamentación de un personalismo ético.* Tradução por Hilario Rodríguez Sanz. Buenos Aires: Revista de Occidente, 1948.

________. *Da Reviravolta dos Valores.* Tradução, introdução e notas de Marco Antonio dos Santos Casa Nova. Petrópolis: Vozes, 1994.

________. *A Situação do Homem no Cosmos.* Lisboa: Teto & Grafia edições, 2008. Disponível em: http://www.martinsfontespaulista.com.br/anexos/produtos/capitulos/531246.pdf. (acesso em 21 de janeiro de 2010).

________. *Ordo Amoris.* Tradutor: Artur Morujão. Braga: LusoSofia: press, 2012. Disponível em http://www.lusosofia.net/textos/scheler_ordo_amoris.pdf (acesso em 20 de janeiro de 2010).

________. *Do eterno no homem.* Petrópolis, RJ: Vozes; Bragança Paulista, SP: Editora Universitária São Francisco, 2015.

CAPÍTULO 21

O sagrado, a mística, a fé e a abertura à pessoa na experiência religiosa

Luiz José Veríssimo

A finalidade da relação é o seu próprio ser, ou seja, o contato com o Tu. Pois, no contato com cada Tu, toca-nos um sopro da vida eterna.

(MARTIN BUBER)

A consideração da vivência na experiência religiosa

Não poucos estão acostumados a conceber religião associada ao seu aspecto institucional. Para não pouca gente, a religião é associada de imediato a uma imagem genérica de "igreja", "evangélicos", "católicos" "etc.". Há, no entanto, um sentido de religião que nos importa explorar. O sentido de religião, em que pretendemos nos aventurar, trata de trabalhar a religião a partir de concebê-la como uma relação originariamente vivencial com o que se toma como sagrado.

Em sentido negativo, isto é, tentando compreender a experiência religiosa a partir daquilo que originalmente não atinge o seu âmago, certa vez, afirmarmos (VERÍSSIMO, 2005) que não é suficiente, se quisermos alcançar uma compreensão mais ampla acerca da relação do indivíduo com o sagrado, apenas tomar como base para tal intento uma espécie de adesão passiva a textos considerados sagrados (a Bíblia, o Novo Testamento, o Alcorão etc.), tampouco compreenderemos a natureza do sagrado apenas calçados em interpretações conceituais. Para reforçar o nosso argumento, pedimos auxílio a Kierkegaard, quando ele estima que "embora se possa formular em conceito toda a substância da fé, não resulta daí que se alcance a fé, como se a penetrássemos ou ela se houvesse introduzido dentro de nós" (KIERKEGAARD, 1979, p. 110).

Se admitimos que a experiência religiosa, envolve uma vivência cuja compreensão da sua fonte não se origina de uma listagem de doutrinas a seu respeito, de que forma a acessamos? Talvez, não seja essa a melhor pergunta. Talvez, seja melhor, sob inspiração fenomenológica, perguntarmos: de que forma ela se revela para nós?

Para o grande estudioso de religiões Rudolf Otto, a achega a uma hermenêutica do sagrado não pode navegar apenas com o pensamento racional enquanto formado por conceitos e por uma doutrina sistematizada. Isso fica patente em várias passagens, como essa: "Mas, se os predicados racionais estivessem geralmente em primeiro plano, não poderiam esgotar a ideia da divindade, pois referem-se precisamente a um elemento que não é racional" (Otto, 1992, p. 10). Essa notação indica que a abordagem do numinoso envolve um *pathos* fundamental, vale dizer, uma emoção fundamental, que juntamente com a aparição do que se toma por sagrado para a consciência, é fundante da própria experiência religiosa.

É pela abertura ao sentimento que podemos entrar no mérito de uma hermenêutica (esforço de compreensão) do fenômeno religioso. Otto não deixa dúvidas, é enfático a esse respeito. "Convidamos o leitor a fixar a atenção num momento em que experimentou uma emoção religiosa profunda e, na medida do possível, exclusivamente religiosa. Se não for capaz ou se até não conhece tais momento, pedimos-lhe que termine aqui a sua leitura" (Otto, 1992, p. 17).

O método para compreensão da experiência religiosa parece nos conduzir a uma redução fenomenológica em que suspendemos os predicados racionais para uma abertura ao que se mostra aquém das doutrinas e conceitos, para o que ousaríamos a propor como pré-ontológico. Nesse sentido, essa vivência não é um dado *a posteriori*, é, antes, um dado primigênio, "objeto não de definição no sentido estrito da palavra, mas somente do exame" (Otto, 1992, p. 15).

O método proposto não é capitaneado por um *logos* ávido por explicações, mas enfaticamente vivencial: envolve toda a nossa pessoa no labor compreensivo. Só se pode tentar fazer compreender o que é procurado, ou seja, a natureza mais própria da vivência do sagrado e de um estado de alma consoante à relação com ele, procurando diligentemente que a atenção do ouvinte se dirija para a experiência do numinoso (outra denominação para o sagrado), de tal modo que o interlocutor possa encontrar, na sua vida íntima, o ponto em que a concepção do numinoso possa "aparecer e jorrar" (Otto, 1992, p. 15).

O sagrado como totalmente outro

Uma das estruturas do sagrado mais referenciadas por quem estuda Otto é a sua vivência como *o totalmente outro*. O sagrado é experimentado como o que está para além de qualquer medida conhecida, transborda qualquer medida. Não se compara com nada da experiência cotidiana, mesmo a psicológica. As vivências do sagrado não se enquadram em nada do que se experimenta rotineiramente. Mesmo as vivências mais turvas, estranhas ou não percebidas (ao menos de imediato) de maneira clara e objetiva ou àquelas adjetivadas por uma consciência cúmplice do corpo não podem traduzir satisfatoriamente a aparição do que detenha um valor genuinamente sagrado para uma consciência.

Justifica-se, portanto, o termo *totalmente outro*, algo que não entra na nossa esfera de realidade, mas pertence a uma ordem de realidade absolutamente oposta à ordem racional e às convenções morais, "que provoca na alma um interesse que não se pode dominar" (Otto, 1992, p. 41). Quando muito, podemos circunscrever algumas estruturas do sagrado por analogia. Em um dos parágrafos, conclui Otto: "Com efeito, se há um domínio da experiência humana onde aparece algo que é específico deste domínio, e que só neste pode observar-se, é o da religião" (Otto, 1992, p. 12). Fique claro aqui que se trata da religião segundo o sentido que ora expomos e não do campo da religião institucional. Quanto a essa esfera, Frei Betto chega a afirmar que "toda a nossa experiência de mística e de espiritualidade foi apropriada pelas instituições religiosas, e, portanto, domesticada" (Betto e Boff, 1994, p. 31).

O mistério tremendo

Entre as formas mais destacadas de vivência do sagrado encontra-se a aparição do sagrado para a consciência como *mistério tremendo*. Essa manifestação do sagrado inspira um temor que não se confunde com um medo psicológico. Aparece sob inúmeras roupagens. Por exemplo, na imagem da deusa indiana da tradição hindu Kali.

Semelhante à função do deus helênico Plutão, ela é a guardiã das sementes, permitindo a conservação e a renovação do mundo. É a deusa da criação, mas também da morte. Habita um crematório, vive cercada de cadáveres, chacais e terríveis espíritos femininos. De sua boca emana uma torrente de sangue e de seu pescoço pende uma grinalda de caveiras. Esse aspecto *tremendum* não a impede, por outro lado, de afastar o próprio temor, assumindo um valor apotropaico, ou seja, dispensadora de proteção em tempos de epidemia, fome, terremoto, secas, enchentes (Veríssimo, 2005, p. 174).

Na mitologia grega, encontramos o deus Crono devorando os próprios filhos. Para quem viu a imagem, mesmo aqueles que não visitaram o Museu do Prado em Madri (Espanha), é inesquecível a visão dessa cena pintada por Goya no século XIX.

Forte é a imagem das terríveis Queres. Elas eram filhas da noite. Monstros alados, usavam uma veste negra, tinham unhas enormes e vergadas. "Com as vestes cheias de sangue, costumam aparecer em cenas que envolvem luta e muita violência, como nos campos de batalha. Elas arrastam os cadáveres pelo calcanhar após a contenda para devorá-los" (Veríssimo, 2018, p. 196). As Queres agem como a força e a ação da deusa da morte, Tânatos. "Bem mais personificadas e ameaçadoras que esta, golpeiam facilmente um herói, lançam-no por terra e o dominam" (Brandão, 1991, p. 352). As Queres são, portanto, eficientes agentes da morte. Abrem as suas medonhas goelas para devorar os mortos, "como o terrível *stómion*, a pavorosa *garganta* do inferno platônico, que rugia, quando uma psique impura tentava escapar" (Brandão, 1991, p. 352).

Não precisamos evocar imagens tão sombrias. Ocorre-nos o tremendo manifestado na aparição do deus Apolo aos soldados durante uma batalha na guerra de Troia. O aspecto tremendo do sagrado pode suscitar o desejo de recuar, e mesmo de fugir; suscita um terror que paralisa, como vem à luz em uma cena épica da *Ilíada*. Os soldados estão em plena batalha. De um lado, posicionam-se os exércitos aqueus das cidades gregas reunidas por Agamêmnon para vingar a honra grega (ferida pelo rapto da Helena pelo troiano Páris) e conquistar Troia; de outro lado, posta-se o exército troiano aguerrido para defender a sua cidade (auxiliado por Apolo). De repente, Apolo se posta diante dos exércitos aqueus, balança a égide (escudo) e solta um penetrante e longo grito. Enquanto Apolo mantinha a égide imóvel nas mãos, os homens se batiam de ambos os lados, com fúria e fervor. Quando Apolo entra em cena, mostra para os aqueus, inimigos dos troianos, o escudo sagrado dado a ele por Hefesto e lança seu grito, "no peito daqueles guerreiros o coração é atingido pelo sortilégio; e eles esquecem seu valor ardoroso, sem coragem para prosseguir a luta: Apolo semeara o pânico entre eles" (Chevalier e Gheerbrant, 1991, p. 357).

A ira de Deus é outra imagem referida ao aspecto tremendo do sagrado. Descreve-o Rudolf Otto.

> Este elemento estranho, de tipo repulsivo, que inspira o "terror", desconcerta quem na divindade apenas quer admitir bondade, doçura, amor, familiaridade e, em geral, os atributos que unicamente se relacionam com a sua face voltada para o mundo. [...] Na "cólera de Deus", vibra e brilha sempre o elemento não-racional que lhe dá um caráter assustador que o "homem natural" não pòde sentir" (Otto, 1992, p. 28-29).

Em nosso livro *Ética da reciprocidade: diálogo com Martin Buber* (Veríssimo, 2010), referimo-nos a essa manifestação do aspecto tremendo do numinoso. Anotamos: "Na Bíblia, quando o culto a Javé é subvertido ao paganismo popular (o culto a Baal), Javé expressa todo o seu aspecto *tremendum* (Veríssimo, 2010, p. 36)" A seguir, recorremos a descrição de Jack Miles, que reproduzimos aqui:

> Moisés volta ao monte por 40 dias e 40 noites, desaparecendo em meio a fogo e fumaça (...) O Senhor (...) indica que, com todo o seu aspecto aterrador, agora veio para ficar. Em meio a essas instruções, o Senhor

> prescreve um ritual de sanguinolência sem precedentes para a investidura dos sacerdotes. Moisés retorna do monte e descobre que o povo mergulhou na idolatria. Em sua ira, quebra as tábuas da lei e induz os levitas a uma sangrenta e indiscriminada represália contra os israelitas. Milhares morrem, e, além disso, Deus atinge a nação com uma praga. Deus prova que em suas ações junto ao seu povo escolhido será tão violento e perigoso quanto em sua primeira e assustadora aparição a eles (Miles, 1997, p. 136).

O estado de criatura

Gostaríamos, agora, de fazer algumas considerações sobre a vivência do que Otto chama de *o estado de criatura*. Para melhor compreendê-lo, precisamos notar que o sentimento do *estado de criatura* apresentado por Otto é diferenciado do *sentimento de dependência*, formulado pelo hermeneuta Schleiermacher. Esse sentimento expressa, para Schleiermacher , a vivência de uma grandeza incomensurável do divino frente à nossa condição finita, o transbordamento do divino frente a nós. Tentamos explicar essa vivência de uma ligação pré-reflexiva e estreita com o infinito. "O sentimento de dependência nos dá a consciência plena de nossa finitude diante do universo e a dimensão de nossa medida frente a tal imensidão infinita, incomensurável e para além dos esforços de racionalização moral e metafísica" (Veríssimo, 2010, p. 131). Conhecida se tornou a máxima "religião é a sensibilidade e o sabor do infinito" (Schleiermacher, 1996, p. 23).

Ao estudar a interpretação de Schleiermacher acerca da experiência religiosa, concluímos que, para esse filósofo, há um contínuo entre o humano e o infinito, uma união íntima entre ambos. "Eu me ponho no seio do mundo do infinito. Neste momento, sou sua alma, dessa forma eu sinto todos os seus poderes e sua infinita vida como minha própria existência" (Schleiermacher, 1996, p. 32).

Trazendo novamente Otto para circular nosso pensar em torno da experiência religiosa, Otto não exprime proximidade entre a ordem humana e o sagrado, senão uma espécie de abismo. Pode parecer exagerado o termo, mas convém ressaltar que Otto não hesita em falar em um "apagamento e aniquilamento da criatura perante um poder soberano" (Otto, 1992, p. 19) como o numinoso. O sentimento do *estado de criatura* é experimentado como aquele em que, nas palavras de Otto, "a criatura se abisma no seu própria nada e desaparece perante o que está acima de toda a criatura" (Otto, 1992, p. 19). Essa forte marca da vivência do poder tremendo e da concomitante "impotência face à absoluta superioridade de [tal] poder, é o sentimento do nada da criatura" (Otto, 1992, p. 30). Ela é ilustrada pela passagem do Gênesis em que acompanhamos a interlocução de Abraão com Deus, em termos literais, da ousadia de Abraão ao falar com Deus sobre a sorte do povo de Sodoma: "Tive a ousadia de falar contigo, eu que não passo de pó e cinza" (Gênesis, 18, 27, cit. por Otto, 1992, p. 19).

Finalmente, Otto pinça uma fórmula paradigmática do *estado de criatura*. "Não sou nada, tu [o sagrado] és tudo" (Otto, 1992, p. 31).

O sentir-se de tal modo, o eclipse da criatura frente ao numinoso, implica um reconhecimento de si como um nada diante de uma potência desmedida. Porém, não se trata, aqui, do nada sartriano, do incontornável estar nas possibilidades finitas vislumbrado por Sartre (2006), mas sim, da pintura de um cenário em que a pessoa está diante de um poder que não só regula como institui toda a ordem cósmica. "O estado de criatura aponta para um fenômeno que é o sentimento do *mysterium tremendum*, do mistério que causa arrepios, que se faz notar pela criatura em vista daquilo que está num mistério inefável, acima de toda a criatura" (Veríssimo, 2014, p. 236).

O aspecto tremendo do sagrado e o sentir-se como um nada perante as forças cósmicas podem traduzir um espelhamento pelo mito e pelas imagens religiosas da tragicidade da existência. As narrativas e imagens míticas desvelam inúmeras faces da existência, entre elas, a dor, o sofrimento, a morte, o se reconhecer contingente. A vivência dessas condições existenciais pode confirmar, em certos momentos da vida, o sentimento do estado de criatura. Alguns golpes do destino e algumas situações da existência podem ser sentidos como dilaceradores, devastadores, esmagadores, e podem desestabilizar uma convicção na efetividade do arbítrio.

> Ocorre-nos uma passagem do mito de Dioniso, quando o deus ainda se chamava Zagreu. Os Titãs o dilaceraram quando ainda era criança pequena, cozinharam-no, e, a seguir, o devoraram. Essa criança pode ser interpretada como a nossa própria inocência diante de algumas situações que se apresentam a nós. E algumas delas soam como titânicas. Sentimo-nos como se fôssemos dilacerados, a seguir cozidos e devorados, ou seja, sentimo-nos como se não sobrasse nada de nós, em outras palavras, o que parece restar é, de fato, o sentimento do nada da criatura (Veríssimo, 2010, p. 37-38).

É oportuno trazer para o leitor um escrito de Nietzsche que mostra com precisão a articulação entre a estrutura mítico-religiosa e a tragicidade da existência. Esse entrelace vai se fazer notar à medida que Nietzsche comenta sobre a inserção da estética no campo da existência, tomando como horizonte histórico o cenário mítico contemporâneo a Homero.

> O grego conhecia e sentia os pavores e sustos da existência: simplesmente para poder viver, tinha de estender à frente deles a resplandecente miragem dos habitantes do Olimpo. Aquela monstruosa desconfiança diante das potências titânicas da natureza, aquela Moira reinando inexorável sobre todos os conhecimentos, aquele abutre do grande amigo da humanidade, Prometeu, a sorte pavorosa do sábio Édipo, a maldição hereditária dos Atridas, que força Orestes ao matricídio [...] tudo isso

era constantemente superado pelos gregos graças àquele artístico *mundo intermediário* dos Olímpicos [...]. Para poderem viver, os gregos tinham de criar esses deuses, pela mais profunda das necessidades: processo este que bem poderíamos representar-nos como se, a partir da ordem divina primitiva, titânica, do pavor tivesse sido desenvolvida, em lenta transição, por aquele impulso apolíneo à beleza, a ordem divina, olímpica, da alegria: como rosas irrompem de um arbusto espinhoso (NIETZSCHE, 1987, p. 7).

A mística de Mestre Eckhart e o estado de criatura

Lendo uma referência de Otto ao Mestre Eckhart, notamos que a mística de Mestre Eckhart não nos parece acompanhar de todo a dramática atmosfera acima exposta. Deus não permanece como um *totalmente* outro: "Quando um homem se torna pobre e humilde, Deus torna-se tudo em todas as coisas. Torna-se o ser e a Existência em sentido absoluto" (OTTO, 1992, p. 31). No entanto, Otto nos indica que, mesmo em Eckhart, uma estrutura típica da vivência do sagrado mantém-se em destaque: o *estado de criatura*.

Quando aportamos nas páginas de Mestre Eckhart, estamos em um mundo cristão, no qual "Olhando para o Cristo ressuscitado o cristão contudo confessa-se um profeta do sentido e um inimigo figadal de todo o absurdo" (BOFF, 1996, p. 17). Nessa interpretação, a existência não é absurda. Podemos sofrer com a nossa situação pessoal, histórica e social, podemos não decifrar racionalmente os meandros da nossa vida, podemos descambar para a beira do precipício do desespero, chegando, por vezes, próximos ao suicídio. Porém, o reconhecimento da presença de Deus no mundo e de que esta abraça a pessoa trazem, para o coração, um fator fundamental, a esperança. Isso torna possível um esperar contra toda a desesperança.

Mestre Eckhart nos oferece uma conversação, por assim dizer, em que apresenta um Deus da consolação. O Livro da Divina Consolação (1994) é um texto escrito para uma rainha, Inês da Hungria, e sua desventura ocorrida no início do século XIV. Ela perdeu o marido. Deixada só e desprezada, teve que empenhar suas próprias joias para poder comer. Foi amparada pelo pai, imperador da Áustria. Sete anos após a morte do marido, seu pai foi assassinado (em 1308).

A consolação que Mestre Eckhart propõe não só para rainha, mas para todo aquele que busca a salvação e só pode ser efetivada por uma via teleológica que aponta para Deus. A salvação e a consolação têm como condição de possibilidade a adesão resoluta e incondicional a Deus. Nessa lógica, Deus é a ausência de precariedade, indeterminação, dor e sofrimento. Desse modo, a criatura humana precisa assumir uma existência voltada para Deus e em Deus.

> Pois o homem verdadeiramente perfeito deve, habitualmente, estar morto para si mesmo e despojado de si mesmo em Deus, e revestido da vontade

> de Deus, de modo tal que toda a sua felicidade consista em nada saber de si mesmo e de tudo (o mais), para, ao invés, saber só e unicamente a Deus, e em não querer nem conhecer outra vontade que não a de Deus, e em querer conhecê-l'O assim como Ele me conhece, como diz São Paulo, cf. 1 Cor 13,12 (Eckhart, 1994, p. 60).

O "estar morto para si mesmo", a felicidade centrada em um saber remetido unicamente a Deus, proposta por Mestre Eckhart, não deve ser confundida com uma anulação do ser humano perante Deus, ao menos como nos termos do *estado de criatura* na experiência do sagrado enquanto tremendo, um absoluto outro. Deus não é um Tudo perante alguém, a criatura humana, que é um nada. Vemos o "tudo" mudar de sentido, quando Mestre Eckhart cita Jó (17, 10): "Tudo o que é do Pai é meu e tudo o que é meu e daquilo que é meu é de meu Pai: dele no dar e no receber". Fica ainda mais clara uma coexistência entre nós e Deus nessa afirmação: "Devemos ser um só Filho que o Pai gerou eternamente. Quando o Pai gerou todas as criaturas, gerou-me a mim e eu emanei com todas as criaturas e permaneci apesar disto dentro do Pai" (Eckhart cit. por Boff, 1994, p. 34).

Ao confrontarmos esse pensamento com a mentalidade que só reconhece no sagrado um totalmente outro, que dá sustento à ideia prevalecente do sentimento do apagamento e do aniquilamento do indivíduo perante um poder soberano como é o sagrado, verificamos que o Mestre reafirma a sua posição: "Ora, como se diz num escrito, a parte mais ínfima da alma é mais nobre que a parte mais alta do céu" (Eckhart, 1994, p. 59).

Eckhart parece recusar que a expressão mais profunda e radical da existência se limite à esfera do anelo de uma criatura humana por outra. Para que se dê um genuíno vínculo de amor, é preciso, por parte das pessoas, um desprendimento das formas habituais de levar e encarar a vida e promover uma profunda transformação no modo de viver, inclinado somente às criaturas para buscar um amor renovado, fundado em Deus.

O sofrimento se instala no amor à criatura sem fé e nem ligação com Deus. Pois em Deus não há tristeza, nem sofrimento, nem desventura. Quem sofre por um amor destituído de fé não alcança a consolação, não pode aliviar o seu sofrimento, porque não se sente afinado com a doçura, a bondade, a bem-aventurança de Deus. Se não aderirmos a Deus, convertendo-nos por completo aos atributos que nos elevam ao divino, que envolvem o bem, a justiça, a confiança, a lealdade, encontrar-nos-emos inevitavelmente submetidos à nossa própria sorte, desligados de Deus, predispostos, portanto, ao sofrimento.

> Em Deus não há tristeza, nem sofrimento, nem desventura. Se queres ver-te livre de toda desventura e sofrimento, segura-te e volta-te com lealdade a Deus somente. Por certo, a fonte de todo sofrimento está em não te converteres para Deus somente. Com efeito, se lá estiveres, informado

e nascido na justiça exclusivamente, coisa nenhuma te faria sofrer, assim como nada faz sofrer ao próprio Deus justo (ECKHART, 1994, p. 54-55).

No pensamento de Mestre Eckhart, o sofrimento que dá as costas à fé significa manter-se afastado de Deus, esse sofrer é um deixar-se arrastar na injustiça para com a beatitude da existência, se vivida e mantida segundo a perspectiva religiosa em que "o homem bom e justo que sofre um mal exterior se mantém inalterável na serenidade e na paz do seu coração" (ECKHART, 1994, p. 55). Prossegue o Mestre, ponderando que o justo não se entristece, pouco importa o que lhe ocorra. Tornar-se justo é buscar unificar-se a Deus e, assim, salvar-se do sofrimento, não importa quantas chagas atinjam seu corpo, seu coração, sua alma não se abala, não se angustia, espera lealmente e silencia qualquer lamento, sustentada pela inabalável fé.

Em Eckhart, o amor de alguém às criaturas, esquecido de Deus, é o terreno mais próprio do desconsolo e da privação de Deus.

> E digo mais, que todo sofrimento provém do amor àquilo de que a perda me privou. Portanto, se a perda de coisas exteriores me faz sofrer, eis aí um indício seguro de que tenho amor às coisas exteriores e por conseguinte, de que na verdade eu amo o sofrimento e o desconsolo. Com efeito, que há de estranhável em que eu me depare com o sofrimento se amo e busco o sofrimento e o desconsolo? [...] Volto-me para a criatura, fonte natural de sofrer e sentir-me triste. Em verdade, nem eu nem o mundo inteiro seriam capazes de proporcionar verdadeira consolação ao homem que procura consolo nas criaturas (ECKHART, 1994, p. 56).

A raiz do sofrer é um amor às criaturas disperso desse amor ilimitado a que se designa como "Deus". Sofremos justamente porque não compreendemos Deus como o supremo amor, como Aquele que só quer o nosso bem[1], e por essa compreensão deficiente lamentamos a perda de pessoas amadas, o se evaporar das condições ou esperanças que acreditamos nos trazerem satisfação. Seguindo essa argumentação, tudo indica que a pessoa desligada de Deus é a pessoa que volta o seu afeto à criatura de uma forma tal que se esquece de Deus. Ela está fora da consolação.

> Portanto, se queres ter e encontrar alegria e consolação total em Deus, trata de desembaraçar-te de todas as criaturas e de toda consolação

[1] "Nisso o homem bom deve confiar em Deus, e crer nele, e ter por certo e reconhecê-l'O como bom, a ponto de ser impossível a Deus, em sua bondade e amor, permitir que algum sofrimento ou mal sobrevenha ao homem, salvo para preservá-lo por esse meio de um sofrimento maior, ou mesmo para dar-lhe, já na terra, maior consolação, ou para transformá-los em algo melhor, patenteando assim de modo mais forte e cabal a glória de Deus" (ECKHART, 1994, p. 60).

> criatural; pois é certo que, enquanto a criatura te consola, ou é capaz de consolar-te, jamais encontrarás consolação verdadeira. Mas quando nada pode consolar-te a não ser Deus, então, em verdade, Deus te consola e nele terás tudo que é deleite. Enquanto te consola o que não é Deus, não terás consolação aqui nem acolá. Se ao contrário a criatura não te consola e não te sabe, então encontrarás consolação aqui como lá (Eckhart, 1994, p. 65).

Quem não ama verdadeiramente as pessoas, ancorado em um amor expresso pela fé, destitui a si própria da consolação. A criatura, pela sua própria natureza, frustra-nos, faz-nos sofrer, seja por sua perda, pelo seu padecimento, seja por alguma ação sua que nos fere, ofenda etc. Desse modo, ela instaura uma falta que pode estorvar o nosso desejo de felicidade. Talvez, por isso, devemos desembaraçarmo-nos de uma forma de desejar que tenta projetar o bem na resposta do outro e não no exercício do amor. Tal forma de desejar concerne à determinada maneira como estabelecemos as relações, quando, por exemplo, nossas relações se deixam orientar por interesses próprios e excludentes, por ilusões e expectativas de toda ordem, por um desejo de imortalidade nossa e da pessoa amada, quer dizer, pelo desejo de uma permanente presença do que é, por natureza, contingente. Por isso, enquanto buscarmos a felicidade nas criaturas, jamais encontraremos consolação verdadeira.

Essa argumentação não significa a abolição do desejo pelo outro, do apelo erótico, fraterno do amor, e sim a noção de amar as criaturas não por elas próprias, mas amá-las *em Deus*, ancorados em um amor incondicional.

Interpretação fenomenológico-existencial da mística de Mestre Eckhart

Fizemos uma tentativa de compreender o pensamento de Mestre Eckhart a partir de valores históricos de um cenário medieval. Agora, gostaríamos de ressaltar algumas observações a partir de uma leitura de Eckhart à luz do pensamento de Sartre.

O Deus retratado por Eckhart e pela cultura de sua época nos faz lembrar da noção de Sartre (2006) acerca de Deus como o Em-si-Para-si.

Deus é concebido como uma essência à parte das demais, e, nesse sentido, é, de fato, um *totalmente outro*. "O divino é a realidade mais elevada, mais poderosa, melhor, mais bela e mais querida, coroamento de tudo o que um homem pode conceber. Mas, de acordo com a via *negationis*, dizemos que não é só o fundamento e o superlativo de tudo o que é concebível; Deus é, em si mesmo, uma essência à parte" (Otto, 1992, p.59). Tal concepção converge com a concepção de Sartre de Deus como ser Em-si-Para-si. Deus é uma essência à parte, não pode ser nivelado nem ao que é meramente em-si. Por em-si, entendemos o que possui o estatuto de uma essência cuja natureza é concebida como necessária, ou seja, regulada pela causalidade, sem possibilidades, escolhas, angústia, consciência de si. Deus é causa de tudo o que é em-si e de toda possibilidade de consciência. Ele criou a natureza e o ser humano.

Por tudo isso, Deus é afirmado como *incausado*, por assim dizer, ou seja, como causa de si mesmo, não deriva de nenhuma causa. Além disso, é causa de toda criação e da existência do mundo em sua totalidade, supremo arquiteto do universo, infinito, absoluto, onipresente, pura consciência (por isso, para Sartre, Deus é um Em-si-Para-si). "Atribuiremos a Deus, mas levando-as ao infinito, todas as perfeições de que tenhamos encontrado, algum vestígio na criatura (Gilson, 1995, p. 662).

Como suas criações, quer dizer, criaturas, somos projetados no imaginário medieval como temporais, ou seja, impermanentes, contingentes, vale dizer, sujeitos à morte, finitos, históricos. O que sustenta a nossa existência e o nosso ser é justamente Deus.

Somos, para Sartre, um para-si ou consciência não no sentido primeiro de conhecimento, mas de estarmos dirigidos perpetuamente para o que aparece para nós como fenômeno. Além disso, não temos mais a nossa causa em Deus. Somos filhos da contingência histórica (facticidade) e de nossas escolhas. Nascemos lançados em um determinado mundo socio-histórico-cultural. Nossa situação no mundo se articula ao nosso projeto de ser.

O para-si é falta, não pode consagrar para todo o sempre uma identidade fixa e inarredável, alheia ao tempo, às relações que o para-si estabelece continuamente, às suas possibilidades finitas, ao seu ser situado cultural e historicamente no mundo. Não somos um ser em-si, e sim uma consciência histórica ou ser-para-si. Por isso, a angústia de "ser" e de "não ser", as impermanências identitárias, a hierarquia dos valores sujeitos ao devir relacional e histórico de uma existência, a disputa pelo reconhecimento do outro, as possibilidades e escolhas desfraldadas na finitude. Eis o sentido da afirmação de Sartre (2006) que admite que o para-si é o que não é e não é o que é.

Ora, o para-si, em sua condição de falta, quer se dar uma identidade, um horizonte com ao menos algumas definições, quer se justificar como sendo desta ou daquela maneira, como se encontrando em uma certa condição devido a tais e tais causas. Contudo, um furo perpétuo o encontra, uma hemorragia de seu ser escorre em direção ao nada, ou seja, à contingência do seu existir, ao campo das possibilidades e da facticidade.

O convite a *sede perfeito* para revestir-se somente da vontade de Deus, como admoesta Eckhart expressa, sob um certo rigor da lógica de um pensamento laico, o desejo de tornar-se pleno. Sartre tem um nome para isso. Esse desejo de se definir como um em-si nada mais é do que o desejo de ser Deus. Trata-se do desejo não só de consolação como de abolir a falta, a temporalidade e a finitude constitutivas da existência do para-si.

Enquanto o para-si existe, ele viverá sob o horizonte de um estar em possibilidades finitas e da indeterminação da existência. Eis a angústia da existência para Sartre. Não há consolação para ela, mas há práxis e projetos, realizados, deixados de lado, negados, sonhados. Há lutas, fracassos, desistências, resistências, engajamentos, fugas, enfrentamentos, há pelo que lutar, pelo que amar, pelo que cuidar, pelo que viver, adoecer ou morrer, ainda que nossas convicções jamais possam ultrapassar a incerteza atada à angústia, e o absurdo ronde o nosso ser andarilho pelo mundo, tanto quanto a fome de sentido.

Será que a consolação de Metre Eckhart, que expressa uma época e visão de mundo, escaparia ao rigor das análises filosóficas de Nietzsche? Um homem verdadeiramente perfeito, que aspirasse a consolação em Deus, ilustra o que Deleuze (2006), lendo Nietzsche, considera um *ideal ascético*. Consiste na atitude de negar as condições concretas da existência e buscar habitar um outro mundo, seja ele platônico ou celestial. O ideal ascético filtra a tragicidade, a banalidade, por assim dizer, da existência, a condição humana em seu amplo espectro de matizes, em nome da exaltação de um mundo idílico que abrigue os valores estimados como superiores.

Nesse momento, cabe nova referência a Sartre (1995), a formulação do *pensamento mágico*. Já que a existência concreta está tão difícil, degrado a consciência do mundo a uma versão compatível com o meu projeto de ser. Posso encenar irrefletidamente minha versão de tal forma a justificar minha situação "culpabilizando a inadimplência do mundo (pensando comigo mesmo: "esse mundo não tem jeito mesmo!"), busco consolo e salvação em outros mundos, superiores, puros, livres de todo o mal, precariedade e falta" (Veríssimo, 2018, p. 115).

A propósito: o homem verdadeiramente perfeito, que se veste dessa forma para encontrar a consolação em Deus, onde poderíamos achar tal criatura, perguntamo-nos. Ironicamente, respondemos: no Céu... Esse homem, uma espécie de projeto ascético de homem, destituiu-se de toda paixão, de todo desejo que não voltado a Deus. Quantas pessoas conseguem alcançar tal estado de beatitude e perfeição e consolação? Enquanto elas não tiverem se enquadrado em tal estado, elas estarão fora da consolação?

Deus é tomado como fonte do sentido da existência, o Absoluto perfeito. Essa imagem se esparrama para a tarefa de adesão a Deus e de perfeição que somente consola um homem ideal, um extra-homem, uma criatura que, por isso mesmo, já não é mais humana. Talvez, por isso, Nietzsche, pelo olhar de Zaratustra considera: "Amo aquele cuja alma é profunda também na mágoa e pode parecer de uma pequena ocorrência pessoal" (Nietzsche, 1995, p. 32).

Na verdade, alguém que atingiu tal nível de tornar-se senhor de si no sentido de uma suposta perfeita elevação moral e espiritual, que se volta somente para

Deus, simplesmente, não precisa de consolação. Quem anseia por um consolo é a criatura "imperfeita", que anseia por uma palavra de carinho, por um afago, por uma lembrança, por uma presença, por um abraço, por uma chama acesa, por uma oração, pelo perdão, pela compaixão. É isso que ela pede a Deus em sua confissão de fé e busca no seu culto ao sagrado. O sofrimento advindo da relação entre as "criaturas" não é uma negação de Deus, é um apelo para o sagrado vir-a-presença. Tal apelo não responde apenas àquele que está sequioso de consolo para a sua dor. Tal apelo responde, igualmente, por quem se encontra no limite de suas próprias forças morais e emocionais sem consolo nem das pessoas que, aparentemente, considera mais íntimas. Nesse ponto, a "criatura", ou seja, alguém na sua condição humana, pode escolher se dirigir diretamente a Deus, com quem vai conversar, dialogar, confessar-se em segredo e em confiança.

O aspecto fascinante da experiência religiosa

Hora de introduzir um outro aspecto que descreve a aparição do sagrado à consciência imersa na experiência religiosa: o sagrado sob aspecto *fascinante*. Enquanto o tremendo suscita sentimentos como terror, tremor, recuo, paralisação, o *fascinante* apresenta um aspecto atrativo, cativante, sublime. O fascinante é a modalidade do sagrado que encanta, fascina, irradia amor e misericórdia, suscita compaixão, aquieta e incendeia a alma, oferece ampla consolação.

Otto observa que a feição tremenda e a feição fascinante do sagrado formam um estranho par de contrastes. Quanto mais o numinoso é para a consciência "objeto de terror e de horror, tanto mais simultaneamente, encanta e atrai. A criatura que, perante ele treme, se humilha e perde a coragem, experimenta ao mesmo tempo o impulso de se voltar para ele e até dele se apropriar de qualquer maneira" (Otto, 1992, p. 50). Dessa forma, o sagrado finca-se em seu caráter de mistério tremendo e mistério fascinante, e não surge apenas como o espantoso, o desconcertante, mas também como o maravilhoso, irresistível, em uma só palavra, fascinante.

Para Otto, trata-se de um elemento dionisíaco que arrebata a alma na direção do que contempla o valor sagrado. Não custa lembrar que Dioniso é o deus do êxtase e do entusiasmo. O êxtase concerne ao *sair de si*, significa abrir-se ao sagrado ou dirigir-se ao numinoso em uma ascese até ele. O *entusiasmo*, literalmente, "ter um deus dentro de si" (Brandão, 1987, p. 136). A etimologia de entusiasmo aponta para o grego *théos*, deus, divindade e *éntheos*, mais do que uma identificação com o divino, sugere um desejo de fusão com o deus, um desejo ou ação (rito), visando encontrar-se uno com a divindade.

A mística é a experiência da união entre o ser humano e o sagrado. No caso da mística cristã, essa união se realiza basicamente pela fé e pela exaltação do amor. O fundamento sagrado aqui é Deus. Deus significa amor incondicional, pleno. Essa mística tem seu ponto de partida em um amor que retira a alma do seu isolamento e desamparo, convida-a e a seduz para a experiência do êxtase: o sair de si para encontrar-se com Deus, em uma relação análoga a de dois amantes que se desejam ardentemente.

O interessante na mística é que ao mesmo tempo em que a pessoa sai de si, ela descobre que cada um é portador da centelha divina: "Vede, diz o Esposo, que o reino de Deus está dentro de vós" (João da Cruz, 1980, p. 36; Lc 17, 21). Aqui, é estampada fortemente a marca da interioridade como valor. Ao mergulhar nela, vale dizer, em mim mesmo, descubro não apenas o si-mesmo, mas a centelha divina. Deus é vivido como o escondido, inacessível a uma arguição conceitual. Isso significa reconhecer o caráter de mistério do sagrado. "E não sejas como tantos incipientes que consideram à Deus de modo mesquinho, pensando estar ele mais longe ou mais oculto, quando não o entendem, nem o gozam, nem o sentem; mais verdade é o contrário, porque chegam mais perto de Deus quando menos distintamente o percebem" (João da Cruz, 1980, p. 38-39).

O mistério fascinante, no prisma dessa mística cristã, mostra um amor fiel, mobilizado pela marca de uma presença oculta que faz despertar a todo tempo o desejo da alma pelo Amado, expresso por uma estética sensual, que denota uma melancolia.

> Onde é que te escondeste,
> Amado, e me deixaste com gemido?
> Como o cervo fugiste,
> Havendo-me ferido [...]
> Mostra a tua presença!
> Mate-me a tua vista e formosura;
> Olha que esta doença.
> De amor jamais se cura,
> A não ser com a presença e com a figura (João da Cruz, 1980, p. 15 e 19).

Vale notar, também, a confirmação da atmosfera da criatura, no sentido de um esquecimento de si, mas, desta feita, carregado de sensualidade.

> Convém, pois, para achares [o teu Esposo] que, esquecendo todas as tuas coisas e alheando-te a todas as criaturas, te escondas em teu aposento interior do espírito; e, fechando a porta sobre ti (isto é, tua vontade a todas as coisas), ores a teu Pai no segredo. E assim, permanecendo escondida com o Amado, então, o perceberás às escondidas, e te deleitarás com ele às ocultas, isto é, acima de tudo o que pode alcançar a língua e o sentido (João da Cruz, 1980, p. 36-37).

Esse recolhimento leva a alma a uma completa transmutação, em uma espécie de revolver alquímico, ou seja, pelo fogo, de todo o ser. A fala de São João da Cruz nos mostra uma feição da mística por meio da imagem ígnea. O fogo é paixão ardente, e ele sustenta um processo de transformação, que resulta em uma união em que a alma se torna renovada e renascida. Vejamos o que suscitam as visitas feitas por Deus à alma, nas quais Ele a fere de amor, dando-lhe uns toques de amor bem escondidos (Sciadini, 1980, p. 41). Suas visitas

> Inflamam de tal modo a vontade com tanta veemência, que a alma fica a se abrasar em fogo e chama de amor, tão fortemente, a ponto de parecer consumir-se naquela frágua [ardor] , saindo fora de si, a renovar-se toda, e transformando-se em novo ser, como a fênix que se queima, e renasce das cinzas (João da Cruz, 1980, p. 41).

Uma filosofia da paixão e da fé

Em Kierkegaard, a experiência religiosa é atravessada de ponta a ponta pela fé. A fé é um elemento central não só da relação do ser humano com Deus, como da própria existência.

Kierkegaard inicia suas apreciações sobre o fenômeno religioso em um estilo bem próximo a Rudolf Otto, a começar pelo título de seu texto: *Temor e tremor* (1979). Ele nos mostra uma face de Deus aparentemente terrível, *tremenda*. A narrativa do *Gênesis* é bem conhecida. Deus ordena a Abraão imolar o próprio filho, seu único filho nas montanhas de Morija. Pela fé Deus, concedera um filho a Abraão e Sara. Pela fé, Deus agora solicita a Abraão o sacrifício do que lhe é mais precioso, do "que Ele próprio lhe prometera."

Descrevendo com precisão o que Otto considera o sentimento do estado de criatura perante a epifania do sagrado como tremendo, em que se experimenta "o apagamento e aniquilamento da criatura perante um poder soberano" (Otto, 1992, p. 19), Johannes de Silentio, pseudônimo com o qual Kierkegaard assina *Temor e tremor,* sente-se aniquilado quando contempla tal episódio religioso.

> Mas quando me ponho a refletir sobre Abraão, sinto-me como que aniquilado. Caio a cada instante no paradoxo inaudito que é a substância da sua vida; a cada momento me sinto rechaçado, e, apesar do seu apaixonado furor, o pensamento não consegue penetrar este paradoxo nem pela espessura dum cabelo. Para obter uma saída reteso todos os músculos: instantaneamente sinto-me paralisado.

No entanto, apesar de todo o temor, Kierkegaard nos mostra que, na fé, o ser humano estremece perante Deus, paralisa-se, silencia e se angustia. Tudo isso não volatiliza a condição humana, reduzindo-a a um monte de cinzas. "O tremendo causa temor, faz tremer a alma e gera um espanto na consciência. Uma primeira impressão que nos deixa a leitura de Otto é a de que o sagrado é experimentado de tal forma que diante dele o ser humano se vê esmagado, reduzido a pó e cinzas" (Veríssimo, 2010, p. 32). Para ilustrar tal situação, Otto cita a "ousadia" de Abraão ao dirigir– se a Deus: "Tive a ousadia de falar contigo, eu que não passo de pó e cinzas" (*Gênesis* 18,27).

Kierkegaard, ao revés, sob a máscara de Johannes de Silentio, afirma a fé como brasas sobre cinzas.

> Se o homem não possuísse a consciência eterna, se um poder selvagem e efervescente produtor de tudo, grandioso ou fútil, no torvelinho das paixões obscuras, existisse só no fundo de todas as coisas; se sob elas se escondesse infinito vazio que nada pudesse encher, que seria da vida senão o desespero? Se assim fosse, se um vínculo sagrado não cingisse a humanidade; [...] se o esquecimento eterno, sempre esfomeado, tivesse força suficiente para lhe arrebatar a presa espiada, quão vã e desoladora seria a vida! Mas tal não é o caso. Do mesmo modo que formou o homem e a mulher também Deus formou o herói, o poeta e o orador (Kierkegaard, 1979, p. 117).

O filósofo reconhece na fé um valor inestimável para o ser humano. A fé reacende a sua origem divina (Kierkegaard, 1979, p. 130). O ser humano é mais do que pó e cinzas perante o sagrado, a sua existência tem um sentido reafirmado na experiência religiosa. Uma nova possibilidade se abre para o homem religioso. Deus não é uma realidade intangível. Há um ponto de encontro entre a finitude humana e o infinito. Esse ponto misterioso é a fé. O ser humano, esgotado na finitude, levado ao mais extremo de suas forças, entrega-se ao divino com todo o seu coração.

Interpretamos a elevação do desejo ao mais extremo das forças como atingirmos um limite radical, o que nos dá consciência da finitude. Para Kierkegaard, é justamente esse o ponto em que emerge a *infinitude*. Nesse momento, em que estão exauridos todos os recursos, todos os esforços, momento que escapa inteiramente a compreensão, só resta o absurdo. O absurdo é o paradoxo: Abraão ama o seu filho, entrega-se exausto, ergue a faca, para além das forças humanas. Ele ama o filho e, ao mesmo tempo, resigna-se a Deus. Então, antes de tudo, é necessário ter realizado a resignação infinita, "É necessário primeiro que o Indivíduo se haja esgotado na infinitude, para chegar então ao ponto em que a fé pode surgir" (Kierkegaard, 1979, p. 151).

Abraão resolutamente vai à montanha sagrada com Isaac, seu filho. Entrega-se, não abre mão do amor ao seu filho e, ao mesmo tempo, não abre mão do amor a Deus. Tudo isto quer dizer o paradoxo: sair de si, o êxtase e, ao mesmo tempo, afirmar mais do que nunca o si mesmo. A tensão é insuportável e inconcebível para um espectador curioso.

Para Kierkegaard, por meio de Johannes de Silentio, a fé é paixão. Para realizar o movimento da fé é necessário paixão. "*Todo o infinito se efetua apaixonadamente.* [...]

Não é reflexão que falta à nossa época, mas paixão" (KIERKEGAARD, 1979, p. 133, nota 4). Semelhante a Otto, temos aqui uma valoração do sentimento em relação às predicações doutrinárias. "A reflexão não pode produzir qualquer movimento. É o salto perpétuo na vida que explica o movimento. A mediação é uma quimera [...]" (KIERKEGAARD, 1979, p. 133, nota 4).

Para Kierkegaard, a fé prescinde de mediações. A fé se dá no salto para o absurdo. Esse movimento se realiza quando nada mais faz sentido, a não ser a própria fé. Quando todo o sentido razoável foi abolido, a fé mantém o amor, o desejo[2], mesmo esgotadas as expectativas previsíveis e plausíveis; enfim, a fé se afirma mesmo quando se está frente a frente com o horizonte da impossibilidade. Diante do absurdo de sustentar a fé contra todas as expectativas, resta uma espécie de abismo com uma ponte que une a finitude com o infinito. Trata-se de um defrontar-se com Deus que se dá por uma absoluta entrega, a que Kierkegaard designa como "resignação". Aquele que está verdadeiramente inclinado à fé

> tem também lúcida consciência desta impossibilidade; só o que pode salvar é o absurdo, o que concebe pela fé. Reconhece, pois, a impossibilidade e, ao mesmo tempo, crê no absurdo; porque, se alguém imagina ter a fé sem reconhecer a impossibilidade de todo o coração e com toda a paixão da sua alma, engana-se a si próprio e o seu testemunho é absolutamente inaceitável, pois que nem sequer alcançou a resignação infinita (KIERKEGAARD, 1979, p. 136).

Ao trazermos o pensamento de Kierkegaard para o nosso estudo, pretendemos ressaltar o que não se pode deixar em segundo plano: a polaridade humana na experiência religiosa. Kierkegaard não pensa o homem como *categoria* genérica, tanto que dá uma conotação maiúscula ao *Indivíduo*. "Ele [Abraão] crê. Tal o paradoxo que o impele até o extremo e que não pode tornar inteligível a ninguém porque o paradoxo consiste em que se coloca como Indivíduo numa relação absoluta com o absoluto" (KIERKEGAARD, 1979, p. 146). Isso não quer dizer que esse Indivíduo seja como um sujeito com a pretensão de se tornar um absoluto senhor de si, do seu destino, da sua história e que, por isso, dispense o sagrado. O indivíduo apresentado por Kierkegaard não pretende fazer face, com a sua liberdade, aos desígnios divinos, nem ao menos, preocupa-se em decifrá-los. A mais genuína fé está para além do inverossímil, do inesperado, do imprevisto. Sua liberdade não exclui a permanência de Deus no horizonte de sua existência.

[2] Kierkegaard, mais precisamente, Johannes de Silentio, chama a atenção do leitor para um personagem, o *cavaleiro da fé*. Ele cativa um amor por sua amada, ainda que considere a sua realização impossível. Nele mergulha heroicamente, assegurando para tal amor um valor religioso, pois, expressa um amor eterno, mesmo considerado absurdo uma vez que não pode "traduzir a idealidade em realidade" (KIERKEGAARD, 1979, 132).

No encontro com Deus, imaginado a partir do texto de Kierkegaard, partimos do solo, e temos que empreender uma viagem de três dias e meio, mas que duram uma eternidade "Se por ventura tivesse que falar sobre [Abraão], [...] recordaria que a viagem durou três dias e ainda uma boa parte do seguinte; e mesmo esses três dias e meio duraram infinitamente mais tempo que os milhares de anos que me separam do patriarca" (Kierkegaard, 1979, p. 140).

Em nosso devaneio, vamos, tal como Abraão, até a montanha consagrada e subimos cheios de angústia com o peito arrebatado pelo estremecimento do absurdo, mas, ao mesmo tempo, permanecendo fiéis aquilo que remata todo um sentido de vida. A montanha é um símbolo de ascese, de eixo de ligadura entre a imanência e a transcendência, em termos kierkegaardianos, entre o finito e o infinito. A montanha, no quadro ora retratado, sugere também a vivência de estar no limite das forças, diante de uma espécie de escalada quase intransponível, senão, de fato impensável para os parâmetros experimentados e conhecidos. Diante da tarefa que se apresenta para Abraão, ao invés de clareza e conforto, estamos diante do absurdo.

"*Eu creio, sem reserva, que obterei o que amo em virtude do absurdo, em virtude da minha fé de que tudo é possível a Deus*" (Kierkegaard, 1979, p. 136). Entrego-me a Deus com todas as minhas forças, comigo carrego o que tenho de mais precioso e não recuo ante a provação, ainda que nada compreenda. Isso constitui um salto para o absurdo.

> Mas o que fez Abraão. Não chegou nem *demasiado cedo*, nem demasiado tarde. Albardou o burro seguindo, lentamente, o caminho marcado. Durante todo esse tempo conservou a fé, acreditou que Deus não lhe queria exigir Isaac, estando, no entanto, disposto a sacrificá-lo se tal fosse indispensável. Acreditou no absurdo, porque tal não faz parte do humano cálculo. O absurdo consiste em que Deus, pedindo-lhe o sacrifício, devia revogar a sua exigência no instante seguinte (Kierkegaard, 1979, p. 128).

Essa narrativa envolvendo Abraão e a fé e a costura hermenêutica, que ora nos inspira, reclamam a constatação de uma articulação entre a ordem do finito e a do infinito. Não somente o sagrado é excessivo. Na passagem pelas páginas de Kierkegaard, descobrimos um ser humano que realiza um ato de transcendência. Sua existência, no que tange à experiência religiosa, envolve um êxtase, um sair de si para a relação de amor com Deus. Sair de si aqui tem um sentido específico. Não é estar fora de si, dispensado a interioridade, ou seja, não se trata de uma tentativa para se livrar da relação consigo próprio. A angústia que atravessa Abraão não o deixa esquecer de si mesmo, não nos deixa esquecer de Abraão, não nos deixa esquecer de nós mesmos. Podemos entender o êxtase não apenas relativo ao campo específico da experiência religiosa, mas referido ao caráter extático da existência. Arriscamos, nesse momento, fazer uma equivalência entre os termos transcendência, êxtase e sair de si. Queremos dizer que eles apontam para um movimento na direção de outro, no caso de Abraão, de não se furtar do encontro com Deus, a cada instante. Além disso, esse encontro, de acordo com o sentido que ora trabalhamos, envolve um desprender-se de interesses próprios e utilitários. Elisabete Sousa contempla que, ao contrário do herói trágico, o sacrifício de Isaac não visa obter o favor de Deus (Abraão já o tinha), nem intenta "aplacar a ira de Deus (ele era o eleito); além disso, Abraão está disposto a sacrificar o seu filho sem ter sequer conhecimento de que Deus haveria de enviar o seu Filho para redimir os homens" (Sousa, 2009, p. 20).

Aliás, Kierkegaard deixa patente que o amor cristão não deseja voltar a sua atenção somente para Deus, é um amor que envolve a alteridade também no âmbito finito. Nas *Obras do Amor*, é o próprio Kierkegaard quem assina diretamente o seu pensar. Deus desvia as atenções dirigidas a si mesmo, voltando-as na direção do mundo, e diz: "Se queres me amar, então ama as pessoas que vês, o que fizeres para elas estarás fazendo para mim" (Kierkegaard, p. 2007, p. 189). Donde concluímos, seguindo o tom dessa interpretação, que "faz-se mister ressaltar que Deus não deseja um olhar para Ele que não inclua em seu campo a vista amorosa ao outro. Ou talvez nem queira outro olhar senão o que faz da vista desnuda ao próximo o próprio sentido do amar e do amor" (Veríssimo, 2016, p. 32).

Confirmam essa orientação as considerações de Angerami (2006) em seu livro sobre o amor em várias facetas expressivas da existência. A certa altura, Angerami comenta sobre o amor cristão vivenciado como *ágape* (amor caritativo). Ele nos lembra das pessoas que se entregam às causas humanitárias e que fazem dessa entrega o próprio sentido de suas vidas. Angerami observa que não há limites para essa entrega.

> A dedicação de muitos desses religiosos em prol de excluídos é algo que transcende a qualquer tentativa de compreensão a partir dos parâmetros tradicionais de análise da condição humana. Muitos desses religiosos abandonam projetos profissionais e se embrenham nos mais diferentes rincões do mundo para estender a mãe àqueles que se encontram quedados pelo caminho" (Angerami-Camon, 2006, p. 81).

Acrescenta Angerami que, não poucas vezes, essas pessoas correm o risco de sofrer violência, tortura e morte por defenderam causas que vão de encontro com interesses de poderes instituídos.

Caminhar pelo abismo

A experiência do sagrado nos coloca frente a frente com o mistério. O mistério tremendo, o mistério fascinante. A etimologia de mistério sugere vir do verbo grego *mýein*, calar-se. Donde o místico experimenta a sua ligação com o mistério de cunho considerado sagrado de um modo peculiar. "Efetivamente a maioria dos místicos nada diz. Vive, vê, contempla, goza, sofre, participa. [...] Quem sabe não diz; só quem não sabe diz. Mas como o Uno se dá também na palavra, alguns místicos falaram e nos legaram escritos seus" (Boff, 1994, p. 20).

A hermenêutica que se dedica a pesquisar acerca da experiência religiosa pode se deparar com algumas aporias, tais como, perguntar-se: qual é, afinal, o lugar do pensar e da palavra frente a uma vivência-limite como é a vivência do sagrado? Por vezes, confessamos, somos tentados a seguir a sugestão de Otto (vide supra) de terminarmos imediatamente a leitura e a nossa escrita. Uma inexplicável inquietação nos leva adiante a prosseguir tentando compreender e comunicar algo acerca da experiência religiosa.

Por essas e outras, uma imagem impregnante da experiência religiosa é a de um abismo. O sagrado, identificado por vários nomes como Deus, o numinoso, o divino, o Tudo, o Tao, o Nada, o Escondido, o Mistério, o Amado, assim por diante. Seja por meio de que máscara ele se mostre, parece avesso a qualquer tentativa de obter respostas definitivas a seu respeito.

A imagem do abismo aparece em um passeio do fundador de uma mística judaica, o hassidismo, Israel ben Eliezer. Ele preferia o contato direto com a realidade em vez de estudá-la; preferia andar na mata, visitar e tratar as pessoas (como curandeiro e exorcista), contar histórias e estudar o Talmude (coletânea de livros sagrados que contêm comentários acerca dos textos do Velho Testamento, da Doutrina da Lei anunciada por Moisés, do código de Lei judaico). Ele morava na encosta de uma montanha. Contam que ele percorria, em seus devaneios místicos, montanhas perigosamente íngremes, que se erguiam sobre abismos. Um dia o seu êxtase foi tão profundo que não se deu conta de que estava parado à beira de um abismo abrupto e "calmamente levantou o pé para seguir adiante. Então a montanha vizinha saltou para junto da outra, apertou-se firmemente contra ela e o Baal Schem continuou seu caminho" (Buber, 1995, p. 89). Para muitos, essa cena não passa de uma história fantástica. Para Martin Buber, trata-se da vivência de uma comunidade de fé, "da experiência de almas ferventes, uma realidade engendrada em total inocência, sem lugar para a invenção ou para o capricho. É que essas almas não informavam de si mesmas, mas daquilo que sobre elas atuava" (Buber, 1995, p. 19).

Essa imagem pode nos sugerir algo sobre a experiência religiosa. Acompanhamos um caminhante, palmilhando as sendas de uma estrada que atravessa um desfiladeiro, andando pelos abismos desse espaço a perder de vista. "O atravessar de uma montanha a outra corresponde à atitude de lançar pontes sobre o abismo que se imagina existir, num primeiro momento, entre o ser humano e o sagrado" (Veríssimo, 2010, p. 72).

O abismo, como vimos, pode fazer-se notar quando alguém vê o sagrado como insuperável, infinitamente superior, e se sente nada mais que pó e cinzas, apequenado, esmagado frente ao poder do majestoso, ou seja, do numinoso. Essa atmosfera oportuniza o sentimento de *temor* ao sagrado, usando um termo familiar em nossa cultura ocidental, de *temor a Deus*. Ele é reconhecido quando nossa segurança se vê estilhaçada perante o mistério, mistério esse que muitos buscam a ávida posse, como se fosse um cabide existencial no qual pudessem pendurar em definitivo a responsabilidade pelas suas escolhas e as suas vidas.

Um ouvinte desavisado pode se ver cheio de tremor e horror interno quando escuta a prova de fé que Deus apresenta para Abraão. Aqui, não se trata do mistério que se oferece ao desvelamento, mas do "mistério que insiste em permanecer como tal, como um "umbral", de uma abissalidade, por assim dizer, intransponível, ou, ao menos, intraduzível. É o abismo que se abre no terremoto do tremor frente ao *mysterium tremendum*" (Veríssimo, 2010, p. 73).

O que resta à pessoa? Em nosso estudo, lemos que Kierkegaard não se refere ao *estado de criatura*, porém, alude à resignação infinita. Isso significa que quem se projeta na experiência religiosa no âmbito da fé não apenas deve aceitar esse mistério, como aceita conviver com ele. Uma das formas dessa condição foi ressaltada por Buber: "Quem começa com o amor a Deus sem haver previamente experimentado o temor a Deus, ama um ídolo feito por ele mesmo, um deus a quem resulta fácil amar. Não ama ao autêntico Deus que é, para começar, terrível e incompreensível" (Buber, 1979, p. 36-37).

O que isso nos convida a meditar? Que o sagrado é, na verdade e fundamentalmente, um totalmente outro no modo tremendo? Buber não parece estar indo nessa direção. Pelo exposto nesse momento, permitimo-nos contemplar a complexidade da experiência religiosa, que não permite, em seu caráter originário, um ponto de fuga, em última análise, da própria existência, na medida em que a angústia não se ausenta nem mesmo do campo religioso. Ora, ele é vivenciado por pessoas concretas, aquelas que se sentem de alguma forma tocadas pelo apelo de uma relação com o mistério, ainda que o numinoso se mostre inundado pelo pensamento simbólico, mítico, mágico. Assim, a experiência religiosa, em seu âmbito originário, não se divorcia da existência, ao revés, as narrativas e imagens a espelham, na medida em que desvelam uma significativa gama de possibilidades de compreensão e vivência, sejam elas pessoais, sejam relativas a uma comunidade em seu tempo histórico, sejam instigadas e entrelaçadas ao mesmo tempo por um mostrar-se temporal das condições originárias da existência, como o trágico, o absurdo, o mistério, a busca de sentido, o âmbito passional da existência, etc.

A pessoa no horizonte da experiência religiosa

A afirmação do ser humano perante Deus funda seu valor precisamente na liberdade. Torna a experiência religiosa ainda mais complexa do que certas formas de experimentar o sagrado apontadas por Otto: o sagrado como sendo especialmente da ordem do temor, do espanto que produz uma doce fascinação e um assombramento tenebroso.

Agora, no cenário religioso, irrompe uma novidade: desvela-se uma conversão ainda mais radical ao sagrado, que exige uma entrega total de si mesmo. Não só a oferenda, mas o ser inteiro se apresenta perante o sagrado. Isso significa uma escolha fundamental, a resignação infinita. Sacrificar o filho, seu único filho, é mais do que se resignar a realizar um sacrifício, caso isso fosse mesmo necessário, é entregar-se em confiança ao valor máximo da existência, sem deixar de *ser humano*, de sentir um grande *frisson* desde o ventre e, desse modo, sacrificar a si mesmo. O ofício sagrado é celebrado sem a mediação do sacerdote, nada mais, nada menos do que o encontro de si mesmo com o sagrado, em ato de fé.

Por Kierkegaard, vemos que a fé institui uma relação face a face com o sagrado. A fé começa a estabelecer pontes sobre um abismo, a quebrar aquela incomensurável distância entre o homem e o sagrado descrita pela fenomenologia do mistério tremendo, apresentada por Otto, e abre caminho para que a experiência religiosa componha uma *relação*.

O sagrado, na forma de Deus, em Kierkegaard, dá-nos oportunidade de testemunhar uma epifania (ou seja, uma aparição) do sagrado não mais como um absoluto impessoal. Dessa feita, o sagrado, na forma de Deus, dirige-se à pessoa, a cada um. Deus revela uma possibilidade, uma feição do sagrado: o sagrado permanece um totalmente outro, no sentido do seu caráter de mistério, o fundamento primeiro e último, mas a novidade que traz a revelação da fé como fenômeno religioso é que existe uma outra possibilidade para o sagrado, que se revela a cada um que penetra com todo seu ser na experiência da fé.

> O ato religioso de Abraão inaugura uma nova dimensão religiosa; Deus revela-se como pessoal, uma existência "totalmente distinta", que ordena, confere, exige, sem qualquer justificativa racional (isto é, geral e previsível), e para quem tudo é possível. Essa nova dimensão religiosa torna a "fé" possível no sentido judeu-cristão (Eliade, 1992, p. 99-100).

Tudo é possível para Deus. Deus revela mais uma faceta. Aqui, a experiência religiosa não é um rito para assegurar a boa ordem do cosmo e do mundo, é um ato de fé.

Esse Deus, fundado nas possibilidades, imprevisível e misterioso, não por um abismo entre o ser humano e o sagrado, mas, ao contrário, pela presença do numinoso que se dirige diretamente ao coração de cada um, constitui uma renovada experiência religiosa, exatamente no sentido proposto por Mircea Eliade: "Nós citamos aqui este exemplo com a finalidade de iluminar a novidade da religião judaica, em comparação com as estruturas tradicionais. (...) a experiência de Abraão pode ser considerada como uma nova posição religiosa do homem no Cosmo" (Eliade, 1992, p. 100).

Uma divindade em pessoa se apresenta aqui: Deus. Aqui, aparece um sagrado marcado pelo horizonte *pessoa*. Dirige-se a cada um.

A concepção da experiência religiosa em uma perspectiva dialógica implica uma afirmação de Deus e do mundo, de si e do outro. Importa para essa concepção a noção de pessoa. No âmbito humano, a pessoa é a um só tempo singular e trama de relações. Consideramos que a condição singular da pessoa se faz concomitantemente e articulada a sua constituição relacional. Significa dizer que cada pessoa é um tornar-se pessoa enquanto possibilidades finitas situadas em condições históricas, sociais, culturais, seu enredo é tramado em um processo de interação com as demais pessoas, com as situações de vida concretas, com a natureza, na relação da pessoa consigo própria, com os desejos e escolhas do outro, com a comunidade, etc., "e para quem se projeta na perspectiva da fé, acrescente-se a essa lista o sagrado. No pensamento de Buber, certamente Deus participa dessa composição de tramas que se entrecruzam no fundamento do Tu" (Veríssimo, 2010, p. 176).

Em Martin Buber, a pessoa aparece como *relação*, vale dizer, como *Eu e Tu*. Para Buber, não faz o menor sentido o Eu sem levar em consideração o outro. O outro, por sua vez, por ser intencionado, desejado, escolhido como *Tu* ou como *Isso*.

Buber (1977) concebe duas modalidades relacionais básicas, Eu e Tu e Eu – Isso. Na modalidade Eu – Isso, o outro é assimilado ao Eu, tratado e estimado como o seu objeto, objetivado como coisa entre coisas. A possibilidade a um só tempo existencial e relacional Eu e Tu, por sua vez, implica uma abertura para o outro, isto é, uma abertura à pessoa.

> O que nos permite uma primeira compreensão do que seja a modalidade existencial Eu e Tu resume-se na seguinte premissa: numa relação dialogada, o centro dessa relação não reside mais em um eu, nem no outro. A relação se constitui na interação *entre* o Eu e um Tu, isto é, entre os integrantes da relação. Devemos pensar uma relação composta por "integrantes", porque é preciso acrescentar que podemos considerar, por exemplo, minha relação com a natureza, com uma divindade, com um grupo social, com uma obra de arte etc. Compreendemos por Eu e Tu, portanto, o que designa uma relação entre mim e um outro, compondo uma identidade na diferença entre nós[3] (Veríssimo, 2010, p. 93).

[3] Cabe ainda esclarecer. "A relação Eu e Tu não trata apenas do "relacionamento Eu e Você". Quem só admite essa forma para o dialógico o encarcera na díade do esquema mais previsível, e segue numa avaliação sem surpresas – ou de má-fé acerca de Martin Buber.

Eis o que dá sentido ao caráter dialógico da experiência religiosa: sua constituição enquanto *Eu e Tu*, estruturada pelo encontro da pessoa com o Tu eterno (para Buber, Deus).

O princípio dialógico do sagrado acena no horizonte humano na medida em que a pessoa o evoca, mas, igualmente, na medida em que o sagrado também se dirige a cada um. De acordo com a nossa compreensão, sob inspiração fenomenológico-existencial, essa relação não está dada. Ela é uma descoberta, é uma revelação que se abre na medida em que se aceita o sagrado como relação dialogada, ao invés de meramente colocar-se sob a proteção divina ou a sua suposta lei. Na assinatura de Buber, lemos: "pois não se fala somente sobre Deus, mas também se fala com Ele" (Buber, 1977, p. 87). Desse modo, estabelece-se uma relação única, um encontro singular. O dialógico envolve, portanto, o encontro de cada pessoa e da comunidade de fé com a vivência de Deus como Pessoa.

Encerrando a prosa

Em nosso vagar hermenêutico, passamos por várias concepções e vivências do sagrado, desde o mistério tremendo até a tessitura de um Tu eterno. Não encontramos início nem fim, não quisemos fazer uma apreciação evolutiva, nem comparativa, e sim transitar por um panorama modesto de certas formas de vivência do sagrado, dada a extensão quase infindável e apaixonante desse tema.

Achamos uma passagem de Buber cujo nosso pensar se afina e pode ser, quiçá, uma sugestiva síntese do que foi exposto até aqui. Despedimo-nos de nosso leitor com a sua exposição.

"Sem dúvida Deus é o "totalmente Outro", Ele é porém o totalmente mesmo, o totalmente presente. Sem dúvida, ele é o "*mysterium tremendum*" cuja aparição nos subjuga, mas Ele é também o mistério da evidência que me é mais próximo do que meu próprio Eu" (Buber, 1977, p. 92).

> "Eu e Tu" envolve dois "sujeitos" em relação, sejam eles eu e você, eu e comunidade, uma pessoa e outra, comunidade e pessoas, comunidade e natureza, ser humano e natureza, obra e artista, professor e aluno, comunidade e outras comunidades, ser humano e Deus. O que é remetido ao "político", vale dizer, ao espaço comum onde os encontros visam a interface comunitária e dialógica entre as pessoas, não é desgarrado da dimensão interpessoal. O cósmico não relega o mundano para o fundo de cena. O espiritual não omite o imanente e vice-versa. [...] A relação Eu e Tu diz respeito a uma atitude de dialogação, participação mútua, confronto, face a face. Ela não se realiza nem no primeiro, nem no último eixo, e sim, no *entre*. A própria pronunciação de um *entre* supõe uma multidão de direções, instâncias e de atores para configurar o modo Eu e Tu (VERÍSSIMO, 2010, p. 94).

Referências

ANGERAMI-CAMON, Valdemar Augusto. *As Relações de Amor em Psicoterapia*. São Paulo: Thomson, 2006.

BETTO, Frei e BOFF, Leonardo. *Mística e espiritualidade*. Rio de Janeiro: Rocco, 1994.

BOFF, Leonardo. Mestre Eckhart: A mística da disponibilidade e da libertação. *In* ECKHART, Mestre. *O livro da divina consolação* e outros textos seletos. Trad. de Raimundo Vier, O.F.M. *et al.* 3.ed. Petrópolis: Vozes, 1994.

BOFF, Leonardo. *A nossa ressurreição na morte*. 8 ed. Petrópolis: Vozes, 1996.

BRANDÃO, Junito de Souza. *Mitologia Grega Vol. II*. Petrópolis: Vozes1987.

BRANDÃO, Junito de Souza. *Dicionário Mítico-Etimológico da Mitologia Grega Vol II*. Petrópolis: Vozes, 1991.

BUBER, Martin. *Eu e Tu*. 2.ed. rev. Trad.de Newton A. von Zuben. São Paulo: Moraes [1977].

BUBER, Martin. *Eclipse of God. Studies in the Relation Between Religion and Philosophy*. New Jersey: Humanities Press; Sussex: Harvester Press, 1979.

BUBER, Martin. *Histórias do Rabi*. Trad. de Marianne Arnsdorff *et alii*. São Paulo: Perspectiva, 1995.

CHEVALIER, Jean & GHEERBRANT, Alain. *Dicionário de símbolos* (mitos, sonhos, costumes, gestos, formas, figuras, cores, números). Trad. de Vera da C. e Silva. 4.ed. Rio de Janeiro: José Olympio, 1991).

DELEUZE, Gilles. *Nietzsche par Gilles Deleuze*. 13.ed. Paris : Presses Universitaires de France, 2006.

ECKHART, Mestre. *O Livro da Divina Consolação* e outros textos seletos. Trad. de Raimundo Vier, O.F.M. *et al.* 3. ed. Petrópolis: Vozes, 1994.

ELIADE, Mircea. *Mito do Eterno Retorno*. rad. de José A. Ceschin. São Paulo: Mercuryo, 1992.

GILSON, Etienne. *A Filosofia na Idade Média*. Trad. de Eduardo Brandão. São Paulo: Martins Fontes, 1995.

JOÃO DA CRUZ, Santo. *Cântico espiritual: respostas às angústias do homem de hoje*. Trad. de Ana Paula Coutinho. São Paulo: Edições Paulinas, 1980.

KIERKEGAARD, Søren Aabye. *Temor e tremor*. Traduções de Carlos Grifo, Maria José Marinho e Adolfo Casais Monteiro. São Paulo: Abril Cultural, 1979.

KIERKEGAARD, Søren Aabye. *As Obras do Amor*. Algumas considerações cristãs em forma de discursos. Trad. de Álvaro Valls. 2.ed. Bragança Paulista: Editora Universitária São Francisco; Petrópolis: Vozes, 2007.

MILES, Jack. *Deus. Uma biografia*. Trad,. de José R. Siqueira. São Paulo: Companhia Das Letras, 1997.

NIETZSCHE, Friedrich Wilhelm. *Assim falou Zaratustra: um livro para todos e para ninguém*. Trad. de Mario da Silva. Rio de Janeiro: Bertrand Brasil, 1995.

NIETZSCHE, Friedrich Wilhelm. *O Nascimento da tragédia no espírito da música (1971)*. Trad de Rubens Rodrigues T. Filho. São Paulo: Nova Cultural, 1987 {Os pensadores].

OTTO, Rudolf. *O sagrado*. Trad. de João Gama. Lisboa: Edições, 70, 1992.

SARTRE, Jean-Paul. *Esquisse d'une théorie des émotions*. Paris: Hermann, 1995.

SARTRE, Jean-Paul. *L'être et le néant. Essai d'ontologie phénomeénologique*. Paris: Gallimard, 2006.

SCHLEIERMACHER, Friedrich. *On Religion. Speeches to its Cultured Despisers*. Trad. inglesa de Richard Crouter. Cambridge University Press, 1996.

SCIADINI, Patrício. Introdução. *In* JOÃO DA CRUZ, Santo. *Cântico espiritual: respostas às angústias do homem de hoje*. Trad. de Ana Paula Coutinho. São Paulo: Edições Paulinas, 1980.

SOUSA, Elisabete M. de. Introdução. O salto para a eternidade. *In* KIERKEGAARD, Søren. *Temor e tremor*. Trad. De Elizabete M. de Sousa. Lisboa: Relógio D'Água, 2009.

VERÍSSIMO, Luiz José. *A Psicologia do Self e a Função Religiosa da Alma*. Um estudo a partir de c. G. Jung. Campinas, Livro Pleno, 2005.

VERÍSSIMO, Luiz José. *Ética da reciprocidade: diálogo com Martin Buber*. Rio de Janeiro: Uapê, 2010.

VERÍSSIMO, Luiz José. Algumas considerações sobre a experiência religiosa e sobre a relação entre o ser humano e Deus a partir do estudo de Rudolf Otto e de Kierkegaard. *In* FEIJOO, Ana Maria Lopez Calvo de e LESSA, Bernadete Medeiros Fernandes. *Fenomenologia e Práticas Clínicas. Palestras apresentadas no 1º Congresso Luso-Brasileiro de Práticas Clínicas Fenomenológico-Existenciais*. Rio de Janeiro: IFEN, 2014.

VERÍSSIMO, Luiz José. Considerações sobre as obras do amor a partir da leitura de Kierkegaard. Ítaca. *Revista dos Alunos de Pós-Graduação em Filosofia IFCS-UFRJ*. Rio de Janeiro, n 30, p. 19 – 39, 2016.

VERÍSSIMO, Luiz José. Amor, mito e suicídio. Considerações hermenêuticas para um aporte existencial. *In* ANGERAMI, Valdemar Augusto. *Sobre o suicídio*. A psicoterapia diante da autodestruição. Belo Horizonte: Artesã, 2018.

CAPÍTULO 22

Médium ou psicótico? Um relato de caso sobre tudo o que não sabemos em saúde mental e espiritualidade

Letícia Oliveira Alminhana
Juliana Schmidt Raddatz

1. INTRODUÇÃO

1.1. a relação entre saúde, espiritualidade e religiosidade: breve histórico

Para falarmos da espiritualidade dentro do contexto da saúde, precisamos entender, primeiramente, o que é saúde, como a espiritualidade entra nesse contexto e quando isso ocorre. Scliar (2007) afirma sobre o entendimento de saúde refletido no arranjo entre a política, a cultura, a economia e o processo social que ocorre em cada momento histórico da humanidade. O autor refere-nos, também, que a saúde não representa e não representou, durante a evolução do seu contexto, o mesmo significado para todas as pessoas e que este entendimento dependerá, sobretudo, dos valores individuais e das concepções científicas, religiosas e filosóficas de cada época.

Desde muito cedo, a humanidade conviveu com as ameaças do meio e teve que desenvolver um entendimento próprio para se proteger e compreender essas ameaças. Remontando a história da saúde, Gutierrez & Oberdiek (2001) referem-na a partir da humanidade primitiva e nômade, na qual a vida em agrupamentos ou tribos fazia com que as tribos tivessem que se deslocar em busca de alimento, defesa e abrigo contra os perigos. As ameaças do meio eram percebidas, nesse sentido, sob o ponto de vista do pensamento mágico, religioso e sobrenatural. As estações, a doença e a morte eram explicadas por meio da vontade e ira dos deuses por determinados comportamentos.

Scliar (2007) ainda afirma que, em outras culturas tribais, o Xamã era quem se encarregava de expulsar os maus espíritos que traziam a doença para o indivíduo, reintegrando o doente ao seu universo total. Rituais com elementos da natureza faziam essa reintegração com representações mágicas do vento, pedras, terra e água e suas influências sobre a saúde como um todo. Ao passo que essas civilizações foram se disseminando no planeta no decorrer dos séculos, levaram consigo suas culturas e crenças, criando tradições e explicações para o que lhes acometiam. Concentrando-se em vales perto de rios, cultivavam a terra e, aos poucos, firmavam suas raízes, abandonando os costumes nômades. As grandes civilizações, como os Assírios, Egípcios, Caldeus e Hebreus, percebiam a saúde e a doença como decorrente de causas externas como os espíritos, a natureza e os prescritos da bíblia em relação a Deus. O organismo humano, nessa concepção, fica isento da participação no processo de adoecimento, e a saúde é concebida como a isenção de pecados e fruto do humor divino, sem que o ser humano tivesse como intervir na causa dos seus males (Gutierrez & Oberdiek, 2001).

Desde o início da medicina, provinda da Grécia, houveram duas correntes complementares que divergem quanto à concepção de saúde, doença e, também, como consequência, a natureza da prática médica: a primeira corrente, Monista, vinda de Hipócrates (séc. VI a.c), tem por objetivo ver a pessoa doente em sua totalidade, levando em consideração o seu temperamento e sua história. A doença é concebida como uma reação global da pessoa a um distúrbio interno ou externo, envolvendo corpo e 'espírito'. Como terapia, propõe-se a restabelecer a harmonia de forma integradora e dinâmica à pessoa em conjunto com seu ambiente e consigo mesma. O autor refere essa prática com os fundamentos da moderna medicina psicossomática (Riechelmann, 2000).

Para Riechelmann (2000), a segunda corrente é a Dualista, provinda de Galeno (séc. I d.c), tendo em vista a doença como algo autônomo em relação à pessoa doente e confirmada por uma lesão anatomoclínica. Segundo o autor, essa corrente predominou sobre a corrente hipocrática, principalmente, na era de Pasteur com a descoberta da etiologia das infecções por agentes patogênicos. A terapêutica consiste em localizar a doença no corpo e retirá-la, quando possível. Essa prática é caracterizada como mecanicista e correspondente aos primórdios da medicina cartesiana, base da medicina contemporânea (Riechelmann, 2000).

Hipócrates e seus seguidores, valorizavam, nesse sentido, o prognóstico da doença, que era relacionado com o quadro de cada indivíduo. Essa terapêutica se baseava nas reações defensivas naturais, pois, segundo essa corrente de pensamento, não existiam doenças, mas sim doentes (Gutierrez & Oberdiek, 2001).

No cristianismo da Idade Média, o conceito religioso e mítico do entendimento da saúde irá tomar forma por vias demonológica, sobretudo na mania, melancolia, loucura e lepra. O demônio era entidade onipresente a todos esses males, dando uma conotação ainda mais mítica e pecaminosa para as enfermidades

(Monteiro, 2012). Sendo o corpo, o local do pecado e o sofrimento a redenção do pecador, na construção ambivalente da doença na Idade Média, fixa a ideia de que a salvação surge por meio do sofrimento e o flagelo da doença resulta na compaixão de Deus (Dalgalarrondo, 2008).

Essa pequena mostra histórica nos traz, brevemente, como a espiritualidade esteve fortemente relacionada à saúde. Nos dias atuais, as pesquisas acerca da saúde e da espiritualidade estão encontrando grande campo em debates técnicos, asseverando que, apesar dos embates teóricos do passado, os dois conceitos sempre estiveram relacionados dentro e fora, inclusive, da comunidade científica (Stroppa & Moreira-Almeida, 2009). No próximo item, abordaremos com mais profundidade essa relação e como essa temática aparece na relação com a ciência.

1.2. Espiritualidade e religiosidade no contexto da saúde

Para definirmos espiritualidade, precisamos diferenciá-la de alguns conceitos já estabelecidos sobre o tema, como a religião e a religiosidade, por exemplo. Apesar de não haver um consenso científico para definir especificamente cada categoria, por se tratar de um campo mais subjetivo, alguns autores permeiam essa diferenciação pelo teor do significado semântico do termo religião. Por muitos anos, os termos espiritualidade e religiosidade foram tidos como sinônimos, mas, a partir de 1997, buscou-se separar e conceituar os termos por meio das crescentes publicações de estudos em torno da espiritualidade (Panzini & Bandeira, 2007)

A religião, para muitos autores, está delimitada ao caráter institucional de igreja, o qual resume algumas crenças, ritos e normas que norteiam o comportamento de seus fiéis. Durkheim (1978) definiu religião como um conjunto de práticas e simbologias de caráter sagrado e social, mas também um sistema solidário de crenças que une o indivíduo a uma igreja e a todos que aderem a ela, compartilhando da mesma comunidade moral. Koenig (2012) apresenta o valor de significado, organização e prática de crenças que facilitam a proximidade do ser humano com o transcendente.

Para além de um contato institucional com uma religião, há, primeiramente, no ser humano um sentimento e propensão a isto que podemos chamar de religiosidade. Dalgalarrondo (2008) afirma que os termos espiritualidade e religiosidade são, de um modo geral, dimensões mais amplas e mais independentes das denominações que delimitam a religião. Religiosidade estaria, dessa forma, ligada a um sentimento mais pessoal e menos conectado a comportamentos ritualizados ou a alguma doutrina específica.

Muito autores clássicos da psicologia definiram, por meio de suas teorias, o sentimento religioso agregado ao comportamento psicológico do ser humano. Constantemente intrigado com a influência da religiosidade na vida do sujeito, Sigmund Freud encontra explicações na relação recorrente e inacabada do ser humano com a figura paterna e com a ilusão de proteção. Durante toda a sua obra, categorizou a religiosidade como algo provindo de sentimentos mais básicos do sujeito, como a condição primária de desamparo e, possivelmente, ligada também, quando relacionada à 'fusão' com algo maior, a representação da experiência da conexão mãe-bebê.

Segundo Allport (1966), não há como a religiosidade ser nos adultos, apenas a repetição de experiências infantis. Mesmo que a criança possa, por vezes, englobar a imagem do pai em um pai divino, "é uma inconsequência dizer que todos os adultos fazem o mesmo." (p. 129). Para o autor, uma pessoa saudável, que possui uma inteligência normal, que produz *insights* e de maturidade emocional, não buscaria produzir sua religiosidade a partir de fragmentos emocionais de experiências passadas, mas procuraria uma teoria em que todos esses fragmentos como medo, dependência, cultura e crenças, ganhem algum sentido, formando uma compreensão melhor de si e buscando a totalidade do ser. O equívoco da teoria psicanalítica, diz o autor, é que Freud coloca a crença religiosa nas funções de defesa do ego e não a relaciona com o ego em processo de desenvolvimento. Mesmo havendo propensões infantilizadas do caráter religioso em algumas pessoas, Allport (1966) afirma que advenham de alguma cisão ou interrupção do desenvolvimento da religiosidade, pois ela surge em consequência relativa, influenciada pelo temperamento e formação do sujeito.

Muito embora a religiosidade e o sentimento religioso tenham sido amplamente definidos em várias teorias e por diversos autores, não só na psicologia, o termo espiritualidade é recente, mas permeia muitos estudos em diversas áreas. Entendida como uma denominação mais ampla do sentido da religiosidade, a espiritualidade rompe com as paredes institucionais e doutrinárias para abranger uma instância mais pessoal e existencial, sendo assim, menos relacionada a rituais e dogmas. Koenig (2012) nos lembra do aspecto espiritual como uma relação com o Sagrado e o transcendente, relacionando Deus como o fim último associado a um poder supremo, e pode ou não estar relacionada a uma religião. A definição de espiritualidade de Saad (2016), vem ao encontro com a definição de Koenig (2012), pois segundo o autor, a espiritualidade pode ou não ter relação com alguma instituição religiosa e crença, mas se baseia, principalmente, na busca inerente da espécie humana de conexão com algo maior que si próprio, algo que agregue sentido em sua existência, e se difere da religiosidade, pois a expressão da espiritualidade é que dá sentido a religiosidade. Sendo um sentimento que adere interesse pelos outros e por si, a espiritualidade traz um sentido de significado de vida que se faz capaz de suportar sentimentos próprios como a raiva, culpa e ansiedade.

Todas as religiões convergem para algo em comum, que seria a experiência religiosa no sujeito, e tem como base uma realidade mística transformadora na vida e no cotidiano de cada pessoa. A espiritualidade entra, nesse sentido, como o contato transcendente a fatos reais e normais da vida, como experimentar uma força interior que supera as próprias capacidades (Boff, 2006).

Apesar de a pesquisa científica sobre espiritualidade ser recente, as pesquisas na área estão em constante crescimento e desenvolvimento. Esse comportamento demonstra, mais do que em qualquer outra época, uma maior abertura do campo científico para relacionar a espiritualidade na vida do sujeito, em todas as áreas, mas principalmente a sua ligação com o contexto da saúde. Koenig (2012) afirma que a relação saúde/espiritualidade data de longo tempo, mas, somente após algumas centenas de anos, é que houve uma aparente separação dos conceitos, fazendo parecer que há um distanciamento entre a relação saúde e espiritualidade. Moreira-Almeida (2012) ressalta ainda que, ao longo da história, a relação entre ciência e religião tem sido muito mais positiva do que se pensava e que a separação de conceitos data de a partir do século XIX, prevalecendo ao longo de boa parte do século XX, porém há fortes indícios de um retorno de diálogo e uma relação mais construtiva entre ciência e religião (Moreira-Almeida, 2009).

Essa ideia advém do fato que, na transição entre o século XIX e XX, nomes importantes da medicina da época disseminaram e defenderam a hipótese negativa de que experiências espirituais provinham de imaturidade da personalidade, pouca cultura e, também, decorrentes de alguma neurose ou transtorno mental e foram constantemente associadas à loucura. Porém, as observações feitas acerca desse ponto de vista eram, muitas vezes, em suposições não sistemáticas e baseadas em pressupostos teóricos ou ideológicos (Koenig, King & Carson, 2012).

Alguns autores como Koenig, King & Carson (2012) relacionam a espiritualidade no contexto da saúde como sendo significativa para observações de comportamentos ligados a hábitos saudáveis, menor uso de substâncias tóxicas, menor envolvimento em situações de violência e de risco, melhor envolvimento e melhor apoio da rede social, trabalho voluntário, melhor autoestima, melhor significado e enfrentamento de situações estressantes e melhores resultados de investigações acerca da Psico-neuro-imuno-endocrinologia. Nesse mesmo sentido, Lawler & Younger (2009) apontam que o envolvimento do indivíduo com seu senso de espiritualidade pode favorecer o aumento de propósito e significado de vida, que são, na mesma medida, indicadores de maior resiliência ao estresse relacionado a doenças.

Koenig (2001) afirma que, sob o panorama da saúde pública, pode-se observar nas pessoas com envolvimento religioso menor probabilidade de uso de álcool, cigarro ou drogas e, também, menor envolvimento de risco em situações como atividades sexuais fora do casamento. Na parcela jovem da sociedade, observa-se menores índices de crimes e delinquência, suicídios, atividade sexual e gravidez prematura.

No que se refere a índices sobre doenças como a depressão e abusos de drogas ilícitas, os efeitos da espiritualidade são intensos, principalmente em populações sob risco e vivenciando situação de estresse. A remissão dos sintomas, recuperação mais rápida e aderência as intervenções médicas são apenas alguns dos efeitos positivos encontrados na associação entre saúde e espiritualidade (Moreira-Almeida, 2009).

Lancetti e Amarante (2006) nos lembram que a saúde relacionada com a espiritualidade não está voltada apenas para a dimensão da busca de não sofrimento e adaptação às adversidades da vida, mas também para o que a ciência passou a chamar de saúde positiva. Essa nova visão advém do fato de que as pessoas não buscam apenas não ficarem doentes, mas almejam também uma vida feliz, produtiva e repleta de significado, buscando, assim, uma vida plena. A saúde, nesse sentido, pode ser relacionada a uma "mente saudável", produtora de subjetividade e promotora de buscas constantes de bem-estar e melhor qualidade de vida.

Panzini & Bandeira (2007) relacionaram a espiritualidade no contexto de qualidade de vida das pessoas e afirmam que a utilização de instrumentos como o RCOPE *Escale* e escala CRE (*coping* religioso espiritual), que visam à investigação da influência da espiritualidade e enfrentamento de situações de vida por meio da espiritualidade e religiosidade, são úteis para esses aspectos e ajudam na avaliação do paciente, na pesquisa e no planejamento de terapias psicoespirituais, enfocando o processo de enfrentamento do paciente. Com isso, as autoras afirmam que o paciente pode melhor utilizar as estratégias de enfrentamento e ter um impacto positivo significativo na saúde e na qualidade de vida, reduzindo, assim, custos de intervenções no âmbito da saúde pública. Para isto, as autoras sugerem que o estudo sobre o instrumento CRE deveria ser utilizado, estudado e incluído na formação dos profissionais da área da saúde.

Em algumas pesquisas realizadas por Koenig (1995, 1998, 1999, 2016), foram investigadas a relação de idosos internados em uma clínica nos Estados Unidos, em hospitais universitários e inseridos em serviços neurológicos. Nos estudos, as amostras variavam entre 850 e 3.968 idosos, sendo que os resultados obtidos relacionavam a espiritualidade nos resultados clínicos. Amostras desses estudos mostraram que a espiritualidade desses pacientes estavam relacionadas em proporção inversa aos sintomas depressivos, assim como os sintomas cognitivos de depressão foram menos comuns nos idosos que obtinham uma atitude religiosa frente a vida, observou-se também menos usos dos sistemas hospitalares nos idosos que mantinham uma participação e afiliação em comunidades religiosas, e idosos que obtinham uma frequência maior em serviços religiosos obtiveram menores riscos relativos de morte.

Kin e colaboradores (2015) realizaram uma pesquisa com uma amostra de 232 pacientes ambulatoriais com transtornos depressivos com medições completas de sintomas psicológicos. Os pesquisadores investigaram a influência da religiosidade e espiritualidade por meio do instrumento CGI-I (Clinical Global Impression-Improvement scale), durante um período de tratamento de seis meses. Análises univariadas e análise de regressão logística foram utilizados para identificar preditores de resposta ao tratamento. Na análise, considerações subjetivas importantes para a religião e a espiritualidade foram relacionadas à resposta ao tratamento consideravelmente positivas. Dessas variáveis, a espiritualidade permaneceu um preditor significativo no resultado final.

Moreira-Almeida (2009) lembra que, apesar de as pesquisas na área da espiritualidade no ambiente científico serem positivamente relevantes, algumas discussões acerca dos mecanismos que conferem a interrelação da espiritualidade na saúde, ainda são largamente debatidas. Segundo o autor, alguns testes empíricos sobre esses mecanismos são inconclusivos, apesar dessas pesquisas permearem o âmbito comportamental sob o ponto de vista da espiritualidade.

1.3. Experiências religiosas, espirituais ou "experiências anômalas": relações entre psicose e religião

Em uma *survey* realizada em 2010, esse número aumenta quando observamos a relevância desse contexto, sendo 8 em cada 10 pessoas que se identificam com algum grupo religioso. Neste sentido, é comum que a visão de mundo e as vivências da religiosidade e espiritualidade sejam atravessadas por experiências incomuns ou "anômalas", tidas como experiências anômalas ou do tipo psicótico. Esse tipo de influência está diretamente relacionado ao fato dessas experiências serem atribuídas a adesão ou postura religiosa das pessoas que passam por essas experiências (Machado, 2009).

A palavra *anômalos* deriva do grego *anomalos,* que significa 'irregular, ímpar ou desigual'. Para Cardeña, Lynn, & Krippner, (2000), a experiência anômala pode ser entendida como o contrário de *homalos,* pois se distancia da experiência comum. Dessa forma, apesar de ser vivenciada por muitas pessoas em uma população, afasta-se da experiência ordinária ou do significado de realidade comumente aceito. Contudo, o termo 'anômalo' não possui, necessariamente, implicações psicopatológicas. Como se sabe, a maioria das EAs não são patológicas, logo utilizar terminologias como "experiências psicóticas" pode não ser adequado (Cardeña, Lynn, & Krippner, (2000). Para Moreira-Almeida & Cardeña (2011), o termo "experiência anômala" (EA) parece mais neutro, não indicando diretamente uma psicopatologia. Algumas EAs estão associadas à saúde (quando ressignificadas em contextos culturais e criativos), enquanto outras podem configurar um pródromo de psicose (Peters et.al., 2016; Alminhana et.al., 2016; Almeida & Lotufo Neto, 2003).

Como vamos salientar no próximo subcapítulo, é comum que a população que apresenta experiências incomuns as signifique e experiencie dentro de um contexto religioso, e abordaremos como a literatura científica está tratando dessa temática, atualmente. Porém, antes, vamos mergulhar um pouco nos conceitos de Psicose, Esquizofrenia e Experiências Anômalas e Psicóticas.

2. Psicose e Esquizofrenia como um continuum e e aspecto benigno relativo ao sentido da experiência

No que se refere ao diagnóstico de sintomas positivos e de caráter psicótico, o que temos hoje de referência e de acordo com o Manual Diagnóstico e Estatístico das Doenças Mentais (Jeste et al.,[s.d.]) são dois agrupamentos principais de sintomas: o agrupamento de sintomas positivos, relacionados à presença de algum distúrbio do pensamento ou do comportamento, e o agrupamento de sintomas negativos, relacionados aos afetos negativos como o embotamento afetivo e a anedonia (Araújo & Neto, 2014; APA, 2014; Heckers et al., 2013). Na literatura, os sintomas psicóticos positivos são descritos como experiências anômalas, incomuns ou, ainda, experiências psicóticas (EP) (Peters et al., 2016, 2017) e incluem a alucinação e o delírio (Linscott & van Os, 2013).

Porém, Van Os (Jim van Os et al., 2010), em um estudo recente, apresentaram a proposta de um modelo da psicose, observando a distribuição ao longo de uma série contínua de gravidade psicopatológica. Os sintomas e sinais de psicose podem estar presentes tanto na população clínica quanto não clínica e os sujeitos podem estar localizados em algum ponto ao longo desse *continuum* do fenótipo psicótico, delimitado pelos polos de "saúde" e "doença" (Jim van Os, (Jim van Os et al., 2010).

Os autores ainda sugerem que os indivíduos que estão localizados na extremidade menos saudável do *continuum*, possivelmente, irão buscar os serviços de saúde e tratamento, constituindo a população clínica. Na outra extremidade, podemos encontrar pessoas com experiências psicóticas atenuadas, estando abaixo do limiar clínico e, normalmente, distribuído na população em geral. Esses indivíduos apresentam vulnerabilidade e predisposição à psicose, embora sejam saudáveis (Van Os, Kenis, & Rutten, 2010).

Sendo assim, uma parcela considerável da população pode apresentar, ao longo da vida, experiências saudáveis, embora dentro do espectro da psicose. Em realidade, desde o século XIX, a psiquiatria vem observando esse desfecho na população geral, caracterizado como "esquizofrenia moderada" ou "comportamento esquizoide" (Claridge, 2010). Dessa forma, dentro da perspectiva dimensional da psicose, a esquizotipia pode ser vista como um traço de personalidade, que predispõe a apresentar experiências anômalas, de caráter psicótico (como alucinações visuais e auditivas) (Gordon Claridge, 2010; Nuevo et al., 2012; J. van Os et al., 2009).

Tendo como base a percepção das patologias de caráter psicótico na forma de um *continnum*, podemos pressupor que as experiências psicóticas não são determinantes para o desenvolvimento de um quadro inserido na patogênese do transtorno psicótico, mas apresentá-las pode ser indicador de maior risco para desenvolvimento de tais patologias (Brett et al., 2014; Linscott & van Os, 2013).

Linscott & van Os (2013) observaram em uma meta-análise que entre 75% e 90% das experiências psicóticas são de cunho transitório, não acarretando no desenvolvimento de um quadro mais grave (van Os et al., 2009). Porém deve-se observar que assim como as experiências psicóticas podem tornar-se persistentes e acarretar o desenvolvimento de transtornos psicóticos, ao mesmo tempo, podem não apresentar impacto clínico significativo na vida de indivíduos (Brett et al., 2014; Linscott & van Os, 2013; Linscott & van Os, 2010; Mohr & Claridge, 2015; Underwood et al., 2016; van Os et al., 2009).

Alguns estudos como os de Peters (2016) e van Os (2009), apontam para fatores associados a risco para desenvolver psicose, tais como: história familiar de psicose, status de imigrante, urbanicidade e gênero. Outros traços como idade, uso de substância como *Cannabis* e traumas na infância também podem caracterizar transtorno psicótico. Nesse sentido, é difícil especificar quais fatores influenciam mais ou menos no desenvolvimento de um transtorno. De acordo com algumas pesquisas, um meio de examinar os fatores de risco e de proteção para o desenvolvimento de psicose seria observar pessoas que relatam EAs persistentes, porém benignas. Apesar da persistência de EAs implicar em fatores de risco, em contrapartida, tais indivíduos não necessitam de cuidados clínicos, sugerindo que possuem ou foram expostos a fatores de proteção não encontrados em populações psicóticas (Peters et al., 2016; J. van Os et al., 2009).

É bastante comum EAs serem interpretadas ou ressignificadas em contextos culturais e religiosos. Em um estudo realizado com 115 pacientes ao longo de três anos, Mohr e colaboradores (2011) se propuseram a compreender se a espiritualidade e a religiosidade são preditivos para o desfecho de esquizofrenia e transtornos esquizoafetivos. Os autores afirmam que a espiritualidade e a religiosidade da paciente ou do paciente podem facilitar a recuperação, alterando o desenvolvimento dos sintomas, promovendo a recuperação psicológica por meio do significado da experiência e de estratégias de enfrentamento (Coping Religioso/Espiritual Positivo), bem como a adesão ao tratamento. Em alguns casos, no entanto, a espiritualidade e a religiosidade podem atrapalhar sobretudo a adesão ao tratamento.

Dessa forma, é importante reconhecer quando o indivíduo acomoda sua EA em um contexto, ou seja, em uma rede de sentido espiritual, religiosa ou, até mesmo, artística. Isso é importante para que se reduza o estigma associado aos transtornos psicóticos, embora seja fundamental observar critérios diferenciais entre EAs saudáveis e patológicas (Mohr et al., 2011; Shevlin et al., 2017; J. van Os et al., 2009).

2.1. Diagnóstico diferencial

Fazer um diagnóstico diferencial apropriado e compreender de forma mais ampla este fenômeno é de enorme importância. Alguns modelos cognitivos sugerem que as experiências anômalas podem levar a quadros clinicamente relevantes, dependendo de como elas são autoavaliadas, o contexto em que ocorrem e a resposta emocional que o indivíduo oferece a elas. A exemplo disso, algumas pessoas podem relatar sintomas que são classificados como 'positivos' (ouvir vozes, pseudoalucinações, crenças incomuns) e não referirem ansiedade ou não interpretar essas experiências como ameaçadoras (Peters et al., 2016; J. van Os et al., 2009).

Segundo os autores e autoras, no entanto, é importante ressaltar que o nível em que uma experiência se torna problemática ou patológica será diferente para cada pessoa. Nesse sentido, poucos estudos têm buscado identificar fatores protetores, que parecem preservar algumas pessoas do desenvolvimento de quadros relacionados com a psicose, identificando padrões de respostas cognitivas nesse processo. (Peters et al., 2016; J. van Os et al., 2009)

Como já apresentado, muitas EAs podem ser ressignificadas em contextos culturais religiosos, nos quais uma experiência alucinatória pode ser interpretada como "mediunidade", por exemplo. Segundo dados do IBGE (2010), no Brasil 97% da população afirma ter religião. Algumas dessas religiões, como a Umbanda, o Espiritismo, o Catolicismo Carismático e as Igrejas Neopentecostais, apresentam experiências anômalas como componente principal da sua prática, o que torna o diagnóstico diferencial entre experiências saudáveis ou patológicas ainda mais complexo (Koenig, 2007; Moreira-Almeida, Neto, & Greyson, 2007; Stroppa & Moreira-Almeida, 2009; Zangari, 2007).

Segundo Koenig, (2007), alguns critérios específicos para o diagnóstico diferencial devem ser observados, pois podem ajudar a distinguir o sujeito com psicose da pessoa religiosa, que apresenta experiências místicas. Para o autor, a pessoa religiosa percebe que suas experiências provêm da sua crença ou sua espiritualidade e, geralmente, ela está inserida em uma cultura em que compartilha suas experiências. É observável, também, que esse sujeito não apresente outros sintomas que prejudiquem sua cognição, mostrando um prognóstico positivo com o passar do tempo.

No entanto, segundo Moreira-Almeida & Cardeña, (2011), há carência de diretrizes de diagnóstico diferencial entre experiências religiosas/espirituais (EAs saudáveis) e transtorno mental, baseadas em evidências nos manuais internacionais, como a CID 11 e o DSM 5. Os autores apontam a importância dos clínicos e dos pesquisadores perceberem a relevância cultural nos relatos do paciente que apresenta EAs e as ressignificam enquanto experiências espirituais. Assim, pode-se reduzir o risco de patologização de comportamentos saudáveis e expande a relevância transcultural da CID-11. No entanto, ainda se faz necessário que haja mais pesquisas sobre o tema, bem como que sejam desenvolvidas ferramentas para auxiliar no diagnóstico e manejo clínico das experiências anômalas (C. Brett et al., 2014; Moreira-Almeida & Cardeña, 2011; Peters et al., 2017).

A seguir, trouxemos exemplo de relato de caso:

3. Relato de caso

3.1. Caso de José

José foi participante de um estudo realizado na cidade de Juiz de Fora/MG, onde estavam sendo investigadas as relações entre a presença de experiências anômalas, religiosidade e saúde mental (referência). A pesquisa, vinculada à Universidade Federal de Juiz de Fora, pretendia entender questões relacionadas à personalidade, à qualidade de vida, à presença de psicopatologia – entre outras – em indivíduos que eram "identificados" como "médiuns" por frequentadores de centros espíritas da região. José foi um deles. Aos 41 anos de idade, ele foi encaminhado para participar da pesquisa, porque apresentava uma série de experiências chamadas de "mediúnicas", no contexto da religião Espírita.

José trabalhava como pintor e motorista, era divorciado e não havia concluído o ensino fundamental. Durante a entrevista qualitativa, ele relatou que suas experiências anômalas começaram quando ele tinha 16 anos de idade, embora ele nunca tenha tido diagnóstico de transtornos mentais. Ele ouvia barulhos e vozes nítidas, dentro de sua casa; tinha a sensação de estar sendo tocado por alguém invisível; via pessoas que já tinham falecido; tinha percepções do que aconteceria em seu futuro e, também, era capaz de saber o que se passava na mente de outra pessoa, apenas sentando perto dela. José afirmou que já sabia que ganharia dinheiro restaurando uma propriedade e que, em seguida, perderia tudo por causa de um acidente. Também, relatou que previu o seu divórcio nos anos em que ainda estava bem com sua esposa.

Após a separação e a perda de dinheiro, suas experiências anômalas aumentaram bastante e ele passou a beber em binge. Contudo, depois de mais de 20 anos sofrendo com essas experiências, José buscou ajuda no Centro Espírita chamado "Centro da Dona Marli", que ficava em um bairro afastado da cidade.

3.2. O Centro de Dona Marli

Nesse momento, vamos relatar alguns detalhes que ocorreram paralelamente ao caso de José. Quando nós, pesquisadores e pesquisadoras de Doutorado, iniciamos esta investigação sobre a relação entre experiências anômalas, religiosidade e saúde mental, entramos em contato com inúmeros centros espíritas da cidade. Visitamos os mais famosos, os mais "bem conceituados" centros, que se concentravam em regiões nobres de Juiz de Fora. Nenhum deles aceitou participar da pesquisa – que consistia em encaminhar para o estudo, pessoas que fossem "identificadas" como "médiuns" por alguém da religião espírita e que aceitassem participar das entrevistas. Alguns dirigentes de casas mais famosos –

que inclusive já apareceram na TV – negaram-se a nos receber. Em um desses casos, fomos recebidos por uma pessoa que "representava" a dirigente célebre. Essa pessoa nos disse que quando alguém no centro espírita tinha algum problema, rezava primeiro para essa "pessoa célebre", afinal, "ela estava certamente bem mais próxima de Deus". No entanto, esse foi um dos locais que fechou suas portas para nossa pesquisa.

Também, conversamos com um dirigente de outro centro espírita e fomos até seu consultório de psicologia para explicar sobre o estudo. Após ouvir que estávamos tentando entender melhor as relações entre experiências que pareciam psicóticas, mas eram ressignificadas como "mediunidade" no contexto do espiritismo, e, mesmo depois de explicarmos que nossa intenção era investigar a presença de saúde mental, ainda que o indivíduo relatasse experiências psicóticas – do ponto de vista da psiquiatria. Ou seja, queríamos contestar que toda e qualquer experiência anômala fosse classificada como transtorno mental. Depois de toda essa explicação, o psicólogo, diretor de centro espírita, mandou-nos embora dizendo que estávamos "tentando transformar religião em ciência".

Esgotados, um determinado dia, ouvimos falar do Centro da Dona Marli, que ficava em uma região distante do centro e em um bairro muito pobre e violento. O centro tinha crescido em torno de uma escola infantil mantida pela Dona Marli, que acolhia crianças carentes. Como bons pesquisadores e pesquisadoras, dirigimo-nos ao local e fomos levados para a casa da Dona Marli, recebidos por sua filha. A filha relatou como era difícil manter a escola e o centro, mas disse que sua mãe era muito forte. Dona Marli era semianalfabeta (só sabia escrever seu nome) e tinha criado os filhos enquanto pegava na enxada, junto com o marido, quando moravam no interior. Ela nos sentou na mesa da cozinha e, quando começava a passar um café, Dona Marli passa pela cortina de pano que separava a cozinha dos quartos. Era uma senhora muito idosa, com um rosto redondo, cabelos brancos um tanto desgrenhados e um olhar vago, como se não enxergasse bem. Caminhava com dificuldade. Sentou-se ao nosso lado e perguntou qual era o trabalho que queríamos realizar no centro. Nós explicamos com a linguagem desajeitada e super acadêmica, própria de estudantes de doutorado. Praticamente, repetimos tudo o que falamos para os outros dirigentes de centros espíritas, mas, dessa vez, sem esperança alguma de que aquela senhora fosse nos compreender de verdade.

Porém, para nosso espanto, ela esperou que terminássemos de falar e disse: "vocês vão ajudar as pessoas a entenderem os médiuns, né? Vocês vão fazer assim: venham nas reuniões abertas e, na saída, conversem com as pessoas que têm a mediunidade e perguntem pra elas o que vocês precisam saber". Foi assim que uma pessoa semianalfabeta conseguiu entender o que outras pessoas bem letradas e com nível superior de escolaridade não entenderam. Foi assim que chegamos ao José, que tanto contribuiu para nossa pesquisa.

3.3. Relato da entrevistadora de José, em primeira pessoa

A primeira autora deste capítulo foi quem entrevistou José, em meados de 2011. Ela vai fazer um relato em primeira pessoa para contar o que se passou durante a coleta de dados e a entrevista qualitativa com o participante José.

Quando eu iniciei meu doutorado, na Universidade Federal de Juiz de Fora e no Programa de Pós-graduação da Faculdade de Medicina, minha filha tinha apenas 15 dias de vida. Lembro que deixei ela dentro do carro, com meu esposo, e entrei no prédio da medicina para fazer minha matrícula. Ao comentar que tinha pressa, pois meu bebezinho estava me aguardando, a diretora do Programa me olhou dos pés à cabeça. Era uma médica em torno dos 60 anos de idade, que tinha tido dois ou três filhos. Em seguida, com uma expressão de ironia me disse: "ah, você está começando um doutorado com um bebê de 15 dias? Bom puerpério pra você!". E saiu. E eu saí com a sensação de que ela tinha me dado alguma mensagem que eu, por pura falta de experiência, não tinha como decifrar naquele momento. Como se pode imaginar, aquela fala foi decifrada detalhadamente, a cada noite sem dormir com minha filha chorando em meu colo e eu tendo que assistir aulas, fazer entrevistas qualitativas e escrever artigos no dia seguinte. Em 2011, minha filha já tinha quase 2 anos e ainda não dormia uma noite inteira. Meu puerpério com doutorado não foi o que se pode chamar de "bom".

E, em uma dessas noites, desesperada, com minha filha insone – ela ficava acordada por uma hora, dormia uma hora e acordava por mais uma hora, todas as noites – eu mesma recorri à religião. Eu comecei a sentir uma dor no ombro muito forte e aquilo me assustou. Sozinha no quarto eu fiz o que aprendi a fazer desde criança e rezei – depois que comecei minha vida acadêmica, minhas "rezas" tinham se tornado cada vez menos frequentes. Era algo que raramente me ocorria, mas sempre nos momentos onde não sabia mais para onde correr. Depois que rezei, minha filha pegou no sono facilmente, o que era raro acontecer. Fui dormir, mas, no dia seguinte, minha dor permaneceu. Assim mesmo, com noites viradas e com uma dor insistente em uma região atrás do meu ombro direito, fui fazer minha coleta de dados. A pesquisa está acima de tudo, não?

Casualmente, naquela tarde, encontraria José. Aos 41 anos de idade, ele era um homem comum que vestia uma camisa surrada e uma calça com manchas de tinta. Sua história de vida e suas experiências anômalas eram muito interessantes. Eu anotei tudo o que pude, preenchi as perguntas norteadoras e – obviamente – não falei coisa alguma da minha vida. Antes de encerrar, educadamente, José me perguntou se poderia me dizer algo que estava percebendo em relação a mim. Detalhe: nós investigamos 120 pessoas e nenhuma delas se dirigiu a gente para fazer previsões ou falar de experiências anômalas ligadas aos pesquisadores. Somente José rompeu a relação estabelecida entre pesquisadora e participante de um estudo. E eu, curiosa, concordei que ele falasse o que estava percebendo.

José, então, me disse que, desde o início da entrevista, eu estava com uma dor atrás do ombro direito e colocou a mão no seu próprio ombro, no lugar exato onde eu sentia a dor no meu ombro. Ele disse também que a dor tinha começado no meio da noite, mas que essa noite, especificamente, eu tinha rezado e tinha recebido ajuda espiritual por causa de minha filha. Eu não podia demonstrar o quanto aquele relato tão específico me surpreendeu. Realmente, em momento algum, eu havia mencionado sequer que tinha uma filha. José não pareceu esperar uma expressão de espanto ou qualquer reconhecimento de seu prodígio. Eu apenas confirmei suas percepções e agradeci e nos despedimos. Nunca relatei o que ocorreu em nenhum artigo, capítulo ou conferência que ofereci ao longo desses 10 anos que se passaram.

3.4. Final do relato de caso

José afirma que, depois que começou a frequentar o Centro Espírita de Dona Marli, aprendeu a desenvolver e controlar suas experiências anômalas. O "treinamento de suas habilidades mediúnicas" – como é chamado pela linguagem do espiritismo – ajudou-lhe a entender tudo o que se passou com ele ao longo de uma vida inteira. E, principalmente, fez-lhe aprender que ele mesmo deveria regular e controlar suas experiências para que elas não mais surgissem em momentos inadequados ou sem a sua permissão. Aprendeu a pedir ajuda de pessoas que já tinham muitos anos de experiência como "médiuns" e, também, a mediar o controle de suas experiências por meio de "mentores espirituais", que o auxiliavam.

De acordo com José, ele perdeu o medo de ver espíritos, porque aprendeu a diferenciar o que era seu próprio "conteúdo mental" e o que não era, ou seja, o que era "conteúdo de algum espírito". Disse que as experiências anômalas não atrapalham mais suas atividades do dia a dia ou seus relacionamentos, como acontecia no passado. Isso faz com que ele possa assumir o controle sobre sua própria vida, bem como se sinta capaz de planejar seu futuro de forma mais consciente. José deixou de beber e afirmou que tanto sua família, quanto seus amigos perceberam o quanto ele está lidando melhor com os desafios de seu dia a dia.

4. Discussão

Neste capítulo, buscamos fazer uma releitura dos conceitos de saúde e espiritualidade e, em seguida, apresentamos a visão atual em relação à presença de experiências anômalas e psicose. A fim de tornar a teoria mais palatável, descrevemos o caso de José, um participante do estudo de doutorado de uma das autoras. Descrevemos a história de vida de José e, também, um pouco do pano de fundo das pesquisas sobre espiritualidade no meio acadêmico. Romper barreiras tanto no campo científico, quanto no meio religioso e nas estruturas sociais, que aparecem nitidamente em todos esses contextos, é um grande desafio. Fizemos questão de relatar a busca por centros espíritas que aceitassem participar de nossa pesquisa, porque não podemos deixar de descrever (e, porque não dizer, de deflagrar) a estratificação de classes existente também no meio religioso. Embora se saiba que só essa informação já poderia gerar uma ampla análise psicossocial e até antropológica, não iremos focar nisso, pois o objetivo principal deste capítulo é a compreensão do espectro da psicose e das experiências anômalas saudáveis.

O relato de caso é importante para que todo o conteúdo visto ao longo da introdução e da teoria sobre experiências anômalas, apresentados anteriormente, possam se tornar mais claros e palpáveis. Assim sendo, como poderemos compreender tudo o que foi relatado no caso de José? Antes de mais nada, é importante esclarecer que também não entraremos em discussões ontológicas ou paranormais, nesse momento. Em outras palavras, não iremos nos concentrar em refletir a natureza das experiências anômalas apresentadas por José. E, até mesmo, a experiência relatada pela pesquisadora pode ter múltiplas explicações, a mais simples é do que chamamos de "cold Reading" (Dutton, 1988). Em português, "leitura a frio" é uma técnica na qual a suposta ou o suposto "médium" ou "paranormal" levanta suposições em relação à vida de uma pessoa e, dependendo de suas reações (tom de voz, expressão facial de concordância, postura do corpo), faz afirmações que aparentemente foram adquiridas por algum meio paranormal.

Essa técnica conta com o chamado "Efeito Barnum", ou seja, a tendência que nós temos de aceitar como nossas, descrições generalistas de personalidade. Por exemplo: "vejo que você é uma pessoa bastante extrovertida com seus amigos íntimos, mas é mais tímida quando não conhece as pessoas ao seu redor". Essa afirmação totalmente superficial, com grande chance de acertar o comportamento da grande maioria das pessoas, pode ser interpretada por alguém como "ele está falando algo importante sobre mim, sendo que eu não lhe contei que sou realmente assim". E, então, o que chamamos de "*jump to conclusions*" (pular para uma conclusão apressada): "ele é um médium ou um paranormal".

Apesar desse caso conter um conteúdo interessante para que se realize uma análise desse tipo, não é o objetivo deste capítulo desenvolver essa discussão. Ressaltamos que não podemos afirmar se José realizou um "Cold Reading" com a pesquisadora ou se realmente existem percepções mediúnicas e paranormais. As pesquisas avançam lentamente e ainda não há evidências robustas para fazermos afirmações conclusivas em relação a isso.

Abordaremos o caso de José sob a perspectiva da saúde mental e do diagnóstico diferencial entre experiências anômalas saudáveis e patológicas. Desse ponto de vista, não interessa se um fenômeno é "real" ou não. O que importa é quem é a pessoa que apresenta a experiência e – sobretudo – como essa pessoa lida e integra a experiência em sua vida. Assim sendo, embora José relate experiências de caráter psicótico (alucinações visuais, auditivas e crenças incomuns), a diferenciação entre experiências saudáveis e patológicas depende mais do encaminhamento dado às experiências do que à experiência em si. De acordo com Smith, Riley e Peters (2009) não importa em que você acredita, mas sim em como você lida com o que acredita.

Podemos compreender, então, que até encontrar o Centro Espírita de Dona Marli, José não lidava bem com suas experiências. Ele sofria, ficava confuso e acabou abusando de álcool como forma de escapar de seus problemas. Nesse ponto, sua experiência poderia potencialmente ter se encaminhado "ladeira a baixo" e ele indicava alto risco para desenvolver um transtorno mental grave, como a Esquizofrenia. Contudo, como vimos nos estudos posteriores de Peters et. al. (2016), algumas pessoas podem relatar sintomas 'positivos' (alucinações visuais, crenças incomuns) de caráter psicótico (caso de José) e não associarem essas experiências com afeto negativo ou emoções perturbadoras (Peters et al., 2016; J. van Os et al., 2009). Isso ocorreu posteriormente na vida de José, quando ele conseguiu encontrar uma rede de sentido para suas experiências anômalas.

Desse modo, José ressignificou suas experiências por meio de um contexto religioso, no qual aprendeu a organizar e controlar suas vivências. Ele reintegrou sua vida, parou de beber e recebeu feedback positivo de familiares e amigos. Isso aponta para o eixo saudável do espectro da psicose. Ou seja, se antes José se encontrava em uma zona "cinzenta", de risco para desenvolver um transtorno psicótico (Esquizofrenia), ele sai dessa área quando consegue encontrar um quadro, uma moldura, um sentido para suas experiências anômalas. Dar sentido e, por meio disso, ser capaz de organizar não somente as vivências, mas sua vida como um todo, é sinônimo de saúde mental.

Digamos que José tivesse encontrado o mesmo Centro Espírita da Dona Marli, lá, tivesse passado pelo mesmo "treinamento mediúnico", mas tivesse interpretado que suas experiências anômalas ocorriam porque ele era um "enviado divino para salvar o Planeta" e, com isso, ele não só deixasse de reorganizar sua vida, como rompesse com a família e começasse a colocar a própria vida em risco. Nesse caso, José teria saído da "zona cinzenta" do espectro (em que se sabe que há risco para psicose, mas o desfecho pode ser saudável) e migrado diretamente para um transtorno psicótico completo.

Com isso, vemos o papel fundamental da estrutura de personalidade e da maturidade para que pessoas como José não cheguem a adoecer mentalmente por causa de suas experiências anômalas. Há bastante estudo nessa área sobre o papel do Autodirecionamento (ou de um EU, ego saudável e maduro) na mediação de experiências incomuns (Alminhana et. al., 2017; 2016). Nesse sentido, o papel do Centro de Dona Marli é fundamental diante da possibilidade de uma leitura saudável da experiência de José. O que teria acontecido se José tivesse buscado diretamente uma rede de saúde pública? Um psiquiatra ou uma psiquiatra? Provavelmente, seu quadro teria sido apressadamente caracterizado como um transtorno psicótico já estabelecido. Ele teria sido internado ou medicado. O sentido para suas experiências seria outro: uma doença mental.

Sabemos da importância do tratamento psiquiátrico e mesmo da administração de psicofármacos, quando necessário. Contudo, se uma pessoa é capaz de dar sentido e de controlar suas experiências (reorganizando sua vida) sem fazer uso de medicação, isso deve ser levado em consideração. Claro que não se pretende, com isso, dizer que todas as pessoas com experiências anômalas de caráter psicótico devam buscar um centro espírita antes de uma médica ou de uma psicóloga. Não. Primeiro, porque o Centro de Dona Marli foi uma das várias possibilidades que José poderia ter para ressignificar suas experiências (outras religiões, trabalho com arte, entre outras).

Segundo, os médicos e os psicólogos precisam estar cientes do *continuum* da psicose. Devem, antes de tudo, observar como José interpreta suas experiências, se há crítica em relação a elas e se ele é capaz de aceitar diferentes formas de explicar as causas para essas experiências. Caso as profissionais da saúde entendam que há elementos de maturidade na personalidade de José, podem ajudá-lo a encontrar sua própria rede de sentido ao invés de oferecer internação e medicação como única alternativa para ele.

5. Conclusão

Nossa conclusão não é um fechamento de ideias. Nossa conclusão é apontar para a abertura e para a reflexão em relação ao que chamamos de saúde e doença mental. Ou seja, por meio deste relato de caso, pretendemos mostrar tudo o que não sabemos em relação à saúde mental e à espiritualidade. Obviamente, a intenção não foi anunciar a espiritualidade como um "caminho sagrado", que levará indivíduos com tendências psicóticas para a "salvação". Porém, apresentar o caso de um homem com experiências alucinatórias e crenças incomuns, que conseguiu ressignificar essas experiências em uma linguagem que fez sentido para ele. Nesse caso, a linguagem fez parte de um contexto espiritual ou religioso, mas em outros faz parte da poesia, da música e da criatividade de modo amplo. O importante é que ressignificar as experiências anômalas ajudou José a regular, controlar e reorganizar sua vida como um todo.

Diante deste relato, concluímos que a discussão em saúde mental – especificamente sobre transtornos do espectro da psicose e da esquizofrenia – precisa seguir em frente. Há muito a ser entendido, investigado, aprendido em relação às experiências como as de José. Sabemos muito pouco em relação a isso. Ainda assim, já houve mudanças relevantes no Manual Diagnóstico de Transtornos Mentais (DSM), da edição IV para a 5ª. Edição, no que tange aos antigamente chamados "sintomas de primeira ordem da psicose" (American Psychiatry Association, 2014). Os sintomas positivos (delírios e alucinações) não podem mais ser isoladamente considerados critérios fundamentais para o diagnóstico de esquizofrenia. Contudo, apesar de tal mudança, colegas da área da saúde mental seguem associando experiências como as de José com a presença de transtornos mentais graves.

Desejamos concluir este capítulo com um convite endereçado a profissionais da saúde e, também, a pessoas vinculadas a religiões e tradições espirituais. O convite é lembrar de tudo o que ainda não sabemos, repensar as classificações rápidas e prontas, que cada meio indica ao se deparar com experiências anômalas. Pois, se por um lado uma psicóloga se vê ansiosa para fazer um diagnóstico de transtorno psicótico quando encontra um paciente/cliente que relata experiências incomuns; por outro, o meio religioso e espiritual tende a encaixar essas experiências em um quadro explicado pela "presença de mediunidade, espíritos, demônios, santos" ou coisas parecidas, apressadamente. Questionar como aquela pessoa que refere experiências anômalas está lidando com isso é o primeiro passo. Saber que se sabe pouco, que a mente humana é complexa e que cada pessoa é única, é o segundo passo.

O caso de José nos ajudou a subverter, a questionar o que sabemos sobre saúde. A experiência com a pesquisadora mostra que existem várias formas de interpretar ocorrências aparentemente sem explicação. Sobretudo, nesse caso, a explicação propriamente dita não é o que mais importa. O que mais importa é a forma com que pessoas como José enfrentam suas experiências "sem explicação", "misteriosas", "confusas", "perturbadoras" ou "anômalas" e seguem em frente com suas vidas de forma organizada e segura ou não.

Agradecemos sua leitura até aqui e esperamos que esse capítulo tenha sido proveitoso para você.

Referências

ALLPORT, G. W. (1966) *O desenvolvimento da personalidade.* São Paulo: Herder.

ARAÚJO, Á. C., & NETO, F. L. (2014). A Nova Classificação Americana Para os Transtornos Mentais – o DSM-5. *Revista Brasileira de Terapia Comportamental e Cognitiva*, 16(1), 67–82. https://doi.org/10.31505/rbtcc.v16i1.659.

ALMINHANA, Letícia O., FARIAS, M., CLARIDGE, G., CLONINGER, C. R., & MOREIRA-ALMEIDA, A. (2016). How to tell a happy from an unhappy schizotype: Personality factors and mental health outcomes in individuals with psychotic experiences. *Revista Brasileira De Psiquiatria* (Sao Paulo, Brazil: 1999), 39(2), 126–132. https://doi.org/10.1590/1516-4446-2016-1944.

ALMINHANA, Letícia Oliveira, FARIAS, M., CLARIDGE, G., CLONINGER, C. R., & MOREIRA-ALMEIDA, A. (2017). Self-Directedness Predicts Quality of Life in Individuals with Psychotic Experiences: A 1-Year Follow-Up Study. *Psychopathology*, 50(4), 239–245. https://doi.org/10.1159/000474951.

ASSOCIATION, A. P., CORDIOLI, A. V., SILVA, C. T. B. da, PASSOS, I. C., KIELING, C., & BARCELLOS, M. T. (2014). *DSM-5—Manual Diagnóstico e Estatístico de Transtornos Mentais* (5a edição). Artmed.

BOFF, L. (2006) *Espiritualidade: um caminho de transformação.* Rio de Janeiro: Sextante.

BRETT, C., HERIOT-MAITLAND, C., MCGUIRE, P., & PETERS, E. (2014). Predictors of distress associated with psychotic-like anomalous experiences in clinical and non-clinical populations. *British Journal of Clinical Psychology*, 53(2), 213–227. https://doi.org/10.1111/bjc.12036.

DALGALARRONDO, P. (2008). *Religião, Psicopatologia & Saúde Mental.* Artmed.

DURKHEIM, E. (1978) *Os pensadores.* São Paulo: Cultural.

DUTTON, Denis (1988). "The cold reading technique". Experientia. 44 (4): 326–32. doi:10.1007/BF01961271. PMID 3360083. Retrieved June 30, 2009.

GORDON CLARIDGE. (2010). Spiritual Experience: Healthy Psychoticism? In Isabel Clarke, https://doi.org/10.1016/j.psychres.2010.08.012.

GUTIERREZ P. R.; OBERDIEK. H. I. (2001) Concepções sobre saúde e doença in: ANDRADE S.M.; SOARES, D.A.; JUNIOR, L. C. *Bases da Saúde Coletiva.* UEL, Londrina.

HECKERS, S., BARCH, D. M., BUSTILLO, J., GAEBEL, W., GUR, R., MALASPINA, D., OWEN, M. J., SCHULTZ, S., TANDON, R., TSUANG, M., VAN OS, J., & CARPENTER, W. (2013). Structure of the psychotic disorders classification in DSM-5. *Schizophrenia Research*, 150(1), 11–14. https://doi.org/10.1016/j.schres.2013.04.039.

KOENIG, H. G., & LARSON, D. B. (1998). Use of hospital services, religious attendance, and religious affiliation. Southern Medical Journal, 91(10), 925–932. https://doi.org/10.1097/00007611-199810000-00006.

KOENIG, H. G., COHEN, H. J., BLAZER, D. G., KUDLER, H. S., KRISHNAN, K. R., & SIBERT, T. E. (1995). Religious coping and cognitive symptoms of depression in elderly medical patients. *Psychosomatics*, 36(4), 369–375. https://doi.org/10.1016/s0033-3182(95)71646-2.

KOENIG, H. G., HAYS, J. C., LARSON, D. B., GEORGE, L. K., COHEN, H. J., MCCULLOUGH, M. E., MEADOR, K. G., & BLAZER, D. G. (1999). Does religious attendance prolong survival? A six-year follow-up study of 3,968 older adults. *The Journals of Gerontology.* Series A, Biological Sciences and Medical Sciences, 54(7), M370-376. https://doi.org/10.1093/gerona/54.7.m370.

KOENIG, Harold G, BOUCHER, N. A., O'GARO, K.-G. N., & Pearce, M. (2016). Religiously-Integrated Cognitive Behavioural Therapy for Major Depression in Chronic Medical Illness: Review of Results from a Randomized Clinical Trial. *Health and Social Care Chaplaincy*, 4(2), 237–253. https://doi.org/10.1558/hscc.v4i2.31655.

KOENIG, Harold G. (2007). Religion, spirituality and psychotic disorders. *Archives of Clinical Psychiatry* (São Paulo), 34, 95–104. https://doi.org/10.1590/S0101-60832007000700013.

LANCETTI, A.; AMARANTE, P. (2006) Saúde mental e saúde coletiva. (p. 615-634) In: G. CAMPOS et al. (Orgs), *Tratado de saúde coletiva.* Hucitec; Fiocruz

LAWLER-ROW, K. A., & ELLIOTT, J. (2009). The role of religious activity and spirituality in the health and well-being of older adults. *Journal of Health Psychology*, 14(1), 43–52. https://doi.org/10.1177/1359105308097944.

LINSCOTT, R. J., & VAN OS, J. (2010). Systematic Reviews of Categorical Versus Continuum Models in Psychosis: Evidence for Discontinuous Subpopulations Underlying a Psychometric Continuum. Implications for DSM-V, DSM-VI, and DSM-VII. *Annual Review of Clinical Psychology*, 6(1), 391–419. https://doi.org/10.1146/annurev.clinpsy.032408.153506.

MACHADO, F. R. (2009). Experiências Anômalas na Vida Cotidiana: Experiências extra-sensório-motoras e sua associação com crenças, atitudes e bem-estar subjetivo. (Tese de Doutorado). Instituto de Psicologia. Universidade de São Paulo.

MACHADO, F. R., ZANGARI, W., MARALDI, E. de O., MARTINS, L. B., & SHIMABUCURO, A. H. (2017). Contribuições da psicologia para a compreensão das relações entre a espiritualidade, a religiosidade e as experiências anômalas. Clareira – *Revista de Filosofia da Região Amazônica*, 3(2), 2–21.

MACKEY, K. M., & SPARLING, J. W. (2000). Experiences of older women with cancer receiving hospice care: significance for physical therapy. *Physical Therapy*, 80(5), 459–468.

MONTEIRO, Y. N.; CARNEIRO, L. M. U. (2012) *As doenças e os medos sociais*. Fap-Unifesp, São Paulo.

MOREIRA-ALMEIDA, A., & CARDEÑA, E. (2011). Diagnóstico diferencial entre experiências espirituais e psicóticas não patológicas e transtornos mentais: uma contribuição de estudos latino-americanos para o CID-11. *Revista Brasileira de Psiquiatria*, 33(suppl 1), s21–s28. https://doi.org/10.1590/S1516-44462011000500004.

MOREIRA-ALMEIDA, A., NETO, F. L., & GREYSON, B. (2007). Dissociative and Psychotic Experiences in Brazilian Spiritist Mediums. *Psychotherapy and Psychosomatics*, 76(1), 57–58. https://doi.org/10.1159/000096365

NUEVO, R., CHATTERJI, S., VERDES, E., NAIDOO, N., ARANGO, C., & AYUSO-MATEOS, J. L. (2012). The Continuum of Psychotic Symptoms in the General Population: A Cross-national Study. *Schizophrenia Bulletin*, 38(3), 475–485. https://doi.org/10.1093/schbul/sbq099.

PANZINI, R. G., & BANDEIRA, D. R. (2007). Coping (enfrentamento) religioso/espiritual. *Revista de Psiquiatria Clínica*, 34, 126–135. https://doi.org/10.1590/S0101-60832007000700016.

PETERS, E., WARD, T., JACKSON, M., MORGAN, C., CHARALAMBIDES, M., MCGUIRE, P., WOODRUFF, P., JACOBSEN, P., CHADWICK, P., & GARETY, P. A. (2016). Clinical, socio-demographic and psychological characteristics in individuals with persistent psychotic experiences with and without a "need for care". *World Psychiatry*, 15(1), 41–52. https://doi.org/10.1002/wps.20301.

PETERS, E., WARD, T., JACKSON, M., WOODRUFF, P., MORGAN, C., MCGUIRE, P., & GARETY, P. A. (2017). Clinical relevance of appraisals of persistent psychotic experiences in people with and without a need for care: an experimental study. *The Lancet. Psychiatry*, 4(12), 927–936. https://doi.org/10.1016/S2215-0366(17)30409-1.

RIECHELMAN, J. C. (2000) Medicina psicossomática e Psicologia da Saúde: Veredas Interdisciplinares em busca do "elo" perdido. In.: ANGERAMI-CAMON. *Psicologia da Saúde: um novo significado para a prática clínica.* (p.247-274) Pioneira, São Paulo.

SAAD, M., MASIERO, D., & BATTISTELLA, L. R. (2016). Espiritualidade baseada em evidências. *Acta Fisiátrica*, 8(3), 107–112. https://doi.org/10.5935/0104-7795.20010003.

SCLIAR, M. (2007) História do conceito de saúde, v. 17, n. 1. *Physis*, Rio de Janeiro.

SEPHTON, S. E., KOOPMAN, C., SCHAAL, M., THORESEN, C., & SPIEGEL, D. (2001). Spiritual expression and immune status in women with metastatic breast cancer: an exploratory study. *The Breast Journal*, 7(5), 345–353. https://doi.org/10.1046/j.1524-4741.2001.20014.x.

STROPPA, A., & MOREIRA-ALMEIDA, A. (2009). Religiosity and spirituality in bipolar disorder. *Archives of Clinical Psychiatry* (São Paulo), 36(5), 190–196. https://doi.org/10.1590/S0101-60832009000500003.

UNDERWOOD, R., KUMARI, V., & PETERS, E. (2016). Appraisals of psychotic experiences: An experimental investigation of symptomatic, remitted and non-need-for-care individuals. *Psychological Medicine*, 46(6), 1249–1263. https://doi.org/10.1017/S0033291715002780.

VAN OS, J., LINSCOTT, R. J., MYIN-GERMEYS, I., DELESPAUL, P., & KRABBENDAM, L. (2009). A systematic review and meta-analysis of the psychosis continuum: evidence for a psychosis proneness–persistence–impairment model of psychotic disorder. *Psychological Medicine*, 39(02), 179. https://doi.org/10.1017/S0033291708003814.

VAN OS, Jim, KENIS, G., & RUTTEN, B. P. F. (2010). The environment and schizophrenia. *Nature*, 468(7321), 203–212. https://doi.org/10.1038/nature09563.

ZANGARI, W. (2007). Experiências anômalas em médiuns de Umbanda: uma avaliação fenomenológica e ontológica. *Boletim* – Academia Paulista de Psicologia, 27(2), 67–86.

CAPÍTULO 23

Terapia Cognitivo-Comportamental Religiosa: Uma análise crítica do protocolo de integração das crenças religiosas na TCC realizada pelo Prof. Dr. Harold Koenig e equipe do Centro de Espiritualidade, Teologia e Saúde da Universidade Duke

Edson Sigueyoshi Hamazaki

Everton de Oliveira Maraldi

A Terapia Cognitivo-Comportamental (TCC) foi concebida por Aaron Beck como uma psicoterapia estruturada, voltada para o presente, direcionada para a solução de problemas por meio da alteração de pensamentos e comportamentos disfuncionais, resultantes de uma interpretação negativa da realidade que causa conflitos e desconforto (Beck, 1961). O conceito de crenças nucleares, compreensões tomadas pelo indivíduo como verdades absolutas, são extremamente importantes para a TCC, visto que, quando não correspondem à realidade e/ou são interpretadas de forma equivocada, induzem o indivíduo a sentir, pensar e se comportar negativamente, provocando sofrimento e adoecimento (Beck, 2013).

A religião é uma fonte importante de significados e crenças, além de um objeto de investigação complexo, por constituir-se sociológico, filosófico, psicológico, antropológico, teológico, político e eminentemente experiencial (Dalgalarrondo, 2008). A religião pode ser entendida como um sistema unificado e organizado de crenças, práticas, rituais e símbolos relativo a coisas sagradas, fornecedor de conteúdos doutrinários, que auxiliam o indivíduo a se aproximar do sagrado e/ou transcendente, unindo os seus aderentes em uma comunidade moral única, denominada igreja (Koenig, 2001; Durkheim, 2001). Para Bourdieu (2007), a religião também pode ser entendida como um sistema simbólico de pensamento e comunicação, uma linguagem que, por se constituir em uma sociedade concreta e caótica, acaba produzindo sentido ao integrar experiências pessoais e fragmentárias, estabelecendo ordem. Material e espiritual, sagrado e profano, eterno e temporal se tornam alicerces simbólicos, que promovem organização e significado para as experiências do sujeito social (Berger, 2001).

A religiosidade seria a maneira como o indivíduo acredita, segue e pratica uma determinada religião ou como ele elabora as suas demandas de sentido existencial, apoiadas nas suas crenças sobre o transcendente, um modo específico de encontro de significado em que a sua realidade humana e psicológica se mostra na face subjetiva da religião (Valle, 1998; Fleck et al, 2003; Freitas, 2017).

A palavra crença, etimologicamente, vem do latim "*credere*", que significa crer, ter confiança a respeito de algo. Também, pode ser compreendida como um estado psicológico em que o indivíduo tem uma convicção, uma proposição para a verdade. Do ponto de vista cognitivo, podemos entendê-las como convicções sedimentadas ao longo da vida, as quais formam a identidade e influenciam as escolhas individuais e visões de mundo (Rodrigues, 2015). Para Peres et al. (2007), o modo como o indivíduo processa e assimila as informações pode ter nas crenças e nas práticas religiosas um referencial importante, considerando-se, também, que fazem parte da sua cultura. Essas vivências foram classificadas como *sui generis* por Rudolf Otto (1869-1937), que considerava necessário vinculá-las a um dado primordial da religião, o numinoso, o sagrado, para que pudessem ser identificadas como essencialmente religiosas (Souza, 2013). Já William James (1842-1910), reconhecido estudioso das experiências religiosas, não tinha interesse nos aspectos institucionais das religiões, em seus dogmas e doutrinas, mas apenas na vivência religiosa do indivíduo. Nessa vivência, ele identificava emoções profundamente vinculadas ao funcionamento da mente humana, diferindo de Otto no fato de que essas vivências, para James, são tão diversas como as emoções e experiências humanas em geral, sendo moldadas por meio das crenças e práticas de uma religião e, por isso, consideradas experiências religiosas (Maraldi, 2020[a]).

Outro princípio importante, quando se analisa crenças e experiências religiosas, é a fé. Segundo Rodrigues (2015), a fé significa fidelidade, compromisso, certeza de que algo é verdadeiro sem a necessidade de um critério objetivo de verificação ou prova. Envolve o modo como a pessoa constrói seus relacionamentos, propósitos e significado para a vida, não sendo possível viver sem ela. A fé é dinâmica, interativa e única em cada pessoa (Fowler, 1992).

Quando uma pessoa procura por psicoterapia, não traz apenas partes de si, mas se apresenta como um todo, e desse todo faz parte a sua religiosidade, a sua espiritualidade, que implica em crenças que determinam posturas e formas de lidar com os fatos cotidianos da vida (Pinto, 2013). Conhecer e considerar as crenças espirituais e/ou religiosas do indivíduo pode ser importante para sua aderência ao tratamento psicoterápico. Até porque os pacientes afirmam querer discutir assuntos vinculados a sua Religiosidade e Espiritualidade (R/E) na terapia, como atestado por levantamentos em diferentes países (Best; Butow; Olver, 2015; Post; Wade, 2009).

Segundo o IBGE (2010), 91,9% da população brasileira se diz filiada a alguma religião. No mundo, o Pew Research Center (2012) indica que esse número alcança 84,7% da população mundial. Isso mostra a importância que a crença religiosa pode ter na maneira como o indivíduo vê, entende e se coloca no mundo, influenciando suas percepções e impactando sua saúde mental. Apesar disso, essa temática tem sido pouco abordada na formação do profissional de saúde, não obstante as frequentes demandas religiosas e/ou espirituais apresentadas por pacientes no contexto clínico e da existência de ferramentas conceituais e clínicas para o manejo desses conflitos de forma ética e profissional (Best; Butow; Olver, 2015).

É preciso levar em consideração que fatores culturais interferem na aderência do paciente ao tratamento e ao cumprimento de formas convencionais de psicoterapia. Não se deve esquecer que há uma longa história de conflito entre religião e cuidados em saúde mental. Olhares e atitudes preconceituosas em relação à religião, por parte de profissionais de saúde mental, podem obscurecer os possíveis benefícios do uso de recursos religiosos em psicoterapia. Da mesma forma, os líderes e profissionais religiosos podem relutar em encaminhar membros de sua congregação para profissionais de saúde mental, especialmente para a psicoterapia, considerando que ela pode alterar crenças e atitudes. Segundo Koenig (2012), muitos pacientes religiosos deprimidos evitam a psicoterapia secular, porque a consideram antipática às suas crenças religiosas. Eles, também, evitam a psicoterapia, porque sentem que a depressão é vergonhosa e que procurar terapia significa abandonar a fé. Pessoas religiosas podem se sentir culpadas por estarem deprimidas e, por isso, não abordam o assunto com seu sacerdote e/ou grupo religioso, evitando buscar apoio dentro da sua comunidade de fé. Nesse sentido, a psicoterapia com a religiosidade/espiritualidade integrada poderia facilitar o acesso de pacientes religiosos deprimidos, superando essa barreira ao tratamento (Koenig, 2012).

Embora a importância da religiosidade na saúde mental e no contexto psicoterapêutico seja cada vez mais reconhecida e estudada, existe, ainda, um grande debate sobre como exatamente integrar tais crenças, experiências e práticas na psicoterapia. No âmbito do Centro de Espiritualidade, Teologia e Saúde da Universidade Duke nos EUA, Harold Koenig e equipe desenvolveram um amplo projeto de pesquisa financiado pela Fundação John Templeton, objetivando criar um protocolo de tratamento, que integrasse as crenças e experiências religiosas à TCC, produzindo o que chamaram de Terapia Cognitivo-Comportamental Religiosa (TCCR) ou com a religiosidade integrada (Pearce, 2015).

O objetivo principal deste trabalho foi avaliar de modo crítico, tanto de um prisma metodológico quanto psicossocial, os resultados e a viabilidade do protocolo desenvolvido no contexto da Duke University. A escolha desse protocolo em particular para nossa análise se deve à relevância internacional do trabalho desenvolvido por Harold Koenig; um dos pesquisadores mais importantes no campo da religiosidade, espiritualidade e sua influência sobre a saúde, com mais de 500 artigos científicos publicados em revistas especializadas, revisadas por pares, mais de 50 livros e 100 capítulos em livros profissionais; e pelo centro que coordena com potencial impacto na pesquisa e aplicabilidade dos conceitos de religiosidade e saúde mental em um cenário transcultural. As limitações da implementação do protocolo da Duke, como veremos mais à frente, ilustram as dificuldades e desafios na integração da religiosidade na prática clínica, servindo como pontos norteadores na discussão sobre o tema e no desenvolvimento de estratégias terapêuticas mais eficazes.

Todos os dados apresentados no capítulo foram extraídos do material relativo à pesquisa de integração das crenças religiosas na TCC, envolvendo: desenho do estudo, resumo da pesquisa, protocolo completo, publicações de pesquisa, manuais e apostilas, encontrados no site do Centro para espiritualidade, teologia e saúde da Duke University.

Esses estudos promovem discussões sobre a formação das crenças religiosas e como podem estar associadas a quadros psicopatológicos ou promoção de saúde mental, além da influência que o contexto social, especialmente o religioso, pode ter na interpretação dos fenômenos patológicos, indicando caminhos por meio dos quais profissionais da saúde, psicólogos da religião, cientistas da religião e líderes religiosos podem trabalhar conjuntamente, em favor de indivíduos religiosos que enfrentam problemas de ordem mental/emocional.

A elaboração e implementação do protocolo de tratamento e os resultados alcançados pelos pesquisadores da Duke, também, proporcionam reflexões sobre o fazer psicológico, o trabalho psicoterapêutico, especialmente, quando pensamos sobre a sua aplicabilidade no contexto brasileiro.

Terapia Cognitivo-Comportamental – TCC

O desenvolvimento da pesquisa na Universidade de Duke teve como fundamento a TCC como formulada por Aaron T. Beck e Judith S. Beck, uma psicoterapia estruturada, que conceitua cada paciente individualmente em termos cognitivos, requer o estabelecimento de uma aliança terapêutica sólida, enfatizando a colaboração e participação ativa, voltada para o momento presente, orientada para os objetivos, buscando solucionar os problemas atuais, modificando pensamentos e comportamentos considerados disfuncionais, comuns a todos os transtornos psicológicos, e visando influenciar a maneira como o paciente lida com seus desafios diários. A TCC não busca reviver traumas passados ou dificuldades vividas na infância; ela foca, ao contrário, em fazer com que o paciente entenda como o seu passado afeta seus pensamentos e atitudes no presente, buscando transformar padrões de pensamentos negativos em pensamentos mais positivos e saudáveis, gerando comportamentos mais assertivos e funcionais. De acordo com essa abordagem terapêutica, quando o paciente reconhece e entende seus processos cognitivos, especialmente suas crenças negativas e/ou irreais, aprende a impedir que os pensamentos disfuncionais se instalem, reduzindo a evitação e realizando a avaliação e o enfrentamento (Beck, 2013).

A TCC tem como premissa básica que os padrões de pensamento, crenças, estados emocionais e comportamento estão interconectados. A forma como o indivíduo percebe e interpreta uma determinada situação determina como se sente e como reage. Pesquisas mostram que as percepções e interpretações de pessoas deprimidas, geralmente, não são precisas, resultando em um círculo vicioso em que tendem a cometer "erros cognitivos", tirando conclusões precipitadas, usando filtros mentais negativos, pensamento dicotômico (tudo ou nada) e catastrofização. A TCC, por meio da psicoeducação, visa ensinar os indivíduos a identificarem, confrontarem e substituírem esses pensamentos desadaptativos e distorcidos por pensamentos e comportamentos saudáveis. A TCC se caracteriza como uma terapia colaborativa, com uma agenda definida, *feedback* constante, comunicação empática, uso da *maiêutica* (questionamento socrático), descoberta guiada, tarefas e atenção às dificuldades no relacionamento terapêutico (Beck et al, 1979; Beck, 2005)

Terapia Cognitivo-Comportamental com a religiosidade integrada -TCCR

A TCCR, desenvolvida por Koenig et al (2012), envolveu incorporar as crenças e práticas religiosas da religião do paciente no protocolo padrão de tratamento da TCC, utilizando-o no processo terapêutico. Os autores partiram do princípio de que o conhecimento e a valorização dos sistemas de crenças, experiências e fé religiosa do paciente colaboram na sua aderência ao tratamento, além de proporcionar ao terapeuta a possibilidade de utilizar tais conteúdos para potencializar as capacidades do indivíduo.

O conteúdo religioso, envolvendo crenças, práticas e experiências da religião do paciente, é empregado ao longo do tratamento na psicoeducação, estratégias motivacionais, intervenções comportamentais, reestruturação cognitiva e técnicas de *coping.* As crenças consideradas no tratamento são as do paciente, independente do terapeuta professar ou não essa mesma fé. A decisão de utilizar técnicas que tenham as crenças religiosas do paciente integradas não deve ser tomada apenas porque o paciente se diz religioso ou espiritualizado; deve ser tomada com conhecimento e anuência deste (Costa; Siqueira; Resende, 2018).

Apresentação e análise comentada do trabalho de sistematização realizado pelo Prof. Dr. Harold Koenig e equipe do Centro de espiritualidade, teologia e saúde da Universidade Duke

A pesquisa do Prof. Koenig e equipe teve como propósito desenvolver uma terapia de base cognitivo-comportamental com crenças e práticas religiosas integradas e verificar se ela pode ser mais eficaz no tratamento da depressão maior em pacientes religiosos e com doença crônica do que a TCC tradicional, inclusive, promovendo uma possível reversão de alterações fisiológicas induzidas por essa patologia (Koenig, 2012). Buscaram fazer isso, em contexto clínico, por meio de um estudo randomizado em pacientes de dois locais diferentes, o Sistema de Saúde da Universidade Duke, situado na região do Triângulo da Carolina do Norte, e o Centro Médico Adventista de Glendale em Los Angeles (EUA). Em nossa apresentação dos resultados desse amplo projeto e do protocolo de psicoterapia dele resultante, optamos por já analisar, ainda que parcialmente, algumas de suas limitações e desafios, os quais serão retomados e explorados em maior profundidade na seção de discussão do capítulo. Por isso, a razão de definirmos essa seção como apresentação e análise comentada.

A diferença fundamental encontrada na TCC com a religiosidade integrada é o uso explícito dos conceitos da religião do paciente como base para a identificação e substituição de pensamentos e comportamentos desadaptativos, buscando reduzir os sintomas da depressão. São utilizados recursos como a memorização de escrituras, oração contemplativa, desafio de pensamentos negativos, usando recursos religiosos, práticas religiosas e o envolvimento na comunidade religiosa.

O estudo começou em 2011 e a aplicação da psicoterapia nos pacientes foi realizada até o final de 2013.

Foram desenvolvidos manuais de tratamento, adaptados às distorções cognitivas específicas de pacientes religiosos com doença crônica, para orientar intervenção terapêutica em pacientes vinculados às religiões cristã, judaica, budista, hindu e muçulmana. Não ficou clara a justificativa para a elaboração de manuais para essas cinco religiões, provavelmente, tentou-se tornar a pesquisa mais abrangente, sem uma conotação eminentemente cristã, além de serem consideradas as maiores religiões do mundo. No entanto, considerando que dos 132 participantes, 116 eram cristãos, 7 budistas, 5 judeus, 3 hinduístas e apenas 1 tinha sua fé no islã, não parecem justificados os recursos humanos e financeiros usados na elaboração de tantos manuais, até porque o pequeno número de não cristãos torna a amostra pouco representativa, além de se configurar como um imenso desafio lidar com as diferenças intra-religiosas. As religiões escolhidas possuem vários subgrupos para os quais existem diferenças no entendimento de conceitos e de práticas religiosas.

Cristãos podem ser subdivididos em protestantes, católicos e ortodoxos, sendo que cada ramo se subdivide em outros, por exemplo, os protestantes podem ser subdivididos em luteranos, anglicanos, batistas, calvinistas, metodistas, pentecostais, neopentecostais, testemunhas de jeová, mórmons, adventistas etc. O budismo tem as tradições theravada, mahayana e vajrayana. O judaísmo tem correntes reformistas, conservadoras e ortodoxas. O hinduísmo védico, bramânico e híbrido, de acordo com suas fases. No caso dos muçulmanos, sequer essa denominação de religião seria a ideal, considerando que o muçulmano é aquele que pratica o islã. Aliás, justamente o islã, religião que teve apenas um participante, foi a única que teve dois manuais elaborados, um para sunitas e outro para xiitas.

Além do desenvolvimento e aplicação desses manuais, a pesquisa também teve como objetivos determinar se eventuais benefícios da TCCR sobre a TCC podem ser explicados por melhorias nos níveis de gratidão, generosidade, otimismo, propósito de vida, funcionamento social e físico e aliança terapêutica mais robusta. Verificar se a TCCR é mais eficaz do que a TCC em promover o equilíbrio e modelação das funções endócrinas e imunológicas adversamente afetadas pela depressão maior, reduzindo o cortisol urinário de 12 horas, a norepinefrina e a epinefrina, reduzir as citocinas pró-inflamatórias, proteína C reativa e aumentar a quantidade de citocinas anti-inflamatórias. Determinar se polimorfismos genéticos, que aumentam a suscetibilidade à depressão, na presença de eventos estressantes da vida, são mais prevalentes em indivíduos deprimidos profundamente religiosos do que nos menos religiosos. De particular interesse o genótipo SL/SS da região promotora do transportador de serotonina (5-HTTLPR), o genótipo do receptor rs6295 5-HT1A CG/GG e os portadores do alelo de alta atividade do promotor MAOA-uVNTR. Determinar se a TCCR é mais eficaz que a TCC na presença de um ou mais desses polimorfismos genéticos e se a eficácia do tratamento é moderada pela religiosidade.

Método utilizado pelos pesquisadores

Foi realizado um estudo clínico randomizado, multicêntrico, envolvendo a administração de TCC e TCCR de forma remota, principalmente por telefone, entre junho de 2011 e junho de 2013. Problemas de mobilidade relacionados com as doenças crônicas dos participantes, que dificultam ir ao consultório ou ficar aguardando em uma sala de espera, e a otimização do tempo tanto para pacientes quanto para os terapeutas, visando diminuir as taxas de desistência, foram as justificativas dadas para a escolha dessa forma de administração da terapia, no entanto, apesar dessa forma de aplicação ter impactado igualmente tanto a TCC quanto a TCCR, não parece adequado deixar de lado a forma tradicional de psicoterapia em que os atendimentos são realizados de forma presencial. Hoje, o uso de plataformas digitais com imagem e som, amplamente utilizados devido à pandemia de COVID-19, atenderiam aos objetivos das sessões sem prejuízos, mas, na época em que a pesquisa foi realizada, o uso do telefone, provavelmente, não proporcionou a necessária aliança terapêutica e recursos suficientes para o total aproveitamento do processo psicoterapêutico.

Participantes

385 pessoas se inscreveram para participação na pesquisa, recrutadas no Duke University Medical Center e no Glendale Adventist Medical Center. Após triagem, considerando os critérios de inclusão e exclusão, 187 passaram para a próxima fase e 132 foram incluídos no estudo após a aplicação de testes. Esses foram randomizados, sendo 67 colocados no grupo que recebeu a TCC e 65 no de TCCR.

Os critérios de inclusão foram ter entre 18 e 85 anos, possuir uma ou mais doenças crônicas há pelo menos 6 meses, ter diagnóstico de transtorno depressivo maior, com sintomas moderadamente graves de acordo com a escala BDI II, e praticar uma das religiões para a qual foi criado um manual.

Os critérios de exclusão envolveram ter comprometimento cognitivo significativo, ter recebido psicoterapia nos últimos 2 meses, possuir distúrbio psicótico, abuso de álcool ou de outras drogas, distúrbio de estresse pós-traumático no último ano, transtorno bipolar, ideação suicida ativa, doenças clínicas que afetam as funções imunológicas e endócrinas, não falar inglês e não possuir telefone.

Terapeutas

Oito terapeutas experientes, no mínimo com mestrado, administraram as intervenções. Quatro para TCC e quatro para a TCCR. Foram treinados para participação no estudo e supervisionados.

Intervenção

Dez sessões de 50 minutos, aplicadas nos dois grupos, TCC e TCCR, ao longo de 12 semanas. Todas foram realizadas de forma remota, sendo que do total de 940 sessões, 94% (883) por telefone, 5% (43) por skype e 1% (14) por mensagens de texto instantâneas.

As sessões de TCCR tiveram os seguintes conteúdos:

Sessão 1: Avaliação e introdução a TCCR;

Sessão 2: Ativação comportamental;

Sessão 3: Identificando pensamentos automáticos negativos;
Sessão 4: Confrontando pensamentos disfuncionais;
Sessão 5: Lidando com perdas;
Sessão 6: Lidando com as lutas espirituais e emoções negativas;
Sessão 7: Gratidão;
Sessão 8: Altruísmo e generosidade;
Sessão 9: Estresse como promotor de crescimento espiritual;
Sessão 10: Esperança e prevenção de recaídas.

Os temas trabalhados nas sessões foram escolhidos considerando as semelhanças entre as religiões, entretanto alguns conceitos diferem bastante e essas diferenças foram pontuadas nos manuais. Por exemplo, ao contrário das religiões monoteístas, o Buda não é considerado a manifestação de um Deus transcendente, não existe no budismo o conceito de "ser salvo por Deus", ou da ação intercessora realizada por ele. Portanto, o manual budista enfatiza repetidamente os ensinamentos centrais do budismo: "o poder de curar o sofrimento está dentro, e o alívio do sofrimento está no uso dos ensinamentos do Buda, como ele pretendia" (Pearce et al, 2015).

As intervenções tanto em TCC quanto em TCCR se concentraram no perdão, gratidão, desenvolvimento de comportamentos altruístas e no envolvimento em atividades sociais, incluindo treinamento em meditação e atenção plena. A única diferença foi o uso explícito de crenças e práticas religiosas na TCCR, enquanto que a TCC usou recursos seculares. No entanto, apesar do uso de recursos seculares pela TCC, trabalhou-se com meditação e atenção plena, focando no relacionamento terapêutico, aceitação e compaixão, temas bastante relevantes para doentes crônicos. É de se notar, aliás, que as técnicas de meditação adaptadas a contextos terapêuticos têm sua origem última em tradições espirituais, ainda que sua utilização na psicoterapia esteja desvinculada hoje dessas raízes (Maraldi, 2020b).

Integração das crenças e práticas religiosas na TCC

Foi realizada considerando os seguintes itens:

a) Renovação de pensamentos

Parte do pressuposto de que as escrituras sagradas da religião, a qual a pessoa está afiliada, costuma determinar o seu sistema de valores e visão de mundo. Essas escrituras contêm passagens que transmitem a ideia de que os pensamentos influem na emoção e no comportamento. Para os cristãos, a metanoia significa "mude de ideia ou mude o que você pensa", que foi traduzido como "arrependa-se" (Mateus 4: 17). No judaísmo, o rei Salomão trouxe: "... pois como ele pensa em seu coração, ele também é" (Provérbios 23: 7). Para o Islã, "Certamente Deus não muda a condição de um povo até que ele mude sua própria condição" (Alcorão 13: 11). Esses princípios religiosos são utilizados nos manuais de TCCR para trabalhar a mudança dos pensamentos negativos e disfuncionais para pensamentos positivos e adaptativos.

b) Memorização de escrituras

O terapeuta trabalha com uma passagem das escrituras que seja relevante para o objetivo daquela sessão. No manual elaborado para a religião Hindú, na terceira sessão, em que será abordada a meditação como uma forma de lidar com os sentimentos de angústia, os pacientes são instados a memorizar: "Aquele que restringe seus sentidos, mantendo-os sob completo controle, e fixa sua consciência em Mim, é conhecido como um homem de inteligência estável." (Bhagavad Gita, cap. 2, verso 61). Os Budistas memorizarão: "A Sabedoria brota da meditação; sem meditação a sabedoria diminui. Tendo conhecido estes dois caminhos de progresso e declínio, que um homem se conduza de forma a aumentar a sua sabedoria." (Dhammapada 282).

c) Oração contemplativa

Os pacientes são ensinados a refletir sobre passagens dos seus livros sagrados, para ajudá-los a lembrar-se quando é preciso aplicar esses pensamentos. Pede-se que comecem com a passagem memorizada naquela semana, sentando-se confortavelmente com as costas retas e o peito aberto de maneira que a respiração fique livre e aberta. Pede-se que leiam a passagem lentamente, meditando sobre cada frase. Então, pergunta-se: qual das frases ou ideia "fala" com você? Lendo novamente, como essa passagem afeta a sua vida? O que ela te lembra, faz ver, ouvir ou sentir? Leia mais uma vez. Anote qualquer ideia, reflexão ou resposta pessoal em seu diário.

d) Transformação dos pensamentos automáticos negativos, utilizando os recursos da religião

Ellis (1962) desenvolveu o método ABCDE para identificar e confrontar os pensamentos automáticos negativos. Maneira prática para ajudar os pacientes a perceber a interrelação entre seus pensamentos, sentimentos e comportamentos, ensinando-os a examinar esses pensamentos com cuidado e objetividade antes de aceitá-los automaticamente como verdade. O primeiro passo "A" representa "ativar" e é usado para identificar o momento em que as emoções negativas começaram e determinar, descrevendo, qual ou quais situações aconteceram naquele momento. "B" são as crenças disfuncionais e envolve identificar quais os pensamentos que vem à mente do paciente como consequência do evento de ativação. "C" são as consequências, subdividindo-se em emocionais e comportamentais. "D" é disputa, usada para confrontar pensamentos automáticos negativos, fazendo com que o paciente examine suas crenças e encontre recursos para ajudá-lo a contestar e substituir esses pensamentos. "E" será uma nova crença, mais adequada que levará a consequências emocionais e comportamentais mais positivas e eficazes. A equipe, que desenvolveu o estudo, acrescentou a utilização de recursos religiosos das tradições religiosas dos pacientes nas etapas D e E.

e) Práticas e recursos religiosos

A premissa de que as crenças religiosas podem ser motivadores eficazes para criar padrões comportamentais positivos no combate à depressão fundamentou a pesquisa. A maioria das religiões costuma encorajar o perdão, a generosidade, o altruísmo e a gratidão. Orar por si e pelo próximo, manter contato regular com a sua comunidade religiosa, com seu orientador ou referência espiritual, grupos de estudo, leituras religiosas, atividades que tenham como objetivo promover esperança, ações de caridade, redigir cartas com agradecimentos e desenvolver ações buscando reduzir o estresse com base no conceito espiritual de "andar pela fé". Na tradição judaica, por exemplo, a Torá reforça a noção de usar o livre arbítrio para se envolver em comportamentos positivos. Encontramos no Talmude: "quem procura melhorar, o caminho está aberto para ele". Os pacientes são orientados a realizar práticas religiosas específicas, como a oração contemplativa, oração pelo próximo e memorização de escrituras para que desenvolvam habilidades psicológicas, regulação emocional e uma compreensão maior de si mesmo, buscando superar a depressão. Integrar as atividades espirituais diárias na estrutura da TCC é um dos objetivos da TCCR.

f) Envolvimento na comunidade religiosa

As tradições religiosas têm como característica incentivar o cuidado com o outro. A TCCR estimulará o paciente a participar das atividades da sua comunidade religiosa, conhecendo pessoas com as quais ele possa contar, que se prontifiquem a passar algum tempo com ele para, por exemplo, orar. Hill e Pargament (2003) dizem que essas atitudes desenvolvem apoio social, ajudando na superação da depressão. Além disso, a realização de atividades caritativas e altruístas irá ajudar a neutralizar emoções negativas (Krause, 2009).

Análise de dados e considerações estatísticas

Estatísticos da Universidade Loma Linda, supervisionados pela doutora Noha Daher, fizeram as análises estatísticas e prepararam relatórios periódicos durante o desenvolvimento da pesquisa.

Monitoramento de dados e segurança

O desenvolvimento e manutenção do banco de dados além das atividades de gerenciamento e monitoramento de dados ficaram a cargo do Centro de Coordenação de Ensaios Clínicos do Centro Médico Adventista de Glendale. Os dados mais sensíveis envolveram as amostras de sangue retiradas para análise genética.

Resultados

Com relação aos participantes, foram 132 com idades entre 24 e 84 anos; 69,8% se declararam do gênero feminino (n=90) e 31,2% masculino (n=42); a escolaridade variou entre 4 e 31 anos (média de 15,1 anos); 51,9% brancos (n=67) e os demais pretos, hispânicos e asiáticos; 73% (n= 96) moram com outras pessoas; 27% (n=36) moram sozinhos; 40% (n=52) são casados.

Quanto a religião 87,9% (n=116) se disseram cristãos, sendo que 29,3% católicos (n=34), 26,7% protestantes/conservadores (n=31), 17,3% protestantes/liberais (n=20) e 26,7% não tradicionais (n=31); 5,3% budistas (n=7); 3,8% judeus (n=5); 2,3% hindus (n=3) e 0,7% islã (n=1).

Na atividade religiosa pública, 42,6% dos participantes (n=55) disseram frequentar semanalmente seus locais de reunião religiosa. De acordo com a pesquisa, o envolvimento religioso está associado a emoções positivas e a uma remissão dos sintomas de depressão mais rápida. No entanto, quando comparados com aqueles que disseram frequentar esses locais com menos frequência, os resultados para depressão, objetivo de vida, otimismo, generosidade e gratidão não foram muito diferentes.

Para 37,2% (n=48) a atividade religiosa é, no mínimo, diária.

Quando perguntados sobre a importância que davam a religião na sua vida diária, 47% (n=61) responderam que a religião é muito importante.

As experiências espirituais diárias foram medidas usando a escala diária de experiências espirituais (DSES). O escore médio foi de 57,7 com desvio padrão de 16,0, indicando que quanto maior a quantidade de experiências espirituais diárias menor o nível de depressão (-.18) e maiores os níveis de generosidade (.47), gratidão (.45), objetivo na vida (.44) e otimismo (.37).

A motivação religiosa intrínseca foi avaliada usando-se a escala de 10 itens de religiosidade intrínseca. O escore médio foi de 34,9 com desvio padrão de 8,3, indicando que quanto maior o nível de motivação intrínseca menor o nível de depressão (.20) e maiores os níveis de generosidade (.31) e gratidão (.30).

O coping religioso foi medido usando a escala RCOPE de 14 itens de enfrentamento religioso para os principais estressores da vida. *Coping* religioso positivo (n=121) obteve escore médio de 11,7 com desvio padrão de 5,3. *Coping* religioso negativo (n=121) obteve escore médio de 3,2 com desvio padrão de 3,2. *Coping* religioso geral (n=128) obteve escore médio de 29,1 com desvio padrão de 6,3. Os resultados indicam uma tendência de que quanto maior o *coping* religioso negativo maior o nível da depressão (.18), menor o nível de gratidão (-.47), objetivo na vida (-.33) e generosidade (-.24). Ao passo que quanto maior o *coping* religioso positivo, maiores os níveis de generosidade (.34), gratidão (.30) e otimismo (.25). Os resultados do coping geral indicam que quando presente pode diminuir os níveis de depressão (-.08) e aumentar gratidão (.47), generosidade (.42), objetivo na vida (.33) e otimismo (.27).

A gravidade dos sintomas do Transtorno Depressivo Maior foi avaliada de acordo com o Inventário de depressão de Beck (BDI-II). Os participantes da pesquisa apresentaram sintomas moderados de depressão, com BDI-II médio de 25.3 no início do tratamento, aliás este era um dos critérios para inclusão na pesquisa. Ao longo do tratamento, a diminuição da gravidade da depressão foi muito parecida nos dois grupos:

Tabela 1 BDI-II – TCC x TCCR

Escore do BDI-II	TCC	TCCR	Média
na linha de base	25,8	24,8	25,3
em 4 semanas	18,9	18,7	18,8
em 8 semanas	16,2	14,3	15,25
em 12 semanas	12,5	11,2	11,85

De acordo com Smarr e Keefer (2011), uma pontuação de 0 a 13 na escala BDI-II indica inexistência de depressão. Assim, ambos os tratamentos foram eficientes em tratar a depressão em pacientes religiosos com doenças crônicas. Ficou claro que a inclusão de crenças e práticas religiosas do paciente na terapia não diminuiu a sua eficácia, como sugerido por Watters (1992) e Power (2012). Pelo contrário, os pacientes referem querer discutir assuntos ligados a sua R/E na terapia e manifestam o desejo de ter suas crenças religiosas consideradas e respeitadas, sendo possível que pacientes, especialmente, quando religiosos e fragilizados por uma doença crônica, não procurem por auxílio psicoterapêutico por temerem não serem ouvidos ou, ainda pior, terem essas questões desprezadas (Post; Wade, 2009; Stanley et al., 2011).

O Índice de Status da Atividade Duke (DASI) com doze itens foi utilizado para medir como os pacientes tiveram sua capacidade funcional e desempenho afetados pela doença crônica no seu cotidiano. Essa escala varia de 0 a 58,2, sendo que o resultado médio alcançado pelos participantes foi de 29,0, indicando uma incapacidade significativa associada à doença. A Escala de Classificação de Doenças Cumulativas (CIRS) foi usada para avaliar a gravidade da influência da doença nos principais sistemas orgânicos, variando de 0 a 48, atingiu 6,8, indicando pequena gravidade das doenças apresentadas. As comorbidades foram avaliadas usando o

Índice de Comorbidade Charlson (CCI), que identifica o número de doenças de acordo com a Classificação Internacional de doenças (CID-10). Os participantes apresentaram uma média de 2 a 3 doenças crônicas.

Tabela 2 Doenças crônicas			
DASI	TCC	TCCR	Média
na linha de base	29,1	28,7	28,9
em 12 semanas	28,3	28,1	28,2
em 24 semanas	29,7	28,3	29,0

Os resultados encontrados no índice DASI indicaram que a melhora obtida no Transtorno Depressivo Maior, devido ao tratamento psicoterapêutico, não refletiu em melhora na capacidade funcional e desempenho, causados pelas suas doenças crônicas. Indivíduos deprimidos com doenças crônicas estão mais propensos a ter resultados clínicos negativos devido às alterações endócrinas e imunológicas associadas à depressão. Ainda que não tenha havido melhora da capacidade funcional, espera-se que a melhora da depressão impeça que essas alterações piorem o estado físico dos pacientes.

Os resultados foram próximos, quando comparamos a TCC e a TCCR:

Tabela 3 Gravidade e comorbidades TCC x TCCR			
	TCC	TCCR	Média
CIRS	6,5	7,1	6,8
CCI	2,7	2,1	2,4
DASI	29,7	28,3	29,0

Foram usadas as subescalas de interação social e suporte subjetivo do índice de apoio social Duke (DSSI) para obtenção da medida de suporte social. Os onze itens do DSSI questionam sobre quanto tempo é gasto na interação com amigos, vizinhos e familiares, pessoalmente e por telefone, além de avaliar a satisfação do participante com essas interações e apoio recebido. Os resultados foram 22,2 para o grupo de TCC e 22,8 para o grupo de TCCR, bastante parecidos.

O Teste de Propósito na Vida (PIL), baseado no trabalho de Viktor Frankl, foi usado para medir esse indicador. Encontrou-se que quanto maior o índice de propósito na vida menores os sintomas de depressão.

Para a avaliação de otimismo, foi usado o Teste de Orientação à Vida (LOTR), que é uma medida de disposição para o otimismo. Encontrou-se que quanto maior o otimismo menor os sintomas de depressão.

A generosidade foi avaliada por meio da Escala de Generosidade Interpessoal (IGS), que mede a generosidade em termos de atenção, compaixão, tolerância, autoextensão, coragem e expressão verbal. Encontrou-se que quanto maior o índice de generosidade menores os sintomas de depressão.

A gratidão foi avaliada usando-se o Questionário de gratidão, que mede a gratidão em geral com um escore total de 6 a 42. Encontrou-se que quanto maior o índice de gratidão menores os sintomas de depressão.

Com o objetivo de aumentar o poder de análise e entender mais acuradamente as relações entre a religiosidade, sintomas depressivos e emoções positivas, foi criada uma variável de emoções positivas totais, englobando os aspectos de propósito na vida, otimismo, generosidade e gratidão, além de outra variável de religiosidade total que combina medidas de religiosidade, importância da religião, frequência religiosa, atividade religiosa privada, religiosidade intrínseca, experiências espirituais diárias e *coping* religioso total. Os resultados indicaram que, ao contrário do esperado, não houveram associações significativas entre envolvimento religioso e uma quantidade menor de sintomas de depressão, exceto que o coping religioso negativo eleva os sintomas depressivos. A religiosidade não se mostrou um moderador na relação entre incapacidade funcional e depressão, uma vez que não diminuiu a sensação de incapacidade gerada pela depressão e doenças crônicas. A religiosidade está positivamente relacionada com propósito de vida, otimismo, generosidade e gratidão, ou seja, quanto maior a religiosidade a tendência é que esses mecanismos, também, sejam mais elevados, podendo influenciar o curso da depressão ao longo do tempo.

Uma série de alterações imunes, endócrinas e pró-inflamatórias, que podem afetar adversamente o curso da doença crônica e a resposta aos tratamentos médicos convencionais, são associadas ao transtorno depressivo maior. A depressão está associada a aumentos de citocinas pró-inflamatórias (IL-1, IL-12, IFN-γ), citocinas monocíticas pró-inflamatórias (IL-6), proteína C reativa e níveis mais baixos de anti-inflamatórios, citocinas Th2 (IL-4, IL-10) (Howren; Lamkin; Suls, 2009 e Leonard; Myint, 2009). A citotoxicidade natural das células killer e as respostas linfocitárias aos antígenos também são reduzidas em pacientes com depressão (Zorrilla et al., 2001). Os resultados das amostras coletadas, ao longo da pesquisa, mostraram, ao contrário do esperado, que os sintomas depressivos não se relacionaram aos biomarcadores de estresse e foram inversamente relacionados aos níveis de citocinas pró-inflamatórias. Inesperadamente, práticas e experiências religiosas (PER) mostraram relação com citocinas pró-inflamatórias, esse efeito foi mediado pela redução dos sintomas depressivos e uma diminuição do cortisol urinário, um hormônio conhecido por afetar a função imunológica, no entanto, poucas evidências foram encontradas para determinar um padrão consistente de relações entre sintomas depressivos, religiosidade e os biomarcadores do estresse. Convém considerar que a amostra é pequena, de conveniência, constituída por pessoas com doenças crônicas, que fazem uso de muitos medicamentos que podem influenciar os níveis de marcadores inflamatórios e os hormônios do estresse. Essas limitações dificultam a possibilidade de generalizações e associações consistentes, envolvendo os resultados encontrados entre sintomas depressivos e PER.

Discussão

O trabalho de sistematização da Terapia Cognitivo-Comportamental, integrando crenças e práticas religiosas, realizado pelo Prof. Dr. Harold. G. Koenig e equipe, no âmbito do Centro de Espiritualidade, Teologia e Saúde da Universidade Duke, junto a doentes crônicos, religiosos e com depressão, foi um trabalho árduo, que exigiu empenho e comprometimento de muitos profissionais de diferentes instituições e áreas do conhecimento. Realizado com grande cuidado metodológico, resultou em um estudo randomizado, que se preocupou com o recrutamento dos pacientes participantes do estudo, elaboração de manuais, treinamento de terapeutas, aplicação dos protocolos terapêuticos, supervisão, coleta de amostras, até a realização de análises clínicas, que buscaram identificar alterações imunológicas, endócrinas e pró-inflamatórias relacionadas à depressão, nesses pacientes.

A TCC usa recursos seculares enquanto que a TCCR usa de forma explícita as crenças e práticas religiosas dos pacientes. Ambas alcançaram o objetivo maior, que era a remissão do Transtorno Depressivo Maior nos pacientes que foram submetidos à psicoterapia. Os resultados da pesquisa não apontam grandes diferenças quando comparadas a TCC e a TCCR, exceto nos casos em que o paciente tem na religiosidade um fator muito importante, sua religiosidade é intrínseca. Pode-se considerar esse resultado como algo auspicioso, na medida em que os resultados da TCCR foram tão bons quanto os da TCC convencional, que é considerada especialmente efetiva no tratamento da depressão. Isso é relevante, considerando existirem autores para os quais os aspectos religiosos não contribuem na psicoterapia, pelo contrário, poderiam ser perniciosos, dificultando o processo psicoterapêutico (Elis, 1980; Watters, 1992; Power, 2012). Essa pesquisa colabora na desconstrução desse tipo de raciocínio, mostrando que a religião não dificulta o processo psicoterapêutico.

Os resultados alcançados podem ser explicados observando-se alguns aspectos da pesquisa. As sessões foram realizadas de forma remota, das 940 sessões realizadas, 94% (883) foram feitas por telefone, 4,5% (43) por Skype e 1,5% (14) por de mensagens de texto instantâneas. Os responsáveis pela pesquisa justificaram a escolha dessa metodologia devido às dificuldades de locomoção dos pacientes em consequência das suas doenças crônicas. Reconhecemos que os 940 atendimentos, se presenciais, exigiriam um comprometimento maior, tanto dos pacientes quanto dos terapeutas. No entanto, mesmo sabendo que os resultados apresentados pela psicoterapia, em termos de supressão da depressão, foram satisfatórios, ainda assim, consideramos que o atendimento presencial, em consultório, teria proporcionado resultados ainda mais favoráveis, permitindo aos terapeutas, além de uma aliança terapêutica mais sólida, uma percepção mais satisfatória dos efeitos da terapia, para além dos resultados quantitativos colhidos por meio dos vários testes aplicados. Poderiam fazer uma análise qualitativa dos atendimentos realizados, especialmente, no que diz respeito aos impactos da metodologia que incluiu as crenças religiosas na psicoterapia. Os avanços tecnológicos atuais, proporcionados por smartphones e notebooks com câmeras integradas e a possibilidade de videochamadas, poderiam proporcionar resultados diferentes, considerando que, naquela época (2012/2013), a psicoterapia, realizada apenas por telefone ou por mensagens digitadas, pode ter afetado os resultados dos tratamentos. Leach e Christensen (2006) mostraram que há pouca evidência da eficácia do atendimento por telefone no tratamento de transtornos mentais.

Outro ponto a ser considerado é que os manuais de tratamento da TCCR talvez tenham superestimado o impacto que alguns conceitos religiosos teriam sobre os pacientes, foram desenvolvidos considerando que os valores das pessoas religiosas sempre se fundamentam nas escrituras sagradas da sua religião, sendo usadas para formar pensamentos adaptados e adequados, inconsistentes com a depressão. Parece-nos que não levaram em consideração que nem todos os pacientes, apesar de afiliados a uma religião, consideram as passagens dos seus livros sagrados relevantes a ponto de determinar a sua forma de pensar e agir. Quando isso não acontece, os efeitos desejados pelos terapeutas não serão alcançados, e, em um tratamento breve, com número de sessões determinado, o insucesso de uma ou mais sessões pode influenciar todo o tratamento. Talvez, o fato do Centro para Espiritualidade, Teologia e Saúde ter na teologia um aspecto fundamental explique a elaboração dos manuais a partir dessa premissa, considerando que o teólogo desenvolve seu raciocínio a partir do ponto de vista da religião, tomando os conteúdos contidos em sua doutrina como verdades, enquanto os frequentadores da religião, nesse caso os pacientes, podem não entender esses preceitos da mesma forma. Para Allport (1967), alguns vivenciam sua religiosidade de forma intrínseca e outros de forma extrínseca, alguns possuem alto grau de envolvimento e dedicação à sua religião, são nucleares, na visão de Fichter (1954). Outro dado trazido por Allport, no mesmo estudo, é que apenas 10% das pessoas que se dizem religiosas têm essa orientação intrínseca. Se assim for, dificilmente os textos religiosos teriam a capacidade de transformar pensamentos e comportamentos dos pacientes.

Considerando que indivíduos que trafegam por múltiplos contextos religiosos e aqueles que vivenciam uma crise em sua fé costumam pontuar mais em indicadores psicopatológicos (Peres et al, 2020), protocolos específicos, ou recomendações gerais para adaptação dos protocolos de tratamento propostos, precisam ser pensadas para esses casos. Consideramos que talvez fosse mais interessante avaliar a prevalência das características religiosas/espirituais apresentadas por pacientes em processo psicoterapêutico de modo a pensar protocolos que atendam a essas demandas, ao invés de adaptar os protocolos a condições pré-estabelecidas ou mais acessíveis para pesquisa. As diferenças intra-religiosas e os vários subgrupos existentes em todas as religiões, como citado anteriormente, constituem-se em um grande desafio para a pesquisa. O grupo de pesquisadores distinguiu sunitas e xiitas, no caso do islã, construindo manuais diferentes, mas e as inúmeras vertentes budistas, ou a infinidade de tradições abrigadas sobre esse "guarda-chuva" imenso, a que chamamos de cristianismo? Some-se a isso o desconhecimento dos terapeutas sobre tradições religiosas diferentes da sua e que o uso de um manual não daria conta. Para tentar amenizar esse desafio, os manuais incluíram diálogos a serem usados pelos terapeutas, instruções e notas colocadas pelos desenvolvedores dos manuais, no entanto, podemos inferir que os terapeutas tenham tido dificuldade para vincular conteúdo de forma empática a crenças religiosas que desconhecem e/ou com as quais não concordam. É possível que, devido a isso, o resultado esperado em uma sessão específica não tenha sido alcançado.

Outra reflexão interessante seria o porquê de desenvolver manuais para tantas religiões. Pode ser que tenha sido uma tentativa de não dar à TCCR uma conotação de psicoterapia cristã, psicologia pastoral, psicologia religiosa, no sentido de uma psicologia teológica cristã. Belzen (2009, p. 2) nos lembra que "nem tudo o que é psicológico na religião é, de fato, Psicologia da Religião" e que Psicologia da Religião não significa psicologia religiosa, aliás, como foi designada, equivocadamente, por muito tempo. A Psicologia não pertence, não é parte, não articula, ou deve servir à perspectiva de qualquer religião específica. A Psicologia da Religião faz uso de teorias, métodos e técnicas para a análise e compreensão do comportamento religioso, independente da religião. Sob esse aspecto, permitimo-nos, ou quem sabe ousamos, discordar de Belzen, quando o autor afirma que a Psicologia da Religião tem a religião como objeto, pois entendemos que a religião seja objeto de pesquisa para a Ciência da Religião. A Psicologia da Religião tem como objeto as relações e o impacto que a religião e os fenômenos e experiências religiosas têm sobre o ser humano, sobre a psique humana. Apesar disso, concordamos que os estudos sobre a religião devem ser feitos de forma tão distanciada quanto possível, como as demais disciplinas acadêmicas que se debruçam sobre a religião, História, Antropologia, Sociologia, Geografia, Economia, dentre tantas outras.

A enorme variação no engajamento ou no sentido que os indivíduos dão a religião acabam por formar uma grande colcha de retalhos, em que o indivíduo assimila o que lhe convém sem maiores vínculos a esta ou aquela tradição, impactando substancialmente a forma como esses sujeitos entendem ou significam os "versículos para memorizar" e os conteúdos religiosos inseridos nos manuais. É possível que o mais adequado e eficaz não seja focar na elaboração de manuais, mas em uma sistematização das respostas dadas por cada um dos pacientes, nos questionários aplicados anteriormente, além de uma anamnese adequada, que inclua os aspectos religiosos e espirituais, aferindo e indicando quais são as crenças e práticas mais relevantes para cada paciente em particular, de maneira que essas crenças possam ser utilizadas no processo psicoterapêutico, de modo a entender como essa pessoa usa a sua religiosidade/espiritualidade para lidar com os agentes estressores do dia a dia. Afinal, ajudar os pacientes na integração de suas próprias crenças religiosas, comportamentos e recursos, de maneira hábil e apropriada, é o coração da TCC com a religiosidade e espiritualidade integrada.

Será que a inclusão de crenças religiosas dessa forma "pasteurizada" em um manual de tratamento faz mesmo sentido? Será que a subjetividade, individualidade, desafios e crenças pessoais de cada sujeito podem mesmo serem "manualizadas", desconsiderando que o processo psicoterapêutico, para tratamento de um transtorno mental, implica interação, confiança e vínculo entre terapeuta e paciente, nos quais identificar as crenças mais importantes "do" e "para" o paciente, para que possam ser consideradas e trabalhadas com ele, deve ser realizado de forma específica e personalizada?

Para que os manuais possam ser usados apenas como referência pelos terapeutas, eles precisam ser treinados em como realizar a investigação para levantamento das crenças religiosas mais relevantes no tratamento de cada paciente, como fazer essa identificação e como usá-las em favor do paciente, sem ficar limitado pela rigidez de um manual. Talvez, mais importante do que incorporar teologia aos manuais de tratamento, seja levar em consideração as crenças religiosas e espirituais do paciente sem "engessar" a sessão terapêutica, especialmente, quando se tem um número determinado de sessões, em terapia breve. Quando o paciente for bastante religioso, e essa teologia realmente fizer sentido para ele, como atesta essa pesquisa, isso funcionará, mas para poucos, considerando o universo mais amplo dos que precisam da psicoterapia.

Para além de uma psicoterapia que utilize passagens religiosas para serem memorizadas e as inclua em um processo psicoterapêutico como o da TCC, que é estruturado, breve e, quando aplicado em um ambiente específico como o ambiente clínico hospitalar, costuma ter um número de sessões restrito e determinado, excessivamente exíguo, nem sempre suficiente, seja mais interessante, ao invés de integrar os aspectos religiosos da maneira como foi feita, que esses aspectos sejam considerados e façam parte do processo psicoterapêutico. Fazer com que aspectos como fé, crenças e experiências religiosas e espirituais do paciente possam ser verbalizados, expostos pelo paciente sem temor de julgamento. Perguntar sobre suas crenças religiosas, permitir, incentivar que ele fale sobre elas, que ele possa expor suas preocupações relacionadas a sua religião, a sua fé, a seus valores transcendentais e ouvir com cuidado, com respeito, sem pré-julgamentos. Considerar as crenças, práticas e experiências religiosas dos pacientes em geral no processo psicoterapêutico, desde que com a anuência do paciente, é de fundamental importância, na medida em que fazem parte do universo cultural, familiar e social desses pacientes. No entanto, esperar que a inclusão dessas crenças R/E resulte em diferenças numéricas expressivas nos resultados dos tratamentos, apenas porque esses pacientes se disseram religiosos, não parece adequado. Isso porque, o "*quantum*" e o "*qualitatum*" de religiosidade/espiritualidade, que as pessoas possuem, variam bastante e, apesar das inúmeras tentativas de quantificação, continua bastante difícil uma avaliação precisa. Se apenas parte das pessoas que se consideram religiosas têm nas suas crenças R/E determinantes da sua conduta, isso explica porque os números encontrados nos resultados da aplicação da TCC com a religiosidade integrada, quando confrontados com a TCC convencional, não são tão diferentes ou apresentam diferenças apenas nos pacientes que se dizem muito religiosos os "intrínsecos". Para esses sim, poderíamos esperar uma diferença robusta. Isso não significa que devemos desconsiderar a importância da integração das crenças R/E na psicoterapia; primeiro, porque os pacientes manifestam o desejo de serem ouvidos sobre essas questões (MOREIRA-ALMEIDA; LOTUFO NETO; KOENIG, 2006), e, ainda, estamos muito longe de termos psicólogos e psicoterapeutas com o conhecimento e treinamento necessários para esse "fazer psicológico", em que as crenças R/E dos pacientes são consideradas com respeito, valor, atenção, abstendo-se o terapeuta de julgamentos, tendo pleno conhecimento das próprias crenças R/E, de maneira a não permitir que elas influenciem no tratamento do seu paciente.

Além disso, parece muito importante que o psicólogo da religião assuma o seu papel e as suas tarefas quando se estuda, pesquisa e se trabalha com religiosidade/espiritualidade e saúde. O cientista da religião poderia ter tido, também, um papel bastante importante no desenho desse estudo e, especialmente, colaborado de forma fundamental na elaboração dos manuais de tratamento. Sua formação o torna um profissional adequado e qualificado para essa tarefa, devendo fazer parte das equipes interdisciplinares e/ou multiprofissionais quando se envolve Religiosidade, Espiritualidade e Saúde Mental (MARIANI; COSTA, 2018).

Uma reflexão interessante envolve discutir se o modelo linear de protocolos, desenvolvidos para afiliações religiosas diferentes, como pensado por Koenig e colaboradores, faria sentido em um país como o Brasil, que tem características peculiares relacionadas com a identidade religiosa, trânsito religioso, sincretismo, hibridismo religioso etc. Segundo Ysseldyk et al. (2010), identidade religiosa é definida em termos da relação do indivíduo com sistemas de crenças específicos e grupos religiosos, mas essa relação não é estática, pelo contrário, parece ser bastante dinâmica, e, nesse cenário, o indivíduo experimenta diferentes opções com gostos e sabores religiosos diferentes em uma grande praça de alimentação espiritual, marcada por escolhas individuais em que os sujeitos se servem, não se convertem, é o pluralismo religioso, o sincretismo (STREIB; KELLER, 2004). A identidade religiosa brasileira tem no hibridismo religioso uma característica importante, um elemento daquilo que os cientistas sociais chamam de religiosidade popular, marcada pela incorporação de práticas de determinada religião por outras, percebido no sincretismo entre a umbanda e o espiritismo, umbanda e catolicismo, independente de alterações nas afiliações religiosas (Moello, 2019). Afinal, a identidade cultural brasileira foi formada pela combinação de diferentes expressões culturais, provindas de uma diversidade imensa de culturas (Ferretti, 2001).

Como lidar, no âmbito de manuais terapêuticos, voltados para determinada religião, com o fenômeno da múltipla pertença religiosa em que um indivíduo diz possuir mais de uma religião, frequentando contextos religiosos diferentes? De acordo com o último censo, 13% da população brasileira afirmou ter mais de uma religião (IBGE, 2010), considerando que o número daqueles que transitam por religiões diferentes, mas quando perguntados não relatam isso, deve ser bastante superior (Maraldi et al, 2020c; Maraldi; Dias, 2019). Como lidar com esse grupo, no contexto dos manuais? Isso sem falar sobre a espiritualidade sem religião, a qual não seria plenamente contemplada pelo protocolo desenvolvido por Koenig e colaboradores, mas que é um fenômeno crescente em diferentes países (Maraldi, 2020c). De novo, a importância de personalizar o tratamento.

Considerações finais

Nos debruçamos sobre o trabalho realizado pelo Prof. Dr. Harold Koenig e sua equipe, dada a sua notória relevância nessa área de pesquisa. O objetivo era conhecer, analisar e apresentar essa pesquisa ao público brasileiro, especialmente para aqueles que se interessam pelo impacto que a religião, religiosidade e espiritualidade podem ter no tratamento em saúde mental. A pesquisa, desenvolvida por eles, foi um ensaio clínico randomizado, multicêntrico, realizada em dois locais nos Estados Unidos da América, o Sistema de Saúde da Universidade Duke, situado na região do Triângulo da Carolina do Norte e o Centro Médico Adventista de Glendale em Los Angeles. Teve como propósito desenvolver uma terapia psicológica de base cognitivo-comportamental, que incorpora crenças e experiências religiosas aos manuais de tratamento e ao processo psicoterapêutico, envolvendo protocolos de tratamento para religiosos das cinco maiores religiões mundiais: cristianismo, judaísmo, budismo, hinduísmo e islã, para o tratamento da depressão, comparando com a psicoterapia convencional e verificando uma possível reversão de alterações fisiológicas, induzidas pela depressão, em pacientes religiosos com doenças crônicas. Uma psicoterapia baseada em manuais, previamente elaborados, a serem utilizados em um protocolo de tratamento envolvendo 10 sessões de 50 a 60 minutos, realizadas ao longo de 12 semanas, remotamente, por telefone em sua maioria (94%). Participaram 132 pacientes, que foram randomizados para TCC (n=67) e TCCR (n=65). Os resultados indicaram que a TCCR foi tão eficaz quanto a TCC na remissão da depressão, indicando uma pequena taxa superior de sucesso, quando esses pacientes possuem religiosidade intrínseca, são nucleares. Não foi encontrado nenhum padrão de associação claramente discernível entre experiências e práticas religiosas (EPR) e citocinas inflamatórias, ou marcadores de hormônios do estresse, entre as análises clínicas feitas no âmbito dessa pesquisa.

Consideramos apenas o protocolo de Koenig e colaboradores, mas outros trabalhos também poderiam ser conhecidos com mais profundidade, na medida em que pacientes religiosos procuram por psicoterapia que integre valores R/E, enquanto que muitos são reticentes em revelar dificuldades e desafios pessoais relacionados com R/E em ambientes terapêuticos, considerados seculares, pelo temor de julgamento e/ou desprezo. Por exemplo, o trabalho de Captari e colaboradores (2018), que realizaram uma metanálise de 97 estudos, examinando a eficácia do tratamento adaptando as crenças e valores R/E dos pacientes. Compararam a eficácia da psicoterapia que considera a R/E com tratamentos seculares alternativos. Parece terem encontrado que a psicoterapia adaptada resultou em melhoria no funcionamento psicológico dos clientes quando comparada com nenhum tratamento e/ou com psicoterapias seculares. Encontraram, também, que nos estudos feitos com maior rigor científico, a psicoterapia com a R/E adaptada teve eficácia semelhante à abordagem padrão na redução do sofrimento psicológico, no entanto alcançaram um bem-estar espiritual superior. Costa e Moreira-Almeida (2021) publicaram um artigo de revisão sistemática, em que analisaram 10 ensaios clínicos randomizados com técnicas de TCC com R/E integradas em clientes com transtornos de saúde mental. Concluem o trabalho dizendo ser importante que os terapeutas saibam como usar terapias com a espiritualidade integrada, afirmando ser antiético que os clínicos não abordem a religiosidade no tratamento, considerando o número de indivíduos religiosos, o desejo manifestado por eles de ter essa religiosidade considerada no seu processo psicoterapêutico e o impacto que a religião tem na saúde mental.

Parece-nos importante enfatizar que, para além de esforços no sentido de incorporar crenças e experiências religiosas em manuais de tratamento, o que nos parece verdadeiramente importante é levar em consideração os aspectos religiosos e espirituais dos nossos pacientes no processo psicoterápico sem aguardar que eles nos tragam essas demandas para que, então, atentemo-nos a essas questões. Se a religiosidade/espiritualidade é considerada algo importante, que faz parte do dia a dia da população brasileira (e de muitos outros países), como tem sido exaustivamente demonstrado por esse trabalho e tantos outros, então, é importante incorporar esses conceitos ao fazer psicológico, ao trabalho psicoterapêutico, instruindo, instrumentalizando e incorporando esses aspectos à anamnese inicial, questionando e permitindo aos pacientes que manifestem suas experiências, dificuldades, confusões e desafios de ordem religiosa/espiritual no processo terapêutico, de forma que não temam julgamento, patologização, serem rotulados e "diagnosticados". É certo, todavia, que esses questionamentos religiosos/espirituais devem ter prosseguimento apenas na medida em que se mostrarem relevantes ao processo terapêutico do paciente e com sua concordância.

Importante que mais esforços sejam realizados no sentido de que os profissionais, que lidam com saúde mental, sejam e estejam mais preparados para lidar com os aspectos religiosos/espirituais dos pacientes, com ética, respeito e profissionalismo.

Protocolos muito estruturados nos parecem dificultar a necessária personalização do atendimento e tendem a desconsiderar ou, simplesmente, não conseguem dar conta de fenômenos complexos como múltipla pertença religiosa, trânsito religioso, hibridismo, crises de fé e processos de conversão/desconversão religiosa (Enstedt et al., 2020), bem como o, cada vez mais crescente e, por isso importante, fenômeno da espiritualidade sem religião. Conhece-se e considera-se pouco outros fatores como diferenças culturais e denominacionais no interior de uma mesma afiliação religiosa.

Concluímos reconhecendo e validando a importância da dimensão religiosa/espiritual na psicoterapia e apontando a necessidade de se considerar os aspectos levantados no desenvolvimento de novas pesquisas e protocolos de atendimento. Que sejam consideradas, em estudos futuros, as implicações éticas dos protocolos mencionados. Em que medida esse protocolo seria aplicável no contexto brasileiro, em vista das normas do código de ética profissional do psicólogo? É fundamental que pesquisas futuras, sobretudo, aquelas voltadas a verificar a eficácia desse tipo de psicoterapia com a religiosidade integrada, considerem o quanto esses protocolos respeitam, ou não, os critérios definidos em cada país ou contexto, considerando as particularidades culturais envolvidas. Outra perspectiva futura interessante poderia ser o desenvolvimento de uma TCC mais social e culturalmente sensível, pensando, por exemplo, em grupos religiosos vulneráveis, como pessoas sem poder aquisitivo, analfabetos que não podem/conseguem usufruir de uma psicoterapia baseada em leituras e memorizações, atendimentos muito estruturados.

Esperamos que o trabalho realizado possa contribuir para uma discussão crescente acerca do papel da religiosidade/espiritualidade na psicoterapia e na aproximação da ciência da religião da saúde mental.

Referências

ALLPORT, Gordon Willard; ROSS, J. Michael. Personal Religious Orientation and Prejudice. **Journal of Personality and Social Psychology**, v. 5, n. 4, p. 432-443, 1967.

BECK Aaron Temkin e al. An inventory for measuring depression. **Arch Gen Psychiatry**, v. 4, p. 561–571, 1961.

BECK, Aaron. T. et. Al. **Cognitive therapy of depression.** New York, NY: Guilford Press, 1979.

BECK, Judith S. **Cognitive therapy for challenging problems**. New York, NY: Guilford Press, 2005.

BECK, Judith S. **Terapia Cognitivo-Comportamental**: Teoria e Prática. 2. Ed. Porto Alegre: Artmed, 2013.

BELZEN, Jacob A. Psicologia Cultural da Religião: Perspectivas, Desafios, Possibilidades. **Revista de Estudos da Religião – REVER**, p. 01-29, dez. 2009.

BERGER, Peter Ludwig. Reflections on the sociology of religion today. **Sociology of religion**, v. 62, n. 4, p. 443-454, 2001.

BEST, Megan; BUTOW, Phyllis; OLVER, Ian. Do patients want doctors to talk about spirituality? A systematic literature reviews. **Patient Education and Counseling,** v. 6, p. 1320-1328, 2015.

BOURDIEU, Pierre. **A Economia das Trocas Simbólicas**. São Paulo: Perspectiva, 2007.

CAPTARI, Laura E. et al. Integrating clients' religion and spirituality within psychotherapy: A comprehensive meta-analysis. **Journal of Clinical Psychology,** v. 74, p. 1938-1951, 2018.

COSTA, Marianna de Abreu; SIQUEIRA, Janaína; RESENDE, Pedro Henrique Costa de. Psicoterapia integrada à espiritualidade. **HU Revista**, Juiz de Fora, v. 44, n. 4, p. 481-489, out./dez. 2018.

COSTA, Marianna de Abreu; MOREIRA-ALMEIDA, Alexander. A. Religion--Adapted Cognitive Behavioral Therapy: A Review and Description of Techniques. **Journal of Religion and Health**, 2021.

DALGALARRONDO, Paulo. **Religião, Psicopatologia e Saúde Mental**. Porto Alegre: Atmed, 2008.

DURKHEIM, Émile. **The elementary forms of religious life**. New York: Oxford University Press, 2001.

ELLIS, Albert. ***Reason and emotion in psychotherapy***. New York: Lyle Stewart, 1962.

ELLIS, Albert. Psychotherapy and atheistic values: A response to A. E. Bergin's "Psychotherapy and Religious Values." **Journal of Consulting and Clinical Psychology**, v. 48, p. 635-639, 1980.

ENSTEDT, Daniel; LARSSON, Göran; MANTSINEN, Teemu T. Leaving religion: introducing the Ffield. In: Enstedt, D; Larsson, G; Mantsinen, T. T. (eds) **Handbook of leaving religion**. Leiden, Brill, p. 1–9, 2020.

FERRETTI, S. F. Notas sobre o sincretismo religioso no Brasil – modelos, limitações e possibilidades. **Revista Tempo**, v. 6, n. 11, p. 13-26, 2001.

FLECK, Marcelo Pio de Almeida et. Al. Desenvolvimento do WHOQOL, módulo Espiritualidade, religiosidade e crenças pessoais. **Revista de Saúde Pública**, v. 37, n. 4, p. 446-455, 2003.

FREITAS, Marta Helena de. Psicologia Religiosa, psicologia da religião/espiritualidade, ou psicologia e religião/espiritualidade? **Revista Pistis & Praxis, Teologia e Pastoral**. Curitiba, v. 9, n. 1, p. 89-107, jan./abr. 2017.

FOWLER, James W. **Estágios da fé**: psicologia do desenvolvimento humano e busca de sentido. São Leopoldo: Sinodal, 1992.

HILL, Peter C.; PARGAMENT, Kenneth L. Advances in the conceptualization and measurement of religion and spirituality: Implications for physical and mental health research. **American Psychologist**, n. 58, p. 64–74, 2003.

HOWERN, Matthew Bryant; LAMKIN, Donald M.; SULS, Jerry M. Associations of depression with C-reactive protein, Il-1, and Il-6: A meta-analysis. Psychosomatic Medicine. v. 71, n. 2, p. 171-186, 2009.

IBGE [INSTITUTO BRASILEIRO DE GEOGRAFIA E ESTATÍSTICA]. **Censo demográfico 2010**. Rio de Janeiro: IBGE, 2010. Disponível em <https://biblioteca.ibge.gov.br/visualizacao/periodicos/94/cd_2010_religiao_deficiencia.pdf>, Acesso em: 17 nov. 2020.

KOENIG, Harold G. **The handbook of religion and health**: a century of research reviewed. Oxford: Oxford University, 2001.

KOENIG, Harold G. Religious versus Conventional Psychotherapy for Major Depression in Patients with Chronic Medical Illness: Rationale, Methods, and Preliminary Results. **Depression Research and Treatment**, p. 1-11, 2012.

KRAUSE, Neal. Religious involvement, gratitude, and change in depressive symptoms over time. **International Journal for the Psychology of Religion**, v. 19, p. 155–172, 2009.

LEACH, Liana S.; CHRISTENSEN, Helen. A systematic review of telephone-based interventions for mental disorders. **Journal of Telemedicine and Telecare**, v. 12, n. 3, p. 122-129, 2006.

LEONARD, Brian E., Myint, Ayemu. The psychoneuroimmunology of depression. **Human Psychopharmacology**. v. 24 n.3, p. 165-175, 2009.

MARALDI, Everton de Oliveira; DIAS, Rosimar José de Lima. A dinâmica da identidade religiosa no Brasil em perspectiva cognitiva. In ESPERANDIO, Mary Rute Gomes et al. **Psicologia Cognitiva da Religião no Brasil**: Estado atual e oportunidades futuras. Curitiba: Crv, p. 75-87, 2019.

MARALDI, Everton de Oliveira. **Princípios de Psicologia da Religião**: as contribuições de Théodore Flournoy e outros pais fundadores. Osasco: Ramalho edições acadêmicas, 2020a.

MARALDI, Everton de Oliveira. Spirituality and Wellbeing: is there a necessary link? Toward a critical approach to the study of spirituality. In **Spirituality and Wellbeing: Interdisciplinary Approaches to the Study of Religious Experience and Health**, edited by Bettina Schmidt and Jeff Leonardi. Equinox Publishing, 2020b.

MARALDI, Everton de Oliveira et al. **The dynamics of religious mobility:** investigating the patterns and sociodemographic characteristics of religious affiliation and disaffiliation in a Brazilian sample. International Journal Latin Americam Religion, 2020c.

MARIANI, Ana C; COSTA, Matheus Oliva da. Cientista das religiões como profissional da área da Saúde in STERN, Fábio L; COSTA, Matheus Oliva. **Ciência da Religião Aplicada**: ensaios pela autonomia e aplicação profissional. Porto Alegre, Fi, p. 107-122, 2018.

MOREIRA-ALMEIDA, Alexander; LOTUFO NETO, Francisco; KOENIG, Harold G. Religiosidade e saúde mental: uma revisão. **Revista Brasileira de Psiquiatria**, São Paulo, v. 28, n. 3, p. 242-250, set. de 2006.

MORELLO, G. Why study religions from a Latin American sociological perspective? An introduction to religious issue, "religion in latin America, and among latinos abroad". **Religions**, v. 10, n. 399, p. 1-12, 2019.

PEW RESEARCH CENTER. **The Global Religious Landscape**. Washington: p. 82, 2012. Disponível em < globalReligion_13.01.09.indd (pewresearch.org) > Acesso em: 28 nov. 2020.

PEARCE, Michelle J. et al. Religiously Integrated Cognitive Behavioral Therapy: A New Method of Treatment for Major Depression in Patients With Chronic Medical Illness. **Psychotherapy**, v. 52, n.1, p. 56–66, 2015.

PERES, Julio Fernando Prieto; SIMÃO, Manoel José Pereira; NASELLO, Antonia Gladys. Espiritualidade, religiosidade e psicoterapia. **Revista de Psiquiatria Clínica**, v. 34, n. 1, p. 136-145, 2007.

PERES, Mario Fernando Prieto et al. Mental Health and Quality of Life Among Adults With Single, Multiple, and No Religious Affiliations. **The Journal of Nervous and Mental Disease**, v. 208, n. 4, p. 288-293, apr 2020.

PINTO, Ênio Brito. Ciência da Religião aplicada à psicoterapia. In PASSOS, João Décio; USARSKI, Frank. (Orgs.). **Compêndio de Ciência da Religião**. São Paulo: Paulinas-Paulus, p. 677-689, 2013.

POST, Brian C.; WADE, Nathaniel G. Religion and spirituality in psychotherapy: a practice-friendly review of research. **Journal of Clinical Psychology**, v. 65, n. 2, p. 131-146, 2009.

POWER, Mick. **Adieu to God**: Why psychology leads to atheism. New York: Wiley-Blackwell, 2012.

RODRIGUES, Cristiana Isabel Alves. **Importância da Espiritualidade nas atitudes em fim de Vida: uma Orientação para os Processos Cuidativos.** 127 f. Dissertação (Mestrado em Cuidados continuados) – Instituto Politécnico de Bragança/Escola Superior de Saúde, Bragança, 2015.

SMARR Karen L, KEEFER Autumn L. Measures of depression and depressive symptoms: Beck Depression Inventory-II (BDI-II), Center for Epidemiologic Studies

Depression Scale (CES-D), Geriatric Depression Scale (GDS), Hospital Anxiety and Depression Scale (HADS), and Patient Health Questionnaire-9 (PHQ-9). **Arthritis Care Res.**, v. 63, Supl.11, p. 454-466, nov. 2011.

SOUZA, Humberto Araújo Quaglio de. **A experiência religiosa em Kierkegaard sob a perspectiva do pensamento de Rudolf Otto.** 120 f.

Dissertação (Mestrado em Ciência da Religião) – Universidade Federal de Juiz de Fora, Juiz de Fora, 2013.

STANLEY, Melinda A. et al. Older adults' preferences for religion/spirituality in treatment for anxiety and depression. **Aging Mental Health**, v. 15, n. 3, p. 334-343, apr. 2011.

STREIB, H.; KELLER, B. The variety of deconversion experiences: Contours of a concept in respect to empirical research. **Archive for the Psychology of Religion**, v. 26, n. 1, p. 181-200, 2004.

VALLE, Edênio. **Psicologia e experiência religiosa**. São Paulo: Loyola, 1998.

WATTERS Wendell W. **Deadly doctrine**: Health, llness, and Christian God-talk. Buffalo, NY: Prometheus Books, 1992.

YSSELDYK, R.; MATHESON, K.; ANISMAN, H. Religiosity as Identity: Toward an understanding of religion from a social identity perspective. **Personality and social psychology review**, v. 14, n. 1, p. 60-72, 2010.

ZORRILLA, Eric P. et al. The Relationship of Depression and Stressors to Immunological Assays: A Meta-Analytic Review. **Brain, Behavior, and Immunity**, v. 15, p. 199-226, 2001.

[illegible] (Org.). [illegible] (1989). [illegible]. [illegible]. [illegible] p.

[illegible] perspectiva [illegible].

[illegible] Universidade [illegible] 2012.

SCHAEFER, [illegible]. [illegible] Manual [illegible].

[illegible]

[illegible]

[illegible]

[illegible] 2013.

[illegible]

POESIA

Busca alucinante por você...

Isabella Leão

Para o meu Lindo...

Diferentes ângulos...
Sempre presente um intenso e único prazer...
Espalhando em locais diferentes o seu querer...
Da minha imaginação alimentada pelo desejo, paixão...
Esbarra no seu querer...
Alimenta esse doce e intenso desejo...
De te ter... Ter tudo com você...
Tão lindo, tão delicioso...
Em cada detalhe sorver esse sabor que vem de você...
Sabor que adentra meu corpo...
E percorre deliciosamente minha boca...
Como tudo isso é único... tão seu...tão meu...
Entrelaça o corpo e adentra a alma
Nessa busca sempre alucinante por você.

CAPÍTULO 24

Narrativas sobre mediunidade em contextos clínicos: implicações para os cuidados em saúde[1] [2]

Marta Helena de Freitas

1. Introdução

Há cerca de dez anos, venho realizando pesquisas com profissionais de saúde que atuam em contextos hospitalares e em serviços de saúde mental situados em vários estados do Brasil e também em Portugal e Reino Unido, buscando investigar se e como a religiosidade aparece em seus contextos de trabalho e seus respectivos modos de lidarem com ela. Além das eventuais observações etnográficas, o principal instrumento empregado nas referidas pesquisas são entrevistas,

[1] A autora agradece às agências de pesquisas que financiaram os projetos no âmbito dos quais emergiram as narrativas contempladas neste artigo: Religiosidade e espiritualidade na psicoterapia: um estudo intercultural a partir da percepção de psicólogos clínicos (2019-2020) e Saúde mental no contexto da atenção psicossocial: percepção dos profissionais acerca do papel da religiosidade (2015-2018), ambos financiados pela Fundação de Amparo à Pesquisa do Distrito Federal (FAP-DF); Religiosidade do imigrante: sintoma ou saúde? Investigação com profissionais de saúde mental brasileiros e portugueses Fase I (2013-2016), financiado pelo Santander Universidades; RISS Fase II (2014-2017) e Religiosidade e espiritualidade no contexto hospitalar: percepções e experiências de equipes multiprofissionais em saúde (2014-2017), financiados pelo Conselho Nacional para o Desenvolvimento Científico e Tecnológico (CNPq).

[2] Algumas narrativas contempladas ao longo deste capítulo foram também apresentadas, por esta mesma autora, no Workshop "Mediunidade(s) e Saúde(s): Interlocução, Comunicabilidade e Partilha entre Saberes", ocorrido em 13 de dezembro de 2021, e organizado pelo HEAL Network for the Ethnography of Healing, Marie Skłodowska-Curie THETRANCE e pelo Programa de Pós-Graduação em Antropologia Social – Universidade Federal de Santa Catarina. Apresentação disponível em https://www.youtube.com/watch?v=MbEb9VzFDpY&t=2s

conduzidas em profundidade e segundo a postura fenomenológica. No âmbito de tais entrevistas, não tem sido raro ouvir relatos acerca de experiências interpretadas como mediúnicas, sejam elas vividas por pacientes, familiares ou pelos próprios profissionais. Considerando-se a relevância psicossocial do tema, especialmente no contexto brasileiro, bem como as suas implicações clínicas para os cuidados com a saúde física e mental, escolhi apresentar algumas dessas narrativas ao longo deste capítulo, buscando explorar possíveis decorrências epistemológicas, práticas, éticas e para a formação profissional em psicologia e medicina.

A mediunidade é um fenômeno que tem se mostrado presente nas diversas civilizações e seu grande impacto sobre a sociedade e, mais especificamente, sobre o psiquismo humano (Moreira-Almeida & Neto, 2004), mobilizou estudos empreendidos por diversos pioneiros em psicologia e psiquiatria, dentre eles James (1902/2002), Flournoy (1900/1994), Myers (1903), Jung (1905/2000), Freud (1941[1921]/1969) e tantos outros. Depois de um certo silenciamento acerca do tema no contexto dos estudos psicológicos, em especial entre as décadas de trinta e oitenta do século passado, o assunto passou a ser retomado mundialmente neste início de um novo século e novo milênio (Beischel; Zingrone, 2015), observando-se um significativo crescimento de estudos desenvolvidos no Brasil (Augras, 1983; Zangari, 2007; Zangari; Maraldi, 2009; Vergílio; Holanda (2010); Moreira-Almeida, 2013; Alminhana, Moreira-Almeida, 2014; Schmidt, 2016; Ribeiro, 2016; Bairrão, 2017; Maraldi et al, 2020; Scosroslini-Comin; Suzuki, 2021; Freitas, 2022). Se os estudos iniciais estavam muito mais voltados para a identificação das origens inconscientes, saudáveis ou patológicas, da mediunidade, os estudos contemporâneos têm se voltado, mais frequentemente, para uma avaliação contextual, cognitiva, psicossocial ou fenomenológica do fenômeno mediúnico e suas relações com outros fenômenos culturais e antropológicos.

Entretanto, não é meu intuito, ao longo deste capítulo, discorrer sobre teorias psicológicas acerca da mediunidade. Muito menos, ainda, pretendo aqui tratar o tema à luz de um enfoque religioso. Em vez disso, procurarei ater-me à narrativa de cunho descritivo, em consonância com uma perspectiva fenomenológica (Amatuzzi, 2003; Giorgi, 2012; Freitas; Santos, 2016). De modo algum se discutirá aqui a genuinidade, veracidade ou falsidade da experiência vivida como mediúnica. Buscando manter uma postura de humildade intelectual, a experiência mediúnica será abordada aqui como um fenômeno vivido por aqueles que a experimentam e relatam. Uma boa definição descritiva de tal experiência é aquela apresentada por Klimo (1998, p. 2) [3] e, assim, traduzida por Moreira-Almeida & Neto (2004, p. 131): "comunicação provinda de uma fonte que é considerada existir em um

[3] "*the communication of information to or through a physically embodied human being from a source… on some other level or dimension of reality other than the physical as we know it.*" (Klimo, 1998, p. 2).

outro nível ou dimensão além da realidade física conhecida e que também não proviria da mente normal do médium".

Da mesma forma, as experiências daqueles que acompanharam manifestações vividas como mediúnicas em contextos clínicos, suas reações e modos de lidar serão relatados aqui de modo apenas descritivo. A discussão que desenvolverei, a partir das narrativas apresentadas, também não terá o intuito de se posicionar acerca da realidade ontológica da mediunidade, dos espíritos ou outras concepções relacionadas a tal fenômeno. Ela parte do princípio de que a mediunidade ocorre na experiência das pessoas e tem implicações sobre sua saúde. E essas implicações não se restringem apenas àquelas decorrentes do fenômeno mediúnico em si, mas também das formas de se lidar com ele, como veremos nas diversas narrativas elencadas a seguir.

As narrativas apresentadas ao longo deste capítulo emergiram natural e espontaneamente ao longo de entrevistas conduzidas por esta pesquisadora ou por algum de seus colaboradores devidamente treinados na postura fenomenológica de condução de entrevistas. As entrevistas, semiestruturadas, foram conduzidas do modo mais informal possível, abordando os seguinte temas, suscitados por meio de questões abertas e deflagradoras: características do contexto de trabalho do profissional; características dos usuários dos seus serviços, se e como o tema da religiosidade emerge nas consultas ou nos contextos de atendimentos clínicos; exemplos para ilustrar tais situações; modos como o profissional lidou com elas; que relações ele ou ela percebe entre religiosidade e saúde a partir de suas próprias experiências; que distinções ou conexões estabelece ou não entre experiências religiosas ou espirituais e psicopatologias; como é a própria religiosidade desse profissional; se e como o tema da religiosidade foi ou não abordado ao longo de sua formação; e o que diria, hoje, sobre o tema da religiosidade e saúde a um jovem profissional a partir de sua própria experiência clínica. Foi no âmbito das respostas a questões genéricas e disparadoras desses temas eixos que, eventualmente, em diversas entrevistas, emergiram as narrativas envolvendo a mediunidade e contempladas neste capítulo. Apenas uma das narrativas relatadas nos itens a seguir emergiu em contexto de sala de aula, quando os alunos de um curso de pós-graduação em bioética foram convidados a compartilhar algumas experiências clínicas sobre relações entre religiosidade e saúde.

Vale ainda informar que todos os projetos de pesquisa, no âmbito dos quais foram produzidas as narrativas aqui reproduzidas, foram previamente aprovados pelo Conselho de Ética em Pesquisa (CEP), sendo que todos os sujeitos participantes assinaram previamente um Termo de Consentimento Livre e Esclarecido (TCLE). Além disso, ao longo dos relatos reproduzidos a seguir, foram suprimidas ou alteradas quaisquer informações demográficas que pudessem levar à identificação tanto dos entrevistados como daqueles que são mencionados em seus depoimentos. Os nomes adotados ao longo dos relatos são todos fictícios.

2. Narrativas da mediunidade em contextos de saúde

Das inúmeras narrativas ouvidas ao longo das pesquisas mencionadas, selecionei quatro para compartilhar aqui: uma retratando a experiência vivida como sendo de caráter mediúnico pelo próprio profissional de saúde entrevistado; outra em que um psicólogo descreve em detalhes o modo como foi conduzido, pela equipe hospitalar de uma unidade de nefrologia, as experiências mediúnicas vividas por um paciente; outra em que outro psicólogo relata um ritual mediúnico que presenciou em uma enfermaria de uma unidade de oncologia e seus reflexos sobre os pacientes; e, finalmente, uma quarta na qual uma psicóloga portuguesa compartilha seus dilemas sobre o psicodiagnóstico diferencial entre mediunidade e psicopatologia no contexto da saúde mental. As três primeiras situações se deram em contexto hospitalar situado em Brasília, Distrito Federal, e a última, no âmbito de um hospital psiquiátrico em Portugal. A escolha desses quatro casos se justifica por representarem quatro diferentes situações bastante paradigmáticas: uma em que profissionais de saúde eventualmente precisam manejar a própria mediunidade em contextos de atendimentos clínicos hospitalares com decorrências para seu trabalho e sua própria saúde mental; outra em que, às vezes, precisam manejar a mediunidade de seus pacientes em ambiente hospitalar com decorrências para as formas de tratamento adotadas e para a evolução clínica do caso; uma terceira em que precisam manejar rituais mediúnicos, mas realizados por aqueles que visitam os pacientes nas enfermarias; e uma quarta na qual precisam manejar os próprios dilemas experimentados quando da tarefa de realizar ou acompanhar os psicodiagnósticos em saúde mental, envolvendo a correta discriminação entre manifestações mediúnicas e sintomas psicopatológicos.

2.1. Manejando a própria mediunidade e seus reflexos no trabalho e bem-estar pessoal

A primeira narrativa, aqui apresentada, foi produzida em entrevista, gravada, transcrita e posteriormente revisada, realizada com um médico de UTI – a quem chamarei de Mário – em seu próprio lugar de trabalho. Antes mesmo de iniciarmos a entrevista e respectiva gravação, ele se mostrou bastante motivado, dizendo que ficou feliz quando soube da pesquisa que eu coordenava, abordando o tema da religiosidade e saúde, por sentir que isso seria muito relevante para o ambiente hospitalar como um todo, especialmente para os profissionais, chegando a mencionar algumas iniciativas de sua parte, buscando "elevar" a energia do ambiente de UTI, que às vezes lhe parecia muito "pesada". Mencionou também suas próprias experiências de, por diversas vezes, assimilar, no próprio corpo, a "energia" de alguns pacientes e sua dificuldade de administrar isso no contexto hospitalar. Ao longo da entrevista, pode detalhar um pouco mais tais experiências, contextualizando-as e oferecendo exemplos concretos para ilustrá-las, algumas das quais reproduzo a seguir.

Logo no início da entrevista, enquanto descrevia as características da UTI, Mário se refere ao grande volume de trabalho da equipe que coordena, como também ao frequente clima de conflitos entre alguns profissionais, os quais ele atribui a uma espécie de absorção de uma "energia muito pesada" naquele contexto, e que acabam assimilando por estarem o tempo todo envolvidos com o constante atendimento a pacientes predominantemente jovens e em situações muito graves e traumáticas.

> "Muito atrito. Muito. Por ser espírita, acredito muito nesse negócio de energia. A gente trabalha muito com paciente jovens, então, assim, energeticamente é uma unidade muito pesada, muito pesada!" (Mário, médico de UTI)

Mais adiante, ao falar de experiências espirituais ou religiosas que tenha presenciado em seu contexto de trabalho, Mário descreveu um caso que lhe marcou bastante, que ocorrera há cerca de um ano ou mais, ao prestar seus cuidados médicos a um famoso atleta que sofrera um grave acidente e chegou para ser atendido na UTI já em estado de morte encefálica, tendo sido assistido em estado de coma.

> "Ele chegou pra gente em franco quadro de morte encefálica, e, na hora que eu toquei nele, eu senti uma energia saindo dele e vindo pra mim. Aí eu coloquei a outra mão, assim, e senti a mesma coisa e tirei. (...) eu senti uma energia dele, saindo dele."
>
> "No dia me assustou, eu não estava preparado pra isso, né. Porque, assim, na hora que eu senti... eu coloquei uma mão, assim.... aí veio um negócio... ai eu falei.... aí, na segunda mão, eu senti de novo, aí eu falei: "É o toque. Ele está precisando, é uma pessoa que não está entendendo o que está acontecendo." Eu senti um desespero vindo dele. Aí eu fiz uma oração ali comigo, eu e ele, pra tentar explicar alguma coisa pra ele, o que que tinha acontecido o que estava acontecendo, pra ver se ele poderia entender melhor." (Mário, médico de UTI)

Mário relatou ainda que, depois de fazer a oração junto com o rapaz e em prol de sua compreensão sobre o que estava acontecendo consigo mesmo, sentiu-se bem melhor e deixou de ser tomado por aquela "energia" que o desconcertara inicialmente. Relatou também que, na tentativa de compreender o que se passava com ele próprio, nessas situações em que se via assimilando a energia de outrem ou do ambiente em que está, passou a ler sobre os estudos envolvendo manifestações mediúnicas em contextos de saúde e chegou a citar alguns artigos do grupo de pesquisadores da Universidade Federal de Juiz de Fora (UFJF), liderados pelo pesquisador e psiquiatra Alexander Moreira-Almeida.

Posteriormente, ao falar da própria religiosidade, Mário relatou que quem lhe falou do espiritismo, pela primeira vez, foi um tio, que era médium, e que sempre lhe dizia "você tem uma mediunidade que você tem que trabalhar, pra ela poder ir evoluindo e aparecendo". Entretanto, o médico nunca tinha tido tempo e disposição para isso, até que passou a ter algumas experiências no contexto do próprio trabalho e que o levaram a buscar o centro espírita para se trabalhar mais e compreender melhor experiências como essas descritas anteriormente.

> "De um ano pra cá, principalmente dos seis últimos meses pra cá, é que eu venho frequentando mais. Mas é algo que ainda não é do jeito que eu gostaria que fosse. Não consigo ver. Às vezes eu sinto presenças. Às vezes eu posso sentir através do toque, cheiro... às vezes pra mim soa muito forte." (Mário, médico de UTI)

Relata que precisou realizar um trabalho de elaboração interna muito grande para evitar se envolver demais com o trabalho e, também, para diferenciar o seu papel na vida, enquanto pessoa, e o seu papel no hospital, enquanto profissional.

> "É como eu te falo, assim, eu trabalho isso muito bem dentro de mim, né. O lado pessoal e o lado profissional. (...) porque na hora que a gente mistura isso... Tive um desgaste muito grande, no qual eu tive uma crise de ansiedade por causa de tanto trabalho. Então, hoje é uma coisa que eu separo muito bem, muito bem. Eu saio daqui, a partir do momento que eu saio do hospital, eu não sou mais médico. Obvio que, se tiver alguma coisa no meio da rua, eu sempre atendo, sempre paro o carro honestamente e tudo. Mas, aqui isso é muito difícil, porque, assim, é, a gente não prova, a gente sabe que existe uma entidade, a qual a gente não consegue provar matematicamente, numericamente, que existe."
>
> "Às vezes a gente tem alguns pacientes, é... que a gente sabe o que vai acontecer com eles. A gente teve um caso muito clássico aqui que foi recente. Um menino, vítima de acidente de moto, se não me engano, chegou com uma amputação de braço. Foi pra perna e foi pra outra perna. Foram quatro meses de internação e a gente sabia que ele não ia sair, que ele ia morrer de infecção, a qual realmente aconteceu. Eu acredito que isso foi uma passagem, foi um processo que ele precisou passar. Então, assim, tem o profissional atuando pra manter vida sempre, e é muito presente, muito forte, mas tem o lado espiritual que às vezes tenta conversar com o paciente na hora de um exame e falar "olha, tenta se desligar do corpo material", tenta explicar de alguma forma o mundo espiritual, no qual eu não consigo isso verbalmente nem visualmente, mas tento fazer uma oração pra que ele entenda tudo que está acontecendo ali com ele, pra ver se ele tem um desencarne mais tranquilo.
>
> "Teve um menino de 19 anos, filho do XXX. Deram um tiro no pescoço ou alguma coisa assim por causa da doença dele. Fazia parada cardíaca,

> aí voltava conversando com você do nada, assim... aí que ele fazia uma parada cardíaca que demorou um pouquinho mais, aí falei "Não! Volta", sabe? "Volta! Eu sei que você está bem"! Aí, ele voltava. Depois de cinco minutos de parada cardíaca, ele voltava. E voltava como se nada tivesse acontecido." (Mário, médico de UTI)

Em seus relatos, Mário descreve como foi, aos poucos, aprendendo a lidar com a sua própria mediunidade no contexto hospitalar, de modo a conduzi-la de forma saudável para si mesmo e para seus pacientes. Ao longo deste processo, pode ouvir também as experiências de alguns de seus colegas, espíritas ou não.

> A gente sabe quem não é espirita, e quem é mais aberto a isso. Esse caso desse menino, uma fisioterapeuta falou: "Mário, eu vi um monte de lagarto embaixo da cama dele". Nesse caso de morte encefálica, a gente tem uma amiga, que ela está aí hoje também, e eu acho que a gente tem uma intimidade um pouquinho mais avançada e ela não comenta, ela é muito discreta em relação a isso e ela fala "esse paciente já foi", e realmente já tinha ido. A gente faz e fecha os protocolos de morte encefálica, daí ela fala "Esse aqui já foi. Esse aqui já foi. Esse aqui não está mais aqui". A gente tem paciente que tem parada cardíaca, a gente está lá reanimando, reanimando, quarenta minutos e ela falou pra mim depois "na hora em que você começou, ele já tinha ido".
>
> Eu tive esse paciente que eu te falei que eu arrepiei, nossa eu cheguei perto eu me arrepiei inteiro. Aí, eu saí e falei pra ela "chega perto lá!", ela chegou também e saiu. A gente pegou, eu fiz uma oração com ele, a gente examina muito o olho né, pega e coloca a mão na cabeça assim "tenta ficar bem, você está na UTI, aconteceu isso, aconteceu um acidente com você, a gente está te cuidando, a gente está tentando te ajudar da melhor forma possível, tua mãe está aqui, está vindo te ver", né, quem tiver vindo". (Mário, médico de UTI)

E mais para o final da entrevista, Mário descreve as suas iniciativas recentes, no hospital, no sentido de procurar contribuir para aliviar as tensões da equipe da UTI e "elevar" o "padrão vibratório espiritual" daquele ambiente.

> "Aí sugeri pro pessoal "ah, vamos fazer um grupo de oração?" Pegamos todo mundo. Aí, Ops! 10 pessoas! Não te falo que a gente fez toda a semana, mas pelo menos umas três vezes por semana. A gente se reúne, a gente faz nossas preces individuais, quem quiser verbalizar, verbaliza "ah não, eu quero pedir por isso, isso, isso", sempre pelos pacientes, fazemos uma oração, rezamos o Pai Nosso, todo mundo se abraça no final. Que eu acho q esse contato também é muito importante, e muita gente chora. Hoje, assim, 3, 4 pessoas saíram chorando."

> "Aí vou conversar com a minha chefe, se ela liberar, para vir pastor pra fazer uma oração mais bacana, pra fazer uma leitura; trazer um médium, fazer uma oração, fazer um passe; um padre, tem paróquia aqui, não sei como é que funciona, se tem padre especifico pra hospital ou não, mas pra ver se a gente conseguiria também fazer tipo uma pequena missa, uma pequena oração."
>
> "Sim, sim, a gente fica mais forte. Todo mundo falou assim "Mário, nossa! Obrigado! Fico muito melhor depois que a gente faz nossa oração!". Isso é muito legal! Essa troca de abraço, de contato físico que às vezes eu acho que falta, sabe? Também às vezes se estão meio brigados no dia, têm que se abraçar no final, então acho isso bacana." (Mário, médico de UTI)

2.2. Manejando a mediunidade de pacientes internados

O segundo caso, aqui relatado, foi descrito em contexto de sala de aula, em uma disciplina sobre bioética, ministrada em um curso de pós-graduação de uma universidade do Distrito Federal (DF). O tema do dia era religiosidade, espiritualidade e saúde. Como professora convidada a acompanhar e debater um seminário sobre o tema, no âmbito da referida disciplina, durante minha breve exposição, compartilhei algumas situações (as quais não eram especificamente sobre o fenômeno da mediunidade) que emergiram nas pesquisas que venho realizando em contexto hospitalar e de saúde mental, ilustrando as intrincadas relações entre os três termos -religiosidade, religiosidade e religião, bem como suas respectivas implicações para a saúde física e mental. Em um segundo momento, abriu-se para relatos de experiências dos próprios alunos, todos eles profissionais de saúde, a fim de enriquecer a discussão e o debate. A narrativa original do caso aqui reproduzido ocorreu, portanto, verbalmente por um psicólogo que atuava como residente em um grande hospital do DF. Posteriormente, solicitei a ele que me enviasse a narrativa por escrito, como forma de garantir a fidedignidade do seu relato, reproduzido a seguir.

> "Um paciente cego de nascença, com Doença Renal Crônica, apresenta-se em uma internação de um hospital público devido à infecção no cateter. Desse modo, declara estar se sentindo "inchado" e com dores de modo generalizado pelo corpo. Em seguida, a equipe de saúde, que se encontra disponível no momento, realiza o acolhimento e uma avaliação sobre seu quadro de saúde. Ao constatar que se tratava de um caso de urgência vascular, o encaminharam para um dos quartos disponíveis para internação e dar prosseguimento ao caso. Saliente-se que, no momento da internação, o paciente não estava acompanhado e também alegou não deter nenhuma rede de suporte. Durante o

período de internação, integrantes da equipe de saúde relatou que o paciente vinha causando-lhes certo "desconforto e incômodo" por estar descrevendo, de modo exato, características físicas e conteúdo de cunho particular de cada profissional que o acolhia. Diante de tal situação, considerada atípica, a equipe responsável pelo caso avaliou que ele apresentava transtornos psicóticos com características de esquizofrenia. Optaram, então, por administrarem uma medicação antipsicótica e, em decorrência dessa, o paciente passou a permanecer por longos períodos em repouso na internação e, consequentemente, acalmando a toda equipe.

Ocorre que, quando eu soube de tal situação, já faziam semanas que o paciente se encontrava internado no hospital, e não apresentava nenhuma melhora em seu quadro clínico. Contudo, esse era considerado um paciente "atípico" e somente alguns profissionais de saúde podiam atendê-lo. E, no meu caso, eu não podia por ser Residente da Psicologia. Incomodado com tal situação, solicitei uma reunião com toda equipe de saúde para abordar o caso, e também solicitei autorização para acompanhar o paciente, colocando-me à frente dos seus cuidados de saúde mental e suporte emocional. A concessão foi autorizada e, em seguida, iniciado o desmame da medicação antipsicótica. Conforme os dias passavam e o paciente apresentava-se mais consciente, fui realizando algumas abordagens para auxiliá-lo a se reorganizar e também compreender sobre o que teria, realmente, gerado o "desconforto e incômodo" relatado pela equipe de saúde.

Depois de alguns dias de intervenções, as "manifestações" voltaram a ocorrer e o paciente começou a descrever minhas características físicas e discorrer sobre coisas da minha vida pessoal. Contudo, intrigado com aquela situação, solicitei ao paciente me explicasse mais sobre esses fenômenos. Ele, em seguida, sorriu, e disse ser "clarividência", uma faculdade mediúnica que ele possuía e que, mesmo sendo cego, tornava-o capaz de enxergar o mundo com outros olhos. Me informou que esse era um "dom" advindo de sua religião espírita (o candomblé), mas que infelizmente a sociedade o enxergava com temor. Frente ao caso, optei por analisá-lo de modo mais profundo e realizar uma avaliação do estado mental. Ao constatar que não haviam alterações significativas sobre os aspectos psíquicos e, tendo melhor compreensão sobre o caso, solicitei uma reunião com a equipe de saúde para relatar os achados. Após uma ampla conversa, responsabilizei-me em manter o acompanhamento diário e, em comum acordo, optamos por suspender definitivamente o uso da medicação antipsicótica para observar a evolução do quadro. Como resultado e conforme o passar dos dias, o paciente foi demonstrando melhora significativa em seu quadro de saúde e, posteriormente, recebeu alta da internação." (Pedro, psicólogo residente)

2.3. Manejando a religiosidade de visitantes em enfermarias[4]

O terceiro caso relatado refere-se a uma situação ocorrida em uma unidade de oncologia, em um período em que as enfermarias estavam com altos índices de ocupação, com vários pacientes em estado grave, alguns, inclusive, aguardando vagas na UTI. O fato de não ter vaga para todos na UTI do referido hospital deixava os membros da equipe muito angustiados, pois a coordenação da unidade era obrigada a identificar quais pacientes ainda tinham chances reais de tratamento e efetiva melhora para, a partir disso, decidirem qual deles ocuparia a próxima vaga a ser liberada na UTI. Além disso, tinham que "disputar" essas vagas com as emergências das demais unidades hospitalares. Afinal, as prioridades para as poucas vagas na UTI, no hospital como um todo, não seriam definidas apenas com base em critérios de gravidade dos casos, mas também com base nas reais possibilidades de "salvar" aquela vida. Ao longo da entrevista, a psicóloga Carmem compartilhava conosco o drama dessa situação, geralmente, sigilosa e não explicitada junto a pacientes e familiares.

Ao dar exemplos das várias formas pelas quais a religiosidade se faz presente no contexto de enfermaria, a psicóloga refere-se a duas situações mais comuns: uma em que a religiosidade aparece como uma espécie de "ferramenta" ou "suporte, mostrando-se muito adequada para lidar com o sofrimento; e outra em que aparece sob a forma de expectativas milagrosas a serviço da negação e não aceitação da gravidade do seu diagnóstico e/ou das recomendações médicas. Relata, inclusive, ser uma prática dos psicólogos, naquele hospital, perguntarem ao paciente sobre a sua própria fé e opção religiosa, no sentido de buscarem explorar o quanto poderão contar com a religiosidade como fator propulsor para o tratamento. Informa ainda que outra prática comum no hospital é a de permitirem as visitas de líderes religiosos aos pacientes de enfermarias, geralmente, solicitados pelo próprio paciente ou pelos familiares. Em sua perspectiva, essas visitas são muito positivas e cumprem um papel muito importante no sentido de ajudar a dar sentido ao sofrimento, nutrir esperanças, serenar ansiedades, acalmar os ânimos, quando alguns pacientes estão muito agitados e angustiados, dentre outras diversas decorrências bastante positivas para o bem-estar físico e emocional dos pacientes.

Carmen relata que é espírita e que ela mesma, quando teve um grave problema de saúde – e já havia sido inclusive "desenganada" pela medicina tradicional – precisou contar com uma orientadora espiritual que é médium e que,

[4] Por questões éticas e visando proteger a identidade de profissionais e instituição envolvidos, algumas alterações foram realizadas neste relato, sem comprometer e sem "distorcer" os conteúdos básicos da narrativa principal aqui reproduzida.

graças à sua capacidade de intuir a energia que estava em jogo no seu processo de adoecimento, foi capaz de lhe indicar um tratamento adequado, via homeopatia. Ao seguir as orientações da referida médium, ela se curou de uma doença que, sob a ótica da medicina tradicional, não teria mais tratamento. Apesar disso, ela não considera adequado, por parte do profissional de saúde, em especial do psicólogo, indicar a pacientes nenhum tipo de orientação religiosa específica. Em vez disso, considera que o mais adequado seja verificar a experiência do próprio paciente e favorecer as condições para que, ele próprio, via a sua própria religiosidade, busque formas de cultivar a religiosidade que sejam propulsoras para sua própria saúde, sem implicar na negação do papel a cumprir pela própria medicina e pela própria ciência. E é com este intuito que a visita de líderes religiosos é permitida nas enfermarias de oncologia.

Entretanto, Carmem relata também que, eventualmente, as manifestações religiosas dos próprios pacientes ou de seus familiares, amigos ou líderes religiosos, que os visitam nas enfermarias, podem gerar alguns atritos naquele ambiente, devido ao impacto dessas manifestações nos outros pacientes e/ou seus familiares. E, para ilustrar, relata o seguinte caso ocorrido durante a visita de uma mãe de santo e sua equipe a uma das pacientes internadas em uma das enfermarias de oncologia.

> "Como lhe disse, a unidade de oncologia tem estado numa situação realmente dramática... temos muitos pacientes ali internados por muitos dias, semanas... aguardando um leito de UTI e nem sabemos se isso será possível. Então, muitos deles recebem as visitas que suas lideranças religiosas... às vezes vem o padre, o capelão, o pastor... e às vezes vem também grupos espíritas, médiuns, mães de santo, pai de santo... Procuramos acompanhar de perto, dar algumas orientações gerais, mas nem sempre é possível acompanhar tudo..."
>
> "Então, outro dia, uma pessoa conhecida aqui veio reclamar comigo e contou uma situação que presenciou e o preocupou, incomodou muito. A pessoa que ele tinha vindo visitar estava internado naquela enfermaria há semanas e tinha a esposa como acompanhante. E ele era inclusive um dos pacientes que estavam aguardando vaga na UTI. Ele e a esposa eram muito católicos. E todos os dias faziam suas preces, rezavam o terço e buscavam se fortalecer na fé... Eles também tinham o intuito de respeitar as opções religiosas dos demais pacientes e acompanhantes com quem compartilhavam a mesma enfermaria...Mas, uma dia, parece que foram colocadas à prova! A paciente que ocupara o leito do lado era espírita... E aí, um dia, recebeu uma mãe de santo e outras médiuns, que vieram junto com ela. Foram fazer um ritual de limpeza... E aí, ele contava, preocupado:
>
> "Receberam ali na hora a incorporação dos espíritos, e a médium começou a dar um passe na paciente. Ao dar o passe, ela girava, chacoalhava

os braços e as mãos, como que retirando aquela energia ruim, supostamente responsável pela doença ... por meio do passe, a médium limpava o corpo da paciente, numa espécie de "descarrego". Mas ao chacoalhar as mãos e estalar os dedos, como que jogando toda aquela energia para fora das laterais da cama, dava a impressão de que aquela energia pesada toda estava sendo jogada na direção do leito do meu amigo e ele ficou muito angustiado e nervoso com aquilo. Ele e a esposa ficaram com medo do ritual e sentindo que as impurezas estariam sendo jogadas para cima deles. Eu estava presente e tentei acalmá-los... mas até eu me senti muito desconfortável com aquilo tudo... Sinceramente... " (Carmen, psicóloga, reproduzindo a fala do visitante que lhe relatou posteriormente o ocorrido)

2.4. Manejando o psicodiagnóstico: "mediunidade ou psicopatologia"?

Narrativas, envolvendo manejos do psicodiagnóstico e possíveis conexões, distinções e relações entre experiência religiosa e/ou espiritual e sintomas psicopatológicos, em especial, os chamados "delírios religiosos", foram muito frequentes nas entrevistas realizadas com os profissionais brasileiros, especialmente os que atuam nos Centros de Atenção Psicossocial. Em muitas e muitas dessas narrativas, os profissionais compartilharam casos e situações nos quais o fenômeno vivido pelo paciente, no contexto em que se apresentavam, eram por eles mesmos, familiares ou pastores interpretados como de ordem espiritual, por exemplo, possessão, interferência de espíritos ou do "demônio", transe mediúnico, dentre outras. Em algumas dessas situações, até o próprio profissional se via meio confuso e de fato impressionado com a "força" com que se manifestava a referida experiência, considerando a possibilidade de interpretá-la como sendo de natureza espiritual, em vez de mero sintoma psicopatológico (e.g. histeria, paranoia, delírio ou alucinação de cunho religioso).

Entretanto, justamente por ter se dado em um contexto cultural supostamente menos esperado, escolhi para reproduzir aqui a narrativa trazida por uma psicóloga portuguesa, originalmente, entrevistada em um grande hospital psiquiátrico de Portugal. Qualifico aqui o contexto português como supostamente "menos esperado" para narrativas de experiências mediúnicas em comparação com o contexto brasileiro, porque, como sabemos, embora em ambos os países predominem, segundo os índices oficiais (Brasil, 2012; Portugal, 2012), as religiões de matriz católica (aproximadamente 81% em Portugal e 65% no Brasil), em nosso país, destacam-se também as religiões que contemplam e valorizam as experiências mediúnicas (espiritismo, candomblé, umbanda, dentre outras), as quais, em seu conjunto, totalizavam oficialmente, no último censo do país, aproximadamente 3% de adeptos na população brasileira (Brasil, 2012). Entretanto, a própria psicóloga entrevistada, a que chamaremos de Cecília, faz referência à relatividade desses dados estatísticos, como no trecho a seguir, que se desenvolveu logo no início da entrevista.

> "... mas é engraçado. Nós temos um predomínio de católicos em que assim... as mulheres são católicas, e os maridos também, estão casados. (...) ... mas há pessoas aqui que mantém casamentos de fachada ... (...)... aqui, as coisas mantêm-se, às vezes, a muito custo. As aparências aqui são muito importantes. A questão da aparência e da família é uma coisa... muito séria, né? Eu noto... O Norte é muito mais conservador. (...)... Então, é... essas pessoas tem esta parte católica, certo? (...)... E são católicos, vão à Igreja, certo? ... Mas, depois, vão às bruxas... E aqui no Norte, ao contrário do Sul, há um costume de ir às bruxas que é uma coisa impressionante! (...) E eles ou elas contam "eu fui à bruxa, pra ele (ou ela) voltar pra mim. Para eu ver o que é que se passa."... ou para uma que vai por cartas, ou porque o outro vai fazer às vezes um trabalho para.... É engraçado! Porque eles são católicos. E, depois, vão procurar assim uma versão religiosa de outra forma, não é? Seja espírita, seja o que for, não é... pra resolver um problema que eles têm... Embora eles sejam católicos. Eu acho isso muito engraçado. Porque já aí esses doentes que recorrem a essas coisas com frequência. É... é uma prática muito comum. Independente de serem católicos."

Pergunta da pesquisadora: "Você acha que isso, entre os doentes, é maior do que na população normal ou ..."

> Não. Isso que eu vejo também na consulta externa, é o que se passa aí fora. Nas mais variadas profissões. (...) As pessoas aqui vão muito a esses locais. (...) E olha que nas consultas externas eu tenho ouvido muito de pessoas com licenciaturas e elas foram também a esses sítios. Mas, se perguntarem qual é a religião delas, elas dizem que são católicas."

Pergunta da pesquisadora: "E isso você viu mais aqui no Porto do que em Lisboa. Em Lisboa, pelo que você disse, ocorre menos."

> "Não, em Lisboa, isto de ir às bruxas não é muito comum. Pelo menos, eu nunca ouvi, assim, das pessoas irem tanto como costumam ir aqui. Tanto que, como eu falo, conforme as posições, se calhar é diferente... (...) ... As pessoas são mais liberais por lá... (...)... Depois nós temos uma diversidade cultural gigante. E isso é de toda gente. E isso não é de Portugal. É de todo lado, né? (...) ... Onde se é mais conservador, as aparências são mantidas, muitas vezes, em determinadas famílias, e isso quase a qualquer custo. (...).... E muitas pessoas aparecem aqui deprimidas.... com aqueles lutos, que não saem dalí... mas, prevalece.... a questão da... da religião."

Cecília ilustra várias situações nas quais ela vê o peso da religião católica e da preocupação em manter os dogmas, as aparências, a fidelidade aos seus princípios fundamentais, e cita vários exemplos para ilustrar isso. E ao ser questionada pela entrevistadora: "E você, como profissional, como é que você vê essas relações entre a religiosidade e a saúde mental?

> "Eu, olha... é como lhe digo. Eu já tive... estou a me lembrar, em Lisboa... estou a me lembrar de uma ... acho que vou falar várias situações de casos com surtos psicóticos, assim, mesmo graves. Pronto. Pessoas que estavam com funcionamento normal e, de repente, tiveram surto psicótico, aquelas pessoas que até se transfiguram, aquela coisa que uma pessoa... Pronto. Mas, eu lembro de um gajo, dum rapaz ... que, se não me engano, foi o pai que tinha falecido há pouco tempo. E o rapaz dizia que via o pai, que falava com o pai. Pronto. E a mãe dele... por causa disso, ele foi parar na psiquiatria. Só que o rapaz tinha um discurso tão coerente em tudo, e ele falava, né, naquela questão que... e a mãe dizia "Ah, já viu, ele diz isso, que vê o pai, e que fala com o pai, e não sei quê...
>
> E eu pensei: "Mas... este... ele aqui está sendo apresentado como um paciente psiquiátrico, e então aquilo foi o que lhe encheu de neurolépticos... E eu pergunto-me: "Se pegassem esse mesmo indivíduo e fossem com ele a alguém d'outra rel... eu lembro disso perfeitamente... d'outra religião, não é?, mais espiritual... Se calhar, ia dizer: "É normal haver pessoas que têm um dom que outras não têm e, portanto, para ver alguém que já morreu não quer dizer que seja um psicótico, né?" Quer dizer, está provado cientificamente que existe a percepção extra-sensorial e que há fenômenos que não se explica... Quer dizer... há vários estudos. Há universidades nos Estados Unidos que só estudam os fenômenos paranormais. Ou seja, se calhar este indivíduo não seja um esquizofrênico... É... quem sabe se ele não pode estar... não é... mas se uma pessoa, ele ouve.... ele fica calada. Fica com isso para ele próprio, porque ... o médico é que está ali, o senhor vê, tá ali... ele fala que são alucinações visuais e auditivas... ta, ta, ta.... vamos lá.... (...)
>
> Eu, eu me lembro que era um jovem e que surgiu lá alguma confusão.... Acharam que... poderia ser um surto normal... Ah, e eu me pergunto assim: "se nos entrar por uma consulta adentro, imagina... Ah... alguém que trabalha nessas áreas, não é, que tem experiências com pacientes diferentes da norma, quer dizer, como é que nós vamos classificar em termos psicopatológicos uma pessoa dessas? Até quem vem d'outra cultura! Por exemplo, em África, com certeza há cá costumes que para nós são disfuncionais, mas se calhar para eles não são. Eu, assim, como psicóloga, acho que temos que ter isso em conta, não é? A religião inclui para ele outro estado, que não quer dizer que ele seja propriamente

um doente mental. Por exemplo, eu não sei, mas se eu apanhasse aqui alguém que... imagina que fosse do Brasil, não é? ...e que imagina, que o pai a mãe fosse... a mãe fosse mãe de santo ou o pai fosse pai de santo, não interessa... mas que o pai e a mãe têm lá a forma de estarem na vida e viverem a vida e são pessoas que têm a vida normal como as outras, e aí que essa pessoa aqui dissesse... que tinha determinados rituais, que tinha que cumprir ou que poderia ter estados de transe... eu teria que levar em conta o que lhe teria sido transmitido enquanto religião, não é? Por que é preciso ter isso em conta... por exemplo, para os católicos, não é... a religião, e os estigmas, e os condicionamentos que às vezes eles trazem... eu acho que isso teria que ser válidos para todas as religiões, não é? Por que se não... só é possível patologizar o que sai fora... da norma, não percebendo bem o contexto em que o indivíduo está inserido, às vezes podemos estar a diagnosticar mal.

Isto é difícil de explicar, porque eu vou aqui numa enfermaria dessas e tem, assim, tem um monte de indivíduos com esquizofrenias... E eles estão todos com atividades delirantes, e, muitos deles, ele tem até aquela atividade residual, pronto... nós percebemos que aquilo não teve a ver com o contexto familiar, nunca tinha acontecido antes, quer dizer... era o primeiro surto, não reverteram... muitos, nem com a primeira medicação, tem sempre aquela atividade residual... Então são situações diferentes. Quando às vezes pode aparecer mais este tipo de dúvidas, ou são nessas situações agudas ou então em termos de consulta externa. É... é parte da religião. Ir às bruxas por exemplo, mesmo sendo católicas, faz lá parte das crenças delas... (Cecília, psicóloga de um hospital psiquiátrico em Portugal).

3. Implicações para os cuidados em saúde

As quatro narrativas relacionadas anteriormente, embora apresentadas de modo apenas descritivo, mostram inúmeras implicações decorrentes da presença do fenômeno da mediunidade em contextos clínicos e para os cuidados com a saúde física e mental. Nesta terceira parte do capítulo, vou procurar enumerar e discutir algumas delas, entretanto sem a pretensão de esgotá-las. No intuito de organizar didaticamente os principais aspectos abordados, distingui-os em dois grupos: um contemplando as implicações – epistemológicas, práticas e éticas – mais voltadas para a atuação clínica do profissional em contexto de sua saúde; e outro englobando aquelas voltadas à formação e à produção do conhecimento em psicologia e medicina. Naturalmente, esses dois grupos de implicações estão muito inter-relacionados, mas essa organização didática favorecerá uma abordagem mais detalhada do assunto.

3.1. Condução clínica da mediunidade: implicações epistemológicas, práticas e éticas

A primeira implicação que decorre, de modo bastante contundente, das narrativas elencadas anteriormente, situa-se em um plano que, inspirada em Bairrão (2016), chamarei de "ontologia" do exercício das profissões de saúde, no caso aqui, especificamente, da medicina e da psicologia. Assim, em cada uma das experiências vividas e compartilhadas pelos profissionais, médicos ou psicólogos evidencia-se uma realidade complexa, na qual se fazem cintilar, simultaneamente: a) de um lado, os andaimes ou paradigmas nos quais se sustenta, objetivamente, a prática da profissão; b) de outro, a impossibilidade de que essa prática se dê de modo completamente "asséptico" e desvinculado do mundo vivido, subjetivo e intersubjetivo, daqueles que a praticam. A experiência vivida como "mediunidade" é flagrada nesse complexo contexto, em uma verdadeira "mostração" de que as retóricas etnocêntricas objetivantes, racionalistas e cientificistas, que tendem a predominar nos discursos e paradigmas contemporâneos sobre os cuidados com a saúde, não se realizam efetivamente e de modo puro na prática clínica cotidiana. Em vez disso, elas estão, o tempo todo, sendo atravessadas pelas vivências de pessoas reais, sejam os profissionais, sejam os pacientes e/ou seus familiares.

A situação acima apontada tende a ser administrada individualmente ou, quando muito, em pequenos grupos, seja para lidar com os seus desdobramentos no plano da saúde mental do próprio profissional de saúde, como ilustrado em mais detalhes na primeira narrativa elencada, seja para dar conta das suas implicações práticas, técnicas e éticas na atuação junto aos pacientes e familiares, como vimos também em todos os demais casos. Ou seja, chama a atenção o fato de que, em nenhuma das narrativas, apareçam referências a algum tipo de suporte institucional, que os ajudem a lidar com aquela experiência descrita como mediúnica. Vimos, no caso do médico, que descreve a sua própria experiência mediúnica, vivida no contato e atendimento a muitos pacientes graves, que ele busca organizar, no âmbito da própria UTI em que atua, alguma forma de suporte, que chama de espiritual. Se isso é até bem-recebido pela maioria de seus colegas, vê-se claramente que se trata de uma iniciativa pessoal, tomada em um contexto em que o *stress* da UTI contamina as relações interpessoais, podendo comprometer a saúde mental dos profissionais e, por decorrência, a qualidade do trabalho ali desenvolvido junto aos pacientes. Ou seja, nos andaimes da estrutura ontológica do atendimento hospitalar daquela UTI, não está contemplado nenhum tipo de instrumento ou intervenção técnica a que se pudesse designar, por exemplo, como "cuidado espiritual" com a saúde. E é justamente o atravessamento subjetivo e intersubjetivo dessa estrutura – dado, no caso ilustrado, pelas experiências mediúnicas vividas pelo médico e alguns de seus colegas – que vai desencadear essa modalidade de cuidado, mas restringindo-se a uma iniciativa não sistemática, não institucionalizada, embora reconhecida como essencial por muitos dos profissionais que ali atuam.

As possíveis perguntas e respostas (clínicas ou existenciais) – e respectivos desafios práticos e riscos éticos – relacionadas a essa condição de ser a "mediunidade" vivida como uma espécie de atravessamento de uma ontologia oficial da prática contemporânea em saúde, ficam ilustradas, de modo muito evidente, nos vários casos compartilhados, mas em especial no segundo caso, em que um psicólogo residente resolve problematizar os destinos dados por uma equipe médica às experiências mediúnicas de um paciente cego e diagnosticado com problemas renais. Ou seja, a condição de estar "desassistida" institucionalmente quanto ao modo de lidar com experiências dessa natureza – e que são vividas como atravessadoras de um determinado *modus operandi* próprio da ontologia médica – favorece com que a equipe de nefrologia, inicialmente responsável pela condução do caso, opte por "neutralizar" aquela experiência excêntrica, usando os recursos da própria medicina: os neurolépticos. Essa iniciativa foi tomada, em princípio, como estando em consonância com os andaimes ontológicos da prática médica, entretanto fica evidente, ao longo da narrativa, que ela fora decorrência do atravessamento de uma experiência subjetiva e intersubjetiva dos próprios membros daquela equipe: eles estavam com medo, responderam a partir da tentativa de controle do seu próprio sentimento de estranheza diante da experiência do outro, e a qual não conseguiam enquadrar nos paradigmas ontológicos da biologia médica. Afinal, como um paciente cego poderia estar enxergando as cores das roupas dos profissionais que o atendia ou, pior ainda, conseguindo acessar as suas vivências mais íntimas e pessoais? Só poderia ser fruto de uma "doença" psiquiátrica, no caso, muito "desconfortável" para a equipe, retirando-a da sua zona de conforto, necessária para que continuassem exercendo sua profissão naquele contexto. Por outro lado, o psicólogo residente, ao se abrir para uma leitura diferente da leitura efetuada pelos integrantes daquela equipe médica, acaba encontrando um outro caminho para abordar o caso, decidindo por legitimar a experiência daquele indivíduo, o paciente cego, mesmo que não contasse com uma ancoragem técnica que explicasse, biologicamente, aquelas suas habilidades sensoriais. Em sua narrativa, mostra que, mesmo sem essa ancoragem meramente técnica (pelo menos do ponto de vista do conhecimento médico, sustentando pela ontologia médica), aquele caminho da legitimação da experiência vivida pelo seu paciente mostrou-se muito mais efetivo, culminando na cura de seus problemas renais e respectiva alta hospitalar.

Uma segunda via de implicações práticas, éticas e psicossociais, evidenciadas a partir dos casos relatados, soma-se ao mencionado até aqui. Ela diz respeito às competências e habilidades clínicas demandadas dos profissionais no manejo das diversas experiências vividas como mediúnicas e que podem se fazer frequentes nos seus ambientes de trabalho. Viu-se que, nas quatro narrativas, os profissionais são desafiados a darem respostas efetivas a situações que ultrapassam habilidades meramente fundamentadas em conhecimentos da bioquímica, da instrumentação teórica em medicina ou mesmo das teorias em psicologia. Eles são desafiados a desenvolverem competências pessoais, a elaborarem o manejo interno de suas próprias crenças, seus próprios afetos e expectativas. Afinal, suas respostas terão implicações não apenas técnicas, mas serão inclusive repletas de decorrências éticas e que afetam não só o seu bem-estar e de seus pacientes, mas também a qualidade e o destino de suas relações interpessoais, seja com os próprios pacientes e seus familiares, seja com os próprios integrantes da equipe.

A necessidade de manejar uma experiência que não estava prevista no *scripting* ontológico da profissão deixa o profissional à mercê de buscar outras referências, e, como vimos, na primeira narrativa, tal referência foi buscada na própria religião do médico que, no caso, era espírita. Ocorre que essa opção pode ser também repleta de decorrências éticas, exigindo uma habilidade em administrar sua crença, no domínio pessoal, e, simultaneamente, administrar as decorrências dela no domínio profissional. Cabe ainda, problematizar, por exemplo, situações em que o profissional não encontra, em seu próprio sistema de crenças pessoais, elementos que o auxiliem nessa elaboração interna. Além disso, tanto em um quanto noutro caso, o profissional é desafiado a desenvolver uma série de competências psicossociais no contexto clínico, pois deverá lidar ainda com a diversidade religiosa de seus pacientes e colegas de trabalho, e suas respectivas formas de compreender, explicar, acolher ou repudiar a experiência vivida como mediúnica. Afinal, um mesmo fenômeno mediúnico pode ser visto, por algumas religiões, como algo natural e genuíno, enquanto que, por outras, será visto como algo danoso, doentio, persecutório e temeroso. Ou seja, essas são situações que desafiam o profissional a desenvolver competências que ultrapassam o escopo de uma medicina e psicologia voltada para a doença e suas determinações meramente orgânicas ou psicológicas. Estão a lhe exigir uma perspectiva crítica, ampla, contextualizada histórica, social e culturalmente, além de um *background* filosófico mínimo que o permita ser capaz de um constante exercício de autorreflexividade no exercício cotidiano de sua profissão.

Gostaria de apontar, ainda, uma terceira via de implicações, a qual se relaciona à administração das fronteiras entre as esferas científica e religiosa e seus respectivos limites. Nas quatro narrativas elencadas, é possível evidenciar que essas fronteiras são frequentemente obscurecidas, inviabilizando um discernimento nítido dos critérios que favoreçam discriminar claramente um campo do outro. Retomemos alguns exemplos em que tal situação ficou muito bem caracterizada:

a) Na primeira narrativa, o médico relata várias situações em que se pode identificar os limites do científico e do religioso se interpenetrando mutuamente em seu discurso. E isso ocorre tanto quanto ele se refere à sua própria experiência – e.g. ao relatar que sentiu que o espírito do rapaz atendido na UTI estava deixando o corpo e, então, o chamou de volta -; como também ao relatar experiências de colegas da UTI – e.g. quando reconhecem que o espírito de um paciente com morte cerebral já deixara o corpo.

b) Na segunda narrativa, viu-se a referência a um grupo de médicos que, agindo supostamente dentro do escopo da medicina, buscam "neutralizar" a experiência mediúnica de um paciente, a qual é posteriormente validada pelo psicólogo, mesmo que ele não tenha se designado como espírita. A despeito da suposta ancoragem na esfera científica viu-se que a não revelada vivência de cunho religioso (e, por decorrência, o medo) dos integrantes daquela primeira equipe médica teve muito mais preponderância em suas decisões do que propriamente um conhecimento técnico validado pela medicina. Por outro lado, o fato de o psicólogo validar a experiência mediúnica do paciente foi acompanhado de um resultado positivo do ponto de vista médico (o paciente foi curado e recebeu alta).

c) Já na terceira narrativa, vimos uma psicóloga declarar-se espírita, em sua vida pessoal, e admitir que ela própria buscou ajuda de um médium no tratamento à própria saúde; mas, ao longo de sua fala anunciou, por diversas vezes, que a experiência religiosa pode ser danosa quando confronta os saberes constituídos da medicina. Por outro lado, ela mesma narra uma situação em que o ritual mediúnico, no contexto hospitalar, gerou atritos na enfermaria, um espaço supostamente de cuidados técnicos e não propriamente religioso.

d) Enquanto isso, na quarta narrativa, vê-se a psicóloga portuguesa fazer referência aos estudos de uma universidade americana que comprovam cientificamente a genuinidade da experiência paranormal e, a partir destes estudos, busca validar a possível experiência mediúnica do jovem que via o espírito do pai, mas que fora levado pela própria mãe, católica, ao hospital psiquiátrico. A narrativa deixa nas entrelinhas o intuito daquela mãe em "neutralizar" a experiência do filho, a qual poderia ser interpretada como mediúnica, mas que era considerada inadmissível no âmbito de suas próprias crenças religiosas. Em seu discurso, a psicóloga faz referência à confusão gerada no hospital, pois o psiquiatra de plantão atendeu ao pedido dessa mãe, receitando neurolépticos àquele rapaz.

De fato, administrar as fronteiras entre uma perspectiva científica e uma perspectiva religiosa, e a impossibilidade de clareza absoluta do limite entre ambas tende a produzir, frequentemente, dois efeitos antagônicos, embora aparentados. E, novamente, aqui, vou me inspirar em Bairrão (2016) ao situar as decorrências práticas, éticas e psicossociais relacionada a essa terceira via de implicações para os cuidados clínicos em saúde no trato à mediunidade. De um lado, o manejo das experiências mediúnicas em contextos clínicos carrega em si o risco de se aventurar em uma ampla permeabilidade ou, até mesmo, em uma confusão entre uma perspectiva médica ou psicológica e as práticas de cunho religioso. Nesse caso, há o risco de que rituais religiosos ou práticas fundadas em convicções de fé, por exemplo, as nutridas pelas religiões espíritas ou afro-brasileiras, passem a ser referendadas como intervenções clínicas próprias ao contexto hospitalar. De outro lado, as formas supostamente racionais de lidar com e os destinos técnicos dados aos fenômenos mediúnicos, em contexto de saúde, podem vir acompanhados do grave risco de que, sob a capa do rigor científico, estejam na verdade movidas por meras reações defensivas, sejam elas as de caráter ingênuo, inconsciente, burocrático, tributário, preconceituoso, ideológico, ou simplesmente pela real dificuldade de discernimento dos limites entre conhecimento e crença.

Naturalmente, nenhum dos dois efeitos antagônicos, acima citados, são adequados em termos de seus impactos clínicos e éticos nos cuidados com a saúde física e mental. Daí, a necessidade de uma formação que habilite os profissionais a encontrarem alternativas que não venham a incorrer em nenhuma dessas polarizações.

3.2. Implicações para a formação profissional e para a produção de conhecimento

Sabe-se que, em geral, nenhuma das três vias de implicações epistemológicas, práticas, éticas e psicossociais, elencadas e discutidas anteriormente, costuma ser tematizada ao longo da formação profissional em medicina ou psicologia. Diversos estudos têm apontado o quanto o tema da religiosidade e da espiritualidade, como um todo, e o da mediunidade, em particular, têm sido negligenciados, marginalizados, silenciados e/ou patologizados ao longo da formação nessas áreas (Freitas, 2007; Pereira; Holanda, 2016, 1019; Trofa et al, 2021). Pesquisa recente (Piasson; Freitas, 2020), analisando os currículos dos cursos de psicologia em universidades brasileiras, mostra que apenas 20% desses cursos oferecem alguma disciplina relacionada ao tema, sendo que as análises das ementas dessas disciplinas mostram ser o seu conteúdo predominantemente teórico, com pouca ou nenhuma referência a conteúdos de cunho prático ou relacionados ao manejo concreto de situações clínicas, envolvendo experiências religiosas comuns nos contextos de saúde.

De fato, as implicações elencadas no subitem anterior estão a exigir uma revisão dos currículos de formação no campo da saúde, nos quais a própria ontologia da profissão possa ser problematizada criticamente, nos quais as habilidades profissionais sejam trabalhadas em consonância com a realidade cultural do país e sua grande diversidade religiosa, nos quais as fronteiras da profissão e suas relações com outras esferas fundamentais do mundo da vida sejam objetos de reflexões constantes, a partir das situações concretas diariamente enfrentadas pelos profissionais que estão na linha de frente, seja nos hospitais, seja nos serviços de saúde mental, seja na assistência comunitária à saúde. Há que se superar, ao longo da formação universitária, os modelos ontológicos cristalizados, supostamente pautados na possibilidade de uma separação absolutamente asséptica entre crença e conhecimento, e, em nome da qual, muitas vezes, as experiências vividas como mediúnicas foram – e ainda tem sido! – alvos de preconceitos, estigmas, discriminação e patologização, conforme descrito e apontado em diversos estudos históricos (Moreira-Almeida; Almeida; Neto, 2005; Almeida, 2007; Alvarado, Machado, Zangari; Zingrone, 2007) e contemporâneos (Scorsolini-Comin, 2015; 2019) sobre o tema.

Naturalmente, não basta uma revisão curricular dos cursos de formação de medicina e psicologia para melhor contemplar os desafios expostos aqui. De fato, essa revisão se deve aplicar às áreas de saúde, como um todo, já que o trabalho clínico se desenvolve em perspectiva interdisciplinar. Porém, ao mesmo tempo, não basta apenas uma revisão curricular propriamente dita. Há que se rever também as metodologias de formação em saúde, ampliando-as para uma perspectiva que inclua, sim, o acompanhamento da literatura sobre religiosidade, espiritualidade e saúde, produzida historicamente e nos últimos anos, mas que também acompanhe o que se passa na experiência clínica dos profissionais, oferecendo espaço para que possam trazer à discussão o impacto subjetivo das vivências espirituais – inclusive o da mediunidade! – com as quais que se deparam nos atendimentos e o destino que acabam dando a elas no cotidiano de suas práticas. A religiosidade e a espiritualidade precisam deixar de ser temas considerados tabus, menores ou irrelevantes no campo da saúde. As experiências pessoais ou interpessoais a elas relacionadas não podem ser meramente "silenciadas" em nome de uma cientificidade. Laicidade, que significa a desvinculação do estado – e da ciência – de uma instituição religiosa específica, não pode ser simplesmente confundida com laicismo. Ou seja, a laicidade exige do estado, da ciência e das profissões o respeito à diversidade religiosa da população assistida, de modo que nenhuma instituição pública, ligada à saúde, possa exercer um poder confessional, fundado em princípio religioso, sobre as pessoas por ela assistida. E isso, evidentemente, não implica em negar, rejeitar ou impedir a influência ou a presença religiosa na vida das pessoas e nas instituições públicas ou privadas. A formação profissional precisa contemplar essa diferença em mais profundidade e com metodologias adequadas, que habilitem os futuros profissionais a lidarem com mais segurança com os desafios éticos relacionados aos limites e às fronteiras – às vezes tênues – entre as esferas profissional e pessoal.

Uma outra decorrência para a formação profissional em saúde, que se pode apreender das narrativas compartilhadas pelos profissionais de saúde ao longo deste capítulo, aponta para a necessidade de uma revisão crítica de perspectivas teóricas reducionistas, que acabaram contribuindo para o desenvolvimento de uma modalidade de intolerância religiosa muito específica: aquela que, em nome da ciência, leva à repressão, ao *bullying*, à patologização, à "domesticação" ou às diversas formas de (de)negação, não só das experiências de mediunidade, mas de tantas outras crenças e experiências espirituais e religiosas de alunos, profissionais, pacientes e familiares. Em nome dessas teorias reducionistas, muitas vezes, boa parte da própria história da psicologia passa desconhecida do estudante em formação nessa área (Freitas, 2007). Por isso, pouquíssimos deles são levados a conhecer, em profundidade, o quanto os diversos pioneiros em saúde mental se debruçaram sobre o tópico da mediunidade e o quanto isso influenciou os destinos contemporâneos da psicologia e da psiquiatria e de diferentes modos (Alvarado; Machado; Zangari; Zingrone, 2007). Essa espécie de "amnésia disciplinar", para empregar uma expressão cunhada por Carrette (2012, p. 23), vem a serviço de uma espécie de "ilusão 'secular' do fato científico". Como ressalta o referido autor, muitas das vertentes teóricas em psicologia, por exemplo, e que emergiram desde o primeiro laboratório de Psicologia Experimental, em 1879, em Leipzig, na Alemanha, submeteram a religião ao exame crítico, em uma tensão constante entre exigências de investigação científica, influências filosóficas, ideologias político-discursivas, disputas de espaço institucional e testes de competências interdisciplinares. Em decorrência disso, o próprio objeto da psicologia foi redefinido por diversas vezes, de modo a buscar contornar, ainda que ansiosa e reiteradamente, os problemas decorrentes da intrínseca permeabilidade de suas fronteiras com outros campos, como a teologia, a sociologia e a antropologia. Ora, uma formação que contemplasse criticamente essas vicissitudes históricas e suas respectivas implicações teóricas, metodológicas e éticas, as quais se estendem até os dias de hoje, tornaria um profissional de saúde muito mais seguro – e, ao mesmo tempo, também mais humilde, intelectualmente! – para lidar com os diversos desafios a que estão expostos, em sua prática clínica, ao lidarem com o fenômeno da mediunidade.

Em consonância com a "amnésia disciplinar" mencionada anteriormente, os próprios estudos sobre o fenômeno da mediunidade, já desenvolvidos no campo da saúde mental, desde o início do século passado, pela psicologia e pela psiquiatria, não têm sido, em geral, contemplados ao longo da formação nessas áreas. Tenho podido constatar isso não apenas ao longo das pesquisas realizadas com estudantes e profissionais de saúde (Freitas, 2007; Freitas, 2020; Piasson; Freitas, 2020), como também por meio de diversos depoimentos de estudantes e profissionais, que participam de eventos sobre religiosidade, espiritualidade e saúde ou matriculados em disciplinas de pós-graduação relacionadas ao tema. Ora, se essa experiência é tão frequente na prática clínica e se guarda tantas inter-relações com a saúde física e mental das pessoas, como vimos nas narrativas aqui compartilhadas, porque o tema é tão silenciado ao longo da formação? Por que as inúmeras pesquisas já realizadas e em andamento sobre o tema não são contempladas nas diversas disciplinas dos cursos de psicologia e medicina, nem mesmo, muitas vezes, naquelas especificamente voltadas para a saúde mental ou para a saúde pública e comunitária? A serviço de que se mantém esse silenciamento? Seria por não haver um consenso entre as diversas perspectivas teóricas que se pronunciaram sobre o tema? Seria para se evitar o risco de que os debates emergissem de forma muito "contaminada" pelas diferentes perspectivas religiosas e seus respectivos posicionamentos sobre um assunto tão polêmico? Ora, não me parece que esta postura, meramente defensiva, adotada por partes das instituições e professores, contribua para uma formação profissional de fato consistente e preparada para lidar com a realidade da prática clínica. Na verdade, ela impede que o estudante tenha a oportunidade de desenvolver – via o debate, via os questionamentos, via o contato com a diversidade de perspectivas, via o conhecimento das pesquisas já desenvolvidas e em andamento, via a sua própria autorreflexividade, e os possíveis dilemas éticos decorrentes de tudo isso – uma série de habilidades pessoais e socioculturais que o tornariam mais apto para responder aos desafios que encontrará ao longo do exercício de sua profissão.

Se o tema da mediunidade traz uma grande efervescência em termos de suas possíveis explicações – se de ordem neurológica, se de ordem psicodinâmica, se de ordem psicossocial, se de ordem cultural e/ou se de ordem espiritual – e, por isso mesmo, vem acompanhado do grande desafio ao estabelecimento das fronteiras entre as diversas esferas do conhecimento científico, mas também entre as fronteiras da ciência com a religião, isso deve ser visto como fator propulsor do estudo e da pesquisa, ao invés do seu mero silenciamento e evitação defensiva. Nesse sentido, uma formação consistente e realmente comprometida com a saúde das pessoas reais, concretas, deve estimular os estudantes a não só buscar um conhecimento interdisciplinar sobre o que já se tem produzido de pesquisas sobre o assunto, como também a se engajar em mais pesquisas a respeito. Há um universo de possibilidades para se dedicar à pesquisa nesse campo. E não apenas no sentido de se buscar encontrar uma explicação científica para o fenômeno da mediunidade em si. Porém, também, para investigar melhor os seus possíveis impactos sobre a saúde física e mental, as suas diferenças formas de manifestação na diversas sociedades e culturas, as suas diferentes interpretações históricas, filosóficas, sociais e religiosas; os seus diferentes significados etnopsicológicos e decorrências disso para a saúde individual e coletiva.

Afinal, as próprias formas pelas quais se manifestam as experiências vividas como mediúnicas, nos diversos contextos de saúde, assim como também os diversos modos pelos quais os profissionais de saúde as têm descrito e lidado com elas, merecem mais estudos, mais investigações, tanto qualitativas como quantitativas. Isso se torna especialmente relevante, por exemplo, em contextos culturais em que a mediunidade é ou não validada por instituições, entidades e/ou identidades religiosas, ou nos contextos de heterogeneidade cultural, e.g., serviços de saúde voltadas aos imigrantes. Esses e outros estudos deveriam estar abertos a enfoques interdisciplinares, por exemplo, na confluência entre medicina, psicologia, antropologia, sociologia e teologia, abordando não apenas a constituição, a estrutura ou o dinamismo do fenômeno mediúnico em si, mas também suas diversas formas de representação, interpretação e condução, avaliando-se os impactos disso sobre a saúde física e mental, tanto de pacientes e familiares, quanto – e especialmente! – dos profissionais que os assistem.

4. Considerações finais

Embora minha opção, no escopo deste capítulo, tenha sido por abordar a mediunidade do ponto descritivo, tendo um caráter muito mais de "mostração" de algumas das diversas formas pelas quais esse fenômeno se faz presente no contexto de atuação profissional, e suas respectivas implicações clínicas, disso não se deve concluir que não seja possível ou relevante, para o campo da saúde, que se desenvolvam mais e mais pesquisas voltadas à compreensão da natureza do referido fenômeno por si mesmo, ou que se deva combater a formulação de teorias que a expliquem do ponto de vista psicológico. Naturalmente, as ciências da saúde, em geral, bem como a medicina e a psicologia, em particular, devem continuar buscando estudar a mediunidade também do ponto de vista explicativo e hermenêutico, empregando métodos confiáveis, bem estruturados e que permitam compreender os fatores que podem favorecer a emergência, a identificação, a caracterização e a constituição dos aspectos biopsicológicos envolvidos na experiência mediúnica. Entretanto, as narrativas aqui compartilhadas mostram claramente que isso não deve ocorrer de modo reducionista e restrito apenas à esfera biopsicológica, sendo absolutamente pertinente e necessário considerar-se os aspectos existenciais, sociais, culturais e espirituais envolvidos na referida experiência.

Nesse sentido, a abordagem descritiva, adotada aqui, é apenas uma perspectiva pelo qual o tema pode ser abordado. Como se viu, o potencial dessa abordagem é o de permitir, simultaneamente, uma aproximação concreta do mundo da vida e uma reflexão mais crítica acerca do quanto o conhecimento produzido em um determinado campo é, simultaneamente, um conhecimento técnico– científico, mas também uma forma de "contornar", "controlar", "moldar", "encapsular" ou mesmo se "distanciar" ou se "proteger" desse mesmo mundo da vida com suas complexidades e seus desafios, os quais nem sempre se deixam abarcar em discursos prontos e acabados. Dessa forma, a mediunidade, ao se fazer presente também nos contextos em que prevalecem o tratamento médico e psicológico, é bastante paradigmática, por mostrar, de diversas maneiras, os limites, as peripécias, os riscos e as decorrências da aplicabilidade cega desses discursos no trato à saúde física e mental das pessoas. Com isso, o fenômeno mediúnico cumpre um duplo e aparentemente paradoxal papel de, simultaneamente: a) estimular a busca de maior conhecimento científico sobre sua natureza e seu impacto sobre a saúde humana; b) exigir uma postura de humildade intelectual e de honesto reconhecimento dos limites e fronteiras desse mesmo conhecimento.

Referências

ALMEIDA, A. A. S. (2007). Uma "fábrica de loucos": a história da "loucura espírita" no Brasil (1900-1950). *Rever,* 20(2): 2019-237, 2020. DOI: https://doi.org/10.23925/1677-1222.2020vol20i2a15.

ALMINHANA, L. O.; MOREIRA-ALMEIDA, A. Anomalous Experiences and Schizotypy: a necessary distinction between pathological and non-pathological psychotic experiences. *Psyche & Faith*, 25: 127-134, 2014.

ALVARADO, C. S., MACHADO, F. R., ZANGARI, W.; ZINGRONE, N. L. Perspectivas históricas da influência da mediunidade na construção de ideias psicológicas e psiquiátricas. *Archives of Clinical Psychiatry*, 34 (Suppl. 1), 42-53, 2007.

AMATUZZI, M. M. Pesquisa fenomenológica em psicologia. In: BRUNS, M. A. T.; HOLANDA, A. F. (Orgs.). *Psicologia e fenomenologia*: reflexões e perspectivas, Campinas: Alínea, p. 15-22, 2003.

AUGRAS, Monique. *O Duplo e a Metamorfose*. Petrópolis: Vozes, 1983.

BAIRRÃO, J. F. M. H. Psicologia da religião e da espiritualidade no Brasil por um enfoque etnopsicológico. ***Revista Pistis Praxis,*** 9(1): 109-130, 2017. Disponível em: <https://periodicos.pucpr.br/pistispraxis/article/view/7235> (Acesso em de 25 jan. 2022.) DOI: https://doi.org/10.7213/2175-1838.09.001.DS05.

BAIRRÃO, J. F. M. H. Psicologia e práticas espirituais: diálogos e fronteiras. In CONSELHO FEDERAL DE PSICOLOGIA (CFP). Na fronteira da psicologia com os saberes tradicionais: práticas e técnicas. São Paulo: CFP, 2016. (Coleção Psicologia, Laicidade, e as Relações com a Religião e a Espiritualidade). Disponível em https://www.crpsp.org/uploads/impresso/107/ima5IVLKnMSn0R6iGfd-Y3HQrYs06ddZ.pdf (Acesso em 28 de jan. 2022).

BEISCHEL, J.; ZINGRONE, N. L. Mental mediumship. In CARDEÑA, E.; PALMER, J.; MARCUSSON-CLAVERTZ, D. (EDS.). *Parapsychology: A handbook for the 21st century*. Whashington: McFarland & Co, 2015, pp. 301–313.

BRASIL. *Instituto Brasileiro de Geografia e Estatística – IBGE. Características Gerais da População, Pessoas com Deficiências e Religião.* Rio de Janeiro: Ministério do Planejamento, Orçamento e Gestão, 2012.

CARRETTE, J. O retorno a James: Psicologia, Religião e a amnésia da Neurociência. In: FREITAS, M. H. & PAIVA, G. J. *Religiosidade e cultura contemporânea*: desafios para a Psicologia. Brasília: Universa, p.21-54, 2012.

FLOURNOY, T. *From India to the Planet Mars: a case of multiple personality with imaginary languages*. Princeton, NJ: Princeton University Press, 1994. (Trabalho original publicado em 1900).

FREITAS, M. H. Quando o silêncio transborda, calaboca já morreu: religiosidade, cientificidade e formação em psicologia. In: FREITAS, M. H.; PEREIRA, O. P. *As vozes do silenciado*: estudos nas fronteiras da antropologia, filosofia e psicologia. Brasília: Universa, 2007. (Coleção Margens e Confluências).

FREITAS, M. H.; SANTO, L. S. *Fenomenologia e Psicologia*. Curitiba: Juruá, 2016.

FREITAS, M. H. Religiosity, Spirituality and Wellbeing in the Perception of Brazilian Health and Mental Health Professionals. In: SCHMIDT, B. E.; LEONARDI,

J. (Eds.). *Spirituality and Wellbeing* – Interdisciplinary Approaches to the Study of Religious Experience and Health. Sheffield: Equinox, 2020, p. 199-224.

FREITAS, M. H. Enfrentamento religioso no espiritismo. In ZANGARI, W.; MACHADO, F. R. & PAIVA, G. J. (Orgs.). *A psicologia do enfrentamento religioso na saúde e na doença*. São Paulo: USP, 2022 (no prelo).

FREUD, S. Psicanálise e telepatia. *Edição Standard das obras Completas de S. Freud*, vol, XVIII, 1969, pp. 213-234. (Trabalho escrito em 1921 e originalmente publicado em 1941).

GIORGI, A. The descriptive phenomenological psychological method. *Journal of Phenomenological Psychology*, 43(1): p. 3-12, 2012.

JAMES, W. *Varieties of religious experience*: a study in human nature (Centenary ed.). London; New York: Routledge, 2002. (Publicação original de 1902).

JUNG, C. G. Sobre fenômenos espíritas. In: *A vida simbólica*. Tradução Araceli Elman. Petrópolis: Vozes, 2000, Cap. 4, p. 291-330. Obras Completas de Carl Gustav Jung, v. 18. (Original publicado em 1905.)

KLIMO, J. *Channeling: investigations on receiving information from paranormal sources*. New York, EUA: Penguin Publishing Group, 1987.

MARALDI, E. O. et al. Experiências anômalas e dissociativas em contexto religioso: uma abordagem autoetnográfica. *Rev. Abordagem Gestalt.*, 26(2): p. 147-161, 2020. Disponível em <http://pepsic.bvsalud.org/scielo.php?script=sci_arttext&pid=S1809-68672020000200004&lng=pt&nrm=iso>. (Acesso em 25 de jan. 2022.). DOI: http://dx.doi.org/10.18065/2020v26n2.3.

MOREIRA-ALMEIDA, A. (2013). Pesquisa em mediunidade e relação mente-cérebro: revisão das evidências. *Arch. Clin. Psychiatry*, 40 (6): 2013. DOI: https://doi.org/10.1590/S0101-60832013000600005.

MOREIRA-ALMEIDA, A.; ALMEIDA, A. A. S.; NETO. F. L. History of 'Spiritist madness' in Brazil. *History of Psychiatry*, 16(1): 005–025, 2005. DOI: 10.1177/0957154X05044602.

MOREIRA-ALMEIDA, A.; NETO, F. L. A mediunidade vista por alguns pioneiros da área mental. *Rev. Psiq. Clin.* 31 (3): 132-141, 2004.

MYERS, F. W. H. *Human personality and its surviving of bodily death,* vol. I e II. Londres: Longmans, Green and Co, 1903. Disponível em <https://archive.org/details/humanpersonality01myeruoft> e em <https://archive.org/details/in.ernet.dli.2015.31563/page/n7/mode/2up> (Acesso em 25.01.2022).

PEREIRA, K. C. L.; HOLANDA, A. F. Espiritualidade e religiosidade para estudantes de psicologia: ambivalências e expressões do vivido. *Revista Pistis & Praxis:* Teologia e Pastoral, 8(2), 385–413, 2016. DOI: https://doi.org/10.7213/revistapistispraxis.08.002.DS07.

PEREIRA. K. C. L.; HOLANDA, A. F. Religião e espiritualidade no curso de psicologia: revisão sistemática de estudos empíricos. *Interação em Psicologia*, 23(2): 221-235,

2019. Disponível em https://revistas.ufpr.br/psicologia/article/view/65373>. (Acesso em 25 de jan. 2022.). DOI: http://dx.doi.org/10.5380/psi.v23i02.65373.

PIASSON, D. L.; FREITAS, M. H. *O censo religioso na formação do psicólogo: análise dos currículos das universidades brasileiras*. In: ALMINHANA, L. O.; T. A. AQUINO, T. A.; FREITAS, M. H. *Experiências Religiosas, Espirituais e Anômalas*: desafios para a saúde mental. João Pessoa: Editora Universitária UFPB, 2020, p. 205-224.

PORTUGAL. *Censos 2011 – Resultados Definitivos*. Lisboa: Instituto Nacional de Estatística, I.P., 2012.

RIBEIRO, R. I. Morte e transgeracionalidade: óticas da psicologia e do saber tradicional Iorubá (África Ocidental). In: FREITAS, M. H.;AQUINO, T. A. A.; PAIVA. G. J. *Morte, psicologia e religião*. São Paulo: Fonte Editorial, 2016.

SCHMIDT, B. E. *Spirits and trance in Brazil: an anthropology of religious experience*. London: Bloomsbury, 2016.

SCORSOLINI-COMIN, F. Um toco e um divã: reflexões sobre a espiritualidade na clínica etnopsicológica. *Contextos Clínicos*, 8(2): 114-127, 2015. DOI: http://dx.doi.org/10.4013/ctc.2015.82.01.

SCORSOLINI-COMIN, F. Mediumship and mental health: tensions from ethnopsychiatry/ ethnopsychology. *International Journal of Development Research*, 9(9): 29957-29962, 2019. Disponível em https://www.journalijdr.com/sites/default/files/issue-pdf/16657_0.pdf (Acesso em 28 de jan. 2022).

SCORSOLINI-COMIN, F.; SUZUKI, S. M. Mediunidade e desenvolvimento humano: uma investigação com médiuns espíritas de Uberaba-MG, Brasil. *Memorandum: Memória e História em Psicologia, [S. l.]*, v. 38, 2021. DOI: 10.35699/1676-1669.2021.20549. Disponível em: https://periodicos.ufmg.br/index.php/memorandum/article/view/20549. (Acesso em 25 jan. 2022).

TROFA, G. C.; GERMANI, A. C. C. G; OLIVEIRA, J. A. C.; NETO, J. E. A espiritualidade / religiosidade como desafio ao cuidado integral: aspectos regulatórios na formação médica brasileira. *Physis*: Revista de Saúde Coletiva, 31(04): 1-21, 2021.

VERGILIO, S. R.; HOLANDA, A. F. Analogias e diferenças entre reuniões mediúnicas espíritas e o atendimento em psicologia clínica. *Rev. abordagem gestalt.,* 16(2): 173-182, 2010 . Disponível em <http://pepsic.bvsalud.org/scielo.php?script=sci_arttext&pid=S1809-68672010000200007&lng=pt&nrm=iso>. (Acesso em 25 de jan. 2022.)

ZANGARI, W. Experiências anômalas em médiuns de Umbanda: uma avaliação fenomenológica e ontológica. *Bol. – Acad. Paul. Psicol.,* 27(2): 2, p. 67-86, 2007. Disponível em http://pepsic.bvsalud.org/scielo.php?script=sci_arttext&pid=S1415-711X2007000200009&lng=pt&nrm=iso> (Acesso em 25 jan. 2022.)

ZANGARI, Wellington; MARALDI, Everton de Oliveira. Psicologia da mediunidade: do intrapsíquico ao psicossocial. *Bol. Acad. Paul. Psicol.,* 29(2): 233-252, 2009. Disponível em <http://pepsic.bvsalud.org/scielo.php?script=sci_arttext&pid=S1415-711X2009000200003&lng=pt&nrm=isso> (Acesso em 25 jan. 2022.)

CAPÍTULO 25

A construção do pensamento psicológico brasileiro sobre raça-etnia e sobre religiões afro-brasileiras: contribuições da Religião Tradicional Iorubá

Rodrigo Ribeiro Frias

Introdução

Em minha tese de doutorado investiguei metamorfoses identitárias de sacerdotes não iorubás de culto aos orixás inspiradas pelo convívio com sacerdotes iorubás, eleitos por eles como modelos de conduta (FRIAS, 2019). O campo de pesquisa foi o Egbé Oduduwa, coletivo de ensino e prática da Religião Tradicional Iorubá, com templos em Abeokutá (estado de Ogum, Nigéria), Mongaguá (São Paulo, Brasil), Pium (Tocantins, Brasil), Liubliana (Liubliana, Eslovênia) e La Coruña (Galícia, Espanha). O recorte teórico privilegiou estudos sobre religiões brasileiras de matrizes africanas; definições coloniais e pós-coloniais de raça-etnia com ênfase no pensamento psicológico brasileiro; propostas de enfrentamento a efeitos psicossociais do racismo; definições negro-africanas de Psicologia da Religião e Psicologia Africana, com enfoque em acadêmicos da Nigéria e da África do Sul; e noções iorubás de universo, tempo, pessoa e princípios religiosos socializadores. A coleta de dados de campo incluiu observação participante, entrevistas e consulta a informantes orais. Os dados das entrevistas foram organizados em torno de eixos temáticos e submetidos a análise e interpretação. Desse montante eu debato, neste artigo, noções de colonialismo, descolonização, relações étnico-raciais, Psicologia da Religião e identidade religiosa afrocentrada no Brasil, além de apresentar, de modo panorâmico, as noções iorubás de pessoa e de Psicologia necessárias para a compreensão da perspectiva adotada. Por que é necessário tratar dos saberes africanos e afro-brasileiros no Brasil? Tento responder.

Os primeiros africanos chegaram oficialmente ao Brasil em 1530 na condição de escravizados e a escravidão foi abolida deste país, maior destinatário de cativos da África, em 1888, tendo sido a mais prolongada história das colônias europeias nas Américas. De entre oito e doze milhões de pessoas comercializadas estima-se que de três e meio a quatro milhões, talvez mais, oriundas de mais de cem etnias, foram trazidas para cá. Mas estes dados frágeis desconsideram subnotificações, mortos na captura e no translado e lançamentos ao mar, entre muitas intercorrências, e, para além dos trazidos vivos e registrados, famílias, cidades e etnias inteiras foram massacradas. Com a abolição da escravatura no Brasil os senhores de escravos foram indenizados para compensar sua perda material, mas os negros recém-libertos foram largados ao deus-dará e substituídos na labuta braçal por trabalhadores remunerados advindos de outros países. O continente de origem enfrenta dificuldades graves até hoje e a grande maioria dos negros ainda permanece à margem na sociedade brasileira.

Dados censitários demonstram que a desigualdade étnico-racial brasileira atual reflete tendências iniciadas na Colônia. Os negros vivem menos que os brancos, em geral em condições mais insalubres, suas gestações são menos acompanhadas por exames neonatais e eles moram mais em ambientes sem saneamento, têm menos acesso a alimentação, água potável, tratamento médico e farmacológico, permanência na escola, em geral em instituições de ensino piores, e ingressam no mercado de trabalho mais cedo, ocupando as posições mais degradantes e mal remuneradas (IBGE, 2008; IBGE, 2010). A morte do corpo frequentemente resulta no sofrimento psíquico de quem ficou vivo, mas a morte em vida enfrentada por esse segmento populacional, que encontra na exclusão socioeconômica e no epistemicídio dois de seus piores fantasmas, pode ser ainda mais tenebrosa.

Ciências como a História e a Geografia e estudos demográficos disponibilizam chaves de interpretação da imagem desumanizada da população negra e da desvalorização, no inconsciente coletivo brasileiro, de tudo o que diz respeito à África e a seus descendentes dentro e fora do continente africano. Nem sempre considerado um ser humano dotado de alma, mente ou cultura, não raramente o negro foi visto como propriedade, criança industriosa, ser de intelecto rebaixado e caráter ruim ou descendente de Cam. A coerção física, a exploração do trabalho, a miséria e o desenraizamento, capazes de enfraquecer qualquer autoestima e qualquer autoimagem, estão entre os fatores que completam esse quadro, em função do qual o negro brasileiro é reduzido a um corpo, provido quando muito de humanidade diminuta. A discriminação contra adeptos de religiões de matrizes africanas integra o escopo maior do racismo brasileiro, estruturado desde a colônia.

Colonialismo e pós-colonialismo: chaves de leitura

O colonialismo foi bem caracterizado por Césaire (1978) como um processo que, além de violentá-lo, retira o colonizado de seu quadro de relações e valores, argumentando-se, apesar da sua desumanização e da violência que sofre, que a opressão da qual é vítima seria demencial e imaginária. Mbembe (1992) o define como um estado de terror, cruel, profano, no qual a humanidade do escravizado se converte em sombra devido à tripla perda da casa, dos direitos sobre o próprio corpo e do status político. Para ele, a vida do escravizado é uma morte em vida.

A opressão, a discriminação e a humilhação social, descritas por Santos e Schucman (2015) para caracterizar o racismo, têm origens históricas, a começar pelas empreitadas colonial e pós-colonial, pré-capitalista e capitalista. Em decorrência do complexo processo que resultou no racismo tal qual formulado atualmente, para Santos, Fernandes e Casco (2015a) o negro vive e sente de modo individual um sofrimento psicossocial coletivo. Quijano (2005) assevera que a noção moderna de raça, construída a partir da ocupação das Américas, com base em supostas estruturas biológicas diferenciais, fundou identidades sociais como instrumento de classificação social, naturalizando-se relações de dominação.

A ideologia do racismo tem um papel básico na dominação étnico-racial. Na esteira dos demais autores que abordam a questão aqui levantada, para Almeida (2018) a noção de raça, relacional e histórica, liga-se à constituição política e econômica das sociedades contemporâneas, à expansão da economia mercantilista e à descoberta do novo mundo, operando a partir dos registros biológico e étnico, enquanto o racismo é a tecnologia por trás da desigualdade e da violência que moldam a sociedade, a política e a economia. Sistêmico e reproduzido na política, na economia e em relações cotidianas, o racismo estrutural vincula-se a estruturas sociais e práticas institucionais, constitui subjetividades e molda inconscientes individuais e coletivos, com o reforço dos meios de comunicação, da indústria cultural e dos sistemas educacional e jurídico (Almeida, 2018).

Conforme Mbembe (1992) o pós-colonialismo emergiu das relações coloniais e, mesmo hoje sendo os espaços compartilhados e a construção de identidades negociada, o poder hegemônico colonial permanece institucionalizado e legitimado. Mbembe (2003) o caracteriza como um simulacro de realidade, com ideário relativo a africanos falso e discriminatório, e como um sistema de estruturação de pensamentos, ações e sentimentos para além da gestão de corpos e de sistemas econômicos e geopolíticos. Conforme o autor a escravidão, a colonização e o apartheid objetificam o eu africano, humilham-no, desenraizam-no, causam-lhe sofrimento e o mantêm em uma zona de não-ser, morte social e negação da dignidade, infligindo dano psíquico e exílio e moldando subjetividades. Para ele não há identidade sem territorialidade e a territorialidade por excelência é o local em que relações próximas e diretas são reforçadas por uma genealogia comum. O imaginário religioso como o sustenta mobiliza a noção de carisma, que autoriza a profecia e a declaração oracular, a possessão e a cura; registros sacrificiais como mortes e funerais; e os domínios do milagroso, que incluem a crença de que tudo é possível. Para Mbembe, por fim, quando a globalização mercantiliza identidades disfarçadas de tradição uma de suas mediações-chave com o local é o estado de guerra, que na África molda a identidade, a família, a escola e outras instituições sociais, processo sacrificial cujas metas incluem a destruição física de pessoas e a exploração.

Para Fanon (1968) a violência colonial destruiu formas sociais e sistemas de referências originários, introduzindo novas relações jurídicas nos ambientes dos colonizados e os lançando à periferia, sendo necessário tomar medidas como a reconstrução de consciências nacionais e a redistribuição de recursos econômicos. Em seu entender o colonizador encerra o colonizado, esvazia seu cérebro e aniquila seu passado, ensinando a ele que o arrancou das trevas, que sua liberdade seria um retorno à barbárie e que o colonialismo o impede de suicidar e dar curso a seus instintos maus, sendo a África uma toca de selvagens supersticiosos amaldiçoada por Deus. O autor relata ter atendido pacientes com quadros psiquiátricos provocados diretamente pela violência de agentes da ocupação estrangeira na Argélia. A descolonização que propõe inclui a desocupação de terras invadidas e a sua reestruturação administrativa e socioeconômica, a suspensão da violência física e psíquica infringida a suas populações, o fim dos abusos econômicos, o combate à produção e à cristalização de elementos mentirosos e discriminatórios no imaginário relativo a essas populações e a reestruturação profunda da cultura e do psiquismo dos colonizados, de modo que sua humanidade seja reconhecida, ressuscitada e estimulada.

Convém encerrar esta seção com Fanon (2008), que investiga a subjetividade e o desenvolvimento psíquico do colonizado. O autor insiste que tendo sido abolidas as referências originais do negro no mundo branco, ele sente dificuldade para elaborar o próprio esquema corporal e histórico, e o imaginário que criou a estrutura mágico-social africana descreve seu continente de origem como selvagem, pagão, habitado por gente de mentalidade primitiva, exposta a animismo, erotismo animal e poderes invisíveis, não evoluída, atrasada, simplória, escrava de um corpo que se opõe ao espírito. Fanon argumenta que o único meio de romper com a autopromoção às custas da humilhação alheia é cada qual restituir ao outro, mutuamente, a sua realidade humana, em todas as modalidades de relacionamentos colonizados.

Breve panorama de estudos sobre relações étnico-raciais no Brasil

A construção do pensamento brasileiro sobre relações étnico-raciais migrou da curiosidade pelo exótico, da negação de intelectos e traços civilizatórios e do tratamento mórbido de tecidos epidérmicos e comportamentos tidos por inferiores para o campo das lutas por reconhecimento e integração. Como etnias africanas e ameríndias não são devidamente reconhecidas e valorizadas, formula-se propostas reparatórias locais no Brasil e em outros países, como a Política Nacional de Saúde Integral da População Negra (2007), que combate a discriminação étnico-racial no Sistema Único de Saúde e defende equidade em saúde para a população negra, e iniciativas globais, como a criação da década do afrodescendente, de 2015 a 2024, pela ONU (2014), que incentiva sua valorização e seu acesso a programas de saúde, educação, moradia, segurança e renda.

Para Silva (2002) estudos sobre indígenas e afro-brasileiros inauguraram a Antropologia no Brasil: a tradição indigenista foi iniciada por naturalistas estrangeiros antes da constituição das primeiras universidades do país e se desenvolveu no século XIX por meio de expedições científicas; a afro-brasileira teve início na última década do século XIX, quando Nina Rodrigues passou a investigar o negro dos pontos de vista racial e religioso, atendo-se mais ao segundo aspecto após a derrocada do paradigma evolucionista. Para o autor quando as primeiras universidades brasileiras foram criadas, na década de 1930, Artur Ramos e Roger Bastide instituíram o estudo acadêmico sobre o negro, consolidado a partir da década de 1960. No entender de Silva, o índio foi idealizado, tido por heroico e convertido em símbolo positivo da identidade nacional por movimentos nacionalistas, pela literatura romântica e por estudos etnográficos, enquanto a Antropologia, biologizante e evolucionista, representou o negro como elemento externo e principal obstáculo ao desenvolvimento social da nação, associando-lhe a indolência, agressividade, imoralidade, promiscuidade e primitivismo. Invisível socialmente, tido por mal necessário à formação econômica do país, suas representações reproduziam estereótipos negativos, vinculando-o à escravidão e à condição racial e social dela decorrente, ideário alterado apenas pelo movimento modernista.

Autor de importantes publicações entre o fim do século XIX e o início do século XX, Silvio Romero apontou a importância do negro na formação da sociedade e da literatura popular brasileira, compreendendo seu universo cultural a partir de línguas e de religiões. Na época, Raimundo Nina Rodrigues argumentava que a raça era vital na constituição de sociedades e indivíduos, relacionava patologias psiquiátricas e tipologias criminais a pertenças étnico-raciais e associava condicionantes biológicos a crimes, estupros, pederastia, fanatismo religioso e transmissão de doenças físicas e de caráter. Para ele, a inferioridade racial do negro e a miscigenação, que degenerava o povo, eram os principais desafios que a Medicina, a Justiça, a Política e a Economia deveriam enfrentar no Brasil. Nina, por fim, classificou ritos e crenças religiosas negras como manifestações históricas e primitivas, assinalando a incapacidade psíquica dos negros de adotar religiões baseadas em conceitos abstratos (Silva, 2002; Corrêa, 2006).

A Escola Baiana de Antropologia, fundada por Nina, abrigou um modelo de estudos que explicava as supostas deficiências do negro brasileiro e as consequências sociais do convívio com ele. O debate prosseguiu no início do século

XX, conduzido por seus discípulos Juliano Moreira, Afrânio Peixoto e Arthur Ramos. Ramos teve seu esforço etnográfico e psiquiátrico higienista marcado pelo fascínio por culturas negras e religiosidades afro-brasileiras. Destacou-se à frente da Bibliotheca de Divulgação Scientifica, da Civilização Brasileira, dos principais veículos de estudos etnográficos sobre o negro no Brasil. Empenhado em popularizar obras de Nina sobre o negro e estudar relações étnico-raciais e questões religiosas sob o prisma da Psicologia, da Psiquiatria e da Antropologia, pareceu atribuir ao negro uma personalidade regredida (Pereira e Gutman, 2007; Silva, 2002). Fora do eixo da Escola Baiana, no período o antropólogo físico Bastos de Ávila debateu procedimentos de classificação racial a partir de análises da arquitetura do crânio, do tipo de cabelo e das formas do nariz, dos lábios e dos olhos (Santos, Bortolini e Maio, 2006).

Na década de 1930 René Ribeiro desenvolveu estudos afro-brasileiros na Universidade Federal de Pernambuco. O Rio de Janeiro tornou-se referência nos estudos sobre o universo religioso afro-brasileiro, enquanto em São Paulo o Museu Paulista e o Instituto Histórico e Geográfico de São Paulo abrigaram debates, além de Roger Bastide e Florestan Fernandes formarem um campo de estudos sobre relações raciais. Nesta cidade, em 1941, Donald Pierson criou a Divisão de Estudos Pós-Graduados na Escola Livre de Sociologia e Política, com a colaboração de Herbert Baldus e Emílio Willens; lá pesquisaram Virgínia Bicudo, Oracy Nogueira e Florestan Fernandes. Octávio da Costa Eduardo, ex-aluno de Herskovits e pesquisador de religiões de matrizes africanas no Maranhão, compôs um importante núcleo de discussões (Silva, 2002).

Na Faculdade de Filosofia, Ciências e Letras da Universidade de São Paulo criou-se, em 1935, a cadeira de etnografia brasileira e tupi-guarani, inicialmente ocupada por Plínio Ayrosa. Em 1941, criou-se a disciplina Antropologia, voltada a estudos sobre raças e Etnobiologia, lecionada por Emílio Willems da Escola de Sociologia e Política; em 1948, a cadeira passou a integrar, com a Sociologia e a Política, o Departamento de Sociologia e Antropologia. Na Faculdade de Filosofia do Rio de Janeiro, a cultura negra se tornou sinônimo de "etnografia brasileira" na Antropologia. Em São Paulo o índio assumiu tal lugar, deslocando-se o negro, com ênfase nas relações raciais com o branco, para a Sociologia. Donald Pierson, Emílio Willems, Romano Barreto e Egon Schaden publicaram obras importantes (Silva, 2002).

Marcos fundamentais, nos anos de 1930 as fronteiras entre Folclore, Antropologia e Etnografia começaram a ser definidas graças a intelectuais como Mário de Andrade, enquanto Roger Bastide e Claude Lévi-Strauss inauguraram os estudos sobre africanidades no Brasil sob o prisma da escola francesa. Entre os mais importantes autores da década, figuram Raul Briquet, Sérgio Buarque de Hollanda e Gilberto Freyre, segundo o qual o pioneirismo nos estudos sobre o negro no Brasil era de precursores da Nova Escola do Recife, como José Bonifácio,

Silvio Romero e Alberto Torres, embora a instituição tenha continuadores como Roquette-Pinto, João Batista Lacerda, Froes da Fonseca, Fernando de Azevedo, Ulysses Pernambucano, René Ribeiro, Gonçalves Fernandes e Waldemar Valente. Entre as décadas de 1940 e 1960, muitos estudos afro-brasileiros foram influenciados por tais autores (Silva, 2002; Gomes, 2013).

As décadas de 1940 e de 1950 foram marcadas pela produção de Donald Pierson, que atuou por dezoito anos nos moldes da Escola de Chicago. Esta escola abrigou um estudo coordenado por Roger Bastide e Florestan Fernandes com apoio da UNESCO, no qual a Psicologia foi representada por Virgínia Leone Bicudo e Aniela Ginsberg com resultados publicados em 1955. Em 1945, sob a orientação de Pierson, Bicudo produziu a primeira dissertação de mestrado sobre relações étnico-raciais defendida em uma instituição universitária brasileira. Destacam-se, no período, publicações de Melville Herskovits, Octávio da Costa Eduardo e René Ribeiro sobre aculturação negra; e de Ruth Landes, da Universidade de Colúmbia, sobre relações étnico-raciais, aspectos rituais e sociais dos candomblés e o papel feminino na estrutura de cultos de Salvador (Silva, 2002; Gomes, 2013; Santos, Schucman e Martins, 2012).

Na década de 1960 a Psicologia foi reconhecida como profissão no Brasil e assistiu-se, em nosso país, à fundação de importantes cursos de formação de psicólogos. Passo a tratar, nas próximas linhas, das contribuições do campo para o debate sobre as relações étnico-raciais brasileiras, que seguramente passam por religiosidades africanas e afro-brasileiras.

Psicologia e relações étnico-raciais no Brasil

No campo das ciências psi há quem considere a avaliação da normalidade deficitária com o uso de apenas uma métrica ou com a perpetuação de dados parâmetros etnocêntricos. Comas-Díaz (2006) assevera que valores ocidentais brancos de classe média da psicoterapia euramericana, como o individualismo, a independência, a orientação de futuro e o pensamento lógico causal, contrastam com o coletivismo, a interdependência, o holismo e o pensamento analógico de grupos não hegemônicos. A autora argumenta que as ciências psi devem levar em consideração variáveis como etnicidade, gênero, idade, sexualidade, classe, habilidade física, religião, espiritualidade, nacionalidade, língua, estado de imigrante ou refugiado e níveis geracionais, sendo vital compreender os papéis da etnicidade e da cultura em tratamentos e considerar as visões de mundo dos pacientes. Reconhece que todos são influenciados por forças históricas, ecológicas e sociopolíticas. Porém, adotar essa perspectiva nem sempre foi viável.

Santos, Schucman e Martins (2012) observam três marcos no pensamento psicológico brasileiro sobre relações étnico-raciais. Entre o final do século XIX e o início do século XX há o primeiro, quando a Escola Baiana de Antropologia associou Medicina e Psicologia ao investigar características psicológicas de escravizados e libertos, considerados perigosos e sujeitos a controle policial e à exclusão social. Influenciados pelo determinismo biológico, empregavam teorias raciais na constituição das ciências, observando a saúde mental de populações afro-brasileiras e seu animismo religioso. Nas décadas de 1930 e 1940 a Psiquiatria investigou a distribuição étnico-racial das doenças mentais, evidenciando que negros e mestiços recebiam mais diagnósticos de doenças toxiinfecciosas, como alcoolismo e sífilis, e doenças constitucionais, como esquizofrenia e psicose maníaco-depressiva.

No segundo marco, entre 1930 e 1950, o debate sobre raça-etnia e nação se intensificou, enfatizando-se a formação sociocultural das diferenças e questionando-se o determinismo biológico. Arthur Ramos, Raul Briquet e Donald Pierson promoveram os primeiros cursos acadêmicos de Psicologia Social no Brasil e passou-se a apontar efeitos de fatores sócio-históricos e da sujeição à violência no psiquismo da população negra. Relações étnico-raciais foram investigadas por Oracy Nogueira, Carolina Martuscelli Bori, Guerreiro Ramos, Luís de Aguilar Costa Pinto, Dante Moreira Leite, Virgínia Leone Bicudo e Aniela Meyer Ginsberg (Santos, Schucman e Martins, 2012; Gomes, 2013; Cunha e Santos, 2014).

Destacam-se quatro autores ligados à Psicologia. Bicudo relacionou a dimensão subjetiva do preconceito à educação, apontando consciência racial em atitudes e predisposições psicológicas e argumentando que o sentimento de inferioridade se desfaz quando se exalta a ascensão social e os valores dos negros. Na primeira dissertação de mestrado sobre raça-etnia defendida em uma instituição de ensino superior brasileira ela concluiu que o preconceito de cor barra a ascensão social de negros apesar dos esforços, da educação, da formação profissional e do esforço de associações (Gomes, 2013; Cunha e Santos, 2015).

Ginsberg participou da criação e do desenvolvimento de instituições voltadas à pesquisa e ao ensino de Psicologia. Influenciada pela agenda antirracista do pós-guerra, a autora questionou a universalidade do saber psicológico ao considerar as diferenças de idade, sexo, meio social, origem nacional, cultura, fator étnico-racial e processos migratórios, atitudes e interesses de jovens de diferentes culturas e processos inter e intraculturais. Ginsberg procurou mostrar que as diferenças sustentadas pelo meio podem resultar em desigualdades e resultam em preconceito étnico-racial mesmo entre crianças no ambiente escolar (Santos, Schucman e Martins, 2012; Gomes, 2013; Cunha e Santos, 2014).

Uma das responsáveis pela institucionalização da Psicologia no Brasil, Bori foi líder da Sociedade Brasileira para o Progresso da Ciência (SBPC) e do Núcleo de Pesquisa para o Ensino Superior da Universidade de São Paulo (NUPES-USP), onde desenvolveu projetos sobre educação e relações étnico-raciais. Ela considerava a instituição escolar espaço de convívio propicio para manifestações de preconceito (Gomes, 2013).

Nome importante da Psicologia Social entre as décadas de 1950 e 1970, Dante estudou o pensamento brasileiro em produções culturais, com destaque para questões ideológicas, estereótipos e preconceitos, denunciando sua falta de bases cientificas. O investigador aproximou preconceito racial e etnocentrismo, que caracterizou como a exaltação dos próprios hábitos culturais como os únicos certos ou bons, e questionou o conceito de objetividade científica, argumentando ser enviesado. Para Dante características psicológicas decorrem de condições de vida, o preconceito mantém os privilégios do grupo dominante por dificultar a ascensão social do grupo dominado e as características psicológicas do povo brasileiro não explicam o atraso do país. Para o autor a correlação entre desigualdades de raça e de classe social é forjada ideologicamente para justificar a dominação socioeconômica (Santos, Schucman e Martins, 2012; Gomes, 2013; Cunha e Santos, 2015).

No terceiro marco, a partir de 1990, surgiram estudos sobre branqueamento, branquitude e atos de promoção da igualdade étnico-racial. Questionou-se o legado do branqueamento, seus efeitos psicológicos sobre identidades de negros e brancos e a branquitude, identidade étnico-racial da pessoa branca, valorizando-se as identidades negras positivamente afirmadas, o ingresso de indivíduos em grupos de militância e o papel de saberes tradicionais africanos e afro-brasileiros na exaltação da negritude. Destacam-se os trabalhos de Jurandir Freire Costa, Iray Carone, Maria Aparecida Silva Bento e Edith Pizza (Santos, Schucman e Martins, 2012).

Em 1996 foi criado na Universidade de São Paulo o Núcleo de Estudos Interdisciplinares sobre o Negro Brasileiro (NEINB-USP), sediado inicialmente no Instituto de Psicologia. O economista Helio Santos, um de seus fundadores, questiona o fato de o segmento populacional afrodescendente, superior a 50% dos brasileiros, estar sujeito a forças sociais produtoras de autoimagens negativas e autoestimas rebaixadas. Em uma obra notável, Santos (2002) refere-se ao circuito maldito, que preserva e reproduz relações étnico-raciais injustas no Brasil, cindindo a nação em dois países: um superdesenvolvido tecnologicamente e outro cujos índices de subdesenvolvimento nas áreas da Educação e da Saúde são inadmissíveis. Além do economista, integraram o escopo do NEINB-USP Iray Carone, Ronilda Iyakemi Ribeiro, ambas do IPUSP, e pesquisadores da Faculdade de Filosofia, Letras e Ciências Humanas (FFLCH-USP), da Escola de Comunicações e Artes (ECA-USP) e de outras origens. Apenas para mencionar alguns nomes cito o antropólogo Kabengele Munanga, as educadoras *Denise* Maria *Botelho,* Eliane dos Santos Cavalleiro e Elisa Larkin Nascimento, o jornalista Juarez Tadeu de Paula Xavier e os psicólogos Alessandro de Oliveira dos Santos e Ricardo Franklin Ferreira.

Durante o período as produções da Psicologia relativas ao negro e às religiões de matrizes africanas se intensificaram. Para Schucman, Nunes e Costa (2015) o Programa de Pós-Graduação do IPUSP, inaugurado em 1970, sediou 2.916 teses e dissertações até maio de 2012 – sendo apenas 15 relativas à raça e ao racismo. 10% dos 110 docentes ativos no IPUSP orientaram estudos voltados ao tema e apenas duas o fizeram mais de uma vez. Schucman, Nunes e Costa (2015) classificaram os materiais em três categorias: denúncias de racismo, modos de subjetivação do racismo e estratégias de superação do racismo.

No âmbito profissional o Grupo de Trabalho Psicologia e Relações Raciais, da Comissão de Direitos Humanos do Conselho Regional de Psicologia da Bahia, surgiu em 2007 para debater efeitos psicossociais do racismo, que promovam sofrimento psíquico, debater questões raciais no cotidiano da atuação profissional e estabelecer parcerias com entidades locais, estaduais e nacionais no combate ao racismo e na promoção da igualdade racial. Seu Conselho Regional (CRP-03) publicou o *Guia de Referências em Psicologia e Relações Raciais* (2010), no qual aborda a temática das relações étnico-raciais como campo de saberes do discurso psicológico, sem ignorar as dimensões subjetivas e sócio-históricas do racismo. A obra indica importantes fontes de informação. Partindo da premissa de que a ideologia racista opera as desigualdades e a violência estrutural e institucional na sociedade brasileira, o Sistema Conselhos de Psicologia, integrado pelo Conselho Federal de Psicologia (CFP) e pelos Conselhos Regionais de Psicologia (CRPs), passou a combatê-la por meio do Código de Ética de Psicólogos e Psicólogas, da Resolução CFP Nº 18/2002, que estabelece normas de atuação profissional, e da criação de um grupo de trabalho em dezembro de 2012. Em resposta a demandas do movimento negro para combater o racismo, o preconceito e a discriminação, o Centro de Referência Técnica em Psicologia e Políticas Públicas (CREPOP), do CFP, produziu em 2017 a obra *Relações Raciais: Referências Técnicas para a Prática da(o) Psicóloga(o)*.

Outros caminhos relevantes foram trilhados. O Instituto de Pesquisa Econômica Aplicada (IPEA) tem coletado dados sobre desigualdades étnico-raciais no Brasil, condições de vida dos afro-brasileiros e políticas públicas de igualdade, debatendo-os no periódico *Políticas sociais: acompanhamento e análise*. Também promoveu um ciclo de debates em seis seminários e produziu artigos para a obra *Igualdade racial no Brasil: reflexões no ano internacional dos afrodescendentes*, organizada por Silva e Goes (2013), que apresenta a condição do afro-brasileiro na educação e no trabalho. Esta obra reúne temas como o trabalho doméstico; a construção histórica de hierarquias sociais; a educação das relações étnico-raciais; a Lei 10.639/2003, modificada pela Lei 11.645; a violência policial como indicadora de racismo institucional; a situação dos quilombos; e o modo como as relações étnico-raciais brasileiras são vistas fora do Brasil. Tais dados ajudam a compreender melhor o problema e a propor soluções para ele, incluindo a criação de políticas públicas.

A legislação é central no debate. A Constituição Federal de 1988 garante a todos direito à vida, à saúde, à educação fundamental, à moradia digna e à mobilidade. Além disso há marcos legais, como a Lei de Diretrizes e Bases da Educação

Nacional (1996), a Lei 10.639/2003, que altera a Lei 9.394/1996, que estabelece as Diretrizes e Bases da Educação Nacional, para incluir no currículo oficial da Rede de Ensino a obrigatoriedade da temática História e Cultura Afro-Brasileira, e a Lei 11.645/2008, que regula o ensino e a produção de materiais didáticos relativos a histórias e culturas africanas e ameríndias.

A Resolução 1/2004, do Conselho Nacional de Educação, instituiu as Diretrizes Curriculares Nacionais para a Educação das Relações Étnico-Raciais e para o Ensino de História e Cultura Afro-Brasileira e Africana. Uma parceria entre a UNESCO e o MEC resultou na publicação do livro Contribuições para Implementação da Lei 10.639/2003 (2008), que valoriza a diversidade étnico-racial na educação, enfrenta práticas discriminatórias e reconhece que tais práticas vitimam afrodescendentes e causam egresso escolar.

A Portaria 992/2009, do Ministério da Saúde, instituiu a Política Nacional de Saúde Integral da População Negra para acolher este público de maneira digna e garantir seu acesso a tratamentos médicos no SUS. Para promover essa política e formar agentes de saúde criou-se o curso *Saúde da População Negra*, pela Secretaria de Gestão do Trabalho e da Educação na Saúde (SGTES), da Secretaria de Gestão Estratégica e Participativa (SGEP) e da Secretaria Executiva da Universidade Aberta do Sistema Único de Saúde (UNA-SUS).

Para Santos e Fernandes (2016) a discriminação étnico-racial é uma construção social e histórica, cujos fortes mecanismos de atuação favorecem a interiorização de estereótipos negativos no imaginário e na subjetividade – a ponto de seus efeitos psicossociais moldarem condutas, pensamentos e sentimentos, embora suas vítimas, sentindo-se inferiores ou inumanas, possam acreditar que elas próprias são responsáveis pelo sofrimento vivido. Danos psíquicos incluem dor, angústia, pânico, insegurança, culpa, autocensura, rigidez, solidão, alienação, negação de si, dependências químicas, síndromes e loucuras, o que exige processos de reconstrução de subjetividades. Para os autores a saúde mental tem como desafio provar que a discriminação étnico-racial existe e que quem a denuncia não está louco, nem se coloca na posição de vítima.

A noção de raça é uma construção social, que remete a um contexto histórico e a uma teoria que transpõe traços fisionômicos a qualidades intelectuais, morais e espirituais e remete à etnia, conjunto de indivíduos com ancestrais, língua, religião, cultura e território em comum. Tal construção resulta na ideologia do racismo, que apregoa raças puras, superiores, com características genéticas que determinam inteligência, caráter e manifestações culturais refinadas – e os seus antônimos. No Brasil, o racismo é um dos principais fatores da desigualdade e produz humilhação social, sofrimento psíquico e justificativas para as injustiças sociais, racionalizando crenças e emoções negativas contra indivíduos e grupos considerados estranhos e ameaçadores (Martins, Santos e Colosso, 2013; Santos e Schucman, 2015; Santos, Fernandes e Casco, 2015a).

Tem-se debatido a noção de raça no campo das ciências psi. A noção de raça parece um tópico central dos debates mesmo quando áreas como a Psicologia da Religião abordam as mais variadas expressões religiosas de matrizes africanas e afrodiaspóricas em diferentes países.

Psicologia da Religião e religiões afro-brasileiras

Teóricos concordam que a Psicologia pode aproximar ciência e religião com ênfase no comportamento humano e sem desrespeitar os princípios da laicidade; que a humanidade dispõe de uma estrutura neurofisiológica que permite conceituar a experiência religiosa; e que a religião é um fenômeno sociocultural com noções e atribuições historicamente enviesadas, dotada de aspectos linguísticos, simbólicos, individuais, coletivos, conscientes e inconscientes (Paiva, 2002, 2007; Aletti, 2012; Maraldi, Machado e Zangari, 2016a).

Em uma síntese notável Zangari, Machado e colaboradores (2018) argumentam que a Psicologia da Religião investiga subjetividades, comportamentos e processos psicossociais ligados a experiências religiosas. Para eles a religião inclui instituições e sistemas discursivos; a religiosidade é o modo de vivência da religião; a espiritualidade, relacionada ou não a práticas religiosas, liga-se a sentidos de vida, redes de significados, identidades, lugares no mundo, autoestima, adesão a valores, conexão com o sagrado e pertença grupal; e o ambiente sociocultural afeta a interpretação da experiência religiosa e contribui para preservar a saúde individual e coletiva. Convém notar com os autores que, ao se diferenciar doenças mentais e transe religioso voluntário, não se pode reduzir sintomas psicopatológicos a explicações religiosas, do mesmo modo que não se pode associar todo sofrimento a um transtorno mental nem se pode ignorar o contexto sociocultural.

Mas como se configuram as religiões afro-brasileiras? Quem são os seus adeptos? Como lidar com os aspectos psicológicos da religiosidade dessas pessoas em especial?

Montero (2006) argumenta que a liberdade religiosa pressupõe o respeito a preceitos normativos fundamentais, mas é polêmico classificar diversas religiões com base em critérios simbólicos, jurídicos, políticos e econômicos norteados por parâmetros cristãos. Para a autora no século XX foram construídas teorias científicas para explicar as religiões brasileiras de matrizes africanas e fenômenos como o transe foram associados a charlatanismo, exercício ilegal de técnicas psicológicas e patologia étnico-racial, além de indicar práticas diabólicas e exercício de magia, degeneração social e psíquica e crimes diversos.

A respeito da racialização de religiões brasileiras de matrizes africanas, Amaral e Silva (1993) asseveram que o Candomblé ficou conhecido como uma religião de negros, sendo os primeiros estudos realizados na região Nordeste do Brasil, onde a população negra predomina. Mas, em centros urbanos do Sudeste, o Candomblé passou a se abrir a diferentes grupos étnico-raciais, classes sociais, gêneros e estilos de vida, mesmo se questionando sua capacidade de integrar diferentes indivíduos, valores e conflitos por poder, prestígio e legitimidade. A associação entre raça-etnia e transe passou a ser vista como um sinal positivo da religiosidade negra, mas há representações dos orixás como seres míticos universais, naturalizados e próximos a santos católicos, o que explicaria fenômenos como a incorporação de brancos e sua identificação com tais modelos. Para os autores a condição econômica é o principal desafio ao ingresso de negros em instituições religiosas e à sua ascensão hierárquica, marcada por ritos de alto custo, sendo as tarefas consideradas degradantes executadas em geral por negros.

Silva Jr. e colaboradores (2016) investigaram pertença étnico-racial e confissão religiosa em um censo do IBGE. Entre 2000 e 2010 o número de adeptos das religiões afro-brasileiras cresceu 43,8%, mesmo muitos fiéis não se identificando publicamente por temer discriminação; 60% deles são brancos, 23% possuem ensino superior completo e 27% têm rendimento superior a 3 salários. A adesão de negros a religiões pentecostais também aumentou: pretos e pardos são 37% da população do município de São Paulo e 48% dos fiéis do segmento, aderindo mais a religiões evangélicas pentecostais, religiões evangélicas não determinadas ou sem vínculo e outras religiosidades cristãs, nas quais somam 48,5% e 41,5% dos fiéis. Eles são 38,6% dos devotos de religiões afro-brasileiras, 38,8% dos sem religião e 24% dos ateus. 71,75% dos devotos de religiões afro-brasileiras ganham até 5 salários-mínimos, o que pode comprometer as formas de devoção mais custosas. 23% dos devotos de Umbanda e de Candomblé não têm instrução ou possuem o ensino fundamental incompleto, 17,17% possuem o fundamental completo, 35% o médio completo e 23,93% o superior completo.

As dificuldades de ordem socioeconômica e as dificuldades de outras ordens decorrentes do colonialismo, do pós-colonialismo e do racismo estrutural, que forjaram a dramática condição do afro-brasileiro atual, podem estorvar, quando não inviabilizar, a adesão, a permanência e a conquista de posições hierárquicas elevadas em instituições religiosas africanas e afro-brasileiras. Há também o fundado receio de se sofrer discriminação por causa de uma profissão de fé historicamente discriminada, a ponto de se caracterizar como racismo religioso práticas violentas e violentadoras contra essas instituições, contra as crenças difundidas por elas e contra os públicos que as frequentam. Historicamente ritos africanos foram descritos nas ciências médicas como manifestações de doenças psíquicas capazes de instigar crimes, depravação moral e distúrbios da ordem e dos costumes. Religiões de matrizes africanas eram vistas como manifestações culturais primitivas, praticadas por indivíduos dotados de intelectos subnormais; até a metade do século XX, estudos antropológicos, sociológicos e psicológicos não raramente abordavam as manifestações sociais de excluídos com base em suas características físicas. Descrições generalizantes associavam locais de culto, apresentados como iguais e sem distinções físicas, teológicas, litúrgicas ou ritualísticas, a periferias, e frequentemente reduziam suas devoções a corporeidades.

Um dos mais queridos motes de estudos sobre religiões africanas e afro-brasileiras do Brasil, a mediunidade, por vezes classificada como dissociação, tem resultado em estudos psi admiráveis (Maraldi, 2011; Maraldi e Zangari, 2013, 2016; Zangari, 2003). Para Maraldi e Zangari (2016), embora a Psiquiatria e a Psicologia já tenham adotado uma postura patologizante em relação à mediunidade, essa postura deve ser revista em prol de uma perspectiva psicossocial capaz de observá-la em seu contexto sem associá-la a quadros patológicos. Os autores lembram inquéritos policiais, processos criminais e repressão jurídica ao alegado curandeirismo entre o fim do século XIX e o início do século XX, a classificação de algumas práticas entre os crimes contra a saúde pública na primeira metade deste último e o estabelecimento de vínculos entre religiões de matrizes africanas praticadas no Brasil ao espiritismo ou ao baixo espiritismo. Para os autores a classe médica desempenhou um papel central nesse processo, mas a discriminação foi reduzida após o reconhecimento de algumas religiões como fenômenos culturais e psicossociais por investigadores que enfatizaram o caráter grupal e institucional das práticas mediúnicas e sua importância como recurso compensatório da desigualdade socioeconômica e étnico-racial.

Construiu-se em nosso país um imaginário carregado de estereótipos negativos sobre o negro na África e no Brasil, e isto inclui as religiões brasileiras de matrizes africanas, que mesmo nos ambientes universitários mais progressistas podem sofrer com os estigmas de serem religiões e de serem negro-africanas. Ainda assim é possível investigar as dimensões psicológicas dos seus adeptos, que podem dispor de psiquismos normais, e compreendê-las com base em referenciais teórico-metodológicos afrocêntricos e não alheios às lógicas delas.

Nos debates sobre as relações entre Psicologia e Religião Zangari, Machado e colaboradores (2018) defendem que questões religiosas apresentadas por pacientes devem ser ouvidas e acolhidas pelo psicólogo, que pode obter informações sobre os sistemas de crenças deles para melhor compreender suas queixas, desde que isto não interfira na prática clínica. Ao estudar relações entre religião, saúde, doença e cura sob o prisma da Psicologia da Religião, Paiva (2009) convida a compreender os sentidos de distintas modalidades religiosas, argumentando que elas promovem os comportamentos saudáveis e restringem os nocivos, influenciam estilos de vida, integração social e sentimentos de autoestima e de autoeficácia.

Existe uma Psicologia Africana? Ela pode inspirar os debates sobre Psicologia e Religião no Brasil? Ela acolhe a corporeidade e o psiquismo dos afro-brasileiros ou os sistemas brasileiros de crenças religiosas de inspiração negro-africana? Espero suscitar questionamentos semelhantes na próxima seção.

Existe uma Psicologia Africana?

Na África, como na América do Sul, a Psicologia adota moldes euramericanos – o que pode comprometer corporeidades, sexualidades, a pertença a classes sociais, a adoção de sistemas de crenças e outros aspectos não hegemônicos constituintes do psiquismo humano. Forte em áreas como a escolar e a organizacional, ali há muitos pesquisadores preocupados com temas de interesse internacional, como a fome e diferentes epidemias, como a de AIDS. Naidoo e outros (2002) refletem sobre as implicações teóricas, metodológicas e aplicadas dessa ciência naquele continente. Para os autores a Psicologia Ocidental é limitada para a compreensão dele por dispor de orientação individualista, ênfase em aspectos concretos e falta de ferramentas conceituais adequadas, impedindo que fenômenos importantes sejam reconhecidos e que se promova independência científica, autoconfiança e a verdadeira identidade dos africanos.

Em diferentes sistemas de crenças doenças físicas e mentais podem resultar de distúrbios na harmonia entre o indivíduo e o cosmo, que inclui família, religião, sociedade, ancestrais, pares e deidades. As causas materiais, morais e sobrenaturais dos distúrbios são identificadas por observação e leituras oraculares. Eventos psicopatológicos convidam à busca por orientação religiosa e seu trato inclui rezas, jejuns, limpezas energéticas e unções. Para alguns dos autores consultados uma das razões para os sintomas psicopatológicos serem distintos em etnias distintas resulta de valores sociais distintos, de modo que se deve considerar variáveis como crenças religiosas, valores e normas sociais.

Monteiro e Balogun (2014b) discutem métodos para conduzir pesquisas de saúde mental na África. Lembram a necessidade de alargar o escopo transcultural de pesquisas na Psicologia e nas Ciências Comportamentais, mas apontam dificuldades logísticas, éticas, culturais, burocráticas e linguísticas, além de dificuldades em convencer pessoas sobre a importância das pesquisas. Naidoo e outros (2002) fazem coro, argumentando que a África subsaariana possui variações ecológicas, étnicas, linguísticas, políticas e históricas e lembrando que o estado incipiente da Psicologia no continente resulta de fatores como falta de reconhecimento, financiamento inadequado, instabilidades, interferências políticas, equipes de investigação não fixas, poucos psicólogos, má infraestrutura, incentivos econômicos baixos, problemas típicos de nações emergentes, dependência de modelos epistemológicos, valores euramericanos, pouco trato de conceitos autóctones, cortes de energia, serviços postais e telefônicos ruins e escassez de água. As críticas à noção de psicoterapia ocidental neutra, universal, apolítica e normativa, defendendo a experiência humana como constructo político, cultural, social e histórico, concepções pluralistas de verdade, experiência, angústia, cura e florescimento e a indigenização da terapia. Para Idemudia (2015) toda sociedade produz teorias culturais que definem os parâmetros de normal e de anormal, devendo-se tornar a Psicologia na África afrocentrada e capaz de veicular um corpo de saberes, que permita entender a vida e a cultura africanas. É vital considerar, como argumenta, a cognição cultural da doença e do bem-estar, já que definições culturais influenciam a interpretação de um evento como estressante e dependem da cognição.

As noções tradicionais de saúde, doença e cura são palco privilegiado para o debate sobre indigenização da Psicologia em diversos países africanos. Segundo Idemudia (2015) o africano considera a doença um fenômeno social transgeracional. Centrada na família e na cooperação, a Psicologia Africana proposta por ele reconhece o valor da cultura, as interações, a língua e os papéis da religião e da espiritualidade na vida do africano tradicional, a ponto de este conectar todas as formas de vida a realidades espirituais. Conceitos africanos de doenças mentais implicam o espiritual e os rituais de cura, transmitidos transgeracionalmente, são coletivistas, holísticos e espirituais. Madu (2015) concorda que para o africano a doença resulta de punições divinas de más ações, mau olhado, maldições, bruxaria, ofensas aos deuses, disrupções, encantamentos, ancestrais furiosos, possessão maligna ou demoníaca e intrusão de objetos. O tratamento psicoterápico tradicional, em seu entender, adota formas linguísticas e provérbios para se comunicar com o cliente, isolamento total em casos de abuso de drogas, métodos psicossociais como canto, dança, percussão, rituais, conselhos, ênfase na atenção e na obediência, encantamentos, citações ou canções com palavras sugestivas e interpretação de sonhos, que trazem mensagens dos ancestrais com métodos para tratar casos particulares.

Para Juma (2011) a psicopatologia africana resulta de relações sociais fraturadas com o Ser Supremo, no macrocosmo; com os ancestrais, no mesocosmo; e com pessoas, no microcosmo. Para o autor uma doença pode ter componentes físicos e psicológicos, mas sua causa é sempre atribuída a crenças tradicionais e sempre se busca a cura no equilíbrio espiritual, psicológico e físico.

Monteiro e Balogun (2014a) asseveram que a saúde resulta do equilíbrio entre corpo e mundo, a doença tem origem sobrenatural e os distúrbios mentais são disrupções entre humano e espiritual, sendo o trato tradicional o melhor meio de lidar com eles. Espíritos são apaziguados com rituais, exorcismos e proteção espiritual; remédios são classificados por tipo de causa sobrenatural, sintomas e características do paciente. Pode haver limitações econômicas e falta de adequação entre os procedimentos tradicionais e os psiquiátricos.

Noções iorubás adotadas neste estudo

Conforme Jegede (2000, 2005) a palavra iorubá *aisan* designa qualquer doença, seja ela herdada ou não. A doença é considerada natural quando resultante de acidentes e uso de drogas, sobrenatural ou mística quando resultante da ira de divindades e preternatural quando causada por feitiçaria. O autor elenca seis fatores biológicos que podem resultar em patologias: *aisun* (vigília, falta de sono), *aiwo* (inquietação, falta de atenção), *aijé* (jejum, dificuldade para comer), *aimu* (dificuldade para beber), *aitó* (incapacidade de urinar) e *aisu* (incapacidade de defecar). Uma desagregação, como sustenta, pode resultar em desordens sociais, aumentando a inquietação, primeira de todas as doenças, pois, resultando a boa saúde da relação harmoniosa entre as partes do corpo, coordenadas pelo cérebro, e estando o cérebro disfuncional, as relações entre as partes ficarão afetadas.

Os iorubás chamam as doenças mentais de *were*. No entender de Jegede morbidades psicossociais são classificáveis em três categorias: *were amutorunwa* (doenças mentais associadas a circunstâncias do nascimento), *were iran* (doenças mentais associadas a questões geracionais ou hereditárias) e *were afise* (doenças mentais associadas a aflições psicológicas). A maioria dos pedidos de socorro é feita em meio a crises, embora muitos quadros sejam observáveis por comportamentos atípicos. O autor assevera que métodos tradicionais de diagnóstico examinam a totalidade do ser biológico, psicológico, social e espiritual em crise. Aponta, por fim, que os tradicionalistas iorubás avaliam as causas da doença antes de tratá-la por meio de administração de ervas, psicoterapia, encantamentos, rituais e sacrifícios, conforme o caso, por vezes, demandando-se observação contínua e permanente e, por vezes, sendo a cura total impossível.

O povo iorubá, um dos três maiores grupos étnicos da Nigéria e o segundo mais populoso, ocupa o sudoeste deste país e, em proporções menores, encontra-se no Togo, na República do Benim (antiga Daomé) e na Costa do Marfim (Ribeiro, 1996; Sàlámì, 1999; Jegede, 2005; Ọsanyìnbí e Falana, 2016). Embora haja reinos iorubás com administrações próprias e culto a divindades locais, os iorubás compõem um único grupo, que fala a mesma língua, cultua Olodunmare (o Ser Supremo) e divindades suprarregionais, considera-se descendente de Oduduwa e aponta a cidade de Ilê-Ifé, na Nigéria, como o local de surgimento do mundo (Ribeiro, 1996; Sàlámì, 1999; Jegede, 2005).

Peritos em agricultura, pecuária, metalurgia, comércio, administração e outras atividades complexas há séculos, os iorubás estão entre as etnias africanas que mais se destacaram na constituição do Brasil em termos genéticos, econômicos, culturais e religiosos. Trazidos para cá no último ciclo escravocrata, os cativos iorubás foram concentrados em regiões suburbanas desenvolvidas do Norte e do Nordeste, como Salvador e o Recife; em algumas regiões da Bahia mantiveram contato com a costa africana, dadas as atividades comerciais, o que favoreceu que seus descendentes biológicos e simbólicos preservassem suas raízes e formassem valores afro-brasileiros (Ribeiro, 1996; Sàlámì, 1999; Castro, 1967; 1983). A Religião Tradicional Iorubá, historicamente vital na construção de algumas das religiões afro-brasileiras, é mote de movimentos de reafricanização de cultos afro-brasileiros, iniciados na década de 1980. Atualmente, com a diáspora voluntária, novos iorubás chegam ao Brasil.

Na perspectiva iorubá, como em outras óticas negro-africanas, a pessoa dispõe de componentes biológicos, psíquicos, geracionais, sociais e espirituais. Para este grupo étnico os elementos intrínsecos do ser humano incluem *ara* (designativo de corpo, parentes e habitantes de um local, situando os indivíduos em um organismo social e transgeracional); *ojiji* (representação visível da essência espiritual); *okan* (dimensão espiritual, consciência, coração, sede da inteligência e do pensamento intuitivo, fonte das ações); *emi* (princípio vital que vivifica *ara*); *iwá* (personalidade, caráter, temperamento, atitudes, comportamentos); e *ori odé* (cabeça exterior, representação física e símbolo de *ori inu*, cabeça interior, essência de Ori, orixá pessoal que guia, acompanha e ajuda o ser e é responsável pela sua predestinação). Para além da corporeidade o indivíduo se constitui de elementos como *ojó* (tempo), *ilê* (espaço, mundo) e *egbé* (sociedade, comunidade), pois as noções de tempo, espaço e sociedade interferem na noção de pessoa. Esses tópicos foram debatidos por muitos autores, entre os quais Fadipe (1970), Abimbola (1975), Ribeiro (1996), Gyekye (2002), Ademowo e Balogun (2014), Sàlámì e Ribeiro (2015) e Frias (2016, 2019, 2020). Como se observa em tantos autores a noção iorubá de pessoa inclui elementos corporais, psicológicos e espirituais próprios de cada indivíduo; a adesão a grupos de pertença, como famílias, comunidades locais, grupos de escola e de trabalho e sociedades mais abrangentes; e o espaço-tempo em que se vive.

Diz o adágio africano que, do Ser Supremo a um grão de areia, tudo está conectado no universo, como uma gigantesca teia de aranha. Quando o equilíbrio entre os mundos natural e sobrenatural é esgarçado pode haver desarmonias e doenças passíveis de tratamento médico-mágico-religioso. A comunidade é um arranjo de indivíduos que partilham cuidado mútuo, interdependência, solidariedade, obrigações reciprocas e tradições sociais. A confluência de predestinações individuais perfaz uma predestinação coletiva, maior e mais duradoura. A pertença grupal determina o ser social, religioso, político, moral e cultural, os valores comunitários precedem os individuais e o bem-estar individual sujeita-se ao comunitário; a pessoa é definida como pessoa por um processo socializador permanente. O estilo de vida comunal dos iorubás e de outras etnias negro-africanas, como definem Fadipe (1970), Fayemi (2009) e Ademowo e Balogun (2014), é fundamental para se compreender uma ótica que exalta o bem comum, as boas práticas e tradições sociais, a excelência do caráter e dos comportamentos, a solidariedade e a responsabilidade, mesmo na doença. A comunidade determina o ser social, religioso, político e moral. Os valores comunitários precedem os individuais e são superiores a ele, enquanto o bem-estar individual deve ser visto do ponto de vista do bem-estar da comunidade. Conforme o adágio sou porque somos e somos porque sou: o processo social e ritual de transformações individuais e coletivas pode conduzir à excelência individual e coletiva por meio de normas de conduta e reconhecimento da importância do comunitário.

Em sociedades orais a palavra desempenha papéis civilizatórios centrais, a começar pelos fatos de ela ser o grande veículo das normas, dos códigos ético-morais e das principais memórias coletivas de tais sociedades. Grande agente dos enunciados mágico-medicinais entre os iorubás, o emprego de palavras sagradas favorece a ação de forças espirituais sobre elementos naturais, liberando o axé ou a força vital neles presente para promover a cura de males já instalados, impedir a instalação de novos males, manter bens já existentes e atrair bens por vir. Evoca-se o axé desses elementos por meio de fórmulas orais dotadas de ordem perfeita. Destacam-se nas práticas tradicionais de manutenção do bem-estar do povo iorubá as seguintes elocuções orais: *oruko* (os nomes dos seres, que demarcam suas identidades e lugares no mundo e favorecem o seu reconhecimento, por vezes contrações de sentenças morais, bênçãos e homenagens a orixás); *iba* (modo sagrado de saudar orixás, ancestrais, mestres, anciãos e outros seres veneráveis, evocando a sua força vital); *oriki* (contração de *Ori*, designativo da força vital de um ser, e *ki*, o verbo saudar, indicando uma saudação à essência de um ser por meio da exposição de seus traços marcantes, capaz de liberar a força vital daquele a quem se dirige); *adura* (reza, súplica ou petição a orixás e ancestrais); *orin* (cantigas brandas de louvação a orixás e ancestrais); e *itan* (narrativas em prosa poética que integram os odus do Corpus Literário de Ifá, sintetizando muitos dos ensinamentos morais e éticos dos iorubás, suas normas de conduta e seu corpo de saberes).

Convém mencionar, com Hampate Bâ (1982), que o sucesso do ensino tradicional negro-africano e mesmo o sucesso da constituição da pessoa não se medem pela quantidade de informações que ela memoriza, e sim pela conformidade de sua vida a estas informações. Entre os iorubás não é diferente, e entre os seus descendentes biológicos e simbólicos presentes no Brasil não deve ser diferente. A ênfase no aprendizado deve ser complementada pelo exercício contínuo do bom comportamento e do bom caráter. Trata-se de um processo socializador muito mais profundo e significativo do que a mera adesão a cargos e o mero uso de roupas vistosas, pulseiras e colares.

Awolalu (1976) pondera que as religiões africanas estão presentes em todos os aspectos das vidas dos africanos, não podendo ser compreendidas sem os contextos socioculturais que as modelam. O autor as define como o conjunto de crenças e práticas religiosas resultantes da fé sustentada por antepassados dos africanos atuais, sendo praticada mesmo por muçulmanos ou cristãos. Para ele, apesar das diferenças, há semelhanças básicas entre os sistemas religiosos africanos, incluindo as noções de Deus, de divindades e de culto ancestral: cada localidade tem divindades e festivais regionais e nomes para o Ser Supremo, mas há uma africanidade perceptível em todas elas.

Hampate Bâ (1982) assevera que mitos cosmogônicos de tradições africanas indicam o lugar e o papel do ser humano nos mundos dos vivos e dos mortos, ensinando-o a respeitar o equilíbrio da natureza e a não perturbar as forças que a animam sem motivo. Nessas narrativas o ser humano frequentemente é apresentado como constituído de parcelas dos demais seres, tendo o processo iniciático objetivos tão nobres quanto permitir que ele descubra sua relação com o mundo, conduzi-lo ao autodomínio e torná-lo um ser completo, um guardião do mundo, um interlocutor do Ser Supremo.

Alguns rituais da Religião Tradicional Iorubá atendem a esses propósitos, incluindo as iniciações em orixás, o bori (oferenda ao orixá Ori), o ebó (oferenda aos demais orixás), o primeiro jogo divinatório realizado para o recém-nascido, o ritual de imposição do nome da criança, o casamento e o sepultamento. Todos os rituais, cada um a seu modo, contribuem para introduzir e manter o indivíduo no mundo e na sociedade, preservar o seu equilíbrio interno e o equilíbrio entre ele e os demais ou, depois da morte, romper vínculos da essência espiritual do falecido com seres e objetos da dimensão material, encaminhando-lhe a novas dimensões de convivência. Os rituais são prescritos na consulta oracular, ela mesma um ato litúrgico e ritualístico, mas ocorre de serem prescritos também por meio de sonhos, de intuições e do desejo de realizá-los. O oráculo regularmente orienta sobre as oferendas apropriadas para as finalidades desejadas, mas nem todas as recomendações são de ofertas materiais. Pode-se aconselhar o devoto a ingerir certos alimentos ou evitá-los, usar roupas de certas cores ou evitá-las, praticar virtudes como a paciência, a generosidade e a justiça e evitar contravirtudes como a impaciência, a mesquinhez e a injustiça.

Em sociedades negro-africanas as religiões são civilizadoras. O imaginário de enfoque euramericano relacionado ao corpo negro em transe desperta medo e fascínio, inveja e desprezo, horror sublime, integra a lógica que o reduz à epiderme, mas a etnicidade existe para além das representações corporais. Ingressar em uma instituição religiosa negro-africana significa cultivar os aspectos identitários típicos desse grupo de pertença, desenvolver representações específicas de si e do outro e assimilar atitudes, comportamentos e modos de estabelecer e manter relações interpessoais dentro e fora desse grupo. Os modelos supremos de como agir ou não agir encontram-se nas divindades.

Em conformidade com a noção de unidade, relatos míticos sugerem que as divindades atuam em colaboração, cada qual em domínio próprio, e podem integrar corporações sagradas comuns. Seus dois principais campos de atuação são a natureza, domínio preferencial dos orixás, e a sociedade, domínio preferencial dos ancestrais veneráveis, embora a mitologia ensine que muitos orixás tenham sido humanos divinizados, talvez todos eles. Há processos contínuos de naturalização da sociedade e de socialização da natureza. Cada orixá tem culto próprio, o que inclui rezas, cantigas, saudações, oferendas, vestimentas, símbolos e outros traços típicos. Cada um deles possui as suas predileções alimentares e comportamentais e os valores e as virtudes cuja prática mais aprecia. O ingresso no culto a um orixá implica, além da transmissão do axé específico da divindade para o devoto, o aprendizado das práticas regulares de seu culto e o exercício de virtudes que em tese mantêm o indivíduo agregado ao grupo religioso e o ajudam a conquistar e preservar bens como vida longa, saúde, casamento, prole numerosa e prosperidade, além de tornar permanente o seu processo de socialização.

Os diferentes cultos aos mortos exemplificam a ênfase atribuída pela Religião Tradicional Iorubá à socialização. Todos desejam se tomar ancestrais veneráveis e ser lembrados e louvados após a morte. Para que isto ocorra é preciso que o indivíduo desenvolva e mantenha um bom comportamento e um bom caráter, assuma compromissos coletivos e papéis nos vários grupos que integra, a começar pela família biológica, e seja próspero, o que inclui a manutenção básica dos aspectos materiais da existência e a presença de uma boa relação amorosa e descendentes saudáveis. É importante dispor de saúde física e mental, morrer depois dos pais biológicos, em idade avançada e de morte natural, além de receber ritos fúnebres adequados. A posição de ancestral venerável permite que o ancestre permaneça próximo de seus descendentes e continue servindo, educando e protegendo a todos eles.

Considerações finais

Espero ter evidenciado neste artigo que estudos a respeito dos iorubás e de outros grupos étnicos negro-africanos podem enriquecer consideravelmente o campo das ciências psi; que o sofrimento psíquico do negro brasileiro foi construído historicamente, resultando de fatores como a escravidão e o racismo estrutural; que estudos a respeito dos afro-brasileiros e das complexas religiões brasileiras de matrizes africanas podem ser aprofundados pela perspectiva decolonial; e que o diálogo entre saberes tradicionais de diferentes populações e saberes modernos pode resultar em benefícios mútuos. Vale destacar que barreiras linguísticas, culturais e socioeconômicas podem e devem ser combatidas em prol da integração entre os sistemas tradicional e moderno de cura, bem como a desconfiança mútua e outras variáveis que possam comprometer o trato de doentes.

Espero ter evidenciado também que o trato de expressões do sagrado veiculadas por pessoas comuns e saudáveis em condições absolutamente convencionais, pode integrar os aspectos naturais do psiquismo humano, sendo a priori normais e não se devendo interpretar o conjunto das expressões da religiosidade africana na origem ou nos países da diáspora como casos de histeria, credulidade infantil, comportamento criminoso, loucura, mistificação e outros termos pejorativos. Recomendo, enfaticamente, que pesquisadores, profissionais da saúde física e mental e outros interessados nos temas aqui debatidos assumam uma postura humilde e respeitosa diante das devoções religiosas e dos saberes tradicionais de outros povos. Ciência e religião, modernidade e tradição podem caminhar de mãos dadas em benefício mútuo e em benefício de todos.

Referências

ABIMBOLA, W. Iwapele: The Yoruba concept of good character. In: ABIMBOLA, W. (Ed.). *Yoruba Oral Literature.* Ibadan: University of Ibadan Press, 1975.

ADEMOWO, A. J.; BALOGUN, N. O. Proverbs and Conflict Management in Africa: A Study of Selected Yoruba Proverbs and Proverbial Expressions. *International Journal of Literature, Language and Linguistics, Vol. 1(1), pp. 039-044, September, 2014.* Disponível em: <https://premierpublishers.org/ijlll/031020146643>. Acesso em: 16 out. 2021.

AFOLABI, O. A. Psychosocial predictors of prosocial behavior among a sample of Nigerian undergraduates. *European Scientific Journal January 2014 edition vol.10, No.2.* ISSN: 1857 – 7881 (Print); e-ISSN 1857– 7431. Disponível em: <https://eujournal.org/index.php/esj/article/view/2593>. Acesso em: 16 out. 2021.

ALETTI, M. Novas formas de religião como cultura plural à luz da Psicologia e da Psicanálise. In: FREITAS, M. H. de; PAIVA, G. J. de (Orgs.). *Religiosidade e cultura contemporânea:* desafios para a Psicologia. Brasília: Universa, 2012, p. 97-139.

ALMEIDA, S. L. *O que é racismo estrutural?* Belo Horizonte: Letramento, 2018. Coleção Femininos Plurais.

AMARAL, R. C.; SILVA, V. G. A cor do axé. Brancos e negros no candomblé de São Paulo. *Estudos Afro-Asiáticos (25): 99-124, dezembro de 1993.*

AWOLALU, J. O. What is African Traditional Religion? *Studies in Comparative Religion, Vol. 10, No. 2, Spring, 1976.* Disponível em: <www.studiesincomparative religion.com>. Acesso em: 06 nov. 2018.

CÉSAIRE, A. *Discurso sobre o colonialismo.* Lisboa: Sá da Costa, 1978.

COMAS-DÍAZ, L. Cultural Variation in the Therapeutic Relationship. In: GOODHEART, C. D.; KAZDIN, A. E.; STERNBERG, R. J. (Eds.). *Evidence-based psychotherapy:* Where practice and research meet. Washington, DC, US: American Psychological Association, 2006, pp. 81-105. Disponível em: <http://dx.doi.org/10.1037/11423-004>. Acesso em: 25 nov. 2021.

CONSELHO FEDERAL DE PSICOLOGIA. *Relações Raciais*: Referências Técnicas para atuação de psicólogas/os. Brasília: CFP, 2017.

CONSELHO REGIONAL DE PSICOLOGIA DA BAHIA (CRP-03). *Guia de Referências em Psicologia e Relações Raciais.* Bahia, CRPBA, 2010.

CORRÊA, M. R. Nina Rodrigues e a "garantia da ordem social". *Revista USP, São Paulo, n. 68, p. 130-139, dezembro/fevereiro 2005-2006.*

CUNHA, R. R. T.; SANTOS, A. O. Aniela Meyer Ginsberg e os estudos de raça/etnia e intercultura no Brasil. *Psicologia USP, 2014, v. 25, n. 3, pp. 317-329.* Disponível em: <www.scielo.br/pusp>. Acesso em: 24 out. 2021.

CUNHA, R. R. T.; SANTOS, A. O. A produção de Dante Moreira Leite (1927-1976) na compreensão das relações étnico-raciais no Brasil. *Revista de Psicologia da*

UNESP 14(1), 2015, pp. 43-55. Disponível em: <http://seer.assis.unesp.br/index.php/psicologia/article/view/550>. Acesso em: 16 out. 2021.

FADIPE, N. A. *The sociology of the Yoruba.* Ibadan: Ibadan University Press, 1970.

FANON, F. *Os condenados da terra.* Tradução de José Laurênio de Melo. Rio de Janeiro: Civilização Brasileira, 1968. Coleção "Perspectivas do homem" n. 42.

FANON, F. *Pele negra, máscaras brancas.* [1952]. Tradução de Renato da Silveira. Salvador: EDUFBA, 2008.

FAYEMI, A. K. Human Personality and the Yoruba Worldview: An Ethico-Sociological Interpretation. *The Journal of Pan African Studies, vol. 2, no. 9, March 2009, p. 166-176.* Disponível em: <http://www.jpanafrican.org/docs/vol2no9/2.9_Human_Personality_and_the_Yoruba_Worldview.pdf>. Acesso em: 16 out. 2021.

FRIAS, R. R. Prefácio à 2ª edição em Língua Portuguesa. SÀLÁMÌ, S.; RIBEIRO, R. I. *Exu e a ordem do universo.* 2. Ed. São Paulo: Oduduwa, 2015.

FRIAS, R. R. Psicologia, concepção iorubá de pessoa e religiosidade brasileira: diálogo possível. In: Conselho Regional de Psicologia de São Paulo. *Psicologia, laicidade e as relações com a religião e a espiritualidade.* Volume 2: Na fronteira da psicologia com os saberes tradicionais: práticas e técnicas. São Paulo: CRP-SP, 2016, pp. 175-180. ISBN: 978-85-60405-32-9.

FRIAS, R. R. *Metamorfoses identitárias de lideranças religiosas não iorubás inspiradas no convívio com lideranças religiosas iorubás.* 2019. 201 f. Tese (Doutorado em Psicologia) – Instituto de Psicologia, Universidade de São Paulo. São Paulo. 2019.

FRIAS, R. R. Noção iorubá de pessoa: Modelo identificatório negro-africano. *Abatirá – Revista De Ciências Humanas E Linguagens, 1(2), 2020, pp. 351 – 386.*

GOMES, J. D. *Os segredos de Virgínia:* estudo de atitudes raciais em São Paulo (1945-1955). 2013. 180 f. Tese (Doutorado em Antropologia Social). Faculdade de Filosofia, Letras e Ciências Humanas. Universidade de São Paulo. São Paulo. 2013.

GYEKYE, K. Person and Community in African thought. In: COETZEE, Peter H.; ROUX, Abraham P.J. (eds). *The African Philosophy Reader.* New York: Routledge, 2002, pp. 297-312.

HAMPATE BÂ, A. A tradição viva. In: *História Geral da África*, vol. I. Brasília: UNESCO, MEC, UFSCar, 1982.

IDEMUDIA, E. S. Psychology in Africa or African Psychology? Discourse on paradigm shift in psychotherapy and psychological practice in Africa. *World Journal «Psychotherapy» 2015, n.1 (8), pp. 2—7.*

ILORI, O. S.; ADEBAYO, S. O.; OGUNLEYE, A. J. Religiosity, paranormal believes and psychopathological symptoms in two ethnic samples. *Humanities and Social Sciences Letters, 2014, 2(4): 192-202.* Disponível em: <https://www.researchgate.net/publication/272970146_Religiosity_Paranormal_Beliefs_and_Psychopathological_Symptoms_in_two_Ethnic_samples>. Acesso em: 16 out. 2021.

JEGEDE, A. S. The Notion of 'Wèrè' in Yoruba Conception of Mental Illness. *Nordic Journal of African Studies 14(1): 117–126 (2005).*

JUMA MHM, Rev. Fr. J. O. *African worldviews – their impact on Psychopathology and Psychological Counselling.* Master of Arts in Psychology. Supervisor: Prof. M. C. Matoane. University of South Africa, Department of Psychology, 2011.

MADU, S. N. Psychotherapeutic values for modern Africa. *World Journal «Psychotherapy» 2015, n. 1 (8), pp. 8—15.* ISSN 1800-7120 (online); ISSN 1800-7112 (print).

MARALDI, E. O. *Metamorfoses do espírito*: usos e sentidos das crenças e experiências paranormais na construção da identidade de médiuns espíritas. 2011. Dissertação (Mestrado em Psicologia) – Instituto de Psicologia, Universidade de São Paulo. São Paulo. 2011. Disponível em: doi:10.11606/D.47.2011.tde-29042011-114125. Acesso em: 20 out. 2021.

MARALDI, E. O.; MACHADO, F. R.; ZANGARI, W. Pode (e deve) a educação científica diminuir a crença nos fenômenos paranormais? In: *Coleção Psicologia, laicidade e as relações com a religião e a espiritualidade.* São Paulo: Conselho Regional de Psicologia de São Paulo, 2016a, v. 3: Psicologia, Espiritualidade e Epistemologias Não Hegemônicas, pp. 141-145.

MARALDI, E. O.; MACHADO, F. R.; ZANGARI, W. É preciso uma "nova" ciência? Usos e abusos do discurso da mudança de paradigmas. In: *Coleção Psicologia, laicidade e as relações com a religião e a espiritualidade.* São Paulo: Conselho Regional de Psicologia de São Paulo, 2016b. v.3: Psicologia, Espiritualidade e Epistemologias Não Hegemônicas, pp. 147-152.

MARALDI, E. O.; MARTINS, L. B. Contribuições da Psicologia Evolucionista e das Neurociências para a compreensão das crenças e experiências religiosas. *REVER, ano 17, nº 01, jan/abr 2017, pp. 40-69.* DOI: 10.23925/1677-1222.2017 v. 17i1a4. Disponível em: https://www.researchgate.net/publication/316718211. Acesso em: 25 abr. 2021.

MARALDI, E. O.; ZANGARI, W. A psicologia frente às práticas mediúnicas: da perspectiva patológica à perspectiva psicossocial. In: *Coleção Psicologia, laicidade e as relações com a religião e a espiritualidade.* São Paulo: Conselho Regional de Psicologia de São Paulo, 2016 v. 2: Na Fronteira da Psicologia com os Saberes Tradicionais: Práticas e Técnicas, 2016, pp. 47-52.

MARALDI, E. O.; ZANGARI, W. I*ndividual and group dialectics* in the *study of mediumship: a psychosocial perspective. The Paranormal Review, 2013, 66, p. 14-18.* Disponível em: <https://www.researchgate.net/publication/266389754 Individual_and_group_dialectics _in_the_study_of_mediumship_a_psychosocial_perspective>. Acesso em: 16 out. 2021.

MARTINS, E.; SANTOS, A. O.; COLOSSO, M. Relações étnico-raciais e psicologia: publicações em periódicos da SciELO e Lilacs. *Revista Psicologia: Teoria e Prática, 15(3), 118-133. São Paulo, SP, set.-dez. 2013.* ISSN 1516-3687 (impresso), ISSN 1980-6906 (*on-line*). Disponível em: <http://pepsic.bvsalud.org/scielo.php?script= sci_arttext&pid=S1516-36872013000300009>. Acesso em: 16 out. 2021.

MBEMBE, A. Necropolitics. *Public Culture, 15(1): 11–40, 2003.*

MBEMBE, A. Provisional notes on the postcolony. *Journal of the International African Institute, vol. 62, No. 1 (1992), pp. 3-37.* Disponível em: <http://www.jstor.org/ stable/1160062?seq=1#page_scan_tab_contents>. Acesso em: 26 set. de 2021.

MONTEIRO, N. M.; BALOGUN, S. K. Culturally congruent mental health research in Africa: Field notes from Ethiopia and Senegal. *African Journal of Psychiatry, January 2014;17:520-524.*

MONTEIRO, N. M.; BALOGUN, S. K. Perceptions of mental illness in Ethiopia: a profile of attitudes, beliefs and practices among community members, healthcare workers and traditional healers. International Journal of Culture and Mental Health. International *Journal of Culture and Mental Health* 7(3), *july 2014.* Disponível em: https:// www.researchgate.net/publication/263051935. Acesso em: 26 mai. 2021.

MONTERO, P. Religião, pluralismo e esfera pública no Brasil. *Novos estud. – CEBRAP, São Paulo, n. 74, p. 47-65, mar. 2006.* Disponível em: <http://.scielo.br/scielo. php?script=sci_arttext&pid=S0101-33002006000100004&lng=en&nrm=iso>. Acesso em: 17 nov. 2021.

NAIDOO, J. C.; OLOWU, A.; GILBERT, A.; AKOTIA, C. Cuestionando la psicología centrada en lo euronorteamericano las voces de los psicólogos africanos. *Boletín de Psicología, No. 76, Noviembre 2002, 19-31.* Disponível em: <https://www. researchgate.net/publication/28171059_Cuestionando_la_psicologia_centrada_en_lo_euronorteamericano_las_voces_de_los_psicologos_africanos>. Acesso em: 16 out. 2021.

ỌSANYÌNBÍ, Ọ. B., FALANA, K. (2016). An Evaluation of the Akurẹ Yorùbá Traditional Belief in Reincarnation. *Open Journal of Philosophy, 6,* 59-67. Disponível em: <http://dx.doi.org/10.4236/ojpp.2016.61007>. Acesso em: 16 out. 2021.

PAIVA. G. J. Psicologia da Religião no Brasil: A Produção em Periódicos e Livros. *Psicologia: Teoria e Pesquisa. Jul-Set 2009, Vol. 25 n. 3, pp. 441-446.*

QUIJANO, A. Colonialidade do poder, Eurocentrismo e América Latina. In: A colonialidade do saber: eurocentrismo e ciências sociais. Perspectivas latino-americanas. Buenos Aires: CLACSO, *Consejo Latinoamericano de Ciencias Sociales*, 2005, pp. 117-142. http://bibliotecavirtual.clacso.org.ar/clacso/sursur/20100624103322/12_Quijano.pdf.

RIBEIRO, R. I. *Alma africana no Brasil*: os iorubás. São Paulo: Oduduwa, 1996.

RODRIGUES, R. N. *As Raças Humanas e a Responsabilidade Penal no Brasil.* Salvador, Livraria Progresso, (1894) 1957. Disponível em: www.dtremel.hpg.ig.com.br / bibliovirtu/ninarodrigues.htm. Acesso em: 20 jan. 2021.

RODRIGUES, R. N. *O Animismo Fetichista dos Negros Baianos*. Prefácio e notas de Arthur Ramos. Rio de Janeiro, Civilização Brasileira, (1900) 1935. Disponível em: <www.dtremel.hpg.ig.com.br/bibliovirtu/ninarodrigues.htm>. Acesso em: 20 jan. 2021.

SÀLÁMÌ, S. (King)*; FRIAS, R. R.; ALLI, I. Dicionário de Iorubá-Português. Dicionário de Português-Iorubá. São Paulo: Oduduwa, 2022. No prelo.*

SÀLÁMÌ, S. (King); RIBEIRO, R. I. *Exu e a ordem do universo*. 2. Ed. São Paulo: Oduduwa, 2015. 483 p.

SANTOS, A. O.; FERNANDES, S. L. A Psicologia na compreensão da identidade étnico-racial do negro no Brasil. In: OLIVEIRA, I. de; PESSANHA, M. M. J. (Org.). *Educação e Relações Raciais*. Niterói-RJ: EdUFF – Editora da Universidade Federal Fluminense, 2016, v. 02, p. 259-275.

SANTOS, A. O.; FERNANDES, S. L.; CASCO, R. Formas de resistência da cultura negra em uma perspectiva que abrange desde os movimentos sociais até as políticas de ação afirmativa (Leis 10.639 e 11.645). In: MARTINS, E.; CANDIDO, R. M. (Eds.). *Diretrizes Curriculares Nacionais da Educação para as Relações Étnico-Raciais e para o Ensino da História e Cultura Afrobrasileira e Africana*. São Paulo: UNIFESP, Comitê Gestor Institucional de Formação Inicial e Continuada de Profissionais da Educação Básica – COMFOR, 2015a, pp. 4-37.

SANTOS, A. O.; FERNANDES, S. L.; CASCO, R. A importância da cultura africana e afro-brasileira na história do Brasil. In: MARTINS, E.; CANDIDO, R. M. (Eds.). *Diretrizes curriculares nacionais da educação para as relações* étnico-rraciais *e para o ensino da história e cultura afrobrasileira e africana*. São Paulo: UNIFESP, Comitê Gestor Institucional de Formação Inicial e Continuada de Profissionais da Educação Básica – COMFOR, 2015b, pp. 38-56.

SANTOS, A. O.; SCHUCMAN, L. V. Desigualdade, relações raciais e a formação de psicólogo(as). *Rev. Epos* [online], 2015, vol. 6, n. 2, pp. 117-140. ISSN 2178-700X. Disponível em: <http://revistaepos.org/>.

SANTOS, A. O.; SCHUCMAN, L. V.; MARTINS, H. V. Breve historico del pensamiento psicologico brasileño sobre relaciones étnico-raciales. *Psicologia: Ciência e Profissão, 2012, 32 (num. esp.), 166-175.*

SANTOS, H. *A busca de um caminho para o Brasil.* A trilha do círculo vicioso. São Paulo: SENAC, 2002.

SANTOS, R. V.; BORTOLINI, M. C.; MAIO, M. C. No fio da navalha: raça, genética e identidades. *Revista USP, 68 (2006): 22-35.*

SCHUCMAN, L. V.; NUNES, S. S.; COSTA, E. S. A Psicologia da Universidade de São Paulo e as relações raciais: perspectivas emergentes. *Psicol. USP.* São *Paulo, 2015.* Disponível em:<http://www.scielo.br/scielo.php?script=sci_arttext&pid=S0103-65642015005032413&lng=en&nrm=iso>. Accesso em: 13 jul. 2021.

SILVA, V. G. Neopentecostalismo e religiões afro-brasileiras: significados do ataque aos símbolos da herança religiosa africana no Brasil contemporâneo. In: *Mana [online], v. 13, n. 1, 2007, pp. 207-236.* Disponível em: <http://www.scielo.br>. Acesso em: 28. set. de 2021.

SILVA, V. G. Religiões afro-brasileiras: Construção e legitimação de um campo do saber acadêmico (1900-1960). *Revista USP, São Paulo, n. 55, pp. 82-111, set./nov. 2002.*

SILVA JR, H. (Coord.). *Diversidade étnico-racial e pluralismo religioso na cidade de São Paulo.* São Paulo: Prefeitura de São Paulo, Secretaria Municipal de Promoção da Igualdade Racial – SMPIR, 2016.

UNESCO; MEC. *Contribuições para Implementação da Lei 10.639/2003*. Brasília, D.F.: MEC, 2008.

ZANGARI, W. *Incorporando papéis:* uma leitura psicossocial do fenômeno da mediunidade de incorporação em médiuns de Umbanda. 2003. 350 f. Tese (Doutorado em Psicologia). Instituto de Psicologia da Universidade de São Paulo. São Paulo. 2003.

ZANGARI, W.; MACHADO, F. R. et al. *Psicologia & Religião: Histórico, Subjetividade, Saúde Mental, Manejo, Ética Profissional e Direitos Humanos*. São Paulo: Inter Psi – Laboratório de Psicologia Anomalística e Processos Psicossociais, Departamento de Psicologia Social e do Trabalho, Instituto de Psicologia – Universidade de São Paulo, 2018.

ZANGARI, W.; MACHADO, F. R.; MARALDI, E. O.; MARTINS, L. B. A questão "psico-social" a partir do estudo de experiências anômalas/religiosas. In: SILVA JR, N.; ZANGARI, W. (Orgs.). *A psicologia social e a questão do hífen*. São Paulo: Blucher, 2017, pp. 71-81. Disponível em: <https://www.researchgate.net/ publication/ 317715399_A_questao_psico-social_a_partir_do_estudo_de_experiencias_anomalas_ religiosas>. Acesso em: 22 abr. 2021.

CAPÍTULO 26

Psicologia e Religião em Jung: Questões Epistemológicas

Anderson Santiago da Silva

Introdução

De acordo com Marie-Louise Von Franz, "o nome de Jung poucas vezes deixa as pessoas indiferentes; elas quase sempre manifestam uma rejeição ou um entusiasmo carregados de emoção, sempre que ele é mencionado" (1997, p. 15-16). Isso é algo que qualquer pessoa pode verificar na prática, dado que todo mundo parece conhecer a pessoa e a obra do Jung e ter sempre uma opinião formada sobre ele, conhecendo ou não sua obra. Dessa forma, é necessário lidar com o modo como ele é habitualmente apresentado, já que, positiva ou negativamente, é bem comum que o estereótipo substitua o sujeito histórico.

É muito comum encontrar ainda hoje textos baseados em informações sem nenhum fundamento histórico ou bibliográfico e que acabam recaindo em uma tentativa de assassinato de reputação. Ao mesmo tempo, encontramos materiais no pólo oposto, repletos de elogios e arroubos emocionais e que carecem de um mínimo estudo das suas obras para perceberem o equívoco em suas opiniões, a distorção conceitual e ausência de rigor epistemológico.

A opinião objetiva e bem fundamentada que a Von Franz chama de "avaliação distanciada" ainda é algo raro e normalmente não faz tanto barulho quanto as opiniões bombásticas e vazias de sentido, mas obviamente é a única que deveria ser levada a sério em qualquer campo do conhecimento em que se situe o interlocutor, especialmente o da pesquisa científica séria.

No mesmo sentido, essa reflexão é algo que o pesquisador e historiador da psicologia Sonu Shamdasani nos apresenta na abertura do seu livro Jung e a construção da psicologia moderna: o sonho de uma ciência. De acordo com ele, Jung já foi chamado de "ocultista, cientista, profeta, charlatão, filósofo, racista, guru, antissemita, libertador das mulheres, misógino, apóstata de Freud, gnóstico, pós-modernista, polígamo, curador, poeta, falso artista, psiquiatra e antipsiquiatra" (2005, p.15). Ao final, ele questiona se houve alguma outra forma de se referir ao Jung que tenha ficado ausente desta relação. Concordando em absoluto com a citação acima da Von Franz, Shamdasani questiona:

> Mencione o nome dele para alguém e é provável que você escute um desses rótulos, pois Jung é alguém a cujo respeito as pessoas têm alguma opinião, consistente ou não. A rapidez do tempo de reação indica que as pessoas reagem à vida e à obra de Jung como se fossem suficientemente conhecidas. Entretanto, a própria proliferação de "Jungs" nos leva a questionar se, de fato, todos estariam falando de uma mesma criatura (2005, p.15).

O próprio Jung tinha consciência dos boatos e difamações dos quais era vítima, pois, em 1916, ele respondeu a uma carta de seu amigo Alphonse Maeder, relatando uma série de difamações envolvendo seu nome, questionando ao final, "o que se pode fazer? De que modo eu deveria comportar-me para que esses boatos se tornassem impossíveis? Sou grato por seus conselhos. Como se vê, não é nada bom o prognóstico da análise! Simplesmente não se deve levar sozinho adiante uma empreitada tão pouco atraente, se não se quiser sofrer danos" (2005, p. 16).

Essa pequena digressão tem por objetivo alertar ao leitor sobre o cuidado que teremos ao abordar a temática da religião e da psicologia em Jung, já que é muito comum encontrar todo tipo de justificativa para o seu interesse por questões religiosas. Desde experiências pessoais, já que além de seu pai, tinha o avô materno e vários tios envolvidos com o serviço religioso, até as acusações de ser místico, metafísico ou gnóstico. Sobre ser místico, Jung já deu uma resposta bem atravessada, ao afirmar que "todos os que dizem que sou místico não passam de idiotas. Eles não compreendem, simplesmente, a primeira palavra da psicologia" (Evans, 1964, p. 132). Em outro momento, após ser acusado de ser um "negador do espírito" e "gnóstico", ele respondeu

> "Ora, se as opiniões divergem a tal ponto sobre uma determinada questão, é porque, segundo me parece, existe a suposição bem fundada de que nenhuma delas é verdadeira [...]. Por que se dedica tanta atenção ao problema de saber se sou gnóstico ou agnóstico? Por que não dizer simplesmente que sou um psiquiatra cujo interesse principal é expor o material colhido em suas experiências? O que tento fazer é investigar os fatos concretos e torná-los acessíveis à inteligência. A crítica não tem o direito de encará-los apressadamente, atacando apenas afirmações isoladas e fora de contexto" (Jung, 2012a, p. 113).

Meu objetivo neste capítulo é modesto e tem o intuito de propor reflexões de caráter epistemológico, que possam ajudar a compreender não só como ele tratou o tema da religião em suas obras, mas algo ainda mais importante: explicitar de forma objetiva como devemos entender sua psicologia. Pois como ele mesmo disse certa vez,

> quero chamar a atenção para um sério equívoco no qual incidem meus leitores [...]. Não sei por que motivo alguns afirmam que não faço mais do que escrever acerca do meu método terapêutico. Não é verdade, **escrevo sobre psicologia** (2015, p. 115, parágrafo 369).

É partindo desta compreensão que tentaremos apresentar uma reflexão sobre o lugar da religião na sua psicologia, levando em consideração sua proposta de que sendo a religião uma das mais antigas e universais formas de expressão da alma humana, infere-se que todo tipo de psicologia que diz se ocupar com a estrutura psicológica do ser humano deve ao menos constatar que a religião não é apenas um interessante fenômeno sociológico ou histórico, mas também um assunto importante para um grande número de pessoas (JUNG, 2011a).

Outra coisa que considero importante ressaltar é que mesmo fazendo uso de vasta bibliografia publicada em nome de Jung, no geral, as reflexões contidas neste capítulo seguem de perto as reflexões presentes no primeiro capítulo do livro Psicologia e Religião. Assim, sem mais delongas, vamos ao assunto.

Uma postura empírica e fenomenológica

A primeira coisa a observar é a postura que ele sempre adotou em suas pesquisas psicológicas. Diferente do que se imagina Jung (2014) não encarava a psicologia como uma teoria filosófica, mas como um campo de experiências. Ele tinha plena consciência de que a psicologia já havia sido uma disciplina da filosofia, embora reconhecesse que tenha se tornado em sua época uma ciência da natureza. Em suas palavras, "a psicologia moderna e empírica pertence às ciências da natureza, quando considerada do ponto de vista do objeto e do método; mas faz parte das ciências do espírito, quando considerada do ponto de vista de seu modo explicativo" (2011c, p. 100, parágrafo 166). Ou seja, em sua opinião sua psicologia reconhecia o fenômeno psicológico como um fenômeno natural e adotava o método empírico para coletar os dados que viriam a ser descritos e nomeados numa tentativa de compreendê-los.

Por isso, toda vez que alguém o acusava de ser um filósofo, ele afirmava que era um empírico e que se mantinha fiel ao ponto de vista fenomenológico. E tendo em vista que o fenômeno religioso exibe uma dimensão psicológica muito importante, Jung afirma tratar a temática dentro de um enfoque exclusivamente empírico, limitando-se, por conseguinte, a observar os fenômenos, abstendo-se de qualquer abordagem metafísica ou filosófica (JUNG, 2011a, p. 17, parágrafo 2).

Aqui temos um ponto importante já que duas são as influências que fundamentam essa postura: o agnosticismo kantiano e o critério da exclusão metodológica do transcendente que Flournoy propõe no seu artigo Princípios de Psicologia da Religião (Maraldi, 2020).

A quantidade de vezes em que ele se defende desse tipo de acusação é até surpreendente em seus textos. Em 1952, ao ser entrevistado por Ximena de Ângulo a propósito de uma tese de doutorado que abordava suas teorias psicológicas e uma interpretação do seu significado para as ciências sociais, Jung volta a afirmar, entre outras coisas, que não é um filósofo, nem sociólogo, mas um médico. Que lida com fatos e que nunca será demais enfatizar isso (McGuire, Hull, 1982, p. 191-192). Acredito que Jung se assustaria ao perceber o quanto ainda é preciso enfatizar isso hoje.

É muito importante compreender esta distinção proposta por ele, pois seus conceitos estão intimamente vinculados à sua postura empírica. Como ele mesmo afirma, seu ponto de vista é o do psicólogo prático que tem como tarefa encontrar, sem demora, "uma via de saída da confusão caótica dos complicados estados psíquicos" (Jung, 1986, p. 78, parágrafo 285). Não à toa ele afirma de modo repetitivo que

> "meus métodos não descobrem teorias, mas sim fatos, e digo aos senhores que fatos eu descobri através desses métodos. Não posso descobrir um complexo de castração ou incesto reprimido, ou qualquer coisa semelhante – descubro somente fatos psicológicos, não teorias. [...] Pode se abstrair uma teoria a partir de um fato, seja freudiano ou outro. Pode-se pensar o que quiser sobre os fatos do mundo, e haverá no final, tantas teorias quantas forem as cabeças pensantes (Jung, 2008, p. 76, parágrafo 122).

Como é possível depreender da citação acima, Jung não nutria interesse em ficar discutindo teorias, justamente porque elas possuem limitações. Na opinião dele, a psique não pode ser reduzida a uma teoria, muito menos o mundo pelo simples fato das teorias não serem indiscutíveis artigos de fé. Ou elas servem como instrumentos a serviço do conhecimento e da terapia, ou não servem pra nada (Jung, 2011b). E tendo em vista que ele situa a psicologia no campo das ciências naturais, ela precisa ser "descritiva quando não pode mais proceder experimentalmente, sem no entanto deixar de ser científica" e que "uma ciência experimental torna-se inviável quando delimita seu campo de trabalho segundo conceitos teóricos" (Jung, 2014, p. 65, parágrafo 113). Ou seja, para ser empírica a sua psicologia deveria ser o menos teórica possível.

Isto o leva a afirmar que como qualquer outra ciência empírica, a sua psicologia também requeria conceitos auxiliares, hipóteses e modelos. E que tanto o teólogo, quanto o filósofo podem facilmente cometer o erro de compreendê-los como afirmações metafísicas a priori. Em sua defesa, ele afirma que o átomo de que a física fala não é uma hipótese metafísica, mas um modelo. E que da mesma forma, seu conceito de arquétipo ou de energia psíquica são apenas idéias auxiliares que podem ser substituídas, em qualquer época, por uma fórmula melhor. Por isso, ele tinha plena consciência de que quando observados da perspectiva de um filósofo, seus conceitos empíricos poderiam ser considerados monstros lógicos e que como filósofo ele representaria uma triste figura (Jung, 2012a).

Aqui precisamos nos debruçar sobre duas questões. A primeira se refere à sua constante afirmação de que não seria um filósofo. Já comentamos a pouco que ele nunca cansou de enfatizar que não era filósofo, mas um empirista. E por isso, em todas as questões que apresentavam alto grau de dificuldade ele sempre estava inclinado a deixar que a experiência decidisse. E onde não fosse possível encontrar uma base empírica tangível, ele preferia deixar a questão sem resposta (Jung, 1986). E justificava essa postura com um exemplo nitidamente kantiano: não sendo um metafísico que assume a tarefa de dizer o que as coisas são em si, os objetos de que se ocupa situam-se todos dentro dos limites da experiência humana (Jung, 1986). Sobre esse ponto, vejamos novamente como pensa Jung:

> "É certamente notável o fato de que meus críticos, com poucas exceções, ignoram que, como médico estudioso, parto sempre de fatos empíricos que cada um deles tem a possibilidade de verificar. Mas criticam-me por causa disto, como se eu fosse um filósofo ou um gnóstico que pretendesse possuir conhecimentos sobrenaturais. Naturalmente é mais fácil combater-me como filósofo e especulador herético. Esta é, talvez, a razão pela qual se pretende ignorar os fatos que descobri e provei, ou negá-los sem escrúpulos. Mas são os fatos que principalmente me interessam, e não uma terminologia provisória ou tentativas de reflexão teórica" (Jung, 2012a, p. 61, parágrafo 461).

Como se pode ver após essa longa exposição, Jung tentou explicar de diversas maneiras o motivo de não ser filósofo, e que "não é lícito tomar um resultado da experiência como pressuposto filosófico, pois este resultado não foi obtido dedutivamente, e sim através de material fornecido pela experiência clínica" (Jung, 2012b, p. 261, parágrafo 1.510). Contudo, embora seja evidente a enorme importância dada por Jung ao fato de ser médico e um empirista que descobre certos fatos e constrói hipóteses para explicá-los, também é importante ressaltar que ele não pode ser responsável pelas implicações, filosóficas ou outras, que possam ser alegadas de suas afirmações.

De acordo com Ximena de Ângulo, Jung afirmou que "estava sendo acusado o tempo todo de formular enunciados filosóficos, porque fazia uso de conceitos filosóficos e porque não se recusava a expressar com clareza seus pressupostos, mas nenhuma afirmação sua tinha a intenção de ser tomada como filosofia e pretendia ser unicamente uma descrição fatual" (McGuire, Hull, 1982, p.

192). Assim, é perceptível o cuidado que Jung tem ao formular suas hipóteses a partir dos dados que possui, justamente por considerar que sendo a psicologia uma ciência, não lhe cabiam conceitos baseados em especulações, mas em um conjunto de dados empíricos.

Aqui chegamos à segunda questão que precisamos comentar ainda neste tópico. Se, e assim espero, deu pra entender o esforço que Jung fez para não ser confundido com um filósofo ou teólogo, pelo simples fato de desejar fazer ciência psicológica, a questão que se segue a esta se refere ao que ele entende como conceitos empíricos. Em sua opinião, eles "são nomes que usamos para designar complexos de fatos reais e existentes" (Jung, 2012a, p. 119).

Um exemplo retirado do livro *Os arquétipos e o inconsciente coletivo* pode facilitar a compreensão. Em primeiro lugar, Jung comenta que toda ciência natural é descritiva quando não pode mais proceder experimentalmente, sem que com isso deixe de ser científica e que uma ciência experimental se torna inviável quando delimita seu campo de acordo com conceitos teóricos. Depois dessas ponderações, que ele considera vitais para a compreensão de um conceito empírico como o da 'anima' (e isso vale para todos os seus conceitos), ele chega ao ponto que nos interessa: afirma que o conceito de anima é experimental e não uma invenção teórica, pelo simples fato de que ele "tem por objetivo nomear um grupo de fenômenos análogos e afins" e que "o conceito não significa mais do que o de artrópodes que inclui todos os animais de membros articulados, designando assim este grupo fenomenológico" (Jung, 2014, p. 65, parágrafo 114).

Assim, como podemos depreender da citação acima, um conceito empírico é aquele que tem por objetivo nomear um conjunto de "fenômenos análogos e afins", ou seja, um determinado conjunto de fenômenos que se repetem de maneira típica e que podem ser agrupados por possuírem elementos "análogos", ou seja, em comum. Ainda de acordo com Jung, "não se trata, porém, de uma dedução *a priori*, como poderia parecer (e por isso especulativa), mas uma descrição dedutiva de impressões conseguidas empiricamente" (Jung, 2013, p. 18, parágrafo 4). É por isso que "o filósofo que os critica, como se se tratasse de conceitos filosóficos, trava uma batalha contra moinhos de vento [...]. (Pois) os conceitos empíricos são nomes que usamos para designar complexos de fatos reais e existentes" (Jung, 2012a, parágrafo, p. 119), como já mencionamos.

Acredito que essa exposição permitiu compreender que na elaboração da sua psicologia e do seu ponto de vista psicológico acerca da religião, Jung não partiu de uma atitude especulativa para formular seus conceitos, mas permaneceu fiel à sua postura empírica, utilizando como fundamento epistemológico os limites da experiência humana. Isso torna mais fácil compreender que a principal atividade de Jung consistiu em coletar, descrever e interpretar o material que os fatos lhe ofereceram. Que ele não elaborou nenhum sistema, nem uma teoria geral e que formulou apenas conceitos auxiliares que servem de instrumentos de trabalho

(Jung, 2012a). Estabelecida sua postura empírica, agora cabe adentrar no modo como isso influenciou a elaboração da linguagem que estrutura sua psicologia.

O problema da linguagem em psicologia

Se levarmos em consideração o fato de que ele sempre considerou suas pesquisas como propostas e tentativas de formular uma psicologia científica diferente que estivesse baseada, antes de tudo, na experiência direta das pessoas, compreenderemos melhor a sua postura empírica (Jung, 2008). Assim, seus conceitos não são deduções independentes da experiência, especulações ou invenção intelectual, como já vimos, "mas designações de fatos psíquicos muito complexos que podem ser comprovados empiricamente" (Jung, 2008, P. 45, parágrafo 1.127).

Essa questão encontra uma formulação interessante no capítulo sobre *O significado da constituição e da herança para a psicologia* do livro A natureza da psique, quando o Jung faz uma distinção entre os conceitos verbais e conceitos-limite. Os primeiros seriam dependentes do uso geral e independentes em certa medida de uma base empírica. Já os conceitos-limite são definidos por sua concordância mais ou menos geral com o conjunto de fatos psíquicos designados por ele. Esta distinção, inclusive, seria a primeira tarefa de um psicólogo com o objetivo de libertá-lo da "opinião corrente segundo a qual o nome explica ao mesmo tempo os fatos psíquicos que ele denota" (Jung, 1986, p. 45, parágrafo 223). Isso se dá, na opinião de Jung, pelo fato da psicologia ainda necessitar inventar uma linguagem específica que fosse aceita consensualmente por todos os pesquisadores. Ele continua afirmando que

> Quando me pus a designar os tipos de atitudes que eu havia descoberto empiricamente, senti que este problema da linguagem era o maior obstáculo e, nolens volens [querendo ou não], me vi constrangido a estabelecer determinados conceitos-limites e a designar esses setores com nomes tomados o máximo possível da linguagem usual (Jung, 1986, p. 45, parágrafo 223).

Aqui encontramos um detalhe importante que não podemos negligenciar, com o risco de não compreender os fundamentos da sua psicologia. É possível observar sua tentativa de utilizar palavras retiradas ao máximo do uso cotidiano para designar um determinado conjunto de fenômenos análogos e afins, como no caso da persona, sombra, anima entre outros. São palavras que nos dão uma idéia do que querem referir não apenas pelo seu significado etimológico, mas por sua concordância com o conjunto de fenômenos típicos que designam.

De acordo com o que foi exposto, cabe um último exemplo para ilustrar o modo como Jung elabora seus conceitos psicológicos a partir de uma descrição dos dados empíricos sem cair nem em uma postura nominalista de considerar os conceitos universais meras palavras, nem em uma postura realista que considera que os conceitos gerais existem em si mesmos, a exemplo das idéias de Platão (Jung, 2013). É neste contexto que concordando com a interpretação feita por Pinheiro (2020) em seu livro *O pensamento vivo de Jung*, ele (Jung) faz uma afirmação que considero importante, pois entendo que está fazendo uma referência a si mesmo:

> O *nominalista culto* de nossos dias está convencido de que "energia" é simples nome, mero "coeficiente" de nosso cálculo mental; mas, apesar disso, em nossa linguagem diária, tratamos "energia" como se fosse algo real, causando em nossas cabeças a maior confusão do ponto de vista epistemológico (Jung, 2013, p. 43, parágrafo 37).

E como já vimos no tópico anterior, ao proceder assim, ao se recusar a criar uma teoria, ele não pode ser considerado um racionalista, nem filósofo. E ao relativizar a posição nominalista ele se autodenomina como um *nominalista culto*, ao entender que o avanço da psicologia objetiva nos afasta aos poucos do perigo da concretização e da velha magia das palavras (Pinheiro, 2020).

Seu conceito de energia psíquica, utilizado como exemplo na citação acima é apenas uma idéia auxiliar, já que "a ideia de energia não é a de uma substância que se movimenta no espaço, mas um conceito abstraído das relações de movimento" (Jung, 2008b, p. 14, parágrafo 3). Suas bases não são as substâncias enquanto tais, mas suas relações, à medida que a base do conceito mecanicista é a substância que se move no espaço. É isso que torna esse conceito "uma indispensável ferramenta heurística (explicativa), sem a qual é impossível compreender corretamente os conteúdos empíricos de: símbolo, método sintético, finalidade e desenvolvimento psicológico" (Pinheiro, 2019, página 58).

É por isso que Jung afirma nunca ter sonhado que pessoas inteligentes pudessem confundir seus conceitos com "afirmações teológicas, isto é, com hipóstases" (Jung, 2003a, p. 270) e que é necessário enfatizar sempre que ele fala de fatos, que descreve e denomina fatos e que seus conceitos são apenas nomes e não conceitos filosóficos (Jung, 2003a). Para encerrar essa questão, vale recordar um trecho da resposta dada em carta ao professor Smith e que se ajusta adequadamente a este ponto: "todas as minhas idéias são nomes, modelos e hipóteses para um melhor entendimento dos fatos observáveis" (Jung, 2003, p. 270). Tendo compreendido a importância fundamental da linguagem na psicologia de Jung, acredito que torne mais fácil apreender a distinção conceitual acerca da religião que ele propõe.

A religião como uma função psicológica

É interessante observar o quanto é importante não perder de vista a influência que sua postura empírica e o seu nominalismo culto terão na escolha das palavras que darão ensejo aos conceitos que ele irá elaborar. Sobre a temática religiosa, ele afirma em resposta ao pastor Tanner que só pode "definir este conceito do ponto de vista psicológico, e esta definição está na base de tudo o que eu digo sobre "religião"" (Jung, 2003a, p. 192). Ou dito de outra forma, "é evidente que meu ponto de vista não é teológico. Não faço afirmações metafísicas. Minha posição é exclusivamente empírica e examina essas afirmações pelo lado psicológico" (Jung, 2003a, p. 229).

Dito isto, é oportuno explicar que ao falar de religião Jung não se refere a algum tipo de profissão de fé religiosa. Ela é encarada por ele como uma atitude do espírito humano, atitude esta que ele entende estar de acordo com o emprego original do termo *religio*. De um modo bem específico ele considera necessário explicar o que entende por confissão e por religião. A confissão seria uma forma de codificar e dogmatizar as experiências religiosas originárias. Os conteúdos destas experiências foram sacralizados ao longo do tempo e acabaram enrijecendo dentro de uma estruturação mental inflexível e amiúde complexa. Assim, a prática constante desta experiência original acaba por se transformar em rito e em instituição (Jung, 2011a). Em sua opinião, esse seria um fenômeno mais geral ligado à concepção de "uma sociedade organizada que professa coletivamente uma crença específica ou um determinado modo de agir ético" (Jung, 2003a, p. 192).

Já a religião, em latim *religio*, teria sido derivada pelos antigos, entre eles Cícero, de *relegere* ou *religere*, cujo significado seria "ponderar bem, levar em consideração, observar" (Jung, 2003a, p. 192). E que também podemos entender como "uma consideração e observação cuidadosas de certos fatores dinâmicos concebidos como potências: espíritos, demônios, deuses, leis, idéias, ideais, ou qualquer outra denominação dada pelo homem a tais fatores" (Jung, 2011a, p. 20, parágrafo 8).

De acordo com Jung, "aqui a religião é uma postura atenta, cuidadosa, precavida, prudente, inteligente e calculista para com os poderes superiores. [...] Prefiro esta interpretação de *religio*, porque está mais de acordo com os resultados da psicologia em geral" (Jung, 2003a, p. 192-193). Como se pode observar, Jung irá evitar a tendência habitual de traduzir o termo religião como *religare*, pelo simples fato desse termo ter sido criado para traduzir uma concepção religiosa de que precisamos nos religar ao divino.

Esta distinção entre confissão e religião é de extrema importância para que o psicólogo que adota um posicionamento genuinamente científico não leve em consideração a pretensão de todo credo religioso de possuir a verdade exclusiva e eterna. Pelo simples fato de que ao adotar uma postura empírica e fenomenológica para tratar da experiência religiosa primordial, precisa concentrar sua atenção no aspecto humano do problema religioso, não levando em consideração o que as confissões religiosas fizeram com ele. E como sabemos, sendo médico e especialista em transtornos mentais, Jung não parte de algum credo religioso em específico, mas sim da

> psicologia do *homo religiosus*, do homem que considera e observa cuidadosamente certos fatores que agem sobre ele e sobre seu estado geral. É fácil a tarefa de denominar e definir tais fatores segundo a tradição histórica ou o saber etnológico, mas é extremamente difícil fazê-lo do ponto de vista da psicologia. Minha contribuição relativa ao problema religioso provém exclusivamente da experiência prática com meus pacientes, e com as pessoas ditas normais (Jung, 2011a, p. 22, parágrafo 11).

É com base nessa pesquisa psicológica que podemos afirmar que independente de qual seja a natureza da religião, para ele "não resta a menor dúvida de que seu aspecto psíquico, empiricamente constatável, reside nessas manifestações do inconsciente" (Jung, 2012c, p. 41, parágrafo 35). Um exemplo interessante pode ser encontrado no livro Psicologia e Religião, onde a partir de determinado trecho Jung tece algumas considerações sobre uma série de sonhos que teria analisado e que lhe permitiu pontuar que "se o resultado da investigação favorece a hipótese do inconsciente, os sonhos deverão ser tidos como possíveis fontes de informações das tendências religiosas do inconsciente" (Jung, 2011a, p. 40, parágrafo 39). A citação a seguir resume bem o que estamos nos esforçando para explicar:

> Do ponto de vista psicológico, a religião é um fenômeno psíquico que existe de modo irracional, assim como o fato de nossa fisiologia ou anatomia. Se faltar esta função, a pessoa humana, como indivíduo, estará em desequilíbrio, pois a experiência religiosa é expressão da existência e funcionamento do inconsciente. Não é verdade que possamos ter êxito só com a razão e a vontade. Ao contrário, estamos sempre sob o efeito de forças perturbadoras, que atravessam a razão e a vontade, isto é, são mais fortes do que as últimas duas. [...] Por isso precisamos da religião, ou seja, de cuidadosa atenção aos acontecimentos (*religio* é derivada de *religere*, e não *religare*) e não de sofismas, supervalorização do intelecto racional. Recomendaria [...] ocupar-se um pouco mais com a psicologia do inconsciente (Jung, 2002, p. 439).

Acredito que a importância deste longo trecho já esteja óbvia. Ele nos fornece as chaves para compreender objetivamente que para o Jung a religião é uma função da psique, exatamente por ser ela uma "expressão da existência e funcionamento do inconsciente" (Jung, 2002, p. 439). Isso fica ainda mais evidente ao colocar a religião como um fenômeno psicológico irracional. Aqui é importante mencionar que irracional em Jung se refere não ao que é oposto à razão, à consciência, mas a algo extra-racional e não uma negação desta, como se poderia imaginar. É oportuno explicar também que em Jung, o inconsciente é um conceito "exclusivamente psicológico e não filosófico, no sentido metafísico. É um conceito-limite psicológico que abrange todos os conteúdos ou processos psíquicos que não são conscientes, isto é, que não estão relacionados com o eu de modo perceptível" (JUNG, 2013, p. 465, parágrafo 847). Ou como afirma Von Franz (1993, p. 126), o inconsciente é "o desconhecido; é aquilo que não posso penetrar com o pensamento e declarar que sei o que é. O "inconsciente" é um conceito que se refere simplesmente àquilo que não está claro na consciência". E nesse sentido,

> muita coisa só se torna inconsciente porque nossa concepção do mundo não lhe dá espaço, porque nossa educação e formação jamais lhe deu estímulo e, se alguma vez apareceu no consciente como eventual fantasia, foi imediatamente reprimida. Os limites entre consciente e inconsciente são em grande parte determinados por nossa cosmovisão. Por isso devemos falar de problemas gerais se quisermos tratar adequadamente do conceito de inconsciente. Se quisermos compreender a natureza do inconsciente, não podemos ocupar-nos somente com os problemas atuais, mas também com a história do espírito humano em geral (JUNG, 1993, p. 31, parágrafo 47).

Está aqui o argumento que considero de fundamental importância para o desenvolvimento e utilização do método comparativo. Epistemologicamente, Jung dividia o inconsciente entre pessoal e coletivo. No primeiro encontramos os conteúdos que são oriundos da nossa experiência, enquanto o segundo só poderia ser apreendido de maneira aproximativa (JUNG, 1986). De acordo com Jung, os conteúdos presumíveis do inconsciente coletivo, os arquétipos, "aparecem sob a forma de imagens que apenas podem ser entendidas quando comparadas a paralelos históricos. Caso certo material não seja reconhecido como histórico, e não possuam paralelos, será impossível integrar tais elementos na consciência" (JUNG, 2008a, p. 62, parágrafo 92). É justamente o método comparativo que lhe permite proceder desta forma, já que de modo bem sucinto ele "consiste simplesmente em estabelecer paralelos" (JUNG, 2008a, p. 97, parágrafo 173).

Sobre o arquétipo, é necessário lembrar que para Jung é um conceito muito mal compreendido pelas pessoas e "que cobre certos fatos biológicos, mas que não é uma ideia hipostasiada. O "arquétipo" é praticamente sinônimo do conceito biológico de "padrão comportamental" (behaviour pattern). Mas como este designa principalmente fenômenos externos, escolhi o termo "arquétipo" para o padrão psíquico (psychic pattern). [...] O "pattern of behaviour" mostra também sua autonomia no fato de se impor e atuar quando as circunstâncias gerais o permitem. Ninguém jamais pensaria que a estrutura biológica fosse uma suposição filosófica, no sentido da idéia de Platão ou de uma hipóstase gnóstica. O mesmo vale para o arquétipo" (JUNG, 2002, p. 322-323).

Desta forma, podemos compreender que os arquétipos são formas típicas de comportamento psíquico que assumem o aspecto de representações ao se tornarem conscientes. É importante também não confundir as representações arquetípicas, chamadas também de imagens arquetípicas, com o arquétipo *em si*. Pelo simples fato de que "essas representações são estruturas amplamente variadas que nos remetem para uma forma básica irrepresentável que se caracteriza por certos elementos formais e determinados significados fundamentais, os quais, entretanto, só podem ser apreendidos de maneira aproximativa" (JUNG, 1986, p. 150, parágrafo 417).

E é também por isso que ele considera de extrema importância "ter a maior quantidade de informações possível a respeito da psicologia primitiva, da mitologia, arqueologia e história das religiões, pois essas áreas me fornecem preciosíssimas analogias" (JUNG, 2011b, p. 57-58, parágrafo 96). Tendo em vista essa necessidade de maiores informações, e em virtude da aplicação do método comparativo, Jung encontra em Rudolf Otto (1869-1937), teólogo, historiador e cientista da religião, preciosas analogias para compreender os conteúdos irracionais do inconsciente.

Em Otto, ele vai encontrar o conceito de numinoso que interpreta como "uma existência ou um efeito dinâmico não causados por um ato arbitrário". Um efeito que "se apodera e domina o sujeito, mais sua vítima do que seu criador. Qualquer que seja a sua causa, o numinoso constitui uma condição do sujeito, e é independente de sua vontade" (JUNG, 2011a, p. 19, parágrafo 6). E que o "termo religião designa a atitude particular de uma consciência transformada pela experiência do numinoso" (JUNG, 2011a, p. 21, parágrafo 9). Essa transformação é explicada psicologicamente por Jung como uma qualidade característica do arquétipo, já que ele é numinoso por possuir "uma espécie de carga emocional que se apodera da consciência toda vez que ocorre uma imagem ou situação arquetípica" (JUNG, 2003, p. 45). Essa definição de uma experiência numinosa como sinônimo de uma experiência arquetípica é completamente adequada para explicar a autonomia do inconsciente e seus efeitos na consciência (JUNG, 2003).

Já que de acordo com Jung, o perigo reside em "sucumbir à influência fascinante dos arquétipos, o que pode acontecer mais facilmente quando as imagens não são conscientizadas" (JUNG, 2014, p. 48, parágrafo 82). É por isso que "o método terapêutico da psicologia complexa consiste, por um lado, numa tomada de consciência, o mais completa possível, dos conteúdos inconscientes constelados, e, por outro, numa síntese dos mesmos através do ato cognitivo" (JUNG, 2014, p. 49-50, parágrafo 84). Assim, tudo deve ser vivenciado de forma imagética, isto é, simbolicamente, pois o elemento patológico destas experiências não está nas imagens arquetípicas, "mas na dissociação da consciência que não consegue mais controlar o inconsciente. Em todos os casos de dissociação é, portanto, necessário integrar o inconsciente na consciência" (JUNG, 2014, p. 48, parágrafo 83). Por fim, cabe mencionar que

> A Psicologia culmina necessariamente no processo de desenvolvimento que é peculiar à psique e consiste na integração dos conteúdos capazes de se tornarem conscientes. Isto significa que o ser humano psíquico se

> torna um todo, e este fato traz conseqüências notáveis para a consciência do ego, que são extremamente difíceis de descrever. [...] Quando as partes inconscientes da personalidade se tornam conscientes, produz-se não só uma assimilação delas à personalidade do ego, anteriormente existente, como sobretudo uma transformação desta última. A grande dificuldade está justamente em descrever a maneira como se dá esta transformação. De modo geral, o ego é um complexo fortemente estruturado que, por estar fortemente ligado à consciência e à sua continuidade, não pode nem deve ser facilmente alterado, sob pena de enfrentar sérias perturbações patológicas. As analogias mais próximas de uma alteração do ego se encontram, com efeito, no campo da psicopatologia, onde nos deparamos não somente com dissociações neuróticas mas também com a fragmentação esquizofrênica e até mesmo com a dissolução do ego. Neste domínio também observamos tentativas de integração patológica — se me permitem esta expressão. Esta integração consiste em irrupções mais ou menos violentas de conteúdos inconscientes na consciência, mostrando-se o ego incapaz de assimilar os intrusos. Se, porém, a estrutura do complexo do ego é bastante forte para resistir ao assalto dos conteúdos inconscientes, sem que se afrouxe desastrosamente sua contextura, a assimilação pode ocorrer. Mas, neste caso, há uma alteração não só dos conteúdos inconscientes, mas também do ego. (Jung, 1986, p. 160, parágrafo 430).

Encontrada a chave explicativa acerca da religião como função psíquica, podemos então refleti-la como um conteúdo inconsciente e como o método comparativo permitiu a Jung compreender seu significado em sua prática clínica, notadamente nos pacientes que não apresentavam nenhuma sintomatologia claramente neurótica, o que o levou a diagnosticá-los com uma forma de neurose que tinha por base a perda do sentido da vida. Desta forma, Jung considera que é

> Uma realidade encontrada na prática que a causa de inúmeras neuroses está principalmente no fato de as necessidades religiosas da alma não serem mais levadas a sério, devido à paixão infantil do entendimento racional. Afinal, o psicólogo dos nossos dias deveria saber que o que importa já não são dogmas e credos, mas sim toda uma atitude religiosa, que tem uma função psíquica de incalculável alcance. A continuidade histórica é imprescindível justamente para essa função religiosa (Jung, 2011b, p. 59, parágrafo 99).

Retirando exemplos da sua prática clínica, podemos observar Jung afirmar em 1929, em um congresso da Sociedade Alemã de Psicoterapia que o sofrimento de cerca de um terço dos seus pacientes não se encaixava num diagnóstico clínico de neurose, mas que estavam doentes em virtude da falta de conteúdo e de sentido de vida. Além de não se opor a chamar esse adoecimento de neurose contemporânea generalizada, ele menciona que provavelmente dois terços desses pacientes estão situados no que ele chama de segunda metade da vida, algo entre os 35 e 40 anos (JUNG, 2011b, p. 59, parágrafo 99).

É por isso que para a psicologia complexa, o psicoterapeuta não deve tomar conhecimento apenas dos aspectos biográficos do paciente, mas também das condições culturais e espirituais do seu meio ambiente próximo e distante, em que permeiam influências tradicionais e filosóficas que freqüentemente desempenham um papel decisivo (JUNG, 2011a).

Por fim e não menos importante, cabe salientar que na opinião de Von Franz (1993, p. 79), "a religião significa nunca agir somente segundo o raciocínio consciente, mas com atenção e consideração constantes aos fatores participantes desconhecidos", pois "viver de um modo religioso significaria estar constantemente alerta para aqueles poderes desconhecidos que guiam a nossa vida".

Encerro este tópico concordando com o Jung quando este diz que para compreender a experiência religiosa não há, atualmente, outro caminho a não ser o da psicologia e que seu empenho estava em "dissolver as formas de pensar historicamente petrificadas e transformá-las em concepções da experiência imediata" (JUNG, 2011a, p. 111, parágrafo 148).

Considerações finais

Como afirmei no início, meu intuito não era o de aprofundar o assunto, embora em alguns momentos isso me parecesse quase inevitável, mas de apresentar algumas reflexões de fundo epistemológico que permitissem compreender o que fundamenta a opinião favorável do Jung sobre as religiões a ponto de "considerá-las sistemas psicoterapêuticos no sentido mais exato da palavra" (JUNG, 1993, p. 162, parágrafo 367) e capazes de exprimir a área do problema psíquico em imagens bem impressionantes.

Nesse sentido, é fácil observar que a preocupação de Jung não se concentrou em discutir as várias nomenclaturas elaboradas para nomear a experiência do *homo religiosus*, mas que teve como foco uma perspectiva empírica, fenomenológica. E ao compreender o fenômeno religioso como uma manifestação do inconsciente, ele nos fornece a chave para uma investigação genuinamente psicológica e uma justificativa para incluir a experiência religiosa como um importante objeto de análise na clínica.

Justamente por evidenciar que o fenômeno religioso não é encarado pela sua psicologia complexa numa perspectiva metafísica nem teológica, sendo uma função inconsciente, irracional, expressando o inconsciente e se relacionando intimamente com os instintos e arquétipos. Sendo essa, por fim, uma justa e coerente forma de expressar sua compreensão acerca da religião como função psíquica.

Como se pode observar, partindo destes elementos epistemológicos, abre-se para o pesquisador interessado um vasto campo de investigação. E como meu intuito era discutir estas questões mais elementares, esperamos que mais estudos venham complementar e ampliar nossas observações. Assim, espero ter alcançado o meu objetivo de fomentar mais debates e pesquisas!

Referências

EVANS, R. I. Entrevistas com Jung e as reações de Ernest Jones. Rio de Janeiro: Livraria Eldorado, 1964.

FRANZ, M. L. Von. C. G. Jung: seu mito em nossa época. 1ª edição. São Paulo, SP: Cultrix, 1997.

__________. Alquimia: introdução ao simbolismo e à psicologia. 1ª edição. São Paulo, SP: Cultrix, 1993.

JUNG, C. G. Tipos psicológicos. 7ª edição. Petrópolis: Vozes, 2013.

__________. Psicologia e religião. 9ª edição. Petrópolis: Vozes, 2011a.

__________. A vida simbólica. 4ª edição. Petrópolis: Vozes, 2008a.

__________. Os arquétipos e o inconsciente coletivo. 11ª edição. Petrópolis, RJ: Vozes, 2014.

__________. A natureza da psique. 2ª edição. Petrópolis: Vozes, 1986.

__________. A prática da psicoterapia. 14ª edição. Petrópolis: Vozes, 2011b.

__________. Civilização em transição. Petrópolis: Vozes, 1993.

__________. O eu e o inconsciente. 27ª edição. Petrópolis: Vozes, 2015.

__________. Escritos diversos. 3ª edição. Petrópolis: Vozes, 2012a.

__________. A vida simbólica. 4ª edição. Petrópolis: Vozes, 2012b.

__________. Psicologia e alquimia. 6ª edição. Petrópolis: Vozes, 2012c.

__________. O desenvolvimento da personalidade. 11ª edição. Petrópolis: Vozes, 2011c.

__________. Cartas de C. G. Jung: volume III. Petrópolis: Vozes, 2003.

__________. Cartas de C. G. Jung: volume II. Petrópolis: Vozes, 2002.

__________. A energia psíquica. 10ª edição. Petrópolis: Vozes, 2008b.

MARALDI, E. Osasco, SP: Ramalho Edições Acadêmicas, 2020.

McGUIRE, W. HULL, R. F. C. C. G. Jung: entrevistas e encontros. São Paulo, SP: Cultrix, 1982.

PINHEIRO, H. A. O pensamento vivo de Jung. Fortaleza, CE: Amazon, 2020. Arquivo Kindle.

__________. Psicologia junguiana: uma introdução. Fortaleza, CE: Dummar, 2019.

SHAMDASANI, S. Jung e a construção da psicologia moderna: o sonho de uma ciência. 1ª edição. Aparecida, SP: Ideias & Letras, 2005.

CAPÍTULO 27

Na presença das horas

Rogéria Guimarães Alves Bernardes

Mas quem pode medir o tempo passado, que agora já não existe,
ou o tempo futuro, que ainda não existe,
se não tiver a coragem de dizer
que pode medir aquilo que não existe?
(AGOSTINHO, 354-430)

Ao longe, ainda se escuta a sonoridade do último repicar dos sinos de *Laudes*, a "Hora" que celebra e canta o mistério do dia que se inicia. *Laudes* celebra a aurora, denominada de "a Bela", "a Bem-amada" pelos gregos. É o louvor da manhã, o momento de oração que, em centenas de mosteiros beneditinos pelo mundo afora, anuncia o nascer de um novo dia. O louvor matinal de *Laudes* renova a esperança e prepara o ambiente do mosteiro para mais uma rotina do *ora et labora* beneditino. Há quinze séculos, os mosteiros beneditinos celebram e eternizam esse ritual de louvor – momentos específicos, ao longo do dia, quando toda a comunidade de monges se une para a oração comunitária –, conhecido como *Liturgia das Horas ou Ofício Divino*, que, em alguns casos, inicia-se com a vigília da madrugada, bem antes do nascer do dia.

A importância da oração no cotidiano monástico é o que fundamenta esta famosa expressão – *ora et labora* –, com a qual os beneditinos passaram a ser reconhecidos, ao longo dos séculos. O escritor e monge trapista, Thomas Merton, em sua obra *A vida silenciosa*, ressalta que a oração é o coração da vida beneditina; ela une tudo e sustenta todas as outras atividades. Diariamente, na rotina de um mosteiro, a oração é realizada de forma individual e coletiva. Por meio dos momentos de oração comunitária, os monges exercem sua principal função diária, donde decorrem todas as demais atividades. A importância da oração comunitária é tal, que, segundo Merton (2011), os horários são organizados não em função dos trabalhos manuais e rotineiros (colégio, fábrica, outros), mas sim a partir desses momentos de oração das "Horas", que interrompem as demais atividades e estruturam o dia a dia de um mosteiro (Merton, 2011).

Com uma tradição de quinze séculos, a espiritualidade monástica beneditina guarda, pois, particularidades que afirmam a singularização desse *modus vivendi,* no ritmo temporal que lhe é próprio. Identificamos, na subjetivação desse modo de vida, toda a influência dos séculos de tradições e de rituais cristãos, que organizaram, definiram e fortaleceram a existência da Ordem de São Bento no Ocidente. Fieis ao documento, que os identifica – *Regra de São Bento* – e ao *ora et labora,* que os caracteriza, os beneditinos preservam, há séculos, essa rotina que se eterniza a partir dos momentos de oração, em que toda a comunidade de monges se une para o louvor a Deus. Sete vezes ao dia, o louvor das *horas canônicas* interrompe as atividades de um mosteiro, criando uma completa indiscernibilidade entre trabalho, tempo e oração, transformando a rotina monástica em uma liturgia ininterrupta. Vigílias, Laudes, Terça, Sexta, Noa, Vésperas, Completas; continuamente, esse ritual das "Horas" devolve ritmo e sacraliza a experiência temporal cotidiana, anunciando e reafirmando novos sentidos e significados ao longo do dia.

Anselm Grün, teólogo e monge beneditino da abadia de Münsterschwarzach, esclarece-nos a respeito dessa ampliação do campo semântico assumido pelas "Horas" na vida monástica, a partir de referências do monaquismo primitivo. Segundo ele, a palavra "hora" é a mesma em português e grego, mas não traduzem exatamente a mesma ideia, uma vez que, sob a perspectiva grega, esse conceito se amplia. "Não são horas no nosso sentido de uma duração limitada de exatamente 60 minutos. As gregas são, antes, 'seres divinos da troca dos tempos'. Na mitologia grega, são deusas graciosas que aparecem acompanhando certos deuses ou deusas, como Afrodite, Deméter, Dionísio e Apolo" (Pauly apud Grün, 2006, p. 17).

Nessa perspectiva, cada "Hora" seria dotada de uma característica especial recebida na plenitude dos tempos – como uma qualidade própria ou um atributo só seu. Chamadas de "florejantes", pelo poeta Píndaro, elas respiram algo da ternura e da beleza da juventude. Para os humanos, trazem vida nova, fresca, não desgastada; embelezam sua existência (Grün, 2006). Como mensageiras dos deuses vindas de outro mundo, elas participariam, portanto, daquilo denominado como "tempo pleno ou tempo da revelação"; assim entendido, o tempo que "se cumpre" – *kairos* – aquele em que tempo e eternidade se tornam uma só experiência. Grün (2006) complementa tais conceitos, ao destacar que:

> Na Odisséia, as Horas acompanham o ano. Elas oferecem ao povo a primavera e promovem o crescimento do trigo e das uvas. Os atenienses davam nomes às Horas: Thallo, Auxo e Karpo, isto é: protetoras do Florescer, do Crescer e do Madurecer (...). O poeta Hesíodo menciona mais três Horas: Eunomia, Dike e Eirene (Regularidade, Direito e Paz). Para ele, essas três são filhas de Zeus com Themis. Nessas duas concepções,

> fica claro que as horas têm algo a ver com a natureza, em que garantem a volta regular de flores e frutas maduras, mas também com o mundo humano, em que estruturam a vida e proporcionam as medidas certas. (...) São, pois, como anjos, que nos fazem recordar que cada momento pertence a Deus (Grün, 2006, p. 18).

No interior de um mosteiro beneditino, na presença das "Horas", a relação que se estabelece com o tempo do cotidiano ganha, pois, outros contornos e sentidos variados. Como mensageiras divinas, as "Horas" anunciam o tempo e o desvelam, oferecendo aos monges um ritmo próprio, que afirma seu modo de vida. Dia após dia, as tarefas e os afazeres se sucedem, traduzindo, em acontecimento temporal, as pequenas ações do cotidiano: a *Liturgia das horas*, as práticas contemplativas, os momentos de silêncio, os trabalhos manuais, a *Lectio Divina*, a lida com os hóspedes. Na entrega contemplativa da presença das "Horas", a rotina monástica oferece-nos, pois, a experiência de um modo de vida caracteristicamente singular, em sua relação com o tempo. Na afirmação dessa existência constituída como uma liturgia integral e incessante, reconhecemos o fenômeno de uma forma de vida horológica – um *horologium vitae* –, que sacraliza o tempo do cotidiano e que resiste aos modos de temporalização dominantes na contemporaneidade.

Pensamos reconhecer, nessa sacralização estabelecida pelos beneditinos com a dimensão temporal, algo da noção de "tempo sagrado", conforme trabalhado por Mircea Eliade no conjunto de sua obra. Em seu famoso livro, *O sagrado e o profano: a essência das religiões*, Eliade (2010) estrutura a ideia basilar de que *sagrado* e *profano* anunciam, na verdade, categorias existenciais; em síntese, duas situações existenciais assumidas pelo homem ao longo da sua história, ou, em suas próprias palavras, "duas modalidades de ser no Mundo" (Eliade, 2010, p. 20). Nesse sentido, o autor trabalha a noção de sagrado como *hierofania*; como aquilo que se manifesta, que se revela nas experiências que compõem o mundo "natural", "profano", como uma realidade inteiramente diferente dessas. Aquilo que se mostra irredutível em termos de ideia, de conceito, de noção abstrata, ou mesmo, de preceito moral e que, justamente, por sua indizibilidade e irredutibilidade, só pode ser suficientemente apreendido e estudado em seu próprio plano de referência – o da experiência e da linguagem simbólica (Eliade, 2010).

Na visão do autor, manifestando o sagrado, um objeto qualquer se torna *outra coisa* e, contudo, continua a ser ele mesmo, pois, na verdade, o que o dota de sacralidade é a relação estabelecida com ele. Assim, para aqueles que se relacionam com a existência a partir de tal perspectiva, tudo pode se revelar como sacralidade: uma pedra, uma árvore, uma montanha, uma caverna. Na mais elementar das hierofanias, encontramo-nos diante do mesmo ato misterioso: a manifestação de algo "de ordem diferente", em objetos que fazem parte integrante da realidade pertencente ao nosso mundo. Assim, em sua totalidade, o mundo, tal como o conhecemos, pode se tornar uma constante *hierofania* (Eliade, 2010). A presença dessa estreita relação com o sagrado, intrinsecamente vinculada aos atos e fatos da vida, revela, pois, para Eliade (2010), um certo modo de ser e de experienciar a existência, traduzido por ele como *homo religiosus*. Em tal disposição existencial, as experiências com o espaço, com o tempo, com o trabalho, com os alimentos, com o vestuário – enfim, com o mundo – podem traduzir-se continuamente em "sacramento", isto é, em comunhão com o sagrado.

Partindo de tais referências, o autor afirma que o *homo religiosus* das sociedades arcaicas – assim como das sociedades pré-modernas como um todo – estabelecia a sua rotina a partir de "duas espécies de tempo distintas": os intervalos de tempo considerados sagrados – constituídos, em sua maioria, pelo tempo das festas, dos rituais, das cerimônias religiosas – e, por outro lado, os momentos de duração ordinários – aqueles considerados como "tempo profano" –, no qual eram inscritos os atos destituídos de significado religioso. Nesse sentido, a experiência temporal, para o *homo religiosus*, nunca foi exatamente homogênea nem contínua, pois, à cotidianidade finita dos dias, somava-se sempre uma outra qualidade de tempo: um tempo de natureza sagrada, ontológico por excelência, que não mudava nem se esgotava, antes, mantinha-se sempre igual a si mesmo. Uma "temporalidade sagrada", segundo Eliade (2010), que se apresentava sob o aspecto paradoxal de um tempo circular; um tempo reversível e recuperável; uma espécie de eterno presente mítico, atualizado e reintegrado periodicamente pela linguagem simbólica dos mitos e dos ritos.

É uma experiência similar a essa que pensamos vislumbrar na relação temporal estabelecida entre a *Liturgia das Horas* e a rotina de um mosteiro beneditino. Nem contínua, nem homogênea; na verdade, a descontinuidade rítmica – introduzida pela presença das "Horas" na rotina dos dias – oferece aos monges uma relação temporal heterogênea, permeada por intervalos sagrados. Tal experiência é algo que parece fazer parte do *habitus* monástico, desde as suas origens. A relação dos beneditinos com o tempo – quando a composição tempo-trabalho-vida atinge o ápice de indiscernibilidade – vincula-se aos preceitos da *Regula de Bento*, remontando às horas canônicas e aos sinos do medievo. Agamben (2014) destaca, nesse sentido, que uma das técnicas características para a concretização desse *habitus* monástico foi justamente a criação do chamado *Horologium* – livro das Horas – por meio do qual o dia, a semana, os meses e os anos aparecem divididos em diferentes períodos, visando a uma correta execução de atos religiosos. Nesse contexto, a vida do monge submetia-se, assim, à regra da divisão temporal diária, com o objetivo de tornar o tempo uma parte fundamental na execução da obra divina – da *opus dei*.

Nesse ritmo estabelecido pela rotina das "Horas", o *habitus* monástico vê-se, portanto, transformado em uma incessante liturgia diária, em que cada momento do dia guarda uma sacralidade própria. Em última análise, as "Horas", que devolvem sacralidade ao tempo, definem e afirmam o *habitus* monástico como uma expressão do *homo religiosus* de Eliade. Assim, na visão de Agamben (2014), se a liturgia cristã – que culmina na criação do ano litúrgico e do *cursus horarum* (liturgia das horas) – foi eficazmente definida como uma "santificação do tempo", o projeto monástico pode ser mais precisamente definido, ao contrário, como uma "santificação da vida por meio do tempo" (Agamben, 2014). Assim, é no ato mesmo de interromper as atividades do dia para se dedicar aos momentos de orações – abrindo espaço para a experiência com um tempo que se renova – que esse *modus vivendi* acaba por revelar, em última análise, aquilo que o singulariza.

Refletimos que é justamente essa singularização subjetiva, quanto ao aspecto temporal, aquilo que mais desperta a atenção da psicologia para tal modo de vida, fazendo com que práticas tão antigas mereçam ser revisitadas e ressignificadas à luz dos processos de subjetivação da atualidade. Afinal, o que tem de tão especial e de singular nessa relação monástica com o tempo, que nos convida a refletir sobre as nossas próprias experiências temporais contemporâneas? No cotidiano dessacralizado das sociedades atuais, há ainda espaço para experiências temporais que fujam à lógica da produtividade temporal?

Destacamos, com Félix Guattari, que, na atualidade, quando impera a máxima "tempo é dinheiro", viver o cotidiano a partir de uma relação não utilitária e econômica com o tempo define territórios de resistência e de singularização. Em sua obra, *Micropolítica: Cartografias do desejo*, Guattari e Rolnik (2011, p. 56) afirmam que há uma espécie de resistência de alguns grupos sociais, que pode se opor aos modos dominantes de temporalização. "Isso vai desde a recusa de um certo ritmo nos processos de trabalho assalariado, até o fato de certos grupos entenderem que sua relação com o tempo deve ser produzida por eles mesmos (...)".

O traço comum presente nesses processos de singularização, segundo os autores, é essa capacidade adquirida por alguns grupos de construírem seus próprios sistemas de referências, ancorados em conjuntos de práticas, de tradições, de rituais, de codificações teóricas e de elementos de natureza simbólica, que estabelecem e preservam sentidos coletivos. Há, pois, nesses processos de subjetivação originais e singulares, uma recusa aos modos sociais e culturais dominantes e uma afirmação positiva da criatividade, da vontade de viver e de sobreviver, a partir de seus sistemas autorreferentes, sejam eles de natureza cultural, econômica, semiótica ou religiosa.

Nessa perspectiva, parece haver, de fato, algo de resistente – e, diríamos, até de subversivo – na maneira como o monaquismo constituiu-se e ainda preserva seu *habitus* monástico, a partir de uma relação própria e singular com as suas tradições e, especialmente, em sua relação com o tempo. Na era da tecnologia, da aceleração e da hiperconectividade, predominantes nas sociedades atuais – regidas pela égide do consumo –, qual a lógica funcional, produtiva e lucrativa dessa forma de vida estruturada por uma horologia sagrada? Como mensurar a eficiência e a utilidade de um cotidiano estruturado a partir de experiências contemplativas e de práticas temporais que não objetivam lucro, antes, guardam uma finalidade em si mesmas? É Merton (2011) quem fomenta, ainda mais, tais inquietações, quando afirma:

> Numa cultura basicamente religiosa, como a da Índia ou a do Japão, o monge é, por assim dizer, coisa normal. Quando a sociedade inteira está orientada para além da busca meramente transitória dos negócios e do prazer, ninguém se espanta de que homens dediquem a vida a um Deus invisível. Numa cultura materialista, porém fundamentalmente irreligiosa, o monge se torna incompreensível porque ele "não produz nada". Sua vida parece ser completamente inútil (Merton, 2011, p. 12).

De fato, a opção monástica pela preservação de um cotidiano regido por práticas milenares, que se estrutura a partir de uma horologia sagrada, é algo que, na atualidade – quando a máxima "tempo é dinheiro" tornou-se uma verdade inquestionável – provoca inquietações e um certo estranhamento. Segundo Eliade (1992), tal fenômeno se justifica pelo fato de o relacionamento com o tempo ter perdido há muito a sua conotação de experiência sagrada, a qual emprestou significado à realidade das sociedades pré-modernas. Durante muitos séculos, a ideia do sagrado enquanto hierofania – acontecimento, revelação, epifania – esteve sempre presente, de alguma maneira, na descrição e na definição dos fenômenos que criavam os sistemas de referências das sociedades pré-modernas. "O sagrado está saturado de ser. Potência sagrada quer dizer ao mesmo tempo realidade, perenidade e eficácia" (Eliade, 2010, p. 18). Para o autor, nessas sociedades, as experiências com o sagrado inauguravam uma nova ordem com os fatos do cotidiano, justificando a busca por tais experiências, uma vez que a proximidade com a sacralidade equivalia ao poder e, em última análise, à realidade por excelência.

No percurso histórico do Ocidente, na fase conhecida como transição do medievo para a modernidade – com sua consequente dessacralização do mundo –, o homem inaugura uma mudança radical no modo como passa a se relacionar com a realidade à sua volta e, em consequência, consigo mesmo. Vulgarmente chamada de "era da razão", a modernidade ancora-se no antropocentrismo e na racionalização da vida natural e social, trazendo consigo o desenvolvimento da ciência experimental e da noção de progresso, provocando o surgimento de novas relações do humano com o real, em todos os setores de sua existência, inclusive na confrontação com seus costumes, mitos, crenças e tradições. A esse respeito, é Maria Clara Bingemer (1993), em sua obra *Alteridade e vulnerabilidade*, quem corrobora tais ideias ao destacar que:

> Nesta exclusão de outros sistemas de explicação que não procedessem do racional, o sagrado e o religioso encontraram-se como que varridos para a periferia da história. Caracterizados como pré-científicos e pré-modernos, viram desaparecer a sua importância e mesmo a sua centralidade como chave de explicação da realidade. Não podendo comprovar-se

> empiricamente, não podendo demonstrar imediatamente sua utilidade, eficácia ou funcionalidade, viram sua falência ser profetizada e sua morte decretada pela vencedora razão, pela ciência, pela técnica, pelas instituições nascidas no seio da modernidade (Bingemer, 1993, p. 21).

Segunda a autora, nas origens de toda essa ruptura moderna, reside, justamente, o fenômeno da *secularização do mundo*, com os questionamentos e a destituição do aspecto divino no horizonte da humanidade. Refletindo sobre as raízes históricas desse fenômeno, Bingemer (2013) o situa como o resultado de um processo que culminou no *desencanto* do mundo, ou, em outras palavras, como o produto de uma compreensão de mundo que deixou de repousar sobre o mito (*mythos*), para vincular-se definitivamente ao discurso racional (*logos*), responsável pelas novas compreensões, atitudes, transformações e realizações das civilizações modernas, em face da natureza e do mundo. Assim, no primado da produtividade, da funcionalidade, do utilitarismo e do progresso, preconizados como imprescindíveis à sobrevivência das sociedades atuais, as experiências com o sagrado se viram destituídas, cada vez mais, de sua condição eliadiana – "fundante e originária" – e, via de regra, passaram a ser tratadas com desinteresse e com desconfiança.

Dentre tantas transformações surgidas na esteira da modernidade, uma das mais impactantes e significativas reside justamente no modo como o tempo passa a ser internalizado e experienciado. Com o advento dos relógios mecânicos – e, na sequência, dos relógios de precisão – e com as novas relações de trabalho, surgidas com a industrialização do mundo, inaugura-se, de uma vez por todas, uma relação cronológica, cronométrica, matematizável e funcional com o tempo do cotidiano e intensifica-se, cada vez mais, seu aspecto linear, histórico, fugaz e finito, em detrimento da experiência temporal reversível e recuperável, presente na circularidade e na sacralidade do tempo mítico. A esse respeito, Bingemer (2013) ressalta que a modernidade nos deixou como um de seus principais legados "conhecer e dar lugar a uma nova concepção de *kronos,* em que não há espaço para a eternidade, mas apenas para uma temporalidade sempre 'contemporânea' e mundialmente 'simultânea'" (Bingemer, 1993, 17).

As inúmeras transformações das novas tecnologias, a fantástica velocidade de transmissão de dados da era digital, a informatização do mundo moderno e sua consequente globalização, sem dúvida alguma, levam-nos a concluir que, na contemporaneidade, a relação com o tempo organiza-se, cada vez mais, a partir de diferentes contornos e de novas configurações. Essas mudanças paradigmáticas, relativamente às questões temporais, promovem experiências múltiplas e instantâneas com um tempo que se mostra cada vez mais acelerado e fugaz, inaugurando, inquestionavelmente, uma nova era na história da humanidade. É, pois, em um contexto como o atual, em que a relação com o tempo parece encontrar-se vinculada, mais do que nunca, aos aspectos produtivos e econômicos da sociedade

– "tempo é dinheiro", "não se pode perder tempo" –, que os momentos dispensados às experiências sagradas com o tempo se veem cada vez mais alijados para as periferias das existências, revestidos que foram de uma condição de "tempo perdido, improdutivo e inútil" (Bingemer, 2013).

Em sua obra, *O perfume do tempo: ensaios filosóficos sobre a arte da demora*, o filosofo Byung Chul Han (2016) alerta-nos sobre esses modos atuais de relacionamento com o tempo. Não se trata mais de um tempo acelerado, afirma ele; isto fez parte da modernidade. O que vivenciamos na atualidade é algo mais complexo, que se relaciona diretamente com a noção de duração e de experiência temporal. Para o autor, o tempo só começa a ter sentido quando adquire uma *duração*; quando ganha uma tensão narrativa, quando ganha profundidade e espaço. "O tempo se esvazia quando se despoja de qualquer estrutura de sentido, de profundidade; quando se atomiza ou aplana, se enfraquece ou se abrevia " (Han, 2016, p. 32).

Segundo Han (2016), na hiperconectividade em que vivemos, a historicidade tem cedido lugar, com frequência, às informações que se atropelam, destituídas de qualquer amplitude ou duração narrativa. O tempo composto por informações justapostas enfraquece a noção do sentido da experiência. No interior desse novo paradigma, habita uma outra ordem temporal: uma temporalidade transformada em um *amontoado de pontos* justapostos, traduzidos por fluxos temporais descontínuos e sem uma direção determinada. Manifesta-se, assim, aquilo que Han (2016) identificou como o *tempo atomizado, o tempo de pontos* – o *Punkt-Zeit* –, que enseja e naturaliza o fenômeno descrito como *atomização temporal*.

Nessa perspectiva, esse *Punkt-Zeit*, destituído de *duração*, empobrece a construção e o encadeamento das narrativas de sentido, encontrando-se constituído de vazios de descontinuidade temporal, em que nada acontece. O tempo assim experienciado – preenchido por "vazios de sentido" –, segundo Han (2016), busca de modo incessante estímulos e novidades produtores de sentido, por meio da vivência acelerada de uma sucessão de sensações e de acontecimentos – que se estende, afinal, a todos os âmbitos da vida" –, incapaz de perceber que a aceleração, por si só, não proporciona sustentação alguma ou atribui sentido ao que quer que seja. A perda da *duração* faz, portanto, com que esse tempo atomizado não se prenda, verdadeiramente, a nenhuma ação ou se renda a qualquer atenção duradoura; um "tempo de pontos" que se torna incapaz, afinal, de reconhecer espaços de *atenção* ou de *espera*, ou que – nas palavras de Han (2016, p. 32) – "já não permite mais qualquer demora contemplativa".

É em tal sentido que vislumbramos, na horologia monástica beneditina, algo de sagrado – e, simultaneamente – algo de resistente e de transgressor, relativamente aos aspectos utilitários e mercadológicos, próprios das experiências temporais contemporâneas. Monges são contemplativos; preservam há séculos uma relação com a dimensão temporal, que se ancora em seus sistemas autorreferentes – suas tradições, seus rituais, suas práticas religiosas – que constroem sentidos e afirmam o *habitus* monástico. A experiência temporal preservada por meio da *Liturgia das Horas* oferece a abertura necessária para uma qualidade de tempo, que continuamente se atualiza e que, portanto, não se esgota nas tarefas do cotidiano. Em contrapartida ao tempo coisificado, mensurável e irreversível – que se consome na lida com das atividades usuais do dia a dia de um mosteiro –, existe a sacralidade do tempo do "*agora*", do eterno presente das "Horas"; o tempo renovável dos momentos de oração, que sustenta e devolve sentido à vida monástica. Uma experiência temporal de tal qualidade encontramos na descrição de Joan Chittister, monja beneditina, quando afirma que na experiência das "Horas", o tempo não se perde nem se esgota; ao contrário, na recitação dos salmos, o tempo está sendo estruturado, ritmizado, tornando-se presente, audível. Em tal momento, o passado e o futuro se unem, enquanto o presente torna-se um tempo pleno, pois significa "não apenas o momento atual, mas também o ponto em que o passado e o futuro coincidem" (Chittister, 2004, p. 30).

De tal forma, nessa eterna repetição da experiência das *Horas* – na afirmação dessa existência constituída como uma liturgia integral e incessante –, pensamos reconhecer não somente o fenômeno de um *horologium vitae,* como nos assevera Agamben (2014), mas também de uma forma horológica *sagrada* e *resistente,* fator determinante da subjetividade dos seguidores de Bento. Grün (2006) afirma-nos que é, exatamente, nessa relação com as Horas que os monges sacralizam *chronos* – o tempo mensurável e irreversível do contemporâneo – com a experiência do momento perfeito e divino de *kairos* – tempo de plenitude e de oportunidade – capaz de emprestar à cotidianidade beneditina uma renovação contínua na criação e na recriação da existência. Refletimos que talvez resida aí – nessa experiência sagrada "do tempo e das Horas" – aquilo que subverte o próprio tempo histórico e que permite aos beneditinos viver, na contemporaneidade, sob um ritmo temporal próprio, em uma celebração singular e permanente da existência.

Referências

AGAMBEN, Giorgio. **Altíssima pobreza:** regras monásticas e forma de vida. Trad. de Selvino J. Assmann. 1. ed. São Paulo: Boitempo, 2014.

____________. **Infância e história:** destruição da experiência e origem da história. Trad. de Henrique Burigo. Belo Horizonte: Editora UFMG, 2005.

BERNARDES, Rogéria. **Subjetividade silenciosa:** diálogos da psicologia com os monges beneditinos no contemporâneo. Curitiba: Editora Juruá, 2017.

____________. **Sobre sinos e monges**: o Tempo, as Horas e *o horologium vitae* no contemporâneo. São Paulo: Editora Dialética, 2021.

BINGEMER, Maria Clara. **O mistério e o mundo:** paixão por Deus em tempos de descrença. Rio de Janeiro: Rocco, 2013.

__________. **Alteridade e vulnerabilidade:** experiência de Deus e pluralismo religioso no moderno em crise. São Paulo: Edições Loyola, 1993.

__________. **O impacto da modernidade sobre a religião.** São Paulo: Edições Loyola, 1992.

BONOWITZ, OCSO, Dom Bernardo. **Buscando verdadeiramente a Deus.** Santo André: Mensageiro de Santo Antônio, 2013.

CHITTISTER, OSB, Joan. **Sabedoria que brota do cotidiano:** viver a Regra de São Bento hoje. Trad. I. F. de A. Camargo. Juiz de Fora: Editora Subiaco, 2004.

DIAS, Arcelina Helena Públio. **Além do silêncio:** peregrinação ecumênica por mosteiros da Europa. São Paulo: Editora Ave-Maria, 2008.

DOMINGUES, Ivan. **O fio e a trama:** reflexões sobre o tempo e a história. São Paulo: Iluminuras; Belo Horizonte: Editora UFMG, 1996.

ELIADE, Mircea. **História das crenças e das ideias religiosas, volume II:** de Gautama Buda ao triunfo do cristianismo. Trad. de Roberto Cortes de Lacerda. Rio de Janeiro: Zahar, 2011.

__________. **O sagrado e o profano:** a essência das religiões. Trad. de Rogério Fernandes. 3. ed. São Paulo: Editora WMF Martins Fontes, 2010.

__________. **Mito do eterno retorno.** Trad. José A. Ceschin. São Paulo: Mercuryo, 1992.

GRÜN, Anselm. **Os padres do deserto:** temas e textos. Trad. de Edgar Orth. 2. ed. Petrópolis, RJ: Vozes, 2010.

__________. **As exigências do silêncio.** Trad. de Carlos Almeida Pereira. 9. ed. Petrópolis, RJ: Vozes, 2012.

__________. **No ritmo dos monges:** convivência com o tempo, um bem valioso. Trad. Frederico Stein. São Paulo: Paulinas, 2006.

GUATTARI, Félix; ROLNIK, Sueli. **Micropolítica:** Cartografias do desejo. 11. ed. Petrópolis, RJ: Vozes, 2011.

HAN, Byung-Chul. **O Aroma do Tempo:** Um Ensaio Filosófico sobre a Arte da Demora. Trad. Miguel Serras Pereira. Relógio D'Água Editores, 2016.

LE GOFF, Jacques. **Para uma outra Idade Média:** tempo, trabalho e cultura no Ocidente. Trad. de Thiago de abreu e Lima Florêncio e Noéli Correia de Melo Sobrinho. Petrópolis: Vozes, 2013.

__________. **Em busca do tempo sagrado:** Tiago de Varazze e a Lenda dourada. Trad. Marcos de Castro. 1. ed. Rio de Janeiro: Civilizaçao Brasileira, 2014.

LITURGIA DAS HORAS. Disponível em: <http://www.liturgia.pt/lh/> Acesso em: 01 jul. 2013.

MASSIMI, Marina; MAHFOUD, Miguel, (orgs.). **Diante do mistério.** São Paulo: Edições Loyola, 1999.

MCGINNIS, Mark W. **A sabedoria dos beneditinos:** trinta monges e freiras compartilham as maiores lições de sua vida. Trad. de Claudia Pinho. Rio de Janeiro: Nova Era, 2007.

MERTON, Thomas. **A vida silenciosa.** Trad. Companhia da Virgem. 5. ed. Petrópolis, RJ: Vozes, 2011.

NORRIS, Kathleen. **O caminho do claustro.** Trad. Regina Lyra. Rio de Janeiro: Record: Nova Era, 1998.

ORDEM DE SÃO BENTO. Disponível em: <http://pt.wikipedia.org/wiki/Ordem_de_S%C3%A3o_Bento/> Acesso em: 25 mar. 2011.

OTTO, Rudolf. **O sagrado:** os aspectos irracionais na noção do divino e sua relação com o racional. Trad. Walter O. Schlupp. 3. ed. São Leopoldo: Sinodal/EST; Petrópolis: Vozes, 2007.

RUIZ, Castor. **Os labirintos do poder:** o poder (do) simbólico e os modos de subjetivação. Porto Alegre: Escritos Editora, 2004.

___________. A Filosofia como forma de vida (IV). A regra de vida (regula vitae), fuga e resistência ao controle social. Publicada na **IHU On-line 468**, de 29-06-2015.

WAAL, Esther de. **A procura de Deus:** segundo a Regra de São Bento. Trad. Mosteiro do Encontro. Curitiba, 1993.

WHITROW, Gerald. **O tempo na história:** concepções de tempo da pré-história aos nossos dias. Trad. de Maria Luiza X. de A. Borges. Rio de Janeiro: Jorge Zahar Editor, 1997.

CAPÍTULO 28

Do Sagrado entre nós

Sueli Guerreiro

Wilson Santos de Carvalho

No princípio, era o Verbo, e o Verbo estava com Deus, e o Verbo era Deus.

João 1, Bíblia Sagrada

1. Introdução

Este texto tem como intenção propor uma reflexão sobre a possibilidade de existir um ponto de intersecção entre uma forma de interpretar o cristianismo e as ciências psicológicas para a compreensão do ser humano. A primeira parte será uma exposição a partir dos preceitos cristãos, com os seus fundamentos e os seus valores sob a leitura do teólogo Wilson Santos de Carvalho ponto a ponto, alinhavando, sob uma matriz cristã fundamentada na Bíblia. Apresentando, primeiramente, um breve histórico e fundamentos dessa matriz para a compreensão dos sofrimentos da alma humana. A segunda parte será uma compreensão sobre o sofrimento da alma a partir das ciências psicológicas.

2. Primeira Parte

Esta primeira parte será um breve histórico sobre o cristianismo, a partir da história da relação entre o povo de Israel e o seu Deus, e a visão do Cristo a partir de um apóstolo João, que foi o apóstolo que mais versou sobre Ele e não sobre seus milagres. Em seguida, uma compreensão sobre os sofrimentos da alma humana a partir dessa matriz.

A Bíblia é o livro de referência para o cristianismo. O que está revelado na Bíblia Sagrada, no Velho Testamento, por meio de suas histórias, descreve os cuidados de Deus em conduzir o ser humano a conhecer o Cristo, o qual viria tornar-se humano também. Há um entendimento de que os escritores e os profetas foram inspirados por esse Deus para preparar as gerações desde Adão até Noé, Moisés e João Batista. Foi um espaço de tempo de quatro mil anos para que quando o Cristo viesse a terra, o povo da sua época não tivesse nenhuma desculpa para ignorá-lo. Quando o Senhor Jesus Cristo chegou às margens do Rio Jordão e João Batista o avistou, disse ao povo: *Eis aí o cordeiro de Deus que tira o pecado do mundo. João 1.36* (Bíblia, 1980). Esse gesto de João e a expressão da sua palavra deixaram bem claro que o povo já tinha ouvido falar que o Messias havia de vir. Enquanto o Novo Testamento trata Dele diretamente, sem usar a linguagem figurada do Velho Testamento. O Novo está se cumprindo a profecia do Velho Testamento. A Bíblia foi escrita inicialmente em papiro e pergaminho. O papiro era extraído de uma planta aquática. uma espécie de junco. Há várias menções dela mencionada na Bíblia. *Os idiomas originais da Bíblia são o* hebraico, para escrever o Velho Testamento, e o Grego para escrever o Novo Testamento. O número de escritores da Bíblia foram quarenta. Esses quarenta escritores foram homens pertencentes as mais variadas profissões e atividades. Viveram distantes uns dos outros, em épocas e condições diferentes. O primeiro foi Moisés e o último foi João, o apóstolo. O tempo para escrever foi mais de 1.500 anos. Apesar dessa dificuldade, a Bíblia não contém nenhuma contradição. Isso é uma das muitas provas da autenticidade da Bíblia como a Palavra de Deus. O cânon é a medida oficial, ou melhor, foi o nome da medida oficial dado ao critério usado para selecionar os verdadeiros livros inspirados dentre muitos escritos duvidosos. Foi preciso uma rigorosa regra da fé e da verdade para diferenciar os livros autênticos dos livros apócrifos. Por meio do cânon, foi testada a veracidade dos livros realmente inspirados que deu como resultado a coleção ou catálogo que recebeu o nome de Bíblia Sagrada. São 39 (trinta e nove) livros do Velho Testamento e 27 (vinte e sete) livros do Novo Testamento, em um total de 66 (sessenta e seis) livros que concordam com a regra tradicional e original da fé cristã. Existe uma interligação entre os livros, um livro faz menções do outro livro, de sorte que forma uma harmonia perfeita, unindo os 66 livros para expressar um só ideal, uma só doutrina. Esses livros foram catalogados, ou melhor, canonizados no terceiro século da era cristã. Também, os livros apócrifos, que são inscritos religiosos e históricos, que não foram aprovados pelo Cânon. Os livros Apócrifos não preencheram os requisitos exigidos pelo sagrado cânon e foram considerados sem valor doutrinário. São considerados apenas históricos e literários. A Bíblia Católica tem sete livros a mais que a Protestante. Estes sete livros são apócrifos que foram introduzidos à Bíblia 1.300 anos depois do Cânon no concílio de Trento, no ano de 1.546. Algumas matrizes cristãs não aceitaram esse acréscimo. Porém, não deve haver nenhum constrangimento diante desse caso, visto que esses livros não atingem a linha doutrinária já antes revelada. Existem também outras diferenças como o fato de capítulos e versículos com números trocados e os textos trocados.

Um recorte contendo a história dos judeus a partir de seu profeta Isaias:

> Essa época de escuridão e desespero não vai durar para sempre. Em breve Deus vai castigar a terra de Zebulom e Naftali; no futuro, porém, essa mesma terra será de glória. O povo que está andando na escuridão (ignorância) verá uma grande luz (conhecerá Jesus). Essa luz vai brilhar e iluminar todos os que vivem na "região da sombra da morte". Deus fará de Israel uma grande nação novamente. Os judeus viverão alegres como os lavradores quando chega a colheita, como os soldados que venceram uma batalha e conquistaram grandes riquezas. Isso porque Deus vai quebrar as correntes que prendem o seu povo, vai acabar com os sofrimentos da escravidão, vai quebrar o poder dos que maltratam o povo judeu, como quando os trezentos homens derrotaram o enorme exército dos midianitas. Nesse dia tão lindo (milênio)Não vai mais se ouvir exércitos marchando; os uniformes de batalha manchados de sangue serão todos queimados. Tudo isso porque um menino nasceu; porque Israel ganhou um Filho. Ele receberá todo o poder, o governo de toda a terra. Estes serão os títulos de nobreza que Ele terá: Maravilhoso, Conselheiro, Deus forte, Pai da eternidade e Príncipe da paz. O seu reino sempre crescerá e viverá em completa paz. Ele governará com justiça no trono de Davi, desde agora e eternamente. O Senhor do Universo (o Pai), providenciará cuidadosamente para que tudo isso aconteça". Isaias 9.1-7 (Bíblia 1980, pág. 658)

O profeta vê o futuro reino universal de Sião. Vê o próprio Rei; é predito o nascimento virginal do Rei; Isaías fala, com tons cadenciados e majestosos, da divindade desse Rei e da eternidade do seu trono. O profeta Isaías profetizou, para o povo de Israel, sobre o futuro reino de Cristo nos dias do milênio, porque os judeus não creram em Jesus e será dada a eles a oportunidade de crerem no Messias nos dias da grande tribulação, e, depois disso, as promessas se cumprirão e Jesus será o seu Rei.

A pessoa de Cristo e as suas funções específicas em relação ao ser humano em divisão de períodos. Assim, desta maneira o visualizarmos desde antes do nada até depois de tudo.

Os períodos são: O que Era – Relacionado à pré-existência, antes do nascimento do Senhor Jesus; o *Que é* – Período relacionado à igreja, da dispensação da Graça; O *que há de vir* – Período relacionado a Israel e ao desfecho final. O Cristo não deixa de ser algo para ser outro. Exemplo: deixa de ser O Verbo para ser O Arquiteto, mas vai somando na medida em que vai assumindo suas posições. Por outro lado, Ele não passa a ser aquilo no momento, mas sempre foi, simplesmente, passa a assumir no momento certo. Por exemplo, na presciência de Deus, o Senhor Jesus, quatro mil anos antes de sua humanização, já era O Homem, quando citado na referência a semente da mulher. Veja o verbo nasceu, conjugado no presente, antes do seu nascimento! Era o Cordeiro desde a fundação do mundo, assumiu a posição no Calvário, para continuar sendo o Cordeiro no céu. Também, continua sua posição de homem no céu. O verbo é a palavra com que declaramos ação. Nessa eternidade infinita passada, encontramos o Cristo atuando na expressão O Verbo, sendo a palavra de Deus a comunicação do Criador com os seres angelicais. Hoje, Ele é a palavra para nós. Nada que foi feito se fez sem Ele, porque Era O Verbo, porque era a palavra de Ação. Em faça-se, haja, aconteça, Cristo refere-se há um tempo que se gozava de uma glória especial, suas palavras parecem nos dizer algo incomum e sugere algo como sendo até antes da fundação do mundo. Na criação dos céus e da Terra, Ele é O Arquiteto. Em Gêneses 1.1 (Bíblia, 1980), está escrito: "*No princípio criou Deus os Céus e a Terra*", o Universo. Nesta frase, está revelado a imensidão de milhões de corpos celestes, em uma extensão incalculável do espaço sideral, que se compreende céus. O escritor, aos hebreus, chama de mundo os mundos ou universo, referindo-se aos planetas. Quando se fala da Terra, não se refere a terra de Adão, mas a terra do Querubim. Nesse estágio, o Senhor Jesus assume a posição de Arquiteto.

Consultando o original hebraico, temos o vocábulo amon, que traduzido é arquiteto, artesão ou mestre de obra. Para a palavra, aluno teria de ser imon; o que se deduz, é que houve um pequeno lapso no momento da tradução, no caso da versão revista e corrigida. Nesse estágio, ainda temos o prazer de comentar a beleza arquitetônica dessa terra original, a Terra de Luzbel. O profeta Isaías declara que Deus não criou a terra para ser um caos, mas para ser habitada. Certamente, tem muito em comum com a nova Jerusalém. Fazendo comparação com as pedras preciosas que o Querubim usava em seus vestidos e a expressão pedras afogueadas.

Com as pedras preciosas, usadas na construção da Nova Jerusalém, podemos crer que a terra original e a Nova Terra são muito parecidas, visto que o Arquiteto é o mesmo. Outro ponto importantíssimo, que não podemos deixar de frisar, é a imensurável Paz que reinava entre os moradores dessa terra original. A palavra guerra não existia em seu vocabulário, nem tampouco a palavra morte. Não se contava tempo, porque ninguém se preocupava com o final. Ali, estava a perfeita harmonia, o Pai, o Filho e o Espírito Santo, com todos os seres angelicais: Anjos, Arcanjos, Querubins e Serafins. Juntamente com os demais seres que se faz alusão do livro de apocalipse, vivendo na mais perfeita ordem, uma delícia de vida. Supõe-se que os animais pré-históricos tiveram seu habitat na terra original. O Caos, a terra sem forma e vazia. Ele é o cordeiro que foi morto. Nenhuma razão existe para que se estabeleça uma data para a criação do Universo com base nos dois primeiros versículos da bíblia.

> No princípio, criou Deus os céus e a terra. E a terra era sem forma e vazia; e havia trevas sobre a face do abismo; e o Espírito de Deus se movia sobre a face das águas. Genesis 1. 1-2 (Bíblia, 1980)

Pode ser que milhões ou bilhões de anos tivessem transcorrido entre esse versículo um e dois. Foi nesse espaço de tempo, extremamente antigo, que se deu a rebelião do Querubim Protetor, que é também chamado de Estrela da Manhã e Filho da Alva. Na Bíblia, não há uma dedicação aos fatos ocorridos nos céus, limita-se na expressão : A Terra era sem forma e vazia. O Senhor Jesus assume, nessa situação, a posição do Cordeiro que foi morto:

> ...escritos no Livro da Vida, do Cordeiro que foi morto desde a fundação do mundo. Apocalipse 13.8b (Bíblia, 1980)

O Cordeiro foi morto na presciência de Deus, quando surgiu o pecado. O único antídoto para do pecado da humanidade seria o sangue de Jesus, vindo ser consumado na cruz do calvário, conforme a revelação do apóstolo Pedro. Temos mais referência do que podemos aceitar a ligação com as catástrofes, o que tornou a terra sem forma e vazia.

> Ele levantou a sua voz e a terra se derreteu...que desolação tem feito a Terra, Salmo 46. 6-8 (Bíblia, 1980)

Estas expressões nos fazem crer que é concernente a guerra com o Querubim. A segunda referência é mais forte ainda, as que tanto o salmista, como o profeta Ezequiel, são levados pelo Espírito Santo a proferir mistérios, quando compunha seus versos baseados no livramento da mão de Saul, do mesmo modo que o profeta Ezequiel profetiza sobre o Reis de Tiro e do Egito.

A restauração da terra e a criação do ser humano. Ele é o senhor dos exércitos. A restauração da Terra teve um objetivo: a formação de um campo de batalha. Quando olhamos para a Terra, vemos nela um verdadeiro campo de batalha, de Gênesis até Apocalipse, os registros são: guerra, guerra e mais guerra. Tudo começou no terceiro estágio desse período. O Apóstolo Paulo fala em diversos pontos de suas epístolas sobre guerra e batalhas contra o inimigo de nossas almas. O homem foi criado para ser soldado do exército de Deus, colocado no Jardim do Éden como guarda ou vigilante. E os vencedores vão suprir o lugar vazio deixado pelo Querubim e seus anjos, que o acompanharam. Nesse estágio, o Senhor Jesus assume a posição de Senhor dos Exércitos; o exército celeste: *Vi o Senhor, assentado no seu trono, e todo exército do céu estava junto a Ele. I Reis 22-19* (Bíblia, 1980). E o *exército* Terrestre.

O primeiro soldado do exército terrestre recebeu uma poderosa arma para lutar e vencer: A Palavra. Infelizmente, não usou a Espada do Espírito, foi atingido no primeiro ataque do inimigo e caiu. O Senhor dos Exércitos saiu ao encontro do soldado ferido, envergonhado, desmoralizado. Presta-lhe socorro. Sangue é derramado, e o casal é revestido pela pele do animal abatido. Adão recobra seu ânimo. A arma do diabo é o pecado. A arma do Senhor Jesus é o sangue, o seu próprio sangue. Mais funções deste Sangue: o Sangue para justificar, o Sangue para purificar consciência e o Sangue para alvejar vestiduras. Cria, assim, o seu primeiro soldado para conquistar e derrotar o inimigo, guardando a terra. Após reabilitar o seu soldado, coloca-o outra vez à frente da batalha, a seguir, contemplamos o grande cenário dessa guerra espiritual: cenas que se desenrolam por meio das páginas da Bíblia Sagrada, que fazem tremer as nossas forças. Logo após a luta de Adão com a serpente, deparamos com a continuação sem trégua, o quadro que agora avistamos é dos dois irmãos, Abel e Caim. Porém, Abel venceu, seu sacrifício tinha sangue. Caim passou a ser um soldado de Satanás, e, assim, o exército da maldade proliferou. O Senhor Jesus durante dois mil anos conduziu os seus soldados, como Sete, o substituto de Abel, e seu filho Enos. Não podemos deixar de comentar sobre o valente soldado Enoque que, por 365 anos, honrou o seu general.

Na sequência dos fatos, quando o ser humano está alcançando dois mil anos de guerra, a maldade do homem se multiplica sobre a Terra, e toda imaginação dos pensamentos e de seu coração era só má continuamente. O propósito de Satanás era frustrar o conselho de Deus. O Senhor dos exércitos aciona o exército celeste, a natureza, o conjunto de seres que formam o universo, ouviu a voz do seu comandante e um dilúvio executou o juízo sobre todos os habitantes da Terra. Em consequência da desobediência, o dilúvio varreu da face da Terra o grande exército do inimigo. Somente o soldado Noé, comandante de um pelotão de setes soldados, é preservado para continuar a guerra com as hostes espirituais da maldade. Noé não tardou em celebrar a vitória, trazendo perante o seu comandante, O Senhor dos Exércitos em solenidade, a exibição da arma da sua vitória O Sangue do Cordeiro.

Trezentos e dez anos depois, Abraão, o grande general de campo, é avisado da destruição de Sodoma e Gomorra. Esse soldado, construtor de altares para adoração, sempre se apresentava diante de seu comandante sacrificando um cordeiro, que tipificava o cordeiro de Deus, que tira o pecado do mundo, por meio da sua intercessão, conseguiu livrar um soldado em perigo, Ló, o qual já tinha sido liberto da prisão e, milagrosamente, é salvo do fogo que destruiu a cidade onde morava. Assim, seguem sucessivamente os valentes e descendentes de Abraão: os patriarcas: Isaque, Jacó e José. Os demais valentes soldados como Moisés, Josué, Samuel, Gideão, Sansão, Davi, Daniel e todos os profetas, que sob o comando do Senhor dos exércitos, tiveram grandes vitórias.

O outro período: Que é. Os 33 anos da vida do Senhor Jesus, Ele é o Homem ressuscitado entre os discípulos, Ele é o dominador, no céu e na terra, e no inferno. Na peregrinação da igreja, Ele é o Salvador, Sacerdote e Sumo

Sacerdote. Nas Bodas do Cordeiro, na primeira parte da grande tribulação, Ele será o galardoador. Ele se tornou homem perfeito, homem padrão, demonstrando o verdadeiro Adão. O Adão que não fracassou. Os milagres operados pelo Senhor Jesus apresentam que aquilo que foi perdido, devido ao fracasso do homem, pode ser recuperado. O Espírito Santo não o poderia ter ungido a Deus. Isto prova a natureza humana do Senhor Jesus e a sua humildade. Ele operava os milagres pela unção do Espírito Santo na obediência do Pai. Ele nunca usou sua divindade durante o tempo de sua missão aqui na Terra. O Senhor Jesus representou o Pai para nos ensinar a representá-lo depois. Deus é glorificado em Cristo, o Filho do homem, para que o homem mais tarde, após a redenção, pudesse ser a causa da glorificação de Deus. O Senhor, o Filho de Deus, tornou-se o Filho do homem, para que os filhos dos homens tornassem filhos de Deus. Visto como uma heresia, existe um corrente forte de pensamento, querendo provar que o Senhor Jesus era meio homem e meio Deus. Quando queria agia como homem e quando queria agia como Deus. Se fosse assim, tornaria sem segurança a doutrina da encarnação. Alguns vão mais longe, chegam a dizer que o Senhor Jesus não sofreu, porque no momento da sua crucificação usou a natureza divina. Tenhamos cuidado para não nos confundirmos, equivocarmo-nos, dando ênfase e pela eloquência, dar-nos indícios dessa heresia. Se argumentarmos que os milagres eram feitos por Jesus como Deus, não teremos argumentos para refutar os ensinamentos errados que dizem que o Senhor Jesus não sofreu na Cruz como homem. Apesar Dele ser divino, podemos dizer existir na substância, nunca deixou de ser Deus, mas não considerou ser igual a Deus. O Senhor Jesus cumpriu sua missão sem, em momento algum, fracassar, saindo da posição que assumira, um nível humano. Nasceu como homem. Adão, sem pecado, e viveu como homem, morreu como homem e ressuscitou como homem. Ele não poderia sair do sepulcro ou ressuscitar a si mesmo, por causa da missão que assumiu, teve que aguardar ser ressuscitado pelo Pai. A mente de um homem natural entra em conflito quando tenta conciliar a mistura do humano com o divino. Se confundem ao explicar as coisas do Espírito de Deus, perdem o juízo, porque só o Espírito Santo, por meio da revelação da palavra de Deus, na mente de um homem espiritual, pode revelar esse mistério. A Bíblia não diz que o Senhor Jesus deixou de ser Deus para ser homem, nem tão pouco ser meio homem e meio Deus, fazendo uso das duas naturezas. Porém, a sua natureza divina subsistia na qualidade de servo ou se ocultava na forma humana, desde o ventre de Maria até que subiu ao céu e recebeu todo poder. O Senhor Jesus, logo em seguida à sua ressurreição dentre os mortos, subiu e se apresentou ao Pai. Isto é o que entendemos na expressão usada à Maria*: -Não me detenhas; porque ainda não subi ao meu Pai,...subo para meu Pai.* Uma outra frase que nos dá suporte a esta linha de pensamento é: *Todo poder é me dado no céu e na terra.* Perguntamos: Quando Ele recebeu esta autoridade? Quando se apresentou ao Pai conforme disse à Maria: subo ao Pai. Ele ainda acrescentou: diga aos meus discípulos que eu vou subir ao

Pai. Maria já tinha recebido ordem dos anjos para ir à Galileia e esperar junto aos demais discípulos, porque o Senhor estaria lá. Madalena, a mãe de Tiago e Salomé estavam muito agitadas, nada entenderam, pelo contrário, assombraram-se. Essa agitação impediu o conhecimento das mulheres, todo esforço do anjo para nada adiantou. O Senhor Jesus dirigiu-se diretamente a Maria para acalmá-la; usou o timbre de sua voz costumeira, a que costumava tratar Maria, para chamar sua atenção. Esse contexto chama nossa atenção para um detalhe; o Senhor esperou sua mensageira tranquilizar-se para repetir a mensagem já dita pelo anjo, para depois subir ao Pai para apresentar sua missão cumprida. O homem vencido por Satanás, precisava de um Homem para devolver-lhe o poder e a honra. Era preciso um homem para demonstrar o que é um homem ungido pelo Espírito Santo! O Senhor Jesus tornou-se Filho do homem para os filhos dos homens se tornarem filhos de Deus. Deus habitou a Terra entre os homens, para que o homem pudesse habitar o céu entre os anjos de Deus.

Da ressurreição à ascensão, ele é o dominador. Esse espaço de tempo, ou seja, quarenta dias em que o Senhor Jesus passou com seus discípulos, entre a ressurreição e a ascensão, revelam a diferença que há entre o tempo vivido por Jesus como homem, para vencer a satanás, e o tempo que agora vive entre os discípulos, depois de ressuscitado. Nesse estágio, Ele faz uso das duas naturezas. Agora Ele entra e sai sem respeitar as leis físicas. Enquanto o corpo do Senhor Jesus estava na sepultura, o seu espírito, ou melhor, Ele em espírito, estava no Hades, onde se juntou aos santos que morreram durante o tempo do antigo testamento. O Hades se dividia em duas partes: lugar de tormento e seio de Abraão. Somente após a ressurreição, que subiu ao céu. Maria quis detê-lo, mas Ele não a permitiu, alegando não ter ainda se apresentado ao Pai. Essa expressão do Senhor, *"ainda não subi ao Pai"*, leva-nos a crer que apesar da sua missão estar completa, até os espíritos em prisão, aqueles mortos antes do dilúvio, também já tinham ouvido o evangelho, conheceram o Senhor de Enoque, de Noé, estes pregoeiros antediluvianos. Na verdade, o Senhor Jesus não evangelizou, mas proclamou sua vitória sobre todas as forças do mal e confirmou a veracidade da pregação durante a dispensação da consciência. Porém, Ele ainda não poderia se ocupar em nada, enquanto não se apresentasse ao Pai. Certamente, foi nessa cerimônia que o Senhor recebeu o poder e o domínio sobre tudo. E o Senhor Jesus recebe o domínio, inclusive do inferno. O Senhor Jesus permaneceu durante 40 dias com os discípulos, manifestando a eles periodicamente por espaço curto de tempo, certamente para consolidar a fé deles. Os discípulos o conheceram como homem e como Deus. Antes da ressurreição, o conheceram como o nazareno. Após a ressurreição, conheceram-no como Deus. Após a ressurreição, o Senhor pode usar as duas naturezas, comeu pão com eles e, ao mesmo tempo, entrava nos recintos com as portas fechadas.

O período da ascensão até o arrebatamento da igreja. Salvador, Sacerdote e Sumo Sacerdote. Os primeiros pregadores do evangelho não precisavam explicar o que quer dizer a palavra Salvador aos judeus, isto já haviam aprendido pela história da nação de Israel. Eles já sabiam que significava: libertador, protetor, amparador e redentor. Eles conheceram Moisés, Josué e José do Egito. Estes três foram os salvadores que conduziram o povo até chegarem a tomar posse da terra prometida. Depois, conheceram outros como Sansão, Gideão, Samuel, Davi, Neemias, Daniel e muitos outros. Estes homens, usados por Deus, salvaram o povo de situações difíceis, como o Mar Vermelho, escravidão dos Filisteus, Midianitas, do Egito, de Babilônia e outros mais. Porém, quando se fala do Salvador Jesus Cristo, estamos falando de algo muito mais precioso, que é a salvação eterna da alma, não somente a salvação no sentido físico e de situações temporais. A nação de Israel esperava por um salvador que restaurasse a situação política do povo. Porém, o Senhor Jesus veio para salvar a alma, restaurar a comunhão do povo com o Pai, libertar o homem do domínio de satanás, destruir o império do pecado. A Bíblia Sagrada revela que, desde a queda, o homem, como indivíduo ou como saciedade, está em a desesperada necessidade de socorro. O fracasso, a destituição, o vazio da alma, a alienação, a escravidão, a rebelião, a enfermidade, a corrupção e morte destroem o ser humano. Nenhum poder humano ou poder religioso e nem mesmo o poder da lei puderam trazer soluções a esta problemática, que deixou a humanidade nessa incômoda situação. Até que um anjo apareceu aos pastores que apascentavam suas ovelhas em uma noite fria de inverno e anunciou-lhes a primeira mensagem do evangelho. Mensagem esta, que marcou uma mudança de vida para toda a humanidade, o nascimento do Salvador. O povo de Israel esperava a vinda do Messias. Alguns samaritanos reconhecem que Jesus é o verdadeiro Messias e Salvador de todo o mundo. A preocupação principal dos apóstolos era apresentar Jesus como o Salvador. Em todas as oportunidades, aproveitavam para dar ênfase à remissão que é a salvação, a libertação oferecida pelo Salvador. A manifestação do Salvador aniquilou o império da morte. A salvação é vida eterna. A salvação torna a morte impotente e ineficaz. A morte perdeu sua capacidade de ser o ponto final na vida humana. O Apóstolo João procurou defender a comunidade cristã de sua época das heresias gnósticas, doutrina que ignorava os fatos históricos do ministério, da morte e da ressurreição de Jesus. Negavam a humanidade de Jesus. O apóstolo João colocou-se como testemunha do plano de Deus, realizado em Jesus para salvar o mundo. O Cristo, então, como sacerdote. A ideia fundamental de sacerdote é a de um mediador entre o homem e Deus, como na verdade aparece o profeta entre Deus e o homem. O sacerdote atestava a vida pecadora do homem, a santidade de Deus e, por consequência, a necessidade de certas condições, para que o pecador pudesse aproximar-se de Deus. O homem devia ir a Deus por meio de um sacrifício e estar perto de Deus pela intercessão. Aqueles que conhecem a Jesus Cristo como salvador e tem um conhecimento como redentor, ainda não conhecem tudo, se não o conhecer como Sacerdote. O Sacerdócio envolve o acesso a Deus. Os cristãos hebreus conheciam o Senhor Jesus como Redentor, mas deviam também conhecê-lo como Sacerdote, oferecendo-se, então, a oportunidade de um livre e corajoso acesso a Deus. O Senhor Jesus é eleito Sacerdote em virtude da própria união pessoal da natureza divina com a natureza humana. O Sumo Sacerdote é o principal dos sacerdotes judaicos. Arão e seus filhos foram solenemente separados para exercerem o cargo sacerdotal Arão ocupava o primeiro lugar, sendo hereditário essa preeminência. O Sacerdócio de Senhor Jesus e Melquizedeque. No livro de Hebreus na Bíblia (1980), é centro do assunto tratado em todo confronto entre o sacerdócio levítico e o sacerdócio de Cristo. Depois de apresentar Melquizedeque, põe em confronto o seu sacerdócio com o de Levi, demonstrando a seguir que Jesus participa do sacerdócio de Melquizedeque e não do sacerdócio da lei, ao qual é superior. Melquizedeque, personagem misterioso, como uma aparição, que, em vista do significado de seu nome, rei de paz, rei de justiça e suas relações com o patriarca Abraão, é uma figura belíssima de Cristo, rei de paz, rei de justiça, como um homem sem pai, como Deus, sem mãe. Se, portanto, foi mudado o sacerdócio, o culto que também era o propósito da lei, logicamente, foi também anulado. Cristo, Sumo Sacerdote, é da tribo de Judá, por conseguinte, estão anulados privilégios da tribo de Levi, isto é, o sacerdócio levítico. Os sacerdotes levíticos eram sacerdotes pela simples descendência da linhagem de Arão: Jesus, ao invés, é sacerdote por sua própria pessoa, tanto como humano quanto divino, por causa disso, é capaz de comunicar uma vida indestrutível, que é a graça de Deus.

O evangelho de João foi escrito 50 anos após a ascensão de Cristo. Nessa época, surgiram muitas heresias sobre a pessoa de Jesus. Dois extremos: uns não aceitavam a divindade e outros não aceitavam a humanidade. O próprio Jesus, vivendo como humano na Terra, refere à unidade entre Ele e o Pai. Jesus é Deus porque é triúno; Pai, Filho e Espírito Santo. No velho testamento, nem o Filho e nem o Espírito Santo foram revelados, mas estavam lá em plena atividade. O evangelho de João foi escrito para revelar a divindade de Cristo como o verdadeiro Filho de Deus. Na análise de João, em referência à pessoa do Senhor Jesus como o Verbo, está tratando da comunicação verbal de Deus Pai com os homens por meio do Filho. O homem fica sabendo sobre Deus, o que Deus tem para o homem e o que Deus quer do homem. Ele veio de Deus, não veio de Maria. Muito antes de seu corpo humano ser formado no ventre da virgem, o Verbo já estava ativo na criação. Ele não é um Deus; a frase: O Verbo era Deus; está destacando-o como Verbo, o Unigênito e Eterno Filho de Deus, que se encarnou e se fez homem, tornou-se sujeito às leis físicas para ser o comunicador. Nele estava a vida, trouxe nele a vida; a mesma vida que estava em Adão pelo sopro Divino. Adão não conseguiu passar para nós essa vida, aquilo que deveria iluminar a humanidade teve ação contrária, tornou-se trevas.

O seu testemunho, seu caráter, sua submissão e obediência ao Pai, sua santidade como homem fizeram o que Adão deixou a desejar, ser Luz. Seus ensinamentos trazem à tona os mistérios da sua Divindade; por isso, o Apóstolo João focaliza, no seu evangelho, mais as palavras do Senhor ditas em seus discursos e conversas do que os milagres por Ele operados. O livro escrito por João nos remete às palavras iniciais de Gêneses em que Jesus é chamado Deus. João declara que Jesus existe desde a eternidade infinita passada e participou da criação do universo, e o chama de O Verbo ou A Palavra. Em Gêneses, temos repetidas vezes: "E Disse Deus". E João faz referências à glória que ele tinha com o Pai antes de existir o mundo. Assim, Jesus é a exata expressão de Deus para a humanidade. Uma característica importante de Cristo, é ser uma fonte de água viva, o que nos é demonstrado na história da mulher samaritana, em João capitulo 4 versículo 5 ao 10. Nos versículos seis, diz: *Era meio-dia, o Senhor Jesus sentiu-se cansado e sentou-se à beira do poço de Jacó, enquanto seus discípulos foram a cidade para comprar lanche.* E surgiu uma mulher samaritana que vinha para tirar água do poço. Os samaritanos não tinham amizade com os Judeus, nem se cumprimentavam por questão de religião. Essa mulher era uma pessoa sofredora; cheia de frustrações, estressada e triste. O Senhor Jesus, sem se importar com as diferenças religiosas, abre um diálogo com ela, pedindo um pouco de água. A pobre senhora, por não saber com quem estava falando, retrucou duramente e: "Como se atreve a me pedir água, não vês que sou samaritana?" (versículo 9). O Senhor insiste, e lhe oferece Água Viva. A curiosidade é despertada. Nasce também uma sede na sua alma, dessa água diferente.

A comunicação está estabelecida, a mulher começa a beber da Água Viva, que é a palavra de Deus, colocada nos corações pelo Espírito Santo. As feridas da sua alma começam a serem curadas.

As cinco tentativas de construir um lar, somente trouxeram frustrações que feriram sua alma. Ao ouvir as palavras do Nazareno, a situação começa a mudar no seu interior. Uma sensação nova de alegria e prazer de viver invade seu coração. Ela percebe que aquele homem tem algo incomum (versículo 19). Porém, ela tem mais um grave problema; "Tradição religiosa", uma antiga religião que nunca lhe ofereceu felicidade, somente ritualismo, preceitos e fardos pesados e saturados de doutrinas de homens. A diferença é que ela tinha um segredo guardado dentro do coração; uma sede de conhecer o Messias. (versículo 25).

Quando o Senhor se revela e diz: "Eu sou Messias"; uma torrente de alegria indizível toma conta dela e com toda euforia sai anunciando com muito gozo, como quem encontra um oásis, fonte de água em um deserto. Deixa seu cântaro; as obrigações ficaram para depois. Vai a cidade que fica a mil metros aproximadamente e diz às pessoas que encontra "Encontrei o Messias! Vinde comigo e lhes apresentarei". Foi grande mudança na vida dessa mulher!

Outra característica seria a de oferecer o Novo Nascimento. Uma noite, um líder religioso chamado Nicodemos, membro do grupo dos fariseus, veio fazer uma visita a Jesus, disse a Ele: Senhor, todos nós sabemos que Deus o enviou o para nos ensinar. Os seus milagres são uma prova suficiente disso. E Jesus respondeu: – Com toda sinceridade que tenho, digo-lhe isto: Se você não nascer de novo, nunca poderás entrar no reino de Deus.

Outra característica seria o seu amor. O mundo dos homens, alienado e condenado, recebem no dom do amor como Ágape e a opção de vida eterna. O propósito do Pai, ao dar seu Filho para morrer na cruz, foi trazer salvação, como prova do seu grande amor pelo ser humano.

Para os cristãos, seguindo as escrituras sagradas, relatado no período das Bodas do Cordeiro na primeira parte da grande tribulação, Ele é o Galardoador. A Bíblia menciona as recompensas, galardões para os cristãos. O Apóstolo Paulo fala, inclusive, da instalação de um tribunal para julgar as obras de cada um, uma apreciação ou uma análise para que o pagamento seja justo. Esse acontecimento será pós-arrebatamento da igreja, o galardão vem com ele na sua vinda.

De acordo com estas revelações bíblicas, não temos nenhuma dúvida que o momento do recebimento dos galardões será na chegada da igreja no céu, durante as bodas do cordeiro. O Cristo, a fonte inesgotável de dons, concedeu aptidões especiais a cada um. Por isso, quando alguém se dispõe a viver sem a orientação de Deus, Paulo diz que não receberá galardão nenhum. Há muitas precipitações quando se fala em fazer uma obra para Deus: pessoas deixando o emprego para ir às missões, as igrejas tem gastos tremendos na área de evangelização, baseados apenas em projetos e organogramas, como se a obra de Deus fosse uma indústria ou uma empresa comercial, esquecendo que se o Espírito Santo não operar, não adianta aplicar dinheiro, talento, tempo e sacrifícios físicos. Tudo é em vão. Alguns conseguem formar grandes grupos de religiosos, milhões de pessoas, mas não de pessoas salvas, simplesmente religiosas, estando na igreja apenas para melhorar de vida e buscando bênçãos materiais. Vivem anos e anos a beira do tanque de Siloé, e este é o tipo de trabalho que seus obreiros não recebem galardão. O Espírito Santo jamais chamará uma pessoa sem amor. Apesar de que os púlpitos estão cheios de homens egoístas e avarentos e muitos presunçosos sem aptidão para cuidar do Reino de Deus. Nem por isso o Espírito Santo mudou os seus desígnios. Naquele dia, declarara-se o Justo Juiz que vai coroar os vencedores honestos, os verdadeiros doutrinadores, ensinadores da justiça, que ensinavam e praticavam a justiça, estes receberão galardões.

Haverá galardão para os que ajudam os pobres. Porém, cuidado, não pratiques suas boas obras publicamente para serem admiradas, quando ajudar alguém não fique contando para todo mundo, chamando a atenção para os seus atos de caridade. Quem pratica atos de caridade com amor não tem coragem de contar para ninguém. O amor não se ensoberbece. Haverá galardão para o que amparar um homem de Deus. O Senhor Jesus promete recompensas a todo e qualquer esforço que fizermos em favor do seu reino, não se esquecendo dos que trabalham na sua obra. Haverá galardão para quem é firme na fé.

Até aqui, nos falamos somente sobre a igreja arrebatada; não podemos esquecer que, aqui na terra, a situação é bem diferente. O anticristo assume o controle mundial e estabelece um governo por sete anos. Esse imperador promete o fim das guerras. Porém, é uma paz falsa. Não estamos tratando de um estudo escatológico; apenas focalizando situações ligada diretamente à pessoa do Senhor Jesus. Nesse outro período: O que há de vir. Segunda parte da grande tribulação, Ele será o vingador. No período do Milênio, Ele será o Rei de Israel. *No* Trono Branco, Ele será o Juiz. Na Eternidade Infinita, Ele será o Reis dos reis e Senhor dos senhores.

Retomando a segunda fase da grande tribulação. Ele é o Vingador, o governo mundial decretará guerra contra o Altíssimo.

Todo o povo de Israel se levantará com os seus aliados para defender o verdadeiro Messias, que agora crerão, reconhecerão e se converterão em tempo de muita angústia. Acontecerá uma grande guerra civil que envolverá o mundo todo. Os inimigos de Cristo adorarão seu imperador, o monstro, ou seja, na linguagem bíblica, a besta. Haverá uma grande perseguição contra o povo de Deus, que são judeus, ou melhor, os israelitas, a igreja estarão no céu. Antes da deflagração do bombardeio, o Senhor Jesus vai separar e assinalar os 144 mil israelitas fiéis, os que não aceitaram a união com a besta. A ira de Deus começa a ser executada sobre os povos adoradores da besta, sete taças são derramadas sobre a terra foice aguda. A foice na mão do anjo simboliza os juízos de Deus sendo executados sobre os ímpios. Veja que o Senhor Jesus que aparece nessa cena tomando vingança. Ele é o Vingador. O lagar é a figura do local onde se dará o confronto dos exércitos de satanás e os exércitos do Senhor Jesus. Na verdade, reunirão-se dez impérios para dar apoio a besta. Esses reinos confederados e liderados pelo anticristo, que é a besta, levantarão-se para destruir o povo de Israel no Vale Hinon ou Armagedon. Este vale tem aproximadamente 300 km de comprimento. O próprio Senhor Jesus pisará o lagar em defesa do seu povo, Israel.

O povo da Besta invadirá a terra de Israel, marcharão primeiro a conquistar Jerusalém, será uma luta encarniçada. Quando ambas as forças se centralizarem na planície das terras de Megido, que é o Armagedom. Os homens servirão apenas de bucha e material de combustão na grande chacina feita pelos demônios, que brincam para ver quem matam mais. Na visão do quarto selo, João viu a própria morte personificada, demonstrando seu poder destruidor. É importante saber que todas as nações da terra destruídas pelas pragas que virão, o restante concentrado lá no oriente, em volta de Israel. O grande cortejo permanecerá pairado nos ares sobre a terra de Israel, e todos verão o Senhor e assombrar-se-ão, e atemorizados se evadem, em verdadeiro pânico, como para salvar a vida, cada um fugirá por si mesmo, escondendo-se nas cavernas e nas rocas das montanhas. O povo de Israel que é quase derrotado e humilhado pelos seus inimigos, tendo a vista aquele maravilhoso quadro, reconhece o Senhor Jesus a quem seus ancestrais crucificaram;

e, como recebendo um alento vindo do céu mediante aquela contemplação, em um último impulso, todo povo erguesse e corresse em direção ao monte das oliveiras, com grande pranto e júbilo ao mesmo tempo. O poderoso príncipe de Israel permanecerá apenas pairado nos ares e ordenará, primeiramente, a prisão dos dois líderes visíveis, a besta e o falso profeta, os quais serão lançados vivos no lago de fogo. Na presença de seus inimigos, seguidores e os demais serão mortos apenas pela palavra proferida por Cristo, todos os possessos pelos demônios, que se tem constituído inimigos, perecerão. Cumpre-se o sonho profético de Nabucodonosor, interpretado pelo profeta Daniel. O Messias é a pedra que cai e de um só golpe põe fim de uma vez para sempre os reinados dos homens e de satanás. O reino representado pelos dois braços de prata trata-se do império da Média e da Pérsia, que sucederam o império Babilônico. O reino representado pelo bronze é o império da Grécia, de Alexandre, O Grande. Os soldados gregos vestiam-se de armaduras de bronze. O quarto reinado, representado pelo ferro e barro, simboliza o império Romano. Os romanos eram um povo forte e disciplinado, mas formaram alianças com nações estranhas que, infiltrando-se na própria cidade de Roma, trouxeram vícios, superstições e fraquezas de caráter ao império. O Senhor Jesus, a pedra que do Monte Santo de Deus foi cortada sem mãos humanas, apareceu justamente nos dias do império Romano para implantar o Reino de Deus aqui na terra, os verdadeiros cristãos já possuem o poder desse reino. Porém, o dia chegará em que se concretizará toda profecia, quando subjugará todos os seus inimigos debaixo dos pés. No julgamento das nações, que se dará no final da grande tribulação, aparecerá, nesse gigantesco evento, três tipos de pessoas: – Aquele tipo que tem fé, mas não têm as obras, parecidos com ovelhas, estão sempre em cima do muro, quer dizer, são indiferentes, são aqueles que estão sempre dizendo: Falar em Deus, já está bom. Gostam de frequentar igrejas cristãs. Infelizmente, existem muitos incluídos neste grupo, são seguidores que buscam mais as experiências religiosas e presenciam manifestações sobrenaturais, do que a palavra de Deus e seus padrões de justiça, andam atrás de milagres e profecias.

O povo que mesmo que não sejam da nação de Israel e não pertenciam a igreja no arrebatamento, mas creram em Jesus e o serviram durante a grande tribulação. A maior parte morrerá martirizada pelo Anticristo, porém, alguns sobreviverão. Logicamente, são pessoas que conheciam o evangelho, seus parentes, muitos que foram até pastores, mas descuidaram e Jesus veio e eles ficaram. Estes, por conhecerem as escrituras e saber que o tempo dos gentios já se acabou e agora é a vez dos judeus, darão apoio aos judeus para agradar a Jesus. O terceiro: Os israelitas. Eles são os irmãos do Senhor Jesus.

Em seguida no milênio: Ele é o Rei de Israel. O milênio é o período de mil anos de perfeita paz, que terá um rei e este será o próprio Senhor Jesus. Satanás, o acusador de todos os males e sofrimentos, estará preso, não haverá nenhuma influência maligna. O Senhor Jesus será o rei de Israel. O governo de toda a terra estará sobre os seus ombros. Estes serão os seus títulos de nobreza; Maravilhoso, Conselheiro, Deus forte, Pai eterno e Príncipe da Paz. Ele governará com justiça perfeita no trono de Davi. Naqueles dias, o mundo todo será governado por Cristo e a capital será Jerusalém. Dali, o Senhor decretará as suas leis e anunciará suas decisões, vai ser de transformar o material e máquinas de guerra em instrumentos e máquinas agrícolas. O Deus do céu estabelecerá um reino que nunca será destruído, nenhuma nação conquistará esse reino. Ele reduzirá os outros reinos a nada e ficará firme para sempre. Esse é o significado da pedra que foi cortada sem uso da força humana. O Senhor será rei de toda Terra, somente o seu nome será adorado. O reino desse mundo agora pertence ao nosso Deus e a seu Cristo, Apocalipse 11 e 15 (Bíblia, 1980). Seu reinado será de muita paz. Haverá paz universal, todos quartéis e escolas militares serão fechados. Todos viverão tranquilamente em suas próprias casas.

A igreja que foi arrebatada vai auxiliar no governo do Senhor Jesus; ocupará o cargo de sacerdotes e de reis. João Evangelista ouviu em uma visão lá no céu, um cântico de um hino, cujas palavras se referiam no governo de Cristo no milênio:

> "Digno é de receber o rolo de pergaminho, e quebrar os seus lacres e abri-lo; porque foi morto, e com seu sangue comprou gente de todas as nações, como dádivas à Deus. E os reuniu num reino e o fez sacerdotes de nosso Deus; e eles reinarão sobre a terra". Apocalipse 5. 8-10 (Bíblia, 1980)

Nesse governo maravilhoso, haverá também longevidade. Não haverá criancinhas morrendo com poucos dias de nascimento. As pessoas viverão muitos e muitos anos. Aos cem anos, serão considerados jovens. O povo viverá tanto quanto as árvores. Terão tempo de aproveitar os resultados dos seus esforços, plantarão e comerão do fruto. No final do milênio, haverá algo muito desagradável para provar os que nasceram durante o milênio.

Em seguida, no Juízo do trono branco, ele é Juiz. O grande trono branco. O julgamento aqui descrito é chamado "julgamento do grande trono branco". Abrangendo todos perdidos, desde Caim até o último ímpio, todos os perdidos de todas as épocas, comparecerão diante do Trono Branco, para ser sentenciado de acordo com suas maldades. Não será um julgamento para quem vai ser salvo ou perdido, mas para julgar as más obras e estabelecer o nível, ou seja, o grau da sentença. Os mortos que lá terão que comparecer serão julgados pelos livros e não pelo Livro da Vida. Os que estavam escritos no Livro da Vida não precisarão ser julgados, porque seus nomes já estão escritos no Livro da Vida. Os julgados foram os que não estavam escritos no Livro da Vida, havia outros livros além do Livro da Vida. Assim como no tribunal de Cristo, os cristãos serão julgados para receberem seus diferentes galardões, mas todos serão salvos, assim também no trono Branco, haverá sentenças diversas, porém todos estarão perdidos. O juízo do Trono Branco é um julgamento somente para os mortos. Não será estabelecido sobre a terra, nem em relação aos tempos e dispensações. É uma cena exterior a história humana, passando do tempo e do espaço, para a eternidade. Quem é o juiz sobre o Grande Trono Branco? Não é o Pai, mas o filho.

E, por fim, a Eternidade. Ele é o Rei dos Reis, O Senhor dos senhores. Após o grande dia do julgamento do Grande Trono Branco, quando tudo que se refere à história do ser humano tiver terminado. Quando tudo que possa trazer lembranças do pecado for completamente removido, então a justiça, a paz, e a glória dos redimidos serão perfeitas. Ouvir-se-á o grande e solene discurso daquele que está assentado sobre o trono da glória. Ele discursará para todos os salvos, aqueles comprados com seu sangue de todas as tribos, nações e línguas, e então dirá: *Está terminado*!

Por esses ensinamentos, os homens têm suas atribuições diante desse Deus Trino. Os ensinamentos sobre preceitos cristãos como o de não pecar, o batismo e a Santa Ceia.

O pecado: Transgressão da Lei de Deus. Quando Adão e Eva pecaram, não foi outra coisa a não ser desobediência a ordem divina. A contradição é exatamente o caráter do pecado. A referência sobre a origem do pecado seria a de um anjo, o querubim, quis ser igual a Deus. Antes mesmo de Adão e Eva pecarem, o pecado já estava presente no universo. Esse querubim hoje é o diabo, Deus não o criou. Porém, o querubim pecou e se tornou diabo. Por isso, esse ser angelical rebelde deu origem ao pecado. O seu pecado foi a soberba e a inveja. Porque Deus condena o pecado? Por que o pecado destrói o ser humano, o qual Deus tanto ama. É uma lógica, o vício, a prostituição, os crimes, enfim, tudo que é contra o bem-estar do ser humano é condenado por Deus; é definido como pecado. Porque o homem erra sem intenção de contrariar a Deus e comete pecado? Por falta de conhecimento. Porém a falta de conhecimento não justifica, porque constitui pecado de negligência, quer dizer relaxamento, desinteresse por agradar a Deus. A nação de Israel perdeu seu privilégio, porque não se interessou em conhecer Jesus. Existe pecado que Deus não perdoa, o pecado de blasfêmia contra o Espírito Santo. Porém, para o pecado, há o arrependimento, esta seria uma das doutrinas básicas, onde se firma a fé cristã. O arrependimento é basicamente uma radical mudança de mente. Consiste em uma transformação de pensamento, atitude e direção. Diferentemente de remorso, pois o remorso seria um sentimento de culpa, que causa tristeza e desgosto pelo erro cometido. Quando o remorso pelo pecado é um efeito do Espírito Santo na vida do pecador, então poderá se chegar ao arrependimento. O remorso seria a voz da consciência, que nem sempre leva ao arrependimento. Judas, como exemplo, não foi tocado pelo Espírito Santo, mas pela consciência. Não houve conversão, nem mudança no seu caráter. Outro exemplo é Esaú, irmão de Jacó, que buscou com lágrimas o arrependimento e não o encontrou. Suas lágrimas eram simplesmente um fruto de um tremendo prejuízo por ter vendido o direito da sua primogenitura. Em contrapartida, temos o exemplo de Pedro:

> Então, Pedro se lembrou da palavra que Jesus lhes dissera: Antes que o galo cante, tu me negarás três vezes. E saindo dali, chorou amargamente. Mateus 26.75 (Bíblia, 1980)

O batismo Cristão, na ordem de Cristo, é o batismo estabelecido pelo Senhor Jesus com característica diferente dos demais rituais de batismo e registrada também na Bíblia Sagrada. Não há outra, se essa fórmula for alterada, deixará de ser batismo instituído pelo Senhor Jesus e perderá, portanto, sua validade. Quando os discípulos batizavam em nome do Senhor Jesus Cristo, não estavam mudando o preceito do Senhor, mas, pelo contrário, o escritor sagrado estava especificando o batismo de acordo com a ordem do Senhor Jesus, que é justamente em nome do Pai, do Filho e do Espírito Santo. A palavra batismo quer dizer: mergulho, banho, imersão. A forma correta do verdadeiro batismo é por imersão e é o símbolo de sepultamento do homem velho morto.

A Santa Ceia. Os valores simbólicos dos elementos da Santa Ceia: o pão e o cálice de vinho exposto no momento solene do culto. O pão: Símbolo do corpo de Cristo. O ato da Santa Ceia é um memorial que comemora a vitória de Cristo contra o pecado e contra Satanás. E tem diversas significações: É uma confissão de unidade cristã, de que tudo devemos à morte de Cristo, do nosso interesse pessoal em Cristo, de que esperamos sua volta.

A vida além-túmulo. Primeiro: há somente dois destinos após a morte: descanso eterno ou suplício eterno. O rico foi sepultado, mas sua alma foi para o inferno. Enquanto o mendigo foi para o seio de Abraão, que significa o descanso eterno. Segundo: ninguém fica aqui nesse mundo vagando a morte. Terceiro: tanto o céu quanto o inferno são realidades. Quarto: não existe mais chance após a morte; o rico tentou, mas não conseguiu. Quinto: não existe passagem entre o lugar dos perdidos e dos salvos. Há um grande abismo entre eles. Sexto: há lembranças da vida terrena lá na eternidade, o rico lembrou-se dos seus pecados. Sétimo: não há reencarnação. Se houvesse o Senhor Jesus teria contado uma história diferente. Para uma vida do além-túmulo, um aspecto: o inferno.

> Quem não foi achado inscrito no livro da vida, foi lançado para dentro do lago de fogo. Apocalipse 20.15. (Bíblia, 1980)

Esse assunto é muito debatido e discutido. Quando falamos sobre o inferno, surge logo uma porção de ideias, críticas, medo, enfim, uma miscelânea de atribuições crédulas e incrédulas sobre o tema. Uns acham que existe o inferno, outros acham que não. E não é um tacho de água fervendo ou uma fornalha acesa, com um carrasco de rabo e chifres, com os pés parecidos com os pés de bode. Alguém diz também que esse personagem tem um enorme garfo, com o qual espeta as almas dos que são sentenciados, e joga para dentro do tacho ou da fornalha. Essa ideia não passa de mitologia, com base na religião dos Amorreus, povo extinto há muitos séculos antes de Cristo, cujo deus era Molóc. Essa dedução que se faz do inferno não tem nada com a Bíblia Sagrada. Alguém diz: *o inferno é aqui mesmo;* isto é uma declaração de pessoas desprovidas de todo o conhecimento desta doutrina. Se assim fosse o inferno dos ricos seria bem melhor do que o inferno dos pobres. O inferno não é sepultura. Apesar de a Bíblia Sagrada citar a sepultura com símbolo do inferno, isso nada tem relação com o inferno propriamente dito; quando aparecem pessoas desse tipo confundindo sepultura com inferno, pode-se procurar que os tais "doutrineiros", também, não creem na eternidade da alma. O inferno não é a residência ou fortaleza de Satanás. Existem muitas histórias contadas por pessoas que morreram e ressuscitaram e outras que tiveram visões. Estas tais pessoas aparecem fazendo um longo relato dramatizado, que faz mais sucesso que o sermão da montanha. Sempre começa contar suas visões assim: "Eu cheguei... Abri uma porta... Ouvi gemidos... Abri outra porta... Falei com o porteiro... Abri outra porta... Uma sala mobiliada... Uma reunião de Exus... satanás era o chefe... Etc.". Inferno nunca foi residência de satanás, muito pelo contrário, ele tem medo do inferno, porque é lá a sua futura penitenciária, ou seja, o lugar onde ele e seus anjos serão lançados. Ele não tem morada certa, vive nos ares. Nesse espaço entre a terra e o céu, que é também chamado de lugares celestiais. O inferno tem sim a característica de ser eterno, e lá não se conta tempo. Usam-se somente as palavras: para todo o sempre ou de eternidade a eternidade. Como se explica o fogo do inferno, se as pessoas não estão em estado físico? A expressão "ardendo como forno" traz uma ideia da expectação horrível no dia da vingança do Todo Poderoso. Assim também quando se fala do fogo do inferno, não diz no sentido literal da palavra, mas no sentido simbólico. A alma ao separar-se do corpo, perde o contato com esse mundo, e seu espírito está morto por causa do pecado, então, consequentemente, perde-se também a comunicação com o céu. O único destino da alma que perdeu a comunicação com o céu, por meio do espírito, é lamentavelmente o inferno,onde vai se juntar aos demais encarcerados, suplicantes eternos. O vocábulo fogo traduz o ardor do sofrimento, o profeta Jeremias citou palavras que ilustram essa questão, quando citou a separação de Deus:

> ...então disse eu: não me lembrarei dele, e não falarei mais do seu nome, mas isso foi no meu coração como "fogo ardente", encerrado nos meus ossos, e estou fadigado de sofrer. Jeremias 20.9 (Biblia, 1980)

Sobre a questão da consciência após a morte, o rico condenado lembrava perfeitamente dos seus irmãos ímpios, que ainda viviam na terra. Pode um pai amoroso, que é Deus, mandar seus próprios filhos para o inferno? Muitos fazem esta pergunta com o propósito realmente de entender e buscar esclarecimentos.

Sobre a questão de ser tratada na Bíblia o ser humano como filho de Deus há pontos de discussão. "Os filhos de Deus" quer dizer: participantes da mesma natureza. Exemplo: Filhos da Luz, participantes da luz, mas Filho das Trevas, participantes das trevas e Filhos da Perdição: participantes da perdição. Existe uma diferença entre criatura de Deus e filhos de Deus. Em Adão, o ser humano perdeu sua filiação, ou seja, perdeu a participação da natureza divina e passou a absorver as naturezas pecaminosas, tornando-se, consequentemente, a pertencer ao lado oposto caído da graça, obedecendo a Satanás e não a Deus, por isso, a Bíblia diz: quem peca é filho do Diabo. Logo, então, estamos respondendo a interrogação, Deus não manda seus filhos para o inferno, mas os filhos do Diabo. E no livro de Apocalipse, temos o julgamento das obras. Porém, quanto a definição das sentenças será somente no momento do juízo final em que os salvos terão seus nomes escritos no Livro da vida e não no livro das obras. Quem não foi achado no livro da vida, foi lançado no lago de fogo.

As formulações a respeito do céu: o céu é lugar de habitação de Deus. Moisés ensinou o povo a orar ao Deus que habita no céu. Deus não está sozinho no céu, existe um exército de seres angelicais que adora a Deus no céu. Deus está entre os serafins e querubins. O Senhor Jesus está assentado à direita de Deus Pai. A palavra céus no plural é o nome que a bíblia dá ao universo físico, as galáxias. Davi chama o universo físico e visual de céus. *Os céus manifestaram a glória de Deus e o firmamento anuncia a obra das suas mãos.* Salmos 19.1 (Bíblia 1980). O profeta Isaias profetizou o futuro dos seres humanos e citou céus e terra novos: *Porque eis que eu crio céus novos e nova terra.* Isaias 65.17 (Bíblia 1980) O próprio criador chamou o firmamento de céus. *E chamou Deus à expansão Céus.* Gênesis 1.8 (Bíblia 1980). Paraíso é uma parte do céu para onde vão as almas dos salvos, imediatamente, após a morte, para aguardar o arrebatamento da igreja. O Senhor Jesus assegurou ao ladrão convertido que estava ao seu lado na cruz que naquele mesmo dia estaria no paraíso com Ele. *E disse-lhe Jesus: Em verdade te digo que hoje estarás comigo no Paraíso.* Lucas 23.43 (Bíblia 1980) O Senhor Jesus na história contou do rico, e o Lázaro usou a expressão seio de Abrão:

> E aconteceu que o mendigo morreu e foi levado pelos anjos para o seio de Abraão; e morreu também o rico e foi sepultado. Lucas 16.22

Céu, os céus e a terra serão inseparáveis no juízo final. O Senhor Jesus chama de a casa do meu pai. Na visão do apóstolo João, na ilha de Patmos, temos um panorama do futuro dos salvos no céu.

> "E vi um novo céu e uma nova terra. Porque já o primeiro céu e a primeira terra passaram, e o mar já não existe" "E mostrou-me o rio puro da água da vida, claro como cristal que procedia do Trono de Deus e do Cordeiro. No meio da sua praça, e de uma e de outra banda

> do rio, estava a árvore da vida, que produz doze frutos, dando seu fruto de mês em mês, e as folhas das árvores são para a saúde das nações. E ali não haverá maldição contra alguém, e nela estará o trono de Deus e do Cordeiro, e os seus servos o servirão. E verão o seu rosto, e na sua testa estará o seu nome. E ali não haverá mais noite, e não necessitarão de lâmpadas e nem de luz do sol, porque o Senhor Deus os alumia e reinarão para todo o sempre. Apocalipse 21.1 e 22.

No céu não entrará nada corruptível ou mortal.

A respeito da Trindade: Pai, Filho e Espírito Santo. O Deus Pai compondo a Trindade. Na maioria das vezes, que aparece na Bíblia a palavra Deus está se referindo ao Pai; principalmente no antigo testamento, porque ainda não estava revelada a Trindade Divina, mas somente a pessoa do Pai. Na verdade, o vocábulo Deus é originalmente a expressão que abrange a santíssima Trindade; a união de três pessoas formando uma só divindade. Os três são distintos, iguais e, por consequência, coeternos e substanciais em uma só natureza. Cada uma dessas pessoas é Deus e, no entanto, há um só Deus. Compreende-se isso pela perfeição da unidade que existe entre o Pai, o Filho e o Espírito Santo. Não se encontra, nas escrituras sagradas, a palavra Trindade, mas em vários lugares encontra-se o registro das três pessoas operando juntas em favor do homem. O Espírito Santo é representante de Jesus; Espírito Santo e seus atributos; O Espírito Santo e seus símbolos; O Espírito Santo e sua atuação no mundo; O Espírito Santo e sua atuação na igreja. É Deus Terceira pessoa da trindade.

Deus é uma triunidade, quando citamos a palavra Deus estamos revelando a triunidade divina: Deus Pai, Deus Filho e Deus Espírito Santo. O Espírito Santo é Deus. Ele age como Deus, Ele não é uma influência, pois trabalhou na obra da criação. Como pessoa tem a característica da personalidade: Geme quando intercede, entristece com o pecado, tem vontade. O Espírito Santo como pessoa, intercede em favor do ser humano, dando a garantia de que Deus fará com que tudo quanto já nos aconteceu e tudo quanto ainda possa acontecer cooperem juntamente para o bem. Há Nele uma vontade definida a nosso respeito, que combina com a vontade de Deus, o Pai. Ele representa o Senhor Jesus e os atributos do Espírito Santo são: Consolador: Intercessor: *Onipotente,* Onisciente, Onipresente, Fraternal e Santificador: Os seus símbolos: Água viva Fogo, Vento: Chuva e Azeite. Há uma atribuição do Espirito Santo na vida do humano que seria convencê-lo do pecado. O cristão na sua busca ontológica do sagrado apresenta um habito, o da oração. A oração é um diálogo e não um monólogo. Pode-se falar com os sentidos físicos, mas só podemos ouvir por meio do espírito. A oração não é uma lamentação ou lamúria, como se Deus precisasse de algo emocional para ser atraído, mas é comunhão. Tem que haver antes de tudo uma vontade em entrar diante do Pai para agradecer e adorar. Ele sabe o que precisamos, antes mesmo de começarmos a pedir:

> O vosso Pai sabe o que tendes necessidades, antes que lho peçais. Mateus 6.8 (BíBlia 1980)

Basta um coração com sinceridade e serenidade. Orar é ir à procura do Pai pelo caminho da fé em Jesus.

E como ora-se: O Pai Nosso.

> Portanto, vos orareis assim: Pai nosso que estais nos céus, santificado seja o teu nome; venha a nós o teu reino; faça-se a tua vontade, assim na terra como no céu; o pão nosso de cada dia dá-nos hoje; e perdoa-nos as nossas dividas; assim como nós temos perdoado aos nossos devedores; e não nos deixes cair em tentação; mas livre-nos do mal, porque teu é o reino, o poder e a glória para sempre. Amém. Mateus 6.9-13

A oração *seria* na qualidade de filho.

> Porque não recebeste o espírito de escravidão, para viverdes, outra via, atemorizados, mas recebestes o espírito da adoção, baseados no qual clamamos ABA, PAI. Romanos 8.15

ABA: no original, Pai, termo familiar em aramaico usado pelos judeus.

Os aspectos da oração: súplica, intercessão e ações de graças. Os valores da oração: um valor da oração não consiste em pedir, mas na experiência que se adquiri na alma, o gozo da comunhão e da presença deste Pai. Outro valor seria que vale mais uma hora de oração do que um dia de trabalho sem oração. E *orar sem cessar I Tessalonicenses 5.17.*

São buscados dons por meio da oração. Os dons (carisma) são as capacidades naturais e sobrenaturais que o Espírito Santo dá aos filhos de Deus. Os dons são: o da palavra de sabedoria: é a capacidade de comunicar com análise penetrante aquilo já revelado. Este dom também está ligado ao dom de curar. Sobre a fé, trata-se em grau superior. Uma fé toda especial para operar maravilhas. Como no caso do profeta Elias, que fez parar de chover por três anos e meio, depois orou outra vez e choveu novamente. Josué que mandou o sol e lua parar, ressuscitar mortos e outras maravilhas operadas por meio do dom da fé. O dom de cura divina, porém, a mais própria é pela imposição de mãos. Sobre o milagre, já citamos acontecimentos feitos que vão de encontro às leis da natureza. Sobre a profecia, mistérios que são revelados do passado, presente e futuro para consolar, edificar e exortar o cristão a fim de consolidar a sua fé. O dom de discernimento: saber diferenciar entre o agir de espíritos do Diabo e a ação do Espírito Santo. O Diabo costuma enganar agindo, operando milagres. O dom de variedade de línguas. Um dom que dá capacidade de falar em línguas que jamais aprendeu, línguas que podem ser interpretadas por alguém que pertence àquele idioma ou por dom de interpretar.

Não devemos confundir com língua estranha que é mistério. Tem acontecido de estar no culto uma pessoa estrangeira, e alguém ser usado no idioma dela sem ter estudado; simplesmente, possuindo o dom. E sobre a interpretação de línguas. Esse dom trata-se de alguém que quando ouve outra pessoa falar em línguas, o Espírito Santo dá a interpretação. Todos esses dons e outros que iremos conhecer no decorrer do currículo deste texto são para o engrandecimento do Reino de Deus e edificação do corpo de Cristo para Glória do Pai.

Sobre uma ligação, uma intimidade como esse Deus. Intimidade com um Deus que é Maravilhoso, Conselheiro, Deus forte, Pai da eternidade e Príncipe da paz. A Bíblia Sagrada, de Gênesis até Apocalipse, está repleta de registros históricos, revelando a sua atuação. É o que Isaias profetizou. "O realizador de surpresas agradáveis". Nos tempos do Velho Testamento, por muitas vezes, Deus se manifestou realizando surpresas agradáveis para livrar e abençoar seu povo, que se resumia somente à nação de Israel até o reinado de Salomão. Após a morte de Salomão, Reoboão, seu filho, reinou em seu lugar, e nesse reinado deu-se a divisão das tribos, daí para frente ficou sendo considerado apenas a tribo de Judá. Dentre muitas realizações maravilhosas, vamos destacar algumas delas: a travessia do mar vermelho, o maná no deserto, a travessia do rio Jordão. Os milagres operados pelos profetas Elias e Elizeu, o quarto homem na fornalha. E, finalmente: um menino nos nasceu e um filho nos deu. O governo agora está sobre seus ombros deste seu filho, o Cristo. Quando o Apóstolo João viu a Jesus glorificado, faltou-lhe o fôlego e caiu como morto diante dele. E, no meio dos candeeiros de ouro, um semelhante ao filho de homem, com vestes e cingidos, à altura do peito, com um cinto de ouro. A sua cabeça e cabelos eram brancos como a alva lã, como neve; os olhos, como chama de fogo; os pés, semelhante ao bronze polido, como que refinado em uma fornalha; a voz, como voz de muitas águas. Tinha na mão direita sete estrelas, e da boca sai-lhe uma afiada espada de dois gumes. O seu rosto brilhava como o sol na sua força. Quando o vi, caí aos seus pés como morto. Porém ele pôs sobre mim a mão direita, dizendo: "Não temas; eu sou o primeiro e o último, e aquele que vive; estive morto, mas eis que estou vivo pelos séculos dos séculos e tenho as chaves da morte e do inferno." Apocalipse1. 13-18: (Bíblia, 1980) *O vento e o mar se aquietam diante de sua voz.* Essas coisas são provas do governo e o reino de Deus, Um governo de prodígios, de realizações sobrenaturais, que foge dos limites da imaginação do homem. Não respeita as lógicas científicas, quer seja Medicina, Matemática ou Física. Enquanto os homens de Israel perseguiam e destruíam os amorreus, mas Josué orou ao Senhor em alta voz :*Que o sol pare sobre Gibeon, e que a lua fique onde está*! E o sol e a lua ficaram parados, até o exército de Israel terminar a destruição do inimigo. Assim, o sol parou nos céus e não saiu do seu lugar por quase vinte quatro horas. O Senhor fez parar o sol e a lua, porque Ele comandava a peleja por Israel. O profeta Jonas ficou vivo no estômago de um grande peixe por três dias e três noites. De acordo com a ciência, o profeta em duas horas estaria derretido! Por causa do poderoso suco gástrico que faz parte da digestão dos peixes. Acreditar, assim, em seus feitos. E a Intimidade com o Conselheiro ou consultor, em hebraico YÔ´EO, alguém que aconselha. Tal vocábulo é empregado como designação do Messias. No que tange ao fato de dar conselhos, Ele é considerado uma maravilha. Tal atributo é aplicado a Jesus Cristo, a fim de salientar sua habilidade de administrar sabiamente o governo posto sobre seus ombros sob o uso da justiça e equidade. Intimidade com o que dá conselho, em hebraico SÔDH. É traduzida como segredo, referindo-se as deliberações de YAHWEH; que Ele queria tornar conhecidas aos seus servos, os profetas. Os profetas autênticos tinham acesso a esse conselho, no qual seus decretos são anunciados. A compreensão sobre os conselhos, que são transmitidos por meio dos profetas, seria sobre serem usados pelo Espírito Santo para transmitir conselhos e direcionamentos. Isso explica a agitação, a ansiedade, os sofrimentos de muitos. No meu ministério pastoral, durante 60 anos, foi o que a minha percepção alcançou, todos estes anos tenho contemplado a falta de paz, falta de alegria, falta de pão, falta de saúde, falta de comunhão entre os fiéis, falta de harmonia nos matrimônios. Porém, nem todos permanecem nesse pedestal, nem todos continuam com seus pés firmes na rocha.

> Tirou-me de um poço de perdição de um tremendo delama; colocou os meus pés sobre uma rocha e firmou os meus passos! E me pôs nos lábios um novo cântico, um hino ao nosso Deus; muitos verão estas coisas, temerão e confiarão no Senhor. Salmo 40.2-3 (Bíblia 1980)

A escolha por essa intimidade oferece um sentimento de transcendência do sofrimento da condição humana. O entendimento do ser humano a partir dessa matriz cristã passa pela compreensão de um corpo, uma alma e, também, de Espírito. O corpo e alma são igualmente preocupação da psicologia e da religião. A Ética Cristã contempla a Ética Humana. A moral cristã tem seus princípios fundamentados nos ensinamentos bíblicos e observa a Ética humana, ou seja, contempla e observa as constantes mudanças de valores da sociedade, de outra forma seria uma deturpação. O ser humano é composto de corpo, alma e espírito. A alma é: emoções, centro do comando e consciência. Por meio do corpo, a alma se comunica com este mundo pelos cinco sentidos: audição, visão, paladar, olfato e tato. E pelo espírito, a alma se comunica com Deus. Antes de conhecer as verdades do evangelho, o espírito está morto no relacionamento do ser humano com o divino, do natural com o sobrenatural.

A religião cristã, em suas mais variadas denominações, parte de um princípio que fundamenta toda sua ética que seria o amor incondicional aos outros e a Deus. As angústias, desespero, culpa e ansiedades podem advir por não se seguir os preceitos cristãos e por não se ter intimidade e comunhão com esse Deus.

A paz, como exemplo, é a aspiração fundamental de cada homem e de toda a humanidade e o ponto básico para se obter a felicidade. A paz tem duas dimensões. A externa que é a social, está relacionada às atitudes com o próximo. E a plenitude da paz interna, que o homem só atinge quando consegue a ordenação de suas potencialidades em torno de um ideal digno de ser vivido. A interna é durável, porque não se confunde com fases transitórias de euforia que experimentamos, por vezes, por ocasiões da recuperação da saúde, da realização de um bom negócio; não depende de situações. Seja qual for a situação, a paz interna continua trazendo tranquilidade na alma e uma sensação de que tudo está em perfeita ordem domina nosso ser; porque a paz é muito mais que ausência de guerra, a paz define o estado do homem que vive em harmonia com Deus, consigo mesmo e com o próximo. Quando o homem não encontra paz em si mesmo, é inútil procurar em qualquer outro lugar. Na verdade, essa paz verdadeira, da qual estamos tratando, tornou-se impossível de se obter. A paz é, sobretudo, divina, é fruto do Espírito Santo; ela só existe onde se conserva a presença de Deus. Segundo a bíblia, livro cristão, no livro de Gêneses, há uma história contada em que a serpente cruzou o caminho dos nossos primeiros pais, lá no jardim do Éden, e os enganou, na desobediência do casal, perdendo-se a glória de Deus, juntamente com a paz. O primeiro sintoma desse prejuízo foi a visão de algo errado; viram que estavam nus; trocaram sua inocência por uma consciência acusadora. Os aventais de folhas representam uma falsa paz; um estado de tranquilidade que não funciona diante da presença de Deus. Daquele momento em diante, acabou a paz. A partir daí, começou o longo e vagaroso processo de redenção, mediante salvador; que havia de vir para devolver essa verdadeira paz aos descendentes de Adão e Eva. Assim, a paz não foi preservada. O segundo sintoma da falta de paz é o medo de Deus por causa da consciência acusadora.

> Quando ouviram a voz do Senhor Deus, que andava no jardim pela viração do dia, esconderam-se da presença do Senhor Deus, o homem e sua mulher por entre as folhas do jardim. E chamou o Senhor Deus ao homem e lhe perguntou: Onde estás? Ele respondeu: ouvi a tua voz no jardim, e, porque estava nu tive medo, e me escondi. Livro de Genesis 3.8-10. (Biblia,1980) pág.05

Essa situação se repete na história de toda a humanidade até hoje; os homens se escondendo de Deus, com medo. A alma do homem está em conflito com seu próprio ser e com seu criador. Assim em uma visão hermenêutica da bíblia, o veneno da serpente contaminou a terra e o homem.

> "E a Adão disse: visto que atendeste a voz da mulher e comeste da árvore que eu te ordenara que não comêsseis. Maldita é a terra por tua causa; em fadiga obterás dela o sustento, durante os dias da tua vida.

> Ela produzirá também espinhos e ervas daninhas, e tu comerás a erva do campo. No suor do teu rosto comerás o teu pão, até que tornes a terra,pois dela fostes tomado; porque tu és pó e ao pó tornarás". Livro de Gêneses 3.17-19(Biblia,1980)

O nosso corpo é terra. Se a terra antes de ser amaldiçoada não produzia espinhos e ervas daninhas, mas só frutos bons, o nosso corpo que é terra, também recebeu a maldição e passou a produzir maus frutos; houve, então, uma inversão na qualidade dos frutos, tanto na terra quanto no corpo. A natureza pecaminosa de satanás foi transmitida para o corpo humano. Toda a maldade que se vê no ser humano teve origem no dia em que o pecado entrou no jardim do Éden. Assim como Adão precisou lutar contra todas espécies de pragas da terra para preservar os frutos bons para seu sustento, todo cristão tem que lutar contra os maus frutos da natureza carnal para preservar a sua paz, que dá sustento à sua vida de comunhão com Deus e que garante a sua vitória de cada dia. Jesus Cristo veio para restaurar a paz. Ele é o príncipe da paz.

A primeira mensagem, em sua vinda do céu, após o nascimento o Senhor Jesus, anunciou a paz:

> E subitamente, apareceu com o anjo uma multidão da milícia celestial louvando a Deus e dizendo: Glória a Deus nas maiores alturas, PAZ NA TERRA, entre os homens, a quem Ele quer bem. Lc 2.13-14 (Bíblia 1980)

Nós estamos tratando da paz interna; a paz de espírito; e esta paz está no nosso consciente. O consciente é a revelação da consciência; é a certeza do que existe na consciência. A consciência é a voz secreta da alma, aprovando ou reprovando as nossas ações. A experiência do que é a paz, é muito mais maravilhosa do que a mente humana pode compreender. É um sentimento a respeito do sobrenatural. Quem tem a paz de Deus na sua alma é uma pessoa feliz de verdade, apresentando mais serenidade diante da vida. O homem sem Deus seria dominado pela natureza carnal herdada de Adão. O homem nasceu de novo, foi restaurado nele o seu espírito; agora há nele um canal que o liga com o divino, o que lhe dá o poder de opção. O pecado não o domina, pelo contrário, pode, se quiser, dominar o pecado pelo poder do Espírito Santo que nele pode operar. Segundo os conselhos que o Apóstolo Paulo deu aos fiéis de Felipo que tinham problemas para preservar a paz:

> Não andeis ansiosos de coisa alguma, em tudo, porém, sejam conhecidas, diante e Deus, as vossas petições, pela oração e pela súplica com ações de graças. E a paz de Deus que excede todo entendimento, guardará o vosso coração e a vossa mente em Cristo Jesus. Finalmente, irmãos, tudo o que é verdadeiro, tudo que é respeitável, tudo o

> que é justo, tudo o que é puro, tudo o que é amável, tudo o que é de boa fama, se há alguma virtude e se há algum louvor, seja isso o que ocupe o vosso pensamento. O que aprendeste, e recebeste, e ouviste, e vistes em mim; isso praticai; e o Deus de paz será convosco. Livro Aos Filipenses 4.6-9(Bíblia 1980)

Assim como o Espírito Santo agia sobre a face das águas para conservá-la por meio da sua virtude; no original está: "O Espírito chocava" quer dizer; criava vida. Da mesma forma, esse Espírito foi chamado para continuar sua ação de conservar a vida no planeta, por meio de Adão. Quando Adão pecou, o domínio da terra, que estava nas suas mãos, entrou em conflito com a soberania de Deus. Dessa vez, a terra não foi destruída, somente amaldiçoada. A autoridade que Deus tinha legado à Adão perdeu a validade. O Espírito Santo, que não é a alma, que estava em Adão pelo sopro Divino, foi entristecido e apagou-se a lâmpada que estava dentro de Adão. Se o Espírito Santo estiver dentro de uma pessoa, ele é autorizado a ter o controle. Então, o reino de Deus pode vir; seu governo na terra pode tomar lugar por meio dessa pessoa. Se o Espírito Santo se entristece e sai do controle, também se perde a autoridade sobre o pecado. Adão e Eva tornaram-se fracos diante do poder do pecado. Daí, só restou a misericórdia de Deus para que eles não fossem consumidos segundo a Bíblia (Bíblia,1980):

> As misericórdias do Senhor são a causa de não sermos consumidos, porque as suas misericórdias não têm fim. Livro de Lamentações de Jeremias capitulo 3 e versículo 22. (Biblia,1980)

Assim se entende que o Espírito Santo continuou sua missão de sustentar a terra, agora habitada por seres humanos. Porém, somente habitar com os homens, sem poder habitar neles. Durante todo tempo que se compreende o Velho Testamento, uma parte da Bíblia, que somou quatro mil anos, desde a queda de Adão até a glorificação do Senhor Jesus, nem um homem teve direito de ser habitado pelo Espírito Santo. Segundo essa visão hermenêutica da Bíblia (Bíblia,1980) e as argumentações se encontram nessas citações bíblicas:

> Eu rogarei ao Pai, e Ele vos dará outro consolador, a fim de que esteja para sempre convosco, o Espírito da verdade, que o mundo não pode receber, porque não vê, nem o conhece, vós conheceis, porque ele habita (presente) e estará (futuro) em vós. João 14. 16-17. (Biblia,1980)

A ideia estará em vós, fala do controle do Espírito estando dentro de nós, fenômeno este que só foi possível após o sacrifício do calvário. O sopro divino nas narinas do homem ainda inanimado e que lhe deu vida, repetiu-se quatro mil anos depois, na esfera espiritual, após a ressurreição do Senhor Jesus.

Disse-lhes pois, outra vez: Paz seja convosco! Assim como o Pai me enviou, eu também vos envio. E, havendo dito isto, SOPROU sobre eles e disse-lhes: Recebei o Espírito Santo. João 20.21-22

No Antigo testamento, antes da queda de Adão, o Espírito Santo estava nele do lado de dentro do seu coração, após a queda, o Espírito Santo passou para o lado de fora, isto quer dizer que o seu comando foi tirado e passado ao homem. O Espírito Santo, mesmo do lado de fora do coração do homem, continua insistindo para voltar. O nosso corpo é o templo do Espírito Santo. Citado neste trecho da Bíblia:

> Eis que estou à porta e bato; se alguém ouvir a minha voz e abrir a porta, entrarei em sua casa (coração) e cearei com ele, e ele, comigo. Livro Apocalipse 3.20. (Biblia,1980)

No Novo Testamento, após o sacrifício do calvário, tornou-se possível o Espírito Santo habitar do lado de dentro do coração do homem. Tem uma diferença do crente possuído pelo Espírito Santo e o caso de Adão. Adão vivia na inocência, em uma pureza plena, hoje, nós vivemos conscientes e temos que aceitar ou não ter uma vida plenamente entregue ao Espírito Santo; a nós foi dado o poder de opção quando nascemos de novo. Em Adão, o ser humano perdeu o direito da presença do Espírito Santo nele; em Cristo, isto foi recuperado e posto à disposição de todos novamente. O Espírito Santo está protegendo o ser humano que aceitar e preservando sua paz. As obras, as fraquezas humanas, são:

> Ora, as obras da carne são conhecidas e são: Prostituição, impureza, lascívia, idolatria, feitiçarias, inimizades, porfias, ciúmes, iras, discórdias, dissensões, facções, invejas, bebedices, glutonarias e coisas semelhantes a estas, acerca das quais vos declaro, como já, outrora, vos preveni, que o que tais coisas praticam, não herdarão o reino de Deus. Livro Aos Gálatas 5.19-21 (Biblia,1980) pag.220

Mas as obras a partir do Espírito são:

> Mas o fruto do Espírito é: Amor, alegria, paz, longanimidade, benignidade, bondade, fidelidade, mansidão, domínio próprio.Contra estas coisas não há lei. E os que são de Cristo crucificaram a carne, com suas paixões e concupiscências. Aos Gálatas 5.22-24 (Biblia,1980.p. 220)

As obras humanas são produzidas pela força própria do homem em contraste com os frutos do Espírito. Porém, quando o Espírito Santo entra e habita no coração, ele luta contra esses apetites, produzindo em seu lugar um novo fruto, que são as qualidades e atributos de Cristo na natureza humana da pessoa. Adão entristeceu o Espírito Santo pela desobediência, seguindo seus instintos carnais e suas cobiças. Há referências sobre essas questões da falta de paz e a vigilância constante como atribuição do cristão na Bíblia:

> Sede sóbrios e vigilantes, o diabo vosso adversário, anda em derredor, como leão que ruge procurando alguém para devorar. I Pedro 5.8(Biblia,1980) pag.271

> Amados, agora, somos filhos de Deus e ainda não se manifestou o que havemos de ser. Sabemos que, quando Ele (Jesus) se manifestar, seremos semelhante a Ele, porque havemos de vê-lo como Ele é. E a si mesmo se purifica todo o que nele tem esta esperança, assim como Ele é puro. Aquele que pratica o pecado procede do diabo, porque o diabo vive pecando desde o princípio. Para isto se manifestou o Filho de Deus: Para destruir as obras do diabo. Todo aquele que é nascido de Deus não vive na prática do pecado; pois o que permanece nele é a semente divina; ora, esse não pode viver pecando, porque é nascido de Deus. I João 3. 2-3; 8-9

> Mas graças a Deus porque, outrora, escravos do pecado, contudo, viestes a obedecer de coração à forma de doutrina a que fostes entregues; e, uma vez libertados do pecado, fostes feitos servos da justiça. Falo como homem, por causa da fraqueza da vossa carne. Assim como oferecestes os vossos membros para escravidão a impureza e da maldade para a maldade, assim oferecei, agora, os vossos membros para servirem à justiça para santificação. Rm. 6. 17-19

Propõe, também, a reflexão sobre a questão de sermos transformados em uma nova criatura, temos, porém, que conviver com a nossa natureza humana carnal, que reside em nosso corpo físico, nas relações uns com os outros.

O corpo é, em sua corporeidade, desde o ventre materno, a mais perfeita criação. O homem é triuno: espírito, alma e corpo. Por meio do corpo, a alma se comunica com este mundo e por meio do espírito a alma se comunica com Deus. O corpo de Adão e Eva era puro, nem um vestígio de doença, nenhuma dor, nada que pudesse afligir ou tirar-lhes a paz. A paz era perfeita até na sua manifestação no corpo, na saúde física. Assim também era a terra; toda produção da terra era benigna, até o dia em que o pecado apareceu em cena. A terra foi amaldiçoada e consequentemente o corpo humano herdou esta maldição e contaminou também a alma, visto que a alma depende do corpo para exercer suas atividades. Acrescenta-se algo que nos tirou a paz, que advém do canal de comunicação com Deus, o Espírito, que foi bloqueado e o Espírito morreu.

> Ele vos deu vida, estando vós mortos nos vossos delitos e pecados. Livro de Efesios capitulo2 e versículo 1. (Biblia,1980)

O canal com Deus sendo comprometido por nosso modo de ser humano. O corpo é o assassino do espírito, há no corpo uma natureza mortífera. O homem, assim desligado, tem seu espírito morto; seus sentidos espirituais estão obstruídos; não vê, não ouve, não sente o tato, não tem paladar e não sente cheiro. Assim como a alma se comunica com o mundo físico por meio dos cinco sentidos do corpo, também, da mesma forma, a alma usa os sentidos para estabelecer seus contatos com o mundo espiritual e discerni-lo. Para que essa vida espiritual seja estabelecida, é necessário a subjugação da natureza carnal que opera no corpo. As duas naturezas espiritual e carnal não combinam. Buscando a paz e vigiando o prisioneiro, o nosso corpo, que está crucificado, sacrificado e morto; mas, na verdade, isto está acontecendo com a natureza do corpo, o corpo que produz a natureza carnal continua vivo. A orientação seria a de vigiar e a de manter o Espírito Santo no comando. Essa é a visão do cristianismo a respeito desse corpo vivo, até o fim da vida desse corpo. Há também como referência o modelo de Cristo que foi tentado até o último momento de vida.

> *Se tu és o filho de Deus desça da cruz.* Livro de Mateus capitulo 27 e versículo 42 (Biblia,1980)

Então, esse corpo, que foi cuidado com todo zelo e vigilância para que fosse santificado e permanecesse sendo o templo do Espírito Santo, sempre limpo e oferecido em sacrifício santo agradável a Deus, será, portanto, ressuscitado após a morte, para viver eternamente, em plena liberdade, em um lugar no qual o nosso modo não espiritual não impera. Há uma correlação entre vigilância, cuidado com o nosso modo humano e a paz. Paulo, escritor de livros da Bíblia, assevera-nos para fortalecer o contato com o Espírito Santo e mantê-lo sempre na direção da vida para preservar a paz e, assim, fortalecer a alma humana. Desse modo, evitar que alguém retribua a outrem o mal pelo mal. Seguir sempre o bem. Conservar a alegria em dobro. Orar sem cessar. Ser sempre gratos a Deus por tudo. Não apagar o Espírito. Não desprezar as profecias. Julgar todas as coisas, retendo o que é bom. Guardar-se de toda espécie de mal. Tendo a convicção que Deus de paz nos santifique em tudo; e o nosso espírito, alma e corpo sejam conservados íntegros e irrepreensíveis na vinda de nosso Senhor Jesus Cristo.

Sobre a tendências negativas da alma humana, o cristianismo pontua que o corpo contaminou a alma. A alma precisa ser liberta; por isso, foi declarada a libertação da alma exatamente no momento em que ela tornou-se escrava do corpo. Porém, não existem somente pontos negativos, existem também os pontos fortes. Deus não tirou do homem o livre arbítrio. A alma, que é o comando, enfraqueceu-se, mas continuou possuindo os pontos fortes, os quais são chamados de pontos positivos dos temperamentos. As tendências positivas que existiam em Adão não lhe foram tiradas, porém foram acrescentadas as tendências negativas. As tendências positivas vêm do Espírito e as negativas vêm da alma. Daí, vêm a luta da carne e o espírito. A alma quer fazer a vontade do espírito, mas está enfraquecida por dois motivos; primeiro: vive em um corpo que foi amaldiçoado. Segundo: perdeu o contato direto com o Espírito Santo por causa da morte do espírito. Segundo os ensinamentos cristãos, há em nós as duas naturezas: a natureza da carne e a natureza do Espírito. O canal de comunicação com o sobrenatural foi restituído. Os pontos fracos são dominados pelos pontos fortes com ajuda do Espírito Santo.

À luz do cristianismo, podemos analisar alguns aspectos enfraquecedores, estudo de fatores que nos acompanham no dia a dia. Segundo ensinamentos cristãos, o mundo está sobre uma força que tem uma legalidade dada ao denominado de Satanás, que quer obter direitos de nos molestar, alegando que recebeu permissão para invadir nossa privacidade por causa de coisas que pertencem a ele e que estão sendo usadas por nós. Assim quando damos lugar à carne, passamos a usar as armas que satanás colocou na nossa natureza carnal para serem usadas ao seu serviço. Isso dá o direito de sermos molestados por ele. Mas segundo a Bíblia:

> O príncipe deste mundo nada tem em mim. João 14.30. (Biblia,1980) pág.126

Mas seria bom confiar em Deus, que nos garante proteção. Por exemplo, há na bíblia uma referência a Paulo, que estava muito aborrecido com algumas pessoas da igreja de Corinto, mas se propôs a perdoar a todos os ofensores para não dar lugar ao diabo.

Há, também, as reflexões do Apóstolo Tiago, quando escreve o capítulo quatro de sua epístola universal, no qual encontramos quatro itens que sempre estão se abrindo para contribuir para o sofrimento psíquico: Primeiro – A contenda que provoca ira. Segundo – Mundanismo= lascívia e prostituição. Terceiro – Insubmissão a Deus = rebeldia. Quarto – Maledicência = murmuração. Com uma orientação:

> Sujeitai-vos, pois, a Deus e resisti ao diabo e ele fugirá de vós. Livro de Tiago capítulo 4 e versículo 7 (Biblia,1980) pág. 266

Esse diabo citado não é onisciente, por isso, ele tem que estar rodando por aí, espreitando, para poder detectar algum erro de algum ser humano. Atormentando-os Segundo uma passagem bíblica, quando o Senhor perguntou de onde vinha, ele respondeu: *de rodear a terra e passear por ela. Jó 1.7(Bíblia, 1980).* Ele tem fome por acusação; o nome "diabo" significa = acusador e caluniador. Como ele não pode mentir para Deus, porque Deus é onisciente, busca falhas em seres humanos para ter a legalidade de acusar-lhes diante do Pai. Esse é o motivo que o Espírito Santo entristece quando os seres humanos se afastam dele. Esse Espírito Santo vê o diabo observando a todos os humanos. Quando decidem optar e dar ocasião à carne e ceder a natureza humana, esse Espírito Santo terá que se afastar por causa da escolha. Assim é explicada a falta de paz e a origem de muita angústia para o ser humano segundo essa visão cristã. Em relatos bíblicos, esse Satanás, desde a queda de Adão, alcançou legalidade para organizar suas tropas malignas nos ares.

No velho testamento, há várias referências dessas organizações maléficas que angustiam as almas humanas. Nós já falamos que satanás não era conhecido do povo daquela época, por isso eram usados os nomes dos reis como metáfora: rei de Tiro no livro Ezequiel 28.12 e Rei da Pérsia no livro de Daniel 12-13. Há Relatos de que esses demônios, que são os anjos caídos, observam os humanos de longe. Um Apóstolo chamado Pedro diz que eles estão em derredor, em volta de nós, ou rodando em círculo, procurando algumas fraquezas. Tudo começou a ser relatado a partir do Éden, em Adão.

As soluções encontradas para falta de paz, angústias e tudo o que é inerente à condição humana encontra-se na comunhão e intimidade com esse Espirito Santo de Deus e contra a força desse inimigo, Satanás, o qual, por meio da sua astúcia, procura armar suas ciladas exatamente nesses pontos negativos. Uma outra questão relevante é, também, que ele, o denominado Satanás, é um espírito. Segundo os ensinamentos cristãos, ele tem características peculiares: tem medo. O cristão firma-se e busca sua força para tratar de seus sofrimentos psíquicos nos ensinamentos de Cristo.

As fragilidades humanas e sofrimentos psíquicos abrem ensejo para o mal assolar essas vidas. A fragilidade e a vulnerabilidade são vistas como uma oportunidade e uma brecha na sua existência e na sua alma humana, que assim desprotegidas sejam invadidas por espírito maligno e destruidor.

Cada fragilidade e sofrimento humano têm suas especificidades e consequências. A seguir de uma visão cristã sobre elas.

A mágoa é comumente entendida em associação ao nome que se dá a uma mancha roxa ou avermelhada *(hematoma)* na pele causada por uma pancada ou bofetada. Um ferimento interno que não sangrou, apenas magoou. Este vocábulo é usado como figura para explicar os sentimentos de uma pessoa vítima de maus tratos psicológicos. Trata-se das feridas da alma, causadas por ofensas, menosprezo, abandono, zombaria e sadismo. A mágoa *"não é ódio, é desgosto"*. Porém, pode, se não for tratada, tornar-se um forte sentimento de ódio. Sendo assim, acredita-se que espírito maligno entra no coração por meio da brecha deixada pela mágoa, ele sabe do nosso ponto fraco e é nessa área que ele vai nos tentar até nos fazer odiar aquelas pessoas que nos magoaram. A mágoa é uma ferida na alma, que reflete no semblante um aspecto de tristeza e desânimo. Alguns cristãos acreditam nas ciências como sendo uma dadiva dada por um Deus. Acreditam que sofrimentos humanos são a origem de profunda tristeza, causados por sentimentos que são conservados na alma por muitos anos. Existem muitos casos de pessoas que continuam conservando a mágoa no seu coração por pessoas que, há muito tempo já morreram. Como tem casos que a mágoa nada tem a ver com causa apresentada, a pessoa acusada como causadora da mágoa não tem nenhuma culpa. Então, dá-se o caso de o magoado estar tentando condenar um suposto ofensor que já falecera. Como a alma, citado acima, é objeto de estudo da religião e da psicologia, a percepção do ser humano pode ser comum. Porém, a preocupação do religioso seria também acrescida sobre a questão da mágoa causar enfermidade e até morte sem a salvação espiritual da alma. Sendo assim, a dor da mágoa impediria a ação do Espírito Santo. Da mesma forma que um paciente se entrega ao médico para ser tratado de uma enfermidade que exige cirurgia, assim também para o cristão que tem mágoa, entrega-se ao Espírito Santo para que seja arrancado dele a mágoa. Propõe-se a cura pelo perdão. Outro preceito cristão para a cura da mágoa é amar seu ofensor. No evangelho de João cap, 15 verso 12, está uma expressão muito forte sobre como amar nosso próximo. Em fundamentação bíblica e referindo-se ao que disse o resto aos seus discípulos: *O meu mandamento é este; que vos ameis uns aos outros, como eu vos amei.* O segredo dessa expressão está na frase final: *como eu vos amei.* Há um reforço dessa ideia na passagem bíblica quando Judas Escariotes deu, em Jesus Cristo, o beijo da traição e o ele lhe disse: *amigo, para que estais aqui?* E na verdade ele estava dizendo: *Judas eu te amo, porque fizestes isto?* Por fim, as orientações continuam a partir dos ensinamentos a respeito de amor ao próximo e para um esforço em se afastar emoções negativas e ter uma vida de dedicação aos rituais religiosos, por exemplo, orar diariamente.

Outro sentimento importante, a tristeza, também, é visto como desestabilizador da potência espiritual, pois abriria uma brecha no espírito para o diabo entrar e perturbar a paz do cristão. Entendem como algo da alma, e a tristeza é vista não como a causa é sim como um sintoma. A causa precisa ser detectada e eliminada. As várias causas são observadas tais com a mágoa, falta de perdão, consciência pesada, sentimento ferido. Dívidas, companhia de pessoas pessimista, complexo de inferioridade, falta de autoestima, e a que a tristeza leva ao desânimo. Para o cristão não existe nenhuma pessoa sem valor, ao menos que queira desvalorizar-se. Acreditam que ninguém existe por obra do acaso, e que o se Deus tem propósitos na vida de cada ser humano é porque a vida é dom de Deus. Que preenche todo espaço vazio do coração, da alma, com a sua plenitude divina. E que o Espirito Santo de Deus tem uma característica que é ser consolador. Algumas citações bíblicas são utilizadas para tratar o sofrimento psíquico dos religiosos:

> Caros irmãos, não sou ainda tudo que deveria ser, porém estou concentrando todas as minhas energias para insistir nesta única coisa: esquecendo o passado e aguardando esperançoso aquilo que está à frente; esforço-me para chegar ao fim da corrida e receber o premio para o qual Deus está nos chamando ao céu, em virtude do que Cristo Jesus fez por nós. Livro aos Filipenses capitulo 3 e versículos 13-14 (Biblia,1980) pág.230
>
> Estejam sempre cheios de alegria no Senhor; e digo outra vez: regozijem-se. Filipenses 4.4. (Biblia,1980)
>
> Estejam sempre alegres. I Tessalonessences 5.16. (Biblia,1980)
>
> Deixe nas mãos do Senhor tudo o que você for fazer. Confie nele de todo o seu coração e Ele fará o que for necessário. Sl 37.5. (Biblia,1980) pág. 559

O medo é uma das emoções que mais prejudicam o ser humano. Pode paralisá-lo. Cultivar a fé e transcender pela fé é uma orientação cristã. Seguirem o exemplo de Cristo, que em uma passagem bíblica dormia com sua cabeça bem apoiada em um travesseiro na popa do barco durante uma grande tempestade, quando os discípulos aterrorizados o acordaram. Então, Ele repreendeu o vento e fez-se bonança e aproveitou para encorajar e estimular a fé dos discípulos assustados. *E perguntou-lhes: Porque sois assim com tanto medo? Como é que não tendes fé? Mc. 4.40* . Quando a situação se agrava, incapazes de enfrentá-la, buscam a ajuda de Deus. O medo enfraquece a alma, porém, por mais fraco que seja o ser humano, ele busca Deus como o conhecedor da estrutura humana. Apelando para Ele, sendo fortalecidos. Acredita-se no valor terapêutico da oração. Na oração como poder de cura, como também o poder de balsamo para o sofrimento psíquico causado pelo medo, conferem saúde. Tendo a fé no Espírito Santo, como o Consolador, para pedir socorro em tempos de aflição e desespero, quando nós nos sentimos confusos, diante de tantos motivos de medo e de tantas frustrações. E assim o Espírito, semelhantemente, assistindo-lhes e tendo-o como intercessor para levar a Deus as suas angústias:

> O mesmo Espírito intercede por nós com gemidos inexprimíveis. Rm 8.26 (Biblia,1980) pág.181

Segundo os preceitos cristãos, uma vida voltada ao Espirito Santo significa saúde mental, paz e felicidade, uma vitória sobre os conflitos que por todos os lados e todos os dias nos assediam, porque a presença do mal, neste mundo, multiplicam-nos e intensificam-nos à medida em que a ciência humana põem maior poder nas mãos dos homens e perdem, assim, a capacidade de transcendência pela fé.

Ansiedade, por medo, inquietação e receio. Por preocupação com o futuro e o passado. É vista como maligna, pois além de assolar os ansiosos, não lhes permite sua comunhão com Deus, eles não têm tempo nem espaço no coração para adorar a Deus. Visto como um desequilíbrio da confiança em Deus e o que esmagaria a fé, e também só a fé poderia resolver o problema da ansiedade. A ansiedade movimenta muita gente e exige muito de todos, mas jamais conduzirá alguém a lugar algum. Sendo a ansiedade um mal dos tempos modernos. O "demônio do consumismo" está subjacente a ela. Os anúncios de publicidade têm um alvo nocivo, na maioria das vezes, que seria tornar os seres humanos descontentes, miseravelmente insatisfeitos com o que tem, que, por consequência, desejam o que eles nos oferecem, a necessidade vem, por vezes, de fora. E o desespero traduz-se em uma desconfiança em Deus, o que leva o homem à precipitação e a uma inquietação até começar a estranhar-se a si mesmo e perder sua própria saúde mental. A sua religião é vista como uma busca ontológica do sagrado. Oferece a possibilidade de diferenciar o superficial do profundo. Normalmente, demonstrando que o superficial se apresenta primeiro, sempre mais fácil e não exige sacrifício. Frisa sempre as consequências. Acredita-se ser neste lugar, no caminho fácil, que as forças espirituais negativas agem na vida da pessoa que se deixa levar por essas ilusões. Os sofrimentos psíquicos são vistos como consequência da desobediência a Deus. A obediência, a renúncia e o sacrifício, diante da vontade divina, podam cura-lhe as angústias. Seria viver mediante a vontade de Deus para que sua vida seja vivida com serenidade, o que proporcionaria uma vida sem ansiedade. Passagens bíblicas ilustram esta reflexão:

> Não vos conformeis com este mundo, mas transformaivos pela renovação da vossa mente, para que experimenteis qual seja a boa, agradável e perfeita vontade de Deus. Livro aos Romanos 12. 2 (Biblia,1980)
>
> Lança sobre ele toda a vossa ansiedade, porque ele tem cuidado de vós. Sede sóbrios e vigilantes, o diabo, vosso adversário, anda em derredor, rugindo como leão procurando alguém (ansioso) para devorar. I Pd 5.7-8 (Biblia,1980)

Também, acredita-se que a misericórdia Divina pode-lhe acalmar os sofrimentos:

> Ele vos deu vida, estando vós mortos nos vossos delitos e pecados, nos quais andaste outrora, segundo o curso deste mundo, segundo a príncipe da potestade do ar, do espírito que agora opera nos filhos da desobediência; entre os quais também todos nós andamos outrora. Segundo a inclinação da carne, fazendo a vontade da nossa carne e dos pensamentos; éramos, por natureza filhos da ira, como também os demais. Mas Deus sendo rico em misericórdia, por causa do grande amor com que nos amou, e, estando nós mortos em nossos delitos e pecado, nos deu vida juntamente com Cristo, pela graça sois salvos. Ef. 2.1-6 (Biblia,1980)

A cobiça é vista como ensejo para que o homem fique fragilizado e adoeça psiquicamente. No livro de Gêneses (Biblia,1980), há uma história de cobiça de um casal, que destruiu a sua paz por decorrência da cobiça. Não podemos afirmar que era um ponto fraco, visto que Eva não possuía ainda a natureza do pecado (infidelidade a Deus). Tudo nela era puro e perfeitamente santo (separado). Eva abriu o espaço para a serpente na sua privacidade. Abriu a porta e se tornou vulnerável. A serpente não perdeu a oportunidade e entrou pela brecha, envenenando a raça humana.

> Mas receio (disse Paulo) que, assim como a serpente enganou Eva com sua astúcia, assim também seja corrompida a vossa mente e se aparte da simplicidade e pureza devidas á Cristo. Livro II Co capítulo 11 e versículo 3 (Biblia,1980)
>
> Os teus olhos são a lâmpada do teu corpo. Se os teus olhos forem bons, todo teu corpo será luminoso. Mt 6.22 (Biblia,1980) pág.09

Tudo demais é demasiado, o excesso de egoísmo seria nocivo, o termo designa amor a si mesmo. O egoísta procura sempre e em tudo o seu interesse imediato e, para alcançá-lo, não se atenta a nenhum princípio moral cristão ou espiritual. O excesso de egoísmo pode isolar o indivíduo, em que aparece o desamor e a falta de dignidade para com os outros. O caso extremo desse apartamento seria a perda de contato com os outros, que pode levar ao ponto de promover muito sofrimento psíquico. Conscientizá-los a se vigiar seria uma forma de acolhimento. É visto como alguém que age segundo influências espirituais negativas e quer se libertar desses espíritos que tão de perto lhes assediam. Quando observamos as atitudes das crianças, notamos que todas elas são egoístas; logicamente, tem origem na autoproteção. O excesso de egoísmo pode se dar por excesso da autoproteção. Para o cristão, sua proteção tem origem divina, em Deus, conforme esta citação bíblica:

> Aquele que habita no esconderijo do altíssimo à sombra do onipotente descansará. Sl 91.1

Entretanto, onde há altruísmo, há amor. O amor como sendo um fruto do Espírito:

> O amor seja não fingido. Rm.12.9 (Biblia,1980) pág.185
>
> Nisto conhecemos o amor: Que Cristo deu sua vida por nós, e nós devemos dar a vida pelos nossos irmãos. I João 3.16 (Biblia,1980) pág.276

A renúncia pode ser pensada e vista como um processo diário e contínuo.

> Este corpo herdado de Adão".Se alguém quer vir após mim, renuncie-se a si mesmo, e a cada dia tome a sua cruz e siga-me. Lc 9.23 (Bíblia,1980) pág.80
>
> Desventurado homem que sou! Quem me livrará do corpo dessa morte? Rm 7.24 (Bíblia,1980) pág. 180

Para o cristianismo, o corpo carrega a maldição de Adão, e existe uma maldição ou obra mortífera que só pode ser controlada por meio da mortificação do corpo. O ciúmes tem duplo sentido para o cristão: um positivo, que vem de Deus, o ciúmes por proteção, por zelo amoroso, e um negativo, que vem do forças espirituais negativas. Nesse contexto, estamos tratando logicamente do ciúme no sentido denotativo da palavra e mais no seu aspecto negativo. Este aspecto visto como acontecendo a partir de uma influência direta dessas forças espirituais negativas e o poder de contaminar a humanidade e conceder legalidade a essas forças sobre a alma da pessoa, provocando sofrimentos psíquicos. O ciúme como sendo consequência de uma influência espiritual negativa e, por consequência, da inveja, da rivalidade, do complexo de inferioridade, do medo de perder e do impulso egoísta que penetram nos relacionamentos e não permitem a submissão ao Espírito Santo. Agiria no caráter, maculando o ser humano, que seria a imagem e semelhança de Deus. Parte-se do pressuposto de quem ama confia, confiar aqui no seu sentido etimológico de fiar junto. Uma das características do amor é a confiança, livro aos I Coríntios 13. 4-7 (Bíblia, 1980) pág. 201. É paciente; benigno, faz o bem; não é invejoso; não é orgulhoso; não é soberbo, não é escandaloso; não é egoísta; não se irrita; não se ofende; não se alegra com a injustiça; ama a verdade: é sofredor; confia; sabe esperar e oferece apoio. Assim procedendo o Espírito Santo concede plena proteção, paz e amor. Na proporção da renúncia de cada ser humano.

> *O amor de Deus é derramado em nosso coração pelo Espírito Santo, que nos foi outorgado. Rm 5.5* (Biblia,1980) pág.178

A soberba é vista como uma forma de distorção em que a pessoa se julga superior a todos os demais, ao associa-se a um excesso de amor próprio. Por isso, o soberbo é prepotente e intolerante com os outros; enquanto se julga digno de todas as regalias. É dos vícios o mais lamentável, porque no fundo se reduz a uma cegueira do espírito. A soberba também pode ser chamada de orgulho, apesar que o termo orgulho pode ter um sentido nobre, quando denota uma consciência desapaixonada da própria dignidade ou da dignidade daqueles que lhes são caros. Assim dizemos: tenho orgulho de minha família, tenho orgulho do meu país. O mais das vezes o termo se associa à soberba e à vaidade. Na sua relação com Deus, cairia na blasfêmia e no pecado que não é perdoado, simplesmente, porque destrói a possibilidade de o pecador arrepender-se e pedir perdão. O perfil do soberbo: despreza aqueles que não o aclamam; gosta de contar seus feitos heroicos e esconde seus fracassos; não aceita que alguém seja melhor que ele; quando está em ascensão social, menospreza os outros; quando erra, não aceita que errou e continua errando no seu caminho; não aceita conselhos, nem qualquer tipo de orientação; quando aceita ajuda de alguém, considera como obrigação. No livro de Salmo capítulo 73 (Biblia,1980) pág. 576, Asafe, o salmista, por pouco, quase vacilara na fé quando olhou para os soberbos. Os soberbos blasfemam de Deus e não são punidos, pelo contrário, as riquezas lhes aumentam, eles têm saúde. Isto é o que o salmista via nos soberbos, até que lhe caíram as escamas dos olhos, quando buscou a Deus. Buscar a humildade seria a conquista de uma proximidade à divindade e a uma consequente saúde psíquica. Há uma preocupação com o perigo de ataque espiritual de forças malignas. E isso entristece o Espírito Santo.

> Deus dá graça aos humildes, mas resiste aos soberbos. I Pd. 5.5 (Biblia,1980) pág.271

A inveja entendida como um sentimento de desgosto em face do bem alheio, acompanhado do desejo de que esse bem seja destruído. O invejoso não se contenta nunca com aquilo que possui ou recebe e fica revoltado com os benefícios, elogios ou felicidade de qualquer tipo atribuído a outra pessoa. A inveja leva à maledicência (que é o mesmo que murmuração) e a calúnia. O invejoso está sempre preocupado em somar os benefícios que os outros recebem. A inveja é a pior miséria, e o invejoso por mais que possua é o pior miserável. O invejoso é infeliz, incapaz e tirano. Se conseguisse sentir o sentimento de satisfação, estaria livre do espírito de inveja, porém, se houver quaisquer sentimentos de tristeza em razão da prosperidade de outrem em contraste com a sua pobreza concederia a legalidade, e essa será a preocupação constante sobre as afecções da alma que é conceder legalidade a um espirito maligno. O antídoto seria agradecer à vida pelo que você tem e procurar se alegrar pela prosperidade do outro. A calunia é vista como decorrente da inveja. A calúnia é a maneira maquiavélica de acalentar o espírito demoníaco da inveja. Essa artimanha é usada nos casos de ascensão de posição do outro, como no exemplo Bíblico de Miriãm e Arão. A calúnia é fortemente combatida no meio cristão, pois a crença de que atrás de uma calúnia está o demônio da inveja. A remissão se daria pelo arrependimento e desenvolvimento da capacidade de amar. Como é apresentado nas escrituras sagradas:

> Vede, não desprezeis à qualquer destes pequeninos; porque eu vos afirmo que seus anjos no céus vêem incessantemente a face do meu Pai celeste. Mt 18.10 (Biblia,1980) pág.24
>
> Não são todos eles espíritos ministradores, enviados para serviço á favor dos que hão de herdar a salvação? Hb. 1.14 (Biblia,1980) pág.252
>
> Se, pois, ao trazeres ao altar a tua oferta, ali te lembrares de que teu irmão tem alguma coisa contra ti, deixa ali perante o altar a tua oferta, vai primeiro reconciliar-te com teu irmão; e, então, voltando, faze a tua oferta. Entra em acordo sem demora com teu adversário, enquanto estais no caminho com ele, para que não te entregue ao juiz...e sejas recolhido à prisão.....Não sairás dali, até pagar o último centavo. Mt 5.23-26 (Biblia,1980) pág. 7

A lascívia seria a ansiedade e propensão a pensamentos impuros, olhares maliciosos e tudo que precede ao ato pecaminoso da prostituição. O que teria como consequência o desrespeito com o outro. Também concedendo legalidade aos espíritos malignos e distanciando -se dos preceitos cristãos bíblicos

> Fugi da fornicação (prostituição entre pessoas solteiras). Todo pecado que o homem cometa, é exterior ao seu corpo; aquele porém, que se entrega à fornicação, peca contra o seu próprio corpo! Ou não sabeis que o vosso corpo é templo do Espírito Santo, que está em vós e que recebeste de Deus? E que, não pertenceis a vós mesmos? Alguém pagou alto preço pelo vosso resgate; glorificai, portanto a Deus em vosso corpo. I Co 6.18-20 (Biblia,1980) pág.195

O Apóstolo Paulo fala sobre três vocábulos que expressam fortemente a natureza pecaminosa carnal:

> Prostituição, Impureza e Lascívia. Gl 5.19 (Biblia,1980) pág.220
>
> Os que são de Cristo Jesus crucificam sua carne, com suas paixões e concupiscências (Desejo descontrolado de prazeres). Gl 5.20 (Biblia,1980) pág.220

Paulo, também, exorta os crentes de colossos à santidade:

> Faze morrer a vossa natureza terrena: prostituição, impureza e paixão lasciva. Cl 3.5
>
> Disse-me ainda: Não seles as palavras da profecia deste livro, porque o tempo está próximo. Continue o injusto fazendo injustiça, continue o imundo ainda sendo imundo, o justo continue na prática da justiça, e o santo continue a santificar-se. Eis que venho sem demora, e comigo está o galardão que tenho para retribuir a cada um segundo as suas obras. Ap 22. 10-12

Uma atitude, a de lascívia, que poderá passar como não sendo percebida por um Deus que tem atributo ser longânimo. E se acredita promover sofrimento ao que age com lascívia, pois pode agir com excessos e falta de cuidado com o próximo.

> Assim, pois pelo fruto os conhecereis. Nem todo que diz: Senhor, Senhor! Entrará no reino dos céus, mas aquele que faz a vontade de meu Pai que está no céu. Muitos me dirão naquele dia: Por ventura não profetizamos em teu nome, e em teu nome não expelimos muitos demônios, e em teu nome não fizemos muitos milagres? Então, lhes direi abertamente: Nunca vos conheci. Apartai-vos de mim, os que praticais a iniqüidade. Mt 7. 20-23 (Biblia,1980) pág.27

A mentira é a declaração que se sabe ser uma falsidade com a intenção de enganar. Os escritores bíblicos condenaram severamente as formas agravadas de mentira, por exemplo, aquele que perpetua uma fraude. Aquele que consegue obter condenação injusta. As mentiras podem ser expressas por meio de palavras, por meio do modo de vida. Os profetas reputavam a mentira como uma expressão específica do princípio do mal. A mentira é proibida como algo repugnante à consciência de Israel por causa dos seus efeitos antissociais e, acima de tudo, porque é incompatível com a natureza divina. É o estímulo de pequenas mentiras impunes e aparentemente compensadoras que encaminha o homem para a falsidade. O falso se permite visar sempre, egoisticamente, os próprios interesses e caprichos, mesmo os mais indignos; certo que encontrará recurso fraudulento para livrar-se de eventuais embaraços. Não percebe que mais cedo ou mais tarde acabará por ser desmascarado, perdendo a confiança de todos. Quando a falsidade afeta o bem ou a honra alheia impõe um grave dever de reparação. A mentira é como uma bola de neve, sempre é preciso inventar uma outra mentira para cobrir a anterior. O vício de mentir desonra o caráter. Estas frases de conhecimento popular povoam o imaginário de todos os seres humanos. As consequências são bem nocivas até para o mentiroso. Ninguém acredita no mentiroso, mesmo quando ele fala a verdade. Nas meias verdades, há um pouco de mentira e um pouco de hipocrisia. Para os cristãos, as mentiras cobrem uma multidão de pecados, mas temporariamente. A mentira evidencia a sua fragilidade, o mentiroso pode dizer suas mentiras, mas não gosta que os outros mintam. Pode gerar uma compulsão desnecessária e irrefreável, pois somente se sustentaria apoiada em um emaranhado sem fim de outros mentiras. Não há uma mentira melhor que a outra, a capacidade e a cor da mentira não modificam o seu caráter real. Pode ser altamente desrespeitoso, a meia verdade é frequentemente uma grande mentira. Por isso, é vista como pecado (infidelidade a Deus) e usa ferramentas, mas a mentira é uma espécie de cabo que se ajusta a todas elas. Um mentiroso não é melhor que um ladrão e, por vezes, pode ser até pior. As piores mentiras são aquelas que mais aproximam-se da verdade. O mentiroso deveria ter uma boa memória. Ela pode incorrer a preconceitos e a violências, as mentiras mais grosseiras são aquelas pronunciadas pelo silêncio. A infinidade de consequências denuncia mesmo e amplamente a sua nocividade, é mais difícil esmagar uma meia-mentira que uma mentira completa, a meia verdade e a mentira inteira são companheiras afins. Embora as pessoas não manifestem interesse no que dizem, não devemos concluir daí que não mentem, pois há pessoas que mentem simplesmente por mentir. Somente aquele que é honesto é digno de confiança; aquele que profere mentira confessa que é um covarde e teme que a verdade seja conhecida. A mentira revela alma vil, espírito apoucado e caráter viciado. Mente-se com a boca; mas os gestos denunciam a verdade. A mentira e a perfídia são o refúgio dos poltrões. A mentira é a mais insuportável pusilanimidade; é temer os homens e insultar a Deus. Uma mentira engendra outras. Você pode ir ao fim da terra mentindo, mas dificilmente retornará.

Os ensinamentos cristãos em concordância com imaginário dos que produzem estas falas nos diz:

> Porventura, por Deus falareis perversidade e por ele anunciareis mentiras. Jô 13.7(Biblia,1980)
>
> Filhos, até quando convertereis a minha glória em infâmia? Até quando amareis a vaidade e buscareis a mentira? Salmo4.2(Biblia,1980)
>
> Deixai a mentira e falai a verdade cada um com o seu próximo; porque somos membros uns dos outros. Ef.4.5(Biblia,1980)
>
> Não vos escrevi porque não soubésseis a verdade, mas porque a sabeis e porque nenhuma mentira vem da verdade. I João 2.21(Biblia,1980)

> Não entrará nela (Nova Jerusalém) coisa alguma que contamine e cometa abominação e mentira, mas só os que estão inscritos no Livro da Vida do Cordeiro. Apocalipse 21.27(Biblia,1980)
>
> Ficarão de fora os cães (impuros) e os feiticeiros, e os que prostituem, e os homicídios, e os idólatras e qualquer que ama e comete a mentira. Ap 22.15 ...todos os mentirosos, sua parte será no lago que arde com fogo e enxofre, o que é a segunda morte. Ap. 21.8 Jesus disse: Vós tendes por pai o diabo e quereis satisfazer a vontade do vosso pai, ele foi homicida desde o princípio e não se firmou na verdade, porque não há verdade nele, quando ele profere mentira, fala do que lhe é próprio, porque ele é mentiroso e pai da mentira. João 8.44(Biblia,1980)

Esses textos bíblicos e essas frases trazem como argumento que são infinitas as consequências sobre o ato de mentir e a orientação cristã é viver em oração como medida preventiva. E também a autodisciplina para deixar de mentir para não entristecer o Espírito Santo.

A Ira é mencionada na Bíblia: *Na ira do homem não opera a justiça de Deus Tiago1. 20* (Bíblia 1980). Tem seu sentido denotativo do mesmo vocábulo latino, impulso desordenado contra alguém ou alguma coisa, manifestado, quase sempre, por falta de controle do indivíduo sobre seu próprio eu. Pode conduzir as palavras e atos de agressão, destruindo a harmonia indispensável ao convívio social, chegando mesmo a acarretar crimes de violência, com todas as suas penosas consequências. Este mal está presente em todas as pessoas, em todo lugar, em todas as camadas sociais e até nos animais domésticos e selvagens. Existem muitos motivos para alguém se irar. Basta uma palavra mal expressada ou dita em momento errado para abrir um precedente que pode provocar um conflito em um grupo, que, até então, estava em paz; isso acontece em empresas, clubes, equipes, famílias e nas igrejas. Alguns podem dissimular o sofrimento ou se esforçam para aceitar que tudo voltou ao normal. Na verdade, o que fica é apenas uma aparência de normalidade, porque aqueles poucos momentos de descontrole emocional sempre custam muito tempo para se ajustarem. Sempre trazem prejuízos incontornáveis para os relacionamentos. É como uma nódoa que mancha roupas brancas. Há casos que são irreversíveis, não havendo como resgatar e devolver as qualidades afetivas das amizades perdidas. É difícil de assimilar e digerir que, apenas em alguns minutos, a ira consegue destruir a preciosidade da paz que foi cultivada durante longos anos.

A questão mais premente para o olhar do cristão seria a legalidade dos espíritos malignos em sua vida. Assim ficaria estabelecido que as vítimas desse assédio tentam explicar e se justificar para terem um desencargo de consciência, mas tudo é como querer aproveitar o leite derramado pela fervura. Tem caso que as coisas se agravam outra vez, quando tentam ajeitá-las, seria como soprar o carvão quente restante do fogo coberto pela cinza, o fogo aparece de novo. Um cristão acredita em uma ira que fica incubada na alma. Esse tipo de ira parece mais nociva que a explosiva, acredita-se que seria um demônio que pede vingança para ser saciada sua sede de cobrança pelos prejuízos que julga que aconteceu. Quanto mais o tempo passa, mais se agrava a situação, a ira se transforma em ódio que causa mais danos a quem odeia do que em quem é odiado, eis que ele o torna um homem ineficiente, incapaz para tratar com as causas do seu ódio. É uma indignidade desprezar uma relação de amizade por uma vida isolada para alimentar o ódio. Se consumem fisicamente e espiritualmente por não aceitarem ajuda do Espírito Santo. A ira é um dispositivo que faz parte do conjunto da arbitragem e da defesa do homem. Esse dispositivo seria acionado mediante a presença do mal para que o homem se confunda quando se deparar com as obras do diabo pensando que são de Deus. A orientação seria em repudiá-lo e destruí-lo com toda as nossas forças. Foi Deus que nos fez sua imagem e semelhança. Ele também se ira. Assim como Deus colocou em nós o prazer do sexo que também é para procriação, deu-nos o sentimento da ira para conservar-nos e nos proteger do mal, amando a Deus e odiando o diabo. Todos os sentimentos têm o seu valor de proteção quando é direcionado para aquilo que foi originalmente determinado. Quando nossos pais caíram no Éden, esses sentimentos que funcionavam como armas de defesa perderam suas formas e passaram a serem usadas contra o próprio homem e contra Deus. Vemos isto na história de Caim. Deus não fez robôs, máquinas manipuladas ou autômatos. Deus fez o homem com capacidade para amar o bem e odiar o mal. Por isso, não existem desculpas e muito menos aceitação para deixar-nos sermos consumidos pela nossa própria ira como se fossemos obrigados a isso. Quando Adão pecou transgrediu os desígnios de Deus, passou a ser aprisionado pelo poder de Satanás, mas o Pai não os deixou abandonados sem o poder de opção. O sangue foi derramado no Éden e com uma pele foi-lhes feito uma veste, feita como uma proteção ao casal. Em seguida, foi-lhes devolvido a liberdade. Não ficaram impunes do pecado cometido, mas lhes foi concedido o poder de diferenciar entre o mal e o bem. Abel e Caim são a prova que o ser humano não perdeu o poder da escolha. Segue uma referência sobre o assunto na Bíblia:

> Irai-vos e não pequeis, não se ponha o sol sobre a sua ira. Ef.4.26

O cristão professa a crença de que deveria indignar-se na presença do mal, mas em igual medida precisaria ter o cuidado para que uma justa indignação não se degenere em pecado. Seja qual for o caso, não deve guardar o seu ressentimento. Ao pôr do sol, precisaria verificar se o seu espírito está sereno de novo. Seria, então, contraproducente conservar a ira, dormindo com ela. Acordando com ela, até que todo seu espírito fique contaminado com o mal que devia ter reprovado e resolvido em um momento oportuno. Como demonstra a citação bíblica a seguir:

> Não vos vingueis a vos mesmos, amados, mas daí lugar a ira; porque está escrito: A mim pertence à vingança; eu é que retribuirei; diz o Senhor. Romanos. 12.19 (Biblia,1980)

Parece um pouco estranho a frase: Dai lugar à ira. Pelo conjunto da frase e das palavras que vêm depois deixa claro que está sendo falado para se dar lugar à ira de Deus, a Ele pertence à vingança. Há caso que não pode ficar impune, porém, isso não nos pertence, ainda que a gravidade da situação exija uma atitude de justiça, mesmo assim, nunca devemos permitir que a ira nos leve a uma vingança. A orientação segue no sentido em que tudo deve ser entregue para que seja feito conforme os desígnios de Deus. E que nunca deveríamos tomar o lugar da ira de Deus, mas, pelo contrário, dar o lugar da ira a quem de direito, ao juiz dos juízes. Seria muito gratificante para um ex-iracundo, viver em paz consigo mesmo e com seu próximo, sentindo que a mansidão tomou lugar da irritação e da angústia provocada. Agora estaria tudo sob o controle do Espírito Santo e não da carne. O Espírito Santo teria a liberdade para governar sua vida na mais perfeita paz. Agora só lhe restaria preservar a paz, vigiando com perseverança em uma prática de oração e sempre para manter a intimidade com Deus. A avareza seria o apego demasiado e sórdido ao dinheiro ou aos bens econômicos, levando o homem a endurecer o coração em face aos sofrimentos dos outros homens e das injustiças contra ele cometidas. Pela avareza, os bens materiais transformam-se em um fim, de tal sorte que o avarento acaba por negar a si mesmo as condições normais para uma vida compatível com a própria dignidade humana. Avareza pode ser sinônimo de ganancia também. A leitura sobre avareza seria a de que os homens desligados de Deus contam vantagens sobre os maus desejos de seus corações. O avaro não para usufruí somente possuí. E impeditiva sua conduta à oração. A falta de cuidado para com os pobres pode ser um exemplo de avareza. São tristes. É um inimigo de Deus e age como um suicida da própria vida em vida. Sofre tal como os pobres. A libertação e resolução podem advir ao questionar suas crenças. O avaro tem sempre bastante argumento para se defender diante das suas atitudes:– Estou me preparando para o dia de amanhã. Parece até sensato; mas isto é somente uma desculpa. Estaria poupando a vida toda, sofrendo a falta de tudo, levando sua família a viver uma vida de miséria, de desnutrição, de nudez e de analfabetismo. Adoecido, por certo, nunca usufruirá quaisquer benefícios da sua poupança. -Não sou esbanjador. Faz uso do extremo para justificar sua avareza. Claramente, o esbanjador precisa ser visto com cuidado; os erros de outras pessoas não podem justificar os nossos erros. -O dinheiro é meu e eu administro como quero. Estes argumentos e outros tornam o avaro muitas vezes intransigente e inflexível. O avaro pode ser visto como um idolatra. O que é idolatria? Tudo que se coloca entre Deus e o homem. O apego excessivo a suas posses o tornou idólatra, logicamente, pois estaria, assim, separado de Deus. Engana-se, pois não tendo sabedoria, entendimento e discernimento acredita que já tem Deus pelo fato de possuir bens. Alguns chegam até a zombar de seus líderes e dizem: você quer me acusar, dizendo que não tenho Deus? Onde está Deus na sua vida, sendo que você não possui bem nenhum? Este é o resultado que vem de um idólatra cujo deus são a suas posses. Como poderia ser considerada essa afecção na sua alma uma enfermidade se sequer a aceita como sofrimento. O primeiro passo para uma libertação e solução seria o arrependimento. Arrependimento seria mudar sua compreensão sobre si mesmo e sua atitude. Não é simplesmente ter desgosto nem tampouco sentir tristeza pelo pecado (infidelidade à Deus). Estes dois sentimentos fazem parte do arrependimento, mas não constituem o verdadeiro sentido do verbo arrepender. A primeira mensagem de João Batista como também a primeira mensagem do Senhor Jesus foi esta:

Arrependei-vos porque é chegado o reino do céu. Mt 3.2; 4.17

Após detectar-se o mal, o primeiro passo é o reconhecimento do pecado, seguido do arrependimento. O segundo passo é confessar este pecado a Deus e suplicar o perdão mediante o sangue de Jesus. O terceiro passo é vigiar diariamente, negando-se a si mesmo e carregando o sentido da cruz com resignação para ter paz e saúde mental.

3. Segunda Parte: Ciências Psicológicas e suas ramificações

Fé...Aceitar uma verdade laçada no instante,
a cada instante...
Viver ilusões, senti-las,
sem entendê-las...
Não há treino para ser...
E diante de constante esfacelamento de modelos impositivos de Verdade...
e um consequente desequilíbrio absoluto;
diante do sentimento de inadequação a
tudo o que está pré-estabelecido;
diante do impetuoso e desprezado caos ;
Existe possibilidade de sobrevivência:
a retomada do poder há muito perdido,
de reinventar-se a cada instante...

Sueli Guerreiro

Algumas matrizes cristãs têm o seu contorno a partir da uma crença em um Espírito, Espírito este que defendem existir antes da fundação do mundo, e tudo o que se propõe a acreditar está posto a partir dessa relação com esse Espírito como uma Trindade. Decorrem questões, mas os argumentos sempre partem da existência dessa relação. A motivação é a partir dessa relação e não eivados pelo campo moral. O moralismo acomete denominações cristãs já em um processo de religiosidade distorcida que dista do plano original. Tudo começa com a crença sobre a presença dessa Trindade. Quanto a alma, é sim comum a religião e psicologia. O homem seria constituído por alma, corpo e Espírito para algumas matrizes cristãs, descrita na primeira parte deste capítulo. O Espírito seria o Sopro Divino no corpo e na alma humana. O universo simbólico do religioso é permeado por essa crença. O seu corpo é um receptáculo, templo, do Espírito Santo. O seu corpo pertence a Deus segundo o livro histórico "Bíblia Sagrada", descrita na sua primeira parte, contendo o Velho Testamento, a história da relação entre o povo judeu e esse Deus e o Novo Testamento. As inúmeras histórias presentes nesse livro ilustram e descrevem essa dimensão, o que podemos observar em matrizes cristas na atualidade também.

Nesta segunda parte, será a apresentação de um caminho para compreensão sobre como as psicologias se apresentariam diante desse fenômeno que seja o da alma, questão em comum com algumas matrizes religiosas, religião aqui definida como a busca ontológica do sagrado. As ciências psicológicas constroem conhecimentos para a compreensão sobre o ser humano. Existem vertentes mais essencialistas, positivistas, deterministas, empiristas, idealistas, ônticas e outras mais humanistas, que primam por um conhecimento a partir do vivido e apresentam a característica de serem ontológicas. Angerami pontua sobre algumas correntes das psicologias:

> A psicologia, através de suas principais correntes, se propõe a ser compreendida através de bases científicas, entendendo por ciência o propósito de objetivar, classificar e generalizar, partindo da observação e da experiência (Angerami, 2018, pág 125).

Merleau-Ponty é enfático:

> Jamais como hoje a ciência foi sensível às modas intelectuais. Quando um modelo foi bem-sucedido numa ordem de problemas, ela o aplica em toda parte.(Merleau-Ponty, 2014-pág 11)

Sartre nos assevera sobre uma forma de produção de um conhecimento cientifico para compreensão da condição humana, que seria a de ter a característica de ter uma irredutibilidade a fatos antigos e que poderia não ser provisória, e sim poderá ser também uma total novidade:

> [...] movimento pelo qual determinados totalizadores produzem, superando suas contradições, um momento novo e irredutível da totalização deve aparecer-nos, ao mesmo tempo, como realidade e como iluminação. Ou, em outras palavras, se a Razão dialética existe, é necessário que ela se defina como a inteligibilidade absoluta, uma novidade irredutível na

> medida em que esta é uma irredutível novidade. É o contrário do esforço positivista e analítico que tenta iluminar os fatos novos, reduzindo-os a fatos antigos. E de certa forma, a tradição do positivismo está tão ancorada em nós, inclusive atualmente, que a exigência de inteligibilidade pode parecer paradoxal. O novo, na medida em que é novo, pode escapar ao intelecto: aceita-se a qualidade nova como uma aparição bruta ou, melhor ainda, supõe-se que sua irredutibilidade é provisória e que, mais tarde, a análise há de descobrir nela elementos antigos (Sartre, 2002, p. 174).

O homem pode ser considerado também como fenômeno único, e Angerami assevera:

> Os pressupostos existencialistas negam-se a compreender o homem a partir de categorizações, generalizações e até mesmo de abstrações resultantes da aplicação de baterias de testes psicológicos. e o homem ao ser considerado como fenômeno único e isolado lança por terra outro princípio das teorias comportamentais em psicologia: organismos diferentes reagem do mesmo modo diante de estímulos semelhantes. essa posição poderia ser assim definida pelos existencialistas: organismos diferentes reagem de modo diferente diante de estímulos semelhantes (Angerami, 2018, p. 126).

A falta de discriminação e o imediatismo sem cuidado em delinear-se, identificar-se como o conhecimento está sendo construído, sem a discussão sobre suas bases epistemológicas. Um questionamento apresentaria verdadeiramente um rigor cientifico na medida em que prescindiria dos interesses econômicos subjacentes a algumas práticas. Como apresenta Bocca:

> As indiscriminadas práticas, tanto por parte de alguns profissionais como de seus "pacientes", são oriundas da necessidade imediata da resolução do problema: está doente, logo, precisa ser "curado". "Curar" para: parar de sofrer, de sentir medo, de sentir angústia, ansiedade, em outros termos, deixar de ser humano. Ora, em um contexto imediatista, não "sobra" tempo, tampouco há interesse econômico, seja na esfera pública, seja na privada, para investir em um conhecimento de base epistemológica no que compete às noções de: saúde, doença, sofrimento e até mesmo na controversa palavra cura. Essas, diriam alguns, são noções excessivamente "metafísicas". (Bocca, 2021 pág212-213)

Borhein (2011) nos alerta sobre a diversidade do real e sua característica de ser inesgotável. E assim nem mesmo poderíamos nos restringir a uma leitura tão imediatista, indiscriminada e de generalizações.

> ... jamais a ciência poderá esgotar a diversidade múltipla do real, jamais poderá fazer o inventário do real e cruzar os braços (Bornheim, 2011, p. 239).

Bocca (2021) ainda nos ensina como o conhecimento estaria a serviço do paciente, do vivido pelo paciente, e não prescindiria da espontaneidade do vivido.

> Primeiramente é preciso inventariar o vécu – Trata-se de inventariar a pessoa em sua experiência concreta, não posicionada. Em outras palavras, trata-se de inventariar os objetos percepcionados pela consciência irrefletida. Devemos ir até a consciência de primeiro grau ou irrefletida (Sartre, 1936/1994) – o psicólogo clínico deve descer ao espontâneo, pois é lá, na experiência vivida, que a vida acontece. Deve acessar, interrogar, decifrar e evidenciar aquilo que foi percepcionado pela consciência irrefletida do cliente, no cerne da experiência vivida (Bocca, pp. 244-245).

Não há aqui a intenção de estabelecer um posicionamento, a priori, sobre o real, citando uma psicologia em detrimento das outras psicologias, criando uma oposição, antagonismo ou binarismo, mas o intuito seria o de fazer um ponteamento a partir dos principais questionamentos sobre a epistemologias para a construção dessas psicologias. O posicionamento a partir das consequências para o ser humano e qual seria o ponto de convergências entre as matrizes psicológicas. Estabelecendo um caminho marcado por uma posição ética em preservar a condição humana e me atentar para os limites das ciências psicológicas. A construção do texto foi a partir de um olhar mais existencialista em contraponto com as psicologias mais clássicas, mas tendo como parâmetro a própria tensão entre elas. Nessa mesma lógica, a primeira parte deste capítulo foi a partir do entendimento de uma das matrizes do cristianismo e por sua leitura hermenêuticas do livro Sagrado, sobre o cristianismo bem como a história do cristianismo para o embasamento e leitura da alma e corpo. Como dito acima, visando a alma e o corpo como objetos, tendo como o ponto de intersecção entre a psicologia e a religião,

A psicologia humanista ou "Terceira Força" em oposição ao Behaviorismo e à Psicanálise demonstra uma tensão existente entre as psicologias. O movimento chamado humanista teve como fonte o humanismo clássico da Renascença. Angerami ilustra e descreve esse momento:

> o Humanismo é um movimento bem mais antigo que o existencialismo e seu apogeu ocorre durante o Renascimento quatrocentista na Itália. Nesse período era enfatizado o estudo dos clássicos gregos e romanos e o movimento foi considerado liberdade de pensamento, na medida em que representava uma ruptura com o sistema escolástico medieval de pensamento desenvolvido principalmente pelos filósofos da igreja. e apesar de não haver grandes realizações filosóficas, estava aberta a porta para um tipo de pensamento crítico independente. (Angerami, 2018 Pág. 130)

O termo humanista refere-se ao resgate do humano dentro de algumas psicologias contemporâneas. Angerami questiona a questão do uso termo:

> No campo específico da Psicologia, a adoção da denominação humanista foi uma tentativa de tornar a psicologia humana. Tal defini- ção parece desprovida de sentido, e até mesmo apresenta erro semântico na medida em que a psicologia é definida como a ciência que estuda o comportamento humano, sendo ela, portanto, humanista. No entanto, tal fato não é verdadeiro na medida em que a psicologia contemporânea estuda muito mais o comportamento de animais, reações irracionais e outros tantos fenômenos que nada apresentam de humano. (Angerami, 2018 Pág. 130)

Há humanismos segundo Sartre. Angerami pontua estas diferenças:

> Na realidade, a palavra humanismo tem dois significados muito diferentes. Por humanismo pode entender-se uma teoria que toma o homem como fim e como valor superior. Mas quanto a um homem não se pode admitir que possa emitir um juízo sobre o homem. O existencialismo dispensa-o de todo o julgamento deste gênero, o existencialista não tomará nunca o homem como fim, porque ele está sempre por fazer. E não devemos crer que há uma humanidade à qual possamos render culto, à maneira de Augusto Comte. O culto da humanidade conduz ao humanismo fechado sobre si de Comte e é necessário dizê-lo ao fascismo, É um humanismo com o qual não queremos nada (Angerami, 2018 Pág. 131)

Quanto a relação entre a alma e o corpo; a alma e o corpo como objetos da psicologia podem ser compreendidos como a própria subjetividade. O processo de subjetivização como se dando na circularidade entre a exterioridade e interioridade; singularidade e universalidade e em constante construção. A psicologia tradicional tem uma concepção de subjetividade pautada no interior do corpo, algo dentro e como uma posse. A correlação entre a subjetividade e corpo pode ser um dos critérios de diferenciação entre as psicologias, como também a inclusão do conceito de historicidade. A subjetividade é forjada no tempo, pelo tempo e em constante construção. Angerami nos ensina:

> ... por mais que a psicologia tradicional posso trabalhar com esses conceitos, certamente eles se distanciam da realidade na qual somos o corpo em todas as dimensões e não distantes deles como tais teorizações querem nos fazer crer. As minhas sensações são o meu corpo; a minha subjetividade, as minhas percepções e tudo o que seja a minha realidade existencial são o meu corpo. O sujeito que sou é o meu corpo. O meu corpo e todo o seu constitutivo perceptivo sou eu. Não existe nada a me dividir nem a excluir tais concepções. O que sinto, percebo e vejo é por intermédio do meu corpo e não em alguma instância for dele. (Angerami, 2003, pág15)

O corpo, assim, sendo compreendido como o sujeito da percepção. Segundo Merleau: *Nós percebemos o mundo como o nosso corpo* (Merleau-Ponty, 1945, p. 161).

Retomando e acrescentando algo à questão do humanismo, a existência. A existência como definida por Merleau– Ponty: um terceiro termo que se interpõe entre o psíquico e fisiológico. (Merleau Ponty, pág. 142). O ser humano traz suas questões existenciais nas vivências do dia a dia, inerentes a suas condições humanas, portanto inevitáveis. Questões como a liberdade, a solidão, a culpa, as angustias, como exemplo, a totalidade de suas possibilidades existenciais. Angerami pontua:

> *Etimologicamente, o termo existência significa* estar fora de *e, numa tentativa de hífen, usando* exis-tência *ao invés de* existência. pág. 33... a existência que é um contínuo *vir-a-ser*, um sempre *ainda-não*, com a possibilidade de um *poder-ser*, na condição de transcendência se desdobra e faz com que nos projetemos para além de nossas próprias possibilidades existenciais (Angerami, 2018 p. 65).

O modo de ser com liberdade me parece tangenciar várias questões. A liberdade tem limites quanto ao outro, não devo tira-lhe a dignidade ou aniquilá-lo. Outros limites podem ser físicos, financeiros dentre tantos outros. Angerami, nesta mesma obra, mostra-nos:

> O homem é livre por necessidade ontológica, e qualquer tentativa de fugir dessa condição é, por assim dizer, uma forma de quietismo. p.37... O homem existe em relação a sua condição de ser-no-mundo. e o fato de estar-no-mundo constitui um fato por si só, determinante de muito sofrimento e desespero... *O homem é o ser que é, ao contrário de outros seres e objetos que apenas existem. O ser é. O ser é em si. O ser é o que é.* O homem, no entanto, é um ser para si p.48 (Angerami, 2018)

A angústia também é correlata à liberdade. Angerami nos ensina sobre três tipos de angústia: angústia de ser, angústia diante do aqui-agora e angústia da liberdade:

> A angústia de ser é o sentimento que nos invade quando cogitamos que o nada foi e ainda é tão possível quanto ser; quando nos perguntamos por que existe algo, ao invés de não existir nada. É fato curioso nossa incapacidade de sentir o prodígio e o mistério do existir, sem pensarmos no nada absoluto. Metaforicamente poder-se-ia dizer que só podemos ter uma visão ampla do ser através da perspectiva do nada. p. 71... A angústia do aqui-agora, por outro lado, revela um traço da condição humana que pode ser expresso negativa ou positivamente. Negativamente, ele significa que, mesmo que existissem objetos eternos, o homem não poderia participar de sua eternidade. Positivamente, que o homem é por natureza um ser temporal, com uma história individual confinada em determinada época histórica e determinada regiao do espaço. p.72

> ... A angústia da liberdade, de outra parte, é, segundo sartre113, decorrente da necessidade de que o indivíduo é *obrigado* a optar. a negação da angústia frente à liberdade é a própria negação da liberdade como condição humana. p.73 (Angerami, 2018)

A culpa do cristão apresenta-se por estar em um distanciamento do projeto divino de um Deus ao qual presta adoração e não eivada no moralismo, produto de uma construção humana. Para a psicologia, a culpa pode aparecer como reação à renúncia irrefletiva a liberdade inerente à condição humana. Pode começar diante dos credores desde a mais tenra infância no âmbito familiar, depois pelas religiosidades e também o governo, como nos mostra Boss (1981), em nota de rodapé na página vinte e quatro de sua obra, o qual coloca o quanto a definição de culpa está atrelada a essa ideia de dívida constante com credores: *em alemão "schuld" significa tanto culpa quanto dívida daí a razão dos credores.* Boss (1981, p. 24)

Como estar diante do ser humano, assim compreendido, senão com a postura mediada pelo Cuidado. Compreendendo o Cuidado como presença e uma presença diante do outro que seja respeitosa. O Cuidado definido por Boff (2014) seria sobre o *Cuidado* como sendo *aquela força originante que continuamente faz surgir o ser humano* (p. 117). Fala de uma superação necessária a nossa civilização, *superar o modo-de-ser-trabalho-produção-dominação.* Para isso, precisaríamos resgatar o Cuidado: "Para isso o ser humano precisa voltar-se sobre si mesmo e descobrir seu modo-de-ser-cuidado". Como estar diante e sob qual compreensão de ser humano.

Como compreendê-lo sem a crença em uma essência como universal e preestabelecida, transcendendo o próprio ego, sem também uma essência universal que seria como uma natureza humana, e pensar como Sartre ao definir como condição humana. Angerami partilha conosco as ideias de Sartre:

> Sartre é quem determina através de suas idéias a questão da transfenomenalidade do fenômeno de ser. através dessa condição, vimos anteriormente, o homem pode ser percebido *como o ser que é, não um mero conjunto de mecanismos desprovidos de sentimentos, mas um ser transfenomenal, que se percebe enquanto fenômeno e se anuncia no fenômeno como um além deste.* Sartre não crê na existência de uma natureza humana, embora não negue uma condição humana, válida universalmente: além disso, se é impossível achar em cada homem uma essência universal que seria a natureza humana, existe contudo uma universalidade humana de condição. Não é por acaso que os pensadores de hoje falam mais facilmente da condição do homem que da sua natureza.

Natureza Humana por Sartre:

> [...] a experiência reflexiva e o conhecimento quase reflexivo são perfeitamente homogêneos quando se trata de revelar os vínculos sintéticos

da história. O próprio conteúdo desses vínculos, em sua materialidade, deve servir somente para distinguir e diferenciar: deve-se assinalar que uma amizade no tempo de Sócrates, não tem o mesmo sentido, nem as mesmas funções de uma amizade contemporânea; mas, por essa diferenciação, que exclui rigorosamente toda crença em uma "natureza humana", limitemo-nos a revelar com maior clareza o vínculo sintético de *reciprocidade* (que, aliás, descreveremos adiante) que é um universal singularizado e o próprio fundamento de todas as relações humanas. Se tomarmos estas precauções, será suficiente escolher os melhores exemplos dessa reciprocidade fundamental nesse passado não vivido por nós e que, no entanto – por intermédio da cultura – nossa de uma ponta à outra. Com efeito ñ se trata de reescrever a aventura humana, mas fazer a experiência crítica das empresas, estruturas ou acontecimentos reais, embora quaisquer, a resposta para esta questão de princípio: na aventura humana, qual é o papel respectivo das relações de interioridade e de exterioridade (Sartre, 2002)

4. Considerações finais

Para as psicologias e a matriz religiosa aqui apresentada, a alma humana é entendida a partir de uma relação de cuidado. A transcendência dos sofrimentos inerentes a condição humana pela fé é a proposta dessa matriz religiosa. A partir da ciência psicológica, a alma sendo entendida a partir de uma relação permeada pelo Cuidado, entendido como uma abertura, uma clareira e uma presença respeitosa. Portanto, o ponto de intersecção seria o cuidado sobre a alma e o corpo humano na correlação entre a matriz cristã aqui apresentada e de algumas das matrizes psicológicas aqui também apresentadas.

5. Parêmia

Do Sagrado...

Valdemar Augusto Angerami

Isabella
Ajoelhado frente à tua nudez...
Em sublime prostração de oração...
Tocando tua pele em silenciosa veneração...
O Sagrado da tua feminilidade em minha contemplação...
Das relíquias sagradas da deificação maior da carne...
Sorver tua essência como água santificada...
Beijar teus lábios como purificação maior da alma
Abraçar teu corpo nu e saber do Sagrado entre nós...
Orando e contemplando tua graciosidade...
Tua divindade feminina...
E saber que dessa vida o maior encontro com o Sagrado
é o nosso encontro de almas...

Serra da Cantareira, numa manhã azul de Verão...

Referências

ALMEIDA, J. F. Bíblia Sagrada. Editora CPAD 1980.

ANGERAMI, V. A. Psicoterapia e subjetivação: uma análise de fenomenologia, emoção e percepção. São Paulo: Pioneira Thomson Learning, 2003.

ANGERAMI,V. A. Psicoterapia Existencial Noções Básicas. 15 ed. revista e ampliada. Belo Horizonte. Editora Artesã, 2018.

BOCCA,M.C. Psicanálise Existencial e o Método Progressivo-Regressivo: Experiência Psicopatológica em Jean-Paul Sartre. Curitiba: Editora Appris, 2021.

BOFF, l. Saber cuidar; ética do humano – compaixão pela terra. Petrópolis: Vozes, 2014.

BORNHEIN, G. Sartre: metafísica e existencialismo. São Paulo: Perspectiva, 2011.

BOSS, M. Angustia, Culpa e Libertação. Ensaios da psicanálise existencial. São Paulo: Duas Cidades, 1981.

MERLEAU-PONTY, M. A Fenomenologia da Percepção. São Paulo: Martins Fontes, 1999.

MERLEAU-PONTY, M. O Olho e o Espírito. São Paulo: Cosac & Naify,2004.

SARTRE, J.P. Crítica da Razão Dialética. São Paulo: DP&A editora Ltda 2002.

Os autores

Organizador

VALDEMAR AUGUSTO ANGERAMI

Professor de pós-graduação em Psicologia da Saúde na PUC-SP; professor convidado do programa de pós-graduação em Psicologia e Oncologia da Unicamp; professor do programa de pós-graduação em Psicologia da Saúde na UFRN. Autor com o maior número de títulos publicados em Psicologia no país e adotados nas principais universidades do Brasil, América Latina, Portugal, Espanha e Canadá

Colaboradores

ADRIANA PATRÍCIA EGG-SERRA

É Psicóloga, Doutoranda e Mestre em Psicologia pela Universidade Federal do Paraná. Especialista em Logoterapia pela Associação de Logoterapia Viktor Emil Frankl. Coordenadora da Comissão Especial de Psicologia Anomalística e da Religião, no CRP-PR. Integrante do LabFeno - Laboratório de Fenomenologia e Subjetividade da UFPR (www.labfeno.com.br) e do Instituto de Espiritualidade e Saúde.

ADRIANO ALBINO DOS SANTOS

Mestrando em Educação (UFPE) no Núcleo de Pesquisa Educação e Espiritualidade. Psicólogo Clínico e Comunitário Transpessoal (Espaço Ser e Transcender, Neimfa). Formação em Psicologia e Psicoterapia Transpessoal (Espaço Ser e Transcender/Abrapet).

ADRIANO FURTADO HOLANDA

É Psicólogo, Doutor em Psicologia, Docente da Universidade Federal do Paraná, atuando no Departamento de Psicologia, PPG-Psicologia e PPG-Educação.

Coordenador do Laboratório de Fenomenologia e Subjetividade (LabFeno) da UFPR; Vice-Coordenador do GT Fenomenologia, Saúde e Processos Psicológicos da ANPEPP.

ANDERSON SANTIAGO DA SILVA

Psicólogo clínico (CRP 02/18788), Especialista em Psicologia junguiana (IDE/ UNIREDENTOR), desenvolve estudos com ênfase em História e Epistemologia da Psicologia Analítica, sobre mitologia, comportamento suicida e saúde mental.

ANDRÉ ROBERTO RIBEIRO TORRES

Psicólogo. Doutorando em Educação pela UNICAMP. Pesquisador do grupo Paideia. Mestre em Psicologia pela PUC-Campinas. Licenciado em Filosofia. Especializado em Psicoterapia Fenomenológico-Existencial. Graduado e licenciado em Psicologia. Professor de graduação em Psicologia na Faculdade Santa Lúcia, em Mogi-Mirim. Responsável técnico da Torres Psicologia. Membro do Instituto Nacional de Pesquisa e Promoção de Direitos Humanos.

AURINO LIMA FERREIRA

Pós-doutorado na Université Claude Bernarde Lyon 1, França. Doutor em Educação (UFPE). Mestre em Psicologia (UFPE). Professor Associado da Universidade Federal de Pernambuco (UFPE). Presidente da Associação Brasileira de Pesquisa e Ensino em Psicologia Transpessoal (Abrapet). Coordenador do Programa Observatório das Periferias (UFPE). Docente do Programa de Pós-graduação em Educação, Linha de pesquisa Psicologia e Educação Transpessoal. Formação em Psicologia Transpessoal pela Associação Brasileira de Psicologia Transpessoal (ABPT/ Dharamsala, Índia).

EDSON SIGUEYOSHI HAMAZAKI

É Psicólogo clínico. Doutorando e mestre em Ciência da Religião (PUC-SP). Especialização em Terapia Cognitivo Comportamental (UNIP-SP). Formação em Terapia do Esquema (CETCC-SP). Aperfeiçoamento em Dependência Química (UNIFESP). Vice coordenador do Núcleo de Estudos Psicológicos da Religião – NUMINA (PUC-SP). Pesquisador, membro do Grupo de Pesquisa em Experiência Religiosa e Estados Alterados de Consciência (PUC-SP).

ÊNIO BRITO PINTO

Psicólogo (PUCRJ), é mestre e doutor em Ciência da Religião (PUCSP), e tem pós-doutorado em Psicologia Clínica (PUCSP). Gestalt-terapeuta, é coordenador do Núcleo de terapia Breve do Instituto Gestalt de São Paulo e professor convidado de cursos de formação em Gestalt-terapia no Brasil. É membro do corpo clínico do Instituto Terapêutico Acolher (ITA), especializado no atendimento a religiosos católicos. É autor, dentre outros, de "Os Padres em Psicoterapia: Esclarecendo singularidades", "Psicoterapia de Curta Duração na Abordagem Gestáltica", "Elementos para uma Compreensão Diagnóstica: O ciclo de contato e os modos de ser" e "Dialogar com a Ansiedade: Uma vereda para o cuidado"

EVERTON DE OLIVEIRA MARALDI

é Professor e Orientador de Mestrado e Doutorado no Programa de Pós em Ciência da Religião da PUC-SP. É Pesquisador Associado no Instituto D'Or de Pesquisa e Ensino (IDOR), Rio de Janeiro. Possui mestrado, doutorado e pós-doutorado em Psicologia Social pelo Instituto de Psicologia da USP. Realizou estágio de pós-doutorado nas universidades de Oxford e Coventry (Reino Unido). Possui os títulos de bacharel em Psicologia e Formação de Psicólogo pela Universidade Guarulhos (UnG). Coordenador do Núcleo de Estudos Psicológicos da Religião (NUMINA) e do Grupo de Pesquisa em Experiência Religiosa e Estados Alterados de Consciência, ambos da PUC-SP.

FRANCIELE ENGELMANN

Psicologia pela UFPR - Universidade Federal do Paraná; especialização em Psicologia Analítica e Religião Oriental e Ocidental, pelo ICHTHYS – Instituto de Psicologia Analítica; mestrado e doutorado em Família na Sociedade Contemporânea, pela UCSAL – UniversidadeCatólica do Salvador – BA. Professora na ISEPE – Faculdade de Ensino Superior de Marechal Cândido Rondon – PR; psicoterapeuta. E-mail: psifran@yahoo.com.br

FRANCISCO B. ASSUMPÇÃO JR.

Psiquiatra da infância e adolescência. Mestrado, doutorado e pós doutorado em Psicologia pela PUC-SP. Livre Docência pela Faculdade de Medicina da USP. Membro das Academias Paulista de Psicologia (cadeira 17) e Medicina (cadeira103).

GIANCARLO PETRINI

Graduação em Ciências Políticas pela Universidade de Perugia e em Teologia pela Faculdade Nossa Senhora da Assunção, de São Paulo; mestrado e doutorado em Ciências Sociais, pela PUC de São Paulo. Atualmente é professor do Programa de Pós-Graduação em Família na Sociedade Contemporânera, da UCSAL - Universidade Católica do Salvador. Líder do Grupo de Pesquisa Família em Mudança. E-mail: jcpetrini@terra.com.br

ISABELLA LEÃO

Graduada em Psicologia pela FUMEC, Especialista em Psicologia Hospitalar pela PUC - MINAS. Já atuou nos serviços de saúde mental, unidades básicas de saúde e hospitalar na rede SUS de Belo Horizonte. Atualmente, atua no serviço ambulatorial na rede de educação de Minas Gerais. Membro do grupo de estudos A Clínica Sob Sartre, coordenado por Valdemar Augusto Angerami co-autora no livro A Psicoterapia Sob Sartre, Angerami, V.A., (org.), Belo Horizonte: Artesã Editora, 2022;

JOSÉ FRANCISCO MIGUEL HENRIQUES BAIRRÃO

Graduou-se em Psicologia e em Filosofia pela Universidade de São Paulo. Doutorou-se em Filosofia pela Universidade Estadual de Campinas e é Livre-Docente em Psicologia Social pela Faculdade de Filosofia, Ciências e Letras de Ribeirão Preto, da Universidade de São Paulo. Atualmente é professor e coordena o Laboratório de Etnopsicologia da mesma instituição, bem como lídera o Grupo de Pesquisa em Etnopsicologia do CNPq-Brasil.

JOSÉ JORGE DE MORAIS ZACHARIAS

Psicólogo, mestre e doutor em psicologia social USP, analista didata pela Associação Junguiana do Brasil – AJB e International Association for Analytical Psychology – IAAP, autor do teste QUATI e coautor dos instrumentos Tear de Palavras e GOPC, autor de obras em tipologia junguiana e religiosidade de matriz africana, e músico.

JULIANA SCHMIDT RADDATZ

Graduação em Psicologia pelo Centro Universitário Franciscano (2015). Mestre em Psicologia Clínica no Programa de Pós Graduação da PUCRS e Pós Graduação em Arteterapia pela Censupeg. Atua como psicóloga clínica desde 2016 na cidade de Esteio/ RS. Integrou o Grupo de Estudo e Pesquisa em Psicologia Anomalística, Saúde, Espiritualidade e Religiosidade GeASER - PUCRS. Participou também como Colaboradora no Programa de Extensão e Gestão das Atividades de Formação Continuada PUCRS - PEGA no projeto Experiências religiosas/espirituais e Saúde Mental: Relações entre Personalidade, Esquizotipia, Qualidade de vida e Coping. (2016-2017). É sócio-fundadora e colaboradora do Unusual - Psicologia do Incomum. Tem interesse principalmente nos seguintes temas: espiritualidade, religiosidade, psicologia, saúde, experiências anômalas e Arteterapia.

LETÍCIA OLIVEIRA ALMINHANA

Graduada em Psicologia pela PUCRS, com Mestrado em Teologia, pela EST/RS e Doutorado em Saúde pela UFJF/MG. Realizou Pós-Doutorado na University of Oxford/UK (Wolfson College) e trabalhou como professora colaboradora no

Programa de Pós-graduação em Psicologia da PUCRS de 2014 a 2019, através do PNPD/CAPES. Durante esse período coordenou o Grupo de Estudos e Pesquisas em Personalidade, Espiritualidade e Saúde Mental. Atualmente, é Visiting Research Fellow no Brain, Believe and Behavior Lab da Coventry University/UK e coordena uma iniciativa independente chamada "UNUSUAL: Psicologia do Incomum". Sua área de pesquisa é o diagnóstico diferencial entre experiências anômalas saudáveis e patológicas. Letícia também é psicoterapeuta e trabalha com o Modelo Psicobiológico de Temperamento e Caráter.

LUIZ EDUARDO V BERNI

É psicólogo, psicoterapeuta humanista-transpessoal; doutor em psicologia (USP), mestre em ciências da religião (PUCSP), pesquisador do Ateliê de Pesquisa Transdisciplinar (APTD); foi conselheiro presidente da comissão de orientação e fiscalização do Conselho de Psicologia de São Paulo (CRPSP); foi conselheiro coordenador geral da Universidade Rose-Croix Internacional, jurisdição de língua portuguesa (URCI-GLP); membro fundador do Centro de Educação Transdisciplinar (CETRANS).

LUIZ JOSÉ VERÍSSIMO

Psicólogo clínico (PUC-RJ), mestre, doutor e pós-doutor em Filosofia (UERJ). Professor de Teorias e Psicoterapias Existenciais e Humanistas e de Tópicos em Psicologia Analítica na Universidade Veiga de Almeida (UVA). Supervisor clínico em psicoterapia existencial e humanista na UVA. Professor do curso de Pós-Graduação-Especialização Psicoterapia Existencial Vivencial e Dialógica na PUC-RJ; do Curso de Psicologia Fenomenológico-Existencial na UNIPAR; do Curso de Especialização em Psicologia Clínica Existencialista Sartriana – NUCAFE. Membro do Grupo de Estudos A Clínica em Sartre, coordenado por Angerami-Camon. Membro da SEAF (Associação de Estudos e Atividades Filosóficas). Publicou livros, capítulos e artigos nas áreas de Psicologia Fenomenológico-Existencial, Psicologia Junguiana, Amor e afetividade, Ética, Filosofia da Religião, Ecologia.

MARCO PORTELA

Psicólogo clínico e hospitalar. Mestre em Psicologia pela UFMG, especialista em Psicologia Hospitalar pelo CRP-04, especialização em Saúde Mental pela Escola de Saúde Pública de Mines Gerais. Com 27 anos de atuação em um grande hospital de urgência e emergência e 13 anos de docência no ensino superior.

MARCUS TÚLIO CALDAS

Doutorado em Psicologia pela Universidade de Deusto (1999). Atualmente é médico psiquiatra do Governo do Estado de Pernambuco e professor adjunto

II da Universidade Católica de Pernambuco. Tem experiência na área de Psicologia, com ênfase em Psicologia Clínica, atuando principalmente nos seguintes temas: clínica fenomenológica existencial, alcoolismo e outras drogas, trabalho, psicopatologia e psicoterapia.

MARINA PEREIRA ROJAS BOCCALANDRO

É psicóloga clínica, CRP 06/01918, atuando como psicoterapeuta desde 1974. Sua formação acadêmica de bacharelado, licenciatura, graduação, mestrado e doutorado em Psicologia Clínica foi realizada na Pontifícia Universidade Católica de São Paulo. Possui especializações em Administração Hospitalar pela Academia Brasileira de Medicina Militar, Psicossíntese pelo Center for Psychosintesis Studies - Devon, England, e Psicologia Clínica pelo Conselho Regional de Psicologia de São Paulo. Iniciou sua vida profissional em 1957 no Instituto de Psiquiatria da Faculdade de Medicina da Universidade de São Paulo onde permaneceu até 1977. A partir desta data ingressa no quadro de professor na Pontifícia Universidade Católica de São Paulo, até dezembro de 2017. Foi eleita diretora da clínica psicológica da PUC/SP por dois mandatos seguidos (de 1997 a 2005). Foi professora associada da mesma universidade. Autora dos livros: "Sob o Domínio de Pã(nico): Um estudo do Transtorno do Pânico através da Psicossíntese" e "As Virtudes na Psicoterapia e na Qualidade de Vida"(2°edição e co-autora do livro Uma Relação Amorosa e sua Análise Psicologica). Também é autora de capítulos nos livros "Psicologia e Religião", "Espiritualidade e Prática Clínica", "Holística na Psicologia e na Medicina" e "Misericórdia e Vida Acadêmica." Organizadora e autora do livro "Transtorno de Ansiedade e Síndrome do Pânico: Uma visão multidisciplinar, 1ª edição, 2015. Em março de 2018 lança a 2ª edição revista e atualizada do livro Transtorno do Pânico: uma visão Positiva, Humanista e Transpessoal. Foi eleita para a cadeira nº13 da Academia Paulista de Psicologia em 15 de Junho de 2007, desde janeiro de 2016, fez parte da diretoria com o cargo de secretária geral até outubro de 2016. Autora de vários artigos publicados em revistas científicas; participou de conferências em congressos nacionais e internacionais. Fez parte do grupo de trabalho do CRP intitulado Grupo de Trabalho Diversidade Epistemológica Não-hegemônica em Psicologia e Diálogo com Saberes Tradicionais (GT DiverPsi), durante os anos de 2014 a 2016, ano do qual o grupo foi encerrado. Resultante deste trabalho publicou um capítulo intitulado "Espiritualidade, religiosidade, ciência-hoje", na Coleção Psicologia, Laicidade e as Relações com a Religião e a Espiritualidade, vol.3, editado pelo Conselho Regional de Psicologia de São Paulo, 2016. Continua em atividade profissional como psicoterapeuta em clínica privada, e como voluntária na Creche Sagrada Família da Prefeitura de São Paulo até 2020.Em 2020 publicou o livro Qualidades Positivas- benefícios para sua vida e em 2021 publicou o livro Forças Pessoais Positivas – caminho para o crescimento.

MARTA HELENA DE FREITAS

Psicóloga, mestre e doutora em Psicologia Clínica e da Cultura (UnB). Pós-doutoramentos em Psicologia da Religião (University of Kent at Canterbury) e Psicologia Intercultural (Universidade do Porto e University of Wales Trinity Saint David). Professora pesquisadora no Programa de Pós-Graduação em Psicologia da Universidade Católica de Brasília, onde coordena o Laboratório "Religião, Saúde Mental e Cultura" e é *lecture* da Cátedra Unesco Juventude, Educação e Sociedade. Principais produções (livros e artigos) em Psicologia da Religião, Tanatologia e Psicodiagnóstico de Rorschach. Membro da *International Association of Psychology of Religion* (IAPR).

MIGUEL MAHFOUD

Doutor em Psicologia Social pela Universidade de São Paulo, com estudos de Pós-Doutorado na Pontifícia Universidade Lateranense (Roma). Professor Associado do Departamento de Psicologia da Faculdade de Filosofia e Ciências Humanas da Universidade Federal de Minas Gerais de 1996 a 2016, ali permanecendo atualmente como membro do Laboratório de Análise de Processos em Subjetividade LAPS UFMG. Trabalha com Fenomenologia no campo clínico e na Psicologia Social (psicologia e cultura), sendo autor de livros e artigos sobre experiência religiosa. É Editor Sênior da revista "Memorandum: memória e história em psicologia" e Membro do Comitê Editorial da Coleção "Obras de Edith Stein" da Editora Paulus.

MOISÉS ABDON COPPE

Psicólogo Clínico com ênfase Existencial. Psicodramatista. Teólogo. Professor universitário e professor de educação básica. Doutor e Mestre em Ciências da Religião. Membro da Liga de Escritores, Ilustradores e Autores de Juiz de Fora - LIGA JF. Membro do Conselho do Instituto Rubem Alves. Membro da ONG Koinonia - Presença ecumênica e serviço. Membro do grupo de estudos A Clínica em Sartre, coordenado por Valdemar Augusto Angerami. Escritor e poeta.

PAULA LINHARES ANGERAMI

Doutora em Educação pela Universidade Estadual Paulista "Júlio de Mesquita Filho" (UNESP). Mestre em Educação pela Montclair State University - EUA, unto ao Institute of Advancenmente of Philosophy for Children (IAPC).

RAMON SILVA SILVEIRA DA FONSECA

Doutor em Psicologia Clínica pela UNICAP, mestre em Ciências das Religiões e psicólogo pela UFP, professor e pesquisador nas áreas de Saúde Mental, Saúde e Espiritualidade. Realiza atendimentos psicoterapêuticos de adultos e idosos com base na abordagem Centrada no Sentido, Logoterapia. Professor substituto da UFPB. Professor titular da UNINASSAU.

REINALDO DA SILVA JÚNIOR

Psicólogo, Doutor em Ciência da Religião, professor titular da UEMG na cadeira de Psicologia Fenomenológica, líder do grupo de pesquisa em Psicologia e transdisciplinaridade do CNPq.

RODRIGO RIBEIRO FRIAS

Graduado em Letras, Mestre em Teoria Literária e Doutor em Psicologia Social pela USP. Integra o Grupo de Estudos de Ciência Cognitiva da Religião (COG-R – InterPsi/IPUSP), o Grupo de Pesquisa Estudos Transdisciplinares da Herança Africana (CNPq-UNIP), o Centro Cultural Oduduwa e o Fórum Inter-religiosos para uma Cultura de Paz e Liberdade de Crença. Em coautoria com Síkírù Sàlámì (King) e Idowu Alli, é organizador de um dicionário bilíngue Iorubá-Português e Português-Iorubá.

ROGÉRIA GUIMARÃES ALVES BERNARDES

É graduada em Odontologia (UFMG), em Psicologia (UFAM), mestra e doutora em Psicologia (UFF). Atua como psicóloga clínica, como escritora e como pesquisadora da vida contemplativa e da Cultura de Paz. É autora dos livros, Subjetividade silenciosa: diálogos da psicologia com os monges beneditinos no contemporâneo (Juruá, 2017) e Sobre Sinos e Monges: o Tempo, as Horas e o horologium vitae no contemporâneo (Dialética, 2021).

RONILDA IYAKEMI RIBEIRO

Etnopsicóloga. Doutora em Psicologia (USP) e em Antropologia da África Negra (USP). Docente-pesquisadora do Instituto de Psicologia e do Programa de Pós-Graduação em Integração da América Latina (USP). Principais temas de interesse: Herança Africana, Cultura e Religião Iorubás, Diálogo Psicologia e Religião, Diálogo Inter-religioso. Coordena o GP (CNPq-UNIP) Estudos Transdisciplinares das Heranças Africana e Indígena. Integra os seguintes coletivos: Fórum Inter-religioso para uma Cultura de Paz e Liberdade de Crença (Secretaria da Justiça e Cidadania de São Paulo); Grupo de Trabalho Etnopsicologia, da Associação Nacional de Pesquisa e Pós-graduação em Psicologia (ANPEPP). Ialorixá da Religião Tradicional Iorubá.

SIDNEY CARLOS ROCHA DA SILVA

Doutor em Educação (UFPE). Coordenador da Formação em Psicologia e Psicoterapia Transpessoal do Espaço Ser e Transcender e da Associação Pernambucana de Psicologia Transpessoal. Membro do Conselho gestor Neimfa.

Formação em Psicologia Budista Tibetana e Psicoterapia Transpessoal (Dharamshala/Índia).

SÍKÍRÙ SÀLÁMÌ (KING)

Iorubá da Nigéria radicado no Brasil. Mestre e Doutor em Sociologia (USP). Fundador e líder do Centro Cultural Oduduwa, da Editora Oduduwa e do Oduduwa Templo dos Orixás. Coordenador Científico do Centro Cultural Oduduwa; Membro do GP (CNPq-UNIP) Estudos Transdisciplinares das Heranças Africana e Indígena. Atua na área de confluência da Sociologia, com a Educação e a Religião. Autor de relevantes obras sobre os iorubás. Babalorixá da Religião Tradicional Iorubá.

SILAS CARLOS ROCHA DA SILVA

Doutor em Educação (UFPE). Mestre em Psicologia (UFPE). Professor Adjunto da Universidade Federal Rural de Pernambuco (UFRPE).

SUELI GUERREIRO

Psicóloga. Formação em Psicoterapia Fenomenológico Existencial pelo Centro de Psicoterapia Existencial. Professora no módulo "Temas Existenciais" no Curso de Formação em Psicoterapia Existencial no Centro de Psicoterapia Existencial. Atuação com pessoas em situação de rua há mais de 20 anos com predominância em drogadição. Co-autora dos livros Atualidades em psicoterapia fenomenológico existencial; Sobre o suicídio. A psicoterapia diante da autodestruição; A psicoterapia sob Sartre; O suicídio no cinema; Suicídio e suas interfaces. O ardiloso emaranhado da autodestruição, A psicologia da saúde na prática. Teoria e prática.

WILSON SANTOS DE CARVALHO.

Wilson Santos de Carval)ho. Graduado em Teologia. Ministro Evangélico durante 55(cinquenta e cinco) anos. Com trabalho missionário e trabalho com pessoas em vulnerabilidade social. Trabalhou com pessoas excluídas e vitimas de discriminação e preconceito em aproximadamente 50 (cinquenta) cidades no interior de São Paulo e sul de Minas Gerais.

Construindo ideias e
conectando mentes

Este livro foi composto com tipografia Bembo Std e impresso em papel Pólen 70g.
na Formato Artes Gráficas em outubro de 2022.